辽宁经济普查年鉴

Liaoning Economic Census Yearbook

第二产业卷 | 上册

辽宁省人民政府第二次全国
经济普查领导小组办公室 编
辽 宁 省 统 计 局

中国统计出版社
China Statistics Press

(京)新登字041号

图书在版编目（CIP）数据

辽宁经济普查年鉴. 2008/辽宁省第二次全国经济普查领导小组办公室，辽宁省统计局编
—北京：中国统计出版社，2010.11

ISBN 978-7-5037-6148-5

Ⅰ.①辽… Ⅱ.①辽… ②辽… Ⅲ.①经济-普查-辽宁省-2008-年鉴 Ⅳ.①F127.31-54

中国版本图书馆CIP数据核字（2010）第228139号

辽宁经济普查年鉴—2008（第二产业卷上）

作　　者/辽宁省第二次全国经济普查领导小组办公室　辽宁省统计局
责任编辑/申明九
E-mail/cbsebs@gj.stats.cn
封面设计/黄俊杰　李雪燕
出版发行/中国统计出版社
通信地址/北京市西城区月坛南街57号
邮政编码/100826
办公地址/北京市丰台区西三环南路甲6号
网　　址/www.stats.gov.cn/tjshujia
电　　话/邮购（010）63376907　书店（010）68783172
印　　刷/河北天普润印刷厂
经　　销/新华书店
开　　本/880×1230毫米　1/16
字　　数/1720千字
印　　张/54.25
版　　别/2011年3月第1版
版　　次/2011年3月第1次印刷
书　　号/ISBN 978-7-5037-6148-5/F·2976
定　　价/1080.00元　（全四册附光盘）

本书附同版光盘一张，内容以纸质图书为准。

辽宁经济普查年鉴－2008

辽宁经济普查年鉴-2008/第二产业卷(上)
编辑委员会

第二产业卷（上）　目录

第一篇　工业企业生产经营及财务状况

A．行业部分

B．地区部分

第二篇　主要工业产品产量

附　录

第 1 篇

工业企业生产经营及财务状况

1-A-1 全部工业企业

分 组	企业单位数(个)	亏损企业	工业总产值(当年价格)	存货
总 计	**89610**	**14617**	**2594818096**	**283052985**
总计中：国有控股企业	3241	884	972765232	142912109
总计中：轻工业	27005	4473	486934008	43384033
重工业	62605	10144	2107884088	239668953
总计中：大型企业	127	29	877644564	120708391
中型企业	1214	268	565218260	73209354
小型企业	88269	14320	1151955272	89135240
按隶属关系分				
中央	372	125	614954163	88496074
地方	89238	14492	1979863933	194556912
按登记注册类型分				
内资企业	**83433**	**12850**	**2075741848**	**220510363**
国有企业	2413	617	352493947	39552891
集体企业	8465	1546	69866965	5478756
股份合作企业	1679	466	19455356	1811848
联营企业	145	30	3804689	254612
国有联营企业	18	4	120555	20635
集体联营企业	73	18	1043171	105160
国有与集体联营企业	20	4	925691	88904
其他联营企业	34	4	1715272	39912
有限责任公司	6473	1400	449544078	74411475
国有独资公司	130	49	64845984	14743498
其他有限责任公司	6343	1351	384698094	59667977
股份有限公司	1187	250	316959403	38134659
私营企业	62291	8446	848823757	57565323
私营独资企业	31918	3176	270320426	15666055
私营合作企业	1755	225	16415378	1384009
私营有限责任公司	26452	4625	523011151	37122303
私营股份有限公司	2166	420	39076803	3392957
其他企业	780	95	14793653	3300799
港、澳、台商投资企业	**1139**	**309**	**91735657**	**10343029**
合资经营企业(港或澳、台资)	640	169	54270093	6650870
合作经营企业(港或澳、台资)	52	7	3242665	379965
港澳台商独资经营企业	396	121	32647067	3117115
港澳台商投资股份有限公司	51	12	1575834	195080
外商投资企业	**5038**	**1458**	**427340591**	**52199593**
中外合资经营企业	2386	609	269858371	34715728
中外合作经营企业	257	65	12181826	1112755
外资企业	2297	765	137580951	15786328
外商投资股份有限公司	98	19	7719443	584782

主要经济指标

单位：千元

固定资产原价	所有者权益合计	实收资本	国家资本	集体资本	法人资本	个人资本
1469175685	**1009147525**	**616338081**	**201065294**	**14664540**	**169232726**	**140202448**
858100356	453082138	309832027	196760930	256901	99005171	6303767
210283333	173232338	111593552	16613990	3174577	30546184	35979310
1258892352	835915187	504744530	184451303	11489963	138686542	104223138
721577104	400696095	248671769	150302141	530225	77442837	5755926
308430629	196670085	117162869	26017805	1919556	39560457	16117878
439167952	411781345	250503443	24745348	12214759	52229432	118328644
492401800	275530151	201809870	133261316	129620	65378202	142118
976773884	733617374	414528211	67803978	14534920	103854524	140060329
1222299968	**808427287**	**484982079**	**196090495**	**13240344**	**142072293**	**131029177**
424198983	204887268	145480502	92268336	147537	51738393	962931
21709250	18573403	10546821	227180	8124423	889577	1301160
5725991	5951065	3342461	182320	1358821	671626	1125268
2854212	1673921	766959	292488	79637	303435	89999
138469	126331	141008	116899			24109
153959	264843	75705		66492	5200	2613
1509148	520565	376614	172551	6935	172900	24227
1052636	762182	173633	3038	6210	125335	39049
285466396	173169210	106010614	29930444	2052300	53072566	20200574
68305612	35866713	15109863	11616744	2	3345370	96358
217160784	137302498	90900751	18313699	2052298	49727196	20104216
199479661	141355349	88195011	72561468	301238	8749253	6392097
278386210	258389784	129303122	613738	925237	26180937	100361654
85787883	79681798	42437142	184982	331723	6251547	35348372
5890022	5150956	2822906	23037	8690	344028	2443896
171192966	159661279	76941867	374047	561128	17614673	57667127
15515339	13895751	7101208	31672	23696	1970689	4902259
4479264	4427287	1336588	14520	251150	466505	595494
57430421	**45599405**	**25698460**	**1113007**	**216227**	**6155308**	**1739606**
32035800	27798395	13195383	1056671	201073	4134070	1221685
2407779	1439846	1088404	18650	11778	648001	147557
22311211	15909738	11068812	5961	20	1355262	252734
675630	451426	345860	31725	3357	17975	117629
189445297	**155120833**	**105657543**	**3861792**	**1207969**	**21005126**	**7433665**
103018610	79827667	53048302	3764404	1128825	17845641	6372610
4109878	3785121	2294827	64599	28618	825005	459193
73834563	65257776	48555496	18	45715	1707334	286595
8482245	6250269	1758917	32770	4811	627146	315267

1-A-1 续表 1

分组	企业单位数（个）	亏损企业	工业总产值（当年价格）	存货
按行业大类分				
采矿业	**5522**	**388**	**179474445**	**16044043**
煤炭开采和洗选业	734	71	36452316	3323371
石油和天然气开采业	103	8	53304790	5876795
黑色金属矿采选业	1569	149	59443542	4144107
有色金属矿采选业	767	52	15306496	1658751
非金属矿采选业	2341	106	14906329	1040178
其他采矿业	8	2	60972	841
制造业	**82600**	**13829**	**2282776575**	**261781473**
农副食品加工业	4896	547	169433113	12023177
食品制造业	1881	282	29346435	1928199
饮料制造业	1260	141	23154940	2552934
烟草制品业	6	1	4186498	1078785
纺织业	2214	364	28931250	3882253
纺织服装、鞋、帽制造业	3523	639	52254878	3019352
皮革、毛皮、羽毛(绒)及其制品业	585	102	8904083	597126
木材加工及木、竹、藤、棕、草制品业	2283	312	28349237	2557006
家具制造业	1080	194	20936888	2291857
造纸及纸制品业	1602	225	17908592	1381269
印刷业和记录媒介的复制	2102	490	10846673	800467
文教体育用品制造业	298	54	2751132	533178
石油加工、炼焦及核燃料加工业	927	120	281232252	18292101
化学原料及化学制品制造业	5088	852	120764259	11894167
医药制造业	735	137	27595872	3510763
化学纤维制造业	112	22	8503787	1275700
橡胶制品业	1179	192	25144225	2370190
塑料制品业	3822	570	54222391	5091659
非金属矿物制品业	7970	948	144060599	12970154
黑色金属冶炼及压延加工业	1300	206	312567059	44961264
有色金属冶炼及压延加工业	926	162	75351683	7155628
金属制品业	5659	1024	92906402	6580944
通用设备制造业	14784	2441	242050872	29649799
专用设备制造业	5321	1024	109441266	21341565
交通运输设备制造业	4119	879	192147114	44683584
电气机械及器材制造业	4569	919	109148326	11079798
通信设备、计算机及其他电子设备制造业	1055	280	62673412	5055021
仪器仪表及文化、办公用机械制造业	1644	447	15048214	1891712
工艺品及其他制造业	1445	235	10723841	1160787
废弃资源和废旧材料回收加工业	215	20	2191282	171034
电力、燃气及水的生产和供应业	**1488**	**400**	**132567076**	**5227469**
电力、热力的生产和供应业	957	283	125225889	4751228
燃气生产和供应业	115	26	2761230	223826
水的生产和供应业	416	91	4579957	252415

单位：千元

固定资产原价	所有者权益合计	实收资本				
			国家资本	集体资本	法人资本	个人资本
192341087	**104405906**	**76162894**	**46949746**	**1054433**	**16949922**	**10568064**
42631774	24410883	14679405	7375252	273061	5674421	1356672
115342102	46847005	47605052	38247329	8364	9115137	167960
20228442	19108559	7239216	964774	264071	1003681	4809597
6297114	7520725	3071495	171730	272293	892138	1608075
7810491	6514996	3557879	189579	236281	264545	2618686
31164	3738	9847	1082	363		7074
1047605460	**819990108**	**482848753**	**135514516**	**13083831**	**120320873**	**126698465**
49109523	41182340	21243546	930469	498387	5559011	10093727
14985754	11744683	6086279	342611	120196	1311851	2636806
13369386	10748337	6139978	212586	101814	1138924	1911477
1631920	1307823	463440	458432	5008		
15045472	10474654	8262181	1273741	241695	1639960	3369167
12886590	13965909	7187185	271823	525626	1611840	2776086
1737157	1551362	1042768	115798	62954	218469	326082
11185995	8985899	5793209	69372	128130	1386364	2830025
7078995	7402735	2982994	37880	85003	722317	1205928
9292174	6939548	3834135	264001	134506	524068	2239010
6426596	5180637	3477729	621362	269513	948169	1313447
1144737	813621	714166	23957	22470	50802	180274
85338639	65823477	43785583	35997438	264497	4525747	2415629
75983201	59560254	43629051	22599020	944781	8281817	7799758
21602194	13343956	8668026	1548778	170401	1325547	3020979
9139261	8094988	14724821	3629547	7956	10685129	291004
13226731	9860115	5483803	222573	137258	721518	1512112
23550942	23065236	13772771	485567	725255	2728230	6703820
62472825	49985379	33421994	2978974	1392656	6171291	18118009
225971515	147300314	65642502	43411728	395958	12894672	5852102
26088480	21625865	9420725	1214544	254501	3828608	2809177
34153704	26596513	15410981	1313189	1269859	3493699	6322069
109462873	90995581	42134434	4377007	1976510	8894159	16228234
51138640	40391839	21983819	4573092	758014	5383419	7518604
84901987	65383738	48163902	2906707	767742	24541592	5594703
48514899	40477224	23967492	2132197	1066823	5619474	6964262
20973303	24667169	17316966	2589837	150992	5007287	3509661
5757163	7050746	4308770	519066	260026	689675	1675264
4725342	4319712	3185237	354709	190722	366050	1190936
709462	1150454	600266	38511	154578	51184	290113
229229136	**84751513**	**57326431**	**18601033**	**526276**	**31961933**	**2935918**
207585372	69322870	47163460	12376934	408636	29711449	2291831
4703834	4366538	3165434	1459899	14898	919921	234749
16939930	11062105	6997537	4764200	102742	1330563	409338

1-A-1 续表 2

分 组			主营业务收入	主营业务成本
	港澳台资本	外商资本		
总 计	**17689966**	**73483108**	**2550411740**	**2223111450**
总计中：国有控股企业	912916	6592341	987431896	900847480
总计中：轻工业	6120333	19159158	469024676	396263299
重工业	11569633	54323950	2081387064	1826848150
总计中：大型企业	2750278	11890362	891828892	807471658
中型企业	5524216	28022957	541222207	467325414
小型企业	9415472	33569789	1117360641	948314378
按隶属关系分				
中央	41637	2856977	616802955	579741156
地方	17648329	70626131	1933608785	1643370294
按登记注册类型分				
内资企业	**952141**	**1597630**	**2040643766**	**1783159066**
国有企业	171842	191462	363307596	306568776
集体企业	2158	2322	69143535	58726054
股份合作企业	9	4417	18742275	16150037
联营企业	1400		3566734	2687680
国有联营企业			127478	95241
集体联营企业	1400		1029821	783931
国有与集体联营企业			731627	541154
其他联营企业			1677809	1267355
有限责任公司	192317	562413	421374480	362340480
国有独资公司	46998	4391	64339795	52694648
其他有限责任公司	145319	558022	357034685	309645831
股份有限公司	155586	35368	332226644	334739897
私营企业	425408	796148	816806392	688516962
私营独资企业	92084	228434	260024693	217690729
私营合作企业	132	3122	15570749	13021409
私营有限责任公司	242945	481948	503686825	427094837
私营股份有限公司	90248	82645	37524125	30709987
其他企业	3421	5499	15476109	13429179
港、澳、台商投资企业	**14660675**	**1813637**	**89634515**	**72514030**
合资经营企业(港或澳、台资)	5874028	707856	53130845	41811167
合作经营企业(港或澳、台资)	230928	31490	3056259	2778855
港澳台商独资经营企业	8424196	1030639	32091269	26683257
港澳台商投资股份有限公司	131523	43652	1356142	1240751
外商投资企业	**2077150**	**70071841**	**420133459**	**367438353**
中外合资经营企业	1002676	22934146	265912592	235003409
中外合作经营企业	35247	882164	11548568	9553632
外资企业	1004106	45511728	135206856	116431823
外商投资股份有限公司	35120	743803	7465443	6449488

单位：千元

主营业务税金及附加	其他业务利　润	利息支出	营业利润	本年应交增 值 税	全部从业人员年平均人数（人）
28868329	**3796701**	**23487255**	**102497661**	**70236222**	**4784778**
14379777	1015228	13429891	-6056014	29975236	1216231
5587586	1062716	2592911	24182389	9201116	1279619
23280743	2733985	20894345	78315272	61035107	3505159
12118040	202220	10523161	4892930	27164003	1067601
5422976	1994977	7301578	23280702	14622861	866236
11327313	1599504	5662516	74324029	28449358	2850941
9946655	129726	6866693	-17246019	17198140	546973
18921675	3666975	16620562	119743680	53038082	4237805
24844313	**2112503**	**19184318**	**78743128**	**59917499**	**4025966**
4841644	-1151585	5790464	16435852	18001293	627291
1060667	175279	292032	4529101	2434329	319254
210166	99126	122842	895822	675229	46278
42331	3302	143364	516620	211723	13664
655	18	605	5416	5027	862
19557	433	92271	62123	62747	3553
7342	2852	43643	71749	55576	7230
14778		6845	377332	88374	2019
3692290	2195670	5377068	17663317	11295757	741892
320874	-365957	889218	3396002	2362237	134845
3371416	2561627	4487850	14267315	8933520	607047
5893912	510194	2784337	-22675844	5474626	225096
8999283	272671	4455918	60716379	21653108	2025909
4072768	134629	1175903	20878539	7246067	849208
236036	-30896	67947	1221589	451409	49268
4375594	-2686	2869065	34892133	12885656	1044268
314885	171624	343003	3724118	1069977	83165
104020	7845	218293	661880	171434	26582
419642	**109159**	**902972**	**8869743**	**2462556**	**148390**
267357	38041	548626	6647015	1197850	91048
7233	6675	34505	105213	54704	8219
142777	64223	306053	2108210	1184136	46375
2274	220	13789	9304	25866	2748
3604375	**1575039**	**3399965**	**14884789**	**7856167**	**610422**
3181959	899527	2637125	6505428	4705706	266346
31189	44278	73084	1144934	222113	27964
311626	517061	660713	6925125	2665739	304112
79602	114173	29043	309303	262610	12000

1-A-1 续表 3

分　组			主营业务收　入	主营业务成　本
	港澳台资本	外商资本		
按行业大类分				
采矿业	**413392**	**227338**	**171802928**	**127029180**
煤炭开采和洗选业			35803323	27289586
石油和天然气开采业	63362	2900	50790323	34588210
黑色金属矿采选业	195770	1323	56462768	43459217
有色金属矿采选业	62775	64484	14589258	10754610
非金属矿采选业	91485	157303	14096478	10882926
其他采矿业		1328	60778	54631
制造业	**15314500**	**71916575**	**2245219074**	**1969682816**
农副食品加工业	658906	3503046	166288381	145159260
食品制造业	786035	888781	28964511	24366813
饮料制造业	1695564	1079614	21577018	16179243
烟草制品业			3964766	1426905
纺织业	661041	1076578	27864446	24270130
纺织服装、鞋、帽制造业	450347	1551462	46521497	40167865
皮革、毛皮、羽毛(绒)及其制品业	29540	289926	8744311	7557780
木材加工及木、竹、藤、棕、草制品业	197221	1182097	27452806	23239687
家具制造业	115441	816426	20404212	17023871
造纸及纸制品业	334611	337939	17443554	14969003
印刷业和记录媒介的复制	8252	316986	10652813	8801518
文教体育用品制造业	63597	373066	2711951	2300752
石油加工、炼焦及核燃料加工业	88715	493556	276231061	294831602
化学原料及化学制品制造业	1642600	2361076	119746325	105490851
医药制造业	409928	2192393	25941641	18378988
化学纤维制造业	14851	96334	8413657	8001387
橡胶制品业	63231	2827110	24006434	20318538
塑料制品业	562407	2567492	52570544	45282505
非金属矿物制品业	944860	3816205	135500279	113161823
黑色金属冶炼及压延加工业	363037	2725006	346307825	300286708
有色金属冶炼及压延加工业	357980	955916	73757390	64931020
金属制品业	527918	2484248	83591550	71772381
通用设备制造业	577372	10081153	233269560	193853152
专用设备制造业	441550	3309139	101554222	84073082
交通运输设备制造业	848926	13504232	188571858	159854675
电气机械及器材制造业	1824253	6360483	105690780	90335100
通信设备、计算机及其他电子设备制造业	1409031	4650158	60277879	51622545
仪器仪表及文化、办公用机械制造业	159396	1005342	14153404	11279511
工艺品及其他制造业	47625	1035195	10435194	8845874
废弃资源和废旧材料回收加工业	30265	35616	2609205	1900247
电力、燃气及水的生产和供应业	**1962074**	**1339196**	**133389739**	**126399454**
电力、热力的生产和供应业	1556377	818233	126133554	120338921
燃气生产和供应业	291427	244540	2846568	2478205
水的生产和供应业	114270	276423	4409617	3582328

单位：千元

主营业务税金及附加	其他业务利润	利息支出	营业利润	本年应交增值税	全部从业人员年平均人数（人）
3028455	**-482052**	**1797228**	**25660877**	**11141253**	**580283**
645267	72410	467128	2936936	2849741	203184
729347	-923475	930644	9362954	3448201	136283
1143398	64452	208539	9644660	3389204	114582
156000	284254	95802	2178570	792578	53219
352714	20199	94572	1541280	661141	72365
1729	108	543	-3523	388	650
25051859	**3918282**	**18008726**	**79393493**	**52939415**	**3997043**
1110807	156931	903451	10717174	1952459	264247
223459	39095	167588	1610481	644657	73540
781584	56450	133662	1887120	745853	49968
1581386	694	6629	445128	477592	2789
238800	39451	260620	1040355	696245	121184
407896	3735	158150	2109416	808171	244091
39584	-40027	15006	345790	86711	30468
190488	8978	128145	1919552	484855	76589
162588	-172827	86682	1098206	260775	50759
133201	29134	107901	860958	384167	57821
107704	27233	55164	544677	268822	40675
20702	-729	22913	156512	45466	12062
6236565	8574	924676	-36029967	2966737	70343
1125775	263925	1357421	6286791	2287499	215317
157365	19236	307587	2431609	929585	52620
89919	-469291	8291	-2710699	341297	30774
154227	183226	208252	1639163	913635	51277
460747	98727	631174	3499130	1034195	133068
1306794	298528	1178922	10718562	4839387	353547
3367860	1314210	5038649	18607176	13795048	308725
625390	-101008	1071894	4743716	1968426	81809
673771	271609	458627	6105977	2105306	195900
1489681	-296937	1601679	15161412	5831928	553835
627680	185576	833161	7435573	2112376	205683
2711558	775771	1355795	8571769	3111137	314989
526188	-114747	557859	6179555	2265517	197350
249923	1247542	309600	2289972	847141	106209
128477	42342	56312	904241	429219	44293
105042	11249	53624	584625	249444	46405
16698	31632	9292	239519	55765	10706
788015	**360468**	**3681300**	**-2556710**	**6155556**	**207452**
728466	50457	3535849	-1929753	5873335	147438
17788	251725	57624	-346456	99437	18518
41761	58286	87827	-280501	182784	41496

1-A-2 规模以上工业企业

分　组	企业单位数（个）	亏损企业	工业总产值（当年价格）	工业销售产值（当年价格）	出口交货值
总　计	**21876**	**3311**	**2476908610**	**2410580594**	**284492090**
总计中：亏损企业	3311	3311	495503967	483529612	55880634
总计中：国有控股企业	1046	315	969981033	954573565	123356801
总计中：农村工业	361	42	15014968	14121802	1277877
总计中：轻工业	6127	1071	452523410	435066950	72937464
重工业	15749	2240	2024385200	1975513644	211554626
总计中：大型企业	127	29	877644564	869069024	137865246
中型企业	1214	268	565218260	540179620	84341044
小型企业	20535	3014	1034045786	1001331950	62285800
按隶属关系分					
中央	191	59	614683328	606523352	87589918
地方	21685	3252	1862225282	1804057242	196902172
按登记注册类型分					
内资企业	**18677**	**2418**	**1962967222**	**1910182314**	**139855787**
国有企业	555	171	350195196	345957155	21114369
集体企业	1305	193	60321336	58456960	1903779
股份合作企业	284	47	17213536	16541842	1831681
联营企业	34	6	3602774	3548171	35076
国有联营企业	3	1	82662	84324	
集体联营企业	13	3	947037	924335	34836
国有与集体联营企业	7		904030	903160	
其他联营企业	11	2	1669045	1636352	240
有限责任公司	2364	465	442996516	430727827	58669809
国有独资公司	81	27	64779359	62947943	4374286
其他有限责任公司	2283	438	378217157	367779884	54295523
股份有限公司	410	66	315514647	309065387	30047607
私营企业	13637	1464	759621988	732852653	25287381
私营独资企业	5145	400	218815925	210295160	5790444
私营合作企业	303	43	13856795	13328317	481558
私营有限责任公司	7552	919	490431132	473907010	17326707
私营股份有限公司	637	102	36518136	35322166	1688672
其他企业	88	6	13501229	13032319	966085
港、澳、台商投资企业	**635**	**164**	**90924663**	**86919159**	**11664451**
合资经营企业(港或澳、台资)	383	96	53817673	50872936	5915388
合作经营企业(港或澳、台资)	30	5	3200215	3070562	1238694
港澳台商独资经营企业	206	56	32391729	31538410	4364255
港澳台商投资股份有限公司	16	7	1515046	1437251	146114
外商投资企业	**2564**	**729**	**423016725**	**413479121**	**132971852**
中外合资经营企业	1283	292	267959379	263347443	70804374
中外合作经营企业	137	31	11930363	11516826	4845436
外资企业	1107	398	135501890	131180659	56096933
外商投资股份有限公司	37	8	7625093	7434193	1225109
按经济组织类型分					
独资企业	**8318**	**1218**	**797226076**	**777428344**	**89269780**
国有企业	555	171	350195196	345957155	21114369
集体企业	1305	193	60321336	58456960	1903779
私营独资企业	5145	400	218815925	210295160	5790444
港澳台商独资经营企业	206	56	32391729	31538410	4364255
外资企业	1107	398	135501890	131180659	56096933
合作、合伙企业	**876**	**138**	**63304912**	**61038037**	**9398530**
股份合作企业	284	47	17213536	16541842	1831681

主要经济指标

单位：千元

资产总计	流动资产总计	应收帐款	存货	产成品	流动资产年平均余额	固定资产总计	固定资产原价	累计折旧
2204090784	**975730054**	**200148840**	**270171612**	**92480259**	**964976519**	**970539733**	**1371976566**	**508422213**
520315959	205343439	34334323	57656138	19032092	201446598	249436088	358732658	148071243
1189998822	498630994	65406652	142067198	35696362	493245490	565592381	842255788	348006981
7946030	3951727	1525574	993558	554741	3934229	2843783	3449123	778716
295283525	128212667	29440258	39557910	18052043	127350733	130274210	180647552	59059076
1908807259	847517387	170708582	230613702	74428216	837625786	840265523	1191329014	449363137
1036404565	450702758	57767798	120708391	32103994	443080298	470560166	721577104	309171123
519222472	231459658	58225158	73209354	25392589	235895801	227771718	308430629	104199147
648463747	293567638	84155884	76253867	34983676	286000420	272207849	341968833	95051943
713614674	317419071	26577140	88395163	16122767	295404950	315611444	486744199	212781505
1490476110	658310983	173571700	181776449	76357492	669571569	654928289	885232367	295640708
1777392529	**755584184**	**144847183**	**208841448**	**71934117**	**736695468**	**804763301**	**1132847541**	**423630476**
471797414	149039526	24939362	38892333	11538947	147503418	261816285	413141634	175938756
33092926	19308596	6562299	4330061	1939219	18789831	10080947	14509352	5095415
10463414	5508304	1710538	1506097	739650	5440804	3422801	4339316	1176816
3765626	1463116	200699	238586	84676	1779092	1889866	2684533	801587
95018	44691	2365	17826	7490	42713	48273	83742	36367
461603	387690	83405	97522	38634	331441	51860	93476	44178
1846149	753379	16217	87083	17770	755565	1021577	1494544	472967
1362856	277356	98712	36155	20782	649373	768156	1012771	248075
564631516	278578962	50905684	73434900	17617042	275021453	233489002	275230241	90774025
102526101	46182905	12460153	14722869	3594937	49897463	48825708	65715876	23803142
462105415	232396057	38445531	58712031	14022105	225123990	184663294	209514365	66970883
266547536	112436614	9190973	37906185	13231765	105125897	114938040	196716022	88288191
417315080	183421052	50581304	49325852	25897106	177544173	175528203	223312351	60479271
107880348	44911673	12536866	11935928	6866499	43399810	44812406	57465373	15223322
7558061	3426734	976828	1166180	717582	3166876	3469647	4210961	1074433
275421493	122591274	33891923	33278559	16850915	118973917	117174531	148118613	39875284
26455178	12491371	3175687	2945185	1462110	12003570	10071619	13517404	4306232
9779017	5828014	756324	3207434	885712	5490800	3598157	2914092	1076415
95602097	**47063031**	**10583683**	**10129898**	**4255168**	**50062257**	**39019696**	**55301757**	**19798128**
57278717	29032781	6276196	6517397	2938910	32522634	22933650	30610628	8637381
2484587	1125696	288620	374995	91533	1037207	1190780	2300722	1181967
34776700	16485873	3889660	3057575	1158433	16027989	14454885	21782322	9809906
1062093	418681	129207	179931	66292	474427	440381	608085	168874
331096158	**173082839**	**44717974**	**51200266**	**16290974**	**178218794**	**126756736**	**183827268**	**64993609**
205366030	113803523	25303464	34154270	10408007	118229625	73131713	99878161	31792768
7377389	3250535	866757	1044853	358737	3029219	2903263	3862688	1108712
109072157	52267280	17797770	15426354	5305406	53417117	46904813	71724377	27162952
9280582	3761501	749983	574789	218824	3542833	3816947	8362042	4929177
756619545	**282012948**	**65725957**	**73642251**	**26808504**	**279138165**	**378069336**	**578623058**	**233230351**
471797414	149039526	24939362	38892333	11538947	147503418	261816285	413141634	175938756
33092926	19308596	6562299	4330061	1939219	18789831	10080947	14509352	5095415
107880348	44911673	12536866	11935928	6866499	43399810	44812406	57465373	15223322
34776700	16485873	3889660	3057575	1158433	16027989	14454885	21782322	9809906
109072157	52267280	17797770	15426354	5305406	53417117	46904813	71724377	27162952
41428094	**20602399**	**4799766**	**7538145**	**2877890**	**19943998**	**16474514**	**20312312**	**6419930**
10463414	5508304	1710538	1506097	739650	5440804	3422801	4339316	1176816

1-A-2 续表 1

分组	企业单位数（个）	亏损企业	工业总产值（当年价格）	工业销售产值（当年价格）	出口交货值
国有联营企业	3	1	82662	84324	
集体联营企业	13	3	947037	924335	34836
国有与集体联营企业	7		904030	903160	
其他联营企业	11	2	1669045	1636352	240
私营合伙企业	303	43	13856795	13328317	481558
合作经营企业(港或澳、台资)	30	5	3200215	3070562	1238694
中外合作经营企业	137	31	11930363	11516826	4845436
其他企业(内资)	88	6	13501229	13032319	966085
股份有限公司	**1100**	**183**	**361172922**	**353258997**	**33107502**
股份有限公司(内资)	410	66	315514647	309065387	30047607
私营股份有限公司	637	102	36518136	35322166	1688672
港澳台商投资股份有限公司	16	7	1515046	1437251	146114
外商投资股份有限公司	37	8	7625093	7434193	1225109
有限责任公司	**11582**	**1772**	**1255204700**	**1218855216**	**152716278**
国有独资公司	81	27	64779359	62947943	4374286
私营有限责任公司	7552	919	490431132	473907010	17326707
合资经营企业(港或澳、台资)	383	96	53817673	50872936	5915388
中外合资经营企业	1283	292	267959379	263347443	70804374
其他有限责任公司	2283	438	378217157	367779884	54295523
按行业小类分					
采矿业	**1760**	**158**	**169993874**	**166097550**	**2721747**
煤炭开采和洗选业	247	19	34765690	34162225	67569
烟煤和无烟煤的开采洗选	243	19	34670874	34077569	67569
褐煤的开采洗选	3		41206	35876	
其他煤炭采选	1		53610	48780	
石油和天然气开采业	17	1	53091859	53077840	1303766
天然原油和天然气开采	2		34193063	34185253	
与石油和天然气开采有关的服务活动	15	1	18898796	18892587	1303766
黑色金属矿采选业	901	98	57563295	55305343	77158
铁矿采选	864	98	56287990	54054929	76561
其他黑色金属矿采选	37		1275305	1250414	597
有色金属矿采选业	240	20	14143502	13579384	691398
常用有色金属矿采选	150	11	10030228	9811993	691218
铜矿采选	8	1	1898760	1858869	
铅锌矿采选	41	3	2137164	2071982	9745
镍钴矿采选	2		127750	119500	
铝矿采选	1		25050	24050	
镁矿采选	97	7	5794804	5695692	681473
其他常用有色金属矿采选	1		46700	41900	
贵金属矿采选	35	2	1075719	1054867	180
金矿采选	34	2	1051148	1030267	180
银矿采选	1		24571	24600	
稀有稀土金属矿采选	55	7	3037555	2712524	
钨钼矿采选	54	7	2946505	2621524	
放射性金属矿采选	1		91050	91000	
非金属矿采选业	353	19	10379928	9923158	575351
土砂石开采	252	15	5778413	5539705	138096
石灰石、石膏开采	58	1	1746236	1683854	1318
建筑装饰用石开采	70	1	1295946	1237465	30067
耐火土石开采	28	1	313172	309661	770
粘土及其他土砂石开采	96	12	2423059	2308725	105941

单位：千元

资产总计	流动资产总　计	应收帐款	存货	产成品	流动资产年平均余额	固定资产总　计	固定资产原　价	累计折旧
95018	44691	2365	17826	7490	42713	48273	83742	36367
461603	387690	83405	97522	38634	331441	51860	93476	44178
1846149	753379	16217	87083	17770	755565	1021577	1494544	472967
1362856	277356	98712	36155	20782	649373	768156	1012771	248075
7558061	3426734	976828	1166180	717582	3166876	3469647	4210961	1074433
2484587	1125696	288620	374995	91533	1037207	1190780	2300722	1181967
7377389	3250535	866757	1044853	358737	3029219	2903263	3862688	1108712
9779017	5828014	756324	3207434	885712	5490800	3598157	2914092	1076415
303345389	**129108167**	**13245850**	**41606090**	**14978991**	**121146727**	**129266987**	**219203553**	**97692474**
266547536	112436614	9190973	37906185	13231765	105125897	114938040	196716022	88288191
26455178	12491371	3175687	2945185	1462110	12003570	10071619	13517404	4306232
1062093	418681	129207	179931	66292	474427	440381	608085	168874
9280582	3761501	749983	574789	218824	3542833	3816947	8362042	4929177
1102697756	**544006540**	**116377267**	**147385126**	**47814874**	**544747629**	**446728896**	**553837643**	**171079458**
102526101	46182905	12460153	14722869	3594937	49897463	48825708	65715876	23803142
275421493	122591274	33891923	33278559	16850915	118973917	117174531	148118613	39875284
57278717	29032781	6276196	6517397	2938910	32522634	22933650	30610628	8637381
205366030	113803523	25303464	34154270	10408007	118229625	73131713	99878161	31792768
462105415	232396057	38445531	58712031	14022105	225123990	184663294	209514365	66970883
201873000	**71149996**	**17259764**	**15447687**	**4896154**	**64707483**	**108274686**	**184619392**	**80991615**
55149201	21253999	2570002	3217526	1255177	20441009	26494222	41265285	17622422
55020129	21155249	2515997	3197931	1249144	20346246	26480868	41193015	17562306
118773	90201	49385	16315	6033	86783	11604	70270	59866
10299	8549	4620	3280		7980	1750	2000	250
94406321	24482644	8051880	5858422	166	20281613	61746212	115218956	52879523
60143719	6570324	55664	156		4935938	50866984	95908402	45041418
34262602	17912320	7996216	5858266	166	15345675	10879228	19310554	7838105
33004589	16197162	4596672	3985910	2237474	15201540	12165526	17963168	7258591
32249990	15584700	4258743	3854842	2136817	14711580	12057132	17831213	7233832
754599	612462	337929	131068	100657	489960	108394	131955	24759
11740689	6326327	1203221	1583902	979538	6109846	4314378	5301044	1564511
5933961	3404878	643162	1245189	818877	3347197	2075244	2856635	922433
1309699	929460	54913	606355	465646	1024251	254641	473603	219410
1795577	997216	110818	197647	137868	948066	694147	947331	346346
63644	16421	11584	2711	2610	16401	47223	47657	2110
4613	3023	2849	174	120	3600	1590	1590	520
2750648	1453778	462998	433502	207833	1351869	1074843	1379354	349747
9780	4980		4800	4800	3010	2800	7100	4300
1183131	389146	149783	72963	22680	363876	605906	885498	292887
1112422	352412	149767	69820	22680	327142	571931	840143	277007
70709	36734	16	3143		36734	33975	45355	15880
4623597	2532303	410276	265750	137981	2398773	1633228	1558911	349191
4360217	2434648	410276	241538	130901	2321723	1548531	1407619	282596
263380	97655		24212	7080	77050	84697	151292	66595
7549487	2879107	837064	801164	423799	2662827	3542524	4846735	1654188
3901723	1339322	389096	460404	212886	1213012	1832251	2777695	1009344
716027	282528	80151	119845	66376	244636	347979	466078	132936
707555	236522	47213	84127	35218	217524	437285	507888	90737
328260	92471	22355	33162	23413	95902	202319	239750	49211
2149881	727801	239377	223270	87879	654950	844668	1563979	736460

1-A-2 续表 2

分 组	企业单位数（个）	亏损企业	工业总产值（当年价格）	工业销售产值（当年价格）	出口交货值
化学矿采选	33	1	1340100	1325120	25900
采盐	8		499598	440421	
石棉及其他非金属矿采选	60	3	2761817	2617912	411355
石墨、滑石采选	25	2	758527	715987	79981
宝石、玉石开采	3		412620	398090	
其他非金属矿采选	32	1	1590670	1503835	331374
其他采矿业	2	1	49600	49600	6505
制造业	**19669**	**2977**	**2176363805**	**2114828792**	**281769774**
农副食品加工业	1623	208	162907776	158421203	17217565
谷物磨制	270	26	17892900	17576821	427119
饲料加工	372	24	33159536	32331567	309142
植物油加工	65	9	28836977	29092117	498939
食用植物油加工	64	9	28816471	29073563	498939
非食用植物油加工	1		20506	18554	
制糖	5	1	602441	565072	2420
屠宰及肉类加工	279	39	39174645	37919518	871311
畜禽屠宰	169	23	25730038	24801365	457445
肉制品及副产品加工	110	16	13444607	13118153	413866
水产品加工	333	68	27149015	25745830	12177517
水产品冷冻加工	238	44	23323916	22003225	11044706
鱼糜制品及水产品干腌制加工	61	16	2557588	2542343	994355
水产饲料制造	22	6	571730	561383	48278
其他水产品加工	12	2	695781	638879	90178
蔬菜、水果和坚果加工	195	30	7570722	7085006	2236682
其他农副食品加工	104	11	8521540	8105272	694435
淀粉及淀粉制品的制造	25	2	5326287	5100971	256224
豆制品制造	37	6	1320129	1210818	107902
蛋品加工	6	1	294581	277642	60698
其他未列明的农副食品加工	36	2	1580543	1515841	269611
食品制造业	410	58	27064829	26277768	1815408
焙烤食品制造	67	5	3194969	3058372	108084
糕点、面包制造	45	1	1930231	1872311	70577
饼干及其他焙烤食品制造	22	4	1264738	1186061	37507
糖果、巧克力及蜜饯制造	19		1199934	1170604	10942
糖果、巧克力制造	14		1091157	1060762	10942
蜜饯制作	5		108777	109842	
方便食品制造	51	10	5187183	5105028	19685
米、面制品制造	8	1	247400	242066	5774
速冻食品制造	17	3	1252692	1199176	8937
方便面及其他方便食品制造	26	6	3687091	3663786	4974
液体乳及乳制品制造	29	7	6651813	6544606	6057
罐头制造	67	10	2940534	2704812	1083203
肉、禽类罐头制造	3		28639	29402	3055
水产品罐头制造	7	2	615468	622780	27565
蔬菜、水果罐头制造	52	6	2162707	1917839	969423
其他罐头食品制造	5	2	133720	134791	83160
调味品、发酵制品制造	72	9	3636417	3576834	239655
味精制造	4	2	407225	422232	13310
酱油、食醋及类似制品的制造	46	4	1563019	1501717	85167
其他调味品、发酵制品制造	22	3	1666173	1652885	141178

单位：千元

资产总计	流动资产总计	应收帐款	存货	产成品	流动资产年平均余额	固定资产总计	固定资产原价	累计折旧
1130817	520652	85771	74285	34169	538085	454858	593546	240729
970548	481950	214197	99172	80313	398408	442712	465765	187413
1546399	537183	148000	167303	96431	513322	812703	1009729	216702
611296	281110	96395	86617	37402	256591	275213	382271	111456
99135	75357	11418	39112	27582	58828	21478	31736	13845
835968	180716	40187	41574	31447	197903	516012	595722	91401
22713	10757	925	763		10648	11824	24204	12380
1783339855	**860663327**	**173399222**	**249699744**	**87369676**	**854293534**	**698367455**	**965318425**	**338250888**
69041259	28733440	5958507	11300088	5812498	28102161	32737697	42880322	12085200
9033674	3206531	647289	1091510	480348	3139424	4746084	6911273	2452317
11012821	4527173	952255	1427376	617820	4427479	5457459	7153597	1890619
9437644	4487045	484045	2898675	1588075	4885636	3677481	6040187	2747010
9419622	4477237	483225	2895514	1585650	4875828	3669268	6031974	2747010
18022	9808	820	3161	2425	9808	8213	8213	
805498	458802	15369	120789	100963	421514	190302	199006	15389
13598005	5072712	1283786	1423508	953931	5069773	7542971	9208100	2046867
8785061	3190453	823200	916993	697495	3084232	4807893	5719632	1188755
4812944	1882259	460586	506515	256436	1985541	2735078	3488468	858112
14023445	6855942	1602265	2912404	1373592	6244843	5919403	7242166	1749216
11273113	5408184	1242673	2248087	1171136	4786257	5027978	6117263	1449056
2000710	1129316	264756	544015	145155	1111196	631982	778357	209865
301950	161384	61874	55073	39897	167212	134068	179988	47556
447672	157058	32962	65229	17404	180178	125375	166558	42739
5131115	1870384	467422	731876	380855	1763672	2024752	2366794	462664
5999057	2254851	506076	693950	316914	2149820	3179245	3759199	721118
3636182	1166819	276590	351997	117818	1226438	2156698	2540933	388328
689579	299044	53362	107810	43506	280721	276809	411164	146268
438045	191087	31325	76417	69079	194405	237912	313609	100200
1235251	597901	144799	157726	86511	448256	507826	493493	86322
18943116	6967565	1414762	1678374	859823	7093751	9650445	12752827	3948656
1938570	600389	125877	105847	49929	687780	1064527	1278888	247683
1004772	371892	76847	75143	33899	372227	516035	632450	146008
933798	228497	49030	30704	16030	315553	548492	646438	101675
427884	184987	25018	67216	20224	165368	228567	289123	84659
373366	166571	21203	59174	17143	147403	201835	258405	79766
54518	18416	3815	8042	3081	17965	26732	30718	4893
4381083	2174071	507738	200983	149952	2309130	2085127	2335134	557568
96579	28242	6920	8323	3875	29458	42013	56273	15855
1085408	339273	40417	104260	83975	291366	680670	497755	102840
3199096	1806556	460401	88400	62102	1988306	1362444	1781106	438873
4114073	1014145	156620	207446	107810	987211	2816337	4420816	1823660
2445326	995311	144755	528739	287793	957525	877553	1070893	248824
163088	39373	180	27823	22792	43698	82547	88762	7382
283264	91006	30808	35065	20004	98510	157154	163559	17412
1920185	815569	104234	449147	233095	781499	610277	786053	218841
78789	49363	9533	16704	11902	33818	27575	32519	5189
2329288	737214	224078	221427	104145	740104	1195151	1595741	555886
314284	143875	51132	70766	36723	157299	163986	397164	238647
1097914	335070	64015	89059	50104	320518	512764	655142	181187
917090	258269	108931	61602	17318	262287	518401	543435	136052

1-A-2 续表 3

分组	企业单位数（个）	亏损企业	工业总产值（当年价格）	工业销售产值（当年价格）	出口交货值
其他食品制造	105	17	4253979	4117512	347782
营养、保健食品制造	37	5	928444	881131	51242
冷冻饮品及食用冰制造	28	2	1701265	1662485	
盐加工	18	5	800344	804612	2456
食品及饲料添加剂制造	14	2	331525	315218	19503
其他未列明的食品制造	8	3	492401	454066	274581
饮料制造业	235	20	21532518	20510432	857005
酒精制造	7		480806	456651	
酒的制造	126	13	11732934	11284431	628503
白酒制造	81	10	4043924	3846170	6324
啤酒制造	26	3	6796550	6614759	620350
黄酒制造	2		33593	30714	
葡萄酒制造	14		788227	713551	
其他酒制造	3		70640	79237	1829
软饮料制造	101	7	9285328	8736350	228502
碳酸饮料制造	18	1	2953121	2699718	21500
瓶(罐)装饮用水制造	43	1	2298864	2233634	6639
果菜汁及果菜汁饮料制造	24	5	1805575	1766433	189387
含乳饮料和植物蛋白饮料制造	9		492592	481892	
固体饮料制造	3		296065	302882	
茶饮料及其他软饮料制造	4		1439111	1251791	10976
精制茶加工	1		33450	33000	
烟草制品业	4	1	4163270	4130474	7756
烟叶复烤	1	1	37750	37750	
卷烟制造	3		4125520	4092724	7756
纺织业	544	149	25710495	24535284	5359487
棉、化纤纺织及印染精加工	163	61	11166440	10484080	1969882
棉、化纤纺织加工	131	47	8157776	7633485	1014885
棉、化纤印染精加工	32	14	3008664	2850595	954997
毛纺织和染整精加工	10	3	672758	583437	30831
毛条加工	3		199958	201700	
毛纺织	6	2	339508	285426	28540
毛染整精加工	1	1	133292	96311	2291
麻纺织	8	1	650045	616908	35567
丝绢纺织及精加工	69	25	2750361	2669088	899323
缫丝加工	37	8	1826142	1777270	630885
绢纺和丝织加工	30	16	698615	672708	203138
丝印染精加工	2	1	225604	219110	65300
纺织制成品制造	149	34	5491446	5301574	1045067
棉及化纤制品制造	49	12	2235099	2062740	601616
毛制品制造	2		139190	137510	10
丝制品制造	5	1	91097	89914	5700
绳、索、缆的制造	19	5	555911	529420	25784
纺织带和帘子布制造	10		343483	337946	857
无纺布制造	37	9	1513685	1531265	305397
其他纺织制成品制造	27	7	612981	612779	105703
针织品、编织品及其制品制造	145	25	4979445	4880197	1378817
棉、化纤针织品及编织品制造	85	18	3001382	2949383	923882
毛针织品及编织品制造	45	6	1456376	1426749	327018
丝针织品及编织品制造	4	1	269125	254057	3881
其他针织品及编织品制造	11		252562	250008	124036

单位：千元

资产总计	流动资产总计	应收帐款	存货	产成品	流动资产年平均余额	固定资产总计	固定资产原价	累计折旧
3306892	1261448	230676	346716	139970	1246633	1383183	1762232	430376
816987	326541	66841	122166	69838	330663	256468	296744	56136
1119496	396096	43074	82581	30021	347732	588411	790433	215905
784363	296852	99505	55612	23582	308045	281688	381842	105242
354516	146448	13506	30788	11395	159822	183992	198473	15825
231530	95511	7750	55569	5134	100371	72624	94740	37268
18035086	6977564	797980	2388557	831508	7425327	8702465	11654168	3604687
455415	78447	15581	20063	2846	69419	347461	485397	163169
10916332	4778186	311271	1650666	280891	5124497	4661953	6389479	2212031
2033011	598843	80040	291705	135614	546844	762628	1030189	336327
8132021	3979600	203766	1288708	131927	4282722	3664434	5005933	1749472
51950	9475	3872	4348	446	10646	16501	17600	1099
472427	164266	18606	57804	10311	155503	184241	259047	75489
226923	26002	4987	8101	2593	128782	34149	76710	49644
6652949	2118241	469868	717318	547321	2228811	3685351	4771362	1228847
1461847	413540	72175	156708	96119	609763	889184	1346871	480586
1047634	421546	47725	68849	37693	404962	575691	809012	259587
2071004	725815	83833	410588	341184	761935	781782	876070	179449
391241	148087	6233	25601	21469	151357	185117	204248	27278
320139	114487	5939	14769	11222	114252	192484	197109	4988
1361084	294766	253963	40803	39634	186542	1061093	1338052	276959
10390	2690	1260	510	450	2600	7700	7930	640
2665978	1514987	140976	1078785	53323	1658120	1082261	1628575	639678
119730	20973	1567			20973	82056	85656	3600
2546248	1494014	139409	1078785	53323	1637147	1000205	1542919	636078
19532022	9220112	1937677	3518875	1827781	8979219	8467607	11583032	3461119
9897440	4504818	775196	1912376	982591	4432251	4590788	6099645	1730549
7424180	3286563	587271	1463576	773774	3231086	3610645	4693694	1226667
2473260	1218255	187925	448800	208817	1201165	980143	1405951	503882
815277	355067	41487	182851	134547	229595	379617	472993	96151
396064	152939	22412	59708	31827	52424	242825	264360	21535
397802	202128	19075	123143	102720	177171	136792	208633	74616
21411								
295230	101523	24051	52875	34334	98488	156048	190676	34628
1618263	777517	159692	340907	280298	750237	790236	972325	198045
1015709	475157	77399	239294	217140	469642	517025	556283	48697
486120	278827	70581	99823	62648	261233	180705	260612	86098
116434	23533	11712	1790	510	19362	92506	155430	63250
3378108	1488086	451901	553135	274564	1590697	1491539	2232424	786472
1186058	539420	148116	291121	149516	547157	516011	874584	365396
27594	6179	2975	2850	1423	9671	20658	37129	16471
41708	13058	7849	2462	1154	11506	24744	31589	7231
346767	146671	41263	78121	54381	178155	166402	225842	62422
127140	61762	28882	12165	7009	62289	48106	59778	17270
1149321	458585	116163	79849	33497	533547	530805	735874	231556
499520	262411	106653	86567	27584	248372	184813	267628	86126
3527704	1993101	485350	476731	121447	1877951	1059379	1614969	615274
2522770	1531527	382772	325807	60271	1471874	591830	952139	418328
760024	331607	73234	105139	45283	269564	377512	528394	152398
44430	15383	977	14138	6628	16395	20301	32673	12372
200480	114584	28367	31647	9265	120118	69736	101763	32176

1-A-2 续表 4

分 组	企业单位数（个）	亏损企业	工业总产值（当年价格）	工业销售产值（当年价格）	出口交货值
纺织服装、鞋、帽制造业	814	174	47348418	43416493	14181159
纺织服装制造	750	172	40134647	36562285	13623473
纺织面料鞋的制造	61	1	7147013	6796057	507869
制帽	3	1	66758	58151	49817
皮革、毛皮、羽毛(绒)及其制品业	190	22	8371029	8244225	520119
皮革鞣制加工	2		728103	728103	
皮革制品制造	169	20	6626269	6555433	507171
皮鞋制造	137	8	5306176	5283195	273745
皮革服装制造	16	7	493805	486664	104852
皮箱、包(袋)制造	8		327161	326278	422
皮手套及皮装饰制品制造	5	4	251925	239375	113177
其他皮革制品制造	3	1	247202	219921	14975
毛皮鞣制及制品加工	13	1	850706	824619	11698
毛皮鞣制加工	2		15360	15398	
毛皮服装加工	10	1	806676	780551	8838
其他毛皮制品加工	1		28670	28670	2860
羽毛(绒)加工及制品制造	6	1	165951	136070	1250
羽毛(绒)加工	3	1	77262	48401	
羽毛(绒)制品加工	3		88689	87669	1250
木材加工及木、竹、藤、棕、草制品业	522	97	25000075	24227324	3324170
锯材、木片加工	99	11	3591014	3526770	360536
锯材加工	77	6	2328136	2277003	332005
木片加工	22	5	1262878	1249767	28531
人造板制造	149	20	10114857	9711283	386182
胶合板制造	62	7	4589408	4395944	297682
纤维板制造	18	8	1113219	1049828	
刨花板制造	12		1514506	1465963	
其他人造板、材制造	57	5	2897724	2799548	88500
木制品制造	264	66	11004184	10704852	2533799
建筑用木料及木材组件加工	157	22	8293725	8118289	1848762
木容器制造	37	10	1058747	1039587	27335
软木制品及其他木制品制造	70	34	1651712	1546976	657702
竹、藤、棕、草制品制造	10		290020	284419	43653
家具制造业	259	51	19712439	18918496	4122428
木质家具制造	220	44	17580835	16834968	4034083
竹、藤家具制造	2	2	10752	10752	
金属家具制造	17	3	666797	651128	
其他家具制造	20	2	1454055	1421648	88345
造纸及纸制品业	355	48	15827454	15378240	614398
纸浆制造	2		73699	71989	16699
造纸	102	18	4609255	4351377	225233
机制纸及纸板制造	85	18	4047353	3830213	223041
手工纸制造	1		22600	21500	2150
加工纸制造	16		539302	499664	42
纸制品制造	251	30	11144500	10954874	372466
纸和纸板容器的制造	182	16	8898864	8720557	205393
其他纸制品制造	69	14	2245636	2234317	167073
印刷业和记录媒介的复制	203	46	8418218	8259406	271018
印刷	181	41	6506234	6407256	153915
书、报、刊印刷	69	22	2322935	2226545	585
本册印制	12	1	433235	428316	
包装装潢及其他印刷	100	18	3750064	3752395	153330

单位：千元

资产总计	流动资产总计	应收帐款	存货	产成品	流动资产年平均余额	固定资产总计	固定资产原价	累计折旧
25220881	8873010	1897528	2634456	1202249	8934346	7377796	10112654	3113222
23786623	8570916	1796586	2504484	1197408	8158802	6833501	9371148	2888091
1400798	280161	95797	117676	2640	753601	533523	724560	218957
33460	21933	5145	12296	2201	21943	10772	16946	6174
2400243	1284460	355405	516986	313406	1155321	798299	1156648	419885
99513	39723	7213	23035	22310	39160	17402	36415	30026
1793226	1039148	288144	365497	176366	971631	549260	784532	275128
1010629	642169	195654	200334	150360	656472	209423	309802	102953
359676	194023	41160	63852	12698	114207	147907	188534	67948
119445	33111	7414	3614	1716	32365	70556	121882	53847
135394	36155	7626	12434	9537	30051	88393	121402	40449
168082	133690	36290	85263	2055	138536	32981	42912	9931
411834	176254	42155	118821	108144	120549	212542	313917	106575
21232	5132	2781	1481	401	3280	10790	11833	1043
373993	169175	38854	115913	106822	115844	187090	286164	104274
16609	1947	520	1427	921	1425	14662	15920	1258
95670	29335	17893	9633	6586	23981	19095	21784	8156
23142	13870	9223	3553	2297	10604	2655	3023	680
72528	15465	8670	6080	4289	13377	16440	18761	7476
13053634	5481012	1342382	2196831	707334	5317430	6425201	8710706	2578871
1821408	897512	349878	268810	75650	962222	723422	957841	267587
1416093	678208	327713	228287	59468	761024	564605	745092	210380
405315	219304	22165	40523	16182	201198	158817	212749	57207
4805416	1436775	332490	556934	265372	1343874	2957647	3968302	1112149
2350899	577748	167912	190272	98860	548645	1621084	2055158	478370
1238804	372126	85646	160130	69948	357452	677200	992482	333649
322490	66593	10485	23196	20509	61441	221430	346807	159538
893223	420308	68447	183336	76055	376336	437933	573855	140592
6312010	3089533	645884	1350414	359394	2942005	2705420	3716784	1169066
4680628	2208513	421735	973097	260069	2108689	2147803	2944122	912711
503316	201303	86472	69378	21430	185636	208029	301396	102655
1128066	679717	137677	307939	77895	647680	349588	471266	153700
114800	57192	14130	20673	6918	69329	38712	67779	30069
11136334	4896949	1243662	2058743	705566	5165215	4651484	6259851	1908575
10312450	4592323	1172645	1952941	648514	4870056	4243237	5709545	1754258
29727	24823	6685	17366		3242	4119	4119	1080
311035	123446	32482	27392	7363	118470	156867	203193	53091
483122	156357	31850	61044	49689	173447	247261	342994	100146
12382610	4601174	1475216	1201524	554531	4606696	5775251	7562857	2200116
28055	20104	18605	679		3221	7951	11249	3298
6743815	2211374	593133	596835	205677	2136645	3106288	4048435	1067466
6429883	2097320	586952	547348	179000	2033302	2953104	3847945	1009960
4250	1600	600	100	100	1630	2650	2695	45
309682	112454	5581	49387	26577	101713	150534	197795	57461
5610740	2369696	863478	604010	348854	2466830	2661012	3503173	1129352
4078908	1649383	550284	445774	254406	1658915	1894808	2573281	878085
1531832	720313	313194	158236	94448	807915	766204	929892	251267
6942016	2938519	831117	578394	243434	2864906	2869013	4799030	1998217
6034463	2665605	747999	544499	233231	2621498	2602184	4439808	1894701
2550254	1143995	298146	236499	93101	1153966	919534	1609833	721067
253558	90484	15179	15389	13071	91607	157075	181079	30101
3230651	1431126	434674	292611	127059	1375925	1525575	2648896	1143533

1-A-2 续表 5

分组	企业单位数(个)	亏损企业	工业总产值(当年价格)	工业销售产值(当年价格)	出口交货值
装订及其他印刷服务活动	9	3	219211	212980	45990
记录媒介的复制	13	2	1692773	1639170	71113
文教体育用品制造业	68	12	2390722	2344961	940324
文化用品制造	23	5	402583	394152	134705
文具制造	5	2	42533	42216	9479
笔的制造	7	1	128817	127547	6144
教学用模型及教具制造	7	1	104551	101724	17908
其他文化用品制造	4	1	126682	122665	101174
体育用品制造	23	2	602859	605418	378771
球类制造	2		43844	41957	34002
体育器材及配件制造	7		141772	142823	55376
训练健身器材制造	4		79667	79667	
运动防护用具制造	6	1	263129	262417	222752
其他体育用品制造	4	1	74447	78554	66641
乐器制造	11	3	698235	676141	387035
西乐器制造	5	2	352450	332328	246897
电子乐器制造	2	1	131482	131482	131482
其他乐器及零件制造	4		214303	212331	8656
玩具制造	4	2	56965	52979	32146
游艺器材及娱乐用品制造	7		630080	616271	7667
露天游乐场所游乐设备制造	5		590610	576970	
游艺用品及室内游艺器材制造	2		39470	39301	7667
石油加工、炼焦及核燃料加工业	296	51	280079556	273804872	23192083
精炼石油产品的制造	280	51	273659640	267643300	23192083
原油加工及石油制品制造	277	51	273577917	267591509	23192083
人造原油生产	3		81723	51791	
炼焦	16		6419916	6161572	
化学原料及化学制品制造业	1274	215	114723622	111990624	5204635
基础化学原料制造	327	67	21538789	20884658	1270580
无机酸制造	37	7	1409990	1378171	6003
无机碱制造	19	8	2796118	2801510	245515
无机盐制造	55	14	3397840	3194180	57626
有机化学原料制造	118	22	8392508	7948974	756537
其他基础化学原料制造	98	16	5542333	5561823	204899
肥料制造	140	14	14213881	13918997	629112
氮肥制造	12	2	6566088	6607020	496746
磷肥制造	3		49720	48818	
钾肥制造	3	1	377652	339500	
复混肥料制造	71	7	5591883	5374238	4965
有机肥料及微生物肥料制造	36	4	1028013	964676	23194
其他肥料制造	15		600525	584745	104207
农药制造	40	11	2893347	2583164	577675
化学农药制造	35	10	2815757	2509906	563745
生物化学农药及微生物农药制造	5	1	77590	73258	13930
涂料、油墨、颜料及类似产品制造	193	20	9479563	8952401	606088
涂料制造	137	14	5463663	5290168	4500
油墨及类似产品制造	11		262104	257086	267
颜料制造	6	2	1730738	1490623	220029
染料制造	24	2	1622235	1525633	321715
密封用填料及类似品制造	15	2	400823	388891	59577

单位：千元

资产总计	流动资产总计	应收帐款	存货	产成品	流动资产年平均余额	固定资产总计	固定资产原价	累计折旧
179699	71990	17873	10770	2971	63136	97364	142948	52707
727854	200924	65245	23125	7232	180272	169465	216274	50809
1843897	1057338	286972	478107	155595	1014712	623458	899064	298759
294524	152909	55254	41548	8572	154933	84496	161659	80096
50256	30715	22148	6048	323	30683	17540	24210	6677
106897	20278	9848	5883	3293	22157	32304	55371	25101
48676	30335	9208	5853	2836	35148	17852	28624	11664
88695	71581	14050	23764	2120	66945	16800	53454	36654
461010	252603	39152	124314	25441	285143	188722	269438	86703
47132	21051	2987	11102	10048	17985	22952	23864	912
125687	57806	6345	40659	4501	65851	66231	96063	29832
58744	21063	8469	5815	3434	31890	34480	46298	11998
177463	119295	17561	49392	5932	130835	50826	85882	35256
51984	33388	3790	17346	1526	38582	14233	17331	8705
872638	580085	176352	284372	117006	505605	233736	323513	99960
695751	439480	122780	217041	85972	383007	208355	273674	72234
115667	90191	35739	47178	11829	92706	18363	27703	12585
61220	50414	17833	20153	19205	29892	7018	22136	15141
64511	27575	3303	14461	3360	20973	30957	42663	14345
151214	44166	12911	13412	1216	48058	85547	101791	17655
138014	41562	12212	12196		38498	82630	97930	16711
13200	2604	699	1216	1216	9560	2917	3861	944
114483764	63343506	3414727	18178437	7240620	57816408	44131532	84437841	41813800
111059214	61871450	3108415	17975916	7166417	56165046	42324083	82396475	41402279
110973146	61849864	3107241	17971958	7164258	56143677	42266561	82333266	41395335
86068	21586	1174	3958	2159	21369	57522	63209	6944
3424550	1472056	306312	202521	74203	1651362	1807449	2041366	411521
130061823	52711203	7328745	11267288	5168573	50749287	65728688	71049068	27532013
27311386	9965187	1361831	1633005	739893	9728095	14098941	13859343	4522996
807087	409616	111893	121674	77475	370424	380937	453404	101205
6768272	2740598	86508	214908	50664	2976238	2555548	4666563	2120498
2283306	842061	190689	242562	103897	829258	762064	1194112	524645
13530913	4055681	428264	731250	371824	3660839	8764888	5023270	805024
3921808	1917231	544477	322611	136033	1891336	1635504	2521994	971624
43417932	13567579	917842	1704756	858102	13836055	25946833	16693367	5931838
38214273	11130237	799029	1003274	420694	11562725	23595344	13936364	5366575
14148	8830	3486	4354	3160	9436	5318	7644	2326
402848	286912	27456	61406	30481	260106	60930	78795	18096
3757373	1809162	-2291	510931	329492	1730107	1743843	2040192	405475
721878	255278	71592	92322	53349	199632	449396	524813	120342
307412	77160	18570	32469	20926	74049	92002	105559	19024
3958951	2011155	403706	692504	501181	1859885	1478802	1865809	554634
3894867	1974094	397624	670725	489806	1824770	1454827	1822768	528336
64084	37061	6082	21779	11375	35115	23975	43041	26298
8246808	3178832	677529	967688	490411	3196452	3691396	4474653	1288607
3414435	1664260	494011	453869	252063	1618322	1252801	1599943	473650
249510	95535	20740	12870	5500	97316	136251	169562	33628
2553101	637620	24944	220754	97970	770016	1193486	1345264	243045
1808929	684260	92652	261605	128702	611772	1005248	1209154	490248
220833	97157	45182	18590	6176	99026	103610	150730	48036

1-A-2 续表 6

分 组	企业单位数（个）	亏损企业	工业总产值（当年价格）	工业销售产值（当年价格）	出口交货值
合成材料制造	69	12	37436676	37664087	505260
初级形态的塑料及合成树脂制造	41	6	5452746	5228994	497889
合成橡胶制造	6	2	196225	194973	
合成纤维单(聚合)体的制造	7	2	31385465	31858237	7371
其他合成材料制造	15	2	402240	381883	
专用化学产品制造	450	82	27037313	25919483	1371523
化学试剂和助剂制造	212	37	13226486	12419291	796357
专项化学用品制造	130	19	6574219	6349533	116494
林产化学产品制造	5	1	231157	225733	
炸药及火工产品制造	26	4	2671030	2673171	196020
信息化学品制造	9	3	1386971	1384446	157688
环境污染处理专用药剂材料制造	14	7	141548	137623	14740
动物胶制造	2		49615	48740	
其他专用化学产品制造	52	11	2756287	2680946	90224
日用化学产品制造	55	9	2124053	2067834	244397
肥皂及合成洗涤剂制造	24	4	852930	825669	20
化妆品制造	11	1	647181	631366	16500
口腔清洁用品制造	2		122887	119806	
香料、香精制造	4		204312	201570	40164
其他日用化学产品制造	14	4	296743	289423	187713
医药制造业	279	54	26836958	25433745	2361955
化学药品原药制造	49	9	9321408	8960898	1986802
化学药品制剂制造	61	20	6909032	6528704	177245
中药饮片加工	46	4	1769209	1563989	6851
中成药制造	59	11	3098723	2957098	56796
兽用药品制造	20	2	1272164	1251672	
生物、生化制品的制造	36	7	3861951	3573370	134261
卫生材料及医药用品制造	8	1	604471	598014	
化学纤维制造业	35	10	8335282	7634130	60132
纤维素纤维原料及纤维制造	6	2	1586443	1083845	35
人造纤维(纤维素纤维)制造	6	2	1586443	1083845	35
合成纤维制造	29	8	6748839	6550285	60097
锦纶纤维制造	13	2	604789	557599	9166
涤纶纤维制造	6	3	1948373	1900334	
腈纶纤维制造	3	1	4034874	3929124	21657
其他合成纤维制造	7	2	160803	163228	29274
橡胶制品业	280	39	23725337	22544007	1590637
轮胎制造	27	10	11551099	10752124	958155
车辆、飞机及工程机械轮胎制造	21	9	11326167	10535065	890848
力车胎制造	3		122817	114944	67307
轮胎翻新加工	3	1	102115	102115	
橡胶板、管、带的制造	71	9	3124412	3079106	158271
橡胶零件制造	114	8	4345010	4230668	139348
再生橡胶制造	8		2321230	2135355	
日用及医用橡胶制品制造	8	3	450108	440630	102024
橡胶靴鞋制造	18	8	578789	581750	218230
其他橡胶制品制造	34	1	1354689	1324374	14609
塑料制品业	837	117	49088632	47685957	3369652
塑料薄膜制造	81	13	3905263	3771942	181692
塑料板、管、型材的制造	204	38	16068141	15563110	211551
塑料丝、绳及编织品的制造	231	13	13921829	13684705	332060
泡沫塑料制造	51	8	1748181	1692852	67504

单位：千元

资产总计	流动资产总　　计				流动资产年平均余额	固定资产总　　计	固定资产原　　价	累计折旧
		应收帐款	存货					
				产成品				
24776017	12016838	709431	2557486	1005030	10907886	12459105	24065582	12329382
4034014	1028328	349552	305028	186893	1373538	2900489	3924953	1114106
203257	86841	18487	15003	5660	90224	66135	84067	19358
20199686	10713020	278659	2182435	799184	9259471	9374895	19957594	11167510
339060	188649	62733	55020	13293	184653	117586	98968	28408
20666226	10978107	2933095	3460992	1472295	10200492	7516522	9387257	2668675
8906008	4855069	1523679	1340487	924109	4664498	3003515	3904697	1191044
4449873	2471770	708591	757475	229377	2008116	1491635	1933626	488792
238249	99757	10186	44504	8307	79873	107641	109103	7652
3852070	1575686	379587	558286	207834	1514293	2182455	2409622	657720
1904005	1233454	131952	558529	16382	1239857	296808	402094	106918
141228	75809	18408	11105	4497	67383	39565	51941	13351
24177	3593	1523	979	971	3275	3367	12395	9028
1150616	662969	159169	189627	80818	623197	391536	563779	194170
1684503	993505	325311	250857	101661	1020422	537089	703057	235881
784490	425898	137452	89103	32493	440542	308434	444379	150280
449071	338608	158016	87939	41486	344848	55332	76851	21919
78941	47851	2468	15324	5288	51477	9363	11560	2447
159567	95068	13829	17950	14159	95468	62803	46651	20794
212434	86080	13546	40541	8235	88087	101157	123616	40441
28939566	11948227	3022784	3371199	2105100	13896609	14867918	20198873	5997350
9684232	2727110	985087	973227	583437	5271570	6656938	9080892	2616010
8030432	4401820	964329	1084487	914713	3790915	3226227	4427042	1381551
2255315	970936	255333	261906	156638	919714	992833	1201219	309700
3055693	1374263	323678	382397	180011	1377450	1364812	1810842	562588
624713	235488	17976	44211	31525	184735	326610	414616	100794
4352306	1727634	436407	435140	203357	1786638	2004976	2822669	880585
936875	510976	39974	189831	35419	565587	295522	441593	146122
10790568	6185743	334136	1250400	484458	5208485	4080896	8639360	4618855
339551	260442	29247	126974	91533	243423	76314	94997	19337
339551	260442	29247	126974	91533	243423	76314	94997	19337
10451017	5925301	304889	1123426	392925	4965062	4004582	8544363	4599518
616198	262087	70466	106836	48112	255997	220468	481552	263069
3320611	1769123	70227	384721	40998	1755765	1506727	2176870	721173
6336486	3793717	148416	612052	293266	2856776	2201247	5763299	3562052
177722	100374	15780	19817	10549	96524	76140	122642	53224
17387305	6732122	2490538	2244431	1577343	7489352	9429167	12207787	3550808
10798622	3522567	1231807	1453098	1070426	4149541	6381081	8007945	2246081
10655875	3448576	1208161	1426252	1060751	4076856	6315542	7920104	2202616
112214	50675	13958	17995	9663	51941	58322	74211	37052
30533	23316	9688	8851	12	20744	7217	13630	6413
2731564	1319264	574286	406137	325379	1494299	1294686	1785716	565974
1655432	880316	238888	156752	59494	854231	715746	953257	267651
964693	366119	272181	71697	67126	322562	517573	701264	186091
343627	184894	65081	49548	12023	218627	134514	191371	64058
287590	185861	24621	68205	24073	189131	83184	160580	82622
605777	273101	83674	38994	18822	260961	302383	407654	138331
43647512	25167846	4196685	4518858	2388995	23778239	14457341	20025818	6210528
2150558	774392	213275	146951	73236	809716	989090	1195844	268194
20910121	13861574	1839378	2236357	1357102	12951451	5000458	7223079	2485808
9848196	5353622	742967	877682	493844	4991935	3975830	4521749	660437
2732148	1459587	160921	109181	47402	1227888	697844	1153101	485594

1-A-2 续表 7

分组	企业单位数（个）	亏损企业	工业总产值（当年价格）	工业销售产值（当年价格）	出口交货值
塑料人造革、合成革制造	4		1171490	1111640	2485
塑料包装箱及容器制造	91	11	4935552	4665440	284955
塑料零件制造	47	12	2199656	2166330	934292
日用塑料制造	59	9	1970537	1938103	47975
塑料鞋制造	1	1	6323	6323	
日用塑料杂品制造	58	8	1964214	1931780	47975
其他塑料制品制造	69	13	3167983	3091835	1307138
非金属矿物制品业	1854	244	132447588	126549180	11569645
水泥、石灰和石膏的制造	239	51	15937912	15427635	104832
水泥制造	212	46	14551651	14081091	104832
石灰和石膏制造	27	5	1386261	1346544	
水泥及石膏制品制造	257	58	14770446	14362577	4599
水泥制品制造	186	50	10235179	9950854	4599
砼结构构件制造	42	5	2805259	2777586	
石棉水泥制品制造	12	2	1158823	1095319	
轻质建筑材料制造	13	1	430812	396255	
其他水泥制品制造	4		140373	142563	
砖瓦、石材及其他建筑材料制造	499	28	27785563	27210638	407216
粘土砖瓦及建筑砌块制造	247	7	5907211	5742380	4936
建筑陶瓷制品制造	54	3	8739084	8725965	63833
建筑用石加工	74	9	7408931	7154440	153108
防水建筑材料制造	49	4	2471015	2420829	
隔热和隔音材料制造	47	4	2025758	1941834	7762
其他建筑材料制造	28	1	1233564	1225190	177577
玻璃及玻璃制品制造	166	27	11488987	11131875	1017198
平板玻璃制造	14	6	2300829	2124973	247690
技术玻璃制品制造	33	2	2832761	2773031	497032
光学玻璃制造	2	1	17183	17183	5536
玻璃仪器制造	5	1	74868	69947	
日用玻璃制品及玻璃包装容器制造	32	7	1430966	1388357	92073
玻璃保温容器制造	3		170448	166874	
玻璃纤维及制品制造	31	2	1212674	1215817	139469
玻璃纤维增强塑料制品制造	33	5	2574146	2526075	25239
其他玻璃制品制造	13	3	875112	849618	10159
陶瓷制品制造	21	4	1120939	1094547	187436
特种陶瓷制品制造	16	3	999261	981884	185079
日用陶瓷制品制造	4	1	111580	102988	2357
园林、陈设艺术及其他陶瓷制品制造	1		10098	9675	
耐火材料制品制造	512	52	52085956	48653090	7368947
石棉制品制造	11	1	385535	390248	61254
云母制品制造	2		100918	102759	37276
耐火陶瓷制品及其他耐火材料制造	499	51	51599503	48160083	7270417
石墨及其他非金属矿物制品制造	160	24	9257785	8668818	2479417
石墨及碳素制品制造	79	10	4723386	4562786	753738
其他非金属矿物制品制造	81	14	4534399	4106032	1725679
黑色金属冶炼及压延加工业	581	90	310865312	305180611	45212697
炼铁	62	12	11262933	10427666	88
炼钢	30	4	16896158	17030181	2451315
钢压延加工	393	51	257154987	252621302	39946141
铁合金冶炼	96	23	25551234	25101462	2815153

单位：千元

资产总计	流动资产总计	应收帐款	存货	产成品	流动资产年平均余额	固定资产总计	固定资产原价	累计折旧
242795	153396	4646	92282	64634	139163	82631	191151	108805
2828697	1148087	429951	380950	118608	1265791	1565886	2306210	812516
1542733	665191	264006	191836	88222	664181	804197	1384365	591960
1121620	527473	164169	154600	71970	509739	533390	647707	154072
12771	9810	87	4689		9682	2961	2961	1901
1108849	517663	164082	149911	71970	500057	530429	644746	152171
2270644	1224524	377372	329019	73977	1218375	808015	1402612	643142
98268431	43519940	14120927	11842528	5888320	40944548	40122512	53757878	15764766
22923436	6844161	1672772	2331227	660895	6314126	11133182	15329756	4633993
22006865	6336873	1315357	2264405	645149	5890517	10807286	15019382	4563564
916571	507288	357415	66822	15746	423609	325896	310374	70429
9627640	4589722	2148864	742974	340962	4727462	4220375	5946099	1939985
7558313	3783120	1772215	521436	212915	3969796	3183769	4502378	1509182
1237054	603934	340161	115605	56391	558218	493210	710526	237957
385559	75311	17330	24485	22171	73785	276441	420387	145936
372410	106218	15983	65744	48603	106642	230024	268964	39997
74304	21139	3175	15704	882	19021	36931	43844	6913
10732167	3556318	908337	880162	453047	3426938	6456955	7694746	1422685
2920443	1184330	260230	309383	215626	1109966	1465852	1891734	471172
2578616	526748	18093	37507	21781	516971	2011097	2102803	92824
2347354	521769	113298	190570	101262	506471	1660825	2032632	453579
1394768	603126	181848	203281	58089	617183	712313	864870	200986
730736	439550	233041	42834	18507	400908	227481	327124	106853
760250	280795	101827	96587	37782	275439	379387	475583	97271
9512906	4275935	842063	1062795	608469	4004569	4220120	5903481	1848953
2988919	1141953	138780	465001	296470	1095839	1694167	2397592	755869
1117608	476153	114000	158142	90273	544378	560409	801967	256812
9142	3285	1244	255	71	3178	4868	5416	1504
27039	14671	10015	3295	3106	16949	12368	20695	8492
753479	263452	63569	103820	56557	255413	308875	443730	167955
86423	58791	14667	34807	17740	46592	27632	58535	31752
2312578	1186248	245238	67907	46425	1224861	573387	715996	162820
699887	433929	95037	106297	58646	439899	246512	303262	97325
1517831	697453	159513	123271	39181	377460	791902	1156288	366424
1632541	1083739	263387	337157	213975	903944	407546	677820	286987
1386477	932741	260825	313360	203882	794614	367081	631214	280715
235541	149948	1588	23721	10017	106485	35309	39996	4818
10523	1050	974	76	76	2845	5156	6610	1454
37076092	19594635	7376179	5370695	3258210	18249277	11225767	15036221	4585688
415648	135718	55918	48642	20110	98627	247731	273183	25624
16808	6218	505	3067	1442	6149	9937	12471	2762
36643636	19452699	7319756	5318986	3236658	18144501	10968099	14750567	4557302
6763649	3575430	909325	1117518	352762	3318232	2458567	3169755	1046475
3166851	1993008	564337	697928	187697	1885788	801156	1247346	485577
3596798	1582422	344988	419590	165065	1432444	1657411	1922409	560898
336716711	113194382	10274235	44803419	13826136	114012754	148226310	224478807	88342949
5654058	2649807	459247	1100323	808839	2204796	2443699	2695053	642202
27016171	9764091	1539450	3267749	1002532	9381579	11523065	11219049	4894187
292065747	93423658	6135628	37866324	10911100	95923864	131201026	206772214	81811411
11980735	7356826	2139910	2569023	1103665	6502515	3058520	3792491	995149

1-A-2 续表 8

分 组	企业单位数（个）	亏损企业	工业总产值（当年价格）	工业销售产值（当年价格）	出口交货值
有色金属冶炼及压延加工业	393	75	74366921	72823422	2361116
常用有色金属冶炼	90	22	22059606	21580705	337243
铜冶炼	9	4	5213041	5230354	
铅锌冶炼	20	4	8656053	8476813	1222
镍钴冶炼	5	2	2031615	1879603	117596
铝冶炼	16	2	3095019	3078647	
镁冶炼	15		386299	376529	102626
其他常用有色金属冶炼	25	10	2677579	2538759	115799
贵金属冶炼	23	4	2143305	2070870	13700
金冶炼	20	4	1750175	1687248	
其他贵金属冶炼	3		393130	383622	13700
稀有稀土金属冶炼	38	13	7487311	7201322	902457
钨钼冶炼	30	9	6220393	5943369	740524
稀土金属冶炼	5	2	397346	388411	
其他稀有金属冶炼	3	2	869572	869542	161933
有色金属合金制造	50	5	3464932	3440386	78836
有色金属压延加工	192	31	39211767	38530139	1028880
常用有色金属压延加工	178	30	38214142	37632168	651501
贵金属压延加工	2		229078	193234	
稀有稀土金属压延加工	12	1	768547	704737	377379
金属制品业	1201	164	86082752	85012869	17404070
结构性金属制品制造	505	76	46025561	46260082	8987739
金属结构制造	388	57	23510785	22524688	731672
金属门窗制造	117	19	22514776	23735394	8256067
金属工具制造	101	11	3183696	3072429	496661
切削工具制造	38	6	1313710	1258699	295240
手工具制造	12	1	377813	360789	
农用及园林用金属工具制造	26	2	492609	474700	129077
刀剪及类似日用金属工具制造	4	1	122447	110680	72344
其他金属工具制造	21	1	877117	867561	
集装箱及金属包装容器制造	138	24	13211200	12535195	5160512
集装箱制造	8	4	4913991	4975938	4778526
金属压力容器制造	70	11	5340620	4600997	83347
金属包装容器制造	60	9	2956589	2958260	298639
金属丝绳及其制品的制造	65	3	3707187	3593286	807139
建筑、安全用金属制品制造	131	20	6382618	6202683	843963
建筑、家具用金属配件制造	19	8	1534731	1427024	208421
建筑装饰及水暖管道零件制造	83	7	3698594	3644531	625442
安全、消防用金属制品制造	21	5	949525	938113	
其他建筑、安全用金属制品制造	8		199768	193015	10100
金属表面处理及热处理加工	167	19	6740298	6594238	220822
搪瓷制品制造	9		330385	318512	5771
工业生产配套用搪瓷制品制造	8		281429	269556	5771
搪瓷日用品及其他搪瓷制品制造	1		48956	48956	
不锈钢及类似日用金属制品制造	36	5	1445660	1422241	536657
金属制厨房调理及卫生器具制造	5	2	157383	155316	18304
金属制厨用器皿及餐具制造	19	2	1056373	1041623	488001
其他日用金属制品制造	12	1	231904	225302	30352
其他金属制品制造	49	6	5056147	5014203	344806
铸币及贵金属制实验室用品制造	1		1291110	1239322	
其他未列明的金属制品制造	48	6	3765037	3774881	344806

单位：千元

资产总计	流动资产总计				流动资产年平均余额	固定资产总计	固定资产原价	累计折旧
		应收帐款	存货	产成品				
54459517	28218779	3641833	6970055	2814471	28766278	18486443	25122851	8782638
19931718	8592058	877159	2654720	929536	9995121	7389185	9565644	3880609
1092004	773461	189945	142843	103411	921774	288289	392518	107104
12291002	5524157	176944	1521708	252480	6417161	3919571	6259612	2738762
907906	505370	45015	285975	198805	489266	241517	296227	56289
3669314	891274	231844	445511	200553	1241300	2110900	1668619	829420
164240	80878	39453	22068	15914	97641	67531	97964	31924
1807252	816918	193958	236615	158373	827979	761377	850704	117110
1332008	742887	236548	236939	151504	733874	432035	781097	389151
1110960	655364	175785	211669	130541	636423	347824	717574	381025
221048	87523	60763	25270	20963	97451	84211	63523	8126
2784452	1867047	281949	609091	251347	1738323	436630	591066	179191
1696440	1000970	174105	337776	119965	866133	252619	294134	56851
419365	319135	42881	65217	16539	294119	81886	97631	25164
668647	546942	64963	206098	114843	578071	102125	199301	97176
2642536	1636413	432926	683278	163044	1849859	885557	985255	169332
27768803	15380374	1813251	2786027	1319040	14449101	9343036	13199789	4164355
27216285	15098093	1749639	2710144	1294322	14143973	9220382	13039560	4122049
55804	47970	2004	31893	10933	47970	5010	7088	2078
496714	234311	61608	43990	13785	257158	117644	153141	40228
51034509	23175799	9400079	5813131	2210590	24703653	22591210	29682875	7946281
27018160	10884627	5112573	2318856	977386	12321058	13413055	16427950	3476170
14124507	6627849	2209895	1848452	802830	6003832	5472920	7029219	1953556
12893653	4256778	2902678	470404	174556	6317226	7940135	9398731	1522614
2756444	1147912	300780	484118	167005	1060494	1222147	1502546	368317
1325602	744861	203414	312345	126829	678068	372717	553199	232641
138514	67318	24420	16858	11208	70769	62805	91816	29036
451660	123714	32102	38892	6469	116277	308883	357019	48373
499304	130462	9228	93263	8335	91225	346034	345140	28792
341364	81557	31616	22760	14164	104155	131708	155372	29475
8131185	4346588	1594432	1323835	454375	4478157	2976632	4132334	1262893
1922977	1096740	473596	385976	83290	1413323	445651	686994	241504
3945208	2141625	750848	734211	284583	1996548	1514819	2186247	713532
2263000	1108223	369988	203648	86502	1068286	1016162	1259093	307857
2954816	1314749	443814	249271	97804	1278518	1225697	1955639	740984
2530038	1415356	520569	326860	177867	1408951	870974	1174283	330102
272646	173679	43506	36674	11079	168755	87557	125828	45393
1753159	980424	371429	216195	124887	976903	612847	835198	226711
323484	202176	85281	64472	37451	198676	85057	96305	26364
180749	59077	20353	9519	4450	64617	85513	116952	31634
3445380	1869661	726088	396174	109463	1791440	1196615	1572037	440746
137967	79840	25341	26555	16628	77493	42095	62960	21154
120756	67751	23330	17477	7550	65404	36973	56394	19710
17211	12089	2011	9078	9078	12089	5122	6566	1444
582994	285002	80134	133079	41847	314953	257369	335620	106975
90196	45640	12858	18469	4344	20926	41725	42371	9096
376844	170118	43109	92678	30562	233914	180041	239602	66925
115954	69244	24167	21932	6941	60113	35603	53647	30954
3477525	1832064	596348	554383	168215	1972589	1386626	2519506	1198940
912993	463815	27668	207876	37359	587540	397250	1211986	850249
2564532	1368249	568680	346507	130856	1385049	989376	1307520	348691

1-A-2 续表 9

分 组	企业单位数（个）	亏损企业	工业总产值（当年价格）	工业销售产值（当年价格）	出口交货值
通用设备制造业	3394	402	221996757	212983851	18747059
锅炉及原动机制造	149	18	7056301	6732117	606582
锅炉及辅助设备制造	114	12	3336503	3208010	8750
内燃机及配件制造	28	6	2854033	2664321	597832
汽轮机及辅机制造	6		607446	607390	
水轮机及辅机制造	1		258319	252396	
金属加工机械制造	290	34	42443821	41083721	2958852
金属切削机床制造	78	9	32219173	31232482	2734166
金属成形机床制造	39	8	1728548	1613070	36801
铸造机械制造	33	7	884961	877718	119757
金属切割及焊接设备制造	24	3	1111837	1077777	60000
机床附件制造	80	7	3544942	3466700	7818
其他金属加工机械制造	36		2954360	2815974	310
起重运输设备制造	193	28	20254101	18572228	2999874
泵、阀门、压缩机及类似机械的制造	589	69	27494205	26590592	1952756
泵及真空设备制造	244	27	13674592	13175524	485334
气体压缩机械制造	44	3	2343898	2283079	119966
阀门和旋塞的制造	182	25	7281971	7191242	1136919
液压和气压动力机械及元件制造	119	14	4193744	3940747	210537
轴承、齿轮、传动和驱动部件的制造	382	22	28046573	27190323	1693078
轴承制造	304	16	23897196	23274388	1551060
齿轮、传动和驱动部件制造	78	6	4149377	3915935	142018
烘炉、熔炉及电炉制造	17	1	911500	895658	14130
风机、衡器、包装设备等通用设备制造	281	42	32376093	30698571	3899161
风机、风扇制造	73	6	12138436	11030258	76286
气体、液体分离及纯净设备制造	26	2	746039	693280	13813
制冷、空调设备制造	79	13	15212659	14805883	3183074
风动和电动工具制造	8	2	662719	659090	533774
喷枪及类似器具制造	3		110896	110866	
包装专用设备制造	12	4	274781	261172	30085
衡器制造	12	2	448363	423239	3992
其他通用设备制造	68	13	2782200	2714783	58137
通用零部件制造及机械修理	625	85	24879016	24295648	1006439
金属密封件制造	34	3	1213868	1200865	137476
紧固件、弹簧制造	79	17	2853898	2815860	199206
机械零部件加工及设备修理	474	58	18771209	18236822	476258
其他通用零部件制造	38	7	2040041	2042101	193499
金属铸、锻加工	868	103	38535147	36924993	3616187
钢铁铸件制造	705	80	33091580	31541532	3596708
锻件及粉末冶金制品制造	163	23	5443567	5383461	19479
专用设备制造业	1246	163	102831649	97140459	7367610
矿山、冶金、建筑专用设备制造	489	49	58964065	54786659	2871675
采矿、采石设备制造	223	21	21500121	20664470	641178
石油钻采专用设备制造	89	6	9280786	6837280	324234
建筑工程用机械制造	56	3	2765629	2732421	95401
建筑材料生产专用机械制造	39	6	2237877	2240865	151713
冶金专用设备制造	82	13	23179652	22311623	1659149
化工、木材、非金属加工专用设备制造	269	45	17327629	16391322	751648
炼油、化工生产专用设备制造	68	11	6223496	5821840	83971
橡胶加工专用设备制造	27	5	1629386	1599103	172383
塑料加工专用设备制造	8	1	391042	390070	73646
木材加工机械制造	11	1	162468	159331	1249
模具制造	149	26	8796810	8299766	418129
其他非金属加工专用设备制造	6	1	124427	121212	2270

单位：千元

资产总计	流动资产总　计	应收帐款	存货	产成品	流动资产年平均余额	固定资产总　计	固定资产原　价	累计折旧
185255723	89994240	31176926	27508372	11222532	97343406	74142707	96475336	28284180
6477523	3316309	1178663	1130183	438761	3106277	2272761	2987980	899695
3047639	1607233	588171	572600	175924	1493223	1018277	1302039	380113
3155131	1512836	503532	525152	259233	1431843	1200280	1613461	500651
221404	178476	84605	32431	3604	165802	33204	38980	6431
53349	17764	2355			15409	21000	33500	12500
43973356	18165474	6436304	6145005	2604461	25330623	22954077	27670374	7187500
37168105	15191713	5553667	5319593	2239364	22048353	20167516	24029738	6068252
1452188	631685	165782	278120	158517	883673	682147	885173	229213
534303	240531	76142	68039	26505	260106	276649	295403	61882
1039836	542162	87844	61319	11625	483211	462723	534287	74302
2695245	990646	410123	221323	91780	1128804	971247	1353908	558070
1083679	568737	142746	196611	76670	526476	393795	571865	195781
14207058	8832693	2598315	2876728	570233	8601799	4409210	5363663	1030365
22579264	12100318	4199131	3371534	1564330	11692337	8304200	11082198	3403995
10157526	5404059	1805240	1550298	751543	5027692	3945458	5338128	1603840
1910148	664828	343797	144808	76870	954745	1153783	1451864	352347
6862913	3984819	1257706	982832	371743	3510242	1885917	2472248	892732
3648677	2046612	792388	693596	364174	2199658	1319042	1819958	555076
24579197	11343942	3430315	3661864	2077724	11003701	9073133	11950199	4055432
21499450	10265312	3039851	3239809	1792576	9544517	7657332	10043604	3504043
3079747	1078630	390464	422055	285148	1459184	1415801	1906595	551389
453502	236590	43933	122936	61628	181289	144691	227377	112250
29555469	18293333	7381472	5457690	2043930	20173103	10231267	14698043	4943727
10314010	4475458	2425228	1079034	827422	6884300	5639436	7743813	2185309
528675	350793	124460	122766	23691	350061	127640	182196	55513
15802326	11779941	4097331	3801647	1062225	11482031	3394051	5275260	2134727
485112	260762	88088	100953	15096	237294	192101	451613	283141
21379	15669	8536	4429	284	13860	5710	6665	955
191171	112678	35235	40545	8317	99722	73429	109714	44100
315369	194267	105654	45248	36372	191970	101319	126721	30538
1897427	1103765	496940	263068	70523	913865	697581	802061	209444
15176746	6759228	2550235	1496359	611962	6908606	5979223	7896105	2247785
1356600	891567	490254	157839	56317	886686	448351	486842	149116
2105798	883230	258375	217278	98431	840611	802561	1031620	299860
10690818	4413495	1589126	978588	412609	4668488	4316624	5894849	1717449
1023530	570936	212480	142654	44605	512821	411687	482794	81360
28253608	10946353	3358558	3246073	1249503	10345671	10774145	14599397	4403431
25079237	9493682	2684861	2898718	1039959	8982713	9753049	13093938	3744428
3174371	1452671	673697	347355	209544	1362958	1021096	1505459	659003
102401091	58795972	18941142	20417266	5167581	59021115	36551366	45576168	11321983
65030156	38382014	12754801	14026700	3099212	39635990	23778683	28699264	5841171
20404611	6481121	2946812	2451645	2043044	12902533	13286808	15897538	2751902
9572795	7053342	2655766	1685790	232510	5392984	1924421	1704191	401192
2535219	1205617	372519	350815	160131	1426877	979847	1258072	295448
1788021	799054	264383	314142	100472	993973	745706	841482	220294
30729510	22842880	6515321	9224308	563055	18919623	6841901	8997981	2172335
14221592	8118111	2168627	2803072	1219920	7988828	4788295	6159711	1899312
6886070	4727510	1098216	1780802	789260	4716740	1780414	2351058	687433
1571260	862275	299358	393591	162246	795896	629401	619604	315650
395744	247224	34817	43200	14146	234545	117085	157019	40524
121771	46324	14425	13220	5736	44863	72955	99061	27203
5131919	2146326	703171	557286	244370	2106939	2163905	2903432	823500
114828	88452	18640	14973	4162	89845	24535	29537	5002

1-A-2 续表 10

分 组	企业单位数（个）	亏损企业	工业总产值（当年价格）	工业销售产值（当年价格）	出口交货值
食品、饮料、烟草及饲料生产专用设备制造	46	5	1908677	1874197	63079
食品、饮料、烟草工业专用设备制造	13	2	980833	970476	1245
农副食品加工专用设备制造	26	3	678722	662090	61834
饲料生产专用设备制造	7		249122	241631	
印刷、制药、日化生产专用设备制造	74	8	3285132	3161178	89931
制浆和造纸专用设备制造	33	7	1130608	1060223	51191
印刷专用设备制造	17		1196633	1177895	38740
日用化工专用设备制造	2		174059	174059	
制药专用设备制造	14	1	352933	327015	
照明器具生产专用设备制造	2		106189	105335	
玻璃、陶瓷和搪瓷制品生产专用设备制造	3		139575	137459	
其他日用品生产专用设备制造	3		185135	179192	
纺织、服装和皮革工业专用设备制造	30	7	1032900	1021794	23140
纺织专用设备制造	20	5	661407	661982	19970
皮革、毛皮及其制品加工专用设备制造	2		105004	99718	55
缝纫机械制造	6	1	225639	219563	3115
其他服装加工专用设备制造	2	1	40850	40531	
电子和电工机械专用设备制造	46	8	4399386	4376517	248541
电工机械专用设备制造	24	5	842848	810047	12171
电子工业专用设备制造	16	3	358294	352859	
武器弹药制造	3		2954850	2975310	236370
航空、航天及其他专用设备制造	3		243394	238301	
农、林、牧、渔专用机械制造	60	8	1472602	1473045	84276
拖拉机制造	3		105414	102999	13510
机械化农业及园艺机具制造	24	3	588889	581059	1005
畜牧机械制造	1		24805	15732	3698
渔业机械制造	1		14566	14566	
农林牧渔机械配件制造	16	4	461258	452059	11220
其他农林牧渔业机械制造及机械修理	15	1	277670	306630	54843
医疗仪器设备及器械制造	39	5	4673315	4693606	1995716
医疗诊断、监护及治疗设备制造	11		2225670	2287445	463577
实验室及医用消毒设备和器具的制造	8	1	227126	220277	
医疗、外科及兽医用器械制造	9	3	1751292	1721897	1388308
机械治疗及病房护理设备制造	4		92773	92081	
其他医疗设备及器械制造	7	1	376454	371906	143831
环保、社会公共安全及其他专用设备制造	193	28	9767943	9362141	1239604
环境污染防治专用设备制造	99	17	4451636	4304337	65745
地质勘查专用设备制造	1		14991	14700	
商业、饮食、服务业专用设备制造	2	1	124975	104074	35707
社会公共安全设备及器材制造	29	4	2021463	2005346	741253
交通安全及管制专用设备制造	2	1	138538	134715	
水资源专用机械制造	10		152403	148020	1500
其他专用设备制造	50	5	2863937	2650949	395399
交通运输设备制造业	844	158	186997314	187795818	46467535
铁路运输设备制造	96	18	11953830	11775480	809997
铁路机车车辆及动车组制造	5		4769255	4757291	168337
工矿有轨专用车辆制造	2	1	33256	30202	
铁路机车车辆配件制造	39	7	2900461	2863446	641144
铁路专用设备及器材、配件制造	37	3	1713543	1673140	516
其他铁路设备制造及设备修理	13	7	2537315	2451401	

单位：千元

资产总计	流动资产总计	应收帐款	存货	产成品	流动资产年平均余额	固定资产总计	固定资产原价	累计折旧
1378970	680039	211464	192052	60652	648874	515211	655011	145030
516262	279189	63062	81839	26880	259085	151846	228836	78061
820355	376578	138437	101811	25862	367490	345502	404863	59766
42353	24272	9965	8402	7910	22299	17863	21312	7203
2345309	1330778	397420	516573	135873	1262839	788799	1098395	389075
1371678	877371	268214	421354	72618	821530	385470	607358	256902
346468	138469	25875	20948	13616	143689	176151	204869	39947
72646	59072	28111	9468	5250	54775	3948	7307	3359
393445	194740	60302	46752	26474	182484	135193	177346	61813
43389	13142	2541	551	423	13023	30247	32532	2385
62486	22181	5586	852	844	26810	28396	35965	12847
55197	25803	6791	16648	16648	20528	29394	33018	11822
1025909	519680	102218	171052	98468	537592	393685	616125	238448
761258	389238	73206	104486	84283	408928	277646	419597	147941
113141	45526	18558	21653		41410	67135	75007	15724
129869	77991	9474	39265	8793	80388	41135	110006	70557
21641	6925	980	5648	5392	6866	7769	11515	4226
5779978	2912222	1055452	902133	155924	2585510	2616560	3337134	1035182
468021	278299	86348	45680	20562	284987	167197	232032	72250
412537	247869	55967	51884	8906	236818	123856	166790	46375
4831217	2370555	909374	804141	126100	2051113	2306003	2905386	901664
68203	15499	3763	428	356	12592	19504	32926	14893
1891696	381805	102991	145321	36749	401240	760451	1146350	418412
41959	27179	1718	10760	7880	26471	14780	15425	645
387532	113538	53401	30330	17574	131553	241284	285254	50599
8536	5461	1592	3246	10	5421	3075	4659	1584
12271	4674	54	3272		5647	5627	1939	1631
1272126	165287	25213	78861	3959	164149	396352	703839	326553
169272	65666	21013	18852	7326	67999	99333	135234	37400
2892806	1815092	759100	580289	77004	1811042	606165	951822	396231
1830474	1194825	563397	390499	18150	1181720	258564	346870	108173
81733	37249	11553	14770	6726	41155	36365	43227	7446
661280	436465	161090	138188	43920	454862	177839	405928	232411
36648	26903	2841	5849	5524	25923	9745	11690	2307
282671	119650	20219	30983	2684	107382	123652	144107	45894
7834675	4656231	1389069	1080074	283779	4149200	2303517	2912356	959122
3762425	2117303	691507	465257	126441	1920657	1091937	1288751	365703
42113	15984		91	88	15984	25552	39095	13543
135834	83092	48136	22445	4279	81217	45651	70263	25507
1106973	589924	236000	115587	39983	546834	466993	652371	191614
16588	9310	1260	3668	3105	9068	3099	6272	3173
96249	63122	9788	17522	2117	58805	23309	34126	10817
2674493	1777496	402378	455504	107766	1516635	646976	821478	348765
268401964	179887750	22520506	44167181	6073119	171820498	65933844	80991667	25492665
12771645	8065465	2164155	3496753	338789	8557774	2803828	3455119	1542267
6627661	4639232	701141	2193777	160513	5245760	1004731	1555151	752806
29988	26241	14172	4509	753	21307	3747	4530	783
1888576	1546844	796429	463057	89633	1234591	297047	439330	210337
1017718	700391	356730	144168	77676	687211	211905	363567	158187
3207702	1152757	295683	691242	10214	1368905	1286398	1092541	420154

1-A-2 续表 11

分 组	企业单位数(个)	亏损企业	工业总产值(当年价格)	工业销售产值(当年价格)	出口交货值
汽车制造	520	110	93226635	95606958	6125534
汽车整车制造	23	8	48978436	52427926	1156736
改装汽车制造	29	7	6664214	6492904	154138
电车制造	1		7685	5723	
汽车车身、挂车的制造	10	3	936015	936111	10300
汽车零部件及配件制造	393	78	35215973	34328219	4801079
汽车修理	64	14	1424312	1416075	3281
摩托车制造	4		109734	108038	47
摩托车整车制造	1		79401	79220	
摩托车零部件及配件制造	3		30333	28818	47
自行车制造	5	1	165555	158988	
脚踏自行车及残疾人座车制造	1	1	10123	9382	
助动自行车制造	4		155432	149606	
船舶及浮动装置制造	190	29	66012094	64746851	38668087
金属船舶制造	27	5	34551306	34272051	17936505
非金属船舶制造	1	1	9960	9444	
娱乐船和运动船的建造和修理	8	1	89988	89682	35075
船用配套设备制造	107	13	8145208	7919822	1153547
船舶修理及拆船	47	9	23215632	22455852	19542960
航空航天器制造	18		14778053	14654758	863870
飞机制造及修理	13		14670737	14547442	863870
航天器制造	3		97148	97148	
其他飞行器制造	2		10168	10168	
交通器材及其他交通运输设备制造	11		751413	744745	
交通管理用金属标志及设施制造	7		646653	640380	
其他交通运输设备制造	4		104760	104365	
电气机械及器材制造业	1089	152	103937647	99596347	11917425
电机制造	89	9	11177341	10681005	4911271
发电机及发电机组制造	13	1	866304	849191	
电动机制造	66	6	5909729	5597353	1028368
微电机及其他电机制造	10	2	4401308	4234461	3882903
输配电及控制设备制造	568	79	43772860	41803127	2374547
变压器、整流器和电感器制造	177	19	18485997	17644847	916082
电容器及其配套设备制造	30	3	2269643	2124634	63080
配电开关控制设备制造	281	44	15642823	14840232	294854
电力电子元器件制造	51	8	5180953	5006024	1059384
其他输配电及控制设备制造	29	5	2193444	2187390	41147
电线、电缆、光缆及电工器材制造	283	40	34553513	33633835	1313712
电线电缆制造	231	31	32394496	31416920	1238367
光纤、光缆制造	7	3	559975	553440	
绝缘制品制造	20	2	657576	649570	3089
其他电工器材制造	25	4	941466	1013905	72256
电池制造	16	3	1937478	1824763	482791
家用电力器具制造	47	11	7397870	6631998	1610882
家用制冷电器具制造	6	4	3043981	2677494	567952
家用空气调节器制造	7	1	2817434	2409333	1008589
家用通风电器具制造	1		5002	5136	
家用厨房电器具制造	8	1	301688	308579	20196
家用清洁卫生电器具制造	4		460315	460315	7300
家用美容、保健电器具制造	1		27040	26980	1715
家用电力器具专用配件制造	1		15800	14680	
其他家用电力器具制造	19	5	726610	729481	5130

单位：千元

资产总计	流动资产总计	应收帐款	存货	产成品	流动资产年平均余额	固定资产总计	固定资产原价	累计折旧
86499240	44803772	13407321	11289989	5149465	48672138	27663278	39228626	12857636
45254285	24693468	5324174	6724493	2965736	27100978	13769350	20026276	6752963
4955940	2224060	967805	550188	210812	3106932	2315881	3212929	908761
8702	3998	1550	2283	1200	3390	4704	7127	2423
657601	374854	65063	195636	80475	449880	187520	206564	27178
34669367	16959667	6842622	3708846	1867886	17494753	11140016	15458217	5082871
953345	547725	206107	108543	23356	516205	245807	317513	83440
154311	25450	4572	16350	11929	66143	128179	174967	46788
129872	8837	880	7957	7300	49231	121035	158530	37495
24439	16613	3692	8393	4629	16912	7144	16437	9293
40731	14208	6039	7145	5013	13751	26136	32252	6361
12499	5477	4993	467	427	5429	7022	10511	3489
28232	8731	1046	6678	4586	8322	19114	21741	2872
142065935	110835301	3831836	20619313	136301	99107036	27544852	29669819	7301951
105057405	87248766	1023511	13420837	824	73156670	16248779	16578994	4624639
1048	808	-2	547		853	240	755	515
204093	96577	2709	55221	34173	91921	60907	86682	26364
10420969	6275902	742415	2597776	86503	5678891	2795620	2513929	578597
26382420	17213248	2063203	4544932	14801	20178701	8439306	10489459	2071836
26302991	16019525	3066005	8711260	410098	15233534	7348983	7904482	3601165
26264572	15992105	3062480	8701732	409214	15210730	7342564	7892832	3595925
19009	15152	3524	8044	685	10963	3850	4711	861
19410	12268	1	1484	199	11841	2569	6939	4379
567111	124029	40578	26371	21524	170122	418588	526402	136497
482063	58513	29830	19150	19065	103522	405332	500970	124321
85048	65516	10748	7221	2459	66600	13256	25432	12176
74516315	37365470	14011805	10294874	5313766	40436104	30987381	44226629	14946233
9583085	5323725	1595867	1462637	763446	5091540	3160179	5769519	2961309
1089959	473539	27648	29726	9585	245229	546431	687374	148918
5609867	3073229	914831	1156782	674345	3085940	2163246	3123394	1284751
2883259	1776957	653388	276129	79516	1760371	450502	1958751	1527640
35823825	17087931	6659119	4570362	2201222	20194033	15653541	21066707	6112025
15201171	6296089	2536620	2033116	1058210	8428713	7551128	9924350	2456958
2197227	1068038	411954	182954	74294	1047948	593538	992155	466444
13307490	7279290	2748672	1888035	940223	8276995	5271236	7042757	2249243
4283813	2044101	809571	356636	78485	2093077	1850586	2647556	812031
834124	400413	152302	109621	50010	347300	387053	459889	127349
18858775	9153849	3795600	2447353	1404970	9677610	8251842	11315801	3469100
17597424	8465367	3572215	2220317	1244740	9010595	7764126	10668950	3297517
465698	275229	63350	120948	101342	258795	184853	249666	66135
333109	157507	49267	40885	24220	156596	162577	218403	57399
462544	255746	110768	65203	34668	251624	140286	178782	48049
1387602	598322	230890	159828	85405	596980	731315	872590	213023
5703819	3397007	1066893	1211830	696607	3150711	2036402	3570307	1602212
2726014	1557476	403188	621487	353592	1785816	1115663	2217729	1108842
1679043	1271159	466449	431863	287218	838876	317229	554706	272008
2027	1900	588	989	749	1927	105	105	
349215	156732	33961	45796	18610	174468	160153	235614	75556
109526	40598	11941	1853	1045	39949	66529	95723	29752
13762	13414	1502	7620	1023	3218	348	500	152
2984	1184	536	448		897	1800	1960	160
821248	354544	148728	101774	34370	305560	374575	463970	115742

1-A-2 续表 12

分 组	企业单位数（个）	亏损企业	工业总产值（当年价格）	工业销售产值（当年价格）	出口交货值
非电力家用器具制造	12	1	953840	933245	
燃气、太阳能及类似能源的器具制造	9	1	772026	754797	
其他非电力家用器具制造	3		181814	178448	
照明器具制造	64	7	2169597	2120071	276864
电光源制造	19	2	658222	638397	76566
照明灯具制造	38	3	1267024	1239409	68753
灯用电器附件及其他照明器具制造	7	2	244351	242265	131545
其他电气机械及器材制造	10	2	1975148	1968303	947358
车辆专用照明及电气信号设备装置制造	2		1704393	1711362	911564
其他未列明的电气机械制造	8	2	270755	256941	35794
通信设备、计算机及其他电子设备制造业	287	61	61667044	60846119	31539580
通信设备制造	36	9	6009704	5875376	348382
通信传输设备制造	10	3	532150	512366	
通信交换设备制造	8	1	345844	337368	
通信终端设备制造	5	2	47944	48922	12072
移动通信及终端设备制造	10	2	4942209	4866947	259868
其他通信设备制造	3	1	141557	109773	76442
雷达及配套设备制造	4		2242390	2214479	1116535
广播电视设备制造	16	2	473216	421949	17234
广播电视节目制作及发射设备制造	6	1	204338	190102	16355
广播电视接收设备及器材制造	6		229231	198568	
应用电视设备及其他广播电视设备制造	4	1	39647	33279	879
电子计算机制造	29	9	11691345	11357016	6987780
电子计算机整机制造	5	3	1302697	1293340	
计算机网络设备制造	3		438593	438593	
电子计算机外部设备制造	21	6	9950055	9625083	6987780
电子器件制造	62	13	11442833	11167260	4560025
电子真空器件制造	9	3	8596139	8525298	3870533
半导体分立器件制造	21	5	1197258	1140792	299151
集成电路制造	13	2	716652	666742	186009
光电子器件及其他电子器件制造	19	3	932784	834428	204332
电子元件制造	83	18	7635672	7378119	4879524
电子元件及组件制造	70	16	6589006	6474862	4146164
印制电路板制造	13	2	1046666	903257	733360
家用视听设备制造	16	4	15232884	15570571	12666439
家用影视设备制造	11	3	13081218	13382980	11029173
家用音响设备制造	5	1	2151666	2187591	1637266
其他电子设备制造	41	6	6939000	6861349	963661
仪器仪表及文化、办公用机械制造业	319	55	13274111	12729122	1889020
通用仪器仪表制造	220	34	8675309	8346238	410721
工业自动控制系统装置制造	107	18	4682111	4505457	10726
电工仪器仪表制造	39	4	1383665	1348000	12688
绘图、计算及测量仪器制造	9	4	234260	231181	56154
实验分析仪器制造	23	6	588511	562048	78912
试验机制造	10		454225	448549	94458
供应用仪表及其他通用仪器制造	32	2	1332537	1251003	157783
专用仪器仪表制造	55	8	1849871	1799855	51680
环境监测专用仪器仪表制造	8	2	131206	132206	3654
汽车及其他用计数仪表制造	4		255419	240020	

单位：千元

资产总计	流动资产总计	应收帐款	存货	产成品	流动资产年平均余额	固定资产总计	固定资产原价	累计折旧
731144	548122	199535	150350	19513	430891	142436	194513	52902
680071	535737	192052	148652	19513	421100	112862	164854	52542
51073	12385	7483	1698		9791	29574	29659	360
1424216	537865	193449	140338	81568	544472	754287	951635	306942
470291	178277	60604	64414	48109	194420	245230	344705	142827
868851	293761	103439	53762	29663	287826	494222	583117	153389
85074	65827	29406	22162	3796	62226	14835	23813	10726
1003849	718649	270452	152176	61035	749867	257379	485557	228720
623645	514767	229301	100362	38847	541514	96466	246516	150224
380204	203882	41151	51814	22188	208353	160913	239041	78496
46800540	27380251	7956812	4690144	1646781	25988676	13207973	19705740	8387904
3648457	1504277	477995	198443	48152	1526931	1922016	1977210	235170
451650	233686	93082	49879	14082	207693	197892	125413	48647
330695	130537	35386	12654	149	172995	103012	152660	49649
68665	31861	11565	3968	1000	32328	35786	39418	4781
2703218	1058823	319946	116980	30664	1063642	1551181	1580388	86906
94229	49370	18016	14962	2257	50273	34145	79331	45187
1077213	684758	264389	169622	46353	738928	258371	507853	249980
754538	638754	168640	149628	5019	610851	82336	135407	57730
160004	147418	65914	54361	2532	128406	10526	23887	13789
521072	449221	101076	89039	2400	439203	49931	84390	37559
73462	42115	1650	6228	87	43242	21879	27130	6382
5919060	3412513	1194124	675902	96140	3785591	2412922	5364370	3114459
228272	124496	26091	7634	635	72849	97885	159017	61132
65541	15719	3883	3990	206	11187	49733	92568	42835
5625247	3272298	1164150	664278	95299	3701555	2265304	5112785	3010492
11563410	6410142	1876733	1650353	834202	6204475	2460084	3937237	1843175
7789496	4578295	1269336	1215768	693879	4369974	1097557	2183305	1229815
1004527	605537	199444	179655	68557	634231	348436	524928	217507
551045	445706	188525	122369	20595	439581	102498	210177	109315
2218342	780604	219428	132561	51171	760689	911593	1018827	286538
5679396	3008868	1031240	628771	215575	2838939	2011321	2870716	1120745
3733597	2188328	829819	535499	183209	2080596	1368168	1901794	767348
1945799	820540	201421	93272	32366	758343	643153	968922	353397
11668028	8715826	2278445	895287	283165	7606240	2264039	2834330	1285708
10897883	8217743	2063347	821367	276093	7134036	2010576	2414290	1118132
770145	498083	215098	73920	7072	472204	253463	420040	167576
6490438	3005113	665246	322138	118175	2676721	1796884	2078617	480937
10779378	6306530	2148320	1604117	493700	6121634	3346278	4487821	1496073
6893998	4247941	1496743	991596	298703	4232590	1842795	2536222	872903
4370070	2883715	990513	636750	155661	2986559	1081575	1462054	517162
928946	481848	154676	115648	41910	458919	281141	396554	132993
168919	100501	32885	17159	2811	85585	55071	92050	36998
314379	184975	74439	48761	18051	168851	81582	121956	41712
223540	109924	15535	35630	24089	113309	76224	87544	16906
888144	486978	228695	137648	56181	419367	267202	376064	127132
1625333	870030	291828	198647	71977	789855	605266	574842	103269
149552	75765	33452	16323	6856	65808	13063	14375	3176
306378	132364	2617	17137	13341	89132	171927	112179	21674

1-A-2 续表 13

分　组	企业单位数(个)	亏损企业	工业总产值(当年价格)	工业销售产值(当年价格)	出口交货值
导航、气象及海洋专用仪器制造	6	2	99182	94640	
地质勘探和地震专用仪器制造	4	1	138443	133306	
教学专用仪器制造	2		46433	45988	
核子及核辐射测量仪器制造	9		266874	262578	533
电子测量仪器制造	9	2	325988	321066	47493
其他专用仪器制造	13	1	586326	570051	
钟表与计时仪器制造	6	3	235607	191226	81831
光学仪器及眼镜制造	7	4	496679	497975	434659
光学仪器制造	3		56967	55968	50
眼镜制造	4	4	439712	442007	434609
文化、办公用机械制造	17	2	1772195	1651827	880706
照相机及器材制造	3		804631	733411	703825
复印和胶印设备制造	7		537220	536341	59814
计算器及货币专用设备制造	3	1	243154	196034	18599
其他文化、办公用机械制造	4	1	187190	186041	98468
其他仪器仪表的制造及修理	14	4	244450	242001	29423
工艺品及其他制造业	199	37	8754513	8516422	2283486
工艺美术品制造	146	22	5703564	5412396	1332274
雕塑工艺品制造	21	4	453324	456794	123761
金属工艺品制造	6	1	739144	727875	78057
漆器工艺品制造	2	1	26270	25860	
花画工艺品制造	44	5	1417212	1408273	580177
天然植物纤维编织工艺品制造	20	1	604791	595493	92081
抽纱刺绣工艺品制造	13	1	159745	158781	22980
地毯、挂毯制造	3	1	155854	123920	8489
珠宝首饰及有关物品的制造	6	1	1269823	1048079	53599
其他工艺美术品制造	31	7	877401	867321	373130
日用杂品制造	23	9	1446789	1414025	617125
制镜及类似品加工	2		35244	35064	
鬃毛加工、制刷及清扫工具的制造	6		189828	186852	149221
其他日用杂品制造	15	9	1221717	1192109	467904
煤制品制造	19	3	703475	697329	
核辐射加工	1		5231	5231	
其他未列明的制造业	10	3	895454	987441	334087
废弃资源和废旧材料回收加工业	34	4	1905567	1896931	600
金属废料和碎屑的加工处理	16		1603600	1597406	
非金属废料和碎屑的加工处理	18	4	301967	299525	600
电力、燃气及水的生产和供应业	**447**	**176**	**130550931**	**129654252**	**569**
电力、热力的生产和供应业	340	130	123905930	123253918	569
电力生产	83	30	30910168	30833646	
火力发电	44	23	28962472	28912349	
水力发电	19	3	838174	822380	
其他能源发电	20	4	1109522	1098917	
电力供应	65	4	82094702	81857876	38
热力生产和供应	192	96	10901060	10562396	531
燃气生产和供应业	38	12	2644744	2605715	
水的生产和供应业	69	34	4000257	3794619	
自来水的生产和供应	51	30	3102127	2922552	
污水处理及其再生利用	16	3	728912	703479	
其他水的处理、利用与分配	2	1	169218	168588	

单位：千元

资产总计	流动资产总计	应收帐款	存货	产成品	流动资产年平均余额	固定资产总计	固定资产原价	累计折旧
177337	116491	27193	55009	10224	110833	21687	38173	17785
172685	111297	61132	25246	6453	111392	50169	52170	8298
26307	13843	6032	1771	230	13001	8544	9280	3706
122054	71174	24797	25891	177	71416	39294	27131	9771
380973	159449	46840	27421	15784	156332	212065	227687	24275
290047	189647	89765	29849	18912	171941	88517	93847	14584
319878	148124	39263	88616	37830	131981	136451	219549	122480
380908	225577	61501	86724	11595	226896	147716	217370	69654
34524	29456	7577	3153	2686	29455	5068	7785	2717
346384	196121	53924	83571	8909	197441	142648	209585	66937
1436135	742638	228113	226067	72033	667016	586549	902557	316182
676598	233470	74652	61692	5926	218048	416536	676800	260288
483202	306025	101646	98117	44069	278311	102731	134760	32179
230408	169034	42263	48159	20033	136766	56942	73642	16700
45927	34109	9552	18099	2005	33891	10340	17355	7015
123126	72220	30872	12467	1562	73296	27501	37281	11585
6393640	3033966	599290	980017	408705	2843296	2548331	3761872	1327518
2314973	1323182	186607	536136	299852	1250951	777960	1080494	346161
336658	221178	18194	40483	27755	219864	76111	115421	39877
260298	221197	16812	159362	84316	231612	37101	62646	25953
7308	4439	1975	621	580	4901	2261	2021	910
426436	185441	58339	46449	30559	187068	184168	239721	70184
231853	71450	20535	22264	14938	69457	141650	213633	71983
104280	38164	8492	5902	3507	37885	55952	67367	12353
259201	154287	11081	56929	49208	114455	96395	133727	52707
241318	200448	4899	132815	50538	176524	33195	52312	19117
447621	226578	46280	71311	38451	209185	151127	193646	53077
1561174	624761	185672	236763	42073	597338	819065	1425884	607000
16525	8807	350	87		5621	7718	9783	2065
103032	55148	11581	24183	64	48924	47870	59083	11284
1441617	560806	173741	212493	42009	542793	763477	1357018	593651
355859	189068	40062	32548	20148	171892	154782	228200	85017
11400	7134				9275	4266	6446	2180
2150234	889821	186949	174570	46632	813840	792258	1020848	287160
1804422	1155471	137548	148307	71838	1035988	366581	492300	177359
1254791	934325	93547	115059	56561	823376	158150	241761	104048
549631	221146	44001	33248	15277	212612	208431	250539	73311
218877929	**43916731**	**9489854**	**5024181**	**214429**	**45975502**	**163897592**	**222038749**	**89179710**
194324662	36526254	7413491	4615609	119757	38776528	149082006	201779215	82599711
78705909	12254626	3311254	2315421	50015	13761283	60960188	84927182	35821628
69648664	10569761	2774054	2294065	49307	11986264	53976459	75405014	33197480
3284031	743314	378772	7833		911175	2226594	4245961	2065577
5773214	941551	158428	13523	708	863844	4757135	5276207	558571
87023868	13542370	1921788	591828	11328	14975790	72394611	97726398	40698446
28594885	10729258	2180449	1708360	58414	10039455	15727207	19125635	6079637
7344737	2246348	140901	204509	44373	2189452	3834937	4514618	974970
17208530	5144129	1935462	204063	50299	5009522	10980649	15744916	5605029
15330642	4530714	1785713	154164	30000	4428511	9977109	14534831	5360296
1599494	434068	39372	31288	20299	415984	997845	1202134	242477
278394	179347	110377	18611		165027	5695	7951	2256

1-A-2 续表 14

分组	固定资产净值	固定资产净值年平均余额	负债合计	流动负债总计	应付账款
总　计	**863554353**	**794358323**	**1287850602**	**977218146**	**305001470**
总计中：亏损企业	210661415	202396979	322982087	235035960	64771767
总计中：国有控股企业	494248807	449258686	751930413	548388835	169553141
总计中：农村工业	2670407	2718413	4282088	3648961	1098773
总计中：轻工业	121588476	112245987	148111101	114636953	34013223
重工业	741965877	682112336	1139739501	862581193	270988247
总计中：大型企业	412405981	370400806	635708470	475581830	154990957
中型企业	204231482	190720163	322552387	246841197	68155348
小型企业	246916890	233237354	329589745	254795119	81855165
按隶属关系分					
中央	273962694	257342356	443270057	314337303	81604242
地方	589591659	537015967	844580545	662880843	223397228
按登记注册类型分					
内资企业	**709217065**	**651692186**	**1049750015**	**777176280**	**242362626**
国有企业	237202878	228699188	277780308	172099440	59603929
集体企业	9413937	8427006	19981225	16530741	4756545
股份合作企业	3162500	2635267	5603180	4845454	1242417
联营企业	1882946	1440321	2258235	1265275	419645
国有联营企业	47375	47926	44630	23093	12412
集体联营企业	49298	42311	253402	234657	39324
国有与集体联营企业	1021577	1007523	1339658	439961	39491
其他联营企业	764696	342561	620545	567564	328418
有限责任公司	184456216	159443918	402391716	310779509	97803205
国有独资公司	41912734	32975551	68108419	54701624	25334556
其他有限责任公司	142543482	126468367	334283297	256077885	72468649
股份有限公司	108427831	94304507	128596922	107153363	31211495
私营企业	162833080	154962953	206596008	162672413	46561114
私营独资企业	42242051	40321826	50941040	37577552	12009746
私营合作企业	3136528	3007039	3912544	3271524	803510
私营有限责任公司	108243329	103261758	137315424	109795236	30715202
私营股份有限公司	9211172	8372330	14427000	12028101	3032656
其他企业	1837677	1779026	6542421	1830085	764276
港、澳、台商投资企业	**35503629**	**30142893**	**52721808**	**43690512**	**13263159**
合资经营企业(港或澳、台资)	21973247	17208293	30891524	25946627	7789916
合作经营企业(港或澳、台资)	1118755	984181	1066675	887425	184055
港澳台商独资经营企业	11972416	11508972	20091914	16396599	5085270
港澳台商投资股份有限公司	439211	441447	671695	459861	203918
外商投资企业	**118833659**	**112523244**	**185378779**	**156351354**	**49375685**
中外合资经营企业	68085393	64801908	130112412	109793224	30985914
中外合作经营企业	2753976	2720231	3865468	3225784	1188457
外资企业	44561425	41788742	48212433	40542568	16359125
外商投资股份有限公司	3432865	3212363	3188466	2789778	842189
按经济组织类型分					
独资企业	**345392707**	**330745734**	**417006920**	**283146900**	**97814615**
国有企业	237202878	228699188	277780308	172099440	59603929
集体企业	9413937	8427006	19981225	16530741	4756545
私营独资企业	42242051	40321826	50941040	37577552	12009746
港澳台商独资经营企业	11972416	11508972	20091914	16396599	5085270
外资企业	44561425	41788742	48212433	40542568	16359125
合作、合伙企业	**13892382**	**12566065**	**23248523**	**15325547**	**4602360**
股份合作企业	3162500	2635267	5603180	4845454	1242417

单位：千元

长期负债总计	所有者权益合计	实收资本					
			国家资本	集体资本	法人资本	个人资本	港澳台资本
246466246	**916240182**	**531382440**	**185301658**	**7398784**	**166903438**	**89910904**	**15194138**
80107711	197333872	179670066	78080494	1659683	63777591	12782065	3025961
181895069	438068409	293765040	181566809	212491	98471256	6201109	841803
512316	3663942	1599949	48580	542721	277200	713982	2500
18851014	147172424	88187171	13244383	1580973	29941122	20990516	5478328
227615232	769067758	443195269	172057275	5817811	136962316	68920388	9715810
146453766	400696095	248671769	150302141	530225	77442837	5755926	2750278
57772513	196670085	117162869	26017805	1919556	39560457	16117878	5524216
42239967	318874002	165547802	8981712	4949003	49900144	68037100	6919644
118325335	270344617	196516405	128066271	40455	65376618	137841	41425
128140911	645895565	334866035	57235387	7358329	101526820	89773063	15152713
216037699	**727642514**	**412797487**	**180796871**	**6426524**	**140463599**	**82685699**	**900339**
103453089	194017106	134283287	81545071	116748	51321519	938933	171256
1765401	13111701	5676164	186523	3423856	873750	1188077	2158
482716	4860234	1855287	146495	320470	610562	773409	
936798	1507391	621716	207094	37901	297545	77776	1400
9530	50388	64689	40580			24109	
18726	208201	35611		28841	5200	170	1400
894443	506491	365540	164240	5760	172900	22640	
14099	742311	155876	2274	3300	119445	30857	
66403883	162239800	93767045	26421355	1539872	52462821	12626179	188743
8001512	34417682	13558593	10065915	2	3345370	95917	46998
58402371	127822118	80208452	16355440	1539870	49117451	12530262	141745
16437931	137950614	86152009	71784270	140070	8586701	5454601	151000
22065975	210719072	89848048	501063	842407	25978386	61382225	383032
5800888	56939308	24162787	109483	287622	6188086	17278046	89870
491619	3645517	1505852	13909	5903	342696	1140848	
14406847	138106069	58657775	347631	527700	17482022	39607312	225745
1366621	12028178	5521634	30040	21182	1965582	3356019	67417
4491906	3236596	593931	5000	5200	332315	244499	2750
5680691	**42880289**	**22924628**	**968053**	**179461**	**6055944**	**1517570**	**12413329**
3409978	26387193	11798135	911982	169127	4041992	1064908	4924725
114611	1417912	1017244	18650	10314	646369	123722	186699
1948526	14684786	9822195	5961	20	1353057	217335	7215183
207576	390398	287054	31460		14526	111605	86722
24747856	**145717379**	**95660325**	**3536734**	**792799**	**20383895**	**5707635**	**1880470**
18211093	75253618	48087021	3458791	724074	17294925	4751332	817345
286428	3511921	1995239	45173	20316	763948	392440	26690
5967469	60859724	43939746		44909	1697876	253091	1001756
282866	6092116	1638319	32770	3500	627146	310772	34679
118935373	**339612625**	**217884179**	**81847038**	**3873155**	**61434288**	**19875482**	**8480223**
103453089	194017106	134283287	81545071	116748	51321519	938933	171256
1765401	13111701	5676164	186523	3423856	873750	1188077	2158
5800888	56939308	24162787	109483	287622	6188086	17278046	89870
1948526	14684786	9822195	5961	20	1353057	217335	7215183
5967469	60859724	43939746		44909	1697876	253091	1001756
6804078	**18179571**	**7589269**	**436321**	**400104**	**2993435**	**2752694**	**217539**
482716	4860234	1855287	146495	320470	610562	773409	

1-A-2 续表 15

分组	固定资产净值	固定资产净值年平均余额	负债合计	流动负债总计	应付账款
国有联营企业	47375	47926	44630	23093	12412
集体联营企业	49298	42311	253402	234657	39324
国有与集体联营企业	1021577	1007523	1339658	439961	39491
其他联营企业	764696	342561	620545	567564	328418
私营合伙企业	3136528	3007039	3912544	3271524	803510
合作经营企业(港或澳、台资)	1118755	984181	1066675	887425	184055
中外合作经营企业	2753976	2720231	3865468	3225784	1188457
其他企业(内资)	1837677	1779026	6542421	1830085	764276
股份有限公司	**121511079**	**106330647**	**146884083**	**122431103**	**35290258**
股份有限公司(内资)	108427831	94304507	128596922	107153363	31211495
私营股份有限公司	9211172	8372330	14427000	12028101	3032656
港澳台商投资股份有限公司	439211	441447	671695	459861	203918
外商投资股份有限公司	3432865	3212363	3188466	2789778	842189
有限责任公司	**382758185**	**344715877**	**700711076**	**556314596**	**167294237**
国有独资公司	41912734	32975551	68108419	54701624	25334556
私营有限责任公司	108243329	103261758	137315424	109795236	30715202
合资经营企业(港或澳、台资)	21973247	17208293	30891524	25946627	7789916
中外合资经营企业	68085393	64801908	130112412	109793224	30985914
其他有限责任公司	142543482	126468367	334283297	256077885	72468649
按行业小类分					
采矿业	**103627777**	**100234638**	**103671583**	**69550039**	**31838385**
煤炭开采和洗选业	23642863	22657626	31759929	21655201	4842631
烟煤和无烟煤的开采洗选	23630709	22637959	31699305	21608536	4828703
褐煤的开采洗选	10404	17817	58204	44315	12038
其他煤炭采选	1750	1850	2420	2350	1890
石油和天然气开采业	62339433	60537712	47774490	27443223	22376438
天然原油和天然气开采	50866984	47622955	29304549	9359219	8927980
与石油和天然气开采有关的服务活动	11472449	12914757	18469941	18084004	13448458
黑色金属矿采选业	10704577	10630292	15751773	14045908	3203665
铁矿采选	10597381	10537997	15412234	13729401	3115085
其他黑色金属矿采选	107196	92295	339539	316507	88580
有色金属矿采选业	3736533	3592275	5070275	4229722	924426
常用有色金属矿采选	1934202	1859182	3169772	2767873	649102
铜矿采选	254193	247451	759573	682143	134402
铅锌矿采选	600985	561752	743898	499528	75015
镍钴矿采选	45547	45587	57099	21511	9144
铝矿采选	1070	1000	3930	3930	772
镁矿采选	1029607	1000592	1602572	1558061	427919
其他常用有色金属矿采选	2800	2800	2700	2700	1850
贵金属矿采选	592611	504130	428247	226528	63798
金矿采选	563136	474655	361926	202098	59365
银矿采选	29475	29475	66321	24430	4433
稀有稀土金属矿采选	1209720	1228963	1472256	1235321	211526
钨钼矿采选	1125023	1140552	1276196	1194221	195366
放射性金属矿采选	84697	88411	196060	41100	16160
非金属矿采选业	3192547	2804909	3291120	2157990	491104
土砂石开采	1768351	1386504	1495198	827532	258754
石灰石、石膏开采	333142	330192	244652	212858	37212
建筑装饰用石开采	417151	393864	181857	106895	45791
耐火土石开采	190539	188009	105698	77712	8872
粘土及其他土砂石开采	827519	474439	962991	430067	166879

单位：千元

长期负债总计	所有者权益合计	实收资本	国家资本	集体资本	法人资本	个人资本	港澳台资本
9530	50388	64689	40580			24109	
18726	208201	35611		28841	5200	170	1400
894443	506491	365540	164240	5760	172900	22640	
14099	742311	155876	2274	3300	119445	30857	
491619	3645517	1505852	13909	5903	342696	1140848	
114611	1417912	1017244	18650	10314	646369	123722	186699
286428	3511921	1995239	45173	20316	763948	392440	26690
4491906	3236596	593931	5000	5200	332315	244499	2750
18294994	**156461306**	**93599016**	**71878540**	**164752**	**11193955**	**9232997**	**339818**
16437931	137950614	86152009	71784270	140070	8586701	5454601	151000
1366621	12028178	5521634	30040	21182	1965582	3356019	67417
207576	390398	287054	31460		14526	111605	86722
282866	6092116	1638319	32770	3500	627146	310772	34679
102431801	**401986680**	**212309976**	**31139759**	**2960773**	**91281760**	**58049731**	**6156558**
8001512	34417682	13558593	10065915	2	3345370	95917	46998
14406847	138106069	58657775	347631	527700	17482022	39607312	225745
3409978	26387193	11798135	911982	169127	4041992	1064908	4924725
18211093	75253618	48087021	3458791	724074	17294925	4751332	817345
58402371	127822118	80208452	16355440	1539870	49117451	12530262	141745
32153331	**98201417**	**71244554**	**46834354**	**556648**	**16898910**	**6561061**	**237986**
9754209	23389272	13858965	7301307	117762	5670070	769826	
9740320	23320824	13842245	7293307	117762	5663350	767826	
13889	60569	16470	8000		6470	2000	
	7879	250			250		
20203401	46631831	47409609	38246694	50	9101485	61260	
19945320	30839170	30823350	30793350		30000		
258081	15792661	16586259	7453344	50	9071485	61260	
1160803	17252816	6023545	958459	225558	999924	3643834	195770
1152001	16837756	5964753	958459	225058	993769	3591697	195770
8802	415060	58792		500	6155	52137	
662792	6670414	2296103	164039	148691	891962	1013123	27650
355118	2764189	1014497	116569	17986	91822	739832	27650
77430	550126	159248	116569		4780	37899	
207033	1051679	175758		1196	50361	124201	
35588	6545	6500			500	6000	
	683	683			683		
35067	1148076	671708		16790	35498	571132	27650
	7080	600				600	
152714	754884	242243		58250	48594	105399	
110824	750496	241243		58250	47594	105399	
41890	4388	1000			1000		
154960	3151341	1039363	47470	72455	751546	167892	
	3084021	991893		72455	751546	167892	
154960	67320	47470	47470				
366126	4258367	1651033	163855	64268	235469	1069366	14566
120544	2406525	925030	6300	32464	104727	669392	14566
3333	471375	281412		8670	16928	254234	
24536	525698	279166		5880	54670	216965	
9289	222562	46625	6300	2436	849	37040	
83386	1186890	317827		15478	32280	161153	14566

1-A-2 续表 16

分　组	固定资产净　值	固定资产净值年平均余额	负债合计	流动负债总　计	应付账款
化学矿采选	352817	378063	671759	544359	136635
采盐	278352	295692	516182	354269	23406
石棉及其他非金属矿采选	793027	744650	607981	431830	72309
石墨、滑石采选	270815	270468	255707	178207	51748
宝石、玉石开采	17891	17558	17931	14369	
其他非金属矿采选	504321	456624	334343	239254	20561
其他采矿业	11824	11824	23996	17995	121
制造业	**627067537**	**564412192**	**1041636697**	**824783497**	**256177178**
农副食品加工业	30795122	28802633	33079369	26534995	6945940
谷物磨制	4458956	4354438	3577513	2670162	576213
饲料加工	5262978	5068186	4061012	3070978	853220
植物油加工	3293177	3039006	6025145	5260693	1238544
食用植物油加工	3284964	3030793	6017378	5252927	1238544
非食用植物油加工	8213	8213	7767	7766	
制糖	183617	176973	543363	475094	8162
屠宰及肉类加工	7161233	6144347	5780627	4756125	1477680
畜禽屠宰	4530877	3568411	3664955	2980093	849621
肉制品及副产品加工	2630356	2575936	2115672	1776032	628059
水产品加工	5492950	5092836	7692707	6453251	1728357
水产品冷冻加工	4668207	4281672	6113171	5196618	1482382
鱼糜制品及水产品干腌制加工	568492	564138	1183649	1080764	218917
水产饲料制造	132432	118102	179612	63438	17307
其他水产品加工	123819	128924	216275	112431	9751
蔬菜、水果和坚果加工	1904130	1891712	2447653	1723094	535834
其他农副食品加工	3038081	3035135	2951349	2125598	527930
淀粉及淀粉制品的制造	2152605	2173096	2079155	1534481	321577
豆制品制造	264896	254218	222122	207702	70643
蛋品加工	213409	216368	204013	73320	6683
其他未列明的农副食品加工	407171	391453	446059	310095	129027
食品制造业	8804171	8299059	9024196	5726865	1530048
焙烤食品制造	1031205	981011	548755	415993	158024
糕点、面包制造	486442	471988	355748	260910	95640
饼干及其他焙烤食品制造	544763	509023	193007	155083	62384
糖果、巧克力及蜜饯制造	204464	222204	216619	192302	65410
糖果、巧克力制造	178639	196100	192567	170291	64974
蜜饯制作	25825	26104	24052	22011	436
方便食品制造	1777566	1515792	2252619	922482	452614
米、面制品制造	40418	42094	43899	42757	9271
速冻食品制造	394915	348815	642062	209907	42127
方便面及其他方便食品制造	1342233	1124883	1566658	669818	401216
液体乳及乳制品制造	2597156	2558716	2157570	1478152	231777
罐头制造	822069	750039	1162626	832809	168048
肉、禽类罐头制造	81380	99256	100787	73243	4385
水产品罐头制造	146147	91804	142322	60248	27760
蔬菜、水果罐头制造	567212	532977	867105	647244	104280
其他罐头食品制造	27330	26002	52412	52074	31623
调味品、发酵制品制造	1039855	1003032	997482	646091	153726
味精制造	158517	164310	279795	130510	28398
酱油、食醋及类似制品的制造	473955	460822	337355	288874	46055
其他调味品、发酵制品制造	407383	377900	380332	226707	79273

单位：千元

长期负债总计	所有者权益合计	实收资本	国家资本	集体资本	法人资本	个人资本	港澳台资本
127396	459058	155954	35761	11759	20567	85867	
26230	454366	144566	121794	1472	5525	15775	
91956	938418	425483		18573	104650	298332	
77332	355589	174216		5000	11642	153646	
3559	81204	20243		9243		11000	
11065	501625	231024		4330	93008	133686	
6000	-1283	5299		319		3652	
160195153	**741703158**	**410739932**	**125589317**	**6554220**	**118499637**	**81784694**	**13074221**
4298722	35961890	16815292	526568	342964	5444276	6738622	609192
619379	5456161	2226238	214964	48161	734885	1092449	22908
528134	6951809	2443093	12585	26410	868844	1114330	54191
722734	3412499	2187605		1500	922892	455602	23426
722734	3402244	2185605		1500	922892	453602	23426
	10255	2000				2000	
68000	262135	62400			12500	45900	4000
823982	7817378	4102397	215935	115378	1383544	1883438	250123
552136	5120106	2389485	83879	112570	492620	1658636	5000
271846	2697272	1712912	132056	2808	890924	224802	245123
739710	6330738	3186950	57035	130659	897415	1206250	163817
671633	5159942	2617966	55035	119305	757103	1060049	124586
65948	817061	446906	2000	10314	107369	88533	39231
2129	122338	76478			24670	44488	
	231397	45600		1040	8273	13180	
249537	2683462	975637	26049	15938	246073	514382	14384
547246	3047708	1630972		4918	378123	426271	76343
288876	1557027	834630		4260	107080	137769	
13027	467457	266015		658	105201	50901	15626
130692	234032	174091			37157	101234	35700
114651	789192	356236			128685	136367	25017
1932304	9918920	4413236	217370	58479	1276365	1511117	652263
62350	1389815	567693		4500	175751	237171	4575
52886	649024	287014		4500	90303	173143	2075
9464	740791	280679			85448	64028	2500
21032	211265	64587			30904	26183	7500
19002	180799	59405			27222	24683	7500
2030	30466	5182			3682	1500	
467330	2128464	872459	36715	2600	108392	161226	514454
304	52680	47514	15022		10184	14220	
413487	443346	131473	21693	2600	45578	57187	
53539	1632438	693472			52630	89819	514454
658096	1956503	788536	3000		549193	233643	
138101	1282700	523549	8939	30509	139388	164037	10513
13395	62301	41840			15000	10000	
20840	140942	58635			5100	44901	
103866	1053080	414789	8939	30509	117155	106136	7774
	26377	8285			2133	3000	2739
230432	1331806	747024	108025	11289	145151	129544	97850
35055	34489	68320			61000	7320	
44918	760559	420581	19235	1500	67739	116724	44250
150459	536758	258123	88790	9789	16412	5500	53600

1-A-2 续表 17

分组	固定资产净值	固定资产净值年平均余额	负债合计	流动负债总计	应付账款
其他食品制造	1331856	1268265	1688525	1239036	300449
营养、保健食品制造	240608	209439	377148	317353	65489
冷冻饮品及食用冰制造	574528	581704	640799	479357	77162
盐加工	276600	224088	387638	256939	78852
食品及饲料添加剂制造	182648	184186	174031	88683	28206
其他未列明的食品制造	57472	68848	108909	96704	50740
饮料制造业	8049481	7382854	8818494	7475763	1902554
酒精制造	322228	326661	194212	146856	17870
酒的制造	4177448	3808296	5445248	4745735	816466
白酒制造	693862	664679	1031988	930726	279915
啤酒制造	3256461	2931059	4069355	3661219	516783
黄酒制造	16501	16513	15417	15416	3698
葡萄酒制造	183558	170226	200535	124307	14685
其他酒制造	27066	25819	127953	14067	1385
软饮料制造	3542515	3240697	3177594	2581732	1067408
碳酸饮料制造	866285	607004	848718	684580	309379
瓶(罐)装饮用水制造	549425	509857	405523	335150	89704
果菜汁及果菜汁饮料制造	696621	640589	938138	694273	105174
含乳饮料和植物蛋白饮料制造	176970	185198	196809	134427	31515
固体饮料制造	192121	122226	29280	26136	15315
茶饮料及其他软饮料制造	1061093	1175823	759126	707166	516321
精制茶加工	7290	7200	1440	1440	810
烟草制品业	988897	1034882	1364344	1363483	148858
烟叶复烤	82056	82001	31983	31983	
卷烟制造	906841	952881	1332361	1331500	148858
纺织业	8121913	7679551	11055338	8988254	2295150
棉、化纤纺织及印染精加工	4369096	4187457	6176239	4848713	1121292
棉、化纤纺织加工	3467027	3299978	4544093	3466922	847008
棉、化纤印染精加工	902069	887479	1632146	1381791	274284
毛纺织和染整精加工	376842	371495	432349	344329	127450
毛条加工	242825	242638	153733	144732	74722
毛纺织	134017	128857	258101	199597	52728
毛染整精加工			20515		
麻纺织	156048	148573	120295	89351	16465
丝绢纺织及精加工	774280	624511	881938	634233	147544
缫丝加工	507586	357069	535912	359861	59084
绢纺和丝织加工	174514	179247	330407	258783	77027
丝印染精加工	92180	88195	15619	15589	11433
纺织制成品制造	1445952	1298437	1592985	1335415	513855
棉及化纤制品制造	509188	380569	694589	596213	260978
毛制品制造	20658	21368	19581	7006	2181
丝制品制造	24358	19638	21000	17196	7807
绳、索、缆的制造	163420	131605	121422	98335	29006
纺织带和帘子布制造	42508	40700	64039	54390	12953
无纺布制造	504318	523099	427171	360391	118442
其他纺织制成品制造	181502	181458	245183	201884	82488
针织品、编织品及其制品制造	999695	1049078	1851532	1736213	368544
棉、化纤针织品及编织品制造	533811	577243	1520803	1446033	293936
毛针织品及编织品制造	375996	387871	266095	238063	53807
丝针织品及编织品制造	20301	13950	7035	3314	1309
其他针织品及编织品制造	69587	70014	57599	48803	19492

单位：千元

长期负债总计	所有者权益合计	实收资本	国家资本	集体资本	法人资本	个人资本	港澳台资本
354963	1618367	849388	60691	9581	127586	559313	17371
46601	439839	267280			59636	186752	17371
127633	478697	265801		8205	31770	223096	
86655	396725	144471	60305	1376	12540	70250	
84348	180485	98042	386		6841	76215	
9726	122621	73794			16799	3000	
827924	9216592	4807634	91408	19450	1130615	974087	1625526
22256	261203	139423	1015		82283	56125	
541076	5471084	2900611	66974	16738	252053	648801	1434088
67921	1001023	513276	1750	58	37159	456889	
408122	4062666	2178760	65224	16680	181594	100460	1434088
	36533	4241			3000		
59631	271892	120852			29800	91052	
5402	98970	83482			500	400	
264592	3475355	1767400	23419	2712	796279	268961	191438
78711	613129	368286	10603	2712	160438	35486	
64503	642111	319107	10816		151226	65359	656
58957	1132866	669512	2000		386170	107109	
10323	194432	84685			40801	35607	
150	290859	123028			57644	24200	
51948	601958	202782				1200	190782
	8950	200				200	
	1301634	461720	458432	3288			
	87747	46000	46000				
	1213887	415720	412432	3288			
1721667	8476684	5904005	398074	135092	1570124	2178263	629545
1211650	3721201	3054935	384172	7378	914742	927356	469631
964245	2880087	2550803	303842	7078	816193	670726	464781
247405	841114	504132	80330	300	98549	256630	4850
57992	382928	290795		16000	35715	231360	
9000	242331	184980			1900	183080	
48992	139701	96930		16000	24930	48280	
	896	8885			8885		
14460	174935	107388			18828	86560	2000
223528	736325	321668		84520	66139	157979	
154597	479797	188690		66520	49080	67090	
68931	155713	127478		18000	16559	85889	
	100815	5500			500	5000	
132230	1785123	1057226	8023	20129	373391	323559	90772
29724	491469	322971	1680	6409	50873	99748	3920
6744	8013	8360			500	7860	
3400	20708	11660				11660	
9558	225345	63837		2410	13110	48317	
7616	63101	21712			1000	20712	
39226	722150	461360	6343	10310	294658	52131	86852
35962	254337	167326		1000	13250	83131	
81807	1676172	1071993	5879	7065	161309	451449	67142
48989	1001967	639469	5879	5965	97828	157439	57873
24057	493929	369704			47619	261524	3309
	37395	26385			7000	16385	3000
8761	142881	36435		1100	8862	16101	2960

1-A-2 续表 18

分组	固定资产净值	固定资产净值年平均余额	负债合计	流动负债总计	应付账款
纺织服装、鞋、帽制造业	6999432	6129347	13919368	6827706	2109001
纺织服装制造	6483057	5669734	13392085	6506754	1971898
纺织面料鞋的制造	505603	448753	493297	288164	112658
制帽	10772	10860	33986	32788	24445
皮革、毛皮、羽毛(绒)及其制品业	736763	786066	1258964	1125538	592420
皮革鞣制加工	6389	17411	22016	22011	24
皮革制品制造	509404	485001	1026681	935222	518072
皮鞋制造	206849	205540	636281	613366	417250
皮革服装制造	120586	92497	161674	141702	28081
皮箱、包(袋)制造	68035	68856	43965	43022	2199
皮手套及皮装饰制品制造	80953	85050	78915	40161	14006
其他皮革制品制造	32981	33058	105846	96971	56536
毛皮鞣制及制品加工	207342	276786	168572	156715	69605
毛皮鞣制加工	10790	10790	1400	1340	1280
毛皮服装加工	181890	251656	163113	151316	68106
其他毛皮制品加工	14662	14340	4059	4059	219
羽毛(绒)加工及制品制造	13628	6868	41695	11590	4719
羽毛(绒)加工	2343	2191	15839	9020	3219
羽毛(绒)制品加工	11285	4677	25856	2570	1500
木材加工及木、竹、藤、棕、草制品业	6131835	5818743	6177521	4700157	1716627
锯材、木片加工	690254	682494	793722	696530	183454
锯材加工	534712	530754	579942	511975	137806
木片加工	155542	151740	213780	184555	45648
人造板制造	2856153	2652457	1992198	1371029	534680
胶合板制造	1576788	1378463	849640	631761	340452
纤维板制造	658833	617468	621978	379136	96096
刨花板制造	187269	248912	124672	43760	10797
其他人造板、材制造	433263	407614	395908	316372	87335
木制品制造	2547718	2452299	3313694	2600417	982370
建筑用木料及木材组件加工	2031411	2015160	2305127	1699313	691434
木容器制造	198741	158704	237276	183455	85825
软木制品及其他木制品制造	317566	278435	771291	717649	205111
竹、藤、棕、草制品制造	37710	31493	77907	32181	16123
家具制造业	4351276	4431997	4432505	3790981	1783076
木质家具制造	3955287	4045928	4120184	3570269	1680763
竹、藤家具制造	3039	3642	29667	25521	23776
金属家具制造	150102	154804	110593	69672	31007
其他家具制造	242848	227623	172061	125519	47530
造纸及纸制品业	5362741	5129933	6925051	5610741	1519634
纸浆制造	7951	7951	6218	5797	782
造纸	2980969	2845340	4439105	3643008	852231
机制纸及纸板制造	2837985	2726165	4336788	3568518	833320
手工纸制造	2650	2665	460	450	200
加工纸制造	140334	116510	101857	74040	18711
纸制品制造	2373821	2276642	2479728	1961936	666621
纸和纸板容器的制造	1695196	1663419	1819294	1466552	394512
其他纸制品制造	678625	613223	660434	495384	272109
印刷业和记录媒介的复制	2800813	2776197	3204832	2161482	581277
印刷	2545107	2522923	2895750	1937875	547037
书、报、刊印刷	888766	915357	1237041	915527	268411
本册印制	150978	145108	58963	28235	6076
包装装潢及其他印刷	1505363	1462458	1599746	994113	272550

单位：千元

长期负债总计	所有者权益合计	实收资本	国家资本	集体资本	法人资本	个人资本	港澳台资本
729754	11301513	5061697	99362	368982	1581155	1283025	410740
719310	10394538	4675632	73495	312102	1544634	1232471	367222
10444	907501	374051	25867	56880	35521	49064	43518
	-526	12014			1000	1490	
81544	1141279	557464	22328	10018	160915	149957	12478
	77497	13614				960	
68011	766545	413754	18650	10018	84495	100364	12478
18611	374348	94220		3929	13238	33302	8093
830	198002	180063	18650	2248	54415	60268	4385
942	75480	60120			2202	4200	
38753	56479	38867		3841	14640	1249	
8875	62236	40484				1345	
11533	243262	107613	3678		60700	41870	
	19832	13700				13700	
11533	210880	93413	3678		60700	27670	
	12550	500				500	
2000	53975	22483			15720	6763	
	7303	1083			320	763	
2000	46672	21400			15400	6000	
1164386	6876113	4030946	30404	50396	1350271	1646522	112433
50232	1027686	559618	500	4000	270047	229711	870
39456	836151	457318	500	4000	260788	165481	870
10776	191535	102300			9259	64230	
520189	2813218	1408461	1204	32370	503296	740657	18062
184889	1501259	485995			212565	237507	15559
180783	616826	467750	1204	23000	154723	236697	
80869	197818	77160			25366	17420	
73648	497315	377556		9370	110642	249033	2503
592700	2998316	2039557	28700	11376	574928	661054	92673
541320	2375501	1620894	28500	3160	419898	535979	45132
28187	266040	79004	200	1718	40773	34187	
23193	356775	339659		6498	114257	90888	47541
1265	36893	23310		2650	2000	15100	828
317485	6703829	2295376	12145	57581	716967	695384	90584
303763	6192266	2101963	12145	53954	657958	634303	90153
3918	60	1709			1270	8	431
1940	200442	61158		646	8113	38274	
7864	311061	130546		2981	49626	22799	
979790	5457559	2626728	115951	52411	504015	1402530	288918
420	21837	5896			5440		
721455	2304710	1112792	106113	23718	83882	718369	82283
703416	2093095	1003071	106113	18768	75223	699619	82283
	3790	500			500		
18039	207825	109221		4950	8159	18750	
257915	3131012	1508040	9838	28693	414693	684161	206635
125283	2259614	957778	3702	19993	333354	400022	76013
132632	871398	550262	6136	8700	81339	284139	130622
782616	3737184	2255031	517449	72200	932925	429679	7485
700319	3138713	1777511	458736	72100	604065	378438	7485
112691	1313213	736612	361466	31773	162886	132251	4245
15633	194595	42392	549	3500	21565	16778	
571995	1630905	998507	96721	36827	419614	229409	3240

1-A-2 续表 19

分组	固定资产净值	固定资产净值年平均余额	负债合计	流动负债总计	应付账款
装订及其他印刷服务活动	90241	86521	43968	32889	8614
记录媒介的复制	165465	166753	265114	190718	25626
文教体育用品制造业	600305	593106	1241251	817529	320757
文化用品制造	81563	77574	178624	164184	25211
文具制造	17533	17472	31146	20018	7563
笔的制造	30270	27850	98515	97315	3860
教学用模型及教具制造	16960	16856	21687	19576	4869
其他文化用品制造	16800	15396	27276	27275	8919
体育用品制造	182735	166686	220410	192406	104846
球类制造	22952	22952	13057	12857	3151
体育器材及配件制造	66231	58432	53323	30536	14854
训练健身器材制造	34300	27102	38013	37606	23827
运动防护用具制造	50626	52078	85949	81357	51551
其他体育用品制造	8626	6122	30068	30050	11463
乐器制造	223553	244776	755326	431325	183399
西乐器制造	201440	217583	631746	310493	93304
电子乐器制造	15118	16766	97286	97286	81817
其他乐器及零件制造	6995	10427	26294	23546	8278
玩具制造	28318	19349	32218	12694	3465
游艺器材及娱乐用品制造	84136	84721	54673	16920	3836
露天游乐场所游乐设备制造	81219	81878	49552	16715	3731
游艺用品及室内游艺器材制造	2917	2843	5121	205	105
石油加工、炼焦及核燃料加工业	42624041	38870408	50936797	36568508	10834071
精炼石油产品的制造	40994196	37644063	48792888	34491960	10231505
原油加工及石油制品制造	40937931	37587924	48768050	34473296	10226508
人造原油生产	56265	56139	24838	18664	4997
炼焦	1629845	1226345	2143909	2076548	602566
化学原料及化学制品制造业	43517055	41520060	76022702	41930904	11258321
基础化学原料制造	9336347	9198185	18154292	10586739	2590205
无机酸制造	352199	285927	372971	287003	120680
无机碱制造	2546065	2645241	5665724	4494106	338144
无机盐制造	669467	609641	1171892	875725	273776
有机化学原料制造	4218246	4178257	9103847	3460857	1674906
其他基础化学原料制造	1550370	1479119	1839858	1469048	182699
肥料制造	10761529	10432687	29374526	8541457	1451564
氮肥制造	8569789	8619803	27059253	6487984	873277
磷肥制造	5318	5300	8515	5745	3258
钾肥制造	60699	67969	187748	177747	37281
复混肥料制造	1634717	1215591	1715763	1556717	389851
有机肥料及微生物肥料制造	404471	444185	320523	261546	137870
其他肥料制造	86535	79839	82724	51718	10027
农药制造	1311175	1129458	2482349	2250713	549252
化学农药制造	1294432	1112031	2451179	2219959	544949
生物化学农药及微生物农药制造	16743	17427	31170	30754	4303
涂料、油墨、颜料及类似产品制造	3186046	3016407	4122859	3338131	961689
涂料制造	1126293	1078424	1751863	1545385	421137
油墨及类似产品制造	135934	127429	43772	33760	14578
颜料制造	1102219	978192	1009719	698068	300341
染料制造	718906	725585	1213799	965237	191805
密封用填料及类似品制造	102694	106777	103706	95681	33828

单位：千元

长期负债总计	所有者权益合计	实收资本	国家资本	集体资本	法人资本	个人资本	港澳台资本
9861	135731	80703	17913	100	18860	5224	
72436	462740	396817	40800		310000	46017	
370381	602646	463792	22863	5210	49518	60200	34081
12327	115900	81718	309	2210	15422	26722	830
11127	19110	15886			13436	1000	830
1200	8382	10180				10180	
	26989	15115	309	1810		12542	
	61419	40537		400	1986	3000	
24156	240600	124937			13891	17122	24632
200	34075	6200				6200	
22647	72364	55205			5679	2742	15160
205	20731	19892			8212	6180	5500
1104	91514	29667				2000	
	21916	13973					3972
323114	117312	219319	19151		2771	8356	3816
320366	64005	186604	19151			2543	
	18381	20315					
2748	34926	12400			2771	5813	3816
10784	32293	13018	3403		634	3000	4803
	96541	24800		3000	16800	5000	
	88462	20000		3000	14000	3000	
	8079	4800			2800	2000	
13386404	63546967	42851255	35848654	193871	4521245	1779754	42572
13347285	62266326	42321425	35848518	171426	4251197	1562553	22572
13341113	62205096	42254092	35848518	171426	4249483	1496934	22572
6172	61230	67333			1714	65619	
39119	1280641	529830	136	22445	270048	217201	20000
32491970	54039121	38438879	21316100	389945	8178306	5197105	1522080
6891095	9157094	6178602	1397006	176502	2913222	1022200	48783
73480	434116	249792	31000	5450	46327	167015	
1153968	1102548	1347552	1243269	11367	24820	45116	2500
63277	1111414	312523	36330	9178	89741	129151	1486
5393715	4427066	3197348	32700	62615	2467484	339552	41637
206655	2081950	1071387	53707	87892	284850	341366	3160
20724736	14043406	9212377	5428966	5000	2325224	1243028	50163
20568845	11155020	8101293	5426966		2146972	400670	
2680	5633	5160			1660	3500	
	215100	59094				10164	47880
100736	2041610	752740	2000		111165	622520	
44567	401355	201452		5000	56827	122136	2283
7908	224688	92638			8600	84038	
195620	1476602	808287	55622	5147	296314	162870	
195208	1443688	784347	55622	5147	287374	147870	
412	32914	23940			8940	15000	
616267	4123949	1859130	664176	13667	541827	510465	4320
77275	1662572	848789	24870	13379	425846	353553	4320
9361	205738	39961			19225	6900	
311631	1543382	516345	436229		2400	63740	
216487	595130	382765	202577	288	79156	75412	
1513	117127	71270	500		15200	10860	

1-A-2 续表 20

分 组	固定资产净值	固定资产净值年平均余额	负债合计	流动负债总计	应付账款
合成材料制造	11736200	10935714	9850138	7559089	2696442
初级形态的塑料及合成树脂制造	2810847	2405567	2411920	2175974	1254315
合成橡胶制造	64709	64864	49134	35319	7374
合成纤维单(聚合)体的制造	8790084	8403909	7185700	5192608	1389050
其他合成材料制造	70560	61374	203384	155188	45703
专用化学产品制造	6718582	6343199	11239245	8972568	2709369
化学试剂和助剂制造	2713653	2527313	4602416	3633020	1291182
专项化学用品制造	1444834	1391421	2905177	2510556	694953
林产化学产品制造	101451	100465	92407	45394	6196
炸药及火工产品制造	1751902	1672181	2453785	1714167	373250
信息化学品制造	295176	286089	584426	575752	182545
环境污染处理专用药剂材料制造	38590	38085	67837	61135	31383
动物胶制造	3367	2818	857	826	788
其他专用化学产品制造	369609	324827	532340	431718	129072
日用化学产品制造	467176	464410	799293	682207	299800
肥皂及合成洗涤剂制造	294099	289283	427700	362722	167613
化妆品制造	54932	54554	173425	165792	94500
口腔清洁用品制造	9113	9007	56149	36086	21346
香料、香精制造	25857	27371	51076	51065	1644
其他日用化学产品制造	83175	84195	90943	66542	14697
医药制造业	14201523	10340423	17135308	13716281	5372357
化学药品原药制造	6464882	3837193	6101650	4496369	3227772
化学药品制剂制造	3045491	2168025	5266159	4949417	1143435
中药饮片加工	891519	932128	1102060	826186	344197
中成药制造	1248254	1116545	1521876	1264717	348800
兽用药品制造	313822	276280	283589	176932	18337
生物、生化制品的制造	1942084	1711850	2138240	1823368	253953
卫生材料及医药用品制造	295471	298402	721734	179292	35863
化学纤维制造业	4020505	4135336	3686993	3054665	956805
纤维素纤维原料及纤维制造	75660	70883	289999	281255	58576
人造纤维(纤维素纤维)制造	75660	70883	289999	281255	58576
合成纤维制造	3944845	4064453	3396994	2773410	898229
锦纶纤维制造	218483	249899	276259	200039	31349
涤纶纤维制造	1455697	1475134	1035873	863452	203293
腈纶纤维制造	2201247	2261723	2034678	1670084	647857
其他合成纤维制造	69418	77697	50184	39835	15730
橡胶制品业	8656979	7762171	8498294	7180745	3367852
轮胎制造	5761864	4954565	5333953	4425843	2016406
车辆、飞机及工程机械轮胎制造	5717488	4909514	5266034	4387571	1987592
力车胎制造	37159	38795	50215	21155	12487
轮胎翻新加工	7217	6256	17704	17117	16327
橡胶板、管、带的制造	1219742	1095982	1426803	1266547	600052
橡胶零件制造	685606	684417	570388	489221	246129
再生橡胶制造	515173	523593	465067	398853	287898
日用及医用橡胶制品制造	127313	129008	228392	224720	66148
橡胶靴鞋制造	77958	89037	211887	149784	90620
其他橡胶制品制造	269323	285569	261804	225777	60599
塑料制品业	13815290	13957940	23589110	19791308	4139621
塑料薄膜制造	927650	920680	892909	695002	204894
塑料板、管、型材的制造	4737271	4932400	12631523	11121380	1416471
塑料丝、绳及编织品的制造	3861312	3908555	3600738	2883805	869014
泡沫塑料制造	667507	678569	2230242	1636866	236062

单位：千元

长期负债总计	所有者权益合计	实收资本	国家资本	集体资本	法人资本	个人资本	港澳台资本
2229989	14925879	13735735	12802389	28080	304702	495351	86559
219276	1622094	719495	71506	17580	220847	304594	86559
8086	154123	70600			50000	20600	
1982964	13013986	12869508	12730883		680	137700	
19663	135676	76132		10500	33175	32457	
1790086	9426981	5949772	909633	148024	1592125	1621695	1231713
654972	4303592	2741599	48828	113196	947804	813576	529889
294546	1544696	870858	56910	20270	308137	399300	
47010	145842	46920			31220	15700	
739460	1398285	982062	769840	241	54658	157323	
8655	1319579	948280	31890		195421	8010	672050
3264	73391	48660	150	2336	25427	20210	
26	23320	5400			5400		
42153	618276	305993	2015	11981	24058	207576	29774
44177	885210	694976	58308	13525	204892	141496	100542
23717	356790	358374	58308	10175	114542	108036	67313
6491	275646	194989		3000	44850	3022	
	22792	15000				10750	4250
	108491	14604				14604	
13969	121491	112009		350	45500	5084	28979
2559037	11804258	7383665	1447052	106388	1227871	2298706	359915
1505816	3582582	2182462	1062566	5536	178320	489882	57956
305955	2764273	2049850	116062	24338	322552	525744	32614
275470	1153255	666202		656	169635	391561	42500
107277	1533817	1007141	170724	18220	249333	432440	95413
93672	341124	242842	48950	5388	21677	166827	
267701	2214066	1165346	48750	52250	286354	222430	131432
3146	215141	69822				69822	
140061	7103575	14314292	3321642	3004	10684688	201294	8979
5	49552	76700				76700	
5	49552	76700				76700	
140056	7054023	14237592	3321642	3004	10684688	124594	8979
62326	339939	334715		1137	223422	24461	5479
77010	2284738	3370974	3321642	1867	5340	42125	
	4301808	10489676			10439676	50000	
720	127538	42227			16250	8008	3500
1018273	8889011	4663949	112435	69307	600114	1050332	28482
753535	5464669	2816901	4410	6782	230051	200646	
748535	5389841	2721877		6282	228451	197980	
5000	61999	88348			500	2000	
	12829	6676	4410	500	1100	666	
125543	1304761	779890	71142	21141	211890	183861	26153
58225	1085044	638291	16883	3654	71168	459690	
56412	499626	72790			1000	68290	
3670	115235	80284			2490	53204	1750
2886	75703	117287	20000	2500	47812	9885	
18002	343973	158506		35230	35703	74756	579
2842168	20058402	11099034	267064	453201	2673452	4829501	499738
115855	1257649	807546	5300	1616	118654	255018	
1237570	8278598	4726617	43955	187746	1652895	1899392	401484
668589	6247458	2638126	5668	250581	104368	2096920	237
531220	501906	496325	200000	4600	29689	60193	

1-A-2 续表 21

分　　组	固定资产净　　值	固定资产净值年平均余额	负债合计	流动负债总　　计	应付账款
塑料人造革、合成革制造	82346	83154	183630	183451	17590
塑料包装箱及容器制造	1493694	1349153	1669319	1520722	689024
塑料零件制造	792405	740217	622652	564832	281595
日用塑料制造	493635	549637	563096	425509	166236
塑料鞋制造	1060	986	1619	1619	824
日用塑料杂品制造	492575	548651	561477	423890	165412
其他塑料制品制造	759470	795575	1195001	759741	258735
非金属矿物制品业	37993112	36152428	54995329	44702409	13680163
水泥、石灰和石膏的制造	10695763	10232909	13270535	9997743	2313797
水泥制造	10455818	9925390	12601325	9373092	2054947
石灰和石膏制造	239945	307519	669210	624651	258850
水泥及石膏制品制造	4006114	3869029	5931326	4787172	2104208
水泥制品制造	2993196	2907783	4795997	3808772	1696563
砼结构构件制造	472569	452240	781921	714114	342177
石棉水泥制品制造	274451	236371	95223	81754	23390
轻质建筑材料制造	228967	235971	218775	163145	39491
其他水泥制品制造	36931	36664	39410	19387	2587
砖瓦、石材及其他建筑材料制造	6272061	6234001	4119269	3088278	1232204
粘土砖瓦及建筑砌块制造	1420562	1397153	994933	721681	228871
建筑陶瓷制品制造	2009979	2004797	332388	283051	15993
建筑用石加工	1579053	1552504	1084947	926104	489988
防水建筑材料制造	663884	681712	952458	521756	214720
隔热和隔音材料制造	220271	215201	338780	298745	94659
其他建筑材料制造	378312	382634	415763	336941	187973
玻璃及玻璃制品制造	4054528	3839490	6892425	5100524	1364985
平板玻璃制造	1641723	1571298	2526570	1729506	626101
技术玻璃制品制造	545155	441706	500687	398765	200105
光学玻璃制造	3912	3083	3029	3028	776
玻璃仪器制造	12203	9507	16207	15751	791
日用玻璃制品及玻璃包装容器制造	275775	234723	577699	400138	99922
玻璃保温容器制造	26783	18269	50730	47372	20412
玻璃纤维及制品制造	553176	539746	1811502	1168924	132875
玻璃纤维增强塑料制品制造	205937	235219	490314	445349	134485
其他玻璃制品制造	789864	785939	915687	891691	149518
陶瓷制品制造	390833	394601	975520	811741	210017
特种陶瓷制品制造	350499	354941	823356	761240	200335
日用陶瓷制品制造	35178	35535	150909	50501	9682
园林、陈设艺术及其他陶瓷制品制造	5156	4125	1255		
耐火材料制品制造	10450533	9521393	20068518	18045634	5531384
石棉制品制造	247559	191537	267254	115354	40915
云母制品制造	9709	9592	4889	4889	462
耐火陶瓷制品及其他耐火材料制造	10193265	9320264	19796375	17925391	5490007
石墨及其他非金属矿物制品制造	2123280	2061005	3737736	2871317	923568
石墨及碳素制品制造	761769	783686	1837615	1559719	441210
其他非金属矿物制品制造	1361511	1277319	1900121	1311598	482358
黑色金属冶炼及压延加工业	136135858	124074197	190771701	143282736	34266518
炼铁	2052851	1913721	4120425	3676107	643187
炼钢	6324862	6529186	18792305	13099455	2374776
钢压延加工	124960803	113941935	160406200	119682353	29054165
铁合金冶炼	2797342	1689355	7452771	6824821	2194390

单位：千元

长期负债总计	所有者权益合计	实收资本					
			国家资本	集体资本	法人资本	个人资本	港澳台资本
150	59165	39620			10000	29620	
121041	1159378	1042766			458688	142155	33255
45476	920081	474261	5662	6558	52906	88685	5662
25057	558524	320499	6318		132066	147410	5000
	11152	3000			3000		
25057	547372	317499	6318		129066	147410	5000
97210	1075643	553274	161	2100	114186	110108	54100
7824964	43273102	25191154	2158479	721957	6094297	12132599	748685
2672096	9652901	5155200	598523	54976	1884088	2197299	5000
2645237	9405540	5025412	588423	43761	1861192	2111722	5000
26859	247361	129788	10100	11215	22896	85577	
505290	3696314	2234272	173496	50772	586526	1134449	144410
393042	2762316	1749736	157410	50052	403168	900420	114167
55922	455133	322526	9900	720	150269	112294	30243
8511	290336	37048	6186		7020	22842	
47815	153635	90222			26069	64153	
	34894	34740				34740	
450128	6612898	4657752	75453	152421	1183788	2993315	90273
164291	1925510	1133947	18940	65322	326241	693412	6092
4824	2246228	1940196	510		73032	1864943	
115560	1262407	922198	26003	13703	631273	154090	75690
104349	442310	304467		64252	80289	159926	
19564	391956	176571	30000	1500	65069	57000	8491
41540	344487	180373		7644	7884	63944	
1563136	2620481	2784918	755558	19109	599852	542220	53644
794559	462349	998261			96296	244476	
68427	616921	235483	3500		56933	62559	
	6113	2837			1377	1460	
341	10832	4725			2328	2397	
14411	175780	138800		2026	69876	58133	3525
1120	35693	17050		7620	7930	1500	
637164	501076	703727	502108	5723	94140	47687	42129
23623	209573	154845	10350	2740	15000	100539	
23491	602144	529190	239600	1000	255972	23469	7990
162511	657021	410583	178500	66181	43251	81105	
62103	563121	337334	178500	17931	42926	56431	
100408	84632	71249		48250	325	22674	
	9268	2000				2000	
1792814	17007574	8611426	328757	335625	1466552	4543826	417449
151494	148394	140585			3761	27476	109348
	11919	11400				11400	
1641320	16847261	8459441	328757	335625	1462791	4504950	308101
678989	3025913	1337003	48192	42873	330240	640385	37909
148033	1329236	473076	22800	24954	133846	258037	720
530956	1696677	863927	25392	17919	196394	382348	37189
44818533	145945010	64340150	43223025	271088	12887589	4985083	289840
307884	1533633	697644		4868	223916	380570	83290
5580106	8223866	4928177	1544075	49706	3039680	285058	
38715545	131659547	56539700	41598930	165774	8832546	3231695	195970
214998	4527964	2174629	80020	50740	791447	1087760	10580

1-A-2 续表 22

分组	固定资产净值	固定资产净值年平均余额	负债合计	流动负债总计	应付账款
有色金属冶炼及压延加工业	16340213	16178538	34672005	29814680	5498104
常用有色金属冶炼	5685035	5492822	17265566	14971738	2377999
铜冶炼	285414	266392	1271751	1005150	511535
铅锌冶炼	3520850	3427580	12002374	10559599	1392735
镍钴冶炼	239938	212291	922346	897294	236356
铝冶炼	839199	834144	2332888	1950528	49060
镁冶炼	66040	64983	54399	42365	16552
其他常用有色金属冶炼	733594	687432	681808	516802	171761
贵金属冶炼	391946	377319	869873	593359	116059
金冶炼	336549	317733	709859	444475	98091
其他贵金属冶炼	55397	59586	160014	148884	17968
稀有稀土金属冶炼	411875	429640	1643821	1599991	638783
钨钼冶炼	237283	233261	924982	893556	563344
稀土金属冶炼	72467	87031	268621	263187	7285
其他稀有金属冶炼	102125	109348	450218	443248	68154
有色金属合金制造	815923	735410	1789441	1476348	789464
有色金属压延加工	9035434	9143347	13103304	11173244	1575799
常用有色金属压延加工	8917511	9025388	13001647	11106897	1532233
贵金属压延加工	5010	5203	23112	11932	11872
稀有稀土金属压延加工	112913	112756	78545	54415	31694
金属制品业	21736594	19287124	28877190	25001359	12168486
结构性金属制品制造	12951780	10747371	16413570	14395642	8851597
金属结构制造	5075663	4948566	7258751	6038853	1866556
金属门窗制造	7876117	5798805	9154819	8356789	6985041
金属工具制造	1134229	1089874	1357666	1112057	388243
切削工具制造	320558	307228	803965	688941	149343
手工具制造	62780	65886	69704	55168	21529
农用及园林用金属工具制造	308646	294232	78142	66210	27834
刀剪及类似日用金属工具制造	316348	297842	267787	174540	150187
其他金属工具制造	125897	124686	138068	127198	39350
集装箱及金属包装容器制造	2869441	2845593	4848346	4342764	1113776
集装箱制造	445490	464534	1449103	1424970	277101
金属压力容器制造	1472715	1530457	2195455	2054771	538745
金属包装容器制造	951236	850602	1203788	863023	297930
金属丝绳及其制品的制造	1214655	1210864	1567372	1094458	522932
建筑、安全用金属制品制造	844181	787588	1343513	1182742	457675
建筑、家具用金属配件制造	80435	77363	121564	103111	72456
建筑装饰及水暖管道零件制造	608487	556969	965456	861214	296240
安全、消防用金属制品制造	69941	73757	204806	182625	83154
其他建筑、安全用金属制品制造	85318	79499	51687	35792	5825
金属表面处理及热处理加工	1131291	1033603	1910057	1588115	432212
搪瓷制品制造	41806	47546	65545	59646	12739
工业生产配套用搪瓷制品制造	36684	42424	59166	53269	12739
搪瓷日用品及其他搪瓷制品制造	5122	5122	6379	6377	
不锈钢及类似日用金属制品制造	228645	170325	252342	226592	67951
金属制厨房调理及卫生器具制造	33275	24409	47589	46999	13895
金属制厨用器皿及餐具制造	172677	123313	131456	110216	35463
其他日用金属制品制造	22693	22603	73297	69377	18593
其他金属制品制造	1320566	1354360	1118779	999343	321361
铸币及贵金属制实验室用品制造	361737	417703	136675	128675	56115
其他未列明的金属制品制造	958829	936657	982104	870668	265246

单位：千元

长期负债总计	所有者权益合计	实收资本	国家资本	集体资本	法人资本	个人资本	港澳台资本
3857959	19787512	8623970	1174654	112550	3799516	2290570	338017
1522260	2666152	3716579	102000	3837	2640662	705687	80631
264454	-179747	323505			179642	84462	59401
1090458	288628	1906567		907	1676466	208481	20713
	-14440	204883			17621	6000	
51768	1336426	721400			596688	124712	
8580	109841	49950			20310	27140	
107000	1125444	510274	102000	2930	149935	254892	517
274134	462135	140450	11000	22453	58126	47021	
263004	401101	100579	11000	22453	31126	34150	
11130	61034	39871			27000	12871	
29413	1140631	418611		5750	13343	225198	14500
29413	771458	201761		5750	13274	168237	14500
	150744	56530			69	56461	
	218429	160320				500	
170609	853095	716289		25060	99234	235192	
1861543	14665499	3632041	1061654	55450	988151	1077472	242886
1835736	14214638	3426553	1050376	54950	950651	983882	242886
3180	32692	16441	9341			7100	
22627	418169	189047	1937	500	37500	86490	
2191321	22157319	11277230	1087059	629888	3432088	3533915	356069
1404954	10604590	4767924	103980	165872	2316361	1905403	60447
681170	6865756	3294022	58565	162846	1398269	1453716	30947
723784	3738834	1473902	45415	3026	918092	451687	29500
189057	1398778	773201	4980	20186	134850	226977	14495
78569	521637	275498	4980	6252	82067	75431	4012
7723	68810	47842		1000	6562	40280	
4160	373518	119453		3585	5581	92932	10483
93235	231517	258984		4849		500	
5370	203296	71424		4500	40640	17834	
167636	3282839	1707744	232355	193668	526607	280162	236643
19130	473874	455473	87010		214599	50	
26020	1749753	779334	145345	66388	218005	174270	165400
122486	1059212	472937		127280	94003	105842	71243
220979	1387444	855395	42825	11152	41589	452677	
64782	1186525	670167	16391	42495	64658	300341	23993
16544	151082	108005		500	6428	20579	
44919	787703	456099	16391	35149	27409	215487	19872
3319	118678	68913		1846	29821	33125	4121
	129062	37150		5000	1000	31150	
95257	1535323	822983	28397	194515	207477	219063	5188
2	72422	19702			8400	10052	
	61590	18702			7400	10052	
2	10832	1000			1000		
12434	330652	254343			32278	37429	
	42607	32034			15800	4000	
9132	245388	196208			14508	18253	
3302	42657	26101			1970	15176	
36220	2358746	1405771	658131	2000	99868	101811	15303
	776318	638910	638910				
36220	1582428	766861	19221	2000	99868	101811	15303

1-A-2 续表 23

分 组	固定资产净值	固定资产净值年平均余额	负债合计	流动负债总计	应付账款
通用设备制造业	68191156	56303059	105776815	81093620	36973169
锅炉及原动机制造	2088285	2006450	3776350	3067061	961185
锅炉及辅助设备制造	921926	927388	1830720	1450208	391261
内燃机及配件制造	1112810	1028583	1794052	1508751	508275
汽轮机及辅机制造	32549	30479	109330	108102	61649
水轮机及辅机制造	21000	20000	42248		
金属加工机械制造	20482874	14649711	28256159	18141505	12383806
金属切削机床制造	17961486	12280468	25270949	15831961	11593687
金属成形机床制造	655960	455687	749909	614372	324576
铸造机械制造	233521	223751	334242	261071	101789
金属切割及焊接设备制造	459985	397996	231215	165376	52594
机床附件制造	795838	885502	1176375	935170	260020
其他金属加工机械制造	376084	406307	493469	333555	51140
起重运输设备制造	4333298	3694512	9117705	8381399	3216296
泵、阀门、压缩机及类似机械的制造	7678203	6808180	11538474	10272421	4056253
泵及真空设备制造	3734288	3459914	5011947	4429128	1689863
气体压缩机械制造	1099517	838772	1175295	1060663	669052
阀门和旋塞的制造	1579516	1531396	2999321	2670266	783948
液压和气压动力机械及元件制造	1264882	978098	2351911	2112364	913390
轴承、齿轮、传动和驱动部件的制造	7894767	6888260	10735690	7144251	2521880
轴承制造	6539561	5706047	9121295	5735853	1618703
齿轮、传动和驱动部件制造	1355206	1182213	1614395	1408398	903177
烘炉、熔炉及电炉制造	115127	141821	226129	214708	90932
风机、衡器、包装设备等通用设备制造	9754316	7243621	19490289	18266275	8617835
风机、风扇制造	5558504	3060740	7609156	6980282	6110843
气体、液体分离及纯净设备制造	126683	131609	294285	247380	46831
制冷、空调设备制造	3140533	3141512	10329824	10001321	2051046
风动和电动工具制造	168472	186947	140656	96656	36747
喷枪及类似器具制造	5710	6048	13471	10470	2596
包装专用设备制造	65614	53155	102297	99102	32793
衡器制造	96183	46408	171337	157153	84441
其他通用设备制造	592617	617202	829263	673911	252538
通用零部件制造及机械修理	5648320	5071002	7146481	5606952	1572781
金属密封件制造	337726	345846	432660	375671	191374
紧固件、弹簧制造	731760	606444	882143	662829	116567
机械零部件加工及设备修理	4177400	3740163	5330055	4085511	1094899
其他通用零部件制造	401434	378549	501623	482941	169941
金属铸、锻加工	10195966	9799502	15489538	9999048	3552201
钢铁铸件制造	9349510	8869057	14086545	8883376	3180320
锻件及粉末冶金制品制造	846456	930445	1402993	1115672	371881
专用设备制造业	34254185	26087288	67560942	57321689	26510436
矿山、冶金、建筑专用设备制造	22858093	15131273	47731703	40334538	21911238
采矿、采石设备制造	13145636	7131030	14637485	13263778	10919411
石油钻采专用设备制造	1302999	1149125	6748459	6476386	2274372
建筑工程用机械制造	962624	781134	1464742	1320892	699073
建筑材料生产专用机械制造	621188	428279	1210039	962316	452845
冶金专用设备制造	6825646	5641705	23670978	18311166	7565537
化工、木材、非金属加工专用设备制造	4260399	4139184	8232113	7555881	1492265
炼油、化工生产专用设备制造	1663625	1565964	5087789	4735946	693509
橡胶加工专用设备制造	303954	289089	1028183	976455	191493
塑料加工专用设备制造	116495	122746	103001	102748	26081
木材加工机械制造	71858	65168	72523	50796	19909
模具制造	2079932	2072867	1893133	1657024	559851
其他非金属加工专用设备制造	24535	23350	47484	32912	1422

单位：千元

长期负债总计	所有者权益合计	实收资本					
			国家资本	集体资本	法人资本	个人资本	港澳台资本
11033213	79478908	31585787	2702475	946151	8716131	9542303	448518
422184	2701173	1580765	19795	31324	221557	530361	13897
193617	1216919	627814	6991	26445	144604	441898	579
228249	1361079	905530	7804	879	49732	77263	13318
318	112074	41421	5000	4000	21221	11200	
	11101	6000			6000		
5145236	15717197	5464058	903580	155023	2165235	788328	72766
4920153	11897156	4154572	882435	94752	1649193	219407	4448
74827	702279	325177	8339	4074	146410	160889	
67752	200061	141248	8626	1473	22415	59427	31800
12818	808621	209578		18072	37714	109473	
41744	1518870	312369	2180	35397	133479	136073	
27942	590210	321114	2000	1255	176024	103059	36518
672693	5089353	2386587	212113	52961	619704	946820	14040
783318	11040790	5102115	252920	205644	1545767	1849992	38474
352931	5145579	2066073	175681	138738	540775	782444	
92848	734853	307771	31101	13062	90304	72121	25013
214393	3863592	1820364	24515	41659	584140	620578	10470
123146	1296766	907907	21623	12185	330548	374849	2991
1082917	13843507	4158279	563992	31603	729490	1306041	73891
1001378	12378155	3563850	450914	11297	597408	1176879	73491
81539	1465352	594429	113078	20306	132082	129162	400
8664	227373	37910	9050	1173	6813	15924	
1055154	10065180	4470609	181948	87131	967718	876956	91309
573530	2704854	605333	115152	22020	159727	206608	
31019	234390	131990		935	80410	30350	
304116	5472502	2643445	40716	44149	392433	367059	90582
13249	344456	291464	900	1647	21500	4373	600
3000	7908	6700			3500	3200	
3192	88874	83801	13690	2414		33542	
6130	144032	89757	4340	1728	13900	65449	
120918	1068164	618119	7150	14238	296248	166375	127
642735	8030265	3595339	288838	185854	937036	1274547	51284
46804	923940	289935		8008	27257	180010	
107721	1223655	784332	131131	16741	80720	95641	25250
474243	5360763	2268940	108504	142268	793218	884522	26034
13967	521907	252132	49203	18837	35841	114374	
1220312	12764070	4790125	270239	195438	1522811	1953334	92857
1058992	10992692	4045898	263936	148092	1391439	1459780	92857
161320	1771378	744227	6303	47346	131372	493554	
5897191	34840149	16766250	3960184	251385	5256441	4379626	350003
4212926	17298453	8009806	2758123	89988	2904748	1646397	11671
1012909	5767126	1898462	810854	42090	490089	506897	10000
231799	2824336	1954346	1581	27935	1054404	512049	
116045	1070477	582836	46671	2190	169975	224261	
105250	577982	397677		500	234631	149456	
2746923	7058532	3176485	1899017	17273	955649	253734	1671
553370	5989479	3004480	276908	49354	837066	1014789	47711
304728	1798281	1016864	181239	33166	308772	418859	
22618	543077	215360	62627	3500	36201	113032	
250	292743	110375			23683	84705	
20676	49248	44590			18990	25600	
190528	3238786	1590391	33042	7788	428020	371993	47711
14570	67344	26900		4900	21400	600	

1-A-2 续表 24

分 组	固定资产净值	固定资产净值年平均余额	负债合计	流动负债总计	应付账款
食品、饮料、烟草及饲料生产专用设备制造	509981	451087	613304	464416	100277
食品、饮料、烟草工业专用设备制造	150775	151865	222927	164271	56684
农副食品加工专用设备制造	345097	282161	366252	278700	39888
饲料生产专用设备制造	14109	17061	24125	21445	3705
印刷、制药、日化生产专用设备制造	709320	661011	1526573	1284921	237143
制浆和造纸专用设备制造	350456	352072	1106466	1008239	169552
印刷专用设备制造	164922	119997	151073	82767	15312
日用化工专用设备制造	3948	3560	29892	29592	3117
制药专用设备制造	115533	111285	155290	107334	19385
照明器具生产专用设备制造	30147	28944	2549	2502	1203
玻璃、陶瓷和搪瓷制品生产专用设备制造	23118	17042	47715	22572	3712
其他日用品生产专用设备制造	21196	28111	33588	31915	24862
纺织、服装和皮革工业专用设备制造	377677	373119	484479	423420	140200
纺织专用设备制造	271656	268105	314601	268919	81135
皮革、毛皮及其制品加工专用设备制造	59283	62034	68235	62579	27121
缝纫机械制造	39449	40088	93126	90448	30568
其他服装加工专用设备制造	7289	2892	8517	1474	1376
电子和电工机械专用设备制造	2301952	2117704	2970272	2582359	1006783
电工机械专用设备制造	159782	148004	277125	266296	69987
电子工业专用设备制造	120415	98354	254097	140700	43164
武器弹药制造	2003722	1853113	2416681	2169600	892263
航空、航天及其他专用设备制造	18033	18233	22369	5763	1369
农、林、牧、渔专用机械制造	727938	697044	1217971	797891	145945
拖拉机制造	14780	11567	20080	5193	125
机械化农业及园艺机具制造	234655	222002	176633	113678	30693
畜牧机械制造	3075	690	4562	4106	2643
渔业机械制造	308	309	7738	7738	873
农林牧渔机械配件制造	377286	367806	934289	601781	95373
其他农林牧渔业机械制造及机械修理	97834	94670	74669	65395	16238
医疗仪器设备及器械制造	555591	540237	1018761	839417	362382
医疗诊断、监护及治疗设备制造	238697	240765	643730	539868	276257
实验室及医用消毒设备和器具的制造	35781	34733	40112	25749	9150
医疗、外科及兽医用器械制造	173517	158148	238222	233207	62587
机械治疗及病房护理设备制造	9383	8430	13523	3898	3078
其他医疗设备及器械制造	98213	98161	83174	36695	11310
环保、社会公共安全及其他专用设备制造	1953234	1976629	3765766	3038846	1114203
环境污染防治专用设备制造	923048	946987	2042777	1563021	496213
地质勘查专用设备制造	25552	26250	10334	7756	6587
商业、饮食、服务业专用设备制造	44756	47737	23900	20688	19345
社会公共安全设备及器材制造	460757	459631	271400	237293	104068
交通安全及管制专用设备制造	3099	3110	2929	2771	692
水资源专用机械制造	23309	23880	51755	41860	7007
其他专用设备制造	472713	469034	1362671	1165457	480291
交通运输设备制造业	55499002	48451822	207129699	183521734	46129894
铁路运输设备制造	1912852	1859293	9635454	7214217	2876862
铁路机车车辆及动车组制造	802345	753253	5381086	4562630	1394287
工矿有轨专用车辆制造	3747	3749	26136	26135	7481
铁路机车车辆配件制造	228993	260890	1479022	1419833	892546
铁路专用设备及器材、配件制造	205380	173025	602630	549496	226389
其他铁路设备制造及设备修理	672387	668376	2146580	656123	356159

单位：千元

长期负债总计	所有者权益合计	实收资本					
			国家资本	集体资本	法人资本	个人资本	港澳台资本
127319	765666	625822	22940	15000	379781	137313	
37343	293335	317514		15000	285115	17399	
87398	454103	296201	22940		93569	108904	
2578	18228	12107			1097	11010	
178798	818736	473356	22419	16579	55288	236463	3237
88627	265212	249634	3216		25256	86355	417
16605	195395	88340	19203	16579	18956	32062	1520
	42754	12397			2737	5000	
46868	238155	102406			7339	93617	1300
30	40840	1500			500	1000	
25143	14771	15032			500	14532	
1525	21609	4047				3897	
27233	541430	236210	6677	30799	69682	93416	
15787	446657	215065	6677	30799	56880	85073	
5656	44906	6582			1332	5250	
	36743	11946			9000	2946	
5790	13124	2617			2470	147	
258424	2809706	766375	542498	8580	110733	102909	
8642	190896	110875	20502	5000	34525	50848	
1549	158440	65796		3580	8500	52061	
247081	2414536	578996	521996		57000		
1152	45834	10708			10708		
164659	673725	577064	80263	3825	143879	257667	
728	21879	14050				12000	
53953	210899	121878		3815	36376	81687	
	3974	3068			3068		
	4533	500				500	
107849	337837	317976	80263	10	88437	142875	
2129	94603	119592			15998	20605	
153436	1874045	844141	3724	4926	201015	150554	620
103143	1186744	532546	3724	3728	151485	100000	
7545	41621	21248		1198	1700	17554	620
3906	423058	188213			40950	500	
9223	23125	3789			1380	500	
29619	199497	98345			5500	32000	
221026	4068909	2228996	246632	32334	554249	740118	286764
78437	1719648	1002332	79492	10214	249651	436762	6650
2578	31779	20000			20000		
2122	111934	136081			66416	500	
22708	835573	381584	650	9370	36756	43109	269189
	13659	6100			5000	1100	
100	44494	32800			17500	15300	
115081	1311822	650099	166490	12750	158926	243347	10925
13182579	61272265	43981840	2064404	392548	24462030	3694541	632842
2319171	3136191	3063146	87749	72175	2766729	106145	
791520	1246575	1494060		4000	1479110	10950	
	3852	3403				3403	
12743	409554	351326	69242	45455	162184	44097	
34128	415088	227318	15177	9346	170100	32695	
1480780	1061122	987039	3330	13374	955335	15000	

1-A-2 续表 25

分　组	固定资产净　值	固定资产净值年平均余额	负债合计	流动负债总　计	应付账款
汽车制造	26370990	22408345	53906554	46467976	18729694
汽车整车制造	13273313	11170595	30839916	27177017	11002613
改装汽车制造	2304168	1527055	2594178	2233197	1241933
电车制造	4704	1255	3885	3800	1747
汽车车身、挂车的制造	179386	180194	440344	423257	91058
汽车零部件及配件制造	10375346	9295195	19472745	16188703	6225475
汽车修理	234073	234051	555486	442002	166868
摩托车制造	128179	89216	127127	116216	68956
摩托车整车制造	121035	81625	121214	110304	66182
摩托车零部件及配件制造	7144	7591	5913	5912	2774
自行车制造	25891	26085	16975	15701	8342
脚踏自行车及残疾人座车制造	7022	7019	12263	12262	7139
助动自行车制造	18869	19066	4712	3439	1203
船舶及浮动装置制造	22367868	19770452	125176699	114442418	16358133
金属船舶制造	11954355	10140638	96808527	88929954	11552529
非金属船舶制造	240	217	805	805	-4
娱乐船和运动船的建造和修理	60318	34387	130721	113563	17976
船用配套设备制造	1935332	2105974	7824858	6288052	896520
船舶修理及拆船	8417623	7489236	20411788	19110044	3891112
航空航天器制造	4303317	3944860	18087268	15104975	7959427
飞机制造及修理	4296907	3937808	18074477	15092572	7956642
航天器制造	3850	4089	9229	9226	2247
其他飞行器制造	2560	2963	3562	3177	538
交通器材及其他交通运输设备制造	389905	353571	179622	160231	128480
交通管理用金属标志及设施制造	376649	342611	147652	142156	120995
其他交通运输设备制造	13256	10960	31970	18075	7485
电气机械及器材制造业	29280396	25916845	38241773	33605265	14950633
电机制造	2808210	3003531	3370916	2819446	1071758
发电机及发电机组制造	538456	469947	294111	287750	170016
电动机制造	1838643	1773515	2541215	2000697	585750
微电机及其他电机制造	431111	760069	535590	530999	315992
输配电及控制设备制造	14954682	11703370	18743032	16662194	8482276
变压器、整流器和电感器制造	7467392	5257130	8234307	7365923	4232602
电容器及其配套设备制造	525711	496725	1462010	1295623	402689
配电开关控制设备制造	4793514	3637081	7456097	6574905	3101337
电力电子元器件制造	1835525	1950118	1202640	1109600	557106
其他输配电及控制设备制造	332540	362316	387978	316143	188542
电线、电缆、光缆及电工器材制造	7846701	7588964	11031892	9499744	3569176
电线电缆制造	7371433	7133861	10306413	8896897	3398370
光纤、光缆制造	183531	174557	389372	310408	87598
绝缘制品制造	161004	159892	117177	88529	21014
其他电工器材制造	130733	120654	218930	203910	62194
电池制造	659567	617597	897999	861332	487090
家用电力器具制造	1968095	1956828	2610270	2503795	866991
家用制冷电器具制造	1108887	1018003	859542	856241	133175
家用空气调节器制造	282698	353793	987134	938462	435822
家用通风电器具制造	105	105	1463	1463	1419
家用厨房电器具制造	160058	166395	323724	322441	50758
家用清洁卫生电器具制造	65971	70283	29105	27103	8678
家用美容、保健电器具制造	348	348	1385	1385	119
家用电力器具专用配件制造	1800	1680	2480	590	590
其他家用电力器具制造	348228	346221	405437	356110	236430

单位：千元

长期负债总计	所有者权益合计	实收资本					
			国家资本	集体资本	法人资本	个人资本	港澳台资本
4082196	32592686	24101835	939280	282340	9482977	3246790	510310
2404687	14414369	13299279	286290	21000	6793928	1468851	5300
193889	2361762	915443	16610	15000	578678	286701	
	4817	1610		1500	110		
17086	217257	144594	24157		35227	26318	
1427629	15196622	9486242	592045	240143	2016183	1294479	504510
38905	397859	254667	20178	4697	58851	170441	500
10910	27184	46967				34562	12405
10910	8658	32632				32632	
	18526	14335				1930	12405
93	23756	17500			8000	5500	
	236	5000			5000		
93	23520	12500			3000	5500	
3795075	16889236	10956962	369873	36153	7112515	287356	94228
1232312	8248878	6608238	246568	8760	5242658	126720	1395
	243	500				500	
	73372	47924			16030	6700	11952
1290026	2596111	1773015	77930	17313	877648	136821	77570
1272737	5970632	2527285	45375	10080	976179	16615	3311
2970337	8215723	5690712	667002	1000	5008907	9651	
2969951	8190095	5673712	667002		4995357	7201	
2	9780	7000		1000	5000	1000	
384	15848	10000			8550	1450	
4797	387489	104718	500	880	82902	4537	15899
4797	334411	83782	500	880	81402	1000	
	53078	20936			1500	3537	15899
2680933	36274542	19904449	1585875	444929	5552170	4663001	1676766
480956	6212169	3134940	651731	3450	175216	251664	362070
3950	795848	524745	109553	2450	13450	37222	362070
475006	3068652	1736515	542178	1000	143701	197828	
2000	2347669	873680			18065	16614	
1223244	17080793	8614323	276098	314125	3704835	2332130	873933
543701	6966864	3563398	184320	84435	1966380	838294	208919
38431	735217	363336		54100	12686	101968	192650
504309	5851393	3353310	77943	108321	1441963	998485	423179
70126	3081173	1133206	2690	63109	246791	261381	47185
66677	446146	201073	11145	4160	37015	132002	2000
714821	7826883	4386143	530164	45007	973412	1522721	88432
674193	7291011	4036697	484185	29007	851409	1435300	66359
4104	76326	127264	28914	8000	69642	20708	
28546	215932	126054	17065	4000	31403	17040	22073
7978	243614	96128		4000	20958	49673	
34956	489603	344654	20000	535	24970	109489	74100
76857	3093549	2601308	33532	74046	469755	242375	150000
	1866472	1661223		1000	50000	5210	150000
39585	691909	548620	33532		351778	84560	
	564	1000				1000	
1211	25491	77706			1600	3421	
	80421	25407			20407	5000	
	12377	2000					
1890	504	500				500	
34171	415811	284852		73046	45970	142684	

1-A-2 续表 26

分 组	固定资产净值	固定资产净值年平均余额	负债合计	流动负债总计	应付账款
非电力家用器具制造	141611	146007	446974	415493	105054
燃气、太阳能及类似能源的器具制造	112312	118250	440046	410173	101386
其他非电力家用器具制造	29299	27757	6928	5320	3668
照明器具制造	644693	644458	675105	413436	208459
电光源制造	201878	182054	168742	108639	52980
照明灯具制造	429728	447486	463280	261974	134470
灯用电器附件及其他照明器具制造	13087	14918	43083	42823	21009
其他电气机械及器材制造	256837	256090	465585	429825	159829
车辆专用照明及电气信号设备装置制造	96292	100494	249969	249801	135436
其他未列明的电气机械制造	160545	155596	215616	180024	24393
通信设备、计算机及其他电子设备制造业	11317836	11213491	24518241	21607685	6383628
通信设备制造	1742040	1704742	846004	782535	280024
通信传输设备制造	76766	73068	315048	296229	99950
通信交换设备制造	103011	72248	146554	142253	23624
通信终端设备制造	34637	31951	33269	33169	1822
移动通信及终端设备制造	1493482	1490895	335759	295512	140997
其他通信设备制造	34144	36580	15374	15372	13631
雷达及配套设备制造	257873	249495	689365	630877	231114
广播电视设备制造	77677	85496	231995	219738	137271
广播电视节目制作及发射设备制造	10098	10261	83523	78978	40149
广播电视接收设备及器材制造	46831	55900	107875	105391	89749
应用电视设备及其他广播电视设备制造	20748	19335	40597	35369	7373
电子计算机制造	2249911	2331201	2023626	1720105	809291
电子计算机整机制造	97885	44912	124660	108710	20840
计算机网络设备制造	49733	16708	13886	13886	6302
电子计算机外部设备制造	2102293	2269581	1885080	1597509	782149
电子器件制造	2094062	2340762	8504467	7700029	1934059
电子真空器件制造	953490	1108677	6570517	6483719	1563404
半导体分立器件制造	307421	328113	647147	334293	115984
集成电路制造	100862	98408	242287	237541	135409
光电子器件及其他电子器件制造	732289	805564	1044516	644476	119262
电子元件制造	1749971	1989585	3047846	2428368	1146689
电子元件及组件制造	1134446	1359502	1717059	1504872	784787
印制电路板制造	615525	630083	1330787	923496	361902
家用视听设备制造	1548622	1180622	6646694	6329037	1343445
家用影视设备制造	1296158	934783	6238759	5924244	1013453
家用音响设备制造	252464	245839	407935	404793	329992
其他电子设备制造	1597680	1331588	2528244	1796996	501735
仪器仪表及文化、办公用机械制造业	2991748	2631584	4943756	4136472	1648944
通用仪器仪表制造	1663319	1492674	3443675	2785923	1051496
工业自动控制系统装置制造	944892	844991	2220531	1766780	640028
电工仪器仪表制造	263561	238845	420713	260807	105115
绘图、计算及测量仪器制造	55052	41821	62563	61696	31741
实验分析仪器制造	80244	64709	183193	162313	79043
试验机制造	70638	66019	119968	116467	45449
供应用仪表及其他通用仪器制造	248932	236289	436707	417860	150120
专用仪器仪表制造	471573	417367	640180	543667	197278
环境监测专用仪器仪表制造	11199	11114	50951	45685	17325
汽车及其他用计数仪表制造	90505	62404	134174	123716	3065

单位：千元

长期负债总计	所有者权益合计	实收资本	国家资本	集体资本	法人资本	个人资本	港澳台资本
11903	284170	199666			41985	29450	128231
11903	240025	188666			30985	29450	128231
	44145	11000			11000		
132611	749111	394634		7766	123185	158525	
8185	301549	174301			40154	51156	
124426	405571	204583		7766	81887	101369	
	41991	15750			1144	6000	
5585	538264	228781	74350		38812	16647	
168	373676	113559			36837	3400	
5417	164588	115222	74350		1975	13247	
2209496	22282299	14924241	2246660	48895	4633874	2520459	1085585
29375	2802453	961834	21017	26600	318374	231347	73175
18748	136602	94066	20517	5800	3100	45470	
2427	184141	124632	500	1000	60274	53100	9758
	35396	37166		19800		8538	
8200	2367459	620258			255000	109059	63417
	78855	85712				15180	
53738	387848	62000	5400		22000	34600	
12149	522543	239487			19018	164016	
4450	76481	86340			15073	25600	
2471	413197	125641			695	114160	
5228	32865	27506			3250	24256	
296469	3895434	2629294	1000	10240	643484	85733	379170
10916	103612	26600			12100	14500	
	51655	7410				7410	
285553	3740167	2595284	1000	10240	631384	63823	379170
744098	3058943	4986000	1376362	1822	1812661	929126	239016
86725	1218979	3483084	1361502	572	1241921	696124	46441
296466	357380	233386	3735		55931	95316	6867
4736	308758	251185	10322		10744	81000	95498
356171	1173826	1018345	803	1250	504065	56686	90210
523823	2631550	2187646	121735	1822	371892	172463	331835
142247	2016538	1428276	107518	1822	106934	158456	284631
381576	615012	759370	14217		264958	14007	47204
280940	5021334	2351727	691996	2000	914632	373840	18362
278140	4659124	2058649	689591		831751	373840	18362
2800	362210	293078	2405	2000	82881		
268904	3962194	1506253	29150	6411	531813	529334	44027
465785	5835622	2934845	198911	90144	666850	897616	155564
361199	3450323	1659593	122289	49486	388164	690778	68092
224802	2149539	914048	112562	29448	278381	331049	58092
113301	508233	258707		9543	20078	121388	
762	106356	32370			7680	9350	
7838	131186	69698	7258	9500	19960	31739	
780	103572	64006			17661	28015	10000
13716	451437	320764	2469	995	44404	169237	
63620	985153	363005	43100	26000	39443	155320	84000
1979	98601	31033		3500	1750	22823	
320	172204	40863				40863	

1-A-2 续表 27

分　组	固定资产净值	固定资产净值年平均余额	负债合计	流动负债总计	应付账款
导航、气象及海洋专用仪器制造	20388	20744	125102	68271	27578
地质勘探和地震专用仪器制造	43872	30642	48589	48534	27104
教学专用仪器制造	5574	5607	12688	12124	5818
核子及核辐射测量仪器制造	17360	17842	47876	39284	28047
电子测量仪器制造	203412	199288	94748	84965	14637
其他专用仪器制造	79263	69726	126052	121088	73704
钟表与计时仪器制造	97069	90786	205173	196018	84271
光学仪器及眼镜制造	147716	111799	126036	98206	68076
光学仪器制造	5068	5068	14850	12428	3884
眼镜制造	142648	106731	111186	85778	64192
文化、办公用机械制造	586375	494137	477414	463558	226596
照相机及器材制造	416512	355842	101489	101379	78563
复印和胶印设备制造	102581	100870	207914	207120	57161
计算器及货币专用设备制造	56942	27066	145755	133164	71688
其他文化、办公用机械制造	10340	10359	22256	21895	19184
其他仪器仪表的制造及修理	25696	24821	51278	49100	21227
工艺品及其他制造业	2434354	2365780	2909338	2522878	472254
工艺美术品制造	734333	713557	857304	687368	213826
雕塑工艺品制造	75544	77864	71177	61598	17225
金属工艺品制造	36693	36266	124653	123762	49261
漆器工艺品制造	1111	2366	6799	5522	4505
花画工艺品制造	169537	168724	158039	130992	44278
天然植物纤维编织工艺品制造	141650	140904	94749	33687	9227
抽纱刺绣工艺品制造	55014	49192	44521	41977	16306
地毯、挂毯制造	81020	82919	153167	105869	24320
珠宝首饰及有关物品的制造	33195	33645	57218	57026	11410
其他工艺美术品制造	140569	121677	146981	126935	37294
日用杂品制造	818884	818936	455236	450400	124027
制镜及类似品加工	7718	7718	3903	2790	210
鬃毛加工、制刷及清扫工具的制造	47799	42186	41232	40098	12940
其他日用杂品制造	763367	769032	410101	407512	110877
煤制品制造	143183	145457	318152	301278	23056
核辐射加工	4266	2125	8	7	4
其他未列明的制造业	733688	685705	1278638	1083825	111341
废弃资源和废旧材料回收加工业	314941	299330	869471	807065	120580
金属废料和碎屑的加工处理	137713	125110	667393	641142	96302
非金属废料和碎屑的加工处理	177228	174220	202078	165923	24278
电力、燃气及水的生产和供应业	**132859039**	**129711493**	**142542322**	**82884610**	**16985907**
电力、热力的生产和供应业	119179504	116528282	132168628	75950560	15900530
电力生产	49105554	49118516	51067260	26991395	3397667
火力发电	42207534	42913830	46369255	24555344	2816300
水力发电	2180384	2216828	949763	465222	99913
其他能源发电	4717636	3987858	3748242	1970829	481454
电力供应	57027952	54535229	59277815	31289443	9166472
热力生产和供应	13045998	12874537	21823553	17669722	3336391
燃气生产和供应业	3539648	3028729	3138884	2089711	165359
水的生产和供应业	10139887	10154482	7234810	4844339	920018
自来水的生产和供应	9174535	9215068	6316205	4298351	712442
污水处理及其再生利用	959657	935343	727389	354772	138136
其他水的处理、利用与分配	5695	4071	191216	191216	69440

单位：千元

长期负债总　计	所有者权益合计	实收资本					
			国家资本	集体资本	法人资本	个人资本	港澳台资本
56732	52235	30747		4180	3867	22700	
50	124096	124500	36000		2000	2500	84000
563	13619	10500				10500	
86	74178	24694		3809	13333	3385	
2750	286225	33890	7100		11893	6882	
1140	163995	66778		14511	6600	45667	
9155	114705	139339	1000		8540	1200	
27451	254872	169257	494			15248	
2421	19674	15742	494			15248	
25030	235198	153515					
3384	958721	542300	32028	14658	205803	16110	3472
	575109	267145		6000		11500	
794	275288	189716		8658	157531	3450	3472
2590	84653	73300	32028		41272		
	23671	12139			7000	1160	
976	71848	61351			24900	18960	
348269	3484302	2352076	331109	109748	344689	576629	27321
137229	1457669	894521	102870	47223	129514	491609	25993
8748	265481	239834		1191	21148	203315	289
378	135645	14461		10000	1000	2239	
200	509	600		500		100	
14799	268397	139704		4032	21579	54337	16985
59491	137104	63328	381		7786	54748	
2273	59759	33568			17338	11020	
47000	106034	133489	102489	30000		1000	
90	184100	126176			46500	67800	
4250	300640	143361		1500	14163	97050	8719
4822	1105938	868895		112	9384	31921	1328
1113	12622	5112		112		5000	
1132	61800	34604			1031	11521	828
2577	1031516	829179			8353	15400	500
16759	37707	106546		62413	11875	26846	
1	11392	4000					
189458	871596	478114	228239		193916	26253	
40424	934951	413945	31181	143150	51140	142274	30000
15630	587398	186419	28000	22959	7050	128410	
24794	347553	227526	3181	120191	44090	13864	30000
54117762	**76335607**	**49397954**	**12877987**	**287916**	**31504891**	**1565149**	**1881931**
51133954	62156034	40335130	7244010	249590	29300208	1268436	1478051
19385888	27638649	19233438	4416157	238460	12311933	376476	1450051
17127937	23279409	16713401	3630016		11329033	168806	1401420
482836	2334268	870606	488142	88460	176080	117924	
1775115	2024972	1649431	297999	150000	806820	89746	48631
27912215	27746053	16451677	1014120	343	15291367	77460	
3835851	6771332	4650015	1813733	10787	1696908	814500	28000
888022	4205853	3012441	1454735	7284	911234	130705	290280
2095786	9973720	6050383	4179242	31042	1293449	166008	113600
1872365	9014437	5262372	4151387	31042	639789	89560	85000
223421	872105	756011	27855		622260	76448	28000
	87178	32000			31400		600

1-A-2 续表 28

分组	外商资本	主营业务收入	主营业务成本	主营业务税金及附加	其他业务收入
总计	**66673518**	**2437224068**	**2132986376**	**26481059**	**59086111**
总计中：亏损企业	20344272	488886261	500329226	7054024	23792704
总计中：国有控股企业	6471572	984798336	898680972	14322853	39971275
总计中：农村工业	14966	14223651	12237567	204791	169948
总计中：轻工业	16951849	435678651	369828319	4943201	6858239
重工业	49721669	2001545417	1763158057	21537858	52227872
总计中：大型企业	11890362	891828892	807471658	12118040	38941690
中型企业	28022957	541222207	467325414	5422976	10530034
小型企业	26760199	1004172969	858189304	8940043	9614387
按隶属关系分					
中央	2853795	616551444	579517350	9940804	23210452
地方	63819723	1820672624	1553469026	16540255	35875659
按登记注册类型分					
内资企业	**1524455**	**1932358420**	**1696986828**	**22521902**	**49450697**
国有企业	189760	361162359	304795609	4793735	20911584
集体企业	1800	59952463	51376423	846224	1334699
股份合作企业	4351	16605831	14321835	178316	208203
联营企业		3369797	2532869	38532	14641
国有联营企业		91565	68086	288	
集体联营企业		935909	707906	18353	2473
国有与集体联营企业		709653	524046	6974	12168
其他联营企业		1632670	1232831	12917	
有限责任公司	528075	415005154	357165737	3559365	12503095
国有独资公司	4391	64276210	52635470	319175	5125370
其他有限责任公司	523684	350728944	304530267	3240190	7377725
股份有限公司	35367	330838379	333623473	5862266	9522124
私营企业	760935	731185734	620672666	7168980	4928746
私营独资企业	209680	210639433	178891553	2898226	691824
私营合作企业	2496	13124444	11092023	175255	109869
私营有限责任公司	467365	472384409	401995504	3825470	3703487
私营股份有限公司	81394	35037448	28693586	270029	423566
其他企业	4167	14238703	12498216	74484	27605
港、澳、台商投资企业	**1790271**	**88866802**	**71890593**	**408315**	**1341301**
合资经营企业(港或澳、台资)	685401	52695633	41455860	260044	850726
合作经营企业(港或澳、台资)	31490	3014546	2746837	6852	12997
港澳台商独资经营企业	1030639	31857273	26493379	139890	476751
港澳台商投资股份有限公司	42741	1299350	1194517	1529	827
外商投资企业	**63358792**	**415998846**	**364108955**	**3550842**	**8294113**
中外合资经营企业	21040554	264098191	233535177	3155436	5760730
中外合作经营企业	746672	11308477	9357496	29485	138485
外资企业	40942114	133214758	114835100	286882	2275662
外商投资股份有限公司	629452	7377420	6381182	79039	119236
按经济组织类型分					
独资企业	**42373993**	**796826286**	**676392064**	**8964957**	**25690520**
国有企业	189760	361162359	304795609	4793735	20911584
集体企业	1800	59952463	51376423	846224	1334699
私营独资企业	209680	210639433	178891553	2898226	691824
港澳台商独资经营企业	1030639	31857273	26493379	139890	476751
外资企业	40942114	133214758	114835100	286882	2275662
合作、合伙企业	**789176**	**61661798**	**52549276**	**502924**	**511800**
股份合作企业	4351	16605831	14321835	178316	208203

单位：千元

其他业务利润	营业费用	管理费用	税金	财务费用	利息支出	营业利润	投资收益
3363977	**46631406**	**104068263**	**7813065**	**24231907**	**23029949**	**92578075**	**408068**
-877194	7044032	20933738	1875170	6755933	6483700	-60346149	232290
963401	14516383	49648380	3667273	11545041	13400115	-5915704	-1028735
99601	222852	392622	36355	120029	104082	1379522	-898
919482	12440938	18872010	1380465	3461271	2433141	21196041	373451
2444495	34190468	85196253	6432600	20770636	20596808	71382034	34617
202220	14077621	43912374	3406903	8794053	10523161	4892930	-1369231
1994977	12327119	22294353	1732618	7720051	7301578	23280702	704500
1166780	20226666	37861536	2673544	7717803	5205210	64404443	1072799
127354	5101313	29261925	1975300	5204660	6863724	-17226803	-1507208
3236623	41530093	74806338	5837765	19027247	16166225	109804878	1915276
1711240	**32160318**	**83969038**	**6331510**	**19822017**	**18764669**	**68951049**	**230451**
-1193110	4243377	22330361	1344737	4464708	5772420	16530929	-1849445
139936	874957	2714294	167321	353109	259043	3827208	83050
91905	392381	742266	47693	145745	118097	865196	11969
1841	64648	184963	26831	149157	142618	494295	
	1545	6967	136	497	190	1423	
-769	33589	31268	4433	95367	92025	53974	
2610	10879	86774	12532	42638	43600	69525	
	18635	59954	9730	10655	6803	369373	
2146351	8522496	22523612	2299324	5502241	5329151	17318884	996332
-368520	1342623	5285702	489268	790669	889067	3416370	54131
2514871	7179873	17237910	1810056	4711572	4440084	13902514	942201
504345	3796968	11147470	505477	2975299	2781000	-22756032	153715
14086	14018745	23976955	1921023	6018617	4155562	52116894	826672
41428	3900875	6403189	662194	1634565	1017882	15316743	521252
-38176	255195	383742	39136	81094	59038	945124	-4284
-127727	9088065	15689921	1109412	3849901	2746798	32322980	300241
138561	774610	1500103	110281	453057	331844	3532047	9463
5886	246746	349117	19104	213141	206778	553675	8158
106171	**2667370**	**3431945**	**322449**	**1080913**	**882597**	**8870214**	**39709**
36017	1548809	1991077	188370	711932	529835	6657729	12070
6587	52596	79015	9705	45389	34285	101085	108
63418	1028311	1325215	119234	306990	304957	2106007	27531
149	37654	36638	5140	16602	13520	5393	
1546566	**11803718**	**16667280**	**1159106**	**3328977**	**3382683**	**14756812**	**137908**
883274	7731295	8791666	583741	2292207	2626978	6449433	26805
42487	250393	413878	23092	93975	71286	1136760	-10008
506744	3653379	6999903	535705	932341	655533	6868565	95733
114061	168651	461833	16568	10454	28886	302054	25378
-441584	**13700899**	**39772962**	**2829191**	**7691713**	**8009835**	**44649452**	**-1121879**
-1193110	4243377	22330361	1344737	4464708	5772420	16530929	-1849445
139936	874957	2714294	167321	353109	259043	3827208	83050
41428	3900875	6403189	662194	1634565	1017882	15316743	521252
63418	1028311	1325215	119234	306990	304957	2106007	27531
506744	3653379	6999903	535705	932341	655533	6868565	95733
110530	**1261959**	**2152981**	**165561**	**728501**	**632102**	**4096135**	**5943**
91905	392381	742266	47693	145745	118097	865196	11969

1-A-2 续表 29

分组	外商资本	主营业务收入	主营业务成本	主营业务税金及附加	其他业务收入
国有联营企业		91565	68086	288	
集体联营企业		935909	707906	18353	2473
国有与集体联营企业		709653	524046	6974	12168
其他联营企业		1632670	1232831	12917	
私营合伙企业	2496	13124444	11092023	175255	109869
合作经营企业(港或澳、台资)	31490	3014546	2746837	6852	12997
中外合作经营企业	746672	11308477	9357496	29485	138485
其他企业(内资)	4167	14238703	12498216	74484	27605
股份有限公司	**788954**	**374552597**	**369892758**	**6212863**	**10065753**
股份有限公司(内资)	35367	330838379	333623473	5862266	9522124
私营股份有限公司	81394	35037448	28693586	270029	423566
港澳台商投资股份有限公司	42741	1299350	1194517	1529	827
外商投资股份有限公司	629452	7377420	6381182	79039	119236
有限责任公司	**22721395**	**1204183387**	**1034152278**	**10800315**	**22818038**
国有独资公司	4391	64276210	52635470	319175	5125370
私营有限责任公司	467365	472384409	401995504	3825470	3703487
合资经营企业(港或澳、台资)	685401	52695633	41455860	260044	850726
中外合资经营企业	21040554	264098191	233535177	3155436	5760730
其他有限责任公司	523684	350728944	304530267	3240190	7377725
按行业小类分					
采矿业	**155595**	**162841834**	**120307096**	**2698535**	**16334918**
煤炭开采和洗选业		34189611	26131179	573804	4327746
烟煤和无烟煤的开采洗选		34092423	26058081	572846	4327686
褐煤的开采洗选		47338	35710	910	60
其他煤炭采选		49850	37388	48	
石油和天然气开采业	120	50600532	34448816	725816	11240332
天然原油和天然气开采		32228073	17633609	582540	
与石油和天然气开采有关的服务活动	120	18372459	16815207	143276	11240332
黑色金属矿采选业		54671885	42067892	1070297	367963
铁矿采选		53383014	41287068	1046075	338703
其他黑色金属矿采选		1288871	780824	24222	29260
有色金属矿采选业	50638	13501416	9937246	117720	335883
常用有色金属矿采选	20638	9702863	7681415	70784	59768
铜矿采选		1863366	1392811	9418	14201
铅锌矿采选		2065214	1337341	25877	2739
镍钴矿采选		127890	120524	333	
铝矿采选		24170	23756	175	
镁矿采选	20638	5584344	4774414	34581	42828
其他常用有色金属矿采选		37879	32569	400	
贵金属矿采选	30000	1083048	761250	17630	508
金矿采选	30000	1052496	737535	17366	508
银矿采选		30552	23715	264	
稀有稀土金属矿采选		2715505	1494581	29306	275607
钨钼矿采选		2624505	1428031	29236	275607
放射性金属矿采选		91000	66550	70	
非金属矿采选业	103509	9828790	7676179	209466	62994
土砂石开采	97581	5561721	4498650	113211	7646
石灰石、石膏开采	1580	1679243	1451965	53807	207
建筑装饰用石开采	1651	1266582	1058863	15706	572
耐火土石开采		305940	207842	3911	5776
粘土及其他土砂石开采	94350	2309956	1779980	39787	1091

单位：千元

其他业务利润	营业费用	管理费用	税金	财务费用	利息支出	营业利润	投资收益
	1545	6967	136	497	190	1423	
-769	33589	31268	4433	95367	92025	53974	
2610	10879	86774	12532	42638	43600	69525	
	18635	59954	9730	10655	6803	369373	
-38176	255195	383742	39136	81094	59038	945124	-4284
6587	52596	79015	9705	45389	34285	101085	108
42487	250393	413878	23092	93975	71286	1136760	-10008
5886	246746	349117	19104	213141	206778	553675	8158
757116	**4777883**	**13146044**	**637466**	**3455412**	**3155250**	**-18916538**	**188556**
504345	3796968	11147470	505477	2975299	2781000	-22756032	153715
138561	774610	1500103	110281	453057	331844	3532047	9463
149	37654	36638	5140	16602	13520	5393	
114061	168651	461833	16568	10454	28886	302054	25378
2937915	**26890665**	**48996276**	**4180847**	**12356281**	**11232762**	**62749026**	**1335448**
-368520	1342623	5285702	489268	790669	889067	3416370	54131
-127727	9088065	15689921	1109412	3849901	2746798	32322980	300241
36017	1548809	1991077	188370	711932	529835	6657729	12070
883274	7731295	8791666	583741	2292207	2626978	6449433	26805
2514871	7179873	17237910	1810056	4711572	4440084	13902514	942201
-500311	**2036392**	**11029880**	**640134**	**966584**	**1762631**	**24564258**	**109834**
71135	454539	3874797	238757	332285	463470	2710595	-198470
71075	451881	3867984	238627	328727	460914	2699332	-198470
60	803	4885	130	2556	2556	3634	
	1855	1928		1002		7629	
-923954	82431	3472766	62433	182545	930644	9336104	95004
	39845	2374235		155913	907338	9920603	
-923954	42586	1098531	62433	26632	23306	-584499	95004
55732	717435	2363299	264950	230623	196413	9500871	57854
49112	643945	2301581	251717	225192	191925	9160411	57854
6620	73490	61718	13233	5431	4488	340460	
283349	292400	904619	30542	101960	91860	2043656	154961
15712	250309	443672	26655	81703	75284	1098042	92865
5415	27858	175289	2431	21991	21491	246814	91899
672	61244	145033	4075	13322	14082	467243	16
	1853	1481		239		2760	
		29				210	
9625	159354	120280	20139	46151	39711	377665	950
		1560	10			3350	
	20966	154427	4235	19971	13312	117638	
	20365	149061	4235	19756	13312	113383	
	601	5366		215		4255	
267637	21125	306520	-348	286	3264	827976	62096
267637	21034	297510	-453	-1604	1384	811903	62096
	91	9010	105	1890	1880	16073	
13427	488592	410167	43379	118502	79701	976567	485
3300	265692	180736	13197	56799	40716	473376	315
80	26819	58878	4660	15908	14528	100548	50
80	29201	37069	4093	18882	12549	115339	265
2364	9456	16770	937	898	450	41622	
776	200216	68019	3507	21111	13189	215867	

1-A-2 续表 30

分 组	外商资本	主营业务收 入	主营业务成 本	主营业务税金及附加	其他业务收 入
化学矿采选	2000	1262220	1020612	32750	8367
采盐		448969	277486	17021	21539
石棉及其他非金属矿采选	3928	2555880	1879431	46484	25442
石墨、滑石采选	3928	702666	574281	10188	20043
宝石、玉石开采		362212	209648	7739	3
其他非金属矿采选		1491002	1095502	28557	5396
其他采矿业	1328	49600	45784	1432	
制造业	**65237843**	**2142892067**	**1887814212**	**23040319**	**41199492**
农副食品加工业	3153670	159911459	140129166	998436	937245
谷物磨制	112871	17622628	15217137	174279	45213
饲料加工	366733	32627182	28288827	168863	38993
植物油加工	784185	28880692	26480168	108541	277379
食用植物油加工	784185	28861728	26461712	108541	277379
非食用植物油加工		18964	18456		
制糖		564199	506405	2835	37977
屠宰及肉类加工	253979	38827401	34096277	333081	400606
畜禽屠宰	36780	25191664	21793740	276805	185926
肉制品及副产品加工	217199	13635737	12302537	56276	214680
水产品加工	731774	26139979	22721615	101520	99452
水产品冷冻加工	501888	22374208	19357454	91911	62820
鱼糜制品及水产品干腌制加工	199459	2552906	2289335	3778	33193
水产饲料制造	7320	574122	508272	4173	
其他水产品加工	23107	638743	566554	1658	3439
蔬菜、水果和坚果加工	158811	7079675	6057518	62664	15261
其他农副食品加工	745317	8169703	6761219	46653	22364
淀粉及淀粉制品的制造	585521	5076899	4212734	20627	12773
豆制品制造	93629	1231347	998937	13755	9195
蛋品加工		299243	239264	727	
其他未列明的农副食品加工	66167	1562214	1310284	11544	396
食品制造业	697642	26759135	22650616	182497	107191
焙烤食品制造	145696	3158033	2501853	17907	2405
糕点、面包制造	16993	1951523	1508872	10976	2104
饼干及其他焙烤食品制造	128703	1206510	992981	6931	301
糖果、巧克力及蜜饯制造		1164081	949222	11445	57615
糖果、巧克力制造		1055183	847833	10488	57615
蜜饯制作		108898	101389	957	
方便食品制造	49072	5534297	4618576	19520	6831
米、面制品制造	8088	230845	189663	10131	2482
速冻食品制造	4415	1194747	992057	4125	
方便面及其他方便食品制造	36569	4108705	3436856	5264	4349
液体乳及乳制品制造	2700	6603390	6038280	52050	10385
罐头制造	170163	2660200	2135818	18032	6049
肉、禽类罐头制造	16840	29392	23097	246	92
水产品罐头制造	8634	616641	509072	11436	595
蔬菜、水果罐头制造	144276	1882543	1487411	6039	5333
其他罐头食品制造	413	131624	116238	311	29
调味品、发酵制品制造	255165	3552972	3083297	17987	3845
味精制造		406602	382950	1012	
酱油、食醋及类似制品的制造	171133	1512145	1317360	13058	955
其他调味品、发酵制品制造	84032	1634225	1382987	3917	2890

单位：千元

其他业务利润	营业费用	管理费用	税金	财务费用	利息支出	营业利润	投资收益
7752	18010	55044	2416	16603	10303	148664	
2642	43092	62610	2116	9263	8805	30365	
-267	161798	111777	25650	35837	19877	324162	170
-876	47367	24185	3592	13979	9340	38313	
	62400	32759	19659	3928	3868	45738	
609	52031	54833	2399	17930	6669	240111	170
	995	4232	73	669	543	-3535	
3524183	**43671831**	**88831062**	**6894863**	**19708226**	**17599405**	**70649509**	**-104000**
112875	3017358	3440985	202071	1074572	862121	10039334	131449
-44209	381650	392952	18323	143885	85732	1378325	72567
21462	728267	854370	43024	169052	104258	1862843	58028
28159	262639	359205	30846	130332	189444	1739009	-18811
28159	262625	359101	30846	129982	189095	1738977	-18811
	14	104		350	349	32	
53	8218	13558	1351	9044	8992	25651	108
47439	756957	719459	42954	175290	140652	2121686	8515
42725	496213	455692	22743	134010	106631	1521421	1291
4714	260744	263767	20211	41280	34021	600265	7224
46304	444169	617081	39770	264256	203419	1946640	722
34871	365050	494493	34175	228131	176901	1818139	412
9901	60943	87540	3522	30104	24983	83596	307
-181	4812	13938	1313	2567	503	26332	
1713	13364	21110	760	3454	1032	18573	3
1307	200250	271205	10673	88018	64499	342698	9399
12360	235208	213155	15130	94695	65125	622482	921
11248	164232	125870	10599	55331	38101	397550	
919	26093	42975	2033	8811	4805	92672	471
	14739	10152	998	13795	11927	1065	
193	30144	34158	1500	16758	10292	131195	450
29898	963480	930166	66728	252139	153845	1389652	3401
1553	147588	161176	5473	27281	12664	253786	1540
1474	97241	93143	3361	17692	10887	168180	1540
79	50347	68033	2112	9589	1777	85606	
12269	67892	23793	2007	8331	2639	44743	-5312
12269	65881	21397	1648	8138	2516	44037	-5416
	2011	2396	359	193	123	706	104
988	187615	116867	12815	30557	37234	304248	4150
841	4705	8427	667	221	100	9598	
	16246	33794	4079	13596	12720	60583	4150
147	166664	74646	8069	16740	24414	234067	
1176	237226	134634	6628	56674	16335	244451	
3392	94479	118594	8962	73528	44164	175737	-134
-43	3804	8076	99	1953	1182	6305	
489	8937	20345	980	10595	10688	24328	-3
2917	77059	86077	7705	59562	31580	139916	-131
29	4679	4096	178	1418	714	5188	
1346	84454	141151	11952	16241	11043	183644	1886
	10745	24855	3061	2945	2904	-17302	
447	38787	62977	7285	3557	3621	76441	1886
899	34922	53319	1606	9739	4518	124505	

1-A-2 续表 31

分　组	外商资本	主营业务收　入	主营业务成　本	主营业务税金及附加	其他业务收　入
其他食品制造	74846	4086162	3323570	45556	20061
营养、保健食品制造	3521	849574	683466	8140	408
冷冻饮品及食用冰制造	2730	1649056	1344299	23369	2837
盐加工		809847	638327	7919	15192
食品及饲料添加剂制造	14600	325915	270330	594	275
其他未列明的食品制造	53995	451770	387148	5534	1349
饮料制造业	966548	20029419	14994614	739089	398604
酒精制造		454511	400442	6175	37
酒的制造	481957	10942913	7587212	701698	353026
白酒制造	17420	3778024	2798217	137519	5302
啤酒制造	380714	6467520	4244576	550347	347724
黄酒制造	1241	30937	23677	265	
葡萄酒制造		598772	470790	12513	
其他酒制造	82582	67660	49952	1054	
软饮料制造	484591	8598995	6978230	30916	45541
碳酸饮料制造	159047	2555858	2008734	2759	
瓶(罐)装饮用水制造	91050	2241856	1910468	16316	1422
果菜汁及果菜汁饮料制造	174233	1792055	1508813	6581	42598
含乳饮料和植物蛋白饮料制造	8277	483832	372825	4730	900
固体饮料制造	41184	287993	246172	522	621
茶饮料及其他软饮料制造	10800	1237401	931218	8	
精制茶加工		33000	28730	300	
烟草制品业		3941582	1405202	1581335	262091
烟叶复烤		39867	20438	644	
卷烟制造		3901715	1384764	1580691	262091
纺织业	992907	24756271	21768160	179729	249437
棉、化纤纺织及印染精加工	351656	10823784	9834042	37941	185626
棉、化纤纺织加工	288183	7801347	7123717	24902	96833
棉、化纤印染精加工	63473	3022437	2710325	13039	88793
毛纺织和染整精加工	7720	617142	492024	4356	1099
毛条加工		201700	175048	3584	
毛纺织	7720	282150	230322	772	1099
毛染整精加工		133292	86654		
麻纺织		615978	521068	3184	
丝绢纺织及精加工	13030	2563996	2202474	77783	44
缫丝加工	6000	1699901	1438272	53467	
绢纺和丝织加工	7030	650399	565441	22996	44
丝印染精加工		213696	198761	1320	
纺织制成品制造	241352	5359978	4638056	31325	49580
棉及化纤制品制造	160341	2124061	1847079	11210	25352
毛制品制造		147572	125362	54	
丝制品制造		81421	78462	442	
绳、索、缆的制造		539842	471912	11366	829
纺织带和帘子布制造		328880	273340	1327	
无纺布制造	11066	1531964	1315677	3234	20299
其他纺织制成品制造	69945	606238	526224	3692	3100
针织品、编织品及其制品制造	379149	4775393	4080496	25140	13088
棉、化纤针织品及编织品制造	314485	2860841	2432929	10758	5146
毛针织品及编织品制造	57252	1413636	1218735	12347	7479
丝针织品及编织品制造		253267	243001	319	
其他针织品及编织品制造	7412	247649	185831	1716	463

单位：千元

其他业务利润	营业费用	管理费用	税金	财务费用	利息支出	营业利润	投资收益
9174	144226	233951	18891	39527	29766	183043	1271
197	25049	45943	1092	6274	3816	52880	
181	41983	113337	12626	21254	19058	43138	1271
8755	57081	47041	3350	8031	4831	42417	
33	12083	15611	788	2254	2061	25732	
8	8030	12019	1035	1714		18876	
54152	1160182	916970	74764	123739	125743	1724134	67406
27	3582	5375	845	2701	1705	24808	1130
25689	602170	620887	41806	69075	69653	1155188	18374
2508	103114	137552	9230	43601	17448	353592	4095
23181	464575	430627	30837	17763	46040	755751	14279
	680	1702	46	891	408	819	
	32551	46830	1663	6054	4991	34564	
	1250	4176	30	766	766	10462	
28436	554150	289918	32113	51963	54385	541238	47902
	278915	136310	17397	12228	9294	134957	5758
844	39615	45215	1901	9113	4406	90887	2160
26547	57561	71672	6532	22976	21470	94350	9816
622	27330	12844	2384	3776	3681	54814	
423	13512	6750	174	268	120	17769	30168
	137217	17127	3725	3602	15414	148461	
	280	790				2900	
694	83267	424261	9802	3661	6629	443989	-1522
	4408	18488		964	964	-5636	
694	78859	405773	9802	2697	5665	449625	-1522
28906	464600	949182	89888	345360	245858	779124	5376
17492	145290	361640	53119	197770	171883	146759	1785
4188	107091	238646	37213	125688	119001	102850	1444
13304	38199	122994	15906	72082	52882	43909	341
23	14991	18001	2557	12958	8198	-4389	150
	12015	4125	2460	5139	429	1789	
23	2976	10635	97	7819	7769	-4767	150
		3241				-1411	
	27264	39105	245	5354	4735	22748	
	35181	69925	8683	17732	15771	153544	360
	26722	42773	6593	11015	10039	125004	
	4535	21358	1021	6599	5636	22922	360
	3924	5794	1069	118	96	5618	
7324	113245	193091	14981	75184	23979	204707	-4194
196	43566	69638	5544	51348	8734	19837	602
	3994	4343	150	759		9395	
	819	2081	625	501	441	5403	
20	7743	17017	2042	6766	3179	31144	
	10099	23889	1790	2539	1867	12838	
6131	25626	40939	3467	10496	8326	116188	-4796
977	21398	35184	1363	2775	1432	9902	
4067	128629	267420	10303	36362	21292	255755	7275
2429	86745	192206	7249	20416	13248	98933	443
1629	28771	48154	2491	13991	7732	130920	6522
	1724	2577	107	1209	160	2662	
9	11389	24483	456	746	152	23240	310

1-A-2 续表 32

分组	外商资本	主营业务收入	主营业务成本	主营业务税金及附加	其他业务收入
纺织服装、鞋、帽制造业	1318433	41725588	36382720	309865	201540
纺织服装制造	1145708	34880090	30083581	142244	195539
纺织面料鞋的制造	163201	6779165	6245439	167517	6001
制帽	9524	66333	53700	104	
皮革、毛皮、羽毛(绒)及其制品业	201768	8237184	7158064	27954	43640
皮革鞣制加工	12654	724857	611489	3943	
皮革制品制造	187749	6556168	5781597	15853	7554
皮鞋制造	35658	5295711	4682993	5368	891
皮革服装制造	40097	486239	431024	9500	3593
皮箱、包(袋)制造	53718	323630	266822	704	3070
皮手套及皮装饰制品制造	19137	234543	205595	281	
其他皮革制品制造	39139	216045	195163		
毛皮鞣制及制品加工	1365	801627	629756	5142	36086
毛皮鞣制加工		12998	11792	255	
毛皮服装加工	1365	759959	590385	4577	36086
其他毛皮制品加工		28670	27579	310	
羽毛(绒)加工及制品制造		154532	135222	3016	
羽毛(绒)加工		63353	59050	76	
羽毛(绒)制品加工		91179	76172	2940	
木材加工及木、竹、藤、棕、草制品业	840920	24219989	20681627	124107	88866
锯材、木片加工	54490	3466356	2965684	27952	35945
锯材加工	25679	2255908	1886970	18784	253
木片加工	28811	1210448	1078714	9168	35692
人造板制造	112872	9789564	8400968	38768	21183
胶合板制造	20364	4475804	3727534	17456	15619
纤维板制造	52126	1052725	953523	6857	2398
刨花板制造	34374	1466353	1381851	5244	121
其他人造板、材制造	6008	2794682	2338060	9211	3045
木制品制造	670826	10680483	9066777	56879	30832
建筑用木料及木材组件加工	588225	8076638	6797745	39401	28939
木容器制造	2126	1025579	892955	2581	393
软木制品及其他木制品制造	80475	1578266	1376077	14897	1500
竹、藤、棕、草制品制造	2732	283586	248198	508	906
家具制造业	722715	19225553	16093134	140150	230402
木质家具制造	653450	17139906	14431072	126317	229804
竹、藤家具制造		10752	7653	72	170
金属家具制造	14125	639508	516761	4799	162
其他家具制造	55140	1435387	1137648	8962	266
造纸及纸制品业	262903	15436848	13357733	94708	69753
纸浆制造	456	71991	55979	7188	
造纸	98427	4390544	3778056	26134	42143
机制纸及纸板制造	21065	3863959	3346776	22741	42013
手工纸制造		21500	19255	461	
加工纸制造	77362	505085	412025	2932	130
纸制品制造	164020	10974313	9523698	61386	27610
纸和纸板容器的制造	124694	8701254	7469475	45029	23069
其他纸制品制造	39326	2273059	2054223	16357	4541
印刷业和记录媒介的复制	295293	8290811	6908161	61757	79201
印刷	256687	6421969	5425913	57368	75853
书、报、刊印刷	43991	2265956	1904600	11357	43371
本册印制		417873	347334	1619	14
包装装潢及其他印刷	212696	3738140	3173979	44392	32468

单位：千元

其他业务利润	营业费用	管理费用	税金	财务费用	利息支出	营业利润	投资收益
-4441	825867	1556661	73645	392752	133950	1730254	270229
-5783	694887	1414093	73364	280945	133870	1737030	48467
1342	127531	133622	6	111386	80	-6330	221762
	3449	8946	275	421		-446	
-43178	257638	432749	4840	15103	11469	302223	-5791
	4728	7382		359		96956	
126	246578	415418	3564	5900	8461	81642	-5794
150	211373	355312	505	7129	2758	23508	-5795
-24	8818	20536	500	3189	2576	15847	1
	6809	18208	1835	1017	362	30176	
	9413	10407	461	1379	981	5536	
	10165	10955	263	-6814	1784	6575	
-43304	6015	8045	1228	8511	2562	116145	3
		413		36	36	502	
-43304	6015	7237	881	8089	2526	112143	3
		395	347	386		3500	
	317	1904	48	333	446	7480	
	116	235	13	-733		63	
	201	1669	35	1066	446	7417	
-253	573932	993570	37833	231677	116138	1536101	12543
127	84183	98157	6743	37043	25956	203180	11995
94	78933	87111	5993	33972	24340	136922	11643
33	5250	11046	750	3071	1616	66258	352
-7674	229304	284396	11663	78590	40199	764237	4342
-11106	106606	133935	1999	39428	15621	429514	3153
2315	17136	40574	2327	16557	12090	22965	5
108	8750	21811	1256	5612	4268	59222	
1009	96812	88076	6081	16993	8220	252536	1184
7294	256085	606977	19228	114577	49433	551899	-3794
6557	189761	484865	12056	94922	32874	472142	297
66	24986	46983	691	3389	914	42003	-3494
671	41338	75129	6481	16266	15645	37754	-597
	4360	4040	199	1467	550	16785	
-178676	384584	1172957	66166	138411	82601	989558	-3732
-179083	341010	1021754	61006	134894	79967	816528	-3732
137	25	4010	46	11		-882	
71	14907	18586	1453	668	401	65564	
199	28642	128607	3661	2838	2233	108348	
24693	300368	591119	30340	149413	101204	667236	6998
	118	654		76	-24	6795	
9616	100887	301179	14892	71835	63889	178865	7785
9486	88139	247308	12739	69265	62249	141695	5675
	1703	4176	22	518	40	3910	1920
130	11045	49695	2131	2052	1600	33260	190
15077	199363	289286	15448	77502	37339	481576	-787
14429	138704	217268	12321	66709	33125	415233	-1078
648	60659	72018	3127	10793	4214	66343	291
21148	272804	587502	32223	68763	48076	364092	30040
21146	191886	466115	17535	60415	41416	221089	30040
20239	47465	150581	7765	29690	26655	62058	30023
5	12756	20639	534	1424	1130	31249	-2333
902	131665	294895	9236	29301	13631	127782	2350

1-A-2 续表 33

分 组	外商资本	主营业务收　入	主营业务成　本	主营业务税金及附加	其他业务收　入
装订及其他印刷服务活动	38606	211789	159923	708	338
记录媒介的复制		1657053	1322325	3681	3010
文教体育用品制造业	291920	2360915	2024008	13591	15139
文化用品制造	36225	396529	338681	5014	2305
文具制造	620	41239	32484	3162	
笔的制造		128577	112148	1049	2236
教学用模型及教具制造	454	104048	89500	786	
其他文化用品制造	35151	122665	104549	17	69
体育用品制造	69292	608095	524353	1103	9235
球类制造		41519	36988	75	1937
体育器材及配件制造	31624	140702	117769	520	3006
训练健身器材制造		85934	75530	425	4008
运动防护用具制造	27667	261933	227420	83	
其他体育用品制造	10001	78007	66646		284
乐器制造	185225	694345	617565	1260	3551
西乐器制造	164910	354314	318114	30	3551
电子乐器制造	20315	131482	114491		
其他乐器及零件制造		208549	184960	1230	
玩具制造	1178	60562	54063	35	48
游艺器材及娱乐用品制造		601384	489346	6179	
露天游乐场所游乐设备制造		562555	457180	6122	
游艺用品及室内游艺器材制造		38829	32166	57	
石油加工、炼焦及核燃料加工业	465159	275121409	293925066	6219511	3522054
精炼石油产品的制造	465159	269389762	289358202	6188756	3520478
原油加工及石油制品制造	465159	269330785	289305832	6187748	3520478
人造原油生产		58977	52370	1008	
炼焦		5731647	4566864	30755	1576
化学原料及化学制品制造业	1835343	113876215	100804654	1013447	2558124
基础化学原料制造	620889	21548488	18663711	197175	1187040
无机酸制造		1405232	1179308	30000	2089
无机碱制造	20480	2803360	2770424	21369	33298
无机盐制造	46637	3201278	2751864	19989	50438
有机化学原料制造	253360	7888073	6656602	70342	280693
其他基础化学原料制造	300412	6250545	5305513	55475	820522
肥料制造	159996	14203832	11783309	95003	452771
氮肥制造	126685	7028245	5930772	33165	359917
磷肥制造		48120	42983	1132	
钾肥制造	1050	338490	301178	564	6379
复混肥料制造	17055	5206490	4184676	41059	82971
有机肥料及微生物肥料制造	15206	984519	820550	16979	3349
其他肥料制造		597968	503150	2104	155
农药制造	288334	2799398	2303302	7653	70289
化学农药制造	288334	2723875	2243035	7327	65889
生物化学农药及微生物农药制造		75523	60267	326	4400
涂料、油墨、颜料及类似产品制造	124675	8836777	7454786	78985	111015
涂料制造	26821	5284772	4438743	53295	19310
油墨及类似产品制造	13836	254888	206780	1284	6
颜料制造	13976	1233600	1079359	11776	59174
染料制造	25332	1684718	1405803	11959	19123
密封用填料及类似品制造	44710	378799	324101	671	13402

单位：千元

其他业务利润	营业费用	管理费用	税金	财务费用	利息支出	营业利润	投资收益
2	5865	21045	1354	206	144	20736	
	75053	100342	13334	8142	6516	122267	
-1253	54666	125649	7872	25055	21759	131645	670
406	14550	26439	2232	3487	809	13252	670
	2409	3945	12	640		1881	
337	5947	5678	1216	361	239	4701	273
	3183	6924	308	931	55	2557	340
69	3011	9892	696	1555	515	4113	57
-2058	20782	40521	2025	-700	866	34801	
1509	1367	1248	23	308	99	3042	
-4806	10169	9356	646	4808	196	9905	
1263	1909	6605	846	941	427	122	
	4619	15879	466	-6778	71	20420	
-24	2718	7433	44	21	73	1312	
369	14321	48421	3259	21406	19937	-9961	
369	6879	31918	3081	20096	18586	-24053	
	2361	13758	67	30	529	838	
	5081	2745	111	1280	822	13254	
30	1611	5906	298	368	61	-1449	
	3402	4362	58	494	86	95002	
	2446	3224	58	470	62	93143	
	956	1138		24	24	1859	
1234	1761778	6207534	245019	1052114	920895	-36121128	249775
-44	1733620	6031999	231327	981511	861535	-36885489	246074
-44	1733508	6028045	231232	981509	861535	-36888088	244074
	112	3954	95	2		2599	2000
1278	28158	175535	13692	70603	59360	764361	3701
239688	2328791	5780663	509531	1404583	1337672	5752692	106646
93314	582104	1294949	84530	413258	403696	403863	26280
-102	36426	58385	4876	6906	4657	91014	210
2742	54898	253556	32193	222074	234146	-495575	14298
17464	81776	143740	5598	40673	34395	110527	1156
21175	238188	335180	19669	109354	99604	515929	10048
52035	170816	504088	22194	34251	30894	181968	568
39542	289481	896938	232600	394961	525979	316458	25705
7422	121716	708087	215488	323798	477398	-51366	25246
	2507	1037		370		2261	
	7887	7026	26	718	459	21382	
31785	129333	146565	12408	60704	41646	255430	459
274	11865	22732	1724	6457	4125	59060	
61	16173	11491	2954	2914	2351	29691	
-10358	67088	194810	13237	94827	67703	172464	10791
-14758	64354	190634	13075	94428	67426	170483	10791
4400	2734	4176	162	399	277	1981	
41058	229971	527807	27024	146740	56530	423280	1607
4535	128397	241977	14504	41604	24820	265034	63
5	9510	15846	1231	5824	1383	25643	2175
31856	28231	101854	5548	47210	6479	83865	
2654	47001	151023	5391	49271	22538	26336	-631
2008	16832	17107	350	2831	1310	22402	

1-A-2 续表 34

分　组	外商资本	主营业务收　入	主营业务成　本	主营业务税金及附加	其他业务收　入
合成材料制造	18654	38600528	37134455	490618	98537
初级形态的塑料及合成树脂制造	18409	5213464	4705527	33343	37414
合成橡胶制造		213205	170187	1918	1645
合成纤维单(聚合)体的制造	245	32814122	31953104	453762	56782
其他合成材料制造		359737	305637	1595	2696
专用化学产品制造	446582	25766952	21847142	131714	616807
化学试剂和助剂制造	288306	12573365	10556956	70866	215835
专项化学用品制造	86241	6247500	5519000	40655	146191
林产化学产品制造		223934	182952	1567	2101
炸药及火工产品制造		2463097	2055359	10078	138103
信息化学品制造	40909	1394421	1032063	603	37466
环境污染处理专用药剂材料制造	537	144745	125598	896	811
动物胶制造		49808	43851	208	
其他专用化学产品制造	30589	2670082	2331363	6841	76300
日用化学产品制造	176213	2120240	1617949	12299	21665
肥皂及合成洗涤剂制造		863611	720357	5610	19314
化妆品制造	144117	673805	408440	4434	193
口腔清洁用品制造		88828	79629	57	1553
香料、香精制造		202569	162303	681	19
其他日用化学产品制造	32096	291427	247220	1517	586
医药制造业	1943733	25212271	17813167	142919	35818
化学药品原药制造	388202	9092889	6952381	51026	12632
化学药品制剂制造	1028540	6300812	3841437	22092	9048
中药饮片加工	61850	1553193	1212052	32182	966
中成药制造	41011	2962270	2174472	11503	2845
兽用药品制造		1236127	1017676	3833	
生物、生化制品的制造	424130	3470294	2168298	11624	7798
卫生材料及医药用品制造		596686	446851	10659	2529
化学纤维制造业	94685	8262588	7881044	88244	2219374
纤维素纤维原料及纤维制造		1070651	1055729	1974	24346
人造纤维(纤维素纤维)制造		1070651	1055729	1974	24346
合成纤维制造	94685	7191937	6825315	86270	2195028
锦纶纤维制造	80216	555555	487302	3768	84781
涤纶纤维制造		2165874	1964172	36053	2007476
腈纶纤维制造		4308675	4249907	45792	102491
其他合成纤维制造	14469	161833	123934	657	280
橡胶制品业	2803279	22661755	19223157	127398	316395
轮胎制造	2375012	10803709	9211046	42180	53014
车辆、飞机及工程机械轮胎制造	2289164	10586710	9017997	41695	52925
力车胎制造	85848	114944	101440	40	89
轮胎翻新加工		102055	91609	445	
橡胶板、管、带的制造	265703	3093497	2609428	24151	115948
橡胶零件制造	86896	4223848	3530568	47398	38469
再生橡胶制造	3500	2208671	1784495	1556	79092
日用及医用橡胶制品制造	22840	444695	369080	244	3935
橡胶靴鞋制造	37090	567760	516541	5583	4813
其他橡胶制品制造	12238	1319575	1201999	6286	21124
塑料制品业	2376078	47628622	41263588	368582	322179
塑料薄膜制造	426958	3733450	3255291	31961	41894
塑料板、管、型材的制造	541145	15587042	13329885	122541	137964
塑料丝、绳及编织品的制造	180352	13820496	12051206	116440	25632
泡沫塑料制造	201843	1692476	1538819	7682	4225

单位：千元

其他业务利润	营业费用	管理费用	税金	财务费用	利息支出	营业利润	投资收益
35504	277553	1431103	32202	70344	72402	2338957	-424
627	79921	188183	18014	48680	51556	129467	-941
799	1928	37353	1125	-498	37	696	1103
33736	179753	1174249	10409	16199	15391	2205945	-586
342	15951	31318	2654	5963	5418	2849	
36938	693180	1282694	110817	277696	204957	1993251	42687
-12847	329040	556929	45816	123575	82585	884296	32686
14927	206477	276297	36689	68176	49569	473013	321
2101	2881	8362	783	8344	8180	21860	
18458	83119	285288	17795	54290	50972	118037	4304
11547	9661	55158	3958	8041	7317	299787	
-746	2191	8627	797	718	137	3069	
	173	750		92		4180	
3498	59638	91283	4979	14460	6197	189009	5376
3690	189414	152362	9121	6757	6405	104419	
2986	52564	61497	6562	4298	2701	24146	
-138	117184	49962	609	-438	1071	49590	
402	1506	5719	114	1658	648	2598	
-131	4270	18333	97	219	-4	16632	
571	13890	16851	1739	1020	1989	11453	
16496	2386880	2047468	231043	383104	300779	2378180	8332
3722	487417	611812	111969	227566	152998	862645	1978
5161	1167315	639243	62680	22211	48404	534368	109
722	66538	80765	7981	25598	23233	120533	
2158	204883	262443	17435	32849	24192	222000	-305
	34303	60360	4605	10081	6460	47316	
2968	406051	324672	22368	59586	40397	576466	1344
1765	20373	68173	4005	5213	5095	14852	5206
-469795	121282	1374204	207375	-18446	7528	-2707277	-233640
1231	16888	56650	258	3327	3311	-60157	
1231	16888	56650	258	3327	3311	-60157	
-471026	104394	1317554	207117	-21773	4217	-2647120	-233640
3932	6294	37955	1398	16745	21461	25590	1130
-471311	10131	160487	54976	-18210	-17856	-458069	4090
-3504	76799	1103291	150449	-20443	8	-2224738	-238860
-143	11170	15821	294	135	604	10097	
179649	578309	1092419	137625	205818	203695	1538118	843
-15645	323508	541816	97166	108911	144365	580278	
-15734	316512	533231	96908	109337	144094	564107	
89	3374	4853	106	-567	205	11894	
	3622	3732	152	141	66	4277	
98402	90183	224525	28760	25079	22278	149681	360
20432	115608	204129	6508	45902	26856	281878	216
54717	18099	17036	1422	13591	3644	425909	
867	6049	23296	1122	5398	3054	35073	
1632	11950	31476	996	3037	864	-173	
19244	12912	50141	1651	3900	2634	65472	267
77973	923020	1765732	134145	685248	618872	3073006	11620
3767	82996	130541	6206	19065	9194	177941	-2701
54077	251932	507265	51068	345797	339843	1435502	20342
-6674	333480	445508	23150	160550	150072	780888	-1342
521	22911	109375	13423	63824	62716	-59627	928

1-A-2 续表 35

分组	外商资本	主营业务收入	主营业务成本	主营业务税金及附加	其他业务收入
塑料人造革、合成革制造		1121456	1062512	778	250
塑料包装箱及容器制造	408668	4507361	3824052	37632	36530
塑料零件制造	314788	2193237	1894284	17291	31114
日用塑料制造	29705	1932879	1633791	20569	10870
塑料鞋制造		6323	6174		
日用塑料杂品制造	29705	1926556	1627617	20569	10870
其他塑料制品制造	272619	3040225	2673748	13688	33700
非金属矿物制品业	3335137	124366351	104456264	1004295	1784853
水泥、石灰和石膏的制造	415314	14965392	12586972	124668	123193
水泥制造	415314	13827096	11682223	112530	123180
石灰和石膏制造		1138296	904749	12138	13
水泥及石膏制品制造	144619	14386424	12711103	110855	82359
水泥制品制造	124519	9933651	8717348	86449	37405
砼结构构件制造	19100	2773962	2517271	14826	31454
石棉水泥制品制造	1000	1141771	991484	7297	10815
轻质建筑材料制造		397223	363103	1931	2595
其他水泥制品制造		139817	121897	352	90
砖瓦、石材及其他建筑材料制造	162502	27402519	22681154	294116	78223
粘土砖瓦及建筑砌块制造	23940	5805664	4818364	148606	10465
建筑陶瓷制品制造	1711	8724312	6647903	87459	10
建筑用石加工	21439	7292432	6374171	11762	33171
防水建筑材料制造		2453070	2100366	19527	32751
隔热和隔音材料制造	14511	1915552	1621186	18945	1514
其他建筑材料制造	100901	1211489	1119164	7817	312
玻璃及玻璃制品制造	814535	11083426	9612117	52758	71956
平板玻璃制造	657489	2194707	2077093	11187	27919
技术玻璃制品制造	112491	2758561	2339060	8491	27422
光学玻璃制造		17185	12889	34	187
玻璃仪器制造		68762	55444	2409	3
日用玻璃制品及玻璃包装容器制造	5240	1377689	1132461	10570	409
玻璃保温容器制造		166634	144800	518	8150
玻璃纤维及制品制造	11940	1203042	1027794	4967	145
玻璃纤维增强塑料制品制造	26216	2474115	2182006	11414	4504
其他玻璃制品制造	1159	822731	640570	3168	3217
陶瓷制品制造	41546	1041326	726207	10726	26069
特种陶瓷制品制造	41546	928663	629755	10190	20037
日用陶瓷制品制造		102988	88022	494	6032
园林、陈设艺术及其他陶瓷制品制造		9675	8430	42	
耐火材料制品制造	1519217	46528672	38565706	335353	1256041
石棉制品制造		366784	344107	2443	5699
云母制品制造		102402	85717	303	
耐火陶瓷制品及其他耐火材料制造	1519217	46059486	38135882	332607	1250342
石墨及其他非金属矿物制品制造	237404	8958592	7573005	75819	147012
石墨及碳素制品制造	32719	4643992	3914780	23815	127744
其他非金属矿物制品制造	204685	4314600	3658225	52004	19268
黑色金属冶炼及压延加工业	2683525	344647377	298821712	3338898	13154920
炼铁	5000	10346974	8517628	76030	80550
炼钢	9658	16492931	14876063	143634	582311
钢压延加工	2514785	292038859	252565117	2800187	11019744
铁合金冶炼	154082	25768613	22862904	319047	1472315

单位：千元

其他业务利润	营业费用	管理费用	税金	财务费用	利息支出	营业利润	投资收益
1	1343	17427	1417	1840	1795	80663	
-4796	81402	176311	19722	43160	36614	261151	463
19479	30799	144919	7478	31914	7236	114083	-5456
1449	49463	97887	3756	8600	7296	131660	3501
	272	38	2	-2		-158	
1449	49191	97849	3754	8602	7296	131818	3501
10149	68694	136499	7925	10498	4106	150745	-4115
260909	3179110	4166137	411065	1442867	1130548	9526522	117725
27585	348482	751880	75491	335166	277545	756253	5579
27572	320050	700383	73672	324648	267357	698212	4918
13	28432	51497	1819	10518	10188	58041	661
31154	287666	581205	39157	133670	106033	587409	29211
6486	193318	468245	31426	105764	88022	350021	7978
24724	68996	84064	5606	14199	7874	81913	12959
760	8810	12393	611	3890	1130	119106	
-816	13196	12879	1163	7889	7079	27609	1750
	3346	3624	351	1928	1928	8760	6524
-29917	478270	769059	29060	150548	89402	2555845	21276
-2105	113453	225525	12235	53895	32237	429133	19337
10	196373	277896	845	29379	18990	1444442	
972	61685	76802	4780	29281	8864	322963	301
-29201	59092	83526	4491	23986	20163	140856	2270
270	28264	72774	4607	11858	3440	188166	-632
137	19403	32536	2102	2149	5708	30285	
6646	212851	417261	26816	133164	90646	608115	3766
736	60732	148042	5038	86889	62947	-158738	
2528	48593	93595	3973	14953	9239	322276	
44	604	2168	10	-1		754	
	1835	2720	10	436	160	4027	
123	29419	39939	4754	11114	6694	138940	
1179	369	7578	224	1339	1311	9685	
145	37538	65783	8720	7327	3234	85804	3685
716	18860	41343	3408	8696	5693	141709	81
1175	14901	16093	679	2411	1368	63658	
5807	47374	91951	3871	23270	21400	68336	100
4021	44330	83822	3728	21653	19950	66835	100
1786	3001	7616	117	1576	1450	1042	
	43	513	26	41		459	
185950	1574789	1255708	203639	531449	453454	4239368	40520
1717	6729	35551	1854	2232	3839	-19400	2084
	5316	7023	325	347	284	3696	
184233	1562744	1213134	201460	528870	449331	4255072	38436
33684	229678	299073	33031	135600	92068	711196	17273
30939	113830	154719	17795	85299	59624	463318	17273
2745	115848	144354	15236	50301	32444	247878	
1311016	5194554	16142832	1279821	5080672	5017097	18556245	-1737246
504	107969	211648	18155	59340	38864	558725	430
353148	358234	557432	77527	546859	417317	372295	58421
566893	4504196	14855503	1156917	4146721	4297877	15343091	-1884795
390471	224155	518249	27222	327752	263039	2282134	88698

1-A-2 续表 36

分组	外商资本	主营业务收入	主营业务成本	主营业务税金及附加	其他业务收入
有色金属冶炼及压延加工业	908663	72820531	64158529	608220	1736689
常用有色金属冶炼	183762	21375784	20694593	109856	405336
铜冶炼		5111660	4852100	7371	33
铅锌冶炼		8475104	8526957	65198	136994
镍钴冶炼	181262	1837791	1837519	1134	52610
铝冶炼		3069033	2866192	22109	47903
镁冶炼	2500	377323	334110	5260	5058
其他常用有色金属冶炼		2504873	2277715	8784	162738
贵金属冶炼	1850	1965625	1638024	7867	13154
金冶炼	1850	1661775	1375198	5263	13154
其他贵金属冶炼		303850	262826	2604	
稀有稀土金属冶炼	159820	7142493	6611338	86313	77742
钨钼冶炼		5893830	5498918	81191	76342
稀土金属冶炼		384274	365455	756	1400
其他稀有金属冶炼	159820	864389	746965	4366	
有色金属合金制造	356803	3514020	3359873	16299	51674
有色金属压延加工	206428	38822609	31854701	387885	1188783
常用有色金属压延加工	143808	37913590	31083536	382308	1176894
贵金属压延加工		229078	165439	17	
稀有稀土金属压延加工	62620	679941	605726	5560	11889
金属制品业	2238211	77021497	66443365	537049	1593540
结构性金属制品制造	215861	38105304	33000795	215205	385537
金属结构制造	189679	22621311	19596177	127196	298300
金属门窗制造	26182	15483993	13404618	88009	87237
金属工具制造	371713	3010155	2620909	18990	34824
切削工具制造	102756	1198925	977773	6442	23742
手工具制造		363121	315694	3598	115
农用及园林用金属工具制造	6872	471515	406358	3672	6934
刀剪及类似日用金属工具制造	253635	110680	132149	144	308
其他金属工具制造	8450	865914	788935	5134	3725
集装箱及金属包装容器制造	238309	13095816	11402934	51722	203669
集装箱制造	153814	4994183	4474236	796	116874
金属压力容器制造	9926	5176621	4523715	29584	72749
金属包装容器制造	74569	2925012	2404983	21342	14046
金属丝绳及其制品的制造	307152	3364618	2855292	35264	29478
建筑、安全用金属制品制造	222289	6151928	5376567	51835	24783
建筑、家具用金属配件制造	80498	1527983	1368883	3610	11426
建筑装饰及水暖管道零件制造	141791	3533663	3126190	30995	10689
安全、消防用金属制品制造		897293	738032	15971	2441
其他建筑、安全用金属制品制造		192989	143462	1259	227
金属表面处理及热处理加工	168343	6589571	5457535	95724	106554
搪瓷制品制造	1250	337419	281159	1645	6288
工业生产配套用搪瓷制品制造	1250	278687	232306	1155	6288
搪瓷日用品及其他搪瓷制品制造		58732	48853	490	
不锈钢及类似日用金属制品制造	184636	1435656	1241056	39690	4721
金属制厨房调理及卫生器具制造	12234	158836	132042	438	1896
金属制厨用器皿及餐具制造	163447	1050131	914273	38701	2819
其他日用金属制品制造	8955	226689	194741	551	6
其他金属制品制造	528658	4931030	4207118	26974	797686
铸币及贵金属制实验室用品制造		1221568	1011428	8349	63910
其他未列明的金属制品制造	528658	3709462	3195690	18625	733776

单位：千元

其他业务利润	营业费用	管理费用	税金	财务费用	利息支出	营业利润	投资收益
-101815	789868	1943536	519284	1177432	1069262	4666205	142850
-150322	129549	645679	428576	775873	729690	-1354443	130081
	13648	30403	1837	20010	16416	140849	
-243403	58936	451441	406605	674814	654805	-1798850	118588
345	4234	25955	921	19530	539	-2335	
6931	15816	70049	15058	42301	39060	109483	13590
2905	7436	9363	594	2900	1440	10977	
82900	29479	58468	3561	16318	17430	185433	-2097
2886	18736	100186	2530	28401	26989	228611	5790
2886	6912	95543	2407	26784	26478	201836	
	11824	4643	123	1617	511	26775	5790
72695	124347	200889	8495	54006	12855	665638	3950
72645	84754	161039	5104	47176	8073	622383	3950
50	2194	5780	338	6010	4782	2407	
	37399	34070	3053	820		40848	
2145	30279	85285	10493	-21066	19489	62439	4572
-29219	486957	911497	69190	340218	280239	5063960	-1543
-28488	479028	896191	68216	341232	279698	5002979	-1438
		2772	128			1877	846
-731	7929	12534	846	-1014	541	59104	-951
238153	1351462	2871568	233085	629722	438595	5576905	89459
3089	504893	1224446	94528	301654	188334	3025121	76283
88044	380329	873090	61917	168224	128937	1551883	71736
-84955	124564	351356	32611	133430	59397	1473238	4547
10189	84925	156610	5832	47563	35207	204569	18134
5930	48696	77202	3118	37810	25986	64337	-2419
24	9905	22558	763	5259	2728	13810	2186
535	3651	14370	484	4021	3035	26248	
-25	1387	13041	122	-3745	520	-33629	
3725	21286	29439	1345	4218	2938	133803	18367
87951	200126	376058	53814	137080	95968	942283	-534
72251	39638	73000	10443	76861	45299	333840	
11034	80791	181939	13216	38014	28287	346606	-1000
4666	79697	121119	30155	22205	22382	261837	466
4607	82758	197316	37070	60464	58551	209992	
6845	247670	228343	11768	31398	17937	241842	-14162
3597	140405	40911	1953	5449	640	7028	230
2991	75696	138418	8111	18648	10470	142080	
30	22831	37344	1671	7128	6830	76602	-14772
227	8738	11670	33	173	-3	16132	380
18332	84263	353101	15185	24666	16231	538684	7597
6034	7242	13960	253	2245	456	33715	
6034	7140	12733	253	1928	456	25972	
	102	1227		317		7743	
3067	25370	59955	2735	8130	5682	57760	
317	7938	14995	412	1202	1213	176	
2750	14740	34394	2122	5790	4169	45007	
	2692	10566	201	1138	300	12577	
98039	114215	261779	11900	16522	20229	322939	2141
17608	1041	129133	5242	-479	-508	89704	1691
80431	113174	132646	6658	17001	20737	233235	450

1-A-2 续表 37

分 组	外商资本	主营业务收入	主营业务成本	主营业务税金及附加	其他业务收入
通用设备制造业	9230209	214143254	178407336	1169253	2858232
锅炉及原动机制造	763831	6800980	5728779	53231	106083
锅炉及辅助设备制造	7297	3201126	2786433	24425	26534
内燃机及配件制造	756534	2750491	2221640	15815	74285
汽轮机及辅机制造		603960	536654	8961	5264
水轮机及辅机制造		245403	184052	4030	
金属加工机械制造	1379126	41303900	34345058	172795	519068
金属切削机床制造	1304337	31612352	26192613	109136	472149
金属成形机床制造	5465	1551885	1309959	15825	12536
铸造机械制造	17507	856625	734147	6359	15141
金属切割及焊接设备制造	44319	1038853	805841	3926	12897
机床附件制造	5240	3444441	2986691	16063	2580
其他金属加工机械制造	2258	2799744	2315807	21486	3765
起重运输设备制造	540949	19202947	16210973	181714	390429
泵、阀门、压缩机及类似机械的制造	1209318	26301980	21528020	168347	319025
泵及真空设备制造	428435	12916277	10458337	58857	131632
气体压缩机械制造	76170	2274458	1920061	15130	10516
阀门和旋塞的制造	539002	7287851	5950661	64940	130901
液压和气压动力机械及元件制造	165711	3823394	3198961	29420	45976
轴承、齿轮、传动和驱动部件的制造	1453262	26875079	20366359	117519	964496
轴承制造	1253861	22928978	17169216	95989	781328
齿轮、传动和驱动部件制造	199401	3946101	3197143	21530	183168
烘炉、熔炉及电炉制造	4950	884090	753115	11359	706
风机、衡器、包装设备等通用设备制造	2265547	31319624	26351118	112700	136011
风机、风扇制造	101826	10488746	8786897	41371	27049
气体、液体分离及纯净设备制造	20295	719472	650710	1693	2865
制冷、空调设备制造	1708506	15921384	13258915	32511	67573
风动和电动工具制造	262444	655796	624855	255	11741
喷枪及类似器具制造		110866	101581	164	
包装专用设备制造	34155	260695	227792	1182	1265
衡器制造	4340	443805	375449	1108	
其他通用设备制造	133981	2718860	2324919	34416	25518
通用零部件制造及机械修理	857780	24436010	21047699	127069	240525
金属密封件制造	74660	1175185	916446	8601	2161
紧固件、弹簧制造	434849	2754360	2345988	22996	19665
机械零部件加工及设备修理	314394	18496859	15949300	88736	183847
其他通用零部件制造	33877	2009606	1835965	6736	34852
金属铸、锻加工	755446	37018644	32076215	224519	181889
钢铁铸件制造	689794	31742854	27402707	189933	167718
锻件及粉末冶金制品制造	65652	5275790	4673508	34586	14171
专用设备制造业	2568611	95235552	78973728	516356	1328064
矿山、冶金、建筑专用设备制造	598879	53033987	43943198	255674	891205
采矿、采石设备制造	38532	20191242	16639018	70914	138286
石油钻采专用设备制造	358377	6482756	5441867	43340	164568
建筑工程用机械制造	139739	2720250	2257949	61697	9633
建筑材料生产专用机械制造	13090	2167554	1891603	24609	3345
冶金专用设备制造	49141	21472185	17712761	55114	575373
化工、木材、非金属加工专用设备制造	778652	16543651	13982669	111662	102459
炼油、化工生产专用设备制造	74828	5745244	4729802	58570	28474
橡胶加工专用设备制造		1630955	1319335	9650	20912
塑料加工专用设备制造	1987	299764	207242	3873	15031
木材加工机械制造		159031	132033	8030	989
模具制造	701837	8585908	7505434	19491	35869
其他非金属加工专用设备制造		122749	88823	12048	1184

单位：千元

其他业务利润	营业费用	管理费用	税金	财务费用	利息支出	营业利润	投资收益
-358631	4795471	9980802	906201	2064997	1544778	13635159	18355
32409	152730	372020	23720	66286	62555	524875	4074
2810	90974	199028	16409	24643	19823	76104	2658
29207	55174	157602	7141	44947	41520	351271	1416
392	2172	14815	170	-3520	1212	45380	
	4410	575		216		52120	
-610673	900040	1992785	283801	583598	536952	2437912	20709
-601541	742800	1560799	256873	528872	501679	1671060	20183
3451	26706	83623	6839	8106	7154	96629	
-14486	15395	39738	3151	4464	4397	25509	-620
-964	38133	71535	5072	1553	573	113426	
821	49965	145417	7879	28120	15949	193045	-10
2046	27041	91673	3987	12483	7200	338243	1156
55616	551705	797839	43913	148536	94882	994769	-1773
-98413	804511	1605383	109057	212393	160093	1790927	4289
-126294	449040	749739	44383	59435	49130	1008042	4829
1768	66360	96933	13268	12832	9210	172725	41
10974	190945	456325	25469	86373	57467	455038	-696
15139	98166	302386	25937	53753	44286	155122	115
202936	482978	1026891	83995	328282	187618	2331258	16865
140240	399623	838413	71332	291926	169001	1996017	16750
62696	83355	188478	12663	36356	18617	335241	115
384	17375	47761	1474	4701	4370	39237	4
39892	1011242	1699101	186038	304181	238839	1867212	-21911
1952	239791	640659	110492	66253	67793	735232	-1306
416	13449	49252	2009	2815	2729	24967	
16410	682535	807661	58750	202140	142985	934073	-964
11162	9834	24542	1605	-660	112	9299	
	2465	5426		-13		1243	
419	7184	18302	183	4092	1533	3512	
	14744	20358	3535	2539	2167	19860	-4121
9533	41240	132901	9464	27015	21520	139026	-15520
33352	422823	1090535	72959	128375	82803	1355546	-10730
787	42468	97484	1837	5620	2413	101709	
1120	53186	171606	10416	21789	8599	94324	645
32404	270175	741045	58398	95360	66231	1113345	-11375
-959	56994	80400	2308	5606	5560	46168	
-14134	452067	1348487	101244	288645	176666	2293423	6828
-20777	365805	1146395	87637	242356	150587	2053645	12530
6643	86262	202092	13607	46289	26079	239778	-5702
149551	2025591	5443795	368549	974039	814389	6977391	51648
44528	1035590	2937841	269143	633470	576702	4370131	5330
-110215	489810	925886	128497	203851	152510	1869838	-7384
63805	89497	393454	21438	95848	60104	433878	4060
-2215	74378	106125	9915	27048	16941	237338	511
1419	84287	104912	13321	26995	25927	28394	
91734	297618	1407464	95972	279728	321220	1800683	8143
34132	319864	822161	30985	135523	86727	1089054	2129
9002	99261	325417	14698	57783	53170	383773	
3171	28069	129919	4942	15725	11949	123166	-266
12388	9033	23695	1092	239	200	81322	
2	7353	11677	1085	2254	1635	16109	2395
8573	173858	324592	9117	59091	19763	470724	
996	2290	6861	51	431	10	13960	

1-A-2 续表 38

分组	外商资本	主营业务收入	主营业务成本	主营业务税金及附加	其他业务收入
食品、饮料、烟草及饲料生产专用设备制造	70788	1803436	1561694	37049	985
食品、饮料、烟草工业专用设备制造		904242	777396	15257	595
农副食品加工专用设备制造	70788	657423	578419	20075	390
饲料生产专用设备制造		241771	205879	1717	
印刷、制药、日化生产专用设备制造	139370	3045443	2481731	15045	3308
制浆和造纸专用设备制造	134390	1067989	919356	5319	1346
印刷专用设备制造	20	1150544	955171	3284	1962
日用化工专用设备制造	4660	115968	43907	48	
制药专用设备制造	150	299736	224568	1020	
照明器具生产专用设备制造		99440	78446	528	
玻璃、陶瓷和搪瓷制品生产专用设备制造		135034	114304	1935	
其他日用品生产专用设备制造	150	176732	145979	2911	
纺织、服装和皮革工业专用设备制造	35636	1030256	900259	2654	7485
纺织专用设备制造	35636	657324	580555	1913	6864
皮革、毛皮及其制品加工专用设备制造		101337	79782	254	532
缝纫机械制造		231069	206213	411	89
其他服装加工专用设备制造		40526	33709	76	
电子和电工机械专用设备制造	1655	4405473	3681619	11331	148154
电工机械专用设备制造		817990	632582	2603	821
电子工业专用设备制造	1655	369447	306494	1503	880
武器弹药制造		2986659	2567933	4298	146453
航空、航天及其他专用设备制造		231377	174610	2927	
农、林、牧、渔专用机械制造	91430	1433976	1186379	21555	5032
拖拉机制造	2050	101199	95857	225	
机械化农业及园艺机具制造		593350	475709	2799	646
畜牧机械制造		24805	13862		264
渔业机械制造		14552	13162	66	14
农林牧渔机械配件制造	6391	445797	364826	11130	110
其他农林牧渔业机械制造及机械修理	82989	254273	222963	7335	3998
医疗仪器设备及器械制造	483302	4678951	3829419	10343	95664
医疗诊断、监护及治疗设备制造	273609	2247462	1664419	6090	88839
实验室及医用消毒设备和器具的制造	176	220277	200103	1014	
医疗、外科及兽医用器械制造	146763	1745741	1606995	231	2153
机械治疗及病房护理设备制造	1909	91760	78507	176	104
其他医疗设备及器械制造	60845	373711	279395	2832	4568
环保、社会公共安全及其他专用设备制造	368899	9260379	7406760	51043	73772
环境污染防治专用设备制造	219563	4108530	3408136	22365	20744
地质勘查专用设备制造		14700	12749	134	
商业、饮食、服务业专用设备制造	69165	99887	84334		507
社会公共安全设备及器材制造	22510	1996628	1643944	12525	9207
交通安全及管制专用设备制造		134715	113859	300	
水资源专用机械制造		147741	114344	932	208
其他专用设备制造	57661	2758178	2029394	14787	43106
交通运输设备制造业	12735475	183626382	155970478	2608851	4330159
铁路运输设备制造	30348	12102807	10834192	25807	276913
铁路机车车辆及动车组制造		4987357	4636864	5713	7056
工矿有轨专用车辆制造		30202	27471	239	
铁路机车车辆配件制造	30348	2877715	2564182	7044	27157
铁路专用设备及器材、配件制造		1730826	1402792	9813	23247
其他铁路设备制造及设备修理		2476707	2202883	2998	219453

单位：千元

其他业务利润	营业费用	管理费用	税金	财务费用	利息支出	营业利润	投资收益
369	36270	56710	2159	18942	12233	44257	-10702
171	16223	27583	552	6237	5519	22151	-10702
198	18701	27514	1406	12006	5855	16589	
	1346	1613	201	699	859	5517	
888	91993	123854	8635	37398	31648	162904	
426	22523	58826	4113	15103	11585	56907	
462	10779	21955	950	7402	6395	29008	
	44051	5922	76	46		21994	
	5381	24522	2318	12516	12529	32317	
	5366	6746	77	449		7906	
	2438	2981	2	753		12538	
	1455	2902	1099	1129	1139	2234	
5298	25423	94486	7091	13189	8662	19028	-55
5251	14562	68143	5411	5029	4814	5395	-67
47	1238	4992	186	2267	2260	12851	12
	6498	18434	1344	1837	1588	84	
	3125	2917	150	4056		698	
14811	80412	362966	10402	31987	36913	230637	21891
821	18263	46144	1582	1082	783	89760	10807
574	7547	33363	1422	1110	1105	4488	
13416	53859	282708	7361	29603	35025	85035	11084
	743	751	37	192		51354	
75	30305	75982	1984	22188	10506	78524	980
	1227	1234	122	176	99	2480	
-661	17186	22132	1193	5760	4986	38562	980
51	705	534	1	-116		797	
6	73	847	6	-11	-11	429	
	6224	39173	229	13659	3082	-5493	
679	4890	12062	433	2720	2350	41749	
13701	169281	299712	5626	17055	7276	298024	31862
11705	150690	213098	1038	9810	6160	153135	30417
	1360	4606	127	744	520	1753	
1348	11380	61025	3357	5277	153	67852	1442
	3382	5885	292	33		3006	
648	2469	15098	812	1191	443	72278	3
35749	236453	670083	32524	64287	43722	684832	213
11174	86713	256674	22094	22154	16190	241972	-289
	332	461		227		798	
	5777	9265	530	-155		-71	
3339	28435	119126	2450	10515	1200	182049	406
	1389	1622	1	2		1149	
195	3000	20859	232	1726	1379	6000	
21041	110807	262076	7217	29818	24953	252935	96
760976	4459569	8771414	481102	537962	1336565	8184860	213821
13731	76358	763779	41195	93244	86776	379761	46646
	6560	258616	6782	65244	61719	89503	45687
	269	2134	154	532	519	-433	
3430	41720	137688	5175	15842	13831	126930	
1233	21029	163737	4234	8406	8279	103116	254
9068	6780	201604	24850	3220	2428	60645	705

1-A-2 续表 39

分组	外商资本	主营业务收入	主营业务成本	主营业务税金及附加	其他业务收入
汽车制造	9640138	95349775	80206793	2417935	3116426
汽车整车制造	4723910	51200677	43981542	2185788	2164927
改装汽车制造	18454	6506043	5086628	109113	197608
电车制造		5723	4616	18	
汽车车身、挂车的制造	58892	926849	858385	463	32786
汽车零部件及配件制造	4838882	35274034	29082109	109946	717245
汽车修理		1436449	1193513	12607	3860
摩托车制造		115125	73924	4819	3257
摩托车整车制造		86329	48791	4738	2268
摩托车零部件及配件制造		28796	25133	81	989
自行车制造	4000	162854	150729	288	248
脚踏自行车及残疾人座车制造		9382	8925	21	
助动自行车制造	4000	153472	141804	267	248
船舶及浮动装置制造	3056837	61576820	52331474	141040	702327
金属船舶制造	982137	31372589	27867709	52368	366665
非金属船舶制造		9444	9027	11	
娱乐船和运动船的建造和修理	13242	89389	72273	1595	73
船用配套设备制造	585733	7810643	6657178	55335	97851
船舶修理及拆船	1475725	22294755	17725287	31731	237738
航空航天器制造	4152	13613693	11845377	13781	205001
飞机制造及修理	4152	13515986	11767030	13021	204998
航天器制造		87591	72669	756	
其他飞行器制造		10116	5678	4	3
交通器材及其他交通运输设备制造		705308	527989	5181	25987
交通管理用金属标志及设施制造		600943	453916	4201	25920
其他交通运输设备制造		104365	74073	980	67
电气机械及器材制造业	5981708	100763308	86339720	442760	1037443
电机制造	1690809	10254978	8502855	18322	150834
发电机及发电机组制造		854889	681555	1438	1165
电动机制造	851808	5454211	4635207	16599	111653
微电机及其他电机制造	839001	3945878	3186093	285	38016
输配电及控制设备制造	1113202	42870296	35846212	276797	572285
变压器、整流器和电感器制造	281050	18023095	14876832	128162	190694
电容器及其配套设备制造	1932	2228237	1795051	12001	8354
配电开关控制设备制造	303419	15329588	13088756	108617	355607
电力电子元器件制造	512050	5085417	4177201	14146	10828
其他输配电及控制设备制造	14751	2203959	1908372	13871	6802
电线、电缆、光缆及电工器材制造	1226407	33418284	29693746	119559	208927
电线电缆制造	1170437	31260307	27803921	105497	197037
光纤、光缆制造		550256	509998	1103	3
绝缘制品制造	34473	644278	546345	10341	3320
其他电工器材制造	21497	963443	833482	2618	8567
电池制造	115560	1820560	1567906	1052	
家用电力器具制造	1631600	7363051	6644596	14424	63112
家用制冷电器具制造	1455013	3012645	2711757	662	53709
家用空气调节器制造	78750	2763335	2555208	4659	
家用通风电器具制造		5136	5112		
家用厨房电器具制造	72685	290486	245882	2242	5398
家用清洁卫生电器具制造		466029	407101	1111	12
家用美容、保健电器具制造	2000	26980	25589	83	
家用电力器具专用配件制造		15800	13825	210	
其他家用电力器具制造	23152	782640	680122	5457	3993

单位：千元

其他业务利　润	营业费用	管理费用	税金	财务费用	利息支出	营业利润	投资收益
247135	3473861	3924834	283223	545294	1053064	2346260	51435
315898	2544017	1695609	103707	72605	675495	674407	8692
-178630	248511	348244	46831	57088	51200	524094	615
		366	120			723	
1415	16034	37465	6538	4995	5918	10080	-1051
105486	617470	1761705	123940	405253	316816	1042150	45771
2966	47829	81445	2087	5353	3635	94806	-2592
-2956	4122	7856	1339	11556	11555	9760	
-2949	3885	5392	1280	11365	11365	9209	
-7	237	2464	59	191	190	551	
248	1011	4707	329	309	229	6058	
	533	453		229	229	-779	
248	478	4254	329	80		6837	
506896	831973	2995875	122521	-310508	-6906	4873491	83034
240020	99362	1563374	69477	-117274	5360	1445338	61401
	133	274	11			-2	
-99	3968	14321	138	2738	1177	-5630	
50133	120216	414623	21612	71905	47701	525871	8425
216842	608294	1003283	31283	-267877	-61144	2907914	13208
32163	59456	1062985	30313	195957	190316	475270	35914
32170	56899	1059688	30238	195911	190306	463027	40812
	2368	2895		62	10	8843	-4898
-7	189	402	75	-16		3400	
-36241	12788	11378	2182	2110	1531	94260	-3208
-36288	7545	8748	2064	1564	1361	82574	-3208
47	5243	2630	118	546	170	11686	
-131618	2452462	4220340	367387	749067	538960	5864451	142347
44262	217773	736706	29556	49897	54890	837165	73837
205	8553	18626	1216	1308	158	125490	
18271	87090	369862	20623	65798	50193	304428	2311
25786	122130	348218	7717	-17209	4539	407247	71526
-174013	1238977	1833413	140760	245757	145449	3128011	47948
-123410	621328	755139	81724	125612	99429	1377441	36156
2868	105056	104328	2876	12723	9928	178550	6550
-66380	390585	699614	42918	105595	31805	817833	5242
7893	86025	201689	9355	-5140	-1802	622403	
5016	35983	72643	3887	6967	6089	131784	
-45411	505411	999133	89341	334223	256514	1293823	11155
-48154	448766	882256	83887	316163	245586	1226409	11119
3	11245	19916	890	4916	4526	897	-283
1325	16466	43914	1911	6599	1863	28191	
1415	28934	53047	2653	6545	4539	38326	319
	39922	99590	18518	26087	21906	105792	
3221	235957	280612	80616	59969	36751	104425	-552
222	123034	113445	76930	18906	10584	40719	
	78557	60514	140	17710	11357	30275	-552
		24					
1473	9923	17832	823	12153	12134	13291	
12	3080	36852	80	379	53	6004	
	142	159		71	71	936	
	926	839					
1514	20295	50947	2643	10750	2552	13200	

1-A-2 续表 40

分组	外商资本	主营业务收入	主营业务成本	主营业务税金及附加	其他业务收入
非电力家用器具制造		921606	723737	5143	38
燃气、太阳能及类似能源的器具制造		748206	591813	3888	38
其他非电力家用器具制造		173400	131924	1255	
照明器具制造	105158	2137069	1692579	7012	33579
电光源制造	82991	649581	516371	2096	323
照明灯具制造	13561	1243423	952719	3912	31970
灯用电器附件及其他照明器具制造	8606	244065	223489	1004	1286
其他电气机械及器材制造	98972	1977464	1668089	451	8668
车辆专用照明及电气信号设备装置制造	73322	1702724	1480348		8637
其他未列明的电气机械制造	25650	274740	187741	451	31
通信设备、计算机及其他电子设备制造业	4388768	59317259	50861259	231637	1556734
通信设备制造	291321	5807279	5022825	8284	4550
通信传输设备制造	19179	528970	445432	1729	71
通信交换设备制造		339944	280510	2373	1354
通信终端设备制造	8828	45839	38539	317	1953
移动通信及终端设备制造	192782	4781407	4159365	3639	282
其他通信设备制造	70532	111119	98979	226	890
雷达及配套设备制造		2217313	1884668	24363	30810
广播电视设备制造	56453	452096	326294	3721	7190
广播电视节目制作及发射设备制造	45667	203909	161715	683	
广播电视接收设备及器材制造	10786	209016	143535	2803	7062
应用电视设备及其他广播电视设备制造		39171	21044	235	128
电子计算机制造	1509667	11273314	9934466	113515	25337
电子计算机整机制造		1293136	906941	90095	
计算机网络设备制造		427419	411540	887	
电子计算机外部设备制造	1509667	9552759	8615985	22533	25337
电子器件制造	627013	10311195	8569895	11534	78913
电子真空器件制造	136524	7656067	6303428	3760	50891
半导体分立器件制造	71537	1104919	1005997	3021	9505
集成电路制造	53621	695313	592430	2370	1467
光电子器件及其他电子器件制造	365331	854896	668040	2383	17050
电子元件制造	1187899	7371495	6250773	20762	76004
电子元件及组件制造	768915	6449545	5440049	20404	70113
印制电路板制造	418984	921950	810724	358	5891
家用视听设备制造	350897	14952342	13140880	12884	1317676
家用影视设备制造	145105	12761250	11139889	12026	1306288
家用音响设备制造	205792	2191092	2000991	858	11388
其他电子设备制造	365518	6932225	5731458	36574	16254
仪器仪表及文化、办公用机械制造业	925760	12446486	9922624	93640	67640
通用仪器仪表制造	340784	8078266	6344879	56034	52973
工业自动控制系统装置制造	104516	4259246	3239393	26768	45413
电工仪器仪表制造	107698	1322506	1109090	5246	450
绘图、计算及测量仪器制造	15340	234466	184458	664	5
实验分析仪器制造	1241	546483	420187	2226	733
试验机制造	8330	435854	377829	1215	450
供应用仪表及其他通用仪器制造	103659	1279711	1013922	19915	5922
专用仪器仪表制造	15142	1757959	1390028	30134	2572
环境监测专用仪器仪表制造	2960	127657	107003	290	105
汽车及其他用计数仪表制造		238858	182131	21676	200

单位：千元

其他业务利　润	营业费用	管理费用	税金	财务费用	利息支出	营业利润	投资收益
38	41900	52359	1849	7387	3332	86903	156
38	41735	51030	1756	7333	3332	48230	156
	165	1329	93	54		38673	
31617	108220	150985	4265	20137	18086	159441	7260
54	54031	63550	1722	5399	6041	47860	7260
31482	50963	77157	1240	14025	10598	108493	
81	3226	10278	1303	713	1447	3088	
8668	64302	67542	2482	5610	2032	148891	2543
8637	57210	45904	771	-3600	817	131499	2543
31	7092	21638	1711	9210	1215	17392	
1239881	2263727	3379789	95084	346605	305435	2237287	165838
1557	56064	170146	5280	10754	16506	509301	139
70	28004	55381	497	2241	3000	8264	139
221	9364	34033	1343	4534	5143	11414	
936	2472	5322	280	921	459	-795	
229	16119	67852	2829	2639	7713	485575	
101	105	7558	331	419	191	4843	
17547	70538	108364	2740	11438	17986	148169	-1778
100	25098	52003	3604	3341	2850	43047	3
	12050	21094	2637	2281	1285	7486	
	9955	22278	688	-497		34483	3
100	3093	8631	279	1557	1565	1078	
2489	153612	654921	19795	58800	3636	363387	69
	34084	49724	109	4054	3944	204347	
	2932	3812	6	22		3069	
2489	116596	601385	19680	54724	-308	155971	69
4044	1414414	633512	22248	208521	225633	-547931	118547
-4989	1353287	437197	14905	158895	195492	-624009	118555
6004	18716	50343	3030	6116	7486	37312	26
1187	10516	49232	947	5754	2701	14107	-34
1842	31895	96740	3366	37756	19954	24659	
36309	123101	417521	18765	88440	42226	360400	14524
35513	93593	352906	15513	42727	12698	394282	14524
796	29508	64615	3252	45713	29528	-33882	
1167526	217784	842397	16453	-36519	-16519	917905	25828
1167090	195151	738692	14538	-29594	-15748	845299	25615
436	22633	103705	1915	-6925	-771	72606	213
10309	203116	500925	6199	1830	13117	443009	8506
31310	441136	999245	48773	93539	49733	826619	19267
27775	265334	616459	32993	55490	33697	714860	10644
27303	142072	353316	18873	27843	18010	494890	2768
-3476	42402	100765	5546	14960	6883	51348	5770
5	8975	14652	1005	36	-15	11695	
397	20727	43631	2333	1750	1169	13511	
418	14485	20448	3723	1896	1423	20429	
3128	36673	83647	1513	9005	6227	122987	2106
1877	77068	121063	5571	6634	5458	75688	609
43	3261	7813	222	66	19	6660	
123	1342	6940	545	695	170	14284	

1-A-2 续表 41

分组	外商资本	主营业务收入	主营业务成本	主营业务税金及附加	其他业务收入
导航、气象及海洋专用仪器制造		91393	67257	362	281
地质勘探和地震专用仪器制造		138443	113671	189	
教学专用仪器制造		45681	40080	182	
核子及核辐射测量仪器制造	4167	251731	211850	283	599
电子测量仪器制造	8015	317354	240117	2326	624
其他专用仪器制造		546842	427919	4826	763
钟表与计时仪器制造	128599	205262	166431	1288	2311
光学仪器及眼镜制造	153515	481573	451952	250	180
光学仪器制造		65197	58265	250	
眼镜制造	153515	416376	393687		180
文化、办公用机械制造	270229	1683321	1363210	4416	8458
照相机及器材制造	249645	804632	680879	457	6201
复印和胶印设备制造	16605	487631	364315	2313	1723
计算器及货币专用设备制造		205366	140899	1566	
其他文化、办公用机械制造	3979	185692	177117	80	534
其他仪器仪表的制造及修理	17491	240105	206124	1518	1146
工艺品及其他制造业	962580	8512789	7313152	65659	62875
工艺美术品制造	97312	5566189	4914574	55428	3245
雕塑工艺品制造	13891	450303	388630	8691	102
金属工艺品制造	1222	726786	651804	4963	1090
漆器工艺品制造		25910	22232	54	53
花画工艺品制造	42771	1393300	1210499	17365	45
天然植物纤维编织工艺品制造	413	594259	511325	11902	
抽纱刺绣工艺品制造	5210	150509	123346	623	
地毯、挂毯制造		123818	102825	434	555
珠宝首饰及有关物品的制造	11876	1230185	1165993	6863	
其他工艺美术品制造	21929	871119	737920	4533	1400
日用杂品制造	826150	1380211	1096866	4647	17181
制镜及类似品加工		32971	25241	301	
鬃毛加工、制刷及清扫工具的制造	21224	186604	143717	67	
其他日用杂品制造	804926	1160636	927908	4279	17181
煤制品制造	5412	645512	546865	3473	6920
核辐射加工	4000	5178	3055	14	213
其他未列明的制造业	29706	915699	751792	2097	35316
废弃资源和废旧材料回收加工业	16200	2333667	1682164	10382	31290
金属废料和碎屑的加工处理		1689451	1454193	5174	4343
非金属废料和碎屑的加工处理	16200	644216	227971	5208	26947
电力、燃气及水的生产和供应业	**1280080**	**131490167**	**124865068**	**742205**	**1551701**
电力、热力的生产和供应业	794835	124891657	119300133	697062	881107
电力生产	440361	32446820	30880071	195736	466042
火力发电	184126	30557406	29584787	159938	463108
水力发电		819547	525427	6633	1691
其他能源发电	256235	1069867	769857	29165	1243
电力供应	68387	81540416	78476622	423527	252177
热力生产和供应	286087	10904421	9943440	77799	162888
燃气生产和供应业	218203	2734110	2395034	15552	484867
水的生产和供应业	267042	3864400	3169901	29591	185727
自来水的生产和供应	265594	2998333	2577908	25073	185600
污水处理及其再生利用	1448	697479	504601	2423	127
其他水的处理、利用与分配		168588	87392	2095	

单位：千元

其他业务利润	营业费用	管理费用	税金	财务费用	利息支出	营业利润	投资收益
66	5406	17374	1029	2643	2492	1200	180
	15353	23969	282	-75	-73	-15710	
	388	1876	162	26	26	3129	429
258	5513	18036	289	385	179	7860	
624	29084	19569	1487	812	783	32116	
763	16721	25486	1555	2082	1862	26149	
854	3581	50235	1442	1640	1457	-18097	679
-252	11496	40187	836	9071	263	-17223	
	1651	2422	115	889	4	1821	
-252	9845	37765	721	8182	259	-19044	
814	71693	154342	7653	20450	8874	67428	7250
-293		83634	4856	8096	357	32378	1105
833	41081	42883	2181	8142	8512	28922	
	28473	24338	472	3562		5770	6145
274	2139	3487	144	650	5	358	
242	11964	16959	278	254	-16	3963	85
5582	242646	437015	22015	66618	47381	378237	11269
1189	115881	160947	11264	29591	19752	274841	13115
-7	6375	15814	1465	1778	920	32362	1130
918	10010	18882	99	2931	2653	40112	
	120	3432	32	100	23	14	
35	28580	34282	2855	11839	7297	112808	11132
	23388	16706	323	1446	809	31094	560
	5813	5224	572	2389	1071	12076	293
186	7927	25780	606	1489	1507	-14441	
	11821	11527	4367	1522	1262	32480	
57	21847	29300	945	6097	4210	28336	
-9315	72829	116667	7761	16795	5418	70521	-3091
	390	1461	141	230	230	5348	-3091
	5437	23213	746	1171	70	12655	
-9315	67002	91993	6874	15394	5118	52518	
881	23648	43044	974	2765	3402	17255	
-320	1	71	18	-13		1730	
13147	30287	116286	1998	17480	18809	13890	1245
29059	17429	84798	1587	11640	7828	208695	24
2187	7202	61521	545	9759	6342	152600	
26872	10227	23277	1042	1881	1486	56095	24
340105	**923183**	**4207321**	**278068**	**3557097**	**3667913**	**-2635692**	**402234**
40815	312532	3006886	205336	3399975	3528565	-1959176	233101
-96801	26500	1166452	129809	1731159	1769905	-1897120	154385
-98829	21260	1069985	127569	1570481	1615785	-2177259	120528
939	543	45406	1324	42434	42215	196240	28776
1089	4697	51061	916	118244	111905	83899	5081
56621	161127	910616	35329	1260122	1364516	337299	75606
80995	124905	929818	40198	408694	394144	-399355	3110
249982	294083	531808	30745	64439	57028	-358579	159509
49308	316568	668627	41987	92683	82320	-317937	9624
49219	277667	604658	40676	52514	48189	-440729	9624
89	35322	48516	1230	36407	30668	66486	
	3579	15453	81	3762	3463	56306	

1-A-2 续表 42

分　组	补贴收入	营业外收入	营业外支出	利润总额	应交所得税
总　计	**6207166**	**13677433**	**29166566**	**78158490**	**20126109**
总计中：亏损企业	3220617	6168080	3695698	-57171628	-84366
总计中：国有控股企业	3921755	9183576	8715618	-6039915	6914478
总计中：农村工业	20922	21494	327978	1089415	95953
总计中：轻工业	1034576	2817833	5978242	18688462	3017652
重工业	5172590	10859600	23188324	59470028	17108457
总计中：大型企业	1521148	8671393	7258450	5050403	7365350
中型企业	3071882	2127045	6776943	19742908	5207650
小型企业	1614136	2878995	15131173	53365179	7553109
按隶属关系分					
中央	2264648	7292094	4184845	-15780866	4041882
地方	3942518	6385339	24981721	93939356	16084227
按登记注册类型分					
内资企业	**4098839**	**11698893**	**21296019**	**60215816**	**15818885**
国有企业	945080	3490534	3105223	15572580	3548682
集体企业	104138	106765	886267	3116953	450661
股份合作企业	20925	27742	105771	810482	110904
联营企业	2259	1734	4517	493771	99912
国有联营企业		387	15	1795	1443
集体联营企业	2259	115	2662	53686	5332
国有与集体联营企业		1232	3863	66894	12807
其他联营企业			-2023	371396	80330
有限责任公司	1597551	2312609	6157141	14440465	3302850
国有独资公司	485776	588361	1287442	2848362	626446
其他有限责任公司	1111775	1724248	4869699	11592103	2676404
股份有限公司	158167	3924705	2467045	-21123199	1382687
私营企业	1265496	1784438	8520161	46347016	6864482
私营独资企业	543395	761194	2620878	13660852	1954907
私营合作企业	11926	20093	71572	896811	159534
私营有限责任公司	653505	909846	5183371	28756528	4325139
私营股份有限公司	56670	93305	644340	3032825	424902
其他企业	5223	50366	49894	557748	58707
港、澳、台商投资企业	**63704**	**505921**	**1532940**	**7932890**	**1542139**
合资经营企业(港或澳、台资)	42402	395300	752921	6351981	1194726
合作经营企业(港或澳、台资)	4182	2701	12373	95703	8365
港澳台商独资经营企业	17120	35821	685789	1489571	337019
港澳台商投资股份有限公司		72099	81857	-4365	2029
外商投资企业	**2044623**	**1472619**	**6337607**	**10009784**	**2765085**
中外合资经营企业	1980606	974759	3640266	3842668	1718274
中外合作经营企业	2346	80271	589747	619622	52722
外资企业	44076	348838	2061404	5204027	920209
外商投资股份有限公司	17595	68751	46190	343467	73880
按经济组织类型分					
独资企业	**1653809**	**4743152**	**9359561**	**39043983**	**7211478**
国有企业	945080	3490534	3105223	15572580	3548682
集体企业	104138	106765	886267	3116953	450661
私营独资企业	543395	761194	2620878	13660852	1954907
港澳台商独资经营企业	17120	35821	685789	1489571	337019
外资企业	44076	348838	2061404	5204027	920209
合作、合伙企业	**46861**	**182907**	**833874**	**3474137**	**490144**
股份合作企业	20925	27742	105771	810482	110904

单位：千元

亏损企业亏损总额	利税总额	本年应付工资总额	本年应付福利费总额	本年应交增值税	本年进项税额	本年销项税额	全部从业人员年平均人数（人）
57171628	**171115289**	**108306811**	**14310965**	**66475740**	**243596445**	**280258689**	**3662251**
57171628	-40545680	22248569	2103876	9571924	68122952	63158492	738883
48603432	38168706	47192660	5680603	29885768	132403383	143223950	1160303
61391	1784448	665778	102912	490242	1156497	1420427	28416
4428711	31864581	23542256	3159586	8232918	25949764	30844979	921286
52742917	139250708	84764555	11151379	58242822	217646681	249413710	2740965
37733311	44332446	43749773	5454589	27164003	120935231	129932164	1067601
14252410	39788745	24467480	3202568	14622861	47252243	56845240	866236
5185907	86994098	40089558	5653808	24688876	75408971	93481285	1728414
44517428	11347764	25564677	2010829	17187826	87187926	90006043	539322
12654200	159767525	82742134	12300136	49287914	156408519	190252646	3122929
43983581	**139034258**	**87281345**	**11522281**	**56296540**	**199272069**	**231619208**	**2960277**
7207759	38294041	23901826	1916216	17927726	49154527	58168117	581846
234818	6062120	3329386	511831	2098943	4657927	6307053	176035
39145	1521206	499469	74785	532408	1467796	1577456	25971
6066	739435	310734	32944	207132	186294	397204	11715
3865	6870	14942	1123	4787	9046	12921	566
1815	131824	101277	14184	59785	34839	92903	2504
	128811	142983	7058	54943	125790	186832	7054
386	471930	51532	10579	87617	16619	104548	1591
4998824	29095476	21717078	2939661	11095646	38742549	46003866	674877
745144	5527102	4788815	1071674	2359565	8342254	9898710	132013
4253680	23568374	16928263	1867987	8736081	30400295	36105156	542864
29599967	-9828150	8101121	1767894	5432783	53227460	51465124	211399
1891066	72380335	29145113	4248212	18864339	50065493	65982326	1263982
342067	22197693	8974922	1838098	5638615	13262773	18041385	410656
38638	1446243	537984	83689	374177	1172394	1518787	25314
1399218	44446155	18175471	2101139	11864157	33004556	43030052	767147
111143	4290244	1456736	225286	987390	2625770	3392102	60865
5936	769795	276618	30738	137563	1770023	1718062	14452
1146246	**10780985**	**4091358**	**449468**	**2439780**	**7715961**	**9366870**	**139771**
292440	7797550	2515363	313524	1185525	5224986	6000595	85925
56420	156153	205646	13698	53598	153194	181913	7878
764262	2806013	1327276	116672	1176552	2246312	3098381	43930
33124	21269	43073	5574	24105	91469	85981	2038
12041801	**21300046**	**16934108**	**2339216**	**7739420**	**36608415**	**39272611**	**562203**
9749719	11645284	8261221	1049730	4647180	26079496	28556152	245742
33298	864942	833984	88134	215835	872621	966375	25451
1968780	8107543	7247618	1167493	2616634	9056429	8928331	280086
290004	682277	591285	33859	259771	599869	821753	10924
10517686	**77467410**	**44781028**	**5550310**	**29458470**	**78377968**	**94543267**	**1492553**
7207759	38294041	23901826	1916216	17927726	49154527	58168117	581846
234818	6062120	3329386	511831	2098943	4657927	6307053	176035
342067	22197693	8974922	1838098	5638615	13262773	18041385	410656
764262	2806013	1327276	116672	1176552	2246312	3098381	43930
1968780	8107543	7247618	1167493	2616634	9056429	8928331	280086
179503	**5497774**	**2664435**	**323988**	**1520713**	**5622322**	**6359797**	**110781**
39145	1521206	499469	74785	532408	1467796	1577456	25971

1-A-2 续表 43

分　组	补贴收入	营业外收入	营业外支出	利润总额	应交所得税
国有联营企业		387	15	1795	1443
集体联营企业	2259	115	2662	53686	5332
国有与集体联营企业		1232	3863	66894	12807
其他联营企业			-2023	371396	80330
私营合伙企业	11926	20093	71572	896811	159534
合作经营企业(港或澳、台资)	4182	2701	12373	95703	8365
中外合作经营企业	2346	80271	589747	619622	52722
其他企业(内资)	5223	50366	49894	557748	58707
股份有限公司	**232432**	**4158860**	**3239432**	**-17751272**	**1883498**
股份有限公司(内资)	158167	3924705	2467045	-21123199	1382687
私营股份有限公司	56670	93305	644340	3032825	424902
港澳台商投资股份有限公司		72099	81857	-4365	2029
外商投资股份有限公司	17595	68751	46190	343467	73880
有限责任公司	**4274064**	**4592514**	**15733699**	**53391642**	**10540989**
国有独资公司	485776	588361	1287442	2848362	626446
私营有限责任公司	653505	909846	5183371	28756528	4325139
合资经营企业(港或澳、台资)	42402	395300	752921	6351981	1194726
中外合资经营企业	1980606	974759	3640266	3842668	1718274
其他有限责任公司	1111775	1724248	4869699	11592103	2676404
按行业小类分					
采矿业	**363595**	**1479832**	**1883417**	**24410047**	**3121369**
煤炭开采和洗选业	308613	489661	646418	2444541	730250
烟煤和无烟煤的开采洗选	307710	489432	646402	2432162	726149
褐煤的开采洗选	903	229	16	4750	2194
其他煤炭采选				7629	1907
石油和天然气开采业		801064	431970	9800202	81876
天然原油和天然气开采		12750	105160	9828193	56520
与石油和天然气开采有关的服务活动		788314	326810	-27991	25356
黑色金属矿采选业	33092	73608	419045	9241765	1777261
铁矿采选	32596	68058	416250	8898054	1710343
其他黑色金属矿采选	496	5550	2795	343711	66918
有色金属矿采选业	9432	59320	322479	1944890	371414
常用有色金属矿采选	9432	53801	234435	1019705	220045
铜矿采选		22792	151841	209664	33149
铅锌矿采选	4881	986	15565	457561	111783
镍钴矿采选				2760	575
铝矿采选				210	
镁矿采选	4551	30023	67029	346160	73600
其他常用有色金属矿采选				3350	938
贵金属矿采选		2264	34728	85174	20739
金矿采选		2263	34718	80928	19339
银矿采选		1	10	4246	1400
稀有稀土金属矿采选		3255	53316	840011	130630
钨钼矿采选		40	53216	820823	126066
放射性金属矿采选		3215	100	19188	4564
非金属矿采选业	12458	55769	63504	981775	160445
土砂石开采	822	1327	24477	451363	58409
石灰石、石膏开采		392	18736	82254	12040
建筑装饰用石开采	210	210	2985	113039	13211
耐火土石开采	480	30	10	42122	4913
粘土及其他土砂石开采	132	695	2746	213948	28245

单位：千元

亏损企业亏损总额	利税总额	本年应付工资总额	本年应付福利费总额	本年应交增值税	本年进项税额	本年销项税额	全部从业人员年平均人数（人）
3865	6870	14942	1123	4787	9046	12921	566
1815	131824	101277	14184	59785	34839	92903	2504
	128811	142983	7058	54943	125790	186832	7054
386	471930	51532	10579	87617	16619	104548	1591
38638	1446243	537984	83689	374177	1172394	1518787	25314
56420	156153	205646	13698	53598	153194	181913	7878
33298	864942	833984	88134	215835	872621	966375	25451
5936	769795	276618	30738	137563	1770023	1718062	14452
30034238	**-4834360**	**10192215**	**2032613**	**6704049**	**56544568**	**55764960**	**285226**
29599967	-9828150	8101121	1767894	5432783	53227460	51465124	211399
111143	4290244	1456736	225286	987390	2625770	3392102	60865
33124	21269	43073	5574	24105	91469	85981	2038
290004	682277	591285	33859	259771	599869	821753	10924
16440201	**92984465**	**50669133**	**6404054**	**28792508**	**103051587**	**123590665**	**1773691**
745144	5527102	4788815	1071674	2359565	8342254	9898710	132013
1399218	44446155	18175471	2101139	11864157	33004556	43030052	767147
292440	7797550	2515363	313524	1185525	5224986	6000595	85925
9749719	11645284	8261221	1049730	4647180	26079496	28556152	245742
4253680	23568374	16928263	1867987	8736081	30400295	36105156	542864
302888	**37853295**	**15952936**	**1299461**	**10744713**	**12258255**	**22918873**	**495441**
37999	5759398	5426279	363400	2741053	3569101	6146754	186096
37999	5742420	5408341	363019	2737412	3558008	6130550	185351
	9235	15268	88	3575	3278	7729	665
	7743	2670	293	66	7815	8475	80
56262	13963543	6247206	396443	3437525	4977288	9066159	135341
	13409413	1932392	150359	2998680	2832979	5746719	28802
56262	554130	4314814	246084	438845	2144309	3319440	106539
137079	13630721	2611773	348737	3318659	2440531	5414861	98175
137079	13159658	2447569	337032	3215529	2392659	5266011	91112
	471063	164204	11705	103130	47872	148850	7063
59182	2803285	952811	91712	740675	944998	1506214	42148
12567	1638498	552773	59314	548009	789219	1252376	24766
151	337341	138971	16372	118259	180585	276476	4803
4672	636413	187590	18553	152975	86348	200667	10159
	9441	17100	1458	6348	2798	2798	558
	1289	670		904			86
7744	647664	207802	22848	266923	518278	768625	9105
	6350	640	83	2600	1210	3810	55
5428	125138	121530	13382	22334	36461	48917	6802
5428	118454	116830	12724	20160	34822	44945	6533
	6684	4700	658	2174	1639	3972	269
41187	1039649	278508	19016	170332	119318	204921	10580
41187	1020391	262326	17254	170332	119318	204921	10084
	19258	16182	1762				496
8624	1697949	707344	96334	506708	325496	784260	33199
5112	858730	300100	60865	294156	167472	412333	14772
1100	239150	103059	28494	103089	36121	122955	3645
393	184715	74482	17442	55970	23905	67989	3094
161	58828	30739	4873	12795	8027	20972	1692
3458	376037	91820	10056	122302	99419	200417	6341

1-A-2 续表 44

分　组	补贴收入	营业外收入	营业外支出	利润总额	应交所得税
化学矿采选	11591	568	16032	144791	20038
采盐		52415	455	82325	20561
石棉及其他非金属矿采选	45	1459	22540	303296	61437
石墨、滑石采选	45	1320	433	39245	8431
宝石、玉石开采		69	15292	30515	2975
其他非金属矿采选		70	6815	233536	50031
其他采矿业		410	1	-3126	123
制造业	**4770597**	**11533487**	**26309230**	**55928038**	**16766744**
农副食品加工业	380699	330159	2818145	7743857	668158
谷物磨制	54926	39988	412770	1019513	77167
饲料加工	131494	54151	259124	1732438	196086
植物油加工	23845	22386	137404	1618755	57131
食用植物油加工	23845	22386	137404	1618723	57125
非食用植物油加工				32	6
制糖	86	1293	31225	-4087	198
屠宰及肉类加工	126227	55746	776309	1485608	136282
畜禽屠宰	80527	33564	608567	985179	83320
肉制品及副产品加工	45700	22182	167742	500429	52962
水产品加工	13610	139421	1050969	1044386	139062
水产品冷冻加工	11003	79252	961254	942517	123246
鱼糜制品及水产品干腌制加工	648	56536	84162	56925	10158
水产饲料制造	1325	15	4917	22755	4511
其他水产品加工	634	3618	636	22189	1147
蔬菜、水果和坚果加工	14091	6982	46135	309140	37251
其他农副食品加工	16420	10192	104209	538104	24981
淀粉及淀粉制品的制造	7702	9736	76182	331104	7382
豆制品制造	6	246	12282	81113	8566
蛋品加工	6158	72	3208	4087	3530
其他未列明的农副食品加工	2554	138	12537	121800	5503
食品制造业	19317	112851	354100	1153686	201489
焙烤食品制造	10976	2398	43519	218241	22060
糕点、面包制造	3626	2142	34463	134085	17407
饼干及其他焙烤食品制造	7350	256	9056	84156	4653
糖果、巧克力及蜜饯制造	72	2215	988	40730	12707
糖果、巧克力制造		1733	817	39537	12586
蜜饯制作	72	482	171	1193	121
方便食品制造	2183	2982	89129	218534	46940
米、面制品制造	265	680	129	10414	1080
速冻食品制造	1750	2211	22408	40386	7047
方便面及其他方便食品制造	168	91	66592	167734	38813
液体乳及乳制品制造	471	75229	106626	213525	40218
罐头制造	2850	6195	53698	130950	8179
肉、禽类罐头制造	1281	27	530	7083	231
水产品罐头制造		942	5875	19392	2540
蔬菜、水果罐头制造	1569	5076	47281	99149	5089
其他罐头食品制造		150	12	5326	319
调味品、发酵制品制造	1029	3213	32462	154555	28189
味精制造		451	5	-16856	20
酱油、食醋及类似制品的制造	1029	2537	8509	70629	12510
其他调味品、发酵制品制造		225	23948	100782	15659

单位：千元

亏损企业亏损总额	利税总额	本年应付工资总额	本年应付福利费总额	本年应交增值税	本年进项税额	本年销项税额	全部从业人员年平均人数（人）
55	225433	197481	17065	47892	45910	90789	8901
	128278	76550	890	28932	31900	60633	3454
3457	485508	133213	17514	135728	80214	220505	6072
2644	87175	49401	6122	37742	46908	80552	2139
	64479	14600	2534	26225	1400	39925	600
813	333854	69212	8858	71761	31906	100028	3333
3742	-1601	7523	2835	93	841	625	482
52436538	**128591085**	**84368927**	**12268815**	**49622728**	**217288065**	**245765578**	**2982247**
450378	10531539	5723303	579671	1789246	8365365	9394957	208655
30593	1463837	427069	55737	270045	955638	1096366	18184
26429	2174216	984434	104114	272915	1066208	1407400	34127
90920	2053039	170037	23917	325743	1794924	2022672	9268
90920	2052831	169874	23894	325567	1793576	2021148	9238
	208	163	23	176	1348	1524	30
5068	11733	18852	939	12985	78190	87284	1292
86037	2202785	1263941	116564	384096	2488663	2661840	52701
43749	1493305	782464	88297	231321	1403327	1493872	32217
42288	709480	481477	28267	152775	1085336	1167968	20484
93582	1432292	2199245	215647	286386	998535	1012600	62723
68639	1266567	2039100	206600	232139	768342	789406	54974
18702	87579	103313	4246	26876	168401	135321	5343
4499	42031	21573	2310	15103	53505	63866	823
1742	36115	35259	2491	12268	8287	24007	1583
38870	474178	397506	43333	102374	469591	526933	17980
78879	719459	262219	19420	134702	513616	579862	12380
55370	458057	143734	8215	106326	352547	386921	6618
13942	107761	68263	6432	12893	34982	40939	2915
9001	5904	12037	2155	1090	30073	22108	653
566	147737	38185	2618	14393	96014	129894	2194
132131	1913814	1417543	164815	577631	1500119	1992285	52185
10437	310922	173761	30367	74774	236883	290960	7258
658	198153	128858	28001	53092	145971	184737	4632
9779	112769	44903	2366	21682	90912	106223	2626
	71665	39547	2774	19490	94482	110505	1836
	68799	37619	2606	18774	90050	105357	1655
	2866	1928	168	716	4432	5148	181
14132	348694	267101	26820	110640	303496	397259	8243
328	21790	6560	746	1245	7574	8023	376
2699	54974	63815	7587	10463	66067	74969	2205
11105	271930	196726	18487	98932	229855	314267	5662
35497	339294	342435	22402	73719	320441	331935	8420
27343	204486	231236	30752	55504	171108	197309	8103
	8097	6537	29	768	3742	3553	312
1104	38067	42930	7340	7239	26961	33770	1087
25820	151834	176892	21799	46646	123832	151084	6275
419	6488	4877	1584	851	16573	8902	429
27201	325150	142160	23476	152608	168266	355568	8219
17203	-7020	19771	1892	8824	57147	65606	1717
4235	188459	85423	17533	104772	72837	170258	4233
5763	143711	36966	4051	39012	38282	119704	2269

1-A-2 续表 45

分　组	补贴收入	营业外收入	营业外支出	利润总额	应交所得税
其他食品制造	1736	20619	27678	177151	43196
营养、保健食品制造	3	5908	8105	50686	10021
冷冻饮品及食用冰制造	569	1249	13167	31220	9159
盐加工	934	4647	1157	46841	13840
食品及饲料添加剂制造	230	98	1512	24548	7704
其他未列明的食品制造		8717	3737	23856	2472
饮料制造业	10704	70233	115578	1733373	324722
酒精制造			2	24806	905
酒的制造	3283	26211	74774	1120532	213629
白酒制造	2383	4643	13634	344936	14524
啤酒制造	344	20988	60947	729364	195833
黄酒制造		10	103	726	210
葡萄酒制造		14	90	34488	2875
其他酒制造	556	556		11018	187
软饮料制造	7421	44022	40802	585135	110188
碳酸饮料制造	4730	15788	45659	105164	25990
瓶(罐)装饮用水制造	1950	3043	17208	76722	6722
果菜汁及果菜汁饮料制造	741	2720	3022	104479	6378
含乳饮料和植物蛋白饮料制造		22415	1078	76151	18605
固体饮料制造		56	220	47773	9160
茶饮料及其他软饮料制造			-26385	174846	43333
精制茶加工				2900	
烟草制品业	400	12371	7981	447257	110657
烟叶复烤				-5636	
卷烟制造	400	12371	7981	452893	110657
纺织业	33125	89118	227963	666093	94886
棉、化纤纺织及印染精加工	19500	15515	50967	132592	16212
棉、化纤纺织加工	14508	9519	40475	87846	13008
棉、化纤印染精加工	4992	5996	10492	44746	3204
毛纺织和染整精加工	2002	127	216	-2326	1016
毛条加工	1825			3614	845
毛纺织	177	127	216	-4529	171
毛染整精加工				-1411	
麻纺织				22748	3560
丝绢纺织及精加工	332	1939	26356	129819	14215
缫丝加工		120	19692	105432	12642
绢纺和丝织加工	332	1819	6638	18795	1573
丝印染精加工			26	5592	
纺织制成品制造	4379	11067	30083	184007	35314
棉及化纤制品制造	1541	4124	15347	9413	6912
毛制品制造				9395	281
丝制品制造			144	5259	129
绳、索、缆的制造		463	6398	25209	3757
纺织带和帘子布制造			4640	8198	1722
无纺布制造	104	5986	2318	115164	19739
其他纺织制成品制造	2734	494	1236	11369	2774
针织品、编织品及其制品制造	6912	60470	120341	199253	24569
棉、化纤针织品及编织品制造	628	47027	42237	104794	12924
毛针织品及编织品制造	4763	13430	77937	67190	5684
丝针织品及编织品制造				2662	539
其他针织品及编织品制造	1521	13	167	24607	5422

单位：千元

亏损企业亏损总额	利税总额	本年应付工资总额	本年应付福利费总额	本年应交增值税	本年进项税额	本年销项税额	全部从业人员年平均人数(人)
17521	313603	221303	28224	90896	205443	308749	10106
4449	87147	49798	3295	28321	50186	103915	1875
755	83362	97564	18637	28773	78846	100919	3343
6257	78774	51206	4149	24014	45388	65013	3394
1724	31640	11396	791	6498	19152	20715	831
4336	32680	11339	1352	3290	11871	18187	663
67704	3169980	892201	116067	697518	1438482	2175605	34621
	33990	28875	2961	3009	24355	27052	1048
51100	2352670	525548	64464	530440	834252	1335754	22691
8240	570498	167128	21152	88043	125188	207745	7638
42860	1711416	329546	40250	431705	627886	1037918	13846
	2112	1517	13	1121	903	1393	111
	52663	23804	2715	5662	78816	86253	906
	15981	3553	334	3909	1459	2445	190
16604	779820	334978	48252	163769	579875	812799	10782
805	135731	152232	28656	27808	210052	237957	4099
4	115812	72878	6217	22774	161791	181379	2459
15795	136521	35768	4091	25461	105361	172513	1635
	88994	17613	1586	8113	46754	81483	1031
	59365	4927	1619	11070	31201	46208	345
	243397	51560	6083	68543	24716	93259	1213
	3500	2800	390	300			100
5636	2505884	170607	15901	477292	239869	708813	2512
5636	718	5280	120	5710			440
	2505166	165327	15781	471582	239869	708813	2072
252932	1439529	1756131	232924	593707	2028817	2299145	87611
149272	372593	767915	85271	202060	967965	1052734	38883
101912	266862	570486	65349	154114	642411	740794	31521
47360	105731	197429	19922	47946	325554	311940	7362
8460	17892	53018	10469	15862	71166	76665	2859
	14965	16135	118	7767	24312	32079	1300
7049	4338	34303	10093	8095	46854	44586	1499
1411	-1411	2580	258				60
1399	43435	90063	13778	17503	46189	64424	1912
10490	348627	157753	35559	141025	107139	166677	6780
3207	276707	102247	27979	117808	46176	83130	3954
6295	58545	47322	7553	16754	51586	67707	2634
988	13375	8184	27	6463	9377	15840	192
65376	305588	290753	46916	90256	483476	523220	14216
47810	50155	150609	29109	29532	158568	156244	7668
	9599	2133	334	150	330	480	138
445	8670	7530	882	2969	1271	2655	309
6505	49645	45005	6736	13070	49493	61879	1497
	22751	14178	1160	13226	31413	44402	717
4790	134179	32522	3633	15781	172057	177691	1848
5826	30589	38776	5062	15528	70344	79869	2039
17935	351394	396629	40931	127001	352882	415425	22961
13370	188843	246997	25763	73291	223044	252159	14215
4215	129038	107662	14307	49501	92403	129769	5934
350	3793	7126	384	812	15262	15982	243
	29720	34844	477	3397	22173	17515	2569

1-A-2 续表 46

分 组	补贴收入	营业外收入	营业外支出	利润总额	应交所得税
纺织服装、鞋、帽制造业	227453	573741	450676	1984655	310211
纺织服装制造	9316	142249	444837	1434122	208435
纺织面料鞋的制造	218137	430213	4669	550870	101776
制帽		1279	1170	-337	
皮革、毛皮、羽毛(绒)及其制品业	5379	16612	129105	189277	41242
皮革鞣制加工			93912	3044	
皮革制品制造	5379	16612	46787	51011	7958
皮鞋制造	4989	7356	4252	25806	6247
皮革服装制造	40	37	10445	5439	624
皮箱、包(袋)制造	350	9081	31979	7628	674
皮手套及皮装饰制品制造		4	101	5439	97
其他皮革制品制造		134	10	6699	316
毛皮鞣制及制品加工			-11594	127742	32900
毛皮鞣制加工				502	
毛皮服装加工			-11594	123740	31920
其他毛皮制品加工				3500	980
羽毛(绒)加工及制品制造				7480	384
羽毛(绒)加工				63	312
羽毛(绒)制品加工				7417	72
木材加工及木、竹、藤、棕、草制品业	25202	37991	405127	1183998	147228
锯材、木片加工	5114	19756	82122	141198	10416
锯材加工	4860	13501	23181	127372	9541
木片加工	254	6255	58941	13826	875
人造板制造	9734	12584	220150	565631	43707
胶合板制造		863	189998	240379	26548
纤维板制造	8698	6115	1089	36694	3608
刨花板制造	143	947	145	60167	7193
其他人造板、材制造	893	4659	28918	228391	6358
木制品制造	10324	5611	102807	460362	92673
建筑用木料及木材组件加工	7871	1808	90837	390581	85140
木容器制造	559	474	9126	30245	2384
软木制品及其他木制品制造	1894	3329	2844	39536	5149
竹、藤、棕、草制品制造	30	40	48	16807	432
家具制造业	3967	67382	159968	897160	182562
木质家具制造	3967	67200	75542	808374	162552
竹、藤家具制造		41	11	-852	
金属家具制造		41	39377	26228	1255
其他家具制造		100	45038	63410	18755
造纸及纸制品业	28539	23095	140597	568437	81549
纸浆制造		17	2	6810	1010
造纸	11760	12742	103381	92705	24646
机制纸及纸板制造	11650	11507	96839	60842	20045
手工纸制造	110	1101	3101	1910	250
加工纸制造		134	3441	29953	4351
纸制品制造	16779	10336	37214	468922	55893
纸和纸板容器的制造	6454	6124	17440	407525	44983
其他纸制品制造	10325	4212	19774	61397	10910
印刷业和记录媒介的复制	46649	11581	102781	322706	54094
印刷	44942	11523	12848	267871	44332
书、报、刊印刷	31648	7365	2003	102335	19407
本册印制	8	4	1343	27585	630
包装装潢及其他印刷	13286	4154	9502	137951	24295

单位：千元

亏损企业亏损总额	利税总额	本年应付工资总额	本年应付福利费总额	本年应交增值税	本年进项税额	本年销项税额	全部从业人员年平均人数（人）
179893	2943477	4239311	908180	648957	1981482	2107707	168051
174578	2117354	4054969	402448	540988	1972206	2099730	158784
4171	825310	174700	503898	106923	6791	7457	8809
1144	813	9642	1834	1046	2485	520	458
26397	294067	404951	49444	76836	240737	283619	24291
	44084	7117	2249	37097	15685	51528	338
20778	96931	352890	42184	30067	137836	139857	22817
13068	41793	279099	34764	10619	41565	36996	17958
5559	18943	26096	2747	4004	35626	31096	1286
	17988	22548	2399	9656	32978	42300	1376
1881	6867	19920	2274	1147	2425	1912	1896
270	11340	5227		4641	25242	27553	301
5450	138336	36868	4640	5452	78107	82701	916
	757	910	100				91
5450	129569	34878	4442	1252	77165	77559	765
	8010	1080	98	4200	942	5142	60
169	14716	8076	371	4220	9109	9533	220
169	938	1802	134	799	9010	9448	72
	13778	6274	237	3421	99	85	148
133462	1703562	950246	99220	395457	1717908	1852964	49073
11188	255530	153459	16065	86380	260361	298369	6316
8156	192148	116629	11194	45992	151080	154203	5062
3032	63382	36830	4871	40388	109281	144166	1254
32209	720284	317313	33424	115885	561303	625119	17619
7678	315003	163123	15620	57168	244470	257118	8080
21339	62780	60170	6068	19229	60762	76971	2953
	74699	28517	2793	9288	39842	46520	1621
3192	267802	65503	8943	30200	216229	244510	4965
90065	709381	468623	49172	192140	881188	914786	24653
43897	579052	325588	37922	149070	706091	748903	17006
7812	49419	36821	4007	16593	70862	76865	1537
38356	80910	106214	7243	26477	104235	89018	6110
	18367	10851	559	1052	15056	14690	485
84452	1262980	875661	92428	225670	1476459	1528799	38755
73691	1139231	815000	86555	204540	1284602	1322997	36112
852	-605	1544	11	175	31	206	36
1230	36315	17153	1718	5288	24788	29782	883
8679	88039	41964	4144	15667	167038	175814	1724
167872	986945	725058	76751	323800	1061631	1294520	38015
	14910	1980	213	912	5269	6181	168
148932	258044	268720	25897	139205	413193	505816	18212
148932	206678	238689	22545	123095	352133	442040	16866
	3021	3544	1110	650	3190	3840	117
	48345	26487	2242	15460	57870	59936	1229
18940	713991	454358	50641	183683	643169	782523	19635
9963	596001	299553	42774	143447	502983	621731	14055
8977	117990	154805	7867	40236	140186	160792	5580
76717	583875	474296	96329	199412	659684	816732	16891
71293	496273	400962	40276	171034	564141	708511	14423
43034	164274	186929	20185	50582	192575	245812	6406
75	36597	22159	2437	7393	41097	44591	756
28184	295402	191874	17654	113059	330469	418108	7261

1-A-2 续表 47

分　组	补贴收入	营业外收入	营业外支出	利润总额	应交所得税
装订及其他印刷服务活动		58	2229	18565	4209
记录媒介的复制	1707		87704	36270	5553
文教体育用品制造业	80	25252	116583	41064	4775
文化用品制造	50	7	484	13495	2246
文具制造	20		20	1881	501
笔的制造		5	288	4691	1005
教学用模型及教具制造			51	2846	315
其他文化用品制造	30	2	125	4077	425
体育用品制造	30	22969	44866	12934	2007
球类制造				3042	615
体育器材及配件制造			5975	3930	921
训练健身器材制造		1487	652	957	187
运动防护用具制造	30	21482	38170	3762	218
其他体育用品制造			69	1243	66
乐器制造		1590	4988	-13359	391
西乐器制造		69	416	-24400	53
电子乐器制造			51	787	
其他乐器及零件制造		1521	4521	10254	338
玩具制造		686	110	-873	50
游艺器材及娱乐用品制造			66135	28867	81
露天游乐场所游乐设备制造			66135	27008	58
游艺用品及室内游艺器材制造				1859	23
石油加工、炼焦及核燃料加工业	1737426	2901620	494995	-33680245	468972
精炼石油产品的制造	1730892	2899255	490650	-34446430	334960
原油加工及石油制品制造	1730892	2897485	490650	-34452799	334918
人造原油生产		1770		6369	42
炼焦	6534	2365	4345	766185	134012
化学原料及化学制品制造业	95863	1488620	1963342	5399910	704872
基础化学原料制造	23473	126548	285372	267584	152286
无机酸制造		318	1494	90048	16248
无机碱制造	360	87877	118752	-526090	22809
无机盐制造	4004	4466	3247	116906	12707
有机化学原料制造	8391	12499	108889	427070	56340
其他基础化学原料制造	10718	21388	52990	159650	44182
肥料制造	7901	111844	56329	394303	130574
氮肥制造	4149	106708	18285	56433	77469
磷肥制造				2261	396
钾肥制造			15656	5726	4855
复混肥料制造	3117	3274	20165	240858	31310
有机肥料及微生物肥料制造	458	1499	654	60363	13133
其他肥料制造	177	363	1569	28662	3411
农药制造	767	8669	50851	130363	21868
化学农药制造	767	8648	50783	128429	21082
生物化学农药及微生物农药制造		21	68	1934	786
涂料、油墨、颜料及类似产品制造	13429	34467	65869	402337	58179
涂料制造	2791	12375	38641	240958	40355
油墨及类似产品制造	1762	1120	6861	19986	1845
颜料制造		2425	15256	71034	276
染料制造	8876	18537	3652	49406	14548
密封用填料及类似品制造		10	1459	20953	1155

单位：千元

亏损企业亏损总额	利税总额	本年应付工资总额	本年应付福利费总额	本年应交增值税	本年进项税额	本年销项税额	全部从业人员年平均人数(人)
1908	28904	15983	1692	9631	17357	22043	1059
3516	58698	57351	54361	18747	78186	86178	1409
42842	87224	147387	15704	32569	171822	132197	7981
1901	28992	23397	4098	10483	30797	35511	1191
628	5625	2850	368	582	3285	3118	221
1190	7053	3748	300	1313	12679	13071	258
11	5713	6087	450	2081	9720	9566	287
72	10601	10712	2980	6507	5113	9756	425
2606	24645	55658	5349	10608	52173	56832	2567
	3205	6837	914	88	889	977	298
	5497	14926	1663	1047	6682	4775	464
	2523	6307	483	1141	6136	7277	240
2324	11747	18372	2067	7902	35005	42907	1086
282	1673	9216	222	430	3461	896	479
35832	-2494	54408	5659	9605	82593	35019	3273
33421	-22866	32149	4270	1504	24800	11765	1953
2411	787	16227	1189		41121	35	1035
	19585	6032	200	8101	16672	23219	285
2503	-523	5837	425	315	3405	1213	496
	36604	8087	173	1558	2854	3622	454
	34381	5649	117	1251	2187	2928	312
	2223	2438	56	307	667	694	142
36479384	-24523237	2689231	299303	2937497	43684871	43744577	61812
36479384	-25685167	2611624	291002	2572507	43221804	42915230	58902
36479384	-25696075	2602165	290368	2568976	43220382	42910801	58550
	10908	9459	634	3531	1422	4429	352
	1161930	77607	8301	364990	463067	829347	2910
1319031	8512892	4184197	541213	2099535	13526507	14216626	164118
700508	1056052	1033764	134495	591293	2637355	3046624	47456
2757	164087	75116	12431	44039	126336	167662	3445
553017	-426083	163273	31043	78638	372416	448734	11620
10517	235093	209796	22001	98198	330957	336662	7983
91033	695200	262872	35390	197788	891285	984422	13220
43184	387755	322707	33630	172630	916361	1109144	11188
266532	846290	810861	125186	356984	943560	1038949	30353
257506	235192	573744	94229	145594	600258	560152	20598
	3941	2685	368	548	1641	2189	208
5661	33060	9072	1556	26770	67393	94253	391
731	412226	167687	22429	130309	221965	282091	6384
2634	96571	37716	3617	19229	19748	35916	1852
	65300	19957	2987	34534	32555	64348	920
67150	168498	139433	15950	30482	301462	236243	5138
66690	164307	133883	15588	28551	293185	226844	4875
460	4191	5550	362	1931	8277	9399	263
127652	672139	339552	35083	190817	730336	866840	16273
7070	394047	171684	20042	99794	429483	521366	7958
	27235	8858	1301	5965	26485	31176	460
94605	108439	60335	6005	25629	49128	48565	2561
25753	115438	85623	5908	54073	200699	242501	4505
224	26980	13052	1827	5356	24541	23232	789

1-A-2 续表 48

分 组	补贴收入	营业外收入	营业外支出	利润总额	应交所得税
合成材料制造	7877	1058813	1216809	2186721	44821
初级形态的塑料及合成树脂制造	7037	2436	17984	120015	18071
合成橡胶制造	590	2129	9125	-6300	421
合成纤维单(聚合)体的制造	250	1036532	1179937	2062204	25431
其他合成材料制造		17716	9763	10802	898
专用化学产品制造	36249	141926	268234	1921541	287230
化学试剂和助剂制造	20568	88027	151323	861309	102788
专项化学用品制造	3405	5854	14976	467617	87601
林产化学产品制造	7880	385		30125	1389
炸药及火工产品制造		28657	58749	87966	20954
信息化学品制造	40	8978	135	308670	48114
环境污染处理专用药剂材料制造		727	1036	2760	338
动物胶制造				4180	
其他专用化学产品制造	4356	9298	42015	158914	26046
日用化学产品制造	6167	6353	19878	97061	9914
肥皂及合成洗涤剂制造	5477	5204	11165	23662	5283
化妆品制造		360	6232	43718	506
口腔清洁用品制造		70	181	2487	379
香料、香精制造	612		636	16608	2652
其他日用化学产品制造	78	719	1664	10586	1094
医药制造业	25040	86219	439443	2041907	394135
化学药品原药制造	13301	6075	291011	579309	119262
化学药品制剂制造	4624	20469	43965	514573	83370
中药饮片加工	678	341	3694	117858	19583
中成药制造	3074	6505	24447	205677	22327
兽用药品制造		3318	267	50367	11745
生物、生化制品的制造	3363	3963	63395	521181	128646
卫生材料及医药用品制造		45548	12664	52942	9202
化学纤维制造业	3445	976210	207445	-1932921	6740
纤维素纤维原料及纤维制造		600	3120	-62677	479
人造纤维(纤维素纤维)制造		600	3120	-62677	479
合成纤维制造	3445	975610	204325	-1870244	6261
锦纶纤维制造	2195	2857	1178	27519	1627
涤纶纤维制造	1250	345526	141165	-248368	964
腈纶纤维制造		627042	61762	-1659457	2638
其他合成纤维制造		185	220	10062	1032
橡胶制品业	23742	24316	1053164	519934	138827
轮胎制造	821	1454	502122	80218	43330
车辆、飞机及工程机械轮胎制造	811	1443	495730	70418	43193
力车胎制造	10	9	6229	5684	48
轮胎翻新加工		2	163	4116	89
橡胶板、管、带的制造	17454	16932	19146	152375	30646
橡胶零件制造	3110	3093	121333	166846	52201
再生橡胶制造			393494	32415	2395
日用及医用橡胶制品制造	1573	24	832	35838	587
橡胶靴鞋制造	684	2608	15013	-12578	439
其他橡胶制品制造	100	205	1224	64820	9229
塑料制品业	15045	179810	851278	2408796	326321
塑料薄膜制造	2642	3283	58710	119304	10014
塑料板、管、型材的制造	2951	30223	345678	1141611	161654
塑料丝、绳及编织品的制造	2198	64587	145612	700554	61598
泡沫塑料制造	722	2236	47506	-104967	8315

单位：千元

亏损企业亏损总额	利税总额	本年应付工资总额	本年应付福利费总额	本年应交增值税	本年进项税额	本年销项税额	全部从业人员年平均人数（人）
46564	2819546	745958	49468	142207	5975829	5515289	18321
30059	249883	117533	10888	96525	409110	477067	4853
10268	2029	16796	2497	6411	11911	15662	1046
6182	2543801	590762	34542	27835	5518420	4975818	11366
55	23833	20867	1541	11436	36388	46742	1056
90821	2747761	1010873	172652	694506	2741984	3229165	42148
43434	1207848	344956	44788	275673	1228908	1420146	14461
30457	707548	238789	89000	199276	805328	899069	8972
78	33150	3151	279	1458	21087	22445	223
7070	191119	263808	22371	93075	249687	334176	12399
5761	360579	44459	4870	51306	134917	185554	1873
1043	6314	7745	700	2658	11600	13342	382
	4738	2852	1223	350	499	849	40
2978	236465	105113	9421	70710	289958	353584	3798
19804	202606	103756	8379	93246	195981	283516	4429
16500	60902	60785	6089	31630	103211	134048	2654
73	99718	18352	586	51566	35366	86610	522
	5040	1985	55	2496	5912	8403	177
	20477	7889	147	3188	25069	25677	385
3231	16469	14745	1502	4366	26423	28778	691
127967	3093179	1362364	195930	908353	1079558	1841109	44115
40091	867183	567498	89516	236848	483092	671501	15308
47976	748016	219236	24836	211351	184613	349255	9929
1696	199086	64973	10032	49046	91614	145997	3691
8004	332447	200310	26318	115267	190745	290066	7827
6820	111202	76721	7488	57002	45466	100533	1901
23025	755950	218912	31470	223145	57645	242548	5054
355	79295	14714	6270	15694	26383	41209	405
2049726	-1507554	1269272	96293	337123	1239186	1391827	29257
82770	-31616	68035	3264	29087	164400	182528	5477
82770	-31616	68035	3264	29087	164400	182528	5477
1966956	-1475938	1201237	93029	308036	1074786	1209299	23780
5010	45512	22626	3457	14225	63112	78267	1557
289520	-46491	673536	19400	165824	446307	475825	13196
1670149	-1490498	499187	69552	123167	543923	628927	8700
2277	15539	5888	620	4820	21444	26280	327
207332	1517214	1134521	223254	869882	1319147	2178185	38334
157755	539947	508170	106765	417549	636053	1098689	13399
156857	520633	495686	105423	408520	617049	1080639	12619
	11384	8057	134	5660	11487	7165	600
898	7930	4427	1208	3369	7517	10885	180
9845	279280	264548	35584	102754	209015	297368	9251
11720	512407	191849	62867	298163	242441	527440	7209
	48976	24666	4337	15005	66898	81823	782
2632	39581	31937	1028	3499	45720	36937	1462
24989	-852	68587	6600	6143	39883	31213	4411
391	97875	44764	6073	26769	79137	104715	1820
463043	3683633	1842714	234144	906255	4888349	5725937	90723
46597	230396	161874	16369	79131	310614	376819	5454
161253	1494259	357415	56532	230107	1661157	1800064	15978
8517	1079091	621558	56776	262097	1889425	2314105	40532
191950	-48232	74135	4802	49053	156220	189679	3665

1-A-2 续表 49

分 组	补贴收入	营业外收入	营业外支出	利润总额	应交所得税
塑料人造革、合成革制造	69		8003	72729	17090
塑料包装箱及容器制造	940	51351	136348	176743	24987
塑料零件制造	1485	724	34854	75351	16227
日用塑料制造	605	2979	19845	114794	13872
塑料鞋制造				-158	5
日用塑料杂品制造	605	2979	19845	114952	13867
其他塑料制品制造	3433	24427	54722	112677	12564
非金属矿物制品业	313373	517138	1914328	8397882	1411075
水泥、石灰和石膏的制造	147634	118347	110308	908670	149572
水泥制造	147340	114956	107859	848732	142357
石灰和石膏制造	294	3391	2449	59938	7215
水泥及石膏制品制造	11747	27458	116622	512157	74804
水泥制品制造	6421	12459	79986	288717	56921
砼结构构件制造	3756	6203	14252	75029	9959
石棉水泥制品制造				119106	1279
轻质建筑材料制造	1570	6721	21364	12966	2315
其他水泥制品制造		2075	1020	16339	4330
砖瓦、石材及其他建筑材料制造	20745	70863	495281	2155928	354999
粘土砖瓦及建筑砌块制造	10485	14024	97759	362244	37589
建筑陶瓷制品制造		455		1444897	273931
建筑用石加工	1437	46067	283007	91426	6795
防水建筑材料制造	882	3274	50948	96334	11430
隔热和隔音材料制造	6141	5602	62371	128697	21864
其他建筑材料制造	1800	1441	1196	32330	3390
玻璃及玻璃制品制造	7311	12761	128627	498511	34271
平板玻璃制造	1369	1158	255	-156466	372
技术玻璃制品制造	711	2432	18307	307112	13763
光学玻璃制造				754	88
玻璃仪器制造			160	3867	1172
日用玻璃制品及玻璃包装容器制造	2829	55	95835	45989	1918
玻璃保温容器制造	581	1009	1106	10169	159
玻璃纤维及制品制造	1130	1457	11269	75992	10036
玻璃纤维增强塑料制品制造	258	5654	1405	146297	5224
其他玻璃制品制造	433	996	290	64797	1539
陶瓷制品制造	85	6576	3013	72084	12838
特种陶瓷制品制造	85	5248	3006	69262	11377
日用陶瓷制品制造		1328	7	2363	1346
园林、陈设艺术及其他陶瓷制品制造				459	115
耐火材料制品制造	80110	256009	963436	3597240	700245
石棉制品制造	2159	1129	4398	-21640	2176
云母制品制造			6	3690	657
耐火陶瓷制品及其他耐火材料制造	77951	254880	959032	3615190	697412
石墨及其他非金属矿物制品制造	45741	25124	97041	653292	84346
石墨及碳素制品制造	21859	22296	90909	403739	65307
其他非金属矿物制品制造	23882	2828	6132	249553	19039
黑色金属冶炼及压延加工业	71147	666523	2534853	14833833	4223892
炼铁	22689	5735	69345	516435	86387
炼钢		71707	21059	422943	70307
钢压延加工	38690	545911	2077138	11926894	3837496
铁合金冶炼	9768	43170	367311	1967561	229702

单位：千元

亏损企业亏损总额	利税总额	本年应付工资总额	本年应付福利费总额	本年应交增值税	本年进项税额	本年销项税额	全部从业人员年平均人数（人）
	85443	19870	2204	11936	172970	182929	642
10106	347682	208714	34525	133307	314434	408560	7291
32476	154847	185715	36064	62205	102543	130433	8070
3482	169343	69042	7298	33980	133185	158631	3728
158	-158	696					29
3324	169501	68346	7298	33980	133185	158631	3699
8662	170804	144391	19574	44439	147801	164717	5363
603655	13867007	5276102	829071	4464830	9467199	13362289	227916
86576	1758716	918697	112174	725378	1300567	2001035	44428
77711	1638346	850566	109277	677084	1241617	1913937	41316
8865	120370	68131	2897	48294	58950	87098	3112
112302	1062582	561619	70078	439570	534820	824659	23745
98051	716492	402558	46921	341326	412864	631537	17315
12936	146291	61568	4699	56436	80421	112321	3595
1251	152204	74435	14683	25801	20585	46315	1525
64	24290	20473	3269	9393	14811	22057	1198
	23305	2585	506	6614	6139	12429	112
39088	2961310	875852	85562	511266	950016	1306796	45390
12217	675563	369580	49357	164713	239232	363097	19144
532	1659755	184037	6000	127399	31670	157647	12973
8915	212096	152591	11825	108908	308649	334801	5898
15127	159678	60265	8303	43817	143045	184883	2934
2090	187624	75480	6168	39982	152145	189097	2967
207	66594	33899	3909	26447	75275	77271	1474
242534	877793	385112	44669	326524	905632	1141581	18388
200067	-96134	69409	7457	49145	303212	302490	4229
6531	392189	71198	8974	76586	197249	262158	2986
17	1438	2927	2135	650	4360	4922	96
18	8450	4385	276	2174	5207	7609	272
20688	89448	115768	9868	32889	44790	58980	4791
	12565	12266	1515	1878	14259	17889	473
7235	108885	51077	5698	27926	79861	104093	2634
7225	283329	41077	7612	125618	208663	331603	1834
753	77623	17005	1134	9658	48031	51837	1073
2531	117668	87597	20406	34858	155864	167231	4184
524	113244	74250	18988	33792	150746	161734	3519
2007	3664	8691	1171	807	3732	3852	552
	760	4656	247	259	1386	1645	113
104161	6138637	2056260	445032	2206044	4972964	7127193	75414
34167	-12914	14409	796	6283	39694	42838	672
	7617	3135	309	3624	13079	16676	141
69994	6143934	2038716	443927	2196137	4920191	7067679	74601
16463	950301	390965	51150	221190	647336	793794	16367
9017	534285	170827	17441	106731	475538	545724	7371
7446	416016	220138	33709	114459	171798	248070	8996
3296943	31851103	11757968	2044148	13678372	49124878	57570883	296954
72332	892047	368810	61658	299582	971091	1274473	16107
14841	1128552	747263	104676	561975	3110210	3314372	27985
3082529	26527294	10175358	1830182	11800213	42312864	49847888	235324
127241	3303210	466537	47632	1016602	2730713	3134150	17538

1-A-2 续表 50

分 组	补贴收入	营业外收入	营业外支出	利润总额	应交所得税
有色金属冶炼及压延加工业	253168	525297	1828754	3422645	677261
常用有色金属冶炼	180701	332834	564228	-1557925	-279429
铜冶炼	26814	63	339145	-171419	375
铅锌冶炼	151007	318627	8695	-1488688	-313040
镍钴冶炼		1127	4598	-5806	5512
铝冶炼	2726	12192	73899	48462	4730
镁冶炼			1038	9939	1437
其他常用有色金属冶炼	154	825	136853	49587	21557
贵金属冶炼	9628	9748	58425	180837	22540
金冶炼	8448	8180	41957	168962	20303
其他贵金属冶炼	1180	1568	16468	11875	2237
稀有稀土金属冶炼	14296	5941	375815	306940	12613
钨钼冶炼	13896	3670	299627	337202	11768
稀土金属冶炼		882	109	3180	845
其他稀有金属冶炼	400	1389	76079	-33442	
有色金属合金制造	2948	15152	25454	44791	22029
有色金属压延加工	45595	161622	804832	4448002	899508
常用有色金属压延加工	45295	161621	799886	4391771	893693
贵金属压延加工			423	2300	
稀有稀土金属压延加工	300	1	4523	53931	5815
金属制品业	176145	268765	2359563	3625055	508460
结构性金属制品制造	142271	182497	1703250	1641883	228009
金属结构制造	36117	53328	536805	1096690	169407
金属门窗制造	106154	129169	1166445	545193	58602
金属工具制造	13428	11565	134050	80569	20799
切削工具制造	549	6041	31646	36862	12890
手工具制造	75	15	1306	12594	2299
农用及园林用金属工具制造		76	73	26251	1618
刀剪及类似日用金属工具制造	280	47	183	-33485	138
其他金属工具制造	12524	5386	100842	38347	3854
集装箱及金属包装容器制造	4439	8520	82783	871021	111409
集装箱制造	250	1064	656	334498	483
金属压力容器制造	3285	6289	10441	344139	76929
金属包装容器制造	904	1167	71686	192384	33997
金属丝绳及其制品的制造	1517	4175	2552	213132	32309
建筑、安全用金属制品制造	656	2604	24179	206761	25528
建筑、家具用金属配件制造		162	242	7178	1921
建筑装饰及水暖管道零件制造	59	2052	11789	132402	20504
安全、消防用金属制品制造	532	232	12079	50515	2546
其他建筑、安全用金属制品制造	65	158	69	16666	557
金属表面处理及热处理加工	11793	14920	348581	214525	24344
搪瓷制品制造			7700	26015	604
工业生产配套用搪瓷制品制造			1002	24970	604
搪瓷日用品及其他搪瓷制品制造			6698	1045	
不锈钢及类似日用金属制品制造	131	19967	47041	30686	2834
金属制厨房调理及卫生器具制造		1	30	147	74
金属制厨用器皿及餐具制造		19963	42714	22256	1256
其他日用金属制品制造	131	3	4297	8283	1504
其他金属制品制造	1910	24517	9427	340463	62624
铸币及贵金属制实验室用品制造		18116	4444	105067	28179
其他未列明的金属制品制造	1910	6401	4983	235396	34445

单位：千元

亏损企业亏损总额	利税总额	本年应付工资总额	本年应付福利费总额	本年应交增值税	本年进项税额	本年销项税额	全部从业人员年平均人数（人）
2168952	5969412	1921028	294986	1938547	8007054	9635088	73195
1878728	-593162	722318	45780	854907	2785038	3573272	33942
178166	215493	63002	21570	379541	799628	1251775	2430
1528598	-1118580	421080	2828	304910	1154357	1354756	19697
111950	8332	70594	5409	13004	146519	141505	3448
51	130410	73428	3408	59839	346413	397712	3652
	30270	20326	3734	15071	28717	40228	1000
59963	140913	73888	8831	82542	309404	387296	3715
16008	211920	75414	8795	23216	22900	34214	4377
16008	189794	71015	7553	15569	14873	17023	4101
	22126	4399	1242	7647	8027	17191	276
63280	578959	101738	11308	185706	531432	698396	4197
28079	558404	48700	6466	140011	358580	482437	2768
1644	9974	26977	3303	6038	48966	52541	773
33557	10581	26061	1539	39657	123886	163418	656
74426	112462	99039	11116	51372	607212	482503	4055
136510	5659233	922519	217987	823346	4060472	4846703	26624
133576	5587786	894712	210158	813707	3983104	4762631	25846
	3862	2957	2466	1545	250	851	70
2934	67585	24850	5363	8094	77118	83221	708
261947	6052261	3517179	576741	1890157	6025095	7282763	131347
70747	2695794	1716483	214535	838706	2856540	3605612	60880
62266	1645259	805761	120718	421373	1875778	2217247	35377
8481	1050535	910722	93817	417333	980762	1388365	25503
73339	160892	199968	56453	61333	277458	279149	8328
35971	79434	115726	43399	36130	112778	117190	4412
310	22749	14560	1638	6557	11926	19916	696
488	37080	31237	4219	7157	29361	23068	1542
36337	-31985	14869	3199	1356	19598	5662	402
233	53614	23576	3998	10133	103795	113313	1276
73659	1182443	441576	106258	259700	1040090	1035515	17563
57327	336557	84702	12333	1263	336663	112815	2771
7735	542254	198961	71322	168531	491080	646171	7736
8597	303632	157913	22603	89906	212347	276529	7056
992	376258	192980	47783	127862	328718	408775	5729
26288	429493	189114	19690	170897	440372	516138	9713
10802	70022	26182	2534	59234	38689	35532	1412
14750	250085	120205	12266	86688	342812	400756	6023
736	89292	28081	3759	22806	49229	68492	1717
	20094	14646	1131	2169	9642	11358	561
7820	511697	438499	45387	201448	411256	574869	18109
	38105	17427	4339	10445	32791	43144	688
	32110	16487	4292	5985	22167	28060	641
	5995	940	47	4460	10624	15084	47
8059	95220	97570	13912	24844	67894	68669	4353
1324	3482	5629	518	2897	4964	5681	409
6547	76467	79968	11211	15510	46302	40251	3238
188	15271	11973	2183	6437	16628	22737	706
1043	562359	223562	68384	194922	569976	750892	5984
	189314	74129	16238	75898	141947	217690	1353
1043	373045	149433	52146	119024	428029	533202	4631

1-A-2 续表 51

分　　组	补贴收入	营业外收入	营业外支出	利润总额	应交所得税
通用设备制造业	300237	420351	2264025	11944704	1872300
锅炉及原动机制造	5880	35376	133178	432908	68701
锅炉及辅助设备制造	5735	24507	11847	94599	16179
内燃机及配件制造	145	3668	77175	277764	46109
汽轮机及辅机制造		7201	4306	48275	6413
水轮机及辅机制造			39850	12270	
金属加工机械制造	97066	106608	339997	2256063	325765
金属切削机床制造	92479	79706	142203	1657073	264913
金属成形机床制造	1110	1875	18364	80885	13420
铸造机械制造	329	170	-979	26276	5321
金属切割及焊接设备制造	102	2356	18069	97815	4851
机床附件制造	2803	12107	15966	191382	20973
其他金属加工机械制造	243	10394	146374	202632	16287
起重运输设备制造	33615	17367	145351	898927	125036
泵、阀门、压缩机及类似机械的制造	38179	23198	432549	1413886	197147
泵及真空设备制造	21364	7727	274926	762314	102319
气体压缩机械制造	929	413	86071	87121	8907
阀门和旋塞的制造	14363	8755	66377	406563	67650
液压和气压动力机械及元件制造	1523	6303	5175	157888	18271
轴承、齿轮、传动和驱动部件的制造	41617	36858	102303	2303963	451165
轴承制造	26164	32484	30508	2021770	411567
齿轮、传动和驱动部件制造	15453	4374	71795	282193	39598
烘炉、熔炉及电炉制造	459	1	7426	32275	2287
风机、衡器、包装设备等通用设备制造	10936	41277	91023	1800171	295278
风机、风扇制造	3437	4084	31999	706904	127106
气体、液体分离及纯净设备制造		10621	1029	34559	6440
制冷、空调设备制造	3966	19795	32279	924294	133435
风动和电动工具制造		1954	2130	9123	4892
喷枪及类似器具制造		57	35	1265	32
包装专用设备制造	1476	109	56	5041	1057
衡器制造		8	617	15130	3395
其他通用设备制造	2057	4649	22878	103855	18921
通用零部件制造及机械修理	7789	41563	343934	1041189	159184
金属密封件制造	1090	312	4002	99109	18015
紧固件、弹簧制造	193	12096	38757	68501	13016
机械零部件加工及设备修理	6186	26256	294230	831137	122977
其他通用零部件制造	320	2899	6945	42442	5176
金属铸、锻加工	64696	118103	668264	1765322	247737
钢铁铸件制造	53553	110136	610541	1577127	220997
锻件及粉末冶金制品制造	11143	7967	57723	188195	26740
专用设备制造业	242826	439371	1662495	5963818	842175
矿山、冶金、建筑专用设备制造	186957	250376	1196829	3610567	551312
采矿、采石设备制造	169856	23519	949238	1104834	204130
石油钻采专用设备制造	1341	4076	8706	433932	66786
建筑工程用机械制造	11111	1616	97386	152697	17380
建筑材料生产专用机械制造	865	3810	5994	27075	3007
冶金专用设备制造	3784	217355	135505	1892029	260009
化工、木材、非金属加工专用设备制造	10744	60167	209059	944058	97566
炼油、化工生产专用设备制造	3355	4570	93498	297578	29152
橡胶加工专用设备制造	460	347	52932	70775	11585
塑料加工专用设备制造	189	1911	2458	80775	13642
木材加工机械制造	3228	1238	1790	15575	1695
模具制造	3512	52101	58326	465450	40098
其他非金属加工专用设备制造			55	13905	1394

单位：千元

亏损企业亏损总额	利税总额	本年应付工资总额	本年应付福利费总额	本年应交增值税	本年进项税额	本年销项税额	全部从业人员年平均人数(人)
579594	18282499	10298018	1437719	5168542	18909873	22483466	382617
40820	666043	341267	47985	179904	858307	987815	16318
16236	210718	200993	29377	91694	290179	374695	9673
24584	370275	130553	17969	76696	499681	530166	6121
	68493	7401	639	11257	68447	82954	408
	16557	2320		257			116
65309	3339447	1697781	199882	910589	3475626	4206344	55149
42869	2517101	1303906	154558	750892	2872151	3436745	39551
10226	128701	105076	12722	31991	86320	113327	3926
9145	51133	48101	2545	18498	64792	81627	1666
1106	119445	28947	3499	17704	109566	126953	1185
1963	267613	142189	21036	60168	210361	287266	5979
	255454	69562	5522	31336	132436	160426	2842
55993	1281665	671269	80591	201024	1776500	1646194	24070
90436	2208680	1443174	168495	626447	2389894	2803720	51657
27879	1083987	626898	80341	262816	1129808	1341596	21602
459	143315	113875	13859	41064	125960	147628	3855
45815	668483	394931	40378	196980	766460	849275	15127
16283	312895	307470	33917	125587	367666	465221	11073
18024	3336798	1795433	411653	915316	2682009	3503988	60782
16175	2935447	1597560	386531	817688	2484032	3245555	53739
1849	401351	197873	25122	97628	197977	258433	7043
1781	57331	43773	6891	13697	47133	58357	1177
77254	2694037	1257318	155304	781166	2883999	3374239	42900
9496	1007041	367790	61115	258766	851455	1093756	10392
1040	47033	27431	3874	10781	59342	71007	1227
15706	1355842	606455	60048	399037	1667920	1873221	19414
11459	17431	54283	11933	8053	48026	14699	2309
	3740	2831	188	2311	14528	16943	123
3968	13186	17782	2334	6963	18132	20448	846
3113	27423	18278	1072	11185	25695	35568	802
32472	222341	162468	14740	84070	198901	248597	7787
84944	1666876	992688	119487	498618	1740941	2159798	53132
290	151040	62661	10670	43330	110205	136129	3504
40661	139128	191950	13594	47631	233057	273088	8575
42445	1298929	638646	91247	379056	1285140	1614673	28939
1548	77779	99431	3976	28601	112539	135908	12114
145033	3031622	2055315	247431	1041781	3055464	3743011	77432
129209	2694736	1826550	221917	927676	2608872	3205255	67372
15824	336886	228765	25514	114105	446592	537756	10060
275381	8389538	4323434	1022086	1909364	10361938	11410890	148082
54908	4941242	2035019	634181	1075001	7232202	7713208	62799
27748	1553196	837472	91625	377448	1371531	1665745	26164
6950	682018	308700	36356	204746	599843	746718	10564
1627	256284	95820	11407	41890	135521	170867	4384
11697	100677	115541	13766	48993	266561	307581	4567
6886	2349067	677486	481027	401924	4858746	4822297	17120
54794	1357819	677493	160943	302099	1337142	1567928	27411
19186	486391	218379	21712	130243	647248	775985	9197
1074	108269	104788	9229	27844	173110	187515	3970
220	91912	14662	1404	7264	34784	42534	691
499	27431	8939	858	3826	22780	23560	550
33715	615716	326386	126998	130775	454112	531224	12782
100	28100	4339	742	2147	5108	7110	221

1-A-2 续表 52

分 组	补贴收入	营业外收入	营业外支出	利润总额	应交所得税
食品、饮料、烟草及饲料生产专用设备制造	756	9162	19438	24035	6503
食品、饮料、烟草工业专用设备制造	656	2361	18466	-4000	1184
农副食品加工专用设备制造	100	6751	104	23336	4668
饲料生产专用设备制造		50	868	4699	651
印刷、制药、日化生产专用设备制造	2253	2899	23266	144790	22456
制浆和造纸专用设备制造	4	2318	15984	43245	4276
印刷专用设备制造		448	718	28738	4885
日用化工专用设备制造	477	101	46	22526	4031
制药专用设备制造	1772	32	6518	27603	5409
照明器具生产专用设备制造				7906	85
玻璃、陶瓷和搪瓷制品生产专用设备制造				12538	2875
其他日用品生产专用设备制造				2234	895
纺织、服装和皮革工业专用设备制造	1003	22642	6946	35672	4035
纺织专用设备制造	719	22603	-75	28725	2241
皮革、毛皮及其制品加工专用设备制造	284		6991	6156	1340
缝纫机械制造		39	30	93	203
其他服装加工专用设备制造				698	251
电子和电工机械专用设备制造	10679	20720	58040	193784	32222
电工机械专用设备制造	184	89	12539	77044	16978
电子工业专用设备制造	733	8246	1317	12150	2308
武器弹药制造	9762	12385	4383	93037	12781
航空、航天及其他专用设备制造			39801	11553	155
农、林、牧、渔专用机械制造	55	8153	31007	56705	2994
拖拉机制造				2480	359
机械化农业及园艺机具制造		2	5201	34343	931
畜牧机械制造		6	114	689	
渔业机械制造	55	6		490	122
农林牧渔机械配件制造		8092	24812	-22213	611
其他农林牧渔业机械制造及机械修理		47	880	40916	971
医疗仪器设备及器械制造		7303	36807	268520	21156
医疗诊断、监护及治疗设备制造		6931	3408	156658	10191
实验室及医用消毒设备和器具的制造			11	1742	323
医疗、外科及兽医用器械制造		339	2421	65770	5492
机械治疗及病房护理设备制造				3006	496
其他医疗设备及器械制造		33	30967	41344	4654
环保、社会公共安全及其他专用设备制造	30379	57949	81103	685687	103931
环境污染防治专用设备制造	9944	10165	64852	191671	29760
地质勘查专用设备制造				798	200
商业、饮食、服务业专用设备制造		2	38	-107	
社会公共安全设备及器材制造	809	28475	13498	198241	53347
交通安全及管制专用设备制造			29	1120	
水资源专用机械制造		601	107	6494	314
其他专用设备制造	19626	18706	2579	287470	20310
交通运输设备制造业	587114	1008413	1681819	7601419	1529414
铁路运输设备制造	44442	111244	5702	487992	150303
铁路机车车辆及动车组制造	41690	103923	1673	191753	93572
工矿有轨专用车辆制造		11		-422	67
铁路机车车辆配件制造	212	1170	1189	127123	17409
铁路专用设备及器材、配件制造	1325	3248	685	107258	21517
其他铁路设备制造及设备修理	1215	2892	2155	62280	17738

单位：千元

亏损企业亏损总额	利税总额	本年应付工资总额	本年应付福利费总额	本年应交增值税	本年进项税额	本年销项税额	全部从业人员年平均人数（人）
38745	90030	164806	11064	28946	133809	148471	4027
32104	25881	40462	4317	14624	65367	73756	1622
6641	52811	100094	4664	9400	55011	62258	1851
	11338	24250	2083	4922	13431	12457	554
6781	245576	201897	21667	85741	238051	309218	7377
5270	82436	107906	12361	33872	126045	149483	4116
	46597	54977	4029	14575	62998	77052	1481
	35311	3474	421	12737	6635	19761	86
1511	44570	26400	3357	15947	23111	37536	1263
	10872	2235	105	2438	14466	16905	121
	18304	4894	30	3831	3111	6268	218
	7486	2011	1364	2341	1685	2213	92
29638	55910	85799	8317	17584	81287	88856	2846
19295	40998	57408	6408	10360	63777	72894	1705
	10010	7480	61	3600	8101	3790	285
10039	3437	18586	1642	2933	4064	6136	801
304	1465	2325	206	691	5345	6036	55
3204	264096	343686	13826	58981	313244	338063	12769
2632	94341	29927	2217	14694	88072	102029	1831
572	24606	23845	2608	10953	30911	33137	872
	130356	286366	8928	33021	192901	201455	9922
	14793	3548	73	313	1360	1442	144
44679	93783	76495	11288	15523	68446	68963	3962
	5040	7408	780	2335	10030	11134	356
2985	44455	28647	6654	7313	13894	16967	1285
	809	1290	129	120	2015	1598	30
	1149	824		593	2108	2697	48
41534	-9508	28111	2669	1575	19165	20643	1653
160	51838	10215	1056	3587	21234	15924	590
4840	334631	200071	50617	55768	262760	279811	7526
	208168	68296	20815	45420	198105	211922	2024
82	3794	7426	161	1038	27501	28803	482
4560	70233	97826	20182	4232	21529	19526	3815
	5366	5918	660	2184	8748	10262	196
198	47070	20605	8799	2894	6877	9298	1009
37792	1006451	538168	110183	269721	694997	896372	19365
23299	325671	183154	22107	111635	329129	429282	7320
	1015	2520		83	1603	1520	213
308	1710	5306	575	1817	12481	12615	200
5412	246169	74993	18159	35403	97524	129363	3833
110	1688	2349	146	268	176	354	93
	10294	6891	354	2868	17104	20594	380
8663	419904	262955	68842	117647	236980	302644	7326
1554354	13136976	9020804	833037	2926706	16479029	16524381	257444
27737	734496	829168	79206	220697	1714375	1782628	30470
	274369	312388	33272	76903	829353	842019	8523
691	509	2842	181	692	4439	5131	191
18731	186754	159069	12101	52587	282472	305502	6751
1725	181315	120694	4202	64244	207436	269754	4835
6590	91549	234175	29450	26271	390675	360222	10170

1-A-2 续表 53

分组	补贴收入	营业外收入	营业外支出	利润总额	应交所得税
汽车制造	272995	444817	915742	1951601	522443
汽车整车制造	218612	250585	636053	312520	170129
改装汽车制造	618	11733	184728	351714	69797
电车制造				723	144
汽车车身、挂车的制造	290	95	470	8944	635
汽车零部件及配件制造	48404	180874	88155	1186971	267004
汽车修理	5071	1530	6336	90729	14734
摩托车制造		39	7381	2418	504
摩托车整车制造			7366	1843	460
摩托车零部件及配件制造		39	15	575	44
自行车制造		300		6358	1279
脚踏自行车及残疾人座车制造				-779	
助动自行车制造		300		7137	1279
船舶及浮动装置制造	239148	365522	671501	4586628	735019
金属船舶制造	218263	303710	45043	1705747	314063
非金属船舶制造			3	-5	11
娱乐船和运动船的建造和修理		1018	305	-4917	821
船用配套设备制造	17729	30933	19676	551382	116304
船舶修理及拆船	3156	29861	606474	2334421	303820
航空航天器制造	30529	85542	35433	520481	110506
飞机制造及修理	30529	85542	33287	515282	110470
航天器制造				3945	35
其他飞行器制造			2146	1254	1
交通器材及其他交通运输设备制造		949	46060	45941	9360
交通管理用金属标志及设施制造		5	44908	34463	8143
其他交通运输设备制造		944	1152	11478	1217
电气机械及器材制造业	63829	239808	1248728	4946521	759420
电机制造	3889	18943	201327	664089	106639
发电机及发电机组制造	1055	24	116797	9742	1920
电动机制造	2580	15227	44624	275681	44668
微电机及其他电机制造	254	3692	39906	378666	60051
输配电及控制设备制造	33274	114723	655169	2649907	363112
变压器、整流器和电感器制造	9796	33571	268617	1177879	171456
电容器及其配套设备制造	1680	1979	13477	168588	21643
配电开关控制设备制造	16599	26373	116017	749291	107927
电力电子元器件制造	3758	52413	256202	421393	38621
其他输配电及控制设备制造	1441	387	856	132756	23465
电线、电缆、光缆及电工器材制造	22591	85121	299545	1094787	192376
电线电缆制造	19612	78640	297133	1022240	175282
光纤、光缆制造		2315	164	2765	2638
绝缘制品制造	1951	2617	534	30274	7140
其他电工器材制造	1028	1549	1714	39508	7316
电池制造	781	2386	15807	93152	21912
家用电力器具制造	586	7571	7032	104998	21743
家用制冷电器具制造		3799	2801	41717	13103
家用空气调节器制造		2349	365	31707	3901
家用通风电器具制造					
家用厨房电器具制造		486	2853	10924	331
家用清洁卫生电器具制造			33	5971	643
家用美容、保健电器具制造				936	85
家用电力器具专用配件制造					
其他家用电力器具制造	586	937	980	13743	3680

单位：千元

亏损企业亏损总额	利税总额	本年应付工资总额	本年应付福利费总额	本年应交增值税	本年进项税额	本年销项税额	全部从业人员年平均人数（人）
1477373	6401045	3354835	351968	2031509	10558546	12296656	113330
941229	3628539	1221246	91586	1130231	6625373	7837992	28944
12163	595341	252740	46823	134514	340896	418928	8311
	941	2193	219	200	610	810	51
5423	12656	42441	3801	3249	159569	158935	1295
513215	2027916	1761073	198471	730999	3197100	3606080	71654
5343	135652	75142	11068	32316	234998	273911	3075
	8116	9080	1531	879	2332	3211	280
	6581	7472	1484				159
	1535	1608	47	879	2332	3211	121
779	12120	5609	1372	5474	21222	26812	342
779	-755	880	119	3	1356	1595	88
	12875	4729	1253	5471	19866	25217	254
48465	5353392	3468936	281188	625724	3876014	2227022	80102
13442	1856684	1644906	94194	98569	2255018	945464	33684
5	6	262					14
9302	-520	14525	1243	2802	5685	5810	529
15020	1022333	565481	31334	415616	884565	1065979	20830
10696	2474889	1243762	154417	108737	730746	209769	25045
	567983	1322106	114922	33721	286139	159666	31950
	555160	1318660	114667	26857	279238	146646	31805
	11565	2155	75	6864	6901	13020	110
	1258	1291	180				35
	59824	31070	2850	8702	20401	28386	970
	44954	19624	1644	6290	16340	21914	700
	14870	11446	1206	2412	4061	6472	270
353501	7500867	3975855	616532	2111586	6892185	8213848	148239
50438	1022270	703489	179422	339859	675397	635041	31255
300	18898	35590	4605	7718	13907	22938	930
38647	383793	371410	36674	91513	436543	479021	12802
11491	619579	296489	138143	240628	224947	133082	17523
66813	3975201	1787824	217664	1048497	2819501	3563464	63482
12687	1830550	650701	78453	524509	1178100	1527109	21236
1154	248229	79192	5534	67640	144428	209447	3492
47027	1196895	774728	82887	338987	1197850	1467656	27604
3138	518552	223166	42257	83013	201297	233816	9171
2807	180975	60037	8533	34348	97826	125436	1979
170319	1678309	837387	114616	463963	2360614	2771500	29686
147278	1553745	743989	101208	426008	2169093	2548655	25632
13455	6425	19554	5056	2557	38958	41151	1113
6421	53543	21089	2274	12928	57071	65286	1125
3165	64596	52755	6078	22470	95492	116408	1816
3111	162673	160051	27243	68469	109307	169198	4018
43100	194774	238710	48193	75352	591798	655012	9151
30106	84502	121166	31357	42123	343160	377620	4855
2039	41122	44584	10799	4756	85899	83757	1688
		144			158	193	10
6832	17262	14441	386	4096	41099	42448	714
	12673	10704	1008	5591	61211	76152	334
	1908	7600	1064	889	83	806	165
	400	240	33	190	2496	2686	24
4123	36907	39831	3546	17707	57692	71350	1361

1-A-2 续表 54

分 组	补贴收入	营业外收入	营业外支出	利润总额	应交所得税
非电力家用器具制造		6	30716	56349	6260
燃气、太阳能及类似能源的器具制造		6	405	47987	6212
其他非电力家用器具制造			30311	8362	48
照明器具制造	2270	9955	34088	135308	10228
电光源制造	2270	9630	16790	40700	3280
照明灯具制造		314	17270	91537	5821
灯用电器附件及其他照明器具制造		11	28	3071	1127
其他电气机械及器材制造	438	1103	5044	147931	37150
车辆专用照明及电气信号设备装置制造		979	4946	130075	33635
其他未列明的电气机械制造	438	124	98	17856	3515
通信设备、计算机及其他电子设备制造业	21034	281524	603698	2088787	477832
通信设备制造	236	6999	8621	507722	26193
通信传输设备制造	216	516	6722	2081	1993
通信交换设备制造	20		848	10586	1423
通信终端设备制造			20	-815	50
移动通信及终端设备制造		6476	936	491115	22727
其他通信设备制造		7	95	4755	
雷达及配套设备制造	3005	5352	25014	129734	38229
广播电视设备制造	187	8117	2319	49035	4085
广播电视节目制作及发射设备制造	187		33	7640	2387
广播电视接收设备及器材制造		7063	403	41146	1556
应用电视设备及其他广播电视设备制造		1054	1883	249	142
电子计算机制造	148	3041	255901	110731	33933
电子计算机整机制造	148		204386	109	589
计算机网络设备制造			1569	1500	198
电子计算机外部设备制造		3041	49946	109122	33146
电子器件制造	1525	82449	117296	-462706	23346
电子真空器件制造	80	50902	94039	-548511	15789
半导体分立器件制造	962	1217	19448	20069	2314
集成电路制造		2157	874	15356	2862
光电子器件及其他电子器件制造	483	28173	2935	50380	2381
电子元件制造	3429	2394	163611	216663	28325
电子元件及组件制造	3429	-5050	159522	247190	26467
印制电路板制造		7444	4089	-30527	1858
家用视听设备制造		87651	21025	1010359	251174
家用影视设备制造		83803	16587	938130	235733
家用音响设备制造		3848	4438	72229	15441
其他电子设备制造	12504	85521	9911	527249	72547
仪器仪表及文化、办公用机械制造业	18884	64008	79772	832642	131738
通用仪器仪表制造	17395	33297	68521	693450	107114
工业自动控制系统装置制造	11372	19917	14101	513481	61396
电工仪器仪表制造	3546	5082	19151	37290	13587
绘图、计算及测量仪器制造		486	1598	10583	2995
实验分析仪器制造	698	1996	-130	15842	3993
试验机制造	50		973	19506	1934
供应用仪表及其他通用仪器制造	1729	5816	32828	96748	23209
专用仪器仪表制造	686	12633	3987	84595	10731
环境监测专用仪器仪表制造	105	2	20	6642	870
汽车及其他用计数仪表制造		696	118	14862	1164

单位：千元

亏损企业亏损总额	利税总额	本年应付工资总额	本年应付福利费总额	本年应交增值税	本年进项税额	本年销项税额	全部从业人员年平均人数（人）
7207	90297	25747	2756	28805	90346	124856	1075
7207	80028	24201	2680	28153	89287	123506	984
	10269	1546	76	652	1059	1350	91
12163	180248	168227	19959	37928	103188	121249	7679
2195	53935	73445	9053	11139	33748	39058	3499
6128	119029	85252	10350	23580	51900	65491	3609
3840	7284	9530	556	3209	17540	16700	571
350	197095	54420	6679	48713	142034	173528	1893
	159451	44078	5750	29376	119399	136211	1356
350	37644	10342	929	19337	22635	37317	537
895144	3136824	2510186	320704	816400	3255352	3079898	94917
22639	548418	111719	7826	32412	780149	797580	4844
6128	8656	37243	3401	4846	47446	52093	1163
357	17463	14037	1990	4504	31625	34615	519
1171	3397	3655	260	3895	1945	4301	247
14783	506855	46953	959	12101	692784	700621	2600
200	12047	9831	1216	7066	6349	5950	315
	189743	71874	15197	35646	151635	162937	3012
5655	72181	26711	2875	19425	32672	49419	1065
3495	17497	13143	1710	9174	19252	29235	326
	51856	9408	696	7907	9337	13757	547
2160	2828	4160	469	2344	4083	6427	192
128654	504475	405504	133926	280229	150945	149126	20642
1184	92390	13632	2983	2186	2934	4572	554
	3598	4824	353	1211	1923	2839	221
127470	408487	387048	130590	276832	146088	141715	19867
620514	-244671	532353	50823	206501	940583	995971	15316
582020	-417173	300731	31043	127578	541754	570645	6932
10738	58252	87673	6403	35162	70506	58172	3327
1927	28575	71567	6538	10849	216885	241030	1996
25829	85675	72382	6839	32912	111438	126124	3061
72481	313987	575457	73337	76562	282657	223483	25257
25266	335615	468235	67059	68021	199724	190970	21741
47215	-21628	107222	6278	8541	82933	32513	3516
11782	1081103	259280	14448	57860	615915	309002	15137
10334	971230	127096	7078	21074	500741	213799	9070
1448	109873	132184	7370	36786	115174	95203	6067
33419	671588	527288	22272	107765	300796	392380	9644
118051	1297541	731214	108494	371259	1160954	1415455	28684
64453	1000980	406013	54042	251496	806126	1016996	14772
9905	687806	204182	23472	147557	453418	588808	6732
43766	73565	80054	11414	31029	131069	157869	2756
2972	15830	13825	3995	4583	24188	25131	527
3403	39466	31477	2910	21398	31563	41632	992
	34834	15367	1490	14113	50515	62617	880
4407	149479	61108	10761	32816	115373	140939	2885
6818	164257	101414	13463	49528	172337	209116	4290
102	9045	5110	428	2113	11052	14330	291
	37657	18433	1258	1119	9141	9972	708

1-A-2 续表 55

分 组	补贴收入	营业外收入	营业外支出	利润总额	应交所得税
导航、气象及海洋专用仪器制造	500	-899	40	441	358
地质勘探和地震专用仪器制造		12804	621	-3527	256
教学专用仪器制造			2000	1129	175
核子及核辐射测量仪器制造		1	568	7293	33
电子测量仪器制造	81	1	131	32067	2023
其他专用仪器制造		28	489	25688	5852
钟表与计时仪器制造	753	3688	710	-13687	837
光学仪器及眼镜制造		245	2476	-19454	1231
光学仪器制造		2	134	1689	780
眼镜制造		243	2342	-21143	451
文化、办公用机械制造		14118	3997	83694	11282
照相机及器材制造		214	2618	29974	7056
复印和胶印设备制造		12514	1087	40349	1526
计算器及货币专用设备制造		247	276	11886	2348
其他文化、办公用机械制造		1143	16	1485	352
其他仪器仪表的制造及修理	50	27	81	4044	543
工艺品及其他制造业	39648	46864	79423	357209	61169
工艺美术品制造	12552	14451	47582	240872	42937
雕塑工艺品制造	1979	1131	5971	27795	4832
金属工艺品制造		132	1493	38751	10723
漆器工艺品制造				14	40
花画工艺品制造	9926	7539	27037	93310	10112
天然植物纤维编织工艺品制造	490	1660	2563	30191	3905
抽纱刺绣工艺品制造		36	174	10670	1676
地毯、挂毯制造		10	2273	-16704	181
珠宝首饰及有关物品的制造		3339	244	35575	8357
其他工艺美术品制造	157	604	7827	21270	3111
日用杂品制造	768	1087	23043	45696	9273
制镜及类似品加工				2257	32
鬃毛加工、制刷及清扫工具的制造		262	5024	7893	1348
其他日用杂品制造	768	825	18019	35546	7893
煤制品制造	267	1595	1570	17547	6372
核辐射加工			1530	200	50
其他未列明的制造业	26061	29731	5698	52894	2537
废弃资源和废旧材料回收加工业	1117	28244	13501	224579	10568
金属废料和碎屑的加工处理	1117	24046	877	176886	5169
非金属废料和碎屑的加工处理		4198	12624	47693	5399
电力、燃气及水的生产和供应业	**1072974**	**664114**	**973919**	**-2179595**	**237996**
电力、热力的生产和供应业	487348	529689	948400	-1879369	193293
电力生产	83227	177520	684397	-2212055	68774
火力发电	73555	158583	677042	-2541675	32370
水力发电		590	2820	222786	18474
其他能源发电	9672	18347	4535	106834	17930
电力供应	11075	109986	162578	298791	79402
热力生产和供应	393046	242183	101425	33895	45117
燃气生产和供应业	409604	33749	1651	-152213	36454
水的生产和供应业	176022	100676	23868	-148013	8249
自来水的生产和供应	175422	97533	18125	-268805	2830
污水处理及其再生利用	600	1832	5498	63420	5053
其他水的处理、利用与分配		1311	245	57372	366

单位：千元

亏损企业亏损总额	利税总额	本年应付工资总额	本年应付福利费总额	本年应交增值税	本年进项税额	本年销项税额	全部从业人员年平均人数（人）
986	3788	10393	707	2985	11848	13925	550
5230	7740	16489	4432	11078	9060	19187	612
	2563	4124	13	1252	57150	58340	211
	16017	7713	645	8441	5957	8235	562
373	41152	19003	4278	6759	37423	40130	713
127	46295	20149	1702	15781	30706	44997	643
18173	-3100	56979	7964	9299	14110	9807	2386
21143	-8957	60341	19292	10247	10732	9666	1900
	8017	4122	3612	6078	3304	9383	161
21143	-16974	56219	15680	4169	7428	283	1739
3307	132495	98385	12755	44385	137780	146665	4967
	45640	49223	4954	15209	16628	2340	3064
	67062	37165	7341	24400	47577	70824	1397
2053	13452	9536	203		51868	65328	395
1254	6341	2461	257	4776	21707	8173	111
4157	11866	8082	978	6304	19869	23205	369
55479	628169	597993	87659	205301	672741	746858	27292
27407	414054	312976	44787	117754	454614	525399	13906
565	47541	58405	16151	11055	27303	34530	1986
1101	49289	13566	1938	5575	101755	108841	661
156	352	1158	44	284	1318	1592	57
1693	152347	97512	14819	41672	68105	99728	4122
391	71025	46280	3771	28932	49820	70716	2325
1436	16688	15327	2375	5395	9494	14045	729
17433	-12402	13165	1614	3868	11540	14177	491
1463	48044	7855	211	5606	121477	127078	496
3169	41170	59708	3864	15367	63802	54692	3039
18262	87144	106043	22427	36801	114338	101875	4952
	3840	1250	96	1282	30	210	80
	12438	18385	2699	4478	19567	20554	1309
18262	70866	86408	19632	31041	94741	81111	3563
4329	49172	40526	12343	28152	42337	70398	1988
	214	822	122				17
5481	77585	137626	7980	22594	61452	49186	6429
6638	279885	180152	60067	44924	311774	354155	8560
	211985	146209	57577	29925	254597	282665	4434
6638	67900	33943	2490	14999	57177	71490	4126
4432202	**4670909**	**7984948**	**742689**	**6108299**	**14050125**	**11574238**	**184563**
3652481	4660237	6547931	607346	5842544	13578866	10997312	133322
3174391	23751	1852147	184952	2040070	2755391	4880227	40890
3147526	-467859	1698728	157802	1913878	2738612	4761497	36500
5048	306760	123195	24123	77341	2120	56154	3647
21817	184850	30224	3027	48851	14659	62576	743
118723	4295788	3766000	328591	3573470	10205309	5466490	53626
359367	340698	929784	93803	229004	618166	650595	38806
469645	-40159	430960	46824	96502	333457	339409	17376
310076	50831	1006057	88519	169253	137802	237517	33865
307827	-82428	970540	86352	161304	34315	127147	32344
509	71517	28486	1456	5674	88146	95090	1279
1740	61742	7031	711	2275	15341	15280	242

1-A-3 规模以上国有控股

分组	企业单位数（个）	亏损企业	工业总产值（当年价格）	工业销售产值（当年价格）	出口交货值
总计	**1046**	**315**	**969981033**	**954573565**	**123356801**
总计中：轻工业	225	96	46549353	44854360	10176530
重工业	821	219	923431680	909719205	113180271
总计中：大型企业	78	23	725460920	721146155	98822908
中型企业	271	87	187518375	179908553	23067840
小型企业	697	205	57001738	53518857	1466053
按隶属关系分					
中央	179	56	614047765	605947015	87577604
地方	867	259	355933268	348626550	35779197
按行业小类分					
采矿业	**32**	**5**	**86626492**	**86164648**	**1306073**
煤炭开采和洗选业	14	4	27112635	26754144	715
烟煤和无烟煤的开采洗选	13	4	27107545	26749054	715
褐煤的开采洗选	1		5090	5090	
石油和天然气开采业	4	1	52676533	52663643	1303660
天然原油和天然气开采	2		34193063	34185253	
与石油和天然气开采有关的服务活动	2	1	18483470	18478390	1303660
黑色金属矿采选业	3		5037705	5021358	1698
铁矿采选	3		5037705	5021358	1698
有色金属矿采选业	5		1365647	1339311	
常用有色金属矿采选	1		1107788	1081502	
铜矿采选	1		1107788	1081502	
贵金属矿采选	2		161559	161559	
金矿采选	2		161559	161559	
稀有稀土金属矿采选	2		96300	96250	
钨钼矿采选	1		5250	5250	
放射性金属矿采选	1		91050	91000	
非金属矿采选业	6		433972	386192	
土砂石开采	3		116000	117350	
石灰石、石膏开采	1		5340	5340	
建筑装饰用石开采	1		93490	93490	
耐火土石开采	1		17170	18520	
化学矿采选	1		55369	59244	
采盐	2		262603	209598	
制造业	**773**	**215**	**767896549**	**753581366**	**122050202**
农副食品加工业	32	8	4903564	4516420	85118
谷物磨制	15	6	862394	851755	
饲料加工	1		21151	21151	
植物油加工	2		2917530	2651779	
食用植物油加工	2		2917530	2651779	
屠宰及肉类加工	10	1	724946	611048	9047
畜禽屠宰	9	1	646227	534192	9047
肉制品及副产品加工	1		78719	76856	
水产品加工	3		371672	374816	76071
水产品冷冻加工	1		273139	271506	
鱼糜制品及水产品干腌制加工	2		98533	103310	76071
其他农副食品加工	1	1	5871	5871	
其他未列明的农副食品加工	1	1	5871	5871	

工业企业主要经济指标

单位：千元

资产总计	流动资产总计	应收帐款	存货	产成品	流动资产年平均余额	固定资产总计	固定资产原价	累计折旧
1189998822	**498630994**	**65406652**	**142067198**	**35696362**	**493245490**	**565592381**	**842255788**	**348006981**
60306275	26934453	5422064	6091365	2316367	27439811	29416009	44718424	17614619
1129692547	471696541	59984588	135975833	33379995	465805679	536176372	797537364	330392362
909634603	385351031	40352078	103261241	24778210	374216563	425195512	653101489	282555065
214331103	86661700	19252704	31945433	7989991	93142696	108398551	151023297	53615645
66033116	26618263	5801870	6860524	2928161	25886231	31998318	38131002	11836271
712970843	317102213	26472071	88302849	16057641	295123407	315336840	486402419	212713018
477027979	181528781	38934581	53764349	19638721	198122083	250255541	355853369	135293963
148471926	**44864178**	**10405641**	**9604721**	**1640645**	**40162248**	**88346939**	**159401960**	**73812619**
47936662	18305387	1977271	2787205	1099735	17924239	23816055	37805175	16784498
47930882	18300807	1977271	2783955	1097155	17919659	23814855	37805175	16784498
5780	4580		3250	2580	4580	1200		
93872758	24136965	7841388	5843715		19951227	61653161	115070079	52822530
60143719	6570324	55664	156		4935938	50866984	95908402	45041418
33729039	17566641	7785724	5843559		15015289	10786177	19161677	7781112
4023920	905435	253428	287264	38593	805768	1941599	5207378	3620038
4023920	905435	253428	287264	38593	805768	1941599	5207378	3620038
1654613	1128590	144244	624164	462860	1150398	352035	704198	353952
1132461	867551	35264	593016	455780	966108	171950	372206	200256
1132461	867551	35264	593016	455780	966108	171950	372206	200256
255772	161884	108980	5936		105740	93888	178700	86601
255772	161884	108980	5936		105740	93888	178700	86601
266380	99155		25212	7080	78550	86197	153292	67095
3000	1500		1000		1500	1500	2000	500
263380	97655		24212	7080	77050	84697	151292	66595
983973	387801	189310	62373	39457	330616	584089	615130	231601
109134	36886	15506	7432	5048	35403	72238	88074	29987
2460	1250	986			1245	1210	2056	846
82234	19206	12560	522	208	17178	63028	63028	14151
24440	16430	1960	6910	4840	16980	8000	22990	14990
192315	24077	4634	3747		35569	156165	177960	43864
682524	326838	169170	51194	34409	259644	355686	349096	157750
858047418	**420621588**	**47753026**	**128809294**	**33885902**	**417314717**	**335079549**	**489325355**	**196350749**
3592709	1800319	156451	1109754	364207	1851909	1329104	1740825	450000
977768	410257	73068	131534	95013	433061	229897	260095	53538
25451	8443	2956	2730		8303	17008	19267	2259
1755669	1129906	14891	854157	203834	1137013	500874	630808	129934
1755669	1129906	14891	854157	203834	1137013	500874	630808	129934
311614	104908	34323	29436	915	129134	205974	255962	64927
283735	80294	31545	12460	620	105057	202709	249518	61748
27879	24614	2778	16976	295	24077	3265	6444	3179
511520	137018	30370	88137	62649	134611	374501	573153	198652
442767	71262	20380	47152	22446	76729	371505	565756	194251
68753	65756	9990	40985	40203	57882	2996	7397	4401
10687	9787	843	3760	1796	9787	850	1540	690
10687	9787	843	3760	1796	9787	850	1540	690

1-A-3 续表 1

分组	企业单位数(个)	亏损企业	工业总产值(当年价格)	工业销售产值(当年价格)	出口交货值
食品制造业	25	9	4510833	4450095	22142
方便食品制造	6	2	194841	191525	8832
米、面制品制造	1	1	8146	8974	5774
速冻食品制造	3	1	28694	27014	3058
方便面及其他方便食品制造	2		158001	155537	
液体乳及乳制品制造	3	1	3531699	3466724	
罐头制造	2		14863	12978	
蔬菜、水果罐头制造	1		5799	5799	
其他罐头食品制造	1		9064	7179	
调味品、发酵制品制造	6	3	462236	469448	13310
味精制造	1	1	323360	340430	13310
酱油、食醋及类似制品的制造	4	1	115048	104988	
其他调味品、发酵制品制造	1	1	23828	24030	
其他食品制造	8	3	307194	309420	
冷冻饮品及食用冰制造	1	1	48902	48155	
盐加工	5	1	240132	243342	
食品及饲料添加剂制造	2	1	18160	17923	
饮料制造业	5		785682	763027	
酒精制造	1		46560	46557	
酒的制造	2		532321	509669	
啤酒制造	1		466342	456886	
葡萄酒制造	1		65979	52783	
软饮料制造	2		206801	206801	
瓶(罐)装饮用水制造	1		31493	31493	
果菜汁及果菜汁饮料制造	1		175308	175308	
烟草制品业	3	1	4148832	4116036	7756
烟叶复烤	1	1	37750	37750	
卷烟制造	2		4111082	4078286	7756
纺织业	9	5	1585509	1296778	572975
棉、化纤纺织及印染精加工	4	3	1425620	1140204	489493
棉、化纤纺织加工	3	2	949133	641501	
棉、化纤印染精加工	1	1	476487	498703	489493
丝绢纺织及精加工	1	1	5500	5500	
绢纺和丝织加工	1	1	5500	5500	
纺织制成品制造	1		65162	65162	
其他纺织制成品制造	1		65162	65162	
针织品、编织品及其制品制造	3	1	89227	85912	83482
棉、化纤针织品及编织品制造	3	1	89227	85912	83482
纺织服装、鞋、帽制造业	9	4	196497	198023	56691
纺织服装制造	9	4	196497	198023	56691
皮革、毛皮、羽毛(绒)及其制品业	1	1	12448	9846	8837
毛皮鞣制及制品加工	1	1	12448	9846	8837
毛皮服装加工	1	1	12448	9846	8837
木材加工及木、竹、藤、棕、草制品业	7	3	362056	381874	182166
锯材、木片加工	1		5010	5010	
锯材加工	1		5010	5010	
人造板制造	2	1	159043	158156	
纤维板制造	2	1	159043	158156	

单位：千元

资产总计	流动资产总　计	应收帐款	存货	产成品	流动资产年平均余额	固定资产总　计	固定资产原　价	累计折旧
2004545	746421	174267	241512	154504	742881	1099933	1891244	921369
180584	75314	17666	7862	5519	76658	101792	171818	77569
26811	10333	1229	2291	1361	10485	13619	22077	8458
70589	9511	2398	4235	4158	12817	60798	93498	32700
83184	55470	14039	1336		53356	27375	56243	36411
543167	200791	11637	86162	74130	204100	306497	726293	419926
27135	14012	1922	6635	2927	14869	11137	13929	2793
16847	9574	646	3620	659	10648	5292	7961	2670
10288	4438	1276	3015	2268	4221	5845	5968	123
642443	237863	90760	76146	43853	229050	402736	571374	290520
243468	123311	49429	59177	33128	134314	120157	339227	224539
168401	71854	13180	16526	10614	64946	94703	135677	53326
230574	42698	28151	443	111	29790	187876	96470	12655
611216	218441	52282	64707	28075	218204	277771	407830	130561
364217	101275	16906	20353	12337	85614	174843	251406	76563
234789	111312	34781	41425	15439	125821	96572	149701	53129
12210	5854	595	2929	299	6769	6356	6723	869
428243	127320	9826	46376	25912	148316	293325	405216	129210
53526	10636	4357	5999		9354	42890	47020	4130
304706	87000	2710	14545	4343	79963	215285	315485	117518
218609	45431	2060	1821	1821	39505	173178	259767	103907
86097	41569	650	12724	2522	40458	42107	55718	13611
70011	29684	2759	25832	21569	58999	35150	42711	7562
11756	6638	2759	2938		6638	1973	6000	4028
58255	23046		22894	21569	52361	33177	36711	3534
2638166	1489146	122465	1078731	53323	1633063	1081172	1625164	637356
119730	20973	1567			20973	82056	85656	3600
2518436	1468173	120898	1078731	53323	1612090	999116	1539508	633756
1233419	530078	95672	242659	174385	588227	595607	894705	314484
1093113	485825	78804	235505	174162	545763	508338	775136	274618
657590	234835	45742	130246	92686	296295	368934	508235	139301
435523	250990	33062	105259	81476	249468	139404	266901	135317
61197	13308	8558			13248	44686	77331	32645
61197	13308	8558			13248	44686	77331	32645
11511	6676	3114	955	223	6885	3235	3894	659
11511	6676	3114	955	223	6885	3235	3894	659
67598	24269	5196	6199		22331	39348	38344	6562
67598	24269	5196	6199		22331	39348	38344	6562
110813	59437	11216	27220	14799	52265	46557	66776	21221
110813	59437	11216	27220	14799	52265	46557	66776	21221
7314	3711	937	367	353	3921	3553	5515	1962
7314	3711	937	367	353	3921	3553	5515	1962
7314	3711	937	367	353	3921	3553	5515	1962
408261	184369	20619	109401	30006	159625	190308	286918	98157
995	661	596			661	334	505	171
995	661	596			661	334	505	171
61339	27276	1945	11535	7480	30523	29875	58898	30530
61339	27276	1945	11535	7480	30523	29875	58898	30530

1-A-3 续表 2

分 组	企业单位数（个）	亏损企业	工业总产值（当年价格）	工业销售产值（当年价格）	出口交货值
木制品制造	4	2	198003	218708	182166
建筑用木料及木材组件加工	2	1	146348	167053	160783
木容器制造	1		30272	30272	
软木制品及其他木制品制造	1	1	21383	21383	21383
造纸及纸制品业	4	3	144163	136785	
造纸	1	1	97998	90675	
机制纸及纸板制造	1	1	97998	90675	
纸制品制造	3	2	46165	46110	
纸和纸板容器的制造	1	1	5925	5870	
其他纸制品制造	2	1	40240	40240	
印刷业和记录媒介的复制	31	16	1523012	1519873	44465
印刷	29	16	1454106	1450967	42187
书、报、刊印刷	19	12	662286	657796	
本册印制	1	1	31423	31423	
包装装潢及其他印刷	9	3	760397	761748	42187
装订及其他印刷服务活动	1		8931	8931	
记录媒介的复制	1		59975	59975	2278
文教体育用品制造业	2	2	14090	13880	13880
乐器制造	1	1			
西乐器制造	1	1			
玩具制造	1	1	14090	13880	13880
石油加工、炼焦及核燃料加工业	22	11	241636515	236521870	22778819
精炼石油产品的制造	21	11	241420496	236305851	22778819
原油加工及石油制品制造	21	11	241420496	236305851	22778819
炼焦	1		216019	216019	
化学原料及化学制品制造业	62	20	46091650	45542119	1460880
基础化学原料制造	12	6	2783276	2758554	210817
无机碱制造	2	2	2041470	2056840	180417
无机盐制造	2	1	92803	87118	
有机化学原料制造	5	3	600209	565976	30400
其他基础化学原料制造	3		48794	48620	
肥料制造	5	1	5834885	5874719	413530
氮肥制造	4	1	5829635	5869469	413530
有机肥料及微生物肥料制造	1		5250	5250	
农药制造	5		637507	627769	169634
化学农药制造	5		637507	627769	169634
涂料、油墨、颜料及类似产品制造	7	3	965743	890144	166855
涂料制造	3	1	134136	121462	379
颜料制造	1	1	231431	229953	14
染料制造	2	1	569219	507772	166462
密封用填料及类似品制造	1		30957	30957	
合成材料制造	4	1	32159215	31991845	6308
初级形态的塑料及合成树脂制造	2		1612861	1395075	6308
合成橡胶制造	1	1	43194	43570	
合成纤维单(聚合)体的制造	1		30503160	30553200	
专用化学产品制造	25	7	3504947	3196123	453572
化学试剂和助剂制造	9	1	1559750	1226486	185033
专项化学用品制造	3	1	301910	302096	66306
炸药及火工产品制造	9	4	1567787	1594261	196020
信息化学品制造	1	1	29569	27894	6213
环境污染处理专用药剂材料制造	2		23877	23551	
其他专用化学产品制造	1		22054	21835	

单位：千元

资产总计	流动资产总计	应收帐款	存货	产成品	流动资产年平均余额	固定资产总计	固定资产原价	累计折旧
345927	156432	18078	97866	22526	128441	160099	227515	67456
301799	118900	15671	77202	17963	120699	154294	214430	60176
3378	2481	1819	313		2324	897	1121	224
40750	35051	588	20351	4563	5418	4908	11964	7056
1876361	700933	145261	107282	25771	704786	1134362	1451925	344529
1827768	668194	142694	99542	19063	671039	1118708	1433071	341329
1827768	668194	142694	99542	19063	671039	1118708	1433071	341329
48593	32739	2567	7740	6708	33747	15654	18854	3200
3634	3135	1503	415	140	3501	299	2704	2405
44959	29604	1064	7325	6568	30246	15355	16150	795
2483009	1205917	337982	199185	84555	1095114	910992	1939477	1051969
2377089	1157761	320072	194105	80055	1050159	875682	1873394	1017330
1236673	553502	167766	72386	40752	541259	464383	871777	422550
3515	3458	380	36		3458	57	1255	1198
1136901	600801	151926	121683	39303	505442	411242	1000362	593582
15518	9823	3360			9655	2753	15596	12843
90402	38333	14550	5080	4500	35300	32557	50487	21796
305271	244788	87200	70516	49639	189401	55876	86733	36931
295168	238508	85890	67656	47449	182601	52053	74324	28345
295168	238508	85890	67656	47449	182601	52053	74324	28345
10103	6280	1310	2860	2190	6800	3823	12409	8586
97676504	55927693	1420692	16625024	6370171	50000775	36454568	75251616	39459222
97615128	55873997	1393842	16602743	6368458	49948616	36450071	75215455	39427558
97615128	55873997	1393842	16602743	6368458	49948616	36450071	75215455	39427558
61376	53696	26850	22281	1713	52159	4497	36161	31664
74401977	27506323	1728944	4656228	2034890	27041682	41462229	45941607	20826210
7257667	3080461	107757	305487	92698	3159832	2722635	5012151	2304180
6382211	2635185	58981	195886	40867	2792802	2336775	4416750	2079975
112955	64540	18795	20927	16283	62853	47878	89900	42438
685008	331510	23572	86688	34504	256548	329141	487101	172208
77493	49226	6409	1986	1044	47629	8841	18400	9559
37516236	10866927	778689	973733	414503	11332521	23336900	13405883	5088844
37511335	10864697	777732	972859	414361	11330508	23334245	13399357	5084973
4901	2230	957	874	142	2013	2655	6526	3871
693028	170048	65231	89704	78178	329003	502341	696507	194461
693028	170048	65231	89704	78178	329003	502341	696507	194461
2028546	420804	31923	168546	87522	483741	1082268	1306316	479945
222362	43995	20390	15370	3347	76704	141495	194063	52607
817205	80727	2702	65135	20504	127711	255310	328565	73255
983992	292833	7104	86559	62366	276390	683725	781313	353446
4987	3249	1727	1482	1305	2936	1738	2375	637
21874896	10500263	215912	2214164	833471	9462589	11335658	22758039	11935947
2149464	89681	34032	50524	46295	485940	2057869	2829738	771869
137449	56928	62	9651	4028	60795	43460	57051	13591
19587983	10353654	181818	2153989	783148	8915854	9234329	19871250	11150487
4730692	2324299	487481	863519	507486	2129052	2338894	2585863	741868
1299836	860373	181537	420534	350443	789278	399597	502884	171070
368287	257909	30166	22912	15967	168466	83955	101190	17235
2987124	1178438	257438	414001	139947	1133088	1807476	1918120	537748
44011	3958	3006	952	907	13299	40053	54067	14014
12457	10128	5998	1924	20	9868	2329	3540	1223
18977	13493	9336	3196	202	15053	5484	6062	578

1-A-3 续表 3

分组	企业单位数(个)	亏损企业	工业总产值(当年价格)	工业销售产值(当年价格)	出口交货值
日用化学产品制造	4	2	206077	202965	40164
肥皂及合成洗涤剂制造	3	2	150713	151281	
香料、香精制造	1		55364	51684	40164
医药制造业	16	3	7627582	7322346	1632923
化学药品原药制造	4		6183434	6040677	1499975
化学药品制剂制造	4	1	533128	519286	120642
中成药制造	4	1	158740	143453	
兽用药品制造	1		138174	138174	
生物、生化制品的制造	3	1	614106	480756	12306
化学纤维制造业	4	4	6558961	5932560	
纤维素纤维原料及纤维制造	2	2	1302491	807934	
人造纤维(纤维素纤维)制造	2	2	1302491	807934	
合成纤维制造	2	2	5256470	5124626	
涤纶纤维制造	1	1	1316528	1278475	
腈纶纤维制造	1	1	3939942	3846151	
橡胶制品业	10	4	1280814	1247757	2112
轮胎制造	1	1	946418	924032	
车辆、飞机及工程机械轮胎制造	1	1	946418	924032	
橡胶板、管、带的制造	1	1	84102	83568	
橡胶零件制造	5	1	131218	122700	2112
再生橡胶制造	1		9215	8176	
橡胶靴鞋制造	2	1	109861	109281	
塑料制品业	15	2	897221	884545	29939
塑料薄膜制造	1	1	20850	18800	
塑料板、管、型材的制造	3		94178	81798	
塑料丝、绳及编织品的制造	1		37003	35943	
泡沫塑料制造	1	1	227880	228950	
塑料包装箱及容器制造	2		220516	222927	29939
日用塑料制造	4		80117	80375	
日用塑料杂品制造	4		80117	80375	
其他塑料制品制造	3		216677	215752	
非金属矿物制品业	58	15	5274871	5081184	86698
水泥、石灰和石膏的制造	14	4	1848587	1771679	11925
水泥制造	12	2	1781392	1741439	11925
石灰和石膏制造	2	2	67195	30240	
水泥及石膏制品制造	15	4	1253627	1188921	
水泥制品制造	12	3	996364	935491	
砼结构构件制造	2		238223	234873	
石棉水泥制品制造	1	1	19040	18557	
砖瓦、石材及其他建筑材料制造	10	2	203456	181504	4790
粘土砖瓦及建筑砌块制造	5	1	59426	53711	4790
建筑陶瓷制品制造	1		18285	17067	
建筑用石加工	2	1	93905	78886	
隔热和隔音材料制造	2		31840	31840	
玻璃及玻璃制品制造	5	2	639088	606246	5351
平板玻璃制造	1	1	393755	362403	
技术玻璃制品制造	2		121970	127529	4159
玻璃保温容器制造	1		96204	93436	
玻璃纤维及制品制造	1	1	27159	22878	1192

单位：千元

资产总计	流动资产总计	应收帐款	存货	产成品	流动资产年平均余额	固定资产总计	固定资产原价	累计折旧
300912	143521	41951	41075	21032	144944	143533	176848	80965
228866	114691	32132	28551	8508	110866	100318	157959	68345
72046	28830	9819	12524	12524	34078	43215	18889	12620
7625199	1782364	909280	605196	527760	4410581	5671428	7854070	2213622
5977647	1130775	683221	429002	386448	3577684	4841109	6710273	1872510
542196	130994	75371	45069	41713	327213	409145	588401	189161
244673	81779	22326	31372	13689	89393	127121	182272	55151
227383	88602	5228	14453	10544	77158	118781	172475	53694
633300	350214	123134	85300	75366	339133	175272	200649	43106
9555216	5637535	226997	1029050	378365	4651420	3606275	7797814	4242957
246029	238201	21427	117632	89581	220186	7828	7407	233
246029	238201	21427	117632	89581	220186	7828	7407	233
9309187	5399334	205570	911418	288784	4431234	3598447	7790407	4242724
3087505	1655175	57392	317795	9962	1625231	1432330	2065528	683962
6221682	3744159	148178	593623	278822	2806003	2166117	5724879	3558762
975488	575731	111285	352413	232178	588873	352103	606620	255832
644597	407609	42012	274088	183419	400102	202267	384310	182095
644597	407609	42012	274088	183419	400102	202267	384310	182095
61356	33954	8569	23458	19684	37262	27402	50825	24471
201163	92455	47461	27727	17623	110810	107733	128458	20940
3650	1320	320			1050	2330	2866	536
64722	40393	12923	27140	11452	39649	12371	40161	27790
2702195	1568414	139263	164107	49540	1336085	554922	1019590	473631
17379	14915	6501	5479	1100	13605	2464	5334	3062
44390	31895	8337	10127	6831	28674	4000	7182	3182
55227	32879	12296	8354	4598	28171	14487	19968	5481
1805961	1000821	6066	18320	4169	766669	307038	479151	172114
129742	93444	43418	10757	1274	76247	35645	214773	179128
110074	80732	20991	41569	14804	78005	28695	42387	13692
110074	80732	20991	41569	14804	78005	28695	42387	13692
539422	313728	41654	69501	16764	344714	162593	250795	96972
9736792	4568931	880245	1089899	493628	4183524	4151851	6091218	2059708
4218187	1590660	320884	499293	141457	1210267	2385563	3212512	842983
4162675	1565470	311124	488743	132787	1184957	2355298	3168681	829289
55512	25190	9760	10550	8670	25310	30265	43831	13694
786940	368389	183395	84864	58855	372401	325291	404067	111862
589524	269110	121110	63000	45242	285043	261919	330697	101864
147542	87300	55426	21586	13351	74873	50737	58867	8130
49874	11979	6859	278	262	12485	12635	14503	1868
289417	131387	40449	31787	20871	145349	140019	235421	95608
98233	50977	10526	20235	16534	65059	42252	120076	78030
25959	4074	825	274	274	4702	21884	22801	917
99640	47087	6240	10648	3745	43950	51091	66643	15552
65585	29249	22858	630	318	31638	24792	25901	1109
2453314	1337387	138233	78250	55075	1327182	523874	921721	404077
620551	340392	4061	34660	33650	340392	217566	516406	298840
31194	15812	11938	1810	1188	15893	12528	26779	14251
69330	54817	12806	32903	16390	43372	14513	38658	24994
1732239	926366	109428	8877	3847	927525	279267	339878	65992

1-A-3 续表 4

分　组	企业单位数（个）	亏损企业	工业总产值（当年价格）	工业销售产值（当年价格）	出口交货值
陶瓷制品制造	2		198453	205064	39834
特种陶瓷制品制造	1		191730	198601	39834
日用陶瓷制品制造	1		6723	6463	
耐火材料制品制造	7	3	1017328	1017693	24798
耐火陶瓷制品及其他耐火材料制造	7	3	1017328	1017693	24798
石墨及其他非金属矿物制品制造	5		114332	110077	
其他非金属矿物制品制造	5		114332	110077	
黑色金属冶炼及压延加工业	30	6	192716523	190953168	37764948
炼钢	2	1	11902712	12145108	2403290
钢压延加工	24	4	176399249	174118038	34855088
铁合金冶炼	4	1	4414562	4690022	506570
有色金属冶炼及压延加工业	16	6	10918485	10846261	12590
常用有色金属冶炼	4	1	8409845	8478157	
铅锌冶炼	2	1	6685290	6746620	
铝冶炼	2		1724555	1731537	
贵金属冶炼	4		1204189	1172456	
金冶炼	4		1204189	1172456	
有色金属压延加工	8	5	1304451	1195648	12590
常用有色金属压延加工	7	5	1080384	1007425	12590
贵金属压延加工	1		224067	188223	
金属制品业	27	7	5894241	5829693	1709865
结构性金属制品制造	10	3	2513907	2469130	85458
金属结构制造	7	2	1495586	1462797	77370
金属门窗制造	3	1	1018321	1006333	8088
金属工具制造	1		32458	32458	
切削工具制造	1		32458	32458	
集装箱及金属包装容器制造	5	1	1816493	1851499	1624407
集装箱制造	2		1570729	1645673	1624407
金属压力容器制造	3	1	245764	205826	
金属丝绳及其制品的制造	2	1	37189	36530	
建筑、安全用金属制品制造	2	1	50130	50130	
建筑装饰及水暖管道零件制造	1		27179	27179	
安全、消防用金属制品制造	1	1	22951	22951	
金属表面处理及热处理加工	4	1	71932	71172	
其他金属制品制造	3		1372132	1318774	
铸币及贵金属制实验室用品制造	1		1291110	1239322	
其他未列明的金属制品制造	2		81022	79452	
通用设备制造业	113	17	44839926	42236687	2064064
锅炉及原动机制造	3	1	170896	154504	
锅炉及辅助设备制造	1	1	25838	25838	
内燃机及配件制造	1		120468	104076	
汽轮机及辅机制造	1		24590	24590	
金属加工机械制造	16	3	16778482	16296502	1284945
金属切削机床制造	9		16411129	15996275	1284945
金属成形机床制造	3	1	275654	214806	
铸造机械制造	1	1	5530	5530	
机床附件制造	2	1	39221	33840	
其他金属加工机械制造	1		46948	46051	

单位：千元

资产总计	流动资产总计	应收帐款	存货	产成品	流动资产年平均余额	固定资产总计	固定资产原价	累计折旧
439166	364598	83218	154229	105929	344763	60398	268469	214309
437503	363525	83025	154109	105809	343830	59808	267584	213955
1663	1073	193	120	120	933	590	885	354
1437766	693954	86969	199645	84841	698751	690130	1005242	373454
1437766	693954	86969	199645	84841	698751	690130	1005242	373454
112002	82556	27097	41831	26600	84811	26576	43786	17415
112002	82556	27097	41831	26600	84811	26576	43786	17415
281152264	89196046	5298435	37642338	10522728	90050908	126407504	196334068	80643579
24883727	9021906	1452087	3025477	869183	8578958	10599718	9947582	4467625
252511768	77618552	3371135	33163799	9134999	79584001	115112470	185388231	75780690
3756769	2555588	475213	1453062	518546	1887949	695316	998255	395264
18000544	7635912	398749	2623431	406201	8309449	6495036	8560246	3869750
13173416	5287064	130924	1564492	240626	6011667	5345688	6895193	3167871
10578872	4779427	108907	1222730	129842	5402523	3478197	5657271	2563358
2594544	507637	22017	341762	110784	609144	1867491	1237922	604513
620915	380249	63770	150824	87659	400257	175408	482090	308620
620915	380249	63770	150824	87659	400257	175408	482090	308620
4206213	1968599	204055	908115	77916	1897525	973940	1182963	393259
4163209	1930129	202051	877222	66983	1859055	972230	1179175	391181
43004	38470	2004	30893	10933	38470	1710	3788	2078
3733983	1679643	219223	681427	107112	1856234	1623883	2796858	1222597
1481338	618480	75090	174474	53979	560124	763808	1039560	276255
1116145	405250	66938	130973	36414	347480	679896	925600	246207
365193	213230	8152	43501	17565	212644	83912	113960	30048
35349	2500	1420	980	980	2354	3349	5792	2443
35349	2500	1420	980	980	2354	3349	5792	2443
1045300	427085	78488	205931	11662	526618	394835	441245	51484
478421	153883	5746	92588	7348	268536	162591	186116	23525
566879	273202	72742	113343	4314	258082	232244	255129	27959
19821	16406	5913	5429	1156	16538	3415	7605	4190
66676	47953	26411	18789	1216	57536	3623	6079	2588
32160	24655	18428	3474		24655	1065	1633	700
34516	23298	7983	15315	1216	32881	2558	4446	1888
73269	54504	3741	31267	760	54318	16251	27392	11954
1012230	512715	28160	244557	37359	638746	438602	1269185	873683
912993	463815	27668	207876	37359	587540	397250	1211986	850249
99237	48900	492	36681		51206	41352	57199	23434
54729444	21491091	9653900	6374630	3843152	32239894	30607132	40618617	11262733
241714	136559	71338	35601	21207	173881	18415	30558	13766
99298	7379	7379			57218	6578	18551	12077
100999	93796	42558	35601	21207	81279	5804	5804	1519
41417	35384	21401			35384	6033	6203	170
24394242	7555705	4235090	1675965	1343616	14648193	15709371	19919974	4645914
24109609	7464134	4239310	1615827	1290176	14515475	15532139	19699567	4594721
211748	50752	-7806	55882	51853	92125	160995	206926	47124
23825	11591	2690	1754		11000	6883	1951	1801
41750	24101	100	2027	1240	24581	7171	8103	1024
7310	5127	796	475	347	5012	2183	3427	1244

1-A-3 续表 5

分 组	企业单位数（个）	亏损企业	工业总产值（当年价格）	工业销售产值（当年价格）	出口交货值
起重运输设备制造	11	2	2604920	2371938	188348
泵、阀门、压缩机及类似机械的制造	22	4	2722549	2578601	96387
泵及真空设备制造	13	2	1187925	1078078	56504
气体压缩机械制造	2		381486	339459	5694
阀门和旋塞的制造	3	1	446682	495212	
液压和气压动力机械及元件制造	4	1	706456	665852	34189
轴承、齿轮、传动和驱动部件的制造	12	2	8672250	8458243	374930
轴承制造	9	2	7828219	7647750	343010
齿轮、传动和驱动部件制造	3		844031	810493	31920
烘炉、熔炉及电炉制造	1		162964	157043	
风机、衡器、包装设备等通用设备制造	12	2	7458704	6485581	84353
风机、风扇制造	7	1	7174513	6170292	72953
气体、液体分离及纯净设备制造	1		49699	58148	
制冷、空调设备制造	3		107561	108231	
其他通用设备制造	1	1	126931	148910	11400
通用零部件制造及机械修理	18	1	1385248	1379938	1567
紧固件、弹簧制造	1	1	107930	102963	
机械零部件加工及设备修理	14		1016474	1026103	948
其他通用零部件制造	3		260844	250872	619
金属铸、锻加工	18	2	4883913	4354337	33534
钢铁铸件制造	15	2	4050577	3523164	33534
锻件及粉末冶金制品制造	3		833336	831173	
专用设备制造业	75	19	43578828	39716849	2806332
矿山、冶金、建筑专用设备制造	31	3	36083429	32436256	2383662
采矿、采石设备制造	12	2	10250615	9769239	415495
石油钻采专用设备制造	4		4224040	1895374	177010
建筑工程用机械制造	3	1	601863	579840	20525
建筑材料生产专用机械制造	1		258887	262130	113910
冶金专用设备制造	11		20748024	19929673	1656722
化工、木材、非金属加工专用设备制造	10	4	2258619	2089549	109104
炼油、化工生产专用设备制造	4	1	1903439	1749854	83949
橡胶加工专用设备制造	1	1	52509	53886	
模具制造	5	2	302671	285809	25155
食品、饮料、烟草及饲料生产专用设备制造	1	1	117220	117220	
食品、饮料、烟草工业专用设备制造	1	1	117220	117220	
印刷、制药、日化生产专用设备制造	1	1	112390	107080	
制浆和造纸专用设备制造	1	1	112390	107080	
纺织、服装和皮革工业专用设备制造	4	3	230733	236386	19296
纺织专用设备制造	3	2	200886	204180	16181
缝纫机械制造	1	1	29847	32206	3115
电子和电工机械专用设备制造	5	2	2987850	3002209	236370
电工机械专用设备制造	2	2	33000	26899	
武器弹药制造	3		2954850	2975310	236370
医疗仪器设备及器械制造	3	1	106927	107682	
医疗诊断、监护及治疗设备制造	1		20330	21172	
医疗、外科及兽医用器械制造	1	1	51235	51235	
机械治疗及病房护理设备制造	1		35362	35275	

单位：千元

资产总计	流动资产总　计	应收帐款	存货	产成品	流动资产年平均余额	固定资产总　计	固定资产原　价	累计折旧
2967537	1656322	706640	712607	243698	2124962	1297203	1477442	183235
3690052	1911199	739625	693736	375382	2388518	1659039	2329071	725944
1553997	938502	318927	376313	151812	974045	558930	799280	272822
548916	130180	91304	38876	36334	364283	418735	582676	163941
546978	383493	101127	125829	66371	313853	135740	137970	25636
1040161	459024	228267	152718	120865	736337	545634	809145	263545
8477095	4715551	1206377	1501342	958071	4839829	3458920	4942310	2082212
7493582	4446119	1098859	1340163	801174	4204022	2744839	4132036	1961363
983513	269432	107518	161179	156897	635807	714081	810274	120849
116482	55661	9319	46342	46342	5727	60821	67769	24397
8028616	2853473	2019439	818020	716748	5295465	5167719	7222663	2055378
7718794	2621176	1896559	716335	666125	5141931	5097052	7096378	1999326
117127	63515	18605	39067	5819	58945	46754	67801	21481
23664	14964	4746	8352	8212	17660	8700	14980	6280
169031	153818	99529	54266	36592	76929	15213	43504	28291
1640334	611411	259722	205540	43227	1042755	542049	970919	437880
76123	5874	4912	962	934	36836	70249	97752	27503
1265486	404347	177067	149141	27454	812601	400990	788693	387712
298725	201190	77743	55437	14839	193318	70810	84474	22665
5173372	1995210	406350	685477	94861	1720564	2693595	3657911	1094007
4603922	1910727	377953	640839	79229	1590807	2559861	3346919	813550
569450	84483	28397	44638	15632	129757	133734	310992	280457
57352089	35811306	10563946	14185558	3146680	35254107	20225428	24221027	5143505
46361551	29271308	8801324	11866242	2390207	29077495	16229503	18899293	3257798
12124305	3548050	1492770	1876244	1732455	7902648	8432866	9782524	1367925
4603724	3525128	963035	878564	43850	2445310	1076532	576686	69895
653814	187488	70033	107505	96521	419578	463545	567551	104006
317670	106853	84347	22506	22065	296094	210817	287778	76961
28662038	21903789	6191139	8981423	495316	18013865	6045743	7684754	1639011
3417271	2609951	537482	1069326	536054	2708659	735178	957752	288649
3119378	2463229	475697	1018000	526851	2559065	587900	739749	215254
99233	84192	49255	30861	5037	74327	14783	35011	20416
198660	62530	12530	20465	4166	75267	132495	182992	52979
226480	133920	16566	62835	12236	132622	32752	92441	59689
226480	133920	16566	62835	12236	132622	32752	92441	59689
376704	167962	7929	154763	3333	167962	174070	273318	123300
376704	167962	7929	154763	3333	167962	174070	273318	123300
408643	199144	16974	61664	31445	212987	154254	238801	86164
314849	140060	10073	22846	22844	152435	130287	182468	52207
93794	59084	6901	38818	8601	60552	23967	56333	33957
4910810	2443222	919703	813700	134193	2127201	2312921	2933827	923187
79593	72667	10329	9559	8093	76088	6918	28441	21523
4831217	2370555	909374	804141	126100	2051113	2306003	2905386	901664
38734	24999	6291	7643	5438	28506	10366	13404	5225
15483	9204	5201	1962		9155	6279	11028	4749
7328	522	69	267	24	4709	3437	1484	234
15923	15273	1021	5414	5414	14642	650	892	242

1-A-3 续表 6

分 组	企业单位数（个）	亏损企业	工业总产值（当年价格）	工业销售产值（当年价格）	出口交货值
环保、社会公共安全及其他专用设备制造	20	4	1681660	1620467	57900
环境污染防治专用设备制造	8	1	634547	618028	
地质勘查专用设备制造	1		14991	14700	
社会公共安全设备及器材制造	3	1	53756	60907	
其他专用设备制造	8	2	978366	926832	57900
交通运输设备制造业	105	23	112311058	114461238	37347584
铁路运输设备制造	15	2	7792265	7689168	169656
铁路机车车辆及动车组制造	2		4697920	4697920	168337
铁路机车车辆配件制造	6	2	318749	310874	803
铁路专用设备及器材、配件制造	6		519385	509670	516
其他铁路设备制造及设备修理	1		2256211	2170704	
汽车制造	58	21	35073417	38244559	445103
汽车整车制造	11	4	30602890	33834232	404080
改装汽车制造	5	2	741777	760306	
汽车零部件及配件制造	36	13	3636440	3558076	41023
汽车修理	6	2	92310	91945	
船舶及浮动装置制造	22		55178991	54379860	35868955
金属船舶制造	7		29857946	29800173	16332813
船用配套设备制造	7		3358275	3356742	
船舶修理及拆船	8		21962770	21222945	19536142
航空航天器制造	9		14209101	14090367	863870
飞机制造及修理	9		14209101	14090367	863870
交通器材及其他交通运输设备制造	1		57284	57284	
交通管理用金属标志及设施制造	1		57284	57284	
电气机械及器材制造业	42	14	6410808	5830381	79862
电机制造	9	2	1738092	1645393	12100
发电机及发电机组制造	2		70386	58761	
电动机制造	7	2	1667706	1586632	12100
输配电及控制设备制造	18	5	1411709	1327271	
变压器、整流器和电感器制造	10	4	497537	490592	
电容器及其配套设备制造	1		82468	79632	
配电开关控制设备制造	7	1	831704	757047	
电线、电缆、光缆及电工器材制造	11	6	2890427	2502330	31968
电线电缆制造	9	4	2846873	2464354	31968
光纤、光缆制造	1	1	39194	33616	
绝缘制品制造	1	1	4360	4360	
电池制造	1	1	5008	5008	
家用电力器具制造	1		143687	143687	
家用空气调节器制造	1		143687	143687	
非电力家用器具制造	1		106818	104449	
燃气、太阳能及类似能源的器具制造	1		106818	104449	
其他电气机械及器材制造	1		115067	102243	35794
其他未列明的电气机械制造	1		115067	102243	35794
通信设备、计算机及其他电子设备制造业	23	6	21831363	21997144	13178986
通信设备制造	3	1	120020	102101	
通信传输设备制造	1	1	63600	48075	
移动通信及终端设备制造	2		56420	54026	

单位：千元

资产总计	流动资产总计				流动资产年平均余额	固定资产总计	固定资产原价	累计折旧
		应收帐款	存货	产成品				
1611896	960800	257677	149385	33774	798675	576384	812191	399493
625365	349746	164019	76916	29046	339006	274483	346703	131168
42113	15984		91	88	15984	25552	39095	13543
51417	41070	11228	19294	3879	36569	10020	10505	1662
893001	554000	82430	53084	761	407116	266329	415888	253120
192933731	141401104	10329919	35597801	2790746	132424060	41960777	49881940	16003165
10439603	6327419	1233766	3067318	284524	7119916	2322217	2762134	1272548
6568950	4603666	681160	2181376	159260	5206716	982981	1532517	751316
300268	206805	80338	97989	63144	213677	85006	128385	70232
567624	473009	221499	113969	53906	457464	58417	133031	74790
3002761	1043939	250769	673984	8214	1242059	1195813	968201	376210
27061219	14778368	2920413	5072902	2078479	17142846	9646711	13862573	4467307
22229430	11750693	2087398	4182755	1723178	14165493	8123387	11397777	3431008
743355	517394	242075	119835	42180	509334	171839	364986	193540
3979220	2457457	573382	758759	312225	2411789	1316319	2048213	822833
109214	52824	17558	11553	896	56230	35166	51597	19926
130067742	104886561	3131612	18849649	22387	93340593	22881819	25624744	6695552
99130319	84280407	771620	12762485		70191923	13719376	14423518	4387605
5245149	3778016	366430	1590006	22204	3251522	909365	947879	296111
25692274	16828138	1993562	4497158	183	19897148	8253078	10253347	2011836
25360047	15407554	3044008	8607927	405356	14819503	7106112	7628531	3567718
25360047	15407554	3044008	8607927	405356	14819503	7106112	7628531	3567718
5120	1202	120	5		1202	3918	3958	40
5120	1202	120	5		1202	3918	3958	40
6862814	3404814	1241393	1484813	911556	4121144	3162785	4349337	1459232
2357647	1492881	417298	753893	522615	1548172	750870	900986	409131
116216	43874	13322	11581		43985	71667	111347	39680
2241431	1449007	403976	742312	522615	1504187	679203	789639	369451
1526351	937914	303534	459276	142391	857458	432302	668458	249143
779174	417289	169419	140717	17474	321812	222602	345890	132793
19410	9635	1581	3623	102	8742	8635	10128	1493
727767	510990	132534	314936	124815	526904	201065	312440	114857
2522934	690466	454556	202878	191530	1455572	1831874	2563041	731845
2463410	653478	439544	185689	180043	1418584	1809338	2512178	702859
58372	35990	14269	16992	11487	35990	22382	50579	28856
1152	998	743	197		998	154	284	130
19461	9260	4960	2506	1460	8576	10201	12343	2142
60579	33557	3279	30238	29677	3756	13658	14024	366
60579	33557	3279	30238	29677	3756	13658	14024	366
113110	107606	32465	2172	2146	106530	5504	7595	2091
113110	107606	32465	2172	2146	106530	5504	7595	2091
262732	133130	25301	33850	21737	141080	118376	182890	64514
262732	133130	25301	33850	21737	141080	118376	182890	64514
21806740	13478868	3012250	2082906	965424	11866431	4282439	5717059	2548324
306978	106922	26394	35348	3555	59113	191989	108035	36636
195873	57153	14941	23258	666	6210	136804	41344	25130
111105	49769	11453	12090	2889	52903	55185	66691	11506

1-A-3 续表 7

分组	企业单位数(个)	亏损企业	工业总产值(当年价格)	工业销售产值(当年价格)	出口交货值
雷达及配套设备制造	1		1963449	1940364	1116535
电子计算机制造	2		22231	22231	
电子计算机外部设备制造	2		22231	22231	
电子器件制造	4	3	8251150	8193743	3866954
电子真空器件制造	2	2	8236942	8179935	3866954
半导体分立器件制造	1		9118	9118	
集成电路制造	1	1	5090	4690	
电子元件制造	6	1	250994	248409	3072
电子元件及组件制造	6	1	250994	248409	3072
家用视听设备制造	5	1	8676986	8979763	7381658
家用影视设备制造	4	1	8560028	8865585	7381658
家用音响设备制造	1		116958	114178	
其他电子设备制造	2		2546533	2510533	810767
仪器仪表及文化、办公用机械制造业	17	2	926718	860577	12439
通用仪器仪表制造	13	2	870829	806670	8826
工业自动控制系统装置制造	9	1	738698	674602	7864
绘图、计算及测量仪器制造	1		7200	6408	
实验分析仪器制造	2	1	78062	78791	962
供应用仪表及其他通用仪器制造	1		46869	46869	
专用仪器仪表制造	2		25099	24266	
汽车及其他用计数仪表制造	1		5916	5916	
电子测量仪器制造	1		19183	18350	
光学仪器及眼镜制造	1		5290	5290	
光学仪器制造	1		5290	5290	
文化、办公用机械制造	1		25500	24351	3613
其他文化、办公用机械制造	1		25500	24351	3613
工艺品及其他制造业	7	3	729412	729479	88131
工艺美术品制造	3	2	62588	59374	6049
漆器工艺品制造	1	1	5160	5160	
天然植物纤维编织工艺品制造	1		5428	5428	1050
地毯、挂毯制造	1	1	52000	48786	4999
其他未列明的制造业	4	1	666824	670105	82082
废弃资源和废旧材料回收加工业	3	1	184887	184871	
金属废料和碎屑的加工处理	1		148859	148859	
非金属废料和碎屑的加工处理	2	1	36028	36012	
电力、燃气及水的生产和供应业	**241**	**95**	**115457992**	**114827551**	**526**
电力、热力的生产和供应业	182	60	110813059	110396352	526
电力生产	52	18	22370386	22327543	
火力发电	31	15	21078860	21052667	
水力发电	11	1	579463	569688	
其他能源发电	10	2	712063	705188	
电力供应	62	4	81693153	81456327	38
热力生产和供应	68	38	6749520	6612482	488
燃气生产和供应业	13	7	1218507	1194872	
水的生产和供应业	46	28	3426426	3236327	
自来水的生产和供应	42	28	2930402	2750827	
污水处理及其再生利用	4		496024	485500	

单位：千元

资产总计	流动资产总计	应收帐款	存货		流动资产年平均余额	固定资产总计	固定资产原价	累计折旧
				产成品				
828613	592385	254481	134304	45366	620001	169959	364270	194609
20885	9912	399	521	374	10724	8871	14114	5243
20885	9912	399	521	374	10724	8871	14114	5243
7642676	4466575	1219859	1176374	675687	4262335	1067695	2127615	1203472
7632872	4457149	1215132	1175305	675687	4253028	1067428	2127067	1203191
4915	4717	1142	532		4717	197	385	188
4889	4709	3585	537		4590	70	163	93
391213	309176	72323	117940	36659	298887	56970	94356	37386
391213	309176	72323	117940	36659	298887	56970	94356	37386
8469438	6196116	1040955	573861	161019	5144708	1827201	2018861	891660
8296223	6033445	983445	570685	158576	5024661	1826283	2017860	891577
173215	162671	57510	3176	2443	120047	918	1001	83
4146937	1797782	397839	44558	42764	1470663	959754	989808	179318
1367583	780296	275967	187917	46071	881316	500365	777206	301716
1285701	733077	259650	177763	42877	834580	475785	748321	297410
1160054	654080	228470	154412	37169	745216	433705	685879	277048
6845	6465	4335	1001	131	5213	303	470	167
82667	43069	10521	11518	5577	58368	39598	56183	16585
36135	29463	16324	10832		25783	2179	5789	3610
64669	32306	9268	5958	1904	33054	22938	25934	2997
17188	9767	659	3693	673	10863	5399	8122	2724
47481	22539	8609	2265	1231	22191	17539	17812	273
3700	3237	2589			3237	463	671	208
3700	3237	2589			3237	463	671	208
13513	11676	4460	4196	1290	10445	1179	2280	1101
13513	11676	4460	4196	1290	10445	1179	2280	1101
2003066	804281	175207	179737	72317	724193	763839	1002156	298205
125142	63612	3437	46229	41868	67650	52403	96390	46079
3913	1989	1261	30		2424	1316	741	575
5314	3012	2176			2720	2302	3394	1092
115915	58611		46199	41868	62506	48785	92255	44412
1877924	740669	171770	133508	30449	656543	711436	905766	252126
343678	278797	5435	13816	9929	204533	56196	109808	59573
316969	272392	1866	13007	9565	194587	43862	101719	57857
26709	6405	3569	809	364	9946	12334	8089	1716
183479478	**33145228**	**7247985**	**3653183**	**169815**	**35768525**	**142165893**	**193528473**	**77843613**
164461982	27638106	5510724	3408480	112684	30307333	130216245	176488830	71811796
60246530	8423024	2005638	1776165	48639	10052652	47302572	65562655	26572000
54598979	7713108	1868465	1760107	48639	9432318	42465143	58623600	24441616
1712541	149013	37787	3854		132478	1513002	3267018	1754030
3935010	560903	99386	12204		487856	3324427	3672037	376354
85930388	12988630	1868788	560749	11328	14435396	72050319	97179604	40495944
18285064	6226452	1636298	1071566	52717	5819285	10863354	13746571	4743852
3601143	1111166	47255	96361	30153	1180367	1788994	2351098	701232
15416353	4395956	1690006	148342	26978	4280825	10160654	14688545	5330585
14507670	4275819	1683369	148342	26978	4163839	9483132	13845671	5165113
908683	120137	6637			116986	677522	842874	165472

1-A-3 续表 8

分 组	固定资产净值	固定资产净值年平均余额	负债合计	流动负债总计	应付账款
总 计	**494248807**	**449258686**	**751930413**	**548388835**	**169553141**
总计中：轻工业	27103805	24102001	31321187	25125539	7804855
重工业	467145002	425156685	720609226	523263296	161748286
总计中：大型企业	370546424	335236000	561819292	413562246	132118342
中型企业	97407652	90089814	147848375	104902766	28782147
小型企业	26294731	23932872	42262746	29923823	8652652
按隶属关系分					
中央	273689401	257132864	442927827	314082472	81482220
地方	220559406	192125822	309002586	234306363	88070921
按行业小类分					
采矿业	**85589341**	**82965806**	**79014790**	**48407245**	**26842602**
煤炭开采和洗选业	21020677	20155199	28222376	18517224	4226826
烟煤和无烟煤的开采洗选	21020677	20155199	28217376	18513224	4223026
褐煤的开采洗选			5000	4000	3800
石油和天然气开采业	62247549	60453027	47443581	27112317	22266808
天然原油和天然气开采	50866984	47622955	29304549	9359219	8927980
与石油和天然气开采有关的服务活动	11380565	12830072	18139032	17753098	13338828
黑色金属矿采选业	1587340	1626736	1821897	1649270	121997
铁矿采选	1587340	1626736	1821897	1649270	121997
有色金属矿采选业	350246	344060	955355	675365	123667
常用有色金属矿采选	171950	163467	633501	579234	100117
铜矿采选	171950	163467	633501	579234	100117
贵金属矿采选	92099	90682	122894	52131	7390
金矿采选	92099	90682	122894	52131	7390
稀有稀土金属矿采选	86197	89911	198960	44000	16160
钨钼矿采选	1500	1500	2900	2900	
放射性金属矿采选	84697	88411	196060	41100	16160
非金属矿采选业	383529	386784	571581	453069	103304
土砂石开采	58087	36032	23573	18167	5715
石灰石、石膏开采	1210	1126	1345	987	696
建筑装饰用石开采	48877	26926	12038	6990	5019
耐火土石开采	8000	7980	10190	10190	
化学矿采选	134096	134406	132310	130860	82958
采盐	191346	216346	415698	304042	14631
制造业	**292974606**	**254107997**	**550861394**	**432706999**	**128035722**
农副食品加工业	1290825	1232012	2393325	2356448	821914
谷物磨制	206557	201941	589811	565475	155215
饲料加工	17008	16001	36946	36946	2533
植物油加工	500874	511036	1262857	1262747	376565
食用植物油加工	500874	511036	1262857	1262747	376565
屠宰及肉类加工	191035	187486	181440	169010	18615
畜禽屠宰	187770	184848	158082	145653	7263
肉制品及副产品加工	3265	2638	23358	23357	11352
水产品加工	374501	314698	306401	306401	268194
水产品冷冻加工	371505	311347	262863	262863	262863
鱼糜制品及水产品干腌制加工	2996	3351	43538	43538	5331
其他农副食品加工	850	850	15870	15869	792
其他未列明的农副食品加工	850	850	15870	15869	792

单位：千元

长期负债总计	所有者权益合计	实收资本	国家资本	集体资本	法人资本	个人资本	港澳台资本
181895069	**438068409**	**293765040**	**181566809**	**212491**	**98471256**	**6201109**	**841803**
5293277	28985088	26585281	12505861	35162	12928127	644302	78370
176601792	409083321	267179759	169060948	177329	85543129	5556807	763433
138832534	347815311	226072648	149971073	527	70914974	2809859	51900
36170619	66482728	50797334	24584319	77531	21372804	1545511	364089
6891916	23770370	16895058	7011417	134433	6183478	1845739	425814
118243760	270043016	196382023	127966271	11074	65371618	137841	41424
63651309	168025393	97383017	53600538	201417	33099638	6063268	800379
30116231	**69457136**	**60601621**	**46830939**	**1328**	**13683469**	**85885**	
9453187	19714286	11882923	7300892		4562020	20011	
9452187	19713506	11874923	7292892		4562020	20011	
1000	780	8000	8000				
20203401	46429177	47328598	38246694		9081904		
19945320	30839170	30823350	30793350		30000		
258081	15590007	16505248	7453344		9051904		
172627	2202023	955459	955459				
172627	2202023	955459	955459				
279990	699258	204044	164039	1328	38577	100	
54267	498960	116569	116569				
54267	498960	116569	116569				
70763	132878	39905		1328	38577		
70763	132878	39905		1328	38577		
154960	67420	47570	47470			100	
	100	100				100	
154960	67320	47470	47470				
7026	412392	230597	163855		968	65774	
5406	85561	73042	6300		968	65774	
358	1115	968			968		
5048	70196	65774				65774	
	14250	6300	6300				
1450	60005	35761	35761				
170	266826	121794	121794				
102267261	**307186024**	**191492298**	**122174088**	**174757**	**57015893**	**5682963**	**486675**
22700	1199384	394628	210412		92256	62634	22626
10382	387957	124922	89174		3066	32482	200
	-11495	6000			1200	4800	
	492812	100710			76084		22426
	492812	100710			76084		22426
12318	130174	92995	64203		3440	25352	
12318	125653	92395	64203		3080	25112	
	4521	600			360	240	
	205119	69501	57035		7966		
	179904	55035	55035				
	25215	14466	2000		7966		
	-5183	500			500		
	-5183	500			500		

1-A-3 续表 9

分　组	固定资产净　值	固定资产净值年平均余额	负债合计	流动负债总　计	应付账款
食品制造业	969875	925811	1315152	743286	186261
方便食品制造	94249	93413	30259	24597	14909
米、面制品制造	13619	14879	2362	2361	400
速冻食品制造	60798	57814	21541	17298	12593
方便面及其他方便食品制造	19832	20720	6356	4938	1916
液体乳及乳制品制造	306367	266658	318302	132952	46255
罐头制造	11136	11131	19792	9854	1642
蔬菜、水果罐头制造	5291	5305	13076	3139	561
其他罐头食品制造	5845	5826	6716	6715	1081
调味品、发酵制品制造	280854	285241	480451	187251	45474
味精制造	114688	117660	210076	60791	17185
酱油、食醋及类似制品的制造	82351	83411	99591	90179	8152
其他调味品、发酵制品制造	83815	84170	170784	36281	20137
其他食品制造	277269	269368	466348	388632	77981
冷冻饮品及食用冰制造	174843	167166	374489	314324	40174
盐加工	96572	95164	90998	73832	37651
食品及饲料添加剂制造	5854	7038	861	476	156
饮料制造业	276006	271843	326715	264424	21127
酒精制造	42890	42890	52511	52511	1258
酒的制造	197967	199246	222355	160114	15614
啤酒制造	155860	155860	162646	130117	15614
葡萄酒制造	42107	43386	59709	29997	
软饮料制造	35149	29707	51849	51799	4255
瓶(罐)装饮用水制造	1972	1971	12279	12229	2178
果菜汁及果菜汁饮料制造	33177	27736	39570	39570	2077
烟草制品业	987808	1033593	1358744	1357883	147114
烟叶复烤	82056	82001	31983	31983	
卷烟制造	905752	951592	1326761	1325900	147114
纺织业	580221	528782	831541	647038	130726
棉、化纤纺织及印染精加工	500518	447437	741560	603153	112663
棉、化纤纺织加工	368934	310532	471275	362868	74351
棉、化纤印染精加工	131584	136905	270285	240285	38312
丝绢纺织及精加工	44686	45040	61197	16558	13845
绢纺和丝织加工	44686	45040	61197	16558	13845
纺织制成品制造	3235	3899	5011	3558	2611
其他纺织制成品制造	3235	3899	5011	3558	2611
针织品、编织品及其制品制造	31782	32406	23773	23769	1607
棉、化纤针织品及编织品制造	31782	32406	23773	23769	1607
纺织服装、鞋、帽制造业	45555	45891	39240	36730	10537
纺织服装制造	45555	45891	39240	36730	10537
皮革、毛皮、羽毛(绒)及其制品业	3553	3790	7964	7964	847
毛皮鞣制及制品加工	3553	3790	7964	7964	847
毛皮服装加工	3553	3790	7964	7964	847
木材加工及木、竹、藤、棕、草制品业	188761	167644	327444	245936	79861
锯材、木片加工	334	334	943		
锯材加工	334	334	943		
人造板制造	28368	27228	51470	24050	2896
纤维板制造	28368	27228	51470	24050	2896

单位：千元

长期负债总计	所有者权益合计	实收资本					
			国家资本	集体资本	法人资本	个人资本	港澳台资本
439119	689393	540451	205567		259238	41632	16126
4236	150325	88263	36715		24173		15687
	24449	23110	15022				
4236	49048	25293	21693				
	76828	39860			24173		15687
185348	224865	142160			142160		
	7343	3933	2274		1220		439
	3771	2274	2274				
	3572	1659			1220		439
176970	161992	174956	106187		68769		
35055	33392	61000			61000		
7412	68810	25166	17397		7769		
134503	59790	88790	88790				
72565	144868	131139	60391		22916	41632	
60165	-10272	51893			12816	39077	
12100	143791	70350	60005		10100	245	
300	11349	8896	386			2310	
62241	101528	52024	5831		12693	33500	
	1015	1015	1015				
62241	82351	31193			12693	18500	
32529	55963	11193			11193		
29712	26388	20000			1500	18500	
	18162	19816	4816			15000	
	-523	4816	4816				
	18685	15000				15000	
	1279422	458432	458432				
	87747	46000	46000				
	1191675	412432	412432				
178157	401878	495415	382372		6942	71338	4850
132065	351553	457400	382372		6942	59236	4850
102065	186315	353170	302042		6942	44186	
30000	165238	104230	80330			15050	4850
44639		4379				4379	
44639		4379				4379	
1453	6500	6000				6000	
1453	6500	6000				6000	
	43825	27636				1723	
	43825	27636				1723	
2501	71573	62924	55598		4588	1250	
2501	71573	62924	55598		4588	1250	
	-650	5043	3678				
	-650	5043	3678				
	-650	5043	3678				
80573	80817	106336	30404		20495		9500
10	52	500	500				
10	52	500	500				
27420	9869	7357	1204		6153		
27420	9869	7357	1204		6153		

1-A-3 续表 10

分组	固定资产净值	固定资产净值年平均余额	负债合计	流动负债总计	应付账款
木制品制造	160059	140082	275031	221886	76965
建筑用木料及木材组件加工	154254	127109	250302	197159	74527
木容器制造	897	862	2728	2726	1104
软木制品及其他木制品制造	4908	12111	22001	22001	1334
造纸及纸制品业	1107396	1106446	1246137	1144886	312511
造纸	1091742	1090717	1224839	1124498	312042
机制纸及纸板制造	1091742	1090717	1224839	1124498	312042
纸制品制造	15654	15729	21298	20388	469
纸和纸板容器的制造	299	339	1657	1657	297
其他纸制品制造	15355	15390	19641	18731	172
印刷业和记录媒介的复制	887508	955469	1357758	875820	206490
印刷	856064	920114	1281706	804337	206019
书、报、刊印刷	449227	477187	470105	455335	150994
本册印制	57	57	2034	2030	1364
包装装潢及其他印刷	406780	442870	809567	346972	53661
装订及其他印刷服务活动	2753	2798	4265	706	471
记录媒介的复制	28691	32557	71787	70777	
文教体育用品制造业	49802	50830	382031	98807	4844
乐器制造	45979	47030	381171	97947	4844
西乐器制造	45979	47030	381171	97947	4844
玩具制造	3823	3800	860	860	
石油加工、炼焦及核燃料加工业	35792394	32630395	41320983	28612749	9288443
精炼石油产品的制造	35787897	32625610	41289641	28581407	9261142
原油加工及石油制品制造	35787897	32625610	41289641	28581407	9261142
炼焦	4497	4785	31342	31342	27301
化学原料及化学制品制造业	25115397	24258384	45442799	20838328	4444309
基础化学原料制造	2707971	2815346	5929993	4756944	310532
无机碱制造	2336775	2439743	5431618	4295454	250347
无机盐制造	47462	49808	36579	33579	11415
有机化学原料制造	314893	316521	422721	407370	45635
其他基础化学原料制造	8841	9274	39075	20541	3135
肥料制造	8317039	8363321	26678802	6378803	859628
氮肥制造	8314384	8360508	26674648	6374803	859452
有机肥料及微生物肥料制造	2655	2813	4154	4000	176
农药制造	502046	346848	386029	365212	260944
化学农药制造	502046	346848	386029	365212	260944
涂料、油墨、颜料及类似产品制造	826371	810044	1254057	952727	214805
涂料制造	141456	119391	102240	80134	57808
颜料制造	255310	238188	394538	251038	81093
染料制造	427867	450929	754026	618304	75038
密封用填料及类似品制造	1738	1536	3253	3251	866
合成材料制造	10822092	10061495	7886769	5807414	2211181
初级形态的塑料及合成树脂制造	2057869	1686444	1005094	846629	844138
合成橡胶制造	43460	42955	24575	17649	1660
合成纤维单(聚合)体的制造	8720763	8332096	6857100	4943136	1365383
专用化学产品制造	1843995	1762898	3059096	2339764	518730
化学试剂和助剂制造	331814	309891	675167	654768	215967
专项化学用品制造	83955	71058	281492	279992	23444
炸药及火工产品制造	1380372	1347304	2084103	1386713	269459
信息化学品制造	40053	30844	304	300	165
环境污染处理专用药剂材料制造	2317	2317	6656	6621	2428
其他专用化学产品制造	5484	1484	11374	11370	7267

单位：千元

长期负债总计	所有者权益合计	实收资本					
			国家资本	集体资本	法人资本	个人资本	港澳台资本
53143	70896	98479	28700		14342		9500
53143	51497	79584	28500				9500
	650	200	200				
	18749	18695			14342		
100341	630224	84851	83349	380	1122		
100341	602929	78613	78613				
100341	602929	78613	78613				
	27295	6238	4736	380	1122		
	1977	1502		380	1122		
	25318	4736	4736				
476185	1125251	748453	500273		183277	11800	
472626	1095383	688844	450064		183277	11800	
10035	766568	404118	352794		26049	11800	
	1481	549	549				
462591	327334	284177	96721		157228		
3559	11253	18809	9409				
	18615	40800	40800				
283224	-76760	20165	16762				3403
283224	-86003	13359	13359				
283224	-86003	13359	13359				
	9243	6806	3403				3403
12702569	56355521	39382225	35844518		3089556	186519	
12702569	56325487	39377776	35844518		3085107	186519	
12702569	56325487	39377776	35844518		3085107	186519	
	30034	4449			4449		
24570958	28959178	24857440	21170338	5147	2890508	460755	170521
1173048	1327674	1654958	1347006		264906	10200	12500
1136164	950593	1243269	1243269				
3000	76376	41330	36330			5000	
15350	262287	330452	32700		264906		12500
18534	38418	39907	34707			5200	
20299835	10837434	7843930	5426966		1944669	345610	
20299835	10836687	7843183	5426966		1943922	345610	
	747	747			747		
19952	306999	103393	26662	5147	70834	750	
19952	306999	103393	26662	5147	70834	750	
289890	774489	686073	664176		17944	3440	
10668	120122	40467	24870		11644	3440	
143500	422667	436229	436229				
135722	229966	208877	202577		6300		
	1734	500	500				
2069760	13988127	13108315	12786099		253628	60046	
148870	1144370	327432	55216		203628	60046	
6926	112874	50000			50000		
1913964	12730883	12730883	12730883				
708405	1671596	1308057	868719		260527	16705	158021
11131	624669	439507	14454		254527	12505	158021
	86795	59110	51910			4200	
697270	903021	774840	769840		5000		
4	43707	30350	30350				
	5801	1150	150		1000		
	7603	3100	2015				

1-A-3 续表 11

分组	固定资产净值	固定资产净值年平均余额	负债合计	流动负债总计	应付账款
日用化学产品制造	95883	98432	248053	237464	68489
肥皂及合成洗涤剂制造	89614	91326	206567	195978	68489
香料、香精制造	6269	7106	41486	41486	
医药制造业	5640448	2850848	4716519	3580321	3217778
化学药品原药制造	4837763	2370145	3948549	2953234	2935083
化学药品制剂制造	399240	215650	349963	271842	239509
中成药制造	127121	119706	127265	120266	28029
兽用药品制造	118781	104263	142926	87264	1531
生物、生化制品的制造	157543	41084	147816	147715	13626
化学纤维制造业	3554857	3592615	3096413	2629870	881481
纤维素纤维原料及纤维制造	7174	2157	218991	218991	44982
人造纤维(纤维素纤维)制造	7174	2157	218991	218991	44982
合成纤维制造	3547683	3590458	2877422	2410879	836499
涤纶纤维制造	1381566	1381236	899373	797402	190972
腈纶纤维制造	2166117	2209222	1978049	1613477	645527
橡胶制品业	350788	350635	518551	504592	191508
轮胎制造	202215	210120	325167	320167	74554
车辆、飞机及工程机械轮胎制造	202215	210120	325167	320167	74554
橡胶板、管、带的制造	26354	26503	25987	25987	10971
橡胶零件制造	107518	88213	107797	100684	63028
再生橡胶制造	2330	2330	2560	2560	
橡胶靴鞋制造	12371	23469	57040	55194	42955
塑料制品业	545959	613908	2266499	1570431	137355
塑料薄膜制造	2272	1865	12461	12461	6526
塑料板、管、型材的制造	4000	4209	4391	4097	1539
塑料丝、绳及编织品的制造	14487	15576	16461	15946	1430
泡沫塑料制造	307037	329265	1709290	1197694	53535
塑料包装箱及容器制造	35645	55046	97910	91406	17144
日用塑料制造	28695	28464	51863	51817	34300
日用塑料杂品制造	28695	28464	51863	51817	34300
其他塑料制品制造	153823	179483	374123	197010	22881
非金属矿物制品业	4031510	3637544	7013802	5404834	1290170
水泥、石灰和石膏的制造	2369529	2067736	2848388	2257409	456709
水泥制造	2339392	2037596	2789335	2210206	452135
石灰和石膏制造	30137	30140	59053	47203	4574
水泥及石膏制品制造	292205	275724	514630	478285	139974
水泥制品制造	228833	206821	368116	331855	95739
砼结构构件制造	50737	56269	91910	91830	44235
石棉水泥制品制造	12635	12634	54604	54600	
砖瓦、石材及其他建筑材料制造	139813	138403	187365	117351	25252
粘土砖瓦及建筑砌块制造	42046	42444	62393	48067	10838
建筑陶瓷制品制造	21884	21884	25325	23061	514
建筑用石加工	51091	48095	79429	26007	4066
隔热和隔音材料制造	24792	25980	20218	20216	9834
玻璃及玻璃制品制造	517644	467195	2166650	1432517	432079
平板玻璃制造	217566	175485	576390	476390	381112
技术玻璃制品制造	12528	3064	9601	4813	3966
玻璃保温容器制造	13664	13439	43952	43952	17902
玻璃纤维及制品制造	273886	275207	1536707	907362	29099

单位：千元

长期负债总计	所有者权益合计	实收资本					
			国家资本	集体资本	法人资本	个人资本	港澳台资本
10068	52859	152714	50710		78000	24004	
10068	22299	150710	50710		78000	22000	
	30560	2004				2004	
1134181	2908680	1881204	1426059	580	198716	197480	7503
995315	2029098	1387828	1061986	536	119739	152235	5556
78121	192233	126622	110869	44	1587	12245	447
5083	117408	171754	170254				1500
55662	84457	55000	48950			6050	
	485484	140000	34000		77390	26950	
7010	6458803	13821518	3321642		10439676	60200	
	27038	60200				60200	
	27038	60200				60200	
7010	6431765	13761318	3321642		10439676		
7010	2188132	3321642	3321642				
	4243633	10439676			10439676		
8499	456937	255039	79243		117186	52500	
5000	319430	120000			84000	36000	
5000	319430	120000			84000	36000	
	35369	60860	44860			16000	
3499	93366	48695	14383		33186		
	1090	500				500	
	7682	24984	20000				
512443	435696	493300	251895	2878	165131	38613	10000
	4918	5000	5000				
292	39999	35409	34909		500		
515	38766	11943	5668	2878		3397	
511596	96671	200000	200000				
	31832	101119			72089	5000	
40	58211	23050	6318		15979		
40	58211	23050	6318		15979		
	165299	116779			76563	30216	10000
1519915	2722990	3106114	1787296	22420	1115626	80262	79294
586945	1369799	1508036	567923	6900	915973	17240	
575095	1373340	1502186	567423	6900	915973	11890	
11850	-3541	5850	500			5350	
1131	272310	195072	113373		35480	15976	30243
1052	221408	153353	107187		30190	15976	
79	55632	35533			5290		30243
	-4730	6186	6186				
45070	102052	120814	75453	7900	22578	8791	6092
13246	35840	47120	18940		22088		6092
2264	634	1000	510		490		
29560	20211	37194	26003	7900		3291	
	45367	35500	30000			5500	
734133	286664	620116	505608	7620	56686	8073	42129
100000	44161	23546			23546		
4788	21593	13500	3500		10000		
	25378	15550		7620	7930		
629345	195532	567520	502108		15210	8073	42129

1-A-3 续表 12

分 组	固定资产净值	固定资产净值年平均余额	负债合计	流动负债总计	应付账款
陶瓷制品制造	54160	58361	257162	257135	78715
特种陶瓷制品制造	53629	57830	257123	257104	78711
日用陶瓷制品制造	531	531	39	31	4
耐火材料制品制造	631788	601929	962714	786561	142171
耐火陶瓷制品及其他耐火材料制造	631788	601929	962714	786561	142171
石墨及其他非金属矿物制品制造	26371	28196	76893	75576	15270
其他非金属矿物制品制造	26371	28196	76893	75576	15270
黑色金属冶炼及压延加工业	115690489	105343084	158113215	117148230	27877628
炼钢	5479957	5660023	17600263	12060896	2219541
钢压延加工	109607541	99172006	137979162	102595235	24827632
铁合金冶炼	602991	511055	2533790	2492099	830455
有色金属冶炼及压延加工业	4690496	4760401	15511025	13402882	1565010
常用有色金属冶炼	3727322	3725639	12496787	11413304	1353458
铅锌冶炼	3093913	3074689	10690478	9636319	1325090
铝冶炼	633409	650950	1806309	1776985	28368
贵金属冶炼	173470	160290	411104	268657	50598
金冶炼	173470	160290	411104	268657	50598
有色金属压延加工	789704	874472	2603134	1720921	160954
常用有色金属压延加工	787994	872569	2585722	1711509	151542
贵金属压延加工	1710	1903	17412	9412	9412
金属制品业	1574261	1634207	1897078	1866241	451208
结构性金属制品制造	763305	759655	926822	906456	252991
金属结构制造	679393	673488	620630	603028	238596
金属门窗制造	83912	86167	306192	303428	14395
金属工具制造	3349	3349	5624	5623	458
切削工具制造	3349	3349	5624	5623	458
集装箱及金属包装容器制造	389761	398477	652129	672008	100997
集装箱制造	162591	166807	238409	238399	74061
金属压力容器制造	227170	231670	413720	433609	26936
金属丝绳及其制品的制造	3415	3400	16490	14128	8693
建筑、安全用金属制品制造	3491	3921	54678	41573	20945
建筑装饰及水暖管道零件制造	933	1180	22261	15261	8269
安全、消防用金属制品制造	2558	2741	32417	26312	12676
金属表面处理及热处理加工	15438	15331	49689	49686	4112
其他金属制品制造	395502	450074	191646	176767	63012
铸币及贵金属制实验室用品制造	361737	417703	136675	128675	56115
其他未列明的金属制品制造	33765	32371	54971	48092	6897
通用设备制造业	29355884	19462415	37484032	29927963	22206928
锅炉及原动机制造	16792	15724	187950	90642	43136
锅炉及辅助设备制造	6474	5657	97298		
内燃机及配件制造	4285	4034	49533	49533	29054
汽轮机及辅机制造	6033	6033	41119	41109	14082
金属加工机械制造	15274060	9722645	17661433	13357409	10598593
金属切削机床制造	15104846	9594153	17517691	13218819	10515655
金属成形机床制造	159802	123718	100502	95359	74667
铸造机械制造	150	96	12083	12080	6056
机床附件制造	7079	2491	30176	30173	1673
其他金属加工机械制造	2183	2187	981	978	542

单位：千元

长期负债总计	所有者权益合计	实收资本	国家资本	集体资本	法人资本	个人资本	港澳台资本
27	182004	215325	178500		36825		
19	180380	215000	178500		36500		
8	1624	325			325		
152609	475052	416436	325757		42490	28483	830
152609	475052	416436	325757		42490	28483	830
	35109	30315	20682		5594	1699	
	35109	30315	20682		5594	1699	
40853543	123039049	53692196	43195104		8693532	1283500	
5439367	7283464	4522175	1542075		2980100		
35372486	114532606	48377663	41590892		5070474	1196237	
41690	1222979	792358	62137		642958	87263	
2089985	2489519	3311702	1070717		2217296	3000	20689
1083481	676629	2196550			2196550		
1054158	-111606	1670150			1670150		
29323	788235	526400			526400		
142445	209811	31746	11000		20746		
142445	209811	31746	11000		20746		
864059	1603079	1083406	1059717			3000	20689
864059	1577487	1074065	1050376			3000	20689
	25592	9341	9341				
4725	1836905	1428233	993719	2846	285843	33654	29500
15385	554516	388482	95915		224935	32593	29500
15385	495515	293567	50500		224935	12593	
	59001	94915	45415			20000	29500
	29725	4480	4480				
	29725	4480	4480				
-19890	393171	344898	214989		52777		
	240012	162214	85082				
-19890	153159	182684	129907		52777		
2362	3331	1203	1003		200		
	11998	15010	8000	1846	4103	1061	
	9899	8000	8000				
	2099	7010		1846	4103	1061	
	23580	15029	11201		3828		
6868	820584	659131	658131	1000			
	776318	638910	638910				
6868	44266	20221	19221	1000			
2122176	17245412	5517545	2268043	50674	2790012	272235	
	53764	33183	5000		26183	2000	
	2000	2000				2000	
	51466	26183			26183		
	298	5000	5000				
409296	6732809	2176487	784598	4074	1376467	3433	
404491	6591918	2093481	767099		1320467		
4805	111246	64546	7039	4074	50000	3433	
	11742	6280	6280				
	11574	10180	2180		6000		
	6329	2000	2000				

1-A-3 续表 13

分组	固定资产净值	固定资产净值年平均余额	负债合计	流动负债总计	应付账款
起重运输设备制造	1294207	782016	2484722	2357833	1486763
泵、阀门、压缩机及类似机械的制造	1603127	1012480	2650531	2430764	1413430
泵及真空设备制造	526458	429042	1082906	971053	419879
气体压缩机械制造	418735	180989	483539	447094	384638
阀门和旋塞的制造	112334	101982	303529	277623	59590
液压和气压动力机械及元件制造	545600	300467	780557	734994	549323
轴承、齿轮、传动和驱动部件的制造	2860098	2608395	4384963	2704041	1283530
轴承制造	2170673	2195649	3539740	1911792	612860
齿轮、传动和驱动部件制造	689425	412746	845223	792249	670670
烘炉、熔炉及电炉制造	43372	60822	69889	66395	63075
风机、衡器、包装设备等通用设备制造	5167285	2586750	6417740	5882316	5804002
风机、风扇制造	5097052	2524709	6290033	5785462	5768031
气体、液体分离及纯净设备制造	46320	47324	63901	33492	11968
制冷、空调设备制造	8700	7110	8822	8378	3543
其他通用设备制造	15213	7607	54984	54984	20460
通用零部件制造及机械修理	533039	247712	918305	666480	241876
紧固件、弹簧制造	70249	41497	14465	12000	11572
机械零部件加工及设备修理	400981	154839	694330	449209	158318
其他通用零部件制造	61809	51376	209510	205271	71986
金属铸、锻加工	2563904	2425871	2708499	2372083	1272523
钢铁铸件制造	2533369	2281693	2605522	2292649	1265629
锻件及粉末冶金制品制造	30535	144178	102977	79434	6894
专用设备制造业	19077522	13429751	43726257	36995696	18813843
矿山、冶金、建筑专用设备制造	15641495	10127990	36922066	30799651	17303322
采矿、采石设备制造	8414599	4556935	10230522	9385558	8628224
石油钻采专用设备制造	506791	357945	3342081	3239279	851663
建筑工程用机械制造	463545	258562	539725	505270	453129
建筑材料生产专用机械制造	210817	27497	272608	269881	202410
冶金专用设备制造	6045743	4927051	22537130	17399663	7167896
化工、木材、非金属加工专用设备制造	669103	630152	2702956	2643167	182384
炼油、化工生产专用设备制造	524495	511136	2519538	2467612	116419
橡胶加工专用设备制造	14595	14733	86893	86256	22962
模具制造	130013	104283	96525	89299	43003
食品、饮料、烟草及饲料生产专用设备制造	32752	33023	104452	95723	37888
食品、饮料、烟草工业专用设备制造	32752	33023	104452	95723	37888
印刷、制药、日化生产专用设备制造	150018	154210	416776	361273	13277
制浆和造纸专用设备制造	150018	154210	416776	361273	13277
纺织、服装和皮革工业专用设备制造	152637	147747	227073	201339	71098
纺织专用设备制造	130261	123438	150801	125068	50190
缝纫机械制造	22376	24309	76272	76271	20908
电子和电工机械专用设备制造	2010640	1858067	2490624	2242634	895644
电工机械专用设备制造	6918	4954	73943	73034	3381
武器弹药制造	2003722	1853113	2416681	2169600	892263
医疗仪器设备及器械制造	8179	7870	13200	10695	5023
医疗诊断、监护及治疗设备制造	6279	5969	6104	6104	3981
医疗、外科及兽医用器械制造	1250	1250	5575	3470	
机械治疗及病房护理设备制造	650	651	1521	1121	1042

单位：千元

长期负债总计	所有者权益合计	实收资本	国家资本	集体资本	法人资本	个人资本	港澳台资本
122908	482815	346381	192583		148798	5000	
156752	1039521	795470	205049	2300	554525	33596	
100790	471091	334944	159943	2300	151155	21546	
36445	65377	25438	22785		2653		
25905	243449	169518	698		168820		
-6388	259604	265570	21623		231897	12050	
602157	4092132	589020	501084		68033	19903	
549184	3953842	526249	442395		66736	17118	
52973	138290	62771	58689		1297	2785	
3494	46593	5000	5000				
535105	1610876	252001	124302	3500	111099	13100	
504565	1428761	178951	115152		63799		
30409	53226	45800			45800		
131	14842	8000	2000	3500	1500	1000	
	114047	19250	7150			12100	
17466	722029	534822	205319	1000	193301	8156	
2465	61658	131131	131131				
10763	571156	353947	24985	1000	192760	8156	
4238	89215	49744	49203		541		
274998	2464873	785181	245108	39800	311606	187047	
269353	1998400	651143	239405	39800	257801	114137	
5645	466473	134038	5703		53805	72910	
4007226	13625832	6875771	3678978	15060	2592371	201507	
3546674	9439485	5023388	2713331	13660	1910448	35849	
765084	1893783	900040	781825	13660	80759	23796	
100000	1261643	1197357	1581		843676	2000	
34444	114089	92738	37738		55000		
2727	45062	40000			40000		
2644419	6124908	2793253	1892187		891013	10053	
57786	714315	416747	187127		205884	7655	
49925	599840	325702	141745		178617	5340	
637	12340	12340	12340				
7224	102135	78705	33042		27267	2315	
	122028	275479			275479		
	122028	275479			275479		
55502	-40072	13314	3216			10098	
55502	-40072	13314	3216			10098	
5743	181570	130359			40642	72043	
5743	164048	129316			40642	71000	
	17522	1043				1043	
247081	2420186	603498	542498		60000	1000	
	5650	24502	20502		3000	1000	
247081	2414536	578996	521996		57000		
2100	25534	6904	3724		3180		
	9379	3724	3724				
2100	1753	2000			2000		
	14402	1180			1180		

1-A-3 续表 14

分组	固定资产净值	固定资产净值年平均余额	负债合计	流动负债总计	应付账款
环保、社会公共安全及其他专用设备制造	412698	470692	849110	641214	305207
环境污染防治专用设备制造	215535	266491	424987	288371	196803
地质勘查专用设备制造	25552	26250	10334	7756	6587
社会公共安全设备及器材制造	8843	8755	28761	27411	17203
其他专用设备制造	162768	169196	385028	317676	84614
交通运输设备制造业	33878775	29269083	159546310	143561914	30928426
铁路运输设备制造	1489586	1439831	7938028	5595220	1919637
铁路机车车辆及动车组制造	781201	732103	5336942	4539689	1373629
铁路机车车辆配件制造	58153	54747	183333	140777	90988
铁路专用设备及器材、配件制造	58241	48616	374577	351208	138391
其他铁路设备制造及设备修理	591991	604365	2043176	563546	316629
汽车制造	9395266	7662108	16400050	13496539	6134442
汽车整车制造	7966769	6374603	12744593	10053060	4676239
改装汽车制造	171446	192346	699569	681200	355366
汽车零部件及配件制造	1225380	1064575	2880035	2740674	1099752
汽车修理	31671	30584	75853	21605	3085
船舶及浮动装置制造	18929192	16461807	117216822	109460429	14939711
金属船舶制造	10035913	8469705	92775991	87030075	10977177
船用配套设备制造	651768	635634	4413859	3675321	141256
船舶修理及拆船	8241511	7356468	20026972	18755033	3821278
航空航天器制造	4060813	3701419	17990205	15008526	7934636
飞机制造及修理	4060813	3701419	17990205	15008526	7934636
交通器材及其他交通运输设备制造	3918	3918	1205	1200	
交通管理用金属标志及设施制造	3918	3918	1205	1200	
电气机械及器材制造业	2890105	2119879	4866502	4091999	1599584
电机制造	491855	439803	1478212	1057624	203649
发电机及发电机组制造	71667	9114	3897	2328	2328
电动机制造	420188	430689	1474315	1055296	201321
输配电及控制设备制造	419315	423490	946078	785489	225406
变压器、整流器和电感器制造	213097	226161	461883	362923	80358
电容器及其配套设备制造	8635	8536	9858	9058	6532
配电开关控制设备制造	197583	188793	474337	413508	138516
电线、电缆、光缆及电工器材制造	1831196	1118896	2228554	2048802	1141872
电线电缆制造	1809319	1096114	2069755	1967873	1120925
光纤、光缆制造	21723	22605	158580	80711	20947
绝缘制品制造	154	177	219	218	
电池制造	10201	11450	14611	14610	4575
家用电力器具制造	13658	1402	9087		
家用空气调节器制造	13658	1402	9087		
非电力家用器具制造	5504	5503	48573	48087	18526
燃气、太阳能及类似能源的器具制造	5504	5503	48573	48087	18526
其他电气机械及器材制造	118376	119335	141387	137387	5556
其他未列明的电气机械制造	118376	119335	141387	137387	5556
通信设备、计算机及其他电子设备制造业	3168735	2777976	13534269	12860327	2733683
通信设备制造	71399	66560	212950	175154	20258
通信传输设备制造	16214	11340	141816	135168	5898
移动通信及终端设备制造	55185	55220	71134	39986	14360

单位：千元

长期负债总计	所有者权益合计	实收资本	国家资本	集体资本	法人资本	个人资本	港澳台资本
92340	762786	406082	229082	1400	96738	74862	
31776	200378	96028	63992	1400	12048	14588	
2578	31779	20000			20000		
1350	22656	23589			6000	17589	
56636	507973	266465	165090		58690	42685	
9553326	33387421	25125267	1038611	42320	18875023	1450998	46761
2291199	2501575	2760473	84419		2676054		
791520	1232008	1479110			1479110		
2000	116935	164501	69242		95259		
18049	193047	166027	15177		150850		
1479630	959585	950835			950835		
1898685	10661169	8939635	451610	38560	4777891	1421838	43450
1815503	9484837	7452129	5000		3889121	1357972	
14336	43786	381532	10500		371032		
68746	1099185	1072775	416432	38560	509217	58866	43450
100	33361	33199	19678		8521	5000	
2393486	12850920	8259047	335080	3760	6428721	27059	3311
503163	6354328	5306822	246568	3760	5056494		
618386	831290	567966	43137		497770	27059	
1271937	5665302	2384259	45375		874457		3311
2969951	7369842	5165612	167002		4992357	2101	
2969951	7369842	5165612	167002		4992357	2101	
5	3915	500	500				
5	3915	500	500				
665480	1996312	1852775	1475282	31952	247539	70352	
408983	879435	723000	651731	2450	60319	7000	
	112319	112003	109553	2450			
408983	767116	610997	542178		60319	7000	
156533	580273	391305	245521	19324	122600	3360	
95710	317291	275544	172220	19324	82000	1500	
	9552	1000				1000	
60823	253430	114761	73301		40600	860	
95964	294380	572978	503680	10178	50620	8500	
91880	393655	550564	481766	10178	50620	8000	
4084	-100208	21914	21914				
	933	500				500	
	4850	4000			4000		
	51492	51492				51492	
	51492	51492				51492	
	64537	10000			10000		
	64537	10000			10000		
4000	121345	100000	74350				
4000	121345	100000	74350				
600792	8272471	6121180	2135649		2500821	1006206	65902
6648	94028	65576	20517		12000	7059	
6648	54057	20517	20517				
	39971	45059			12000	7059	

1-A-3 续表 15

分　组	固定资产净　值	固定资产净值年平均余额	负债合计	流动负债总　计	应付账款
雷达及配套设备制造	169661	162345	497220	479552	156857
电子计算机制造	8871	9352	12441	12432	309
电子计算机外部设备制造	8871	9352	12441	12432	309
电子器件制造	924143	1079390	6517531	6430757	1552049
电子真空器件制造	923876	1079030	6509557	6423060	1551266
半导体分立器件制造	197	197	2561	2560	129
集成电路制造	70	163	5413	5137	654
电子元件制造	56970	53801	183274	149128	76790
电子元件及组件制造	56970	53801	183274	149128	76790
家用视听设备制造	1127201	779225	4861201	4556756	651072
家用影视设备制造	1126283	778280	4768440	4464335	588844
家用音响设备制造	918	945	92761	92421	62228
其他电子设备制造	810490	627303	1249652	1056548	276348
仪器仪表及文化、办公用机械制造业	475490	346224	775529	689655	358666
通用仪器仪表制造	450911	329958	711642	635908	352328
工业自动控制系统装置制造	408831	304364	635286	561124	308635
绘图、计算及测量仪器制造	303	371	2507	2506	658
实验分析仪器制造	39598	22977	54334	52763	35584
供应用仪表及其他通用仪器制造	2179	2246	19515	19515	7451
专用仪器仪表制造	22937	14416	57093	46955	1188
汽车及其他用计数仪表制造	5398	5413	13340	3203	572
电子测量仪器制造	17539	9003	43753	43752	616
光学仪器及眼镜制造	463	463	3179	3178	2225
光学仪器制造	463	463	3179	3178	2225
文化、办公用机械制造	1179	1387	3615	3614	2925
其他文化、办公用机械制造	1179	1387	3615	3614	2925
工艺品及其他制造业	703951	657703	1276714	1084903	111994
工艺美术品制造	50311	53360	80201	77548	14077
漆器工艺品制造	166	1316	3588	3587	2580
天然植物纤维编织工艺品制造	2302	2302	4310	1658	1592
地毯、挂毯制造	47843	49742	72303	72303	9905
其他未列明的制造业	653640	604343	1196513	1007355	97917
废弃资源和废旧材料回收加工业	50235	50834	168846	156842	15476
金属废料和碎屑的加工处理	43862	39518	148378	148378	7789
非金属废料和碎屑的加工处理	6373	11316	20468	8464	7687
电力、燃气及水的生产和供应业	**115684860**	**112184883**	**122054229**	**67274591**	**14674817**
电力、热力的生产和供应业	104677034	101095362	114511850	62037541	13850918
电力生产	38990655	37925979	41685819	19913940	2567356
火力发电	34181984	33748320	38934382	18726902	2355596
水力发电	1512988	1513550	141946	107779	39454
其他能源发电	3295683	2664109	2609491	1079259	172306
电力供应	56683660	54169410	58590591	30633479	9023949
热力生产和供应	9002719	8999973	14235440	11490122	2259613
燃气生产和供应业	1649866	1595276	1377550	1023010	52989
水的生产和供应业	9357960	9494245	6164829	4214040	770910
自来水的生产和供应	8680558	8841981	5930649	4066989	692251
污水处理及其再生利用	677402	652264	234180	147051	78659

单位：千元

长期负债总计	所有者权益合计	实收资本	国家资本	集体资本	法人资本	个人资本	港澳台资本
17668	331393	40000			22000	18000	
	8444	3060	1000		1442	618	
	8444	3060	1000		1442	618	
86701	1125145	3406060	1358722		1214545	682524	46441
86425	1123315	3403060	1357722		1213445	681624	46441
	2354	1000	1000				
276	-524	2000			1100	900	
34036	207939	173297	106798		60060	840	5599
34036	207939	173297	106798		60060	840	5599
267731	3608237	1483074	644462		768461	45396	13862
267731	3527783	1407431	644462		699211	45396	13862
	80454	75643			69250		
188008	2897285	950113	4150		422313	251769	
69227	592054	315750	125207		98238	54528	
69227	574059	298830	118107		91238	51708	
67656	524768	284867	109382		88558	49150	
	4338	2680			2680		
1571	28333	6783	6430			353	
	16620	4500	2295			2205	
	7576	9420	7100			2320	
	3848	2320				2320	
	3728	7100	7100				
	521	500				500	
	521	500				500	
	9898	7000			7000		
	9898	7000			7000		
191371	726352	445941	331109	500	114332		
2213	44941	103370	102870	500			
	325	500		500			
2213	1004	381	381				
	43612	102489	102489				
189158	681411	342571	228239		114332		
8794	174832	40376	28000		3876	8500	
	168591	28000	28000				
8794	6241	12376			3876	8500	
49511577	**61425249**	**41671121**	**12561782**	**36406**	**27771894**	**432261**	**355128**
47489429	49950132	34613308	7093431	3540	26431812	407341	355128
17084203	18560711	15180544	4330632		10329315	20000	355128
15521508	15664597	13637164	3544491		9786176		306497
32463	1570595	500964	488142		12822		
1530232	1325519	1042416	297999		530317	20000	48631
27880957	27339797	16318062	1014120	343	15236672	29340	
2524269	4049624	3114702	1748679	3197	865825	358001	
195738	2223593	1562501	1305109	6784	245608	5000	
1826410	9251524	5495312	4163242	26082	1094474	19920	
1826410	8577021	4897457	4135387	26082	539474	4920	
	674503	597855	27855		555000	15000	

1-A-3 续表 16

分　组	外商资本	主营业务收　入	主营业务成　本	主营业务税金及附加	其他业务收　入
总　计	**6471572**	**984798336**	**898680972**	**14322853**	**39971275**
总计中：轻工业	393459	45703546	37572128	1793625	3890121
重工业	6078113	939094790	861108844	12529228	36081154
总计中：大型企业	2324315	750178919	687066130	10933138	35282556
中型企业	2853080	179878738	164152904	3033820	4003893
小型企业	1294177	54740679	47461938	355895	684826
按隶属关系分					
中央	2853795	615987724	578988534	9934775	23207758
地方	3617777	368810612	319692438	4388078	16763517
按行业小类分					
采矿业		**83716524**	**58820175**	**1232798**	**15544389**
煤炭开采和洗选业		26756097	20071573	452927	4264701
烟煤和无烟煤的开采洗选		26751007	20067593	452898	4264701
褐煤的开采洗选		5090	3980	29	
石油和天然气开采业		50229712	34172406	718116	11211987
天然原油和天然气开采		32228073	17633609	582540	
与石油和天然气开采有关的服务活动		18001639	16538797	135576	11211987
黑色金属矿采选业		4965312	3510711	40733	22801
铁矿采选		4965312	3510711	40733	22801
有色金属矿采选业		1361055	806374	5533	14201
常用有色金属矿采选		1089225	661564	4245	14201
铜矿采选		1089225	661564	4245	14201
贵金属矿采选		175580	73360	1218	
金矿采选		175580	73360	1218	
稀有稀土金属矿采选		96250	71450	70	
钨钼矿采选		5250	4900		
放射性金属矿采选		91000	66550	70	
非金属矿采选业		404348	259111	15489	30699
土砂石开采		118058	95542	2026	5160
石灰石、石膏开采		5218	3952	678	
建筑装饰用石开采		93490	81600	258	
耐火土石开采		19350	9990	1090	5160
化学矿采选		63261	50218	347	6780
采盐		223029	113351	13116	18759
制造业	**5957922**	**784565836**	**728678733**	**12409640**	**23207678**
农副食品加工业	6700	4615456	4208841	9885	76618
谷物磨制		913340	814748	511	3666
饲料加工		21151	9172	17	
植物油加工	2200	2646585	2506955	506	46388
食用植物油加工	2200	2646585	2506955	506	46388
屠宰及肉类加工		609194	540062	2955	3427
畜禽屠宰		532338	470777	2528	3427
肉制品及副产品加工		76856	69285	427	
水产品加工	4500	419315	332154	5896	23137
水产品冷冻加工		316554	238868	5896	10417
鱼糜制品及水产品干腌制加工	4500	102761	93286		12720
其他农副食品加工		5871	5750		
其他未列明的农副食品加工		5871	5750		

单位：千元

其他业务利润	营业费用	管理费用	税金	财务费用	利息支出	营业利润	投资收益
963401	**14516383**	**49648380**	**3667273**	**11545041**	**13400115**	**-5915704**	**-1028735**
797665	1593649	4487247	423333	345072	299833	-1419895	-190956
165736	12922734	45161133	3243940	11199969	13100282	-4495809	-837779
-150614	10850059	38425327	2848781	7475395	9274149	-5412319	-1464389
953735	2504110	8419760	633342	3373717	3528159	-2297495	218998
160280	1162214	2803293	185150	695929	597807	1794110	216656
125186	5093314	29207080	1972168	5197463	6856209	-17177545	-1507208
838215	9423069	20441300	1695105	6347578	6543906	11261841	478473
-859307	**437884**	**7658433**	**251889**	**594220**	**1493593**	**12279522**	**39887**
52523	271190	3407088	221672	299873	448772	1859021	-198470
52523	271190	3406830	221542	298617	447516	1858873	-198470
		258	130	1256	1256	148	
-927169	70797	3380940	12812	180007	929798	9309519	95004
	39845	2374235		155913	907338	9920603	
-927169	30952	1006705	12812	24094	22460	-611084	95004
1333	38530	602286	12033	74424	75485	774606	51454
1333	38530	602286	12033	74424	75485	774606	51454
5415	21931	205473	3836	27416	27119	302388	91899
5415	21020	151771	2271	17940	17940	238100	91899
5415	21020	151771	2271	17940	17940	238100	91899
	720	44592	1460	7536	7249	48085	
	720	44592	1460	7536	7249	48085	
	191	9110	105	1940	1930	16203	
	100	100		50	50	130	
	91	9010	105	1890	1880	16073	
8591	35436	62646	1536	12500	12419	33988	
2320	3847	6713	15	289	230	12081	
	97	123	15	56		432	
	100	100		3		11429	
2320	3650	6490		230	230	220	
6271	844	5170		3867	3867	9086	
	30745	50763	1521	8344	8322	12821	
1646900	**13357058**	**38662353**	**3213531**	**7810352**	**8634400**	**-15807435**	**-1428623**
19435	129198	170513	6981	67602	66164	70372	-27375
3213	52830	47248	1158	23910	23705	-9263	3085
	3782	5528	10	112		2540	
13825	15704	22678	1526	38703	37671	62038	-30522
13825	15704	22678	1526	38703	37671	62038	-30522
371	47745	36960	2502	59	49	-1326	62
371	44384	35112	2462	84	49	-3286	62
	3361	1848	40	-25		1960	
2026	9108	58025	1785	4796	4717	16387	
1797	4020	56459	1736	4723	4723	13279	
229	5088	1566	49	73	-6	3108	
	29	74		22	22	-4	
	29	74		22	22	-4	

1-A-3 续表 17

分组	外商资本	主营业务收入	主营业务成本	主营业务税金及附加	其他业务收入
食品制造业	17888	4455806	4120214	16713	7114
方便食品制造	11688	196250	158152	3559	
米、面制品制造	8088	9292	7955		
速冻食品制造	3600	28957	17978	488	
方便面及其他方便食品制造		158001	132219	3071	
液体乳及乳制品制造		3474113	3318513	7870	2798
罐头制造		13000	9999	26	78
蔬菜、水果罐头制造		5800	4100	26	49
其他罐头食品制造		7200	5899		29
调味品、发酵制品制造		449256	401560	1755	82
味精制造		322857	297306	972	
酱油、食醋及类似制品的制造		105315	82939	762	82
其他调味品、发酵制品制造		21084	21315	21	
其他食品制造	6200	323187	231990	3503	4156
冷冻饮品及食用冰制造		54771	47020	208	1317
盐加工		250298	169534	3249	2839
食品及饲料添加剂制造	6200	18118	15436	46	
饮料制造业		753595	660376	5205	117
酒精制造		46557	45166		
酒的制造		507216	429217	4893	
啤酒制造		456886	388353	3154	
葡萄酒制造		50330	40864	1739	
软饮料制造		199822	185993	312	117
瓶(罐)装饮用水制造		31493	27583	126	
果菜汁及果菜汁饮料制造		168329	158410	186	117
烟草制品业		3927144	1403706	1581064	261176
烟叶复烤		39867	20438	644	
卷烟制造		3887277	1383268	1580420	261176
纺织业	29913	1515041	1427444	2972	28539
棉、化纤纺织及印染精加工	4000	1353614	1285747	2098	26118
棉、化纤纺织加工		851911	804568	933	
棉、化纤印染精加工	4000	501703	481179	1165	26118
丝绢纺织及精加工		5200	4744	10	
绢纺和丝织加工		5200	4744	10	
纺织制成品制造		65065	58200	270	
其他纺织制成品制造		65065	58200	270	
针织品、编织品及其制品制造	25913	91162	78753	594	2421
棉、化纤针织品及编织品制造	25913	91162	78753	594	2421
纺织服装、鞋、帽制造业	1488	188872	148057	1735	6027
纺织服装制造	1488	188872	148057	1735	6027
皮革、毛皮、羽毛(绒)及其制品业	1365	9846	12448		
毛皮鞣制及制品加工	1365	9846	12448		
毛皮服装加工	1365	9846	12448		
木材加工及木、竹、藤、棕、草制品业	45937	378367	351264	1398	5988
锯材、木片加工		5010	5010	6	
锯材加工		5010	5010	6	
人造板制造		158156	151876	618	
纤维板制造		158156	151876	618	

单位：千元

其他业务利润	营业费用	管理费用	税金	财务费用	利息支出	营业利润	投资收益
1279	132546	114784	11449	12997	11753	77964	
	5428	18392	2309	56	-172	7090	
	1066	677		-103		-303	
	2438	9033	2099	148	104	-1145	
	1924	8682	210	11	-276	8538	
288	73994	28487	1556	3581	2911	48393	
63	292	2017	125	450	447	213	
34	265	1345	75	52	50		
29	27	672	50	398	397	213	
76	19895	36488	4154	4546	4574	-11996	
	10666	22099	2983	2248	2266	-10616	
76	9224	13935	980	210	220	1409	
	5	454	191	2088	2088	-2789	
852	32937	29400	3305	4364	3993	34264	
95	2939	9503	705	3472	3457	-286	
757	29066	18234	2599	883	536	34581	
	932	1663	1	9		-31	
117	32804	20037	977	3187	3647	5488	
	658	618	20			115	
	27580	14773	538	3186	3655	952	
	25966	10115		2251	2138	35	
	1614	4658	538	935	1517	917	
117	4566	4646	419	1	-8	4421	
	1181	2179				424	
117	3385	2467	419	1	-8	3997	
-157	83265	412613	9795	3676	6644	442102	-1778
	4408	18488		964	964	-5636	
-157	78857	394125	9795	2712	5680	447738	-1778
9482	7137	54371	5667	11368	12796	-811	330
7706	5446	43195	5347	12345	12207	-8398	330
	2933	22507	4578	193	393	2986	
7706	2513	20688	769	12152	11814	-11384	330
		1395				-1449	
		1395				-1449	
	596	3760		192	192	2047	
	596	3760		192	192	2047	
1776	1095	6021	320	-1169	397	6989	
1776	1095	6021	320	-1169	397	6989	
2674	6859	22516	480	772	390	8208	
2674	6859	22516	480	772	390	8208	
	512	1678		660	440	-5452	3
	512	1678		660	440	-5452	3
	512	1678		660	440	-5452	3
3159	10155	16801	994	7244	7098	-5066	5
		213	56	27		302	
		213	56	27		302	
	1123	3252	126	3270	2761	-1984	5
	1123	3252	126	3270	2761	-1984	5

1-A-3 续表 18

分 组	外商资本	主营业务收 入	主营业务成 本	主营业务税金及附加	其他业务收 入
木制品制造	45937	215201	194378	774	5988
建筑用木料及木材组件加工	41584	163546	146867	356	5843
木容器制造		30272	28568	107	
软木制品及其他木制品制造	4353	21383	18943	311	145
造纸及纸制品业		110202	100296	622	5578
造纸		64093	58143	26	5578
机制纸及纸板制造		64093	58143	26	5578
纸制品制造		46109	42153	596	
纸和纸板容器的制造		5869	5436	26	
其他纸制品制造		40240	36717	570	
印刷业和记录媒介的复制	53103	1541869	1292808	4835	43780
印刷	43703	1472963	1236562	4479	43774
书、报、刊印刷	13475	668371	560474	3657	25797
本册印制		31423	31028	18	
包装装潢及其他印刷	30228	773169	645060	804	17977
装订及其他印刷服务活动	9400	8931	5918		6
记录媒介的复制		59975	50328	356	
文教体育用品制造业		23842	21600		
乐器制造		9962	10280		
西乐器制造		9962	10280		
玩具制造		13880	11320		
石油加工、炼焦及核燃料加工业	261632	237196601	260451286	5823841	2807911
精炼石油产品的制造	261632	236874904	260259106	5823073	2807194
原油加工及石油制品制造	261632	236874904	260259106	5823073	2807194
炼焦		321697	192180	768	717
化学原料及化学制品制造业	160171	47091069	44644138	530096	565245
基础化学原料制造	20346	2835317	2802003	13251	8217
无机碱制造		2080145	2123541	10617	
无机盐制造		97298	76461	490	814
有机化学原料制造	20346	610230	560977	1602	6429
其他基础化学原料制造		47644	41024	542	974
肥料制造	126685	6290773	5311018	28573	355587
氮肥制造	126685	6285523	5306978	28547	354769
有机肥料及微生物肥料制造		5250	4040	26	818
农药制造		778860	596436	215	33069
化学农药制造		778860	596436	215	33069
涂料、油墨、颜料及类似产品制造	513	1050887	953347	5521	23279
涂料制造	513	122550	109291	1987	
颜料制造		229968	237052	493	21036
染料制造		667412	577753	2932	2243
密封用填料及类似品制造		30957	29251	109	
合成材料制造	8542	32666575	31991618	472950	1692
初级形态的塑料及合成树脂制造	8542	1438625	1277840	22158	47
合成橡胶制造		62253	39744	973	1645
合成纤维单(聚合)体的制造		31165697	30674034	449819	
专用化学产品制造	4085	3235336	2789577	8649	143382
化学试剂和助剂制造		1488144	1273080	3835	11531
专项化学用品制造	3000	298327	240474	590	1898
炸药及火工产品制造		1373117	1217081	3768	129765
信息化学品制造		30890	28376	108	
环境污染处理专用药剂材料制造		23022	18382	348	
其他专用化学产品制造	1085	21836	12184		188

单位：千元

其他业务利润	营业费用	管理费用	税金	财务费用	利息支出	营业利润	投资收益
3159	9032	13336	812	3947	4337	-3384	
3159	6101	10796	702	3042	3578	-506	
	131	195	4			1271	
	2800	2345	106	905	759	-4149	
4932	144	24196	162	1364	1475	-11455	
4932		12232	156	1475	1475	-2851	
4932		12232	156	1475	1475	-2851	
	144	11964	6	-111		-8604	
		460	6			-53	
	144	11504		-111		-8551	
19239	55609	169493	18980	23873	18295	16141	35907
19237	53838	152291	6878	21698	16039	15518	35907
18793	20350	75000	4143	11195	10919	18607	37572
	40	410				-75	
444	33448	76881	2735	10503	5120	-3014	-1665
2	911	1642	102	-81		123	
	860	15560	12000	2256	2256	500	
	2581	4830	267	14667	14387	-19836	
	1851	2450	158	14387	14387	-19006	
	1851	2450	158	14387	14387	-19006	
	730	2380	109	280		-830	
-23277	1167356	5238174	187814	824340	752945	-38129941	94957
-23721	1167356	5230315	187671	824375	752945	-38143534	94816
-23721	1167356	5230315	187671	824375	752945	-38143534	94816
444		7859	143	-35		13593	141
10174	538074	2714133	301121	686442	820901	1402194	50675
2475	73365	288882	32577	227004	239517	-553492	14298
	41897	220697	30538	217044	229317	-519647	14298
-28	3085	14984	255	580	626	-2148	
1821	26618	42031	1367	9428	9553	-25569	
682	1765	11170	417	-48	21	-6128	
4954	113891	657720	211069	303143	458778	-79059	25246
4914	112922	656792	211031	303143	458778	-80269	25246
40	969	928	38			1210	
-35504	11823	42572	7370	11758	7804	95852	8521
-35504	11823	42572	7370	11758	7804	95852	8521
13049	21958	152570	3751	36108	21943	-124653	-631
	1724	4923	793	1632	1638	2993	
12504	937	60485	2501	5322	5395	-80901	
545	19181	86981	450	29154	14910	-48045	-631
	116	181	7			1300	
832	191497	1235863	23006	24736	24764	1910586	-586
33	18218	42817	12008	22553	22651	55179	
799	1413	32780	849	-593		-11264	
	171866	1160266	10149	2776	2113	1866671	-586
24499	111767	315298	23235	82265	67545	155259	3827
7332	56820	83273	11561	28650	18683	130188	7
881	12890	21746	3926	7510	5828	13505	
16286	35073	201014	6301	45099	42162	12531	3820
	964	6056	1211	1015	872	-5629	
	244	2205	235	7		1776	
	5776	1004	1	-16		2888	

1-A-3 续表 19

分 组	外商资本	主营业务收入	主营业务成本	主营业务税金及附加	其他业务收入
日用化学产品制造		233321	200139	937	19
肥皂及合成洗涤剂制造		180638	167899	469	
香料、香精制造		52683	32240	468	19
医药制造业	50866	7489673	5281874	42696	173
化学药品原药制造	47776	6246253	4643939	34859	
化学药品制剂制造	1430	526410	385522	3081	
中成药制造		144287	75474	1508	
兽用药品制造		138174	60681	914	
生物、生化制品的制造	1660	434549	116258	2334	173
化学纤维制造业		6528298	6384023	80884	2066320
纤维素纤维原料及纤维制造		804126	824796	1510	10337
人造纤维(纤维素纤维)制造		804126	824796	1510	10337
合成纤维制造		5724172	5559227	79374	2055983
涤纶纤维制造		1498408	1378066	34233	1956903
腈纶纤维制造		4225764	4181161	45141	99080
橡胶制品业	6110	1234060	1104964	5076	27846
轮胎制造		924032	841970	3056	13018
车辆、飞机及工程机械轮胎制造		924032	841970	3056	13018
橡胶板、管、带的制造		72900	69254	416	
橡胶零件制造	1126	119363	87620	906	14828
再生橡胶制造		9215	8176	325	
橡胶靴鞋制造	4984	108550	97944	373	
塑料制品业	24783	895946	822201	2744	6441
塑料薄膜制造		16070	15296	17	
塑料板、管、型材的制造		80517	55834	206	925
塑料丝、绳及编织品的制造		35943	21206	223	1060
泡沫塑料制造		232900	294732	56	
塑料包装箱及容器制造	24030	222927	185713	56	2475
日用塑料制造	753	88566	72248	237	1138
日用塑料杂品制造	753	88566	72248	237	1138
其他塑料制品制造		219023	177172	1949	843
非金属矿物制品业	21216	5382733	4639980	34618	188942
水泥、石灰和石膏的制造		1768882	1493198	12228	43626
水泥制造		1718827	1451340	11001	43626
石灰和石膏制造		50055	41858	1227	
水泥及石膏制品制造		1198431	1023453	9279	34471
水泥制品制造		948118	814776	3546	20801
砼结构构件制造		234873	193047	5617	3350
石棉水泥制品制造		15440	15630	116	10320
砖瓦、石材及其他建筑材料制造		214169	145448	1119	16315
粘土砖瓦及建筑砌块制造		61197	47397	669	2153
建筑陶瓷制品制造		17067	16737	21	10
建筑用石加工		101274	55736	189	13243
隔热和隔音材料制造		34631	25578	240	909
玻璃及玻璃制品制造		618463	582348	1690	8209
平板玻璃制造		372403	364468	905	
技术玻璃制品制造		127529	112891	265	
玻璃保温容器制造		93436	84237	387	8150
玻璃纤维及制品制造		25095	20752	133	59

单位：千元

其他业务利润	营业费用	管理费用	税金	财务费用	利息支出	营业利润	投资收益
-131	13773	21228	113	1428	550	-2299	
	12041	12555	83	1205	550	-11515	
-131	1732	8673	30	223		9216	
	584450	558011	109369	213212	132911	794207	
	419031	428330	95375	182588	109844	537506	
	36723	41738	7995	15186	8684	44171	
	33698	26175	2448	4130	3542	3303	
	15538	24378	1690	3980	4022	32681	
	79460	37390	1861	7328	6819	176546	
-476122	91079	1290620	202339	-39317	-18065	-2828038	-234770
1201	6632	51058	1	2719	2707	-79750	
1201	6632	51058	1	2719	2707	-79750	
-477323	84447	1239562	202338	-42036	-20772	-2748288	-234770
-472391	8510	142769	52420	-21547	-20780	-516014	4090
-4932	75937	1096793	149918	-20489	8	-2232274	-238860
494	63925	54955	3267	11534	10853	-22754	49
206	54698	19665	1302	10217	9799	-27883	
206	54698	19665	1302	10217	9799	-27883	
	894	12826		-4		-5699	
288	4675	14825	1732	1008	1040	11541	49
	96	280		103	14	234	
	3562	7359	233	210		-947	
2388	20827	117266	12262	48261	52261	-116261	-202
	810	1130	2	1		-1184	
397	1454	19836	73	-436		3727	
77	593	5027	663	-21		8992	
	1076	30862	9189	44114	49430	-142051	-202
426	10428	11310	98	4682	3903	9652	
900	856	9895	171	-70	-22	5299	
900	856	9895	171	-70	-22	5299	
588	5610	39206	2066	-9	-1050	-696	
21767	125728	464105	29918	78934	67291	120918	3422
22745	65932	179099	10805	49417	48725	40783	27
22745	65146	165741	10800	49407	48725	47967	27
	786	13358	5	10		-7184	
490	12801	83294	10159	7484	2885	74501	3395
174	12788	73098	9326	6201	1775	49763	3395
	2	9564	833	1283	1110	25360	
316	11	632				-622	
-854	8614	25138	64	4074	280	-1012	
-886	3872	9592	50	-203		-1449	
10		436		206	206	-323	
	4652	5919		4070	73	-1874	
22	90	9191	14	1	1	2634	
1238	9269	53527	929	10472	8476	-5973	
	5388	35600		8779	7010	-11122	
	2318	6772		382	155	4919	
1179	350	7508	214	1318	1311	813	
59	1213	3647	715	-7		-583	

1-A-3 续表 20

分 组	外商资本	主营业务收入	主营业务成本	主营业务税金及附加	其他业务收入
陶瓷制品制造		165461	125806	721	2
特种陶瓷制品制造		158998	120312	707	2
日用陶瓷制品制造		6463	5494	14	
耐火材料制品制造	18876	1306631	1178085	8904	83925
耐火陶瓷制品及其他耐火材料制造	18876	1306631	1178085	8904	83925
石墨及其他非金属矿物制品制造	2340	110696	91642	677	2394
其他非金属矿物制品制造	2340	110696	91642	677	2394
黑色金属冶炼及压延加工业	520060	228685191	196580297	2113618	10580697
炼钢		11615792	10600260	76681	582135
钢压延加工	520060	212321803	181830931	1988283	9066598
铁合金冶炼		4747596	4149106	48654	931964
有色金属冶炼及压延加工业		10820760	10504269	42687	797378
常用有色金属冶炼		8377089	8354341	39252	126375
铅锌冶炼		6655069	6748607	33989	78472
铝冶炼		1722020	1605734	5263	47903
贵金属冶炼		1153878	978899	2339	12454
金冶炼		1153878	978899	2339	12454
有色金属压延加工		1289793	1171029	1096	658549
常用有色金属压延加工		1065726	1009701	1079	658549
贵金属压延加工		224067	161328	17	
金属制品业	82671	5888342	4980389	25747	241041
结构性金属制品制造	5539	2521534	2173492	14620	79896
金属结构制造	5539	1515201	1191294	14367	79886
金属门窗制造		1006333	982198	253	10
金属工具制造		17992	16112		11
切削工具制造		17992	16112		11
集装箱及金属包装容器制造	77132	1879517	1566994	1790	97040
集装箱制造	77132	1666810	1392780	197	77102
金属压力容器制造		212707	174214	1593	19938
金属丝绳及其制品的制造		35554	33444	98	134
建筑、安全用金属制品制造		47169	44166	224	19
建筑装饰及水暖管道零件制造		27179	25418	77	19
安全、消防用金属制品制造		19990	18748	147	
金属表面处理及热处理加工		84057	71490	647	31
其他金属制品制造		1302519	1074691	8368	63910
铸币及贵金属制实验室用品制造		1221568	1011428	8349	63910
其他未列明的金属制品制造		80951	63263	19	
通用设备制造业	136581	40754049	32116240	127553	1282515
锅炉及原动机制造		170690	128848	601	831
锅炉及辅助设备制造		25838	24546		
内燃机及配件制造		120262	82657	568	831
汽轮机及辅机制造		24590	21645	33	
金属加工机械制造	7915	15772218	12426474	47743	426135
金属切削机床制造	5915	15467101	12133434	47349	426130
金属成形机床制造		216349	207764	293	5
铸造机械制造		5530	5518	3	
机床附件制造	2000	38637	38721	39	
其他金属加工机械制造		44601	41037	59	

单位：千元

其他业务利　润	营业费用	管理费用	税金	财务费用	利息支出	营业利润	投资收益
2	10365	18439	751	5036	4655	4522	
2	10346	18373	751	5000	4620	4262	
	19	66		36	35	260	
-3463	14674	99169	6900	2470	2267	-136	
-3463	14674	99169	6900	2470	2267	-136	
1609	4073	5439	310	-19	3	8233	
1609	4073	5439	310	-19	3	8233	
927143	4036477	13719893	907184	3968692	4063777	11514494	-1854860
353148	325720	481196	55593	518112	390142	27199	58421
379962	3672800	13090776	835975	3402908	3634934	11068647	-1913281
194033	37957	147921	15616	47672	38701	418648	
-232230	66629	642709	441163	720095	696457	-1750037	120474
-241043	57697	461507	419663	688311	668266	-1761632	118408
-247974	52512	406525	404990	651597	631720	-1781452	118408
6931	5185	54982	14673	36714	36546	19820	
2886	918	72712	1979	13137	12915	129743	
2886	918	72712	1979	13137	12915	129743	
5927	8014	108490	19521	18647	15276	-118148	2066
5927	8014	106128	19393	18647	15276	-119535	1220
		2362	128			1387	846
59267	43790	301501	29820	35791	24786	706675	1833
-27984	23024	106014	18051	8457	7247	258000	142
-27865	15748	81776	17224	8729	7528	168085	142
-119	7276	24238	827	-272	-281	89915	
11	1227	1227		1227		513	
11	1227	1227		1227		513	
69466	13433	41746	6172	25148	17226	354515	
65020	11287	20460	3518	9651	7866	347365	
4446	2146	21286	2654	15497	9360	7150	
134	550	1017	16	105	105	465	
16	289	1244	215	680	46	-74	
16		928		633		138	
	289	316	215	47	46	-212	
16	97	10170	26	-229	-199	1878	
17608	5170	140083	5340	403	361	91378	1691
17608	1041	129133	5242	-479	-508	89704	1691
	4129	10950	98	882	869	1674	
-515898	1045712	2388018	417211	577054	556732	2727117	28716
	7472	26550	52	2776	2662	6728	1416
	1266	3767				-3741	
	5866	21430	52	1579	1465	10447	1416
	340	1353		1197	1197	22	
-619538	453512	965901	227393	287067	284284	925157	17030
-619540	451452	951910	224965	286468	283759	928949	17030
2	1735	12304	2367	526	525	-7342	
		537		-1			
	41	288	19	38		1227	
	284	862	42	36		2323	

1-A-3 续表 21

分　组	外商资本	主营业务收　入	主营业务成　本	主营业务税金及附加	其他业务收　入
起重运输设备制造		2323143	2045706	6449	92529
泵、阀门、压缩机及类似机械的制造		2218220	1659382	8781	39165
泵及真空设备制造		978377	735109	2427	13966
气体压缩机械制造		289416	256604	677	
阀门和旋塞的制造		387281	261588	2116	21362
液压和气压动力机械及元件制造		563146	406081	3561	3837
轴承、齿轮、传动和驱动部件的制造		8464541	5799265	30086	662840
轴承制造		7672122	5115396	28360	658374
齿轮、传动和驱动部件制造		792419	683869	1726	4466
烘炉、熔炉及电炉制造		157043	132554	7329	
风机、衡器、包装设备等通用设备制造		5816915	5113077	14963	20963
风机、风扇制造		5506391	4849969	13450	81
气体、液体分离及纯净设备制造		49699	34250	109	550
制冷、空调设备制造		111910	95101	1000	
其他通用设备制造		148915	133757	404	20332
通用零部件制造及机械修理	127046	1307444	1145058	1612	14232
紧固件、弹簧制造		87607	75014	522	167
机械零部件加工及设备修理	127046	984388	894106	467	11832
其他通用零部件制造		235449	175938	623	2233
金属铸、锻加工	1620	4523835	3665876	9989	25820
钢铁铸件制造		3722941	2956413	9989	22642
锻件及粉末冶金制品制造	1620	800894	709463		3178
专用设备制造业	387855	38819570	32566097	108691	824627
矿山、冶金、建筑专用设备制造	350100	31503471	26340481	83415	633184
采矿、采石设备制造		9621933	8210301	24651	45576
石油钻采专用设备制造	350100	1895756	1697732	144	22764
建筑工程用机械制造		604812	507438	10605	2243
建筑材料生产专用机械制造		251455	223739	1346	
冶金专用设备制造		19129515	15701271	46669	562601
化工、木材、非金属加工专用设备制造	16081	2143744	1885967	8054	34003
炼油、化工生产专用设备制造		1793824	1565250	6613	13803
橡胶加工专用设备制造		63436	52153	163	20161
模具制造	16081	286484	268564	1278	39
食品、饮料、烟草及饲料生产专用设备制造		89621	94726	1032	580
食品、饮料、烟草工业专用设备制造		89621	94726	1032	580
印刷、制药、日化生产专用设备制造		107077	88595	228	198
制浆和造纸专用设备制造		107077	88595	228	198
纺织、服装和皮革工业专用设备制造	17674	230335	213600	536	1658
纺织专用设备制造	17674	204096	192222	354	1658
缝纫机械制造		26239	21378	182	
电子和电工机械专用设备制造		3013558	2589049	4366	146453
电工机械专用设备制造		26899	21116	68	
武器弹药制造		2986659	2567933	4298	146453
医疗仪器设备及器械制造		107536	95595	287	46
医疗诊断、监护及治疗设备制造		21172	15884	165	46
医疗、外科及兽医用器械制造		51004	51009	9	
机械治疗及病房护理设备制造		35360	28702	113	

单位：千元

其他业务利润	营业费用	管理费用	税金	财务费用	利息支出	营业利润	投资收益
-5738	23613	94514	12296	20000	21028	139911	
4020	107266	309703	32361	43887	44145	73042	160
2612	59496	140439	9055	13060	13511	25212	76
	7549	21552	6109	2909	2780	124	
227	10419	40913	789	8276	8656	49265	84
1181	29802	106799	16408	19642	19198	-1559	
86732	227695	366332	25605	89125	73949	903562	10110
90638	211787	330267	20288	81159	66021	840262	10110
-3906	15908	36065	5317	7966	7928	63300	
	1466	4596	207	3310	3310	3050	
4661	152712	375057	99274	87264	83926	67187	
81	137900	347106	94841	69972	66937	88078	
-366	2957	8964	401	159	214	2870	
	6759	5517	762	104	22	3429	
4946	5096	13470	3270	17029	16753	-27190	
10647	29770	82279	7030	9579	9208	27480	
129	4119	12063	2864	-14		-3968	
11501	19282	53091	2821	4827	5025	17794	
-983	6369	17125	1345	4766	4183	13654	
3318	42206	163086	12993	34046	34220	581000	
1700	24104	132747	10963	27227	29762	571085	
1618	18102	30339	2030	6819	4458	9915	
51245	565252	2529355	206171	466112	507898	2659047	23214
29627	444373	1892683	178112	391795	431191	2458036	11346
-61250	140213	438231	74596	107527	106988	760863	3626
4145	4602	120201	7012	9619	5336	67923	
-3140	17323	28893	4459	5104	5098	36725	
	4733	18666	4666	387	337	2584	
89872	277502	1286692	87379	269158	313432	1589941	7720
4287	17396	137448	7390	30138	27955	71323	
1356	8582	121298	6875	24152	24547	72453	
2894	6031	7658	25	1028	915	-703	
37	2783	8492	490	4958	2493	-427	
156	1960	8352		2481	2500	-33839	851
156	1960	8352		2481	2500	-33839	851
198	171	17494	1866	3394	3419	-2607	
198	171	17494	1866	3394	3419	-2607	
111	10380	33849	3734	1692	1525	-29738	-67
111	9112	22096	3173	-14	-23	-19690	-67
	1268	11753	561	1706	1548	-10048	
13416	58164	286507	7384	29762	35177	82486	11084
	4305	3799	23	159	152	-2549	
13416	53859	282708	7361	29603	35025	85035	11084
46	1580	8583	212	-3		1538	
46		4839	28	-1		329	
	4	204	7	-2		-220	
	1576	3540	177			1429	

1-A-3 续表 22

分组	外商资本	主营业务收入	主营业务成本	主营业务税金及附加	其他业务收入
环保、社会公共安全及其他专用设备制造	4000	1624228	1258084	10773	8505
环境污染防治专用设备制造	4000	584223	516704	3132	7059
地质勘查专用设备制造		14700	12749	134	
社会公共安全设备及器材制造		53295	41420	455	153
其他专用设备制造		972010	687211	7052	1293
交通运输设备制造业	3671554	107642163	91149890	1761318	2011594
铁路运输设备制造		7965908	7142148	14184	253927
铁路机车车辆及动车组制造		4916022	4577497	5542	7056
铁路机车车辆配件制造		304368	225927	2171	11657
铁路专用设备及器材、配件制造		552005	382349	4613	18044
其他铁路设备制造及设备修理		2193513	1956375	1858	217170
汽车制造	2206286	35357564	29098448	1674706	961972
汽车整车制造	2200036	30928193	25198768	1662129	794365
改装汽车制造		767564	661490	2818	18115
汽车零部件及配件制造	6250	3569786	3160234	9467	149492
汽车修理		92021	77956	292	
船舶及浮动装置制造	1461116	51195937	43452827	61553	590697
金属船舶制造		26909258	23924887	13348	285363
船用配套设备制造		3271208	2789683	27450	68160
船舶修理及拆船	1461116	21015471	16738257	20755	237174
航空航天器制造	4152	13069480	11413848	10665	204998
飞机制造及修理	4152	13069480	11413848	10665	204998
交通器材及其他交通运输设备制造		53274	42619	210	
交通管理用金属标志及设施制造		53274	42619	210	
电气机械及器材制造业	27650	5821934	5043906	24601	110627
电机制造	1500	1619053	1289406	5889	55466
发电机及发电机组制造		71297	54761	635	
电动机制造	1500	1547756	1234645	5254	55466
输配电及控制设备制造	500	1384519	1166483	12960	27801
变压器、整流器和电感器制造	500	496810	423651	2722	21976
电容器及其配套设备制造		79632	52187	7296	
配电开关控制设备制造		808077	690645	2942	5825
电线、电缆、光缆及电工器材制造		2443140	2296453	4969	27360
电线电缆制造		2405675	2260319	4968	27360
光纤、光缆制造		32339	30935		
绝缘制品制造		5126	5199	1	
电池制造		5008	4210	14	
家用电力器具制造		143687	114950	80	
家用空气调节器制造		143687	114950	80	
非电力家用器具制造		101477	77731	688	
燃气、太阳能及类似能源的器具制造		101477	77731	688	
其他电气机械及器材制造	25650	125050	94673	1	
其他未列明的电气机械制造	25650	125050	94673	1	
通信设备、计算机及其他电子设备制造业	412602	20923131	17215165	52293	1219333
通信设备制造	26000	130292	91340	230	223
通信传输设备制造		59793	34655	10	71
移动通信及终端设备制造	26000	70499	56685	220	152

单位：千元

其他业务利润	营业费用	管理费用	税金	财务费用	利息支出	营业利润	投资收益
3404	31228	144439	7473	6853	6131	111848	
2928	11947	25403	5051	736	653	11543	
	332	461		227		798	
	2723	5635	84	299	-24	101	
476	16226	112940	2338	5591	5502	99406	
552663	2738868	5360839	231816	-106988	556385	5843716	160791
9397	49422	571737	33906	72580	68926	206111	46392
	5576	251425	6746	64878	61343	83965	45687
77	25023	33727	1177	724	619	21342	
1190	12614	108637	2442	6432	7157	38193	
8130	6209	177948	23541	546	-193	62611	705
95454	1988464	1291725	76061	154808	476578	882619	-1355
60383	1873327	948053	55310	77453	400580	876325	
3729	24455	62783	2837	8369	8393	9198	615
31342	85246	274303	17546	68606	67606	-2664	-1970
	5436	6586	368	380	-1	-240	
415642	653433	2482654	92402	-530505	-179945	4318385	78150
166878	71054	1400901	61304	-173559	-28988	1200315	61239
32195	13862	170797	5412	-3832	-3454	281681	3703
216569	568517	910956	25686	-353114	-147503	2836389	13208
32170	44447	1013705	29447	196129	190826	430276	40812
32170	44447	1013705	29447	196129	190826	430276	40812
	3102	1018				6325	-3208
	3102	1018				6325	-3208
34901	135780	466664	42175	70595	59048	94980	5319
9311	34620	187723	8885	39903	36803	71890	2311
	1115	9175	6	-148		5775	
9311	33505	178548	8879	40051	36803	66115	2311
11190	62779	120093	5121	14715	15086	23728	3008
8511	9517	68276	2972	9953	9159	367	3008
	2543	3885		132		13589	
2679	50719	47932	2149	4630	5927	9772	
14400	25944	131359	26875	7026	5919	-11130	
14400	24141	125448	26874	5915	4809	-3778	
	1803	5848		1110	1110	-7214	
		63	1	1		-138	
	135	1135	69	260	260	-746	
	1378	1560				2587	
	1378	1560				2587	
	9288	11290	237	255	248	2924	
	9288	11290	237	255	248	2924	
	1636	13504	988	8436	732	5727	
	1636	13504	988	8436	732	5727	
1155160	1612006	1549085	26808	87854	182397	511698	161701
176	3115	34649	318	1122	71	-343	
70	1928	28513		24	-200	-5483	
106	1187	6136	318	1098	271	5140	

1-A-3 续表 23

分组	外商资本	主营业务收入	主营业务成本	主营业务税金及附加	其他业务收入
雷达及配套设备制造		1952913	1697745	6804	30468
电子计算机制造		21889	12558	31	341
电子计算机外部设备制造		21889	12558	31	341
电子器件制造	103828	7336841	6038668	3396	44313
电子真空器件制造	103828	7322633	6028788	3262	44313
半导体分立器件制造		9118	6750	62	
集成电路制造		5090	3130	72	
电子元件制造		263569	163146	1585	2769
电子元件及组件制造		263569	163146	1585	2769
家用视听设备制造	10893	8637962	7405333	11885	1141068
家用影视设备制造	4500	8523784	7301035	11885	1141068
家用音响设备制造	6393	114178	104298		
其他电子设备制造	271881	2579665	1806375	28362	151
仪器仪表及文化、办公用机械制造业	37777	837593	638558	4661	6217
通用仪器仪表制造	37777	782639	594639	4418	5633
工业自动控制系统装置制造	37777	653247	496429	3795	5442
绘图、计算及测量仪器制造		8036	3594	112	
实验分析仪器制造		74487	59350	330	161
供应用仪表及其他通用仪器制造		46869	35266	181	30
专用仪器仪表制造		24164	16691	154	50
汽车及其他用计数仪表制造		5912	4183	27	50
电子测量仪器制造		18252	12508	127	
光学仪器及眼镜制造		5290	4509	35	
光学仪器制造		5290	4509	35	
文化、办公用机械制造		25500	22719	54	534
其他文化、办公用机械制造		25500	22719	54	534
工艺品及其他制造业		752140	635441	2049	35834
工艺美术品制造		60571	52238	237	608
漆器工艺品制造		5160	4789	22	53
天然植物纤维编织工艺品制造		6625	6262	22	
地毯、挂毯制造		48786	41187	193	555
其他未列明的制造业		691569	583203	1812	35226
废弃资源和废旧材料回收加工业		282543	172961	2038	
金属废料和碎屑的加工处理		246618	140418	1828	
非金属废料和碎屑的加工处理		35925	32543	210	
电力、燃气及水的生产和供应业	**513650**	**116515976**	**111182064**	**680415**	**1219208**
电力、热力的生产和供应业	322056	111980284	107149789	647806	797229
电力生产	145469	23898861	22615071	187771	430592
火力发电		22613530	21657215	156691	430222
水力发电		600155	446942	5146	127
其他能源发电	145469	685176	510914	25934	243
电力供应	37587	81182936	78142183	422764	237373
热力生产和供应	139000	6898487	6392535	37271	129264
燃气生产和供应业		1229222	1214289	8347	240831
水的生产和供应业	191594	3306470	2817986	24262	181148
自来水的生产和供应	191594	2834586	2457169	22545	181148
污水处理及其再生利用		471884	360817	1717	

单位：千元

其他业务利润	营业费用	管理费用	税金	财务费用	利息支出	营业利润	投资收益
17205	60706	75570	2554	8592	15150	120702	-1778
	916	7781	55	-37	-37	846	
	916	7781	55	-37	-37	846	
-5682	1344539	421306	14242	155711	192724	-659216	118581
-5682	1343305	418329	14212	155555	192562	-659209	118555
	512	1077				721	26
	722	1900	30	156	162	-728	
2769	15534	46422	273	2002	3392	35327	11615
2769	15534	46422	273	2002	3392	35327	11615
1140590	97291	674019	9366	-66556	-28903	635614	26489
1140590	96364	668759	9343	-66550	-28903	631915	26489
	927	5260	23	-6		3699	
102	89905	289338		-12980		378768	6794
5732	32391	110061	7600	6376	7351	42685	1721
5423	29865	103921	7471	6259	7234	41739	1721
5442	21458	88991	6105	5124	6049	35978	1721
	598	1182		-2		2745	
-19	3423	11008	1366	799	840	-613	
	4386	2740		338	345	3629	
35	1851	4799	88	136	128	746	
35	270	1372	77	53	51	220	
	1581	3427	11	83	77	526	
	132	190		1		423	
	132	190		1		423	
274	543	1151	41	-20	-11	-223	
274	543	1151	41	-20	-11	-223	
13333	24981	115346	1334	14006	17337	-30878	1245
186	6350	19384	516	43	56	-17177	
	120	422	2	5		-156	
	18	451				149	
186	6212	18511	514	38	56	-17170	
13147	18631	95962	818	13963	17281	-13701	1245
	2923	29786	407	-51	46	75088	
	1683	27513	275	-212		75286	
	1240	2273	132	161	46	-198	
175808	**721441**	**3327594**	**201853**	**3140469**	**3272122**	**-2387791**	**360001**
15205	226809	2378502	148307	3045450	3185928	-1471461	205051
-101307	18971	844700	82497	1487251	1527218	-1437885	124909
-101601	18428	801618	82196	1392828	1432279	-1594219	121018
105	543	21025	265	14600	14601	107298	
189		22057	36	79823	80338	49036	3891
45076	161124	886135	34401	1251999	1357583	336080	75606
71436	46714	647667	31409	306200	301127	-369656	4536
114071	191626	334756	13485	43543	41047	-493843	145326
46532	303006	614336	40061	51476	45147	-422487	9624
46532	276475	586373	39089	38671	32636	-463828	9624
	26531	27963	972	12805	12511	41341	

1-A-3 续表 24

分　组	补贴收入	营业外收入	营业外支出	利润总额	应交所得税
总　计	**3921755**	**9183576**	**8715618**	**-6039915**	**6914478**
总计中：轻工业	249055	1213014	557623	-583247	481412
重工业	3672700	7970562	8157995	-5456668	6433066
总计中：大型企业	1132526	8327973	5547318	-4095551	5380400
中型企业	2558171	698878	2290186	-3411543	1184837
小型企业	231058	156725	878114	1467179	349241
按隶属关系分					
中央	2262684	7291003	4194066	-15743884	4043156
地方	1659071	1892573	4521552	9703969	2871322
按行业小类分					
采矿业	**306560**	**1310386**	**1238367**	**12476104**	**800525**
煤炭开采和洗选业	304310	482697	625617	1603201	534244
烟煤和无烟煤的开采洗选	304310	482697	625617	1603053	534219
褐煤的开采洗选				148	25
石油和天然气开采业		800507	431166	9773864	77094
天然原油和天然气开采		12750	105160	9828193	56520
与石油和天然气开采有关的服务活动		787757	326006	-54329	20574
黑色金属矿采选业	1770	657	7752	817591	141312
铁矿采选	1770	657	7752	817591	141312
有色金属矿采选业		26095	171861	248521	44710
常用有色金属矿采选		22792	150791	202000	32682
铜矿采选		22792	150791	202000	32682
贵金属矿采选		88	20970	27203	7434
金矿采选		88	20970	27203	7434
稀有稀土金属矿采选		3215	100	19318	4594
钨钼矿采选				130	30
放射性金属矿采选		3215	100	19188	4564
非金属矿采选业	480	430	1971	32927	3165
土砂石开采	480	30		12591	116
石灰石、石膏开采				432	39
建筑装饰用石开采				11429	77
耐火土石开采	480	30		730	
化学矿采选		300	1737	7649	
采盐		100	234	12687	3049
制造业	**2707497**	**7330592**	**6926108**	**-16696412**	**5967483**
农副食品加工业	20172	11443	4246	65561	20956
谷物磨制	6539	4679	395	3495	242
饲料加工		700		3240	
植物油加工		280	65	31731	5029
食用植物油加工		280	65	31731	5029
屠宰及肉类加工	9978	1607	3225	7096	1512
畜禽屠宰	9978	1607	3225	5136	1015
肉制品及副产品加工				1960	497
水产品加工	3655	4177	561	20003	14173
水产品冷冻加工	3655	3737	460	16556	13213
鱼糜制品及水产品干腌制加工		440	101	3447	960
其他农副食品加工				-4	
其他未列明的农副食品加工				-4	

单位：千元

亏损企业亏损总额	利税总额	本年应付工资总额	本年应付福利费总额	本年应交增值税	本年进项税额	本年销项税额	全部从业人员年平均人数（人）
48603432	**38168706**	**47192660**	**5680603**	**29885768**	**132403383**	**143223950**	**1160303**
2634961	2674116	3768115	402740	1463738	3229844	4184955	116486
45968471	35494590	43424545	5277863	28422030	129173539	139038995	1043817
36913797	30356917	37257676	4463945	23519330	107427522	113871463	846508
10786709	4574103	7375346	900995	4951826	19279289	22745844	223235
902926	3237686	2559638	315663	1414612	5696572	6606643	90560
44473753	11369055	25526272	2006224	17178164	87106511	89919812	537391
4129679	26799651	21666388	3674379	12707604	45296872	53304138	622912
83141	**19885069**	**11743247**	**712107**	**6176167**	**8713419**	**15363443**	**302339**
26879	4369631	4638475	266761	2313503	3163024	5426282	144826
26879	4369425	4637245	266736	2313474	3163024	5426282	144755
	206	1230	25	29			71
56262	13912334	6218885	394711	3420354	4948435	9023909	134376
	13409413	1932392	150359	2998680	2832979	5746719	28802
56262	502921	4286493	244352	421674	2115456	3277190	105574
	1219473	638395	29663	361149	452226	684790	13587
	1219473	638395	29663	361149	452226	684790	13587
	305892	127369	16453	51838	127981	179819	4874
	257978	94443	11333	51733	127881	179614	3067
	257978	94443	11333	51733	127881	179614	3067
	28426	16484	3353	5		5	1281
	28426	16484	3353	5		5	1281
	19488	16442	1767	100	100	200	526
	230	260	5	100	100	200	30
	19258	16182	1762				496
	77739	120123	4519	29323	21753	48643	4676
	18781	11450	21	4164	1613	3367	290
	1144	104	21	34	551	585	12
	14097	9376		2410			170
	3540	1970		1720	1062	2782	108
	12916	55800	4464	4920	5834	10754	1860
	46042	52873	34	20239	14306	34522	2526
45231853	**14017231**	**28357585**	**4320681**	**18304003**	**110860455**	**118078675**	**705635**
4220	122343	98934	13735	46897	481283	508124	4921
3984	13844	24055	3284	9838	61298	56186	1201
	3257	418	62		14		70
	49804	9423	501	17567	333609	351177	352
	49804	9423	501	17567	333609	351177	352
232	15833	18131	1176	5782	56007	60116	855
232	9559	15343	1176	1895	46797	47037	781
	6274	2788		3887	9210	13079	74
	39609	46669	8712	13710	29659	39836	2409
	35757	45408	8316	13305	13354	26498	2351
	3852	1261	396	405	16305	13338	58
4	-4	238			696	809	34
4	-4	238			696	809	34

1-A-3 续表 25

分 组	补贴收入	营业外收入	营业外支出	利润总额	应交所得税
食品制造业	582	7753	3150	83149	20435
方便食品制造		17	-282	7389	933
米、面制品制造			25	-328	
速冻食品制造		16	-361	-768	34
方便面及其他方便食品制造		1	54	8485	899
液体乳及乳制品制造		3165	1820	49738	9151
罐头制造		683	126	770	57
蔬菜、水果罐头制造		683	114	569	57
其他罐头食品制造			12	201	
调味品、发酵制品制造		228	797	-12565	290
味精制造				-10616	
酱油、食醋及类似制品的制造		228	797	840	290
其他调味品、发酵制品制造				-2789	
其他食品制造	582	3660	689	37817	10004
冷冻饮品及食用冰制造		53	232	-465	
盐加工	582	3607	457	38313	9980
食品及饲料添加剂制造				-31	24
饮料制造业		10	423	5075	270
酒精制造				115	42
酒的制造		7	37	922	228
啤酒制造				35	6
葡萄酒制造		7	37	887	222
软饮料制造		3	386	4038	
瓶(罐)装饮用水制造				424	
果菜汁及果菜汁饮料制造		3	386	3614	
烟草制品业	400	12299	7865	445158	110132
烟叶复烤				-5636	
卷烟制造	400	12299	7865	450794	110132
纺织业	577	4337	12786	-8353	-3190
棉、化纤纺织及印染精加工	577	3123	12755	-17123	-4722
棉、化纤纺织加工		519	12541	-9036	707
棉、化纤印染精加工	577	2604	214	-8087	-5429
丝绢纺织及精加工		1214		-235	
绢纺和丝织加工		1214		-235	
纺织制成品制造				2047	661
其他纺织制成品制造				2047	661
针织品、编织品及其制品制造			31	6958	871
棉、化纤针织品及编织品制造			31	6958	871
纺织服装、鞋、帽制造业	613	105	8220	301	184
纺织服装制造	613	105	8220	301	184
皮革、毛皮、羽毛(绒)及其制品业			1	-5450	
毛皮鞣制及制品加工			1	-5450	
毛皮服装加工			1	-5450	
木材加工及木、竹、藤、棕、草制品业	2877	152	59	-2091	2622
锯材、木片加工				302	15
锯材加工				302	15
人造板制造	2877			898	680
纤维板制造	2877			898	680

单位：千元

亏损企业亏损总额	利税总额	本年应付工资总额	本年应付福利费总额	本年应交增值税	本年进项税额	本年销项税额	全部从业人员年平均人数（人）
20545	168721	133761	17153	68859	230740	237415	6007
1477	17508	13908	1575	6560	2768	6126	687
328	-282	976	152	46	995	550	34
1149	450	6135	995	730	1773	2360	325
	17340	6797	428	5784		3216	328
4639	87614	53261	1560	30006	142173	118180	1407
	1256	1253	91	460	1178	1664	97
	830	913	91	235	204	439	70
	426	340		225	974	1225	27
13682	4678	37859	4014	15488	60311	72855	1811
10616	-1319	14334	1350	8325	46765	55090	1127
277	8553	22544	2416	6951	10771	14777	621
2789	-2556	981	248	212	2775	2988	63
747	57665	27480	9913	16345	24310	38590	2005
465	1641	9336	8289	1898	6536	8296	550
36	55675	16734	1500	14113	16824	29045	1371
246	349	1410	124	334	950	1249	84
	20738	21946	1453	10458	43301	50630	683
	1713	1440	202	1598	5552	7150	120
	8499	17677	1003	2684	26913	26468	393
	5873	15840	792	2684	25528	22844	264
	2626	1837	211		1385	3624	129
	10526	2829	248	6176	10836	17012	170
	2771	417	161	2221	3133	5354	30
	7755	2412	87	3955	7703	11658	140
5636	2501058	163360	15901	474836	239796	706347	2313
5636	718	5280	120	5710			440
	2500340	158080	15781	469126	239796	706347	1873
18922	22258	125776	11932	27639	106976	127591	4307
18467	8469	110628	12007	23494	93157	115044	3249
10380	-450	62305	7029	7653	23030	30683	1772
8087	8919	48323	4978	15841	70127	84361	1477
235	-93	1348	-567	132	456	602	196
235	-93	1348	-567	132	456	602	196
	5570	2666	175	3253	7808	11061	98
	5570	2666	175	3253	7808	11061	98
220	8312	11134	317	760	5555	884	764
220	8312	11134	317	760	5555	884	764
4019	8828	33064	3977	6792	10691	13978	1549
4019	8828	33064	3977	6792	10691	13978	1549
5450	-5450	1617	226		920	170	95
5450	-5450	1617	226		920	170	95
5450	-5450	1617	226		920	170	95
10082	5236	23469	1968	5929	33027	23447	1017
	308	39					2
	308	39					2
1822	4639	4477	263	3123	11170	13801	190
1822	4639	4477	263	3123	11170	13801	190

1-A-3 续表 26

分　组	补贴收入	营业外收入	营业外支出	利润总额	应交所得税
木制品制造		152	59	-3291	1927
建筑用木料及木材组件加工		152	59	-413	1609
木容器制造				1271	318
软木制品及其他木制品制造				-4149	
造纸及纸制品业	9352	26	4879	-10886	
造纸		26	4846	-11601	
机制纸及纸板制造		26	4846	-11601	
纸制品制造	9352		33	715	
纸和纸板容器的制造				-53	
其他纸制品制造	9352		33	768	
印刷业和记录媒介的复制	4203	1346	945	56129	13780
印刷	4203	1346	846	55605	13780
书、报、刊印刷	3084	864	604	59119	9467
本册印制				-75	
包装装潢及其他印刷	1119	482	242	-3439	4313
装订及其他印刷服务活动			99	24	
记录媒介的复制				500	
文教体育用品制造业		53	335	-20118	
乐器制造		53	335	-19288	
西乐器制造		53	335	-19288	
玩具制造				-830	
石油加工、炼焦及核燃料加工业	1703930	2876519	286930	-35523616	119690
精炼石油产品的制造	1703930	2875819	286930	-35537909	117907
原油加工及石油制品制造	1703930	2875819	286930	-35537909	117907
炼焦		700		14293	1783
化学原料及化学制品制造业	36905	1274620	1407237	1311956	138431
基础化学原料制造	10066	88323	123355	-578458	21081
无机碱制造		87871	117717	-549493	17817
无机盐制造	595	119	333	-1767	260
有机化学原料制造		333	4176	-29412	1420
其他基础化学原料制造	9471		1129	2214	1584
肥料制造	3110	105114	16789	28642	76454
氮肥制造	3110	104422	16789	26740	76302
有机肥料及微生物肥料制造		692		1902	152
农药制造		1	41899	53954	11651
化学农药制造		1	41899	53954	11651
涂料、油墨、颜料及类似产品制造	8869	18301	16681	-114848	932
涂料制造	53	5	881	2117	607
颜料制造		2221	15218	-93898	
染料制造	8816	16075	582	-24367	
密封用填料及类似品制造				1300	325
合成材料制造	879	1037916	1194955	1753840	10146
初级形态的塑料及合成树脂制造	879	659	15650	41067	10146
合成橡胶制造		1004		-10260	
合成纤维单(聚合)体的制造		1036253	1179305	1723033	
专用化学产品制造	12880	24875	13373	170119	16889
化学试剂和助剂制造	12880	13473	4056	142963	6347
专项化学用品制造		1	2000	11506	4969
炸药及火工产品制造		11213	9440	14304	4766
信息化学品制造			-2123	-3506	
环境污染处理专用药剂材料制造				1776	38
其他专用化学产品制造		188		3076	769

单位：千元

亏损企业 亏损总额	利税总额	本年应付 工资总额	本年应付 福利费总额	本年应交 增 值 税	本年进项 税 额	本年销项 税 额	全部从业 人 员 年 平均人数 (人)
8260	289	18953	1705	2806	21857	9646	825
4111	1780	14423	1303	1837	13963	1322	620
	2347	837	117	969	4177	5146	55
4149	-3838	3693	285		3717	3178	150
11660	-9170	12704	1184	1094	7761	7094	1251
11601	-11575	4828	460		2109	348	1079
11601	-11575	4828	460		2109	348	1079
59	2405	7876	724	1094	5652	6746	172
53	206	638	47	233	772	1005	46
6	2199	7238	677	861	4880	5741	126
33034	122237	146078	66513	61273	193119	254948	4943
33034	120204	139463	12534	60120	192351	253429	4714
20790	88141	78295	6153	25365	95104	125265	2851
75	605	204		662	4682	5344	22
12169	31458	60964	6381	34093	92565	122820	1841
	775	1307	81	751	768	1519	39
	1258	5308	53898	402			190
20118	-20012	3213	415	106	2554	1739	223
19288	-19182	544	70	106	1632	1738	19
19288	-19182	544	70	106	1632	1738	19
830	-830	2669	345		922	1	204
36168424	-28042515	2112506	235425	1657260	39873196	38737813	38854
36168424	-28070606	2102294	235425	1644230	39848863	38700450	38606
36168424	-28070606	2102294	235425	1644230	39848863	38700450	38606
	28091	10212		13030	24333	37363	248
997604	2200514	1751653	194130	358462	7211242	6760870	62502
587681	-479285	161697	30913	85922	407550	484563	11920
549493	-475508	121571	27197	63368	305306	366414	10051
2806	3401	12817	1180	4678	8942	10425	705
35382	-11130	18844	924	16680	86444	98592	890
	3952	8465	1612	1196	6858	9132	274
257204	181410	558745	93577	124195	565346	525361	19341
257204	179247	558308	93516	123960	564674	524613	19322
	2163	437	61	235	672	748	19
	55113	55988	8805	944	44243	27023	1284
	55113	55988	8805	944	44243	27023	1284
119655	-80260	77345	2607	29067	146054	160135	4134
325	11974	5007	887	7870	6241	14039	144
93898	-93405	23298			43504	41308	876
25432	-1229	48256	1611	20206	92038	99526	3066
	2400	784	109	991	4271	5262	48
10260	2260537	629333	40734	33747	5439414	4901380	12577
	93882	52159	6774	30657	70078	100736	1220
10260	-6197	11334	1172	3090	4727	5426	760
	2172852	565840	32788		5364609	4795218	10597
12213	258251	251322	16353	79483	578414	629527	12034
86	180621	41719	5289	33823	193549	204901	1808
1551	16282	11541	1608	4186	221559	225745	590
7070	55858	184367	6972	37786	156395	188822	9291
3506	-2599	10293	1602	799	1394	2193	218
	3097	2133	483	973	3481	3914	87
	4992	1269	399	1916	2036	3952	40

1-A-3 续表 27

分组	补贴收入	营业外收入	营业外支出	利润总额	应交所得税
日用化学产品制造	1101	90	185	-1293	1278
肥皂及合成洗涤剂制造	1101	90	67	-10391	
香料、香精制造			118	9098	1278
医药制造业	517	6611	281790	519028	128059
化学药品原药制造	478	399	258068	279837	64973
化学药品制剂制造	39		22693	21478	5225
中成药制造		3095	64	6334	
兽用药品制造		3117	726	35072	6408
生物、生化制品的制造			239	176307	51453
化学纤维制造业		969074	185756	-2040629	
纤维素纤维原料及纤维制造			3020	-82770	
人造纤维(纤维素纤维)制造			3020	-82770	
合成纤维制造		969074	182736	-1957859	
涤纶纤维制造		345207	120993	-287710	
腈纶纤维制造		623867	61743	-1670149	
橡胶制品业	1714	1999	4410	-24402	2250
轮胎制造	200	200	613	-28296	555
车辆、飞机及工程机械轮胎制造	200	200	613	-28296	555
橡胶板、管、带的制造				-5699	
橡胶零件制造	830	17	3797	8524	1642
再生橡胶制造				234	53
橡胶靴鞋制造	684	1782		835	
塑料制品业	705	16266	39932	-140029	5437
塑料薄膜制造		1	565	-1748	
塑料板、管、型材的制造		1	13	3715	986
塑料丝、绳及编织品的制造	100	212	207	9097	2525
泡沫塑料制造		537	35786	-177502	
塑料包装箱及容器制造		79	31	9700	305
日用塑料制造	605	56	413	4942	360
日用塑料杂品制造	605	56	413	4942	360
其他塑料制品制造		15380	2917	11767	1261
非金属矿物制品业	34087	85793	31478	207479	20819
水泥、石灰和石膏的制造	16405	47089	6909	97395	11563
水泥制造	16405	47049	6859	104589	11563
石灰和石膏制造		40	50	-7194	
水泥及石膏制品制造		1297	430	75164	6844
水泥制品制造		1297	313	50543	2982
砼结构构件制造			117	25243	3862
石棉水泥制品制造				-622	
砖瓦、石材及其他建筑材料制造	3101	6249	1041	5633	-213
粘土砖瓦及建筑砌块制造		1795	148	198	5
建筑陶瓷制品制造		450		127	
建筑用石加工	1437	4	893	-1326	-289
隔热和隔音材料制造	1664	4000		6634	71
玻璃及玻璃制品制造	581	1258	7195	-11329	768
平板玻璃制造				-11122	
技术玻璃制品制造				4919	722
玻璃保温容器制造	581	1009	1106	1297	46
玻璃纤维及制品制造		249	6089	-6423	

单位：千元

亏损企业亏损总额	利税总额	本年应付工资总额	本年应付福利费总额	本年应交增值税	本年进项税额	本年销项税额	全部从业人员年平均人数（人）
10591	4748	17223	1141	5104	30221	32881	1212
10591	-5568	12080	1091	4354	26297	30746	976
	10316	5143	50	750	3924	2135	236
6861	790055	505337	78525	228331	319583	536678	11627
	483799	383422	67518	169103	278351	455251	8442
3841	41043	34747	5878	16484	26383	42807	1021
248	22181	29878	3342	14339	4142	18359	1222
	44324	19676	1173	8338		8338	421
2772	198708	37614	614	20067	10707	11923	521
2040629	-1682555	1213624	90172	277190	1048819	1148325	25800
82770	-67532	64249	2808	13728	132493	138322	5360
82770	-67532	64249	2808	13728	132493	138322	5360
1957859	-1615023	1149375	87364	263462	916326	1010003	20440
287710	-109368	654262	18075	144109	384675	392567	12123
1670149	-1505655	495113	69289	119353	531651	617436	8317
38569	8880	67300	7851	28206	107218	104152	3721
28296	-7874	15749		17366	78716	68870	830
28296	-7874	15749		17366	78716	68870	830
5699	-1498	12700		3785	5218	9003	719
2474	16185	16995	7268	6755	9104	15978	481
	639	2432	559	80			145
2100	1428	19424	24	220	14180	10301	1546
179250	-116119	71735	3383	21166	110617	119548	2941
1748	-1578	820	270	153	2580	2730	42
	5783	3624	514	1862	10305	12187	179
	11799	1587		2479	3644	6123	68
177502	-177446	18739			46693	39436	1200
	16260	16626	135	6504	26430	33249	330
	7279	5060	247	2100	5784	7612	314
	7279	5060	247	2100	5784	7612	314
	21784	25279	2217	8068	15181	18211	808
38773	467631	421282	61737	225534	560068	767608	15861
7902	209586	153363	10160	99963	206240	305905	5328
708	211913	127873	9779	96323	203820	299845	4745
7194	-2327	25490	381	3640	2420	6060	583
4723	128105	74206	8527	43662	74869	111837	2745
4101	91572	67604	8381	37483	54033	84822	2368
	37026	5613	146	6166	20698	26864	335
622	-493	989		13	138	151	42
6655	11088	18411	1461	4336	5869	10098	1076
3713	2339	5281	818	1472	2456	4068	292
	395	1512		247			120
2942	-1137	9580	90				581
	9491	2038	553	2617	3413	6030	83
17545	79	25271	1923	9718	81163	82979	1487
11122	-5925	11981		4292	54054	49762	860
	8744	3108	104	3560	9782	11052	130
	2342	7192	1007	658	14259	17889	355
6423	-5082	2990	812	1208	3068	4276	142

1-A-3 续表 28

分 组	补贴收入	营业外收入	营业外支出	利润总额	应交所得税
陶瓷制品制造		24	1350	3196	1494
特种陶瓷制品制造		24	1350	2936	1450
日用陶瓷制品制造				260	44
耐火材料制品制造	14000	29461	13731	29594	315
耐火陶瓷制品及其他耐火材料制造	14000	29461	13731	29594	315
石墨及其他非金属矿物制品制造		415	822	7826	48
其他非金属矿物制品制造		415	822	7826	48
黑色金属冶炼及压延加工业	880	563907	2053844	8081918	3518535
炼钢		71669	15590	83278	21799
钢压延加工	880	452850	1937313	7641545	3373234
铁合金冶炼		39388	100941	357095	123502
有色金属冶炼及压延加工业	158597	364890	74530	-1457516	-303365
常用有色金属冶炼	151042	327966	23360	-1456941	-320888
铅锌冶炼	150957	318526	7689	-1470615	-319792
铝冶炼	85	9440	15671	13674	-1096
贵金属冶炼	7545	3904	41821	91826	17514
金冶炼	7545	3904	41821	91826	17514
有色金属压延加工	10	33020	9349	-92401	9
常用有色金属压延加工	10	33020	8926	-94211	9
贵金属压延加工			423	1810	
金属制品业	250	39271	190974	556913	36112
结构性金属制品制造		20524	185604	92920	6756
金属结构制造		20388	185385	3088	6193
金属门窗制造		136	219	89832	563
金属工具制造				513	
切削工具制造				513	
集装箱及金属包装容器制造	250	162	230	354697	589
集装箱制造	250	47		347662	483
金属压力容器制造		115	230	7035	106
金属丝绳及其制品的制造				465	112
建筑、安全用金属制品制造		185	49	62	34
建筑装饰及水暖管道零件制造				138	34
安全、消防用金属制品制造		185	49	-76	
金属表面处理及热处理加工		122	174	1826	441
其他金属制品制造		18278	4917	106430	28180
铸币及贵金属制实验室用品制造		18116	4444	105067	28179
其他未列明的金属制品制造		162	473	1363	1
通用设备制造业	147119	55955	603907	2265210	455719
锅炉及原动机制造	145	1992		8720	1026
锅炉及辅助设备制造		1764		-1977	
内燃机及配件制造	145	228		10675	1026
汽轮机及辅机制造				22	
金属加工机械制造	78837	2041	83795	875978	156008
金属切削机床制造	78837	2041	83398	880167	155402
金属成形机床制造			-154	-7188	30
铸造机械制造			551	-551	
机床附件制造				1227	503
其他金属加工机械制造				2323	73

单位：千元

亏损企业亏损总额	利税总额	本年应付工资总额	本年应付福利费总额	本年应交增值税	本年进项税额	本年销项税额	全部从业人员年平均人数(人)
	10219	13300	1535	6302	21448	26168	965
	9945	10900	1415	6302	21125	25845	925
	274	2400	120		323	323	40
1948	94755	128717	37561	56257	156549	212334	3809
1948	94755	128717	37561	56257	156549	212334	3809
	13799	8014	570	5296	13930	18287	451
	13799	8014	570	5296	13930	18287	451
2824356	20766338	9516509	1678871	10570802	38211273	44716041	212016
12235	623561	593378	80286	463602	2737495	2829100	21789
2802611	19595399	8806167	1593657	9965571	34546104	40957758	186429
9510	547378	116964	4928	141629	927674	929183	3798
1570273	-1101896	545137	11611	312933	1450512	1703130	20906
1473941	-1128210	382568	1460	289479	1266753	1500980	13517
1473941	-1191565	335590		245061	1009823	1200813	11396
	63355	46978	1460	44418	256930	300167	2121
	99758	33135	4009	5593	7267	8415	1742
	99758	33135	4009	5593	7267	8415	1742
96332	-73444	129434	6142	17861	176492	193735	5647
96332	-76215	127368	4077	16917	176492	193735	5607
	2771	2066	2065	944			40
28544	738147	247497	41256	155487	408239	443100	7848
28212	164732	99870	19608	57192	126865	169454	3731
27053	44930	68911	13861	27475	106024	119819	2627
1159	119802	30959	5747	29717	20841	49635	1104
	513	5094	1845				123
	513	5094	1845				123
64	371691	39551	727	15204	128473	41716	1459
	348603	22916	672	744	103795	2578	769
64	23088	16635	55	14460	24678	39138	690
155	1643	1320	92	1080	4974	6064	106
76	357	3940	536	71	2417	2585	226
	286	2856	300	71	391	462	105
76	71	1084	236		2026	2123	121
37	8345	7676	135	5872	1439	5388	301
	190866	90046	18313	76068	144071	217893	1902
	189314	74129	16238	75898	141947	217690	1353
	1552	15917	2075	170	2124	203	549
63199	3664961	2528090	542622	1272198	3354755	4482171	68082
1977	14974	11205	531	5653	18973	24626	427
1977	-1977	4100					205
	16406	5281	481	5163	15283	20446	152
	545	1824	50	490	3690	4180	70
8677	1408783	938353	117369	485062	875758	1395935	23606
	1408673	911997	113869	481157	870574	1386971	22875
7341	-4180	23902	3375	2715	2878	5593	555
551	-464	184		84	169	254	33
785	1904	670	11	638	1013	1525	63
	2850	1600	114	468	1124	1592	80

1-A-3 续表 29

分　组	补贴收入	营业外收入	营业外支出	利润总额	应交所得税
起重运输设备制造	20953	2493	83881	79476	12591
泵、阀门、压缩机及类似机械的制造	13838	3221	3154	86386	16667
泵及真空设备制造	12961	1564	1683	38130	7244
气体压缩机械制造	207		-4398	4522	1130
阀门和旋塞的制造	430	432	2511	47186	6804
液压和气压动力机械及元件制造	240	1225	3358	-3452	1489
轴承、齿轮、传动和驱动部件的制造	17752	18518	63731	870896	204786
轴承制造	5205	18518	13226	845554	202978
齿轮、传动和驱动部件制造	12547		50505	25342	1808
烘炉、熔炉及电炉制造				3050	
风机、衡器、包装设备等通用设备制造		367	-21605	89159	28652
风机、风扇制造		5	-21054	109137	27324
气体、液体分离及纯净设备制造		6	15	2861	291
制冷、空调设备制造		356	-566	4351	1037
其他通用设备制造				-27190	
通用零部件制造及机械修理	145	1760	-2576	31961	2698
紧固件、弹簧制造			-3887	-81	
机械零部件加工及设备修理	145	579	-3375	21893	2396
其他通用零部件制造		1181	4686	10149	302
金属铸、锻加工	15449	25563	393527	219584	33291
钢铁铸件制造	12944	25563	393525	207166	33134
锻件及粉末冶金制品制造	2505		2	12418	157
专用设备制造业	194658	251350	722717	2382712	300558
矿山、冶金、建筑专用设备制造	170223	228194	709530	2156309	275603
采矿、采石设备制造	159888	10522	644351	290548	14983
石油钻采专用设备制造		275	2282	65916	9489
建筑工程用机械制造	8068	770	32624	12939	491
建筑材料生产专用机械制造			407	2177	544
冶金专用设备制造	2267	216627	29866	1784729	250096
化工、木材、非金属加工专用设备制造	34	1937	4759	68501	4368
炼油、化工生产专用设备制造		670	2402	70721	3820
橡胶加工专用设备制造		145		-558	
模具制造	34	1122	2357	-1662	548
食品、饮料、烟草及饲料生产专用设备制造		1629	567	-31926	
食品、饮料、烟草工业专用设备制造		1629	567	-31926	
印刷、制药、日化生产专用设备制造		600	361	-2368	
制浆和造纸专用设备制造		600	361	-2368	
纺织、服装和皮革工业专用设备制造		4082	-214	-25509	616
纺织专用设备制造		4043	-244	-15470	616
缝纫机械制造		39	30	-10039	
电子和电工机械专用设备制造	9860	12385	4391	90578	12781
电工机械专用设备制造	98		8	-2459	
武器弹药制造	9762	12385	4383	93037	12781
医疗仪器设备及器械制造		30	17	1551	450
医疗诊断、监护及治疗设备制造		30	17	342	93
医疗、外科及兽医用器械制造				-220	
机械治疗及病房护理设备制造				1429	357

单位：千元

亏损企业亏损总额	利税总额	本年应付工资总额	本年应付福利费总额	本年应交增值税	本年进项税额	本年销项税额	全部从业人员年平均人数（人）
2805	112359	79333	9411	26434	292453	295444	2634
9148	194112	309923	41553	98945	192933	286875	7073
1366	73932	144585	26492	33375	101918	131733	3295
	9988	30656	5474	4789	15413	20202	616
939	68513	41066	2454	19211	47531	65307	796
6843	41679	93616	7133	41570	28071	69633	2366
3867	1304827	673362	300075	403845	1204133	1599023	21502
3867	1263928	643156	295853	390014	1148174	1529233	20550
	40899	30206	4222	13831	55959	69790	952
	12862	10746	2687	2483	993	3476	157
27200	224820	285427	48284	120698	386697	481322	6340
10	210443	261150	45311	87856	345692	433539	5449
	3680	6478	259	710	7238	8328	153
	9302	7142	1141	3951	8682	12633	244
27190	1395	10657	1573	28181	25085	26822	494
81	64875	54348	7417	31302	60057	97441	1920
81	1861	10158	1323	1420	4712	6132	239
	49896	31193	5379	27536	39303	72927	1205
	13118	12997	715	2346	16042	18382	476
9444	327349	165393	15295	97776	322758	298029	4423
9444	295943	147869	14374	78788	319537	294418	4129
	31406	17524	921	18988	3221	3611	294
97602	3148171	1800008	611251	656768	6175051	6340412	48668
14554	2739436	1138147	524253	499712	5535124	5571311	26275
13045	447205	390457	42687	132006	632056	757923	9298
	67259	93533	4711	1199	154717	126897	2308
1509	29436	21475	3256	5892	32502	38394	632
	8722	30839	3751	5199	12654	17853	663
	2186814	601843	469848	355416	4703195	4630244	13374
5779	123390	100383	4664	46835	300711	351896	4153
1141	116112	78135	4154	38778	255370	302825	3166
558	1416	8133		1811	8973	10784	467
4080	5862	14115	510	6246	36368	38287	520
31926	-25475	20968	2097	5419	10134	15281	815
31926	-25475	20968	2097	5419	10134	15281	815
2368	137	13095	2100	2277	20491	18214	709
2368	137	13095	2100	2277	20491	18214	709
25509	-19575	33848	3705	5398	24634	29854	1023
15470	-11127	25851	3128	3989	21454	25443	632
10039	-8448	7997	577	1409	3180	4411	391
2459	128583	289641	9302	33639	196978	206028	10080
2459	-1773	3275	374	618	4077	4573	158
	130356	286366	8928	33021	192901	201455	9922
220	4541	8414	317	2703	7848	9780	323
	2013	6134		1506	2093	3599	256
220	-41	140	18	170	101	170	17
	2569	2140	299	1027	5654	6011	50

1-A-3 续表 30

分组	补贴收入	营业外收入	营业外支出	利润总额	应交所得税
环保、社会公共安全及其他专用设备制造	14541	2493	3306	125576	6740
环境污染防治专用设备制造	1072	606	3134	10087	3521
地质勘查专用设备制造				798	200
社会公共安全设备及器材制造		9	11	99	1254
其他专用设备制造	13469	1878	161	114592	1765
交通运输设备制造业	343332	561825	865479	5582887	1058839
铁路运输设备制造	42753	108820	4201	311793	126703
铁路机车车辆及动车组制造	41690	103923	1673	186215	93355
铁路机车车辆配件制造		297	285	21354	5928
铁路专用设备及器材、配件制造	1063	2503	101	41658	10758
其他铁路设备制造及设备修理		2097	2142	62566	16662
汽车制造	37421	36432	168235	786555	151382
汽车整车制造	13719	14591	123983	780652	139114
改装汽车制造		10331	3581	16563	2464
汽车零部件及配件制造	23702	11482	40671	-10448	9479
汽车修理		28		-212	325
船舶及浮动装置制造	232629	351831	659757	4019690	675803
金属船舶制造	217153	301533	44328	1457990	297116
船用配套设备制造	13319	21189	9178	300332	76790
船舶修理及拆船	2157	29109	606251	2261368	301897
航空航天器制造	30529	64742	33286	461732	104951
飞机制造及修理	30529	64742	33286	461732	104951
交通器材及其他交通运输设备制造				3117	
交通管理用金属标志及设施制造				3117	
电气机械及器材制造业	12240	16159	20025	93851	19357
电机制造	1930	6394	989	77295	16145
发电机及发电机组制造		17	10	5782	1500
电动机制造	1930	6377	979	71513	14645
输配电及控制设备制造	8639	9586	13194	22857	1486
变压器、整流器和电感器制造	5910	9148	502	9021	181
电容器及其配套设备制造			11228	2361	590
配电开关控制设备制造	2729	438	1464	11475	715
电线、电缆、光缆及电工器材制造	1671	61	5387	-16456	20
电线电缆制造	1671	61	4943	-8660	20
光纤、光缆制造				-7214	
绝缘制品制造			444	-582	
电池制造				-746	
家用电力器具制造			364	2223	937
家用空气调节器制造			364	2223	937
非电力家用器具制造				2924	50
燃气、太阳能及类似能源的器具制造				2924	50
其他电气机械及器材制造		118	91	5754	719
其他未列明的电气机械制造		118	91	5754	719
通信设备、计算机及其他电子设备制造业	1880	151714	108667	718326	290820
通信设备制造		2256	366	1547	279
通信传输设备制造		138	13	-5358	
移动通信及终端设备制造		2118	353	6905	279

单位：千元

亏损企业亏损总额	利税总额	本年应付工资总额	本年应付福利费总额	本年应交增值税	本年进项税额	本年销项税额	全部从业人员年平均人数（人）
14787	197134	195512	64813	60785	79131	138048	5290
2081	20057	18130	2945	6838	29478	36112	684
	1015	2520		83	1603	1520	213
4437	948	6991	224	394	4056	4833	568
8269	175114	167871	61644	53470	43994	95583	3825
391447	8755837	5363907	505931	1411632	9060186	8534893	114481
274	478989	592803	61398	153012	1247694	1262571	17495
	268178	306903	33130	76421	821997	834419	8196
274	43000	32011	1773	19475	6621	10140	1202
	86441	70587	410	40170	53225	92664	2176
	81370	183302	26085	16946	365851	325348	5921
391173	3406739	1129975	118546	945478	4593520	5767682	31865
290780	3260786	752421	85666	818005	4122064	5205937	16517
6655	35074	52637	2343	15693	71649	68466	2194
92071	109079	314850	30132	110060	385939	477690	12741
1667	1800	10067	405	1720	13868	15589	413
	4372287	2380499	213437	291044	2998743	1422755	34416
	1487403	1336947	70290	16065	1961622	776084	21682
	596955	144927	7812	269173	334583	552009	2442
	2287929	898625	135335	5806	702538	94662	10292
	492897	1257830	112411	20500	212771	72829	30565
	492897	1257830	112411	20500	212771	72829	30565
	4925	2800	139	1598	7458	9056	140
	4925	2800	139	1598	7458	9056	140
38930	238847	404417	27271	120395	487816	566643	12914
12042	116935	138556	1457	33751	157902	170015	4996
	11614	11211	635	5197	3427	8501	265
12042	105321	127345	822	28554	154475	161514	4731
6704	71376	125486	7338	35559	153617	187250	3746
4942	17328	47130	4644	5585	77618	82629	1232
	10469	1481	681	812			63
1762	43579	76875	2013	29162	75999	104621	2451
19438	21782	130259	18104	33269	151647	176359	3669
11642	29570	126173	14126	33262	151023	175728	3321
7214	-7214	3974	3974				340
582	-574	112	4	7	624	631	8
746	-732	670	89				23
	2303	1248					65
	2303	1248					65
	9827	3672	136	6215	15905	17251	180
	9827	3672	136	6215	15905	17251	180
	17356	4526	147	11601	8745	15768	235
	17356	4526	147	11601	8745	15768	235
588537	1021734	819066	42606	251115	1010538	1028454	23190
5358	2992	17686	1700	1215	8232	9346	612
5358	-5348	14247	1396		1879	1779	499
	8340	3439	304	1215	6353	7567	113

1-A-3 续表 31

分 组	补贴收入	营业外收入	营业外支出	利润总额	应交所得税
雷达及配套设备制造	1800	5312	5489	120547	36830
电子计算机制造			36	810	53
电子计算机外部设备制造			36	810	53
电子器件制造	80	50606	91907	-581856	10497
电子真空器件制造	80	50606	91852	-581820	10404
半导体分立器件制造				747	93
集成电路制造			55	-783	
电子元件制造		1727	3557	45112	4536
电子元件及组件制造		1727	3557	45112	4536
家用视听设备制造		38680	4644	696139	180877
家用影视设备制造		38680	4542	692542	180877
家用音响设备制造			102	3597	
其他电子设备制造		53133	2668	436027	57748
仪器仪表及文化、办公用机械制造业	5846	3879	-295	54426	8398
通用仪器仪表制造	5846	2039	-435	51780	8036
工业自动控制系统装置制造	5646	1994	59	45280	6020
绘图、计算及测量仪器制造		45	1	2789	673
实验分析仪器制造	200		-498	85	307
供应用仪表及其他通用仪器制造			3	3626	1036
专用仪器仪表制造		697	124	1319	60
汽车及其他用计数仪表制造		696	116	800	58
电子测量仪器制造		1	8	519	2
光学仪器及眼镜制造				423	76
光学仪器制造				423	76
文化、办公用机械制造		1143	16	904	226
其他文化、办公用机械制造		1143	16	904	226
工艺品及其他制造业	26061	29491	5364	8220	2635
工艺美术品制造		10	273	-17440	98
漆器工艺品制造				-156	
天然植物纤维编织工艺品制造				149	98
地毯、挂毯制造		10	273	-17433	
其他未列明的制造业	26061	29481	5091	25660	2537
废弃资源和废旧材料回收加工业		23745	454	98379	
金属废料和碎屑的加工处理		23745	454	98577	
非金属废料和碎屑的加工处理				-198	
电力、燃气及水的生产和供应业	**907698**	**542598**	**551143**	**-1819607**	**146470**
电力、热力的生产和供应业	324861	436715	543295	-1256314	129454
电力生产	55005	160204	339920	-1479424	37732
火力发电	49053	142677	337107	-1657978	18111
水力发电		383	2753	104928	5410
其他能源发电	5952	17144	60	73626	14211
电力供应	1845	100180	161229	289115	78204
热力生产和供应	268011	176331	42146	-66005	13518
燃气生产和供应业	407415	10185	-12641	-308531	14661
水的生产和供应业	175422	95698	20489	-254762	2355
自来水的生产和供应	175422	95698	15489	-291103	1385
污水处理及其再生利用			5000	36341	970

单位：千元

亏损企业亏损总额	利税总额	本年应付工资总额	本年应付福利费总额	本年应交增值税	本年进项税额	本年销项税额	全部从业人员年平均人数(人)
	159108	54939	11994	31757	136623	146825	2066
	1186	3771	424	345	1393	1655	129
	1186	3771	424	345	1393	1655	129
582603	-458620	262578	21932	119840	512932	535006	6325
581820	-460193	260875	21492	118365	511819	532556	6255
	1486	283		677	983	1660	29
783	87	1420	440	798	130	790	41
97	61425	19957	3464	14728	21059	30018	1326
97	61425	19957	3464	14728	21059	30018	1326
479	733478	82246	3092	25454	209019	129804	7681
479	724601	75989	2216	20174	195694	111199	7531
	8877	6257	876	5280	13325	18605	150
	522165	377889		57776	121280	175800	5051
2317	87009	87394	11974	27922	76154	98413	2336
2317	81777	79345	9451	25579	70036	93611	2119
354	69167	68952	7799	20092	59249	77802	1838
	3919	896	76	1018	347	1366	16
1963	2934	7449	1167	2519	3951	6470	172
	5757	2048	409	1950	6489	7973	93
	2869	6723	2343	1396	2154	3550	169
	1067	931	93	240	208	448	19
	1802	5792	2250	1156	1946	3102	150
	775	875		317	582	899	28
	775	875		317	582	899	28
	1588	451	180	630	3382	353	20
	1588	451	180	630	3382	353	20
22578	29539	106313	5471	19270	36002	44024	5851
17589	-14900	5624	1203	2303	7461	9619	373
156	50	318	44	184	693	877	15
	538	672	28	367	820	1187	50
17433	-15488	4634	1131	1752	5948	7555	308
4989	44439	100689	4268	16967	28541	34405	5478
274	105866	31888	36137	5449	9018	14917	728
	104765	30188	36028	4360	8520	12880	593
274	1101	1700	109	1089	498	2037	135
3288438	**4266406**	**7091828**	**647815**	**5405598**	**12829509**	**9781832**	**152329**
2537899	4587451	5810817	526403	5195959	12522626	9420943	108535
2157211	187976	1438357	146834	1479629	1962326	3568766	29979
2153397	-107842	1314223	124215	1393445	1948024	3472630	26671
1139	163062	101816	20556	52988	1752	49954	2932
2675	132756	22318	2063	33196	12550	46182	376
118723	4277198	3722686	317347	3565319	10166993	5414815	52215
261965	122277	649774	62222	151011	393307	437362	26341
445090	-246191	310870	36343	53993	207314	173114	11684
305449	-74854	970141	85069	155646	99569	187775	32110
305449	-114068	950869	84510	154490	30176	117226	31281
	39214	19272	559	1156	69393	70549	829

1-A-4 规模以上集体工业

分 组	企业单位数（个）	亏损企业	工业总产值（当年价格）	工业销售产值（当年价格）	出口交货值
总 计	**1305**	**193**	**60321336**	**58456960**	**1903779**
总计中：轻工业	161	24	8488907	8277986	1079953
重工业	1144	169	51832429	50178974	823826
总计中：大型企业	4	1	5315157	5389217	
中型企业	33	7	9182822	8539823	895605
小型企业	1268	185	45823357	44527920	1008174
按行业小类分					
采矿业	**149**	**9**	**6190656**	**5973064**	**2052**
煤炭开采和洗选业	35	2	407241	398521	
烟煤和无烟煤的开采洗选	35	2	407241	398521	
黑色金属矿采选业	49	4	3885616	3759925	1872
铁矿采选	49	4	3885616	3759925	1872
有色金属矿采选业	27	2	888961	855072	180
常用有色金属矿采选	17		579827	555384	
铜矿采选	1		24021	23981	
铅锌矿采选	7		193970	178080	
铝矿采选	1		25050	24050	
镁矿采选	8		336786	329273	
贵金属矿采选	9	1	302621	293175	180
金矿采选	9	1	302621	293175	180
稀有稀土金属矿采选	1	1	6513	6513	
钨钼矿采选	1	1	6513	6513	
非金属矿采选业	37	1	965838	916546	
土砂石开采	21	1	479339	435022	
石灰石、石膏开采	1		24820	24720	
建筑装饰用石开采	5		213146	181536	
耐火土石开采	5	1	40077	39758	
粘土及其他土砂石开采	10		201296	189008	
化学矿采选	6		154921	163996	
采盐	3		86293	85362	
石棉及其他非金属矿采选	7		245285	232166	
石墨、滑石采选	2		12182	12251	
宝石、玉石开采	2		53620	46090	
其他非金属矿采选	3		179483	173825	
其他采矿业	1		43000	43000	
制造业	**1152**	**183**	**54092422**	**52445638**	**1901727**
农副食品加工业	21	3	1875977	1820282	654640
谷物磨制	2	1	98449	96409	13358
饲料加工	2		145016	145017	
植物油加工	2		212882	212625	
食用植物油加工	2		212882	212625	
屠宰及肉类加工	7	2	170207	173107	
畜禽屠宰	4	1	128965	128735	
肉制品及副产品加工	3	1	41242	44372	
水产品加工	4		1142050	1086780	600400
水产品冷冻加工	3		1136950	1081680	600400
鱼糜制品及水产品干腌制加工	1		5100	5100	

企业主要经济指标

单位：千元

资产总计	流动资产总计	应收帐款	存货	产成品	流动资产年平均余额	固定资产总计	固定资产原价	累计折旧
33092926	**19308596**	**6562299**	**4330061**	**1939219**	**18789831**	**10080947**	**14509352**	**5095415**
3652346	1988255	448037	511719	241101	1825656	1335391	1796358	578038
29440580	17320341	6114262	3818342	1698118	16964175	8745556	12712994	4517377
3326122	1744015	481782	443041	297383	1743445	1325830	1788805	486650
5464210	3381533	852230	603227	219371	3480294	1243381	1909728	741562
24302594	14183048	5228287	3283793	1422465	13566092	7511736	10810819	3867203
4570555	**2079464**	**581627**	**448397**	**239135**	**1945984**	**1541947**	**2645751**	**1209579**
492835	300184	63732	22019	15967	247385	176244	205524	51091
492835	300184	63732	22019	15967	247385	176244	205524	51091
2245116	1324355	403886	254123	123929	1254946	610223	956834	423104
2245116	1324355	403886	254123	123929	1254946	610223	956834	423104
334154	184607	46969	48851	16996	176011	128454	209336	81415
215927	144098	42055	30655	15778	128063	50737	73144	22927
6251	135	21	16	16	135	780	860	80
51648	38442	4609	13232	9962	35622	12010	15693	3683
4613	3023	2849	174	120	3600	1590	1590	520
153415	102498	34576	17233	5680	88706	36357	55001	18644
110685	40424	4914	18196	1218	47632	70261	127708	57460
110685	40424	4914	18196	1218	47632	70261	127708	57460
7542	85				316	7456	8484	1028
7542	85				316	7456	8484	1028
1494569	268763	67040	123404	82243	266087	624700	1269286	651524
1090343	144296	39442	64492	28771	121788	415784	1011687	598124
4080	2100	440	1590	1590	2100	1980	2060	80
113132	71185	10283	39061	10007	57538	41616	64100	23105
40025	17759	5841	9039	7512	17448	14863	16281	3018
933106	53252	22878	14802	9662	44702	357325	929246	571921
76150	21744	7542	6939	4604	38597	24144	34630	11408
82934	32058	8394	21597	20754	30712	32532	33932	1420
245142	70665	11662	30376	28114	74990	152240	189037	40572
153466	21927	8143	2580	1548	21070	110802	132781	22167
52135	30817	3518	18212	17982	40228	19818	29506	13275
39541	17921	1	9584	8584	13692	21620	26750	5130
3881	1555				1555	2326	4771	2445
28438479	**17187173**	**5964169**	**3879887**	**1700084**	**16812002**	**8498591**	**11827644**	**3881511**
599829	230515	41835	49650	9060	221495	244487	301400	75539
142750	28793	11315	15840	4698	27894	99138	99556	10804
64750	46100	8300	6300		46100	18650	25450	6800
85983	14070	940	10113		11645	41913	42389	6134
85983	14070	940	10113		11645	41913	42389	6134
71739	26806	1236	7879	230	22534	41610	49248	8946
30635	8029	944	1857	230	8016	22406	25064	2793
41104	18777	292	6022		14518	19204	24184	6153
205587	107660	18438	6427	1830	106945	29944	60822	30988
190770	99240	17870	3243	1250	97580	25290	53820	28640
14817	8420	568	3184	580	9365	4654	7002	2348

1-A-4 续表 1

分组	企业单位数（个）	亏损企业	工业总产值（当年价格）	工业销售产值（当年价格）	出口交货值
蔬菜、水果和坚果加工	2		45878	45878	40642
其他农副食品加工	2		61495	60466	240
淀粉及淀粉制品的制造	1		56470	55441	
其他未列明的农副食品加工	1		5025	5025	240
食品制造业	8	1	251803	253623	
焙烤食品制造	1		7345	7345	
糕点、面包制造	1		7345	7345	
调味品、发酵制品制造	4		48638	48022	
酱油、食醋及类似制品的制造	4		48638	48022	
其他食品制造	3	1	195820	198256	
盐加工	3	1	195820	198256	
饮料制造业	5	1	172036	166767	
酒的制造	3	1	80006	76082	
白酒制造	2	1	53056	51019	
啤酒制造	1		26950	25063	
软饮料制造	2		92030	90685	
碳酸饮料制造	1		5828	5828	
含乳饮料和植物蛋白饮料制造	1		86202	84857	
烟草制品业	1		14438	14438	
卷烟制造	1		14438	14438	
纺织业	25	2	1339702	1298943	388630
棉、化纤纺织及印染精加工	9		247043	242175	
棉、化纤纺织加工	7		149395	148011	
棉、化纤印染精加工	2		97648	94164	
丝绢纺织及精加工	6		928500	897070	388630
缫丝加工	5		850500	820630	379830
绢纺和丝织加工	1		78000	76440	8800
纺织制成品制造	9	2	155589	152058	
棉及化纤制品制造	2		10412	10262	
毛制品制造	1		88740	87060	
绳、索、缆的制造	2	2	9570	8810	
纺织带和帘子布制造	1		6000	6000	
无纺布制造	2		26169	25227	
其他纺织制成品制造	1		14698	14699	
针织品、编织品及其制品制造	1		8570	7640	
其他针织品及编织品制造	1		8570	7640	
纺织服装、鞋、帽制造业	12	2	1419118	1403622	34326
纺织服装制造	12	2	1419118	1403622	34326
皮革、毛皮、羽毛(绒)及其制品业	1		5203	5203	
皮革制品制造	1		5203	5203	
皮箱、包(袋)制造	1		5203	5203	
木材加工及木、竹、藤、棕、草制品业	20	3	542695	512844	
锯材、木片加工	5	1	55288	53136	
锯材加工	5	1	55288	53136	
人造板制造	3		180103	169790	
胶合板制造	2		38703	38390	
其他人造板、材制造	1		141400	131400	

单位：千元

资产总计	流动资产总计	应收帐款	存货	产成品	流动资产年平均余额	固定资产总计	固定资产原价	累计折旧
10200	4216		1983	1455	3917	4264	4960	1858
18820	2870	1606	1108	847	2460	8968	18975	10009
17990	2320	1461	728	586	1960	8689	18676	9989
830	550	145	380	261	500	279	299	20
98872	23716	7587	2785	1471	24276	20062	22571	2563
1751	398	384			275	467	835	368
1751	398	384			275	467	835	368
20942	14128	772	1275	902	14210	6669	8286	1617
20942	14128	772	1275	902	14210	6669	8286	1617
76179	9190	6431	1510	569	9791	12926	13450	578
76179	9190	6431	1510	569	9791	12926	13450	578
78600	56803	8739	8879	3975	48850	20693	27045	6409
29543	16792	6204	6029	2630	8836	11651	15327	3731
18093	10442	3204	2679	1630	7736	7651	8827	1231
11450	6350	3000	3350	1000	1100	4000	6500	2500
49057	40011	2535	2850	1345	40014	9042	11718	2678
6234	3501	982			3504	2729	3569	842
42823	36510	1553	2850	1345	36510	6313	8149	1836
27812	25841	18511	54		25057	1089	3411	2322
27812	25841	18511	54		25057	1089	3411	2322
447092	201380	64769	74440	40769	196682	235514	313481	80168
77696	43227	18826	14593	9561	38695	24976	60453	36340
70205	39664	17353	12878	9074	33134	22158	54523	33228
7491	3563	1473	1715	487	5561	2818	5930	3112
233040	71240	17650	32750	25510	70430	161800	174690	13290
201040	59240	17400	32150	25210	58430	141800	154690	13290
32000	12000	250	600	300	12000	20000	20000	
117484	74526	27955	25021	4642	74179	42253	69195	27880
8355	2560	160	360	150	2607	5795	6916	1121
18679	4064	875	2850	1423	3960	13962	29820	15858
29726	23276	18772	2910	2910	23276	6448	9896	4386
3176	2490	1373	405	38	2236	636	912	276
34268	22056	6775	3496	121	22020	12212	18051	5839
23280	20080		15000		20080	3200	3600	400
18872	12387	338	2076	1056	13378	6485	9143	2658
18872	12387	338	2076	1056	13378	6485	9143	2658
360075	244895	28652	25710	17269	212278	102410	121422	38866
360075	244895	28652	25710	17269	212278	102410	121422	38866
6833	835		508		836	5919	10947	5028
6833	835		508		836	5919	10947	5028
6833	835		508		836	5919	10947	5028
195896	134958	55810	36062	11593	116353	56135	89451	34107
20890	14855	1315	5513	1180	14852	6031	7112	1105
20890	14855	1315	5513	1180	14852	6031	7112	1105
33048	16592	3985	8096	7883	13881	16456	18511	2055
23348	11992	3530	7756	7568	9381	11356	12961	1605
9700	4600	455	340	315	4500	5100	5550	450

1-A-4 续表 2

分 组	企业单位数（个）	亏损企业	工业总产值（当年价格）	工业销售产值（当年价格）	出口交货值
木制品制造	10	2	275763	258377	
建筑用木料及木材组件加工	1		12281	12261	
木容器制造	8	2	147886	147316	
软木制品及其他木制品制造	1		115596	98800	
竹、藤、棕、草制品制造	2		31541	31541	
家具制造业	2	2	16248	15918	
金属家具制造	2	2	16248	15918	
造纸及纸制品业	24	3	700222	689771	
造纸	7	1	226307	217798	
机制纸及纸板制造	4	1	189329	181170	
加工纸制造	3		36978	36628	
纸制品制造	17	2	473915	471973	
纸和纸板容器的制造	16	2	453787	451845	
其他纸制品制造	1		20128	20128	
印刷业和记录媒介的复制	11		424236	422916	
印刷	10		401523	400203	
书、报、刊印刷	3		116001	116001	
包装装潢及其他印刷	7		285522	284202	
装订及其他印刷服务活动	1		22713	22713	
文教体育用品制造业	3	1	47651	47651	
文化用品制造	2	1	32979	32979	
教学用模型及教具制造	2	1	32979	32979	
游艺器材及娱乐用品制造	1		14672	14672	
露天游乐场所游乐设备制造	1		14672	14672	
石油加工、炼焦及核燃料加工业	20	4	1648475	1618816	
精炼石油产品的制造	18	4	1626806	1597516	
原油加工及石油制品制造	18	4	1626806	1597516	
炼焦	2		21669	21300	
化学原料及化学制品制造业	97	23	5162839	5194414	30461
基础化学原料制造	33	13	2764573	2841958	30400
无机酸制造	4	1	176100	172370	
无机碱制造	6	5	82589	77205	
无机盐制造	5	2	102750	101486	
有机化学原料制造	7	1	455557	452981	30400
其他基础化学原料制造	11	4	1947577	2037916	
肥料制造	2		103480	102758	
磷肥制造	1		38480	37758	
复混肥料制造	1		65000	65000	
农药制造	1		5580	5468	
化学农药制造	1		5580	5468	
涂料、油墨、颜料及类似产品制造	9	2	262326	254855	
涂料制造	8	2	248126	240939	
颜料制造	1		14200	13916	
合成材料制造	6		306309	312269	
初级形态的塑料及合成树脂制造	4		256219	262179	
其他合成材料制造	2		50090	50090	

单位：千元

资产总计	流动资产总计	应收帐款	存货	产成品	流动资产年平均余额	固定资产总计	固定资产原价	累计折旧
113417	78531	45271	19966	2236	64372	30087	40496	11176
8502	221	25			221	6950	6950	50
56571	34128	14265	13307	2236	35027	18975	27158	8900
48344	44182	30981	6659		29124	4162	6388	2226
28541	24980	5239	2487	294	23248	3561	23332	19771
11320	9310	4000	1717	45	10433	1770	2993	1223
11320	9310	4000	1717	45	10433	1770	2993	1223
400648	210410	90220	68344	26306	208746	171872	208268	57667
167670	122728	57068	43380	11969	122291	41575	67431	26124
138617	105504	51486	36131	9660	105188	29834	47000	17433
29053	17224	5582	7249	2309	17103	11741	20431	8691
232978	87682	33152	24964	14337	86455	130297	140837	31543
232058	87122	32765	24954	14329	85895	129937	140471	31537
920	560	387	10	8	560	360	366	6
164255	79864	10343	7252	3866	77301	73472	111130	37658
160297	79612	10169	7177	3798	76686	73047	110475	37428
7089	3665	1548	1860	1725	2689	3206	4603	1397
153208	75947	8621	5317	2073	73997	69841	105872	36031
3958	252	174	75	68	615	425	655	230
26249	22407	896	12196		22459	3783	5813	2922
7746	4796				3959	2950	3186	1128
7746	4796				3959	2950	3186	1128
18503	17611	896	12196		18500	833	2627	1794
18503	17611	896	12196		18500	833	2627	1794
612630	400972	119251	45642	17729	405774	187263	328675	148284
572252	378950	107300	42894	16581	381151	180850	314395	140417
572252	378950	107300	42894	16581	381151	180850	314395	140417
40378	22022	11951	2748	1148	24623	6413	14280	7867
2781894	1418537	439071	241400	117773	1453974	1143489	1767221	667388
1816166	888158	269425	143258	76737	971379	769218	1190399	433969
115078	25582	5952	15304	5589	27301	89193	98034	8841
73411	24280	12823	6048	2153	65860	11819	18254	8607
176928	91110	63644	13078	4095	92082	82016	87153	8514
248858	183352	10135	20065	12351	177841	59292	117741	58449
1201891	563834	176871	88763	52549	608295	526898	869217	349558
22710	12180	8966	3160	3160	8480	10530	14270	3740
6630	3980	766	3160	3160	3980	2650	4670	2020
16080	8200	8200			4500	7880	9600	1720
7911	3511	44	50	50	3511	4400	6285	1885
7911	3511	44	50	50	3511	4400	6285	1885
129509	46388	20328	16834	12116	34793	82793	100231	40111
126309	45088	20128	16434	11766	33593	80893	97631	38371
3200	1300	200	400	350	1200	1900	2600	1740
122656	82848	12370	33577	8042	67426	27434	50125	22864
94197	66253	10191	26910	5697	50232	18463	36992	18551
28459	16595	2179	6667	2345	17194	8971	13133	4313

1-A-4 续表 3

分 组	企业单位数（个）	亏损企业	工业总产值（当年价格）	工业销售产值（当年价格）	出口交货值
专用化学产品制造	44	7	1554297	1509781	61
化学试剂和助剂制造	23	3	1015619	998017	
专项化学用品制造	12	3	274313	258506	61
炸药及火工产品制造	1		14631	14631	
环境污染处理专用药剂材料制造	2		18930	18016	
动物胶制造	1		7850	7850	
其他专用化学产品制造	5	1	222954	212761	
日用化学产品制造	2	1	166274	167325	
肥皂及合成洗涤剂制造	2	1	166274	167325	
医药制造业	8	1	396111	371062	
化学药品原药制造	3		203433	197490	
化学药品制剂制造	1		27700	25000	
中药饮片加工	2		111884	107929	
中成药制造	1	1	46093	34058	
兽用药品制造	1		7001	6585	
化学纤维制造业	2		55157	55141	
合成纤维制造	2		55157	55141	
锦纶纤维制造	2		55157	55141	
橡胶制品业	28	3	3533331	3540890	
轮胎制造	3		2565136	2604355	
车辆、飞机及工程机械轮胎制造	2		2508801	2548020	
轮胎翻新加工	1		56335	56335	
橡胶板、管、带的制造	4	2	43216	42312	
橡胶零件制造	10		616988	595435	
橡胶靴鞋制造	3	1	52514	49684	
其他橡胶制品制造	8		255477	249104	
塑料制品业	33	3	873425	868028	
塑料薄膜制造	5		80141	80433	
塑料板、管、型材的制造	9	2	135906	133765	
塑料丝、绳及编织品的制造	7	1	214127	211634	
泡沫塑料制造	4		140460	140463	
塑料包装箱及容器制造	2		28397	28397	
塑料零件制造	2		163347	163059	
其他塑料制品制造	4		111047	110277	
非金属矿物制品业	163	19	5271899	4895833	291914
水泥、石灰和石膏的制造	15	2	393036	383900	
水泥制造	13	2	350522	341476	
石灰和石膏制造	2		42514	42424	
水泥及石膏制品制造	5	1	88131	87360	
水泥制品制造	3	1	35666	35244	
砼结构构件制造	1		34965	34965	
石棉水泥制品制造	1		17500	17151	
砖瓦、石材及其他建筑材料制造	64	3	1226087	1200176	33
粘土砖瓦及建筑砌块制造	53	2	949304	925312	
建筑用石加工	2		16360	15743	
防水建筑材料制造	3	1	47302	47302	
隔热和隔音材料制造	2		60023	58922	
其他建筑材料制造	4		153098	152897	33

单位：千元

资产总计	流动资产总计	应收帐款	存货	产成品	流动资产年平均余额	固定资产总计	固定资产原价	累计折旧
556143	301281	112810	42533	16629	281636	208148	347812	147686
383082	203741	70023	24822	10904	190924	159014	266974	113367
98104	63459	28623	15701	4689	52921	29723	46935	19202
8376	5371	5371			7564	3005	3700	695
8183	6424	3719	811	533	5273	1757	5169	3412
19130	1641	1323	8		1323	272	440	168
39268	20645	3751	1191	503	23631	14377	24594	10842
126799	84171	15128	1988	1039	86749	40966	58099	17133
126799	84171	15128	1988	1039	86749	40966	58099	17133
238386	104451	25715	22633	19139	73065	123090	163809	60801
112685	28669	7689	3556	1693	10775	81130	89309	27687
21621	13077	10117	2032	1502	11077	8544	8551	7
35443	16224	4100	3938	3779	16224	14800	37501	22701
45371	38029	3286	9451	9451	27643	7342	14237	7469
23266	8452	523	3656	2714	7346	11274	14211	2937
11234	10118	7082	902	734	8941	1115	1555	456
11234	10118	7082	902	734	8941	1115	1555	456
11234	10118	7082	902	734	8941	1115	1555	456
1488331	748089	46919	267040	211527	749993	666134	704109	43269
1132879	483676	22675	252763	204527	484376	584977	601248	16633
1112616	466013	13851	243924	204527	466215	582377	597447	15432
20263	17663	8824	8839		18161	2600	3801	1201
23652	11533	5418	1327	291	12069	12119	13519	2463
199535	166432	9471	3125	2396	162087	32567	43499	14082
12952	8304	2184	3739	1841	8545	4388	10804	6432
119313	78144	7171	6086	2472	82916	32083	35039	3659
445580	328646	94767	52622	32001	322588	95687	177623	85602
32180	16517	9143	4982	3665	21656	10779	11194	2013
175313	135147	23197	13923	5527	118537	39508	54574	15702
121644	97795	24615	15810	10561	102384	20762	57198	36436
25744	18124	11424	3478	1556	18165	7561	10533	3053
15646	2100	100	2000		3036	2268	25610	23435
28862	21540	9896	9337	7955	21107	6042	7077	1463
46191	37423	16392	3092	2737	37703	8767	11437	3500
3386575	2218584	1072911	500275	229392	2026194	849800	1215707	422266
264292	120294	60243	23496	12781	78480	109155	130449	22355
247047	111890	58446	19679	9375	70135	100565	114293	14789
17245	8404	1797	3817	3406	8345	8590	16156	7566
67403	48714	8132	9633	5055	40451	18507	37153	19988
55818	45854	7682	9333	4755	37609	9782	20093	11311
5360	2210	100			2034	3150	3060	252
6225	650	350	300	300	808	5575	14000	8425
564844	280685	85620	84013	42311	248351	204857	282698	86218
359523	181577	43077	55164	35537	164810	167616	229245	67742
76657	7349	1478	2350	2350	6820	8027	11708	3717
56948	41463	27321	10339	3644	53305	12951	17106	6383
26080	13692	8315	997	759	11715	10083	10680	597
45636	36604	5429	15163	21	11701	6180	13959	7779

1-A-4 续表 4

分 组	企业单位数（个）	亏损企业	工业总产值（当年价格）	工业销售产值（当年价格）	出口交货值
玻璃及玻璃制品制造	7		162121	161378	
玻璃仪器制造	1		13100	12445	
日用玻璃制品及玻璃包装容器制造	1		17691	17603	
玻璃纤维及制品制造	2		64813	64813	
玻璃纤维增强塑料制品制造	1		25998	25998	
其他玻璃制品制造	2		40519	40519	
陶瓷制品制造	1	1	17859	8206	2357
日用陶瓷制品制造	1	1	17859	8206	2357
耐火材料制品制造	59	9	2970526	2654913	180794
耐火陶瓷制品及其他耐火材料制造	59	9	2970526	2654913	180794
石墨及其他非金属矿物制品制造	12	3	414139	399900	108730
石墨及碳素制品制造	7	1	302940	291501	108730
其他非金属矿物制品制造	5	2	111199	108399	
黑色金属冶炼及压延加工业	41	12	5926898	5726041	
炼铁	4	1	142658	142520	
炼钢	5	1	271724	269235	
钢压延加工	21	6	2210402	2157058	
铁合金冶炼	11	4	3302114	3157228	
有色金属冶炼及压延加工业	46	11	2525712	2360680	250523
常用有色金属冶炼	12	2	898162	810654	4300
铅锌冶炼	3	1	258915	177895	
铝冶炼	6		573471	563848	
镁冶炼	1		18900	18140	4300
其他常用有色金属冶炼	2	1	46876	50771	
贵金属冶炼	4	2	42717	40807	
金冶炼	4	2	42717	40807	
稀有稀土金属冶炼	6	4	524471	530824	244073
钨钼冶炼	6	4	524471	530824	244073
有色金属合金制造	3	1	75034	62656	
有色金属压延加工	21	2	985328	915739	2150
常用有色金属压延加工	19	2	874638	862989	
稀有稀土金属压延加工	2		110690	52750	2150
金属制品业	110	15	4883510	4590936	9065
结构性金属制品制造	44	5	1707569	1565672	
金属结构制造	42	5	1640169	1498562	
金属门窗制造	2		67400	67110	
金属工具制造	4	1	96466	95665	
手工具制造	1	1	5473	4672	
刀剪及类似日用金属工具制造	1		26142	26142	
其他金属工具制造	2		64851	64851	
集装箱及金属包装容器制造	14	3	726179	667978	120
金属压力容器制造	7	2	408402	360417	
金属包装容器制造	7	1	317777	307561	120
金属丝绳及其制品的制造	8		354447	349864	4690
建筑、安全用金属制品制造	7		260322	243672	4255
建筑、家具用金属配件制造	1		29845	29845	
建筑装饰及水暖管道零件制造	4		209074	192464	4255
其他建筑、安全用金属制品制造	2		21403	21363	

单位：千元

资产总计	流动资产总　计	应收帐款	存货	产成品	流动资产年平均余额	固定资产总　计	固定资产原　价	累计折旧
61047	46488	32938	5481	3304	44970	13707	15101	1647
2390	853	651	202	70	853	1537	2152	615
16977	11025	6788	695	695	10717	5952	5952	
22441	19373	15222	1069	785	18564	2216	2949	733
7140	5390	3212	1505	995	5189	1750	1877	127
12099	9847	7065	2010	759	9647	2252	2171	172
184973	143237	1228	20217	8666	99678	6299	8344	2117
184973	143237	1228	20217	8666	99678	6299	8344	2117
1950888	1373675	811069	267731	119754	1334022	410095	613910	241549
1950888	1373675	811069	267731	119754	1334022	410095	613910	241549
293128	205491	73681	89704	37521	180242	87180	128052	48392
223383	157870	47698	84921	35712	138691	65056	101345	38485
69745	47621	25983	4783	1809	41551	22124	26707	9907
2010682	1198306	385322	203164	125950	1140751	608105	889130	305257
114721	103425	55338	2434	500	86336	10404	35371	24967
66898	40588	18405	13405	10785	42551	23828	90639	66915
975848	662520	177407	148190	102407	643168	190588	286579	113245
853215	391773	134172	39135	12258	368696	383285	476541	100130
1560720	506162	155752	224349	120423	952577	460655	658091	242664
899258	170414	61278	72524	52743	667030	193502	302966	122127
456277	48505	443	44208	44129	300174	142358	152462	20106
394870	82940	36631	16740	3696	330527	42033	135120	95371
1620	760	630	130	130	800	860	860	300
46491	38209	23574	11446	4788	35529	8251	14524	6350
57266	26836	6408	14865	7662	27375	30430	52389	21964
57266	26836	6408	14865	7662	27375	30430	52389	21964
136369	116645	16916	51892	15973	91293	18367	23607	6231
136369	116645	16916	51892	15973	91293	18367	23607	6231
96220	54976	11471	30058	1600	49280	35315	38957	3642
371607	137291	59679	55010	42445	117599	183041	240172	88700
275322	127301	51889	54470	42324	106551	146746	195712	76430
96285	9990	7790	540	121	11048	36295	44460	12270
2820239	1999001	692770	385294	128731	1762555	617816	858334	302899
747357	533724	197580	114424	40659	437736	140404	212490	80822
727642	527969	197381	113896	40131	431981	126444	198090	80382
19715	5755	199	528	528	5755	13960	14400	440
28107	22944	8865	4840	1469	21859	5163	9686	4610
5273	3707	889	1931	1012	3308	1566	5422	3856
15593	15369	5849	1912	21	14675	224	224	87
7241	3868	2127	997	436	3876	3373	4040	667
749537	607979	147649	124698	32628	531539	128396	156269	49509
235371	187792	66257	79274	9225	190766	43788	67541	32517
514166	420187	81392	45424	23403	340773	84608	88728	16992
117007	46276	28015	10607	8097	43734	67421	86585	25476
116492	73704	31028	11887	9327	70099	37458	52611	15153
1656	1206	825	218		1258	450	750	300
86684	53452	27655	11456	9300	50065	31218	44201	12983
28152	19046	2548	213	27	18776	5790	7660	1870

1-A-4 续表 5

分　组	企业单位数(个)	亏损企业	工业总产值(当年价格)	工业销售产值(当年价格)	出口交货值
金属表面处理及热处理加工	26	6	1147941	1080342	
不锈钢及类似日用金属制品制造	2		58973	55794	
金属制厨用器皿及餐具制造	1		16571	16183	
其他日用金属制品制造	1		42402	39611	
其他金属制品制造	5		531613	531949	
其他未列明的金属制品制造	5		531613	531949	
通用设备制造业	254	39	7821518	7693991	64053
锅炉及原动机制造	9	2	247780	223753	
锅炉及辅助设备制造	7	1	218734	195564	
内燃机及配件制造	2	1	29046	28189	
金属加工机械制造	15	2	965358	948579	
金属切削机床制造	2	1	657793	643266	
铸造机械制造	4		123972	122424	
金属切割及焊接设备制造	2		29141	29141	
机床附件制造	4	1	84376	84376	
其他金属加工机械制造	3		70076	69372	
起重运输设备制造	15	1	518908	518909	
泵、阀门、压缩机及类似机械的制造	30	8	496246	480673	
泵及真空设备制造	8	4	162209	158658	
气体压缩机械制造	3	1	47395	43929	
阀门和旋塞的制造	14	3	196331	187995	
液压和气压动力机械及元件制造	5		90311	90091	
轴承、齿轮、传动和驱动部件的制造	11	1	371823	357331	
轴承制造	3		99080	91462	
齿轮、传动和驱动部件制造	8	1	272743	265869	
烘炉、熔炉及电炉制造	2	1	82594	80936	
风机、衡器、包装设备等通用设备制造	20	4	461517	451460	22
风机、风扇制造	7		250926	242465	
气体、液体分离及纯净设备制造	1		5170	5140	
制冷、空调设备制造	4	2	87429	86962	
风动和电动工具制造	1		11683	11449	
包装专用设备制造	1		14190	13950	
衡器制造	1	1	7100	7100	
其他通用设备制造	5	1	85019	84394	22
通用零部件制造及机械修理	77	11	2688133	2660789	49727
金属密封件制造	4	1	70408	67449	
紧固件、弹簧制造	15	3	545487	543285	
机械零部件加工及设备修理	56	6	1893834	1843331	49727
其他通用零部件制造	2	1	178404	206724	
金属铸、锻加工	75	9	1989159	1971561	14304
钢铁铸件制造	55	5	1578742	1568518	11204
锻件及粉末冶金制品制造	20	4	410417	403043	3100
专用设备制造业	60	6	2434877	2375566	5966
矿山、冶金、建筑专用设备制造	28	1	1443989	1417037	5944
采矿、采石设备制造	17		914766	906376	4758

单位：千元

资产总计	流动资产总计	应收帐款	存货	产成品	流动资产年平均余额	固定资产总计	固定资产原价	累计折旧
939299	633141	272701	115926	34988	577035	210994	302312	115971
22033	5066	565	997	968	5105	7432	16687	10068
10305	4740	292	997	968	4740	5565	13119	7554
11728	326	273			365	1867	3568	2514
100407	76167	6367	1915	595	75448	20548	21694	1290
100407	76167	6367	1915	595	75448	20548	21694	1290
4714501	3042740	1288510	578573	300821	2858074	1322349	1709642	515345
293731	242218	97439	73706	14489	237814	44507	46349	28481
287180	236411	92387	73195	14163	232102	43820	43964	26783
6551	5807	5052	511	326	5712	687	2385	1698
254153	93622	58402	18242	8553	130198	131009	156569	51096
108831	9570	3119	6451	6423	26732	71840	91000	25436
31401	11649	5525	383	211	11525	19752	19546	1008
23011	18640	8225	3352	1426	18508	4365	8119	3754
81407	46539	35425	7726	272	67223	32775	35153	20424
9503	7224	6108	330	221	6210	2277	2751	474
358219	160408	36324	20343	7438	108711	186410	202456	16526
413813	290705	153489	63562	33077	211774	114091	168890	67316
126148	94068	42534	27945	16097	59089	28633	41522	23966
57194	41215	22153	8863	2823	24071	15676	24628	8952
183700	119170	62516	21858	11722	105851	61066	88964	28025
46771	36252	26286	4896	2435	22763	8716	13776	6373
380578	207718	132888	11332	7967	208064	38211	47984	10802
250427	115126	107589	3254	837	109513	3514	6652	3138
130151	92592	25299	8078	7130	98551	34697	41332	7664
47663	29578	2269	19584	13426	27283	7901	8886	985
425256	345610	149916	98661	79606	313951	76061	91282	28613
111106	81905	49013	4458	1825	63894	28056	33911	6293
8350	3476	1876	1600	1600	8300	4874	5127	253
193404	169920	64500	75297	68000	162282	22184	23822	12024
7820	4762	2828	1734	1387	4762	2849	3931	1083
13284	10365	1758	65		12085	2918	5437	2519
13167	11508	4648	3701	3701	3588	1558	2095	537
78125	63674	25293	11806	3093	59040	13622	16959	5904
1509065	1029236	350305	146386	75148	981464	400936	543244	173845
70900	60108	30499	5097	2299	61321	9816	15852	6036
423529	304856	118519	47851	26482	324176	115767	122002	26100
893823	570637	143427	71482	32116	545343	250348	362865	124189
120813	93635	57860	21956	14251	50624	25005	42525	17520
1032023	643645	307478	126757	61117	638815	323223	443982	137681
669017	407388	160304	106103	46332	386040	208522	292301	93869
363006	236257	147174	20654	14785	252775	114701	151681	43812
1516753	881507	466678	222434	80879	837005	580488	713517	136590
1081524	604920	335150	178078	63624	590040	461382	542686	81385
556093	210084	112402	46666	30851	345829	342941	408295	65435

1-A-4 续表 6

分 组	企业单位数（个）	亏损企业	工业总产值（当年价格）	工业销售产值（当年价格）	出口交货值
石油钻采专用设备制造	4		403398	386285	
建筑工程用机械制造	3		68924	68470	
建筑材料生产专用机械制造	3		50468	49473	
冶金专用设备制造	1	1	6433	6433	1186
化工、木材、非金属加工专用设备制造	17	2	556883	533599	22
炼油、化工生产专用设备制造	10	2	245744	227399	22
橡胶加工专用设备制造	1		86865	86865	
模具制造	4		183508	178568	
其他非金属加工专用设备制造	2		40766	40767	
食品、饮料、烟草及饲料生产专用设备制造	3		234473	232222	
食品、饮料、烟草工业专用设备制造	2		228453	226202	
农副食品加工专用设备制造	1		6020	6020	
印刷、制药、日化生产专用设备制造	1		7286	7286	
日用化工专用设备制造	1		7286	7286	
纺织、服装和皮革工业专用设备制造	1		6961	6961	
纺织专用设备制造	1		6961	6961	
农、林、牧、渔专用机械制造	1		5405	5405	
其他农林牧渔业机械制造及机械修理	1		5405	5405	
医疗仪器设备及器械制造	1	1	36396	29832	
实验室及医用消毒设备和器具的制造	1	1	36396	29832	
环保、社会公共安全及其他专用设备制造	8	2	143484	143224	
环境污染防治专用设备制造	4	1	49864	49864	
社会公共安全设备及器材制造	2	1	18865	18605	
水资源专用机械制造	1		33939	33939	
其他专用设备制造	1		40816	40816	
交通运输设备制造业	55	15	2387157	2278936	157241
铁路运输设备制造	30	11	1177096	1164668	
铁路机车车辆及动车组制造	1		28460	28460	
铁路机车车辆配件制造	12	5	615259	604180	
铁路专用设备及器材、配件制造	10	3	341682	340190	
其他铁路设备制造及设备修理	7	3	191695	191838	
汽车制造	18	3	361327	337472	
汽车零部件及配件制造	15	3	288665	265016	
汽车修理	3		72662	72456	
船舶及浮动装置制造	6	1	772654	700716	157241
金属船舶制造	2		306086	298943	111567
船用配套设备制造	2		435024	370229	45674
船舶修理及拆船	2	1	31544	31544	
航空航天器制造	1		76080	76080	
航天器制造	1		76080	76080	
电气机械及器材制造业	71	10	3113369	2990900	14200
电机制造	4		100448	99929	
电动机制造	4		100448	99929	
输配电及控制设备制造	44	7	1752052	1642139	4700
变压器、整流器和电感器制造	5		387747	309478	
电容器及其配套设备制造	1		101386	94805	

单位：千元

资产总计	流动资产总计	应收帐款	存货	产成品	流动资产年平均余额	固定资产总计	固定资产原价	累计折旧
488748	367596	210364	126293	31341	223795	109034	122199	13165
14469	8469	3736	3831	596	4258	5964	7826	1862
14918	12150	5930	502	50	9558	2768	3274	506
7296	6621	2718	786	786	6600	675	1092	417
256631	170131	72785	25401	5797	159323	83131	115853	35544
145159	99951	57446	19058	997	89691	45032	57089	14879
4635	1682	184	1498	545	2307	2953	3270	317
47307	21918	14919	4392	4144	21745	22196	39934	17738
59530	46580	236	453	111	45580	12950	15560	2610
84238	47286	33515	6217	4410	30522	12440	17588	5150
75125	43934	30163	6217	4410	29369	8231	12926	4697
9113	3352	3352			1153	4209	4662	453
12768	12004	4823	438	1	12128	764	1253	489
12768	12004	4823	438	1	12128	764	1253	489
11268	9905	5675	405	9	9941	1363	7100	5737
11268	9905	5675	405	9	9941	1363	7100	5737
3100	1405	65	1200	1020	1400	1695	2168	473
3100	1405	65	1200	1020	1400	1695	2168	473
12656	6719	2419	2810	2810	3516	3224	6717	3493
12656	6719	2419	2810	2810	3516	3224	6717	3493
54568	29137	12246	7885	3208	30135	16489	20152	4319
28501	20379	10023	3717	950	19245	7337	8806	1469
14648	8126	1780	4116	2258	8752	6502	6804	303
3160	262	78	52		1140	1540	3762	2222
8259	370	365			998	1110	780	325
2085665	1561740	344147	485089	38918	1538236	260593	413854	205978
462147	340750	161348	97113	15997	322564	106336	180259	122928
25147	22577	15620	3920		23991	2570	2267	303
253072	178920	58530	77388	7829	154601	64007	105053	78078
110137	82140	56408	9059	8168	81702	24211	52355	29425
73791	57113	30790	6746		62270	15548	20584	15122
203766	119444	43209	24010	9307	107292	55477	85200	31788
181890	116062	41860	23980	9307	101727	47527	74938	29476
21876	3382	1349	30		5565	7950	10262	2312
1413620	1095931	137865	363281	12929	1105265	98263	147873	51257
363269	323218	28783	102871		270717	27135	45350	19086
1013202	746691	104046	258220	12929	818960	67966	91566	24376
37149	26022	5036	2190		15588	3162	10957	7795
6132	5615	1725	685	685	3115	517	522	5
6132	5615	1725	685	685	3115	517	522	5
1334955	871503	392267	131343	58127	854097	380804	602832	246219
22688	16119	8836	336	233	15298	5063	13453	8390
22688	16119	8836	336	233	15298	5063	13453	8390
802872	527442	242547	92488	36013	507159	217515	317244	104324
176882	147474	92702	31914	13780	132366	27904	35481	7770
27067	24217	7450	2164	956	23618	2850	4067	1217

1-A-4 续表 7

分　组	企业单位数（个）	亏损企业	工业总产值（当年价格）	工业销售产值（当年价格）	出口交货值
配电开关控制设备制造	32	7	1108299	1090126	4700
电力电子元器件制造	4		118811	112888	
其他输配电及控制设备制造	2		35809	34842	
电线、电缆、光缆及电工器材制造	19	3	1141560	1135129	9500
电线电缆制造	17	3	1069289	1062858	9500
绝缘制品制造	2		72271	72271	
电池制造	1		36042	31093	
家用电力器具制造	2		38082	38082	
其他家用电力器具制造	2		38082	38082	
照明器具制造	1		45185	44528	
照明灯具制造	1		45185	44528	
通信设备、计算机及其他电子设备制造业	7		156196	156136	108
通信设备制造	3		29629	29379	
通信传输设备制造	1		8336	8086	
通信交换设备制造	1		5023	5023	
通信终端设备制造	1		16270	16270	
电子计算机制造	1		32093	32093	108
电子计算机外部设备制造	1		32093	32093	108
电子元件制造	1		26672	26862	
电子元件及组件制造	1		26672	26862	
家用视听设备制造	1		60557	60557	
家用音响设备制造	1		60557	60557	
其他电子设备制造	1		7245	7245	
仪器仪表及文化、办公用机械制造业	8		225319	225319	
通用仪器仪表制造	6		197804	197804	
工业自动控制系统装置制造	3		101215	101215	
电工仪器仪表制造	1		10597	10597	
实验分析仪器制造	2		85992	85992	
专用仪器仪表制造	1		20020	20020	
核子及核辐射测量仪器制造	1		20020	20020	
其他仪器仪表的制造及修理	1		7495	7495	
工艺品及其他制造业	7	3	718897	709617	
工艺美术品制造	3		586010	578035	
雕塑工艺品制造	2		11398	11089	
金属工艺品制造	1		574612	566946	
煤制品制造	3	3	127205	127205	
其他未列明的制造业	1		5682	4377	
废弃资源和废旧材料回收加工业	9	1	148403	141354	600
金属废料和碎屑的加工处理	7		109238	104514	
非金属废料和碎屑的加工处理	2	1	39165	36840	600
电力、燃气及水的生产和供应业	**4**	**1**	**38258**	**38258**	
电力、热力的生产和供应业	3	1	32843	32843	
电力供应	1		5682	5682	
热力生产和供应	2	1	27161	27161	
燃气生产和供应业	1		5415	5415	

单位：千元

资产总计	流动资产总计	应收帐款	存货	产成品	流动资产年平均余额	固定资产总计	固定资产原价	累计折旧
483794	277112	114884	51143	15527	277345	167096	237986	74712
61449	31890	21285	6437	5750	23512	17734	33282	16128
53680	46749	6226	830		50318	1931	6428	4497
422908	301181	131629	34857	18662	305524	100899	212072	126697
373606	284652	125917	32024	18371	289779	73238	187117	122319
49302	16529	5712	2833	291	15745	27661	24955	4378
10455	6300	2815	1683	1683	5860	1838	1614	853
15460	6378	2920	1414	978	6314	9000	9175	3170
15460	6378	2920	1414	978	6314	9000	9175	3170
60572	14083	3520	565	558	13942	46489	49274	2785
60572	14083	3520	565	558	13942	46489	49274	2785
155043	70763	26549	26557	2088	77221	67674	83123	16452
40065	21208	6373	2695		21515	17861	19186	1329
5603	4577	1681	1874		4608	30	41	15
1852	1742	557	159		1682	110	436	326
32610	14889	4135	662		15225	17721	18709	988
49052	38403	13826	21776	2	44054	567	1908	1341
49052	38403	13826	21776	2	44054	567	1908	1341
7663	2001	1213	788	788	1811	5065	5773	708
7663	2001	1213	788	788	1811	5065	5773	708
43093	6803	4651			7491	36289	46016	10726
43093	6803	4651			7491	36289	46016	10726
15170	2348	486	1298	1298	2350	7892	10240	2348
74099	51141	18543	15114	3388	36940	19774	22188	2712
59497	40319	9341	14844	3388	26511	16416	17480	1354
26599	25088	3889	10998	430	16559	1511	2122	611
9906	3063	2395	668		3500	6843	7388	545
22992	12168	3057	3178	2958	6452	8062	7970	198
8210	5850	4500			5850	2360	2470	118
8210	5850	4500			5850	2360	2470	118
6392	4972	4702	270		4579	998	2238	1240
404299	313486	20765	173296	85902	313286	70851	133413	66941
238195	203284	9961	154048	82932	214066	34181	54593	20567
16668	4937	456	1313	876	4483	11731	12353	622
221527	198347	9505	152735	82056	209583	22450	42240	19945
131493	95583	8717	6716	2327	88985	25789	64722	43157
34611	14619	2087	12532	643	10235	10881	14098	3217
379412	220493	35788	16563	12208	235965	105698	166889	67916
199250	154218	26567	9335	7171	160102	26127	47170	27416
180162	66275	9221	7228	5037	75863	79571	119719	40500
83892	**41959**	**16503**	**1777**		**31845**	**40409**	**35957**	**4325**
80043	38726	14029	1603		28645	39794	34081	3064
41611	11074	306			2730	29599	30755	1156
38432	27652	13723	1603		25915	10195	3326	1908
3849	3233	2474	174		3200	615	1876	1261

1-A-4 续表 8

分 组	固定资产净值	固定资产净值年平均余额	负债合计	流动负债总计	应付账款
总 计	**9413937**	**8427006**	**19981225**	**16530741**	**4756545**
总计中：轻工业	1218320	1208129	2032353	1499066	511183
重工业	8195617	7218877	17948872	15031675	4245362
总计中：大型企业	1302155	1093655	2357823	1973177	304346
中型企业	1168166	1072889	3867413	3524750	638802
小型企业	6943616	6260462	13755989	11032814	3813397
按行业小类分					
采矿业	**1436172**	**1099041**	**2540415**	**1808474**	**472870**
煤炭开采和洗选业	154433	160727	317647	256298	55074
烟煤和无烟煤的开采洗选	154433	160727	317647	256298	55074
黑色金属矿采选业	533730	507691	1371906	1274562	365364
铁矿采选	533730	507691	1371906	1274562	365364
有色金属矿采选业	127921	110503	148401	116059	16805
常用有色金属矿采选	50217	38311	106764	95996	12274
铜矿采选	780	780	1346	346	
铅锌矿采选	12010	10600	39858	38653	3862
铝矿采选	1070	1000	3930	3930	772
镁矿采选	36357	25931	61630	53067	7640
贵金属矿采选	70248	64986	38225	16651	4531
金矿采选	70248	64986	38225	16651	4531
稀有稀土金属矿采选	7456	7206	3412	3412	
钨钼矿采选	7456	7206	3412	3412	
非金属矿采选业	617762	317794	698899	157994	35627
土砂石开采	413563	114937	496078	58342	26004
石灰石、石膏开采	1980	2000	1140	1040	
建筑装饰用石开采	40995	42526	30884	19508	14177
耐火土石开采	13263	13176	20575	20323	4678
粘土及其他土砂石开采	357325	57235	443479	17471	7149
化学矿采选	23222	22227	46569	44567	3552
采盐	32512	32186	51242	22205	5319
石棉及其他非金属矿采选	148465	148444	105010	32880	752
石墨、滑石采选	110614	110616	80273	11990	362
宝石、玉石开采	16231	15898	8231	4670	
其他非金属矿采选	21620	21930	16506	16220	390
其他采矿业	2326	2326	3562	3561	
制造业	**7946133**	**7295897**	**17351674**	**14643140**	**4273935**
农副食品加工业	225861	241345	266259	187638	27153
谷物磨制	88752	99142	21435	17725	3650
饲料加工	18650	19000	35840	8220	4150
植物油加工	36255	41842	60428	35578	
食用植物油加工	36255	41842	60428	35578	
屠宰及肉类加工	40302	37068	34972	32540	3235
畜禽屠宰	22271	21855	11264	11034	335
肉制品及副产品加工	18031	15213	23708	21506	2900
水产品加工	29834	29946	87510	78771	9243
水产品冷冻加工	25180	25280	76010	76010	8750
鱼糜制品及水产品干腌制加工	4654	4666	11500	2761	493

单位：千元

长期负债总计	所有者权益合计	实收资本					
			国家资本	集体资本	法人资本	个人资本	港澳台资本
1765401	**13111701**	**5676164**	**186523**	**3423856**	**873750**	**1188077**	**2158**
271760	1619993	702193	97829	451542	60869	90153	
1493641	11491708	4973971	88694	2972314	812881	1097924	2158
254737	968299	246568		218698	27870		
107219	1596797	930462	3181	724547	177578	25156	
1403445	10546605	4499134	183342	2480611	668302	1162921	2158
294593	**2030140**	**592772**	**415**	**427948**	**45052**	**119357**	
61045	175188	133990	415	113462	2778	17335	
61045	175188	133990	415	113462	2778	17335	
91069	873210	276674		200832	13332	62510	
91069	873210	276674		200832	13332	62510	
24598	185753	78967		70343	4142	4482	
3025	109163	21060		13036	3542	4482	
1000	4905	1000				1000	
1200	11790	5055		1196	2859	1000	
	683	683			683		
825	91785	14322		11840		2482	
21573	72460	52552		51952	600		
21573	72460	52552		51952	600		
	4130	5355		5355			
	4130	5355		5355			
117881	795670	102822		42992	24800	35030	
17693	594265	47329		23788	14800	8741	
100	2940	2940		2940			
11345	82248	22280		5880	14800	1600	
240	19450	2455		2097		358	
6008	489627	19654		12871		6783	
2002	29581	17348		8159		9189	
26060	31692	3472		1472		2000	
72126	140132	34673		9573	10000	15100	
68282	73193	10000			5000	5000	
3559	43904	19243		9243		10000	
285	23035	5430		330	5000	100	
	319	319		319			
1460808	**11086805**	**5080982**	**186108**	**2994048**	**828698**	**1068170**	**2158**
22036	333570	180574	97520	71460	6194	3600	
3710	121315	103035	97520	5515			
	28910	1300			1300		
4850	25555	3300		1500		1800	
4850	25555	3300		1500		1800	
2206	36767	13543		10705	2838		
30	19371	10050		8750	1300		
2176	17396	3493		1955	1538		
	118077	50280		49480		800	
	114760	48280		47480		800	
	3317	2000		2000			

1-A-4 续表 9

分　　组	固定资产净　　值	固定资产净值年平均余额	负债合计	流动负债总　　计	应付账款
蔬菜、水果和坚果加工	3102	4279	4072	4072	
其他农副食品加工	8966	10068	22002	10732	6875
淀粉及淀粉制品的制造	8687	9800	21683	10423	6810
其他未列明的农副食品加工	279	268	319	309	65
食品制造业	20008	20001	30505	10936	3041
焙烤食品制造	467	470	676		
糕点、面包制造	467	470	676		
调味品、发酵制品制造	6669	6912	1917	1174	778
酱油、食醋及类似制品的制造	6669	6912	1917	1174	778
其他食品制造	12872	12619	27912	9762	2263
盐加工	12872	12619	27912	9762	2263
饮料制造业	20636	20537	40576	21573	14144
酒的制造	11596	11497	22638	8636	4044
白酒制造	7596	7497	13868	4816	1544
啤酒制造	4000	4000	8770	3820	2500
软饮料制造	9040	9040	17938	12937	10100
碳酸饮料制造	2727	2727	2733	2732	
含乳饮料和植物蛋白饮料制造	6313	6313	15205	10205	10100
烟草制品业	1089	1289	5600	5600	1744
卷烟制造	1089	1289	5600	5600	1744
纺织业	233313	226320	167756	141065	27816
棉、化纤纺织及印染精加工	24113	24545	61432	55708	11847
棉、化纤纺织加工	21295	21727	54682	49359	11195
棉、化纤印染精加工	2818	2818	6750	6349	652
丝绢纺织及精加工	161400	158800	56620	56538	10910
缫丝加工	141400	138800	42620	42539	10460
绢纺和丝织加工	20000	20000	14000	13999	450
纺织制成品制造	41315	37766	47511	26626	4928
棉及化纤制品制造	5795	5621	1882	1785	100
毛制品制造	13962	14662	11569	4825	
绳、索、缆的制造	5510	6448	5691	5689	3962
纺织带和帘子布制造	636	912	2664	1910	754
无纺布制造	12212	6923	7535	6417	112
其他纺织制成品制造	3200	3200	18170	6000	
针织品、编织品及其制品制造	6485	5209	2193	2193	131
其他针织品及编织品制造	6485	5209	2193	2193	131
纺织服装、鞋、帽制造业	82556	83929	158308	146003	33204
纺织服装制造	82556	83929	158308	146003	33204
皮革、毛皮、羽毛(绒)及其制品业	5919	5997	9054	9030	155
皮革制品制造	5919	5997	9054	9030	155
皮箱、包(袋)制造	5919	5997	9054	9030	155
木材加工及木、竹、藤、棕、草制品业	55344	57241	96173	91805	34542
锯材、木片加工	6007	6028	9223	9122	1672
锯材加工	6007	6028	9223	9122	1672
人造板制造	16456	16748	2527	2397	
胶合板制造	11356	11548	2197	2097	
其他人造板、材制造	5100	5200	330	300	

单位：千元

长期负债总计	所有者权益合计	实收资本	国家资本	集体资本	法人资本	个人资本	港澳台资本
	6128	2300				500	
11270	-3182	6816		4260	2056	500	
11260	-3693	6316		4260	2056		
10	511	500				500	
9662	68367	8864		4576	2288	2000	
	1075	2200		2200			
	1075	2200		2200			
153	19025	4788		1000	2288	1500	
153	19025	4788		1000	2288	1500	
9509	48267	1876		1376		500	
9509	48267	1876		1376		500	
9950	38024	11137		5450		5687	
4950	6905	3425		2738		687	
	4225	745		58		687	
4950	2680	2680		2680			
5000	31119	7712		2712		5000	
	3501	2712		2712			
5000	27618	5000				5000	
	22212	3288		3288			
	22212	3288		3288			
24886	279336	112569		99197	2950	10422	
4783	16264	12828		7378	1000	4450	
4783	15523	11578		7078	1000	3500	
	741	1250		300		950	
80	176420	84520		84520			
80	158420	66520		66520			
	18000	18000		18000			
20023	69973	14121		6199	1950	5972	
10	6473	3789		3789			
6744	7110	3360			500	2860	
	24035	1910		1910			
	512	512				512	
1099	26733	4100		500	1000	2600	
12170	5110	450			450		
	16679	1100		1100			
	16679	1100		1100			
8907	201767	51710		45335	5300	1075	
8907	201767	51710		45335	5300	1075	
24	-2221	1102			1102		
24	-2221	1102			1102		
24	-2221	1102			1102		
4011	99723	39975		21538	9797	8640	
101	11667	5194		4000	1194		
101	11667	5194		4000	1194		
130	30521	20050		9370	5140	5540	
100	21151	10680			5140	5540	
30	9370	9370		9370			

1-A-4 续表 10

分 组	固定资产净值	固定资产净值年平均余额	负债合计	流动负债总计	应付账款
木制品制造	29320	30856	76845	72716	30374
建筑用木料及木材组件加工	6900	6950	773	273	
木容器制造	18258	20884	33305	29676	14178
软木制品及其他木制品制造	4162	3022	42767	42767	16196
竹、藤、棕、草制品制造	3561	3609	7578	7570	2496
家具制造业	1770	1765	10369	8690	3674
金属家具制造	1770	1765	10369	8690	3674
造纸及纸制品业	150601	101741	256448	130274	56568
造纸	41307	42625	123478	73732	36139
机制纸及纸板制造	29567	30215	103768	64761	35293
加工纸制造	11740	12410	19710	8971	846
纸制品制造	109294	59116	132970	56542	20429
纸和纸板容器的制造	108934	58756	132585	56158	20334
其他纸制品制造	360	360	385	384	95
印刷业和记录媒介的复制	73472	73572	18435	12899	4770
印刷	73047	73152	17187	12864	4745
书、报、刊印刷	3206	1920	3155	1147	705
包装装潢及其他印刷	69841	71232	14032	11717	4040
装订及其他印刷服务活动	425	420	1248	35	25
文教体育用品制造业	2891	3221	18479	18407	4063
文化用品制造	2058	2353	1873	1802	421
教学用模型及教具制造	2058	2353	1873	1802	421
游艺器材及娱乐用品制造	833	868	16606	16605	3642
露天游乐场所游乐设备制造	833	868	16606	16605	3642
石油加工、炼焦及核燃料加工业	180391	174656	277264	240083	48513
精炼石油产品的制造	173978	168952	251651	237123	46924
原油加工及石油制品制造	173978	168952	251651	237123	46924
炼焦	6413	5704	25613	2960	1589
化学原料及化学制品制造业	1099833	1044791	1307291	1176273	311025
基础化学原料制造	756430	653677	759280	689496	85135
无机酸制造	89193	52166	61563	21563	14571
无机碱制造	9647	9518	77809	74635	9872
无机盐制造	78639	70092	66649	52504	25942
有机化学原料制造	59292	62038	71653	62520	19376
其他基础化学原料制造	519659	459863	481606	478274	15374
肥料制造	10530	10530	9120	6440	4933
磷肥制造	2650	2650	4970	2290	1283
复混肥料制造	7880	7880	4150	4150	3650
农药制造	4400	4400	4965	2965	1370
化学农药制造	4400	4400	4965	2965	1370
涂料、油墨、颜料及类似产品制造	60120	76277	87119	81224	46403
涂料制造	59260	74277	85819	79944	46403
颜料制造	860	2000	1300	1280	
合成材料制造	27261	25629	86762	70845	6251
初级形态的塑料及合成树脂制造	18441	16802	65324	64914	4085
其他合成材料制造	8820	8827	21438	5931	2166

单位：千元

长期负债总　计	所有者权益合计	实收资本	国家资本	集体资本	法人资本	个人资本	港澳台资本
3780	36572	12081		5518	3463	3100	
500	7729	3000				3000	
3280	23266	5281		1718	3463	100	
	5577	3800		3800			
	20963	2650		2650			
1065	951	646		646			
1065	951	646		646			
39357	144200	48151		26856	17300	3995	
34223	44192	15038		12043		2995	
32377	34849	9588		7093		2495	
1846	9343	5450		4950		500	
5134	100008	33113		14813	17300	1000	
5134	99473	32913		14613	17300	1000	
	535	200		200			
2282	145820	21640		16140	1000	4500	
2282	143110	21540		16040	1000	4500	
2000	3934	2600		2100	500		
282	139176	18940		13940	500	4500	
	2710	100		100			
	7770	5119	309	4810			
	5873	2119	309	1810			
	5873	2119	309	1810			
	1897	3000		3000			
	1897	3000		3000			
4509	335366	201959		128095	48075	25789	
4509	320601	173725		115650	32286	25789	
4509	320601	173725		115650	32286	25789	
	14765	28234		12445	15789		
109180	1474603	480692	31090	291861	106456	51285	
66929	1056886	222210	31000	140801	42647	7762	
40000	53515	36900	31000	5400		500	
3170	-4398	12013		11367	500	146	
14143	110279	7998		4028	3670	300	
8530	177205	63541		49115	8110	6316	
1086	720285	101758		70891	30367	500	
2680	13590	7660			1660	6000	
2680	1660	1660			1660		
	11930	6000				6000	
2000	2946	2500				2500	
2000	2946	2500				2500	
4866	42390	13871		4079	7742	2050	
4866	40490	13471		4079	7342	2050	
	1900	400			400		
	35894	21110	90	17200		3820	
	28873	17290	90	16700		500	
	7021	3820		500		3320	

1-A-4 续表 11

分 组	固定资产净值	固定资产净值年平均余额	负债合计	流动负债总计	应付账款
专用化学产品制造	200126	231715	275035	245633	94268
化学试剂和助剂制造	153607	185394	168869	145203	64155
专项化学用品制造	27733	30205	59112	57985	14999
炸药及火工产品制造	3005	1341	7998	7918	4750
环境污染处理专用药剂材料制造	1757	1762	5847	2616	1240
动物胶制造	272	168	847	821	788
其他专用化学产品制造	13752	12845	32362	31090	8336
日用化学产品制造	40966	42563	85010	79670	72665
肥皂及合成洗涤剂制造	40966	42563	85010	79670	72665
医药制造业	103008	123687	191412	91068	53419
化学药品原药制造	61622	89273	79947	59514	48360
化学药品制剂制造	8544	8544	9001	9000	
中药饮片加工	14800	9620	20264	3954	3163
中成药制造	6768	5049	69511	5921	
兽用药品制造	11274	11201	12689	12679	1896
化学纤维制造业	1099	1088	8177	8096	6287
合成纤维制造	1099	1088	8177	8096	6287
锦纶纤维制造	1099	1088	8177	8096	6287
橡胶制品业	660840	527400	1226142	852785	79075
轮胎制造	584615	450113	1109825	748916	62324
车辆、飞机及工程机械轮胎制造	582015	446344	1094472	733564	46972
轮胎翻新加工	2600	3769	15353	15352	15352
橡胶板、管、带的制造	11056	11021	16144	6513	1072
橡胶零件制造	29417	29054	13800	13059	4486
橡胶靴鞋制造	4372	5203	8994	7121	1281
其他橡胶制品制造	31380	32009	77379	77176	9912
塑料制品业	92021	98743	248726	219861	90152
塑料薄膜制造	9181	11549	22090	15574	14803
塑料板、管、型材的制造	38872	42389	90282	80384	12683
塑料丝、绳及编织品的制造	20762	20866	65238	58751	18772
泡沫塑料制造	7480	6963	17689	15424	9127
塑料包装箱及容器制造	2175	2933	7180	5180	
塑料零件制造	5614	6126	12424	11930	11526
其他塑料制品制造	7937	7917	33823	32618	23241
非金属矿物制品业	793441	774903	1871166	1616666	547491
水泥、石灰和石膏的制造	108094	108459	199633	194466	44754
水泥制造	99504	99677	185943	184066	41136
石灰和石膏制造	8590	8782	13690	10400	3618
水泥及石膏制品制造	17165	18914	41353	38064	19121
水泥制品制造	8782	10488	39634	36634	17941
砼结构构件制造	2808	3008	1069	830	830
石棉水泥制品制造	5575	5418	650	600	350
砖瓦、石材及其他建筑材料制造	196480	189679	207316	135297	51554
粘土砖瓦及建筑砌块制造	161503	159065	117155	69703	17414
建筑用石加工	7991	3716	34764	19635	17560
防水建筑材料制造	10723	11981	35616	31407	5347
隔热和隔音材料制造	10083	8659	8112	2890	860
其他建筑材料制造	6180	6258	11669	11662	10373

单位：千元

长期负债总　　计	所有者权益合计	实收资本	国家资本	集体资本	法人资本	个人资本	港澳台资本
27365	281108	188421		119626	54407	14388	
23519	214213	148516		87968	46860	13688	
510	38992	19647		17100	2547		
80	378	241		241			
3230	2336	2336		2336			
26	18283	5000			5000		
	6906	12681		11981		700	
5340	41789	24920		10155		14765	
5340	41789	24920		10155		14765	
19565	46974	31978		24078	7900		
2213	32738	5200		5000	200		
1	12620	11000		11000			
16310	15179	7700			7700		
1031	-24140	2690		2690			
10	10577	5388		5388			
	3057	1137		1137			
	3057	1137		1137			
	3057	1137		1137			
233568	262189	235872	4410	51982	6850	172630	
230998	23054	11192	4410	6782			
230998	18144	6282		6282			
	4910	4910	4410	500			
243	7508	10106		7106		3000	
720	185735	151994		364	500	151130	
1537	3958	8000		2500	5500		
70	41934	54580		35230	850	18500	
16122	196854	77888	300	43722	3100	30766	
2940	10090	4602	300	1616		2686	
5496	85031	28376		11796		16580	
6483	56406	22456		22456			
	8055	5600		4600	1000		
	8466	2100			2100		
	16438	11654		1654		10000	
1203	12368	3100		1600		1500	
194955	1515409	586203	3000	311500	85275	186428	
4096	64659	41295		33576	4719	3000	
806	61104	38080		30361	4719	3000	
3290	3555	3215		3215			
3000	26050	13854		11232	500	2122	
3000	16184	12634		10512		2122	
	4291	720		720			
	5575	500			500		
36029	357528	147733		46128	52840	48765	
15673	242368	102684		27479	27440	47765	
15129	41893	27603		5803	21800		
	21332	6802		6302		500	
5222	17968	4100			3600	500	
5	33967	6544		6544			

1-A-4 续表 12

分 组	固定资产净值	固定资产净值年平均余额	负债合计	流动负债总计	应付账款
玻璃及玻璃制品制造	13454	11528	35178	34998	6206
玻璃仪器制造	1537	1537	499	322	293
日用玻璃制品及玻璃包装容器制造	5952	4072	13923	13922	
玻璃纤维及制品制造	2216	2158	10736	10736	741
玻璃纤维增强塑料制品制造	1750	1762	5642	5640	3225
其他玻璃制品制造	1999	1999	4378	4378	1947
陶瓷制品制造	6227	6485	144458	44458	6233
日用陶瓷制品制造	6227	6485	144458	44458	6233
耐火材料制品制造	372361	356069	1104877	1044090	383995
耐火陶瓷制品及其他耐火材料制造	372361	356069	1104877	1044090	383995
石墨及其他非金属矿物制品制造	79660	83769	138351	125293	35628
石墨及碳素制品制造	62860	66466	131026	121216	32798
其他非金属矿物制品制造	16800	17303	7325	4077	2830
黑色金属冶炼及压延加工业	583873	343488	1285491	1054470	238556
炼铁	10404	9836	115287	114640	5280
炼钢	23724	25006	46091	44714	13959
钢压延加工	173334	181692	640157	612481	139009
铁合金冶炼	376411	126954	483956	282635	80308
有色金属冶炼及压延加工业	415427	332464	881880	771908	223861
常用有色金属冶炼	180839	84851	524212	445277	31571
铅锌冶炼	132356	54226	410969	352665	
铝冶炼	39749	21276	62843	46406	14372
镁冶炼	560	650	1310	1310	298
其他常用有色金属冶炼	8174	8699	49090	44896	16901
贵金属冶炼	30425	28250	24769	16123	4956
金冶炼	30425	28250	24769	16123	4956
稀有稀土金属冶炼	17376	16238	107557	107057	71221
钨钼冶炼	17376	16238	107557	107057	71221
有色金属合金制造	35315	23866	68587	61616	26666
有色金属压延加工	151472	179259	156755	141835	89447
常用有色金属压延加工	119282	147069	151931	137012	89687
稀有稀土金属压延加工	32190	32190	4824	4823	-240
金属制品业	555435	553700	1732398	1480922	516319
结构性金属制品制造	131668	134762	464090	421113	183383
金属结构制造	117708	120802	453251	414615	183383
金属门窗制造	13960	13960	10839	6498	
金属工具制造	5076	4827	18973	18652	13461
手工具制造	1566	1311	5923	5923	1688
刀剪及类似日用金属工具制造	137	130	10500	10490	10205
其他金属工具制造	3373	3386	2550	2239	1568
集装箱及金属包装容器制造	106760	105039	549931	385949	206233
金属压力容器制造	35024	36145	174327	173541	140082
金属包装容器制造	71736	68894	375604	212408	66151
金属丝绳及其制品的制造	61109	65113	49878	49617	4157
建筑、安全用金属制品制造	37458	49172	72525	45244	10448
建筑、家具用金属配件制造	450	470	597	597	
建筑装饰及水暖管道零件制造	31218	42922	58265	34085	10238
其他建筑、安全用金属制品制造	5790	5780	13663	10562	210

单位：千元

长期负债总计	所有者权益合计	实收资本	国家资本	集体资本	法人资本	个人资本	港澳台资本
177	25869	6142		3765		2377	
177	1891	1897				1897	
	3054	480				480	
	11705	1765		1765			
	1498	1000		1000			
	7721	1000		1000			
100000	40515	50000		48250		1750	
100000	40515	50000		48250		1750	
38659	846011	257512	3000	142343	10335	101834	
38659	846011	257512	3000	142343	10335	101834	
12994	154777	69667		26206	16881	26580	
9792	92357	57667		24454	11633	21580	
3202	62420	12000		1752	5248	5000	
52099	725191	427897		190486	43889	193522	
645	-566	29611		4868	24743		
	20807	13806		11706	1600	500	
16454	335691	155424		141256	13096	1072	
35000	369259	229056		32656	4450	191950	
44097	678840	153819		74740	14059	65020	
20628	375046	39552		3537	12985	23030	
	45308	6241		607		5634	
16434	332027	30071			12675	17396	
	310	310			310		
4194	-2599	2930		2930			
8555	32497	17853		14953		2900	
8555	32497	17853		14953		2900	
500	28812	6774		5100	574	1100	
500	28812	6774		5100	574	1100	
	27633	11000		10500		500	
14414	214852	78640		40650	500	37490	
14414	123391	41250		40150	500	600	
	91461	37390		500		36890	
34527	1087841	589927	1030	466168	79709	43020	
11920	283267	163763		111515	50720	1528	
11920	274391	162663		110715	50420	1528	
	8876	1100		800	300		
310	9134	4849		4849			
	-650	1000		1000			
	5093	349		349			
310	4691	3500		3500			
2820	199606	146075	1030	145045			
350	61044	37318	1030	36288			
2470	138562	108757		108757			
233	67129	9613		7470	1643	500	
6706	43967	46150		15458		30692	
	1059	500		500			
6706	28419	37550		9958		27592	
	14489	8100		5000		3100	

1-A-4 续表 13

分 组	固定资产净值	固定资产净值年平均余额	负债合计	流动负债总计	
					应付账款
金属表面处理及热处理加工	186341	179867	567224	556047	96689
不锈钢及类似日用金属制品制造	6619	4237	5623	1402	1077
金属制厨用器皿及餐具制造	5565	3251	4982	1310	1048
其他日用金属制品制造	1054	986	641	92	29
其他金属制品制造	20404	10683	4154	2898	871
其他未列明的金属制品制造	20404	10683	4154	2898	871
通用设备制造业	1194297	1241787	2783196	2490599	671382
锅炉及原动机制造	17868	18639	282244	258676	50620
锅炉及辅助设备制造	17181	18065	276704	253136	47883
内燃机及配件制造	687	574	5540	5540	2737
金属加工机械制造	105473	110568	143318	121717	85275
金属切削机床制造	65564	71818	53672	42355	40940
铸造机械制造	18538	18538	12792	12761	795
金属切割及焊接设备制造	4365	4247	13732	13488	6968
机床附件制造	14729	13727	56438	46432	33432
其他金属加工机械制造	2277	2238	6684	6681	3140
起重运输设备制造	185930	185085	147894	80605	9834
泵、阀门、压缩机及类似机械的制造	101574	104594	233220	225002	46474
泵及真空设备制造	17556	17600	81721	81451	8762
气体压缩机械制造	15676	15800	35178	35168	4765
阀门和旋塞的制造	60939	59138	78900	73000	18167
液压和气压动力机械及元件制造	7403	12056	37421	35383	14780
轴承、齿轮、传动和驱动部件的制造	37182	37900	85232	84520	33654
轴承制造	3514	3616	21694	21692	5820
齿轮、传动和驱动部件制造	33668	34284	63538	62828	27834
烘炉、熔炉及电炉制造	7901	4744	30509	30503	4290
风机、衡器、包装设备等通用设备制造	62669	64369	316556	293887	147497
风机、风扇制造	27618	27249	77297	76656	30641
气体、液体分离及纯净设备制造	4874	4900	6970		
制冷、空调设备制造	11798	11484	171590	170901	103591
风动和电动工具制造	2848	2981	4319	3966	1310
包装专用设备制造	2918	3013	3225	3224	862
衡器制造	1558	1558	13010	13000	5905
其他通用设备制造	11055	13184	40145	26140	5188
通用零部件制造及机械修理	369399	411893	931395	855942	126334
金属密封件制造	9816	9695	27710	26330	7085
紧固件、弹簧制造	95902	157267	177815	125279	-19939
机械零部件加工及设备修理	238676	232055	614378	593530	97304
其他通用零部件制造	25005	12876	111492	110803	41884
金属铸、锻加工	306301	303995	612828	539747	167404
钢铁铸件制造	198432	194081	456544	423553	122775
锻件及粉末冶金制品制造	107869	109914	156284	116194	44629
专用设备制造业	576927	450739	1098526	905449	519253
矿山、冶金、建筑专用设备制造	461301	336376	815071	689063	432564
采矿、采石设备制造	342860	223905	343693	293788	202353

单位：千元

长期负债总　计	所有者权益合计	实收资本	国家资本	集体资本	法人资本	个人资本	港澳台资本
8383	372075	186752		181331	5421		
4155	16410	3993			3993		
3672	5323	3123			3123		
483	11087	870			870		
	96253	28732		500	17932	10300	
	96253	28732		500	17932	10300	
201649	1931305	835911	35517	555677	143775	100524	418
22968	11487	21511		21511			
22968	10476	20632		20632			
	1011	879		879			
11565	110835	73606		71806	600	1200	
11317	55159	37591		36391		1200	
2	18609	2073		1473	600		
242	9279	9890		9890			
4	24969	22997		22997			
	2819	1055		1055			
52710	210325	76526		5175	36706	34645	
5054	180593	80132	1000	65228	12804	1100	
261	44427	24859	1000	21750	1809	300	
	22016	12062		10062	2000		
3723	104800	33076		28231	4045	800	
1070	9350	10135		5185	4950		
677	295346	24726		19326	4600	800	
	228733	2418		2118		300	
677	66613	22308		17208	4600	500	
	17154	1173		1173			
14672	108700	88926		80396	8030	500	
	33809	26920		21020	5900		
	1380	500				500	
687	21814	40649		40649			
	3501	847		847			
	10059	2414		2414			
	157	1728		1728			
13985	37980	15868		13738	2130		
69995	577670	275470	30413	161408	40487	42744	418
1100	43190	13306		7506		5800	
51022	245714	54563		15238	5670	33237	418
17187	279445	190423	30413	121486	34817	3707	
686	9321	17178		17178			
24008	419195	193841	4104	129654	40548	19535	
18313	212473	144928	3504	90421	39548	11455	
5695	206722	48913	600	39233	1000	8080	
128051	418227	207097	8749	72956	89936	35456	
89780	266453	126573	8749	30031	65200	22593	
13780	212400	77838	8749	17241	45200	6648	

1-A-4 续表 14

分 组	固定资产净值	固定资产净值年平均余额	负债合计	流动负债总计	应付账款
石油钻采专用设备制造	109034	103443	444966	370466	220662
建筑工程用机械制造	5964	6324	8381	6781	2430
建筑材料生产专用机械制造	2768	2044	10395	10393	7134
冶金专用设备制造	675	660	7636	7635	-15
化工、木材、非金属加工专用设备制造	80309	84624	179633	138465	57424
炼油、化工生产专用设备制造	42210	41329	118350	98505	49384
橡胶加工专用设备制造	2953	2953	310	310	310
模具制造	22196	24482	35663	27430	7730
其他非金属加工专用设备制造	12950	15860	25310	12220	
食品、饮料、烟草及饲料生产专用设备制造	12438	12367	48418	32884	8030
食品、饮料、烟草工业专用设备制造	8229	8157	45034	31034	7048
农副食品加工专用设备制造	4209	4210	3384	1850	982
印刷、制药、日化生产专用设备制造	764	768	4163	3863	2283
日用化工专用设备制造	764	768	4163	3863	2283
纺织、服装和皮革工业专用设备制造	1363	1518	5856	5856	3047
纺织专用设备制造	1363	1518	5856	5856	3047
农、林、牧、渔专用机械制造	1695	1675	1250	250	14
其他农林牧渔业机械制造及机械修理	1695	1675	1250	250	14
医疗仪器设备及器械制造	3224	1556	9121	3019	1283
实验室及医用消毒设备和器具的制造	3224	1556	9121	3019	1283
环保、社会公共安全及其他专用设备制造	15833	11855	35014	32049	14608
环境污染防治专用设备制造	7337	3331	20745	20436	9060
社会公共安全设备及器材制造	6501	6533	9227	9132	3753
水资源专用机械制造	1540	1540	2886	1840	1445
其他专用设备制造	455	451	2156	641	350
交通运输设备制造业	207876	220923	1839535	1719857	369569
铁路运输设备制造	57331	84424	430451	420814	151489
铁路机车车辆及动车组制造	1964	1970	19370	19270	19270
铁路机车车辆配件制造	26975	55353	291507	287278	62694
铁路专用设备及器材、配件制造	22930	21346	85529	83091	57889
其他铁路设备制造及设备修理	5462	5755	34045	31175	11636
汽车制造	53412	43898	109806	102177	44871
汽车零部件及配件制造	45462	37334	106665	100741	43772
汽车修理	7950	6564	3141	1436	1099
船舶及浮动装置制造	96616	92084	1296761	1194351	173209
金属船舶制造	26264	26949	374024	323363	72279
船用配套设备制造	67190	61666	894455	842706	100708
船舶修理及拆船	3162	3469	28282	28282	222
航空航天器制造	517	517	2517	2515	
航天器制造	517	517	2517	2515	
电气机械及器材制造业	356613	341101	788081	549649	246004
电机制造	5063	4862	8752	3747	1639
电动机制造	5063	4862	8752	3747	1639
输配电及控制设备制造	212920	204229	451694	420289	203131
变压器、整流器和电感器制造	27711	27762	114314	114106	55172
电容器及其配套设备制造	2850	2828	24295	24295	22398

单位：千元

长期负债总　计	所有者权益合计	实收资本					
			国家资本	集体资本	法人资本	个人资本	港澳台资本
74500	43782	40100		10100	19000	11000	
1500	6088	6590		2190		4400	
	4523	1545		500	1000	45	
	-340	500				500	
30925	76998	41335		13096	23736	4503	
11615	26809	10981		2945	5036	3000	
	4325	3500		3500			
6220	11644	8654		6651	500	1503	
13090	34220	18200			18200		
5411	35820	16200		15000		1200	
4000	30091	15200		15000		200	
1411	5729	1000				1000	
	8605	5000				5000	
	8605	5000				5000	
	5412	4799		4799			
	5412	4799		4799			
1000	1850	1850				1850	
1000	1850	1850				1850	
545	3535	1198		1198			
545	3535	1198		1198			
390	19554	10142		8832	1000	310	
300	7756	8040		7830		210	
90	5421	1502		502	1000		
	274	100				100	
	6103	500		500			
65382	246130	240487	1002	115288	117667	6530	
3382	31696	78244	1002	70711	6531		
	5777	4000		4000			
	-38435	46936		45455	1481		
2232	24608	12932		7882	5050		
1150	39746	14376	1002	13374			
4022	93960	38577		31547	500	6530	
3822	75225	31077		29047	500	1530	
200	18735	7500		2500		5000	
57976	116859	122666		12030	110636		
7367	-10755	22178		5000	17178		
50609	118747	95458		2000	93458		
	8867	5030		5030			
2	3615	1000		1000			
2	3615	1000		1000			
195497	546874	219052		110590	31998	74724	1740
1803	13936	4168		1000	2168	1000	
1803	13936	4168		1000	2168	1000	
7503	351178	162089		88430	19819	52100	1740
40	62568	26725		22066	4059	600	
	2772	1000		1000			

1-A-4 续表 15

分 组	固定资产净 值	固定资产净 值 年平均余额	负债合计	流动负债总 计	应付账款
配电开关控制设备制造	163274	154727	242399	217204	105944
电力电子元器件制造	17154	17123	22416	16415	11949
其他输配电及控制设备制造	1931	1789	48270	48269	7668
电线、电缆、光缆及电工器材制造	85375	75821	314415	112720	37557
电线电缆制造	64798	58667	295046	100340	36077
绝缘制品制造	20577	17154	19369	12380	1480
电池制造	761	711	7352	7351	518
家用电力器具制造	6005	9000	3241	2941	2532
其他家用电力器具制造	6005	9000	3241	2941	2532
照明器具制造	46489	46478	2627	2601	627
照明灯具制造	46489	46478	2627	2601	627
通信设备、计算机及其他电子设备制造业	66671	45405	97602	90510	59369
通信设备制造	17857	14810	16476	16305	1387
通信传输设备制造	26	32	5060	4893	1330
通信交换设备制造	110	110	394	390	57
通信终端设备制造	17721	14668	11022	11022	
电子计算机制造	567	972	35347	35347	21610
电子计算机外部设备制造	567	972	35347	35347	21610
电子元件制造	5065	600	4828	708	600
电子元件及组件制造	5065	600	4828	708	600
家用视听设备制造	35290	28231	40055	37255	35516
家用音响设备制造	35290	28231	40055	37255	35516
其他电子设备制造	7892	792	896	895	256
仪器仪表及文化、办公用机械制造业	19476	18050	56971	49097	13000
通用仪器仪表制造	16126	14688	47353	40750	8775
工业自动控制系统装置制造	1511	1473	22290	17290	2813
电工仪器仪表制造	6843	6046	11462	11460	1906
实验分析仪器制造	7772	7169	13601	12000	4056
专用仪器仪表制造	2352	2352	4166	3805	2700
核子及核辐射测量仪器制造	2352	2352	4166	3805	2700
其他仪器仪表的制造及修理	998	1010	5452	4542	1525
工艺品及其他制造业	66472	66416	350598	335319	56153
工艺美术品制造	34026	33344	104890	104451	48878
雕塑工艺品制造	11731	11735	4624	4563	471
金属工艺品制造	22295	21609	100266	99888	48407
煤制品制造	21565	22191	232310	217630	5675
其他未列明的制造业	10881	10881	13398	13238	1600
废弃资源和废旧材料回收加工业	98973	99598	229256	206608	13633
金属废料和碎屑的加工处理	19754	20209	148297	127980	10721
非金属废料和碎屑的加工处理	79219	79389	80959	78628	2912
电力、燃气及水的生产和供应业	**31632**	**32068**	**89136**	**79127**	**9740**
电力、热力的生产和供应业	31017	31435	85377	75377	8311
电力供应	29599	28231	41061	31061	2222
热力生产和供应	1418	3204	44316	44316	6089
燃气生产和供应业	615	633	3759	3750	1429

单位：千元

长期负债总计	所有者权益合计	实收资本	国家资本	集体资本	法人资本	个人资本	港澳台资本
7463	241395	116654		56914	8500	49500	1740
	39033	9610		5350	2260	2000	
	5410	8100		3100	5000		
186191	108493	46095		19739	7011	19345	
179301	78560	35995		15739	911	19345	
6890	29933	10100		4000	6100		
	3103	535		535			
	12219	3886		886	3000		
	12219	3886		886	3000		
	57945	2279				2279	
	57945	2279				2279	
2900	57441	35722		35362	100	260	
100	23589	20900		20800	100		
100	543	100			100		
	1458	1000		1000			
	21588	19800		19800			
	13705	10500		10240		260	
	13705	10500		10240		260	
	2835	1822		1822			
	2835	1822		1822			
2800	3038	2000		2000			
2800	3038	2000		2000			
	14274	500		500			
5910	17128	13473		4893	3397	5183	
5000	12144	13028		4893	3047	5088	
5000	4309	3800		3800			
	-1556	1093		1093			
	9391	8135			3047	5088	
	4044	95				95	
	4044	95				95	
910	940	350			350		
15117	53701	109117		73067		36050	
438	133305	22704		10654		12050	
60	12044	12704		654		12050	
378	121261	10000		10000			
14679	-100817	62413		62413			
	21213	24000				24000	
15500	150156	147976	3181	143150	581	1064	
15500	50953	22959		22959			
	99203	125017	3181	120191	581	1064	
10000	**-5244**	**2410**		**1860**		**550**	
10000	-5334	1910		1360		550	
10000	550	550				550	
	-5884	1360		1360			
	90	500		500			

1-A-4 续表 16

分组	外商资本	主营业务收入	主营业务成本	主营业务税金及附加	其他业务收入
总计	**1800**	**59952463**	**51376423**	**846224**	**1334699**
总计中：轻工业	1800	7996090	6841218	123670	36757
重工业		51956373	44535205	722554	1297942
总计中：大型企业		5781145	4916899	79607	904507
中型企业		9580056	7990677	172737	208742
小型企业	1800	44591262	38468847	593880	221450
按行业小类分					
采矿业		**5839680**	**4380650**	**174413**	**62507**
煤炭开采和洗选业		408389	317636	8573	
烟煤和无烟煤的开采洗选		408389	317636	8573	
黑色金属矿采选业		3615165	2619826	131447	61688
铁矿采选		3615165	2619826	131447	61688
有色金属矿采选业		850603	683454	14906	100
常用有色金属矿采选		562490	467054	6475	100
铜矿采选		23400	21322	358	
铅锌矿采选		182944	152972	3702	
铝矿采选		24170	23756	175	
镁矿采选		331976	269004	2240	100
贵金属矿采选		281600	211014	8416	
金矿采选		281600	211014	8416	
稀有稀土金属矿采选		6513	5386	15	
钨钼矿采选		6513	5386	15	
非金属矿采选业		922523	721441	18055	719
土砂石开采		462450	367983	5380	716
石灰石、石膏开采		24720	23036	24	100
建筑装饰用石开采		210248	158169	2685	
耐火土石开采		37956	24356	972	616
粘土及其他土砂石开采		189526	162422	1699	
化学矿采选		148802	122434	6276	
采盐		80479	67717	384	
石棉及其他非金属矿采选		230792	163307	6015	3
石墨、滑石采选		12251	9879	490	
宝石、玉石开采		50212	30405	1499	3
其他非金属矿采选		168329	123023	4026	
其他采矿业		43000	38293	1432	
制造业	**1800**	**54074529**	**46964806**	**671773**	**1272192**
农副食品加工业	1800	1820146	1551108	53083	2663
谷物磨制		96093	87102	1990	9
饲料加工		145016	107312	18852	
植物油加工		212625	113687	420	
食用植物油加工		212625	113687	420	
屠宰及肉类加工		171683	159108	407	2455
畜禽屠宰		128595	122792	106	
肉制品及副产品加工		43088	36316	301	2455
水产品加工		1087320	983341	29953	43
水产品冷冻加工		1082220	979735	29930	
鱼糜制品及水产品干腌制加工		5100	3606	23	43

单位：千元

其他业务利润	营业费用	管理费用	税金	财务费用	利息支出	营业利润	投资收益
139936	**874957**	**2714294**	**167321**	**353109**	**259043**	**3827208**	**83050**
6332	145678	290907	19142	30910	19619	578734	1496
133604	729279	2423387	148179	322199	239424	3248474	81554
66187	59406	466217	18179	54872	55169	260203	4059
57305	134578	461838	30208	63330	46038	763246	94871
16444	680973	1786239	118934	234907	157836	2803759	-15880
26288	**86226**	**334544**	**38101**	**18181**	**15285**	**917433**	**501**
	6834	41240	626	2111	2423	40211	
	6834	41240	626	2111	2423	40211	
26064	39320	191574	24322	5343	4640	713811	236
26064	39320	191574	24322	5343	4640	713811	236
100	18662	50670	3138	6285	5137	74130	
100	16896	13933	2927	3742	2982	54074	
	170	370		500		680	
	5348	3525	1362	721	481	17091	
		29				210	
100	11378	10009	1565	2521	2501	36093	
	1766	34929	210	2543	2155	20753	
	1766	34929	210	2543	2155	20753	
		1808	1			-697	
		1808	1			-697	
124	21410	48401	10015	4442	3085	88665	265
124	11393	24417	1413	2481	1666	37426	265
80	40	35		45	40	1620	
	3770	16403	1051	1392	1372	10129	265
44	1906	2349	44	13	13	6725	
	5677	5630	318	1031	241	18952	
	3261	4313	12	317	125	12438	
	712	1475	386	436	396	2041	
	6044	18196	8204	1208	898	36760	
	644	1175	285	200	110	399	
		12859	7719	428	368	5021	
	5400	4162	200	580	420	31340	
		2659				616	
113648	**788179**	**2375776**	**128963**	**334780**	**243613**	**2907119**	**82549**
85	27240	30146	1755	6089	1588	219894	5050
	1195	1388	187	958	1187	52589	4950
	8454	7456		3300		13080	
	1000	12805	823	433	33	84280	
	1000	12805	823	433	33	84280	
	6456	4922	626	-170		6812	
	3319	2009	9	-15		364	
	3137	2913	617	-155		6448	
30	8793	1903	76	961	354	62360	
	8560	720	10	915	310	62360	
30	233	1183	66	46	44		

1-A-4 续表 17

分　组	外商资本	主营业务收　入	主营业务成　本	主营业务税金及附加	其他业务收　入
蔬菜、水果和坚果加工	1800	46104	43677		
其他农副食品加工		61305	56881	1461	156
淀粉及淀粉制品的制造		54780	51618	1460	
其他未列明的农副食品加工		6525	5263	1	156
食品制造业		259951	219560	4438	
焙烤食品制造		7002	6246	32	
糕点、面包制造		7002	6246	32	
调味品、发酵制品制造		48114	38248	3822	
酱油、食醋及类似制品的制造		48114	38248	3822	
其他食品制造		204835	175066	584	
盐加工		204835	175066	584	
饮料制造业		168195	136794	3444	
酒的制造		77510	62971	405	
白酒制造		50560	37896	136	
啤酒制造		26950	25075	269	
软饮料制造		90685	73823	3039	
碳酸饮料制造		5828	5086	27	
含乳饮料和植物蛋白饮料制造		84857	68737	3012	
烟草制品业		14438	1496	271	915
卷烟制造		14438	1496	271	915
纺织业		1274860	1051872	28767	451
棉、化纤纺织及印染精加工		235235	207141	1737	
棉、化纤纺织加工		142619	121175	492	
棉、化纤印染精加工		92616	85966	1245	
丝绢纺织及精加工		878180	720450	24812	
缫丝加工		818480	676680	19112	
绢纺和丝织加工		59700	43770	5700	
纺织制成品制造		153805	118108	2147	
棉及化纤制品制造		10262	8987	20	
毛制品制造		86080	66285	20	
绳、索、缆的制造		10605	9368	20	
纺织带和帘子布制造		6000	5674	148	
无纺布制造		26160	16918	29	
其他纺织制成品制造		14698	10876	1910	
针织品、编织品及其制品制造		7640	6173	71	451
其他针织品及编织品制造		7640	6173	71	451
纺织服装、鞋、帽制造业		1154400	1003086	5594	43
纺织服装制造		1154400	1003086	5594	43
皮革、毛皮、羽毛(绒)及其制品业		5203	4782		
皮革制品制造		5203	4782		
皮箱、包(袋)制造		5203	4782		
木材加工及木、竹、藤、棕、草制品业		524350	448675	2952	1609
锯材、木片加工		52836	47165	811	
锯材加工		52836	47165	811	
人造板制造		182450	152045	670	425
胶合板制造		37953	29778	670	
其他人造板、材制造		144497	122267		425

单位：千元

其他业务利润	营业费用	管理费用	税金	财务费用	利息支出	营业利润	投资收益
	898	1237	12	65		225	
55	444	435	31	542	14	548	100
	423	216		527		536	
55	21	219	31	15	14	12	100
	16562	9805	1031	1574	139	7571	
	124	173				609	
	124	173				609	
	263	1259	638	108	83	3060	
	263	1259	638	108	83	3060	
	16175	8373	393	1466	56	3902	
	16175	8373	393	1466	56	3902	
	4602	8164	512	769	252	14422	
	4076	4538	23	492	35	5028	
	3942	4448	8	457		3681	
	134	90	15	35	35	1347	
	526	3626	489	277	217	9394	
	255	67	39	6		387	
	271	3559	450	271	217	9007	
851	2	11648	7	-15	-15	1887	256
851	2	11648	7	-15	-15	1887	256
5	33966	55123	4625	5776	4680	92148	50
	7288	10464	405	688	14	7490	50
	7166	7206	371	428	14	6479	50
	122	3258	34	260		1011	
	20430	33990	4170	4670	4670	73828	
	20310	33870	4098	4540	4540	63968	
	120	120	72	130	130	9860	
	6248	9614	30	421		10481	
	300	480	30	2		473	
	3853	4024		241		6495	
		874				-1141	
	68	22		36		52	
	1805	4004		142		2662	
	222	210				1940	
5		1055	20	-3	-4	349	
5		1055	20	-3	-4	349	
38	5423	11343	1331	2105	1962	123688	
38	5423	11343	1331	2105	1962	123688	
		488				505	
		488				505	
		488				505	
476	11132	16957	220	1781	499	39849	
	2394	555	70	133	119	1775	
	2394	555	70	133	119	1775	
425	342	368		364	5	29086	
	217	253		241	5	6794	
425	125	115		123		22292	

1-A-4 续表 18

分组	外商资本	主营业务收入	主营业务成本	主营业务税金及附加	其他业务收入
木制品制造		257523	224179	1358	278
建筑用木料及木材组件加工		12080	10457	183	
木容器制造		146642	120841	499	278
软木制品及其他木制品制造		98801	92881	676	
竹、藤、棕、草制品制造		31541	25286	113	906
家具制造业		15723	14382	21	
金属家具制造		15723	14382	21	
造纸及纸制品业		682863	603517	6320	779
造纸		216433	201925	1731	
机制纸及纸板制造		180983	170611	1643	
加工纸制造		35450	31314	88	
纸制品制造		466430	401592	4589	779
纸和纸板容器的制造		446302	384224	4560	779
其他纸制品制造		20128	17368	29	
印刷业和记录媒介的复制		422249	358173	1246	
印刷		399539	339195	1187	
书、报、刊印刷		116001	107819	50	
包装装潢及其他印刷		283538	231376	1137	
装订及其他印刷服务活动		22710	18978	59	
文教体育用品制造业		47618	43728	138	
文化用品制造		32946	30009	74	
教学用模型及教具制造		32946	30009	74	
游艺器材及娱乐用品制造		14672	13719	64	
露天游乐场所游乐设备制造		14672	13719	64	
、石油加工、炼焦及核燃料加工业		2352532	2208739	10847	11228
精炼石油产品的制造		2330860	2191733	10544	10369
原油加工及石油制品制造		2330860	2191733	10544	10369
炼焦		21672	17006	303	859
化学原料及化学制品制造业		5938918	5157076	37779	864579
基础化学原料制造		3603887	3188920	21591	819278
无机酸制造		175229	168405	182	
无机碱制造		75771	81315	195	21463
无机盐制造		157261	144629	631	
有机化学原料制造		458491	386067	8119	2742
其他基础化学原料制造		2737135	2408504	12464	795073
肥料制造		102320	82564	2960	
磷肥制造		37320	33564	930	
复混肥料制造		65000	49000	2030	
农药制造		5430	4102		
化学农药制造		5430	4102		
涂料、油墨、颜料及类似产品制造		252411	209938	2162	
涂料制造		240341	200885	2102	
颜料制造		12070	9053	60	
合成材料制造		305782	249997	2398	71
初级形态的塑料及合成树脂制造		255692	206680	2176	
其他合成材料制造		50090	43317	222	71

单位：千元

其他业务利润	营业费用	管理费用	税金	财务费用	利息支出	营业利润	投资收益
51	7860	14908	150	1043	145	4249	
	230	400		460		350	
51	7630	10897	150	604	145	2245	
		3611		-21		1654	
	536	1126		241	230	4739	
	86	658	145	83	83	493	
	86	658	145	83	83	493	
	14182	29030	1525	4625	3670	13460	
	2819	7493	503	3148	2709	-734	
	2419	5192	201	2853	2709	-1736	
	400	2301	302	295		1002	
	11363	21537	1022	1477	961	14194	
	10213	20486	1022	1477	961	13664	
	1150	1051				530	
	9216	27721	392	-137	52	26075	-50
	7775	26035	308	-137	52	25529	-50
	3168	4309				831	
	4607	21726	308	-137	52	24698	-50
	1441	1686	84			546	
	117	3487	294	38	47	151	
	117	2707	236	50	47		
	117	2707	236	50	47		
		780	58	-12		151	
		780	58	-12		151	
5113	8924	47234	1804	-330	-1450	220909	95111
4279	8716	42476	1749	-325	-1450	220672	95111
4279	8716	42476	1749	-325	-1450	220672	95111
834	208	4758	55	-5		237	
17475	67430	441393	22092	25890	9305	161788	278
48627	37664	356998	11202	9438	6934	30267	278
	237	731	60	786	586	1482	150
1448	87	7187	39			-3447	
	375	3096	306	441	226	8091	
1657	6477	12864	1344	1052	497	30956	128
45522	30488	333120	9453	7159	5625	-6815	
	2370	4526	2030	4440		7630	
	2370	526		370		1730	
		4000	2030	4070		5900	
	223	320		84	84	446	
	223	320		84	84	446	
-13	2576	5709	752	1568	693	5106	
-13	2468	5541	752	1208	681	2784	
	108	168		360	12	2322	
50	1025	18734	175	789	391	5604	
	613	16089	65	705	318	4889	
50	412	2645	110	84	73	715	

1-A-4 续表 19

分 组	外商资本	主营业务收入	主营业务成本	主营业务税金及附加	其他业务收入
专用化学产品制造		1479528	1250851	7632	28670
化学试剂和助剂制造		962530	780357	5796	25908
专项化学用品制造		265861	241016	699	2591
炸药及火工产品制造		14631	11704	7	171
环境污染处理专用药剂材料制造		15845	13999	78	
动物胶制造		7850	5801	38	
其他专用化学产品制造		212811	197974	1014	
日用化学产品制造		189560	170704	1036	16560
肥皂及合成洗涤剂制造		189560	170704	1036	16560
医药制造业		382186	327357	6807	
化学药品原药制造		196951	166652	4624	
化学药品制剂制造		25761	20608	238	
中药饮片加工		108179	91583	1865	
中成药制造		44710	43833	31	
兽用药品制造		6585	4681	49	
化学纤维制造业		55141	52586	168	
合成纤维制造		55141	52586	168	
锦纶纤维制造		55141	52586	168	
橡胶制品业		3189358	2783283	28350	39599
轮胎制造		2225625	1907071	26625	
车辆、飞机及工程机械轮胎制造		2169290	1856444	26220	
轮胎翻新加工		56335	50627	405	
橡胶板、管、带的制造		54386	52263	125	
橡胶零件制造		592409	535153	933	19283
橡胶靴鞋制造		49684	36072	141	
其他橡胶制品制造		267254	252724	526	20316
塑料制品业		873977	779151	24034	6944
塑料薄膜制造		79419	67587	4281	
塑料板、管、型材的制造		135383	117014	4104	2521
塑料丝、绳及编织品的制造		219488	193539	1471	3158
泡沫塑料制造		141204	135804	192	
塑料包装箱及容器制造		28397	21928	2695	
塑料零件制造		163059	151463	10150	1265
其他塑料制品制造		107027	91816	1141	
非金属矿物制品业		5082873	4144510	102706	115340
水泥、石灰和石膏的制造		383660	347835	4587	5303
水泥制造		342214	315075	4084	5290
石灰和石膏制造		41446	32760	503	13
水泥及石膏制品制造		87984	74951	258	
水泥制品制造		35589	30408	230	
砼结构构件制造		34895	29727	4	
石棉水泥制品制造		17500	14816	24	
砖瓦、石材及其他建筑材料制造		1262695	1077137	39988	879
粘土砖瓦及建筑砌块制造		995060	834413	36198	825
建筑用石加工		17130	16101		54
防水建筑材料制造		47302	43860	29	
隔热和隔音材料制造		57823	54803	2876	
其他建筑材料制造		145380	127960	885	

单位：千元

其他业务利润	营业费用	管理费用		财务费用		营业利润	投资收益
			税金		利息支出		
-32995	18878	46163	3381	9265	932	107048	
-32747	10597	26878	1887	7917	650	90039	
-8	5205	13435	969	608	145	8006	
-240	23	91	22			2566	
	425	406	10	137	137	800	
		349		2		1330	
	2628	5004	493	601		4307	
1806	4694	8943	4552	306	271	5687	
1806	4694	8943	4552	306	271	5687	
	2909	15081	641	1294	772	5608	-1514
	1267	753	431	90	90	666	
	18	3311				1586	-1111
	1624	8928	210	522		3657	
		454				392	-403
		1635		682	682	-693	
		1925	45	31	10	4794	
		1925	45	31	10	4794	
		1925	45	31	10	4794	
38127	52790	49255	8568	61721	52276	239014	
	41998	12916	6456	49415	49340	191600	
	38850	11494	6456	49340	49340	186942	
	3148	1422		75		4658	
	322	1460	30	359	360	-143	
19283	8584	15983	1509	11010	2270	22957	
	30	1683	85	72	71	11686	
18844	1856	17213	488	865	235	12914	
4940	7348	34761	1904	1684	948	21918	-2296
	807	1549	28		1	1379	
2312	2051	9108	1069	1158	335	4729	
2625	1206	15450	231	4	145	1750	
	137	2694	315	216	216	2116	
		641	220			3370	
3	550	537	41	53	50	2137	
	2597	4782		253	201	6437	-2296
23910	111871	192786	15258	35819	26282	302439	8272
4287	3430	21211	836	3230	3090	10116	
4274	3430	16107	836	3239	3090	7016	
13		5104		-9		3100	
	2417	7046	294	141	145	3172	
	1696	2156	62	91	95	1007	
	461	4640	232			65	
	260	250		50	50	2100	
-1128	28377	59031	1811	5706	1438	51166	7710
-1128	19072	44564	1431	4812	1227	45365	7409
	460	3947		360		241	301
	180	1557		72		-165	
	714	2359	71	256	198	1953	
	7951	6604	309	206	13	3772	

1-A-4 续表 20

分　组	外商资本	主营业务收　入	主营业务成　本	主营业务税金及附加	其他业务收　入
玻璃及玻璃制品制造		152144	141130	1298	
玻璃仪器制造		12520	11949	78	
日用玻璃制品及玻璃包装容器制造		17603	16252	860	
玻璃纤维及制品制造		63616	59508	79	
玻璃纤维增强塑料制品制造		25998	23382	151	
其他玻璃制品制造		32407	30039	130	
陶瓷制品制造		8206	6557	34	6032
日用陶瓷制品制造		8206	6557	34	6032
耐火材料制品制造		2744732	2105690	47166	103126
耐火陶瓷制品及其他耐火材料制造		2744732	2105690	47166	103126
石墨及其他非金属矿物制品制造		443452	391210	9375	
石墨及碳素制品制造		336896	302408	1538	
其他非金属矿物制品制造		106556	88802	7837	
黑色金属冶炼及压延加工业		5873040	5420761	45903	5331
炼铁		146145	152197	1429	3267
炼钢		268440	249236	940	
钢压延加工		2193209	1968471	11017	2064
铁合金冶炼		3265246	3050857	32517	
有色金属冶炼及压延加工业		2449096	2296457	51729	1228
常用有色金属冶炼		928200	863916	15127	703
铅锌冶炼		293423	267321	10209	
铝冶炼		565788	529405	4629	
镁冶炼		18240	17566	195	
其他常用有色金属冶炼		50749	49624	94	703
贵金属冶炼		40807	33010	1347	
金冶炼		40807	33010	1347	
稀有稀土金属冶炼		530615	523842	21415	
钨钼冶炼		530615	523842	21415	
有色金属合金制造		62673	59989	308	45
有色金属压延加工		886801	815700	13532	480
常用有色金属压延加工		854046	789538	11972	480
稀有稀土金属压延加工		32755	26162	1560	
金属制品业		4674547	4049230	47496	96352
结构性金属制品制造		1604548	1462628	16477	8015
金属结构制造		1537448	1410503	9548	8015
金属门窗制造		67100	52125	6929	
金属工具制造		96380	83948	395	394
手工具制造		5387	4586	39	86
刀剪及类似日用金属工具制造		26142	24913	121	308
其他金属工具制造		64851	54449	235	
集装箱及金属包装容器制造		673106	549838	3041	297
金属压力容器制造		358719	296824	1092	7
金属包装容器制造		314387	253014	1949	290
金属丝绳及其制品的制造		351107	332850	636	7771
建筑、安全用金属制品制造		250108	228394	2817	
建筑、家具用金属配件制造		29845	25622	754	
建筑装饰及水暖管道零件制造		198930	184658	2021	
其他建筑、安全用金属制品制造		21333	18114	42	

单位：千元

其他业务利润	营业费用	管理费用	税金	财务费用	利息支出	营业利润	投资收益
	547	4825	309	568	566	4832	
	72	61				360	
	263	463		399	399	422	
		958	309	2		3069	
		1967				498	
	212	1376		167	167	483	
1786	1089	4279	35	1362	1345	-3328	
1786	1089	4279	35	1362	1345	-3328	
18965	68746	89511	11701	18929	15791	214740	562
18965	68746	89511	11701	18929	15791	214740	562
	7265	6883	272	5883	3907	21741	
	6902	4573	232	5652	3873	16542	
	363	2310	40	231	34	5199	
-214	27263	123099	3435	53609	49887	500787	
	5882	10626	283	1451	851	-15052	
	2059	8024	199	782	151	7890	
-214	3746	35833	1647	7610	6516	111702	
	15576	68616	1306	43766	42369	396247	
144	18272	58945	2965	11607	11640	4417	-2828
99	3438	31005	444	6031	5225	-2225	
	169	23771		3901	3901	-14945	
	2434	5430	230	1619	814	14261	
		29				450	
99	835	1775	214	511	510	-1991	
	500	6852	65	187	187	2625	
	500	6852	65	187	187	2625	
	549	3553	58	1137	2317	-20455	
	549	3553	58	1137	2317	-20455	
45	496	1973	210	1050	1000	41	
	13289	15562	2188	3202	2911	24431	-2828
	12839	14321	1758	3022	2911	20771	-2828
	450	1241	430	180		3660	
8682	72333	278465	28270	9855	8101	193187	6466
1862	13715	67364	2961	4007	3624	55253	2749
1862	13157	66685	2961	4007	3624	52364	2749
	558	679				2889	
-25	2858	6793	20	176	168	1877	
	120	918	20	56	50	-332	
-25	197	362		2		214	
	2541	5513		118	118	1995	
-324	14230	40996	18500	2348	2205	64015	-342
5	1606	10120	289	1346	1257	47764	
-329	12624	30876	18211	1002	948	16251	-342
732	2769	7702	1205	482	375	12547	
	3824	6408	783	660	88	9185	
	1528	1014	420	275	88	652	
	1529	4485	363	386		7000	
	767	909		-1		1533	

1-A-4 续表 21

分　　组	外商资本	主营业务收　　入	主营业务成　　本	主营业务税金及附加	其他业务收　　入
金属表面处理及热处理加工		1137779	944639	11467	79875
不锈钢及类似日用金属制品制造		55794	47036	588	
金属制厨用器皿及餐具制造		16183	12960	353	
其他日用金属制品制造		39611	34076	235	
其他金属制品制造		505725	399897	12075	
其他未列明的金属制品制造		505725	399897	12075	
通用设备制造业		7596979	6663857	105964	57891
锅炉及原动机制造		232720	211775	1184	161
锅炉及辅助设备制造		204531	185450	1077	161
内燃机及配件制造		28189	26325	107	
金属加工机械制造		915658	745034	36246	289
金属切削机床制造		613052	477283	34763	
铸造机械制造		116057	97368	503	
金属切割及焊接设备制造		29141	21470	442	289
机床附件制造		84376	81809	329	
其他金属加工机械制造		73032	67104	209	
起重运输设备制造		549772	475305	33927	
泵、阀门、压缩机及类似机械的制造		480823	386336	1801	549
泵及真空设备制造		161199	134721	507	11
气体压缩机械制造		46039	29095	49	
阀门和旋塞的制造		183093	146277	938	415
液压和气压动力机械及元件制造		90492	76243	307	123
轴承、齿轮、传动和驱动部件的制造		355211	292838	5360	49
轴承制造		84182	62493	2682	
齿轮、传动和驱动部件制造		271029	230345	2678	49
烘炉、熔炉及电炉制造		79749	75465	177	76
风机、衡器、包装设备等通用设备制造		444159	403762	2124	1087
风机、风扇制造		242467	220075	1295	
气体、液体分离及纯净设备制造		5120	4337	35	
制冷、空调设备制造		80718	75548	187	
风动和电动工具制造		11098	10263	48	547
包装专用设备制造		15269	14468	57	
衡器制造		7100	6129	21	
其他通用设备制造		82387	72942	481	540
通用零部件制造及机械修理		2616211	2429282	10521	38468
金属密封件制造		57900	50863	892	98
紧固件、弹簧制造		533905	491801	2272	
机械零部件加工及设备修理		1846264	1715323	5340	6610
其他通用零部件制造		178142	171295	2017	31760
金属铸、锻加工		1922676	1644060	14624	17212
钢铁铸件制造		1539069	1315306	11730	16730
锻件及粉末冶金制品制造		383607	328754	2894	482
专用设备制造业		2305620	1909563	40721	2532
矿山、冶金、建筑专用设备制造		1370281	1139745	8793	2372
采矿、采石设备制造		859490	677190	7201	1784

单位：千元

其他业务利润	营业费用	管理费用	税金	财务费用	利息支出	营业利润	投资收益
6437	20562	131496	4330	1406	1590	27621	4059
	788	1559	42	640		3036	
	460	1113	20	299		999	
	328	446	22	341		2037	
	13587	16147	429	136	51	19653	
	13587	16147	429	136	51	19653	
-18454	185671	392714	15133	32718	17435	258787	-11397
1	4008	16915	806	2584	2206	-3594	100
1	4008	15205	790	2585	2206	-3644	100
		1710	16	-1		50	
270	44270	84815	2936	794	231	31780	-1888
	35606	68392	218	582	79	23019	
	7201	3034		173	60	7859	-1888
270	262	6174	2450	59	59	503	
	912	5790	133	-53		-935	
	289	1425	135	33	33	1334	
	11938	19422	654	794	107	14945	1195
-232	30305	49154	852	4671	3829	14355	
-1	3547	20590	136	753	605	759	
	11682	2240	51	598	78	1373	
-309	11183	18308	464	2994	2824	9778	
78	3893	8016	201	326	322	2445	
49	8599	23005	1033	1308	35	26770	115
	554	3747	956	317		18154	
49	8045	19258	77	991	35	8616	115
76	275	2986	16	2		-1375	
540	953	22870	1401	4669	3706	2816	
	430	6843	434	3512	3316	6988	
		712				515	
	520	5844	25	820	70	-5201	
		762	55			25	
		545	5	-15		203	
		3142				-2192	
540	3	5022	882	352	320	2478	
1595	50769	102629	1905	11167	2485	51818	-6284
	664	4493	56	291	288	697	
	5296	14906	114	6804	890	6540	
1595	15453	65650	1727	4068	1303	45531	-6284
	29356	17580	8	4	4	-950	
-20753	34554	70918	5530	6729	4836	121272	-4635
-21231	26436	50963	4383	4805	3695	96647	-1276
478	8118	19955	1147	1924	1141	24625	-3359
32	26780	78374	3444	19779	18795	205096	-14000
-98	11205	36892	2462	17059	16758	157027	-14000
-619	5879	23167	2371	1594	1278	143269	-14000

1-A-4 续表 22

分组	外商资本	主营业务收入	主营业务成本	主营业务税金及附加	其他业务收入
石油钻采专用设备制造		386647	343820	90	588
建筑工程用机械制造		67672	63380	1334	
建筑材料生产专用机械制造		50039	48715	155	
冶金专用设备制造		6433	6640	13	
化工、木材、非金属加工专用设备制造		545186	445947	27983	145
炼油、化工生产专用设备制造		247627	187472	20999	145
橡胶加工专用设备制造		86865	82390	19	
模具制造		169928	145918	1666	
其他非金属加工专用设备制造		40766	30167	5299	
食品、饮料、烟草及饲料生产专用设备制造		200656	170426	2899	15
食品、饮料、烟草工业专用设备制造		194756	165116	2891	15
农副食品加工专用设备制造		5900	5310	8	
印刷、制药、日化生产专用设备制造		7286	6134	48	
日用化工专用设备制造		7286	6134	48	
纺织、服装和皮革工业专用设备制造		6961	5792	63	
纺织专用设备制造		6961	5792	63	
农、林、牧、渔专用机械制造		5205	5050	30	
其他农林牧渔业机械制造及机械修理		5205	5050	30	
医疗仪器设备及器械制造		29832	27112	495	
实验室及医用消毒设备和器具的制造		29832	27112	495	
环保、社会公共安全及其他专用设备制造		140213	109357	410	
环境污染防治专用设备制造		46864	39133	173	
社会公共安全设备及器材制造		18605	17091	63	
水资源专用机械制造		33933	20485	61	
其他专用设备制造		40811	32648	113	
交通运输设备制造业		2266897	1950687	31884	17267
铁路运输设备制造		1172155	1041193	4212	12517
铁路机车车辆及动车组制造		28460	23388	143	
铁路机车车辆配件制造		612774	560176	2388	7908
铁路专用设备及器材、配件制造		336337	281417	1154	4564
其他铁路设备制造及设备修理		194584	176212	527	45
汽车制造		340841	294417	2846	565
汽车零部件及配件制造		268386	232899	2464	565
汽车修理		72455	61518	382	
船舶及浮动装置制造		683147	558474	24107	4185
金属船舶制造		307038	267140	21300	2042
船用配套设备制造		344565	267028	2323	1998
船舶修理及拆船		31544	24306	484	145
航空航天器制造		70754	56603	719	
航天器制造		70754	56603	719	
电气机械及器材制造业		3112743	2756387	24283	7699
电机制造		100044	88329	875	
电动机制造		100044	88329	875	
输配电及控制设备制造		1762344	1542076	10826	7496
变压器、整流器和电感器制造		388930	364074	782	2072
电容器及其配套设备制造		96485	89556	412	19

单位：千元

其他业务利润	营业费用	管理费用	税金	财务费用	利息支出	营业利润	投资收益
521	3646	11689	22	15342	15420	13037	
	1680	476	50	91	60	1388	
		1086	2	1		58	
		474	17	31		-725	
115	3917	12587	360	981	568	30070	
115	1560	5249	40	526	146	9609	
	1825	1806				825	
	310	4746	274	433	411	16856	
	222	786	46	22	11	2780	
15	7324	4932	108	1419	1373	13686	
15	5279	2416	108	729	683	18355	
	2045	2516		690	690	-4669	
	120	603	10	42		339	
	120	603	10	42		339	
		1064	83			42	
		1064	83			42	
	30	35		15		45	
	30	35		15		45	
	311	284		198	93	-82	
	311	284		198	93	-82	
	3873	21977	421	65	3	3969	
	635	2960	109	82	3	3319	
	422	1055	18	-17		-9	
		13064				323	
	2816	4898	294			336	
1062	15850	223732	5946	45316	30586	49965	-989
883	4906	124456	2843	5808	5345	-5959	
		4363		-10		851	
1169	506	67244	1915	5519	5098	-15905	
	4292	38420	623	230	159	9067	
-286	108	14429	305	69	88	28	
34	5490	29061	2907	1116	711	12346	
34	3822	24508	2781	999	609	9726	
	1668	4553	126	117	102	2620	
145	3191	67745	196	38358	24520	34913	3909
	1218	22417	161	4633	5206	8400	
	1973	38520		33766	19356	26381	3909
145		6808	35	-41	-42	132	
	2263	2470		34	10	8665	-4898
	2263	2470		34	10	8665	-4898
341	47175	146242	6123	8439	2826	126697	
	1117	5297	299	420	332	4100	
	1117	5297	299	420	332	4100	
341	30724	87992	4891	5721	1728	99004	
324	994	10710	418	432	451	8105	
		4113		231	231	2192	

1-A-4 续表 23

分 组	外商资本	主营业务收 入	主营业务成 本	主营业务税金及附加	其他业务收 入
配电开关控制设备制造		1133545	965005	8152	5295
电力电子元器件制造		108542	95047	956	97
其他输配电及控制设备制造		34842	28394	524	13
电线、电缆、光缆及电工器材制造		1134395	1027768	12136	203
电线电缆制造		1062124	973206	4543	203
绝缘制品制造		72271	54562	7593	
电池制造		34960	33112	64	
家用电力器具制造		38074	32221	117	
其他家用电力器具制造		38074	32221	117	
照明器具制造		42926	32881	265	
照明灯具制造		42926	32881	265	
通信设备、计算机及其他电子设备制造业		155083	132460	1660	9
通信设备制造		29379	24535	347	9
通信传输设备制造		8086	6995	167	
通信交换设备制造		5023	4377	20	9
通信终端设备制造		16270	13163	160	
电子计算机制造		32093	24913	202	
电子计算机外部设备制造		32093	24913	202	
电子元件制造		26862	23998	231	
电子元件及组件制造		26862	23998	231	
家用视听设备制造		60557	53131	858	
家用音响设备制造		60557	53131	858	
其他电子设备制造		6192	5883	22	
仪器仪表及文化、办公用机械制造业		224895	199780	1071	424
通用仪器仪表制造		197804	174193	1049	
工业自动控制系统装置制造		101215	94120	64	
电工仪器仪表制造		10597	8006	10	
实验分析仪器制造		85992	72067	975	
专用仪器仪表制造		20020	18973		
核子及核辐射测量仪器制造		20020	18973		
其他仪器仪表的制造及修理		7071	6614	22	424
工艺品及其他制造业		671286	587009	2148	8100
工艺美术品制造		576514	517031	683	1090
雕塑工艺品制造		10657	8730	30	
金属工艺品制造		565857	508301	653	1090
煤制品制造		89090	66252	1453	6920
其他未列明的制造业		5682	3726	12	90
废弃资源和废旧材料回收加工业		479362	108740	1949	31209
金属废料和碎屑的加工处理		98800	62560	1325	4343
非金属废料和碎屑的加工处理		380562	46180	624	26866
电力、燃气及水的生产和供应业		**38254**	**30967**	**38**	
电力、热力的生产和供应业		32839	27637	38	
电力供应		5682	1480	30	
热力生产和供应		27157	26157	8	
燃气生产和供应业		5415	3330		

单位：千元

其他业务利润	营业费用	管理费用	税金	财务费用	利息支出	营业利润	投资收益
83	27646	66930	2654	4465	988	80876	
-79	1665	4279	726	615	80	4253	
13	419	1960	1093	-22	-22	3578	
	11274	46485	655	2291	766	16368	
	9866	43928	593	2170	689	13254	
	1408	2557	62	121	77	3114	
		1364				420	
	2257	2666	116			1273	
	2257	2666	116			1273	
	1803	2438	162	7		5532	
	1803	2438	162	7		5532	
7	3727	15572	593	933	90	7634	116
7	774	3232	180	-6	-3	5667	116
		885	116			5369	116
7		371		-3	-3	98	
	774	1976	64	-3		200	
	1581	5055	18	26	22	316	
	1581	5055	18	26	22	316	
	218	254		291	71	263	
	218	254		291	71	263	
	1063	6940	395	531		374	
	1063	6940	395	531		374	
	91	91		91		1014	
242	3719	5137	36	613	6	5204	
	3350	4419	9	580	6	4600	
	2947	3019				1065	
		716		246	6	1907	
	403	684	9	334		1628	
	220	185		32		610	
	220	185		32		610	
242	149	533	27	1		-6	
1799	13199	41121	565	3192	3147	33184	
918	6821	11572	44	2209	2272	39166	
	120	311	3	15	6	501	
918	6701	11261	41	2194	2266	38665	
881	6378	28395	176	104	-4	-5982	
		1154	345	879	879		
28987	390	25370	304	-78		25548	24
2187		19360	162	-50		25073	
26800	390	6010	142	-28		475	24
	552	**3974**	**257**	**148**	**145**	**2656**	
		3133	6	148	145	1885	
		1216				2956	
		1917	6	148	145	-1071	
	552	841	251			771	

1-A-4 续表 24

分　组	补贴收入	营业外收入	营业外支出	利润总额	应交所得税
总　计	**104138**	**106765**	**886267**	**3116953**	**450661**
总计中：轻工业	9040	23831	65701	539499	76483
重工业	95098	82934	820566	2577454	374178
总计中：大型企业	27	13708	233481	40430	25316
中型企业	3993	16645	169818	612466	112848
小型企业	100118	76412	482968	2464057	312497
按行业小类分					
采矿业	**8407**	**11428**	**129349**	**806949**	**154416**
煤炭开采和洗选业			1420	38791	1796
烟煤和无烟煤的开采洗选			1420	38791	1796
黑色金属矿采选业	3566	8577	108687	616032	127038
铁矿采选	3566	8577	108687	616032	127038
有色金属矿采选业	4631	2064	10360	70465	14075
常用有色金属矿采选	4631	2064	10182	50587	9804
铜矿采选				680	220
铅锌矿采选	1299	9	5638	12761	1326
铝矿采选				210	
镁矿采选	3332	2055	4544	36936	8258
贵金属矿采选			178	20575	4271
金矿采选			178	20575	4271
稀有稀土金属矿采选				-697	
钨钼矿采选				-697	
非金属矿采选业	210	787	8882	81045	11384
土砂石开采	210	718	2837	35782	1942
石灰石、石膏开采		180	1800		
建筑装饰用石开采	210	200	1017	9787	698
耐火土石开采			10	6715	1110
粘土及其他土砂石开采		338	10	19280	134
化学矿采选			4000	8438	346
采盐				2041	613
石棉及其他非金属矿采选		69	2045	34784	8483
石墨、滑石采选				399	98
宝石、玉石开采		69	2045	3045	795
其他非金属矿采选				31340	7590
其他采矿业				616	123
制造业	**95647**	**94400**	**756896**	**2306349**	**295838**
农副食品加工业	2760	17432	53775	184071	19358
谷物磨制	2548	7562	55595	4764	375
饲料加工				13080	1177
植物油加工				84280	350
食用植物油加工				84280	350
屠宰及肉类加工	206	9229	70	16177	960
畜禽屠宰		224	31	557	147
肉制品及副产品加工	206	9005	39	15620	813
水产品加工		600	-1900	64860	16300
水产品冷冻加工			-2000	64360	16250
鱼糜制品及水产品干腌制加工		600	100	500	50

单位：千元

亏损企业亏损总额	利税总额	本年应付工资总额	本年应付福利费总额	本年应交增值税	本年进项税额	本年销项税额	全部从业人员年平均人数(人)
234818	**6062120**	**3329386**	**511831**	**2098943**	**4657927**	**6307053**	**176035**
15303	909763	453249	65732	246594	558082	706003	18185
219515	5152357	2876137	446099	1852349	4099845	5601050	157850
24185	401025	462087	78535	280988	816282	1202221	14694
73376	1158619	758896	109214	373416	810255	1087616	49521
137257	4502476	2108403	324082	1444539	3031390	4017216	111820
9304	**1234880**	**429861**	**83260**	**253518**	**205645**	**412581**	**23067**
748	68193	69904	7243	20829	23117	28132	6190
748	68193	69904	7243	20829	23117	28132	6190
6741	924462	219591	50341	176983	122178	286453	9951
6741	924462	219591	50341	176983	122178	286453	9951
1654	107335	49908	12154	21964	41275	55772	2211
	78339	32668	8774	21277	40401	54343	1386
	3846	2376	1069	2808	1170	3978	80
	24553	10379	3950	8090	10898	19044	423
	1289	670		904			86
	48651	19243	3755	9475	28333	31321	797
957	29359	16618	3293	368	160	322	810
957	29359	16618	3293	368	160	322	810
697	-363	622	87	319	714	1107	15
697	-363	622	87	319	714	1107	15
161	132842	83878	10758	33742	19075	42224	4288
161	53881	28276	3162	12719	3052	5388	1773
	24	51					10
	19887	6635	1233	7415	251	1020	331
161	8305	5227	383	618	1997	2947	302
	25665	16363	1546	4686	804	1421	1130
	19677	32625	4168	4963	8473	13436	1576
	3772	5287	233	1347	2290	3427	139
	55512	17690	3195	14713	5260	19973	800
	1779	3530	1360	890	1445	2335	127
	5809	12510	1698	1265	1400	2665	545
	47924	1650	137	12558	2415	14973	128
	2048	6580	2764				427
225380	**4823128**	**2898084**	**428372**	**1845006**	**4448191**	**5890478**	**152808**
1060	268614	145488	21050	31460	85491	95699	2906
496	7045	2451	167	291	1549	11	145
	36208	1686	644	4276	20114	24390	98
	88300	2200	224	3600	17588	21158	220
	88300	2200	224	3600	17588	21158	220
564	19473	6137	1695	2889	5841	7626	298
366	778	1368	107	115	863	978	137
198	18695	4769	1588	2774	4978	6648	161
	114590	126293	17648	19777	31269	36926	1826
	113860	125490	17568	19570	31090	36540	1806
	730	803	80	207	179	386	20

1-A-4 续表 25

分　　组	补贴收入	营业外收入	营业外支出	利润总额	应交所得税
蔬菜、水果和坚果加工		33		258	
其他农副食品加工	6	8	10	652	196
淀粉及淀粉制品的制造				536	150
其他未列明的农副食品加工	6	8	10	116	46
食品制造业			10	7561	1004
焙烤食品制造				609	
糕点、面包制造				609	
调味品、发酵制品制造			10	3050	426
酱油、食醋及类似制品的制造			10	3050	426
其他食品制造				3902	578
盐加工				3902	578
饮料制造业			605	13817	2208
酒的制造			2	5026	228
白酒制造			2	3679	
啤酒制造				1347	228
软饮料制造			603	8791	1980
碳酸饮料制造				387	
含乳饮料和植物蛋白饮料制造			603	8404	1980
烟草制品业		72	116	2099	525
卷烟制造		72	116	2099	525
纺织业	732	212	3935	89207	9483
棉、化纤纺织及印染精加工			3	7537	1579
棉、化纤纺织加工			3	6526	1576
棉、化纤印染精加工				1011	3
丝绢纺织及精加工			3386	70442	7540
缫丝加工			508	63460	6420
绢纺和丝织加工			2878	6982	1120
纺织制成品制造	104	212	518	10279	364
棉及化纤制品制造			2	471	100
毛制品制造				6495	
绳、索、缆的制造		210	501	-1432	
纺织带和帘子布制造				52	
无纺布制造	104	2	15	2753	
其他纺织制成品制造				1940	264
针织品、编织品及其制品制造	628		28	949	
其他针织品及编织品制造	628		28	949	
纺织服装、鞋、帽制造业		56	821	122923	24966
纺织服装制造		56	821	122923	24966
皮革、毛皮、羽毛(绒)及其制品业	350	71		926	
皮革制品制造	350	71		926	
皮箱、包(袋)制造	350	71		926	
木材加工及木、竹、藤、棕、草制品业	171	65	12900	27014	3363
锯材、木片加工				1775	325
锯材加工				1775	325
人造板制造		65	12900	16251	2082
胶合板制造				6794	2082
其他人造板、材制造		65	12900	9457	

单位：千元

亏损企业亏损总额	利税总额	本年应付工资总额	本年应付福利费总额	本年应交增值税	本年进项税额	本年销项税额	全部从业人员年平均人数(人)
	323	1577		65	5449	1614	90
	2675	5144	672	562	3681	3974	229
	2532	4784	670	536	3652	3890	208
	143	360	2	26	29	84	21
123	14865	12223	1059	2866	14121	16124	1042
	901	105		260			13
	901	105		260			13
	8121	3260	858	1249	1728	2977	189
	8121	3260	858	1249	1728	2977	189
123	5843	8858	201	1357	12393	13147	840
123	5843	8858	201	1357	12393	13147	840
97	20031	6039	777	2770	6167	8643	453
97	7721	2543	199	2290	1370	3366	199
97	4488	1785	179	673	1370	1749	114
	3233	758	20	1617		1617	85
	12310	3496	578	480	4797	5277	254
	660	846	67	246	605	851	52
	11650	2650	511	234	4192	4426	202
	4826	7247		2456	73	2466	199
	4826	7247		2456	73	2466	199
1432	201297	58262	13812	83323	24783	34211	2450
	11621	15534	1664	2347	17814	18528	760
	8529	13505	1495	1511	16185	16736	682
	3092	2029	169	836	1629	1792	78
	174473	32384	10584	79219	2060	8899	1118
	157015	26684	8304	74443	730	873	968
	17458	5700	2280	4776	1330	8026	150
1432	13530	7374	1335	1104	4310	5408	469
	628	833	151	137	1438	1575	68
	6515	1214	135				120
1432	-1032	821	88	380	676	1056	94
	326	450		126	748	874	44
	2921	1728	7	139	662	795	120
	4172	2328	954	322	786	1108	23
	1673	2970	229	653	599	1376	103
	1673	2970	229	653	599	1376	103
813	183149	30938	5679	54632	144974	199026	1829
813	183149	30938	5679	54632	144974	199026	1829
	926	2300	1425				215
	926	2300	1425				215
	926	2300	1425				215
196	42371	27252	2914	12405	28573	39883	1289
18	4320	3651	447	1734	2554	4288	169
18	4320	3651	447	1734	2554	4288	169
	17251	2244	245	330			361
	7794	660	71	330			62
	9457	1584	174				299

1-A-4 续表 26

分　　组	补贴收入	营业外收入	营业外支出	利润总额	应交所得税
木制品制造	171			4249	956
建筑用木料及木材组件加工				350	110
木容器制造	171			2245	71
软木制品及其他木制品制造				1654	775
竹、藤、棕、草制品制造				4739	
家具制造业			703	-210	
金属家具制造			703	-210	
造纸及纸制品业	3122	678	-1263	18523	1446
造纸	3099	15	98	2282	187
机制纸及纸板制造	3099	15	98	1280	
加工纸制造				1002	187
纸制品制造	23	663	-1361	16241	1259
纸和纸板容器的制造	23	663	-1361	15711	1126
其他纸制品制造				530	133
印刷业和记录媒介的复制		149		26174	779
印刷		149		25628	642
书、报、刊印刷				831	33
包装装潢及其他印刷		149		24797	609
装订及其他印刷服务活动				546	137
文教体育用品制造业				151	2
文化用品制造					2
教学用模型及教具制造					2
游艺器材及娱乐用品制造				151	
露天游乐场所游乐设备制造				151	
石油加工、炼焦及核燃料加工业	4378	907	131083	95222	3630
精炼石油产品的制造	3664	801	131028	94220	3590
原油加工及石油制品制造	3664	801	131028	94220	3590
炼焦	714	106	55	1002	40
化学原料及化学制品制造业	6367	8770	71535	105057	30914
基础化学原料制造	3869	5028	21839	17603	11306
无机酸制造				1632	24
无机碱制造	360			-3087	560
无机盐制造			2	8089	466
有机化学原料制造	3509	2	4969	29626	3376
其他基础化学原料制造		5026	16868	-18657	6880
肥料制造				7630	2410
磷肥制造				1730	380
复混肥料制造				5900	2030
农药制造				446	
化学农药制造				446	
涂料、油墨、颜料及类似产品制造	611	1789	272	6623	315
涂料制造	611	1789	272	4301	315
颜料制造				2322	
合成材料制造	248	996	166	6682	2061
初级形态的塑料及合成树脂制造	248			5137	1873
其他合成材料制造		996	166	1545	188

单位：千元

亏损企业亏损总额	利税总额	本年应付工资总额	本年应付福利费总额	本年应交增值税	本年进项税额	本年销项税额	全部从业人员年平均人数（人）
178	15744	18304	2170	10137	24274	33628	641
	1983	2376	1069	1450	603	2053	80
178	5211	6864	558	2467	13091	14775	264
	8550	9064	543	6220	10580	16800	297
	5056	3053	52	204	1745	1967	118
210	266	1499	88	455	1086	1561	85
210	266	1499	88	455	1086	1561	85
4443	41771	25016	2259	16928	43949	57944	1625
251	14174	10253	575	10161	18824	26921	779
251	11003	7975	141	8080	16667	22702	653
	3171	2278	434	2081	2157	4219	126
4192	27597	14763	1684	6767	25125	31023	846
4192	26778	14499	1647	6507	21963	27601	826
	819	264	37	260	3162	3422	20
	34102	20092	2064	6682	43683	50288	513
	32961	18914	1994	6146	40358	46427	482
	1701	6699	687	820	8884	9634	80
	31260	12215	1307	5326	31474	36793	402
	1141	1178	70	536	3325	3861	31
11	914	3215	288	625	4816	5486	129
11	173	2534	236	99	2893	2992	81
11	173	2534	236	99	2893	2992	81
	741	681	52	526	1923	2494	48
	741	681	52	526	1923	2494	48
1538	158778	94030	3550	52709	177373	218228	3791
1538	155338	87161	3451	50574	175869	214625	3394
1538	155338	87161	3451	50574	175869	214625	3394
	3440	6869	99	2135	1504	3603	397
35017	285454	371044	31808	142618	940245	1077257	14000
29092	145701	281032	23379	106507	751691	860974	9102
250	6353	16400	1406	4539	15826	20155	674
3207	-1367	6480	195	1525	24049	26236	822
859	17080	19046	1046	8360	8855	15991	868
37	54224	49346	5654	16479	34866	57747	1063
24739	69411	189760	15078	75604	668095	740845	5675
	12413	2553	190	1823	1337	3160	214
	3083	983	130	423	1337	1760	84
	9330	1570	60	1400		1400	130
	446	596					50
	446	596					50
80	11186	14189	2487	2401	4973	7227	895
80	8780	12789	1937	2377	4792	7022	860
	2406	1400	550	24	181	205	35
	14948	14896	315	5868	38612	43011	839
	12321	12943	182	5008	38315	42370	789
	2627	1953	133	860	297	641	50

1-A-4 续表 27

分　组	补贴收入	营业外收入	营业外支出	利润总额	应交所得税
专用化学产品制造	1639	957	44181	65463	14579
化学试剂和助剂制造	837	955	41005	50826	12370
专项化学用品制造	802		320	8488	1041
炸药及火工产品制造			2416	150	37
环境污染处理专用药剂材料制造		2		802	171
动物胶制造				1330	
其他专用化学产品制造			440	3867	960
日用化学产品制造			5077	610	243
肥皂及合成洗涤剂制造			5077	610	243
医药制造业		195	-498	4787	906
化学药品原药制造				666	43
化学药品制剂制造				475	
中药饮片加工				3657	863
中成药制造				-11	
兽用药品制造		195	-498		
化学纤维制造业	250	121	137	5028	46
合成纤维制造	250	121	137	5028	46
锦纶纤维制造	250	121	137	5028	46
橡胶制品业	1063		179326	60751	23476
轮胎制造	561		167324	24837	6630
车辆、飞机及工程机械轮胎制造	561		167324	20179	6630
轮胎翻新加工				4658	
橡胶板、管、带的制造	349			206	97
橡胶零件制造	153		5	23105	13109
橡胶靴鞋制造			11991	-305	34
其他橡胶制品制造			6	12908	3606
塑料制品业	2355	2723	3133	21567	1900
塑料薄膜制造				1379	7
塑料板、管、型材的制造	846	399	546	5428	168
塑料丝、绳及编织品的制造	1171	2320	2235	3006	683
泡沫塑料制造			1	2115	290
塑料包装箱及容器制造			350	3020	229
塑料零件制造	338	4	1	2478	70
其他塑料制品制造				4141	453
非金属矿物制品业	21992	7467	52307	287863	35960
水泥、石灰和石膏的制造	2107	812	263	12772	2800
水泥制造	2107	767	263	9627	2600
石灰和石膏制造		45		3145	200
水泥及石膏制品制造		37	6	3203	463
水泥制品制造		37	6	1038	447
砼结构构件制造				65	16
石棉水泥制品制造				2100	
砖瓦、石材及其他建筑材料制造	1489	2952	3264	60053	3774
粘土砖瓦及建筑砌块制造	1489	2952	3249	53966	2794
建筑用石加工				542	481
防水建筑材料制造				-165	
隔热和隔音材料制造				1953	54
其他建筑材料制造			15	3757	445

单位：千元

亏损企业亏损总额	利税总额	本年应付工资总额	本年应付福利费总额	本年应交增值税	本年进项税额	本年销项税额	全部从业人员年平均人数(人)
5240	95094	52028	5237	21999	116398	131631	2572
4313	69559	30094	3751	12937	69753	76859	1161
790	13779	8731	832	4592	21120	25403	663
	220	1257	230	63	975	1038	30
	1337	776	53	457	668	1006	64
	1718	164	23	350	499	849	10
137	8481	11006	348	3600	23383	26476	644
605	5666	5750	200	4020	27234	31254	328
605	5666	5750	200	4020	27234	31254	328
11	16594	9995	624	5000	5489	7308	582
	5834	2112	273	544	934	1478	126
	2884	3320	167	2171			166
	7077	1716		1555	3287	3832	100
11	290	1546		270	604	874	62
	509	1301	184	460	664	1124	128
	5867	1696	57	671	3119	3790	101
	5867	1696	57	671	3119	3790	101
	5867	1696	57	671	3119	3790	101
575	347751	168068	62785	258650	161889	532743	5223
	227858	140488	55749	176396	95052	383373	3800
	219885	137548	54720	173486	88385	373796	3700
	7973	2940	1029	2910	6667	9577	100
174	1034	3023	331	703	4826	5646	185
	91064	12382	4554	67026	39715	106903	471
401	893	4600	257	1057	7316	8373	375
	26902	7575	1894	13468	14980	28448	392
4767	75128	34063	1840	29527	71671	98136	2682
	6344	1880	164	684	2045	2463	130
1127	13055	9388	586	3523	6591	8806	896
3640	16608	15751	811	12131	24886	36458	1292
	10274	2243	50	7967	17683	25650	127
	6006	625	125	291	514	655	54
	14856	1143	76	2228	4704	6041	45
	7985	3033	28	2703	15248	18063	138
14292	553113	310181	43157	162544	312521	447084	14925
4957	26319	27240	1288	8960	39544	47757	1987
4957	21197	22257	1038	7486	37233	43992	1764
	5122	4983	250	1474	2311	3765	223
861	6790	4293	884	3329	3888	6409	288
861	3299	2455	195	2031	1284	2207	205
	767	638	89	698	289	1287	58
	2724	1200	600	600	2315	2915	25
398	143815	106417	10943	43774	40787	58443	5391
180	125949	95018	9418	35785	21378	32409	4822
	1168	2447	20	626	626		172
218	136	2469	261	272	1080	1352	135
	5733	1000	29	904	2136	2930	86
	10829	5483	1215	6187	15567	21752	176

1-A-4 续表 28

分　组	补贴收入	营业外收入	营业外支出	利润总额	应交所得税
玻璃及玻璃制品制造			244	4588	656
玻璃仪器制造				360	72
日用玻璃制品及玻璃包装容器制造				422	
玻璃纤维及制品制造			244	2825	325
玻璃纤维增强塑料制品制造				498	164
其他玻璃制品制造				483	95
陶瓷制品制造		1328	7	-2007	
日用陶瓷制品制造		1328	7	-2007	
耐火材料制品制造	18386	2324	48323	187689	24420
耐火陶瓷制品及其他耐火材料制造	18386	2324	48323	187689	24420
石墨及其他非金属矿物制品制造	10	14	200	21565	3847
石墨及碳素制品制造		14	200	16356	3437
其他非金属矿物制品制造	10			5209	410
黑色金属冶炼及压延加工业	4994	2031	7225	500587	13366
炼铁			108	-15160	477
炼钢			796	7094	43
钢压延加工	4994	1797	6321	112172	12711
铁合金冶炼		234		396481	135
有色金属冶炼及压延加工业	7804	498	615	9276	5660
常用有色金属冶炼	48	496	190	-1871	3827
铅锌冶炼				-14945	235
铝冶炼		496		14757	3592
镁冶炼				450	
其他常用有色金属冶炼	48		190	-2133	
贵金属冶炼	903		10	3518	70
金冶炼	903		10	3518	70
稀有稀土金属冶炼	6455		110	-14110	393
钨钼冶炼	6455		110	-14110	393
有色金属合金制造			251	-210	
有色金属压延加工	398	2	54	21949	1370
常用有色金属压延加工	98	2	54	17989	1370
稀有稀土金属压延加工	300			3960	
金属制品业	6657	8198	23781	182846	27493
结构性金属制品制造	3271	3452	8567	52363	3021
金属结构制造	3271	3452	8567	49474	2762
金属门窗制造				2889	259
金属工具制造	280	10	-12	2179	535
手工具制造		10	-12	-310	
刀剪及类似日用金属工具制造	280			494	
其他金属工具制造				1995	535
集装箱及金属包装容器制造	449	925	1142	63905	7159
金属压力容器制造		664	60	48368	7155
金属包装容器制造	449	261	1082	15537	4
金属丝绳及其制品的制造	588		169	12966	365
建筑、安全用金属制品制造	65	158	66	9342	1207
建筑、家具用金属配件制造				652	215
建筑装饰及水暖管道零件制造				7000	945
其他建筑、安全用金属制品制造	65	158	66	1690	47

单位：千元

亏损企业亏损总额	利税总额	本年应付工资总额	本年应付福利费总额	本年应交增值税	本年进项税额	本年销项税额	全部从业人员年平均人数（人）
	8155	5080	814	2269	15453	16969	327
	648	652	65	210	96	306	68
	2035	835		753			87
	3643	2191	577	739	9895	10634	89
	868	328		219	4201	4420	20
	961	1074	172	348	1261	1609	63
2007	-1973	3153	400		2509	2021	168
2007	-1973	3153	400		2509	2021	168
5601	332773	152603	28236	97918	164250	263373	6196
5601	332773	152603	28236	97918	164250	263373	6196
468	37234	11395	592	6294	46090	52112	568
134	21664	8116	308	3770	37636	41034	401
334	15570	3279	284	2524	8454	11078	167
42852	837525	153826	33412	291035	328420	339149	7557
17335	-5059	42453	9302	8672	14730	23400	2079
2409	12664	27096	5306	4630	6858	23630	900
14862	189340	64921	18249	66151	191555	256409	3841
8246	640580	19356	555	211582	115277	35710	737
36777	118956	127356	8349	57951	165908	208042	9581
18051	36951	78373	1349	23695	75246	79005	7332
15913	10069	56256	122	14805	4391	4796	6509
	25490	20390	1227	6104	63479	65462	596
	2084	510		1439			63
2138	-692	1217		1347	7376	8747	164
650	6413	8341	1465	1548	385	1923	414
650	6413	8341	1465	1548	385	1923	414
16277	17540	3059	53	10235	27225	39605	342
16277	17540	3059	53	10235	27225	39605	342
1359	2863	3290	2200	2765	6157	8797	123
440	55189	34293	3282	19708	56895	78712	1370
440	49532	32313	2392	19571	55913	77887	1290
	5657	1980	890	137	982	825	80
9869	436715	331968	80993	206373	413736	603983	14329
3544	114157	69812	13507	45317	140321	184344	4180
3544	103822	68987	13342	44800	139021	182527	4141
	10335	825	165	517	1300	1817	39
310	6172	4789	283	3598	12690	16265	210
310	87	1652	120	358	438	796	79
	1711	415	30	1096	3371	4444	36
	4374	2722	133	2144	8881	11025	95
4217	96332	55943	6142	29386	71233	98611	3445
1244	65456	22014	2180	15996	47183	61523	937
2973	30876	33929	3962	13390	24050	37088	2508
	21278	7955	504	7676	29603	37054	427
	19016	6371	474	6857	30156	33346	444
	1406	895	198		5070	5070	34
	15112	3762	150	6091	22226	24650	308
	2498	1714	126	766	2860	3626	102

1-A-4 续表 29

分 组	补贴收入	营业外收入	营业外支出	利润总额	应交所得税
金属表面处理及热处理加工	2004	3653	13849	19402	1026
不锈钢及类似日用金属制品制造				3036	364
金属制厨用器皿及餐具制造				999	250
其他日用金属制品制造				2037	114
其他金属制品制造				19653	13816
其他未列明的金属制品制造				19653	13816
通用设备制造业	21375	21512	49885	237454	34381
锅炉及原动机制造		10500	95	6911	1498
锅炉及辅助设备制造		10500	94	6862	1483
内燃机及配件制造			1	49	15
金属加工机械制造	324	1442	57	31520	8675
金属切削机床制造				23019	8196
铸造机械制造	81			5971	20
金属切割及焊接设备制造				503	65
机床附件制造		1442	57	450	107
其他金属加工机械制造	243			1577	287
起重运输设备制造				16140	1601
泵、阀门、压缩机及类似机械的制造	2260	701	1054	16262	3769
泵及真空设备制造	1964	669	920	2472	580
气体压缩机械制造				1373	530
阀门和旋塞的制造	296	32	82	10024	2454
液压和气压动力机械及元件制造			52	2393	205
轴承、齿轮、传动和驱动部件的制造	3288	337	-1304	31814	1751
轴承制造	3288		6	21436	1023
齿轮、传动和驱动部件制造		337	-1310	10378	728
烘炉、熔炉及电炉制造	459		1	-917	176
风机、衡器、包装设备等通用设备制造	4481	3072	147	7401	1190
风机、风扇制造	2484	2497	1	9484	817
气体、液体分离及纯净设备制造				515	
制冷、空调设备制造		575	142	-4768	3
风动和电动工具制造				25	
包装专用设备制造	202		3	402	101
衡器制造				-2192	
其他通用设备制造	1795		1	3935	269
通用零部件制造及机械修理	3411	4842	11463	42324	7095
金属密封件制造	1090		908	879	237
紧固件、弹簧制造		3222	5803	3959	551
机械零部件加工及设备修理	2321	206	4334	37440	6280
其他通用零部件制造		1414	418	46	27
金属铸、锻加工	7152	618	38372	85999	8626
钢铁铸件制造	6471	482	33237	69051	7821
锻件及粉末冶金制品制造	681	136	5135	16948	805
专用设备制造业	3344	8949	138402	64987	6900
矿山、冶金、建筑专用设备制造	2782	2195	112927	35077	2441
采矿、采石设备制造	2397	2195	112926	20935	1531

单位：千元

亏损企业亏损总额	利税总额	本年应付工资总额	本年应付福利费总额	本年应交增值税	本年进项税额	本年销项税额	全部从业人员年平均人数（人）
1798	73299	126151	16686	42430	118929	152831	5101
	5323	2402	36	1699	820	2027	89
	1598	1882		246	784	538	48
	3725	520	36	1453	36	1489	41
	101138	58545	43361	69410	9984	79505	433
	101138	58545	43361	69410	9984	79505	433
24715	526975	378371	40029	183557	630190	813415	33139
533	14569	10052	300	6474	29389	36893	620
521	13438	8230	253	5499	25575	32102	496
12	1131	1822	47	975	3814	4791	124
327	79821	23446	3945	12055	107721	122764	1418
323	59377	9451	2596	1595	71367	75967	752
	9713	3168	174	3239	13225	16464	151
	2490	3758	377	1545	2354	3899	155
4	3488	6336	727	2709	11651	14343	294
	4753	733	71	2967	9124	12091	66
48	66378	9779	1138	16311	37627	52914	722
4740	38508	38498	7094	20445	49712	69368	1714
3823	7464	13899	1869	4485	11137	15624	677
180	2451	3331	119	1029	6250	7317	134
737	23404	14445	1999	12442	19611	31224	652
	5189	6823	3107	2489	12714	15203	251
33	49430	16133	2909	12256	16103	26825	835
	31257	5424	415	7139	6210	14350	314
33	18173	10709	2494	5117	9893	12475	521
1781	241	1308	907	981	6204	7480	97
7299	23036	43067	2915	13511	37863	57502	5119
	17815	6991	621	7036	21277	28055	438
	675	1300	900	125			60
4836	-2798	13347	1014	1783	3749	10487	1048
	554	1480		481	468	949	74
	1083	622		624	1972	2596	44
2192	-2171	645	35		1211	1207	43
271	7878	18682	345	3462	9186	14208	3412
7037	106250	136082	10202	53405	175386	228385	17509
171	4914	3235	343	3143	6119	9262	273
958	19512	27757	544	13281	68028	79600	4174
5844	67453	53595	8714	24673	81961	107904	3177
64	14371	51495	601	12308	19278	31619	9885
2917	148742	100006	10619	48119	170185	211284	5105
1863	117859	73184	6618	37078	131244	163169	3824
1054	30883	26822	4001	11041	38941	48115	1281
1660	156680	83446	14277	50972	180138	213861	4242
725	82305	46756	5518	38435	111531	135603	2500
	54089	28108	3107	25953	44347	56279	1776

1-A-4 续表 30

分 组	补贴收入	营业外收入	营业外支出	利润总额	应交所得税
石油钻采专用设备制造				13037	713
建筑工程用机械制造				1388	190
建筑材料生产专用机械制造	385		1	442	7
冶金专用设备制造				-725	
化工、木材、非金属加工专用设备制造			7533	22537	4019
炼油、化工生产专用设备制造			36	9573	1261
橡胶加工专用设备制造				825	
模具制造			7497	9359	2508
其他非金属加工专用设备制造				2780	250
食品、饮料、烟草及饲料生产专用设备制造		6725	17872	2539	277
食品、饮料、烟草工业专用设备制造		732	17872	1215	277
农副食品加工专用设备制造		5993		1324	
印刷、制药、日化生产专用设备制造	477		13	803	27
日用化工专用设备制造	477		13	803	27
纺织、服装和皮革工业专用设备制造		29		71	14
纺织专用设备制造		29		71	14
农、林、牧、渔专用机械制造				45	8
其他农林牧渔业机械制造及机械修理				45	8
医疗仪器设备及器械制造				-82	
实验室及医用消毒设备和器具的制造				-82	
环保、社会公共安全及其他专用设备制造	85		57	3997	114
环境污染防治专用设备制造			55	3264	20
社会公共安全设备及器材制造	85		2	74	10
水资源专用机械制造				323	
其他专用设备制造				336	84
交通运输设备制造业	1091	5906	4559	51097	13206
铁路运输设备制造	529	1770	148	-4125	4544
铁路机车车辆及动车组制造				851	186
铁路机车车辆配件制造	212	672	76	-15097	74
铁路专用设备及器材、配件制造		303	67	9303	3899
其他铁路设备制造及设备修理	317	795	5	818	385
汽车制造	562	38	33	12913	1398
汽车零部件及配件制造	562	38	33	10293	718
汽车修理				2620	680
船舶及浮动装置制造		4098	4378	38542	7264
金属船舶制造		41	16	8425	801
船用配套设备制造		4050	4351	29989	6463
船舶修理及拆船		7	11	128	
航空航天器制造				3767	
航天器制造				3767	
电气机械及器材制造业	5305	2351	5439	126984	18392
电机制造		22	78	4044	919
电动机制造		22	78	4044	919
输配电及控制设备制造	3586	2235	1342	102504	11961
变压器、整流器和电感器制造	589	10	54	8650	2584
电容器及其配套设备制造				2192	548

单位：千元

亏损企业亏损总额	利税总额	本年应付工资总额	本年应付福利费总额	本年应交增值税	本年进项税额	本年销项税额	全部从业人员年平均人数(人)
	22868	14498	1738	9741	50187	62244	457
	4492	1378	518	1770	1649	1599	129
	1201	1774	16	604	14670	15170	95
725	-345	998	139	367	678	311	43
75	57311	24222	6954	6791	38599	45018	1089
75	34315	7899	1700	3743	14397	18457	553
	1227	520		383	12238	12621	43
	13330	15327	5117	2305	11386	13002	428
	8439	476	137	360	578	938	65
	8091	5006	1431	2653	8161	8180	285
	6562	4426	1431	2456	8161	8180	256
	1529	580		197			29
	898	475		47	804	1240	31
	898	475		47	804	1240	31
	703	1881	21	569	615	1184	68
	703	1881	21	569	615	1184	68
	103	220	31	28			22
	103	220	31	28			22
82	466	858	120	53	5603	5540	55
82	466	858	120	53	5603	5540	55
778	6803	4028	202	2396	14825	17096	192
579	4315	1627	50	878	1737	2502	100
199	539	641	72	402	1497	1887	42
	473	240		89	5680	5769	10
	1476	1520	80	1027	5911	6938	40
24887	150423	253302	18842	67442	241571	292648	15915
22906	35102	149199	9282	35015	154106	186181	8894
	994	4631	142		5154	4838	263
18457	8838	82342	5669	21547	82608	102006	3681
1725	19308	23256	1383	8851	48958	57749	1303
2724	5962	38970	2088	4617	17386	21588	3647
1809	26097	23194	2536	10338	32124	36312	1471
1809	20533	17957	2257	7776	22368	23994	1338
	5564	5237	279	2562	9756	12318	133
172	78202	79409	6949	15553	49849	58127	5475
	32944	34192	4970	3219	3996	7215	2201
	40255	30343	1979	7943	44830	45550	2595
172	5003	14874		4391	1023	5362	679
	11022	1500	75	6536	5492	12028	75
	11022	1500	75	6536	5492	12028	75
9371	231808	118058	13347	80541	249523	312656	4652
	7870	3657	500	2951	1242	1332	258
	7870	3657	500	2951	1242	1332	258
3193	171074	82059	10042	57744	105332	150657	3156
	15565	14505	323	6133	24508	27923	332
	6353	1983	368	3749	12656	16405	82

1-A-4 续表 31

分　组	补贴收入	营业外收入	营业外支出	利润总额	应交所得税
配电开关控制设备制造	1675	1236	999	82788	8525
电力电子元器件制造	1322	989	16	5569	212
其他输配电及控制设备制造			273	3305	92
电线、电缆、光缆及电工器材制造	1051	94	4017	12545	3859
电线电缆制造	100	94	4017	9431	3527
绝缘制品制造	951			3114	332
电池制造	592			1012	43
家用电力器具制造	76		2	1347	282
其他家用电力器具制造	76		2	1347	282
照明器具制造				5532	1328
照明灯具制造				5532	1328
通信设备、计算机及其他电子设备制造业	216	113	5439	2308	364
通信设备制造	216	113	5439	341	51
通信传输设备制造	216	113	5439	43	11
通信交换设备制造				98	
通信终端设备制造				200	40
电子计算机制造				316	79
电子计算机外部设备制造				316	79
电子元件制造				263	140
电子元件及组件制造				263	140
家用视听设备制造				374	94
家用音响设备制造				374	94
其他电子设备制造				1014	
仪器仪表及文化、办公用机械制造业		14	100	5118	1204
通用仪器仪表制造			100	4500	1203
工业自动控制系统装置制造				1065	71
电工仪器仪表制造				1907	
实验分析仪器制造			100	1528	1132
专用仪器仪表制造				610	
核子及核辐射测量仪器制造				610	
其他仪器仪表的制造及修理		14		8	1
工艺品及其他制造业	267	1728	1652	33527	11634
工艺美术品制造		132	1443	37855	10521
雕塑工艺品制造				501	124
金属工艺品制造		132	1443	37354	10397
煤制品制造	267	1595	209	-4329	1113
其他未列明的制造业		1		1	
废弃资源和废旧材料回收加工业	1054	4182	11174	19634	3272
金属废料和碎屑的加工处理	1054	95	423	25799	3207
非金属废料和碎屑的加工处理		4087	10751	-6165	65
电力、燃气及水的生产和供应业	**84**	**937**	**22**	**3655**	**407**
电力、热力的生产和供应业	84	937	22	2884	407
电力供应				2956	389
热力生产和供应	84	937	22	-72	18
燃气生产和供应业				771	

单位：千元

亏损企业亏损总额	利税总额	本年应付工资总额	本年应付福利费总额	本年应交增值税	本年进项税额	本年销项税额	全部从业人员年平均人数（人）
3193	131560	50039	6419	40620	63858	95422	2281
	11258	4142	524	4733	2249	6337	296
	6338	11390	2408	2509	2061	4570	165
6178	42322	21274	2664	17641	128156	143669	1122
6178	30262	19211	2347	16288	117048	131215	936
	12060	2063	317	1353	11108	12454	186
	1646	9431	11	570	2999	3569	51
	2530	1503	125	1066	5066	6132	49
	2530	1503	125	1066	5066	6132	49
	6366	134	5	569	6728	7297	16
	6366	134	5	569	6728	7297	16
	17209	50307	4984	13241	6958	19728	2788
	2351	1729	233	1663	2725	4289	162
	230	451	135	20	775	696	48
	306	122	17	188	637	825	24
	1815	1156	81	1455	1313	2768	90
	2228	1797	251	1710	3714	5424	141
	2228	1797	251	1710	3714	5424	141
	667	1442	288	173			103
	667	1442	288	173			103
	10728	44195	3246	9496	519	10015	2344
	10728	44195	3246	9496	519	10015	2344
	1235	1144	966	199			38
	10460	3788	236	4271	17892	19846	207
	8317	3301	211	2768	16855	18572	173
	2113	1074	28	984	14160	15225	95
	2013	477	33	96	1644	1740	28
	4191	1750	150	1688	1051	1607	50
	1890	310		1280			25
	1890	310		1280			25
	253	177	25	223	1037	1274	9
4329	43260	30599	9142	7585	92422	106446	1331
	43648	8455	1144	5110	86838	96311	277
	1132	771	11	601	119	394	127
	42516	7684	1133	4509	86719	95917	150
4329	-452	20971	7881	2424	4444	8944	1000
	64	1173	117	51	1140	1191	54
6335	37300	38415	9525	15717	51410	64827	5028
	34702	22821	9482	7578	3859	9583	2143
6335	2598	15594	43	8139	47551	55244	2885
134	**4112**	**1441**	**199**	**419**	**4091**	**3994**	**160**
134	3083	1282	199	161	2661	2822	150
	2986	94	6				12
134	97	1188	193	161	2661	2822	138
	1029	159		258	1430	1172	10

1-A-5 规模以上私营工业

分组	企业单位数（个）	亏损企业	工业总产值（当年价格）	工业销售产值（当年价格）	出口交货值	资产总计
总　计	**13637**	**1464**	**759621988**	**732852653**	**25287381**	**417315080**
总计中：轻工业	3590	397	193649498	187156582	11977368	95119195
重工业	10047	1067	565972490	545696071	13310013	322195885
总计中：大型企业	7		16281687	14184415	1513319	15971603
中型企业	345	38	140308738	133463773	6643580	88440466
小型企业	13285	1426	603031563	585204465	17130482	312903011
按行业小类分						
采矿业	**1402**	**123**	**64412172**	**61835882**	**840425**	**36422987**
煤炭开采和洗选业	191	13	6923523	6693381	66614	6183890
烟煤和无烟煤的开采洗选	189	13	6845797	6625815	66614	6145156
褐煤的开采洗选	1		24116	18786		28435
其他煤炭采选	1		53610	48780		10299
石油和天然气开采业	2		12237	11108		9161
与石油和天然气开采有关的服务活动	2		12237	11108		9161
黑色金属矿采选业	796	85	43538257	41803185	69288	22314180
铁矿采选	760	85	42534819	40782978	68691	21612755
其他黑色金属矿采选	36		1003438	1020207	597	701425
有色金属矿采选业	146	11	7438033	7076156	552402	4387508
常用有色金属矿采选	99	7	5906574	5774050	552402	2860307
铜矿采选	6	1	766951	753386		170987
铅锌矿采选	20		712354	676958	9745	608458
镍钴矿采选	2		127750	119500		63644
镁矿采选	71	6	4299519	4224206	542657	2017218
贵金属矿采选	18	1	488916	479337		503238
金矿采选	18	1	488916	479337		503238
稀有稀土金属矿采选	29	3	1042543	822769		1023963
钨钼矿采选	29	3	1042543	822769		1023963
非金属矿采选业	267	14	6500122	6252052	152121	3528248
土砂石开采	205	11	4253539	4126345	38646	2149941
石灰石、石膏开采	49	1	1590644	1547407	1318	601737
建筑装饰用石开采	60		954328	928877	24238	493719
耐火土石开采	22		255925	251383	770	263795
粘土及其他土砂石开采	74	10	1452642	1398678	12320	790690
化学矿采选	23	1	1046199	1023559		654480
采盐	1		13689	13689		3359
石棉及其他非金属矿采选	38	2	1186695	1088459	113475	720468
石墨、滑石采选	15	1	340080	320571	37221	162042
其他非金属矿采选	23	1	846615	767888	76254	558426
制造业	**12145**	**1308**	**692693234**	**668521760**	**24446956**	**375054161**
农副食品加工业	1063	95	82561551	79692558	5308421	34100771
谷物磨制	200	8	13482697	13234830	227425	5990443
饲料加工	279	13	16280998	15811620	51333	6647546
植物油加工	40	5	10519269	10276255	155459	3088565
食用植物油加工	39	5	10498763	10257701	155459	3070543
非食用植物油加工	1		20506	18554		18022
制糖	2	1	356500	320500		516568
屠宰及肉类加工	197	24	24774691	23873254	389066	8830394
畜禽屠宰	128	16	18609209	17930498	389052	6653013
肉制品及副产品加工	69	8	6165482	5942756	14	2177381

企业主要经济指标

单位：千元

流动资产总计	应收帐款	存货	产成品	流动资产年平均余额	固定资产总计	固定资产原价	累计折旧
183421052	**50581304**	**49325852**	**25897106**	**177544173**	**175528203**	**223312351**	**60479271**
37402188	8657198	12309068	7448962	36649049	46119549	58150727	15402057
146018864	41924106	37016784	18448144	140895124	129408654	165161624	45077214
7254036	1499809	2106959	1490279	6678371	4766123	6558920	2115299
38232397	9344513	11326995	6034558	37711430	36088365	45843866	13574388
137934619	39736982	35891898	18372269	133154372	134673715	170909565	44789584
17460320	**4577295**	**4387624**	**2496678**	**16091627**	**14521640**	**17771259**	**4704139**
2478383	461845	390562	133210	2108838	2465741	3196503	759932
2450073	457225	381527	129757	2084655	2455884	3128720	702006
19761		5755	3453	16203	8107	65783	57676
8549	4620	3280		7980	1750	2000	250
5112	2842			5144	4049	5148	2236
5112	2842			5144	4049	5148	2236
11567845	3214944	3115004	1890683	10849889	8400460	10280357	2827453
11005015	2893139	2987763	1793853	10402387	8295078	10151658	2802938
562830	321805	127241	96830	447502	105382	128699	24515
2030319	515525	524268	299658	1846383	1954735	2115660	560817
1507978	415903	397555	228476	1373674	1146694	1440213	330968
61774	19628	13323	9850	58008	81911	100537	19074
432234	44912	70892	61262	388246	147650	185706	38170
16421	11584	2711	2610	16401	47223	47657	2110
997549	339779	310629	154754	911019	869910	1106313	271614
92387	27523	26117	14735	119599	269956	342154	79191
92387	27523	26117	14735	119599	269956	342154	79191
429954	72099	100596	56447	353110	538085	333293	150658
429954	72099	100596	56447	353110	538085	333293	150658
1378661	382139	357790	173127	1281373	1696655	2173591	553701
841738	237388	247553	120357	753675	1120824	1395334	306941
232340	68842	103359	53946	207752	288426	407633	123641
138983	23769	41477	24538	134813	322259	368189	51292
58282	14554	17213	11061	61474	179456	200479	31203
412133	130223	85504	30812	349636	330683	419033	100805
323613	72681	59054	25031	305698	218456	336284	148979
3288	610	879		2993	71	147	76
210022	71460	50304	27739	219007	357304	441826	97705
79709	32507	19094	5656	75992	68431	93679	26740
130313	38953	31210	22083	143015	288873	348147	70965
163317516	**45194537**	**44619889**	**23369462**	**158995648**	**158485083**	**202408357**	**55054163**
13243169	3181824	4793279	3124832	12403528	17931243	23027035	6312030
1862067	402792	677245	266514	1767007	3654313	5595073	2156974
2330074	674327	697428	417520	2266069	3596902	4786466	1293021
1530863	187590	954785	835107	1234135	1288666	1774866	789320
1521055	186770	951624	832682	1224327	1280453	1766653	789320
9808	820	3161	2425	9808	8213	8213	
282222	14980	80272	65021	249986	130635	124648	342
3111506	858238	891214	740089	2961680	5142086	6004517	1185718
2358843	703855	653237	566489	2298693	3763884	4444130	926063
752663	154383	237977	173600	662987	1378202	1560387	259655

1-A-5 续表 1

分 组	企业单位数(个)	亏损企业	工业总产值(当年价格)	工业销售产值(当年价格)	出口交货值	资产总计
水产品加工	175	32	10795003	10090030	3632783	5283467
水产品冷冻加工	127	21	8921522	8273611	3425322	4026371
鱼糜制品及水产品干腌制加工	24	6	1022506	979106	196461	834198
水产饲料制造	21	5	534452	524105	11000	267242
其他水产品加工	3		316523	313208		155656
蔬菜、水果和坚果加工	112	11	3295471	3197286	676104	1663292
其他农副食品加工	58	1	3056922	2888783	176251	2080496
淀粉及淀粉制品的制造	11		1191758	1093445	125	919286
豆制品制造	20	1	735198	707885	8322	314625
蛋品加工	5		264157	240790	52408	299709
其他未列明的农副食品加工	22		865809	846663	115396	546876
食品制造业	229	17	9830023	9448291	399285	6570186
焙烤食品制造	45	3	1754593	1686957	1615	1138662
糕点、面包制造	31	1	1458945	1405673		852240
饼干及其他焙烤食品制造	14	2	295648	281284	1615	286422
糖果、巧克力及蜜饯制造	16		505701	499584	10942	276802
糖果、巧克力制造	11		396924	389742	10942	222284
蜜饯制作	5		108777	109842		54518
方便食品制造	23	4	1353201	1309644		1333557
米、面制品制造	6		219752	217299		62845
速冻食品制造	9	1	1040728	998907		862436
方便面及其他方便食品制造	8	3	92721	93438		408276
液体乳及乳制品制造	16	3	792626	780909	6057	472102
罐头制造	34	1	1580094	1437732	345438	1350326
肉、禽类罐头制造	2		22431	22239		136240
水产品罐头制造	5	1	524450	532562	3159	214356
蔬菜、水果罐头制造	26		1007140	856858	342279	994732
其他罐头食品制造	1		26073	26073		4998
调味品、发酵制品制造	35	1	1548973	1520171	5787	479463
味精制造	2		11611	11611		7621
酱油、食醋及类似制品的制造	24	1	1021529	995745	5787	342445
其他调味品、发酵制品制造	9		515833	512815		129397
其他食品制造	60	5	2294835	2213294	29446	1519274
营养、保健食品制造	22	2	485870	446553		424252
冷冻饮品及食用冰制造	21	1	1140457	1122332		480063
盐加工	8	2	348985	336986		426257
食品及饲料添加剂制造	8		207039	206467	19503	126617
其他未列明的食品制造	1		112484	100956	9943	62085
饮料制造业	149	7	7280879	7064799	50589	3820310
酒精制造	5		360368	340298		132892
酒的制造	81	3	3507452	3390988		1476126
白酒制造	66	3	3196280	3090578		1196684
啤酒制造	3		36342	33541		60872
葡萄酒制造	10		257492	250012		190233
其他酒制造	2		17338	16857		28337

单位：千元

流动资产总　计	应收帐款	存货	产成品	流动资产年平均余额	固定资产总　计	固定资产原　价	累计折旧
2737395	745937	1053541	551026	2595538	2179909	2521576	519422
2020744	536673	709567	449269	1891825	1826898	2089785	431450
497255	110829	274024	50213	461096	190438	224200	40207
146253	57416	49843	39897	153398	115281	153161	39516
73143	41019	20107	11647	89219	47292	54430	8249
634846	176191	181017	114888	623858	893371	1034073	167417
754196	121769	257777	134667	705255	1045361	1185816	199816
223155	47737	99912	22019	235703	518648	575369	57559
135629	14645	37526	14477	119627	140487	166491	27046
164509	29392	53696	47382	157081	129279	186882	82106
230903	29995	66643	50789	192844	256947	257074	33105
2316375	349019	661906	404209	2191125	3179472	3401765	645489
387054	109369	62595	42424	399961	573683	674884	131562
298869	61463	42947	30092	302878	455558	535507	107873
88185	47906	19648	12332	97083	118125	139377	23689
106634	22857	38979	12866	99938	157860	194705	59738
88218	19042	30937	9785	81973	131128	163987	54845
18416	3815	8042	3081	17965	26732	30718	4893
599592	27585	107481	80578	535652	642174	456908	68906
15856	5376	5484	2514	16603	23524	28646	6717
282027	22731	94677	77881	221648	536037	337369	53821
301709	-522	7320	183	297401	82613	90893	8368
109019	16762	35615	11771	117182	307196	396895	99902
393136	31327	241248	151012	376480	487808	499967	59476
35323		26015	22392	39648	62541	63017	1643
57133	22313	18831	10222	64971	123372	129837	11845
299480	8801	196307	118333	270938	299500	303293	44563
1200	213	95	65	923	2395	3820	1425
157186	32386	41256	25912	135370	295782	309310	32009
2971	1	850	650	2970	4650	5000	350
118850	23263	31213	23499	94349	203226	212669	24805
35365	9122	9193	1763	38051	87906	91641	6854
563754	108733	134732	79646	526542	714969	869096	193896
217822	43560	85051	55731	223067	155911	178356	37305
146457	20316	22173	13696	117149	305048	379956	88120
141818	37505	11519	6634	130100	159868	209777	49957
53531	6833	13890	2714	50777	73086	76531	4094
4126	519	2099	871	5449	21056	24476	14420
1204793	175941	411793	253668	1164254	1918095	2367541	610334
37606	10234	13838	2620	33800	65779	80189	15764
471835	79823	182547	98790	429103	694002	892637	263076
375620	58073	155432	89738	341410	533360	691200	219655
15166	1065	896	829	14345	44620	52692	9721
66445	17926	18118	5630	58537	102289	133137	31531
14604	2759	8101	2593	14811	13733	15608	2169

1-A-5 续表 2

分　组	企业单位数（个）	亏损企业	工业总产值（当年价格）	工业销售产值（当年价格）	出口交货值	资产总计
软饮料制造	62	4	3379609	3300513	50589	2200902
碳酸饮料制造	10	1	306284	301519	21500	125702
瓶(罐)装饮用水制造	30	1	1619433	1561228	6639	660847
果菜汁及果菜汁饮料制造	11	2	810936	796279	22450	824316
含乳饮料和植物蛋白饮料制造	8		406390	397035		348418
固体饮料制造	2		224761	232647		235921
茶饮料及其他软饮料制造	1		11805	11805		5698
精制茶加工	1		33450	33000		10390
纺织业	331	74	13113867	12544893	1448070	9864838
棉、化纤纺织及印染精加工	97	31	5363777	5045844	376736	4243454
棉、化纤纺织加工	80	26	4472033	4322468	282268	3662715
棉、化纤印染精加工	17	5	891744	723376	94468	580739
毛纺织和染整精加工	6	1	315826	262421	8020	644632
毛条加工	3		199958	201700		396064
毛纺织	3	1	115868	60721	8020	248568
麻纺织	5	1	268634	250591	14277	173136
丝绢纺织及精加工	54	20	1664831	1622755	499027	1215241
缫丝加工	31	8	960042	942056	242695	796169
绢纺和丝织加工	21	11	479185	461589	191032	302638
丝印染精加工	2	1	225604	219110	65300	116434
纺织制成品制造	97	17	3447960	3352673	217995	1938713
棉及化纤制品制造	31	4	1395548	1290702	28918	515625
丝制品制造	5	1	91097	89914	5700	41708
绳、索、缆的制造	14	3	420478	403905	20920	218626
纺织带和帘子布制造	5		207957	202182	857	66955
无纺布制造	22	5	980475	1014594	153047	792285
其他纺织制成品制造	20	4	352405	351376	8553	303514
针织品、编织品及其制品制造	72	4	2052839	2010609	332015	1649662
棉、化纤针织品及编织品制造	34	3	860837	863521	169564	1069730
毛针织品及编织品制造	29	1	1003379	974465	159567	498410
丝针织品及编织品制造	3		122000	106932	2884	31527
其他针织品及编织品制造	6		66623	65691		49995
纺织服装、鞋、帽制造业	409	59	18931738	18593743	2317683	6981947
纺织服装制造	350	59	12294805	12307587	2280280	5913415
纺织面料鞋的制造	58		6631733	6280956	37403	1063512
制帽	1		5200	5200		5020
皮革、毛皮、羽毛(绒)及其制品业	153	7	6102887	6030001	107879	1358033
皮革制品制造	137	6	5159085	5138355	103768	899844
皮鞋制造	124	2	4764325	4750437	5942	767632
皮革服装制造	7	2	281859	276749	16989	63339
皮箱、包(袋)制造	3		26214	25710		17267
皮手套及皮装饰制品制造	2	1	79410	78182	73682	50218
其他皮革制品制造	1	1	7277	7277	7155	1388
毛皮鞣制及制品加工	11		828808	805513	2861	367520
毛皮鞣制加工	2		15360	15398		21232
毛皮服装加工	8		784778	761445	1	329679
其他毛皮制品加工	1		28670	28670	2860	16609

单位：千元

流动资产总计	应收帐款	存货	产成品	流动资产年平均余额	固定资产总计	固定资产原价	累计折旧
692662	84624	214898	151808	698751	1150614	1386785	330854
37717	5734	9104	5604	44401	53093	60573	8168
271065	18648	53937	32175	256682	343032	532586	209950
179202	54395	114110	82939	189720	440335	459570	84324
111577	4680	22751	20124	114847	178804	196099	25442
90963	180	13845	10309	90963	131790	132481	1054
2138	987	1151	657	2138	3560	5476	1916
2690	1260	510	450	2600	7700	7930	640
4638658	920028	1618441	947312	4330228	4194334	5386318	1390375
2123356	339751	780546	403031	1951066	1802180	2315554	652554
1865351	308036	680750	388278	1694651	1507430	1862091	471481
258005	31715	99796	14753	256415	294750	453463	181073
268237	34382	136402	95662	138401	319303	347029	27734
152939	22412	59708	31827	52424	242825	264360	21535
115298	11970	76694	63835	85977	76478	82669	6199
82902	16645	43114	30806	76210	88219	111003	22784
623982	116883	280256	235381	607592	547500	658858	126759
406517	59549	206584	191370	401412	368425	393793	34407
193932	45622	71882	43501	186818	86569	109635	29102
23533	11712	1790	510	19362	92506	155430	63250
752312	226028	227926	122128	817926	891804	1236209	363062
161625	42072	72597	30881	176005	277854	403877	129020
13058	7849	2462	1154	11506	24744	31589	7231
94021	18509	53656	36093	107278	117137	164357	49264
31425	10387	7178	6699	31325	24354	36894	12540
304852	78536	53675	24898	350165	337620	461607	134110
147331	68675	38358	22403	141647	110095	137885	30897
787869	186339	150197	60304	739033	545328	717665	197482
562248	128045	77857	21064	554762	237857	316493	103189
195865	47045	56379	27105	153739	266673	349688	83596
5601	257	5286	4946	6613	17190	22420	5230
24155	10992	10675	7189	23919	23608	29064	5467
2851564	688744	998882	593959	3219847	2868168	3610301	843575
2759360	609654	991665	591839	2649080	2478954	3167106	780739
91044	78555	7217	2120	569607	385354	439142	62643
1160	535			1160	3860	4053	193
718881	228871	273061	247349	667772	434530	637272	212101
523249	170331	145754	133752	532854	242201	348336	106482
494003	162746	135891	129663	504828	149030	207740	58910
18296	5635	5972	1249	17455	43420	66103	22683
4204	1277	1036	720	3008	5168	8244	3076
6361	1773	2120	2120	7003	43619	65219	21747
385	-1100	735		560	964	1030	66
167543	41098	117754	107091	111628	176989	275402	103613
5132	2781	1481	401	3280	10790	11833	1043
160464	37797	114846	105769	106923	151537	247649	101312
1947	520	1427	921	1425	14662	15920	1258

1-A-5 续表 3

分 组	企业单位数(个)	亏损企业	工业总产值(当年价格)	工业销售产值(当年价格)	出口交货值	资产总计
羽毛(绒)加工及制品制造	5	1	114994	86133	1250	90669
羽毛(绒)加工	3	1	77262	48401		23142
羽毛(绒)制品加工	2		37732	37732	1250	67527
木材加工及木、竹、藤、棕、草制品业	357	33	17074089	16559510	644980	7211952
锯材、木片加工	71	3	1878058	1847934		701649
锯材加工	58	3	1633078	1606867		570698
木片加工	13		244980	241067		130951
人造板制造	112	8	8441333	8153079	111809	3499422
胶合板制造	46		3887662	3757684	96864	1935020
纤维板制造	9	5	515893	480393		666234
刨花板制造	11		1476244	1438882		191209
其他人造板、材制造	46	3	2561534	2476120	14945	706959
木制品制造	169	22	6540486	6349272	533171	2945938
建筑用木料及木材组件加工	114	8	4896850	4750787	289057	2152675
木容器制造	23	6	724835	708235	14364	367200
软木制品及其他木制品制造	32	8	918801	890250	229750	426063
竹、藤、棕、草制品制造	5		214212	209225		64943
家具制造业	143	16	11778320	11397034	720334	4594167
木质家具制造	117	15	9942097	9598805	656012	4070050
竹、藤家具制造	1	1	5742	5742		24625
金属家具制造	10		507719	494198		138492
其他家具制造	15		1322762	1298289	64322	361000
造纸及纸制品业	236	25	9545803	9299815	132584	4924948
纸浆制造	1		57000	55290		6820
造纸	64	9	2988505	2888354	61444	1693102
机制纸及纸板制造	57	9	2729400	2650255	59252	1545167
手工纸制造	1		22600	21500	2150	4250
加工纸制造	6		236505	216599	42	143685
纸制品制造	171	16	6500298	6356171	71140	3225026
纸和纸板容器的制造	133	9	5464729	5334855	20761	2517236
其他纸制品制造	38	7	1035569	1021316	50379	707790
印刷业和记录媒介的复制	116	17	4602462	4482824	76213	2595097
印刷	102	13	2994680	2928417	74658	2278608
书、报、刊印刷	33	5	869240	794419		975524
本册印制	6		243377	240421		203063
包装装潢及其他印刷	63	8	1882063	1893577	74658	1100021
装订及其他印刷服务活动	3	2	61184	60992	1555	43569
记录媒介的复制	11	2	1546598	1493415		272920
文教体育用品制造业	32	1	1066199	1046264	54027	450599
文化用品制造	14	1	192831	188546	6144	171367
文具制造	3		31782	31492		46393
笔的制造	7	1	128817	127547	6144	106897
教学用模型及教具制造	4		32232	29507		18077
体育用品制造	10		189011	188175	40216	96113
球类制造	2		43844	41957	34002	47132
体育器材及配件制造	5		88515	89566	6214	24494
训练健身器材制造	2		50442	50442		20373
运动防护用具制造	1		6210	6210		4114

单位：千元

流动资产总计	应收帐款	存货	产成品	流动资产年平均余额	固定资产总计	固定资产原价	累计折旧
28089	17442	9553	6506	23290	15340	13534	2006
13870	9223	3553	2297	10604	2655	3023	680
14219	8219	6000	4209	12686	12685	10511	1326
2548734	593583	1037421	427145	2391658	4110592	5426640	1484258
318162	93047	110556	43843	294477	347478	513601	172592
266783	80978	96206	39521	256651	271257	405425	140217
51379	12069	14350	4322	37826	76221	108176	32375
871267	199178	361308	165446	768643	2350649	3030162	756548
341105	103130	114660	68485	315132	1486338	1880545	434223
188671	36652	96706	27285	154751	332571	418195	85624
31832	5079	9671	7611	28887	158640	251670	127191
309659	54317	140271	62065	269873	373100	479752	109510
1344530	296701	559737	212132	1299494	1381193	1844483	546996
948683	193009	394545	170098	916113	1099426	1453474	422349
127382	49332	47635	15190	116441	156279	210027	62316
268465	54360	117557	26844	266940	125488	180982	62331
14775	4657	5820	5724	29044	31272	38394	8122
1556731	437976	446367	269417	1606236	2300023	2896421	677224
1371051	385146	366064	224748	1434105	2067703	2564357	568681
24088	6613	16931		2507	536	536	17
54762	20078	13682	4795	50347	56298	77306	26746
106830	26139	49690	39874	119277	175486	254222	81780
1726858	517837	565130	330956	1693227	2634636	3131355	770243
1220	400			1218	5600	5856	256
493826	115278	200809	90987	464016	1063766	1258959	233470
449302	104284	181646	77129	423022	979688	1144939	200887
1600	600	100	100	1630	2650	2695	45
42924	10394	19063	13758	39364	81428	111325	32538
1231812	402159	364321	239969	1227993	1565270	1866540	536517
901135	301125	302614	203396	909399	1210438	1496889	450926
330677	101034	61707	36573	318594	354832	369651	85591
1097372	309893	260083	107023	1090802	1086503	1426752	368807
987564	262974	240085	103609	991503	918190	1228498	331611
449881	91724	128344	35993	468316	263236	364815	109009
67764	2583	13066	11806	67392	133210	155187	21987
469919	168667	98675	55810	455795	521744	708496	200615
5852	1853	1953	682	5886	34812	36750	9059
103956	45066	18045	2732	93413	133501	161504	28137
167728	67229	52956	38861	145533	199986	251706	56653
61085	33231	14683	6294	63101	55537	86525	33022
29278	21415	5671	290	29241	17114	23229	6115
20278	9848	5883	3293	22157	32304	55371	25101
11529	1968	3129	2711	11703	6119	7925	1806
43209	8575	16314	11556	38712	46493	53076	6763
21051	2987	11102	10048	17985	22952	23864	912
9255	1847	2857	983	7880	15239	17008	1769
10714	2828	1830		10711	7059	10651	3772
2189	913	525	525	2136	1243	1553	310

1-A-5 续表 4

分 组	企业单位数（个）	亏损企业	工业总产值（当年价格）	工业销售产值（当年价格）	出口交货值	资产总计
乐器制造	2		68686	67701		36672
其他乐器及零件制造	2		68686	67701		36672
玩具制造	1		15730	15710		17486
游艺器材及娱乐用品制造	5		599941	586132	7667	128961
露天游乐场所游乐设备制造	3		560471	546831		115761
游艺用品及室内游艺器材制造	2		39470	39301	7667	13200
石油加工、炼焦及核燃料加工业	179	24	21925694	21243764	124394	9316102
精炼石油产品的制造	169	24	18637109	18140874	124394	7484382
原油加工及石油制品制造	167	24	18604198	18109516	124394	7440068
人造原油生产	2		32911	31358		44314
炼焦	10		3288585	3102890		1831720
化学原料及化学制品制造业	785	108	37711109	36121156	887775	23267958
基础化学原料制造	206	32	9689501	9372991	165630	5597741
无机酸制造	28	5	1081943	1056826	6003	646889
无机碱制造	8	1	414358	409764		161458
无机盐制造	37	9	2379897	2231091	39326	1738198
有机化学原料制造	68	11	3145275	3075052	114550	1544566
其他基础化学原料制造	65	6	2668028	2600258	5751	1506630
肥料制造	105	7	6072513	5791902	159525	3944615
氮肥制造	7	1	691219	692562	83216	680143
磷肥制造	2		11240	11060		7518
钾肥制造	1		94610	76900		77523
复混肥料制造	58	4	3982661	3785287		2394580
有机肥料及微生物肥料制造	26	2	843321	782574		527906
其他肥料制造	11		449462	443519	76309	256945
农药制造	16	5	850726	795246	39100	722394
化学农药制造	14	4	804371	760101	39100	682749
生物化学农药及微生物农药制造	2	1	46355	35145		39645
涂料、油墨、颜料及类似产品制造	125	6	6204959	5838411	269596	4051595
涂料制造	91	6	3634255	3530466	3385	1611000
油墨及类似产品制造	7		173334	171208		189591
颜料制造	2		1446608	1205045	193547	1669663
染料制造	14		678354	661845	72664	469323
密封用填料及类似品制造	11		272408	269847		112018
合成材料制造	40	9	1834194	1816316	9976	1307377
初级形态的塑料及合成树脂制造	25	5	1244213	1229177	9776	795544
合成橡胶制造	3	1	80685	79057		37126
合成纤维单(聚合)体的制造	2	1	255000	255338	200	227239
其他合成材料制造	10	2	254296	252744		247468
专用化学产品制造	266	47	12535094	11993924	191996	7168422
化学试剂和助剂制造	120	24	5162602	4884235	90346	3375606
专项化学用品制造	86	10	4423533	4227818	36773	2162957
林产化学产品制造	4	1	89293	87311		44179
炸药及火工产品制造	14		911217	888908		620421
信息化学品制造	3	1	43561	42366		11874
环境污染处理专用药剂材料制造	6	4	67140	65230	14740	106416
动物胶制造	1		41765	40890		5047
其他专用化学产品制造	32	7	1795983	1757166	50137	841922

单位：千元

流动资产总计	应收帐款	存货	产成品	流动资产年平均余额	固定资产总计	固定资产原价	累计折旧
33030	12854	20153	19205	13631	3355	5502	2170
33030	12854	20153	19205	13631	3355	5502	2170
4200	577	590	590	3940	13286	12133	132
26204	11992	1216	1216	26149	81315	94470	14566
23600	11293			16589	78398	90609	13622
2604	699	1216	1216	9560	2917	3861	944
3816848	885007	681454	378459	3881161	4742948	5523531	1056152
3060410	858952	608246	317284	3216753	3794460	4639125	966335
3040350	857778	604665	315251	3196914	3770206	4609648	961112
20060	1174	3581	2033	19839	24254	29477	5223
756438	26055	73208	61175	664408	948488	884406	89817
10882650	2203958	3366877	1671327	10440686	9395224	11954456	3449933
2363011	583593	631096	277363	2274162	2194899	2790389	795625
360365	93102	102883	68917	321294	271161	327072	83624
55087	8486	9674	4495	57164	81808	95526	16338
540173	72706	172144	68490	549733	541071	758966	301522
611863	168387	181268	93764	613987	743850	907160	193002
795523	240912	165127	41697	731984	557009	701665	201139
1928666	77772	565882	311726	1818575	1633100	2248449	725674
254340	15830	26992	2910	215237	249504	525412	280432
4850	2720	1194		5456	2668	2974	306
63873	21994	30284		44767	13650	15000	1350
1346448	-22651	402526	245175	1358076	970183	1236260	325390
194095	45891	79003	47937	137227	319453	378172	101244
65060	13988	25883	15704	57812	77642	90631	16952
443873	23712	234159	184820	377112	105095	175925	78150
421753	20220	217293	174921	356632	88807	146663	57944
22120	3492	16866	9899	20480	16288	29262	20206
1602970	287244	505236	283984	1586638	2036154	2347947	524674
712338	189975	248128	174814	679959	776698	957522	275119
68720	10936	3698	2103	69734	108310	117899	9725
518510	17454	128604	63328	604185	914687	968811	141331
245526	41820	118024	39669	174565	199857	256726	87196
57876	27059	6782	4070	58195	36602	46989	11303
583919	208068	116490	47302	593677	598507	682842	225900
376012	145650	68945	34050	357613	382536	547109	199432
17108	10602	1787	67	15837	8798	11913	3141
52061	4416	9088	4187	82137	121612	59556	6547
138738	47400	36670	8998	138090	85561	64264	16780
3694008	954823	1261336	544748	3498374	2679134	3541342	1059947
1808310	541263	488647	349060	1805424	1168463	1491835	497954
961132	193761	499389	83647	870505	977572	1276068	305336
30787	2686	3554	1467	11083	13391	14853	1462
317561	98813	124555	58687	295478	227885	329627	103579
7630	3416	2614	2591	6203	4044	5986	2307
50150	7852	5158	1744	44288	31303	38754	7451
1952	200	971	971	1952	3095	11955	8860
516486	106832	136448	46581	463441	253381	372264	132998

1-A-5 续表 5

分 组	企业单位数(个)	亏损企业	工业总产值(当年价格)	工业销售产值(当年价格)	出口交货值	资产总计
日用化学产品制造	27	2	524122	512366	51952	475814
肥皂及合成洗涤剂制造	12		286916	278887		262969
化妆品制造	6	1	75991	74183	16500	56244
口腔清洁用品制造	1		20814	19824		9081
香料、香精制造	2		64313	66944		78659
其他日用化学产品制造	6	1	76088	72528	35452	68861
医药制造业	137	24	6991713	6595251	130597	7643206
化学药品原药制造	22	3	1348396	1291866	95801	1755123
化学药品制剂制造	29	9	1290394	1278861		1898488
中药饮片加工	26	3	893052	790707	6393	1074743
中成药制造	21	4	807189	765502	5200	656617
兽用药品制造	16	2	821344	806941		350060
生物、生化制品的制造	17	3	1338397	1168433	23203	987232
卫生材料及医药用品制造	6		492941	492941		920943
化学纤维制造业	18	4	1089255	1060871	51139	655214
纤维素纤维原料及纤维制造	3		192731	184730	35	36201
人造纤维(纤维素纤维)制造	3		192731	184730	35	36201
合成纤维制造	15	4	896524	876141	51104	619013
锦纶纤维制造	8	2	280439	268813	8808	401977
涤纶纤维制造	3	1	488565	490218		62011
腈纶纤维制造	2		94932	82973	21657	114804
其他合成纤维制造	2	1	32588	34137	20639	40221
橡胶制品业	157	12	7739240	7430232	261788	4522360
轮胎制造	15	5	1745471	1626211	214397	2021160
车辆、飞机及工程机械轮胎制造	12	4	1693761	1574851	214397	2001437
力车胎制造	1		5930	5580		9453
轮胎翻新加工	2	1	45780	45780		10270
橡胶板、管、带的制造	37	2	1320387	1284469	280	600027
橡胶零件制造	75	2	2946665	2895102		827181
再生橡胶制造	5		510201	426115		553984
日用及医用橡胶制品制造	2	1	216188	214088		88637
橡胶靴鞋制造	5	1	127677	129744	47111	58899
其他橡胶制品制造	18	1	872651	854503		372472
塑料制品业	571	55	25141329	24288486	175112	15361329
塑料薄膜制造	56	6	2179693	2106197	27438	1085571
塑料板、管、型材的制造	128	18	5581461	5330062	23585	4593899
塑料丝、绳及编织品的制造	199	10	10808900	10621550	68132	7009283
泡沫塑料制造	39	4	916185	877402	3411	490881
塑料人造革、合成革制造	4		1171490	1111640	2485	242795
塑料包装箱及容器制造	51	8	1534014	1388349	3934	682467
塑料零件制造	16	1	455099	449042	23430	128493
日用塑料制造	39	5	1408418	1381262	22697	693839
日用塑料杂品制造	39	5	1408418	1381262	22697	693839
其他塑料制品制造	39	3	1086069	1022982		434101
非金属矿物制品业	1254	131	78947745	74793404	3368855	53855202
水泥、石灰和石膏的制造	174	37	9530378	9173258	53430	12102848

单位：千元

流动资产总计	应收帐款	存货	产成品	流动资产年平均余额	固定资产总计	固定资产原价	累计折旧
266203	68746	52678	21384	292148	148335	167562	39963
148284	42385	34469	12605	165442	86373	104809	21191
21921	14370	4752	3819	28293	13519	18405	4886
3017	1317	1535	956	5373	4337	5313	976
64786	3860	4124	1321	60578	12178	20139	7961
28195	6814	7798	2683	32462	31928	18896	4949
2696276	465685	791479	382658	3089728	3814168	5060038	1605872
712312	86328	163038	72981	735290	816704	992761	289635
488655	174136	148258	106669	881820	1323447	1691732	446782
302042	72069	143786	92984	263667	568248	683154	180275
231338	55632	77495	37611	263638	295645	342724	125626
128855	11110	22632	14797	89816	182130	208413	37643
325739	26807	47187	22860	293048	344033	711543	380110
507335	39603	189083	34756	562449	283961	429711	145801
259123	71684	92008	51123	272719	240155	477254	237553
21590	7594	8917	1912	22001	11816	16590	4774
21590	7594	8917	1912	22001	11816	16590	4774
237533	64090	83091	49211	250718	228339	460664	232779
113262	45992	45688	26969	123268	185513	385066	199742
41253	11752	15886	7061	49306	999	960	226
49558	238	18429	14444	50773	35130	38420	3290
33460	6108	3088	737	27371	6697	36218	29521
1532632	585015	449877	302041	1640393	2738007	3303890	649266
329431	84849	155121	72438	455869	1606949	1853902	263443
320060	82869	153559	72076	449568	1596597	1838223	258116
3718	1116	1550	350	3718	5735	5850	115
5653	864	12	12	2583	4617	9829	5212
303353	74698	135284	122768	317976	251635	329120	88024
385251	105327	63688	24686	359945	425229	543246	135845
351288	271011	70747	66176	304502	121695	159243	37548
12710	8047	4403	4221	52461	75767	73296	3529
29823	3494	9710	2322	33511	24597	27982	3801
120776	37589	10924	9430	116129	232135	317101	117076
7447701	1461451	1172865	763687	7264815	6266103	7225168	1439508
413195	139890	76107	39009	435401	494839	540979	103270
2126779	655074	341149	203447	2046433	1400583	1671616	466141
3651885	260172	415906	318759	3569250	3159772	3452667	397430
214520	74132	38458	20954	221962	219954	259745	53278
153396	4646	92282	64634	139163	82631	191151	108805
323938	117966	75204	42987	333589	330685	386319	116440
65462	27152	30297	21829	45366	56789	79550	27761
307156	110873	61345	31736	302826	353430	413413	90837
307156	110873	61345	31736	302826	353430	413413	90837
191370	71546	42117	20332	170825	167420	229728	75546
22726869	6819976	6290460	3288121	21375260	22390538	28372627	7157573
3360770	615785	1495879	405898	3251538	6144103	8376352	2426971

1-A-5 续表 6

分组	企业单位数(个)	亏损企业	工业总产值(当年价格)	工业销售产值(当年价格)	出口交货值	资产总计
水泥制造	155	34	8996148	8641889	53430	11834682
石灰和石膏制造	19	3	534230	531369		268166
水泥及石膏制品制造	173	33	9123448	8856618	19	5633349
水泥制品制造	122	27	5564254	5411115	19	4241991
砼结构构件制造	29	4	1995075	1969180		822750
石棉水泥制品制造	9	1	1113133	1050461		320704
轻质建筑材料制造	11	1	329495	304371		211725
其他水泥制品制造	2		121491	121491		36179
砖瓦、石材及其他建筑材料制造	373	8	22265890	21894543	43297	7054847
粘土砖瓦及建筑砌块制造	171	2	4207027	4090030	146	2042367
建筑陶瓷制品制造	50	3	8301218	8289072		2330004
建筑用石加工	52		5289403	5181178	35336	717545
防水建筑材料制造	41		2134224	2087984		1019801
隔热和隔音材料制造	40	3	1847525	1767050	7762	570327
其他建筑材料制造	19		486493	479229	53	374803
玻璃及玻璃制品制造	93	7	5266339	5126355	176863	2006974
平板玻璃制造	5	1	85069	66672		145974
技术玻璃制品制造	15		608821	595661	15	358809
光学玻璃制造	1		5010	5010		3580
玻璃仪器制造	1		16809	16473		2700
日用玻璃制品及玻璃包装容器制造	18	2	1176454	1136205	42816	458597
玻璃保温容器制造	1		7370	6564		4553
玻璃纤维及制品制造	22		742512	753162	115900	338973
玻璃纤维增强塑料制品制造	24	3	2254143	2201686	12612	490697
其他玻璃制品制造	6	1	370151	344922	5520	203091
陶瓷制品制造	12	1	811650	792580	134589	869571
特种陶瓷制品制造	9	1	714554	694586	134589	810143
日用陶瓷制品制造	2		86998	88319		48905
园林、陈设艺术及其他陶瓷制品制造	1		10098	9675		10523
耐火材料制品制造	329	27	27194967	24580753	2642597	22548694
石棉制品制造	8		201967	201170	404	85462
云母制品制造	2		100918	102759	37276	16808
耐火陶瓷制品及其他耐火材料制造	319	27	26892082	24276824	2604917	22446424
石墨及其他非金属矿物制品制造	100	18	4755073	4369297	318060	3638919
石墨及碳素制品制造	50	7	2524051	2447048	34488	1440523
其他非金属矿物制品制造	50	11	2231022	1922249	283572	2198396
黑色金属冶炼及压延加工业	380	48	55281955	53895887	1182780	22558652
炼铁	48	8	10039984	9403640	88	4619891
炼钢	18	2	2054710	1972393		1038977
钢压延加工	260	27	35914421	35382574	498112	13974930
铁合金冶炼	54	11	7272840	7137280	684580	2924854
有色金属冶炼及压延加工业	229	32	29583319	28719586	738789	12628628
常用有色金属冶炼	56	12	8287299	7998422	188478	3834300
铜冶炼	7	3	4629868	4521962		748342
铅锌冶炼	10	1	746288	726608	1222	1016447
镍钴冶炼	2	1	921012	816490		466752
铝冶炼	8	2	796993	783262		679900
镁冶炼	14		367399	358389	98326	162620
其他常用有色金属冶炼	15	5	825739	791711	88930	760239

单位：千元

流动资产总计	应收帐款	存货	产成品	流动资产年平均余额	固定资产总计	固定资产原价	累计折旧
3248406	566797	1478879	403077	3137011	6017330	8225821	2400877
112364	48988	17000	2821	114527	126773	150531	26094
2715464	1083263	492657	236224	2659770	2619373	3641168	1140426
2185561	835620	329868	134318	2130235	1908684	2638990	833673
394371	227197	84406	40434	396618	321141	454217	146653
59510	8469	22387	20089	56471	253799	387084	133915
72623	10720	55858	41251	73047	110067	131633	22623
3399	1257	138	132	3399	25682	29244	3562
2362221	526430	522179	251304	2225164	4209463	4790544	672971
828064	164078	182665	125515	741858	1000402	1211763	235078
460264	5398	31584	19768	453756	1830297	1909072	78776
243740	58740	70015	52319	227447	420194	571754	169187
369721	98067	166865	33741	380172	610456	649912	82344
340229	159922	35409	15955	298790	180454	261406	87754
120203	40225	35641	4006	123141	167660	186637	19832
898321	223698	203433	124034	945959	919569	1232597	366198
56058	3947	27485	22192	54111	74710	98741	25271
128028	28126	21641	17382	155993	224841	341724	117880
939	660	243	71	816	2641	3189	548
1540	510	700	700	1540	1160	1360	200
152469	32647	48632	18922	147241	175016	264702	98778
764	340	264	230	810	3789	5741	1952
152654	70683	27374	15198	165073	165567	205181	40844
298837	57416	58980	37328	313720	176786	205679	68704
107032	29369	18114	12011	106655	95059	106280	12021
511217	148623	144029	93453	411227	276762	324770	56801
504529	147482	140569	92146	402508	243186	287393	53000
5638	167	3384	1231	5874	28420	30767	2347
1050	974	76	76	2845	5156	6610	1454
11224968	3816225	3011024	1980787	10312695	6581674	8017205	2009378
48051	14603	17599	8282	46778	34132	38869	4759
6218	505	3067	1442	6149	9937	12471	2762
11170699	3801117	2990358	1971063	10259768	6537605	7965865	2001857
1653908	405952	421259	196421	1568907	1639594	1989991	484828
903404	239163	215673	92890	845037	487838	646597	183034
750504	166789	205586	103531	723870	1151756	1343394	301794
10128649	1803251	2837341	1557512	9531625	9264207	11274463	3172022
2022803	331085	858379	613793	1780573	2138017	2322749	565402
319759	45289	107689	77526	300265	366083	476585	188840
6062617	911786	1439603	706909	5732692	5701332	7289105	2166096
1723470	515091	431670	159284	1718095	1058775	1186024	251684
6470416	1323773	1534831	900188	6507826	4494273	6561896	2305290
2042747	328940	716662	457887	2130338	1115077	1469939	423529
562450	17137	124592	90800	594741	165616	239808	74192
544560	24940	190381	51975	563417	250816	382659	136278
269490	16535	195149	162132	267132	89753	106292	16539
300697	173196	87009	86073	301629	201376	295577	129536
80118	38823	21938	15784	96841	66671	97104	31624
285432	58309	97593	51123	306578	340845	348499	35360

1-A-5 续表 7

分　组	企业单位数（个）	亏损企业	工业总产值（当年价格）	工业销售产值（当年价格）	出口交货值	资产总计
贵金属冶炼	11	1	587902	564549	13700	466663
金冶炼	9	1	401039	383069		362097
其他贵金属冶炼	2		186863	181480	13700	104566
稀有稀土金属冶炼	23	6	3986927	3928281	107316	1485576
钨钼冶炼	17	4	3584411	3534730	107316	1057861
稀土金属冶炼	5	2	397346	388411		419365
其他稀有金属冶炼	1		5170	5140		8350
有色金属合金制造	34	2	1555486	1542412	46459	962740
有色金属压延加工	105	11	15165705	14685922	382836	5879349
常用有色金属压延加工	98	10	14675884	14195373	40766	5649179
贵金属压延加工	1		5011	5011		12800
稀有稀土金属压延加工	6	1	484810	485538	342070	217370
金属制品业	762	79	34658573	33588622	1028451	17167802
结构性金属制品制造	341	45	17401997	16839411	384973	8998163
金属结构制造	262	36	14125836	13639649	383993	7502162
金属门窗制造	79	9	3276161	3199762	980	1496001
金属工具制造	56	2	1816399	1775249	10304	931573
切削工具制造	18	1	500445	486370		234191
手工具制造	7		231071	224224		60904
农用及园林用金属工具制造	17	1	331015	320172	10304	347534
其他金属工具制造	14		753868	744483		288944
集装箱及金属包装容器制造	74	10	4172503	4051895	81823	2183021
集装箱制造	1	1	6660	6660		5076
金属压力容器制造	41	4	3054158	2947969	81823	1647226
金属包装容器制造	32	5	1111685	1097266		530719
金属丝绳及其制品的制造	37		1602138	1530196	251148	1356739
建筑、安全用金属制品制造	91	8	4687612	4525471	219421	1598021
建筑、家具用金属配件制造	8	2	1202798	1095563	911	93342
建筑装饰及水暖管道零件制造	63	3	2712569	2675635	218510	1164394
安全、消防用金属制品制造	15	3	604100	592721		205488
其他建筑、安全用金属制品制造	5		168145	161552		134797
金属表面处理及热处理加工	105	7	3332726	3302697	43637	1367857
搪瓷制品制造	8		275880	264007	5771	116740
工业生产配套用搪瓷制品制造	7		226924	215051	5771	99529
搪瓷日用品及其他搪瓷制品制造	1		48956	48956		17211
不锈钢及类似日用金属制品制造	22	3	493925	484138	2620	157558
金属制厨房调理及卫生器具制造	3	1	100808	100527	1558	35575
金属制厨用器皿及餐具制造	12	1	310367	302093	260	60370
其他日用金属制品制造	7	1	82750	81518	802	61613
其他金属制品制造	28	4	875393	815558	28754	458130
其他未列明的金属制品制造	28	4	875393	815558	28754	458130
通用设备制造业	2285	193	99319580	95485572	3303348	59010007
锅炉及原动机制造	100	11	3056393	2948678	8750	2142916
锅炉及辅助设备制造	85	9	2270027	2203260	8750	1816531
内燃机及配件制造	12	2	385168	349003		252457
汽轮机及辅机制造	2		142879	144019		20579
水轮机及辅机制造	1		258319	252396		53349

单位：千元

流动资产总计				流动资产年平均余额	固定资产总计	固定资产原价	累计折旧
	应收帐款	存货					
			产成品				
217497	104583	38316	31928	196390	168458	173677	38087
195766	95791	26867	21045	162509	126225	150946	33921
21731	8792	11449	10883	33881	42233	22731	4166
841589	131123	230898	89597	813398	249901	285543	51185
518978	86366	164081	71458	510979	163141	182785	25768
319135	42881	65217	16539	294119	81886	97631	25164
3476	1876	1600	1600	8300	4874	5127	253
616776	222521	151337	79913	563952	304347	323718	71143
2751807	536606	397618	240863	2803748	2656490	4309019	1721346
2593345	494532	376488	232051	2643273	2621886	4261689	1708620
9500		1000		9500	3300	3300	
148962	42074	20130	8812	150975	31304	44030	12726
7667535	2500498	1930026	801036	7130107	6980660	9567015	3041828
4139983	1174997	1192365	495008	3814617	3509928	4483524	1320552
3571612	976212	1041713	418925	3235421	2913707	3715830	1117064
568371	198785	150652	76083	579196	596221	767694	203488
215083	82419	48743	27683	215632	527884	613924	93213
107891	48052	26763	12870	88446	87529	117673	32819
20154	5774	1542	1338	24836	33750	42816	9066
36389	7422	9148	4458	35211	293528	326450	33052
50649	21171	11290	9017	67139	113077	126985	18276
799730	284777	244653	92020	721904	1153931	1757435	635489
2410	1080	870	560	3670	2666	2666	160
552425	193199	188589	69423	516216	942131	1484668	551573
244895	90498	55194	22037	202018	209134	270101	83756
553365	158399	79013	19528	530451	413196	934208	522140
851364	309534	147951	90105	821106	562596	754307	211194
61858	11508	5354	3679	63710	21750	31871	11134
630354	227091	103590	62282	602991	420060	566141	149240
126321	55730	30081	20101	115764	51663	59003	22456
32831	15205	8926	4043	38641	69123	97292	28364
649435	291109	101382	43673	599860	586535	723494	162619
59597	16410	20612	16628	58249	41261	62007	21035
47508	14399	11534	7550	46160	36139	55441	19591
12089	2011	9078	9078	12089	5122	6566	1444
83414	37871	24475	3718	67652	71627	87357	28644
17009	9540	4896	366	12780	17640	20320	3196
29097	16104	6432	1898	26001	30049	38353	8605
37308	12227	13147	1454	28871	23938	28684	16843
315564	144982	70832	12673	300636	113702	150759	46942
315564	144982	70832	12673	300636	113702	150759	46942
25713638	8671679	7085523	3404532	24598357	21130497	27168420	7401045
993122	490004	273580	74588	873864	812269	1085246	298605
805470	370338	244095	66196	675295	725989	954573	254066
161814	115616	23558	8268	175379	62326	92822	30499
8074	1695	5927	124	7781	2954	4351	1540
17764	2355			15409	21000	33500	12500

1-A-5 续表 8

分　　组	企业单位数（个）	亏损企业	工业总产值（当年价格）	工业销售产值（当年价格）	出口交货值	资产总计
金属加工机械制造	182	14	9843742	9574726	139989	5681030
金属切削机床制造	39	2	2583710	2521659	2734	1237716
金属成形机床制造	24	4	890939	859566	26000	710763
铸造机械制造	19	3	419638	416260	103127	236945
金属切割及焊接设备制造	15	2	889686	856273		835463
机床附件制造	58	3	2558335	2509032	7818	1758375
其他金属加工机械制造	27		2501434	2411936	310	901768
起重运输设备制造	125	15	8912934	8107293	590705	5382802
泵、阀门、压缩机及类似机械的制造	364	23	14693469	14233372	269616	9390644
泵及真空设备制造	164	12	7595773	7430183	1967	4637332
气体压缩机械制造	30	2	1303593	1284956		728263
阀门和旋塞的制造	96	4	3677615	3514672	267449	2718647
液压和气压动力机械及元件制造	74	5	2116488	2003561	200	1306402
轴承、齿轮、传动和驱动部件的制造	288	12	13714810	13207108	557902	9363598
轴承制造	239	10	11677451	11323083	555419	8161985
齿轮、传动和驱动部件制造	49	2	2037359	1884025	2483	1201613
烘炉、熔炉及电炉制造	10		341934	337846	2800	75049
风机、衡器、包装设备等通用设备	175	17	7815401	7591692	70738	4254466
风机、风扇制造	45	3	2646737	2569733		802250
气体、液体分离及纯净设备制造	17	1	399863	386960		146752
制冷、空调设备制造	43	3	2114865	2089515	69551	2145353
风动和电动工具制造	4		60033	59999		64429
喷枪及类似器具制造	2		90957	90927		15980
包装专用设备制造	7	2	148736	142225	1187	80290
衡器制造	9	1	309553	284429		161638
其他通用设备制造	48	7	2044657	1967904		837774
通用零部件制造及机械修理	392	39	16273853	15787867	359704	7325205
金属密封件制造	19	1	653590	640680	21453	921438
紧固件、弹簧制造	42	3	1707144	1679490	81047	816678
机械零部件加工及设备修理	310	32	12741935	12307166	257204	5268463
其他通用零部件制造	21	3	1171184	1160531		318626
金属铸、锻加工	649	62	24667044	23696990	1303144	15394297
钢铁铸件制造	527	47	21000122	20066496	1302876	13519092
锻件及粉末冶金制品制造	122	15	3666922	3630494	268	1875205
专用设备制造业	753	83	32850657	31304631	461729	19883421
矿山、冶金、建筑专用设备制造	303	33	12540046	12020505	131689	7501549
采矿、采石设备制造	144	13	6630064	6208114	106733	2673843
石油钻采专用设备制造	49	5	1752075	1697583		1121640
建筑工程用机械制造	32	2	1262508	1262226	4878	1211134
建筑材料生产专用机械制造	26	5	1726367	1726783	19738	1268883
冶金专用设备制造	52	8	1169032	1125799	340	1226049
化工、木材、非金属加工专用设备	149	18	9124945	8428669	131810	4645549
炼油、化工生产专用设备制造	37	3	2670362	2511567		1920130
橡胶加工专用设备制造	21	4	985323	958853	14853	409958

单位：千元

流动资产总计	应收帐款	存货	产成品	流动资产年平均余额	固定资产总计	固定资产原价	累计折旧
2393632	743222	647204	262349	2570920	2325520	2972760	854863
522164	204169	144091	68661	578780	596897	720818	161235
317542	79561	127395	47987	360974	273029	360111	108835
107859	26369	27961	10891	98909	123765	125769	29285
397449	45097	38727	8122	388426	409610	466878	57490
563399	272664	129434	50906	692570	616055	839519	326806
485219	115362	179596	75782	451261	306164	459665	171212
3232838	824506	718858	239795	2874882	1739531	2117685	433710
4488586	1440014	1190858	613589	4225632	3707401	4798153	1383893
2081779	605884	622354	348666	1927314	2021149	2770506	828051
297021	132233	55671	28652	298125	371862	413254	75396
1348156	448309	291454	101488	1316100	908128	1057975	320215
761630	253588	221379	134783	684093	406262	556418	160231
3794275	1322556	1237812	849979	3538072	2873191	3946950	1148840
3294757	1117506	1089478	786162	3092811	2514959	3300061	844888
499518	205050	148334	63817	445261	358232	646889	303952
50018	3710	11321	1630	49707	20323	25871	5971
2657022	801840	911036	353122	2751881	1320649	1733566	512196
446811	157520	108602	59841	434876	287393	320586	101048
77539	39062	23500	6987	78075	45553	68001	22459
1552443	370653	646790	232109	1703383	523776	768779	259507
34628	10875	8873	2438	36341	25170	30947	6568
10567	6523	3927	284	9318	5413	6214	801
43730	13026	16963	3325	43602	32585	49760	20967
99287	26533	38485	29609	68066	42669	47651	10118
392017	177648	63896	18529	378220	358090	441628	90728
3008057	1336444	625438	271896	2873137	3074047	3701882	857539
636128	391080	105770	39718	634930	273120	252198	84557
306958	91903	92635	39117	264183	256861	334866	104849
1942151	818589	410235	188060	1855450	2358556	2919470	657146
122820	34872	16798	5001	118574	185510	195348	10987
5096088	1709383	1469416	737584	4840262	5257566	6786307	1905428
4125984	1302608	1220250	565945	4006178	4614881	5933926	1641257
970104	406775	249166	171639	834084	642685	852381	264171
9320492	2894768	2535011	956932	8867497	7064879	9233462	2695927
3644526	1368359	835873	294858	3489769	2480442	3308701	1076221
1414909	546599	225259	99222	1297658	994892	1267095	337051
609492	355387	124234	57374	572725	297008	350917	85360
506041	124947	98053	37375	512098	366152	471140	119801
541478	155690	228530	76094	562593	485130	492497	131450
572606	185736	159797	24793	544695	337260	727052	402559
2304207	544468	765570	340530	2196013	1765687	2162042	492461
1083939	262574	419998	193124	1107807	678906	836936	204252
200006	66998	81730	16789	201755	142758	184292	49264

1-A-5 续表 9

分 组	企业单位数（个）	亏损企业	工业总产值（当年价格）	工业销售产值（当年价格）	出口交货值	资产总计
塑料加工专用设备制造	5		370176	369076	71946	298684
木材加工机械制造	10	1	156239	153102		119095
模具制造	75	10	4930922	4427147	42741	1888288
其他非金属加工专用设备制造	1		11923	8924	2270	9394
食品、饮料、烟草及饲料生产专用设备制造	31	2	1354816	1328319	41188	622525
食品、饮料、烟草工业专用设备制造	8	1	584746	577668	1245	200918
农副食品加工专用设备制造	17	1	525948	514020	39943	384272
饲料生产专用设备制造	6		244122	236631		37335
印刷、制药、日化生产专用设备制造	52	4	2287817	2208038	65180	1146750
制浆和造纸专用设备制造	22	3	604562	572041	26440	452322
印刷专用设备制造	14		1151665	1132927	38740	316116
制药专用设备制造	10	1	297668	271668		298470
照明器具生产专用设备制造	2		106189	105335		43389
玻璃、陶瓷和搪瓷制品生产专用设备制造	2		106425	104759		26520
其他日用品生产专用设备制造	2		21308	21308		9933
纺织、服装和皮革工业专用设备制造	15	3	453026	436856	65	300217
纺织专用设备制造	8	3	152230	149781	10	151001
皮革、毛皮及其制品加工专用设备制造	2		105004	99718	55	113141
缝纫机械制造	5		195792	187357		36075
电子和电工机械专用设备制造	32	5	1244323	1202730	12171	569392
电工机械专用设备制造	19	3	773956	747476	12171	356857
电子工业专用设备制造	10	2	226973	216953		144332
航空、航天及其他专用设备制造	3		243394	238301		68203
农、林、牧、渔专用机械制造	52	6	1229842	1242646	62218	1778023
拖拉机制造	2		66167	65497		19440
机械化农业及园艺机具制造	20	2	420441	414149	1005	312368
渔业机械制造	1		14566	14566		12271
农林牧渔机械配件制造	15	3	456403	447209	6370	1267772
其他农林牧渔业机械制造及机械修理	14	1	272265	301225	54843	166172
医疗仪器设备及器械制造	18	1	563592	556751		305827
医疗诊断、监护及治疗设备制造	3		50959	50959		68040
实验室及医用消毒设备和器具的制造	6		185580	185295		68259
医疗、外科及兽医用器械制造	3	1	71045	68972		47102
机械治疗及病房护理设备制造	2		31327	31327		7122
其他医疗设备及器械制造	4		224681	220198		115304
环保、社会公共安全及其他专用设备制造	101	11	4052250	3880117	17408	3013589
环境污染防治专用设备制造	53	10	2557907	2471188		1912173
社会公共安全设备及器材制造	15		799966	780634		382366
交通安全及管制专用设备制造	1		90600	86777		10051
水资源专用机械制造	9		118464	114081	1500	93089
其他专用设备制造	23	1	485313	427437	15908	615910
交通运输设备制造业	394	57	21249670	20892207	558514	13979758
铁路运输设备制造	36	3	973689	954791		545655
铁路机车车辆及动车组制造	2		42875	30911		33564
工矿有轨专用车辆制造	1	1	14500	11724		16008
铁路机车车辆配件制造	13		314996	316388		148424
铁路专用设备及器材、配件制造	17		533909	528359		241645
其他铁路设备制造及设备修理	3	2	67409	67409		106014

单位：千元

流动资产总　计	应收帐款	存货		流动资产年平均余额	固定资产总　计	固定资产原　价	累计折旧
			产成品				
170438	25012	33351	13585	155175	104602	131854	27820
44107	14425	11122	4816	42501	72496	97824	26425
796677	173913	214925	108478	681366	766571	910136	184054
9040	1546	4444	3738	7409	354	1000	646
237273	57857	67809	35606	229872	316843	377814	65444
89685	11962	6704	4999	86052	108774	120814	12703
126572	38986	52703	22697	124146	191968	237520	45652
21016	6909	8402	7910	19674	16101	19480	7089
620732	189991	172390	66438	593391	440203	546770	149452
296744	104523	107863	27706	276994	127662	161229	43557
133177	24311	19676	12638	134428	151091	174887	35025
162449	55446	43315	24694	153918	111879	150773	58554
13142	2541	551	423	13023	30247	32532	2385
8980		279	271	8980	15631	24658	9027
6240	3170	706	706	6048	3693	2691	904
103430	37080	29163	2975	106513	174028	287426	126278
38997	15949	7063	2783	45267	89725	158746	73954
45526	18558	21653		41410	67135	75007	15724
18907	2573	447	192	19836	17168	53673	36600
287205	102364	45809	13499	268258	209101	272008	73619
196466	72737	36012	12469	199473	139040	179461	46518
75240	25864	9369	674	56193	50557	59621	12208
15499	3763	428	356	12592	19504	32926	14893
333669	95700	123730	26720	354641	695009	1048247	385654
9167	932	780	340	8459	10273	10684	411
92319	48553	24064	16115	111744	187339	205486	24769
4674	54	3272		5647	5627	1939	1631
163248	25213	77962	3959	162192	394132	697072	321916
64261	20948	17652	6306	66599	97638	133066	36927
136267	35517	35080	12962	154298	112379	144600	49266
43275	10287	8756	120	43182	24764	21114	11019
30121	9052	11767	3916	37217	32796	36165	3953
19395	7864	9010	7756	38627	13439	30227	17589
1802	1477	325		1453	5320	6079	885
41674	6837	5222	1170	33819	36060	51015	15820
1653183	463432	459587	163344	1474742	871187	1085854	277532
1072080	276192	289548	78209	921732	469715	628065	171921
136579	67634	37882	31137	137437	203703	255399	56575
3014	537	1041	1041	3014	2858	5913	3055
62860	9710	17470	2117	57665	21769	30364	8595
378650	109359	113646	50840	354894	173142	166113	37386
5989866	2037125	1245281	686612	6913736	6585182	8592084	2331487
251538	123239	52767	33605	251789	233924	320355	92032
12989	4361	8481	1253	15053	19180	20367	1187
13506	6638	1625	475	8572	2502	3088	586
84228	52486	23165	17447	76064	54831	87034	33047
106326	49533	18835	14430	104001	90294	116975	31335
34489	10221	661		48099	67117	92891	25877

1-A-5 续表 10

分　　组	企业单位数（个）	亏损企业	工业总产值（当年价格）	工业销售产值（当年价格）	出口交货值	资产总计
汽车制造	237	38	16231942	15986530	144477	10450381
汽车整车制造	2	2	69199	69199		60457
改装汽车制造	19	3	4246500	4174198	107060	3158629
汽车车身、挂车的制造	5	1	324265	349064		193869
汽车零部件及配件制造	177	23	10881561	10691318	34136	6624858
汽车修理	34	9	710417	702751	3281	412568
摩托车制造	2		88051	86900		133582
摩托车整车制造	1		79401	79220		129872
摩托车零部件及配件制造	1		8650	7680		3710
自行车制造	3	1	89343	82682		27439
脚踏自行车及残疾人座车制造	1	1	10123	9382		12499
助动自行车制造	2		79220	73300		14940
船舶及浮动装置制造	102	15	2862814	2788307	414037	1968539
金属船舶制造	9	2	614904	609611		607843
非金属船舶制造	1	1	9960	9444		1048
娱乐船和运动船的建造和修理	4		23957	23467		16923
船用配套设备制造	58	7	1504345	1447899	414037	986995
船舶修理及拆船	30	5	709648	697886		355730
航空航天器制造	5		328662	324101		341230
飞机制造及修理	2		302594	298033		320452
航天器制造	2		21068	21068		12877
其他飞行器制造	1		5000	5000		7901
交通器材及其他交通运输设备制造	9		675169	668896		512932
交通管理用金属标志及设施制造	6		589369	583096		476943
其他交通运输设备制造	3		85800	85800		35989
电气机械及器材制造业	617	61	40769705	39760107	276534	22934940
电机制造	57	4	3055692	2859585	7992	2328403
发电机及发电机组制造	8	1	266793	261305		141714
电动机制造	44	2	2647279	2456660	7992	2055369
微电机及其他电机制造	5	1	141620	141620		131320
输配电及控制设备制造	311	37	17834483	17485613	101740	11541670
变压器、整流器和电感器制造	95	9	7187970	7075969	44520	4625369
电容器及其配套设备制造	18	2	902957	796239	40081	1112295
配电开关控制设备制造	159	21	6565932	6454776	10847	4425569
电力电子元器件制造	22	3	1265974	1254887	400	774995
其他输配电及控制设备制造	17	2	1911650	1903742	5892	603442
电线、电缆、光缆及电工器材制造	169	13	16846004	16434114	86608	7192219
电线电缆制造	141	11	16078406	15679191	86608	6888811
光纤、光缆制造	1		10026	10566		10547
绝缘制品制造	11		203735	200510		87049
其他电工器材制造	16	2	553837	543847		205812
电池制造	7	1	286761	289451	80194	251057
家用电力器具制造	20	3	812947	797772		733465
家用制冷电器具制造	2	1	21350	21350		19749
家用空气调节器制造	3		208028	207205		178817
家用通风电器具制造	1		5002	5136		2027
家用厨房电器具制造	3		32375	34175		50809
家用清洁卫生电器具制造	2		269740	269740		79727
其他家用电力器具制造	9	2	276452	260166		402336

单位：千元

流动资产总计	应收帐款	存货	产成品	流动资产年平均余额	固定资产总计	固定资产原价	累计折旧
4763948	1645521	952123	574439	5748580	4731563	6332635	1837916
31280	7293			31192	14555	34610	20055
1114143	561833	189119	139143	1898708	1952311	2560749	619308
110622	11277	34015	3983	109804	82748	90709	7967
3283555	1006632	696198	421355	3488122	2598755	3536719	1158843
224348	58486	32791	9958	220754	83194	109848	31743
11987	1330	9412	8545	50881	121595	159735	38140
8837	880	7957	7300	49231	121035	158530	37495
3150	450	1455	1245	1650	560	1205	645
10788	5533	5037	3127	10639	16651	20277	3871
5477	4993	467	427	5429	7022	10511	3489
5311	540	4570	2700	5210	9629	9766	382
764613	211031	187667	42148	621547	843053	997701	207851
179552	65745	939	600	85099	343171	388439	48109
808	-2	547		853	240	755	515
6930	2225	2184	1300	5395	8270	8786	1104
425845	98859	146357	26130	444042	383446	462250	119522
151478	44204	37640	14118	86158	107926	137471	38601
111102	16747	12422	3737	107934	225548	246843	21304
98323	14948	3783	3737	97340	222129	242473	20344
9537	1799	7359		7848	3333	4189	856
3242		1280		2746	86	181	104
75890	33724	25853	21011	122366	412848	514538	130373
57311	29710	19145	19065	102320	401414	497012	124281
18579	4014	6708	1946	20046	11434	17526	6092
11204001	4629863	2377752	1058930	11668858	9156006	12427851	4028428
972989	325030	281042	122191	969044	1162831	1365142	268386
61246	14326	18073	9515	60452	57602	77215	27588
833184	299963	249656	112676	853836	1077144	1250260	231143
78559	10741	13313		54756	28085	37667	9655
6004258	2344909	1232996	412050	6113259	4158690	5606603	1794010
2324899	967966	594041	191396	2527937	1532094	2032688	514927
460958	162479	70931	25440	435347	407032	791475	407815
2515238	865763	458547	141389	2396992	1620015	2053813	674627
480971	248785	48061	18093	575561	248829	326310	90787
222192	99916	61416	35732	177422	350720	402317	105854
3528099	1687408	698348	435689	3936903	2949551	4361385	1683225
3380108	1628205	660813	420802	3780543	2823582	4192699	1639722
1695	485	1210	1210	4480	8852	11547	2695
43075	15026	13309	8484	40851	42560	56630	14070
103221	43692	23016	5193	111029	74557	100509	26738
127330	37230	44838	20218	132363	80192	97930	17738
218183	112882	34130	24303	172102	350209	406598	80657
11818	3676	1893	402	8405	6673	6829	2197
63816	41214	1738	1733	65836	37712	41898	4186
1900	588	989	749	1927	105	105	
16035	11121	3245	2709	17318	6476	10948	4567
12910	8822	494	246	12119	64418	92244	27826
111704	47461	25771	18464	66497	234825	254574	41881

1-A-5 续表 11

分 组	企业单位数（个）	亏损企业	工业总产值（当年价格）	工业销售产值（当年价格）	出口交货值	资产总计
非电力家用器具制造	7		485389	472289		128225
燃气、太阳能及类似能源的器具制造	5		311550	301816		85503
其他非电力家用器具制造	2		173839	170473		42722
照明器具制造	40	1	1307240	1281084		647794
电光源制造	10		441641	431094		183677
照明灯具制造	25		763978	750455		438530
灯用电器附件及其他照明器具制造	5	1	101621	99535		25587
其他电气机械及器材制造	6	2	141189	140199		112107
其他未列明的电气机械制造	6	2	141189	140199		112107
通信设备、计算机及其他电子设备制造业	115	16	7930109	7777747	41118	4187174
通信设备制造	15	3	856305	844015		721615
通信传输设备制造	4	1	412266	409655		164934
通信交换设备制造	5		292883	284407		261766
通信终端设备制造	2	1	11115	11115		22212
移动通信及终端设备制造	3		132700	131497		262272
其他通信设备制造	1	1	7341	7341		10431
雷达及配套设备制造	1		70952	66126		20217
广播电视设备制造	9	1	105079	98711	879	94076
广播电视节目制作及发射设备制造	3		31972	31972		27099
广播电视接收设备及器材制造	3		39003	39003		14832
应用电视设备及其他广播电视设备制造	3	1	34104	27736	879	52145
电子计算机制造	11	2	1776485	1766998	5100	283243
电子计算机整机制造	4	2	1258113	1248756		175479
计算机网络设备制造	3		438593	438593		65541
电子计算机外部设备制造	4		79779	79649	5100	42223
电子器件制造	24	2	776051	697430	2209	782457
电子真空器件制造	5		186486	182421		65210
半导体分立器件制造	7		249090	247450	2209	134034
集成电路制造	4		67377	66277		42817
光电子器件及其他电子器件制造	8	2	273098	201282		540396
电子元件制造	33	5	1204610	1173260	21886	789681
电子元件及组件制造	29	5	1169644	1138334	21886	714026
印制电路板制造	4		34966	34926		75655
其他电子设备制造	22	3	3140627	3131207	11044	1495885
仪器仪表及文化、办公用机械制造业	176	22	5297105	5124572	127669	3808913
通用仪器仪表制造	124	18	3666185	3586368	114053	2629997
工业自动控制系统装置制造	52	10	1462999	1436298	240	1351531
电工仪器仪表制造	26	2	919307	892258	7150	527049
绘图、计算及测量仪器制造	6	2	169938	169617	2135	89236
实验分析仪器制造	10	3	159202	159564		81420
试验机制造	8		304664	298988	90980	141622
供应用仪表及其他通用仪器制造	22	1	650075	629643	13548	439139
专用仪器仪表制造	36	3	1153792	1115929	4877	795330
环境监测专用仪器仪表制造	2		37400	37400		33807
汽车及其他用计数仪表制造	3		249503	234104		289190

单位：千元

流动资产总计	应收帐款	存货	产成品	流动资产年平均余额	固定资产总计	固定资产原价	累计折旧
48282	22543	15868	8499	37819	68559	76215	8481
43892	20695	15814	8499	34949	39341	46967	8176
4390	1848	54		2870	29218	29248	305
236401	85973	52897	35529	242546	343437	457833	161955
81365	25746	21088	13763	81680	87891	127645	50760
138610	56908	27062	20440	144871	247098	318380	106087
16426	3319	4747	1326	15995	8448	11808	5108
68459	13888	17633	451	64822	42537	56145	13976
68459	13888	17633	451	64822	42537	56145	13976
2089514	496016	399959	113283	1990575	1614728	2048075	562237
272386	92708	24549	4993	306096	330444	382920	53275
92117	59322	9824	3765	117223	55937	68472	13067
104780	13326	11371	149	115389	59845	93603	33759
8999	3487	2489	749	8572	12196	14751	2821
60415	14865	810	330	60336	201857	205185	3328
6075	1708	55		4576	609	909	300
10326	7968	987	987	11652	8994	10922	1928
60146	14761	14715	87	55669	29173	39175	14660
23378	7652	8358		20594	3403	5946	2970
8785	6323	129		5889	5482	7690	5308
27983	786	6228	87	29186	20288	25539	6382
138471	26524	9797	2063	85290	144318	229294	85110
88045	10863	862	635	40523	87078	128262	41184
15719	3883	3990	206	11187	49733	92568	42835
34707	11778	4945	1222	33580	7507	8464	1091
364502	120669	82115	31343	347162	285517	309619	81484
40292	21820	10287	4971	39539	19570	24601	5546
78309	23444	7428	2583	71771	40806	59593	24135
20477	9952	2555	1223	20814	22340	32107	9767
225424	65453	61845	22566	215038	202801	193318	42036
510675	129075	80533	40145	436911	215361	296367	97685
467227	116379	70539	38241	391057	188539	258652	86792
43448	12696	9994	1904	45854	26822	37715	10893
733008	104311	187263	33665	747795	600921	779778	228095
2256555	694433	467635	171492	1979800	1107138	1198228	318222
1618955	533047	328568	112233	1458733	626044	778579	230241
954641	336846	176104	53837	910715	267192	323454	113595
298390	82935	71257	32393	229144	106561	160748	62676
66063	19867	4660	566	45255	12945	18240	5314
46157	20844	12140	4279	47060	17906	25371	8513
79437	14815	24813	13428	81831	41109	49075	10067
174267	57740	39594	7730	144728	180331	201691	30076
417523	108590	79080	33831	360722	350517	300127	59343
27050	14112	3464	791	21071	3399	1847	312
122597	1958	13444	12668	78269	166528	104057	18950

1-A-5 续表 12

分组	企业单位数(个)	亏损企业	工业总产值(当年价格)	工业销售产值(当年价格)	出口交货值	资产总计
导航、气象及海洋专用仪器制造	5	1	55930	55374		66325
地质勘探和地震专用仪器制造	3		22790	21728		30936
教学专用仪器制造	2		46433	45988		26307
核子及核辐射测量仪器制造	5		127264	117868		53785
电子测量仪器制造	5	1	186306	184466	4877	171854
其他专用仪器制造	11	1	428166	419001		123126
钟表与计时仪器制造	2		30139	29180		99046
光学仪器及眼镜制造	2		51677	50678	50	30824
光学仪器制造	2		51677	50678	50	30824
文化、办公用机械制造	8		362068	309796	8689	239792
照相机及器材制造	2		28482	28482		34221
复印和胶印设备制造	2		60565	59800		5442
计算器及货币专用设备制造	2		212333	160826	8689	188877
其他文化、办公用机械制造	2		60688	60688		11252
其他仪器仪表的制造及修理	4	1	33244	32621		13924
工艺品及其他制造业	101	6	2976339	2939095	468299	1206464
工艺美术品制造	78	4	2224999	2200814	404885	928125
雕塑工艺品制造	14	2	366186	362269	108426	270878
金属工艺品制造	3		124403	123111	40239	22080
漆器工艺品制造	1		21110	20700		3395
花画工艺品制造	25	1	696775	692005	146873	213012
天然植物纤维编织工艺品制造	15		538500	529202	50862	174530
抽纱刺绣工艺品制造	7		44631	43763		28204
其他工艺美术品制造	13	1	433394	429764	58485	216026
日用杂品制造	7	2	182143	176830	63414	45787
制镜及类似品加工	2		35244	35064		16525
鬃毛加工、制刷及清扫工具的制造	1		29923	29923		384
其他日用杂品制造	4	2	116976	111843	63414	28878
煤制品制造	14		521397	516001		188423
其他未列明的制造业	2		47800	45450		44129
废弃资源和废旧材料回收加工业	14	2	1342319	1340838		594183
金属废料和碎屑的加工处理	4		1234097	1232627		493492
非金属废料和碎屑的加工处理	10	2	108222	108211		100691
电力、燃气及水的生产和供应业	**90**	**33**	**2516582**	**2495011**		**5837932**
电力、热力的生产和供应业	72	29	1974204	1965677		4911577
电力生产	6	1	67531	62301		1043258
火力发电	1	1	6281	6281		131871
水力发电	3		24175	19508		543909
其他能源发电	2		37075	36512		367478
电力供应	1		64443	64443		184630
热力生产和供应	65	28	1842230	1838933		3683689
燃气生产和供应业	8	1	206749	206647		153725
水的生产和供应业	10	3	335629	322687		772630
自来水的生产和供应	3	1	38536	38536		261019
污水处理及其再生利用	6	2	147065	134123		246569
其他水的处理、利用与分配	1		150028	150028		265042

单位：千元

流动资产总　计	应收帐款	存货		流动资产年平均余额	固定资产总　计	固定资产原　价	累计折旧
			产成品				
38514	9443	16524	4939	37795	16173	21997	7123
25810	14404	1751		25430	5107	8113	3232
13843	6032	1771	230	13001	8544	9280	3706
28548	4833	19084	177	31065	22049	9754	2025
76488	28209	4243	3782	75718	93310	107196	17976
84673	29599	18799	11244	78373	35407	37883	6019
22589	13554	6033	2675	8026	60211	28896	7898
26219	4988	3153	2686	26218	4605	7114	2509
26219	4988	3153	2686	26218	4605	7114	2509
162234	31508	49199	18856	118599	60898	77562	16688
6351	4324			5915	18947	23723	4800
1200	636	564	492	3491	1369	1658	289
150220	25928	45680	17649	103717	34225	42412	8187
4463	620	2955	715	5476	6357	9769	3412
9035	2746	1602	1211	7502	4863	5950	1543
579091	105004	143371	96635	527267	524560	714055	205026
448784	77883	104556	79062	408889	379454	520476	148456
196108	11106	33887	24125	193588	54647	90636	36556
11039	2918	2018	413	10944	9771	12383	2865
2450	714	591	580	2477	945	1280	335
75094	29966	19256	13737	66717	95298	111558	20815
48031	11431	16481	11494	47257	115972	180370	64398
10017	2198	2995	1041	8355	15900	20590	4975
106045	19550	29328	27672	79551	86921	103659	18512
28756	3528	15352	1478	22052	15224	31672	16448
8807	350	87		5621	7718	9783	2065
284	56	15		165	100	1375	1275
19665	3122	15250	1478	16266	7406	20514	13108
75317	20621	23057	15895	64238	111989	140203	35537
26234	2972	406	200	32088	17893	21704	4585
464797	74406	98820	40163	411028	118228	142738	25705
420345	61619	90610	39825	381757	68003	84629	16626
44452	12787	8210	338	29271	50225	58109	9079
2643216	**809472**	**318339**	**30966**	**2456898**	**2521480**	**3132735**	**720969**
2167679	656828	264275	6294	2042034	2209008	2783378	645700
438606	343804	10477		425743	430002	489510	63051
45810	28349	10360		37873	74204	87526	13322
349369	311607	117		346079	34295	46597	12302
43427	3848			41791	321503	355387	37427
72030	5649			72027	22600	46179	23579
1657043	307375	253798	6294	1544264	1756406	2247689	559070
59210	22640	10165	5510	62385	87685	107590	20467
416327	130004	43899	19162	352479	224787	241767	54802
141207	1991	1952		100989	97631	127180	29549
107805	23636	23966	19162	91463	122781	108266	23307
167315	104377	17981		160027	4375	6321	1946

1-A-5 续表 13

分　　组	固定资产净　　值	固定资产净值年平均余额	负债合计	流动负债总　　计	应付账款
总　　计	**162833080**	**154962953**	**206596008**	**162672413**	**46561114**
总计中：轻工业	42748670	39942517	43603236	32752709	9350969
重工业	120084410	115020436	162992772	129919704	37210145
总计中：大型企业	4443621	3885088	6290631	5830955	1512745
中型企业	32269478	30251785	49755364	38789598	8117360
小型企业	126119981	120826080	150550013	118051860	36931009
按行业小类分					
采矿业	**13067120**	**12826252**	**17189188**	**15173906**	**3817824**
煤炭开采和洗选业	2436571	2328005	3032821	2695911	525598
烟煤和无烟煤的开采洗选	2426714	2310635	2997751	2673800	523708
褐煤的开采洗选	8107	15520	32650	19761	
其他煤炭采选	1750	1850	2420	2350	1890
石油和天然气开采业	2912	4059	4835	4834	675
与石油和天然气开采有关的服务活动	2912	4059	4835	4834	675
黑色金属矿采选业	7452904	7451962	10589985	9442693	2494038
铁矿采选	7348720	7363094	10273081	9144320	2415534
其他黑色金属矿采选	104184	88868	316904	298373	78504
有色金属矿采选业	1554843	1493394	2176685	1968972	556018
常用有色金属矿采选	1109245	1092454	1732189	1579036	408428
铜矿采选	81463	83204	124726	102563	34285
铅锌矿采选	147536	143116	353120	279189	34428
镍钴矿采选	45547	45587	57099	21511	9144
镁矿采选	834699	820547	1197244	1175773	330571
贵金属矿采选	262963	206185	110324	55764	33243
金矿采选	262963	206185	110324	55764	33243
稀有稀土金属矿采选	182635	194755	334172	334172	114347
钨钼矿采选	182635	194755	334172	334172	114347
非金属矿采选业	1619890	1548832	1384862	1061496	241495
土砂石开采	1088393	1035560	731346	558953	145039
石灰石、石膏开采	283992	284129	195354	165230	32590
建筑装饰用石开采	316897	314856	130610	74331	25693
耐火土石开采	169276	166853	74933	47199	4194
粘土及其他土砂石开采	318228	269722	330449	272193	82562
化学矿采选	187305	172059	356659	306346	48655
采盐	71	84	2821	2821	2821
石棉及其他非金属矿采选	344121	341129	294036	193376	44980
石墨、滑石采选	66939	65526	85519	76662	29809
其他非金属矿采选	277182	275603	208517	116714	15171
制造业	**147354194**	**139964678**	**185537198**	**144413573**	**41902931**
农副食品加工业	16715005	15472567	13852121	10876551	2403587
谷物磨制	3438099	3314781	1862317	1201687	233162
饲料加工	3493445	3476476	2411468	1696866	412340
植物油加工	985546	1065033	1307630	1172361	116004
食用植物油加工	977333	1056820	1299863	1164595	116004
非食用植物油加工	8213	8213	7767	7766	
制糖	124306	116143	321990	253990	3056
屠宰及肉类加工	4818799	3919851	3578907	2969346	893561
畜禽屠宰	3518067	2627146	2629002	2170445	658252
肉制品及副产品加工	1300732	1292705	949905	798901	235309

单位：千元

长期负债总计	所有者权益合计	实收资本	国家资本	集体资本	法人资本	个人资本	港澳台资本
22065975	**210719072**	**89848048**	**501063**	**842407**	**25978386**	**61382225**	**383032**
6122955	51515959	23045066	119030	274884	7901685	14325449	111932
15943020	159203113	66802982	382033	567523	18076701	47056776	271100
373841	9680972	3460548		96000	950523	2250855	97822
5577110	38685102	14095518	58428	111139	4572253	9003222	51554
16115024	162352998	72291982	442635	635268	20455610	50128148	233656
1146741	**19233799**	**7557560**	**3000**	**17039**	**2039033**	**5492330**	**1658**
239877	3151069	1817950		1000	1104572	712378	
226988	3147405	1811230		1000	1097852	712378	
12889	-4215	6470			6470		
	7879	250			250		
	4326	3873				3873	
	4326	3873				3873	
616409	11724195	4029683	3000	500	694498	3330027	1658
609971	11339674	3999605	3000		688343	3306604	1658
6438	384521	30078		500	6155	23423	
151504	2210823	769671		5470	75254	688947	
145946	1128118	595383		500	70410	524473	
22163	46261	41679			4780	36899	
68130	255338	84202			44502	39700	
35588	6545	6500			500	6000	
20065	819974	463002		500	20628	441874	
5558	392914	75286		4970	2817	67499	
5558	392914	75286		4970	2817	67499	
	689791	99002			2027	96975	
	689791	99002			2027	96975	
138951	2143386	936383		10069	164709	757105	
72009	1418595	641210		6069	67569	566072	
1668	406383	256979		5730	5770	245479	
7084	363109	176611			39870	136741	
9049	188862	37870		339	849	36682	
54208	460241	169750			21080	147170	
50309	297821	66845			20567	46278	
	538	500				500	
16633	426432	227828		4000	76573	144255	
8853	76523	62620				59620	
7780	349909	165208		4000	76573	84635	
20255321	**189516963**	**81186339**	**494063**	**825368**	**23654400**	**55094699**	**361374**
1895553	20248650	8449661	50084	155819	2944481	5132022	2698
494761	4128126	1517876		27646	642362	847868	
339067	4236078	1530942	11585	23800	645489	850068	
114663	1780935	559821			161051	397770	1000
114663	1770680	557821			161051	395770	1000
	10255	2000				2000	
68000	194578	40000			10000	30000	
445818	5251487	2690980	16000	104373	921987	1611232	608
361435	4024011	1898302	16000	103820	315336	1426366	
84383	1227476	792678		553	606651	184866	608

1-A-5 续表 14

分组	固定资产净值	固定资产净值年平均余额	负债合计	流动负债总计	应付账款
水产品加工	2002154	1848903	2967072	2607332	478272
水产品冷冻加工	1658335	1542774	2197514	1977661	378599
鱼糜制品及水产品干腌制加工	183993	165295	558541	543799	82398
水产饲料制造	113645	98072	170707	54533	17050
其他水产品加工	46181	42762	40310	31339	225
蔬菜、水果和坚果加工	866656	823450	702431	469074	132277
其他农副食品加工	986000	907930	700306	505895	134915
淀粉及淀粉制品的制造	517810	472131	313067	233276	72185
豆制品制造	139445	121483	95426	83279	36388
蛋品加工	104776	104488	111715	67722	2036
其他未列明的农副食品加工	223969	209828	180098	121618	24306
食品制造业	2756276	2580796	2938877	1671727	400555
焙烤食品制造	543322	542207	379196	257839	96641
糕点、面包制造	427634	424899	294615	203585	73578
饼干及其他焙烤食品制造	115688	117308	84581	54254	23063
糖果、巧克力及蜜饯制造	134967	153451	154802	134260	48909
糖果、巧克力制造	109142	127347	130750	112249	48473
蜜饯制作	25825	26104	24052	22011	436
方便食品制造	388002	339242	928592	207508	35323
米、面制品制造	21929	22213	38950	38109	8177
速冻食品制造	283548	239809	564299	136587	20124
方便面及其他方便食品制造	82525	77220	325343	32812	7022
液体乳及乳制品制造	296993	266090	190536	165592	19881
罐头制造	440491	392764	554173	387691	58598
肉、禽类罐头制造	61374	79250	79210	56489	3805
水产品罐头制造	117992	62612	122904	40830	18925
蔬菜、水果罐头制造	258730	248508	351678	290277	35823
其他罐头食品制造	2395	2394	381	95	45
调味品、发酵制品制造	277301	265191	100910	90508	25809
味精制造	4650	5400	2931	2931	4
酱油、食醋及类似制品的制造	187864	178684	65674	58757	20399
其他调味品、发酵制品制造	84787	81107	32305	28820	5406
其他食品制造	675200	621851	630668	428329	115394
营养、保健食品制造	141051	110130	217743	169032	41717
冷冻饮品及食用冰制造	291836	305508	138771	91335	26780
盐加工	159820	110842	238708	143325	38517
食品及饲料添加剂制造	72437	73265	35064	24303	8331
其他未列明的食品制造	10056	22106	382	334	49
饮料制造业	1757207	1589984	1615894	1161629	198098
酒精制造	64425	68858	43617	15878	7196
酒的制造	629561	592870	678620	553568	92652
白酒制造	471545	444144	522510	450682	77899
啤酒制造	42971	42186	42520	36964	5632
葡萄酒制造	101606	92873	94121	51855	7736
其他酒制造	13439	13667	19469	14067	1385

单位：千元

长期负债总计	所有者权益合计	实收资本	国家资本	集体资本	法人资本	个人资本	港澳台资本
175574	2316395	1039783			302359	735534	1090
164605	1828857	878368			258299	618179	1090
8840	275657	93677			27010	66667	
2129	96535	61538			17050	44488	
	115346	6200				6200	
144749	960861	441223	22499		120583	288280	
112921	1380190	629036			140650	371270	
7170	606219	314435			75550	121769	
10862	219199	71739			34650	37089	
43992	187994	101234				101234	
50897	366778	141628			30450	111178	
700866	3631309	1467786		4900	452656	989579	
58282	759466	333375		2300	115340	215735	
51558	557625	218697		2300	59732	156665	
6724	201841	114678			55608	59070	
18273	122000	38457			13727	24730	
16243	91534	33275			10045	23230	
2030	30466	5182			3682	1500	
409854	404965	155165		2600	48655	103910	
4	23895	23904			9684	14220	
409250	298137	86071		2600	37071	46400	
600	82933	45190			1900	43290	
19024	281566	212621			80170	132451	
58367	796153	196881			61724	135157	
13395	57030	25000			15000	10000	
20840	91452	46401			1500	44901	
24132	643054	122480			45224	77256	
	4617	3000				3000	
7288	378553	150097			64045	86052	
	4690	4320				4320	
6288	276771	133584			54352	79232	
1000	97092	12193			9693	2500	
129778	888606	381190			68995	291544	
41052	206509	114105			41500	72605	
13834	341292	143043			18454	124589	
65046	187549	68245			2200	66045	
9846	91553	35146			6841	28305	
	61703	20651					
161777	2204416	967493			418716	468546	
2639	89275	104225			48100	56125	
84192	797506	246688			38459	208229	
47565	674174	178905			35959	142946	
5556	18352	11530				11530	
25669	96112	55353			2000	53353	
5402	8868	900			500	400	

1-A-5 续表 15

分 组	固定资产净 值	固定资产净 值 年平均余额	负债合计	流动负债总 计	应付账款
软饮料制造	1055931	921056	892217	590743	97440
碳酸饮料制造	52405	42386	50704	32188	3829
瓶(罐)装饮用水制造	322636	288458	293521	237506	34430
果菜汁及果菜汁饮料制造	375246	322567	344971	178468	25007
含乳饮料和植物蛋白饮料制造	170657	178885	181604	124222	21415
固体饮料制造	131427	85200	20172	17119	12207
茶饮料及其他软饮料制造	3560	3560	1245	1240	552
精制茶加工	7290	7200	1440	1440	810
纺织业	3995943	3684016	5348818	4404816	968092
棉、化纤纺织及印染精加工	1663000	1620048	2572021	2069135	368496
棉、化纤纺织加工	1390610	1379541	2193724	1725506	315610
棉、化纤印染精加工	272390	240507	378297	343629	52886
毛纺织和染整精加工	319295	308748	327675	269681	102700
毛条加工	242825	242638	153733	144732	74722
毛纺织	76470	66110	173942	124949	27978
麻纺织	88219	87858	69933	69931	15707
丝绢纺织及精加工	532099	384935	714263	519770	110389
缫丝加工	359386	211769	488992	314822	47124
绢纺和丝织加工	80533	84971	209652	189359	51832
丝印染精加工	92180	88195	15619	15589	11433
纺织制成品制造	873147	756498	815259	692182	215589
棉及化纤制品制造	274857	178665	185246	140969	34828
丝制品制造	24358	19638	21000	17196	7807
绳、索、缆的制造	115093	89266	88243	75174	19414
纺织带和帘子布制造	24354	22616	26323	23944	1310
无纺布制造	327497	339281	331578	291764	104801
其他纺织制成品制造	106988	107032	162869	143135	47429
针织品、编织品及其制品制造	520183	525929	849667	784117	155211
棉、化纤针织品及编织品制造	213304	212852	681735	642479	122471
毛针织品及编织品制造	266092	278654	137904	123626	29601
丝针织品及编织品制造	17190	10840	4819	1099	170
其他针织品及编织品制造	23597	23583	25209	16913	2969
纺织服装、鞋、帽制造业	2766726	2408472	2861673	2054617	683428
纺织服装制造	2386367	2080835	2651783	1979755	677050
纺织面料鞋的制造	376499	323777	206947	73117	5173
制帽	3860	3860	2943	1745	1205
皮革、毛皮、羽毛(绒)及其制品业	425171	469981	705501	603730	447655
皮革制品制造	241854	224217	515505	454339	374178
皮鞋制造	148830	147277	438413	427959	368600
皮革服装制造	43420	27137	34491	14547	2082
皮箱、包(袋)制造	5168	5473	7650	6732	1642
皮手套及皮装饰制品制造	43472	43486	34629	4779	2077
其他皮革制品制造	964	844	322	322	-223
毛皮鞣制及制品加工	171789	240996	149608	137801	68758
毛皮鞣制加工	10790	10790	1400	1340	1280
毛皮服装加工	146337	215866	144149	132402	67259
其他毛皮制品加工	14662	14340	4059	4059	219

单位：千元

长期负债总计	所有者权益合计	实收资本	国家资本	集体资本	法人资本	个人资本	港澳台资本
74946	1308685	616380			332157	203992	
2354	74998	65624			43438	22186	
50703	367326	220938			123374	53959	
16416	479345	156065			66900	80040	
5323	166814	79685			40801	30607	
150	215749	92868			57644	16000	
	4453	1200				1200	
	8950	200				200	
785488	4516020	2876636		10810	1070343	1753568	41493
443901	1671433	1389765			728954	660389	
411779	1468991	1212244			714185	498059	
32122	202442	177521			14769	162330	
57992	316957	233260			1900	231360	
9000	242331	184980			1900	183080	
48992	74626	48280				48280	
	103203	88208			18828	69380	
172709	500978	191167			54080	137087	
152717	307177	116170			49080	67090	
19992	92986	69497			4500	64997	
	100815	5500			500	5000	
59105	1123454	525642		10810	215058	258281	41493
12852	330379	118324			35496	82828	
3400	20708	11660				11660	
8952	130383	51801			13110	38691	
1116	40632	13000			500	12500	
20387	460707	249926		9810	163152	35471	41493
12398	140645	80931		1000	2800	77131	
51781	799995	448594			51523	397071	
31908	387995	180984			38523	142461	
11612	360506	235124			13000	222124	
	26708	16385				16385	
8261	24786	16101				16101	
308593	4120274	1716276	26617	60990	694502	833058	64520
298952	3261632	1478100	750	4110	661081	783994	21002
9641	856565	237176	25867	56880	32421	49064	43518
	2077	1000			1000		
51583	652532	193242		3929	90110	96280	1591
38050	384339	71239		3929	16690	47697	1591
6452	329219	39854		3929	1050	32952	1591
830	28848	11551			1000	9551	
918	9617	2600				2600	
29850	15589	15889			14640	1249	
	1066	1345				1345	
11533	217912	102520			60700	41820	
	19832	13700				13700	
11533	185530	88320			60700	27620	
	12550	500				500	

1-A-5 续表 16

分 组	固定资产净 值	固定资产净值年平均余额	负债合计	流动负债总 计	应付账款
羽毛(绒)加工及制品制造	11528	4768	40388	11590	4719
羽毛(绒)加工	2343	2191	15839	9020	3219
羽毛(绒)制品加工	9185	2577	24549	2570	1500
木材加工及木、竹、藤、棕、草制品业	3942382	3695111	2902692	2357008	962619
锯材、木片加工	341009	320005	335143	271846	85337
锯材加工	265208	249277	259635	223643	51909
木片加工	75801	70728	75508	48203	33428
人造板制造	2273614	2083844	1135801	865762	381482
胶合板制造	1446322	1253921	559534	448541	275991
纤维板制造	332571	325662	263232	177042	27622
刨花板制造	124479	159665	43977	33670	9469
其他人造板、材制造	370242	344596	269058	206509	68400
木制品制造	1297487	1267368	1380016	1213385	492128
建筑用木料及木材组件加工	1031125	1041957	957802	836406	369189
木容器制造	147711	115270	154451	120861	53212
软木制品及其他木制品制造	118651	110141	267763	256118	69727
竹、藤、棕、草制品制造	30272	23894	51732	6015	3672
家具制造业	2219197	2228572	1986872	1572641	730523
木质家具制造	1995676	2016218	1750284	1420663	641928
竹、藤家具制造	519	60	25302	25074	23511
金属家具制造	50560	55138	76475	37592	25026
其他家具制造	172442	157156	134811	89312	40058
造纸及纸制品业	2361112	2341295	2354544	1857887	500099
纸浆制造	5600	5600	1428	1008	782
造纸	1025489	915733	859574	715770	192622
机制纸及纸板制造	944052	855412	805712	678089	182001
手工纸制造	2650	2665	460	450	200
加工纸制造	78787	57656	53402	37231	10421
纸制品制造	1330023	1419962	1493542	1141109	306695
纸和纸板容器的制造	1045963	1084657	1174108	957744	240218
其他纸制品制造	284060	335305	319434	183365	66477
印刷业和记录媒介的复制	1057945	1020674	1351085	910732	272935
印刷	896887	857989	1135859	775194	245392
书、报、刊印刷	255806	244427	561908	293730	92771
本册印制	133200	131573	24938	9906	3542
包装装潢及其他印刷	507881	481989	549013	471558	149079
装订及其他印刷服务活动	27691	30802	22768	16466	1917
记录媒介的复制	133367	131883	192458	119072	25626
文教体育用品制造业	195053	199293	218610	164908	23963
文化用品制造	53503	50833	131989	119009	11808
文具制造	17114	17009	29990	19220	7288
笔的制造	30270	27850	98515	97315	3860
教学用模型及教具制造	6119	5974	3484	2474	660
体育用品制造	46313	49941	34677	33627	6576
球类制造	22952	22952	13057	12857	3151
体育器材及配件制造	15239	15800	8066	7823	2319
训练健身器材制造	6879	9949	11961	11759	251
运动防护用具制造	1243	1240	1593	1188	855

单位：千元

长期负债总计	所有者权益合计	实收资本	国家资本	集体资本	法人资本	个人资本	港澳台资本
2000	50281	19483			12720	6763	
	7303	1083			320	763	
2000	42978	18400			12400	6000	
288847	4309260	1882548		24150	673237	1184662	
19473	366506	231619			68970	162649	
10616	311063	183258			67394	115864	
8857	55443	48361			1576	46785	
173047	2363621	967911		23000	403494	541417	
78603	1375486	399425			198575	200850	
24137	403002	218857		23000	74020	121837	
10264	147232	42786			25366	17420	
60043	437901	306843			105533	201310	
95062	1565922	666218		1150	198773	465796	
77600	1194873	513023			142822	370201	
8309	212749	55617			24810	30807	
9153	158300	97578		1150	31141	64788	
1265	13211	16800			2000	14800	
146652	2607295	1062167	1500	1000	455920	601747	
137913	2319766	966347	1500	1000	400979	560868	
	-677	8				8	
875	62017	26913			6841	20072	
7864	226189	68899			48100	20799	
323110	2570404	1141327	1042	16430	250286	867384	1010
420	5392	4600			4600		
122404	833528	362374		11430	59050	291894	
106354	739455	344074		11430	55850	276794	
	3790	500			500		
16050	90283	17800			2700	15100	
200286	1731484	774353	1042	5000	186636	575490	1010
84483	1343128	506987	1042	5000	162476	332284	1010
115803	388356	267366			24160	243206	
209712	1244012	595762		6000	216349	373413	
130974	1142749	544521		6000	216349	322172	
84691	413616	182297		4000	72614	105683	
49	178125	32050			19950	12100	
46234	551008	330174		2000	123785	204389	
6302	20801	5224				5224	
72436	80462	46017				46017	
14612	231989	79346			35915	42977	
11970	39378	32612			13436	18722	
10770	16403	14436			13436	1000	
1200	8382	10180				10180	
	14593	7996				7542	
708	61436	19121			5679	13442	
200	34075	6200				6200	
103	16428	8421			5679	2742	
	8412	2500				2500	
405	2521	2000				2000	

1-A-5 续表 17

分 组	固定资产净值	固定资产净值年平均余额	负债合计	流动负债总计	应付账款
乐器制造	3332	7986	13891	12017	5464
其他乐器及零件制造	3332	7986	13891	12017	5464
玩具制造	12001	10030	110	50	10
游艺器材及娱乐用品制造	79904	80503	37943	205	105
露天游乐场所游乐设备制造	76987	77660	32822		
游艺用品及室内游艺器材制造	2917	2843	5121	205	105
石油加工、炼焦及核燃料加工业	4467379	4365858	5108994	3972825	490503
精炼石油产品的制造	3672790	3579410	3770659	2641694	367281
原油加工及石油制品制造	3648536	3555312	3760395	2631432	362310
人造原油生产	24254	24098	10264	10262	4971
炼焦	794589	786448	1338335	1331131	123222
化学原料及化学制品制造业	8504523	8128524	11956652	9120712	2598372
基础化学原料制造	1994764	1854851	3274332	2364684	653794
无机酸制造	243448	213292	286102	241236	96077
无机碱制造	79188	76245	78423	72667	32065
无机盐制造	457444	406341	996805	720883	214538
有机化学原料制造	714158	676230	924052	616745	202057
其他基础化学原料制造	500526	482743	988950	713153	109057
肥料制造	1522775	1561250	1809783	1323266	366536
氮肥制造	244980	245215	384543	113168	13812
磷肥制造	2668	2650	3545	3455	1975
钾肥制造	13650	14022	43872	43871	22583
复混肥料制造	910870	913458	1085040	931151	191374
有机肥料及微生物肥料制造	276928	319223	239628	185487	129726
其他肥料制造	73679	66682	53155	46134	7066
农药制造	97775	90845	369945	286390	31652
化学农药制造	88719	80706	344490	261349	29410
生物化学农药及微生物农药制造	9056	10139	25455	25041	2242
涂料、油墨、颜料及类似产品制造	1823273	1698091	1623882	1266065	513141
涂料制造	682403	652865	722113	568855	177714
油墨及类似产品制造	108174	108789	17379	16728	7508
颜料制造	827480	716059	579458	412908	211782
染料制造	169530	184486	247298	216282	98167
密封用填料及类似品制造	35686	35892	57634	51292	17970
合成材料制造	456942	397415	976707	863712	268866
初级形态的塑料及合成树脂制造	347677	295077	620554	608701	206644
合成橡胶制造	8772	8291	14748	9259	3128
合成纤维单(聚合)体的制造	53009	54529	180657	101657	8250
其他合成材料制造	47484	39518	160748	144095	50844
专用化学产品制造	2481395	2406685	3740256	2914761	739823
化学试剂和助剂制造	993881	993495	1560401	1169538	317669
专项化学用品制造	970732	946611	1454430	1112798	221094
林产化学产品制造	13391	12405	8767	8754	5616
炸药及火工产品制造	226048	183509	283529	276896	97806
信息化学品制造	3679	3773	7253	5183	2631
环境污染处理专用药剂材料制造	31303	26605	48907	46672	25013
动物胶制造	3095	2650	10	5	
其他专用化学产品制造	239266	237637	376959	294915	69994

单位：千元

长期负债总计	所有者权益合计						
		实收资本					
			国家资本	集体资本	法人资本	个人资本	港澳台资本
1874	22781	5813				5813	
1874	22781	5813				5813	
60	17376	3000				3000	
	91018	18800			16800	2000	
	82939	14000			14000		
	8079	4800			2800	2000	
362686	4207108	1653303		12000	352153	1289150	
361066	3713723	1415302		2000	341353	1071949	
361066	3679673	1381458		2000	339639	1039819	
	34050	33844			1714	32130	
1620	493385	238001		10000	10800	217201	
1631904	11311306	5109270	19498	35050	1482897	3547615	12210
325859	2323409	1125545		13631	310753	789161	
33480	360787	197532		50	45827	151655	
5480	83035	52520			9820	42700	
45134	741393	163040			54362	108678	
113561	620514	361531		10000	147689	191842	
128204	517680	350922		3581	53055	294286	
409045	2134832	1072768	2000	5000	262370	803398	
269010	295600	253110			200000	53110	
	3973	3500				3500	
	33651	7000				7000	
96107	1309540	564920	2000		10900	552020	
39886	288278	167006		5000	42870	119136	
4042	203790	77232			8600	68632	
62389	352449	127662			48290	79372	
61977	338259	117662			48290	69372	
412	14190	10000				10000	
224029	2427713	668202		288	275309	392605	
49429	888887	481124			212309	268815	
	172212	11400			5000	6400	
166550	1090205	60000			2000	58000	
8050	222025	94618		288	45800	48530	
	54384	21060			10200	10860	
91001	330670	255646	3500	880	16257	235009	
5501	174990	153035	3500	880	9077	139578	
	22378	10500				10500	
69000	46582	61200				61200	
16500	86720	30911			7180	23731	
501070	3428166	1707657	6400	12251	514848	1161948	12210
213730	1815205	833104	1400	11251	246236	568807	5410
245468	708527	446330	5000	1000	157354	282976	
10	35412	31920			31220	700	
6610	336892	130869			44090	86779	
2052	4621	1471			471	1000	
34	57509	42017			22917	19100	
	5037	400			400		
33166	464963	221546			12160	202586	6800

1-A-5 续表 18

分　组	固定资产净　值	固定资产净值年平均余额	负债合计	流动负债总　计	应付账款
日用化学产品制造	127599	119387	161747	101834	24560
肥皂及合成洗涤剂制造	83618	75775	101927	53295	16439
化妆品制造	13519	12883	25996	22596	4043
口腔清洁用品制造	4337	4326	4586	4586	
香料、香精制造	12178	12855	8643	8632	697
其他日用化学产品制造	13947	13548	20595	12725	3381
医药制造业	3454166	3090462	4548046	3068999	1202245
化学药品原药制造	703126	716721	1179584	686253	137259
化学药品制剂制造	1244950	861824	1228824	1147993	627514
中药饮片加工	502879	555357	538713	407615	237950
中成药制造	217098	146967	348299	315364	105457
兽用药品制造	170770	146641	119886	70540	14119
生物、生化制品的制造	331433	376713	419351	270256	46399
卫生材料及医药用品制造	283910	286239	713389	170978	33547
化学纤维制造业	239701	251774	356646	293572	47755
纤维素纤维原料及纤维制造	11816	12126	23397	14653	12381
人造纤维(纤维素纤维)制造	11816	12126	23397	14653	12381
合成纤维制造	227885	239648	333249	278919	35374
锦纶纤维制造	185324	179733	214226	170153	16968
涤纶纤维制造	734	734	42806	42806	9110
腈纶纤维制造	35130	52501	56629	56607	2330
其他合成纤维制造	6697	6680	19588	9353	6966
橡胶制品业	2654624	2520371	2067500	1746735	878285
轮胎制造	1590459	1443119	1024075	909416	452173
车辆、飞机及工程机械轮胎制造	1580107	1434897	1015486	906413	450838
力车胎制造	5735	5735	6238	1238	360
轮胎翻新加工	4617	2487	2351	1765	975
橡胶板、管、带的制造	241096	237490	246970	199122	102340
橡胶零件制造	407401	403211	248329	183149	73103
再生橡胶制造	121695	130153	312228	256726	203158
日用及医用橡胶制品制造	69767	70111	77951	75281	9651
橡胶靴鞋制造	24181	21530	34886	33532	14431
其他橡胶制品制造	200025	214757	123061	89509	23429
塑料制品业	5785660	5965827	5719444	4549796	1445481
塑料薄膜制造	437709	416349	456498	381536	132506
塑料板、管、型材的制造	1205475	1358726	1664305	1419985	264737
塑料丝、绳及编织品的制造	3055237	3071907	2095365	1584888	771218
泡沫塑料制造	206467	197268	236143	198033	51543
塑料人造革、合成革制造	82346	83154	183630	183451	17590
塑料包装箱及容器制造	269879	276703	406315	338462	67849
塑料零件制造	51789	54640	63380	55858	18594
日用塑料制造	322576	351396	371794	260424	78901
日用塑料杂品制造	322576	351396	371794	260424	78901
其他塑料制品制造	154182	155684	242014	127159	42543
非金属矿物制品业	21215054	20004703	28110434	23422738	6678437
水泥、石灰和石膏的制造	5949381	5636587	7334899	5562548	1274641

单位：千元

长期负债总计	所有者权益合计	实收资本	国家资本	集体资本	法人资本	个人资本	港澳台资本
18511	314067	151790	7598	3000	55070	86122	
7893	161042	87898	7598		10500	69800	
2758	30248	10592		3000	4570	3022	
	4495	5000				5000	
	70016	5600				5600	
7860	48266	42700			40000	2700	
847017	3095160	1573120		4456	285697	1282967	
453461	575539	264310			46791	217519	
79879	669664	350496		2800	37584	310112	
130696	536030	237678		656	39650	197372	
22395	308318	199690		1000	36643	162047	
36393	230174	179692			18915	160777	
121047	567881	278334			106114	172220	
3146	207554	62920				62920	
44600	298568	225123			149862	75261	
5	12804	7500				7500	
5	12804	7500				7500	
44595	285764	217623			149862	67761	
43875	187751	151823			135362	16461	
	19205	2300			1000	1300	
	58175	50000				50000	
720	20633	13500			13500		
256108	2454860	782659	1000	3000	181464	594998	
114055	997085	219637			60551	159086	
109055	985951	215871			59451	156420	
5000	3215	2000				2000	
	7919	1766			1100	666	
26020	353057	123006			49698	73308	
50654	578852	279263	1000	3000	28130	247133	
45700	241756	68290			500	67790	
2670	10686	3700				3700	
1349	24013	23232			11150	9885	
15660	249411	65531			31435	34096	
735412	9641885	4455373	161	7150	528300	3919525	237
50945	629073	225019			98960	126059	
88719	2929594	1462357		4072	116987	1341298	
469647	4913918	2142272		3078	96399	2042558	237
10466	254738	77290			27189	50101	
150	59165	39620			10000	29620	
58953	276152	164404			64725	99679	
6319	65113	41947			7389	34558	
24597	322045	212687			87467	125220	
24597	322045	212687			87467	125220	
25616	192087	89777	161		19184	70432	
3174810	25744768	12975518	48751	228502	2532980	9931206	117883
1333349	4767949	2436872	21000	8000	446672	1961200	

1-A-5 续表 19

分 组	固定资产净值	固定资产净值年平均余额	负债合计	流动负债总计	应付账款
水泥制造	5824944	5512432	7156660	5386903	1194816
石灰和石膏制造	124437	124155	178239	175645	79825
水泥及石膏制品制造	2500742	2479195	3492744	2709050	1134649
水泥制品制造	1805317	1815633	2774180	2135214	842460
砼结构构件制造	307564	307253	536729	474523	245503
石棉水泥制品制造	253169	213843	35048	26434	22920
轻质建筑材料制造	109010	116784	122781	68736	22779
其他水泥制品制造	25682	25682	24006	4143	987
砖瓦、石材及其他建筑材料制造	4117573	4040691	1991314	1541785	444797
粘土砖瓦及建筑砌块制造	976685	974279	599602	430185	118147
建筑陶瓷制品制造	1830296	1824474	282276	237221	6790
建筑用石加工	402567	326585	273100	202952	61734
防水建筑材料制造	567568	584200	414560	314239	149538
隔热和隔音材料制造	173652	168673	263293	230208	71655
其他建筑材料制造	166805	162480	158483	126980	36933
玻璃及玻璃制品制造	866399	804084	1068132	835042	287341
平板玻璃制造	73470	56479	130480	129898	2654
技术玻璃制品制造	223844	211608	98350	86471	33875
光学玻璃制造	2641	1812	1355	1354	253
玻璃仪器制造	1160	1160	520	498	498
日用玻璃制品及玻璃包装容器制造	165924	126003	317741	145560	66443
玻璃保温容器制造	3789	1420	1300		
玻璃纤维及制品制造	164337	146242	153439	150261	59433
玻璃纤维增强塑料制品制造	136975	164406	326526	285519	104882
其他玻璃制品制造	94259	94954	38421	35481	19303
陶瓷制品制造	267969	268808	516699	458306	95349
特种陶瓷制品制造	234393	236164	509032	452294	91904
日用陶瓷制品制造	28420	28519	6412	6012	3445
园林、陈设艺术及其他陶瓷制品制造	5156	4125	1255		
耐火材料制品制造	6007827	5387133	11639760	10697948	2946430
石棉制品制造	34110	33463	37978	37972	10285
云母制品制造	9709	9592	4889	4889	462
耐火陶瓷制品及其他耐火材料制造	5964008	5344078	11596893	10655087	2935683
石墨及其他非金属矿物制品制造	1505163	1388205	2066886	1618059	495230
石墨及碳素制品制造	463563	442166	845908	719983	164263
其他非金属矿物制品制造	1041600	946039	1220978	898076	330967
黑色金属冶炼及压延加工业	8102441	7794935	13163076	9994198	1984245
炼铁	1757347	1636725	3346970	3023747	502632
炼钢	287745	310484	472280	400474	59629
钢压延加工	5123009	5161526	7337189	4880177	725719
铁合金冶炼	934340	686200	2006637	1689800	696265
有色金属冶炼及压延加工业	4256606	4242025	6400290	4853857	1654263
常用有色金属冶炼	1046410	1022659	2970679	1973044	570204
铜冶炼	165616	147287	919530	655076	368237
铅锌冶炼	246381	249756	724712	412554	43830
镍钴冶炼	89753	67406	546143	546143	74998
铝冶炼	166041	161918	463736	127137	6320
镁冶炼	65480	64333	53089	41055	16254
其他常用有色金属冶炼	313139	331959	263469	191079	60565

单位：千元

长期负债总计	所有者权益合计	实收资本	国家资本	集体资本	法人资本	个人资本	港澳台资本
1330756	4678022	2368949	21000		435776	1912173	
2593	89927	67923		8000	10896	49027	
392404	2140605	1219952	26741	6310	361696	825205	
286812	1467811	935268	26741	6310	247971	654246	
50851	286021	194423			97899	96524	
8511	285656	26362			6520	19842	
46230	88944	53459			9306	44153	
	12173	10440				10440	
202051	5063533	3216242		39116	441626	2735500	
115427	1442765	767957		36516	170027	561414	
610	2047728	1836100			69542	1766558	
50735	444445	198598			54440	144158	
19699	605241	236945			78519	158426	
12617	307034	113714		1500	61214	51000	
2963	216320	62928		1100	7884	53944	
45532	938842	341956		240	83341	258375	
	15494	14476				14476	
10918	260459	68500			15241	53259	
	2225	1460				1460	
	2180	200			200		
9200	140856	82693			35100	47593	
	3253	500				500	
3134	185534	57354		240	17500	39614	
19728	164171	94504			15000	79504	
2552	164670	22269			300	21969	
57127	352872	77429		4300	1500	71629	
56727	301111	54505		4300	1500	48705	
400	42493	20924				20924	
	9268	2000				2000	
776769	10908934	4862451		169036	970643	3601693	107822
	47484	20876				20876	
	11919	11400				11400	
776769	10849531	4830175		169036	970643	3569417	107822
367578	1572033	820616	1010	1500	227502	477604	10061
79455	594615	240669		500	78497	161672	
288123	977418	579947	1010	1000	149005	315932	10061
1671798	9395576	3029844	14503	14500	604305	2389536	7000
294284	1272921	420041			86316	333725	
70439	566697	178618	2000		57980	118638	
1222159	6637741	1971031		1500	352926	1609605	7000
84916	918217	460154	12503	13000	107083	327568	
671924	6228338	2341919	2000	2750	828663	1438046	20471
322234	863621	862242	2000	300	235087	606634	15721
264454	-171188	163900			98319	49860	15721
21800	291735	197572		300	5155	192117	
	-79391	15000			10000	5000	
6011	216164	164929			57613	107316	
8580	109531	49640			20000	27140	
21389	496770	271201	2000		44000	225201	

1-A-5 续表 20

分　组	固定资产净　值	固定资产净值年平均余额	负债合计	流动负债总　计	应付账款
贵金属冶炼	135590	138493	300983	180376	49870
金冶炼	117025	119609	228132	117525	40764
其他贵金属冶炼	18565	18884	72851	62851	9106
稀有稀土金属冶炼	234358	241959	767182	725853	258811
钨钼冶炼	157017	150028	491591	462666	251526
稀土金属冶炼	72467	87031	268621	263187	7285
其他稀有金属冶炼	4874	4900	6970		
有色金属合金制造	252575	278121	601526	461662	175394
有色金属压延加工	2587673	2560793	1759920	1512922	599984
常用有色金属压延加工	2553069	2525617	1713460	1471670	571817
贵金属压延加工	3300	3300	5700	2520	2460
稀有稀土金属压延加工	31304	31876	40760	38732	25707
金属制品业	6525187	6451773	8631231	6778023	2079238
结构性金属制品制造	3162972	3182239	4686848	3681512	1091538
金属结构制造	2598766	2624938	4040092	3209401	915440
金属门窗制造	564206	557301	646756	472111	176098
金属工具制造	520711	499271	275840	214444	55629
切削工具制造	84854	76534	108591	74350	21239
手工具制造	33750	36477	28888	17772	8243
农用及园林用金属工具制造	293398	278835	30899	24333	7631
其他金属工具制造	108709	107425	107462	97989	18516
集装箱及金属包装容器制造	1121946	1205995	894379	752688	305086
集装箱制造	2506	1950	4992		
金属压力容器制造	933095	1015133	630664	562630	258915
金属包装容器制造	186345	188912	258723	190058	46171
金属丝绳及其制品的制造	412068	383345	730303	344778	34656
建筑、安全用金属制品制造	543113	485855	844357	742964	217688
建筑、家具用金属配件制造	20737	21217	38349	25813	16543
建筑装饰及水暖管道零件制造	416901	361889	644009	583819	141924
安全、消防用金属制品制造	36547	39630	128175	112102	53606
其他建筑、安全用金属制品制造	68928	63119	33824	21230	5615
金属表面处理及热处理加工	560875	484386	776587	671664	214003
搪瓷制品制造	40972	46830	50384	44485	7705
工业生产配套用搪瓷制品制造	35850	41708	44005	38108	7705
搪瓷日用品及其他搪瓷制品制造	5122	5122	6379	6377	
不锈钢及类似日用金属制品制造	58713	55650	98737	89358	21854
金属制厨房调理及卫生器具制造	17124	17702	15089	15066	191
金属制厨用器皿及餐具制造	29748	26400	29137	23152	2679
其他日用金属制品制造	11841	11548	54511	51140	18984
其他金属制品制造	103817	108202	273796	236130	131079
其他未列明的金属制品制造	103817	108202	273796	236130	131079
通用设备制造业	19767375	18656281	29167504	21517435	5744060
锅炉及原动机制造	786641	778635	1011149	751850	237699
锅炉及辅助设备制造	700507	696507	871473	707941	219077
内燃机及配件制造	62323	60534	94121	41502	17642
汽轮机及辅机制造	2811	1594	3307	2407	980
水轮机及辅机制造	21000	20000	42248		

单位：千元

长期负债总计	所有者权益合计	实收资本					
			国家资本	集体资本	法人资本	个人资本	港澳台资本
118360	165680	63251			20380	42871	
108360	133965	40380			10380	30000	
10000	31715	22871			10000	12871	
28913	718394	200617		650	2769	192448	4750
28913	566270	143587		650	2700	135487	4750
	150744	56530			69	56461	
	1380	500				500	
4555	361214	215713			50380	120340	
197862	4119429	1000096		1800	520047	475753	
194055	3935719	964896		1800	509547	451053	
3180	7100	7100				7100	
627	176610	28100			10500	17600	
853198	8536571	3817730	61659	66484	1153157	2510727	150
522705	4311315	2220790		34702	737401	1423773	
412285	3462070	1822075		32476	593298	1171387	
110420	849245	398715		2226	144103	252386	
19689	655733	223013		4685	66407	151921	
3805	125600	62094		100	20187	41807	
7704	32016	10440			4940	5500	
3120	316635	98105		3585	4640	89880	
5060	181482	52374		1000	36640	14734	
56841	1288642	372864	11446	9873	145047	206273	
	84	50				50	
40458	1016562	256990	11446		120404	124915	
16383	271996	115824		9873	24643	81308	
133725	626436	282668	41822		26516	214330	
47733	753664	285901	8391	5000	33344	239166	
12000	54993	19600			3000	16600	
32415	520385	204396	8391	5000	14456	176549	
3318	77313	37855			14888	22967	
	100973	24050			1000	23050	
39905	591270	301974		11724	102769	187067	
2	66356	14702			8400	6302	
	55524	13702			7400	6302	
2	10832	1000			1000		
7274	58821	55074			27145	27929	
	20486	18800			15800	3000	
4455	31233	28498			10245	18253	
2819	7102	7776			1100	6676	
25324	184334	60744		500	6128	53966	150
25324	184334	60744		500	6128	53966	150
2060571	29842503	10787292	58544	64503	3574483	6914233	78711
81747	1131767	502279		5813	137303	359163	
81747	945058	441774		5813	121653	314308	
	158336	48255			6800	41455	
	17272	6250			2850	3400	
	11101	6000			6000		

1-A-5 续表 21

分 组	固定资产净值	固定资产净值年平均余额	负债合计	流动负债总计	应付账款
金属加工机械制造	2117897	2072823	2344047	1810631	420470
金属切削机床制造	559583	501760	555684	386465	127797
金属成形机床制造	251276	260764	319351	254277	53250
铸造机械制造	96484	93842	159275	128265	28204
金属切割及焊接设备制造	409388	351246	156764	114657	31729
机床附件制造	512713	563304	744854	638348	146049
其他金属加工机械制造	288453	301907	408119	288619	33441
起重运输设备制造	1683975	1655850	3219294	2963385	603631
泵、阀门、压缩机及类似机械的制造	3414260	3228541	4280309	3827491	1153137
泵及真空设备制造	1942455	1849647	1822851	1652337	565353
气体压缩机械制造	337858	350260	294792	239869	100965
阀门和旋塞的制造	737760	665123	1287018	1143861	268084
液压和气压动力机械及元件制造	396187	363511	875648	791424	218735
轴承、齿轮、传动和驱动部件的制造	2798110	2318997	3796691	2509369	747422
轴承制造	2455173	2002940	3302020	2109802	628975
齿轮、传动和驱动部件制造	342937	316057	494671	399567	118447
烘炉、熔炉及电炉制造	19900	21213	40656	34675	12837
风机、衡器、包装设备等通用设备	1221370	1218389	2654179	2366419	331414
风机、风扇制造	219538	263211	320554	267335	74300
气体、液体分离及纯净设备制造	45542	46416	78504	69033	6763
制冷、空调设备制造	509272	518017	1694362	1613386	141669
风动和电动工具制造	24379	22604	45202	14804	5038
喷枪及类似器具制造	5413	5424	9559	6559	2596
包装专用设备制造	28793	28572	37083	33890	2929
衡器制造	37533	22391	65874	55509	9248
其他通用设备制造	350900	311754	403041	305903	88871
通用零部件制造及机械修理	2844343	2689269	2919825	2309211	755926
金属密封件制造	167641	171317	234387	223607	132148
紧固件、弹簧制造	230017	212057	361557	224006	60562
机械零部件加工及设备修理	2262324	2122931	2239983	1784185	551115
其他通用零部件制造	184361	182964	83898	77413	12101
金属铸、锻加工	4880879	4672564	8901354	4944404	1481524
钢铁铸件制造	4292669	4105442	7971711	4215210	1197797
锻件及粉末冶金制品制造	588210	567122	929643	729194	283727
专用设备制造业	6537535	6212406	10515364	8150641	2347500
矿山、冶金、建筑专用设备制造	2232480	2160138	3919557	3047061	1059601
采矿、采石设备制造	930044	880909	1433237	1068521	438418
石油钻采专用设备制造	265557	280258	454749	415632	186778
建筑工程用机械制造	351339	374009	539063	476115	81161
建筑材料生产专用机械制造	361047	357671	760442	546095	188201
冶金专用设备制造	324493	267291	732066	540698	165043
化工、木材、非金属加工专用设备	1669581	1600353	2317058	1923091	595148
炼油、化工生产专用设备制造	632684	585888	1178160	975498	294910
橡胶加工专用设备制造	135028	116111	232923	202311	69904

单位：千元

长期负债总计	所有者权益合计	实收资本					
			国家资本	集体资本	法人资本	个人资本	港澳台资本
197819	3336983	909006	1300	6830	366255	498103	36518
54848	682032	144424			58840	85584	
49386	391412	153670	1300		7110	145260	
28105	77670	49342			10915	38427	
11546	678699	84563			36714	47849	
25992	1013521	184356		6630	78972	98754	
27942	493649	292651		200	173704	82229	36518
212980	2163508	1064235		7217	267572	789446	
200761	5110335	1827974	20913	7148	574094	1225819	
39337	2814481	826669	600	1500	277484	547085	
35535	433471	133055		3000	69451	60604	
90036	1431629	670242	20313	2648	191305	455976	
35853	430754	198008			35854	162154	
294675	5566907	1468004		2598	381616	999084	
286761	4859965	1286822			314851	887265	
7914	706942	181182		2598	66765	111819	
5170	34393	16237			813	15424	
149745	1600287	1067655	4466	2800	464404	588097	600
19501	481696	244134		1000	73922	165624	
610	68248	35045		500	3300	28245	
58292	450991	367104	3566		210491	153047	
	19227	12773	900	800	5400	4373	600
3000	6421	5500			3500	2000	
3192	43207	33057				33057	
2321	95764	73949			8500	65449	
62829	434733	296093		500	159291	136302	
155841	4405380	1496587	14780	18588	535970	922675	
918	687051	153785		502	15091	136123	
30995	455121	116447		804	68750	44388	
121353	3028480	1095027	14780	17282	424629	638336	
2575	234728	131328			27500	103828	
761833	6492943	2435315	17085	13509	846456	1516422	41593
616611	5547381	1979604	17085	6452	772169	1142055	41593
145222	945562	455711		7057	74287	374367	
1114745	9368057	4342480	139083	27821	1177605	2914146	640
365776	3581992	1585404		1240	518881	1065283	
154640	1240606	513693		1240	196594	315859	
13809	666891	262705			30466	232239	
35454	672071	252991			61705	191286	
87545	508441	300982			178232	122750	
74328	493983	255033			51884	203149	
297735	2328491	860231			151274	708957	
168521	741970	250101			23710	226391	
1504	177035	87240			30201	57039	

1-A-5 续表 22

分 组	固定资产净 值	固定资产净 值 年平均余额	负债合计	流动负债总 计	应付账款
塑料加工专用设备制造	104034	103169	65561	65309	13727
木材加工机械制造	71399	64714	69362	47635	17105
模具制造	726082	730147	766228	628994	199257
其他非金属加工专用设备制造	354	324	4824	3344	245
食品、饮料、烟草及饲料生产专用设备制造	312370	256098	253352	191499	38354
食品、饮料、烟草工业专用设备制造	108111	106995	69616	35753	10326
农副食品加工专用设备制造	191868	133760	162737	137426	24323
饲料生产专用设备制造	12391	15343	20999	18320	3705
印刷、制药、日化生产专用设备制造	397318	339521	658409	501003	95401
制浆和造纸专用设备制造	117672	111305	340384	311329	61874
印刷专用设备制造	139862	94243	144436	76269	10692
制药专用设备制造	92219	94147	146701	99848	17568
照明器具生产专用设备制造	30147	28944	2549	2502	1203
玻璃、陶瓷和搪瓷制品生产专用设备制造	15631	8472	17909	4940	3712
其他日用品生产专用设备制造	1787	2410	6430	6115	352
纺织、服装和皮革工业专用设备制造	161148	160158	125129	107564	46081
纺织专用设备制造	84792	82345	40040	30808	9300
皮革、毛皮及其制品加工专用设备制造	59283	62034	68235	62579	27121
缝纫机械制造	17073	15779	16854	14177	9660
电子和电工机械专用设备制造	198389	168276	278688	250426	90112
电工机械专用设备制造	132943	123858	187526	177831	63774
电子工业专用设备制造	47413	26185	68793	66832	24969
航空、航天及其他专用设备制造	18033	18233	22369	5763	1369
农、林、牧、渔专用机械制造	662593	641012	1193777	779317	135682
拖拉机制造	10273	10254	18063	3176	125
机械化农业及园艺机具制造	180717	173955	163653	104015	23087
渔业机械制造	308	309	7738	7738	873
农林牧渔机械配件制造	375156	363499	930904	599243	95373
其他农林牧渔业机械制造及机械修理	96139	92995	73419	65145	16224
医疗仪器设备及器械制造	95334	100065	126042	86720	36539
医疗诊断、监护及治疗设备制造	10095	19631	35558	24468	14476
实验室及医用消毒设备和器具的制造	32212	32832	30652	22392	7624
医疗、外科及兽医用器械制造	12638	10212	17509	15613	10621
机械治疗及病房护理设备制造	5194	4004	1152	1150	409
其他医疗设备及器械制造	35195	33386	41171	23097	3409
环保、社会公共安全及其他专用设备制造	808322	786785	1643352	1263960	250582
环境污染防治专用设备制造	456144	447451	1145494	912898	158659
社会公共安全设备及器材制造	198824	191934	97451	72018	18980
交通安全及管制专用设备制造	2858	2858	1657	1500	
水资源专用机械制造	21769	22340	48869	40020	5562
其他专用设备制造	128727	122202	349881	237524	67381
交通运输设备制造业	6260597	5166932	7181975	6194842	2256950
铁路运输设备制造	228323	208321	292530	244143	74447
铁路机车车辆及动车组制造	19180	19180	24774	3671	1388
工矿有轨专用车辆制造	2502	2536	14123	14123	
铁路机车车辆配件制造	53987	63950	92041	90608	37531
铁路专用设备及器材、配件制造	85640	71041	122008	103784	28064
其他铁路设备制造及设备修理	67014	51614	39584	31957	7464

单位：千元

长期负债总计	所有者权益合计	实收资本	国家资本	集体资本	法人资本	个人资本	港澳台资本
250	233123	84305			3600	80705	
20676	49733	44090			18990	25100	
105304	1122060	391495			71773	319722	
1480	4570	3000			3000		
61136	369173	177518	22940		95765	58813	
33253	131302	18898			6699	12199	
25305	221535	147013	22940		87969	36104	
2578	16336	11607			1097	10510	
95500	488341	254390	19203	16579	30363	188205	20
19961	111938	85975			14118	71857	
16605	171680	76740	19203	16579	9856	31062	20
45768	151769	78406			5389	73017	
30	40840	1500			500	1000	
12969	8611	8872			500	8372	
167	3503	2897				2897	
5953	175088	40115	6677		14912	18526	
297	110961	22630	6677		4580	11373	
5656	44906	6582			1332	5250	
	19221	10903			9000	1903	
11343	290704	122997		6000	50233	66764	
8642	169331	82658		5000	31025	46633	
1549	75539	29631		1000	8500	20131	
1152	45834	10708			10708		
162252	584246	533639	80263	10	114935	255442	
728	1377	12000				12000	
53393	148715	91812			10500	81312	
	4533	500				500	
107002	336868	311585	80263	10	88437	142875	
1129	92753	117742			15998	18755	
21841	179785	94200			31350	62054	620
10445	32482	12000				12000	
7000	37607	19550			1700	17054	620
1806	29593	24450			23950	500	
	5970	700			200	500	
2590	74133	37500			5500	32000	
93209	1370237	673986	10000	3992	169892	490102	
29544	766679	435242	10000		107932	317310	
18172	284915	49768		3992	29156	16620	
	8394	1100				1100	
100	44220	32700			17500	15200	
45393	266029	155176			15304	139872	
490169	6797783	2233076	35010	1077	772776	1424213	
14907	253125	105941			49100	56841	
	8790	10950				10950	
	1885	2400				2400	
1060	56383	44926			34400	10526	
13847	119637	32165			14200	17965	
	66430	15500			500	15000	

1-A-5 续表 23

分 组	固定资产净值	固定资产净值年平均余额	负债合计	流动负债总计	应付账款
汽车制造	4494719	3586143	5495100	4889014	1775375
汽车整车制造	14555	14593	36714	36713	14630
改装汽车制造	1941441	1137737	1213386	1081844	694049
汽车车身、挂车的制造	82742	81004	94397	94395	26461
汽车零部件及配件制造	2377876	2273474	3954661	3509367	1021497
汽车修理	78105	79335	195942	166695	18738
摩托车制造	121595	82185	122494	111584	66182
摩托车整车制造	121035	81625	121214	110304	66182
摩托车零部件及配件制造	560	560	1280	1280	
自行车制造	16406	16600	15073	15071	8017
脚踏自行车及残疾人座车制造	7022	7019	12263	12262	7139
助动自行车制造	9384	9581	2810	2809	878
船舶及浮动装置制造	789850	700436	1062861	760659	201226
金属船舶制造	340330	310447	359674	163582	12073
非金属船舶制造	240	217	805	805	-4
娱乐船和运动船的建造和修理	7682	6488	6566	6366	1896
船用配套设备制造	342728	328842	513475	437370	151023
船舶修理及拆船	98870	54442	182341	152536	36238
航空航天器制造	225539	225774	25239	25078	8111
飞机制造及修理	222129	222107	15925	15766	5902
航天器制造	3333	3572	6712	6711	2247
其他飞行器制造	77	95	2602	2601	-38
交通器材及其他交通运输设备制造	384165	347473	168678	149293	123592
交通管理用金属标志及设施制造	372731	338693	146447	140956	120995
其他交通运输设备制造	11434	8780	22231	8337	2597
电气机械及器材制造业	8399423	8514722	11674516	9671270	4041465
电机制造	1096756	1054359	817688	739650	246235
发电机及发电机组制造	49627	46275	49124	47464	21911
电动机制造	1019117	980429	670403	598616	217325
微电机及其他电机制造	28012	27655	98161	93570	6999
输配电及控制设备制造	3812593	3844858	6022810	5232841	2377731
变压器、整流器和电感器制造	1517761	1389427	2228803	1876998	696942
电容器及其配套设备制造	383660	355743	663731	498586	257241
配电开关控制设备制造	1379186	1415535	2441756	2255521	1051560
电力电子元器件制造	235523	356759	410792	389683	225392
其他输配电及控制设备制造	296463	327394	277728	212053	146596
电线、电缆、光缆及电工器材制造	2678160	2784376	3861598	2991986	1109458
电线电缆制造	2552977	2672282	3715226	2861141	1071251
光纤、光缆制造	8852	8850	10628	10620	
绝缘制品制造	42560	36945	44298	36901	11331
其他电工器材制造	73771	66299	91446	83324	26876
电池制造	80192	83995	149291	135312	14728
家用电力器具制造	325941	329912	328250	292522	190827
家用制冷电器具制造	4632	4098	14750	11450	5193
家用空气调节器制造	37712	37712	64597	64595	11256
家用通风电器具制造	105	105	1463	1463	1419
家用厨房电器具制造	6381	7050	17938	17445	10069
家用清洁卫生电器具制造	64418	68681	11834	10832	3567
其他家用电力器具制造	212693	212266	217668	186737	159323

单位：千元

长期负债总计	所有者权益合计	实收资本	国家资本	集体资本	法人资本	个人资本	港澳台资本
416014	4955281	1646767	35010	197	398153	1213407	
	23743	21500				21500	
129284	1945243	334917	2910		103306	228701	
1	99472	23000			10000	13000	
276276	2670197	1129299	32100		273021	824178	
10453	216626	138051		197	11826	126028	
10910	11088	33062				33062	
10910	8658	32632				32632	
	2430	430				430	
	12366	10500			5000	5500	
	236	5000			5000		
	12130	5500				5500	
43546	905678	329487			226071	103416	
20000	248169	94166			71646	22520	
	243	500				500	
	10357	9230			6030	3200	
22746	473520	188755			126674	62081	
800	173389	36836			21721	15115	
	315991	19000			11550	7450	
	304527	8000			3000	5000	
	6165	6000			5000	1000	
	5299	5000			3550	1450	
4792	344254	88319		880	82902	4537	
4792	330496	83282		880	81402	1000	
	13758	5037			1500	3537	
862273	11260424	5036909	589	62203	2131722	2792048	12760
39483	1510715	297859			78717	219142	
818	92590	46672			9450	37222	
36665	1384966	216508			51202	165306	
2000	33159	34679			18065	16614	
378980	5518860	2893573		57703	1420849	1364674	12760
155834	2396566	1497957		5893	1031615	422862	
38431	448564	142164		50500		91654	10
111552	1983813	930063		500	345169	571644	12750
11634	364203	185158			12050	173108	
61529	325714	138231		810	32015	105406	
301245	3330621	1442781	589	4500	501500	936192	
291091	3173585	1376023	589	500	485146	889788	
	-81	5000				5000	
7396	42751	14650			7150	7500	
2758	114366	47108		4000	9204	33904	
13971	101766	71400			10000	61400	
20507	405215	123479			23357	100122	
	4999	5210				5210	
2	114220	20500			5000	15500	
	564	1000				1000	
480	32871	1855				1855	
	67893	17857			17857		
20025	184668	77057			500	76557	

1-A-5 续表 24

分 组	固定资产净值	固定资产净值年平均余额	负债合计	流动负债总计	应付账款
非电力家用器具制造	67734	70856	52834	31491	9930
燃气、太阳能及类似能源的器具制造	38791	43414	48636	28900	7339
其他非电力家用器具制造	28943	27442	4198	2591	2591
照明器具制造	295878	310105	371978	206048	74933
电光源制造	76885	66596	76583	46343	19136
照明灯具制造	212293	235090	272572	137142	52083
灯用电器附件及其他照明器具制造	6700	8419	22823	22563	3714
其他电气机械及器材制造	42169	36261	70067	41420	17623
其他未列明的电气机械制造	42169	36261	70067	41420	17623
通信设备、计算机及其他电子设备制造业	1485838	1474933	2228983	1306202	286103
通信设备制造	329645	331988	291082	275463	69144
通信传输设备制造	55405	56995	117765	105763	50809
通信交换设备制造	59844	59799	127963	124727	10300
通信终端设备制造	11930	12734	17091	16991	253
移动通信及终端设备制造	201857	201851	28099	27819	7782
其他通信设备制造	609	609	164	163	
雷达及配套设备制造	8994	9100	1969	1909	458
广播电视设备制造	24515	25119	53282	46098	14491
广播电视节目制作及发射设备制造	2976	2709	7595	7543	2676
广播电视接收设备及器材制造	2382	4666	10245	8341	5098
应用电视设备及其他广播电视设备制造	19157	17744	35442	30214	6717
电子计算机制造	144184	56757	117005	111103	20635
电子计算机整机制造	87078	33881	83043	78009	11663
计算机网络设备制造	49733	16708	13886	13886	6302
电子计算机外部设备制造	7373	6168	20076	19208	2670
电子器件制造	228135	213534	414270	201804	39393
电子真空器件制造	19055	18575	40546	40246	4571
半导体分立器件制造	35458	38314	62842	48320	12849
集成电路制造	22340	16515	18183	13723	5289
光电子器件及其他电子器件制造	151282	140130	292699	99515	16684
电子元件制造	198682	350152	494071	346939	94689
电子元件及组件制造	171860	323396	446776	325357	92150
印制电路板制造	26822	26756	47295	21582	2539
其他电子设备制造	551683	488283	857304	322886	47293
仪器仪表及文化、办公用机械制造业	880006	845554	1851907	1526034	437318
通用仪器仪表制造	548338	565346	1322961	1040245	270477
工业自动控制系统装置制造	209859	228901	635774	503795	120194
电工仪器仪表制造	98072	109792	264028	144282	40940
绘图、计算及测量仪器制造	12926	11595	56163	55359	30142
实验分析仪器制造	16858	16762	40250	24423	9892
试验机制造	39008	34998	96640	93139	34426
供应用仪表及其他通用仪器制造	171615	163298	230106	219247	34883
专用仪器仪表制造	240784	208321	321716	293640	73028
环境监测专用仪器仪表制造	1535	1937	23238	21408	8708
汽车及其他用计数仪表制造	85107	56991	120834	120513	2493

单位：千元

长期负债总计	所有者权益合计						
		实收资本					
			国家资本	集体资本	法人资本	个人资本	港澳台资本
2253	75391	19435			8485	10950	
2253	36867	13935			2985	10950	
	38524	5500			5500		
105634	275816	173660			86839	86821	
100	107094	57902			28472	29430	
105534	165958	109608			58217	51391	
	2764	6150			150	6000	
200	42040	14722			1975	12747	
200	42040	14722			1975	12747	
329936	1958191	1031436	1220	572	345779	683865	
13367	430533	348038	500		247000	100538	
12000	47169	31200			3000	28200	
1367	133803	83600	500		31000	52100	
	5121	8058				8058	
	234173	215000			213000	2000	
	10267	10180				10180	
	18248	2000				2000	
7119	40794	49916				49916	
	19504	18500				18500	
1891	4587	7160				7160	
5228	16703	24256				24256	
868	166238	47010			23100	23910	
	92436	18500			4000	14500	
	51655	7410				7410	
868	22147	21100			19100	2000	
162166	368187	162072		572	29500	132000	
300	24664	16072		572	1000	14500	
6885	71192	44900			7500	37400	
4460	24634	24100				24100	
150521	247697	77000			21000	56000	
66233	295610	183589	720		41679	141190	
66233	267250	165739	720		26599	138420	
	28360	17850			15080	2770	
80183	638581	238811			4500	234311	
177070	1957006	881588	32802	11160	180755	635871	
162768	1307036	617327	280	5160	113823	477064	
47296	715757	285903	280	1210	88300	175113	
102175	263021	101816		3450	7478	90888	
700	33073	9350				9350	
6084	41170	22008		500	6267	15241	
780	44982	24815			5130	19685	
5733	209033	173435			6648	166787	
9716	473614	152959			31860	121099	
1830	10569	7400				7400	
320	168356	38543				38543	

1-A-5 续表 25

分组	固定资产净值	固定资产净值年平均余额	负债合计	流动负债总计	应付账款
导航、气象及海洋专用仪器制造	14874	15004	33784	30708	10385
地质勘探和地震专用仪器制造	4881	5718	18125	18074	7788
教学专用仪器制造	5574	5607	12688	12124	5818
核子及核辐射测量仪器制造	7729	7812	27869	20324	14704
电子测量仪器制造	89220	93819	31917	22192	5668
其他专用仪器制造	31864	21433	53261	48297	17464
钟表与计时仪器制造	20998	20997	53251	51951	30015
光学仪器及眼镜制造	4605	4605	11671	9250	1659
光学仪器制造	4605	4605	11671	9250	1659
文化、办公用机械制造	60874	41948	139790	128520	61398
照相机及器材制造	18923	16866	19221	19111	5069
复印和胶印设备制造	1369	990	4355	3561	15
计算器及货币专用设备制造	34225	17924	113446	103440	55340
其他文化、办公用机械制造	6357	6168	2768	2408	974
其他仪器仪表的制造及修理	4407	4337	2518	2428	741
工艺品及其他制造业	509029	488647	365330	265152	80827
工艺美术品制造	372020	352666	268081	171538	49495
雕塑工艺品制造	54080	57039	50877	41792	6234
金属工艺品制造	9518	9778	10392	9879	714
漆器工艺品制造	945	1050	3211	1935	1925
花画工艺品制造	90743	88905	66697	51724	16734
天然植物纤维编织工艺品制造	115972	115281	69893	14593	4908
抽纱刺绣工艺品制造	15615	15231	10565	8725	2371
其他工艺美术品制造	85147	65382	56446	42890	16609
日用杂品制造	15224	15213	25936	24810	15815
制镜及类似品加工	7718	7718	3903	2790	210
鬃毛加工、制刷及清扫工具的制造	100	100	87	85	52
其他日用杂品制造	7406	7395	21946	21935	15553
煤制品制造	104666	106606	60852	58663	9855
其他未列明的制造业	17119	14162	10461	10141	5662
废弃资源和废旧材料回收加工业	117033	98190	352619	344296	58330
金属废料和碎屑的加工处理	68003	58365	310120	309511	50668
非金属废料和碎屑的加工处理	49030	39825	42499	34785	7662
电力、燃气及水的生产和供应业	**2411766**	**2172023**	**3869622**	**3084934**	**840359**
电力、热力的生产和供应业	2137678	1891370	3261551	2585569	695294
电力生产	426459	328499	704841	382360	104861
火力发电	74204	70897	44328	35538	11919
水力发电	34295	31820	382808	125741	60459
其他能源发电	317960	225782	277705	221081	32483
电力供应	22600	32527	35420	35420	
热力生产和供应	1688619	1530344	2521290	2167789	590433
燃气生产和供应业	87123	82291	51707	48874	20559
水的生产和供应业	186965	198362	556364	450491	124506
自来水的生产和供应	97631	103186	183145	183145	6503
污水处理及其再生利用	84959	91705	188353	82480	48563
其他水的处理、利用与分配	4375	3471	184866	184866	69440

单位：千元

长期负债总计	所有者权益合计	实收资本	国家资本	集体资本	法人资本	个人资本	港澳台资本
2977	32541	26567			3867	22700	
50	12811	4500			2000	2500	
563	13619	10500				10500	
86	25916	10290			7500	2790	
2750	139937	17775			11893	5882	
1140	69865	37384			6600	30784	
1300	45795	1200				1200	
2421	19153	15242	494			14748	
2421	19153	15242	494			14748	
799	100002	84960	32028	6000	31272	15660	
	15000	17500		6000		11500	
794	1087	3000				3000	
5	75431	63300	32028		31272		
	8484	1160				1160	
66	11406	9900			3800	6100	
77177	841134	437162		112	42404	394646	
73684	660044	394255			29029	365226	
8258	220001	197413			6148	191265	
	11688	2000			1000	1000	
200	184	100				100	
5287	146315	68454			15781	52673	
54368	104637	43495			4000	39495	
1571	17639	8410			100	8310	
4000	159580	74383			2000	72383	
1113	19851	6812		112	1000	5700	
1113	12622	5112		112		5000	
	297	100				100	
	6932	1600			1000	600	
2080	127571	34995			11875	23120	
300	33668	1100			500	600	
7130	241564	40293			26883	13410	
130	183372	14460			3550	10910	
7000	58192	25833			23333	2500	
663913	**1968310**	**1104149**	**4000**		**284953**	**795196**	**20000**
601205	1650026	856995	4000		234793	598202	20000
322481	338417	241278			42000	199278	
8790	87543	50000				50000	
257067	161101	103778			2000	101778	
56624	89773	87500			40000	47500	
	149210	50265			2695	47570	
278724	1162399	565452	4000		190098	351354	20000
1758	102018	75466			5160	70306	
60950	216266	171688			45000	126688	
	77874	84640				84640	
60950	58216	57048			15000	42048	
	80176	30000			30000		

1-A-5 续表 26

分 组	外商资本	主营业务收入	主营业务成本	主营业务税金及附加	其他业务收入
总 计	**760935**	**731185734**	**620672666**	**7168980**	**4928746**
总计中：轻工业	312086	188243922	160827965	1671145	1047533
重工业	448849	542941812	459844701	5497835	3881213
总计中：大型企业	65348	13523647	10578660	95842	211981
中型企业	298922	132755419	109565032	1057764	1826764
小型企业	396665	584906668	500528974	6015374	2890001
按行业小类分					
采矿业	**4500**	**61465912**	**49154934**	**1144374**	**339295**
煤炭开采和洗选业		6706946	5454591	110175	63045
烟煤和无烟煤的开采洗选		6626848	5390676	109862	62985
褐煤的开采洗选		30248	26527	265	60
其他煤炭采选		49850	37388	48	
石油和天然气开采业		11011	9756	34	
与石油和天然气开采有关的服务活动		11011	9756	34	
黑色金属矿采选业		41563568	32782272	837054	218750
铁矿采选		40504904	32209970	813168	189490
其他黑色金属矿采选		1058664	572302	23886	29260
有色金属矿采选业		6947398	5808867	60278	50549
常用有色金属矿采选		5647171	4965644	42186	42577
铜矿采选		750741	709925	4815	
铅锌矿采选		649726	573581	7449	
镍钴矿采选		127890	120524	333	
镁矿采选		4118814	3561614	29589	42577
贵金属矿采选		479603	379496	5836	
金矿采选		479603	379496	5836	
稀有稀土金属矿采选		820624	463727	12256	7972
钨钼矿采选		820624	463727	12256	7972
非金属矿采选业	4500	6236989	5099448	136833	6951
土砂石开采	1500	4126715	3401501	92395	518
石灰石、石膏开采		1543694	1329377	52275	107
建筑装饰用石开采		930412	789964	12695	90
耐火土石开采		248634	173496	1849	
粘土及其他土砂石开采	1500	1403975	1108664	25576	321
化学矿采选		979018	802081	25458	730
采盐		13689	13244	26	
石棉及其他非金属矿采选	3000	1117567	882622	18954	5703
石墨、滑石采选	3000	324221	279274	1676	307
其他非金属矿采选		793346	603348	17278	5396
制造业	**756435**	**667171352**	**569374847**	**5995573**	**4561848**
农副食品加工业	164557	80714907	69550307	651779	362123
谷物磨制		13204958	11395084	138420	33396
饲料加工		15924995	13603860	104886	13605
植物油加工		10075964	8518035	39559	209411
食用植物油加工		10057000	8499579	39559	209411
非食用植物油加工		18964	18456		
制糖		320585	275447	2772	35697
屠宰及肉类加工	36780	24813614	21586989	270746	39151
畜禽屠宰	36780	18334510	15841827	226136	26015
肉制品及副产品加工		6479104	5745162	44610	13136

单位：千元

其他业务利润	营业费用	管理费用	税金	财务费用	利息支出	营业利润	投资收益
14086	**14018745**	**23976955**	**1921023**	**6018617**	**4155562**	**52116894**	**826672**
-205845	3950298	5855991	335853	1682585	1055222	11816011	461407
219931	10068447	18120964	1585170	4336032	3100340	40300883	365265
60662	311726	368340	87782	204074	197089	1910950	2839
69722	2663400	4124827	314476	1519811	1256964	10859182	91152
-116298	11043619	19483788	1518765	4294732	2701509	39346762	732681
51605	**1173909**	**2205381**	**275601**	**282786**	**211597**	**8762504**	**53468**
18612	167875	415526	16391	28934	11068	731677	
18552	166020	409868	16391	27432	10568	725140	
60		3730		500	500	-1092	
	1855	1928		1002		7629	
		530	17	-2		331	
		530	17	-2		331	
22013	610868	1365250	219695	136419	111572	6901855	6164
15393	543611	1305428	206462	132123	108121	6573480	6164
6620	67257	59822	13233	4296	3451	328375	
9527	157317	226431	20536	52165	40040	566406	47254
9525	138871	123230	17749	45336	38935	354516	166
	6668	23148	160	3551	3551	8034	
	6659	13058	1454	4457	3882	53282	16
	1853	1481		239		2760	
9525	123691	85543	16135	37089	31502	290440	150
	17486	37445	2555	6615	855	33617	
	17486	37445	2555	6615	855	33617	
2	960	65756	232	214	250	178273	47088
2	960	65756	232	214	250	178273	47088
1453	237849	197644	18962	65270	48917	562235	50
110	180830	116537	11477	47754	36571	319348	50
	26393	54808	4620	15703	14383	87464	50
80	24808	18518	3042	17293	11177	93312	
	3900	7931	893	655	207	34677	
30	125729	35280	2922	14103	10804	103895	
730	9823	40324	2270	6497	6311	117039	
	157	237	6	-2		25	
613	47039	40546	5209	11021	6035	125823	
4	17941	12686	3010	3973	1951	19179	
609	29098	27860	2199	7048	4084	106644	
-49537	**12763293**	**21583525**	**1636650**	**5649263**	**3871956**	**43288392**	**744928**
-18604	1526669	1591469	103295	658738	481667	6025038	139780
-49483	244669	248574	14998	86615	42552	1195384	60067
9308	372313	409451	22351	142511	85567	1163188	46322
10341	115737	119243	21863	115602	113214	1345883	3045
10341	115723	119139	21863	115252	112865	1345851	3045
	14	104		350	349	32	
53	5947	5536	479	5270	5264	24863	
226	446820	425334	20819	141102	97963	1367756	18791
3765	373282	317739	15803	109517	83171	1007516	18310
-3539	73538	107595	5016	31585	14792	360240	481

1-A-5 续表 27

分 组	外商资本	主营业务收入	主营业务成本	主营业务税金及附加	其他业务收入
水产品加工	800	10196036	9106829	43348	20099
水产品冷冻加工	800	8360564	7452686	36297	16970
鱼糜制品及水产品干腌制加工		985919	901562	2583	3129
水产饲料制造		536844	470522	4173	
其他水产品加工		312709	282059	295	
蔬菜、水果和坚果加工	9861	3216401	2744683	27347	9418
其他农副食品加工	117116	2962354	2319380	24701	1346
淀粉及淀粉制品的制造	117116	1125952	826842	1092	760
豆制品制造		718330	552599	12343	350
蛋品加工		262391	221421	727	
其他未列明的农副食品加工		855681	718518	10539	236
食品制造业	20651	9413789	7699410	107804	11374
焙烤食品制造		1764133	1373022	13484	2025
糕点、面包制造		1485514	1140681	8680	1873
饼干及其他焙烤食品制造		278619	232341	4804	152
糖果、巧克力及蜜饯制造		488445	410557	11255	
糖果、巧克力制造		379547	309168	10298	
蜜饯制作		108898	101389	957	
方便食品制造		1294076	1075792	14115	3077
米、面制品制造		205760	169007	9841	2482
速冻食品制造		992537	818486	3315	
方便面及其他方便食品制造		95779	88299	959	595
液体乳及乳制品制造		777238	621662	17970	465
罐头制造		1408651	1091999	14884	759
肉、禽类罐头制造		22239	18009	246	
水产品罐头制造		526422	434609	11436	14
蔬菜、水果罐头制造		833920	617525	3139	745
其他罐头食品制造		26070	21856	63	
调味品、发酵制品制造		1522019	1334622	7366	
味精制造		11611	9873	35	
酱油、食醋及类似制品的制造		1002546	902536	6538	
其他调味品、发酵制品制造		507862	422213	793	
其他食品制造	20651	2159227	1791756	28730	5048
营养、保健食品制造		418653	318711	5259	69
冷冻饮品及食用冰制造		1101925	940475	21003	95
盐加工		329827	281584	2186	4884
食品及饲料添加剂制造		207866	173425	118	
其他未列明的食品制造	20651	100956	77561	164	
饮料制造业	80231	7046589	5652854	81857	13908
酒精制造		338158	295949	5984	37
酒的制造		3381104	2564047	55868	3034
白酒制造		3087677	2336119	49388	3034
啤酒制造		34909	32264	85	
葡萄酒制造		241691	184131	5455	
其他酒制造		16827	11533	940	

单位：千元

其他业务利润	营业费用	管理费用	税金	财务费用	利息支出	营业利润	投资收益
10060	189431	214624	15129	105757	92468	439981	402
8676	155389	166361	12751	87178	76207	380028	402
1384	24144	28878	1308	14785	15258	16480	
	4301	11597	1060	2455	503	29948	
	5597	7788	10	1339	500	13525	
116	100805	111816	4678	34826	29268	160199	10703
775	50947	56891	2978	27055	15371	327784	450
644	5480	16708	391	3931	1901	162170	
-4	10951	15860	1129	3810	2560	92243	450
	12615	7720	648	6166	4214	14241	
135	21901	16603	810	13148	6696	59130	
7280	288747	346588	19712	110188	80672	603004	1874
1314	95740	91103	3126	20510	9422	131002	38
1246	80431	74541	2157	12440	7916	122549	38
68	15309	16562	969	8070	1506	8453	
	17699	18158	1214	8376	2661	20775	-5312
	15688	15762	855	8183	2538	20069	-5416
	2011	2396	359	193	123	706	104
881	17595	31529	2681	16140	14887	57317	4150
841	3338	6307	635	214	30	8953	
	10305	21290	1771	13051	12266	51759	4150
40	3952	3932	275	2875	2591	-3395	
142	29083	34618	3045	6329	4777	74716	
407	50129	59273	4551	35764	32880	103104	1
	1948	2017	99	1792	1182	246	
	7961	14996	817	9326	9306	15677	1
407	38957	40649	3554	24646	22392	85904	
	1263	1611	81			1277	
-246	23604	36444	3365	4690	2609	118771	1726
	33	108				347	
-246	14989	23986	2952	3971	1951	56332	1726
	8582	12350	413	719	658	62092	
4782	54897	75463	1730	18379	13436	97319	1271
6	15151	25216	319	2820	2416	35800	
	25486	29102	882	8018	5955	30951	1271
4776	9808	11342	336	5690	4248	5196	
	3520	5622	54	1025	817	24098	
	932	4181	139	826		1274	
2409	174165	171174	14435	67426	34390	525623	45403
27	2593	4106	825	2189	1705	24671	1130
567	74070	87239	6700	44073	17707	360014	5146
567	65101	74390	5788	38989	13387	336235	4095
	456	398	15	153	93	1551	1051
	7440	11102	867	4178	3474	21049	
	1073	1349	30	753	753	1179	

1-A-5 续表 28

分组	外商资本	主营业务收入	主营业务成本	主营业务税金及附加	其他业务收入
软饮料制造	80231	3294327	2764128	19705	10837
碳酸饮料制造		306577	261085	1597	
瓶(罐)装饮用水制造	43605	1577370	1354954	11131	954
果菜汁及果菜汁饮料制造	9125	781839	638493	5015	8362
含乳饮料和植物蛋白饮料制造	8277	398975	304088	1718	900
固体饮料制造	19224	217761	195374	236	621
茶饮料及其他软饮料制造		11805	10134	8	
精制茶加工		33000	28730	300	
纺织业	422	12676113	11159511	118093	74542
棉、化纤纺织及印染精加工	422	5255142	4721396	28196	49013
棉、化纤纺织加工		4350452	3937412	19573	47115
棉、化纤印染精加工	422	904690	783984	8623	1898
毛纺织和染整精加工		255683	221800	3665	1099
毛条加工		201700	175048	3584	
毛纺织		53983	46752	81	1099
麻纺织		249661	227858	788	
丝绢纺织及精加工		1537403	1350284	51683	44
缫丝加工		866837	751572	33775	
绢纺和丝织加工		456870	399951	16588	44
丝印染精加工		213696	198761	1320	
纺织制成品制造		3372521	2893917	21018	23154
棉及化纤制品制造		1327189	1121360	10142	1549
丝制品制造		81421	78462	442	
绳、索、缆的制造		404710	362691	5961	829
纺织带和帘子布制造		193265	158153	758	
无纺布制造		1020827	882060	2334	17697
其他纺织制成品制造		345109	291191	1381	3079
针织品、编织品及其制品制造		2005703	1744256	12743	1232
棉、化纤针织品及编织品制造		854010	751066	2353	98
毛针织品及编织品制造		980753	841096	9209	1134
丝针织品及编织品制造		106142	96509	319	
其他针织品及编织品制造		64798	55585	862	
纺织服装、鞋、帽制造业	36589	18615846	16211214	246797	61002
纺织服装制造	7163	12346582	10445268	79206	55001
纺织面料鞋的制造	29426	6264064	5761544	167487	6001
制帽		5200	4402	104	
皮革、毛皮、羽毛(绒)及其制品业	1332	6042010	5230940	20603	37221
皮革制品制造	1332	5155144	4528607	14257	1135
皮鞋制造	332	4769095	4211559	5024	891
皮革服装制造	1000	275872	231929	8704	244
皮箱、包(袋)制造		25710	21781	309	
皮手套及皮装饰制品制造		77190	57166	220	
其他皮革制品制造		7277	6172		
毛皮鞣制及制品加工		782781	610344	5070	36086
毛皮鞣制加工		12998	11792	255	
毛皮服装加工		741113	570973	4505	36086
其他毛皮制品加工		28670	27579	310	

单位：千元

其他业务利　润	营业费用	管理费用	税金	财务费用	利息支出	营业利润	投资收益
1815	97222	79039	6910	21164	14978	138038	39127
	7915	9329	155	4976	2295	20445	728
439	20422	20895	909	4185	1671	35738	2160
331	31047	35753	3901	8266	7403	26740	6071
622	27059	9285	1934	3505	3464	45807	
423	10562	2761		207	120	8621	30168
	217	1016	11	25	25	687	
	280	790				2900	
8176	183386	374781	45933	155694	120917	570992	5337
3456	61538	153953	25734	80944	70489	172905	250
2848	53328	126636	20181	67670	59339	126074	250
608	8210	27317	5553	13274	11150	46831	
23	12123	6907	2460	13014	8254	-1803	150
	12015	4125	2460	5139	429	1789	
23	108	2782		7875	7825	-3592	150
	1145	6733	232	3642	3115	12180	
	12750	23512	4370	12380	11052	78382	360
	5672	7843	2495	6475	5499	58936	
	3154	9875	806	5787	5457	13828	360
	3924	5794	1069	118	96	5618	
4546	59559	124648	10332	23755	16494	158808	-1798
41	15519	47212	3433	7674	3849	53461	600
	819	2081	625	501	441	5403	
20	4710	9019	1820	4534	3179	22407	
	6627	15638	807	1500	894	6244	
3529	17762	29200	2987	8509	7332	62957	-2398
956	14122	21498	660	1037	799	8336	
151	36271	59028	2805	21959	11513	150520	6375
-127	10907	29432	1817	11608	6232	28954	-154
278	20960	24023	775	9393	4965	116862	6219
	1555	2235	107	738	160	3012	
	2849	3338	106	220	156	1692	310
-17875	357924	609339	23738	219355	52861	632575	223679
-19217	236791	499059	23690	112893	52861	634771	1917
1342	121047	110190		106462		-2666	221762
	86	90	48			470	
-43189	207364	344452	2088	14187	7374	165631	4620
115	201825	336860	812	6953	4818	39052	4620
150	193565	325413	410	4484	2775	14856	4619
-35	7096	8342	214	2033	1914	16315	1
	474	1905	27	257	78	841	
	275	307		122		7300	
	415	893	161	57	51	-260	
-43304	5383	6223	1228	7501	2110	120247	
		413		36	36	502	
-43304	5383	5415	881	7079	2074	116245	
		395	347	386		3500	

1-A-5 续表 29

分组	外商资本	主营业务收入	主营业务成本	主营业务税金及附加	其他业务收入
羽毛(绒)加工及制品制造		104085	91989	1276	
羽毛(绒)加工		63353	59050	76	
羽毛(绒)制品加工		40732	32939	1200	
木材加工及木、竹、藤、棕、草制品业	499	16591729	13984054	89048	28306
锯材、木片加工		1829271	1523658	21429	253
锯材加工		1590046	1313247	16292	253
木片加工		239225	210411	5137	
人造板制造		8223232	6981025	32711	16887
胶合板制造		3847689	3180177	13002	15611
纤维板制造		483482	423220	5622	591
刨花板制造		1439271	1339765	5244	
其他人造板、材制造		2452790	2037863	8843	685
木制品制造	499	6330834	5296092	34559	11166
建筑用木料及木材组件加工		4739150	3908915	27100	10307
木容器制造		694901	606667	1763	15
软木制品及其他木制品制造	499	896783	780510	5696	844
竹、藤、棕、草制品制造		208392	183279	349	
家具制造业	2000	11658143	9778544	71221	193896
木质家具制造	2000	9850977	8343329	62845	193468
竹、藤家具制造		5742	2703	64	
金属家具制造		487690	391459	3794	162
其他家具制造		1313734	1041053	4518	266
造纸及纸制品业	5175	9249586	8060729	73207	5484
纸浆制造		55290	42180	7188	
造纸		2880775	2535001	18987	912
机制纸及纸板制造		2646675	2328745	17069	912
手工纸制造		21500	19255	461	
加工纸制造		212600	187001	1457	
纸制品制造	5175	6313521	5483548	47032	4572
纸和纸板容器的制造	5175	5301762	4586884	34938	4198
其他纸制品制造		1011759	896664	12094	374
印刷业和记录媒介的复制		4485648	3702908	38616	32614
印刷		2921160	2446542	36245	29604
书、报、刊印刷		819024	670220	3837	17009
本册印制		234604	177546	655	14
包装装潢及其他印刷		1867532	1598776	31753	12581
装订及其他印刷服务活动		53610	43943	529	
记录媒介的复制		1510878	1212423	1842	3010
文教体育用品制造业	454	1029116	852656	12237	7019
文化用品制造	454	191654	163058	4738	2236
文具制造		31087	24206	3162	
笔的制造		128577	112148	1049	2236
教学用模型及教具制造	454	31990	26704	527	
体育用品制造		188107	160927	565	4783
球类制造		41519	36988	75	1937
体育器材及配件制造		84316	67520	323	2846
训练健身器材制造		56062	51800	126	
运动防护用具制造		6210	4619	41	

单位：千元

其他业务利润	营业费用	管理费用	税金	财务费用	利息支出	营业利润	投资收益
	156	1369	48	-267	446	6332	
	116	235	13	-733		63	
	40	1134	35	466	446	6269	
-13734	387544	632352	23202	109386	59649	1305687	9638
94	60982	59446	2811	20512	12979	123054	8415
94	59177	56140	2574	18922	12526	108876	8063
	1805	3306	237	1590	453	14178	352
-10170	184932	217408	9211	50463	22215	710712	4337
-11106	77975	104166	1712	25579	8808	403595	3153
591	6980	15995	734	8957	6312	22698	
	8393	19047	1256	3104	1880	55357	
345	91584	78200	5509	12823	5215	229062	1184
-3658	140484	353603	11054	37113	24135	460224	-3114
-3866	112205	314833	7540	26524	18771	370327	294
15	15899	18340	447	1979	569	28064	-3493
193	12380	20430	3067	8610	4795	61833	85
	1146	1895	126	1298	320	11697	
-188127	200284	563432	15056	40165	24157	687365	102
-188397	170701	437273	11296	37203	21814	523947	102
		3663		11		-700	
71	8000	8904	968	500	299	53992	
199	21583	113592	2792	2451	2044	110126	
1148	153991	253173	15232	77305	44340	507150	6692
	118	191		100		4332	
284	56330	103573	7334	20931	16446	191431	7479
284	48239	91032	7238	18740	15165	173481	5559
	1703	4176	22	518	40	3910	1920
	6388	8365	74	1673	1241	14040	
864	97543	149409	7898	56274	27894	311387	-787
630	72780	117075	6561	47378	25843	268165	-1078
234	24763	32334	1337	8896	2051	43222	291
1111	172115	270720	7426	32054	21201	252523	-4720
1111	99568	204185	5591	26733	16797	151652	-4720
975	19020	46107	2526	11315	10203	49611	-6446
5	11067	16329	426	708	452	28303	-2333
131	69481	141749	2639	14710	6142	73738	4059
	969	3572	501	144	144	1305	
	71578	62963	1334	5177	4260	99566	
-2993	15240	18606	1524	3387	1640	125913	613
337	8151	10506	1288	956	247	9153	613
	1404	2978		587		2529	
337	5947	5678	1216	361	239	4701	273
	800	1850	72	8	8	1923	340
-3330	3009	5020	169	1127	530	14103	
1509	1367	1248	23	308	99	3042	
-4839	494	951	13	278		9885	
	1013	1837	120	470	360	816	
	135	984	13	71	71	360	

1-A-5 续表 30

分组	外商资本	主营业务收入	主营业务成本	主营业务税金及附加	其他业务收入
乐器制造		63919	53373	864	
其他乐器及零件制造		63919	53373	864	
玩具制造		14160	12897	12	
游艺器材及娱乐用品制造		571276	462401	6058	
露天游乐场所游乐设备制造		532447	430235	6001	
游艺用品及室内游艺器材制造		38829	32166	57	
石油加工、炼焦及核燃料加工业		20921414	18558371	279656	70037
精炼石油产品的制造		18219333	16291690	262568	70037
原油加工及石油制品制造		18189620	16263372	262356	70037
人造原油生产		29713	28318	212	
炼焦		2702081	2266681	17088	
化学原料及化学制品制造业	12000	35354353	30248359	337671	611932
基础化学原料制造	12000	9165272	7764382	127137	151761
无机酸制造		1081890	885168	29141	69
无机碱制造		391482	339516	10308	11794
无机盐制造		2199637	1915955	8426	47221
有机化学原料制造	12000	2905573	2481405	47895	84121
其他基础化学原料制造		2586690	2142338	31367	8556
肥料制造		5686987	4774241	59476	89631
氮肥制造		697733	585541	4618	5148
磷肥制造		10800	9419	202	
钾肥制造		76901	67604	564	
复混肥料制造		3625612	3061691	37179	82971
有机肥料及微生物肥料制造		810809	673220	14895	1357
其他肥料制造		465132	376766	2018	155
农药制造		809746	691114	4466	4591
化学农药制造		775540	663215	4352	532
生物化学农药及微生物农药制造		34206	27899	114	4059
涂料、油墨、颜料及类似产品制造		5599464	4733953	45531	54185
涂料制造		3560217	3039630	25011	12870
油墨及类似产品制造		166201	131599	814	
颜料制造		950049	800343	11223	37966
染料制造		661283	539461	7943	2608
密封用填料及类似品制造		261714	222920	540	741
合成材料制造		1757118	1585631	6164	7199
初级形态的塑料及合成树脂制造		1194393	1095753	3345	4501
合成橡胶制造		78640	65459	164	
合成纤维单(聚合)体的制造		255507	235902	1318	79
其他合成材料制造		228578	188517	1337	2619
专用化学产品制造		11829012	10308457	90169	303749
化学试剂和助剂制造		4752537	4133660	46743	143287
专项化学用品制造		4151045	3676006	32000	77513
林产化学产品制造		85574	79361	167	
炸药及火工产品制造		910967	700931	5352	6047
信息化学品制造		43581	39134	159	
环境污染处理专用药剂材料制造		74089	62234	435	811
动物胶制造		41958	38050	170	
其他专用化学产品制造		1769261	1579081	5143	76091

单位：千元

其他业务利润	营业费用	管理费用		财务费用		营业利润	投资收益
			税金		利息支出		
	852	1077	67	843	822	6910	
	852	1077	67	843	822	6910	
	11	93		17	17	1130	
	3217	1910		444	24	94617	
	2261	772		420		92758	
	956	1138		24	24	1859	
5244	338272	473039	24467	124557	78370	906720	51655
5244	318284	380120	22961	87628	47616	634115	48095
5244	318172	379232	22961	87628	47616	633932	48095
	112	888				183	
	19988	92919	1506	36929	30754	272605	3560
124866	885256	1441413	100561	409883	278075	2069019	10698
36217	241067	369439	23810	101655	84050	483992	4992
-102	29764	45786	3603	6122	4063	83795	60
1360	7074	13984	1210	1472	1271	19010	
16382	37775	83462	2044	35148	29234	66242	1156
14642	90403	118309	7915	38268	31502	174758	3160
3935	76051	107898	9038	20645	17980	140187	616
34477	113508	176704	17463	78455	61856	344977	459
2508	7524	46493	4457	20655	18620	28522	
	137	511				531	
	204	1613		233		6702	
31908	83634	101812	8586	49926	36869	234829	459
	7634	16094	1466	4767	4016	46533	
61	14375	10181	2954	2874	2351	27860	
4591	15304	42136	1240	12977	10798	55411	
532	14510	40550	1144	12857	10701	55744	
4059	794	1586	96	120	97	-333	
23976	145074	249044	14783	84157	23431	388670	2238
4073	95334	149678	9539	31129	16086	138659	63
	7575	10965	1170	5546	1402	23017	2175
19331	26257	35942	1590	40248		161289	
511	7063	40681	2360	7011	5843	45314	
61	8845	11778	124	223	100	20391	
-143	42362	98037	5095	25980	24115	-6100	
-508	24099	62109	2393	12400	11267	-8330	
	165	3156	129	58		2459	
79	3405	8197	240	7634	7503	51	
286	14693	24575	2333	5888	5345	-280	
25019	297173	464997	35887	103088	72212	765418	3009
11456	107129	186876	12307	43833	25236	212657	2546
10409	109038	133287	9103	43101	38542	376336	
	1131	1482	253	164		3200	
408	42794	77555	11215	3210	2870	80986	463
	237	874	66	74	8	2201	
-746	1085	4879	455	572	-2	1406	
	173	401		90		2850	
3492	35586	59643	2488	12044	5558	85782	

1-A-5 续表 31

分 组	外商资本	主营业务收入	主营业务成本	主营业务税金及附加	其他业务收入
日用化学产品制造		506754	390581	4728	816
肥皂及合成洗涤剂制造		272370	200654	2698	262
化妆品制造		73568	62824	947	19
口腔清洁用品制造		18344	14393	57	
香料、香精制造		66944	51122	166	
其他日用化学产品制造		75528	61588	860	535
医药制造业		6495888	5414098	59516	23350
化学药品原药制造		1282516	1103471	7006	10212
化学药品制剂制造		1275159	1033645	14262	6765
中药饮片加工		787274	628621	21701	147
中成药制造		740739	598771	5723	318
兽用药品制造		791396	697333	2779	
生物、生化制品的制造		1127191	986464	6067	3379
卫生材料及医药用品制造		491613	365793	1978	2529
化学纤维制造业		1120730	962123	5402	147245
纤维素纤维原料及纤维制造		175344	151750	419	14009
人造纤维(纤维素纤维)制造		175344	151750	419	14009
合成纤维制造		945386	810373	4983	133236
锦纶纤维制造		291393	245839	3380	80366
涤纶纤维制造		536874	476412	595	49459
腈纶纤维制造		82911	68746	651	3411
其他合成纤维制造		34208	19376	357	
橡胶制品业	2197	7452501	6366704	70005	102298
轮胎制造		1687793	1467684	5837	20101
车辆、飞机及工程机械轮胎制造		1636493	1422267	5791	20101
力车胎制造		5580	4435	6	
轮胎翻新加工		45720	40982	40	
橡胶板、管、带的制造		1282333	1096267	18967	1433
橡胶零件制造		2890788	2401852	40144	830
再生橡胶制造		416022	347902	416	79092
日用及医用橡胶制品制造		207788	163123	81	
橡胶靴鞋制造	2197	129285	117407	203	379
其他橡胶制品制造		838492	772469	4357	463
塑料制品业		24600354	21528016	284231	37885
塑料薄膜制造		2150681	1864628	21959	8028
塑料板、管、型材的制造		5413496	4704685	99325	18150
塑料丝、绳及编织品的制造		10750374	9453072	109542	4464
泡沫塑料制造		885638	748682	5739	427
塑料人造革、合成革制造		1121456	1062512	778	250
塑料包装箱及容器制造		1445699	1266635	13789	669
塑料零件制造		433878	398153	6341	377
日用塑料制造		1378339	1166527	17094	5092
日用塑料杂品制造		1378339	1166527	17094	5092
其他塑料制品制造		1020793	863122	9664	428
非金属矿物制品业	116196	73535774	61369255	702230	502861
水泥、石灰和石膏的制造		8995378	7796456	91620	64418

单位：千元

其他业务利润	营业费用	管理费用	税金	财务费用	利息支出	营业利润	投资收益
729	30768	41056	2283	3571	1613	36651	
184	23311	22758	587	1736	984	21100	
10	3630	2812	575	1136	87	2397	
	360	2163	72	95	92	1276	
	951	8208	67	-4	-4	6501	
535	2516	5115	982	608	454	5377	
11452	160483	464493	36303	79285	61934	255416	6760
3565	26154	62678	8376	17181	15309	53947	1192
4299	33770	128043	7866	20934	20279	29960	1220
147	21500	34144	4647	8797	8573	57522	
190	22341	68985	4007	8455	4194	47437	6
	17919	33012	2915	5377	1693	14794	
1486	22249	73596	4487	14797	8260	42808	-864
1765	16550	64035	4005	3744	3626	8948	5206
6323	15932	52150	2324	25575	23807	68175	
30	5319	5494	257	381	377	12967	
30	5319	5494	257	381	377	12967	
6293	10613	46656	2067	25194	23430	55208	
3962	3188	25175	1151	22298	20809	-3177	
903	906	7587	362	2592	2556	49685	
1428	862	6498	531	46		7536	
	5657	7396	23	258	65	1164	
34155	149473	257115	19091	92645	69141	567133	268
-21493	12649	42140	11734	38300	35458	100269	
-21493	12038	39345	11486	38039	35212	100328	
	137	485	96	195	180	322	
	474	2310	152	66	66	-381	
375	23385	50340	3202	11938	6386	102068	
675	82862	126869	1982	27186	21997	216657	1
54717	17188	14915	1204	12672	3630	74945	
	1442	1898	87	611	610	31905	
-328	3223	3246	15	206	18	4833	
209	8724	17707	867	1732	1042	36456	267
10850	536605	753059	46410	210568	150912	1219854	2831
2250	30364	50530	2947	14181	5145	119988	-2701
7041	110145	134883	12137	49308	32513	316359	1780
232	309261	376932	18771	107955	94818	366781	-1342
254	15418	30052	1756	8811	4396	68471	1130
1	1343	17427	1417	1840	1795	80663	
668	16680	47450	5685	12110	6228	58409	463
8	2597	11196	453	2734	261	12634	
226	35966	61048	1667	6921	4587	100203	3501
226	35966	61048	1667	6921	4587	100203	3501
170	14831	23541	1577	6708	1169	96346	
14956	1728916	2253519	246490	891979	690075	6317361	72195
-3207	187945	409753	48435	253665	196837	476490	1101

1-A-5 续表 32

分组	外商资本	主营业务收入	主营业务成本	主营业务税金及附加	其他业务收入
水泥制造		8471617	7347914	84065	64418
石灰和石膏制造		523761	448542	7555	
水泥及石膏制品制造		8927213	7955898	79217	6706
水泥制品制造		5437689	4768800	63002	288
砼结构构件制造		1967099	1850571	7598	3328
石棉水泥制品制造		1099681	952548	7157	495
轻质建筑材料制造		303999	279008	1230	2595
其他水泥制品制造		118745	104971	230	
砖瓦、石材及其他建筑材料制造		21903866	17991681	231744	53838
粘土砖瓦及建筑砌块制造		4087391	3377728	98415	6940
建筑陶瓷制品制造		8292245	6304958	85378	
建筑用石加工		5192782	4623087	7081	18436
防水建筑材料制造		2119327	1793478	18728	28151
隔热和隔音材料制造		1739076	1471705	15757	121
其他建筑材料制造		473045	420725	6385	190
玻璃及玻璃制品制造		5025727	4331723	30873	4683
平板玻璃制造		68174	62108	157	130
技术玻璃制品制造		587790	504530	6908	752
光学玻璃制造		5012	2315	34	187
玻璃仪器制造		15969	12775	479	
日用玻璃制品及玻璃包装容器制造		1113941	914730	8698	209
玻璃保温容器制造		6324	5779	24	
玻璃纤维及制品制造		742343	634119	3202	21
玻璃纤维增强塑料制品制造		2157724	1904523	9861	3384
其他玻璃制品制造		328450	290844	1510	
陶瓷制品制造		778678	516495	9783	20035
特种陶瓷制品制造		680684	432094	9295	20035
日用陶瓷制品制造		88319	75971	446	
园林、陈设艺术及其他陶瓷制品制造		9675	8430	42	
耐火材料制品制造	13257	23329638	18897093	218255	320603
石棉制品制造		185421	165571	515	3654
云母制品制造		102402	85717	303	
耐火陶瓷制品及其他耐火材料制造	13257	23041815	18645805	217437	316949
石墨及其他非金属矿物制品制造	102939	4575274	3879909	40738	32578
石墨及碳素制品制造		2481222	2162591	17370	30780
其他非金属矿物制品制造	102939	2094052	1717318	23368	1798
黑色金属冶炼及压延加工业		53952622	45795808	629132	350451
炼铁		9373688	7574789	68893	48463
炼钢		1965254	1681379	19694	
钢压延加工		35287016	29859346	497989	262570
铁合金冶炼		7326664	6680294	42556	39418
有色金属冶炼及压延加工业	49989	28228633	25686266	283884	594561
常用有色金属冶炼	2500	7931108	7522492	43515	66311
铜冶炼		4397202	4142319	7022	
铅锌冶炼		735091	748001	16327	58522
镍钴冶炼		816490	851170	230	
铝冶炼		781225	731053	12217	
镁冶炼	2500	359083	316544	5065	5058
其他常用有色金属冶炼		842017	733405	2654	2731

单位：千元

其他业务利润	营业费用	管理费用	税金	财务费用	利息支出	营业利润	投资收益
-3207	173585	395422	46835	248648	192152	440943	1101
	14360	14331	1600	5017	4685	35547	
1008	146581	320413	18744	102840	86416	359505	25810
141	105979	251826	12596	85879	74245	161748	4577
1239	19350	44760	4455	6724	5193	45538	12959
444	8152	11314	611	3837	1080	117543	
-816	11322	10365	1082	5351	4849	26107	1750
	1778	2148		1049	1049	8569	6524
-33454	365797	578676	22070	115964	58793	2215955	14076
83	74397	149767	10002	41886	23931	349746	12438
	185278	263901	340	28530	18706	1383330	
125	28400	31327	2258	17694	2228	123704	
-33801	47090	61803	4260	14052	10311	155497	2270
111	24451	57835	4488	10679	3122	183648	-632
28	6181	14043	722	3123	495	20030	
-857	66240	121609	13683	15913	8460	394265	81
	767	4494	86	1065	6	-5554	
-1280	14232	27609	1747	1673	1221	32491	
44		505		1		771	
	319	908		150		1338	
23	14489	21852	3821	6592	3145	145544	
		59				462	
21	20271	37919	5697	3443	2316	43527	
335	9841	18952	1653	1721	656	143420	81
	6321	9311	679	1268	1116	32266	
4019	33672	63463	2911	16677	15111	64677	100
4019	31736	59679	2803	16458	15041	60108	100
	1893	3271	82	178	70	4110	
	43	513	26	41		459	
44351	802624	614828	122995	315794	277641	2512009	21467
1367	1711	7814	397	1278	1111	8296	124
	5316	7023	325	347	284	3696	
42984	795597	599991	122273	314169	276246	2500017	21343
3096	126057	144777	17652	71126	46817	294460	9560
2061	52341	57742	8555	35831	22561	171690	9560
1035	73716	87035	9097	35295	24256	122770	
116775	467592	1154304	247198	415055	381131	4295816	-1307
2628	97716	166497	13823	45669	33252	598741	180
	27370	42981	9879	13175	13079	132158	
110123	296853	848559	220975	260279	266115	3159281	-1547
4024	45653	96267	2521	95932	68685	405636	60
34659	337001	542209	30604	215630	130851	1554238	7231
8780	38757	91711	5430	73112	45204	249735	11493
	7826	13849	1042	17704	15229	152085	
4571	3429	15180	1587	16172	17323	-11189	
	370	9087		21247		-17713	
	8197	9637	155	3968	1700	75402	13590
2905	7436	9334	594	2900	1440	10527	
1304	11499	34624	2052	11121	9512	40623	-2097

1-A-5 续表 33

分　组	外商资本	主营业务收　入	主营业务成　本	主营业务税金及附加	其他业务收　入
贵金属冶炼		484797	378434	3130	700
金冶炼		383089	297536	1346	700
其他贵金属冶炼		101708	80898	1784	
稀有稀土金属冶炼		3893530	3574956	15916	72806
钨钼冶炼		3504136	3205164	15125	71406
稀土金属冶炼		384274	365455	756	1400
其他稀有金属冶炼		5120	4337	35	
有色金属合金制造	44993	1508335	1350891	8907	12131
有色金属压延加工	2496	14410863	12859493	212416	442613
常用有色金属压延加工	2496	13925125	12412737	211251	442613
贵金属压延加工		5011	4111		
稀有稀土金属压延加工		480727	442645	1165	
金属制品业	25553	33578193	29268798	255861	137528
结构性金属制品制造	24914	16858740	14723531	95428	69731
金属结构制造	24914	13648490	11890763	81443	65732
金属门窗制造		3210250	2832768	13985	3999
金属工具制造		1739249	1531379	13009	4423
切削工具制造		452788	371986	4331	218
手工具制造		226984	209170	512	
农用及园林用金属工具制造		317449	267504	3336	480
其他金属工具制造		742028	682719	4830	3725
集装箱及金属包装容器制造	225	4105227	3565800	29589	20291
集装箱制造		6660	6224	56	
金属压力容器制造	225	3028747	2664640	15835	11860
金属包装容器制造		1069820	894936	13698	8431
金属丝绳及其制品的制造		1445065	1202663	29931	480
建筑、安全用金属制品制造		4505047	3971224	41174	20093
建筑、家具用金属配件制造		1198819	1070351	2399	8371
建筑装饰及水暖管道零件制造		2580881	2306576	27005	9109
安全、消防用金属制品制造		563911	473149	11113	2386
其他建筑、安全用金属制品制造		161436	121148	657	227
金属表面处理及热处理加工	414	3289727	2876338	38079	14832
搪瓷制品制造		278395	226654	1645	5892
工业生产配套用搪瓷制品制造		219663	177801	1155	5892
搪瓷日用品及其他搪瓷制品制造		58732	48853	490	
不锈钢及类似日用金属制品制造		494442	423590	2476	81
金属制厨房调理及卫生器具制造		100467	78452	393	6
金属制厨用器皿及餐具制造		307944	272377	1828	69
其他日用金属制品制造		86031	72761	255	6
其他金属制品制造		862301	747619	4530	1705
其他未列明的金属制品制造		862301	747619	4530	1705
通用设备制造业	96818	95773426	82047276	701026	450048
锅炉及原动机制造		2917173	2503291	44166	7686
锅炉及辅助设备制造		2163578	1905072	21518	6005
内燃机及配件制造		364175	286895	10987	1681
汽轮机及辅机制造		144017	127272	7631	
水轮机及辅机制造		245403	184052	4030	

单位：千元

其他业务利润	营业费用	管理费用	税金	财务费用	利息支出	营业利润	投资收益
	15894	14827	183	13537	13454	61154	
	5460	11834	179	13023	12943	56069	
	10434	2993	4	514	511	5085	
69140	70921	144663	4752	51818	10015	246685	3950
69090	68727	138171	4414	45808	5233	244163	3950
50	2194	5780	338	6010	4782	2407	
		712				115	
1091	16610	35837	2615	8848	6670	99416	-7388
-44352	194819	255171	17624	68315	55508	897248	-824
-44352	191578	251701	17264	69287	55777	855039	127
		410				490	
	3241	3060	360	-972	-269	41719	-951
50663	682739	1271945	85674	208644	143505	2158978	59903
25545	305119	674175	40981	113220	76702	1065501	52210
25340	252295	510219	33941	101364	68965	950011	47681
205	52824	163956	7040	11856	7737	115490	4529
3743	40235	54247	2472	15631	8896	217545	18038
18	17347	18351	736	5556	4619	57286	-2515
	4634	9198	535	3036	504	8112	2186
	1055	7471	306	1269	953	23015	
3725	17199	19227	895	5770	2820	129132	18367
3268	59274	116275	4516	15619	11399	293883	-379
		308				-48	
1037	37771	85247	2749	11066	9143	203569	-1000
2231	21503	30720	1767	4553	2256	90362	621
30	17931	109827	19974	18113	16629	122881	
5696	191365	134837	7238	20129	13081	184400	-13946
3490	132760	22254	848	764	712	10738	
1976	42791	76250	5658	16849	10292	115412	
3	8663	26222	699	2342	2080	43651	-13946
227	7151	10111	33	174	-3	14599	
5818	42380	114063	8066	16742	11342	180846	3530
5890	4762	12191	224	2264	456	33281	
5890	4660	10964	224	1947	456	25538	
	102	1227		317		7743	
2	10068	24238	587	2261	1752	25742	
2	7759	10826	300	550	538	126	
	1885	7708	234	1249	1159	21598	
	424	5704	53	462	55	4018	
671	11605	32092	1616	4665	3248	34899	450
671	11605	32092	1616	4665	3248	34899	450
58991	1488675	3533059	236351	641152	368330	5765604	16866
4458	72192	131038	12988	20194	15353	161707	2558
2777	61393	115713	12282	18269	15124	61689	2558
1681	5246	9562	706	1709	229	45104	
	1143	5188				2794	
	4410	575		216		52120	

1-A-5 续表 34

分组	外商资本	主营业务收入	主营业务成本	主营业务税金及附加	其他业务收入
金属加工机械制造		9392666	7956612	67401	33198
金属切削机床制造		2485189	2184032	11597	5006
金属成形机床制造		807480	657592	15142	8848
铸造机械制造		416588	361552	5531	2796
金属切割及焊接设备制造		823219	637862	2835	10932
机床附件制造		2482309	2166690	12330	2074
其他金属加工机械制造		2377881	1948884	19966	3542
起重运输设备制造		8631011	7785088	70906	54234
泵、阀门、压缩机及类似机械的制造		14100078	11749436	111493	99302
泵及真空设备制造		7319062	6073780	40691	36126
气体压缩机械制造		1268196	1038658	12705	9979
阀门和旋塞的制造		3524203	2923808	41580	29551
液压和气压动力机械及元件制造		1988617	1713190	16517	23646
轴承、齿轮、传动和驱动部件的制造	84706	12935980	10394731	65127	47429
轴承制造	84706	11006978	8856323	52441	42907
齿轮、传动和驱动部件制造		1929002	1538408	12686	4522
烘炉、熔炉及电炉制造		332698	274150	2126	630
风机、衡器、包装设备等通用设备	7288	7577811	6454977	72116	19207
风机、风扇制造	3588	2577383	2103038	25359	1751
气体、液体分离及纯净设备制造	3000	378709	356104	830	1922
制冷、空调设备制造		2095149	1793845	17220	15164
风动和电动工具制造	700	57056	48975	207	106
喷枪及类似器具制造		90927	84143	96	
包装专用设备制造		132064	115417	1119	
衡器制造		280768	248820	964	
其他通用设备制造		1965755	1704635	26321	264
通用零部件制造及机械修理	4574	16094599	13911815	97629	105975
金属密封件制造	2069	644579	479012	3904	976
紧固件、弹簧制造	2505	1654326	1366634	19650	5340
机械零部件加工及设备修理		12622355	10950672	70796	99659
其他通用零部件制造		1173339	1115497	3279	
金属铸、锻加工	250	23791410	21017176	170062	82387
钢铁铸件制造	250	20175760	17828950	145455	74399
锻件及粉末冶金制品制造		3615650	3188226	24607	7988
专用设备制造业	83185	31108401	26143175	232400	161637
矿山、冶金、建筑专用设备制造		11819767	9949922	88824	93679
采矿、采石设备制造		6087853	5077596	32336	76099
石油钻采专用设备制造		1681387	1410687	21999	4202
建筑工程用机械制造		1265228	1049715	18134	5963
建筑材料生产专用机械制造		1671740	1447171	12831	3290
冶金专用设备制造		1113559	964753	3524	4125
化工、木材、非金属加工专用设备		8536840	7308816	54150	31259
炼油、化工生产专用设备制造		2360778	1850915	24096	5617
橡胶加工专用设备制造		954836	776031	6624	751

单位：千元

其他业务利润	营业费用	管理费用	税金	财务费用	利息支出	营业利润	投资收益
4453	138164	355555	19135	59012	36938	758036	2414
1759	26950	94786	4590	18525	15917	141671	
1218	19967	52973	3296	4380	3537	51928	
63	3912	15636	1326	1403	381	14928	1268
-985	29238	48727	2381	1298	406	99602	
468	36282	72418	4946	22783	11318	141223	-10
1930	21815	71015	2596	10623	5379	308684	1156
9668	145926	289110	11681	37217	27153	245688	910
-28557	302211	650112	43260	98274	66452	1102918	4577
-26981	163756	329917	21210	36323	22693	658380	4495
1231	24766	45117	3380	5431	4889	151236	
-3592	77161	181837	14237	37970	23607	205454	82
785	36528	93241	4433	18550	15263	87848	
14428	162660	360924	28691	162083	72536	852231	6640
13200	135864	286463	24382	150219	65991	729045	6640
1228	26796	74461	4309	11864	6545	123186	
308	9121	18272	687	1193	1048	24252	
5848	131815	376353	21169	38314	19336	518383	-16826
-169	64222	185424	8327	10097	6147	205879	-1306
389	5486	13727	1099	261	185	12046	
5504	27442	71532	6409	14082	6546	181170	
74	1167	4982	226	296	109	1730	
	2465	3177				1046	
	2441	5129	162	1437	1055	4713	
	3584	7621	925	1380	866	8652	
50	25008	84761	4021	10761	4428	103147	-15520
30112	256010	590262	37303	56857	28544	928426	-143
299	19774	54532	492	1685	1273	77251	
1295	35322	73499	6156	9340	5337	119810	645
28518	187667	438816	30271	43281	21250	715255	-788
	13247	23415	384	2551	684	16110	
18273	270576	761433	61437	168008	100970	1173963	16736
15826	220332	632105	53113	137852	83620	983963	13803
2447	50244	129328	8324	30156	17350	190000	2933
-5101	625979	1292694	70371	226715	146727	2187139	6560
-35650	293927	452728	33296	93234	56684	885098	3898
-38288	130596	175583	14397	40298	13749	545033	2990
805	49623	83646	3212	9297	5832	91009	397
47	24409	49065	2886	10856	7407	131088	511
1531	78126	74090	7887	26236	25264	28659	
255	11173	70344	4914	6547	4432	89309	
14798	124400	288907	9190	43859	26266	621886	2395
1810	47031	104432	2162	18351	15755	242509	
277	5228	36002	2791	6470	3589	115120	

1-A-5 续表 35

分　组	外商资本	主营业务收　入	主营业务成　本	主营业务税金及附加	其他业务收　入
塑料加工专用设备制造		279766	194138	3782	14764
木材加工机械制造		152802	127424	7220	987
模具制造		4773061	4351131	12399	8821
其他非金属加工专用设备制造		15597	9177	29	319
食品、饮料、烟草及饲料生产专用设备制造		1319057	1136471	25582	360
食品、饮料、烟草工业专用设备制造		570651	475427	11279	
农副食品加工专用设备制造		511635	459648	12596	360
饲料生产专用设备制造		236771	201396	1707	
印刷、制药、日化生产专用设备制造	20	2135217	1801909	9526	2984
制浆和造纸专用设备制造		562126	510367	3907	1022
印刷专用设备制造	20	1105655	917574	3035	1962
制药专用设备制造		244389	191728	1004	
照明器具生产专用设备制造		99440	78446	528	
玻璃、陶瓷和搪瓷制品生产专用设备制造		104759	87467	1008	
其他日用品生产专用设备制造		18848	16327	44	
纺织、服装和皮革工业专用设备制造		455411	400442	1417	663
纺织专用设备制造		149244	135825	934	42
皮革、毛皮及其制品加工专用设备制造		101337	79782	254	532
缝纫机械制造		204830	184835	229	89
电子和电工机械专用设备制造		1231561	976090	6180	903
电工机械专用设备制造		755439	586075	2221	821
电子工业专用设备制造		244745	215405	1032	82
航空、航天及其他专用设备制造		231377	174610	2927	
农、林、牧、渔专用机械制造	82989	1197304	1009089	20423	4096
拖拉机制造		65497	62235	98	
机械化农业及园艺机具制造		427440	356995	1824	24
渔业机械制造		14552	13162	66	14
农林牧渔机械配件制造		440747	358784	11130	60
其他农林牧渔业机械制造及机械修理	82989	249068	217913	7305	3998
医疗仪器设备及器械制造	176	548655	439010	3421	1586
医疗诊断、监护及治疗设备制造		50959	42352	60	
实验室及医用消毒设备和器具的制造	176	185295	170462	266	
医疗、外科及兽医用器械制造		65868	45032	200	
机械治疗及病房护理设备制造		31327	29265	63	
其他医疗设备及器械制造		215206	151899	2832	1586
环保、社会公共安全及其他专用设备制造		3864589	3121426	22877	26107
环境污染防治专用设备制造		2440094	1995837	12643	7828
社会公共安全设备及器材制造		784321	643356	6302	166
交通安全及管制专用设备制造		86777	83121	280	
水资源专用机械制造		113808	93859	871	208
其他专用设备制造		439589	305253	2781	17905
交通运输设备制造业		20688251	15828022	140552	276278
铁路运输设备制造		957381	836280	4173	1748
铁路机车车辆及动车组制造		42875	35979	28	
工矿有轨专用车辆制造		11724	9951	29	
铁路机车车辆配件制造		308366	268456	1593	6
铁路专用设备及器材、配件制造		527806	471806	2235	614
其他铁路设备制造及设备修理		66610	50088	288	1128

单位：千元

其他业务利润	营业费用	管理费用	税金	财务费用	利息支出	营业利润	投资收益
12241	8663	19555	907	276	160	79432	
	6664	10837	1071	2295	1635	15821	2395
331	56086	115389	2257	16488	5127	168392	
139	728	2692	2	-21		612	
180	18885	29795	1087	8710	6659	63897	-11553
	8802	15738	281	1920	1229	37314	-11553
180	8789	12712	605	6196	4676	21148	
	1294	1345	201	594	754	5435	
564	29017	66549	4175	27397	23108	81862	
102	7870	23016	1552	7211	5120	13574	
462	9612	17455	774	6878	5871	28156	
	3886	15262	1740	12173	12117	20504	
	5366	6746	77	449		7906	
	2121	2749	2	696		10718	
	162	1321	30	-10		1004	
76	10130	21438	2109	4750	4322	23258	12
29	3662	9765	1140	2352	2022	275	
47	1238	4992	186	2267	2260	12851	12
	5230	6681	783	131	40	10132	
903	18114	50796	1638	1086	653	140920	10807
821	13558	39851	1341	773	508	86596	10807
82	3813	10194	260	121	145	2970	
	743	751	37	192		51354	
709	24561	69580	1902	21924	10295	46638	980
	925	988	122	99	99	1152	
24	12559	17854	1119	5517	4775	6470	980
6	73	847	6	-11	-11	429	
	6144	37864	222	13614	3082	-3117	
679	4860	12027	433	2705	2350	41704	
476	6000	27997	983	1833	676	59784	
	1254	2644	4	693	90	2089	
	1049	2367	127	513	427	1455	
	1440	15939	592	133	159	3124	
	241	449	115	33		1250	
476	2016	6598	145	461		51866	
12843	100945	284904	15991	23922	18064	263796	21
4382	51174	164331	11887	13988	10629	162657	
	14255	66377	1843	1926	1260	50931	21
	1001	1021				1230	
195	3000	7795	232	1726	1379	5677	
8266	31515	45380	2029	6282	4796	43301	
-207188	450894	772379	83920	193089	137793	1016813	2398
994	12282	32304	2763	6088	4997	59209	254
	984	2828	36	376	376	4687	
		1924	154	522	519	-702	
	8148	12259	558	1644	1396	14628	
18	2997	10189	1111	1423	658	38968	254
976	153	5104	904	2123	2048	1628	

1-A-5 续表 36

分 组	外商资本	主营业务收入	主营业务成本	主营业务税金及附加	其他业务收入
汽车制造		15820149	11798406	88896	245120
汽车整车制造		67472	61766	133	
改装汽车制造		4170564	3406646	13845	158192
汽车车身、挂车的制造		338092	312395	354	
汽车零部件及配件制造		10520026	7406207	68278	83715
汽车修理		723995	611392	6286	3213
摩托车制造		93987	55992	4810	2268
摩托车整车制造		86329	48791	4738	2268
摩托车零部件及配件制造		7658	7201	72	
自行车制造		84682	78521	151	
脚踏自行车及残疾人座车制造		9382	8925	21	
助动自行车制造		75300	69596	130	
船舶及浮动装置制造		2789282	2343499	36650	1155
金属船舶制造		598545	456503	16563	
非金属船舶制造		9444	9027	11	
娱乐船和运动船的建造和修理		23174	17250	1070	
船用配套设备制造		1462680	1287278	11909	736
船舶修理及拆船		695439	573441	7097	419
航空航天器制造		309301	239124	1138	
飞机制造及修理		287464	220198	1098	
航天器制造		16837	16066	37	
其他飞行器制造		5000	2860	3	
交通器材及其他交通运输设备制造		633469	476200	4734	25987
交通管理用金属标志及设施制造		547669	411297	3991	25920
其他交通运输设备制造		85800	64903	743	67
电气机械及器材制造业	37587	39811015	34029621	272792	208658
电机制造		2760117	2346062	11323	36795
发电机及发电机组制造		259655	220256	801	1165
电动机制造		2358842	2012436	10281	35039
微电机及其他电机制造		141620	113370	241	591
输配电及控制设备制造	37587	17642870	14845421	171218	72815
变压器、整流器和电感器制造	37587	6984302	5825482	84352	50048
电容器及其配套设备制造		903957	703423	3901	2360
配电开关控制设备制造		6589688	5543375	65798	15418
电力电子元器件制造		1240422	1097348	4201	446
其他输配电及控制设备制造		1924501	1675793	12966	4543
电线、电缆、光缆及电工器材制造		16444092	14447714	71289	93699
电线电缆制造		15699972	13779879	68148	93695
光纤、光缆制造		10026	8531	65	
绝缘制品制造		197982	174275	2102	
其他电工器材制造		536112	485029	974	4
电池制造		289486	258791	946	
家用电力器具制造		798876	676209	8678	4389
家用制冷电器具制造		19850	15284	16	321
家用空气调节器制造		205281	156079	4509	
家用通风电器具制造		5136	5112		
家用厨房电器具制造		34175	26142	139	1973
家用清洁卫生电器具制造		275690	244499	602	
其他家用电力器具制造		258744	229093	3412	2095

单位：千元

其他业务利润	营业费用	管理费用	税金	财务费用	利息支出	营业利润	投资收益
-169650	371742	546312	69125	152666	110788	695251	2108
		5322	618	1528	1528	-1277	
-189458	178613	160567	39073	37532	29233	221762	
	5604	7246	416	121	152	12372	-1051
17475	165613	337792	28182	109139	77359	414759	4779
2333	21912	35385	836	4346	2516	47635	-1620
-2949	3885	5702	1280	11365	11365	9607	
-2949	3885	5392	1280	11365	11365	9209	
		310				398	
	1003	679	38	309	229	4019	
	533	453		229	229	-779	
	470	226	38	80		4798	
658	44777	160308	7834	20506	8586	126115	36
	13703	28813	192	3604	1700	28300	30
	133	274	11			-2	
	835	2066	26	362	180	1635	
530	17679	68101	5055	15256	4305	48702	6
128	12427	61054	2550	1284	2401	47480	
	12367	16998	698	418	297	38806	
	12073	16328	670	389	297	37378	
	105	425		28		178	
	189	245	28	1		1250	
-36241	4838	10076	2182	1737	1531	83806	
-36288	4443	7730	2064	1564	1361	76249	
47	395	2346	118	173	170	7557	
-55975	789381	1345789	104664	313293	214954	2504529	49543
-813	47928	108059	8862	23746	11784	200828	
205	7392	8276	953	1129	158	2804	
-1323	39366	94604	7740	20733	10136	183194	
305	1170	5179	169	1884	1490	14830	
14534	460382	738562	59578	117155	61495	1170138	38110
3071	239458	291732	37801	45537	36880	449784	32880
2276	26007	47669	1643	6191	3432	123332	
4806	149325	305415	15226	51916	13824	411511	5230
121	17249	40566	2539	6937	1243	72343	
4260	28343	53180	2369	6574	6116	113168	
-70375	172316	347996	28454	144573	121120	921079	4569
-70375	162229	316406	25901	137474	118578	890484	4569
	549	617		205		176	
	2171	5822	705	5191	1131	18270	
	7367	25151	1848	1703	1411	12149	
	3579	12826	1520	5514	4400	26619	
426	18250	35098	2151	7311	2263	31544	-552
38	20	1055		11	11	-55	
	10084	7256	139	3107	518	18577	-552
		24					
348	93	3096	64	21	19	5033	
	2863	12058		340		3814	
40	5190	11609	1948	3832	1715	4175	

1-A-5 续表 37

分组	外商资本	主营业务收入	主营业务成本	主营业务税金及附加	其他业务收入
非电力家用器具制造		463623	360514	3595	
燃气、太阳能及类似能源的器具制造		298198	235921	2371	
其他非电力家用器具制造		165425	124593	1224	
照明器具制造		1276753	1013736	5325	929
电光源制造		424192	345034	1515	
照明灯具制造		751226	579976	2806	217
灯用电器附件及其他照明器具制造		101335	88726	1004	712
其他电气机械及器材制造		135198	81174	418	31
其他未列明的电气机械制造		135198	81174	418	31
通信设备、计算机及其他电子设备制造业		7826025	6510673	120473	37501
通信设备制造		896455	713880	2641	3267
通信传输设备制造		414541	362881	1458	
通信交换设备制造		286355	234586	573	1345
通信终端设备制造		11185	8607	107	1922
移动通信及终端设备制造		177034	101833	480	
其他通信设备制造		7340	5973	23	
雷达及配套设备制造		66126	36229	5659	
广播电视设备制造		103392	71895	362	128
广播电视节目制作及发射设备制造		31972	24986	161	
广播电视接收设备及器材制造		37792	27791	29	
应用电视设备及其他广播电视设备制造		33628	19118	172	128
电子计算机制造		1755475	1347743	91046	
电子计算机整机制造		1248552	869375	89919	
计算机网络设备制造		427419	411540	887	
电子计算机外部设备制造		79504	66828	240	
电子器件制造		708694	595054	4566	18875
电子真空器件制造		183920	143746	498	1534
半导体分立器件制造		239349	210361	1963	1788
集成电路制造		66277	56974	468	258
光电子器件及其他电子器件制造		219148	183973	1637	15295
电子元件制造		1156548	934761	10303	13039
电子元件及组件制造		1121687	913069	10086	11996
印制电路板制造		34861	21692	217	1043
其他电子设备制造		3139335	2811111	5896	2192
仪器仪表及文化、办公用机械制造业	21000	4924551	3976926	62267	20870
通用仪器仪表制造	21000	3388573	2758234	31308	18673
工业自动控制系统装置制造	21000	1235913	984106	7203	16501
电工仪器仪表制造		892507	746160	4029	12
绘图、计算及测量仪器制造		170784	132924	552	5
实验分析仪器制造		159048	129703	535	557
试验机制造		277603	238144	525	450
供应用仪表及其他通用仪器制造		652718	527197	18464	1148
专用仪器仪表制造		1103903	872292	27333	749
环境监测专用仪器仪表制造		32941	27546	94	
汽车及其他用计数仪表制造		232946	177948	21649	150

单位：千元

其他业务利润	营业费用	管理费用	税金	财务费用	利息支出	营业利润	投资收益
	25078	19805	980	1058	948	50836	156
	24913	18889	949	992	948	12375	156
	165	916	31	66		38461	
222	57516	76731	2467	13162	12461	91840	7260
	19707	19595	566	2710	3063	31401	7260
216	36392	51147	677	8985	7932	60047	
6	1417	5989	1224	1467	1466	392	
31	4332	6712	652	774	483	11645	
31	4332	6712	652	774	483	11645	
4543	208220	355815	10966	50445	33070	462205	2156
1119	34610	56051	1445	9378	8792	42649	23
	25756	20388	253	3233	3200	6538	23
214	7694	29750	640	5177	5146	11019	
905	806	1987	179	586	446	-2	
	354	2366	340	398		25294	
		1560	33	-16		-200	
	1362	3479	186	321	321	19076	
100	5602	12473	584	2461	1565	11815	
	1748	4343	339			2134	
	1503	1180	36	899		9739	
100	2351	6950	209	1562	1565	-58	
	38184	52747	77	4813	3885	212025	56
	33148	43810	3	3751	3763	204791	
	2932	3812	6	22		3069	
	2104	5125	68	1040	122	4165	56
1236	19067	56505	2293	18090	5235	31677	
77	2599	7496	693	2873	2863	28319	
716	4467	10827	275	1576	1462	5927	
258	12	7359	80	105	-5	2009	
185	11989	30823	1245	13536	915	-4578	
559	25101	46695	1806	5929	4862	97387	473
471	23610	41142	1593	5356	4303	96903	473
88	1491	5553	213	573	559	484	
1529	84294	127865	4575	9453	8410	47576	1604
9495	154965	340818	14838	36691	17155	304738	12861
9927	85718	252039	10485	31417	13837	235614	5608
8843	35156	124157	5237	12112	3658	90139	292
8	23379	60096	1798	11610	4793	60315	3210
5	3319	8233	173	223	-2	11352	
405	2838	7697	191	163	119	975	
418	11438	11756	2316	438	213	15750	
248	9588	40100	770	6871	5056	57083	2106
346	39396	54830	3314	3451	2372	55215	429
	882	2745	19	28	23	1573	
88	1072	5568	468	642	119	14064	

1-A-5 续表 38

分 组	外商资本	主营业务收入	主营业务成本	主营业务税金及附加	其他业务收入
导航、气象及海洋专用仪器制造		55543	44712	216	
地质勘探和地震专用仪器制造		22790	13944	189	
教学专用仪器制造		45681	40080	182	
核子及核辐射测量仪器制造		114062	95757	216	599
电子测量仪器制造		184255	139881	759	
其他专用仪器制造		415685	332424	4028	
钟表与计时仪器制造		30139	24166	105	215
光学仪器及眼镜制造		59907	53756	215	
光学仪器制造		59907	53756	215	
文化、办公用机械制造		310379	239886	2369	1233
照相机及器材制造		28483	23961	457	1233
复印和胶印设备制造		57783	54710	320	
计算器及货币专用设备制造		164923	105673	1566	
其他文化、办公用机械制造		59190	55542	26	
其他仪器仪表的制造及修理		31650	28592	937	
工艺品及其他制造业		2936460	2523240	43342	1159
工艺美术品制造		2199429	1891610	40496	1159
雕塑工艺品制造		358710	309154	8635	99
金属工艺品制造		123111	111141	4305	
漆器工艺品制造		20750	17443	32	
花画工艺品制造		690174	597063	12747	45
天然植物纤维编织工艺品制造		527048	458432	11154	
抽纱刺绣工艺品制造		41329	34379	286	
其他工艺美术品制造		438307	363998	3337	1015
日用杂品制造		179182	151505	768	
制镜及类似品加工		32971	25241	301	
鬃毛加工、制刷及清扫工具的制造		29923	19864	67	
其他日用杂品制造		116288	106400	400	
煤制品制造		514549	445425	1929	
其他未列明的制造业		43300	34700	149	
废弃资源和废旧材料回收加工业		1339285	1234989	3871	60
金属废料和碎屑的加工处理		1232627	1141988	1551	
非金属废料和碎屑的加工处理		106658	93001	2320	60
电力、燃气及水的生产和供应业		**2548470**	**2142885**	**29033**	**27603**
电力、热力的生产和供应业		2016261	1784930	21899	23908
电力生产		110293	92895	1375	
火力发电		62821	65751	243	
水力发电		19814	6491	837	
其他能源发电		27658	20653	295	
电力供应		64443	51246	733	
热力生产和供应		1841525	1640789	19791	23908
燃气生产和供应业		205547	163831	2562	
水的生产和供应业		326662	194124	4572	3695
自来水的生产和供应		34860	20646	2244	3652
污水处理及其再生利用		141774	104016	403	43
其他水的处理、利用与分配		150028	69462	1925	

单位：千元

其他业务利润	营业费用	管理费用	税金	财务费用	利息支出	营业利润	投资收益
	2625	8856	1015	1098	1011	795	
	710	5250	109	19	9	1632	
	388	1876	162	26	26	3129	429
258	2849	8596	63	297	174	3880	
	21988	9200	1256	148	31	18330	
	8882	12739	222	1193	979	11812	
190	200	4555	327	910	892	-881	679
	1519	2232	115	888	4	1398	
	1519	2232	115	888	4	1398	
-968	27550	25732	584	-48	50	12580	6145
-968		1062	194	28	34	2007	
	226	1326	390	194		1007	
	26944	22537		-286		7731	6145
	380	807		16	16	1835	
	582	1430	13	73		812	
93	66960	84702	4482	15681	10496	172188	11292
93	42842	57849	3854	12003	6267	137186	14383
7	3603	10397	1193	1820	895	29307	1130
	1277	3611		633	305	2144	
		3010	30	95	23	170	
35	10604	17439	2012	6927	3540	60961	11132
	20608	11944	245	891	327	27832	560
	774	1213	142	338	254	3301	1561
51	5976	10235	232	1299	923	13471	
	5981	14618	149	679	480	8629	-3091
	390	1461	141	230	230	5348	-3091
		9667				325	
	5591	3490	8	449	250	2956	
	16807	11699	324	2493	3254	20224	
	1330	536	155	506	495	6149	
60	8521	18937	295	10491	6762	60965	
	5014	13594	49	9830	6240	52106	
60	3507	5343	246	661	522	8859	
12018	**81543**	**188049**	**8772**	**86568**	**72009**	**65998**	**28276**
8421	58101	142791	5288	62915	54433	-12981	27716
	220	13923	1196	12308	12198	-4386	27693
		4343	750	463	463	-7979	
		7813	437	1624	1624	3062	27693
	220	1767	9	10221	10111	531	
		9335		676		2453	
8421	57881	119533	4092	49931	42235	-11048	23
	12174	15349	3066	340	9	11845	560
3597	11268	29909	418	23313	17567	67134	
3567	537	6163	271	9367	9372	601	
30	8322	9328	66	10179	4727	8487	
	2409	14418	81	3767	3468	58046	

1-A-5 续表 39

分 组	补贴收入	营业外收入	营业外支出	利润总额	应交所得税
总 计	**1265496**	**1784438**	**8520161**	**46347016**	**6864482**
总计中：轻工业	581672	847541	2325339	10716136	1115691
重工业	683824	936897	6194822	35630880	5748791
总计中：大型企业	55716	6583	192652	1783436	478092
中型企业	285075	357754	929603	10652374	1651255
小型企业	924705	1420101	7397906	33911206	4735135
按行业小类分					
采矿业	**42636**	**94076**	**384937**	**8567047**	**1636348**
煤炭开采和洗选业	4303	6951	19311	722920	177522
烟煤和无烟煤的开采洗选	3400	6735	19311	715264	175615
褐煤的开采洗选	903	216		27	
其他煤炭采选				7629	1907
石油和天然气开采业				331	111
与石油和天然气开采有关的服务活动				331	111
黑色金属矿采选业	26610	57555	244133	6748051	1282798
铁矿采选	26114	57548	241338	6421968	1218032
其他黑色金属矿采选	496	7	2795	326083	64766
有色金属矿采选业		27952	83203	558409	97290
常用有色金属矿采选		27923	67425	315180	64564
铜矿采选			1050	6984	247
铅锌矿采选		361	4054	49605	8335
镍钴矿采选				2760	575
镁矿采选		27562	62321	255831	55407
贵金属矿采选		29	9375	24271	5478
金矿采选		29	9375	24271	5478
稀有稀土金属矿采选			6403	218958	27248
钨钼矿采选			6403	218958	27248
非金属矿采选业	11723	1618	38290	537336	78627
土砂石开采	132	235	21049	298716	39970
石灰石、石膏开采		190	16896	70808	10740
建筑装饰用石开采			1962	91350	12400
耐火土石开采				34677	3803
粘土及其他土砂石开采	132	45	2191	101881	13027
化学矿采选	11591	268	10184	118714	16768
采盐			1	24	6
石棉及其他非金属矿采选		1115	7056	119882	21883
石墨、滑石采选		1045	241	19983	2954
其他非金属矿采选		70	6815	99899	18929
制造业	**1168999**	**1649458**	**8112191**	**37615446**	**5204666**
农副食品加工业	240208	152256	1144494	5181558	360567
谷物磨制	39807	17685	324851	891104	67846
饲料加工	76976	38568	129413	1114244	85478
植物油加工	10904	1260	49911	1304717	6071
食用植物油加工	10904	1260	49911	1304685	6065
非食用植物油加工				32	6
制糖	86	1215	31215	-5051	3
屠宰及肉类加工	99245	21562	389241	1089969	99368
畜禽屠宰	63002	20244	280363	801455	73399
肉制品及副产品加工	36243	1318	108878	288514	25969

单位：千元

亏损企业亏损总额	利税总额	本年应付工资总额	本年应付福利费总额	本年应交增值税	本年进项税额	本年销项税额	全部从业人员年平均人数（人）
1891066	**72380335**	**29145113**	**4248212**	**18864339**	**50065493**	**65982326**	**1263982**
440856	15481593	8233574	1454063	3094312	9919738	12213781	360902
1450210	56898742	20911539	2794149	15770027	40145755	53768545	903080
	2668790	913740	143114	789512	1454776	2154440	32601
436109	15506806	5529480	718161	3796668	9528806	12682917	208148
1454957	54204739	22701893	3386937	14278159	39081911	51144969	1023233
131621	**13204792**	**3096876**	**437573**	**3493371**	**2820011**	**5894537**	**139118**
10372	1236507	707039	86914	403412	378479	684647	34743
10372	1225526	690965	86621	400400	369336	670995	34113
	3238	13404		2946	1328	5177	550
	7743	2670	293	66	7815	8475	80
	727	567	12	362	1596	1958	45
	727	567	12	362	1596	1958	45
100730	9974903	1594095	247376	2389798	1688817	3902056	67538
100730	9524556	1440459	235736	2289420	1642521	3757843	61225
	450347	153636	11640	100378	46296	144213	6313
15549	1030333	403865	35592	411646	561772	861562	17678
6994	689146	294103	27503	331780	490633	756869	12016
151	75517	42152	3970	63718	51534	92884	1656
	105143	82242	7013	48089	23790	42216	3318
	9441	17100	1458	6348	2798	2798	558
6843	499045	152609	15062	213625	412511	618971	6484
4471	49532	55435	5578	19425	33540	44014	2969
4471	49532	55435	5578	19425	33540	44014	2969
4084	291655	54327	2511	60441	37599	60679	2693
4084	291655	54327	2511	60441	37599	60679	2693
4970	962322	391310	67679	288153	189347	444314	19114
3482	602683	225918	50777	211572	112266	300065	11052
1100	221495	92808	24580	98412	32392	115300	3199
	148919	54330	15558	44874	22268	64992	2440
	46983	23542	4490	10457	4968	15243	1282
2382	185286	55238	6149	57829	52638	104530	4131
55	176232	84412	6429	32060	28285	57332	4528
	260	294		210	2083	2327	15
1433	183147	80686	10473	44311	46713	84590	3519
620	36000	25918	2209	14341	17822	29368	1142
813	147147	54768	8264	29970	28891	55222	2377
1708430	**58924853**	**25861695**	**3792808**	**15313834**	**47114599**	**59923503**	**1117558**
153052	6896286	2908825	313035	1062949	3718342	4431732	111667
9144	1263283	300697	44804	233759	712986	888905	12795
7781	1403118	430157	55342	183988	507582	670665	19380
36892	1492588	92112	11183	148312	337566	466404	4631
36892	1492380	91949	11160	148136	336218	464880	4601
	208	163	23	176	1348	1524	30
5068	9439	13235	537	11718	61247	69550	770
34883	1579190	831264	70161	218475	1406113	1490186	33330
31074	1176568	606045	53893	148977	917712	968873	24420
3809	402622	225219	16268	69498	488401	521313	8910

1-A-5 续表 40

分　组	补贴收入	营业外收入	营业外支出	利润总额	应交所得税
水产品加工	3257	71093	108193	406198	64110
水产品冷冻加工	1397	69380	102936	347929	55355
鱼糜制品及水产品干腌制加工	598	1698	340	18436	4091
水产饲料制造	1262	15	4917	26308	4511
其他水产品加工				13525	153
蔬菜、水果和坚果加工	8026	327	9178	152182	18089
其他农副食品加工	1907	546	102492	228195	19602
淀粉及淀粉制品的制造		412	76074	86508	4791
豆制品制造		29	11815	80907	7234
蛋品加工	1138	62	2353	13088	3530
其他未列明的农副食品加工	769	43	12250	47692	4047
食品制造业	6599	18085	158236	460831	77633
焙烤食品制造	593	1109	5484	127258	18623
糕点、面包制造	430	899	4700	119216	15674
饼干及其他焙烤食品制造	163	210	784	8042	2949
糖果、巧克力及蜜饯制造	72	2089	182	17442	2637
糖果、巧克力制造		1607	11	16249	2516
蜜饯制作	72	482	171	1193	121
方便食品制造	2015	2888	22895	37575	7226
米、面制品制造	265	680	104	9794	1074
速冻食品制造	1750	2150	22756	31153	5155
方便面及其他方便食品制造		58	35	-3372	997
液体乳及乳制品制造	471	430	37827	37790	5681
罐头制造	1850	2583	44968	62570	5930
肉、禽类罐头制造	1251	27	502	1022	231
水产品罐头制造		760	1082	15356	2540
蔬菜、水果罐头制造	599	1796	43384	44915	2840
其他罐头食品制造				1277	319
调味品、发酵制品制造	1029	2350	32156	88965	16038
味精制造				347	20
酱油、食醋及类似制品的制造	1029	2250	6652	51930	10021
其他调味品、发酵制品制造		100	25504	36688	5997
其他食品制造	569	6636	14724	89231	21498
营养、保健食品制造		5219	1611	39408	8701
冷冻饮品及食用冰制造	569	1196	12935	19212	3313
盐加工		190	158	5228	1713
食品及饲料添加剂制造		8	15	24091	7448
其他未列明的食品制造		23	5	1292	323
饮料制造业	4739	29900	27378	564760	51086
酒精制造			2	24669	859
酒的制造	2030	2484	10839	351994	14320
白酒制造	2030	2477	10826	328221	13209
啤酒制造				1551	60
葡萄酒制造		7	13	21043	864
其他酒制造				1179	187

单位：千元

亏损企业亏损总额	利税总额	本年应付工资总额	本年应付福利费总额	本年应交增值税	本年进项税额	本年销项税额	全部从业人员年平均人数(人)
37125	617008	922317	89885	167462	384005	467922	25613
30945	525768	865845	87033	141542	292276	366645	22477
5234	26343	34413	481	5324	39152	33637	2174
946	45584	18984	2310	15103	49342	63863	773
	19313	3075	61	5493	3235	3777	189
20523	233055	219258	29809	53526	179490	216684	9726
1636	298605	99785	11314	45709	129353	161416	5422
	118071	31534	2589	30471	43609	62745	1907
1636	100714	40430	4664	7464	10910	12614	1838
	14905	9444	2155	1090	26745	20698	566
	64915	18377	1906	6684	48089	65359	1111
22043	852781	518834	82657	284146	533080	789702	21325
7223	188584	113542	27243	47842	139094	180872	4454
658	172440	102851	26127	44544	124138	158921	3730
6565	16144	10691	1116	3298	14956	21951	724
	35323	16285	1405	6626	38733	42099	861
	32457	14357	1237	5910	34301	36951	680
	2866	1928	168	716	4432	5148	181
6529	63610	57220	5509	11920	68482	78399	2232
	20544	4784	594	909	6579	7473	302
59	43126	44902	4464	8658	50985	58667	1273
6470	-60	7534	451	2353	10918	12259	657
1914	95441	51256	6949	39681	37193	73627	2050
668	105887	113935	16099	28433	82112	116102	4036
	2036	3905	29	768	3148	2910	181
668	34031	23246	4645	7239	26961	33770	652
	67908	85124	10535	19854	48143	74990	3163
	1912	1660	890	572	3860	4432	40
1068	201873	48533	12079	105542	49148	154383	2958
	481	2638	30	99	26	105	170
1068	145744	36573	10730	87276	42597	129800	2081
	55648	9322	1319	18167	6525	24478	707
4641	162063	118063	13373	44102	118318	144220	4734
811	64486	36352	2884	19819	36218	48578	1382
290	55432	53768	7620	15217	59340	68846	1957
3540	13286	19731	2076	5872	14980	19005	809
	26513	5092	296	2304	7446	6101	393
	2346	3120	497	890	334	1690	193
11447	766129	257669	29924	119512	311094	492824	10867
	32064	10635	1919	1411	15313	16412	648
1916	470601	151529	18060	62739	101135	158569	5951
1916	435354	131602	15563	57745	70580	123762	4923
	2209	2211	211	573	1635	1880	237
	29933	14963	1952	3435	27461	30482	641
	3105	2753	334	986	1459	2445	150

1-A-5 续表 41

分 组	补贴收入	营业外收入	营业外支出	利润总额	应交所得税
软饮料制造	2709	27416	16537	185197	35907
碳酸饮料制造	670	1100	8322	13301	3460
瓶(罐)装饮用水制造	1950	2763	5800	32701	3786
果菜汁及果菜汁饮料制造	89	1082	1720	32136	4901
含乳饮料和植物蛋白饮料制造		22415	475	67747	16625
固体饮料制造		56	220	38625	6964
茶饮料及其他软饮料制造				687	171
精制茶加工				2900	
纺织业	12464	18615	122765	471956	54191
棉、化纤纺织及印染精加工	2014	3385	12441	166113	15482
棉、化纤纺织加工	2014	3319	12387	119270	7547
棉、化纤印染精加工		66	54	46843	7935
毛纺织和染整精加工	1825		208	-36	1016
毛条加工	1825			3614	845
毛纺织			208	-3650	171
麻纺织				12180	1557
丝绢纺织及精加工	105	725	21614	57958	6340
缫丝加工		120	19184	39872	6222
绢纺和丝织加工	105	605	2404	12494	118
丝印染精加工			26	5592	
纺织制成品制造	4231	4149	15714	147807	21109
棉及化纤制品制造	1497	40	5728	48526	6282
丝制品制造			144	5259	129
绳、索、缆的制造		253	5897	16763	2081
纺织带和帘子布制造			1118	5126	927
无纺布制造		3380	1602	62337	10206
其他纺织制成品制造	2734	476	1225	9796	1484
针织品、编织品及其制品制造	4289	10356	72788	87934	8687
棉、化纤针织品及编织品制造		1337	8478	21659	3251
毛针织品及编织品制造	4289	9019	64310	61571	4562
丝针织品及编织品制造				3012	539
其他针织品及编织品制造				1692	335
纺织服装、鞋、帽制造业	220396	438131	68267	1134655	173126
纺织服装制造	2259	8068	63762	579637	71378
纺织面料鞋的制造	218137	430063	4505	554548	101748
制帽				470	
皮革、毛皮、羽毛(绒)及其制品业	5029	7315	2883	179671	40009
皮革制品制造	5029	7315	14478	41497	6725
皮鞋制造	4989	7303	4055	27712	6041
皮革服装制造	40	12	10413	5914	524
皮箱、包(袋)制造				841	160
皮手套及皮装饰制品制造				7300	
其他皮革制品制造			10	-270	
毛皮鞣制及制品加工			-11595	131842	32900
毛皮鞣制加工				502	
毛皮服装加工			-11595	127840	31920
其他毛皮制品加工				3500	980

单位：千元

亏损企业亏损总额	利税总额	本年应付工资总额	本年应付福利费总额	本年应交增值税	本年进项税额	本年销项税额	全部从业人员年平均人数（人）
9531	259964	92705	9555	55062	194646	317843	4168
805	21171	8324	1588	6273	4400	19478	581
4	57679	50385	3993	13847	77264	89651	1745
8722	53970	13863	1287	16819	48617	95673	658
	77344	14963	1075	7879	42562	77057	829
	49033	4735	1612	10172	20160	34269	325
	767	435		72	1643	1715	30
	3500	2800	390	300			100
79984	889182	805250	106615	299133	979111	1229855	42514
51843	298207	320183	34640	103898	401667	477360	19546
35997	231396	259719	29234	92553	328653	399094	17116
15846	66811	60464	5406	11345	73014	78266	2430
5284	12536	21315	253	8907	30179	40342	1783
	14965	16135	118	7767	24312	32079	1300
5284	-2429	5180	135	1140	5867	8263	483
1399	19617	30717	4243	6649	12491	19872	1272
8724	166788	112768	25498	57147	90562	138730	4772
3207	117012	74163	19675	43365	45446	82257	2876
4529	36401	30421	5796	7319	35739	40633	1704
988	13375	8184	27	6463	9377	15840	192
12311	230419	176812	24194	61594	308180	357104	7711
2056	83097	81473	11872	24429	98306	119158	3292
445	8670	7530	882	2969	1271	2655	309
5073	29000	38351	5657	6276	37982	43669	1227
	12822	9288	812	6938	19893	26781	340
2983	75213	20519	2238	10542	118486	124020	1269
1754	21617	19651	2733	10440	32242	40821	1274
423	161615	143455	17787	60938	136032	196447	7430
370	50203	64696	5015	26191	65292	91856	3214
53	103447	68209	12143	32667	49037	80905	3719
	4044	6638	384	713	12521	13174	208
	3921	3912	245	1367	9182	10512	289
31259	1671460	1201451	620881	290008	787934	915597	56560
31259	842500	1131325	122062	183657	782639	909781	52780
	828074	69889	498819	106039	5295	5816	3762
	886	237		312			18
3356	217924	280969	38894	17650	131932	141539	16885
3187	65286	242967	34297	9532	47156	51011	15939
1523	39750	221384	32281	7014	26945	30989	14897
1374	16202	12027	1610	1584	17467	17467	518
	1841	3929	106	691	2176	2533	234
20	7742	4050	300	222	22		221
270	-249	1577		21	546	22	69
	142338	34831	4364	5426	75667	80995	786
	757	910	100				91
	133571	32841	4166	1226	74725	75853	635
	8010	1080	98	4200	942	5142	60

1-A-5 续表 42

分　　组	补贴收入	营业外收入	营业外支出	利润总额	应交所得税
羽毛(绒)加工及制品制造				6332	384
羽毛(绒)加工				63	312
羽毛(绒)制品加工				6269	72
木材加工及木、竹、藤、棕、草制品业	12883	7399	314354	1004472	107751
锯材、木片加工	2720	3229	21884	104529	5992
锯材加工	2720	3229	21884	90351	5423
木片加工				14178	569
人造板制造	1710	3748	205480	509951	38215
胶合板制造		9	189937	213667	22566
纤维板制造	714	770	229	23953	2247
刨花板制造	143		1	55499	7193
其他人造板、材制造	853	2969	15313	216832	6209
木制品制造	8423	382	86953	378262	63147
建筑用木料及木材组件加工	7841	365	81378	296749	58138
木容器制造	388	12	4495	20476	1479
软木制品及其他木制品制造	194	5	1080	61037	3530
竹、藤、棕、草制品制造	30	40	37	11730	397
家具制造业	488	48166	132262	603812	129601
木质家具制造	488	48000	48684	523806	110558
竹、藤家具制造		25	1	-676	
金属家具制造		41	38579	15454	616
其他家具制造		100	44998	65228	18427
造纸及纸制品业	12199	7112	90345	430770	42472
纸浆制造				4332	390
造纸	6774	4588	60740	139262	19583
机制纸及纸板制造	6664	3483	54637	126310	18790
手工纸制造	110	1101	3101	1910	250
加工纸制造		4	3002	11042	543
纸制品制造	5425	2524	29605	287176	22499
纸和纸板容器的制造	4462	1488	19666	251603	18034
其他纸制品制造	963	1036	9939	35573	4465
印刷业和记录媒介的复制	41085	7383	100940	168979	24015
印刷	39398	7325	11137	156166	21155
书、报、刊印刷	27976	4525	782	48532	8652
本册印制	8	4	1343	24639	413
包装装潢及其他印刷	11414	2796	9012	82995	12090
装订及其他印刷服务活动		58	2099	-736	99
记录媒介的复制	1687		87704	13549	2761
文教体育用品制造业		5	72418	54113	3507
文化用品制造		5	308	9463	1676
文具制造			20	2509	500
笔的制造		5	288	4691	1005
教学用模型及教具制造				2263	171
体育用品制造			5975	8128	1665
球类制造				3042	615
体育器材及配件制造			5975	3910	911
训练健身器材制造				816	139
运动防护用具制造				360	

单位：千元

亏损企业亏损总额	利税总额	本年应付工资总额	本年应付福利费总额	本年应交增值税	本年进项税额	本年销项税额	全部从业人员年平均人数（人）
169	10300	3171	233	2692	9109	9533	160
169	938	1802	134	799	9010	9448	72
	9362	1369	99	1893	99	85	88
27336	1317394	594799	67920	223874	1139560	1255773	30514
1473	163495	84866	11968	37537	122787	145967	3873
1473	141205	74132	8706	34562	121033	143742	3352
	22290	10734	3262	2975	1754	2225	521
10354	636523	232923	24219	93861	482006	527610	13216
	280402	141132	13200	53733	220344	229577	6647
9813	36099	18317	2820	6524	19935	24075	1145
	70031	23099	2251	9288	34969	41811	1495
541	249991	50375	5948	24316	206758	232147	3929
15509	504464	272809	31365	91643	522941	569946	13223
6422	393252	203837	25765	69403	443385	497425	9794
6095	34707	24479	3189	12468	37505	42467	958
2992	76505	44493	2411	9772	42051	30054	2471
	12912	4201	368	833	11826	12250	202
8282	788278	337303	26734	113245	804317	843633	14743
7606	683091	292194	22181	96440	638918	668574	12597
676	-612	1000					18
	21388	11302	1203	2140	7569	9456	608
	84411	32807	3350	14665	157830	165603	1520
10463	670789	399477	45761	166812	576389	708421	20980
	11612	520	213	92	3250	3342	30
4251	225902	150443	15689	67653	244365	299269	8817
4251	206523	141278	14132	63144	227703	278100	8404
	3021	3544	1110	650	3190	3840	117
	16358	5621	447	3859	13472	17329	296
6212	433275	248514	29859	99067	328774	405810	12133
4004	368301	173302	26005	81760	254099	316916	9347
2208	64974	75212	3854	17307	74675	88894	2786
17924	300677	186974	17328	93082	286100	346573	7220
13276	263452	163283	16115	71041	203936	256999	6201
8852	68424	69219	6794	16055	38288	54027	2445
	28316	7452	1742	3022	22102	23911	352
4424	166712	86612	7579	51964	143546	179061	3404
1132	3512	2672	750	3719	4073	3514	144
3516	33713	21019	463	18322	78091	86060	875
1190	75424	31266	2251	9074	33781	40503	1756
1190	16611	8068	603	2410	17202	18684	500
	6151	1914	89	480	2164	2644	156
1190	7053	3748	300	1313	12679	13071	258
	3407	2406	214	617	2359	2969	86
	10315	12623	1410	1622	11154	12295	593
	3205	6837	914	88	889	977	298
	4836	3726	403	603	4180	4302	139
	1501	1430		559	5402	5961	121
	773	630	93	372	683	1055	35

1-A-5 续表 43

分　组	补贴收入	营业外收入	营业外支出	利润总额	应交所得税
乐器制造				6910	143
其他乐器及零件制造				6910	143
玩具制造				1130	
游艺器材及娱乐用品制造			66135	28482	23
露天游乐场所游乐设备制造			66135	26623	
游艺用品及室内游艺器材制造				1859	23
石油加工、炼焦及核燃料加工业	21478	17620	35893	895010	167040
精炼石油产品的制造	15658	16062	30402	623248	110959
原油加工及石油制品制造	15658	16062	30402	623065	110917
人造原油生产				183	42
炼焦	5820	1558	5491	271762	56081
化学原料及化学制品制造业	31919	127655	283609	1941356	284989
基础化学原料制造	7685	17525	86187	423223	50421
无机酸制造		318	1471	82702	13130
无机碱制造		6	27	18989	4127
无机盐制造	3026	4180	2736	71868	6834
有机化学原料制造	3948	2414	67050	113144	11466
其他基础化学原料制造	711	10607	14903	136520	14864
肥料制造	2314	5594	28708	322340	43970
氮肥制造	1039	2286	1496	29312	1092
磷肥制造				531	16
钾肥制造			5000	1702	352
复混肥料制造	798	2179	20042	216966	26926
有机肥料及微生物肥料制造	300	766	601	46998	12276
其他肥料制造	177	363	1569	26831	3308
农药制造	17	316	1454	54290	7857
化学农药制造	17	316	1454	54623	7816
生物化学农药及微生物农药制造				-333	41
涂料、油墨、颜料及类似产品制造	2879	12865	25777	377022	28353
涂料制造	1201	9550	14475	134998	17394
油墨及类似产品制造	1678	1120	6861	17276	1209
颜料制造				161289	65
染料制造		2195	2993	44516	8828
密封用填料及类似品制造			1448	18943	857
合成材料制造	4710	17606	11805	4411	6832
初级形态的塑料及合成树脂制造	4460	1760	1616	-3726	4202
合成橡胶制造				2459	372
合成纤维单(聚合)体的制造	250	240	592	-51	1640
其他合成材料制造		15606	9597	5729	618
专用化学产品制造	9248	68644	121675	721251	141153
化学试剂和助剂制造	4790	44737	67578	194222	35028
专项化学用品制造	1836	2071	5266	374977	73339
林产化学产品制造		385		3585	62
炸药及火工产品制造		17444	44889	53541	12037
信息化学品制造				2201	574
环境污染处理专用药剂材料制造			1036	370	129
动物胶制造				2850	
其他专用化学产品制造	2622	4007	2906	89505	19984

单位：千元

亏损企业亏损总额	利税总额	本年应付工资总额	本年应付福利费总额	本年应交增值税	本年进项税额	本年销项税额	全部从业人员年平均人数（人）
	11846	1711	182	4072	4758	8830	86
	11846	1711	182	4072	4758	8830	86
	1250	1926		108			210
	35402	6938	56	862	667	694	367
	33179	4500		555			225
	2223	2438	56	307	667	694	142
12615	1865572	244827	31192	690906	2090393	2785727	11076
12615	1408694	224477	28627	522878	1793213	2318550	10120
12615	1406353	220641	28102	520932	1792432	2315895	10070
	2341	3836	525	1946	781	2655	50
	456878	20350	2565	168028	297180	467177	956
113341	3173533	1279055	209395	894506	2866899	3470015	55644
32204	770782	364015	47504	220422	741385	827103	17466
1799	148190	49465	10127	36347	85372	118027	2340
317	42522	7304	957	13225	42120	54623	394
5291	136234	132190	13632	55940	221329	189212	5179
22506	215843	92410	14002	54804	250824	272870	5558
2291	227993	82646	8786	60106	141740	192371	3995
2373	570286	182434	25550	188470	287203	395491	8277
302	55564	14506	638	21634	35504	35517	1215
	858	1702	238	125	304	429	124
	6969	1416		4703	2576	7279	59
581	368704	126648	19197	114559	209081	266555	4892
1490	77465	20595	2572	15572	15358	30280	1264
	60726	17567	2905	31877	24380	55431	723
1151	62683	23128	2808	3927	78968	79798	1007
691	62086	21585	2446	3111	74554	74568	885
460	597	1543	362	816	4414	5230	122
1580	525227	173137	25110	102674	386341	459158	7775
1580	212905	99621	14557	52896	288864	335641	4464
	22205	5263	1132	4115	20631	24783	278
	196754	31840	4435	24242	558	754	1420
	71430	26403	3433	18971	64698	84018	1030
	21933	10010	1553	2450	11590	13962	583
34448	46035	63764	5731	35460	179279	203249	3017
28544	22258	37265	3081	22639	135934	147360	2005
8	4606	2218	130	1983	5433	7157	122
5841	4679	14260	1149	3412	14038	17344	354
55	14492	10021	1371	7426	23874	31388	536
39842	1133363	432787	99636	321943	1134285	1427036	16706
33094	358303	145266	16572	117338	458842	568266	6737
5432	510877	138762	62652	103900	385947	479743	4842
78	4510	1345	27	758	2857	3515	71
	105549	69575	14703	46656	73283	116712	2628
59	3234	10812	616	874	5440	5946	229
640	1775	3735	74	970	7266	8158	179
	3020	2688	1200				30
539	146095	60604	3792	51447	200650	244696	1990

1-A-5 续表 44

分组	补贴收入	营业外收入	营业外支出	利润总额	应交所得税
日用化学产品制造	5066	5105	8003	38819	6403
肥皂及合成洗涤剂制造	4376	5105	5966	24615	3310
化妆品制造			382	2015	386
口腔清洁用品制造			126	1150	379
香料、香精制造	612		518	6595	1374
其他日用化学产品制造	78		1011	4444	954
医药制造业	9024	55702	43062	280666	52582
化学药品原药制造	3497	3193	24899	34274	3223
化学药品制剂制造	1510	3730	670	35232	8426
中药饮片加工	658	140	2631	55689	12756
中成药制造	1048	12	5200	43303	4061
兽用药品制造		6	39	14761	5254
生物、生化制品的制造	2311	3073	2115	45213	9936
卫生材料及医药用品制造		45548	7508	52194	8926
化学纤维制造业	1250	4685	20370	53740	3659
纤维素纤维原料及纤维制造		600	100	13467	220
人造纤维(纤维素纤维)制造		600	100	13467	220
合成纤维制造	1250	4085	20270	40273	3439
锦纶纤维制造		606	81	-2652	501
涤纶纤维制造	1250	304	20170	31069	58
腈纶纤维制造		3175	19	10692	2638
其他合成纤维制造				1164	242
橡胶制品业	3330	530	299307	271954	51309
轮胎制造		12	103308	-3027	4286
车辆、飞机及工程机械轮胎制造		10	103145	-2807	4149
力车胎制造				322	48
轮胎翻新加工		2	163	-542	89
橡胶板、管、带的制造	1855	18	43217	60724	11065
橡胶零件制造	1375	70	100105	117998	30919
再生橡胶制造			48614	26331	2342
日用及医用橡胶制品制造				31905	324
橡胶靴鞋制造		258	2855	2236	265
其他橡胶制品制造	100	172	1208	35787	2108
塑料制品业	8523	15155	224147	1011546	126399
塑料薄膜制造	2642	2944	22651	97071	5947
塑料板、管、型材的制造	1976	7814	108840	217419	19621
塑料丝、绳及编织品的制造	927	237	9786	356652	57045
泡沫塑料制造	722	1037	9211	60429	2706
塑料人造革、合成革制造	69		8003	72729	17090
塑料包装箱及容器制造	413	129	7174	51777	6321
塑料零件制造	516	5	1	13154	2184
日用塑料制造		2382	16733	85852	10248
日用塑料杂品制造		2382	16733	85852	10248
其他塑料制品制造	1258	607	41748	56463	5237
非金属矿物制品业	201034	199947	1022441	5666981	1025596
水泥、石灰和石膏的制造	107565	58750	93406	549105	97437

单位：千元

亏损企业亏损总额	利税总额	本年应付工资总额	本年应付福利费总额	本年应交增值税	本年进项税额	本年销项税额	全部从业人员年平均人数（人）
1743	65157	39790	3056	21610	59438	78180	1396
	42274	29732	2124	14961	23288	37371	843
73	4611	2757	209	1649	7056	7830	195
	1953	388	55	746	551	1297	27
	8256	2146	97	1495	10037	11491	99
1670	8063	4767	571	2759	18506	20191	232
64530	529678	337048	42947	189496	343539	502921	12859
11973	66748	77307	6098	25468	110563	130500	2990
34005	90799	84590	9169	41305	79120	107533	3250
1630	102898	38241	7100	25508	42613	63690	2430
2703	62130	44049	5945	13104	38272	49884	1460
6820	65481	48754	5733	47941	29969	76460	1215
7399	72735	31715	3624	21455	16664	33800	1172
	68887	12392	5278	14715	26338	41054	342
5386	97080	31211	4193	37938	120502	153696	2164
	25743	2562	333	11857	16909	28706	79
	25743	2562	333	11857	16909	28706	79
5386	71337	28649	3860	26081	103593	124990	2085
5010	4699	12608	2955	3971	43086	47057	903
193	47081	9881	350	15417	45448	60776	710
	15157	4074	263	3814	12272	11491	383
183	4400	2086	292	2879	2787	5666	89
56924	620443	273084	59844	278484	486427	750585	11154
54996	18732	46414	8806	15922	104908	121540	2121
54098	18289	43759	8603	15305	104058	120232	1921
	486	1168	24	158			120
898	-43	1487	179	459	850	1308	80
109	118393	57518	8496	38702	66017	102843	2434
69	357066	114540	38577	198924	160683	348217	4273
	41542	10176	950	14795	66878	81673	373
295	33797	14840	65	1811	33105	34916	334
1064	5537	11897	1524	3098	5452	8349	805
391	45376	17699	1426	5232	49384	53047	814
47985	1760009	954218	93585	464232	2414674	2851844	56175
3546	165555	91359	7678	46525	138392	179904	3707
28038	452968	156469	18080	136224	329674	414091	7643
2822	651987	492705	45480	185793	1470028	1698056	34654
2058	76356	32413	3083	10188	56484	64866	1557
	85443	19870	2204	11936	172970	182929	642
8972	91588	57677	5884	26022	88322	114385	3044
501	27484	11158	2294	7989	12750	20196	607
1501	120823	45021	4405	17877	81182	92453	2614
1501	120823	45021	4405	17877	81182	92453	2614
547	87805	47546	4477	21678	64872	84964	1707
205376	8877094	3304094	533124	2507883	5042315	7270041	145283
55936	1092894	597006	78142	452169	810886	1265414	30223

1-A-5 续表 45

分 组	补贴收入	营业外收入	营业外支出	利润总额	应交所得税
水泥制造	107565	57657	91614	514257	90679
石灰和石膏制造		1093	1792	34848	6758
水泥及石膏制品制造	11473	19568	89736	303173	50005
水泥制品制造	6147	4590	53345	119140	38289
砼结构构件制造	3756	6182	14007	38878	4234
石棉水泥制品制造				117543	1279
轻质建筑材料制造	1570	6721	21364	11464	1920
其他水泥制品制造		2075	1020	16148	4283
砖瓦、石材及其他建筑材料制造	14453	58940	281498	2002643	341177
粘土砖瓦及建筑砌块制造	7294	8754	92723	272771	29899
建筑陶瓷制品制造		5		1383335	269222
建筑用石加工		45768	75692	93780	6512
防水建筑材料制造	882	2044	50436	110257	11225
隔热和隔音材料制造	4477	1602	62227	120323	21581
其他建筑材料制造	1800	767	420	22177	2738
玻璃及玻璃制品制造	3168	1218	99612	299120	16646
平板玻璃制造			32	-5586	145
技术玻璃制品制造	261		2676	30076	1998
光学玻璃制造				771	88
玻璃仪器制造			160	1178	
日用玻璃制品及玻璃包装容器制造	2649	13	95573	52633	1445
玻璃保温容器制造				462	
玻璃纤维及制品制造		20	801	42746	7043
玻璃纤维增强塑料制品制造	258	1185	370	144574	5060
其他玻璃制品制造				32266	867
陶瓷制品制造		5224	1636	68365	11271
特种陶瓷制品制造		5224	1636	63796	9854
日用陶瓷制品制造				4110	1302
园林、陈设艺术及其他陶瓷制品制造				459	115
耐火材料制品制造	27269	51111	440517	2147333	472703
石棉制品制造	1029	5	295	9035	1953
云母制品制造			6	3690	657
耐火陶瓷制品及其他耐火材料制造	26240	51106	440216	2134608	470093
石墨及其他非金属矿物制品制造	37106	5136	16036	297242	36357
石墨及碳素制品制造	13555	3954	12087	172591	25846
其他非金属矿物制品制造	23551	1182	3949	124651	10511
黑色金属冶炼及压延加工业	34205	31654	123814	4234997	500459
炼铁	3070	4597	63582	543006	82309
炼钢		30	3050	129138	8523
钢压延加工	21570	26047	45984	3157870	381811
铁合金冶炼	9565	980	11198	404983	27816
有色金属冶炼及压延加工业	66236	24577	607357	1007109	201875
常用有色金属冶炼	29561	2437	398586	-118865	20875
铜冶炼	26814	30	338596	-159667	375
铅锌冶炼		70	50	-11169	4166
镍钴冶炼			6	-17719	
铝冶炼	2641	2256	58228	20031	2234
镁冶炼			1038	9489	1437
其他常用有色金属冶炼	106	81	668	40170	12663

单位：千元

亏损企业亏损总额	利税总额	本年应付工资总额	本年应付福利费总额	本年应交增值税	本年进项税额	本年销项税额	全部从业人员年平均人数(人)
54265	1027137	568592	76641	428815	772125	1211448	28528
1671	65757	28414	1501	23354	38761	53966	1695
76361	631466	371872	50522	249076	324085	488623	15847
62867	365374	240703	29286	183232	246619	355908	10915
12801	75342	41982	3671	28866	49754	69517	2514
629	149888	71696	14083	25188	18132	43249	1433
64	19218	15485	3014	6524	6224	11327	908
	21644	2006	468	5266	3356	8622	77
4409	2609588	632170	64194	375201	714743	1044761	34130
2581	491498	225991	34367	120312	138825	243544	12519
532	1589823	176021	5802	121110	4060	123996	12404
	147178	110153	9753	46317	278710	302107	3913
	165183	50379	7203	36198	117235	151932	2212
1296	170484	53392	4594	34404	139211	171074	2433
	45422	16234	2475	16860	36702	52108	649
14204	504608	182256	21937	174615	377050	527541	7679
6567	-2718	3527	155	2711	8894	11536	191
	48976	26341	3123	11992	56244	66551	1071
	1110	1580	1923	305	259	556	56
	1817	400		160	607	967	20
7272	80452	81345	7097	19121	24504	31569	2888
	566	4128	413	80			96
	64053	26309	2040	18105	61565	78067	1607
349	268033	30191	6385	113598	182307	292353	1364
16	42319	8435	801	8543	42670	45942	386
350	103861	53612	17597	25713	122706	128142	2593
350	97738	45818	16699	24647	120420	124989	2136
	5363	3138	651	807	900	1508	344
	760	4656	247	259	1386	1645	113
42318	3456415	1225319	263838	1090827	2346472	3343086	44684
	13013	5917	467	3463	17781	20881	334
	7617	3135	309	3624	13079	16676	141
42318	3435785	1216267	263062	1083740	2315612	3305529	44209
11798	478262	241859	36894	140282	346373	472474	10127
7946	266736	77055	8200	76775	230636	311988	3785
3852	211526	164804	28694	63507	115737	160486	6342
127189	6275321	1163844	158019	1411192	4522739	5771172	45044
9675	876039	258153	46055	264140	855233	1141502	10096
197	185671	36569	3775	36839	141309	187447	1785
61365	4450154	697839	93326	794295	2891368	3641525	26776
55952	763457	171283	14863	315918	634829	800698	6387
303075	2294549	680340	150439	1003556	2434846	3378806	25867
262622	375249	170271	29738	450599	721243	1146243	9034
161509	208616	51351	19374	361261	419532	780793	1944
28620	37257	20121	2130	32099	75825	102317	1014
57530	-13609	31444	616	3880	67026	59826	2154
51	41565	6060	721	9317	26004	32083	935
	28186	19816	3734	13632	28717	40228	937
14912	73234	41479	3163	30410	104139	130996	2050

1-A-5 续表 46

分　组	补贴收入	营业外收入	营业外支出	利润总额	应交所得税
贵金属冶炼			113	61041	1341
金冶炼			113	55956	42
其他贵金属冶炼				5085	1299
稀有稀土金属冶炼	4460	4303	37212	215116	8900
钨钼冶炼	4460	3421	37103	211821	8055
稀土金属冶炼		882	109	3180	845
其他稀有金属冶炼				115	
有色金属合金制造	498	8328	27747	72651	11011
有色金属压延加工	31717	9509	143699	777166	159748
常用有色金属压延加工	31717	9509	143522	736085	155429
贵金属压延加工				490	
稀有稀土金属压延加工			177	40591	4319
金属制品业	45673	48390	537515	1680743	283660
结构性金属制品制造	22885	21033	204863	902256	153473
金属结构制造	22500	19534	199419	787267	128392
金属门窗制造	385	1499	5444	114989	25081
金属工具制造	13073	5383	132299	88663	6969
切削工具制造	549	20	30270	25070	1981
手工具制造			1223	6889	844
农用及园林用金属工具制造			4	23011	1134
其他金属工具制造	12524	5363	100802	33693	3010
集装箱及金属包装容器制造	68	4444	46678	251034	63557
集装箱制造				-48	
金属压力容器制造	14	4162	9522	197223	54238
金属包装容器制造	54	282	37156	53859	9319
金属丝绳及其制品的制造	729	29	-1518	125157	17096
建筑、安全用金属制品制造	591	1863	28118	144790	16191
建筑、家具用金属配件制造		47	8	10777	911
建筑装饰及水暖管道零件制造	59	1796	16132	101135	12765
安全、消防用金属制品制造	532	20	11975	18282	2005
其他建筑、安全用金属制品制造			3	14596	510
金属表面处理及热处理加工	7042	383	90580	95419	16172
搪瓷制品制造			7698	25583	604
工业生产配套用搪瓷制品制造			1000	24538	604
搪瓷日用品及其他搪瓷制品制造			6698	1045	
不锈钢及类似日用金属制品制造		14521	26737	13526	1512
金属制厨房调理及卫生器具制造			22	104	74
金属制厨用器皿及餐具制造		14521	26659	9460	551
其他日用金属制品制造			56	3962	887
其他金属制品制造	1285	734	2060	34315	8086
其他未列明的金属制品制造	1285	734	2060	34315	8086
通用设备制造业	98920	97078	1103343	4797099	659725
锅炉及原动机制造	5735	12227	51477	128192	23619
锅炉及辅助设备制造	5735	11964	11565	67823	12598
内燃机及配件制造		61	62	45103	10186
汽轮机及辅机制造		202		2996	835
水轮机及辅机制造			39850	12270	

单位：千元

亏损企业亏损总额	利税总额	本年应付工资总额	本年应付福利费总额	本年应交增值税	本年进项税额	本年销项税额	全部从业人员年平均人数（人）
15151	79458	24447	1430	15287	13037	19360	1672
15151	65515	23544	1304	8213	6557	5806	1556
	13943	903	126	7074	6480	13554	116
12225	341913	61338	9026	110881	251032	341105	2520
10581	331664	33861	5498	104718	202066	288564	1732
1644	9974	26977	3303	6038	48966	52541	773
	275	500	225	125			15
4832	111105	40297	6133	29547	148695	171454	2049
8245	1386824	383987	104112	397242	1300839	1700644	10592
5311	1338585	372429	102880	391249	1242887	1636103	10222
	1091	891	401	601	250	851	30
2934	47148	10667	831	5392	57702	63690	340
36526	2716318	1219202	194673	779714	2623909	3286306	54590
22670	1290095	553717	78421	292411	1408785	1683278	25191
19751	1109381	448615	67632	240671	1129221	1361888	19902
2919	180714	105102	10789	51740	279564	321390	5289
458	127523	66557	7773	25851	143536	168900	3461
63	40977	24075	2401	11576	32757	43712	1068
	10392	8660	949	2991	4952	10157	423
395	30947	17287	1126	4600	14487	17818	965
	45207	16535	3297	6684	91340	97213	1005
2104	392719	156550	33513	112096	262806	364848	5464
48	15	550		7	41	48	40
486	304848	113931	29716	91790	181686	265205	3526
1570	87856	42069	3797	20299	81079	99595	1898
	228855	85028	35600	73767	145359	208834	2446
7419	320822	110339	11074	134858	311786	386151	6115
1046	65877	7457	555	52701	16728	25351	444
6080	193341	68162	6362	65201	254504	306865	3978
293	45308	23888	3332	15913	33772	46203	1374
	16296	10832	825	1043	6782	7732	319
2876	242632	185195	18963	109134	213519	311139	8576
	36243	16782	4339	9015	24120	33043	652
	30248	15842	4292	4555	13496	17959	605
	5995	940	47	4460	10624	15084	47
790	23684	19224	2603	7682	31081	37913	1072
497	2074	3983	468	1577	3976	5246	278
105	15051	8732	745	3763	15455	19003	497
188	6559	6509	1390	2342	11650	13664	297
209	53745	25810	2387	14900	82917	92200	1613
209	53745	25810	2387	14900	82917	92200	1613
132417	7678679	4256058	450167	2180554	6992648	8902475	172627
13496	265833	170787	16755	93475	202941	291257	8252
13491	160359	140157	12662	71018	185783	251353	6771
5	70116	26970	3893	14026	14631	36855	1283
	18801	1340	200	8174	2527	3049	82
	16557	2320		257			116

1-A-5 续表 47

分　组	补贴收入	营业外收入	营业外支出	利润总额	应交所得税
金属加工机械制造	14283	16946	219101	570951	56717
金属切削机床制造	10945	2002	32018	122600	21581
金属成形机床制造	195	110	13148	39085	4158
铸造机械制造	238	9	305	16138	2397
金属切割及焊接设备制造	102	877	12554	88027	4426
机床附件制造	2803	3554	14717	132256	10866
其他金属加工机械制造		10394	146359	172845	13289
起重运输设备制造	9797	7183	53739	200589	28693
泵、阀门、压缩机及类似机械的制造	14601	4293	346763	772794	75582
泵及真空设备制造	1961	854	210781	450187	39937
气体压缩机械制造	722	120	90359	61010	2632
阀门和旋塞的制造	10770	588	44244	171249	27849
液压和气压动力机械及元件制造	1148	2731	1379	90348	5164
轴承、齿轮、传动和驱动部件的制造	16305	9309	5857	873619	152810
轴承制造	13399	8657	5396	748531	137915
齿轮、传动和驱动部件制造	2906	652	461	125088	14895
烘炉、熔炉及电炉制造			7200	17052	1522
风机、衡器、包装设备等通用设备	1502	6555	80334	425841	58566
风机、风扇制造	893	370	44250	161586	36302
气体、液体分离及纯净设备制造		608	193	12461	2058
制冷、空调设备制造	347	933	12727	169426	5320
风动和电动工具制造		1482	247	2965	392
喷枪及类似器具制造		57		1103	
包装专用设备制造				4713	897
衡器制造		8	591	8069	1502
其他通用设备制造	262	3097	22326	65518	12095
通用零部件制造及机械修理	3238	9073	149282	782267	120007
金属密封件制造		257	1849	75659	14831
紧固件、弹簧制造	165	1965	32452	90133	11282
机械零部件加工及设备修理	3073	6561	113300	601756	89940
其他通用零部件制造		290	1681	14719	3954
金属铸、锻加工	33459	31492	189590	1025794	142209
钢铁铸件制造	26386	24743	137226	878671	118391
锻件及粉末冶金制品制造	7073	6749	52364	147123	23818
专用设备制造业	26449	115789	572896	1741174	268940
矿山、冶金、建筑专用设备制造	8509	9587	231950	673303	125729
采矿、采石设备制造	3863	4091	155503	399214	95865
石油钻采专用设备制造	200	1145	1845	90906	14690
建筑工程用机械制造	3043	231	64500	69880	7901
建筑材料生产专用机械制造	480	3807	6048	26898	2117
冶金专用设备制造	923	313	4054	86405	5156
化工、木材、非金属加工专用设备	9204	53381	155423	522750	51443
炼油、化工生产专用设备制造	2545	1567	86755	159494	13732
橡胶加工专用设备制造	396	202	52596	63122	11068

单位：千元

亏损企业亏损总额	利税总额	本年应付工资总额	本年应付福利费总额	本年应交增值税	本年进项税额	本年销项税额	全部从业人员年平均人数（人）
3761	839749	319266	32263	201397	601337	802975	14297
679	234283	85280	9019	100086	210341	302587	4206
2183	72915	37487	3629	18688	55190	69094	1908
500	29124	27478	1549	7455	21567	28683	1011
364	104347	17611	2452	13485	98329	111541	760
35	188424	94329	11206	43838	126751	185984	4139
	210656	57081	4408	17845	89159	105086	2273
12493	365878	239452	22989	94383	525352	552254	11188
24693	1167727	560990	61171	283440	1222555	1409345	25194
3374	599328	261966	29124	108450	580999	658688	11553
279	89961	40728	3521	16246	49412	62214	2189
19741	318178	139395	16823	105349	373148	415960	6558
1299	160260	118901	11703	53395	218996	272483	4894
6936	1265488	796656	64498	326742	923763	1271543	28349
6466	1090750	696932	56933	289778	841282	1156204	24736
470	174738	99724	7565	36964	82481	115339	3613
	27037	19987	1527	7859	19365	25035	636
10983	631852	256519	32272	133895	522444	629909	10753
3210	251512	67420	10566	64567	236478	285793	3126
57	18246	8134	488	4955	32729	37181	489
825	210947	74436	8784	24301	107980	131754	2940
	5657	4020	240	2485	4719	7281	177
	2849	2487	140	1650	11889	13554	105
2391	9208	11079	1175	3376	9809	12946	440
921	14383	11945	493	5350	14846	18888	554
3579	119050	76998	10386	27211	103994	122512	2922
15530	1184674	535123	67536	304778	1080650	1353032	22574
22	104215	32407	2873	24652	61397	80919	2040
2607	134219	109422	7021	24436	110560	143348	2382
12469	919897	377992	55885	247345	876104	1088487	17281
432	26343	15302	1757	8345	32589	40278	871
44525	1930441	1357278	151156	734585	1894241	2567125	51384
36701	1685856	1195582	134935	661730	1549440	2148345	44044
7824	244585	161696	16221	72855	344801	418780	7340
85794	2586849	1230945	124618	613275	2263780	2712473	53899
16480	1021369	431239	46543	259242	996242	1178979	20605
3936	550315	185178	16525	118765	456175	527723	8440
1301	166299	78418	8651	53394	154160	201052	3855
118	106530	50898	4305	18516	64877	76889	2684
6763	80078	68929	7886	40349	215479	247801	3274
4362	118147	47816	9176	28218	105551	125514	2352
5241	678220	230846	21287	101320	469620	551053	11056
770	229519	55523	5473	45929	208742	252052	2931
516	82195	39514	4961	12449	74362	83119	1722

1-A-5 续表 48

分　组	补贴收入	营业外收入	营业外支出	利润总额	应交所得税
塑料加工专用设备制造	189	1030	2161	78301	13412
木材加工机械制造	3210	1238	1772	15287	1669
模具制造	2864	49344	12087	205986	11562
其他非金属加工专用设备制造			52	560	
食品、饮料、烟草及饲料生产专用设备制造	656	50	869	52181	5760
食品、饮料、烟草工业专用设备制造	656			26417	838
农副食品加工专用设备制造			1	21147	4271
饲料生产专用设备制造		50	868	4617	651
印刷、制药、日化生产专用设备制造	4	2131	9109	74888	12274
制浆和造纸专用设备制造	4	1663	3040	12201	2084
印刷专用设备制造		448	718	27886	4640
制药专用设备制造		20	5351	15173	2549
照明器具生产专用设备制造				7906	85
玻璃、陶瓷和搪瓷制品生产专用设备制造				10718	2875
其他日用品生产专用设备制造				1004	41
纺织、服装和皮革工业专用设备制造	1003	594	7111	17756	1628
纺织专用设备制造	719	594	120	1468	85
皮革、毛皮及其制品加工专用设备制造	284		6991	6156	1340
缝纫机械制造				10132	203
电子和电工机械专用设备制造	86	470	52374	88652	17329
电工机械专用设备制造	86	23	12531	73724	15575
电子工业专用设备制造		447	42	3375	1599
航空、航天及其他专用设备制造			39801	11553	155
农、林、牧、渔专用机械制造	55	7809	25892	29590	2697
拖拉机制造				1152	227
机械化农业及园艺机具制造			202	7248	774
渔业机械制造	55	6		490	122
农林牧渔机械配件制造		7756	24810	-20171	611
其他农林牧渔业机械制造及机械修理		47	880	40871	963
医疗仪器设备及器械制造			30889	28895	2215
医疗诊断、监护及治疗设备制造			3	2086	
实验室及医用消毒设备和器具的制造			11	1444	323
医疗、外科及兽医用器械制造			-59	3183	910
机械治疗及病房护理设备制造				1250	136
其他医疗设备及器械制造			30934	20932	846
环保、社会公共安全及其他专用设备制造	6932	41767	59279	253159	49865
环境污染防治专用设备制造	5481	8525	49453	127210	20943
社会公共安全设备及器材制造	35	24057	8201	66843	21516
交通安全及管制专用设备制造				1230	
水资源专用机械制造		601	107	6171	314
其他专用设备制造	1416	8584	1518	51705	7092
交通运输设备制造业	14352	13231	51144	993099	177551
铁路运输设备制造	1160	478	981	60120	5627
铁路机车车辆及动车组制造				4687	31
工矿有轨专用车辆制造		11		-691	
铁路机车车辆配件制造		25	550	14103	1388
铁路专用设备及器材、配件制造	262	442	423	39503	3517
其他铁路设备制造及设备修理	898		8	2518	691

单位：千元

亏损企业亏损总额	利税总额	本年应付工资总额	本年应付福利费总额	本年应交增值税	本年进项税额	本年销项税额	全部从业人员年平均人数（人）
	87946	10503	1281	5863	24251	27397	477
499	25525	8729	844	3018	22080	22052	520
3456	252167	116143	8728	33782	139003	165249	5366
	868	434		279	1182	1184	40
2178	95505	90093	4509	17742	91841	98140	2332
178	44239	13373	726	6543	37653	40670	461
2000	40020	52670	1900	6277	40757	45013	1333
	11246	24050	1883	4922	13431	12457	538
3717	141422	138365	14174	57008	147609	199845	4997
2206	39913	57551	6329	23805	50638	74203	2295
	44341	53585	3848	13420	61249	74145	1333
1511	31204	21809	2728	15027	18948	32453	1076
	10872	2235	105	2438	14466	16905	121
	12557	2806	30	831	965	1122	131
	2535	379	1134	1487	1343	1017	41
3825	26476	30475	1822	7303	13493	11682	1017
3825	4581	12406	696	2179	4508	6167	322
	10010	7480	61	3600	8101	3790	285
	11885	10589	1065	1524	884	1725	410
485	113814	35695	2607	18982	104154	113451	2076
173	88218	23687	1451	12273	80671	92350	1535
312	10803	8460	1083	6396	22123	19659	397
	14793	3548	73	313	1360	1442	144
42337	63720	60108	6390	13707	62803	63792	3225
	2354	1928	60	1104	10030	11134	116
2685	15952	21701	3281	6880	10754	13394	938
	1149	824		593	2108	2697	48
39492	-7470	25660	2024	1571	18677	20643	1555
160	51735	9995	1025	3559	21234	15924	568
457	41771	27195	2689	9455	38162	44092	1094
	4880	1292	106	2734	3448	3483	50
	2665	6043	41	955	21673	23008	387
457	5421	10856	2055	2038	7012	8317	309
	2147	3140	246	834	2674	3508	70
	26658	5864	241	2894	3355	5776	278
11074	404552	186929	24597	128516	339856	451439	7497
10891	219427	118961	15267	79574	204828	283349	4440
	92846	24236	4897	19701	81238	97864	1232
	1600	1925	120	90			60
	9821	6651	354	2779	11424	14825	370
183	80858	35156	3959	26372	42366	55401	1395
59666	1599779	1166318	110364	466128	1601549	1946734	53425
935	86175	45520	3914	21882	94806	113472	2335
	5197	854		482	2202	2762	64
691	-230	2107	108	432	1562	1994	150
	24527	16110	1173	8831	25563	29984	707
	50186	18496	1999	8448	59862	68338	1024
244	6495	7953	634	3689	5617	10394	390

1-A-5 续表 49

分　组	补贴收入	营业外收入	营业外支出	利润总额	应交所得税
汽车制造	11774	10895	-3286	720946	135716
汽车整车制造				-1277	
改装汽车制造	618	1111	-22618	245491	49075
汽车车身、挂车的制造				11321	548
汽车零部件及配件制造	6090	8567	13155	421040	81369
汽车修理	5066	1217	6177	44371	4724
摩托车制造			7366	2241	460
摩托车整车制造			7366	1843	460
摩托车零部件及配件制造				398	
自行车制造				4019	755
脚踏自行车及残疾人座车制造				-779	
助动自行车制造				4798	755
船舶及浮动装置制造	1418	912	1018	127280	25721
金属船舶制造			149	28181	9755
非金属船舶制造			3	-5	11
娱乐船和运动船的建造和修理				1635	209
船用配套设备制造	419	263	725	48482	14061
船舶修理及拆船	999	649	141	48987	1685
航空航天器制造				38806	783
飞机制造及修理				37378	748
航天器制造				178	35
其他飞行器制造				1250	
交通器材及其他交通运输设备制造		946	45065	39687	8489
交通管理用金属标志及设施制造		5	44908	31346	8143
其他交通运输设备制造		941	157	8341	346
电气机械及器材制造业	28010	80689	588084	2055795	240346
电机制造	1544	630	53694	149278	18147
发电机及发电机组制造	1055	7	277	3559	417
电动机制造	235	623	40781	143271	17505
微电机及其他电机制造	254		12636	2448	225
输配电及控制设备制造	10972	11852	179747	1050035	131016
变压器、整流器和电感器制造	2240	4867	80325	408156	35142
电容器及其配套设备制造	1536	621	702	124787	14157
配电开关控制设备制造	5762	4077	94836	331744	58705
电力电子元器件制造		1930	3572	70701	3301
其他输配电及控制设备制造	1434	357	312	114647	19711
电线、电缆、光缆及电工器材制造	12306	57332	300964	686280	77526
电线电缆制造	11794	57332	300950	655187	74347
光纤、光缆制造				176	
绝缘制品制造				18270	735
其他电工器材制造	512		14	12647	2444
电池制造		26	17809	8836	1329
家用电力器具制造	480	945	427	31990	4605
家用制冷电器具制造			2	-57	74
家用空气调节器制造				18025	2810
家用通风电器具制造					
家用厨房电器具制造		121	16	5138	40
家用清洁卫生电器具制造				3814	159
其他家用电力器具制造	480	824	409	5070	1522

单位：千元

亏损企业亏损总额	利税总额	本年应付工资总额	本年应付福利费总额	本年应交增值税	本年进项税额	本年销项税额	全部从业人员年平均人数（人）
45281	1098035	558001	83685	288193	1205268	1450291	25373
1277	99	4717	660	1243	10226	11469	319
1729	356516	135624	14935	97180	234613	321039	3923
246	13871	11483	3312	2196	53617	55017	396
38827	662314	380204	59095	172996	827640	970015	19402
3202	65235	25973	5683	14578	79172	92751	1333
	7051	7717	1484				189
	6581	7472	1484				159
	470	245					30
779	7843	1704	133	3673	6644	10433	146
779	-755	880	119	3	1356	1595	88
	8598	824	14	3670	5288	8838	58
12671	308336	524562	18609	144406	235309	306503	24427
2426	81616	38113	2127	36872	64505	101069	2049
5	6	262					14
	3900	2862	206	1195	1486	1978	249
3547	112217	244430	9390	51826	146013	142835	10135
6693	110597	238895	6886	54513	23305	60621	11980
	42305	2554	109	2361	48244	49861	159
	40509	1613	60	2033	46835	48869	112
	543	655		328	1409	992	35
	1253	286	49				12
	50034	26260	2430	5613	11278	16174	796
	40029	16824	1505	4692	8882	12858	560
	10005	9436	925	921	2396	3316	236
53893	3078600	1380309	157903	750013	2601333	3226220	50064
25710	214700	146480	15971	54099	211525	261371	5173
300	6881	11653	2184	2521	11824	14437	340
24983	203165	130458	13332	49613	193905	240354	4605
427	4654	4369	455	1965	5796	6580	228
18753	1616513	663620	69496	395260	1084881	1382702	24844
4495	658089	281727	32428	165581	472972	584935	9248
846	158853	35692	1792	30165	56684	87047	1873
10595	554983	261411	27147	157441	458545	579346	10435
963	90451	48377	3930	15549	29857	43834	1951
1854	154137	36413	4199	26524	66823	87540	1337
5444	988054	440335	55414	230485	1115295	1313066	14260
4972	937698	402746	51251	214363	1042582	1228261	12803
	793	780	109	552			30
	26100	9339	961	5728	12309	15267	440
472	23463	27470	3093	9842	60404	69538	987
2050	16410	10740	1868	6628	41601	47609	527
890	50888	41789	5345	10220	66532	85548	1281
409	300	3682	34	341	1065	1406	47
	26427	15000	1890	3893	10492	14385	368
		144			158	193	10
	6499	1442	178	1222	3955	5299	111
	6015	8446	772	1599	35268	46867	264
481	11647	13075	2471	3165	15594	17398	481

1-A-5 续表 50

分　组	补贴收入	营业外收入	营业外支出	利润总额	应交所得税
非电力家用器具制造			30311	20681	157
燃气、太阳能及类似能源的器具制造				12531	157
其他非电力家用器具制造			30311	8150	
照明器具制造	2270	9898	5125	96613	4775
电光源制造	2270	9598	2421	38578	2611
照明灯具制造		300	2701	57646	2086
灯用电器附件及其他照明器具制造			3	389	78
其他电气机械及器材制造	438	6	7	12082	2791
其他未列明的电气机械制造	438	6	7	12082	2791
通信设备、计算机及其他电子设备制造业	2529	55266	291040	230643	24334
通信设备制造	20	252	1341	41603	3768
通信传输设备制造		252	678	6135	1760
通信交换设备制造	20		650	10389	1309
通信终端设备制造				-2	
移动通信及终端设备制造			13	25281	699
其他通信设备制造				-200	
雷达及配套设备制造	1205		19416	865	216
广播电视设备制造		1	1885	9931	274
广播电视节目制作及发射设备制造			2	2132	243
广播电视接收设备及器材制造				9739	31
应用电视设备及其他广播电视设备制造		1	1883	-1940	
电子计算机制造			206020	6061	1300
电子计算机整机制造			204371	420	589
计算机网络设备制造			1569	1500	198
电子计算机外部设备制造			80	4141	513
电子器件制造	962	21252	3259	50632	7284
电子真空器件制造			2138	26181	5385
半导体分立器件制造	562		34	6455	305
集成电路制造		115	38	2086	268
光电子器件及其他电子器件制造	400	21137	1049	15910	1326
电子元件制造	342	3137	53974	46892	4773
电子元件及组件制造	342	1372	53678	44939	4521
印制电路板制造		1765	296	1953	252
其他电子设备制造		30624	5145	74659	6719
仪器仪表及文化、办公用机械制造业	7506	17916	54444	277576	49040
通用仪器仪表制造	6339	14596	50902	201288	38353
工业自动控制系统装置制造	2230	7560	9811	89045	17095
电工仪器仪表制造	2330	1149	7806	53658	11197
绘图、计算及测量仪器制造			702	10650	2584
实验分析仪器制造		600	122	1453	345
试验机制造	50		77	15723	989
供应用仪表及其他通用仪器制造	1729	5287	32384	30759	6143
专用仪器仪表制造	686	101	2404	52993	6410
环境监测专用仪器仪表制造	105			1573	365
汽车及其他用计数仪表制造			2	14062	1106

单位：千元

亏损企业亏损总额	利税总额	本年应付工资总额	本年应付福利费总额	本年应交增值税	本年进项税额	本年销项税额	全部从业人员年平均人数(人)
	45063	10436	2133	20787	18313	48647	415
	35327	9252	2108	20425	18313	48647	344
	9736	1184	25	362			71
696	127027	62283	7214	25089	51469	68192	3296
	47087	21069	2797	6994	15745	22311	1139
	75498	37423	4056	15046	23695	31022	1934
696	4442	3791	361	3049	12029	14859	223
350	19945	4626	462	7445	11717	19085	268
350	19945	4626	462	7445	11717	19085	268
27082	465857	279288	38775	114741	424587	525647	11273
620	54749	30362	3111	10505	89417	99651	1049
271	11485	17370	1481	3892	41647	45539	441
	15180	9336	1377	4218	26734	30694	373
149	575	1224	128	470	119	577	69
	27480	2266	102	1719	19875	21594	153
200	29	166	23	206	1042	1247	13
	9313	3240	1490	2789			135
2160	17393	5981	859	7100	8897	12778	302
	3688	1577	197	1395	3769	5145	91
	13800	1344	325	4032	1316	2148	69
2160	-95	3060	337	1673	3812	5485	142
873	102045	23165	3626	4938	12654	15588	955
873	91349	10502	2542	1010	186	611	442
	3598	4824	353	1211	1923	2839	221
	7098	7839	731	2717	10545	12138	292
16469	74082	41561	5228	18884	110553	129615	1916
	32122	11859	2826	5443	20828	26244	441
	12925	12751	525	4507	20039	25027	485
	5551	7199	821	2997	6893	9847	373
16469	23484	9752	1056	5937	62793	68497	617
5406	87946	68160	7378	30751	63998	90758	3804
5406	84026	64235	6983	29001	62233	87243	3598
	3920	3925	395	1750	1765	3515	206
1554	120329	106819	17083	39774	139068	177257	3112
8831	478336	219605	26458	138493	537386	666459	10103
7921	338627	138072	17065	106031	349024	434070	6481
5766	144398	58604	7750	48150	134214	169891	2226
743	75288	31027	3130	17601	96358	112055	1448
116	14766	3562	321	3564	19264	22691	199
1279	10925	7411	1022	8937	14572	23434	310
	24086	9482	1001	7838	40400	46227	615
17	69164	27986	3841	19941	44216	59772	1683
769	100940	56985	3905	20614	117792	135213	2560
	2275	917	91	608	4271	5436	56
	36590	17502	1165	879	8933	9524	689

1-A-5 续表 51

分组	补贴收入	营业外收入	营业外支出	利润总额	应交所得税
导航、气象及海洋专用仪器制造	500			795	129
地质勘探和地震专用仪器制造		100	29	1703	256
教学专用仪器制造			2000	1129	175
核子及核辐射测量仪器制造		1	1	3880	33
电子测量仪器制造	81		121	18290	1390
其他专用仪器制造			251	11561	2956
钟表与计时仪器制造	481	2970	10	3239	611
光学仪器及眼镜制造		2	134	1266	704
光学仪器制造		2	134	1266	704
文化、办公用机械制造		247	994	17978	2768
照相机及器材制造			810	1197	161
复印和胶印设备制造				1007	133
计算器及货币专用设备制造		247	184	13939	2348
其他文化、办公用机械制造				1835	126
其他仪器仪表的制造及修理				812	194
工艺品及其他制造业	12471	9207	19368	159431	20526
工艺美术品制造	12249	9187	17862	128784	15947
雕塑工艺品制造	1833	1130	5308	25402	4070
金属工艺品制造				2144	296
漆器工艺品制造				170	40
花画工艺品制造	9926	6436	9762	57635	6077
天然植物纤维编织工艺品制造	490	1250	2563	26519	3631
抽纱刺绣工艺品制造		36	36	3301	290
其他工艺美术品制造		335	193	13613	1543
日用杂品制造	222	20	47	5733	145
制镜及类似品加工				2257	32
鬃毛加工、制刷及清扫工具的制造				325	81
其他日用杂品制造	222	20	47	3151	32
煤制品制造			1353	18871	4434
其他未列明的制造业			106	6043	
废弃资源和废旧材料回收加工业			15	60950	2678
金属废料和碎屑的加工处理				52106	1901
非金属废料和碎屑的加工处理			15	8844	777
电力、燃气及水的生产和供应业	**53861**	**40904**	**23033**	**164523**	**23468**
电力、热力的生产和供应业	52887	36637	21958	81718	18094
电力生产	1545		146	24706	1005
火力发电	1135		34	-6878	
水力发电				30755	744
其他能源发电	410		112	829	261
电力供应				2453	809
热力生产和供应	51342	36637	21812	54559	16280
燃气生产和供应业	374	1130	670	12339	2641
水的生产和供应业	600	3137	405	70466	2733
自来水的生产和供应		1226	60	1767	179
污水处理及其再生利用	600	600	100	9587	2188
其他水的处理、利用与分配		1311	245	59112	366

单位：千元

亏损企业亏损总额	利税总额	本年应付工资总额	本年应付福利费总额	本年应交增值税	本年进项税额	本年销项税额	全部从业人员年平均人数（人）
632	3167	6307	285	2156	6179	7831	271
	3578	1557	125	1686	2036	3696	88
	2563	4124	13	1252	57150	58340	211
	6439	4645	524	2343	5242	7012	345
10	22206	10974	722	3157	18319	20673	404
127	24122	10959	980	8533	15662	22701	496
	4088	1801	296	744	3517	4906	136
	7242	3247	3612	5761	2722	8484	133
	7242	3247	3612	5761	2722	8484	133
	25369	18544	1432	5022	60063	79262	734
	2040	7006	1261	386	976	1361	210
	1817	1572	90	490	8437	8927	72
	15505	8428	41		47996	62174	371
	6007	1538	40	4146	2654	6800	81
141	2070	956	148	321	4268	4524	59
1435	296892	221504	43010	94119	202339	264140	9228
1130	237164	189660	33497	67884	145562	196566	7547
514	43538	51810	15033	9501	20168	26944	1608
	7464	1808	185	1015	12885	12924	130
	302	840		100	625	715	42
66	91927	69264	12257	21545	31220	49434	2643
	65779	34311	3282	28106	49000	69169	1640
	5031	8086	805	1444	1602	2546	389
550	23123	23541	1935	6173	30062	34834	1095
305	8560	12255	4772	2059	21200	9019	672
	3840	1250	96	1282	30	210	80
	463	192		71	5015	5086	21
305	4257	10813	4676	706	16155	3723	571
	44630	17794	4423	23830	30147	52778	923
	6538	1795	318	346	5430	5777	86
29	83940	97928	12102	19119	243094	262090	2052
	70585	91220	11703	16928	237949	254874	1616
29	13355	6708	399	2191	5145	7216	436
51015	**250690**	**186542**	**17831**	**57134**	**130883**	**164286**	**7306**
49702	149090	157103	14964	45473	80452	104746	5762
6878	31544	7624	1654	5463	7419	10935	457
6878	-4426	4208	589	2209	7082	9231	303
	32801	2639	954	1209	322	1209	114
	3169	777	111	2045	15	495	40
	9549	1235	653	6363	6213	12576	25
42824	107997	148244	12657	33647	66820	81235	5280
600	20465	10577	1368	5564	16921	22581	494
713	81135	18862	1499	6097	33510	36959	1050
236	6666	8288	470	2655	2450	4793	547
477	12747	5143	318	2757	17284	20041	296
	61722	5431	711	685	13776	12125	207

1-A-6 规模以上外商投资和港澳台商

分 组	企业单位数（个）	亏损企业	工业总产值（当年价格）	工业销售产值（当年价格）	出口交货值	资产总计
总 计	**3199**	**893**	**513941388**	**500398280**	**144636303**	**426698255**
总计中：轻工业	1467	435	139054594	132846225	41228128	95717605
重工业	1732	458	374886794	367552055	103408175	330980650
总计中：大型企业	31	5	106462452	107847249	38015845	98824152
中型企业	385	99	226364771	218603109	67929691	183549731
小型企业	2783	789	181114165	173947922	38690767	144324372
按行业小类分						
采矿业	**39**	**5**	**3264599**	**2962550**	**290694**	**3373685**
石油和天然气开采业	1		8431	8431		13776
与石油和天然气开采有关的服务活动	1		8431	8431		13776
黑色金属矿采选业	7	1	1002938	750078		1251304
铁矿采选	6	1	731071	519871		1198130
其他黑色金属矿采选	1		271867	230207		53174
有色金属矿采选业	14	1	1495031	1477849	82415	1521250
常用有色金属矿采选	10	1	509291	499896	82415	333118
镁矿采选	10	1	509291	499896	82415	333118
贵金属矿采选	1		52711	52711		109256
金矿采选	1		52711	52711		109256
稀有稀土金属矿采选	3		933029	925242		1078876
钨钼矿采选	3		933029	925242		1078876
非金属矿采选业	16	2	751599	719592	201774	568523
土砂石开采	9	1	522027	496340	86564	353495
石灰石、石膏开采	1		5600	5376		4467
建筑装饰用石开采	2	1	19800	18540	5829	9111
粘土及其他土砂石开采	6		496627	472424	80735	339917
化学矿采选	1		27000	27000	25900	6500
石棉及其他非金属矿采选	6	1	202572	196252	89310	208528
石墨、滑石采选	5	1	153572	149702	42760	158448
其他非金属矿采选	1		49000	46550	46550	50080
其他采矿业	1	1	6600	6600	6505	18832
制造业	**3117**	**874**	**497586514**	**484377105**	**144345566**	**395488168**
农副食品加工业	296	80	44657193	43963740	10143183	19288200
谷物磨制	24	11	2039620	2011019	186336	1390518
饲料加工	34	8	10673079	10439951	257383	2757701
植物油加工	7	1	8061791	8431310	342597	3362493
食用植物油加工	7	1	8061791	8431310	342597	3362493
制糖	1		71139	78205		187756
屠宰及肉类加工	21	5	5741017	5691876	382107	1565134
畜禽屠宰	3		2445098	2385153	23496	298444
肉制品及副产品加工	18	5	3295919	3306723	358611	1266690
水产品加工	128	33	9952308	9714077	7075907	5031613
水产品冷冻加工	87	21	8282638	8067912	6219923	3777669
鱼糜制品及水产品干腌制加工	32	9	1356406	1385365	728528	952734
水产饲料制造	1	1	37278	37278	37278	34708
其他水产品加工	8	2	275986	223522	90178	266502
蔬菜、水果和坚果加工	51	14	3239410	2880872	1382040	1877557
其他农副食品加工	30	8	4878829	4716430	516813	3115428
淀粉及淀粉制品的制造	6	1	3728846	3628956	256099	2028607
豆制品制造	12	5	420721	397340	98449	276027
蛋品加工	1	1	30424	36852	8290	138336
其他未列明的农副食品加工	11	1	698838	653282	153975	672458
食品制造业	107	25	8307651	8140125	1400357	8338896

投资工业企业主要经济指标

单位：千元

流动资产总计				流动资产年平均余额	固定资产总计	固定资产原价	累计折旧
	应收帐款	存货	产成品				
220145870	**55301657**	**61330164**	**20546142**	**228281051**	**165776432**	**239129025**	**84791737**
47715598	10901744	16193984	5853377	47709773	38254853	55871694	19663217
172430272	44399913	45136180	14692765	180571278	127521579	183257331	65128520
57994081	12615945	14196725	5055228	65266843	33732942	55101726	22773098
91081036	23513456	27863296	8270249	92089877	76497243	109684743	39686462
71070753	19172256	19270143	7220665	70924331	55546247	74342556	22332177
2102390	**593203**	**270596**	**78789**	**2037695**	**1167693**	**1332040**	**233722**
13580	6419			11787	196	833	637
13580	6419			11787	196	833	637
821211	165680	81743	19070	821176	422032	407059	35737
771579	149556	77916	15243	778718	419020	403803	35493
49632	16124	3827	3827	42458	3012	3256	244
960289	306600	77259	26830	890462	488340	548867	72784
178287	50175	61828	18899	190224	113866	135458	31599
178287	50175	61828	18899	190224	113866	135458	31599
20379	15047	4187		20379	57221	76006	18785
20379	15047	4187		20379	57221	76006	18785
761623	241378	11244	7931	679859	317253	337403	22400
761623	241378	11244	7931	679859	317253	337403	22400
298108	113579	110831	32889	305177	247627	355848	114629
220960	77708	98750	24371	219250	125338	174787	54139
2599	-801	1750	650	2642	1720	1986	266
3841	137	1537	230	3874	4332	5537	1205
214520	78372	95463	23491	212734	119286	167264	52668
4500				4400	2000	2200	200
72648	35871	12081	8518	81527	120289	178861	60290
62514	35191	11621	8058	62327	80343	127535	48910
10134	680	460	460	19200	39946	51326	11380
9202	925	763		9093	9498	19433	9935
211518018	**53287946**	**60277517**	**20466216**	**219766222**	**144787675**	**207045724**	**69440691**
10134452	1910650	4343474	1573608	10072707	7243903	9568797	2742668
750509	143730	233281	86876	755513	442477	577959	156249
1633865	129954	547974	116905	1600546	982291	1295711	367315
2229284	211323	1453052	567096	2381960	934606	1362306	483486
2229284	211323	1453052	567096	2381960	934606	1362306	483486
108002	200	3442	2056	114198	27071	37011	9940
756641	244402	130165	41692	794665	687892	1098925	435821
132025	33774	49905	18765	146261	101687	153745	56177
624616	210628	80260	22927	648404	586205	945180	379644
2504561	633758	1145776	384535	2414719	1984165	2548638	700666
1881979	496291	879849	326989	1750950	1542047	1929003	511637
529666	145596	217075	52569	565601	351458	487790	147821
15131	4458	5230		13814	18787	26827	8040
77785	-12587	43622	4977	84354	71873	105018	33168
879535	190407	456490	208799	794869	546051	658179	161125
1272055	356876	373294	165649	1216237	1639350	1990068	428066
752239	205345	211287	84250	794297	1195375	1458772	263397
138677	35782	52343	26037	141591	87892	172289	94068
26578	1933	22721	21697	37324	108633	126727	18094
354561	113816	86943	33665	243025	247450	232280	52507
3247921	764812	626649	241206	3462643	4351940	6195617	2069246

1-A-6 续表 1

分 组	企业单位数（个）	亏损企业	工业总产值（当年价格）	工业销售产值（当年价格）	出口交货值	资产总计
焙烤食品制造	14	1	576130	572081	106469	336826
糕点、面包制造	9		248667	247641	70577	106633
饼干及其他焙烤食品制造	5	1	327463	324440	35892	230193
糖果、巧克力及蜜饯制造	2		216632	202335		133900
糖果、巧克力制造	2		216632	202335		133900
方便食品制造	18	5	2408699	2434585	19685	2606816
米、面制品制造	1	1	8146	8974	5774	26811
速冻食品制造	4	2	106981	95158	8937	41910
方便面及其他方便食品制造	13	2	2293572	2330453	4974	2538095
液体乳及乳制品制造	5	1	1900878	1892824		2816225
罐头制造	31	9	1336491	1243131	737765	1049103
肉、禽类罐头制造	1		6208	7163	3055	26848
水产品罐头制造	2	1	91018	90218	24406	68908
蔬菜、水果罐头制造	25	6	1149768	1055182	627144	908606
其他罐头食品制造	3	2	89497	90568	83160	44741
调味品、发酵制品制造	19	4	1071275	1043466	220558	941307
酱油、食醋及类似制品的制造	10	2	319327	295705	79380	460789
其他调味品、发酵制品制造	9	2	751948	747761	141178	480518
其他食品制造	18	5	797546	751703	315880	454719
营养、保健食品制造	8	2	306584	308765	51242	144990
冷冻饮品及食用冰制造	1		70000	51002		117169
食品及饲料添加剂制造	2		41045	38826		23115
其他未列明的食品制造	7	3	379917	353110	264638	169445
饮料制造业	48	7	12205206	11470916	805137	12299025
酒精制造	1		73878	69796		268997
酒的制造	24	4	6974885	6705807	627224	8101069
白酒制造	3	2	238877	208119	5045	435676
啤酒制造	17	2	6423423	6245932	620350	7215246
黄酒制造	1		9304	6593		7857
葡萄酒制造	2		249979	182783		243704
其他酒制造	1		53302	62380	1829	198586
软饮料制造	23	3	5156443	4695313	177913	3928959
碳酸饮料制造	3		2493995	2245867		1179485
瓶(罐)装饮用水制造	7		515695	510840		323606
果菜汁及果菜汁饮料制造	9	3	648143	628385	166937	986264
固体饮料制造	1		71304	70235		84218
茶饮料及其他软饮料制造	3		1427306	1239986	10976	1355386
纺织业	111	41	5704962	5500180	2518640	4858773
棉、化纤纺织及印染精加工	16	7	1581628	1569536	657264	2015607
棉、化纤纺织加工	12	5	1417449	1413724	593395	1897533
棉、化纤印染精加工	4	2	164179	155812	63869	118074
毛纺织和染整精加工	2	1	152082	116325	2291	59281
毛纺织	1		18790	20014		37870
毛染整精加工	1	1	133292	96311	2291	21411
麻纺织	2		96857	81763	21290	87634
丝绢纺织及精加工	3	2	32037	26484	11666	49614
缫丝加工	1		15600	14584	8360	18500
绢纺和丝织加工	2	2	16437	11900	3306	31114
纺织制成品制造	25	10	1380510	1300223	813711	1078475
棉及化纤制品制造	13	6	759259	694500	559347	613050
绳、索、缆的制造	2		86751	85415	4864	75225
无纺布制造	6	1	397247	382229	152350	255693
其他纺织制成品制造	4	3	137253	138079	97150	134507
针织品、编织品及其制品制造	63	21	2461848	2405849	1012418	1568162
棉、化纤针织品及编织品制造	45	15	1812076	1757482	747198	1221384

单位：千元

流动资产总计	应收帐款	存货	产成品	流动资产年平均余额	固定资产总计	固定资产原价	累计折旧
86999	9287	35072	2022	155737	173019	247180	75614
57665	10136	25895	197	50587	45427	75457	31482
29334	-849	9177	1825	105150	127592	171723	44132
73269	1892	25776	4897	61009	58609	76271	17662
73269	1892	25776	4897	61009	58609	76271	17662
1425432	414447	61261	42815	1622967	1173031	1550471	385262
10333	1229	2291	1361	10485	13619	22077	8458
17589	3292	7760	4951	17753	24012	48808	24796
1397510	409926	51210	36503	1594729	1135400	1479586	352008
603806	115340	57470	16984	568397	2054896	3068163	1207720
580381	112782	283691	135942	552247	367623	543701	184244
4050	180	1808	400	4050	20006	25745	5739
33873	8495	16234	9782	33539	33782	33722	5567
506515	94787	249220	114103	499913	305485	474799	171608
35943	9320	16429	11657	14745	8350	9435	1330
259216	93727	80575	25193	284254	358945	487961	138037
93312	23295	30328	11342	104047	177873	238432	68930
165904	70432	50247	13851	180207	181072	249529	69107
218818	17337	82804	13353	218032	165817	221870	60707
64508	7969	24251	7061	61330	37700	54036	16336
58953	983	4297	1290	57008	58216	76437	18221
3972	1154	786	739	4772	18333	21133	3302
91385	7231	53470	4263	94922	51568	70264	22848
5158589	555842	1697407	488006	5640834	5904233	8081484	2637891
30205	990	226	226	26265	238792	358188	143275
3846445	192877	1254269	137974	4259708	3322785	4532268	1622138
35682	5029	18727	9077	33525	40218	78167	37949
3708750	181422	1195315	126262	4022708	3203626	4305792	1508032
7160	3548	2700	113	7160	697	1771	1074
83455	650	37527	2522	82344	57828	85436	27608
11398	2228			113971	20416	61102	47475
1281939	361975	442912	349806	1354861	2342656	3191028	872478
355289	55302	140828	86688	541188	806615	1256023	465832
122463	20388	8054	5518	121537	200766	237035	42114
488035	27550	253454	217710	484443	217048	300766	85555
23524	5759	924	913	23289	60694	64628	3934
292628	252976	39652	38977	184404	1057533	1332576	275043
2342517	555093	943058	380621	2417801	2168365	3332162	1221272
724692	148660	431602	164443	798296	1241629	1663679	436183
673924	141840	396164	142870	746153	1186245	1583480	404555
50768	6820	35438	21573	52143	55384	80199	31628
25800	420	6710	5500	25170	10450	38870	28420
25800	420	6710	5500	25170	10450	38870	28420
14481	3266	9761	3528	18178	37509	49153	11644
28910	3126	17249	16850	27131	18350	25093	6743
9400	450	560	560	9800	6800	7800	1000
19510	2676	16689	16290	17331	11550	17293	5743
543889	133478	272916	131309	586332	443879	802145	367069
343335	91688	206145	107076	338034	217563	443247	229107
17064	858	15245	12168	35501	31937	39069	7132
110087	17761	19325	7119	142963	136040	208737	77897
73403	23171	32201	4946	69834	58339	111092	52933
1004745	266143	204820	58991	962694	416548	753222	371213
795139	227778	133474	38806	760244	304107	550058	279417

1-A-6 续表 2

分　组	企业单位数(个)	亏损企业	工业总产值(当年价格)	工业销售产值(当年价格)	出口交货值	资产总计
毛针织品及编织品制造	13	5	325278	324565	140187	202262
丝针织品及编织品制造	1	1	147125	147125	997	12903
其他针织品及编织品制造	4		177369	176677	124036	131613
纺织服装、鞋、帽制造业	335	101	16605666	14449420	7121244	9871405
纺织服装制造	330	99	16028828	13881368	6600961	9505679
纺织面料鞋的制造	3	1	515280	515101	470466	337286
制帽	2	1	61558	52951	49817	28440
皮革、毛皮、羽毛(绒)及其制品业	29	12	2171861	2118885	383074	877952
皮革鞣制加工	2		728103	728103		99513
皮革制品制造	25	11	1380353	1330999	374237	766124
皮鞋制造	12	6	528268	519175	267803	239105
皮革服装制造	5	2	149058	147400	59119	187416
皮箱、包(袋)制造	3		290587	290587		87733
皮手套及皮装饰制品制造	3	3	172515	161193	39495	85176
其他皮革制品制造	2		239925	212644	7820	166694
毛皮鞣制及制品加工	1	1	12448	9846	8837	7314
毛皮服装加工	1	1	12448	9846	8837	7314
羽毛(绒)加工及制品制造	1		50957	49937		5001
羽毛(绒)制品加工	1		50957	49937		5001
木材加工及木、竹、藤、棕、草制品业	102	53	5756884	5564492	2639632	4517756
锯材、木片加工	12	7	1141964	1126373	360536	605679
锯材加工	5	2	380312	366749	332005	360963
木片加工	7	5	761652	759624	28531	244716
人造板制造	20	9	998305	912640	267452	895523
胶合板制造	9	5	519617	458591	193897	314092
纤维板制造	5	2	295556	283398		324690
刨花板制造	1		38262	27081		131281
其他人造板、材制造	5	2	144870	143570	73555	125460
木制品制造	67	37	3572348	3481826	1967991	2995238
建筑用木料及木材组件加工	33	12	2993223	2961416	1552393	2357708
软木制品及其他木制品制造	34	25	579125	520410	415598	637530
竹、藤、棕、草制品制造	3		44267	43653	43653	21316
家具制造业	102	32	7566600	7158676	3402094	6316162
木质家具制造	95	28	7424997	7025507	3378071	6143671
竹、藤家具制造	1	1	5010	5010		5102
金属家具制造	2	1	37200	36600		46472
其他家具制造	4	2	99393	91559	24023	120917
造纸及纸制品业	42	10	3794551	3660225	365330	2233366
纸浆制造	1		16699	16699	16699	21235
造纸	12	4	540481	496644	133237	677824
机制纸及纸板制造	11	4	475391	442674	133237	585706
加工纸制造	1		65090	53970		92118
纸制品制造	29	6	3237371	3146882	215394	1534307
纸和纸板容器的制造	15	2	2457822	2413272	104082	909946
其他纸制品制造	14	4	779549	733610	111312	624361
印刷业和记录媒介的复制	21	9	571598	548072	58468	1102180
印刷	17	8	460757	442347	14270	994505
书、报、刊印刷	6	3	164163	149280	585	340565
包装装潢及其他印刷	11	5	296594	293067	13685	653940
装订及其他印刷服务活动	4	1	110841	105725	44198	107675
文教体育用品制造业	27	8	1164405	1140370	825527	995690
文化用品制造	5	3	114795	108684	86057	76920
文具制造	2	2	10751	10724	9479	3863
其他文化用品制造	3	1	104044	97960	76578	73057

单位：千元

流动资产总计	应收帐款	存货	产成品	流动资产年平均余额	固定资产总计	固定资产原价	累计折旧
121782	20608	43598	17483	109847	69687	129355	60603
9782	720	8852	1682	9782	3111	10253	7142
78042	17037	18896	1020	82821	39643	63556	24051
4055526	779611	1230693	427652	3833261	2951197	4416139	1682838
3845636	757759	1107938	424931	3628484	2796116	4117828	1520543
189117	17242	110459	520	183994	148169	285418	156314
20773	4610	12296	2201	20783	6912	12893	5981
510514	113645	233717	62195	435775	271561	422133	190419
39723	7213	23035	22310	39160	17402	36415	30026
465834	105044	210235	39452	392003	246851	371953	152281
147936	32850	64358	20618	150797	60028	101802	43923
129934	24054	50805	9362	54869	54524	71349	34362
24865	4897	230		25313	55508	100737	45429
29794	5853	10314	7417	23048	44774	56183	18702
133305	37390	84528	2055	137976	32017	41882	9865
3711	937	367	353	3921	3553	5515	1962
3711	937	367	353	3921	3553	5515	1962
1246	451	80	80	691	3755	8250	6150
1246	451	80	80	691	3755	8250	6150
2308628	402422	1012435	210742	2251237	1735263	2507576	878226
316283	47985	135625	17425	322262	186145	227455	55530
162740	38802	112666	8529	171742	118589	144872	38998
153543	9183	22959	8896	150520	67556	82583	16532
424627	83883	141344	71730	436684	346154	591117	266718
183898	48123	49407	15036	182881	86806	103607	20897
128233	22612	48380	31735	145613	157942	328523	187088
34761	5406	13525	12898	32554	62790	95137	32347
77735	7742	30032	12061	75636	38616	63850	26386
1550281	266320	723100	120687	1475254	1199085	1682951	553802
1185275	214165	540541	70494	1126483	991201	1411655	467979
365006	52155	182559	50193	348771	207884	271296	85823
17437	4234	12366	900	17037	3879	6053	2176
3242578	761333	1602700	432416	3456651	2233882	3207288	1191761
3169158	754930	1580935	421670	3380314	2136415	3087045	1166553
735	72	435		735	3583	3583	1063
24188	660	10086	991	22556	22284	28103	5819
48497	5671	11244	9755	53046	71600	88557	18326
1103065	400492	241904	91965	1148428	1008960	1499736	533400
18884	18205	679		2003	2351	5393	3042
326233	44552	81562	28717	267200	303049	336736	57416
299283	64452	71038	24949	243258	264855	296416	47757
26950	-19900	10524	3768	23942	38194	40320	9659
757948	337735	159663	63248	879225	703560	1157607	472942
449103	143965	91083	18614	461774	405972	729696	332058
308845	193770	68580	44634	417451	297588	427911	140884
422443	164602	77470	25704	481824	608758	1101850	498879
365556	152107	71140	23483	432164	561421	1028807	473172
149469	57305	21294	9258	157818	155585	318643	168370
216087	94802	49846	14225	274346	405836	710164	304802
56887	12495	6330	2221	49660	47337	73043	25707
589776	118539	331884	68174	624901	335261	520023	194662
62795	12436	22254	1763	58422	11811	48057	36253
1437	733	377	33	1442	426	981	562
61358	11703	21877	1730	56980	11385	47076	35691

1-A-6 续表 3

分 组	企业单位数(个)	亏损企业	工业总产值(当年价格)	工业销售产值(当年价格)	出口交货值	资产总计
体育用品制造	12	2	400848	404243	338555	353052
体育器材及配件制造	2		53257	53257	49162	101193
训练健身器材制造	1		16225	16225		26526
运动防护用具制造	5	1	256919	256207	222752	173349
其他体育用品制造	4	1	74447	78554	66641	51984
乐器制造	8	2	629549	608440	387035	540798
西乐器制造	4	1	352450	332328	246897	400583
电子乐器制造	2	1	131482	131482	131482	115667
其他乐器及零件制造	2		145617	144630	8656	24548
玩具制造	2	1	19213	19003	13880	24920
石油加工、炼焦及核燃料加工业	26	6	47080490	46816763	15450795	13044945
精炼石油产品的制造	25	6	46040490	45838700	15450795	12645237
原油加工及石油制品制造	25	6	46040490	45838700	15450795	12645237
炼焦	1		1040000	978063		399708
化学原料及化学制品制造业	148	33	13229993	12645861	1789401	10926105
基础化学原料制造	31	7	3015193	2692232	662390	2682995
无机碱制造	3		257701	257701	65098	151192
无机盐制造	5		119601	107279	18300	118960
有机化学原料制造	12	3	2067533	1753983	379844	1681818
其他基础化学原料制造	11	4	570358	573269	199148	731025
肥料制造	13	6	489442	458357	56057	532427
钾肥制造	2	1	283042	262600		325325
复混肥料制造	3	3	25062	24712	4965	8055
有机肥料及微生物肥料制造	5	2	88303	87847	23194	158449
其他肥料制造	3		93035	83198	27898	40598
农药制造	5	1	358358	306625	181287	972858
化学农药制造	4	1	347377	294086	175677	964698
生物化学农药及微生物农药制造	1		10981	12539	5610	8160
涂料、油墨、颜料及类似产品制造	26	4	1285448	1246210	170016	1060324
涂料制造	14	1	797083	784132	1115	716145
油墨及类似产品制造	2		26536	24934	267	27724
颜料制造	2	1	38499	41709	26468	63033
染料制造	6	1	331976	313330	82589	186486
密封用填料及类似品制造	2	1	91354	82105	59577	66936
合成材料制造	7	1	1352490	1366932	14958	306467
初级形态的塑料及合成树脂制造	5		1269368	1302658	9719	265306
合成纤维单(聚合)体的制造	1	1	9998	9998	5239	2904
其他合成材料制造	1		73124	54276		38257
专用化学产品制造	48	10	5729328	5596440	552412	4630784
化学试剂和助剂制造	28	5	3464660	3345653	361902	2431693
专项化学用品制造	10	1	702545	701656	46211	478207
信息化学品制造	3	1	1230662	1226382	135164	1561151
环境污染处理专用药剂材料制造	1	1	11172	11172		1451
其他专用化学产品制造	6	2	320289	311577	9135	158282
日用化学产品制造	18	4	999734	979065	152281	740250
肥皂及合成洗涤剂制造	5	1	124356	120905	20	143490
化妆品制造	5		571190	557183		392827
口腔清洁用品制造	1		102073	99982		69860
其他日用化学产品制造	7	3	202115	200995	152261	134073
医药制造业	51	9	7845065	7264943	495793	9251353
化学药品原药制造	9	3	1354389	1162763	291497	1517112
化学药品制剂制造	10	1	4113749	3800943	49470	4084418

单位：千元

流动资产总　计	应收帐款	存货	产成品	流动资产年平均余额	固定资产总　计	固定资产原　价	累计折旧
203734	26617	107023	13289	240941	136645	208868	78030
48551	4498	37802	3518	57971	50992	79055	28063
4689	1681	3008	2838	15689	21837	28153	6316
117106	16648	48867	5407	128699	49583	84329	34946
33388	3790	17346	1526	38582	14233	17331	8705
308547	77608	196563	50352	309373	178328	243687	69445
200972	36890	149385	38523	200406	156302	199350	43889
90191	35739	47178	11829	92706	18363	27703	12585
17384	4979			16261	3663	16634	12971
14700	1878	6044	2770	16165	8477	19411	10934
7141690	938801	3557316	733118	8904615	5549283	9835358	4803306
6848425	848199	3467459	727621	8698395	5443879	9719037	4792389
6848425	848199	3467459	727621	8698395	5443879	9719037	4792389
293265	90602	89857	5497	206220	105404	116321	10917
6092585	1655036	1637770	517757	5739812	3429642	4488324	1473254
1210965	277483	263334	135337	1113298	1168139	1620103	688079
26046	6218	3300	3149	60412	125146	136033	15578
73779	14253	21833	9298	72171	35248	66034	30802
788204	163663	189699	96630	664261	661052	703522	262733
322936	93349	48502	26260	316454	346693	714514	378966
281941	31627	44639	36098	283917	169006	194017	27886
223039	5462	31122	30481	215339	47280	63795	16746
2602	297	493	397	4024	5453	9226	3799
48415	23799	8140	1700	50524	107567	112134	5681
7885	2069	4884	3520	14030	8706	8862	1660
506892	142201	67546	6226	355844	344610	248377	39413
500207	140910	65952	5950	349342	343136	244510	37020
6685	1291	1594	276	6502	1474	3867	2393
627113	177462	209177	88978	616104	348898	526551	187103
435395	123839	122054	47232	420570	226526	303299	83020
17553	4768	6453	1957	18620	6047	19142	13227
37083	4588	26615	13788	36920	21589	45288	26719
112118	37168	44762	25846	115010	55290	85863	30624
24964	7099	9293	155	24984	39446	72959	33513
173028	50672	24642	7692	162940	129624	143828	17002
145143	44778	12345	5852	140790	119941	135957	16016
2702		835		2072	202	567	365
25183	5894	11462	1840	20078	9481	7304	621
2810733	779608	881198	188292	2727975	1087769	1481390	420010
1290511	526893	224966	100806	1248391	715450	973653	276143
283814	119614	85783	55507	229133	128826	170562	47170
1166384	109185	534992	9250	1166035	163124	220249	57125
1377	52	850	850	1278	34	59	25
68647	23864	34607	21879	83138	80335	116867	39547
481913	195983	147234	55134	479734	181596	274058	93761
68207	44850	19115	8883	67150	69028	108945	40565
316687	143646	83187	37667	316555	41813	58446	17033
44834	1151	13789	4332	46104	5026	6247	1471
52185	6336	31143	4252	49925	65729	100420	34692
5532581	1086224	1300184	865905	4584161	3302418	4643402	1411842
665986	169829	319014	84292	721580	790832	1092659	359131
3238790	513291	729521	685751	2102878	759780	1242291	493106

1-A-6 续表 4

分　组	企业单位数（个）	亏损企业	工业总产值（当年价格）	工业销售产值（当年价格）	出口交货值	资产总计
中药饮片加工	7	1	311174	270769	358	518569
中成药制造	13	2	767412	744219	43674	1135714
生物、生化制品的制造	11	2	1208871	1199416	110794	1986794
卫生材料及医药用品制造	1		89470	86833		8746
化学纤维制造业	5	1	298691	266009	8808	225628
合成纤维制造	5	1	298691	266009	8808	225628
锦纶纤维制造	2		261353	225962	358	177387
其他合成纤维制造	3	1	37338	40047	8450	48241
橡胶制品业	41	13	9243694	8443717	1204310	7574015
轮胎制造	4	2	5853809	5171930	732516	5607630
车辆、飞机及工程机械轮胎制造	3	2	5744422	5069880	665209	5515997
力车胎制造	1		109387	102050	67307	91633
橡胶板、管、带的制造	13	2	902793	888182	114307	1044542
橡胶零件制造	7	3	204284	202534	137236	210127
再生橡胶制造	1		1762964	1662964		396674
日用及医用橡胶制品制造	4	2	66545	65258	34523	82506
橡胶靴鞋制造	7	4	285398	290642	171119	154583
其他橡胶制品制造	5		167901	162207	14609	77953
塑料制品业	139	39	18451689	18044208	3185003	23281780
塑料薄膜制造	12	4	867387	820541	154254	681674
塑料板、管、型材的制造	39	8	8634721	8467699	187966	14979462
塑料丝、绳及编织品的制造	11	2	2605769	2565052	263928	2544835
泡沫塑料制造	6	3	426256	409137	64093	373794
塑料包装箱及容器制造	23	2	2427755	2324784	271484	1722989
塑料零件制造	22	10	1387642	1367044	910862	1301567
日用塑料制造	7	2	326682	323349	25278	214848
塑料鞋制造	1	1	6323	6323		12771
日用塑料杂品制造	6	1	320359	317026	25278	202077
其他塑料制品制造	19	8	1775477	1766602	1307138	1462611
非金属矿物制品业	172	43	18755082	18535246	5817444	14376214
水泥、石灰和石膏的制造	3	1	550171	552135	39477	967936
水泥制造	2	1	537080	539044	39477	956811
石灰和石膏制造	1		13091	13091		11125
水泥及石膏制品制造	28	10	2883602	2882808	4580	1839979
水泥制品制造	23	10	2508198	2506535	4580	1711292
砼结构构件制造	3		334937	336539		92637
石棉水泥制品制造	1		9150	9150		8756
轻质建筑材料制造	1		31317	30584		27294
砖瓦、石材及其他建筑材料制造	24	10	1123542	1105572	362600	1206182
粘土砖瓦及建筑砌块制造	5	1	72344	61671	4790	156449
建筑陶瓷制品制造	3		419581	419826	63833	222653
建筑用石加工	12	8	404721	397179	116486	457863
隔热和隔音材料制造	2	1	43868	43868		58848
其他建筑材料制造	2		183028	183028	177491	310369
玻璃及玻璃制品制造	32	10	2892286	2821353	823484	2240812
平板玻璃制造	4	1	875250	830806	247690	1340666
技术玻璃制品制造	8	1	1278471	1245085	483986	471036
光学玻璃制造	1	1	12173	12173	5536	5562
日用玻璃制品及玻璃包装容器制造	7	4	122665	122668	47821	132812
玻璃纤维及制品制造	4	1	323518	325128	21185	121055
玻璃纤维增强塑料制品制造	6	1	248360	253644	12627	132975
其他玻璃制品制造	2	1	31849	31849	4639	36706

单位：千元

流动资产总计	应收帐款	存货	产成品	流动资产年平均余额	固定资产总计	固定资产原价	累计折旧
383142	82508	20840	15628	394232	130701	179992	49291
618674	125459	148928	64669	615540	419665	590093	172403
624294	194851	81718	15487	748363	1195119	1531935	337800
1695	286	163	78	1568	6321	6432	111
152432	13556	66100	24470	140376	45349	119059	80432
152432	13556	66100	24470	140376	45349	119059	80432
126707	7892	57746	19109	112288	23840	84911	61071
25725	5664	8354	5361	28088	21509	34148	19361
3086868	1386620	934657	690868	3614856	4185277	6064228	1948397
2204278	1055078	708628	556017	2670320	3165968	4580718	1433317
2164158	1043796	692711	547175	2628900	3117672	4516254	1398582
40120	11282	15917	8842	41420	48296	64464	34735
536850	252177	127636	109872	609478	455881	636920	222099
122593	41375	28735	5049	127501	80774	141692	69285
11661				15160	385013	527152	142139
56702	8241	22662	3790	42778	23707	35301	11594
112618	14200	26901	9604	113788	39793	92087	53630
42166	15549	20095	6536	35831	34141	50358	16333
15004130	2219581	2890031	1377029	14090985	6633682	10594731	4064186
158797	47353	48212	21935	164074	318312	454210	137612
10994840	978322	1657535	1029442	10282003	3118297	4911930	1834252
1506643	418791	419427	151205	1230605	739727	930636	200880
203547	61472	48558	20356	201246	152262	390215	254721
689603	254742	257202	37062	743544	977768	1548338	574483
535036	195651	144635	52594	553592	705654	1228389	527599
98577	17187	44278	22357	97608	97680	125433	32654
9810	87	4689		9682	2961	2961	1901
88767	17100	39589	22357	87926	94719	122472	30753
817087	246063	270184	42078	818313	523982	1005580	501985
7048255	2964614	2122978	977648	7061908	5762364	8564014	3136862
281949	118463	89894	8580	265678	610149	1198521	635796
279824	118426	89894	8580	265446	601149	1189500	635775
2125	37			232	9000	9021	21
834133	510044	80171	15179	1102577	759482	1184828	448115
776867	477260	75936	13452	1051342	701555	1073516	393370
47251	29432	2715	207	40371	40177	76246	36069
3172	1652	1520	1520	4021	4432	4800	1728
6843	1700			6843	13318	30266	16948
421316	151510	141849	76036	469933	749127	1009815	325548
51588	20836	19026	14882	71811	104861	198829	94516
62410	11870	5649	1739	58513	158916	170930	13131
147972	31091	68524	25713	156645	278703	349517	134009
50569	37733	5365	1042	53712	8067	23009	14942
108777	49980	43285	32660	129252	198580	267530	68950
944872	266842	459500	321866	935242	1186591	1653337	483820
468365	113392	255491	192857	411290	813296	1094618	282589
236395	62423	113849	68571	281627	197528	305707	110241
2346	584	12		2362	2227	2227	956
60941	13384	39440	28619	58881	68034	95894	30285
62608	31598	23647	21495	77059	54414	84124	39710
87254	33351	19189	4074	78937	41349	51643	10658
26963	12110	7872	6250	25086	9743	19124	9381

1-A-6 续表 5

分组	企业单位数(个)	亏损企业	工业总产值(当年价格)	工业销售产值(当年价格)	出口交货值	资产总计
陶瓷制品制造	3		62698	59312	10656	99050
特种陶瓷制品制造	3		62698	59312	10656	99050
耐火材料制品制造	61	10	9385254	9319293	3185013	6825083
石棉制品制造	1	1	98493	105884	60850	303028
耐火陶瓷制品及其他耐火材料制造	60	9	9286761	9213409	3124163	6522055
石墨及其他非金属矿物制品制造	21	2	1857529	1794773	1391634	1197172
石墨及碳素制品制造	7	1	391071	415559	240329	290508
其他非金属矿物制品制造	14	1	1466458	1379214	1151305	906664
黑色金属冶炼及压延加工业	47	10	22798033	21423479	3879718	19371190
炼铁	3		125863	122372		207059
炼钢	1		58783	58783	48025	23868
钢压延加工	34	9	20396484	19064741	3170553	18370632
铁合金冶炼	9	1	2216903	2177583	661140	769631
有色金属冶炼及压延加工业	40	12	21514065	21480253	1141833	18808049
常用有色金属冶炼	4	2	1028615	1068603	117596	618573
铜冶炼	1	1	484962	610181		297378
铅锌冶炼	1	1	292440	219980		99668
镍钴冶炼	1		244510	225424	117596	212759
其他常用有色金属冶炼	1		6703	13018		8768
贵金属冶炼	1		72236	72236		27108
金冶炼	1		72236	72236		27108
稀有稀土金属冶炼	4	2	1265091	1273075	360556	723682
钨钼冶炼	2		400689	408673	198623	63385
其他稀有金属冶炼	2	2	864402	864402	161933	660297
有色金属合金制造	5	2	1394040	1397319	32377	1300885
有色金属压延加工	26	6	17754083	17669020	631304	16137801
常用有色金属压延加工	24	6	17630898	17548850	598145	16031441
稀有稀土金属压延加工	2		123185	120170	33159	106360
金属制品业	158	43	19051735	18841451	8072381	10482267
结构性金属制品制造	47	14	5753718	5580886	410824	2236089
金属结构制造	35	10	2707168	2624468	346286	1384915
金属门窗制造	12	4	3046550	2956418	64538	851174
金属工具制造	27	5	1021105	959043	486205	1447401
切削工具制造	14	4	662106	622061	295088	882193
手工具制造	1		81315	78053		12496
农用及园林用金属工具制造	7		151306	143608	118773	91744
刀剪及类似日用金属工具制造	2	1	88105	77048	72344	432227
其他金属工具制造	3		38273	38273		28741
集装箱及金属包装容器制造	21	6	6592041	6631589	5078514	3218353
集装箱制造	5	2	4883387	4946602	4778526	1903268
金属压力容器制造	4	1	319843	270316	1514	243630
金属包装容器制造	12	3	1388811	1414671	298474	1071455
金属丝绳及其制品的制造	10	2	1264005	1237983	547201	1092796
建筑、安全用金属制品制造	19	9	915584	906293	591741	552329
建筑、家具用金属配件制造	8	6	260341	260182	207510	165666
建筑装饰及水暖管道零件制造	10	3	647053	637921	384231	374528
安全、消防用金属制品制造	1		8190	8190		12135
金属表面处理及热处理加工	15	3	1530084	1474604	116066	485829
搪瓷制品制造	1		54505	54505		21227
工业生产配套用搪瓷制品制造	1		54505	54505		21227
不锈钢及类似日用金属制品制造	10	2	849939	839486	534037	381222
金属制厨房调理及卫生器具制造	1	1	29415	27629	16746	44833
金属制厨用器皿及餐具制造	6	1	729435	723347	487741	306169
其他日用金属制品制造	3		91089	88510	29550	30220

单位：千元

流动资产总计	应收帐款	存货	产成品	流动资产年平均余额	固定资产总计	固定资产原价	累计折旧
44520	23601	17219	5828	28985	47054	52375	5321
44520	23601	17219	5828	28985	47054	52375	5321
3739658	1764251	1103299	512049	3580640	2031183	3015660	1004020
80539	39411	25828	10581	42992	203619	223641	20022
3659119	1724840	1077471	501468	3537648	1827564	2792019	983998
781807	129903	231046	38110	678853	378778	449478	234242
185489	43265	81173	16092	192560	90604	143588	58760
596318	86638	149873	22018	486293	288174	305890	175482
6783792	1229632	2613843	1293217	8004778	9316252	12426268	3152741
154460	36113	6906	4832	54408	52599	52828	707
16749	2318	378	14	14223	6982	10588	3606
6068504	1051939	2486257	1233015	7404827	9072602	12115335	3084880
544079	139262	120302	55356	531320	184069	247517	63548
11665816	1253581	2147355	1188551	11160301	5887317	8003525	2136457
334802	183077	88105	38612	461274	229133	311117	81984
182544	171576	8630	2990	297300	104856	137768	32912
60723	-643	52805	26509	59273	13271	22235	8964
91185	12139	26643	9086	104278	102588	139990	37402
350	5	27	27	423	8418	11124	2706
25084	8224	35		25084	23	29	6
25084	8224	35		25084	23	29	6
573393	83400	211691	119892	596591	123011	217011	100942
29927	20313	7193	6649	26820	25760	22837	4019
543466	63087	204498	113243	569771	97251	194174	96923
828287	163864	451730	56922	1132121	456230	500352	44812
9904250	815016	1395794	973125	8945231	5078920	6975016	1908713
9852026	805765	1379847	970318	8869398	5037379	6919411	1894323
52224	9251	15947	2807	75833	41541	55605	14390
5237725	1882843	1783769	686320	5533334	4094147	5548975	1653001
959518	269262	268261	145472	863846	1014726	1374058	427261
475774	109888	185136	91652	429091	752626	1061927	360967
483744	159374	83125	53820	434755	262100	312131	66294
742625	176461	379926	115913	688799	560333	695455	204665
526759	141027	256920	105520	515535	236316	351208	158489
4622	4123	360	360	6598	6987	7008	21
79530	23634	26028	1826	72183	10768	24238	13470
112208	3329	89316	6566	73443	297253	297345	26038
19506	4348	7302	1641	21040	9009	15656	6647
1662627	709548	562647	181745	2044274	1132250	1547227	439442
1083262	468859	382304	82730	1404036	439421	672045	232625
208271	63719	83107	58610	174432	20758	28477	11044
371094	176970	97236	40405	465806	672071	846705	195773
393204	218669	102261	53056	385984	684221	854859	174070
318116	122890	96760	41363	332974	198885	280600	87635
103623	28748	28528	6988	97045	60591	87665	32401
202693	85368	66403	33985	224104	138046	192324	54871
11800	8774	1829	390	11825	248	611	363
248515	73910	69244	18731	229772	143802	194326	52189
20243	8931	5943		19244	834	953	119
20243	8931	5943		19244	834	953	119
183670	33273	105449	37160	230087	169644	221195	66548
24255	1743	12802	3978	3770	19335	17064	5663
136281	26713	85249	27696	203173	144427	188130	50766
23134	4817	7398	5486	23144	5882	16001	10119

1-A-6 续表 6

分 组	企业单位数（个）	亏损企业	工业总产值（当年价格）	工业销售产值（当年价格）	出口交货值	资产总计
其他金属制品制造	8	2	1070754	1157062	307793	1047021
其他未列明的金属制品制造	8	2	1070754	1157062	307793	1047021
通用设备制造业	347	91	42278648	40573443	11873982	41971014
锅炉及原动机制造	19	3	2909481	2765964	597832	2842398
锅炉及辅助设备制造	9		299683	298683		82913
内燃机及配件制造	9	3	2216255	2073738	597832	2628403
汽轮机及辅机制造	1		393543	393543		131082
金属加工机械制造	34	12	2265323	2207428	621377	3695173
金属切削机床制造	18	6	1648334	1601106	544177	2961309
金属成形机床制造	3	2	206714	205509	570	243397
铸造机械制造	4	3	85594	81355	16630	161423
金属切割及焊接设备制造	4	1	126207	126427	60000	136933
机床附件制造	4		126474	121031		165020
其他金属加工机械制造	1		72000	72000		27091
起重运输设备制造	17	6	6710718	6083701	2151317	4385859
泵、阀门、压缩机及类似机械的制造	84	22	5171127	4911640	1505360	4979969
泵及真空设备制造	18	2	2431449	2277892	413840	2109807
气体压缩机械制造	5		353589	358019	114272	305913
阀门和旋塞的制造	47	14	1945260	1861810	801100	2132176
液压和气压动力机械及元件制造	14	6	440829	413919	176148	432073
轴承、齿轮、传动和驱动部件的制造	26	3	2764927	2701551	686938	3586579
轴承制造	18	2	2038302	1987671	581101	3026547
齿轮、传动和驱动部件制造	8	1	726625	713880	105837	560032
烘炉、熔炉及电炉制造	1		84675	84675	11330	105088
风机、衡器、包装设备等通用设备	42	12	15716490	15282913	3741758	15772872
风机、风扇制造	6	1	1590349	1589139	3333	1210964
气体、液体分离及纯净设备制造	5		278491	228765	13813	219531
制冷、空调设备制造	19	5	12658034	12282304	3111233	13176066
风动和电动工具制造	3	2	591003	587642	533774	412863
包装专用设备制造	3	1	87369	84871	28898	94934
衡器制造	2		131710	131710	3992	140564
其他通用设备制造	4	3	379534	378482	46715	517950
通用零部件制造及机械修理	62	18	2556904	2503520	596090	2774453
金属密封件制造	6		346048	346375	116023	238197
紧固件、弹簧制造	14	7	380849	377634	118159	721396
机械零部件加工及设备修理	37	10	1598671	1549257	169028	1695176
其他通用零部件制造	5	1	231336	230254	192880	119684
金属铸、锻加工	62	15	4099003	4032051	1961980	3828623
钢铁铸件制造	57	13	3947493	3893768	1945869	3690196
锻件及粉末冶金制品制造	5	2	151510	138283	16111	138427
专用设备制造业	152	31	15685476	14461178	3381966	16392529
矿山、冶金、建筑专用设备制造	24	3	5940891	4812867	192463	8355426
采矿、采石设备制造	8	2	1857553	1999163	114192	3856362
石油钻采专用设备制造	2		2458000	1184233		3361086
建筑工程用机械制造	3		540690	540690	69985	506286
建筑材料生产专用机械制造	3		103648	107437	7487	44150
冶金专用设备制造	8	1	981000	981344	799	587542
化工、木材、非金属加工专用设备	58	14	2958869	2994960	374574	3404205
炼油、化工生产专用设备制造	4	2	250818	251818		514821
塑料加工专用设备制造	1		4795	4923		57044
模具制造	53	12	2703256	2738219	374574	2832340
食品、饮料、烟草及饲料生产专用设备制造	4	1	92420	91392	21891	190140
食品、饮料、烟草工业专用设备制造	2		50414	49386		13739
农副食品加工专用设备制造	2	1	42006	42006	21891	176401

单位：千元

流动资产总计	应收帐款	存货	产成品	流动资产年平均余额	固定资产总计	固定资产原价	累计折旧
709207	269899	193278	92880	738354	189452	380302	201072
709207	269899	193278	92880	738354	189452	380302	201072
26098117	8322105	7980072	1777883	24954268	12528394	17228437	5719237
1329460	359401	469858	203955	1238274	1106234	1471432	457869
48669	9568	21865	2508	47671	32749	31444	5418
1157177	291903	428533	199541	1074863	1066172	1429389	449165
123614	57930	19460	1906	115740	7313	10599	3286
1986076	660463	492503	50042	2153514	1289088	1762978	517514
1686419	544092	433460	30101	1722380	906771	1284025	395033
50683	42195	7857	3600	224380	192098	230923	38825
75848	22188	32927	14611	89536	79231	90885	19501
102191	31279	10482	179	47234	33848	37792	6460
56526	18054	1941	1551	48460	65763	107208	56927
14409	2655	5836		21524	11377	12145	768
3229193	915667	1251268	33825	2975565	707931	1015218	315964
3257860	1047785	826094	223588	2819126	1206844	1768497	645414
1556879	618353	323731	98105	1378517	437610	605448	185535
120221	28356	38651	6877	130054	161313	205725	44418
1324644	349492	311083	69094	1061891	462183	790983	367422
256116	51584	152629	49512	248664	145738	166341	48039
1450905	381313	602526	93642	1271693	1812169	1847162	425657
1317043	354234	543750	48655	1074073	1581554	1564282	365981
133862	27079	58776	44987	197620	230615	282880	59676
81703	25202	44777		81703	20521	24859	4338
11703438	4091391	3357458	818829	11118998	3460468	5348990	2235279
1018802	156532	158505	46482	949353	158868	197531	39662
171139	61109	54075	9285	170884	28668	38801	10645
9903116	3617568	3011697	742309	9412284	2748378	4324215	1800776
221372	74385	90346	11271	196191	164082	416735	275490
56027	20215	22826	4880	41687	37819	54276	20480
83472	74473	3062	3062	120316	57092	76975	19883
249510	87109	16947	1540	228283	265561	240457	68343
1191015	396455	345418	162700	1428904	1303034	1664458	394742
157163	66632	43849	13091	162211	77876	102646	28626
223308	33553	58418	23691	176923	338959	452452	130569
715079	268004	201420	119945	997234	863613	1068790	217563
95465	28266	41731	5973	92536	22586	40570	17984
1868467	444428	590170	191302	1866491	1622105	2324843	722460
1787883	401245	565690	184681	1799317	1573861	2237909	680559
80584	43183	24480	6621	67174	48244	86934	41901
8715080	2883824	2015057	451239	9786853	6796633	8380550	2213014
4026057	1217464	785654	147934	5157872	4310216	4735634	963789
721303	556344	151277	105579	2775215	3128165	3930684	811550
2686559	429576	458524	12225	1761760	674512	165785	18138
416188	165671	135927	23008	408191	85161	140653	57202
25855	5685	14190		31083	17508	22649	5141
176152	60188	25736	7122	181623	404870	475863	71758
1494273	543972	370504	126741	1565273	1300198	1869581	601237
242230	69243	50711	780	238621	148914	184694	35992
50867	1302	472	61	56751	5643	10387	4745
1201176	473427	319321	125900	1269901	1145641	1674500	560500
186546	81791	45311	5235	180649	3580	4393	1219
11650	4371	6083	5235	11042	2089	2655	972
174896	77420	39228		169607	1491	1738	247

1-A-6 续表 7

分组	企业单位数（个）	亏损企业	工业总产值（当年价格）	工业销售产值（当年价格）	出口交货值	资产总计
印刷、制药、日化生产专用设备制造	12	3	712347	673850	24751	580385
制浆和造纸专用设备制造	7	3	335300	302746	24751	454782
印刷专用设备制造	1		19535	19535		9187
日用化工专用设备制造	1		166773	166773		59878
制药专用设备制造	2		26912	26912		11274
其他日用品生产专用设备制造	1		163827	157884		45264
纺织、服装和皮革工业专用设备制造	6	2	187308	187075	3779	193341
纺织专用设备制造	5	1	181969	182055	3779	179525
其他服装加工专用设备制造	1	1	5339	5020		13816
电子和电工机械专用设备制造	1		82004	82004		188844
电子工业专用设备制造	1		82004	82004		188844
农、林、牧、渔专用机械制造	4	1	90665	79842	22058	60097
拖拉机制造	1		39247	37502	13510	22519
机械化农业及园艺机具制造	1		21758	21758		24688
畜牧机械制造	1		24805	15732	3698	8536
农林牧渔机械配件制造	1	1	4855	4850	4850	4354
医疗仪器设备及器械制造	13	2	3273170	3290220	1870883	1553663
医疗诊断、监护及治疗设备制造	5		1503751	1547008	338744	779428
医疗、外科及兽医用器械制造	4	1	1591562	1566025	1388308	593265
机械治疗及病房护理设备制造	1		26084	25479		13603
其他医疗设备及器械制造	3	1	151773	151708	143831	167367
环保、社会公共安全及其他专用设备制造	30	5	2347802	2248968	871567	1866428
环境污染防治专用设备制造	14	3	700702	673972	65745	584317
商业、饮食、服务业专用设备制造	2	1	124975	104074	35707	135834
社会公共安全设备及器材制造	3		908113	909010	741253	578626
其他专用设备制造	11	1	614012	561912	28862	567651
交通运输设备制造业	178	51	84455500	86526273	27039878	86046429
铁路运输设备制造	1		1517328	1509396	640341	1059196
铁路机车车辆配件制造	1		1517328	1509396	640341	1059196
汽车制造	134	41	57705572	60641825	4789703	54438445
汽车整车制造	11	3	39616390	43085514	576387	33734980
改装汽车制造	2	1	70973	70629	47078	60309
汽车车身、挂车的制造	3	1	517506	492081	10300	420610
汽车零部件及配件制造	116	34	17486699	16979597	4155938	20214042
汽车修理	2	2	14004	14004		8504
摩托车制造	1		16641	16096	47	15741
摩托车零部件及配件制造	1		16641	16096	47	15741
自行车制造	1		38576	38576		5992
助动自行车制造	1		38576	38576		5992
船舶及浮动装置制造	38	10	25137547	24280939	21609787	30448243
金属船舶制造	4	2	1424256	1424031	1352062	2381194
娱乐船和运动船的建造和修理	3	1	49031	49031	34949	135790
船用配套设备制造	25	5	1903294	1785312	686634	2551404
船舶修理及拆船	6	2	21760966	21022565	19536142	25379855
航空航天器制造	2		20876	20876		29753
飞机制造及修理	2		20876	20876		29753
交通器材及其他交通运输设备制造	1		18960	18565		49059
其他交通运输设备制造	1		18960	18565		49059
电气机械及器材制造业	145	36	29349066	27250278	9506235	24541040
电机制造	14	2	5878761	5641959	4891179	4490620
发电机及发电机组制造	2		10398	10398		405162
电动机制造	7	1	1608675	1538720	1008276	1333519
微电机及其他电机制造	5	1	4259688	4092841	3882903	2751939

单位：千元

流动资产总计				流动资产年平均余额	固定资产总计	固定资产原价	累计折旧
	应收帐款	存货					
			产成品				
425745	171994	150433	31691	382845	105790	188128	88653
350125	143290	124968	10390	314583	65569	138465	72919
481	121			2955	8706	9782	1076
47068	23288	9030	5249	42647	3184	6054	2870
8508	1674	493	110	8180	2630	3500	870
19563	3621	15942	15942	14480	25701	30327	10918
49923	2390	21941	12088	64482	137486	181046	43560
43378	1572	16479	6696	58048	130215	170029	39814
6545	818	5462	5392	6434	7271	11017	3746
107314	7239	40580	7392	119358	59316	89241	29925
107314	7239	40580	7392	119358	59316	89241	29925
27378	3687	14682	8097	28225	32624	42209	9675
18012	786	9980	7540	18012	4507	4741	234
1866	1309	557	547	2835	22822	26042	3220
5461	1592	3246	10	5421	3075	4659	1584
2039		899		1957	2220	6767	4637
1121603	405768	352678	53339	1094427	365022	611350	277670
619962	239175	197896	15575	602160	123231	171222	53189
413837	152868	128911	36140	408876	150424	342317	193227
9828	343	110	110	9828	3775	4719	1180
77976	13382	25761	1514	73563	87592	93092	30074
1276241	449519	233274	58722	1193722	482401	658968	197286
433040	158021	49160	8719	422647	97466	112519	28621
83092	48136	22445	4279	81217	45651	70263	25507
339503	140529	30889	864	310895	233488	357212	123733
420606	102833	130780	44860	378963	105796	118974	19425
47049926	10890157	12501344	3217780	52654703	29338484	39128408	10688707
1004962	561201	256560	346	727810	52582	67690	15175
1004962	561201	256560	346	727810	52582	67690	15175
27386570	8118593	7207815	3171988	30405164	18461482	26634377	8451609
17889199	3386092	5333700	2230574	20206048	12088972	17992519	5876392
39573	23313	14626	352	39661	17086	26040	8954
233399	46812	144235	70013	315551	92932	99838	14397
9216614	4658908	1714496	871049	9836856	6262134	8514514	2550758
7785	3468	758		7048	358	1466	1108
8645	2568	2984	1147	10797	6415	14944	8529
8645	2568	2984	1147	10797	6415	14944	8529
1320	506	432	386	1012	4285	5675	1390
1320	506	432	386	1012	4285	5675	1390
18589351	2191597	5031946	43400	21449082	10797240	12367308	2189088
804403	5619	114827	224	753413	1485336	1380793	111979
66979	-2038	36109	26345	63848	51052	75722	24671
1044155	203575	462579	16831	867424	1119955	817616	100144
16673814	1984441	4418431		19764397	8140897	10093177	1952294
12141	8958	1094		14284	14658	30508	16832
12141	8958	1094		14284	14658	30508	16832
46937	6734	513	513	46554	1822	7906	6084
46937	6734	513	513	46554	1822	7906	6084
13728208	4884364	3568584	1914319	14483784	8816505	14939415	6409150
2858867	850089	443233	138911	2585798	765888	2925332	2186323
358524				128000	190	196	6
801945	207442	180417	59395	752183	343281	1004052	668332
1698398	642647	262816	79516	1705615	422417	1921084	1517985

1-A-6 续表 8

分　组	企业单位数（个）	亏损企业	工业总产值（当年价格）	工业销售产值（当年价格）	出口交货值	资产总计
输配电及控制设备制造	69	13	11239660	10235986	1816238	9975255
变压器、整流器和电感器制造	26	3	3939664	3575449	433164	2355772
电容器及其配套设备制造	4		1107993	1079119	22983	978032
配电开关控制设备制造	18	4	4501827	3955405	279307	5423407
电力电子元器件制造	15	4	1576720	1517067	1046141	1131671
其他输配电及控制设备制造	6	2	113456	108946	34643	86373
电线、电缆、光缆及电工器材制造	27	9	3835097	3728846	691399	3808506
电线电缆制造	19	5	3485061	3378006	616054	3415902
光纤、光缆制造	1	1	25095	25095		181113
绝缘制品制造	4	1	176663	176785	3089	133419
其他电工器材制造	3	2	148278	148960	72256	78072
电池制造	6	1	1604067	1493611	402597	1093613
家用电力器具制造	15	5	4536714	3909392	513276	3765962
家用制冷电器具制造	3	2	2457259	2091149	127835	2489727
家用空气调节器制造	1		1641353	1355953	351100	809130
家用厨房电器具制造	3	1	245340	250431	20196	290847
家用清洁卫生电器具制造	1		20337	20337	7300	9868
家用美容、保健电器具制造	1		27040	26980	1715	13762
其他家用电力器具制造	6	2	145385	164542	5130	152628
非电力家用器具制造	1	1	78007	73731		188506
燃气、太阳能及类似能源的器具制造	1	1	78007	73731		188506
照明器具制造	10	5	357300	353148	244188	332201
电光源制造	4	2	56807	56506	43890	158403
照明灯具制造	4	2	157763	153912	68753	114311
灯用电器附件及其他照明器具制造	2	1	142730	142730	131545	59487
其他电气机械及器材制造	3		1819460	1813605	947358	886377
车辆专用照明及电气信号设备装置制造	2		1704393	1711362	911564	623645
其他未列明的电气机械制造	1		115067	102243	35794	262732
通信设备、计算机及其他电子设备制造业	113	33	31250395	30438648	18440904	22141048
通信设备制造	10	4	4552410	4468204	348382	2317478
通信传输设备制造	1		23827	23827		42471
通信交换设备制造	2	1	47938	47938		67077
通信终端设备制造	1	1	10833	12130	12072	10277
移动通信及终端设备制造	5	2	4341697	4287978	259868	2117350
其他通信设备制造	1		128115	96331	76442	80303
广播电视设备制造	3	1	93554	70608	16355	100734
广播电视节目制作及发射设备制造	1	1	61610	46328	16355	64828
广播电视接收设备及器材制造	2		31944	24280		35906
电子计算机制造	13	5	9776452	9451610	6982572	5512078
电子计算机外部设备制造	13	5	9776452	9451610	6982572	5512078
电子器件制造	28	8	1962715	1843460	684689	2744292
电子真空器件制造	2	1	172711	162942	3579	91414
半导体分立器件制造	10	5	744937	697328	290769	650798
集成电路制造	7	1	480924	432514	186009	397108
光电子器件及其他电子器件制造	9	1	564143	550676	204332	1604972
电子元件制造	39	11	6130269	5895158	4857351	4405732
电子元件及组件制造	31	9	5132050	5040308	4123991	2558312
印制电路板制造	8	2	998219	854850	733360	1847420
家用视听设备制造	8	2	5142907	5175575	4598938	2333309
家用影视设备制造	4	1	3051798	3048541	2961672	1606257
家用音响设备制造	4	1	2091109	2127034	1637266	727052

单位：千元

流动资产总　计				流动资产年平均余额	固定资产总　计	固定资产原　价	累计折旧
	应收帐款	存货					
			产成品				
5105803	2082618	1554434	908106	6387664	4213140	5894371	1791963
1231270	404384	463020	259319	1363334	1018812	1319420	311469
519859	219135	98847	45352	530514	168369	178884	54340
2628276	1283220	836458	547956	3775784	2587287	3570913	1038294
660435	163844	122519	46616	659668	420841	799812	380093
65963	12035	33590	8863	58364	17831	25342	7767
2177736	864347	430441	253222	1722766	1276859	1734462	487004
1992258	827044	394151	227533	1533921	1100231	1516889	445599
77491	13214	9803	9803	77491	103622	108803	5182
78845	14011	20514	11615	81110	48740	86600	30982
29142	10078	5973	4271	30244	24266	22170	5241
449142	181648	109043	60918	443891	633608	754871	191934
2209818	523369	830458	468137	2376813	1499534	2875372	1407301
1362397	250341	591727	347997	1597005	1075713	2140126	1069148
622493	226444	167321	91220	546231	186635	407015	245380
134868	21393	40748	15251	151547	151947	222538	70591
8929	1194	1038	478	9009	939	939	558
13414	1502	7620	1023	3218	348	500	152
67717	22495	22004	12168	69803	83952	104254	21472
116718	57342	20102	8868	117840	62503	104367	41864
116718	57342	20102	8868	117840	62503	104367	41864
162227	70349	46661	15573	166418	150131	221234	88023
56278	25027	17066	10624	66777	92262	138813	58701
56548	19235	12180	2479	53410	51482	70416	23704
49401	26087	17415	2470	46231	6387	12005	5618
647897	254602	134212	60584	682594	214842	429406	214738
514767	229301	100362	38847	541514	96466	246516	150224
133130	25301	33850	21737	141080	118376	182890	64514
11799423	4168652	1823470	505170	11880925	7753990	12275076	5197214
922388	283899	41866	8389	960474	1347351	1477574	131107
39654	5412			39650	2701	10586	7885
24015	21503	1124		55924	43057	58621	15564
5134	1345	599	204	5640	5142	5231	972
813682	241744	25236	5928	817048	1263018	1325276	62258
39903	13895	14907	2257	42212	33433	77860	44428
74377	38300	29051	2400	51767	25213	37476	12264
60600	28930	24644		45112	3084	10381	7298
13777	9370	4407	2400	6655	22129	27095	4966
3188696	1137616	637036	93701	3612539	2247931	5087767	3002713
3188696	1137616	637036	93701	3612539	2247931	5087767	3002713
1285610	427450	324810	99508	1316138	1033284	1408724	508529
80854	32384	30176	13221	77407	10559	31637	21078
386514	141918	122504	40722	436806	254181	410883	160377
316518	123567	110675	19372	311521	77859	170178	93955
501724	129581	61455	26193	490404	690685	796026	233119
2175856	812281	446202	159408	2095470	1668523	2424979	985928
1409590	626609	363671	129505	1393232	1061907	1503851	647188
766266	185672	82531	29903	702238	606616	921128	338740
1978454	918401	227672	59559	2011568	304234	625910	321823
1487174	707954	153752	52487	1546855	87060	251886	164973
491280	210447	73920	7072	464713	217174	374024	156850

1-A-6 续表 9

分 组	企业单位数（个）		工业总产值（当年价格）	工业销售产值（当年价格）		资产总计
		亏损企业			出口交货值	
其他电子设备制造	12	2	3592088	3534033	952617	4727425
仪器仪表及文化、办公用机械制造业	59	21	4758082	4580683	1729326	3776701
通用仪器仪表制造	39	8	2849498	2754079	287842	2161499
工业自动控制系统装置制造	23	2	1996529	1919110	2622	1488082
电工仪器仪表制造	5	2	249872	247379	5538	263812
绘图、计算及测量仪器制造	2	2	57122	55156	54019	72838
实验分析仪器制造	2	1	105562	105562	77950	25652
试验机制造	2		149561	149561	3478	81918
供应用仪表及其他通用仪器制造	5	1	290852	277311	144235	229197
专用仪器仪表制造	6	4	239517	236491	46270	281640
环境监测专用仪器仪表制造	3	2	18365	20936	3654	19972
地质勘探和地震专用仪器制造	1	1	115653	111578		141749
电子测量仪器制造	2	1	105499	103977	42616	119919
钟表与计时仪器制造	1	1	95513	84352	81831	123979
光学仪器及眼镜制造	4	4	439712	442007	434609	346384
眼镜制造	4	4	439712	442007	434609	346384
文化、办公用机械制造	7	2	1079417	1009329	849351	840674
照相机及器材制造	1		776149	704929	703825	642377
复印和胶印设备制造	4		171445	168190	40761	135604
计算器及货币专用设备制造	1	1	30821	35208	9910	41531
其他文化、办公用机械制造	1	1	101002	101002	94855	21162
其他仪器仪表的制造及修理	2	2	54425	54425	29423	22525
工艺品及其他制造业	74	24	2939319	2974747	1665103	2366140
工艺美术品制造	53	16	1482930	1455289	902290	648330
雕塑工艺品制造	5	2	75740	83436	15335	49112
金属工艺品制造	2	1	40129	37818	37818	16691
花画工艺品制造	17	4	677565	674204	433304	206150
天然植物纤维编织工艺品制造	4	1	60863	60863	40169	52009
抽纱刺绣工艺品制造	6	1	115114	115018	22980	76076
地毯、挂毯制造	1		50854	50854		36546
珠宝首饰及有关物品的制造	3	1	77443	54130	53599	41469
其他工艺美术品制造	15	6	385222	378966	299085	170277
日用杂品制造	15	6	1221137	1192595	510808	1476897
鬃毛加工、制刷及清扫工具的制造	5		159905	156929	149221	102648
其他日用杂品制造	10	6	1061232	1035666	361587	1374249
煤制品制造	2		54873	54123		35943
核辐射加工	1		5231	5231		11400
其他未列明的制造业	3	2	175148	267509	252005	193570
废弃资源和废旧材料回收加工业	2		94914	94824		212316
非金属废料和碎屑的加工处理	2		94914	94824		212316
电力、燃气及水的生产和供应业	**43**	**14**	**13090275**	**13058625**	**43**	**27836402**
电力、热力的生产和供应业	28	9	12587046	12568512	43	25181281
电力生产	18	6	11699121	11681060		21655914
火力发电	10	4	11266868	11251813		18009197
水力发电	1		167599	167599		806136
其他能源发电	7	2	264654	261648		2840581
电力供应	1		331424	331424		867239
热力生产和供应	9	3	556501	556028	43	2658128
燃气生产和供应业	8	3	381874	369388		2037532
水的生产和供应业	7	2	121355	120725		617589
自来水的生产和供应	3	1	60605	60605		286682
污水处理及其再生利用	3		41560	41560		317555
其他水的处理、利用与分配	1	1	19190	18560		13352

单位：千元

流动资产总计	应收帐款	存货	产成品	流动资产年平均余额	固定资产总计	固定资产原价	累计折旧
2174042	550705	116833	82205	1832969	1127454	1212646	234850
2109956	680133	648827	143515	2205483	1402463	2122755	773305
1378017	445124	391952	85882	1476469	588744	832426	290356
1050217	315911	291311	48813	1109171	300056	356265	99397
106756	41307	22218	6185	158947	140335	204328	63993
27973	8683	11498	2114	35117	41823	73340	31517
20742	8194	8673	1710	22016	2705	4876	2171
30487	720	10817	10661	31478	35115	38469	6839
141842	70309	47435	16399	119740	68710	155148	86439
142788	61109	33523	14272	141000	127651	133691	12111
18749	7956	7150	6065	17623	1222	2241	1019
85487	46728	23495	6453	85962	45062	44057	5066
38552	6425	2878	1754	37415	81367	87393	6026
41016	7543	23496	5436	42322	68958	179777	110937
196121	53924	83571	8909	197441	142648	209585	66937
196121	53924	83571	8909	197441	142648	209585	66937
339008	106349	114138	29016	336691	471156	761129	290123
227119	70328	61692	5926	212133	397589	653077	255488
75105	15214	39019	20706	73539	48046	71516	23620
18814	16335	2479	2384	33049	22717	31230	8513
17970	4472	10948		17970	2804	5306	2502
13006	6084	2147		11560	3306	6147	2841
1069635	283380	329636	91120	1059261	1076110	1780773	721050
351495	80392	86917	36360	352816	225975	310430	100609
20133	6632	5283	2754	21793	9733	12432	2699
11811	4389	4609	1847	11085	4880	8023	3143
108662	27400	26960	16593	117111	84052	121442	45304
20407	6928	5783	3444	19480	23376	29869	6493
28147	6294	2907	2466	29530	40052	46777	7378
36046	2721			12526	500	562	135
25932	1179	16009		24117	14624	21988	7364
100357	24849	25366	9256	117174	48758	69337	28093
584539	182144	211820	37494	563527	776817	1361342	584706
54864	11525	24168	64	48759	47770	57708	10009
529675	170619	187652	37430	514768	729047	1303634	574697
18168	10724	2775	1926	18669	17004	23275	6323
7134				9275	4266	6446	2180
108299	10120	28124	15340	114974	52048	79280	27232
85790	17802	15133	8018	79757	56042	49621	17274
85790	17802	15133	8018	79757	56042	49621	17274
6525462	**1420508**	**782051**	**1137**	**6477134**	**19821064**	**30751261**	**15117324**
5567527	1310925	717648		5581005	18686941	29448567	14823986
4115035	1223160	653471		4108449	16893411	27283505	14167381
3388238	1122290	637922		3261019	14078174	24286849	13926377
147183	18118	3212		334142	572563	687648	161281
579614	82752	12337		513288	2242674	2309008	79723
470636	47045	31079		465637	292093	469860	177767
981856	40720	33098		1006919	1501437	1695202	478838
681099	28349	56450		635687	872318	929597	181800
276836	81234	7953	1137	260442	261805	373097	111538
75942	68386	668		68408	167804	247274	79470
188862	6848	6655	1137	187034	92681	124193	31758
12032	6000	630		5000	1320	1630	310

1-A-6 续表 10

分 组	固定资产净 值	固定资产净 值 年平均余额	负债合计	流动负债总 计	应付账款
总 计	**154337288**	**142666137**	**238100587**	**200041866**	**62638844**
总计中：轻工业	36208477	33733288	46649381	39224560	12679892
重工业	118128811	108932849	191451206	160817306	49958952
总计中：大型企业	32328628	28227651	58003639	55269834	17810985
中型企业	69998281	67250861	111682928	88777863	25010020
小型企业	52010379	47187625	68414020	55994169	19817839
按行业小类分					
采矿业	**1098318**	**1019741**	**907109**	**802665**	**205870**
石油和天然气开采业	196	211	7179	7179	4300
与石油和天然气开采有关的服务活动	196	211	7179	7179	4300
黑色金属矿采选业	371322	372659	342747	312146	47015
铁矿采选	368310	369232	320112	294012	36939
其他黑色金属矿采选	3012	3427	22635	18134	10076
有色金属矿采选业	476083	432235	341283	299233	71724
常用有色金属矿采选	103859	106341	149098	136528	58864
镁矿采选	103859	106341	149098	136528	58864
贵金属矿采选	57221	57221	40338	27408	12860
金矿采选	57221	57221	40338	27408	12860
稀有稀土金属矿采选	315003	268673	151847	135297	
钨钼矿采选	315003	268673	151847	135297	
非金属矿采选业	241219	205138	195466	169673	82710
土砂石开采	120648	104071	143432	117839	69149
石灰石、石膏开采	1720	1710	5822	5822	1611
建筑装饰用石开采	4332	3479	5110	2851	902
粘土及其他土砂石开采	114596	98882	132500	109166	66636
化学矿采选	2000	1800	2000	2000	
石棉及其他非金属矿采选	118571	99267	50034	49834	13561
石墨、滑石采选	78625	79287	45034	44834	8561
其他非金属矿采选	39946	19980	5000	5000	5000
其他采矿业	9498	9498	20434	14434	121
制造业	**137605033**	**125370315**	**222751875**	**189171925**	**61153657**
农副食品加工业	6826129	6703805	10488038	8904618	3048537
谷物磨制	421710	427691	803753	644471	167692
饲料加工	928396	796480	1097999	1024216	369371
植物油加工	878820	923047	2346302	2295615	836537
食用植物油加工	878820	923047	2346302	2295615	836537
制糖	27071	27417	160980	160979	5094
屠宰及肉类加工	663104	616525	616116	567118	302017
畜禽屠宰	97568	88955	106675	87304	37704
肉制品及副产品加工	565536	527570	509441	479814	264313
水产品加工	1847972	1787133	2709624	2246242	694967
水产品冷冻加工	1417366	1346712	2019833	1713410	554587
鱼糜制品及水产品干腌制加工	339969	340017	512131	450045	132397
水产饲料制造	18787	20030	8905	8905	257
其他水产品加工	71850	80374	168755	73882	7726
蔬菜、水果和坚果加工	497054	494469	1164749	960645	290404
其他农副食品加工	1562002	1631043	1588515	1005332	382455
淀粉及淀粉制品的制造	1195375	1258494	1126752	709766	240467
豆制品制造	78221	82462	120893	118669	33477
蛋品加工	108633	111880	92298	5598	4647
其他未列明的农副食品加工	179773	178207	248572	171299	103864
食品制造业	4126371	3892100	3871592	2589986	811270

单位：千元

长期负债总计	所有者权益合计	实收资本	国家资本	集体资本	法人资本	个人资本	港澳台资本
30428547	**188597668**	**118584953**	**4504787**	**972260**	**26439839**	**7225205**	**14293799**
3762980	49068224	29762931	384812	343025	5281917	2092883	5322926
26665567	139529444	88822022	4119975	629235	21157922	5132322	8970873
2700139	40820513	19647990	49778	14000	4957073	474628	2600556
20186683	71866803	47543761	3048476	463854	9869359	1258152	5294667
7541725	75910352	51393202	1406533	494406	11613407	5492425	6398576
60862	**2466576**	**931667**			**211463**	**332781**	**236328**
	6597	400			280		
	6597	400			280		
28406	908557	355186			129554	31520	194112
26042	878018	326472			129554	2806	194112
2364	30539	28714				28714	
25200	1179967	328308			74987	175033	27650
12270	184020	171234			14870	108076	27650
12270	184020	171234			14870	108076	27650
12930	68918	50000				20000	
12930	68918	50000				20000	
	927029	107074			60117	46957	
	927029	107074			60117	46957	
1256	373057	242793			6642	122576	14566
1059	210063	112497				1850	14566
	-1355	1580					
1059	4001	3501				1850	
	207417	107416					14566
	4500	2000					
197	158494	128296			6642	120726	
197	113414	95056			6642	87486	
	45080	33240				33240	
6000	-1602	4980				3652	
26041657	**172736293**	**111798772**	**3815130**	**972260**	**24040817**	**6819956**	**12203540**
875713	8800162	5144041	25870	79701	969432	550001	606494
67862	586765	330146	23370		59591	111406	22908
47616	1659702	538351		2610	58773	56044	54191
50576	1016191	925521			118910		22426
50576	1016191	925521			118910		22426
	26776	10500			500	6000	4000
40029	949018	509715			114595	3176	249515
10516	191769	85204			80204		5000
29513	757249	424511			34391	3176	244515
212419	2321989	1607373		61179	407451	245042	162727
172629	1757836	1235784		51825	321399	237976	123496
39790	440603	322229		8314	70159	5066	39231
	25803	14940			7620		
	97747	34420		1040	8273	2000	
70793	712808	347739	2500	15912	61149	106644	14384
386418	1526913	874696			148463	21689	76343
233809	901855	469425			1020		
2165	155134	121806			12551		15626
86700	46038	72857			37157		35700
63744	423886	210608			97735	21689	25017
646769	4467304	2049838	33815	48503	414631	223635	652263

1-A-6 续表 11

分 组	固定资产净 值	固定资产净 值 年平均余额	负债合计	流动负债总 计	应付账款
焙烤食品制造	171566	158990	121823	117992	46572
糕点、面包制造	43975	32125	56195	54164	20554
饼干及其他焙烤食品制造	127591	126865	65628	63828	26018
糖果、巧克力及蜜饯制造	58609	57865	48020	47004	15176
糖果、巧克力制造	58609	57865	48020	47004	15176
方便食品制造	1165209	954810	1055708	480327	374124
米、面制品制造	13619	14879	2362	2361	400
速冻食品制造	24012	24369	15604	11603	2365
方便面及其他方便食品制造	1127578	915562	1037742	466363	371359
液体乳及乳制品制造	1860443	1893441	1523225	1072682	138199
罐头制造	359457	335555	589377	436029	102939
肉、禽类罐头制造	20006	20006	21577	16754	580
水产品罐头制造	28155	29192	19418	19418	8835
蔬菜、水果罐头制造	303191	279164	502351	353828	67896
其他罐头食品制造	8105	7193	46031	46029	25628
调味品、发酵制品制造	349924	326978	267255	222307	60989
酱油、食醋及类似制品的制造	169502	168828	103594	74271	11033
其他调味品、发酵制品制造	180422	158150	163661	148036	49956
其他食品制造	161163	164461	266184	213645	73271
营养、保健食品制造	37700	40054	55547	52010	12390
冷冻饮品及食用冰制造	58216	58300	89585	52785	4354
食品及饲料添加剂制造	17831	19365	12525	12480	5836
其他未列明的食品制造	47416	46742	108527	96370	50691
饮料制造业	5443593	5012313	6022758	5373134	1470370
酒精制造	214913	214913	98084	78467	9416
酒的制造	2910130	2622353	3930936	3509894	567013
白酒制造	40218	41927	172410	170461	131333
啤酒制造	2797760	2508649	3558697	3277901	425097
黄酒制造	697	697	4222	4221	3634
葡萄酒制造	57828	58928	87123	57311	6949
其他酒制造	13627	12152	108484		
软饮料制造	2318550	2175047	1993738	1784773	893941
碳酸饮料制造	790191	536055	710274	628651	299322
瓶(罐)装饮用水制造	194921	190728	62693	61495	36696
果菜汁及果菜汁饮料制造	215211	238975	453782	379684	39046
固体饮料制造	60694	37026	9108	9017	3108
茶饮料及其他软饮料制造	1057533	1172263	757881	705926	515769
纺织业	2110890	2012891	2707144	2207053	824768
棉、化纤纺织及印染精加工	1227496	1124262	1253467	932371	389437
棉、化纤纺织加工	1178925	1075077	1182227	862134	352244
棉、化纤印染精加工	48571	49185	71240	70237	37193
毛纺织和染整精加工	10450	11290	22225	1710	410
毛纺织	10450	11290	1710	1710	410
毛染整精加工			20515		
麻纺织	37509	30415	25902	9420	758
丝绢纺织及精加工	18350	17707	23158	17058	6970
缫丝加工	6800	6500	4300	2500	1500
绢纺和丝织加工	11550	11207	18858	14558	5470
纺织制成品制造	435076	412192	575475	487965	250420
棉及化纤制品制造	214140	182721	468626	417452	217619
绳、索、缆的制造	31937	26891	14368	4352	1310
无纺布制造	130840	141526	49254	32875	7516
其他纺织制成品制造	58159	61054	43227	33286	23975
针织品、编织品及其制品制造	382009	417025	806917	758529	176773
棉、化纤针织品及编织品制造	270641	298493	673051	637668	135039

单位：千元

长期负债总计	所有者权益合计	实收资本	国家资本	集体资本	法人资本	个人资本	港澳台资本
2020	215003	192233			27010	14952	4575
228	50438	48572			19510	9994	2075
1792	164565	143661			7500	4958	2500
	85880	25453			16500	1453	7500
	85880	25453			16500	1453	7500
24010	1551108	653389	25822		32680	31361	514454
	24449	23110	15022				
4001	26306	24509	10800		8507	787	
20009	1500353	605770			24173	30574	514454
450543	1293000	320763			230263	87800	
79734	459726	323894	6665	30509	77164	28880	10513
	5271	16840					
	49490	12234			3600		
79734	406255	290035	6665	30509	71931	28880	7774
	-1290	4785			1633		2739
43936	674052	400103	1328	9789	3079	32892	97850
28980	357195	248443	1328		840	30892	44250
14956	316857	151660		9789	2239	2000	53600
46526	188535	134003		8205	27935	26297	17371
	89443	53015			11136	20987	17371
36800	27584	10935		8205			
	10590	16910				2310	
9726	60918	53143			16799	3000	
497577	6276267	3523938	61827	14000	650219	286049	1625526
19617	170913	34183			34183		
312544	4170133	2462943	49224	14000	207894	275780	1434088
1949	263266	261420				244000	
280783	3656549	2071400	49224	14000	180094	13280	1434088
	3635	1241					
29812	156581	46300			27800	18500	
	90102	82582					
165416	1935221	1026812	12603		408142	10269	191438
72677	469211	246650	10603		77000		
1000	260913	69973			21872		656
39791	532482	478447	2000		309270	2069	
	75110	30160				8200	
51948	597505	201582					190782
391800	2151629	1923128	13402	5965	285329	46745	583202
321096	762140	846670			33914	741	464781
320093	715306	771129			17424	741	464781
1003	46834	75541			16490		
	37056	39735			32015		
	36160	30850			23130		
	896	8885			8885		
	61732	9180				7180	2000
6100	26456	21739			8709		
1800	14200	6000					
4300	12256	15739			8709		
35911	503000	455923	7523		133223	24546	49279
16765	144424	188138	1680		8777	13420	3920
606	60857	9626				9626	
8599	206439	188214	5843		124446	1500	45359
9941	91280	69945					
28693	761245	549881	5879	5965	77468	14278	67142
16998	548333	418387	5879	5965	27807	6378	57873

1-A-6 续表 12

分组	固定资产净值	固定资产净值年平均余额	负债合计	流动负债总计	应付账款
毛针织品及编织品制造	68752	74200	101453	88949	24203
丝针织品及编织品制造	3111	3110	2216	2215	1139
其他针织品及编织品制造	39505	41222	30197	29697	16392
纺织服装、鞋、帽制造业	2733301	2432378	4926740	3057607	975024
纺织服装制造	2597285	2300402	4609347	2811517	844299
纺织面料鞋的制造	129104	124976	286350	215047	107485
制帽	6912	7000	31043	31043	23240
皮革、毛皮、羽毛(绒)及其制品业	231714	235360	486328	454778	143804
皮革鞣制加工	6389	17411	22016	22011	24
皮革制品制造	219672	212059	455041	424803	142933
皮鞋制造	57879	57943	197686	185227	48540
皮革服装制造	36987	23609	85961	85961	25399
皮箱、包(袋)制造	55308	56729	21584	21584	306
皮手套及皮装饰制品制造	37481	41564	44286	35382	11929
其他皮革制品制造	32017	32214	105524	96649	56759
毛皮鞣制及制品加工	3553	3790	7964	7964	847
毛皮服装加工	3553	3790	7964	7964	847
羽毛(绒)加工及制品制造	2100	2100	1307		
羽毛(绒)制品加工	2100	2100	1307		
木材加工及木、竹、藤、棕、草制品业	1629350	1566908	2690954	1906058	582978
锯材、木片加工	171925	174261	327572	315937	52854
锯材加工	105874	106939	193275	183139	41246
木片加工	66051	67322	134297	132798	11608
人造板制造	324399	316428	645373	366679	110269
胶合板制造	82710	79551	232224	145708	35163
纤维板制造	141435	108222	233920	118173	56485
刨花板制造	62790	89247	80695	10090	1328
其他人造板、材制造	37464	39408	98534	92708	17293
木制品制造	1129149	1072229	1699412	1204846	409900
建筑用木料及木材组件加工	943676	915514	1242364	789789	293934
软木制品及其他木制品制造	185473	156715	457048	415057	115966
竹、藤、棕、草制品制造	3877	3990	18597	18596	9955
家具制造业	2015527	2088381	2371274	2150923	1006553
木质家具制造	1920492	1992243	2315180	2100090	998606
竹、藤家具制造	2520	3582	4365	447	265
金属家具制造	22284	22309	14679	14379	210
其他家具制造	70231	70247	37050	36007	7472
造纸及纸制品业	966336	808006	971157	916477	306191
纸浆制造	2351	2351	4790	4789	
造纸	279320	246399	386007	365448	32014
机制纸及纸板制造	248659	217118	375573	355015	30689
加工纸制造	30661	29281	10434	10433	1325
纸制品制造	684665	559256	580360	546240	274177
纸和纸板容器的制造	397638	387785	336121	313659	105062
其他纸制品制造	287027	171471	244239	232581	169115
印刷业和记录媒介的复制	602971	548822	322214	253460	59187
印刷	555635	506723	308191	243001	56228
书、报、刊印刷	150273	156870	130211	116244	9974
包装装潢及其他印刷	405362	349853	177980	126757	46254
装订及其他印刷服务活动	47336	42099	14023	10459	2959
文教体育用品制造业	325361	320062	567855	492901	277008
文化用品制造	11804	10780	15069	14711	8454
文具制造	419	463	1156	798	275
其他文化用品制造	11385	10317	13913	13913	8179

单位：千元

长期负债总计	所有者权益合计	实收资本					
			国家资本	集体资本	法人资本	个人资本	港澳台资本
11195	100809	102260			33799	7900	3309
	10687	10000			7000		3000
500	101416	19234			8862		2960
322536	4944665	2507809	10402	65584	577726	258030	315003
321733	4896332	2359920	10402	65584	574626	256540	315003
803	50936	136875			3100		
	-2603	11014				1490	
29937	391624	278445	22328	3841	38343	2610	10887
	77497	13614				960	
29937	311083	256788	18650	3841	35343	1650	10887
12159	41419	54066			12188	50	6502
	101455	85287	18650		23155		4385
	66149	55318				1600	
8903	40890	22978		3841			
8875	61170	39139					
	-650	5043	3678				
	-650	5043	3678				
	3694	3000			3000		
	3694	3000			3000		
745480	1826802	1730241	28500	3508	531501	216004	112433
11633	278107	169727			98502	15865	870
10135	167688	123749			95200	2000	870
1498	110419	45978			3302	13865	
277408	250150	277907			84409	62564	18062
86516	81868	73790			7850	30017	15559
115742	90770	127176			74550	500	
70605	50586	34374					
4545	26926	42567			2009	32047	2503
456439	1295826	1278747	28500	3508	348590	137275	92673
442399	1115344	1052266	28500	1960	266474	121975	45132
14040	180482	226481		1548	82116	15300	47541
	2719	3860				300	828
169076	3944888	1209153	10645	55935	250137	81137	90584
165158	3828491	1121478	10645	52954	247341	68935	90153
3918	737	1701			1270		431
	31793	25327				11202	
	83867	60647		2981	1526	1000	
24776	1262209	781548	3960	8745	128821	100131	287908
	16445	1296			840		
	291817	260466		245	5656	73855	82283
	210133	183104		245	5656	73855	82283
	81684	77362					
24776	953947	519786	3960	8500	122325	26276	205625
22255	573825	302760	2560		102076	9347	75003
2521	380122	217026	1400	8500	20249	16929	130622
68746	779966	626282	60210	23561	231785	7948	7485
65187	686314	569763	42297	23561	231785	7948	7485
13966	210354	152923	22697	16000	58042	7948	4245
51221	475960	416840	19600	7561	173743		3240
3559	93652	56519	17913				
61821	427835	348376	9195	400	12091	2543	32681
357	61851	38987		400	1986		830
357	2707	1450					830
	59144	37537		400	1986		

1-A-6 续表 13

分组	固定资产净值	固定资产净值年平均余额	负债合计	流动负债总计	应付账款
体育用品制造	130838	111056	180162	153208	94970
体育器材及配件制造	50992	42632	45257	22713	12535
训练健身器材制造	21837	11464	20481	20276	20276
运动防护用具制造	49383	50838	84356	80169	50696
其他体育用品制造	8626	6122	30068	30050	11463
乐器制造	174242	189760	360264	321361	173091
西乐器制造	155461	170553	250575	212546	88460
电子乐器制造	15118	16766	97286	97286	81817
其他乐器及零件制造	3663	2441	12403	11529	2814
玩具制造	8477	8466	12360	3621	493
石油加工、炼焦及核燃料加工业	5032052	5198887	15161827	9637337	2393526
精炼石油产品的制造	4926648	5110063	14894222	9369737	2257714
原油加工及石油制品制造	4926648	5110063	14894222	9369737	2257714
炼焦	105404	88824	267605	267600	135812
化学原料及化学制品制造业	3015070	2896907	5009714	4115544	1392815
基础化学原料制造	932024	1030857	1164873	753622	216740
无机碱制造	120455	119735	77874	51350	45860
无机盐制造	35232	32835	11983	11983	4804
有机化学原料制造	440789	547879	904685	525230	116273
其他基础化学原料制造	335548	330408	170331	165059	49803
肥料制造	166131	170675	228138	195307	23919
钾肥制造	47049	53947	143876	133876	14698
复混肥料制造	5427	3911	2499	2272	946
有机肥料及微生物肥料制造	106453	105314	54482	53863	5602
其他肥料制造	7202	7503	27281	5296	2673
农药制造	208964	190622	484253	453243	130129
化学农药制造	207490	189222	482543	451534	129042
生物化学农药及微生物农药制造	1474	1400	1710	1709	1087
涂料、油墨、颜料及类似产品制造	339448	314821	483586	451874	183315
涂料制造	220279	193924	327980	308731	147069
油墨及类似产品制造	5915	6548	2190	2039	1480
颜料制造	18569	21945	34423	32842	7466
染料制造	55239	48877	82446	73333	16698
密封用填料及类似品制造	39446	43527	36547	34929	10602
合成材料制造	126826	128797	113424	113123	12383
初级形态的塑料及合成树脂制造	119941	123847	103795	103495	11724
合成纤维单(聚合)体的制造	202	757	2314	2314	781
其他合成材料制造	6683	4193	7315	7314	-122
专用化学产品制造	1061380	879173	2249570	1899949	694922
化学试剂和助剂制造	697510	564390	1443982	1120626	440932
专项化学用品制造	123392	118725	254897	246859	82868
信息化学品制造	163124	163033	498657	492057	143437
环境污染处理专用药剂材料制造	34	32	707	705	702
其他专用化学产品制造	77320	32993	51327	39702	26983
日用化学产品制造	180297	181962	285870	248426	131407
肥皂及合成洗涤剂制造	68380	68463	20330	19913	8288
化妆品制造	41413	41671	147429	143196	90457
口腔清洁用品制造	4776	4681	51563	31500	21346
其他日用化学产品制造	65728	67147	66548	53817	11316
医药制造业	3231560	2489827	4799818	4591069	563860
化学药品原药制造	733528	493426	686101	638250	117529
化学药品制剂制造	749185	435690	2521709	2514961	152300

单位：千元

长期负债总　计	所有者权益合计	实收资本	国家资本	集体资本	法人资本	个人资本	港澳台资本
23448	172890	100624			6700		24632
22544	55936	46784					15160
205	6045	12200			6700		5500
699	88993	27667					
	21916	13973					3972
38016	180534	200147	5792		2771	2543	3816
37142	150008	173245	5792			2543	
	18381	20315					
874	12145	6587			2771		3816
	12560	8618	3403		634		3403
5513871	-2116882	1511708	771707	2200	208984	54915	33822
5513871	-2248985	1402698	771707	2200	119974	54915	13822
5513871	-2248985	1402698	771707	2200	119974	54915	13822
	132103	109010			89010		20000
653655	5916391	4065880	74939	1370	893956	112775	1351849
366023	1518122	1089160	37000		350671	43817	48783
9154	73318	39750			14500	2270	2500
	106977	80025			30909	993	1486
351808	777133	538182	18000		222481	14704	41637
5061	560694	431203	19000		82781	25850	3160
2484	304289	91774			11055	13070	50163
	181449	52094				3164	47880
	5556	2420			690	500	
618	103967	28854			10365	1000	2283
1866	13317	8406				8406	
30659	488605	310708			58054	3320	
30659	482155	307328			54674	3320	
	6450	3380			3380		
16473	576738	239347	3320		86620	20412	4320
13224	388165	93590	3320		54089	5040	4320
151	25534	22561			8725		
1581	28610	19716				5740	
4	104040	58770			23806	9632	
1513	30389	44710					
	193043	130488			33817		86559
	161511	103568			7142		86559
	590	925			680		
	30942	25995			25995		
231558	2381214	1852893	34619	1000	287959	23551	1061482
210736	987711	961063	27804	1000	260444	19351	366458
6236	223310	113254	4800		18013	4200	
6599	1062494	717909			4950		672050
	744	537					
7987	106955	60130	2015		4552		22974
6458	454380	351510		370	65780	8605	100542
416	123160	92804		20	25000	471	67313
3733	245398	184397			40280		
	18297	10000				5750	4250
2309	67525	64309		350	500	2384	28979
175155	4451535	2865248	9693	14891	306560	255665	353912
45345	831011	530226			107400		52400
5443	1562709	1204517	5193	6360	128000	5687	32167

1-A-6 续表 14

分组	固定资产净值	固定资产净值年平均余额	负债合计	流动负债总计	应付账款
中药饮片加工	130701	121610	233988	189236	83202
中成药制造	417690	386945	362149	301901	76510
生物、生化制品的制造	1194135	1045224	990440	941321	132003
卫生材料及医药用品制造	6321	6932	5431	5400	2316
化学纤维制造业	38627	82416	59345	28353	9366
合成纤维制造	38627	82416	59345	28353	9366
锦纶纤维制造	23840	59208	44746	13830	5744
其他合成纤维制造	14787	23208	14599	14523	3622
橡胶制品业	4115831	3556033	3087101	2911250	1661482
轮胎制造	3147401	2634971	2129516	2057882	1315591
车辆、飞机及工程机械轮胎制造	3117672	2603606	2095105	2047531	1307283
力车胎制造	29729	31365	34411	10351	8308
橡胶板、管、带的制造	414821	347268	529087	494486	155700
橡胶零件制造	72407	92069	76826	74835	50824
再生橡胶制造	385013	382575	142779	137067	82240
日用及医用橡胶制品制造	23707	24566	50762	49761	14590
橡胶靴鞋制造	38457	40222	121487	62847	33668
其他橡胶制品制造	34025	34362	36644	34372	8869
塑料制品业	6530545	6452908	14181193	12511328	2099434
塑料薄膜制造	316598	328401	236742	184296	33196
塑料板、管、型材的制造	3077678	3079757	10028374	9016477	927463
塑料丝、绳及编织品的制造	729756	767906	1354641	1158209	73477
泡沫塑料制造	135494	139606	235844	225715	121857
塑料包装箱及容器制造	973855	872020	997470	954376	495900
塑料零件制造	700790	646415	514908	467470	237146
日用塑料制造	92779	110918	62373	62324	33569
塑料鞋制造	1060	986	1619	1619	824
日用塑料杂品制造	91719	109932	60754	60705	32745
其他塑料制品制造	503595	507885	750841	442461	176826
非金属矿物制品业	5427152	5029302	7995191	6088258	2877535
水泥、石灰和石膏的制造	562725	570801	161413	161272	28134
水泥制造	553725	569901	159293	159293	28134
石灰和石膏制造	9000	900	2120	1979	
水泥及石膏制品制造	736713	639894	963060	794400	457380
水泥制品制造	680146	582185	924917	762934	437855
砼结构构件制造	40177	40685	31076	30785	18956
石棉水泥制品制造	3072	4476	4921	120	120
轻质建筑材料制造	13318	12548	2146	561	449
砖瓦、石材及其他建筑材料制造	684267	760238	649955	577740	383481
粘土砖瓦及建筑砌块制造	104313	103237	85934	71481	51867
建筑陶瓷制品制造	157799	158439	24787	22769	8689
建筑用石加工	215508	282566	276331	267849	174363
隔热和隔音材料制造	8067	8212	38534	38533	11482
其他建筑材料制造	198580	207784	224369	177108	137080
玻璃及玻璃制品制造	1169517	1087017	1661295	908145	326719
平板玻璃制造	812029	812551	1114542	418619	148163
技术玻璃制品制造	195466	101919	268581	222124	130719
光学玻璃制造	1271	1271	1674	1674	523
日用玻璃制品及玻璃包装容器制造	65609	66382	128789	126786	13721
玻璃纤维及制品制造	44414	54487	54069	49199	17351
玻璃纤维增强塑料制品制造	40985	40940	82849	78952	14726
其他玻璃制品制造	9743	9467	10791	10791	1516

单位：千元

长期负债总计	所有者权益合计	实收资本					
			国家资本	集体资本	法人资本	个人资本	港澳台资本
44751	284581	228730			11380	113000	42500
49613	773565	320988	4500	6281	45040	128743	95413
30003	996354	578787		2250	14740	6235	131432
	3315	2000				2000	
17301	166283	196482			79560	13258	8979
17301	166283	196482			79560	13258	8979
17301	132641	170755			77060	8000	5479
	33642	25727			2500	5258	3500
89746	4486914	2989377	38533	2295	53764	65962	28482
47574	3478114	2375012					
47574	3420892	2289164					
	57222	85848					
31199	515455	391022	26282	2295	25067	45522	26153
1989	133301	89532	2251		1126		
5712	253895	3500					
1000	31744	32240			2490	5160	1750
	33096	68176	10000		23283		
2272	41309	29895			1798	15280	579
1275381	9100587	5604222	12155	398451	1823765	494272	499501
	444932	446814			14694	5162	
939459	4951088	2922363	4246	171378	1435330	368780	401484
190580	1190194	429584		222169	6719	20344	
9158	137950	208943			1500	5600	
33316	725519	780854			316026	22905	33255
37437	786659	383304	5662	4904	25313	26975	5662
	152475	60626	2247		11284	12390	5000
	11152	3000			3000		
	141323	57626	2247		8284	12390	5000
65431	711770	371734			12899	32116	54100
1732511	6381023	5117592	54278	41994	574601	718996	554330
	806523	491282			70968		5000
	797518	482782			62468		5000
	9005	8500			8500		
73841	876919	548733	31431	10539	119445	151704	111417
72251	786375	466300	21531	10539	70282	148434	111417
5	61561	61670	9900		32400	270	
	3835	4000				3000	
1585	25148	16763			16763		
63402	556227	432509	15980		50133	113621	90273
14453	70515	92707	15980		37100	9595	6092
1950	197866	103096			3000	98385	
8477	181532	110303			10033	3141	75690
	20314	23002					8491
38522	86000	103401				2500	
746490	579517	935358		7484	93379	8445	11515
694301	226124	671113			13624		
46457	202455	147183			34692		
	3888	1377			1377		
1837	4023	22549		2026	10698	1060	3525
	66986	47488		3718	31830		
3895	50126	35341		1740		7385	
	25915	10307			1158		7990

1-A-6 续表 15

分 组	固定资产净值	固定资产净值年平均余额	负债合计	流动负债总计	应付账款
陶瓷制品制造	47054	43026	38730	34628	28311
特种陶瓷制品制造	47054	43026	38730	34628	28311
耐火材料制品制造	2011640	1724017	3955898	3282499	1488700
石棉制品制造	203619	148144	223361	71968	30630
耐火陶瓷制品及其他耐火材料制造	1808021	1575873	3732537	3210531	1458070
石墨及其他非金属矿物制品制造	215236	204309	564840	329574	164810
石墨及碳素制品制造	84828	86928	146699	98922	48216
其他非金属矿物制品制造	130408	117381	418141	230652	116594
黑色金属冶炼及压延加工业	9273527	8193780	12199360	9191805	2471930
炼铁	52121	32577	112005	69887	33229
炼钢	6982	7068	2993	2993	1761
钢压延加工	9030455	7984758	11592855	8654559	2314125
铁合金冶炼	183969	169377	491507	464366	122815
有色金属冶炼及压延加工业	5867068	5803812	9802298	9089527	1452842
常用有色金属冶炼	229133	238784	398324	397965	147366
铜冶炼	104856	109618	307608	307600	131020
铅锌冶炼	13271	13271	75079	75079	8003
镍钴冶炼	102588	107546	10624	10624	3681
其他常用有色金属冶炼	8418	8349	5013	4662	4662
贵金属冶炼	23	23	8940	8900	
金冶炼	23	23	8940	8900	
稀有稀土金属冶炼	116069	123266	457007	457007	71745
钨钼冶炼	18818	18818	13759	13759	3591
其他稀有金属冶炼	97251	104448	443248	443248	68154
有色金属合金制造	455540	354159	976229	814141	562974
有色金属压延加工	5066303	5087580	7961798	7411514	670757
常用有色金属压延加工	5025088	5044840	7957348	7407165	666408
稀有稀土金属压延加工	41215	42740	4450	4349	4349
金属制品业	3895974	3680183	5468109	4922336	1691113
结构性金属制品制造	946797	873449	817696	727896	170307
金属结构制造	700960	619149	383691	310089	89804
金属门窗制造	245837	254300	434005	417807	80503
金属工具制造	490790	467194	869557	726715	292108
切削工具制造	192719	187492	574005	530436	119191
手工具制造	6987	7000	5720	2319	368
农用及园林用金属工具制造	10768	11190	38547	35911	15489
刀剪及类似日用金属工具制造	271307	252808	232853	139617	139500
其他金属工具制造	9009	8704	18432	18432	17560
集装箱及金属包装容器制造	1107785	1034904	2113445	1982777	462933
集装箱制造	439420	459203	1438453	1419322	276790
金属压力容器制造	17433	24922	155727	147826	5859
金属包装容器制造	650932	550779	519265	415629	180284
金属丝绳及其制品的制造	680789	703838	657480	581819	414447
建筑、安全用金属制品制造	192965	182373	266032	253348	181074
建筑、家具用金属配件制造	55264	50562	78646	73129	55658
建筑装饰及水暖管道零件制造	137453	131527	181266	174099	123912
安全、消防用金属制品制造	248	284	6120	6120	1504
金属表面处理及热处理加工	142137	133141	146774	125224	34903
搪瓷制品制造	834	716	15161	15161	5034
工业生产配套用搪瓷制品制造	834	716	15161	15161	5034
不锈钢及类似日用金属制品制造	154647	101666	138215	126632	43350
金属制厨房调理及卫生器具制造	11401	1957	29617	29617	12034
金属制厨用器皿及餐具制造	137364	93662	97337	85754	31736
其他日用金属制品制造	5882	6047	11261	11261	-420

单位：千元

长期负债总计	所有者权益合计	实收资本					
			国家资本	集体资本	法人资本	个人资本	港澳台资本
4101	60320	57640		13631	2463		
4101	60320	57640		13631	2463		
671543	2869185	2415977	3167		210953	411020	309627
151393	79667	109348					109348
520150	2789518	2306629	3167		210953	411020	200279
173134	632332	236093	3700	10340	27260	34206	26498
1290	143809	53665			6946	13280	720
171844	488523	182428	3700	10340	20314	20926	25778
2948891	7171830	6166431	1513418	1107	1473375	212166	282840
	95054	93645				5355	83290
	20875	9658					
2932412	6777777	5778995	1508038	1107	1462669	103426	188970
16479	278124	284133	5380		10706	103385	10580
712522	9005751	1888740	33099		538530	151192	307245
351	220249	366765			87833	32760	64910
	-10230	156000			79560	32760	43680
	24589	20713					20713
	202135	187883			6621		
351	3755	2169			1652		517
	18168	3100				1250	
	18168	3100				1250	
	266675	200820				31250	9750
	49626	41000				31250	9750
	217049	159820					
162087	324656	369251			42819	14622	
550084	8176003	948804	33099		407878	71310	232585
550084	8074093	860247	31162		383878	71310	232585
	101910	88557	1937		24000		
428059	5014158	3387780	126647	14242	709849	136197	200725
60758	1418393	651973	43565		301196	59428	60447
44900	1001224	395098	8065		170967	23964	30947
15858	417169	256875	35500		130229	35464	29500
130858	577844	481718		6002	54720	34788	14495
37553	308188	192996		6002	54210	26016	4012
	6776	6480				6480	
70	53197	20157			510	2292	10483
93235	199374	253635					
	10309	8450					
128803	1104908	715626	83082	7490	298149	16300	81449
19130	464815	449567	83082		214599		
6040	87903	48601			23500		22400
103633	552190	217458		7490	60050	16300	59049
75659	435316	315649		750		7747	
9842	286297	265195			12155	6758	23993
4544	87020	84926			3428	1000	
5298	193262	176148			8727	5758	19872
	6015	4121					4121
21106	339055	218532			40989	4426	5188
	6066	5000				3750	
	6066	5000				3750	
1005	243007	188776			1140	3000	
	15216	12234					
1005	208832	164587			1140		
	18959	11955				3000	

1-A-6 续表 16

分 组	固定资产净 值	固定资产净值年平均余额	负债合计	流动负债总 计	应付账款
其他金属制品制造	179230	182902	443749	382764	86957
其他未列明的金属制品制造	179230	182902	443749	382764	86957
通用设备制造业	11509200	10501533	21728436	19580392	5648016
锅炉及原动机制造	1013563	937358	1596844	1386911	436578
锅炉及辅助设备制造	26026	30857	40021	35812	16842
内燃机及配件制造	980224	899360	1503543	1297819	373149
汽轮机及辅机制造	7313	7141	53280	53280	46587
金属加工机械制造	1245464	967184	1298630	1099901	385171
金属切削机床制造	888992	761468	955407	800595	214384
金属成形机床制造	192098	26744	141190	134570	108273
铸造机械制造	71384	73845	107442	74746	40739
金属切割及焊接设备制造	31332	30242	29218	27489	11586
机床附件制造	50281	64631	46641	43769	1415
其他金属加工机械制造	11377	10254	18732	18732	8774
起重运输设备制造	699254	617526	2654240	2507713	1009748
泵、阀门、压缩机及类似机械的制造	1123083	1066436	2313982	1974115	749014
泵及真空设备制造	419913	335549	1329305	1108172	403659
气体压缩机械制造	161307	152661	175752	170928	73179
阀门和旋塞的制造	423561	459678	625880	547604	221172
液压和气压动力机械及元件制造	118302	118548	183045	147411	51004
轴承、齿轮、传动和驱动部件的制造	1421505	1246357	1519168	1251229	252380
轴承制造	1198301	898918	1392031	1145457	183491
齿轮、传动和驱动部件制造	223204	347439	127137	105772	68889
烘炉、熔炉及电炉制造	20521	20521	72774	72774	9791
风机、衡器、包装设备等通用设备	3113711	3210704	9444984	9188876	2149812
风机、风扇制造	157869	185611	640508	638734	195351
气体、液体分离及纯净设备制造	28156	30380	118130	118118	24757
制冷、空调设备制造	2523439	2549808	8281389	8044832	1737900
风动和电动工具制造	141245	161362	91135	77886	30399
包装专用设备制造	33796	21454	59214	59214	27530
衡器制造	57092	22459	92453	88644	69288
其他通用设备制造	172114	239630	162155	161448	64587
通用零部件制造及机械修理	1269716	882533	1018982	925020	360863
金属密封件制造	74020	85797	89268	85865	46577
紧固件、弹簧制造	321883	175215	284515	258856	52278
机械零部件加工及设备修理	851227	598371	576874	518442	224731
其他通用零部件制造	22586	23150	68325	61857	37277
金属铸、锻加工	1602383	1552914	1808832	1173853	294659
钢铁铸件制造	1557350	1508000	1734775	1100157	286245
锻件及粉末冶金制品制造	45033	44914	74057	73696	8414
专用设备制造业	6167536	4109375	8099647	7723250	3040630
矿山、冶金、建筑专用设备制造	3771845	1725204	5119355	5029855	2059730
采矿、采石设备制造	3119134	1150164	2041125	1973148	1500479
石油钻采专用设备制造	147647	81715	2510255	2510254	221732
建筑工程用机械制造	83451	84033	312104	312104	154906
建筑材料生产专用机械制造	17508	13381	32525	14575	12728
冶金专用设备制造	404105	395911	223346	219774	169885
化工、木材、非金属加工专用设备	1268344	1271608	1337243	1256739	330485
炼油、化工生产专用设备制造	148702	149307	354072	354067	25445
塑料加工专用设备制造	5642	12662	17562	17561	2
模具制造	1114000	1109639	965609	885111	305038
食品、饮料、烟草及饲料生产专用设备制造	3174	5013	34433	32368	13442
食品、饮料、烟草工业专用设备制造	1683	3690	3825	1761	1422
农副食品加工专用设备制造	1491	1323	30608	30607	12020

单位：千元

长期负债总　计	所有者权益合计	实收资本	国家资本	集体资本	法人资本	个人资本	港澳台资本
28	603272	545311			1500		15153
28	603272	545311			1500		15153
1250961	20242578	11683684	311893	91937	1276003	517301	368389
206248	1245554	848313	7804		33481	29300	13897
3799	42892	23637			2661	13100	579
202449	1124860	810605	7804		16749	16200	13318
	77802	14071			14071		
161017	2396543	1854413	122411	59802	193502	63324	36248
120307	2005902	1607859	121168	51620	124386	1900	4448
6616	102207	60115			54650		
30222	53981	52550	1243			2000	31800
1030	107715	111925		8182		59424	
2842	118379	19706			14466		
	8359	2258					
146508	1731619	752361	19500	11250	140548	26074	14040
237629	2665987	1523106	12454	14780	163279	85801	37474
161658	780502	561693	4138	11780	76636	40704	
4818	130161	119234	8316			9735	25013
35642	1506296	637884		3000	61883	23529	10470
35511	249028	204295			24760	11833	1991
80305	2067411	1626373	54389		96053	33484	73891
79504	1634516	1370533			95253	32634	73491
801	432895	255840	54389		800	850	400
	32314	9000	4050				
255865	6327888	2868977	53180		283293	183536	90709
1774	570456	103238			5000		
	101401	47295			30000		
236329	4894677	2119117	35150		101716	183163	90582
13249	321728	277844			16100		
	35720	47845	13690				
3809	48111	14080	4340		5400		
704	355795	259558			125077	373	127
79099	1755471	1187985	34163	1659	209507	38584	50866
3402	148929	84607			12016		
23139	436881	474336			1244	15916	24832
46090	1118302	587906	34163		190647	22668	26034
6468	51359	41136		1659	5600		
84290	2019791	1013156	3942	4446	156340	57198	51264
83929	1955421	941123	3942	3390	153270	54943	51264
361	64370	72033		1056	3070	2255	
230875	8292882	4259213	60613	32576	1226546	111020	349363
74928	3236071	1195371	29213	16461	522430	16717	11671
67977	1815237	181298	20280		112069	417	10000
	850831	746884			388507		
	194182	151672	8933		3000		
3390	11625	27429			13839	500	
3561	364196	88088		16461	5015	15800	1671
70280	2066962	1246553	30000	1137	326818	64566	47711
	160749	141311	30000		10000	26483	
	39482	4968			2981		
70280	1866731	1100274		1137	313837	38083	47711
90	155707	78725			2937	5000	
90	9914	7937			2937	5000	
	145793	70788					

1-A-6 续表 17

分组	固定资产净值	固定资产净值年平均余额	负债合计	流动负债总计	应付账款
印刷、制药、日化生产专用设备制造	99475	109293	330729	326100	106227
制浆和造纸专用设备制造	65546	69460	270353	267191	75791
印刷专用设备制造	8706	8861	3957	3850	3386
日用化工专用设备制造	3184	2792	25729	25729	834
制药专用设备制造	2630	2479	3532	3530	1706
其他日用品生产专用设备制造	19409	25701	27158	25800	24510
纺织、服装和皮革工业专用设备制造	137486	125574	98877	86911	53211
纺织专用设备制造	130215	122700	91928	85752	52052
其他服装加工专用设备制造	7271	2874	6949	1159	1159
电子和电工机械专用设备制造	59316	59469	146569	35189	6283
电子工业专用设备制造	59316	59469	146569	35189	6283
农、林、牧、渔专用机械制造	32534	28248	17951	16088	9698
拖拉机制造	4507	1313	2017	2017	
机械化农业及园艺机具制造	22822	21938	7987	7427	7055
畜牧机械制造	3075	690	4562	4106	2643
农林牧渔机械配件制造	2130	4307	3385	2538	
医疗仪器设备及器械制造	333680	314829	540379	484034	211813
医疗诊断、监护及治疗设备制造	118033	110132	276240	258535	154169
医疗、外科及兽医用器械制造	149090	136147	211286	210274	48116
机械治疗及病房护理设备制造	3539	3775	10850	1627	1627
其他医疗设备及器械制造	63018	64775	42003	13598	7901
环保、社会公共安全及其他专用设备制造	461682	470137	474111	455966	249741
环境污染防治专用设备制造	83898	86530	122551	107673	56222
商业、饮食、服务业专用设备制造	44756	47737	23900	20688	19345
社会公共安全设备及器材制造	233479	239672	77694	77684	47657
其他专用设备制造	99549	96198	249966	249921	126517
交通运输设备制造业	28439701	24619441	57904510	50853123	18244118
铁路运输设备制造	52515	48919	848786	840236	676974
铁路机车车辆配件制造	52515	48919	848786	840236	676974
汽车制造	18182768	15210341	34383080	29845362	13093403
汽车整车制造	12116127	9963489	23573489	21220418	9284166
改装汽车制造	17086	17311	24999	24999	14560
汽车车身、挂车的制造	85441	87651	306836	306836	50395
汽车零部件及配件制造	5963756	5139817	10470282	8285708	3743021
汽车修理	358	2073	7474	7401	1261
摩托车制造	6415	6843	450	450	444
摩托车零部件及配件制造	6415	6843	450	450	444
自行车制造	4285	4285	1709	530	325
助动自行车制造	4285	4285	1709	530	325
船舶及浮动装置制造	10178220	9333161	22647020	20152065	4463403
金属船舶制造	1268814	1096656	1137871	548937	306112
娱乐船和运动船的建造和修理	51051	26290	83657	66699	11399
船用配套设备制造	717472	948569	1588645	951417	340388
船舶修理及拆船	8140883	7261646	19836847	18585012	3805504
航空航天器制造	13676	13712	13726	4742	4681
飞机制造及修理	13676	13712	13726	4742	4681
交通器材及其他交通运输设备制造	1822	2180	9739	9738	4888
其他交通运输设备制造	1822	2180	9739	9738	4888
电气机械及器材制造业	8530265	7659334	11020480	10572697	4406888
电机制造	739009	1031340	906759	880028	460356
发电机及发电机组制造	190	100	84508	84508	
电动机制造	335720	298826	384822	358091	151363
微电机及其他电机制造	403099	732414	437429	437429	308993

单位：千元

长期负债总计	所有者权益合计	实收资本					
			国家资本	集体资本	法人资本	个人资本	港澳台资本
4016	249656	160654			14787	3300	3217
2658	184429	143107			6000	2300	417
	5230	5600			4100		1500
	34149	7397			2737		
	7742	3400			1950		1300
1358	18106	1150				1000	
11959	94464	88748			53112		
6169	87597	86278			50642		
5790	6867	2470			2470		
	42275	1655					
	42275	1655					
1407	42146	26509			18068		
	20502	2050					
560	16701	15000			15000		
	3974	3068			3068		
847	969	6391					
53957	1013284	638339		3728	151485		
17705	503188	428822		3728	151485		
	381979	146763					
9223	2753	1909					
27029	125364	60845					
14238	1392317	822659	1400	11250	136909	21437	286764
12116	461766	295511			52361	20937	6650
2122	111934	136081			66416	500	
	500932	291699					269189
	317685	99368	1400	11250	18132		10925
5259350	28141919	21629671	243900	27479	6592392	1402583	627842
8550	210410	60592			30244		
8550	210410	60592			30244		
2816715	20055365	17426559	189841	18616	5694833	1377821	505310
2189608	10161491	10687881			4692949	1265722	5300
	35310	28994			10540		
	113774	102049	24157		19000		
627092	9743760	6606490	165684	18616	972344	111454	499510
15	1030	1145				645	500
	15291	12405					12405
	15291	12405					12405
	4283	4000					
	4283	4000					
2434085	7801223	4080068	54059	8863	843420	22661	94228
586548	1243323	985532				2000	1395
	52133	28694				3500	11952
595704	962759	742229	34793	8863	18109	17161	77570
1251833	5543008	2323613	19266		825311		3311
	16027	30148			23895	2101	
	16027	30148			23895	2101	
	39320	15899					15899
	39320	15899					15899
359857	13520560	9911429	118575	6493	1842739	342735	1659766
26729	3583861	2085970	4500		28591		362070
	320654	362070					362070
26729	948697	884899	4500		28591		
	2314510	839001					

1-A-6 续表 18

分组	固定资产净值	固定资产净值年平均余额	负债合计	流动负债总计	应付账款
输配电及控制设备制造	4102408	2634982	5263215	4993625	2391158
变压器、整流器和电感器制造	1007951	885589	1226875	1153207	651337
电容器及其配套设备制造	124544	123526	726815	726375	103724
配电开关控制设备制造	2532619	1188012	3084328	2903165	1499313
电力电子元器件制造	419719	420071	196760	186079	119434
其他输配电及控制设备制造	17575	17784	28437	24799	17350
电线、电缆、光缆及电工器材制造	1247458	1609329	1918911	1858748	622274
电线电缆制造	1071290	1423101	1762881	1711419	609455
光纤、光缆制造	103621	103620	86026	86006	
绝缘制品制造	55618	65148	39093	31644	2714
其他电工器材制造	16929	17460	30911	29679	10105
电池制造	562937	518114	720855	699869	466143
家用电力器具制造	1468071	1450609	1577797	1550487	228897
家用制冷电器具制造	1070978	980628	727699	727698	25585
家用空气调节器制造	161635	238460	479026	469871	149249
家用厨房电器具制造	151947	156865	299731	299673	37136
家用清洁卫生电器具制造	381	348	4804	4804	590
家用美容、保健电器具制造	348	348	1385	1385	119
其他家用电力器具制造	82782	73960	65152	47056	16218
非电力家用器具制造	62503	64323	113186	103536	24099
燃气、太阳能及类似能源的器具制造	62503	64323	113186	103536	24099
照明器具制造	133211	130808	128401	99216	72969
电光源制造	80112	71991	45207	32366	17506
照明灯具制造	46712	52318	62934	46590	38168
灯用电器附件及其他照明器具制造	6387	6499	20260	20260	17295
其他电气机械及器材制造	214668	219829	391356	387188	140992
车辆专用照明及电气信号设备装置制造	96292	100494	249969	249801	135436
其他未列明的电气机械制造	118376	119335	141387	137387	5556
通信设备、计算机及其他电子设备制造业	7077862	7236650	8638597	7194649	2992432
通信设备制造	1346467	1315169	222008	220023	160149
通信传输设备制造	2701	2242	15766	15766	10588
通信交换设备制造	43057	12339	18197	17136	13267
通信终端设备制造	4259	4249	2087	2087	662
移动通信及终端设备制造	1263018	1260504	171947	171023	123063
其他通信设备制造	33432	35835	14011	14011	12569
广播电视设备制造	25212	32653	59565	58985	30171
广播电视节目制作及发射设备制造	3083	3739	44541	44541	17131
广播电视接收设备及器材制造	22129	28914	15024	14444	13040
电子计算机制造	2085054	2252653	1816817	1530132	757170
电子计算机外部设备制造	2085054	2252653	1816817	1530132	757170
电子器件制造	900195	986272	1335887	872204	229697
电子真空器件制造	10559	11072	20414	20413	7567
半导体分立器件制造	250506	249038	464817	199787	73162
集成电路制造	76223	79501	161102	161092	85023
光电子器件及其他电子器件制造	562907	646661	689554	490912	63945
电子元件制造	1439051	1553150	2327062	1869143	941834
电子元件及组件制造	856663	956464	1054538	978196	585985
印制电路板制造	582388	596686	1272524	890947	355849
家用视听设备制造	304087	313862	1263908	1223917	437171
家用影视设备制造	86913	96254	896028	856379	142695
家用音响设备制造	217174	217608	367880	367538	294476

单位：千元

长期负债总计	所有者权益合计	实收资本	国家资本	集体资本	法人资本	个人资本	港澳台资本
212461	4712040	3415859	830	4423	1268365	210193	859433
33797	1128897	778634		4173	256147	68932	208919
	251217	209072			12686	1814	192640
171483	2339079	1734365			890551	131706	408689
3546	934911	669046	830		108981		47185
3635	57936	24742		250		7741	2000
43381	1889595	1518551	18895	2070	155442	29805	85932
35913	1653021	1367109	1830	2070	108975	19938	63859
20	95087	40000			40000		
7448	94326	89118	17065		6467	9040	22073
	47161	22324				827	
20985	372758	263719	20000		5970	48089	74100
23301	2188165	2147843			332870	33373	150000
	1762028	1655013			50000		150000
9155	330104	315000			236250		
	-8884	74531			1600	246	
	5064	2550			2550		
	12377	2000					
14146	87476	98749			42470	33127	
9650	75320	128231					128231
9650	75320	128231					128231
19182	203800	137697			14664	17875	
2841	113196	97167				14176	
16341	51377	30930			13670	3699	
	39227	9600			994		
4168	495021	213559	74350		36837	3400	
168	373676	113559			36837	3400	
4000	121345	100000	74350				
1414894	13502451	7850346	126626		2053404	350732	1039144
1060	2095470	452540			71274	16770	73175
	26705	34949				15770	
1060	48880	40032			29274	1000	9758
	8190	8828					
	1945403	298199			42000		63417
	66292	70532					
580	41169	72221			15768		
	20287	60740			15073		
580	20882	11481			695		
284685	3695261	2560124			610842	60445	379170
284685	3695261	2560124			610842	60445	379170
453930	1408405	1303438	15962		568616	3100	192575
	71000	63952	3780		27476		
256280	185981	130495	1860		48431	1800	6867
	236006	170085	10322		9644	1000	95498
197650	915418	938906			483065	300	90210
450690	2078670	1813486	24616		259153	9983	331835
69114	1503774	1081966	10399		9275	8746	284631
381576	574896	731520	14217		249878	1237	47204
35941	1069401	531038	81898		84381		18362
35941	710229	239960	79493		1500		18362
	359172	291078	2405		82881		

1-A-6 续表 19

分 组	固定资产净值	固定资产净值年平均余额	负债合计	流动负债总计	应付账款
其他电子设备制造	977796	782891	1613350	1420245	436240
仪器仪表及文化、办公用机械制造业	1349450	1146652	1371201	1093703	501011
通用仪器仪表制造	542070	468066	990268	748400	269139
工业自动控制系统装置制造	256868	238045	743730	539764	149009
电工仪器仪表制造	140335	101988	103363	73607	46960
绘图、计算及测量仪器制造	41823	29855	3893	3831	941
实验分析仪器制造	2705	3333	15356	15256	9467
试验机制造	31630	31021	23328	23328	11023
供应用仪表及其他通用仪器制造	68709	63824	100598	92614	51739
专用仪器仪表制造	121580	107443	47528	47457	29806
环境监测专用仪器仪表制造	1222	1339	5726	5716	2137
地质勘探和地震专用仪器制造	38991	24924	30464	30460	19316
电子测量仪器制造	81367	81180	11338	11281	8353
钟表与计时仪器制造	68840	63621	33268	25703	4895
光学仪器及眼镜制造	142648	106731	111186	85778	64192
眼镜制造	142648	106731	111186	85778	64192
文化、办公用机械制造	471006	397486	178695	176110	123129
照相机及器材制造	397589	338976	82268	82268	73494
复印和胶印设备制造	47896	46564	48245	48245	18002
计算器及货币专用设备制造	22717	9142	32309	29724	16348
其他文化、办公用机械制造	2804	2804	15873	15873	15285
其他仪器仪表的制造及修理	3306	3305	10256	10255	9850
工艺品及其他制造业	1059723	1058570	749472	724892	195087
工艺美术品制造	209821	206989	269277	253588	80341
雕塑工艺品制造	9733	9090	15676	15243	10520
金属工艺品制造	4880	4879	13995	13995	140
花画工艺品制造	76138	78101	88124	78316	27069
天然植物纤维编织工艺品制造	23376	23321	20546	17436	2727
抽纱刺绣工艺品制造	39399	33961	33956	33252	13935
地毯、挂毯制造	427	427	4454	4156	4035
珠宝首饰及有关物品的制造	14624	14972	19408	19408	5542
其他工艺美术品制造	41244	42238	73118	71782	16373
日用杂品制造	776636	776477	396931	393221	101054
鬃毛加工、制刷及清扫工具的制造	47699	42086	41145	40013	12888
其他日用杂品制造	728937	734391	355786	353208	88166
煤制品制造	16952	16660	24990	24985	7526
核辐射加工	4266	2125	8	7	4
其他未列明的制造业	52048	56319	58266	53091	6162
废弃资源和废旧材料回收加工业	32347	33679	49522	35417	5882
非金属废料和碎屑的加工处理	32347	33679	49522	35417	5882
电力、燃气及水的生产和供应业	**15633937**	**16276081**	**14441603**	**10067276**	**1279317**
电力、热力的生产和供应业	14624581	15325342	13266162	9373528	1197655
电力生产	13116124	13878308	10473135	7429941	884463
火力发电	10360472	11535754	8361860	6511659	524606
水力发电	526367	563592	377003	199503	
其他能源发电	2229285	1778962	1734272	718779	359857
电力供应	292093	305061	610743	589483	140301
热力生产和供应	1216364	1141973	2182284	1354104	172891
燃气生产和供应业	747797	748235	854158	538621	67440
水的生产和供应业	261559	202504	321283	155127	14222
自来水的生产和供应	167804	107679	80170	43530	11281
污水处理及其再生利用	92435	94225	234763	105247	2941
其他水的处理、利用与分配	1320	600	6350	6350	

单位：千元

长期负债总计	所有者权益合计						
		实收资本	国家资本	集体资本	法人资本	个人资本	港澳台资本
188008	3114075	1117499	4150		443370	260434	44027
119570	2405500	1316625	38900	21913	157955	54298	155564
84390	1171231	573692	2900	9755	132334	53425	68092
74983	744352	274725	2900	4755	91967	45095	58092
1263	160449	111700		5000			
62	68945	20340			5000		
99	10296	6507			5266		
	58590	39191			12531	8330	10000
7983	128599	121229			17570		
	234112	134898	36000	3500		423	84000
	14246	6883		3500		423	
	111285	120000	36000				84000
	108581	8015					
7565	90711	128599					
25030	235198	153515					
25030	235198	153515					
2585	661979	300340		8658	17531	450	3472
	560109	249645					
	87359	36716		8658	7531	450	3472
2585	9222	10000			10000		
	5289	3979					
	12269	25581			8090		
15827	1616668	1183545		5569	138819	49256	27321
12117	379053	209681		5569	51351	29456	25993
430	33436	29717		537	15000		289
	2696	2461				1239	
7825	118026	70216		4032	4764	1664	16985
2910	31463	19452			3786	15253	
702	42120	25158			17238	2710	
	32092	1000				1000	
	22061	11876					
250	97159	49801		1000	10563	7590	8719
3709	1079966	850283			8384	14421	1328
1132	61503	34504			1031	11421	828
2577	1018463	815779			7353	3000	500
	10953	9138				3726	
1	11392	4000					
	135304	110443			79084	1653	
9000	162794	48000				1800	30000
9000	162794	48000				1800	30000
4326028	**13394799**	**5854514**	**689657**		**2187559**	**72468**	**1853931**
3862156	11915119	4854245	524717		2099983	22246	1450051
3012790	11182779	4321673	442717		1966298	22246	1450051
1819800	9647337	3220501	354408		1280547		1401420
177500	429133	119311			119311		
1015490	1106309	981861	88309		566440	22246	48631
21258	256496	82800			52000		
828108	475844	449772	82000		81685		
315536	1183374	752161	148940		44516	50222	290280
148336	296306	248108	16000		43060		113600
35955	206512	180000	16000		5000		85000
112381	82792	66108			36660		28000
	7002	2000			1400		600

1-A-6 续表 20

分组	外商资本	主营业务收入	主营业务成本	主营业务税金及附加	其他业务收入
总计	**65149063**	**504865648**	**435999548**	**3959157**	**9635414**
总计中：轻工业	16337368	134009164	112947205	891766	1331991
重工业	48811695	370856484	323052343	3067391	8303423
总计中：大型企业	11551955	108680425	88862307	1794548	2216203
中型企业	27609253	219846726	197345327	1549551	3924104
小型企业	25987855	176338497	149791914	615058	3495107
按行业小类分					
采矿业	**151095**	**2968423**	**2020214**	**14825**	**56303**
石油和天然气开采业	120	8430	6804	19	
与石油和天然气开采有关的服务活动	120	8430	6804	19	
黑色金属矿采选业		739979	613895	1506	35903
铁矿采选		509772	405373	1170	35903
其他黑色金属矿采选		230207	208522	336	
有色金属矿采选业	50638	1495393	853724	12131	24
常用有色金属矿采选	20638	526105	459725	949	
镁矿采选	20638	526105	459725	949	
贵金属矿采选	30000	50706	37929		
金矿采选	30000	50706	37929		
稀有稀土金属矿采选		918582	356070	11182	24
钨钼矿采选		918582	356070	11182	24
非金属矿采选业	99009	718021	538300	1169	20376
土砂石开采	96081	489420	351885	509	640
石灰石、石膏开采	1580	5300	3460	482	
建筑装饰用石开采	1651	17892	16871		
粘土及其他土砂石开采	92850	466228	331554	27	640
化学矿采选	2000	27000	23900	80	
石棉及其他非金属矿采选	928	201601	162515	580	19736
石墨、滑石采选	928	153101	115365	580	19736
其他非金属矿采选		48500	47150		
其他采矿业	1328	6600	7491		
制造业	**63947069**	**488685245**	**421445061**	**3933029**	**9319076**
农副食品加工业	2912543	44179214	39280112	121649	264645
谷物磨制	112871	2009755	1723444	20423	2685
饲料加工	366733	10611569	9364147	13123	18955
植物油加工	784185	8447334	7963189	605	50873
食用植物油加工	784185	8447334	7963189	605	50873
制糖		77248	71717		
屠宰及肉类加工	142429	5684897	5031925	31057	103210
畜禽屠宰		2385153	1926234	29231	13700
肉制品及副产品加工	142429	3299744	3105691	1826	89510
水产品加工	730974	9786340	8643703	18439	64298
水产品冷冻加工	501088	8136062	7174662	16899	35097
鱼糜制品及水产品干腌制加工	199459	1389115	1235742	557	26998
水产饲料制造	7320	37278	37750		
其他水产品加工	23107	223885	195549	983	2203
蔬菜、水果和坚果加工	147150	2854589	2441017	23956	4518
其他农副食品加工	628201	4707482	4040970	14046	20106
淀粉及淀粉制品的制造	468405	3573038	3079817	13029	11338
豆制品制造	93629	408455	365757	333	8764
蛋品加工		36852	17843		
其他未列明的农副食品加工	66167	689137	577553	684	4
食品制造业	676991	8591152	7289555	42008	71331

单位：千元

其他业务利润	营业费用	管理费用		财务费用		营业利润	投资收益
			税金		利息支出		
1652737	**14471088**	**20099225**	**1481555**	**4409890**	**4265280**	**23627026**	**177617**
250121	5332427	6046540	462271	950025	732526	7260200	-6053
1402616	9138661	14052685	1019284	3459865	3532754	16366826	183670
270689	4120031	4916389	416588	184828	591087	8690344	89773
950880	6042269	7333956	590162	2674107	2611028	4181878	74578
431168	4308788	7848880	474805	1550955	1063165	10754804	13266
-216	**114436**	**119555**	**3815**	**16521**	**6585**	**465359**	**970**
		1281	2	-6		332	
		1281	2	-6		332	
	6755	38142	2473	11877	2217	63141	
	522	36246	2473	10742	1180	51056	
	6233	1896		1135	1037	12085	
24	30199	51798	1146	2238	2765	332511	800
	11602	11902	1146	2548	1806	29060	800
	11602	11902	1146	2548	1806	29060	800
		13683		789	780	2777	
		13683		789	780	2777	
24	18597	26213		-1099	179	300674	
24	18597	26213		-1099	179	300674	
-240	76487	26761	121	1743	1060	73526	170
640	52414	21002		1223	890	63333	
	289	963				110	
	82	700		172		67	
640	52043	19339		1051	890	63156	
		520				2500	
-880	24073	5239	121	520	170	7693	170
-880	24073	5089	121	390	170	6793	
		150		130		900	170
	995	1573	73	669	543	-4151	
1548692	**14297929**	**19436830**	**1405150**	**4064482**	**3901814**	**23491046**	**163995**
89927	938886	1163526	59685	250072	241583	1934901	-5775
1297	49001	55735	1547	25743	15151	34793	2965
12415	256336	336233	14986	6169	10283	446179	-778
17501	106327	150028	4258	-1121	60341	229946	-8690
17501	106327	150028	4258	-1121	60341	229946	-8690
	82	3139	720	2301	2301	9	108
14165	89585	129642	6901	276	12434	195265	1583
6992	25258	54360	1153	-1317	1028	161437	
7173	64327	75282	5748	1593	11406	33828	1583
32370	202460	269389	17159	112835	67138	615092	320
24382	166481	207849	14148	95918	57262	555157	10
6941	28320	46089	2078	15053	9464	61693	307
-181	511	2341	253	112		-3616	
1228	7148	13110	680	1752	412	1858	3
761	76897	118906	3041	43605	28291	130465	-1304
11418	158198	100454	11073	60264	45644	283152	21
10549	137767	67924	9518	46330	32349	230214	
866	11314	14336	546	2732	2022	-5943	21
	2124	2432	350	7629	7713	-13176	
3	6993	15762	659	3573	3560	72057	
17161	404895	275028	19218	109636	51268	564205	-2233

1-A-6 续表 21

分组	外商资本	主营业务收入	主营业务成本	主营业务税金及附加	其他业务收入
焙烤食品制造	145696	551187	466046	276	353
糕点、面包制造	16993	247099	205046	162	204
饼干及其他焙烤食品制造	128703	304088	261000	114	149
糖果、巧克力及蜜饯制造		206951	140283	109	57615
糖果、巧克力制造		206951	140283	109	57615
方便食品制造	49072	2860786	2372314	3249	3497
米、面制品制造	8088	9292	7955		
速冻食品制造	4415	97543	86994		
方便面及其他方便食品制造	36569	2753951	2277365	3249	3497
液体乳及乳制品制造	2700	1947868	1750344	25681	116
罐头制造	170163	1227599	1027475	2874	5241
肉、禽类罐头制造	16840	7153	5088		92
水产品罐头制造	8634	90219	74463		581
蔬菜、水果罐头制造	144276	1042823	865786	2874	4539
其他罐头食品制造	413	87404	82138		29
调味品、发酵制品制造	255165	1049540	900630	2648	3113
酱油、食醋及类似制品的制造	171133	298575	250614	1561	223
其他调味品、发酵制品制造	84032	750965	650016	1087	2890
其他食品制造	54195	747221	632463	7171	1396
营养、保健食品制造	3521	307568	248228	1746	47
冷冻饮品及食用冰制造	2730	51002	39585		
食品及饲料添加剂制造	14600	37837	35063	55	
其他未列明的食品制造	33344	350814	309587	5370	1349
饮料制造业	886317	11046072	7830714	524818	377644
酒精制造		69796	59327	191	
酒的制造	481957	6405677	4207726	518419	343227
白酒制造	17420	168877	121930	7933	
啤酒制造	380714	6102349	3983997	505984	343227
黄酒制造	1241	6816	3865	2	
葡萄酒制造		76802	59515	4386	
其他酒制造	82582	50833	38419	114	
软饮料制造	404360	4570599	3563661	6208	34417
碳酸饮料制造	159047	2096949	1613455	128	
瓶(罐)装饮用水制造	47445	502396	414037	4753	468
果菜汁及果菜汁饮料制造	165108	675426	564287	1041	33949
固体饮料制造	21960	70232	50798	286	
茶饮料及其他软饮料制造	10800	1225596	921084		
纺织业	988485	5515121	4900130	13008	65984
棉、化纤纺织及印染精加工	347234	1526272	1439618	25	30650
棉、化纤纺织加工	288183	1374453	1291572	25	28155
棉、化纤印染精加工	59051	151819	148046		2495
毛纺织和染整精加工	7720	153306	104727		
毛纺织	7720	20014	18073		
毛染整精加工		133292	86654		
麻纺织		81763	74949	276	
丝绢纺织及精加工	13030	27097	21234	580	
缫丝加工	6000	14584	10020	580	
绢纺和丝织加工	7030	12513	11214		
纺织制成品制造	241352	1323658	1176122	1007	24780
棉及化纤制品制造	160341	723511	660346	615	22157
绳、索、缆的制造		85415	70910	300	
无纺布制造	11066	376829	318534	92	2602
其他纺织制成品制造	69945	137903	126332		21
针织品、编织品及其制品制造	379149	2403025	2083480	11120	10554
棉、化纤针织品及编织品制造	314485	1758868	1533444	7409	4197

单位：千元

其他业务利润	营业费用	管理费用	税金	财务费用	利息支出	营业利润	投资收益
215	14331	30895	1234	1243	684	29310	-2258
204	10337	12367	1054	914	634	9170	-2258
11	3994	18528	180	329	50	20140	
12269	50135	5367	793	-45	-71	23370	
12269	50135	5367	793	-45	-71	23370	
571	159475	69288	7802	12989	21583	240470	
	1066	677		-103		-303	
	1791	3728	89	97	248	4917	
571	156618	64883	7713	12995	21335	235856	
-22	99139	54428	1004	44628	7012	119046	
2951	43405	57591	4313	37386	10924	68366	-135
-43	1856	6059		161		6059	
489	976	5349	163	1269	1382	8651	-4
2476	37837	44083	4076	34864	9138	54012	-131
29	2736	2100	74	1092	404	-356	
1122	22720	33759	2284	1922	2395	49096	160
223	11841	11855	1282	-1244	848	13709	160
899	10879	21904	1002	3166	1547	35387	
55	15690	23700	1788	11513	8741	34547	
47	7187	12149	520	2958	1188	14880	
	987	1981	357	7464	7367	985	
	418	1732	15	203	186	1080	
8	7098	7838	896	888		17602	
46796	895281	625084	54065	34257	72018	1119626	16655
	331	651		512		22	
20302	456034	433987	30349	9756	37740	770009	12910
	4023	17462	755	859	850	5721	
20302	449641	406037	29056	7012	35360	750710	12910
	579	1427		-4		723	
	1614	6234	538	1876	1517	3572	
	177	2827		13	13	9283	
26494	438916	190446	23716	23989	34278	349595	3745
	269307	125308	17091	6229	5986	81535	
405	12263	17490	871	2708	2185	51437	
26089	17396	27548	1866	11414	10718	59701	3745
	2950	3989	174	61		9148	
	137000	16111	3714	3577	15389	147774	
9786	112923	278263	18161	97257	57541	61460	-449
3425	35251	47301	8515	35960	41006	-32854	1062
1298	32044	36799	7916	35024	39755	-23870	1062
2127	3207	10502	599	936	1251	-8984	
	84	5118	97	-23	-23	-1407	
	84	1877	97	-23	-23	4	
		3241				-1411	
	450	998	13	1712	1620	1438	
	888	2412		376		2862	
	740	1060				2100	
	148	1352		376		762	
2730	35283	38619	2966	46792	5996	16635	-2396
107	25136	20298	1998	42992	4702	-33224	2
	1183	5164	222	592		3958	
2602	3910	4814	205	1805	994	49109	-2398
21	5054	8343	541	1403	300	-3208	
3631	40967	183815	6570	12440	8942	74786	885
2276	25062	140804	4668	7420	6739	44535	597

1-A-6 续表 22

分 组	外商资本	主营业务收入	主营业务成本	主营业务税金及附加	其他业务收入
毛针织品及编织品制造	57252	321821	279471	2928	6345
丝针织品及编织品制造		147125	146492		
其他针织品及编织品制造	7412	175211	124073	783	12
纺织服装、鞋、帽制造业	1281064	15162914	13306469	31625	124838
纺织服装制造	1137765	14586680	12773276	31595	124838
纺织面料鞋的制造	133775	515101	483895	30	
制帽	9524	61133	49298		
皮革、毛皮、羽毛(绒)及其制品业	200436	2099523	1839560	6565	5910
皮革鞣制加工	12654	724857	611489	3943	
皮革制品制造	186417	1314373	1172390	882	5910
皮鞋制造	35326	513036	460070	316	
皮革服装制造	39097	147699	138957	120	2840
皮箱、包(袋)制造	53718	287517	235943	385	3070
皮手套及皮装饰制品制造	19137	157353	148429	61	
其他皮革制品制造	39139	208768	188991		
毛皮鞣制及制品加工	1365	9846	12448		
毛皮服装加工	1365	9846	12448		
羽毛(绒)加工及制品制造		50447	43233	1740	
羽毛(绒)制品加工		50447	43233	1740	
木材加工及木、竹、藤、棕、草制品业	838295	5541245	4863518	22016	55896
锯材、木片加工	54490	1087307	967117	4110	35617
锯材加工	25679	363963	311495	369	
木片加工	28811	723344	655622	3741	35617
人造板制造	112872	911795	847798	3118	3871
胶合板制造	20364	454175	403766	2824	8
纤维板制造	52126	281092	263610	246	1807
刨花板制造	34374	27082	42086		121
其他人造板、材制造	6008	149446	138336	48	1935
木制品制造	668201	3498490	3008970	14742	16408
建筑用木料及木材组件加工	588225	2954659	2541012	6244	15752
软木制品及其他木制品制造	79976	543831	467958	8498	656
竹、藤、棕、草制品制造	2732	43653	39633	46	
家具制造业	720715	7212883	6023983	62543	35575
木质家具制造	651450	7081420	5911856	62125	35405
竹、藤家具制造		5010	4950	8	170
金属家具制造	14125	36600	34188	100	
其他家具制造	55140	89853	72989	310	
造纸及纸制品业	251983	3744105	3170303	1636	19916
纸浆制造	456	16701	13799		
造纸	98427	501477	393658	474	816
机制纸及纸板制造	21065	441800	353414	474	693
加工纸制造	77362	59677	40244		123
纸制品制造	153100	3225927	2762846	1162	19100
纸和纸板容器的制造	113774	2437099	2041187	1162	15521
其他纸制品制造	39326	788828	721659		3579
印刷业和记录媒介的复制	295293	585512	439312	1293	4092
印刷	256687	473575	363134	1282	3802
书、报、刊印刷	43991	160588	124350	1159	1916
包装装潢及其他印刷	212696	312987	238784	123	1886
装订及其他印刷服务活动	38606	111937	76178	11	290
文教体育用品制造业	291466	1154567	1015651	659	4191
文化用品制造	35771	108112	94387	1	11
文具制造	620	10152	8278		
其他文化用品制造	35151	97960	86109	1	11

单位：千元

其他业务利润	营业费用	管理费用	税金	财务费用	利息支出	营业利润	投资收益
1351	7196	22579	1572	4020	2203	9402	288
	169	342		471		-350	
4	8540	20090	330	529		21199	
9869	320937	672355	26568	118124	60466	611981	801
9869	311090	640067	26335	112779	60386	616561	801
	6484	23432	6	4924	80	-3664	
	3363	8856	227	421		-916	
11	48992	84779	2560	1	3583	133675	-10411
	4728	7382		359		96956	
11	43591	75184	2560	-1618	3143	41023	-10414
	17116	29051	53	2645	-17	8004	-10414
11	1257	10395	207	886	414	-870	
	6330	15576	1737	465	32	28818	
	9138	10100	461	1257	981	-1764	
	9750	10062	102	-6871	1733	6835	
	512	1678		660	440	-5452	3
	512	1678		660	440	-5452	3
	161	535		600		1148	
	161	535		600		1148	
12520	147041	277632	12109	107248	46400	131781	-679
17	13965	20958	2229	14662	10784	65750	
	10683	13454	1736	13297	10143	14906	
17	3282	7504	493	1365	641	50844	
2071	29117	43272	2305	19258	12365	-5	
	16048	15524	286	10995	6568	5955	
1724	8941	19517	1467	2813	1508	-8937	
108	357	2764		2508	2388	3865	
239	3771	5467	552	2942	1901	-888	
10432	101281	212383	7502	73400	23251	65687	-679
9954	72323	164993	4263	65753	12436	93395	3
478	28958	47390	3239	7647	10815	-27708	-682
	2678	1019	73	-72		349	
9196	162277	590147	50198	97934	58172	282554	-3918
9059	155646	575281	49322	97577	58057	285974	-3918
137	25	347	46			-182	
	871	2070	117	51		-340	
	5735	12449	713	306	115	-2898	
13677	82881	118041	6324	15141	11051	184898	
		463		-24	-24	2463	
94	7371	38943	1679	5537	6550	55574	
-29	6496	27981	415	6706	6550	46806	
123	875	10962	1264	-1169		8768	
13583	75510	78635	4645	9628	4525	126861	
12463	43442	59695	3392	8258	2406	110688	
1120	32068	18940	1253	1370	2119	16173	
2219	15320	55689	3246	5929	2792	52314	1665
2217	11865	42452	2477	5867	2792	33525	1665
1843	2771	13451	543	3148	1993	17153	1665
374	9094	29001	1934	2719	799	16372	
2	3455	13237	769	62		18789	
220	32234	90946	5550	5554	4950	24399	57
11	1880	9417	627	946	-91	1398	57
	1005	967	12	53		-648	
11	875	8450	615	893	-91	2046	57

1-A-6 续表 23

分组	外商资本	主营业务收入	主营业务成本	主营业务税金及附加	其他业务收入
体育用品制造	69292	406988	352426	239	586
体育器材及配件制造	31624	56386	50249	197	160
训练健身器材制造		16872	12730		142
运动防护用具制造	27667	255723	222801	42	
其他体育用品制造	10001	78007	66646		284
乐器制造	185225	620464	553912	396	3551
西乐器制造	164910	344352	307834	30	3551
电子乐器制造	20315	131482	114491		
其他乐器及零件制造		144630	131587	366	
玩具制造	1178	19003	14926	23	43
石油加工、炼焦及核燃料加工业	440080	46932799	51526806	366512	381652
精炼石油产品的制造	440080	46087045	50892045	366512	381652
原油加工及石油制品制造	440080	46087045	50892045	366512	381652
炼焦		845754	634761		
化学原料及化学制品制造业	1630991	12639458	10243621	22837	166000
基础化学原料制造	608889	2756493	2296824	5720	44903
无机碱制造	20480	255962	226052	249	41
无机盐制造	46637	108630	84708		1347
有机化学原料制造	241360	1814660	1509050	30	40327
其他基础化学原料制造	300412	577241	477014	5441	3188
肥料制造	17486	447569	398797	873	7553
钾肥制造	1050	261589	233574		6379
复混肥料制造	1230	24637	21516	627	
有机肥料及微生物肥料制造	15206	86535	72517	196	1174
其他肥料制造		74808	71190	50	
农药制造	249334	325517	232704	511	8462
化学农药制造	249334	309392	222297	511	8415
生物化学农药及微生物农药制造		16125	10407		47
涂料、油墨、颜料及类似产品制造	124675	1226492	999436	3027	16942
涂料制造	26821	764382	622196	2402	367
油墨及类似产品制造	13836	26992	18279		6
颜料制造	13976	41513	32911		172
染料制造	25332	313337	258878	625	3736
密封用填料及类似品制造	44710	80268	67172		12661
合成材料制造	10112	1349491	1226604	3461	20354
初级形态的塑料及合成树脂制造	9867	1283197	1165930	3461	20348
合成纤维单(聚合)体的制造	245	9998	9162		
其他合成材料制造		56296	51512		6
专用化学产品制造	444282	5545084	4403040	5301	64093
化学试剂和助剂制造	286006	3324870	2678430	5068	29379
专项化学用品制造	86241	683316	596697	127	7112
信息化学品制造	40909	1231783	890544		27393
环境污染处理专用药剂材料制造	537	11550	11166		
其他专用化学产品制造	30589	293565	226203	106	209
日用化学产品制造	176213	988812	686216	3944	3693
肥皂及合成洗涤剂制造		117192	100232	400	1915
化妆品制造	144117	600237	345616	3487	174
口腔清洁用品制造		70484	65236		1553
其他日用化学产品制造	32096	200899	175132	57	51
医药制造业	1924527	7042469	3936620	12888	6904
化学药品原药制造	370426	1117450	865216	1099	2360
化学药品制剂制造	1027110	3618191	1760838	526	265

单位：千元

其他业务利润	营业费用	管理费用	税金	财务费用	利息支出	营业利润	投资收益
-190	17773	33072	1714	-1894	269	21696	
33	9675	8405	633	4530	196	20	
-199	896	2339	584	404		304	
	4484	14895	453	-6849		20060	
-24	2718	7433	44	21	73	1312	
369	11618	44894	3034	6176	4728	2135	
369	5028	29468	2923	5709	4199	-5047	
	2361	13758	67	30	529	838	
	4229	1668	44	437		6344	
30	963	3563	175	326	44	-830	
26586	322910	517659	31006	757395	608103	-7161804	
26586	317910	491589	30883	747590	603341	-7338919	
26586	317910	491589	30883	747590	603341	-7338919	
	5000	26070	123	9805	4762	177115	
25110	467725	607698	38442	130325	106218	1293857	33479
3882	100803	135059	6344	35932	33924	202228	644
-66	5840	11688	406	3558	3558	8509	
1084	7806	6766	294	55	-117	10379	
2090	51660	79789	3087	28279	26157	147987	1460
774	35497	36816	2557	4040	4326	35353	-816
234	11813	12713	287	1991	510	24031	
	7683	5413	26	485	459	14680	
	628	2016	61			-149	
234	2977	4918	200	1466	51	8250	
	525	366		40		1250	
8279	8376	32470	625	17155	14121	53945	2396
8232	6950	30897	605	17156	14121	53133	2396
47	1426	1573	20	-1		812	
2710	44051	68033	4787	21951	8090	107254	
208	13775	38334	1872	6725	5627	80471	
5	885	3335	5	-125	-19	1303	
21	929	5259	1457	1280	1072	1155	
529	20650	17027	1320	11528	200	23500	
1947	7812	4078	133	2543	1210	825	
6	5412	38018	383	394	102	75634	
	4779	34551	172	395	102	74084	
	413	764		-1		-341	
6	220	2703	211			1891	
8734	164416	251544	24629	51554	45609	777531	30439
899	88359	151733	17082	36661	37181	361844	30133
1379	57489	48528	4647	8478	3408	76421	306
6450	5300	39468	2384	5509	5020	297413	
	87	444				-147	
6	13181	11371	516	906		42000	
1265	132854	69861	1387	1348	3862	53234	
975	6780	10819	564	947	787	-857	
-148	113554	47150	34	-1574	984	47193	
402	1146	3556	42	1563	556	1322	
36	11374	8336	747	412	1535	5576	
3278	1466247	647468	61504	12529	36711	1112982	3477
124	17035	79365	5745	14887	15287	247310	1219
37	1066948	334106	35829	-32959	2634	405310	

1-A-6 续表 24

分 组	外商资本	主营业务收入	主营业务成本	主营业务税金及附加	其他业务收入
中药饮片加工	61850	270743	187471	1815	116
中成药制造	41011	742741	427923	686	2231
生物、生化制品的制造	424130	1206511	632187	124	1932
卫生材料及医药用品制造		86833	62985	8638	
化学纤维制造业	94685	241935	218150		4692
合成纤维制造	94685	241935	218150		4692
锦纶纤维制造	80216	201338	183115		4415
其他合成纤维制造	14469	40597	35035		277
橡胶制品业	2800341	8963124	7395006	6785	112527
轮胎制造	2375012	5570397	4627633	3	8327
车辆、飞机及工程机械轮胎制造	2289164	5468347	4536981		8238
力车胎制造	85848	102050	90652	3	89
橡胶板、管、带的制造	265703	950530	773186	1336	100233
橡胶零件制造	86155	196841	148612		90
再生橡胶制造	3500	1745334	1399427		
日用及医用橡胶制品制造	22840	66911	61247	140	7
橡胶靴鞋制造	34893	277842	260396	4853	3525
其他橡胶制品制造	12238	155269	124505	453	345
塑料制品业	2376078	17657919	15061766	21867	205271
塑料薄膜制造	426958	739703	701089	3987	33866
塑料板、管、型材的制造	541145	8374214	7112875	3332	67692
塑料丝、绳及编织品的制造	180352	2566264	2151937	4631	15176
泡沫塑料制造	201843	398438	328729	525	3798
塑料包装箱及容器制造	408668	2143154	1782224	6365	22228
塑料零件制造	314788	1409110	1178585	418	29090
日用塑料制造	29705	309836	258402	1764	149
塑料鞋制造		6323	6174		
日用塑料杂品制造	29705	303513	252228	1764	149
其他塑料制品制造	272619	1717200	1547925	845	33272
非金属矿物制品业	3173393	18221480	15419480	48128	400166
水泥、石灰和石膏的制造	415314	552844	402292	122	568
水泥制造	415314	540944	390455		568
石灰和石膏制造		11900	11837	122	
水泥及石膏制品制造	124197	2770917	2465980	3347	8361
水泥制品制造	104097	2394826	2150473	2563	8361
砼结构构件制造	19100	336357	280029	154	
石棉水泥制品制造	1000	9150	8490		
轻质建筑材料制造		30584	26988	630	
砖瓦、石材及其他建筑材料制造	162502	1102904	907812	6631	606
粘土砖瓦及建筑砌块制造	23940	69093	60290	292	
建筑陶瓷制品制造	1711	415000	326208	2060	
建筑用石加工	21439	391915	321117	4256	
隔热和隔音材料制造	14511	43868	34969		484
其他建筑材料制造	100901	183028	165228	23	122
玻璃及玻璃制品制造	814535	2872197	2383988	1696	51847
平板玻璃制造	657489	907681	804365		24323
技术玻璃制品制造	112491	1244523	963069	286	26339
光学玻璃制造		12173	10574		
日用玻璃制品及玻璃包装容器制造	5240	113368	104889	19	
玻璃纤维及制品制造	11940	319945	267270	180	65
玻璃纤维增强塑料制品制造	26216	242658	210198	1211	1120
其他玻璃制品制造	1159	31849	23623		

单位：千元

其他业务利润	营业费用	管理费用	税金	财务费用	利息支出	营业利润	投资收益
-128	31884	14401	693	7301	5606	26750	
1968	94214	91380	5781	6382	5074	123237	92
1277	252401	124499	13456	15449	6641	304116	2166
	3765	3717		1469	1469	6259	
-49	3942	13732	164	-6678	283	22888	
-49	3942	13732	164	-6678	283	22888	
-30	2128	10080	87	-6114	112	22123	
-19	1814	3652	77	-564	171	765	
99734	263204	611140	92160	2085	38733	692829	642
31	208295	454780	75166	-5660	33137	291378	
-58	205058	451264	75166	-4873	33137	279859	
89	3237	3516		-787		11519	
97583	39331	94924	15104	-38	3282	48146	360
88	8574	24365	548	4021	205	9223	282
		1026	218	1		344880	
7	1103	4073	267	472	2	-1117	
1834	5012	19404	641	2343	775	-14074	
191	889	12568	216	946	1332	14393	
27390	286771	670487	66331	399490	391557	1668835	6371
1517	10214	21168	1161	3543	2841	-2266	
8072	112012	219625	34820	275805	288426	950417	18562
-9611	20422	43035	3238	51316	53969	395374	
267	5867	45380	2163	10632	8674	9698	
-2332	55036	107671	12154	25994	26211	173105	
19468	27522	130081	6408	28537	6450	83054	-5456
30	9445	18357	1365	868	1932	20344	
	272	38	2	-2		-158	
30	9173	18319	1363	870	1932	20502	
9979	46253	85170	5022	2795	3054	39109	-6735
89499	688077	715070	64751	228538	185854	1219897	2350
482	31456	27780	3327	-3991	2353	95971	
482	31344	27675	3327	-4002	2353	95953	
	112	105		11		18	
4734	66138	110999	6008	12071	11950	106472	
4734	34270	91915	5877	10217	10426	99465	
	30911	17898	50	1543	1524	5823	
	387	197		3		85	
	570	989	81	308		1099	
-505	37124	56059	3189	5819	10830	61931	
-751	2468	6503	206	266	154	-1478	
	11095	13559	505	643	78	61435	
	16297	23758	1704	5194	5398	-3682	
137	2725	3205	34	899		-192	
109	4539	9034	740	-1183	5200	5848	
3981	102974	158865	6386	73914	45877	181681	
	44603	74101	2815	52202	33849	-64895	
3535	26118	40543	1274	12282	7298	216333	
	604	1663	10	-2		-17	
	7324	6829	463	2139	1828	-8529	
65	13603	17321	792	2490	918	32869	
381	7685	14739	1032	3922	1984	5281	
	3037	3669		881		639	

1-A-6 续表 25

分组	外商资本	主营业务收入	主营业务成本	主营业务税金及附加	其他业务收入
陶瓷制品制造	41546	59312	51840	19	
特种陶瓷制品制造	41546	59312	51840	19	
耐火材料制品制造	1481210	9046361	7598143	24736	319473
石棉制品制造		98493	104805		1582
耐火陶瓷制品及其他耐火材料制造	1481210	8947868	7493338	24736	317891
石墨及其他非金属矿物制品制造	134089	1816945	1609425	11577	19311
石墨及碳素制品制造	32719	412457	343464	122	5466
其他非金属矿物制品制造	101370	1404488	1265961	11455	13845
黑色金属冶炼及压延加工业	2683525	23211421	20323620	140048	1487990
炼铁	5000	123001	90823	2880	
炼钢	9658	58783	46140		
钢压延加工	2514785	20901336	18348300	34903	1477342
铁合金冶炼	154082	2128301	1838357	102265	10648
有色金属冶炼及压延加工业	858674	21976537	17215578	22561	113320
常用有色金属冶炼	181262	1035990	1022391		1379
铜冶炼		610181	615398		33
铅锌冶炼		193749	199585		
镍钴冶炼	181262	225424	202364		1272
其他常用有色金属冶炼		6636	5044		74
贵金属冶炼	1850	65321	54089		
金冶炼	1850	65321	54089		
稀有稀土金属冶炼	159820	1248077	1122646	5193	
钨钼冶炼		388808	380018	862	
其他稀有金属冶炼	159820	859269	742628	4331	
有色金属合金制造	311810	1397665	1456732	197	39498
有色金属压延加工	203932	18229484	13559720	17171	72443
常用有色金属压延加工	141312	18109304	13453081	17148	60554
稀有稀土金属压延加工	62620	120180	106639	23	11889
金属制品业	2200120	18674149	16089041	114504	1004557
结构性金属制品制造	187337	5642184	4942659	20956	87073
金属结构制造	161155	2685342	2342745	2831	77013
金属门窗制造	26182	2956842	2599914	18125	10060
金属工具制造	371713	937203	828789	4422	29412
切削工具制造	102756	600679	502324	1321	22958
手工具制造		78053	62070	2780	
农用及园林用金属工具制造	6872	143150	129496	321	6454
刀剪及类似日用金属工具制造	253635	77048	102889		
其他金属工具制造	8450	38273	32010		
集装箱及金属包装容器制造	229156	6637212	5824664	7111	128162
集装箱制造	151886	4964847	4449601		116874
金属压力容器制造	2701	264817	227105	1841	7082
金属包装容器制造	74569	1407548	1147958	5270	4206
金属丝绳及其制品的制造	307152	1118186	906955	790	18915
建筑、安全用金属制品制造	222289	882516	752794	1950	3705
建筑、家具用金属配件制造	80498	263583	240196	371	2906
建筑装饰及水暖管道零件制造	141791	610743	508726	1579	744
安全、消防用金属制品制造		8190	3872		55
金属表面处理及热处理加工	167929	1479078	1081687	42427	9414
搪瓷制品制造	1250	59024	54505		396
工业生产配套用搪瓷制品制造	1250	59024	54505		396
不锈钢及类似日用金属制品制造	184636	842597	732410	36550	4640
金属制厨房调理及卫生器具制造	12234	31209	29362		1890
金属制厨用器皿及餐具制造	163447	726004	628936	36520	2750
其他日用金属制品制造	8955	85384	74112	30	

单位：千元

其他业务利　润	营业费用	管理费用	税金	财务费用	利息支出	营业利润	投资收益
	1638	3511	22	-18	36	2319	
	1638	3511	22	-18	36	2319	
79988	403714	297580	42586	129520	112515	692327	2350
-102	2362	25134	1257	-850	2681	-33988	
80090	401352	272446	41329	130370	109834	726315	2350
819	45033	60276	3233	11223	2293	79196	
785	14647	27541	1528	4506	1499	22751	
34	30386	32735	1705	6717	794	56445	
30458	294178	495958	68593	389970	393567	1554836	
	410	4881	68	315	270	23692	
	414	2492	110	343		9394	
28874	275582	452704	65743	341004	366739	1434463	
1584	17772	35881	2672	48308	26558	87287	
14107	223792	296006	30931	210843	213534	4094439	43
226	7449	15904	959	-220	526	-9808	
	3231	7745	795	-3	-13	-16190	
	672	1376		1512		-9896	
345	3545	6655	129	-1713	539	14918	
-119	1	128	35	-16		1360	
	34	780		15	15	10401	
	34	780		15	15	10401	
	38654	37021	3098	736	353	43827	
	1255	3663	45	-84	353	3094	
	37399	33358	3053	820		40733	
1009	7392	18989	1592	-33753	9899	-50851	
12872	170263	223312	25282	244065	202741	4100870	43
13603	166733	217020	25267	245097	202741	4096873	43
-731	3530	6292	15	-1032		3997	
227866	345671	588995	51329	198008	155739	1294040	639
53130	35422	105927	5208	14605	8590	396948	126
53245	18922	70600	2249	8489	3379	114853	126
-115	16500	35327	2959	6116	5211	282095	
5881	34811	72966	1738	25329	20963	-40914	96
5346	27223	44686	1462	28371	18716	-13650	96
	3980	6955		213	213	2055	
535	2416	5831	178	2684	2034	3006	
		11519	2	-4267		-35093	
	1192	3975	96	-1672		2768	
78436	85388	134503	21366	96851	67745	502793	187
72251	39638	70883	10402	76856	45308	332178	
3581	2696	11630	929	3606	3448	25059	
2604	43054	51990	10035	16389	18989	145556	187
3711	54580	65240	14558	40457	40147	51995	
793	34287	65930	2480	5045	39	13223	230
107	5799	15716	656	4372	-160	-4849	230
659	28300	48696	1820	433	-5	15659	
27	188	1518	4	240	204	2413	
5105	8355	51307	569	2642	624	297673	
144	2480	1769	29	-19		434	
144	2480	1769	29	-19		434	
3065	13473	31435	2041	5207	3930	28041	
315	179	2173	112	631	675	-820	
2750	12395	25573	1868	4242	3010	22410	
	899	3689	61	334	245	6451	

1-A-6 续表 26

分组	外商资本	主营业务收入	主营业务成本	主营业务税金及附加	其他业务收入
其他金属制品制造	528658	1076149	964578	298	722840
其他未列明的金属制品制造	528658	1076149	964578	298	722840
通用设备制造业	9118161	42006402	33791941	43047	751768
锅炉及原动机制造	763831	2814425	2345490	238	77208
锅炉及辅助设备制造	7297	296231	262585	238	171
内燃机及配件制造	756534	2124651	1730907		71773
汽轮机及辅机制造		393543	351998		5264
金属加工机械制造	1379126	2219082	1768395	2547	25704
金属切削机床制造	1304337	1616136	1247854	1506	20816
金属成形机床制造	5465	209831	190041		
铸造机械制造	17507	81701	67735	19	3269
金属切割及焊接设备制造	44319	120896	96019	504	1571
机床附件制造	5240	118518	103942	485	
其他金属加工机械制造	2258	72000	62804	33	48
起重运输设备制造	540949	6180328	4682285	3564	238927
泵、阀门、压缩机及类似机械的制造	1209318	4965351	4019466	10763	41815
泵及真空设备制造	428435	2206368	1664517	2698	5863
气体压缩机械制造	76170	416287	372779	143	537
阀门和旋塞的制造	539002	1943187	1632172	2738	23583
液压和气压动力机械及元件制造	165711	399509	349998	5184	11832
轴承、齿轮、传动和驱动部件的制造	1368556	2675976	1978907	2749	183907
轴承制造	1169155	1962956	1429178	2242	25213
齿轮、传动和驱动部件制造	199401	713020	549729	507	158694
烘炉、熔炉及电炉制造	4950	84675	63777		
风机、衡器、包装设备等通用设备	2258259	16579846	13627065	13307	73461
风机、风扇制造	98238	1700667	1241233	214	6046
气体、液体分离及纯净设备制造	17295	271493	244263	703	393
制冷、空调设备制造	1708506	13396436	11082572	12262	52357
风动和电动工具制造	261744	587642	565617		11088
包装专用设备制造	34155	89219	73894		845
衡器制造	4340	155937	120500	123	
其他通用设备制造	133981	378452	298986	5	2732
通用零部件制造及机械修理	853206	2478186	1952493	2048	67570
金属密封件制造	72591	326375	268427		1087
紧固件、弹簧制造	432344	367751	309068	50	14109
机械零部件加工及设备修理	314394	1553806	1165776	1998	51515
其他通用零部件制造	33877	230254	209222		859
金属铸、锻加工	739966	4008533	3354063	7831	43176
钢铁铸件制造	674314	3877726	3233154	7075	38906
锻件及粉末冶金制品制造	65652	130807	120909	756	4270
专用设备制造业	2479095	14090507	11231571	25711	142033
矿山、冶金、建筑专用设备制造	598879	4595091	3454868	11613	52011
采矿、采石设备制造	38532	1870847	1163724	490	7953
石油钻采专用设备制造	358377	1154908	957664	3314	40256
建筑工程用机械制造	139739	503777	425381		702
建筑材料生产专用机械制造	13090	107275	96976	4012	
冶金专用设备制造	49141	958284	811123	3797	3100
化工、木材、非金属加工专用设备	776321	2960516	2364978	4109	27086
炼油、化工生产专用设备制造	74828	267465	240862	1662	
塑料加工专用设备制造	1987	5510	3948		57
模具制造	699506	2687541	2120168	2447	27029
食品、饮料、烟草及饲料生产专用设备制造	70788	90214	79746	169	
食品、饮料、烟草工业专用设备制造		49214	42127	55	
农副食品加工专用设备制造	70788	41000	37619	114	

单位：千元

其他业务利润	营业费用	管理费用	税金	财务费用	利息支出	营业利润	投资收益
77601	76875	59918	3340	7891	13701	43847	
77601	76875	59918	3340	7891	13701	43847	
192743	1535172	2390403	150315	451211	280248	3419252	-5671
28041	45571	131448	7221	34217	37225	338533	
123	3065	5115	773	457	440	7271	
27526	42506	120599	6280	38616	36785	290203	
392		5734	168	-4856		41059	
14645	65328	152184	11538	22736	2971	226666	2293
12940	55044	118099	9078	20130	-1135	190987	2293
	453	4426	722	197	194	14714	
1979	4044	13685	925	2720	3964	-7166	
-322	4017	9725	80	-301		10383	
	1463	2850	206	40		12193	
48	307	3399	527	-50	-52	5555	
48846	313466	289336	16214	76646	43161	524227	-3891
-2914	256273	335138	19248	34743	20220	279403	41
-14906	192923	155225	10411	5122	10045	160803	
537	11867	15929	1179	2855	478	14564	41
3644	41385	124477	5207	20862	7675	98706	
7811	10098	39507	2451	5904	2022	5330	
86994	46163	160022	11251	44655	23043	324956	
22165	19578	117342	8533	34242	22768	204855	
64829	26585	42680	2718	10413	275	120101	
	1097	17389	325	135		2276	4
25819	686396	859681	60619	169375	128960	1246214	-4121
780	10572	70845	5332	-19437	-10529	408060	
393	4672	23157	430	2097	1730	10209	
10854	642557	705738	49709	186440	136055	753032	
11088	8667	18798	1324	-956	3	7544	
	4641	12192		2592	400	-1179	
	11160	9595	2610	1159	1301	13400	-4121
2704	4127	19356	1214	-2520		55148	
-14370	48898	207352	8913	11250	6392	247960	
488	11986	31294	535	1646	-166	13556	
-327	7716	67591	1252	4882	1593	-30429	
-14555	24294	96257	7038	6754	4587	258880	
24	4902	12210	88	-2032	378	5953	
5682	71980	237853	14986	57454	18276	229017	3
1987	69576	229010	14121	52506	17513	232377	3
3695	2404	8843	865	4948	763	-3360	
29999	457323	883146	62197	154765	63890	1257989	1833
-6157	202517	262207	39367	70742	37068	571857	
-11375	172085	144222	33171	49475	27675	340268	
3136	864	70532	1631	9391	4507	69850	
657	23511	17190	1560	10695	4212	49151	
	444	4780	680	79	46	2	
1425	5613	25483	2325	1102	628	112586	
8293	113586	203986	8700	45375	17428	253208	
	4728	19481	3132	6018	5659	-5287	
57		719	5	-54		367	
8236	108858	183786	5563	39411	11769	258128	
	478	2624	189	5699	1107	-2848	
	182	1077	163	1107	1107	321	
	296	1547	26	4592		-3169	

1-A-6 续表 27

分　　组	外商资本	主营业务收　　入	主营业务成　　本	主营业务税金及附加	其他业务收　　入
印刷、制药、日化生产专用设备制造	139350	633954	456706	3908	126
制浆和造纸专用设备制造	134390	320980	250623	970	126
印刷专用设备制造		19496	16705	71	
日用化工专用设备制造	4660	108682	37773		
制药专用设备制造	150	26912	21953		
其他日用品生产专用设备制造	150	157884	129652	2867	
纺织、服装和皮革工业专用设备制造	35636	187094	153999	191	152
纺织专用设备制造	35636	182074	149404	191	152
其他服装加工专用设备制造		5020	4595		
电子和电工机械专用设备制造	1655	70571	45959	293	548
电子工业专用设备制造	1655	70571	45959	293	548
农、林、牧、渔专用机械制造	8441	87097	68181	618	936
拖拉机制造	2050	35702	33622	127	
机械化农业及园艺机具制造		21540	14655	491	622
畜牧机械制造		24805	13862		264
农林牧渔机械配件制造	6391	5050	6042		50
医疗仪器设备及器械制造	483126	3285618	2850067		37495
医疗诊断、监护及治疗设备制造	273609	1510421	1225004		32256
医疗、外科及兽医用器械制造	146763	1591619	1477027		2153
机械治疗及病房护理设备制造	1909	25073	20540		104
其他医疗设备及器械制造	60845	158505	127496		2982
环保、社会公共安全及其他专用设备制造	364899	2180352	1757067	4810	23679
环境污染防治专用设备制造	215563	553100	467024	4428	4726
商业、饮食、服务业专用设备制造	69165	99887	84334		507
社会公共安全设备及器材制造	22510	909010	748202		8553
其他专用设备制造	57661	618355	457507	382	9893
交通运输设备制造业	12735475	86150918	72540693	2173482	2613908
铁路运输设备制造	30348	1516982	1391512	78	7586
铁路机车车辆配件制造	30348	1516982	1391512	78	7586
汽车制造	9640138	60461795	51864822	2141889	2275053
汽车整车制造	4723910	41710665	35341061	2126230	1844516
改装汽车制造	18454	70629	59689		10715
汽车车身、挂车的制造	58892	491732	456304		31621
汽车零部件及配件制造	4838882	18175717	15999297	15659	388196
汽车修理		13052	8471		5
摩托车制造		16096	14121		989
摩托车零部件及配件制造		16096	14121		989
自行车制造	4000	38570	32856	101	
助动自行车制造	4000	38570	32856	101	
船舶及浮动装置制造	3056837	24079260	19214660	31113	330043
金属船舶制造	982137	1422100	1164422	180	73383
娱乐船和运动船的建造和修理	13242	49031	41844	192	73
船用配套设备制造	585733	1776789	1409839	10912	19608
船舶修理及拆船	1475725	20831340	16598555	19829	236979
航空航天器制造	4152	19650	13552	64	237
飞机制造及修理	4152	19650	13552	64	237
交通器材及其他交通运输设备制造		18565	9170	237	
其他交通运输设备制造		18565	9170	237	
电气机械及器材制造业	5941121	28167958	23874394	21923	591874
电机制造	1690809	5318373	4382346	1933	58468
发电机及发电机组制造		10398	9997	2	
电动机制造	851808	1503717	1299626	1887	21043
微电机及其他电机制造	839001	3804258	3072723	44	37425

单位：千元

其他业务利润	营业费用	管理费用	税金	财务费用	利息支出	营业利润	投资收益
126	60097	24736	1733	4355	3892	70449	
126	13634	14436	211	2821	2366	44524	
	234	2112	169	79	79	296	
	43931	5319	66	4		21655	
	1005	1288	218	312	308	2744	
	1293	1581	1069	1139	1139	1230	
152	937	31912	2742	4094		174	
152	618	31503	2742	38		478	
	319	409		4056		-304	
382	2970	15077	841	586	561	1877	
382	2970	15077	841	586	561	1877	
-634	1253	2205	32	8		5174	
	302	246		77		1328	
-685	166	116	24	2		5425	
51	705	534	1	-116		797	
	80	1309	7	45		-2376	
13179	16970	216462	4374	9334	2293	139064	1445
11659	7570	164148	949	3472	1870	57439	
1348	7382	41918	2758	5132	-20	60886	1442
	1565	1896				327	
172	453	8500	667	730	443	20412	3
14658	58515	123937	4219	14572	1541	219034	388
3029	9756	35133	2393	3828	1397	24768	3
	5777	9265	530	-155		-71	
3117	568	28744	450	7596	-617	127004	385
8512	42414	50795	846	3303	761	67333	
646164	3177167	3375468	196781	-126328	606367	4130282	27288
2184	7182	15648	836	7638	6638	102633	
2184	7182	15648	836	7638	6638	102633	
340245	2497663	2301858	154018	159128	724691	850187	13912
298838	2205348	1326755	78001	-4554	591492	370794	8692
2059	1085	9016	439	-56	126	2954	
1170	8735	25310	6003	4886	5766	-2332	
38178	281461	939536	69575	158853	127307	478141	6192
	1034	1241		-1		630	-972
-7	101	1527	45	189	190	151	
-7	101	1527	45	189	190	151	
		3678	221			1935	
		3678	221			1935	
303516	666928	1050458	41656	-293684	-125152	3167025	13376
72992	12650	58960	6803	37980	4384	194536	132
-99	3027	10844	112	1819	447	-8864	
14246	83282	92924	9769	22318	22626	164934	
216377	567969	887730	24972	-355801	-152609	2816419	13244
226	445	2015	5	28		4222	
226	445	2015	5	28		4222	
	4848	284		373		4129	
	4848	284		373		4129	
-156602	881747	1265538	153398	202951	124963	1666060	86886
35684	139122	431063	11629	-13894	5601	496639	71526
	46	644	138	370		401	
10203	18116	87380	3943	4829	2552	103821	
25481	120960	343039	7548	-19093	3049	392417	71526

1-A-6 续表 28

分组	外商资本	主营业务收入	主营业务成本	主营业务税金及附加	其他业务收入
输配电及控制设备制造	1072615	10962912	9223450	16099	428932
变压器、整流器和电感器制造	240463	3993571	3205697	6989	104551
电容器及其配套设备制造	1932	1079200	890694		5562
配电开关控制设备制造	303419	4252731	3713357	7957	307071
电力电子元器件制造	512050	1528132	1323244	1121	10163
其他输配电及控制设备制造	14751	109278	90458	32	1585
电线、电缆、光缆及电工器材制造	1226407	3663094	3064268	539	38112
电线电缆制造	1170437	3316493	2742590	347	32750
光纤、光缆制造		23338	21479		
绝缘制品制造	34473	176397	160235	192	3320
其他电工器材制造	21497	146866	139964		2042
电池制造	115560	1485506	1267799		
家用电力器具制造	1631600	4463567	3975549	3304	56238
家用制冷电器具制造	1455013	2427800	2151031	324	52382
家用空气调节器制造	78750	1592112	1449112		
家用厨房电器具制造	72685	232338	197935	2073	3425
家用清洁卫生电器具制造		20101	17509		12
家用美容、保健电器具制造	2000	26980	25589	83	
其他家用电力器具制造	23152	164236	134373	824	419
非电力家用器具制造		73731	63530		38
燃气、太阳能及类似能源的器具制造		73731	63530		38
照明器具制造	105158	373001	322431	47	1449
电光源制造	82991	72611	59462		323
照明灯具制造	13561	157660	128206	47	552
灯用电器附件及其他照明器具制造	8606	142730	134763		574
其他电气机械及器材制造	98972	1827774	1575021	1	8637
车辆专用照明及电气信号设备装置制造	73322	1702724	1480348		8637
其他未列明的电气机械制造	25650	125050	94673	1	
通信设备、计算机及其他电子设备制造业	4280440	30340261	26452194	64204	255395
通信设备制造	291321	4339102	3823421	4374	1021
通信传输设备制造	19179	23827	20409		
通信交换设备制造		48566	41547	1780	
通信终端设备制造	8828	12130	11727		31
移动通信及终端设备制造	192782	4156901	3662084	2594	100
其他通信设备制造	70532	97678	87654		890
广播电视设备制造	56453	97549	76881		
广播电视节目制作及发射设备制造	45667	61610	47103		
广播电视接收设备及器材制造	10786	35939	29778		
电子计算机制造	1509667	9379773	8472498	22060	24996
电子计算机外部设备制造	1509667	9379773	8472498	22060	24996
电子器件制造	523185	1827704	1567844	468	12915
电子真空器件制造	32696	149514	130894		5044
半导体分立器件制造	71537	682365	632403	164	5250
集成电路制造	53621	439667	375191		1209
光电子器件及其他电子器件制造	365331	556158	429356	304	1412
电子元件制造	1187899	5891297	5102010	8350	60196
电子元件及组件制造	768915	5017689	4323519	8334	55348
印制电路板制造	418984	873608	778491	16	4848
家用视听设备制造	346397	5206215	4668595		144229
家用影视设备制造	140605	3075680	2720735		132841
家用音响设备制造	205792	2130535	1947860		11388

单位：千元

其他业务利润	营业费用	管理费用	税金	财务费用	利息支出	营业利润	投资收益
-210992	246905	336912	28572	56330	30612	810381	6550
-140478	71188	85262	7676	35573	25123	386415	
490	71230	46263	1127	5888	6061	35208	6550
-79371	95255	139221	16969	28180	1928	217711	
7729	8287	59186	2777	-13651	-2500	160397	
638	945	6980	23	340		10650	
7812	181865	157904	15932	71937	31954	68236	6267
6487	168167	135656	15283	69692	31381	79221	6550
	859	4828		220		-4048	-283
1325	9505	9856	640	1070	573	-3816	
	3334	7564	9	955		-3121	
	35696	83521	16929	20313	17246	79177	
1538	198511	162820	77685	59753	34486	71358	
184	113168	97687	76930	15818	10573	49956	
	65328	39024		25346	10837	11303	
1125	9715	14336	751	12132	12115	7830	
12	217	2082	4	53	53	252	
	142	159		71	71	936	
217	9941	9532		6333	837	1081	
38	6048	9478		1546	2136	-6833	
38	6048	9478		1546	2136	-6833	
681	14754	24432	892	2130	1379	9876	
54	3419	7280	672	524	835	1979	
552	9526	12863	141	2360	563	5201	
75	1809	4289	79	-754	-19	2696	
8637	58846	59408	1759	4836	1549	137226	2543
8637	57210	45904	771	-3600	817	131499	2543
	1636	13504	988	8436	732	5727	
77294	453457	1575383	51682	151688	60931	1649060	9459
225	12249	51998	2783	-6463	268	455844	
	161	3279	9	-1016		2178	
	1670	3912	703	-640		297	
31	560	567	37	329	4	-1022	
93	9753	38537	1746	-5571	73	449599	
101	105	5703	288	435	191	4792	
	6320	13929	2198	1604	870	-992	3
	5638	10472	1847	1862	870	-3465	
	682	3457	351	-258		2473	3
2489	111995	582948	19539	53703	-415	150800	13
2489	111995	582948	19539	53703	-415	150800	13
7708	33277	130315	4885	31431	22733	68015	
616	7383	11372		467	67	6881	
4849	4953	24936	2107	2161	1494	23652	
929	4973	34012	837	5510	2544	10391	
1314	15968	59995	1941	23293	18628	27091	
32981	82379	315606	16363	81377	36253	228609	2436
32273	54362	258038	13526	37010	8044	263523	2436
708	28017	57568	2837	44367	28209	-34914	
25816	93490	134586	4641	168	-3419	332460	213
25380	71920	37821	3121	7624	-2648	260228	
436	21570	96765	1520	-7456	-771	72232	213

1-A-6 续表 29

分 组	外商资本	主营业务收入	主营业务成本	主营业务税金及附加	其他业务收入
其他电子设备制造	365518	3598621	2740945	28952	12038
仪器仪表及文化、办公用机械制造业	887995	4614307	3806023	10902	34153
通用仪器仪表制造	307186	2720269	2140931	10138	26632
工业自动控制系统装置制造	71916	1889001	1429469	9230	21690
电工仪器仪表制造	106700	228865	212272	192	413
绘图、计算及测量仪器制造	15340	55646	47940		
实验分析仪器制造	1241	105562	81386	26	10
试验机制造	8330	158251	139685	690	
供应用仪表及其他通用仪器制造	103659	282944	230179		4519
专用仪器仪表制造	10975	237073	193724	353	93
环境监测专用仪器仪表制造	2960	20846	16260		93
地质勘探和地震专用仪器制造		115653	99727		
电子测量仪器制造	8015	100574	77737	353	
钟表与计时仪器制造	128599	94984	84748		557
光学仪器及眼镜制造	153515	416376	393687		180
眼镜制造	153515	416376	393687		180
文化、办公用机械制造	270229	1091180	939592	411	6691
照相机及器材制造	249645	776149	656918		4968
复印和胶印设备制造	16605	173586	148592	411	1723
计算器及货币专用设备制造		40443	35226		
其他文化、办公用机械制造	3979	101002	98856		
其他仪器仪表的制造及修理	17491	54425	53341		
工艺品及其他制造业	962580	2826559	2325382	8153	16823
工艺美术品制造	97312	1448231	1253585	4252	3
雕塑工艺品制造	13891	80936	70746	26	3
金属工艺品制造	1222	37818	32362	5	
花画工艺品制造	42771	660401	578363	2688	
天然植物纤维编织工艺品制造	413	60586	46631	726	
抽纱刺绣工艺品制造	5210	109180	88967	337	
地毯、挂毯制造		50752	43528	221	
珠宝首饰及有关物品的制造	11876	74337	70382		
其他工艺美术品制造	21929	374221	322606	249	
日用杂品制造	826150	1156129	903391	3672	16607
鬃毛加工、制刷及清扫工具的制造	21224	156681	123853		
其他日用杂品制造	804926	999448	779538	3672	16607
煤制品制造	5412	41873	35188	91	
核辐射加工	4000	5178	3055	14	213
其他未列明的制造业	29706	175148	130163	124	
废弃资源和废旧材料回收加工业	16200	94734	33868	1657	21
非金属废料和碎屑的加工处理	16200	94734	33868	1657	21
电力、燃气及水的生产和供应业	**1050899**	**13211980**	**12534273**	**11303**	**260035**
电力、热力的生产和供应业	757248	12621672	12162553	9853	89747
电力生产	440361	11685323	11367617	4337	36047
火力发电	184126	11305399	11224006	1939	34440
水力发电		138387	40940		1564
其他能源发电	256235	241537	102671	2398	43
电力供应	30800	287355	281713		14804
热力生产和供应	286087	648994	513223	5516	38896
燃气生产和供应业	218203	473886	298188	1235	170204
水的生产和供应业	75448	116422	73532	215	84
自来水的生产和供应	74000	56303	36307		
污水处理及其再生利用	1448	41559	19295	45	84
其他水的处理、利用与分配		18560	17930	170	

单位：千元

其他业务利润	营业费用	管理费用	税金	财务费用	利息支出	营业利润	投资收益
8075	113747	346001	1273	-10132	4641	414324	6794
13944	140466	360559	16420	36246	11656	263109	2754
12088	101704	174121	8567	13764	9725	265389	1649
12689	72155	106609	2476	8753	6799	282964	1649
-3489	6750	21504	3088	1881	858	-31620	
	5058	5237	832	-185	-13	-2402	
8	131	5120	34	293	45	1905	
	3047	8692	1407	1458	1210	4679	
2880	14563	26959	730	1564	826	9863	
43	20208	26670	396	-229	-116	-3612	
43	1120	1520	3	-41	-34	2030	
	14643	18719	173	-94	-82	-17342	
	4445	6431	220	-94		11700	
557	291	20358	1114	556	565	-10413	
-252	9845	37765	721	8182	259	-19044	
-252	9845	37765	721	8182	259	-19044	
1508	8418	97101	5622	13879	1223	34386	1105
675		82572	4662	8068	323	30371	1105
833	5673	11199	385	1309	900	7230	
	1529	1801	472	3848		-1961	
	1216	1529	103	654		-1254	
		4544		94		-3597	
-10223	123416	182550	11000	29021	12718	165822	-1268
-14	46697	61652	2530	12076	8765	75859	-1268
-14	2652	5106	269	-57	19	2554	
	2032	4010	58	104	82	-697	
	17765	16522	843	4777	3757	48951	
	2762	4311	78	555	482	3113	
	5039	4011	430	2051	817	8775	-1268
	1155	5139	92	321	321	419	
	243	4771	68	-281		-757	
	15049	17782	692	4606	3287	13501	
-9889	65929	99243	7298	14658	3647	63778	
	5437	13546	746	1171	70	12330	
-9889	60492	85697	6552	13487	3577	51448	
	463	2950	474	168	152	3013	
-320	1	71	18	-13		1730	
	10326	18634	680	2132	154	21442	
12	4997	8080	462	1270	918	44879	
12	4997	8080	462	1270	918	44879	
104261	**58723**	**542840**	**72590**	**328887**	**356881**	**-329379**	**12652**
29223	6838	443931	64616	308716	335309	-432189	1399
5419	2178	383533	60663	267855	293871	-486687	1399
4585	1228	348846	60277	181863	212957	-596025	1399
834		6697		26035	26035	65550	
	950	27990	386	59957	54879	43788	
11545	3	13930	928	7447	6933	-4190	
12259	4657	46468	3025	33414	34505	58688	
74979	50258	83014	6592	10240	9912	89821	11253
59	1627	15895	1382	9931	11660	12989	
		9920	1251	1588	3310	6272	
59	457	4940	131	8348	8355	8457	
	1170	1035		-5	-5	-1740	

1-A-6 续表 30

分　组	补贴收入	营业外收入	营业外支出	利润总额	应交所得税
总　计	**2108327**	**1978540**	**7870547**	**17942674**	**4307224**
总计中：轻工业	67903	545220	1615805	6218813	1105649
重工业	2040424	1433320	6254742	11723861	3201575
总计中：大型企业	228619	349196	909311	8164960	1611855
中型企业	1776584	751647	3582700	1453066	1531791
小型企业	103124	877697	3378536	8324648	1163578
按行业小类分					
采矿业	**45**	**8965**	**10963**	**464376**	**41195**
石油和天然气开采业				332	103
与石油和天然气开采有关的服务活动				332	103
黑色金属矿采选业		5989	6528	62602	3064
铁矿采选		446	6528	44974	912
其他黑色金属矿采选		5543		17628	2152
有色金属矿采选业		2046	3883	331474	31017
常用有色金属矿采选			68	29792	5242
镁矿采选			68	29792	5242
贵金属矿采选		2046	3631	1192	298
金矿采选		2046	3631	1192	298
稀有稀土金属矿采选			184	300490	25477
钨钼矿采选			184	300490	25477
非金属矿采选业	45	520	551	73710	7011
土砂石开采		245	531	63047	4710
石灰石、石膏开采				110	4
建筑装饰用石开采		10	6	71	
粘土及其他土砂石开采		235	525	62866	4706
化学矿采选				2500	625
石棉及其他非金属矿采选	45	275	20	8163	1676
石墨、滑石采选	45	275	20	7093	1676
其他非金属矿采选				1070	
其他采矿业		410	1	-3742	
制造业	**2082439**	**1894334**	**7468812**	**18098169**	**4216586**
农副食品加工业	29392	108627	541917	1509910	193293
谷物磨制	3233	6675	9049	32472	5071
饲料加工	4569	1692	-447	452109	93409
植物油加工	430	17175	4639	233792	41325
食用植物油加工	430	17175	4639	233792	41325
制糖		78	10	185	
屠宰及肉类加工	786	4354	127519	74469	14340
畜禽屠宰	94	241	124420	37352	5502
肉制品及副产品加工	692	4113	3099	37117	8838
水产品加工	3996	63077	373146	308298	25899
水产品冷冻加工	3883	5230	288811	274431	20398
鱼糜制品及水产品干腌制加工	50	54238	83722	32566	5106
水产饲料制造	63			-3553	
其他水产品加工		3609	613	4854	395
蔬菜、水果和坚果加工	1871	6261	26402	110891	10346
其他农副食品加工	14507	9315	1599	297694	2903
淀粉及淀粉制品的制造	7702	9137		239351	450
豆制品制造	6	81	467	-6302	1043
蛋品加工	5020	10	855	-9001	
其他未列明的农副食品加工	1779	87	277	73646	1410
食品制造业	8374	83825	158578	495593	89600

单位：千元

亏损企业亏损总额	利税总额	本年应付工资总额	本年应付福利费总额	本年应交增值税	本年进项税额	本年销项税额	全部从业人员年平均人数（人）
13188047	**32081031**	**21025466**	**2788684**	**10179200**	**44324376**	**48639481**	**701974**
994645	9572715	8507307	976716	2462136	8404112	9343465	314859
12193402	22508316	12518159	1811968	7717064	35920264	39296016	387115
795329	11707665	4826112	693853	1748157	8505215	9829991	134185
10282593	7451970	8403413	1188003	4449353	21297079	22777254	268109
2110125	12921396	7795941	906828	3981690	14522082	16032236	299680
15672	**659899**	**152380**	**15367**	**180698**	**118102**	**239380**	**6683**
	351	572	150				12
	351	572	150				12
8612	93257	53081	6735	29149	22713	48480	2053
8612	72541	42513	6670	26397	21137	43843	1303
	20716	10568	65	2752	1576	4637	750
901	433677	70122	4674	90072	59169	97061	3418
901	57598	17403	2044	26857	38684	62899	993
901	57598	17403	2044	26857	38684	62899	993
	1192	16800					1050
	1192	16800					1050
	374887	35919	2630	63215	20485	34162	1375
	374887	35919	2630	63215	20485	34162	1375
2417	136263	27662	3737	61384	35379	93214	1145
393	111934	11696	2000	48378	23610	69752	485
	1465	473		873			24
393	433	2016	116	362	314	-4	67
	110036	9207	1884	47143	23296	69756	394
	4200	440		1620	1890	3510	20
2024	20129	15526	1737	11386	9879	19952	640
2024	17059	11386	1406	9386	9279	17352	502
	3070	4140	331	2000	600	2600	138
3742	-3649	943	71	93	841	625	55
11878353	**31296227**	**20246436**	**2703533**	**9265029**	**42945611**	**46390632**	**678736**
201066	1968714	1918421	174918	337155	2532062	2679269	59720
16970	61780	66680	4987	8885	115787	80374	1994
13308	519453	420082	35783	54221	274268	408674	10047
1468	292471	33788	6925	58074	982582	1074420	1284
1468	292471	33788	6925	58074	982582	1074420	1284
	449	1426	200	264	13076	13295	168
37238	140882	204713	25082	35356	262803	273108	7516
	77073	71556	21362	10490	76176	77232	2017
37238	63809	133157	3720	24866	186627	195876	5499
51676	391351	965133	90355	64614	271928	186456	27744
34650	332073	868455	85556	40743	149234	82050	23589
11731	53673	64795	2529	20550	114005	88153	2973
3553	-3553	2589			4163	3	50
1742	9158	29294	2270	3321	4526	16250	1132
16784	166461	126679	7698	31614	252589	252282	5809
63622	395867	99920	3888	84127	359029	390660	5158
41753	324094	55671	1826	71714	290216	301864	3199
12306	-1239	24686	1502	4730	18285	23744	876
9001	-9001	2593			3328	1410	87
562	82013	16970	560	7683	47200	63642	996
57029	718463	575893	46311	180862	468783	668676	17500

1-A-6 续表 31

分　组	补贴收入	营业外收入	营业外支出	利润总额	应交所得税
焙烤食品制造	7203	129	8885	25499	1852
糕点、面包制造	16	83	613	6398	1232
饼干及其他焙烤食品制造	7187	46	8272	19101	620
糖果、巧克力及蜜饯制造		126	806	22690	9968
糖果、巧克力制造		126	806	22690	9968
方便食品制造	168	76	64682	176032	38357
米、面制品制造			25	-328	
速冻食品制造		61	-15	4993	901
方便面及其他方便食品制造	168	15	64672	171367	37456
液体乳及乳制品制造		71053	66061	124038	23108
罐头制造	1000	2929	8616	63544	2192
肉、禽类罐头制造	30		28	6061	
水产品罐头制造		182	4793	4036	
蔬菜、水果罐头制造	970	2597	3783	53665	2192
其他罐头食品制造		150	12	-218	
调味品、发酵制品制造		164	-544	49964	10893
酱油、食醋及类似制品的制造		39	1012	12896	1401
其他调味品、发酵制品制造		125	-1556	37068	9492
其他食品制造	3	9348	10072	33826	3230
营养、保健食品制造	3	654	6340	9197	619
冷冻饮品及食用冰制造				985	265
食品及饲料添加剂制造				1080	197
其他未列明的食品制造		8694	3732	22564	2149
饮料制造业	947	23266	43018	1116920	267024
酒精制造				22	4
酒的制造	747	21202	59359	744953	196244
白酒制造			2301	3420	571
啤酒制造	191	20629	56878	727562	195265
黄酒制造		10	103	630	186
葡萄酒制造		7	77	3502	222
其他酒制造	556	556		9839	
软饮料制造	200	2064	-16341	371945	70776
碳酸饮料制造		1758	-1679	84972	22254
瓶(罐)装饮用水制造		280	11408	40309	2663
果菜汁及果菜汁饮料制造	200	26	315	63357	501
固体饮料制造				9148	2196
茶饮料及其他软饮料制造			-26385	174159	43162
纺织业	4365	61476	77035	49817	22874
棉、化纤纺织及印染精加工	2308	4753	19224	-43955	423
棉、化纤纺织加工	1708	4435	14445	-31110	412
棉、化纤印染精加工	600	318	4779	-12845	11
毛纺织和染整精加工				-1407	
毛纺织				4	
毛染整精加工				-1411	
麻纺织				1438	360
丝绢纺织及精加工	18		1356	1524	
缫丝加工				2100	
绢纺和丝织加工	18		1356	-576	
纺织制成品制造	44	6648	9628	11303	10048
棉及化纤制品制造	44	4044	9617	-38751	527
绳、索、缆的制造				3958	243
无纺布制造		2602		49313	9114
其他纺织制成品制造		2	11	-3217	164
针织品、编织品及其制品制造	1995	50075	46827	80914	12043
棉、化纤针织品及编织品制造	628	45651	33587	57824	6073

单位：千元

亏损企业亏损总额	利税总额	本年应付工资总额	本年应付福利费总额	本年应交增值税	本年进项税额	本年销项税额	全部从业人员年平均人数（人）
822	41897	47579	2462	16122	29346	33774	1881
	13009	20819	1798	6449	18149	19741	544
822	28888	26760	664	9673	11197	14033	1337
	35579	10962	754	12780	32231	44972	770
	35579	10962	754	12780	32231	44972	770
4561	268837	127611	15570	89556	157047	242215	4172
328	-282	976	152	46	995	550	34
2640	5709	12001	1328	716	1856	1987	703
1593	263410	114634	14090	88794	154196	239678	3435
12658	149975	222211	11050	256	93170	93354	3985
26675	93200	115248	14002	26782	85760	77682	3882
	6061	2632			594	643	131
436	4036	19684	2695				435
25820	83096	90855	11173	26557	75485	75655	3042
419	7	2077	134	225	9681	1384	274
5864	78461	27578	1293	25849	42767	108947	1737
2890	19693	12204	448	5236	13785	16709	790
2974	58768	15374	845	20613	28982	92238	947
6449	50514	24704	1180	9517	28462	67732	1073
2113	17646	6409	232	6703	11346	45322	283
	1260	8418		275	2114	2389	210
	1274	1658	93	139	3465	3524	110
4336	30334	8219	855	2400	11537	16497	470
50121	2157032	560794	76229	515294	955549	1443714	18702
	213	16800	840		3490	3490	280
43048	1682227	323622	39826	418855	608733	1005821	13065
2101	16339	10169	1557	4986	7633	11910	733
40947	1643700	309722	37982	410154	595485	984666	12110
	1079	554		447	745	1121	35
	8233	2377	287	345	4870	8124	147
	12876	800		2923			40
7073	474592	220372	35563	96439	343326	434403	5357
	103199	136763	26471	18099	194859	205169	3096
	51458	17460	1759	6396	80594	85534	437
7073	66973	14832	1243	2575	33759	40217	621
	10332	192	7	898	11041	11939	20
	242630	51125	6083	68471	23073	91544	1183
119460	152998	417488	51379	90173	498475	463653	22827
49968	-19410	99317	13775	24520	185859	177629	4017
35053	-7208	85932	12550	23877	166317	163772	3392
14915	-12202	13385	1225	643	19542	13857	625
1411	-739	3911	988	668	2701	3402	119
	672	1331	730	668	2701	3402	59
1411	-1411	2580	258				60
	7235	13168	1202	5521	4157	9678	400
576	2174	2883	5	70			205
	2680	1400					110
576	-506	1483	5	70			95
49993	21359	88831	19474	9049	129725	103456	5151
44868	-33649	65162	16840	4487	53676	31616	4168
	5412	3923	208	1154	9246	10305	144
1053	52495	6856	1226	3090	43488	42045	267
4072	-2899	12890	1200	318	23315	19490	572
17512	142379	209378	15935	50345	176033	169488	12935
13000	105886	150911	13976	40653	128975	130048	9052

1-A-6 续表 32

分　　组	补贴收入	营业外收入	营业外支出	利润总额	应交所得税
毛针织品及编织品制造	474	4411	13101	1474	883
丝针织品及编织品制造				-350	
其他针织品及编织品制造	893	13	139	21966	5087
纺织服装、鞋、帽制造业	4679	109300	288768	435746	63388
纺织服装制造	4679	107871	287434	440231	63360
纺织面料鞋的制造		150	164	-3678	28
制帽		1279	1170	-807	
皮革、毛皮、羽毛(绒)及其制品业		9226	126220	6270	969
皮革鞣制加工			93912	3044	
皮革制品制造		9226	32307	7528	969
皮鞋制造		53	197	-2554	44
皮革服装制造		25	30	-875	
皮箱、包(袋)制造		9010	31979	5849	512
皮手套及皮装饰制品制造		4	101	-1861	97
其他皮革制品制造		134		6969	316
毛皮鞣制及制品加工			1	-5450	
毛皮服装加工			1	-5450	
羽毛(绒)加工及制品制造				1148	
羽毛(绒)制品加工				1148	
木材加工及木、竹、藤、棕、草制品业	6877	22392	67326	93005	32888
锯材、木片加工		11339	59124	17965	3430
锯材加工		5086	192	19800	3329
木片加工		6253	58932	-1835	101
人造板制造	5147	6682	1761	10023	2581
胶合板制造		854	61	6748	1900
纤维板制造	5107	3256	860	-1434	681
刨花板制造		947	144	4668	
其他人造板、材制造	40	1625	696	41	
木制品制造	1730	4371	6430	64679	26842
建筑用木料及木材组件加工	30	1056	4666	89818	26010
软木制品及其他木制品制造	1700	3315	1764	-25139	832
竹、藤、棕、草制品制造			11	338	35
家具制造业	3371	18557	26659	273905	50443
木质家具制造	3371	18541	26609	277359	50161
竹、藤家具制造		16	10	-176	
金属家具制造				-340	170
其他家具制造			40	-2938	112
造纸及纸制品业	472	3511	4631	184250	24986
纸浆制造		17	2	2478	620
造纸	234	7	1050	54765	1666
机制纸及纸板制造	234	7	1050	45997	1666
加工纸制造				8768	
纸制品制造	238	3487	3579	127007	22700
纸和纸板容器的制造	228	393	-872	112181	18455
其他纸制品制造	10	3094	4451	14826	4245
印刷业和记录媒介的复制		1365	818	54526	18023
印刷		1365	688	35867	14050
书、报、刊印刷		980	383	19415	8247
包装装潢及其他印刷		385	305	16452	5803
装订及其他印刷服务活动			130	18659	3973
文教体育用品制造业	50	23619	43287	4838	985
文化用品制造	20		115	1360	362
文具制造	20			-628	1
其他文化用品制造			115	1988	361

单位：千元

亏损企业亏损总额	利税总额	本年应付工资总额	本年应付福利费总额	本年应交增值税	本年进项税额	本年销项税额	全部从业人员年平均人数（人）
4162	12618	30017	1956	8216	31925	31005	1671
350	-251	488		99	2741	2808	35
	24126	27962	3	1377	12392	5627	2177
137368	665989	2331629	216035	198618	794250	699341	89172
132053	668826	2217413	209122	197000	790269	697180	83685
4171	-2764	104811	5079	884	1496	1641	5047
1144	-73	9405	1834	734	2485	520	440
22408	70779	114472	7724	57944	95775	129302	6792
	44084	7117	2249	37097	15685	51528	338
16958	27729	100833	5111	19319	79170	77604	6299
11545	1113	56289	1923	3351	12565	3698	3027
3552	797	9054	395	1552	9456	5542	477
	15105	15970	819	8871	30050	38921	888
1861	-875	15870	1974	925	2403	1912	1675
	11589	3650		4620	24696	27531	232
5450	-5450	1617	226		920	170	95
5450	-5450	1617	226		920	170	95
	4416	4905	138	1528			60
	4416	4905	138	1528			60
99711	253620	260646	20312	138599	483449	476348	14122
9697	64672	38366	1794	42597	121646	131229	1372
6665	27749	30204	1122	7580	25862	3295	963
3032	36923	8162	672	35017	95784	127934	409
18760	27418	62750	3948	14277	59790	72585	3008
6405	12247	14420	478	2675	23269	27401	994
9704	6739	34219	2495	7927	26397	34498	1353
	4668	5418	542		4873	4709	126
2651	3764	8693	433	3675	5251	5977	535
71254	161131	155933	14431	81710	300528	272061	9577
36712	167535	105666	10180	71473	249806	230746	6316
34542	-6404	50267	4251	10237	50722	41315	3261
	399	3597	139	15	1485	473	165
75810	444431	523319	64482	107983	631470	640408	23043
65935	444892	511420	63556	105408	619307	625669	22755
176	7	544	11	175	31	206	18
1020	1220	2332	176	1460	3028	4488	90
8679	-1688	9023	739	940	9104	10045	180
23895	261342	181191	18499	75456	255360	281572	5837
	3298	1460		820	2019	2839	138
16853	80440	35542	4874	25201	55865	54133	1234
16853	65433	26222	4214	18962	39408	43915	1004
	15007	9320	660	6239	16457	10218	230
7042	177604	144189	13625	49435	197476	224600	4465
1129	150178	80840	11270	36835	174033	204857	2319
5913	27426	63349	2355	12600	23443	19743	2146
20970	84082	46859	7672	28263	44604	66832	2172
20194	60997	36004	6800	23848	37665	56132	1405
10083	30412	10955	4936	9838	16510	25776	349
10111	30585	25049	1864	14010	21155	30356	1056
776	23085	10855	872	4415	6939	10700	767
20680	24995	106748	12806	19498	121970	75287	5765
700	6265	10046	3035	4904	3740	6031	434
628	-526	936	279	102	1121	474	65
72	6791	9110	2756	4802	2619	5557	369

1-A-6 续表 33

分 组	补贴收入	营业外收入	营业外支出	利润总额	应交所得税
体育用品制造	30	21482	38419	4789	325
体育器材及配件制造				20	10
训练健身器材制造			180	124	31
运动防护用具制造	30	21482	38170	3402	218
其他体育用品制造			69	1243	66
乐器制造		1537	4653	-981	248
西乐器制造		16	81	-5112	53
电子乐器制造			51	787	
其他乐器及零件制造		1521	4521	3344	195
玩具制造		600	100	-330	50
石油加工、炼焦及核燃料加工业	1702574	5495	21416	-7174565	37166
精炼石油产品的制造	1702574	5494	21007	-7351272	37166
原油加工及石油制品制造	1702574	5494	21007	-7351272	37166
炼焦		1	409	176707	
化学原料及化学制品制造业	1988	40671	64392	1302108	158918
基础化学原料制造	51	8647	4342	207228	46581
无机碱制造			1008	7501	305
无机盐制造		167	167	10379	1386
有机化学原料制造	51	5339	3616	151221	25355
其他基础化学原料制造		3141	-449	38127	19535
肥料制造	158	41	10710	13520	4784
钾肥制造			10656	4024	4503
复混肥料制造			1	-150	
有机肥料及微生物肥料制造	158	41	53	8396	178
其他肥料制造				1250	103
农药制造	570	7844	5312	56487	357
化学农药制造	570	7844	5257	55730	160
生物化学农药及微生物农药制造			55	757	197
涂料、油墨、颜料及类似产品制造	74	468	5077	102666	22091
涂料制造	74	54	5010	75536	16411
油墨及类似产品制造				1303	298
颜料制造		204	38	1321	211
染料制造		200	18	23682	5171
密封用填料及类似品制造		10	11	824	
合成材料制造		536	6	76164	81
初级形态的塑料及合成树脂制造		10	6	74088	81
合成纤维单(聚合)体的制造				-341	
其他合成材料制造		526		2417	
专用化学产品制造	1135	21980	32333	798266	83908
化学试剂和助剂制造	1135	12703	27581	377748	29859
专项化学用品制造		291	2197	74821	6473
信息化学品制造		8798	2256	303955	46115
环境污染处理专用药剂材料制造				-147	
其他专用化学产品制造		188	299	41889	1461
日用化学产品制造		1155	6612	47777	1116
肥皂及合成洗涤剂制造		6	54	-905	936
化妆品制造		360	5850	41703	120
口腔清洁用品制造		70	55	1337	
其他日用化学产品制造		719	653	5642	60
医药制造业	13280	4546	68997	1054183	182567
化学药品原药制造	9326	2813	902	249221	45603
化学药品制剂制造	2600		1727	406183	61784

单位：千元

亏损企业 亏损总额	利税总额	本年应付 工资总额	本年应付 福利费总额	本年应交 增 值 税	本年进项 税　　额	本年销项 税　　额	全部从业 人 员 年 平均人数 （人）
2606	13988	41077	3939	8960	40926	44418	1920
	661	11200	1260	444	2502	473	325
	680	2919	483	556	641	1197	65
2324	10974	17742	1974	7530	34322	41852	1051
282	1673	9216	222	430	3461	896	479
16544	4842	52153	5407	5427	76203	24451	3168
14133	-3684	31605	4200	1398	23168	10027	1934
2411	787	16227	1189		41121	35	1035
	7739	4321	18	4029	11914	14389	199
830	-100	3472	425	207	1101	387	243
7600618	-6320488	184934	35746	487565	4940986	5384583	3187
7600618	-6556333	177633	35746	428427	4857006	5242108	2687
7600618	-6556333	177633	35746	428427	4857006	5242108	2687
	235845	7301		59138	83980	142475	500
75643	1719525	372638	40187	394580	1208675	1472324	13574
41896	298500	112310	13372	85552	315837	360892	3805
	8270	27918	2694	520	941	1461	353
	15789	4804	492	5410	13578	18818	169
31626	204104	52004	6192	52853	243300	255983	2548
10270	70337	27584	3994	26769	58018	84630	735
6955	40585	17161	2302	26192	67567	90943	882
5661	26091	7656	1556	22067	64817	86974	332
150	1053	3389	359	576	806	1382	132
1144	10211	4386	305	1619	1473	2101	276
	3230	1730	82	1930	471	486	142
10296	73413	28545	878	16415	37516	19062	1033
10296	72364	25963	878	16123	36330	17636	934
	1049	2582		292	1186	1426	99
1462	141282	35056	3452	35589	141389	170621	1407
324	98632	21504	1406	20694	85943	106695	702
	2286	1097	169	983	2927	3910	59
707	2684	3797	1020	1363	4885	6298	230
321	35015	7213	722	10708	39876	50706	314
110	2665	1445	135	1841	7758	3012	102
341	112777	7805	259	33152	69053	100693	462
	107076	5286	225	29527	60789	89711	265
341	468	736		809	907	809	50
	5233	1783	34	2816	7357	10173	147
7828	944120	135471	16253	140553	519960	615569	4748
3219	443173	67730	8183	60357	300131	319252	2441
67	102943	32533	4336	27995	72499	98289	661
2196	350536	18897	2030	46581	114396	160704	1139
147	21	153	21	168	185	264	8
2199	47447	16158	1683	5452	32749	37060	499
6865	108848	36290	3671	57127	57353	114544	1237
5304	3810	9710	2363	4315	15765	20071	351
	95107	15595	377	49917	28310	78780	327
	3087	1597		1750	5361	7106	150
1561	6844	9388	931	1145	7917	8587	409
42060	1420523	308757	47591	353452	190238	469572	9143
26955	269681	73898	8731	19361	87502	69767	2386
3662	523176	49762	5494	116467	12151	102882	2176

1-A-6 续表 34

分　组	补贴收入	营业外收入	营业外支出	利润总额	应交所得税
中药饮片加工	20		956	25814	983
中成药制造	757	1284	500	124870	14079
生物、生化制品的制造	577	449	59756	246992	59842
卫生材料及医药用品制造			5156	1103	276
化学纤维制造业		185	217	22856	1503
合成纤维制造		185	217	22856	1503
锦纶纤维制造				22123	895
其他合成纤维制造		185	217	733	608
橡胶制品业	656	8160	532065	169746	55011
轮胎制造	10	1084	200197	92275	31859
车辆、飞机及工程机械轮胎制造		1083	193979	86963	31859
力车胎制造	10	1	6218	5312	
橡胶板、管、带的制造		4634	-13702	66482	15573
橡胶零件制造		44	282	9151	4171
再生橡胶制造			344880		
日用及医用橡胶制品制造	646	15	231	-687	225
橡胶靴鞋制造		2350	167	-11891	140
其他橡胶制品制造		33	10	14416	3043
塑料制品业	129	150230	507567	1317939	180075
塑料薄膜制造		45	339	-2560	2005
塑料板、管、型材的制造	129	21564	223240	767373	137278
塑料丝、绳及编织品的制造		61351	132388	324337	884
泡沫塑料制造		662	2508	7852	5319
塑料包装箱及容器制造		50811	113180	110736	16162
塑料零件制造		713	29266	49045	10409
日用塑料制造		509	2649	18204	2165
塑料鞋制造				-158	5
日用塑料杂品制造		509	2649	18362	2160
其他塑料制品制造		14575	3997	42952	5853
非金属矿物制品业	9233	167196	420657	971929	148726
水泥、石灰和石膏的制造		287	4196	92062	16586
水泥制造		287	4196	92044	16586
石灰和石膏制造				18	
水泥及石膏制品制造		2792	-1632	110896	13963
水泥制品制造		2792	-1632	103889	12913
砼结构构件制造				5823	775
石棉水泥制品制造				85	
轻质建筑材料制造				1099	275
砖瓦、石材及其他建筑材料制造	634	1662	2393	61834	5244
粘土砖瓦及建筑砌块制造	634	970	1351	-1225	172
建筑陶瓷制品制造				61435	4709
建筑用石加工		18	148	-3812	22
隔热和隔音材料制造			144	-336	137
其他建筑材料制造		674	750	5772	204
玻璃及玻璃制品制造	450	4713	16252	170592	12265
平板玻璃制造		801	49	-64143	227
技术玻璃制品制造	450	1801	14347	204237	9344
光学玻璃制造				-17	
日用玻璃制品及玻璃包装容器制造		42	82	-8569	11
玻璃纤维及制品制造		28	703	32194	2552
玻璃纤维增强塑料制品制造		2041	1035	6287	
其他玻璃制品制造			36	603	131

单位：千元

亏损企业亏损总额	利税总额	本年应付工资总额	本年应付福利费总额	本年应交增值税	本年进项税额	本年销项税额	全部从业人员年平均人数（人）
66	38950	12297	1352	11321	11908	23427	470
798	178775	51979	6527	53219	58617	105625	2015
10579	399331	118729	24525	152215	20060	167871	2053
	10610	2092	962	869			43
2094	32385	9047	542	9529	20236	29781	597
2094	32385	9047	542	9529	20236	29781	597
	30916	6450	331	8793	15647	24440	423
2094	1469	2597	211	736	4589	5341	174
101004	431285	445886	59721	254754	402516	581594	11917
68037	293396	245114	33369	201118	308753	467027	4882
68037	282884	239089	33369	195921	298204	461105	4452
	10512	6025		5197	10549	5922	430
2199	103297	109467	13316	35479	58441	82201	2979
7541	16667	20649	3584	7516	10988	13290	960
		8168	948				199
2337	888	6123	1108	1435	3094	804	368
20890	-5537	38092	4805	1501	12819	3186	1966
	22574	18273	2591	7705	8421	15086	563
216208	1654413	663962	111122	314607	1923734	2232230	23986
40044	17242	19212	1999	15815	89341	98424	698
119567	822146	148887	31394	51441	1122406	1154361	5373
2055	387684	102152	9986	58716	376143	556356	3699
12390	35883	18604	1669	27506	35360	59727	692
868	206988	116648	25931	89887	165066	217100	3219
31891	96862	166805	25559	47399	56262	65929	7057
1452	30144	13089	605	10176	27371	35996	475
158	-158	696					29
1294	30302	12393	605	10176	27371	35996	446
7941	57464	78565	13979	13667	51785	44337	2773
215668	1751619	550821	61064	731562	1579644	2243372	21867
796	129068	21942	1962	36884	51228	84161	426
796	128924	21636	1947	36880	51228	84161	396
	144	306	15	4			30
22603	222523	69351	3701	108280	81035	155385	2936
22603	199163	56708	3159	92711	78383	149860	2349
	21183	8925	542	15206	2208	5444	412
	85	550					25
	2092	3168		363	444	81	150
10480	84755	51879	3693	16290	67813	53006	2220
3713	1625	13231	2219	2558	3571	5719	422
	69537	6504	198	6042	27610	33651	449
5973	3606	20475	1044	3162	11140	5753	892
794	1600	2250	152	1936	5256	7055	85
	8387	9419	80	2592	20236	828	372
122535	241818	102844	14883	69530	246456	283388	4603
103900	-54252	26254	4962	9891	118853	112667	1235
6482	243775	33763	5474	39252	87534	118738	1256
17	328	1347	212	345	4101	4366	40
9327	-6600	17302	1796	1950	9435	5495	885
812	38720	11539	1349	6346	4879	9134	524
1419	18879	8574	1029	11381	21088	32638	373
578	968	4065	61	365	566	350	290

1-A-6 续表 35

分　组	补贴收入	营业外收入	营业外支出	利润总额	应交所得税
陶瓷制品制造	85		20	2384	19
特种陶瓷制品制造	85		20	2384	19
耐火材料制品制造	8052	153259	396776	453122	89204
石棉制品制造		21	200	-34167	
耐火陶瓷制品及其他耐火材料制造	8052	153238	396576	487289	89204
石墨及其他非金属矿物制品制造	12	4483	2652	81039	11445
石墨及碳素制品制造		3258	1374	24635	4613
其他非金属矿物制品制造	12	1225	1278	56404	6832
黑色金属冶炼及压延加工业	8700	62104	1019015	599495	28988
炼铁				23692	1036
炼钢			182	9212	2303
钢压延加工	8700	61726	1017883	479876	22032
铁合金冶炼		378	950	86715	3617
有色金属冶炼及压延加工业	13570	126053	724078	3510012	694583
常用有色金属冶炼		1160	2192	-10840	18
铜冶炼		33	500	-16657	
铅锌冶炼			228	-10124	
镍钴冶炼		1127	178	15867	
其他常用有色金属冶炼			1286	74	18
贵金属冶炼		3919	3	14317	1790
金冶炼		3919	3	14317	1790
稀有稀土金属冶炼	400	1589	76318	-30502	
钨钼冶炼		200	239	3055	
其他稀有金属冶炼	400	1389	76079	-33557	
有色金属合金制造		41	260	-51070	2046
有色金属压延加工	13170	119344	645305	3588107	690729
常用有色金属压延加工	13170	119343	645268	3584146	689308
稀有稀土金属压延加工		1	37	3961	1421
金属制品业	3232	149525	708639	738540	87162
结构性金属制品制造	127	125695	423026	99744	16207
金属结构制造		246	45226	69873	12052
金属门窗制造	127	125449	377800	29871	4155
金属工具制造		6088	1232	-35962	7168
切削工具制造		5962	912	-8504	5809
手工具制造			68	1987	497
农用及园林用金属工具制造		76	69	3013	484
刀剪及类似日用金属工具制造		47	183	-35229	138
其他金属工具制造		3		2771	240
集装箱及金属包装容器制造	2573	2753	34258	474048	31225
集装箱制造	250	1061	643	332846	
金属压力容器制造	2108	1240	307	28100	6896
金属包装容器制造	215	452	33308	113102	24329
金属丝绳及其制品的制造	200	4144	1293	55046	12712
建筑、安全用金属制品制造		396	-4141	17990	6604
建筑、家具用金属配件制造		113	232	-4738	664
建筑装饰及水暖管道零件制造		256	-4375	20290	5732
安全、消防用金属制品制造		27	2	2438	208
金属表面处理及热处理加工	200	136	230401	67608	3297
搪瓷制品制造			2	432	
工业生产配套用搪瓷制品制造			2	432	
不锈钢及类似日用金属制品制造	131	5446	20304	13183	940
金属制厨房调理及卫生器具制造		1	8	-827	
金属制厨用器皿及餐具制造		5442	16055	11797	455
其他日用金属制品制造	131	3	4241	2213	485

单位：千元

亏损企业亏损总额	利税总额	本年应付工资总额	本年应付福利费总额	本年应交增值税	本年进项税额	本年销项税额	全部从业人员年平均人数（人）
	4168	7252	424	1765	7219	8294	228
	4168	7252	424	1765	7219	8294	228
55425	953540	250775	31409	475682	1058288	1579844	9659
34167	-32591	6458		1576	18320	16744	182
21258	986131	244317	31409	474106	1039968	1563100	9477
3829	115747	46778	4992	23131	67605	79294	1795
569	32240	20029	1524	7483	43830	33422	663
3260	83507	26749	3468	15648	23775	45872	1132
173596	1059323	267240	44459	319780	3306399	3122080	8262
	29050	6886	1403	2478	9150	9471	344
	9212	2300	625		6586	1829	75
163725	731760	231296	40093	216981	3063107	2786035	6714
9871	289301	26758	2338	100321	227556	324745	1129
155324	3835301	204246	32929	302728	2794215	2949049	7921
26781	6789	19522	4556	17629	405227	468423	956
16657	-1546	6750	396	15111	365538	453255	366
10124	-9000	3616		1124	23252		365
	17261	8400	4068	1394	16437	15168	209
	74	756	92				16
	14317	457					50
	14317	457					50
33557	14223	26633	1314	39532	127696	167266	738
	3917	1072			3810	3848	97
33557	10306	25561	1314	39532	123886	163418	641
68235	-45993	11361	166	4880	398672	239704	600
26751	3845965	146273	26893	240687	1862620	2073656	5577
26751	3841005	135975	23987	239711	1845463	2057504	5391
	4960	10298	2906	976	17157	16152	186
174826	1235583	727572	113372	382539	1279695	1200170	24789
13011	294926	156838	12397	174226	337335	466065	5012
9492	102363	119837	6822	29659	198873	179833	3555
3519	192563	37001	5575	144567	138462	286232	1457
72115	-10260	98725	38031	21280	95830	58586	3510
35778	10729	69881	34078	17912	65536	52535	2539
	5548	624	287	781			26
	5200	11809	1493	1866	14060	4481	546
36337	-35229	12614	1669		15387	118	263
	3492	3797	504	721	847	1452	136
61320	540136	164187	27106	58977	468537	275448	5367
57262	333306	80940	12045	460	335940	111359	2654
4	35726	7262	283	5785	34483	35434	392
4054	171104	75985	14778	52732	98114	128655	2321
837	90424	66241	10305	34588	89538	88146	2110
18373	39828	55608	4741	19888	68707	61027	2041
9756	1789	16503	1731	6156	16064	3983	792
8617	34556	38386	2990	12687	51013	54482	1242
	3483	719	20	1045	1630	2562	7
1067	139769	71006	5404	29734	43319	58091	2210
	1862	645		1430	8671	10101	36
	1862	645		1430	8671	10101	36
7269	63598	74803	11273	13865	33590	26018	3090
827	-797	846	50	30	988	435	51
6442	59818	69354	10466	11501	30063	20710	2693
	4577	4603	757	2334	2539	4873	346

1-A-6 续表 36

分　　组	补贴收入	营业外收入	营业外支出	利润总额	应交所得税
其他金属制品制造	1	4867	2264	46451	9009
其他未列明的金属制品制造	1	4867	2264	46451	9009
通用设备制造业	11068	111848	336647	3209321	503696
锅炉及原动机制造		10378	81456	267455	40241
锅炉及辅助设备制造			38	7233	155
内燃机及配件制造		3379	77112	216470	34547
汽轮机及辅机制造		6999	4306	43752	5539
金属加工机械制造	2707	4665	16506	219815	41035
金属切削机床制造	2697	4493	11191	189279	34369
金属成形机床制造			-154	14868	3886
铸造机械制造	10	161	193	-7198	224
金属切割及焊接设备制造		11	5270	5124	155
机床附件制造			1	12192	864
其他金属加工机械制造			5	5550	1537
起重运输设备制造	2602	4553	7153	529888	71618
泵、阀门、压缩机及类似机械的制造	1331	9038	4309	285503	51616
泵及真空设备制造	1330	3355	1523	163965	28983
气体压缩机械制造		293	159	14739	3757
阀门和旋塞的制造	1	4038	2153	100591	16234
液压和气压动力机械及元件制造		1352	474	6208	2642
轴承、齿轮、传动和驱动部件的制造	80	400	20356	305072	45468
轴承制造	80	271	5564	199634	26198
齿轮、传动和驱动部件制造		129	14792	105438	19270
烘炉、熔炉及电炉制造		1	208	2073	518
风机、衡器、包装设备等通用设备	3279	29615	21032	1253895	199799
风机、风扇制造	60	1001	-1866	410927	57967
气体、液体分离及纯净设备制造		10007	819	19397	4014
制冷、空调设备制造	1945	17931	19656	753252	125721
风动和电动工具制造		472	1883	6133	4500
包装专用设备制造	1274	109	51	153	59
衡器制造			26	9253	1893
其他通用设备制造		95	463	54780	5645
通用零部件制造及机械修理	496	10132	165510	93078	22066
金属密封件制造		55	195	13416	2791
紧固件、弹簧制造		6597	2883	-26715	1023
机械零部件加工及设备修理	296	3466	162320	100322	18252
其他通用零部件制造	200	14	112	6055	
金属铸、锻加工	573	43066	20117	252542	31335
钢铁铸件制造	573	42295	19977	255271	31133
锻件及粉末冶金制品制造		771	140	-2729	202
专用设备制造业	4203	17536	201177	1078939	183167
矿山、冶金、建筑专用设备制造	2941	1211	131872	444137	100254
采矿、采石设备制造	2732		34423	308577	78867
石油钻采专用设备制造		597	1181	69266	10803
建筑工程用机械制造		609	1587	48173	6657
建筑材料生产专用机械制造			-656	658	210
冶金专用设备制造	209	5	95337	17463	3717
化工、木材、非金属加工专用设备	1174	3216	39739	217859	26766
炼油、化工生产专用设备制造	560	323	1283	-5687	1555
塑料加工专用设备制造		841	287	921	230
模具制造	614	2052	38169	222625	24981
食品、饮料、烟草及饲料生产专用设备制造			27	-2875	256
食品、饮料、烟草工业专用设备制造			27	294	69
农副食品加工专用设备制造				-3169	187

单位：千元

亏损企业亏损总额	利税总额	本年应付工资总额	本年应付福利费总额	本年应交增值税	本年进项税额	本年销项税额	全部从业人员年平均人数（人）
834	75300	39519	4115	28551	134168	156688	1413
834	75300	39519	4115	28551	134168	156688	1413
318186	4249061	2081640	254834	996693	4619430	4650898	63015
24567	326775	98457	13187	59082	530812	546191	4238
	10744	5719	660	3273	16967	20034	294
24567	270680	90655	12527	54210	457734	457538	3891
	45351	2083		1599	56111	68619	53
51381	289144	148169	14359	66782	178452	203451	3356
41867	246896	102398	8931	56111	140386	156019	2234
678	18708	23440	3438	3840	12681	16521	541
8094	-3050	12780	172	4129	8594	11398	295
742	6873	4407	306	1245	6191	7672	133
	13832	4407	1512	1155	1780	2719	103
	5885	737		302	8820	9122	50
33229	578087	276180	23334	44635	753511	561283	7153
45410	418268	335866	32238	122002	462009	464264	9511
13941	244403	141044	10757	77740	218309	274960	3355
	29558	27524	2586	14676	42772	42154	535
23977	126952	130761	12655	23623	157652	121806	4275
7492	17355	36537	6240	5963	43276	25344	1346
5091	396480	146376	28024	88659	287708	289622	4150
4182	256434	115073	22302	54558	252259	246366	3250
909	140046	31303	5722	34101	35449	43256	900
	4008	6170		1935	10963	12319	85
24028	1756553	619746	64307	489351	1834953	2082489	18186
5960	501171	15143	2605	90030	181656	270328	470
	24797	10488	2171	4697	17776	23745	469
4221	1127203	485202	45579	361689	1539425	1706614	14157
11459	11220	48783	11693	5087	42839	6469	2058
1350	3060	5691	973	2907	6063	4562	337
	15211	5688	544	5835	9638	15473	205
1038	73891	48751	742	19106	37556	55298	490
57935	155590	151635	21968	60464	180931	198218	6016
	24654	23469	6757	11238	21938	23966	935
36755	-19419	40447	3067	7246	39926	32876	1542
20350	143179	71923	11518	40859	110290	135807	2970
830	7176	15796	626	1121	8777	5569	569
76545	324156	299041	57417	63783	380091	293061	10320
69785	323424	290705	55542	61078	361449	273084	10038
6760	732	8336	1875	2705	18642	19977	282
78889	1361870	748344	214610	257220	940762	1060073	22681
11711	547415	236207	29245	91665	324283	384281	4809
10218	365580	158682	22096	56513	66449	119244	3541
	87220	42049	2453	14640	217668	203086	376
	59295	14625	2178	11122	9395	22305	212
	6015	8482	1520	1345	12993	14326	234
1493	29305	12369	998	8045	17778	25320	446
42373	312912	193790	112328	90944	259899	307420	6391
13263	-192	20973	95	3833	25925	29722	452
	1977	2074	123	1056	18	1074	74
29110	311127	170743	112110	86055	233956	276624	5865
4596	-2186	3379	167	520	11465	11985	174
	555	1695	63	206	9419	9625	90
4596	-2741	1684	104	314	2046	2360	84

1-A-6 续表 37

分 组	补贴收入	营业外收入	营业外支出	利润总额	应交所得税
印刷、制药、日化生产专用设备制造		168	13620	56997	7386
制浆和造纸专用设备制造		55	12583	31996	2112
印刷专用设备制造				296	74
日用化工专用设备制造		101	33	21723	4004
制药专用设备制造		12	1004	1752	342
其他日用品生产专用设备制造				1230	854
纺织、服装和皮革工业专用设备制造			-328	502	883
纺织专用设备制造			-328	806	883
其他服装加工专用设备制造				-304	
电子和电工机械专用设备制造		7648	1275	8250	637
电子工业专用设备制造		7648	1275	8250	637
农、林、牧、渔专用机械制造		342	5113	403	239
拖拉机制造				1328	132
机械化农业及园艺机具制造			4997	428	107
畜牧机械制造		6	114	689	
农林牧渔机械配件制造		336	2	-2042	
医疗仪器设备及器械制造		1051	4712	135403	8575
医疗诊断、监护及治疗设备制造		679	2199	55919	182
医疗、外科及兽医用器械制造		339	2480	58745	4582
机械治疗及病房护理设备制造				327	3
其他医疗设备及器械制造		33	33	20412	3808
环保、社会公共安全及其他专用设备制造	88	3900	5147	218263	38171
环境污染防治专用设备制造	78	772	1321	24300	4017
商业、饮食、服务业专用设备制造		2	38	-107	
社会公共安全设备及器材制造	10	3111	3430	127080	29094
其他专用设备制造		15	358	66990	5060
交通运输设备制造业	230453	430532	1028798	3555860	635644
铁路运输设备制造		167	145	102655	9253
铁路机车车辆配件制造		167	145	102655	9253
汽车制造	229033	395963	419229	849213	308254
汽车整车制造	217303	245332	427688	210710	159215
改装汽车制造		169	283	2840	536
汽车车身、挂车的制造	268	95	431	-2400	
汽车零部件及配件制造	11457	150367	-9179	638406	148503
汽车修理	5		6	-343	
摩托车制造		39	15	175	44
摩托车零部件及配件制造		39	15	175	44
自行车制造				1935	484
助动自行车制造				1935	484
船舶及浮动装置制造	1420	33093	608414	2593256	316138
金属船舶制造		1671	397	195942	2160
娱乐船和运动船的建造和修理		1018	304	-8150	213
船用配套设备制造	1420	3252	1787	167819	16652
船舶修理及拆船		27152	605926	2237645	297113
航空航天器制造		1267		5489	600
飞机制造及修理		1267		5489	600
交通器材及其他交通运输设备制造		3	995	3137	871
其他交通运输设备制造		3	995	3137	871
电气机械及器材制造业	7746	49242	185578	1545821	277005
电机制造	29	11402	29855	485594	77596
发电机及发电机组制造				401	3
电动机制造	29	7710	2585	108975	17767
微电机及其他电机制造		3692	27270	376218	59826

单位：千元

亏损企业亏损总额	利税总额	本年应付工资总额	本年应付福利费总额	本年应交增值税	本年进项税额	本年销项税额	全部从业人员年平均人数（人）
696	81441	37487	3855	20536	52424	68351	1103
696	38824	29901	2935	5858	41682	42931	842
	581	605	83	214	406	620	55
	34413	2999	421	12690	5831	18521	55
	2672	2350	186	920	4163	5083	100
	4951	1632	230	854	342	1196	51
3590	5391	23957	4323	4698	15066	19327	655
3286	5695	23097	4237	4698	15066	19327	635
304	-304	860	86				20
	11181	10234	1020	2638	2281	4920	255
	11181	10234	1020	2638	2281	4920	255
2042	2454	9987	1587	1433	4083	3256	385
	2686	5480	720	1231			240
	997	766	93	78	1580	1658	17
	809	1290	129	120	2015	1598	30
2042	-2038	2451	645	4	488		98
4081	140905	147108	47109	5502	139689	108932	5256
	59282	46249	20477	3363	121331	93628	1005
3883	60561	85480	17959	1816	14416	11039	3444
	650	638	115	323	420	743	76
198	20412	14741	8558		3522	3522	731
9800	262357	86195	14976	39284	131572	151601	3653
9438	41026	24517	1666	12298	41864	45784	1036
308	1710	5306	575	1817	12481	12615	200
	137461	32400	11726	10381	8313	18564	1511
54	82160	23972	1009	14788	68914	74638	906
1317741	7122987	2974701	331304	1393645	8679169	9283108	65149
	102733	15376	2512		155756	148783	430
	102733	15376	2512		155756	148783	430
1299209	4274427	1834192	178112	1283325	7555469	8841043	46552
933515	3255380	929132	83866	918440	5779631	6935181	16099
876	3831	3544	503	991	24194	18183	184
4990	-2400	27669	146		89704	86617	663
359485	1017157	873241	93597	363092	1661423	1800371	29560
343	459	606		802	517	691	46
	967	769	47	792	1934	2726	36
	967	769	47	792	1934	2726	36
	2954	2150	1020	918	5639	6557	50
	2954	2150	1020	918	5639	6557	50
18532	2729428	1110821	148692	105059	958109	280809	16901
981	231437	127330	7225	35315	91691	24525	3798
9302	-7607	9955	781	351	2555	932	241
5974	244767	98629	6004	66036	180177	164936	3362
2275	2260831	874907	134682	3357	683686	90416	9500
	7613	9383	640	2060	597	34	1146
	7613	9383	640	2060	597	34	1146
	4865	2010	281	1491	1665	3156	34
	4865	2010	281	1491	1665	3156	34
214637	2221438	1498432	343671	653694	2027143	2174580	57847
12448	742753	403708	159343	255226	314923	218478	20601
	403	996	32		-1344		69
1384	127425	110592	21623	16563	97116	91976	3237
11064	614925	292120	137688	238663	219151	126502	17295

1-A-6 续表 38

分　组	补贴收入	营业外收入	营业外支出	利润总额	应交所得税
输配电及控制设备制造	6144	19992	157757	678616	79674
变压器、整流器和电感器制造		5644	153332	238727	29060
电容器及其配套设备制造	144	1358	1537	35029	5315
配电开关控制设备制造	4500	4135	-929	227275	19971
电力电子元器件制造	1500	8836	3571	167162	23891
其他输配电及控制设备制造		19	246	10423	1437
电线、电缆、光缆及电工器材制造	1354	8298	-13861	90322	50631
电线电缆制造	354	4146	-15033	98610	49681
光纤、光缆制造				-4331	
绝缘制品制造	1000	2617	90	-1289	950
其他电工器材制造		1535	1082	-2668	
电池制造	189	2360	-2002	83728	20540
家用电力器具制造	30	6038	5987	71439	12807
家用制冷电器具制造		3404	2799	50561	12470
家用空气调节器制造		2168		13471	
家用厨房电器具制造		365	2837	5358	249
家用清洁卫生电器具制造			33	219	
家用美容、保健电器具制造				936	85
其他家用电力器具制造	30	101	318	894	3
非电力家用器具制造		6	380	-7207	
燃气、太阳能及类似能源的器具制造		6	380	-7207	
照明器具制造		49	2425	7500	1403
电光源制造		32	2376	-365	354
照明灯具制造		6	24	5183	
灯用电器附件及其他照明器具制造		11	25	2682	1049
其他电气机械及器材制造		1097	5037	135829	34354
车辆专用照明及电气信号设备装置制造		979	4946	130075	33635
其他未列明的电气机械制造		118	91	5754	719
通信设备、计算机及其他电子设备制造业	15550	75380	197382	1539674	209133
通信设备制造		4296	1435	458705	20549
通信传输设备制造			592	1586	184
通信交换设备制造			198	99	114
通信终端设备制造				-1022	8
移动通信及终端设备制造		4289	550	453338	20243
其他通信设备制造		7	95	4704	
广播电视设备制造			32	-1021	232
广播电视节目制作及发射设备制造			30	-3495	
广播电视接收设备及器材制造			2	2474	232
电子计算机制造		3041	49830	104011	32501
电子计算机外部设备制造		3041	49830	104011	32501
电子器件制造	83	10258	21699	56657	3210
电子真空器件制造		296	49	7128	
半导体分立器件制造		1097	19080	5669	345
集成电路制造		1981	712	11660	2394
光电子器件及其他电子器件制造	83	6884	1858	32200	471
电子元件制造	3087	-2472	106149	125511	18400
电子元件及组件制造	3087	-8151	102356	158539	16911
印制电路板制造		5679	3793	-33028	1489
家用视听设备制造		5618	13807	324484	69619
家用影视设备制造		1770	9369	252629	54272
家用音响设备制造		3848	4438	71855	15347

单位：千元

亏损企业亏损总额	利税总额	本年应付工资总额	本年应付福利费总额	本年应交增值税	本年进项税额	本年销项税额	全部从业人员年平均人数（人）
32221	867813	579010	89820	173098	817990	897433	19581
2636	307498	106623	15906	61782	300544	322693	4061
	64997	36182	2530	29968	64811	92863	1225
27178	295547	294218	37932	60315	378015	423327	8358
1577	187151	136170	33345	18868	61884	46808	5711
830	12620	5817	107	2165	12736	11742	226
122466	165326	138764	20868	74465	234794	303152	5083
109603	169931	108252	18233	70974	226362	293286	4006
4331	-4331	9000	169		4015	3967	450
5839	2197	4628	553	3294	3551	5021	235
2693	-2471	16884	1913	197	866	878	392
315	144775	138692	25203	61047	63979	117068	3385
31019	120824	156566	38667	46081	443404	467478	6212
20910	90036	109933	30797	39151	323598	353608	4525
	13471	19193	6387		73773	67257	619
6832	10036	9709	153	2605	36147	35903	427
	219	1010	49		995	345	30
	1908	7600	1064	889	83	806	165
3277	5154	9121	217	3436	8808	9559	446
7207	-5729	6718		1478	8431	12626	285
7207	-5729	6718		1478	8431	12626	285
8961	8869	26370	3873	1322	15478	6366	1109
2195	17	9703	1285	382	5992	3249	311
3622	6010	10928	2393	780	3975	1276	450
3144	2842	5739	195	160	5511	1841	348
	176807	48604	5897	40977	128144	151979	1591
	159451	44078	5750	29376	119399	136211	1356
	17356	4526	147	11601	8745	15768	235
242658	2071256	1631732	228728	467378	1575269	1308646	58097
16162	479270	56502	2538	16191	667194	670018	2845
	2215	3469	159	629	92	721	76
357	1977	4579	596	98	4254	3096	122
1022	491	1059	21	1513	15		60
14783	463040	37776	575	7108	658546	662535	2289
	11547	9619	1187	6843	4287	3666	298
3495	19	10208	1253	1040	5851	7661	248
3495	-2455	7064	882	1040	5792	7661	98
	2474	3144	371		59		150
127314	396946	372971	129184	270875	124906	115783	19300
127314	396946	372971	129184	270875	124906	115783	19300
21442	112163	176648	21342	55038	131262	117072	5623
200	10898	27997	6725	3770	9107	11845	236
10738	27084	66292	5466	21251	42422	20810	2229
1144	18714	25440	5277	7054	38798	38499	1036
9360	55467	56919	3874	22963	40935	45918	2122
65194	163080	480556	61646	29219	195544	99407	19556
17979	190427	378252	55902	23554	115542	72700	16321
47215	-27347	102304	5744	5665	80002	26707	3235
1927	352635	127498	8963	28151	299686	94726	4357
479	253490	39509	4839	861	185031	9538	634
1448	99145	87989	4124	27290	114655	85188	3723

1-A-6 续表 39

分　　组	补贴收入	营业外收入	营业外支出	利润总额	应交所得税
其他电子设备制造	12380	54639	4430	471327	64622
仪器仪表及文化、办公用机械制造业	681	27189	23024	269569	46901
通用仪器仪表制造	681	12078	16780	262982	37651
工业自动控制系统装置制造	635	9178	3908	290518	32851
电工仪器仪表制造	46	2155	10635	-40089	413
绘图、计算及测量仪器制造		441	895	-2856	-262
实验分析仪器制造			7	1898	256
试验机制造			896	3783	945
供应用仪表及其他通用仪器制造		304	439	9728	3448
专用仪器仪表制造		12704	603	8489	511
环境监测专用仪器仪表制造			9	2021	270
地质勘探和地震专用仪器制造		12704	592	-5230	
电子测量仪器制造			2	11698	241
钟表与计时仪器制造		715	633	-10331	
光学仪器及眼镜制造		243	2342	-21143	451
眼镜制造		243	2342	-21143	451
文化、办公用机械制造		1449	2635	33200	8288
照相机及器材制造		214	1808	28777	6895
复印和胶印设备制造		1235	735	7730	1393
计算器及货币专用设备制造			92	-2053	
其他文化、办公用机械制造				-1254	
其他仪器仪表的制造及修理			31	-3628	
工艺品及其他制造业	849	3172	50805	117078	17311
工艺美术品制造	303	1856	25833	50771	7308
雕塑工艺品制造	146	1	663	1892	638
金属工艺品制造			50	-747	30
花画工艺品制造		1103	17275	32779	3587
天然植物纤维编织工艺品制造		410		3523	176
抽纱刺绣工艺品制造			138	7369	1386
地毯、挂毯制造				419	104
珠宝首饰及有关物品的制造		73	73	-757	60
其他工艺美术品制造	157	269	7634	6293	1327
日用杂品制造	546	1067	22933	41912	9128
鬃毛加工、制刷及清扫工具的制造		262	5024	7568	1267
其他日用杂品制造	546	805	17909	34344	7861
煤制品制造			8	3005	825
核辐射加工			1530	200	50
其他未列明的制造业		249	501	21190	
废弃资源和废旧材料回收加工业		106	101	44884	4557
非金属废料和碎屑的加工处理		106	101	44884	4557
电力、燃气及水的生产和供应业	**25843**	**75241**	**390772**	**-619871**	**49443**
电力、热力的生产和供应业	25588	53250	387883	-753291	33923
电力生产	6909	40817	354083	-795871	33137
火力发电	4572	28479	354052	-917516	26380
水力发电		27	31	65546	5899
其他能源发电	2337	12311		56099	858
电力供应	9230	9806	1349	4267	
热力生产和供应	9449	2627	32451	38313	786
燃气生产和供应业	255	20206	2439	119096	13938
水的生产和供应业		1785	450	14324	1582
自来水的生产和供应		609	62	6819	1129
污水处理及其再生利用		1176	388	9245	453
其他水的处理、利用与分配				-1740	

单位：千元

亏损企业亏损总额	利税总额	本年应付工资总额	本年应付福利费总额	本年应交增值税	本年进项税额	本年销项税额	全部从业人员年平均人数(人)
7124	567143	407349	3802	66864	150826	203979	6168
95495	395782	317169	57175	115311	368669	404687	11105
51391	345289	152465	21174	72169	284963	343458	4354
974	357443	61321	5029	57695	224042	284041	1879
43023	-37203	42957	6636	2694	17771	19407	898
2856	-2855	9367	3598	1	4577	1074	312
148	1927	6509	230	3	3103	5	93
	10748	5885	489	6275	10115	16390	265
4390	15229	26426	5192	5501	25355	22541	907
5695	19953	18281	4574	11111	24400	34930	712
102	2222	1712	48	201	2235	3084	79
5230	4162	14932	4307	9392	7024	15491	524
363	13569	1637	219	1518	15141	16355	109
10331	-9377	31386	5239	954	4376	500	795
21143	-16974	56219	15680	4169	7428	283	1739
21143	-16974	56219	15680	4169	7428	283	1739
3307	57838	57225	10358	24227	47307	25516	3469
	43600	42217	3693	14823	15652	979	2854
	17545	13428	6466	9404	12112	20363	581
2053	-2053	1108	162		3872	3154	24
1254	-1254	472	37		15671	1020	10
3628	-947	1593	150	2681	195		36
25188	202460	215614	28609	77229	204406	194457	9745
8688	90413	87485	7791	35390	82742	85377	4757
51	2871	5824	1107	953	7016	7192	251
1101	-691	4074	620	51	2151		381
1627	54288	26642	2537	18821	36309	49876	1363
391	4708	11297	461	459		360	635
1436	11657	7241	1570	3951	7892	11499	340
	2372	6467	483	1732	2006	3738	97
1463	-92	2725	80	665	501	126	110
2619	15300	23215	933	8758	26867	12586	1580
16008	80295	91577	17380	34711	87577	92591	4095
	11975	18193	2699	4407	14552	15468	1288
16008	68320	73384	14681	30304	73025	77123	2807
	4994	1761	39	1898	7746	8676	65
	214	822	122				17
492	26544	33969	3277	5230	26341	7813	811
	49459	6241	1502	2918	2678	5026	202
	49459	6241	1502	2918	2678	5026	202
1294022	**124905**	**626650**	**69784**	**733473**	**1260663**	**2009469**	**16555**
1266203	-29160	558675	61210	714278	1236309	1967780	13069
1264194	-98046	477189	44375	693488	1152546	1892812	9788
1245052	-259496	462249	42229	656081	1152238	1872039	9458
	82679	7421	1230	17133			156
19142	78771	7519	916	20274	308	20773	174
	6055	41985	10585	1788	32103	39099	1374
2009	62831	39501	6250	19002	51660	35869	1907
23937	134001	55701	7239	13670	21969	33229	2987
3882	20064	12274	1335	5525	2385	8460	499
2142	10345	8143	994	3526		2806	376
	9699	2531	341	409	820	2499	88
1740	20	1600		1590	1565	3155	35

1-A-7 规模以上大中型工业

分组	企业单位数(个)	亏损企业	工业总产值(当年价格)	工业销售产值(当年价格)	出口交货值	资产总计
总计	**1341**	**297**	**1442862824**	**1409248644**	**222206290**	**1555627037**
总计中：国有控股企业	349	110	912979295	901054708	121890748	1123965706
总计中：轻工业	394	90	181852565	172879220	43939113	145629331
重工业	947	207	1261010259	1236369424	178267177	1409997706
总计中：大型企业	127	29	877644564	869069024	137865246	1036404565
中型企业	1214	268	565218260	540179620	84341044	519222472
按隶属关系分						
中央	109	34	602232187	595499397	87478151	698082159
地方	1232	263	840630637	813749247	134728139	857544878
按登记注册类型分						
内资企业	**925**	**193**	**1110035601**	**1082798286**	**116260754**	**1273253154**
国有企业	158	55	323326201	320057073	20864130	447355000
集体企业	37	8	14497979	13929040	895605	8790332
股份合作企业	8		5728358	5585760	703007	4096951
联营企业	3		2021674	2007599		2489834
集体联营企业	1		453450	447590		159000
国有与集体联营企业	1		717250	717100		1672271
其他联营企业	1		850974	842909		658563
有限责任公司	289	72	306465406	298981230	55697728	450656644
国有独资公司	44	14	60040372	58605386	4323015	92780750
其他有限责任公司	245	58	246425034	240375844	51374713	357875894
股份有限公司	75	20	290798870	284375428	28991954	247423787
私营企业	352	38	156590425	147648188	8156899	104412069
私营独资企业	60	6	19212011	16204009	1233396	19539376
私营合作企业	6	1	2877727	2601509		1198622
私营有限责任公司	262	31	123643766	118250335	6240286	74715508
私营股份有限公司	24		10856921	10592335	683217	8958563
其他企业	3		10606688	10213968	951431	8028537
港、澳、台商投资企业	**98**	**21**	**55833947**	**52948332**	**6845563**	**63663122**
合资经营企业(港或澳、台资)	60	14	35067638	32787905	3242967	40130432
合作经营企业(港或澳、台资)	4	1	1549908	1520342	872501	1218741
港澳台商独资经营企业	33	5	18923961	18420105	2730095	22214281
港澳台商投资股份有限公司	1	1	292440	219980		99668
外商投资企业	**318**	**83**	**276993276**	**273502026**	**99099973**	**218710761**
中外合资经营企业	132	21	189342720	188202278	54643555	144092993
中外合作经营企业	14		4535859	4302380	2858130	2131041
外资企业	167	61	77374826	75252484	40787521	64276689
外商投资股份有限公司	5	1	5739871	5744884	810767	8210038
按行业小类分						
采矿业	**88**	**8**	**105612139**	**104140666**	**1451501**	**165904838**
煤炭开采和洗选业	19	2	29369737	28984478	1754	51374813
烟煤和无烟煤的开采洗选	19	2	29369737	28984478	1754	51374813
石油和天然气开采业	3	1	52665690	52652800	1303660	93826709

企业主要经济指标

单位：千元

流动资产总计	应收帐款	存货	产成品	流动资产年平均余额	固定资产总计	固定资产原价	累计折旧
682162416	**115992956**	**193917745**	**57496583**	**678976099**	**698331884**	**1030007733**	**413370270**
472012731	59604782	135206674	32768201	467359259	533594063	804124786	336170710
66535526	14688710	19646446	8243773	65331841	61027077	90569155	33810283
615626890	101304246	174271299	49252810	613644258	637304807	939438578	379559987
450702758	57767798	120708391	32103994	443080298	470560166	721577104	309171123
231459658	58225158	73209354	25392589	235895801	227771718	308430629	104199147
312056614	25897460	86902475	15536011	291149471	306492539	479689146	211015687
370105802	90095496	107015270	41960572	387826628	391839345	550318587	202354583
533087299	**79863555**	**151857724**	**44171106**	**521619379**	**588101699**	**865221264**	**350910710**
139233777	22438291	36441138	10455378	137411525	250073123	396212126	169823010
5125548	1334012	1046268	516754	5223739	2569211	3698533	1228212
1753720	313933	483772	297398	1953506	1454813	1730339	355045
895999	80813	69662	9060	1245404	1542856	2228691	685835
156000	8895			130000	3000	4000	1000
671566	6510	66637	6232	671566	949726	1405898	456172
68433	65408	3025	2828	443838	590130	818793	228663
231294490	36970342	61787705	12604976	229243540	182011670	221251028	77574935
44033076	11946348	14333740	3393021	47612774	41929068	61276582	22867768
187261414	25023994	47453965	9211955	181630766	140082602	159974446	54707167
104131063	7349474	35531537	11936527	97353745	106811672	185871119	84794349
45486433	10844322	13433954	7524837	44389801	40854488	52402786	15689687
7046613	1989991	1865040	1011905	6534203	5601918	7269288	2301616
514898	163236	258494	182764	533961	517620	791940	298619
33551646	7759271	10243021	5843983	33451906	31783651	39865073	11351327
4373276	931824	1067399	486185	3869731	2951299	4476485	1738125
5166269	532368	3063688	826176	4798119	2783866	1826642	759637
31576134	**6318858**	**6550437**	**2644126**	**34764023**	**27542893**	**40015716**	**15339129**
19945292	3570670	4312178	2004978	23369512	16602853	22204831	6165225
519419	184589	211080	33144	523081	667755	1659069	991651
11050700	2564242	1974374	579495	10812157	10259014	16129581	8173289
60723	-643	52805	26509	59273	13271	22235	8964
117498983	**29810543**	**35509584**	**10681351**	**122592697**	**82687292**	**124770753**	**47120431**
81608835	17221569	25693616	7204219	86520632	51710301	71159992	22831379
1018263	270020	369178	81828	896252	998759	1169491	270496
31726973	11754014	9150836	3351039	32209593	26448982	44526647	19258374
3144912	564940	295954	44265	2966220	3529250	7914623	4760182
53341548	**12895654**	**10679404**	**2213873**	**47962992**	**94652832**	**166514756**	**75850188**
19574875	2174085	2881873	1109546	18904075	25231872	39586299	17175254
19574875	2174085	2881873	1109546	18904075	25231872	39586299	17175254
24133621	7840874	5843559		19943079	61610457	115003587	52798742

1-A-7 续表 1

分　组	企业单位数（个）	亏损企业	工业总产值（当年价格）	工业销售产值（当年价格）	出口交货值	资产总计
天然原油和天然气开采	1		34182220	34174410		60097670
与石油和天然气开采有关的服务活动	2	1	18483470	18478390	1303660	33729039
黑色金属矿采选业	33	3	16591938	15926440	27318	13624071
铁矿采选	31	3	16237121	15580744	27318	13481981
其他黑色金属矿采选	2		354817	345696		142090
有色金属矿采选业	26	2	5751111	5486786	118769	5431061
常用有色金属矿采选	12	1	3777796	3760184	118769	3009126
铜矿采选	3		1621868	1589612		1256042
铅锌矿采选	5		1134921	1158864	9605	1182151
镁矿采选	4	1	1021007	1011708	109164	570933
贵金属矿采选	3		214270	214270		365028
金矿采选	3		214270	214270		365028
稀有稀土金属矿采选	11	1	1759045	1512332		2056907
钨钼矿采选	10	1	1667995	1421332		1793527
放射性金属矿采选	1		91050	91000		263380
非金属矿采选业	7		1233663	1090162		1648184
化学矿采选	4		817713	787896		690988
采盐	2		279758	234883		784368
石棉及其他非金属矿采选	1		136192	67383		172828
其他非金属矿采选	1		136192	67383		172828
制造业	**1146**	**235**	**1226195238**	**1194574138**	**220754751**	**1210014604**
农副食品加工业	103	7	65642683	63899825	8531290	24149491
谷物磨制	4		2342968	2311710	3560	1253255
饲料加工	8	1	7736608	7601861	137670	2032039
植物油加工	6		20612642	20894513	118979	5104253
食用植物油加工	6		20612642	20894513	118979	5104253
制糖	2		498691	455256	2420	351649
屠宰及肉类加工	32	1	17678631	16885370	525398	6261244
畜禽屠宰	20		10045208	9413948	182969	4125450
肉制品及副产品加工	12	1	7633423	7471422	342429	2135794
水产品加工	40	4	11820622	11074468	7165671	6314348
水产品冷冻加工	36	2	11402574	10714007	6994960	5982899
鱼糜制品及水产品干腌制加工	3	1	276641	271423	81673	199543
其他水产品加工	1	1	141407	89038	89038	131906
蔬菜、水果和坚果加工	3		814505	728824	353554	353967
其他农副食品加工	8	1	4138016	3947823	224038	2478736
淀粉及淀粉制品的制造	7	1	4048081	3857888	224038	2435918
豆制品制造	1		89935	89935		42818
食品制造业	21	5	10018129	9898151	446791	6287126
焙烤食品制造	3		366728	361312	35892	234901
糕点、面包制造	2		166908	166912		106799
饼干及其他焙烤食品制造	1		199820	194400	35892	128102
糖果、巧克力及蜜饯制造	1		188785	174863		86492
糖果、巧克力制造	1		188785	174863		86492
方便食品制造	5	1	2650550	2648156		1914146
方便面及其他方便食品制造	5	1	2650550	2648156		1914146

单位：千元

流动资产总计	应收帐款	存货	产成品	流动资产年平均余额	固定资产总计	固定资产原价	累计折旧
6566980	55150			4927790	50824280	95841910	45017630
17566641	7785724	5843559		15015289	10786177	19161677	7781112
6226145	2203273	887777	362719	5967232	4767263	8403358	4626048
6098849	2129415	864422	342219	5877359	4763678	8398851	4625126
127296	73858	23355	20500	89873	3585	4507	922
2653860	438766	944744	675710	2459838	2343455	2743368	911861
1747343	201710	752808	571366	1829397	988326	1500901	612835
912021	51824	602776	465300	1007162	223848	435868	212020
586180	51150	79216	64925	571610	506183	705886	289963
249142	98736	70816	41141	250625	258295	359147	110852
182263	124027	10123		126119	151109	254706	105386
182263	124027	10123		126119	151109	254706	105386
724254	113029	181813	104344	504322	1204020	987761	193640
626599	113029	157601	97264	427272	1119323	836469	127045
97655		24212	7080	77050	84697	151292	66595
753047	238656	121451	65898	688768	699785	778144	338283
305638	32679	53687	19196	309764	314215	374466	155835
409518	191428	56103	39675	322647	367413	376167	173094
37891	14549	11661	7027	56357	18157	27511	9354
37891	14549	11661	7027	56357	18157	27511	9354
596342095	**95557056**	**179189795**	**55150667**	**596052485**	**463614048**	**667076536**	**255138827**
11814521	2347096	5272356	2793595	11040633	10525465	14749524	5037493
424868	104218	109893	42179	408226	806269	1556472	826054
1264555	89651	449123	94586	1131217	604247	714162	155409
2787017	277095	2075185	1272197	2610290	1919780	3514748	1896846
2787017	277095	2075185	1272197	2610290	1919780	3514748	1896846
200871	9762	79822	76667	157247	111491	110433	5271
2734747	858514	757547	578248	2832651	3098179	3826509	957819
1828267	614287	489346	413428	1789039	1930953	2209830	466780
906480	244227	268201	164820	1043612	1167226	1616679	491039
3318220	718883	1420632	623965	2875594	2479132	3231217	872181
3182550	679423	1340979	623250	2761384	2395963	3120477	835960
134468	56053	64372	519	110656	54388	67133	21395
1202	-16593	15281	196	3554	28781	43607	14826
202210	32480	134531	13256	106657	129574	112562	17285
882033	256493	245623	92497	918751	1376793	1683421	306628
862900	255797	242083	92497	901141	1368348	1671150	302802
19133	696	3540		17610	8445	12271	3826
2234813	583507	393164	217639	2429159	3807053	5885896	2310545
52980	13699	2039	79	127614	76426	103370	26944
44768	14595	2039	79	45499	28050	44180	16130
8212	-896			82115	48376	59190	10814
56361		25552	4676	44270	28109	44628	16519
56361		25552	4676	44270	28109	44628	16519
928219	318212	49618	42257	1106349	981086	1298481	329173
928219	318212	49618	42257	1106349	981086	1298481	329173

1-A-7 续表 2

分 组	企业单位数（个）	亏损企业	工业总产值（当年价格）	工业销售产值（当年价格）	出口交货值	资产总计
液体乳及乳制品制造	4	1	5474420	5382236		2972546
罐头制造	3		505125	484422	397589	210144
水产品罐头制造	1		75842	75042	9230	50960
蔬菜、水果罐头制造	2		429283	409380	388359	159184
调味品、发酵制品制造	2	2	395614	410621	13310	306663
味精制造	2	2	395614	410621	13310	306663
其他食品制造	3	1	436907	436541		562234
冷冻饮品及食用冰制造	2	1	299222	297767		439253
盐加工	1		137685	138774		122981
饮料制造业	28	5	10832604	10278143		9830264
酒的制造	21	5	5688456	5614293		6925545
白酒制造	4	2	824725	751051		326425
啤酒制造	17	3	4863731	4863242		6599120
软饮料制造	7		5144148	4663850		2904719
碳酸饮料制造	3		2493995	2245867		1179485
瓶(罐)装饮用水制造	1		1034107	992395		241201
含乳饮料和植物蛋白饮料制造	1		201000	197862		142229
茶饮料及其他软饮料制造	2		1415046	1227726		1341804
烟草制品业	3	1	4148832	4116036	7756	2638166
烟叶复烤	1	1	37750	37750		119730
卷烟制造	2		4111082	4078286	7756	2518436
纺织业	48	22	8863945	8318007	2944950	9361946
棉、化纤纺织及印染精加工	28	16	5731380	5300917	1660848	6429360
棉、化纤纺织加工	22	13	3846241	3388768	848778	4747720
棉、化纤印染精加工	6	3	1885139	1912149	812070	1681640
毛纺织和染整精加工	2	1	376966	379320	20520	446478
毛条加工	1		180846	183200		352225
毛纺织	1	1	196120	196120	20520	94253
麻纺织	1		90270	88860		71160
丝绢纺织及精加工	1		620000	600000	289750	156600
缫丝加工	1		620000	600000	289750	156600
纺织制成品制造	5	3	1212074	1138948	545127	1025940
棉及化纤制品制造	3	2	563655	433779	319276	484504
无纺布制造	1		555260	612010	152350	435464
其他纺织制成品制造	1	1	93159	93159	73501	105972
针织品、编织品及其制品制造	11	2	833255	809962	428705	1232408
棉、化纤针织品及编织品制造	7	1	600211	578363	295238	986276
毛针织品及编织品制造	3	1	136657	135904	52259	146676
其他针织品及编织品制造	1		96387	95695	81208	99456
纺织服装、鞋、帽制造业	44	4	16133051	13245375	7428479	12815195
纺织服装制造	43	3	15628471	12740795	6958013	12497309
纺织面料鞋的制造	1	1	504580	504580	470466	317886
皮革、毛皮、羽毛(绒)及其制品业	3	1	295269	287139	207695	210939
皮革制品制造	3	1	295269	287139	207695	210939
皮鞋制造	2	1	225818	217688	207695	137521
皮箱、包(袋)制造	1		69451	69451		73418
木材加工及木、竹、藤、棕、草制品业	15	5	4598917	4513268	1736710	2334996

单位：千元

流动资产总计	应收帐款	存货	产成品	流动资产年平均余额	固定资产总计	固定资产原价	累计折旧
704987	131854	101345	91232	641097	2236860	3602563	1574531
116510	25197	72568	18247	121924	89807	100883	16703
23408	6082	10363	9782	23074	27552	24000	2075
93102	19115	62205	8465	98850	62255	76883	14628
140904	51131	69916	36073	154329	159336	392164	238297
140904	51131	69916	36073	154329	159336	392164	238297
234852	43414	72126	25075	233576	235429	343807	108378
163678	18071	43048	15032	148014	187476	264197	76721
71174	25343	29078	10043	85562	47953	79610	31657
4184644	388250	1126960	228315	4554776	5056787	7027766	2315616
3390718	68327	933148	89285	3693514	2985243	4166713	1495758
142135	5840	97233	30129	146956	120507	267503	152720
3248583	62487	835915	59156	3546558	2864736	3899210	1343038
793926	319923	193812	139030	861262	2071544	2861053	819858
355289	55302	140828	86688	541188	806615	1256023	465832
101951	11205	12097	12097	88653	139250	208875	83550
45508	1590	1535	1535	47257	75053	80404	5351
291178	251826	39352	38710	184164	1050626	1315751	265125
1489146	122465	1078731	53323	1633063	1081172	1625164	637356
20973	1567			20973	82056	85656	3600
1468173	120898	1078731	53323	1612090	999116	1539508	633756
4206511	809052	1805409	880067	4181035	4337357	6057078	1885347
2676367	444378	1262721	660305	2770579	3243237	4316314	1210160
1798956	304857	945344	497965	1911495	2642378	3441874	882330
877411	139521	317377	162340	859084	600859	874440	327830
189928	27099	91495	59895	93871	256550	313760	59967
140988	22263	54143	27375	40473	211237	232360	21123
48940	4836	37352	32520	53398	45313	81400	38844
9040	1310	4760	4760	8850	62120	62990	870
45000	11300	25100	19820	45000	111600	121420	9820
45000	11300	25100	19820	45000	111600	121420	9820
438778	95945	210247	106662	474428	372896	714075	343162
241607	37953	172070	99700	223781	174814	372659	199828
144944	39184	17141	4235	199497	146983	242622	95639
52227	18808	21036	2727	51150	51099	98794	47695
847398	229020	211086	28625	788307	290954	528519	261368
695362	210719	178470	22000	661434	215673	390204	198197
96781	4906	21464	6250	65025	44997	87932	42935
55255	13395	11152	375	61848	30284	50383	20236
3648321	621900	918831	378935	3381822	2092798	2998615	1037804
3464144	605358	810002	378935	3202788	1959089	2724597	882030
184177	16542	108829		179034	133709	274018	155774
102870	30376	51762	13739	109011	95372	173092	79720
102870	30376	51762	13739	109011	95372	173092	79720
84790	26834	51762	13739	90931	43798	77517	35719
18080	3542			18080	51574	95575	44001
1175059	232174	532517	93378	1132307	972700	1570342	675757

1-A-7 续表 3

分　组	企业单位数（个）	亏损企业	工业总产值（当年价格）	工业销售产值（当年价格）	出口交货值	资产总计
锯材、木片加工	1	1	127854	117854	117825	112847
锯材加工	1	1	127854	117854	117825	112847
人造板制造	7	2	2660305	2607597	180711	660613
胶合板制造	3		510096	509969	180711	283658
纤维板制造	2	2	156295	147802		188294
刨花板制造	1		1055714	1027726		59961
其他人造板、材制造	1		938200	922100		128700
木制品制造	7	2	1810758	1787817	1438174	1561536
建筑用木料及木材组件加工	5	1	1656808	1637661	1293005	1357892
软木制品及其他木制品制造	2	1	153950	150156	145169	203644
家具制造业	10	1	4901371	4501829	1736353	4385088
木质家具制造	10	1	4901371	4501829	1736353	4385088
造纸及纸制品业	12	5	1690497	1571011	22654	4536779
造纸	7	5	786174	692666	1702	4102595
机制纸及纸板制造	7	5	786174	692666	1702	4102595
纸制品制造	5		904323	878345	20952	434184
纸和纸板容器的制造	3		396160	391859	17100	174322
其他纸制品制造	2		508163	486486	3852	259862
印刷业和记录媒介的复制	8	2	1308011	1237643	154487	2112754
印刷	6	2	1171401	1107665	41454	1680384
书、报、刊印刷	4	2	293071	228296		609420
包装装潢及其他印刷	2		878330	879369	41454	1070964
装订及其他印刷服务活动	1		50410	44198	44198	67838
记录媒介的复制	1		86200	85780	68835	364532
文教体育用品制造业	5	2	480373	462531	424038	580121
体育用品制造	1		47965	47965	47965	72287
运动防护用具制造	1		47965	47965	47965	72287
乐器制造	4	2	432408	414566	376073	507834
西乐器制造	2	1	300926	283084	244591	392167
电子乐器制造	2	1	131482	131482	131482	115667
石油加工、炼焦及核燃料加工业	20	9	242545075	237275118	22782222	100703767
精炼石油产品的制造	17	9	237907077	232860721	22782222	97968236
原油加工及石油制品制造	17	9	237907077	232860721	22782222	97968236
炼焦	3		4637998	4414397		2735531
化学原料及化学制品制造业	53	16	57287449	55915944	2417200	86398552
基础化学原料制造	13	4	7009203	6679272	381701	10728521
无机碱制造	1	1	1969470	1984840	180417	6376786
无机盐制造	3		781315	660780	6480	945457
有机化学原料制造	6	2	2427904	2106106	194804	2138198
其他基础化学原料制造	3	1	1830514	1927546		1268080
肥料制造	7	1	7162871	7143854	496746	39244332
氮肥制造	5	1	6078291	6126495	496746	38079641
复混肥料制造	2		1084580	1017359		1164691

单位：千元

流动资产总计	应收帐款	存货	产成品	流动资产年平均余额	固定资产总计	固定资产原价	累计折旧
36235	2869	32865	170	45416	64506	70523	17065
36235	2869	32865	170	45416	64506	70523	17065
301023	52483	98110	27020	302371	303411	542503	289873
142299	33449	30603	2852	140749	109856	129605	19868
96928	16019	28867	17008	98318	67427	192789	141869
4110	855			5110	55114	140895	119936
57686	2160	38640	7160	58194	71014	79214	8200
837801	176822	401542	66188	784520	604783	957316	368819
714899	136854	349523	49775	664659	540741	872995	348329
122902	39968	52019	16413	119861	64042	84321	20490
2338011	719735	1194834	292879	2677021	1420788	1950860	706383
2338011	719735	1194834	292879	2677021	1420788	1950860	706383
1400202	469446	302197	88633	1452951	1831949	2496134	780124
1212323	352147	261159	58130	1240182	1661261	2327302	728475
1212323	352147	261159	58130	1240182	1661261	2327302	728475
187879	117299	41038	30503	212769	170688	168832	51649
17747	16815	932	647	42637	80967	96316	18781
170132	100484	40106	29856	170132	89721	72516	32868
878672	274043	159102	65494	775296	642375	1362023	744384
791545	264173	156968	63977	701206	599622	1316341	741455
172891	83080	42875	31164	185481	261913	495419	248395
618654	181093	114093	32813	515725	337709	820922	493060
28492	4241	2134	1517	22531	39346	41399	2053
58635	5629			51559	3407	4283	876
341422	87131	212865	47818	339443	186329	252550	70307
54829	14575	19793		49608	15510	30895	15385
54829	14575	19793		49608	15510	30895	15385
286593	72556	193072	47818	289835	170819	221655	54922
196402	36817	145894	35989	197129	152456	193952	42337
90191	35739	47178	11829	92706	18363	27703	12585
56537305	1632017	16312954	6179937	51126498	38472441	76724541	39527780
55479529	1460806	16170639	6132483	49869143	36917602	75001452	39216870
55479529	1460806	16170639	6132483	49869143	36917602	75001452	39216870
1057776	171211	142315	47454	1257355	1554839	1723089	310910
33751856	2752103	6503861	2563620	33117844	45131745	50680510	22413345
4384111	351296	603615	232296	4563577	4103609	6760847	2923128
2630348	55073	195775	40849	2788021	2336188	4415864	2079676
299487	27007	58918	33088	304160	195018	294794	130640
880658	141110	221718	103021	794757	1015655	1131686	351057
573618	128106	127204	55338	676639	556748	918503	361755
11938180	672831	1243645	592054	12511946	23688169	14102968	5434660
11106058	786320	995828	414361	11533132	23484963	13809946	5344844
832122	-113489	247817	177693	978814	203206	293022	89816

1-A-7 续表 4

分　组	企业单位数(个)	亏损企业	工业总产值(当年价格)	工业销售产值(当年价格)	出口交货值	资产总计
农药制造	4	1	812543	599695	272777	2232953
化学农药制造	4	1	812543	599695	272777	2232953
涂料、油墨、颜料及类似产品制造	6	3	2435533	2100042	360023	4056669
涂料制造	2	1	192825	161707		590597
颜料制造	2	1	1673489	1430563	193561	2482080
染料制造	2	1	569219	507772	166462	983992
合成材料制造	6	3	33504260	33311529	478022	22803978
初级形态的塑料及合成树脂制造	4	2	2957906	2714759	478022	3078546
合成橡胶制造	1	1	43194	43570		137449
合成纤维单(聚合)体的制造	1		30503160	30553200		19587983
专用化学产品制造	16	3	6251603	5969473	427931	7189496
化学试剂和助剂制造	3		1575952	1376354	119363	955630
专项化学用品制造	3	1	1761702	1658969	2169	1604609
炸药及火工产品制造	8	2	1514775	1556266	196020	3001234
信息化学品制造	1		1189510	1189510	110379	1487115
其他专用化学产品制造	1		209664	188374		140908
日用化学产品制造	1	1	111436	112079		142603
肥皂及合成洗涤剂制造	1	1	111436	112079		142603
医药制造业	28	2	14147670	13458692	2060995	16352010
化学药品原药制造	8	2	7115291	6822858	1794533	8017455
化学药品制剂制造	6		3825608	3635635	172205	4236510
中药饮片加工	1		136370	73704		63934
中成药制造	5		605972	577341	5755	904586
兽用药品制造	1		138174	138174		227383
生物、生化制品的制造	7		2326255	2210980	88502	2902142
化学纤维制造业	6	4	6831312	6197389	8808	9956564
纤维素纤维原料及纤维制造	2	2	1302491	807934		246029
人造纤维(纤维素纤维)制造	2	2	1302491	807934		246029
合成纤维制造	4	2	5528821	5389455	8808	9710535
锦纶纤维制造	2		272351	264829	8808	401348
涤纶纤维制造	1	1	1316528	1278475		3087505
腈纶纤维制造	1	1	3939942	3846151		6221682
橡胶制品业	20	8	11108953	10370025	1040521	10735005
轮胎制造	9	4	9964648	9268438	916141	9056577
车辆、飞机及工程机械轮胎制造	8	4	9855261	9166388	848834	8964944
力车胎制造	1		109387	102050	67307	91633
橡胶板、管、带的制造	7	3	873687	841808	52164	1386101
橡胶零件制造	2		106732	102008	58846	172279
日用及医用橡胶制品制造	1		64375	58840	13370	71230
橡胶靴鞋制造	1	1	99511	98931		48818
塑料制品业	28	5	12855540	12494386	2138878	19971785
塑料薄膜制造	1		138345	138345		60550
塑料板、管、型材的制造	5		6723906	6558858	112600	12322073
塑料丝、绳及编织品的制造	4		2011936	1984730	188097	2714316
泡沫塑料制造	2	1	410495	410826		1950149

单位：千元

流动资产总　计	应收帐款	存货	产成品	流动资产年平均余额	固定资产总　计	固定资产原　价	累计折旧
1190218	273434	346149	254008	1103066	874343	1071326	343808
1190218	273434	346149	254008	1103066	874343	1071326	343808
1167431	112059	300264	151303	1284068	1901902	2171232	612395
279807	85902	21050	5661	280282	48522	93666	45144
594791	19053	192655	83276	727396	1169655	1296253	213805
292833	7104	86559	62366	276390	683725	781313	353446
10866432	321263	2366149	923774	9812214	11843342	23352063	12100013
455850	139383	202509	136598	835565	2565553	3423762	935935
56928	62	9651	4028	60795	43460	57051	13591
10353654	181818	2153989	783148	8915854	9234329	19871250	11150487
4137895	996106	1620859	403395	3776200	2646956	3088660	939351
736094	338163	279172	238508	671112	219530	297131	134798
1049884	284130	432142	63619	799564	433358	589347	165553
1151929	270990	375034	96874	1125510	1798406	1920332	549758
1127434	102681	513261		1127434	143596	187732	44136
72554	142	21250	4394	52580	52066	94118	45106
67589	25114	23180	6790	66773	73424	133414	59990
67589	25114	23180	6790	66773	73424	133414	59990
7018662	1713036	1957945	1336466	8229850	8559105	11901870	3536335
2192703	843648	769437	450927	4484641	5583285	7768837	2300838
3065743	465804	666463	609528	1950055	1023130	1567204	581359
53180	4446	48333	48333	55743	7524	51100	43576
495392	109745	113735	49217	460347	295458	437151	142494
88602	5228	14453	10544	77158	118781	172475	53694
1123042	284165	345524	167917	1201906	1530927	1905103	414374
5820010	272418	1095580	415809	4839021	3723478	8126768	4454708
238201	21427	117632	89581	220186	7828	7407	233
238201	21427	117632	89581	220186	7828	7407	233
5581809	250991	977948	326228	4618835	3715650	8119361	4454475
182475	45421	66530	37444	187601	117203	328954	211751
1655175	57392	317795	9962	1625231	1432330	2065528	683962
3744159	148178	593623	278822	2806003	2166117	5724879	3558762
3968673	1479698	1553028	1160276	4639072	5914254	7639603	2398068
3218225	1144857	1301834	983039	3705971	5027116	6397180	1980036
3178105	1133575	1285917	974197	3664551	4978820	6332716	1945301
40120	11282	15917	8842	41420	48296	64464	34735
618789	312485	195245	152354	777351	753051	1021439	327637
64634	20502	18143	8526	74199	100873	147020	48449
39825	350	12206	6357	56371	23230	49004	26970
27200	1504	25600	10000	25180	9984	24960	14976
13381286	1733845	2306712	1071558	12143406	4919016	7609185	2720538
19742	5500	3410	2546	19550	40808	45857	5049
9202201	818090	1336413	814292	8593400	2454644	3674888	1220304
1520871	416997	407876	158087	1190660	861146	1094919	233773
1062282	22284	23081	6224	837656	382181	642003	259823

1-A-7 续表 5

分组	企业单位数(个)	亏损企业	工业总产值(当年价格)	工业销售产值(当年价格)	出口交货值	资产总计
塑料人造革、合成革制造	1		792830	759059	1540	102514
塑料包装箱及容器制造	4		775966	669052	208776	785047
塑料零件制造	6	2	793575	767644	672854	725425
其他塑料制品制造	5	2	1208487	1205872	955011	1311711
非金属矿物制品业	102	16	48250004	44719611	6448325	44055085
水泥、石灰和石膏的制造	28	5	6333230	6198144	43477	13145824
水泥制造	26	4	6056671	5958075	43477	12767677
石灰和石膏制造	2	1	276559	240069		378147
水泥及石膏制品制造	7	1	1731772	1673040		851725
水泥制品制造	6	1	949148	948122		616225
石棉水泥制品制造	1		782624	724918		235500
砖瓦、石材及其他建筑材料制造	17	2	8539572	8473875	177491	1665562
粘土砖瓦及建筑砌块制造	1		17295	17295		52387
建筑陶瓷制品制造	11		4030136	4030136		771270
建筑用石加工	2	1	3900573	3861379		223350
防水建筑材料制造	1	1	159280	155667		274563
隔热和隔音材料制造	1		254360	231470		48440
其他建筑材料制造	1		177928	177928	177491	295552
玻璃及玻璃制品制造	10	5	2940578	2766562	323951	3198525
平板玻璃制造	7	5	2180058	2023193	247690	2806270
技术玻璃制品制造	1		115173	111955	76261	163715
日用玻璃制品及玻璃包装容器制造	1		549143	537978		159210
玻璃保温容器制造	1		96204	93436		69330
陶瓷制品制造	2		726293	719408	173520	1099630
特种陶瓷制品制造	2		726293	719408	173520	1099630
耐火材料制品制造	32	2	26415199	23704499	5115865	21799143
耐火陶瓷制品及其他耐火材料制造	32	2	26415199	23704499	5115865	21799143
石墨及其他非金属矿物制品制造	6	1	1563360	1184083	614021	2294676
石墨及碳素制品制造	2		800340	706388	301670	916765
其他非金属矿物制品制造	4	1	763020	477695	312351	1377911
黑色金属冶炼及压延加工业	65	13	241681983	238471687	40110314	301897459
炼铁	13	3	8063522	7432630		3724209
炼钢	5		14897506	15065512	2403290	23275347
钢压延加工	38	7	207930055	205197295	36717664	267252690
铁合金冶炼	9	3	10790900	10776250	989360	7645213
有色金属冶炼及压延加工业	31	13	39433560	38665103	838149	37252784
常用有色金属冶炼	12	7	14371758	14141688	101244	15807272
铜冶炼	2	2	2341005	2396579		488998
铅锌冶炼	3	3	7112555	7035205		11072339
镍钴冶炼	3	1	1535052	1418705		578669
铝冶炼	1		1676840	1688650		2518714
其他常用有色金属冶炼	3	1	1706306	1602549	101244	1148552
贵金属冶炼	4	1	996360	969482		627497
金冶炼	4	1	996360	969482		627497
稀有稀土金属冶炼	3	2	2586622	2340579	352445	974236

单位：千元

流动资产总计	应收帐款	存货	产成品	流动资产年平均余额	固定资产总计	固定资产原价	累计折旧
79752	4626	30122	11207	66609	22762	45460	22717
418452	134204	211672	16988	380384	325716	523988	199035
324424	121989	90913	28423	293144	363172	677786	314984
753562	210155	203225	33791	762003	468587	904284	464853
18905502	5219402	5808093	3189922	17308135	17659188	24856478	8047371
3835393	1004451	1058538	223572	3283657	6647079	9594238	3087732
3552200	747902	1042631	215592	3075324	6552175	9500227	3059052
283193	256549	15907	7980	208333	94904	94011	28680
303328	95371	79723	35316	294448	518124	777494	269271
292454	94271	70923	26516	283574	293498	426591	142994
10874	1100	8800	8800	10874	224626	350903	126277
603361	110962	62946	51478	584770	1024189	1302599	295655
35734	4691	105	15	33079	16653	28279	11626
201239				201239	570031	589222	19191
64671	1896			58011	158679	240130	95476
169240	51313	22740	19383	160704	68580	163120	97760
32120	3650			11850	16320	21320	5000
100357	49412	40101	32080	119887	193926	260528	66602
1217916	175808	494830	316903	1226834	1738806	2505045	818292
1075156	130545	434088	273744	1031450	1593521	2267542	725225
53943	26104	27839	26769	125331	109772	149845	40073
34000	6353			26681	21000	49000	28000
54817	12806	32903	16390	43372	14513	38658	24994
793150	221752	282217	189800	672805	240706	482198	256464
793150	221752	282217	189800	672805	240706	482198	256464
10906767	3374948	3422096	2305601	10080403	6819621	9297557	2925898
10906767	3374948	3422096	2305601	10080403	6819621	9297557	2925898
1245587	236110	407743	67252	1165218	670663	897347	394059
576781	170051	276339	23578	573292	85661	268233	182572
668806	66059	131404	43674	591926	585002	629114	211487
97343679	6719673	40635058	11876873	98781468	136852774	209422793	84099235
1738992	182391	779426	580292	1517062	1576778	1752566	479441
8494439	1480055	2743753	967117	8188568	11135355	10598822	4597209
82404591	3868920	35045726	9493598	85145606	122388868	194925166	78402929
4705657	1188307	2066153	835866	3930232	1751773	2146239	619656
18961694	1507693	4540884	1787836	19134902	12526005	17146818	6463896
6571354	425095	2101185	674796	7675900	6131466	7809841	3306253
354126	171576	78275	72635	468884	124894	159452	34558
4845472	105376	1305822	196460	5716742	3622913	5813936	2584856
352827	16716	236918	173957	339668	113666	131243	17577
473418	16798	323350	110784	577144	1855471	1214876	593450
545511	114629	156820	120960	573462	414522	490334	75812
335714	135350	77041	9237	357846	198983	411352	220627
335714	135350	77041	9237	357846	198983	411352	220627
760251	112300	321612	136117	702332	137138	251141	114003

1-A-7 续表 6

分组	企业单位数(个)	亏损企业	工业总产值(当年价格)	工业销售产值(当年价格)	出口交货值	资产总计
钨钼冶炼	1		1599215	1359577	190512	381355
稀土金属冶炼	1	1	200005	193600		122238
其他稀有金属冶炼	1	1	787402	787402	161933	470643
有色金属压延加工	12	3	21478820	21213354	384460	19843779
常用有色金属压延加工	12	3	21478820	21213354	384460	19843779
金属制品业	48	5	35154231	35694067	14527488	22543277
结构性金属制品制造	20	1	22036010	23225994	8182158	13413061
金属结构制造	15	1	4048874	3839810	210	2782806
金属门窗制造	5		17987136	19386184	8181948	10630255
金属工具制造	3	1	442376	412204	216939	729278
切削工具制造	3	1	442376	412204	216939	729278
集装箱及金属包装容器制造	12	2	7757142	7228159	4926580	4406749
集装箱制造	4	2	4836590	4899805	4733758	1872153
金属压力容器制造	4		2098250	1541997		1816353
金属包装容器制造	4		822302	786357	192822	718243
金属丝绳及其制品的制造	3		1175891	1148696	533786	992999
建筑、安全用金属制品制造	1		350009	348386		139047
建筑装饰及水暖管道零件制造	1		350009	348386		139047
金属表面处理及热处理加工	3		693843	604405		1042034
不锈钢及类似日用金属制品制造	3	1	634909	629061	481471	242291
金属制厨用器皿及餐具制造	3	1	634909	629061	481471	242291
其他金属制品制造	3		2064051	2097162	186554	1577818
铸币及贵金属制实验室用品制造	1		1291110	1239322		912993
其他未列明的金属制品制造	2		772941	857840	186554	664825
通用设备制造业	132	12	92843901	87494321	12844847	96779693
锅炉及原动机制造	9		2644645	2422830	504657	2713948
锅炉及辅助设备制造	5		577833	520803	8750	673332
内燃机及配件制造	4		2066812	1902027	495907	2040616
金属加工机械制造	19	1	29707974	28732621	2643652	34654434
金属切削机床制造	13		28728576	27849886	2643652	33433189
金属成形机床制造	3	1	462306	389465		448692
机床附件制造	3		517092	493270		772553
起重运输设备制造	13	2	12996254	11520484	2741997	8633865
泵、阀门、压缩机及类似机械的制造	27	2	6505880	6268885	733373	6672467
泵及真空设备制造	13		3769237	3468743	203771	3037083
气体压缩机械制造	1		85000	84730	2660	229816
阀门和旋塞的制造	9	1	1855732	1958962	492753	2330883
液压和气压动力机械及元件制造	4	1	795911	756450	34189	1074685
轴承、齿轮、传动和驱动部件的制造	20	2	10950140	10649486	950656	11318941
轴承制造	16	2	9709235	9559481	811121	9889033
齿轮、传动和驱动部件制造	4		1240905	1090005	139535	1429908
风机、衡器、包装设备等通用设备	11	2	20938553	19600897	3668653	21119730
风机、风扇制造	5		8027956	6997267	72122	7678617
制冷、空调设备制造	2		11851899	11527366	3004642	12420150
风动和电动工具制造	2	1	585944	582583	533774	390798
其他通用设备制造	2	1	472754	493681	58115	630165

单位：千元

流动资产总计	应收帐款	存货	产成品	流动资产年平均余额	固定资产总计	固定资产原价	累计折旧
291538	26513	102215	20175	193005	33076	46605	13529
103558	26231	17753	5553	118078	18154	22737	4583
365155	59556	201644	110389	391249	85908	181799	95891
11294375	834948	2041046	967686	10398824	6058418	8674484	2823013
11294375	834948	2041046	967686	10398824	6058418	8674484	2823013
9718759	4637326	2257732	697767	12074149	11114432	14575063	3611146
4744570	3031031	607290	147673	6690868	7851121	9252570	1414718
1357019	385599	411352	115164	1202893	843919	1133159	301569
3387551	2645432	195938	32509	5487975	7007202	8119411	1113149
449389	111544	188738	93918	422320	161071	232417	111236
449389	111544	188738	93918	422320	161071	232417	111236
2328897	846827	729956	223078	2582241	1520571	2208458	708932
1061419	468123	378238	82193	1383551	430534	628914	198381
777092	266438	277956	100767	723117	879344	1317351	449309
490386	112266	73762	40118	475573	210693	262193	61242
336655	190977	96494	50320	331520	648826	810056	162744
90769	12067	11354	6892	80075	47959	60163	12262
90769	12067	11354	6892	80075	47959	60163	12262
683742	221125	176113	42437	637651	251521	355089	135303
96430	21301	70638	23055	164968	123318	157113	33795
96430	21301	70638	23055	164968	123318	157113	33795
988307	202454	377149	110394	1164506	510045	1499197	1032156
463815	27668	207876	37359	587540	397250	1211986	850249
524492	174786	169273	73035	576966	112795	287211	181907
47668892	16698511	15839636	6287791	56165555	41265387	54102378	16378711
1436324	420374	539248	238894	1351955	855931	1388291	536110
450101	110319	208632	89304	424205	185906	297239	112774
986223	310055	330616	149590	927750	670025	1091052	423336
13750055	5231881	4856016	2145429	20712713	19262193	22866079	5836102
13370231	5103011	4734690	2063791	20028792	18770317	22307427	5696752
112000	32629	67665	66092	308799	328364	412957	86450
267824	96241	53661	15546	375122	163512	145695	52900
5662450	1760501	2187773	279417	5709899	2379574	3007806	633186
4142351	1344415	1371548	608771	4047283	2085465	3021943	1126575
2226396	675864	718069	249866	1837096	678358	966727	316237
22686	13121	9565	8940	151945	207130	288224	81094
1404808	419020	480077	222073	1271216	649478	949623	462374
488461	236410	163837	127892	787026	550499	817369	266870
6207481	1571154	2017496	1331967	6270184	4274132	6180559	2514862
5845997	1430527	1848180	1182976	5569385	3499314	5236696	2338406
361484	140627	169316	148991	700799	774818	943863	176456
12529078	5516744	3728919	1418566	14463408	8081445	11714185	4020876
2583163	1863676	719487	673901	5068075	5095454	7021685	1976231
9350694	3394485	2862713	696802	8921731	2587658	4062194	1698345
205912	74375	80166	11271	183308	157477	411571	274979
389309	184208	66553	36592	290294	240856	218735	71321

1-A-7 续表 7

分 组	企业单位数（个）	亏损企业	工业总产值（当年价格）	工业销售产值（当年价格）	出口交货值	资产总计
通用零部件制造及机械修理	8	1	1783722	1766112	170044	2275736
金属密封件制造	1		217162	234278	13774	367212
紧固件、弹簧制造	1		87869	87869		99998
机械零部件加工及设备修理	3		1062810	1002287		1408965
其他通用零部件制造	3	1	415881	441678	156270	399561
金属铸、锻加工	25	2	7316733	6533006	1431815	9390572
钢铁铸件制造	24	2	7251500	6467773	1431815	9280060
锻件及粉末冶金制品制造	1		65233	65233		110512
专用设备制造业	66	8	50751464	48058151	4945807	65017744
矿山、冶金、建筑专用设备制造	31	2	36945577	34682575	2454497	48846006
采矿、采石设备制造	13	1	12406751	11954343	507420	15924038
石油钻采专用设备制造	5	1	2979187	1912390	177488	2943033
建筑工程用机械制造	2		612737	589887	20525	785214
建筑材料生产专用机械制造	4		752149	752450	114464	883987
冶金专用设备制造	7		20194753	19473505	1634600	28309734
化工、木材、非金属加工专用设备制造	14	2	5492991	5192823	301906	6702249
炼油、化工生产专用设备制造	8	1	3433859	3089620	83949	4520718
橡胶加工专用设备制造	3	1	760429	749276	157530	1175852
模具制造	3		1298703	1353927	60427	1005679
食品、饮料、烟草及饲料生产专用设备制造	1	1	117220	117220		226480
食品、饮料、烟草工业专用设备制造	1	1	117220	117220		226480
印刷、制药、日化生产专用设备制造	3	1	411010	371820		656088
制浆和造纸专用设备制造	2	1	208400	192110		439341
制药专用设备制造	1		202610	179710		216747
纺织、服装和皮革工业专用设备制造	1	1	94146	94146		118918
纺织专用设备制造	1	1	94146	94146		118918
电子和电工机械专用设备制造	3		2954850	2975310	236370	4831217
武器弹药制造	3		2954850	2975310	236370	4831217
医疗仪器设备及器械制造	5		3037429	3053960	1854713	2086734
医疗诊断、监护及治疗设备制造	2		1457711	1494386	459072	1428725
医疗、外科及兽医用器械制造	2		1515992	1495848	1331915	550578
其他医疗设备及器械制造	1		63726	63726	63726	107431
环保、社会公共安全及其他专用设备制造	8	1	1698241	1570297	98321	1550052
环境污染防治专用设备制造	2		342000	304809		325478
社会公共安全设备及器材制造	1		119758	120483		78273
其他专用设备制造	5	1	1236483	1145005	98321	1146301
交通运输设备制造业	114	23	153148924	154976433	44439293	2.4E+08
铁路运输设备制造	8	2	9208689	9085302	809997	11485205
铁路机车车辆及动车组制造	2		4697920	4697920	168337	6568950
铁路机车车辆配件制造	3	1	1847676	1818717	641144	1346949
铁路专用设备及器材、配件制造	1		366279	357358	516	477185
其他铁路设备制造及设备修理	2	1	2296814	2211307		3092121
汽车制造	72	20	68660197	71867859	4795977	65592958

单位：千元

流动资产总计	应收帐款	存货	产成品	流动资产年平均余额	固定资产总计	固定资产原价	累计折旧
946745	285143	215363	86913	969496	1269118	1588555	403803
189622	73704	54078	22976	193147	177590	140290	37787
44215	8215	986	986	45214	15893	93434	77541
393950	78671	59071	34393	481564	1015014	1266458	251723
318958	124553	101228	28558	249571	60621	88373	36752
2994408	568299	923273	177834	2640617	3057529	4334960	1307197
2940280	552809	895492	155969	2584678	3003714	4245227	1270728
54128	15490	27781	21865	55939	53815	89733	36469
38627258	12485038	15445335	3705436	40705944	23767310	29434054	6545942
28731661	9430480	11750115	2542705	31244568	18831500	22861757	4097923
4355006	2078029	2014993	1810865	10622087	11389728	13458229	2089147
2173762	1044551	660017	94626	1850614	583528	735546	196871
307011	105498	119323	85071	523263	434502	523293	89971
321342	161420	109856	25997	516411	407765	533591	126813
21574540	6040982	8845926	526146	17732193	6015977	7611098	1595121
4691589	1315182	1964947	925540	4836450	1556109	2039868	866164
3424255	788122	1491456	694545	3599013	860297	1219059	423450
676669	233995	323537	148777	607574	481987	435787	271517
590665	293065	149954	82218	629863	213825	385022	171197
133920	16566	62835	12236	132622	32752	92441	59689
133920	16566	62835	12236	132622	32752	92441	59689
328240	56945	191198	28869	327437	269034	403169	175865
212859	14630	157413	5983	212056	191810	294638	126880
115381	42315	33785	22886	115381	77224	108531	48985
20330	26			26404	98588	126103	27515
20330	26			26404	98588	126103	27515
2370555	909374	804141	126100	2051113	2306003	2905386	901664
2370555	909374	804141	126100	2051113	2306003	2905386	901664
1334350	602470	478086	31260	1307962	351485	594774	267459
917917	453410	349453		895633	134439	190748	56309
379523	144506	114596	31084	373793	146571	336108	190871
36910	4554	14037	176	38536	70475	67918	20279
1016613	153995	194013	38726	779388	321839	410556	149663
203875	30933	35080		148185	48563	64071	17764
50429	21294	1901	549	51934	23958	34383	10434
762309	101768	157032	38177	579269	249318	312102	121465
167547995	18296623	40883935	4664476	159046906	54478176	66927455	21786860
7243800	1742063	3290965	258797	7756264	2451574	2889694	1302042
4603666	681160	2181376	159260	5206716	982981	1532517	751316
1180295	621727	351767	44346	887353	162601	200093	95719
391213	178186	83570	46977	378992	49914	104825	55001
1068626	260990	674252	8214	1283203	1256078	1052259	400006
36023599	9916411	9144040	3975515	39329834	19252179	28496102	10058524

1-A-7 续表 8

分 组	企业单位数（个）	亏损企业	工业总产值（当年价格）	工业销售产值（当年价格）	出口交货值	资产总计
汽车整车制造	14	4	46692923	50189244	1156736	43024855
改装汽车制造	7	1	4630470	4505229	107060	3448615
汽车车身、挂车的制造	1		484820	460739		355241
汽车零部件及配件制造	50	15	16851984	16712647	3532181	18764247
船舶及浮动装置制造	28	1	61004402	59865403	37969449	137062466
金属船舶制造	14	1	34200774	33960968	17824938	104075524
船用配套设备制造	8		4448328	4296266	665962	7447888
船舶修理及拆船	6		22355300	21608169	19478549	25539054
航空航天器制造	6		14275636	14157869	863870	25893295
飞机制造及修理	6		14275636	14157869	863870	25893295
电气机械及器材制造业	62	14	43063698	40514379	10285417	36864108
电机制造	12	2	7835049	7462333	4896469	6962351
电动机制造	9	2	3632727	3427761	1013852	4304804
微电机及其他电机制造	3		4202322	4034572	3882617	2657547
输配电及控制设备制造	29	4	16183648	14963322	2025154	18219783
变压器、整流器和电感器制造	15	3	9122061	8522599	846685	9555963
电容器及其配套设备制造	3		802006	707789	52871	1212384
配电开关控制设备制造	9	1	4767444	4236594	201987	5689876
电力电子元器件制造	2		1492137	1496340	923611	1761560
电线、电缆、光缆及电工器材制造	12	5	10836920	10715058	916483	6423969
电线电缆制造	11	4	10797726	10681442	916483	6365597
光纤、光缆制造	1	1	39194	33616		58372
电池制造	2		1454545	1376415	370286	724208
家用电力器具制造	5	3	4989846	4230784	1142035	3876844
家用制冷电器具制造	2	1	2442674	2076564	113250	2486160
家用空气调节器制造	2	1	2412957	2013442	1008589	1220305
家用厨房电器具制造	1	1	134215	140778	20196	170379
照明器具制造	1		87000	79917	24000	62450
电光源制造	1		87000	79917	24000	62450
其他电气机械及器材制造	1		1676690	1686550	910990	594503
车辆专用照明及电气信号设备装置制造	1		1676690	1686550	910990	594503
通信设备、计算机及其他电子设备制造业	43	14	42337363	42185652	30392254	34855474
通信设备制造	3	3	323612	308081	259868	380097
通信传输设备制造	1	1	63600	48075		195873
移动通信及终端设备制造	2	2	260012	260006	259868	184224
雷达及配套设备制造	2		2079899	2056814	1116535	1005926
广播电视设备制造	1		158284	135285		470334
广播电视接收设备及器材制造	1		158284	135285		470334
电子计算机制造	5	3	7600487	7425652	6891425	3839762
电子计算机外部设备制造	5	3	7600487	7425652	6891425	3839762
电子器件制造	8	3	9416993	9287735	4290821	9265341
电子真空器件制造	1	1	8230162	8174757	3866954	7584734
半导体分立器件制造	2	1	531343	485749	255163	438502
集成电路制造	2		288548	261635	389	192659
光电子器件及其他电子器件制造	3	1	366940	365594	168315	1049446

单位：千元

流动资产总计	应收帐款	存货	产成品	流动资产年平均余额	固定资产总计	固定资产原价	累计折旧
23817829	4859442	6583702	2862318	26091631	12474876	18307280	6328439
1456875	762853	428628	169498	2246025	1655123	2429065	774392
198856	41642	142304	70013	282216	73680	83645	9965
10550039	4252474	1989406	873686	10709962	5048500	7676112	2945728
108409232	3607517	19752853	25051	96872369	25673455	27926448	6868992
86733489	991610	13235415		72688579	15840227	16445157	4589076
4908299	618154	2081622	14082	4348098	1661601	1353481	323732
16767444	1997753	4435816	10969	19835692	8171627	10127810	1956184
15871364	3030632	8696077	405113	15088439	7100968	7615211	3557302
15871364	3030632	8696077	405113	15088439	7100968	7615211	3557302
18766889	6839183	6340767	3532959	21930826	15750809	23831683	8599387
4051751	1272646	1205178	653220	4135372	2093485	4396314	2607556
2371468	635986	950862	577080	2450973	1742467	2572737	1115679
1680283	636660	254316	76140	1684399	351018	1823577	1491877
8272758	3453317	2700953	1434449	11418351	8757560	11982630	3322380
3547168	1470232	1255957	715092	5629411	5509858	7358671	1858279
610678	233115	114274	48894	603384	305750	310413	64632
2985512	1328742	1115286	646861	4094530	2569475	3613495	1071204
1129400	421228	215436	23602	1091026	372477	700051	328265
3261906	1082083	1256272	715720	3285392	2903911	3771222	934348
3225916	1067814	1239280	704233	3249402	2881529	3720643	905492
35990	14269	16992	11487	35990	22382	50579	28856
209289	145479	63810	60145	235608	514919	696063	181144
2454202	656427	1008082	617455	2311373	1367289	2711637	1383613
1358990	250011	589943	347997	1593488	1075553	2139842	1069024
997917	390156	379033	255808	603680	222386	438001	250145
97295	16260	39106	13650	114205	69350	133794	64444
19000	3000	16000	16000	20000	25269	37026	21757
19000	3000	16000	16000	20000	25269	37026	21757
497983	226231	90472	35970	524730	88376	236791	148589
497983	226231	90472	35970	524730	88376	236791	148589
20910570	6000743	3692094	1265905	19711570	8625398	13713659	6656385
92616	17284	42476	2524	43051	244915	188762	64437
57153	14941	23258	666	6210	136804	41344	25130
35463	2343	19218	1858	36841	108111	147418	39307
673362	256401	168635	45366	726076	199377	443431	244552
426659	85383	84503		426659	22320	49605	27285
426659	85383	84503		426659	22320	49605	27285
2054342	861012	633066	91665	2427597	1714354	4139911	2586594
2054342	861012	633066	91665	2427597	1714354	4139911	2586594
5163782	1484559	1305992	694286	4994981	1714974	3040651	1549142
4430015	1209590	1154586	663757	4221239	1046424	2114860	1196270
291992	105067	84840	23845	334869	142550	267039	124786
150634	61782	41270		149288	40861	77369	38144
291141	108120	25296	6684	289585	485139	581383	189942

1-A-7 续表 9

分　组	企业单位数(个)	亏损企业	工业总产值(当年价格)	工业销售产值(当年价格)	出口交货值	资产总计
电子元件制造	14	5	5082542	4955452	4359402	3776905
电子元件及组件制造	11	4	4337824	4305818	3809331	2071581
印制电路板制造	3	1	744718	649634	550071	1705324
家用视听设备制造	8		14909013	15250100	12663436	11245285
家用影视设备制造	5		12882887	13185187	11026170	10676622
家用音响设备制造	3		2026126	2064913	1637266	568663
其他电子设备制造	2		2766533	2766533	810767	4871824
仪器仪表及文化、办公用机械制造业	16	8	3166430	2990501	1301434	3308057
通用仪器仪表制造	7	3	1073509	1047102	72533	1308206
工业自动控制系统装置制造	4	1	745115	726058	5183	927761
电工仪器仪表制造	1	1	131719	131719		134789
供应用仪表及其他通用仪器制造	2	1	196675	189325	67350	245656
专用仪器仪表制造	2	1	305653	284578		416659
汽车及其他用计数仪表制造	1		190000	173000		274910
地质勘探和地震专用仪器制造	1	1	115653	111578		141749
钟表与计时仪器制造	1	1	95513	84352	81831	123979
光学仪器及眼镜制造	3	3	413203	415503	415503	290428
眼镜制造	3	3	413203	415503	415503	290428
文化、办公用机械制造	3		1278552	1158966	731567	1168785
照相机及器材制造	1		776149	704929	703825	642377
复印和胶印设备制造	1		305210	308351	19053	342156
计算器及货币专用设备制造	1		197193	145686	8689	184252
工艺品及其他制造业	9	4	1784367	1876824	530996	3351800
工艺美术品制造	1	1	52000	48786	4999	115915
地毯、挂毯制造	1	1	52000	48786	4999	115915
日用杂品制造	3	1	821898	821927	198585	1132095
鬃毛加工、制刷及清扫工具的制造	1		57547	57547	56510	50186
其他日用杂品制造	2	1	764351	764380	142075	1081909
煤制品制造	1	1	91565	91565		79627
其他未列明的制造业	4	1	818904	914546	327412	2024163
废弃资源和废旧材料回收加工业	3	1	889632	886897	600	694651
金属废料和碎屑的加工处理	2		859419	859009		515834
非金属废料和碎屑的加工处理	1	1	30213	27888	600	178817
电力、燃气及水的生产和供应业	**107**	**54**	**111055447**	**110533840**	**38**	**179707595**
电力、热力的生产和供应业	80	37	106844800	106499732	38	162054955
电力生产	34	19	26840500	26824927		61805958
火力发电	31	19	26366965	26351392		60403835
水力发电	3		473535	473535		1402123
电力供应	19	2	74312479	74193412	38	82455602
热力生产和供应	27	16	5691821	5481393		17793395
燃气生产和供应业	11	7	1244568	1235601		4547319
水的生产和供应业	16	10	2966079	2798507		13105321
自来水的生产和供应	15	10	2543722	2382952		12511870
污水处理及其再生利用	1		422357	415555		593451

单位：千元

流动资产总计				流动资产年平均余额	固定资产总计	固定资产原价	累计折旧
	应收帐款	存货	产成品				
1845546	677398	392017	93040	1792142	1397679	1978896	793488
1172380	541499	325001	67261	1198533	837080	1186602	537861
673166	135899	67016	25779	593609	560599	792294	255627
8456292	2217340	860574	266946	7378038	2135874	2528403	1093528
8131245	2062417	792254	263673	7036181	1898336	2127093	928757
325047	154923	68320	3273	341857	237538	401310	164771
2197971	401366	204831	72078	1923026	1195905	1344000	297359
1709129	521041	480234	94863	1657614	1255817	1810280	683760
681967	232486	180228	21966	763082	393307	574730	223110
563637	196428	149465	21840	623733	204155	319389	149618
25508	25508			65317	109281	150913	41632
92822	10550	30763	126	74032	79871	104428	31860
195287	47208	30135	13093	151542	210162	145597	22927
109800	480	6640	6640	65580	165100	101540	17861
85487	46728	23495	6453	85962	45062	44057	5066
41016	7543	23496	5436	42322	68958	179777	110937
185860	51752	80469	7922	184897	100825	155921	55096
185860	51752	80469	7922	184897	100825	155921	55096
604999	182052	165906	46446	515771	482565	754255	271690
227119	70328	61692	5926	212133	397589	653077	255488
229720	85796	58534	22871	201281	53316	61586	8270
148160	25928	45680	17649	102357	31660	39592	7932
1399114	316693	380714	110931	1307088	1379706	2157033	836065
58611		46199	41868	62506	48785	92255	44412
58611		46199	41868	62506	48785	92255	44412
452367	142852	175640	21393	435653	570024	1058671	488647
28558	9114	12057		26256	21628	26392	4764
423809	133738	163583	21393	409397	548396	1032279	483883
61951	5562	4830	2317	59675	9156	36613	27457
826185	168279	154045	45353	749254	751741	969494	275549
490630	46838	106505	54427	426120	168862	267321	98459
425165	37707	99361	49390	351089	89732	147700	57968
65465	9131	7144	5037	75031	79130	119621	40491
32478773	**7540246**	**4048546**	**132043**	**34960622**	**140065004**	**196416441**	82381255
27615869	5969168	3791179	100857	30207216	128495875	180441620	77187933
9561247	2527518	2203409	49307	10776152	47799994	72677156	33265762
9453589	2499284	2200806	49307	10681267	46543502	69750090	31595188
107658	28234	2603		94885	1256492	2927066	1670574
11725960	1754732	436276	3773	13421284	70470260	94790840	39658002
6328662	1686918	1151494	47777	6009780	10225621	12973624	4264169
1113572	58902	151695	27396	1106008	2838937	3399347	635979
3749332	1512176	105672	3790	3647398	8730192	12575474	4557343
3638416	1505539	105672	3790	3537591	8247657	12084916	4549320
110916	6637			109807	482535	490558	8023

1-A-7 续表 10

分组	固定资产净值	固定资产净值年平均余额	负债合计	流动负债总计	应付账款
总计	**616637463**	**561120969**	**958260857**	**722423027**	**223146305**
总计中：国有控股企业	467954076	425325814	709667667	518465012	160900489
总计中：轻工业	56758872	51801268	77123173	59675711	17185303
重工业	559878591	509319701	881137684	662747316	205961002
总计中：大型企业	412405981	370400806	635708470	475581830	154990957
中型企业	204231482	190720163	322552387	246841197	68155348
按隶属关系分					
中央	268673459	252792899	432438980	308604918	80679467
地方	347964004	308328070	525821877	413818109	142466838
按登记注册类型分					
内资企业	**514310554**	**465642457**	**788574290**	**578375330**	**180325300**
国有企业	226389116	218659204	263587327	161494762	55956142
集体企业	2470321	2166544	6225236	5497927	943148
股份合作企业	1375294	885850	1889412	1749643	164493
联营企业	1542856	1158432	1730804	831747	349296
集体联营企业	3000	3000	125180	125180	9123
国有与集体联营企业	949726	945146	1268164	382606	32411
其他联营企业	590130	210286	337460	323961	307762
有限责任公司	143676093	120102616	334749415	264117102	83310032
国有独资公司	38408814	29648034	60772610	51442867	24040866
其他有限责任公司	105267279	90454582	273976805	212674235	59269166
股份有限公司	101076770	87455088	118758123	98812358	29341837
私营企业	36713099	34136873	56045995	44620553	9630105
私营独资企业	4967672	4592138	11927608	7290410	1959940
私营合作企业	493321	537292	641778	582378	144595
私营有限责任公司	28513746	26442005	37922687	31959892	7102262
私营股份有限公司	2738360	2565438	5553922	4787873	423308
其他企业	1067005	1077850	5587978	1251238	630247
港、澳、台商投资企业	**24676587**	**20321685**	**36572284**	**31797465**	**8956951**
合资经营企业(港或澳、台资)	16039606	11956379	21640254	18473768	5120919
合作经营企业(港或澳、台资)	667418	587065	445897	387787	96888
港澳台商独资经营企业	7956292	7764970	14411054	12860831	3731141
港澳台商投资股份有限公司	13271	13271	75079	75079	8003
外商投资企业	**77650322**	**75156827**	**133114283**	**112250232**	**33864054**
中外合资经营企业	48328613	46555731	100130758	84649082	23400093
中外合作经营企业	898995	967830	1155222	976420	399439
外资企业	25268273	24684153	29225879	24267867	9524363
外商投资股份有限公司	3154441	2949113	2602424	2356863	540159
按行业小类分					
采矿业	**90664568**	**87964147**	**86777582**	**55315329**	**28037245**
煤炭开采和洗选业	22411045	21488908	29697097	19885176	4313831
烟煤和无烟煤的开采洗选	22411045	21488908	29697097	19885176	4313831
石油和天然气开采业	62204845	60416152	47443352	27112098	22266808

单位：千元

长期负债总计	所有者权益合计	实收资本	国家资本	集体资本	法人资本	个人资本	港澳台资本
204226279	**597366180**	**365834638**	**176319946**	**2449781**	**117003294**	**21873804**	**8274494**
175003153	414298039	276869982	174555392	78058	92287778	4355370	415989
10059124	68506158	45145461	11494893	562000	16905984	3936677	3384861
194167155	528860022	320689177	164825053	1887781	100097310	17937127	4889633
146453766	400696095	248671769	150302141	530225	77442837	5755926	2750278
57772513	196670085	117162869	26017805	1919556	39560457	16117878	5524216
117137054	265643179	193397251	127165127	9228	63733127	117304	22426
87089225	331723001	172437387	49154819	2440553	53270167	21756500	8252068
181339457	**484678864**	**298642887**	**173221692**	**1971927**	**102176862**	**20141024**	**379271**
100735660	183767673	128748903	77953052	33365	50133081	474298	2934
361956	2565096	1177030	3181	943245	205448	25156	
93405	2207539	658727	132056	105369	199783	221519	
899057	759030	425136	160136	5000	260000		
	33820	5000		5000			
885558	404107	320000	160000		160000		
13499	321103	100136	136		100000		
53493088	115907229	68220225	23810058	599432	39049951	4464697	75961
6835046	32008140	11973957	9159556		2732501	73050	4850
46658042	83899089	56246268	14650502	599432	36317450	4391647	71111
15468600	128665664	81655800	71104781	78377	6617043	3689057	151000
5950951	48366074	17556066	58428	207139	5522776	11254077	149376
1327424	7611768	3087765	18000	13725	652807	2286117	
47087	556844	298717			30000	268717	
3992626	36792821	12959583	40428	193414	4355982	7973229	149376
583814	3404641	1210001			483987	726014	
4336740	2440559	201000			188780	12220	
3566600	**27090838**	**12957447**	**514087**	**25250**	**3985328**	**303136**	**7263308**
2012168	18490178	6413509	508126	25250	2139634	269543	3321955
30310	772844	773497			604078	33593	135826
1524122	7803227	5749728	5961		1241616		3784814
	24589	20713					20713
19320222	**85596478**	**54234304**	**2584167**	**452604**	**10841104**	**1429644**	**631915**
14646750	43962235	26410852	2574167	452604	8848404	1145761	250459
157862	975819	600386			490569	29114	20000
4305544	35050810	25997616			904658	2000	361456
210066	5607614	1225450	10000		597473	252769	
30655624	**79127256**	**63939723**	**46782339**	**172894**	**15540319**	**1361758**	**52413**
9530448	21677716	13039134	7288002	25380	5601193	124559	
9530448	21677716	13039134	7288002	25380	5601193	124559	
20203401	46383357	47298598	38246694		9051904		

1-A-7 续表 11

分　组	固定资产净　值	固定资产净值年平均余额	负债合计	流动负债总　计	应付账款
天然原油和天然气开采	50824280	47586080	29304320	9359000	8927980
与石油和天然气开采有关的服务活动	11380565	12830072	18139032	17753098	13338828
黑色金属矿采选业	3777310	3781383	6611604	6059424	1043613
铁矿采选	3773725	3777323	6581729	6034051	1033457
其他黑色金属矿采选	3585	4060	29875	25373	10156
有色金属矿采选业	1831507	1770552	2027602	1551434	302259
常用有色金属矿采选	888066	864366	1380366	1159402	216974
铜矿采选	223848	215678	730564	661834	128022
铅锌矿采选	415923	400954	360224	207991	10420
镁矿采选	248295	247734	289578	289577	78532
贵金属矿采选	149320	147903	163232	79539	20250
金矿采选	149320	147903	163232	79539	20250
稀有稀土金属矿采选	794121	758283	484004	312493	65035
钨钼矿采选	709424	669872	287944	271393	48875
放射性金属矿采选	84697	88411	196060	41100	16160
非金属矿采选业	439861	507152	997927	707197	110734
化学矿采选	218631	268656	470908	372513	92865
采盐	203073	228892	439098	327442	15265
石棉及其他非金属矿采选	18157	9604	87921	7242	2604
其他非金属矿采选	18157	9604	87921	7242	2604
制造业	**411937709**	**361266384**	**752974316**	**597834877**	**180791724**
农副食品加工业	9712031	8846013	13034840	10653703	2944800
谷物磨制	730418	689230	403338	265187	18938
饲料加工	558753	547997	835313	799530	210739
植物油加工	1617902	1436113	3258123	2711031	647484
食用植物油加工	1617902	1436113	3258123	2711031	647484
制糖	105162	98179	214615	214614	3056
屠宰及肉类加工	2868690	2333943	3270560	2725623	962322
畜禽屠宰	1743050	1153786	2107098	1708048	559409
肉制品及副产品加工	1125640	1180157	1163462	1017575	402913
水产品加工	2359036	2232489	3539187	2941868	829173
水产品冷冻加工	2284517	2163707	3270807	2716781	813636
鱼糜制品及水产品干腌制加工	45738	31880	195446	195446	11227
其他水产品加工	28781	36902	72934	29641	4310
蔬菜、水果和坚果加工	95277	102606	232995	184435	300
其他农副食品加工	1376793	1405456	1280709	811415	272788
淀粉及淀粉制品的制造	1368348	1396938	1277128	807835	271524
豆制品制造	8445	8518	3581	3580	1264
食品制造业	3575351	3334143	3313510	2289056	644105
焙烤食品制造	76426	75942	45625	35734	13686
糕点、面包制造	28050	27946	24572	14682	13686
饼干及其他焙烤食品制造	48376	47996	21053	21052	
糖果、巧克力及蜜饯制造	28109	27368	46401	45401	14154
糖果、巧克力制造	28109	27368	46401	45401	14154
方便食品制造	969308	768885	854371	542678	350775
方便面及其他方便食品制造	969308	768885	854371	542678	350775

单位：千元

长期负债总计	所有者权益合计	实收资本					
			国家资本	集体资本	法人资本	个人资本	港澳台资本
19945320	30793350	30793350	30793350				
258081	15590007	16505248	7453344		9051904		
385587	7012467	2356928	926149	75086	461773	841507	52413
383223	6900252	2325214	926149	75086	461773	809793	52413
2364	112215	31714				31714	
436986	3403459	1001038	164039	68428	403197	335374	
198333	1628760	382043	116569		29660	235814	
68730	525478	149349	116569		3780	29000	
129603	821927	79754			13000	66754	
	281355	152940			12880	140060	
83693	201796	89905		1328	38577	20000	
83693	201796	89905		1328	38577	20000	
154960	1572903	529090	47470	67100	334960	79560	
	1505583	481620		67100	334960	79560	
154960	67320	47470	47470				
99202	650257	244025	157455	4000	22252	60318	
98395	220080	92928	35761		8767	48400	
170	345270	135494	121694		5525	8275	
637	84907	15603		4000	7960	3643	
637	84907	15603		4000	7960	3643	
125509875	**457040288**	**261314803**	**119225099**	**2267706**	**73520662**	**20029956**	**6591861**
2019896	11114651	4636870	257814	174300	1310718	1178852	333713
136781	849917	231768			56666	175102	
35712	1196726	425843			38470	94200	31574
547092	1846130	683057			254804	215025	22426
547092	1846130	683057			254804	215025	22426
	137034	32000			12000	20000	
513947	2990684	1533487	202779	85820	482634	380977	221992
368061	2018352	746556	70723	85820	197026	356207	
145886	972332	786931	132056		285608	24770	221992
503995	2775161	1107201	55035	88480	446794	269214	54521
503995	2712092	1072446	55035	88480	439853	253714	54521
	4097	24755			6941	15500	
	58972	10000					
48560	120972	24284			100	14584	3200
233809	1198027	599230			19250	9750	
233809	1158790	586230			6250	9750	
	39237	13000			13000		
603894	2973616	1060767	14403		487602	127627	311860
4800	189276	156125				73150	
4800	82227	73150				73150	
	107049	82975					
	40091	22000			16500		5500
	40091	22000			16500		5500
39283	1059775	352483			6023	5000	306360
39283	1059775	352483			6023	5000	306360

1-A-7 续表 12

分　组	固定资产净　值	固定资产净值年平均余额	负债合计	流动负债总　计	应付账款
液体乳及乳制品制造	2028032	1999409	1552264	1094273	179285
罐头制造	84180	77254	110154	97725	9825
水产品罐头制造	21925	22962	9220	9220	2145
蔬菜、水果罐头制造	62255	54292	100934	88505	7680
调味品、发酵制品制造	153867	158910	276864	127579	28394
味精制造	153867	158910	276864	127579	28394
其他食品制造	235429	226375	427831	345666	47986
冷冻饮品及食用冰制造	187476	179766	387739	317574	41390
盐加工	47953	46609	40092	28092	6596
饮料制造业	4712150	4288986	5090052	4550947	1250310
酒的制造	2670955	2386775	3339530	2971928	406411
白酒制造	114783	95608	246145	243065	42721
啤酒制造	2556172	2291167	3093385	2728863	363690
软饮料制造	2041195	1902211	1750522	1579019	843899
碳酸饮料制造	790191	536055	710274	628651	299322
瓶(罐)装饮用水制造	125325	125325	189654	151723	18207
含乳饮料和植物蛋白饮料制造	75053	75053	92770	92769	10651
茶饮料及其他软饮料制造	1050626	1165778	757824	705876	515719
烟草制品业	987808	1033593	1358744	1357883	147114
烟叶复烤	82056	82001	31983	31983	
卷烟制造	905752	951592	1326761	1325900	147114
纺织业	4171731	4045466	5740498	4581600	1238385
棉、化纤纺织及印染精加工	3106154	2947164	4298084	3200998	828532
棉、化纤纺织加工	2559544	2383370	3174365	2251350	626208
棉、化纤印染精加工	546610	563794	1123719	949648	202324
毛纺织和染整精加工	253793	258485	216613	207101	94180
毛条加工	211237	211050	135471	135470	69840
毛纺织	42556	47435	81142	71631	24340
麻纺织	62120	61690	4855	4854	
丝绢纺织及精加工	111600	111600	25500	25500	
缫丝加工	111600	111600	25500	25500	
纺织制成品制造	370913	354945	463473	412713	201626
棉及化纤制品制造	172831	145883	342901	303852	127771
无纺布制造	146983	155331	95165	93395	58950
其他纺织制成品制造	51099	53731	25407	15466	14905
针织品、编织品及其制品制造	267151	311582	731973	730434	114047
棉、化纤针织品及编织品制造	192007	211758	652968	651624	112933
毛针织品及编织品制造	44997	68182	66061	65866	1017
其他针织品及编织品制造	30147	31642	12944	12944	97
纺织服装、鞋、帽制造业	1960811	1842232	8219309	2454504	669892
纺织服装制造	1842567	1728166	7947923	2253618	563817
纺织面料鞋的制造	118244	114066	271386	200886	106075
皮革、毛皮、羽毛(绒)及其制品业	93372	93810	167300	155300	23735
皮革制品制造	93372	93810	167300	155300	23735
皮鞋制造	41798	41865	149117	137117	23735
皮箱、包(袋)制造	51574	51945	18183	18183	
木材加工及木、竹、藤、棕、草制品业	894585	922710	1373402	860341	254261

单位：千元

长期负债总计	所有者权益合计	实收资本	国家资本	集体资本	法人资本	个人资本	港澳台资本
442591	1420282	376863			376863		
	99990	8400			4800	2400	
	41740	4800			3600		
	58250	3600			1200	2400	
35055	29799	64000			61000	3000	
35055	29799	64000			61000	3000	
82165	134403	80896	14403		22416	44077	
70165	51514	56893			12816	44077	
12000	82889	24003	14403		9600		
530096	4740212	2330079	75827	14000	235689	120959	1624870
367540	3586015	1870338	65224	14000	136380	120959	1434088
3029	80280	34709				32209	
364511	3505735	1835629	65224	14000	136380	88750	1434088
162556	1154197	459741	10603		99309		190782
72677	469211	246650	10603		77000		
37931	51547	10309			10309		
	49459	12000			12000		
51948	583980	190782					190782
	1279422	458432	458432				
	87747	46000	46000				
	1191675	412432	412432				
1079258	3621448	2675152	390051	65000	371522	663019	534763
1049462	2131276	1598290	384172		148550	346858	466796
875392	1573355	1356100	303842		88350	254048	461946
174070	557921	242190	80330		60200	92810	4850
	229865	186000		16000		170000	
	216754	170000				170000	
	13111	16000		16000			
	66305	60000			10000	50000	
	131100	49000		49000			
	131100	49000		49000			
28452	562467	394660			145059	9750	41493
16741	141603	153852			5250	9750	
1770	340299	181302			139809		41493
9941	80565	59506					
1344	500435	387202	5879		67913	86411	26474
1344	333308	281631	5879		45000	36131	23514
	80615	94991			15293	50280	
	86512	10580			7620		2960
391784	4595886	1486312	11209	216571	497527	145774	109624
391784	4549386	1352837	11209	216571	497527	145774	109624
	46500	133475					
12000	43639	80608					
12000	43639	80608					
12000	-11596	28490					
	55235	52118					
485170	961594	903569	28500		216864	215595	39759

1-A-7 续表 13

分　组	固定资产净　值	固定资产净值年平均余额	负债合计	流动负债总　计	应付账款
锯材、木片加工	53458	53659	75373	69338	5527
锯材加工	53458	53659	75373	69338	5527
人造板制造	252630	288469	354023	248391	68775
胶合板制造	109737	100746	130870	125279	47347
纤维板制造	50920	65700	152587	59420	9794
刨花板制造	20959	56240	12966	6092	4874
其他人造板、材制造	71014	65783	57600	57600	6760
木制品制造	588497	580582	944006	542612	179959
建筑用木料及木材组件加工	524666	548249	756434	382840	134256
软木制品及其他木制品制造	63831	32333	187572	159772	45703
家具制造业	1244477	1307388	1555855	1329418	768024
木质家具制造	1244477	1307388	1555855	1329418	768024
造纸及纸制品业	1716010	1828635	3182032	2647808	683813
造纸	1598827	1608893	2984899	2508416	600441
机制纸及纸板制造	1598827	1608893	2984899	2508416	600441
纸制品制造	117183	219742	197133	139392	83372
纸和纸板容器的制造	77535	131282	38094	26278	5980
其他纸制品制造	39648	88460	159039	113114	77392
印刷业和记录媒介的复制	617639	655845	1008079	438364	91779
印刷	574886	620247	1002231	432516	91262
书、报、刊印刷	247024	248633	224122	116108	35219
包装装潢及其他印刷	327862	371614	778109	316408	56043
装订及其他印刷服务活动	39346	33285	4979	4979	517
记录媒介的复制	3407	2313	869	869	
文教体育用品制造业	182243	199346	403431	366288	202848
体育用品制造	15510	15873	59553	59553	34674
运动防护用具制造	15510	15873	59553	59553	34674
乐器制造	166733	183473	343878	306735	168174
西乐器制造	151615	166707	246592	209449	86357
电子乐器制造	15118	16766	97286	97286	81817
石油加工、炼焦及核燃料加工业	37196761	33676418	44154312	31327538	10019202
精炼石油产品的制造	35784582	32678922	42286990	29473720	9467516
原油加工及石油制品制造	35784582	32678922	42286990	29473720	9467516
炼焦	1412179	997496	1867322	1853818	551686
化学原料及化学制品制造业	28267165	27421039	51898364	25753930	5842829
基础化学原料制造	3837719	3989763	7565841	5550824	435372
无机碱制造	2336188	2439127	5425619	4289455	244644
无机盐制造	164154	174312	472697	267323	45542
有机化学原料制造	780629	879556	1127002	590687	134209
其他基础化学原料制造	556748	496768	540523	403359	10977
肥料制造	8668308	8712679	27717987	7155321	1022091
氮肥制造	8465102	8517660	27034298	6474573	869734
复混肥料制造	203206	195019	683689	680748	152357

单位：千元

长期负债总计	所有者权益合计	实收资本	国家资本	集体资本	法人资本	个人资本	港澳台资本
6035	37474	36000			25200		
6035	37474	36000			25200		
105541	306590	281937			141664	92338	15559
5500	152788	112027			57130	39338	15559
93167	35707	100644			68268		
6874	46995	16266			16266		
	71100	53000				53000	
373594	617530	585632	28500		50000	123257	24200
373594	601458	555632	28500		50000	98457	19000
	16072	30000				24800	5200
105921	2829233	634445		19200	330148	90991	6600
105921	2829233	634445		19200	330148	90991	6600
516307	1354747	584964	106113		12210	441811	24830
471482	1117696	532417	106113		9410	416894	
471482	1117696	532417	106113		9410	416894	
44825	237051	52547			2800	24917	24830
	136228	14365			2800	11565	
44825	100823	38182				13352	24830
469673	1104675	592159	109018	4000	433546	19803	
469673	678153	256367	109018	4000	123546	19803	
7972	385298	124621	109018	4000	7960	3643	
461701	292855	131746			115586	16160	
	62859	25792					
	363663	310000			310000		
37142	176690	200174	5792				
	12734	9686					
	12734	9686					
37142	163956	190488	5792				
37142	145575	170173	5792				
	18381	20315					
12816707	56549455	39874371	35548788	135906	3295036	574509	20000
12803208	55681246	39465225	35548652	135906	3106026	374509	
12803208	55681246	39465225	35548652	135906	3106026	374509	
13499	868209	409146	136		189010	200000	20000
25803414	34500188	26910955	20976265	47020	3305030	1097507	923826
1674770	3162680	2141569	1270592	39560	462463	153154	
1136164	951167	1242262	1242262				
3220	472760	59030	28330			30700	
535304	1011196	726393			434593	76000	
82	727557	113884		39560	27870	46454	
20562656	11526345	8128183	5426966		2152922	421610	
20559715	11045343	8043183	5426966		2143922	345610	
2941	481002	85000			9000	76000	

1-A-7 续表 14

分组	固定资产净值	固定资产净值年平均余额	负债合计	流动负债总计	应付账款
农药制造	727518	571065	1311206	1241631	345460
化学农药制造	727518	571065	1311206	1241631	345460
涂料、油墨、颜料及类似产品制造	1558837	1452956	2179637	1726547	379304
涂料制造	48522	48179	452850	445532	11373
颜料制造	1082448	953848	972761	662711	292893
染料制造	427867	450929	754026	618304	75038
合成材料制造	11252050	10453377	8715005	6580340	2428899
初级形态的塑料及合成树脂制造	2487827	2078326	1833330	1619555	1061856
合成橡胶制造	43460	42955	24575	17649	1660
合成纤维单(聚合)体的制造	8720763	8332096	6857100	4943136	1365383
专用化学产品制造	2149309	2166155	4277726	3378305	1165219
化学试剂和助剂制造	162333	157910	546839	546131	402599
专项化学用品制造	423794	398810	1084917	935996	374523
炸药及火工产品制造	1370574	1411737	2133874	1398082	252064
信息化学品制造	143596	143596	478232	474232	136033
其他专用化学产品制造	49012	54102	33864	23864	
日用化学产品制造	73424	75044	130962	120962	66484
肥皂及合成洗涤剂制造	73424	75044	130962	120962	66484
医药制造业	8365535	5380545	10487215	8764477	3549311
化学药品原药制造	5467999	3054718	5317304	3915990	3027444
化学药品制剂制造	985845	691260	3016979	2936797	274347
中药饮片加工	7524	7524	41396	41396	20623
中成药制造	294657	297533	397715	356193	58390
兽用药品制造	118781	104263	142926	87264	1531
生物、生化制品的制造	1490729	1225247	1570895	1426837	166976
化学纤维制造业	3672060	3740663	3270542	2787869	898129
纤维素纤维原料及纤维制造	7174	2157	218991	218991	44982
人造纤维(纤维素纤维)制造	7174	2157	218991	218991	44982
合成纤维制造	3664886	3738506	3051551	2568878	853147
锦纶纤维制造	117203	148048	174129	157999	16648
涤纶纤维制造	1381566	1381236	899373	797402	190972
腈纶纤维制造	2166117	2209222	1978049	1613477	645527
橡胶制品业	5241535	4477740	5276946	4342533	1957048
轮胎制造	4417144	3754435	4310742	3462284	1544220
车辆、飞机及工程机械轮胎制造	4387415	3723070	4276331	3451933	1535912
力车胎制造	29729	31365	34411	10351	8308
橡胶板、管、带的制造	693802	580645	841426	759110	362031
橡胶零件制造	98571	100262	37871	34269	6380
日用及医用橡胶制品制造	22034	21316	41767	41766	3272
橡胶靴鞋制造	9984	21082	45140	45104	41145
塑料制品业	4888647	4935502	13326261	11355988	1077889
塑料薄膜制造	40808	42064	31050	31050	24760
塑料板、管、型材的制造	2454584	2424970	8835497	7876822	676624
塑料丝、绳及编织品的制造	861146	881847	1410094	1199743	81715
泡沫塑料制造	382180	404408	1753124	1241528	59223

单位：千元

长期负债总计	所有者权益合计	实收资本					
			国家资本	集体资本	法人资本	个人资本	港澳台资本
69575	921747	372042	42622		69526	49614	
69575	921747	372042	42622		69526	49614	
453089	1877032	826696	638806		87332	100558	
7317	137747	123590			81032	42558	
310050	1509319	494229	436229			58000	
135722	229966	208877	202577		6300		
2134665	14088973	13193695	12802299	7460	243682	131712	
213775	1245216	412812	71416	7460	193682	131712	
6926	112874	50000			50000		
1913964	12730883	12730883	12730883				
898659	2911770	2198770	744980		289105	240859	923826
68	408791	438453			186677		251776
148920	519692	159069			91860	67209	
735671	867360	875572	744980		10568	120024	
4000	1008883	672050					672050
10000	107044	53626				53626	
10000	11641	50000	50000				
10000	11641	50000	50000				
1695281	5864795	3575832	1339569	50569	290568	460471	233401
1398910	2700151	1735423	1043553	527	119396	281995	55459
79887	1219531	893421	81846	42	16522	73733	428
	22538	10000				10000	
34843	506871	259178	150470		1500	46718	50689
55662	84457	55000	48950			6050	
125979	1331247	622810	14750	50000	153150	41975	126825
23140	6686022	14068394	3321642		10595136	71400	
	27038	60200				60200	
	27038	60200				60200	
23140	6658984	14008194	3321642		10595136	11200	
16130	227219	246876			155460	11200	
7010	2188132	3321642	3321642				
	4243633	10439676			10439676		
776795	5458059	3116548	81142	5140	314495	180792	7080
694480	4745835	2649172		5140	169000	100020	
694480	4688613	2563324		5140	169000	100020	
	57222	85848					
82315	544675	367216	71142		116435	52772	7080
	134408	62160			29060		
	29463	28000				28000	
	3678	10000	10000				
1720383	6645524	2886428	200000	396451	518051	205355	309276
	29500	12000			12000		
895683	3486576	1288802		169378	365781	94395	299276
197580	1304222	464878		222169	52994	40604	
511596	197025	271425	200000				

1-A-7 续表 15

分组	固定资产净值	固定资产净值年平均余额	负债合计	流动负债总计	应付账款
塑料人造革、合成革制造	22743	20402	38845	38844	7484
塑料包装箱及容器制造	324953	333012	431208	404536	41112
塑料零件制造	362802	356542	218173	188397	74846
其他塑料制品制造	439431	472257	608270	375068	112125
非金属矿物制品业	16809107	15425390	26053011	21074825	6005010
水泥、石灰和石膏的制造	6506506	6063220	8387244	6251747	1349863
水泥制造	6441175	5972370	8031728	5907771	1207541
石灰和石膏制造	65331	90850	355516	343976	142322
水泥及石膏制品制造	508223	475229	401737	381780	127811
水泥制品制造	283597	290229	401697	381745	127811
石棉水泥制品制造	224626	185000	40	35	
砖瓦、石材及其他建筑材料制造	1006944	1014707	905985	498447	201522
粘土砖瓦及建筑砌块制造	16653	16653	7662	7661	
建筑陶瓷制品制造	570031	570030	95428	95428	
建筑用石加工	144654	141536	103844	60801	8815
防水建筑材料制造	65360	65370	484082	158210	54270
隔热和隔音材料制造	16320	18000	2100	2000	1850
其他建筑材料制造	193926	203118	212869	174347	136587
玻璃及玻璃制品制造	1686753	1551472	2700168	1737340	731163
平板玻璃制造	1542317	1488689	2382400	1587540	612706
技术玻璃制品制造	109772	40890	115053	105848	100555
日用玻璃制品及玻璃包装容器制造	21000	8454	158763		
玻璃保温容器制造	13664	13439	43952	43952	17902
陶瓷制品制造	225734	229499	708896	663733	156198
特种陶瓷制品制造	225734	229499	708896	663733	156198
耐火材料制品制造	6371659	5575966	11673831	10669918	3225799
耐火陶瓷制品及其他耐火材料制造	6371659	5575966	11673831	10669918	3225799
石墨及其他非金属矿物制品制造	503288	515297	1275150	871860	212654
石墨及碳素制品制造	85661	108094	538587	525141	152563
其他非金属矿物制品制造	417627	407203	736563	346719	60091
黑色金属冶炼及压延加工业	125323558	113799602	170447089	128050226	30658035
炼铁	1273125	1160484	2979556	2709290	360446
炼钢	6001613	6179542	16532425	11489479	2080307
钢压延加工	116522237	105525925	146183623	109216319	26881179
铁合金冶炼	1526583	933651	4751485	4635138	1336103
有色金属冶炼及压延加工业	10682922	10702918	25218904	22582945	2332062
常用有色金属冶炼	4503588	4374625	14595165	13327305	1678735
铜冶炼	124894	129656	605107	575099	137671
铅锌冶炼	3229080	3132252	11151408	10038945	1324269
镍钴冶炼	113666	90522	727887	727887	85681
铝冶炼	621426	639150	1758816	1729493	28368
其他常用有色金属冶炼	414522	383045	351947	255881	102746
贵金属冶炼	190725	177809	421891	277344	45557
金冶炼	190725	177809	421891	277344	45557
稀有稀土金属冶炼	137138	148475	672398	672397	305867

单位：千元

长期负债总计	所有者权益合计	实收资本	国家资本	集体资本	法人资本	个人资本	港澳台资本
	63669	21140				21140	
23900	353839	307467			2994	20000	
29775	507252	229140		4904			
61849	703441	291576			84282	29216	10000
4573923	18002074	10263663	889267	237225	2432985	4592255	127883
2135270	4758580	3000497	338203	6900	1181784	1058296	
2123730	4735949	2991647	338203	6900	1178284	1052946	
11540	22631	8850			3500	5350	
19930	449988	183934	54828		3000	106106	20000
19930	214528	180934	54828			106106	20000
	235460	3000			3000		
166125	759577	785927		62831	60669	562526	
	44725	7991		7991			
	675842	597841			38606	559235	
42953	119506	32854		7900	21663	3291	
84650	-209519	46940		46940			
	46340	400			400		
38522	82683	99901					
803764	498357	1061642		7620	110602	230000	
794559	423870	965692			82672	230000	
9205	48662	60400					
	447	20000			20000		
	25378	15550		7620	7930		
45163	390734	225000	178500		36500	10000	
45163	390734	225000	178500		36500	10000	
1003882	10125312	4619664	294936	159874	934541	2480017	97822
1003882	10125312	4619664	294936	159874	934541	2480017	97822
399789	1019526	386999	22800		105889	145310	10061
9945	378178	70621	22800			47821	
389844	641348	316378			105889	97489	10061
41377370	131450370	56849256	42991008	92120	10143507	2567703	9956
204520	744653	361370		3365	138000	220005	
5032946	6742922	3847095	1544075	38000	2102100	162920	
36027603	121069067	51492168	41395813	50755	7234199	1756483	9956
112301	2893728	1148623	51120		669208	428295	
2567642	12033880	4695707	1087903		2753629	491863	250372
1209547	1212107	2646499	100000		2288895	193211	64393
30000	-116109	185500			79560	62260	43680
1054158	-79069	1686975			1660650	5612	20713
	-149218	16000			10000	6000	
29323	759898	500000			500000		
96066	796605	258024	100000		38685	119339	
144545	205606	51746	11000		10746	30000	
144545	205606	51746	11000		10746	30000	
	301838	140940			9000	20000	

1-A-7 续表 16

分　组	固定资产净　值	固定资产净值年平均余额	负债合计	流动负债总　计	应付账款
钨钼冶炼	33076	37113	263706	263705	222619
稀土金属冶炼	18154	18273	69655	69655	15094
其他稀有金属冶炼	85908	93089	339037	339037	68154
有色金属压延加工	5851471	6002009	9529450	8305899	301903
常用有色金属压延加工	5851471	6002009	9529450	8305899	301903
金属制品业	10963917	8922788	15159238	13644022	8198750
结构性金属制品制造	7837852	5722268	9979225	9042969	7046343
金属结构制造	831590	792874	1886428	1532604	362776
金属门窗制造	7006262	4929394	8092797	7510365	6683567
金属工具制造	121181	118564	544911	485510	102049
切削工具制造	121181	118564	544911	485510	102049
集装箱及金属包装容器制造	1499526	1581525	2765696	2490849	470894
集装箱制造	430533	450554	1438370	1419239	276766
金属压力容器制造	868042	932007	835913	807706	134063
金属包装容器制造	200951	198964	491413	263904	60065
金属丝绳及其制品的制造	647312	670541	608482	540368	404792
建筑、安全用金属制品制造	47901	9638	124765	124765	1944
建筑装饰及水暖管道零件制造	47901	9638	124765	124765	1944
金属表面处理及热处理加工	219786	217737	646966	486241	70454
不锈钢及类似日用金属制品制造	123318	73908	56742	55737	11619
金属制厨用器皿及餐具制造	123318	73908	56742	55737	11619
其他金属制品制造	467041	528607	432451	417583	90655
铸币及贵金属制实验室用品制造	361737	417703	136675	128675	56115
其他未列明的金属制品制造	105304	110904	295776	288908	34540
通用设备制造业	37723667	28300409	63069558	46750568	25555517
锅炉及原动机制造	852181	736240	1457461	1359637	393200
锅炉及辅助设备制造	184465	188758	337407	331371	80465
内燃机及配件制造	667716	547482	1120054	1028266	312735
金属加工机械制造	17029977	11439026	24142650	15228790	11364298
金属切削机床制造	16610675	11165005	23529848	14652400	11145583
金属成形机床制造	326507	134342	243436	220927	181944
机床附件制造	92795	139679	369366	355463	36771
起重运输设备制造	2374620	1935841	6048544	5840081	2234876
泵、阀门、压缩机及类似机械的制造	1895368	1502372	4229971	3768840	1450602
泵及真空设备制造	650490	650299	1965577	1715839	455152
气体压缩机械制造	207130	76351	223854	208184	145728
阀门和旋塞的制造	487249	479285	1278789	1129308	299525
液压和气压动力机械及元件制造	550499	296437	761751	715509	550197
轴承、齿轮、传动和驱动部件的制造	3665697	3513815	5506066	3566999	1464671
轴承制造	2898290	2890075	4618159	2803417	782146
齿轮、传动和驱动部件制造	767407	623740	887907	763582	682525
风机、衡器、包装设备等通用设备	7693309	5306827	14381716	13649740	7371906
风机、风扇制造	5045454	2551632	6180196	5685639	5685335
制冷、空调设备制造	2363849	2390503	7919203	7695033	1579495
风动和电动工具制造	136592	157482	89874	76625	29333
其他通用设备制造	147414	207210	192443	192443	77743

单位：千元

长期负债总计	所有者权益合计	实收资本	国家资本	集体资本	法人资本	个人资本	港澳台资本
	117649	9000			9000		
	52583	20000				20000	
	131606	111940					
1213550	10314329	1856522	976903		444988	248652	185979
1213550	10314329	1856522	976903		444988	248652	185979
986115	7384039	3799328	749713	261432	1320274	396766	187760
729898	3433836	1315565		27987	917879	356232	
150229	896378	529310		27987	277674	219149	
579669	2537458	786255			640205	137083	
59401	184367	83504			19946	30534	
59401	184367	83504			19946	30534	
114323	1641053	893194	83082	91400	380949		187760
19130	433783	426894	83082		214599		
28207	980440	295800			145800		143000
66986	226830	170500		91400	20550		44760
68113	384517	282469					
	14282	10000				10000	
	14282	10000				10000	
6507	395068	161945	8500	142045	1500		
1005	185549	148093					
1005	185549	148093					
6868	1145367	904558	658131				
	776318	638910	638910				
6868	369049	265648	19221				
7568816	33710135	11541855	1941824	109997	3302380	1655159	88441
97812	1256487	684800	9995		32624	182320	8318
6025	335925	181471	6991		20840	153640	
91787	920562	503329	3004		11784	28680	8318
4810794	10511784	2779884	738632	40332	1607667	68387	
4780379	9903341	2648170	738632	40332	1491617	52723	
22509	205256	105000			100000	5000	
7906	403187	26714			16050	10664	
208442	2585321	994049	140401		197294	149824	14040
350805	2442496	1633812	140405	15780	684905	340222	
192675	1071506	670874	102342	11780	196261	140400	
15670	5962	18440	18440				
148211	1052094	677375			248787	196179	
-5751	312934	267123	19623	4000	239857	3643	
624341	5812875	1404403	493287	9179	148531	338929	
552778	5270874	1138784	380209	9179	132498	329179	
71563	542001	265619	113078		16033	9750	
731975	6738014	2589583	145583		224913	181959	61083
494556	1498421	186356	103283		83073		
224170	4500947	1893133	35150		38000	169859	61083
13249	300924	254844					
	437722	255250	7150		103840	12100	

1-A-7 续表 17

分组	固定资产净值	固定资产净值年平均余额	负债合计	流动负债总计	应付账款
通用零部件制造及机械修理	1184752	1112031	1093827	836267	234179
金属密封件制造	102503	93400	118106	118105	116792
紧固件、弹簧制造	15893	41025	49125	49125	
机械零部件加工及设备修理	1014735	926164	623472	372067	25245
其他通用零部件制造	51621	51442	303124	296970	92142
金属铸、锻加工	3027763	2754257	6209323	2500214	1041785
钢铁铸件制造	2974499	2701246	6135816	2450707	1038237
锻件及粉末冶金制品制造	53264	53011	73507	49507	3548
专用设备制造业	22888112	15347585	46867929	39970879	20931832
矿山、冶金、建筑专用设备制造	18763834	11398220	37370843	31157042	18756650
采矿、采石设备制造	11369082	5648335	12068905	11219091	9903460
石油钻采专用设备制造	538675	422790	2048193	1906893	1065692
建筑工程用机械制造	433322	261543	590289	556296	431923
建筑材料生产专用机械制造	406778	227091	439588	388182	267733
冶金专用设备制造	6015977	4838461	22223868	17086580	7087842
化工、木材、非金属加工专用设备制造	1173704	1173029	4898922	4762632	666108
炼油、化工生产专用设备制造	795609	788163	3635306	3524877	373013
橡胶加工专用设备制造	164270	169882	792816	774179	115953
模具制造	213825	214984	470800	463576	177142
食品、饮料、烟草及饲料生产专用设备制造	32752	33023	104452	95723	37888
食品、饮料、烟草工业专用设备制造	32752	33023	104452	95723	37888
印刷、制药、日化生产专用设备制造	227304	231397	583087	482124	22636
制浆和造纸专用设备制造	167758	171850	469071	411568	13277
制药专用设备制造	59546	59547	114016	70556	9359
纺织、服装和皮革工业专用设备制造	98588	92514	69249	63709	41410
纺织专用设备制造	98588	92514	69249	63709	41410
电子和电工机械专用设备制造	2003722	1853113	2416681	2169600	892263
武器弹药制造	2003722	1853113	2416681	2169600	892263
医疗仪器设备及器械制造	327315	316459	692873	591842	237800
医疗诊断、监护及治疗设备制造	134439	134996	495715	408353	215570
医疗、外科及兽医用器械制造	145237	132519	176094	176094	19097
其他医疗设备及器械制造	47639	48944	21064	7395	3133
环保、社会公共安全及其他专用设备制造	260893	249830	731822	648207	277077
环境污染防治专用设备制造	46307	38100	148942	136718	26284
社会公共安全设备及器材制造	23949	25339	25179	25179	6312
其他专用设备制造	190637	186391	557701	486310	244481
交通运输设备制造业	45140595	39631901	191739555	172257082	41347519
铁路运输设备制造	1587652	1547542	8795319	6482467	2527855
铁路机车车辆及动车组制造	781201	732103	5336942	4539689	1373629
铁路机车车辆配件制造	104374	125336	1073983	1056063	736604
铁路专用设备及器材、配件制造	49824	39485	312327	294278	96528
其他铁路设备制造及设备修理	652253	650618	2072067	592437	321094
汽车制造	18437578	15790891	42937722	38540262	15117805

单位：千元

长期负债总　计	所有者权益合计	实收资本					
			国家资本	集体资本	法人资本	个人资本	港澳台资本
257559	1181909	517609	50811	16678	162973	175517	
	249106	110000				110000	
	50873	86849					
251405	785493	234490	6000		162973	65517	
6154	96437	86270	44811	16678			
487088	3181249	937715	222710	28028	243473	218001	5000
463088	3144244	907715	222710	28028	243473	188001	5000
24000	37005	30000				30000	
4381256	18149815	7669971	3573893	53565	2637720	814099	25551
3720922	11475163	4917318	2691750	15315	1801607	398646	10000
849811	3855133	1107489	781825	4000	185759	125905	10000
141300	894840	763494		11315	543710	208469	
33991	194925	67738	37738			30000	
51405	444399	214000			190000	24000	
2644415	6085866	2764597	1872187		882138	10272	
136032	1803327	878728	224601	27000	272784	93735	11801
110171	885412	543250	162474	27000	260436	23340	
18637	383036	132522	62127			70395	
7224	534879	202956			12348		11801
	122028	275479			275479		
	122028	275479			275479		
100962	73001	71134	3216		6000	61918	
57502	-29730	19314	3216		6000	10098	
43460	102731	51820				51820	
5540	49669	40000			30000		
5540	49669	40000			30000		
247081	2414536	578996	521996		57000		
247081	2414536	578996	521996		57000		
101031	1393861	484354			120050	78000	
87362	933010	323000			120050	78000	
	374484	111693					
13669	86367	49661					
69688	818230	423962	132330	11250	74800	181800	3750
	176536	120800			18800	102000	
	53094	20032					
69688	588600	283130	132330	11250	56000	79800	3750
11839443	48294369	36484063	1401227	180516	22429603	1384804	223907
2297749	2689886	2734754		14766	2679640	10000	
791520	1232008	1479110			1479110		
8550	272966	166811		14766	121697		
18049	164858	127998			127998		
1479630	1020054	960835			950835	10000	
2982140	22655236	18200841	455421	160750	8151407	1262604	166861

1-A-7 续表 18

分组	固定资产净值	固定资产净值年平均余额	负债合计	流动负债总计	应付账款
汽车整车制造	11978841	10140389	29679395	26151508	10430623
改装汽车制造	1654673	1014436	1840535	1657075	993004
汽车车身、挂车的制造	73680	75890	283579	283579	39765
汽车零部件及配件制造	4730384	4560176	11134213	10448100	3654413
船舶及浮动装置制造	21057456	18594703	121967991	112166675	15757493
金属船舶制造	11856081	10062383	95902506	88581948	11510638
船用配套设备制造	1029749	1266357	6155247	4926323	437486
船舶修理及拆船	8171626	7265963	19910238	18658404	3809369
航空航天器制造	4057909	3698765	18038523	15067678	7944366
飞机制造及修理	4057909	3698765	18038523	15067678	7944366
电气机械及器材制造业	15232296	11893399	18692935	17079440	8039234
电机制造	1788758	2026138	2304694	1835312	610928
电动机制造	1457058	1365816	1938343	1468961	365791
微电机及其他电机制造	331700	660322	366351	366351	245137
输配电及控制设备制造	8660250	5212491	9760713	9064230	4919275
变压器、整流器和电感器制造	5500392	3407948	5250277	4741389	3132408
电容器及其配套设备制造	245781	221956	858091	851003	104290
配电开关控制设备制造	2542291	1214017	3175557	3026149	1519827
电力电子元器件制造	371786	368570	476788	445689	162750
电线、电缆、光缆及电工器材制造	2836874	2736090	4130121	3729912	1459051
电线电缆制造	2815151	2713485	3971541	3649201	1438104
光纤、光缆制造	21723	22605	158580	80711	20947
电池制造	514919	493312	454605	433620	433620
家用电力器具制造	1328024	1330364	1781364	1764719	475060
家用制冷电器具制造	1070818	980450	726079	726078	24957
家用空气调节器制造	187856	275722	761346	744703	416593
家用厨房电器具制造	69350	74192	293939	293938	33510
照明器具制造	15269	2600	20000	10377	10300
电光源制造	15269	2600	20000	10377	10300
其他电气机械及器材制造	88202	92404	241438	241270	131000
车辆专用照明及电气信号设备装置制造	88202	92404	241438	241270	131000
通信设备、计算机及其他电子设备制造业	7057274	6838670	19766328	17618431	4954884
通信设备制造	124325	117056	221462	214813	67496
通信传输设备制造	16214	11340	141816	135168	5898
移动通信及终端设备制造	108111	105716	79646	79645	61598
雷达及配套设备制造	198879	190395	641326	618968	230656
广播电视设备制造	22320	22320	82606	82606	71611
广播电视接收设备及器材制造	22320	22320	82606	82606	71611
电子计算机制造	1553317	1546204	1124322	854745	577400
电子计算机外部设备制造	1553317	1546204	1124322	854745	577400
电子器件制造	1491509	1742020	7429396	6893983	1667594
电子真空器件制造	918590	1073644	6456188	6369762	1541391
半导体分立器件制造	142253	142981	378639	127072	44114
集成电路制造	39225	40861	80154	80154	57554
光电子器件及其他电子器件制造	391441	484534	514415	316995	24535

单位：千元

长期负债总计	所有者权益合计	实收资本	国家资本	集体资本	法人资本	个人资本	港澳台资本
2404687	13345460	12229954	281290	21000	6735440	584558	
43460	1608080	534998	3200	15000	463468	53330	
	71662	40000			19000		
533993	7630034	5395889	170931	124750	933499	624716	166861
3589603	15094475	9918157	283957	5000	6630094	112200	57046
1109986	8173018	6560540	242328		5231088	112200	
1227784	1292641	1055817	34793		566896		57046
1251833	5628816	2301800	6836	5000	832110		
2969951	7854772	5630311	661849		4968462		
2969951	7854772	5630311	661849		4968462		
1180904	18171173	10212841	1077301	74063	2387750	816155	790164
464133	4657657	2305861	532170		68868	26000	
464133	2366461	1476546	532170		68868	26000	
	2291196	829315					
557438	8459070	3904384	234280	74063	1718936	595665	600164
374469	4305686	1578813	174280	4173	842661	432728	1669
7000	354293	228640			4186	31814	192640
144870	2514319	1548747	60000	26513	872089	46500	405855
31099	1284772	548184		43377		84623	
121537	2293848	1573032	290851		150889	194490	
117453	2394056	1551118	268937		150889	194490	
4084	-100208	21914	21914				
20985	269603	179480	20000		5970		40000
16643	2095480	2146056			396250		150000
	1760081	1648716			50000		150000
16643	458959	425000			346250		
	-123560	72340					
	42450	10000			10000		
	42450	10000			10000		
168	353065	94028			36837		
168	353065	94028			36837		
1655571	15089146	11105346	2081000	2000	3492675	1593296	324225
6648	158635	185456	20517				63417
6648	54057	20517	20517				
	104578	164939					63417
17668	364600	55000	5400		22000	27600	
	387728	107000				107000	
	387728	107000				107000	
269577	2715440	1994502			604842		
269577	2715440	1994502			604842		
535412	1835945	4137423	1351895		1436831	736624	94435
86425	1128546	3393060	1347722		1213445	681624	46441
251567	59863	77215			10526		
	112505	107167	4173			55000	47994
197420	535031	559981			212860		

1-A-7 续表 19

分组	固定资产净值	固定资产净值年平均余额	负债合计	流动负债总计	应付账款
电子元件制造	1185408	1270118	1992702	1584982	786582
电子元件及组件制造	648741	721572	861047	834878	502193
印制电路板制造	536667	548546	1131655	750104	284389
家用视听设备制造	1434875	1086589	6459891	6192329	1269059
家用影视设备制造	1198336	856695	6150561	5885800	1003328
家用音响设备制造	236539	229894	309330	306529	265731
其他电子设备制造	1046641	863968	1814623	1176005	284486
仪器仪表及文化、办公用机械制造业	1126520	915345	1217126	1111117	350168
通用仪器仪表制造	351620	300231	622340	536312	95704
工业自动控制系统装置制造	169771	160019	406303	321538	55925
电工仪器仪表制造	109281	70778	31556	30293	22719
供应用仪表及其他通用仪器制造	72568	69434	184481	184481	17060
专用仪器仪表制造	122670	80470	140264	140259	19316
汽车及其他用计数仪表制造	83679	55546	109800	109799	
地质勘探和地震专用仪器制造	38991	24924	30464	30460	19316
钟表与计时仪器制造	68840	63621	33268	25703	4895
光学仪器及眼镜制造	100825	63307	72651	70240	62275
眼镜制造	100825	63307	72651	70240	62275
文化、办公用机械制造	482565	407716	348603	338603	167978
照相机及器材制造	397589	338976	82268	82268	73494
复印和胶印设备制造	53316	53316	155314	155314	39144
计算器及货币专用设备制造	31660	15424	111021	101021	55340
工艺品及其他制造业	1320968	1302665	1577643	1375848	117585
工艺美术品制造	47843	49742	72303	72303	9905
地毯、挂毯制造	47843	49742	72303	72303	9905
日用杂品制造	570024	591359	203478	203471	19972
鬃毛加工、制刷及清扫工具的制造	21628	26041	17435	17435	
其他日用杂品制造	548396	565318	186043	186036	19972
煤制品制造	9156	9659	75859	61804	3739
其他未列明的制造业	693945	651905	1226003	1038270	83969
废弃资源和废旧材料回收加工业	168862	155638	304308	301947	37654
金属废料和碎屑的加工处理	89732	76338	223709	223679	34742
非金属废料和碎屑的加工处理	79130	79300	80599	78268	2912
电力、燃气及水的生产和供应业	**114035186**	**111890438**	**118508959**	**69272821**	**14317336**
电力、热力的生产和供应业	103253687	101498177	111212718	64405190	13510171
电力生产	39411394	40125578	39151587	22697952	2438498
火力发电	38154902	38848561	39079961	22629195	2399186
水力发电	1256492	1277017	71626	68757	39312
电力供应	55132838	52890095	58123817	30344816	9104435
热力生产和供应	8709455	8482504	13937314	11362422	1967238
燃气生产和供应业	2763368	2233207	2110609	1128441	108269
水的生产和供应业	8018131	8159054	5185632	3739190	698896
自来水的生产和供应	7535596	7676567	5053762	3608639	620237
污水处理及其再生利用	482535	482487	131870	130551	78659

单位：千元

长期负债总计	所有者权益合计	实收资本	国家资本	集体资本	法人资本	个人资本	港澳台资本
403364	1784203	1539529	60000		307478	4946	166373
21813	1210534	882024	60000		57600	4946	166373
381551	573669	657505			249878		
234894	4785394	2040172	643188	2000	699211	363396	
232094	4526061	1848495	640783		699211	363396	
2800	259333	191677	2405	2000			
188008	3057201	1046264			422313	353730	
95325	2090931	1175361	146489		211632	122327	84000
85727	685866	320642	78461		30860	86785	
84464	521458	168671	78461		30860	47750	
1263	103233	86090					
	61175	65881				39035	
	276395	155542	36000			35542	84000
	165110	35542				35542	
	111285	120000	36000				84000
7565	90711	128599					
2033	217777	108133					
2033	217777	108133					
	820182	462445	32028		180772		
	560109	249645					
	186842	150000			150000		
	73231	62800	32028		30772		
196619	1774157	1288036	329728	8740	193184		
	43612	102489	102489				
	43612	102489	102489				
7	928617	727025					
	32751	15560					
7	895866	711465					
14054	3768	8740		8740			
182558	798160	449782	227239		193184		
30	390343	153317	31181	119891	1181	1064	
30	292125	28600	28000		600		
	98218	124717	3181	119891	581	1064	
48060780	**61198636**	**40580112**	**10312508**	**9181**	**27942313**	**482090**	**1630220**
45792293	50842237	33775748	5429071	2397	26253970	477090	1409420
15586011	22654371	15654379	3697778		10416375	138806	1401420
15584526	21323874	15206062	3249961		10415875	138806	1401420
1485	1330497	448317	447817		500		
27778861	24331785	15651661	443949		15176912		
2427421	3856081	2469708	1287344	2397	660683	338284	8000
823368	2436710	2024748	1192164	6784	600000	5000	220800
1445119	7919689	4779616	3691273		1088343		
1445119	7458108	4224616	3691273		533343		
	461581	555000			555000		

1-A-7 续表 20

分组	外商资本	主营业务收入	主营业务成本	主营业务税金及附加	其他业务收入
总　计	**39913319**	**1433051099**	**1274797072**	**17541016**	**49471724**
总计中：国有控股企业	5177395	930057657	851219034	13966958	39286449
总计中：轻工业	8861046	171486596	143361156	2836833	5515293
重工业	31052273	1261564503	1131435916	14704183	43956431
总计中：大型企业	11890362	891828892	807471658	12118040	38941690
中型企业	28022957	541222207	467325414	5422976	10530034
按隶属关系分					
中央	2350039	605574267	569447873	9859095	23141287
地方	37563280	827476832	705349199	7681921	26330437
按登记注册类型分					
内资企业	**752111**	**1104523948**	**988589438**	**14196917**	**43331417**
国有企业	152173	335163778	282139202	4600407	20594240
集体企业		15361201	12907576	252344	1113249
股份合作企业		5461912	4664705	83569	28343
联营企业		1856582	1286551	16577	10885
集体联营企业		496930	338900	3000	
国有与集体联营企业		521183	369364	6177	10885
其他联营企业		838469	578287	7400	
有限责任公司	220126	283134569	244579647	2391768	10194192
国有独资公司	4000	59618146	48905648	269181	5062968
其他有限责任公司	216126	223516423	195673999	2122587	5131224
股份有限公司	15542	305865677	312728335	5686800	9333074
私营企业	364270	146279066	120143692	1153606	2038745
私营独资企业	117116	16744610	12831503	250549	149367
私营合作企业		2590646	2159862	5236	40650
私营有限责任公司	247154	116336536	96621800	837056	1610499
私营股份有限公司		10607274	8530527	60765	238229
其他企业		11401163	10139730	11846	18689
港、澳、台商投资企业	**866338**	**54187610**	**42380436**	**318395**	**1027516**
合资经营企业(港或澳、台资)	149001	34030755	25756856	214654	670926
合作经营企业(港或澳、台资)		1465131	1394842		7548
港澳台商独资经营企业	717337	18497975	15029153	103741	349042
港澳台商投资股份有限公司		193749	199585		
外商投资企业	**38294870**	**274339541**	**243827198**	**3025704**	**5112791**
中外合资经营企业	13139457	187905041	168712561	2804362	3244810
中外合作经营企业	60703	4210718	3517705	8229	8245
外资企业	24729502	76523172	66628482	140193	1742435
外商投资股份有限公司	365208	5700610	4968450	72920	117301
按行业小类分					
采矿业	**30000**	**101495833**	**70549951**	**1628058**	**15769399**
煤炭开采和洗选业		28945397	21516860	493439	4325137
烟煤和无烟煤的开采洗选		28945397	21516860	493439	4325137
石油和天然气开采业		50218869	34164437	717976	11211987

单位：千元

其他业务利　润	营业费用	管理费用	税金	财务费用	利息支出	营业利润	投资收益
2197197	**26404740**	**66206727**	**5139521**	**16514104**	**17824739**	**28173632**	**-664731**
803121	13354169	46845087	3482123	10849112	12802308	-7709814	-1245391
967066	6238750	8995044	813482	1440031	1221879	7199601	-128262
1230131	20165990	57211683	4326039	15074073	16602860	20974031	-536469
202220	14077621	43912374	3406903	8794053	10523161	4892930	-1369231
1994977	12327119	22294353	1732618	7720051	7301578	23280702	704500
98039	4967353	28867494	1939671	5030676	6699861	-17303753	-1509913
2099158	21437387	37339233	3199850	11483428	11124878	45477385	845182
975628	**16242440**	**53956382**	**4132771**	**13655169**	**14622624**	**15301410**	**-829082**
-1238405	3761444	20828521	1250194	4275724	5591244	15789797	-1869561
123492	193984	928055	48387	118202	101207	1023449	98930
6216	108117	216593	11300	62878	54413	356925	15192
1966	28945	121657	24524	130765	131911	275606	
	27200	16730	3000	83900	83900	27200	
1966	961	74179	12300	42384	43595	31637	
	784	30748	9224	4481	4416	216769	
1506594	5683385	16742003	1919257	4337991	4434857	9265732	666598
-343342	1291927	5130088	476760	762155	863773	2953010	40761
1849936	4391458	11611915	1442497	3575836	3571084	6312722	625837
443447	3278556	10363419	462816	2805929	2655571	-24579031	164908
130384	2975126	4493167	402258	1723885	1454053	12770132	93991
12406	255816	480997	54385	234525	198129	1310071	1880
-968	35022	24046	2384	15689	10868	183896	
46699	2463506	3594041	311567	1285202	1065268	9873943	92471
72247	220782	394083	33922	188469	179788	1402222	-360
1934	212883	262967	14035	199795	199368	398800	860
34156	**1693680**	**1991508**	**230282**	**725687**	**671389**	**6946768**	**41829**
-22440	1025053	1181705	132681	515700	379854	5328605	10073
7027	14963	31312	6695	23639	22615	7401	
49569	652992	777115	90906	184836	268920	1620658	31756
	672	1376		1512		-9896	
1187413	**8468620**	**10258837**	**776468**	**2133248**	**2530726**	**5925454**	**122522**
745204	5952599	5771820	407915	1506975	2059506	1897795	17040
613	89265	127589	7801	49505	38331	491572	10
329343	2307907	3970771	348212	590471	409721	3354243	85771
112253	118849	388657	12540	-13703	23168	181844	19701
-804835	**727069**	**8646579**	**283588**	**708086**	**1581454**	**16632277**	**43997**
69739	305130	3612763	228589	304309	447860	2333428	-198470
69739	305130	3612763	228589	304309	447860	2333428	-198470
-927169	70797	3378196	12812	180020	929798	9309516	95004

1-A-7 续表 21

分组	外商资本	主营业务收入	主营业务成本	主营业务税金及附加	其他业务收入
天然原油和天然气开采		32217230	17625640	582400	
与石油和天然气开采有关的服务活动		18001639	16538797	135576	11211987
黑色金属矿采选业		15694229	10581535	335584	172653
铁矿采选		15340245	10341828	331612	172653
其他黑色金属矿采选		353984	239707	3972	
有色金属矿采选业	30000	5513140	3393327	47753	25209
常用有色金属矿采选		3780367	2542657	25279	16940
铜矿采选		1597190	1139517	7350	14201
铅锌矿采选		1169872	541980	14237	2739
镁矿采选		1013305	861160	3692	
贵金属矿采选	30000	226286	111289	1218	
金矿采选	30000	226286	111289	1218	
稀有稀土金属矿采选		1506487	739381	21256	8269
钨钼矿采选		1415487	672831	21186	8269
放射性金属矿采选		91000	66550	70	
非金属矿采选业		1124198	893792	33306	34413
化学矿采选		770351	675791	18486	7508
采盐		248314	129105	14178	21539
石棉及其他非金属矿采选		105533	88896	642	5366
其他非金属矿采选		105533	88896	642	5366
制造业	**39679519**	**1219157871**	**1095564428**	**15369381**	**32521983**
农副食品加工业	1381473	63746624	56765059	242228	545237
谷物磨制		2364719	1978738	464	
饲料加工	261599	7711540	6856073	11814	17851
植物油加工	190802	20606181	18728049	17261	237573
食用植物油加工	190802	20606181	18728049	17261	237573
制糖		455256	409236	2772	37280
屠宰及肉类加工	159285	16792063	15083637	134411	207458
畜禽屠宰	36780	9299019	8068597	106033	29091
肉制品及副产品加工	122505	7493044	7015040	28378	178367
水产品加工	193157	11194151	9734695	58216	32977
水产品冷冻加工	180843	10828472	9387961	58098	28601
鱼糜制品及水产品干腌制加工	2314	276641	262048	118	2426
其他水产品加工	10000	89038	84686		1950
蔬菜、水果和坚果加工	6400	697855	611832	3835	
其他农副食品加工	570230	3924859	3362799	13455	12098
淀粉及淀粉制品的制造	570230	3834924	3291669	13064	12098
豆制品制造		89935	71130	391	
食品制造业	119275	10371136	9046903	39963	69008
焙烤食品制造	82975	407729	303589	2107	125
糕点、面包制造		226453	149505	1993	125
饼干及其他焙烤食品制造	82975	181276	154084	114	
糖果、巧克力及蜜饯制造		180496	120019	3	57615
糖果、巧克力制造		180496	120019	3	57615
方便食品制造	35100	3036860	2523053	412	3138
方便面及其他方便食品制造	35100	3036860	2523053	412	3138

单位：千元

其他业务利润	营业费用	管理费用	税金	财务费用	利息支出	营业利润	投资收益
	39845	2371491		155926	907338	9920600	
-927169	30952	1006705	12812	24094	22460	-611084	95004
35979	164568	1076322	31863	144108	133327	3735367	8476
35979	158335	1068008	27455	142973	132290	3640744	8476
	6233	8314	4408	1135	1037	94623	
6386	138220	501104	8561	56989	54283	1161581	138987
6087	119129	318668	8027	46649	44195	713104	91899
5415	26420	171306	2391	20065	20065	243347	91899
672	49735	126754	1354	9094	10490	402376	
	42974	20608	4282	17490	13640	67381	
	720	58275	1460	8325	8029	50862	
	720	58275	1460	8325	8029	50862	
299	18371	124161	-926	2015	2059	397615	47088
299	18280	115151	-1031	125	179	381542	47088
	91	9010	105	1890	1880	16073	
10230	48354	78194	1763	22660	16186	92385	
6999	4938	23864		13762	7840	60855	
2642	37412	53149	1565	7485	7704	15738	
589	6004	1181	198	1413	642	15792	
589	6004	1181	198	1413	642	15792	
2801565	**25106478**	**54528205**	**4632368**	**12741368**	**13034605**	**14645097**	**-953505**
85380	1093610	1208892	79640	480398	464083	4052179	-20966
	24708	32047	499	8709	8659	264401	
12017	198695	245240	5836	18542	17112	407648	-526
23931	198259	213112	18404	121903	154320	1496031	-29596
23931	198259	213112	18404	121903	154320	1496031	-29596
	6473	5190	490	3875	3829	29972	
19986	308495	332046	23774	97514	95708	796622	9146
11737	139889	194334	11794	82791	76734	621080	7563
8249	168606	137712	11980	14723	18974	175542	1583
18253	204117	274247	20208	160715	135841	769948	10
15847	193253	264575	19472	154350	132028	775620	10
1355	7567	6936	606	5287	3813	-3964	
1051	3297	2736	130	1078		-1708	
	10080	29281	520	19566	16265	23261	
11193	142783	77729	9909	49574	32349	264296	
11193	140835	75555	9909	49011	32349	250567	
	1948	2174		563		13729	
13269	426139	272851	24493	74397	42742	512436	
123	19073	29621	1	219	50	51092	
123	16733	13638	1	-5		42561	
	2340	15983		224	50	8531	
12269	49024	3864	728	-50	-71	19905	
12269	49024	3864	728	-50	-71	19905	
566	127325	42417	5085	11278	19061	194438	
566	127325	42417	5085	11278	19061	194438	

1-A-7 续表 22

分 组	外商资本	主营业务收入	主营业务成本	主营业务税金及附加	其他业务收入
液体乳及乳制品制造		5438505	5107335	33180	6268
罐头制造	1200	463401	336999	36	
水产品罐头制造	1200	75042	60830		
蔬菜、水果罐头制造		388359	276169	36	
调味品、发酵制品制造		394991	373077	977	
味精制造		394991	373077	977	
其他食品制造		449154	282831	3248	1862
冷冻饮品及食用冰制造		305091	199757	1032	1317
盐加工		144063	83074	2216	545
饮料制造业	258734	9821402	6419230	605278	346697
酒的制造	99687	5319999	2915821	603266	346697
白酒制造	2500	763815	485395	56457	36
啤酒制造	97187	4556184	2430426	546809	346661
软饮料制造	159047	4501403	3503409	2012	
碳酸饮料制造	159047	2096949	1613455	128	
瓶(罐)装饮用水制造		992395	843536	394	
含乳饮料和植物蛋白饮料制造		197862	134416	1490	
茶饮料及其他软饮料制造		1214197	912002		
烟草制品业		3927144	1403706	1581064	261176
烟叶复烤		39867	20438	644	
卷烟制造		3887277	1383268	1580420	261176
纺织业	650797	8510308	7602601	30350	186005
棉、化纤纺织及印染精加工	251914	5514530	5112048	8987	177898
棉、化纤纺织加工	247914	3599727	3358702	5623	93803
棉、化纤印染精加工	4000	1914803	1753346	3364	84095
毛纺织和染整精加工		384283	318423	3702	
毛条加工		183200	158230	3030	
毛纺织		201083	160193	672	
麻纺织		88860	82285	240	
丝绢纺织及精加工		600000	501200	13180	
缫丝加工		600000	501200	13180	
纺织制成品制造	198358	1175817	1025952	3061	3909
棉及化纤制品制造	138852	470648	399366	2695	1307
无纺布制造		612010	543185	366	2602
其他纺织制成品制造	59506	93159	83401		
针织品、编织品及其制品制造	200525	746818	562693	1180	4198
棉、化纤针织品及编织品制造	171107	518901	389074	1134	4086
毛针织品及编织品制造	29418	135321	121622	46	100
其他针织品及编织品制造		92596	51997		12
纺织服装、鞋、帽制造业	505607	11363495	9821223	17620	58300
纺织服装制造	372132	10858915	9346042	17620	58300
纺织面料鞋的制造	133475	504580	475181		
皮革、毛皮、羽毛(绒)及其制品业	80608	287038	239981		101
皮革制品制造	80608	287038	239981		101
皮鞋制造	28490	217688	199849		
皮箱、包(袋)制造	52118	69350	40132		101
木材加工及木、竹、藤、棕、草制品业	402851	4454102	3920135	7121	9942

单位：千元

其他业务利润	营业费用	管理费用	税金	财务费用	利息支出	营业利润	投资收益
52	171012	75260	1611	38338	105	158855	
	18667	23706	327	16858	15902	67133	
		3784	163	1423	1382	9005	
	18667	19922	164	15435	14520	58128	
	10712	24747	3061	2945	2904	-17649	
	10712	24747	3061	2945	2904	-17649	
259	30326	73236	13680	4809	4791	38662	
95	13368	62627	11373	4267	4252	7834	
164	16958	10609	2307	542	539	30828	
22118	856690	555650	52614	2726	41273	1034832	13225
22118	427114	408806	30109	-10577	17217	772697	13225
	24696	36942	2262	11580	2697	107394	
22118	402418	371864	27847	-22157	14520	665303	13225
	429576	146844	22505	13303	24056	262135	
	269307	125308	17091	6229	5986	81535	
	166	1652		835	19	2258	
	23463	5552	1847	2772	2772	30586	
	136640	14332	3567	3467	15279	147756	
-157	83265	412613	9795	3676	6644	442102	-1778
	4408	18488		964	964	-5636	
-157	78857	394125	9795	2712	5680	447738	-1778
19082	194933	346383	47885	196449	145939	84579	-686
14242	73625	213423	34433	138039	129117	-21986	1712
3428	45742	130651	24096	80722	89049	-52233	1371
10814	27883	82772	10337	57317	40068	30247	341
	14229	9163	2398	5017	307	-668	
	11850	3865	2398	5050	340	1175	
	2379	5298		-33	-33	-1843	
	765	2288		287		5680	
	14200	23580	2900	3000	3000	44840	
	14200	23580	2900	3000	3000	44840	
2627	31976	25537	3305	42989	5722	8448	-2398
25	19382	12525	1884	40691	4357	-41865	
2602	8406	8150	1032	1312	1230	50591	-2398
	4188	4862	389	986	135	-278	
2213	60138	72392	4849	7117	7793	48265	
2109	52687	45360	3761	4522	6034	28319	
100	1923	11737	776	2314	1759	448	
4	5528	15295	312	281		19498	
6133	218235	345009	12064	131655	80407	697664	44821
6133	212382	322094	12064	126867	80407	701821	44821
	5853	22915		4788		-4157	
	11902	25229	1528	2919		9281	
	11902	25229	1528	2919		9281	
	7993	11319	42	2573		-1772	
	3909	13910	1486	346		11053	
6149	138523	145966	5109	85347	34531	193685	

1-A-7 续表 23

分组	外商资本	主营业务收入	主营业务成本	主营业务税金及附加	其他业务收入
锯材、木片加工	10800	117854	109851	159	
锯材加工	10800	117854	109851	159	
人造板制造	32376	2595296	2323544	4676	2268
胶合板制造		499508	423631	2189	461
纤维板制造	32376	145962	152532		1807
刨花板制造		1027726	1004972	2487	
其他人造板、材制造		922100	742409		
木制品制造	359675	1740952	1486740	2286	7674
建筑用木料及木材组件加工	359675	1590796	1357666	1799	7565
软木制品及其他木制品制造		150156	129074	487	109
家具制造业	187506	4602497	3602655	59336	21900
木质家具制造	187506	4602497	3602655	59336	21900
造纸及纸制品业		1618299	1417102	5954	43088
造纸		727273	604862	3349	40461
机制纸及纸板制造		727273	604862	3349	40461
纸制品制造		891026	812240	2605	2627
纸和纸板容器的制造		391853	355516	2263	213
其他纸制品制造		499173	456724	342	2414
印刷业和记录媒介的复制	25792	1270360	1032397	4359	35205
印刷		1133750	940750	2876	35193
书、报、刊印刷		266513	199041	2061	20979
包装装潢及其他印刷		867237	741709	815	14214
装订及其他印刷服务活动	25792	50410	32073		12
记录媒介的复制		86200	59574	1483	
文教体育用品制造业	194382	475125	425310		3551
体育用品制造	9686	47965	40279		
运动防护用具制造	9686	47965	40279		
乐器制造	184696	427160	385031		3551
西乐器制造	164381	295678	270540		3551
电子乐器制造	20315	131482	114491		
石油加工、炼焦及核燃料加工业	300132	238038695	260996924	5820376	2802719
精炼石油产品的制造	300132	234197297	258014432	5797094	2802719
原油加工及石油制品制造	300132	234197297	258014432	5797094	2802719
炼焦		3841398	2982492	23282	
化学原料及化学制品制造业	561307	57572523	53615010	570788	1650238
基础化学原料制造	215800	7468110	6806066	27281	851025
无机碱制造		2008210	2067381	9478	
无机盐制造		675594	597413	3583	31316
有机化学原料制造	215800	2158212	1828721	2725	24160
其他基础化学原料制造		2626094	2312551	11495	795549
肥料制造	126685	7426541	6309846	30527	442612
氮肥制造	126685	6548220	5514428	30153	359771
复混肥料制造		878321	795418	374	82841

单位：千元

其他业务利润	营业费用	管理费用	税金	财务费用	利息支出	营业利润	投资收益
	3240	3708	513	5261	3351	-4275	
	3240	3708	513	5261	3351	-4275	
1724	84890	73275	2597	11212	5657	113258	
	18038	20187	255	8232	3648	27692	
1724	2320	12078	1377	1337	1274	-17207	
	4682	4964		907		9714	
	59850	36046	965	736	735	93059	
4425	50393	68983	1999	68874	25523	84702	
4317	47143	62574	811	59272	14480	83260	
108	3250	6409	1188	9602	11043	1442	
4730	142769	458603	43457	57669	48574	287707	
4730	142769	458603	43457	57669	48574	287707	
10384	44733	149896	5704	48809	40149	-52277	
9284	28712	131604	5635	42916	40112	-82853	
9284	28712	131604	5635	42916	40112	-82853	
1100	16021	18292	69	5893	37	30576	
213	7395	5911	69	4328		10154	
887	8626	12381		1565	37	20422	
11083	51242	123661	5637	10821	8930	75342	-611
11083	47571	98647	5369	9952	8930	39002	-611
11200	16649	39973	3122	3434	3211	10521	1054
-117	30922	58674	2247	6518	5719	28481	-1665
	1056	3195	268	160		14139	
	2615	21819		709		22201	
369	5581	42844	3426	1946	4728	-191	
	1552	5197	436	-3649		4586	
	1552	5197	436	-3649		4586	
369	4029	37647	2990	5595	4728	-4777	
369	1668	23889	2923	5565	4199	-5615	
	2361	13758	67	30	529	838	
-42480	1102858	5398986	194504	876814	799368	-37567382	189076
-42480	1084083	5254352	184300	826909	760472	-38196689	189076
-42480	1084083	5254352	184300	826909	760472	-38196689	189076
	18775	144634	10204	49905	38896	629307	
173018	723081	3328963	353574	884789	960297	2129182	80766
48883	124333	672707	43124	280577	291916	-379412	15846
	37676	210198	28502	217047	229320	-519566	14298
3854	14862	32121	1074	16414	16427	17947	88
-765	58050	91670	4150	41580	40695	134817	1460
45794	13745	338718	9398	5536	5474	-12610	
39092	161698	708331	217556	348976	495177	-56073	25246
7284	115592	680635	215424	320605	476449	-68234	25246
31808	46106	27696	2132	28371	18728	12161	

1-A-7 续表 24

分组	外商资本	主营业务收入	主营业务成本	主营业务税金及附加	其他业务收入
农药制造	210280	817050	632830	2002	20159
化学农药制造	210280	817050	632830	2002	20159
涂料、油墨、颜料及类似产品制造		1995477	1733945	16931	61821
涂料制造		153483	123805	2306	576
颜料制造		1174582	1032387	11693	59002
染料制造		667412	577753	2932	2243
合成材料制造	8542	33872740	33100138	476507	2444
初级形态的塑料及合成树脂制造	8542	2644790	2386360	25715	799
合成橡胶制造		62253	39744	973	1645
合成纤维单(聚合)体的制造		31165697	30674034	449819	
专用化学产品制造		5850813	4900450	17166	272177
化学试剂和助剂制造		1574244	1351177	1840	704
专项化学用品制造		1508632	1406382	8337	110838
炸药及火工产品制造		1372135	1123344	5853	134448
信息化学品制造		1189510	856032		24707
其他专用化学产品制造		206292	163515	1136	1480
日用化学产品制造		141792	131735	374	
肥皂及合成洗涤剂制造		141792	131735	374	
医药制造业	1201254	13430717	8458930	62394	15111
化学药品原药制造	234493	6973931	5228481	38979	12020
化学药品制剂制造	720850	3480161	1801296	6049	1975
中药饮片加工		73704	40951	9158	
中成药制造	9801	608851	273733	2140	75
兽用药品制造		138174	60681	914	
生物、生化制品的制造	236110	2155896	1053788	5154	1041
化学纤维制造业	80216	6802955	6615645	81170	2151101
纤维素纤维原料及纤维制造		804126	824796	1510	10337
人造纤维(纤维素纤维)制造		804126	824796	1510	10337
合成纤维制造	80216	5998829	5790849	79660	2140764
锦纶纤维制造	80216	274657	231622	286	84781
涤纶纤维制造		1498408	1378066	34233	1956903
腈纶纤维制造		4225764	4181161	45141	99080
橡胶制品业	2527899	10404579	8771228	38326	154534
轮胎制造	2375012	9260545	7858868	35440	29590
车辆、飞机及工程机械轮胎制造	2289164	9158495	7768216	35437	29501
力车胎制造	85848	102050	90652	3	89
橡胶板、管、带的制造	119787	886447	715801	1797	109921
橡胶零件制造	33100	96300	52237	693	14162
日用及医用橡胶制品制造		63087	52949	23	861
橡胶靴鞋制造		98200	91373	373	
塑料制品业	1257295	12410299	10578564	8608	98669
塑料薄膜制造		138345	114481	35	
塑料板、管、型材的制造	359972	6480897	5409875	191	25361
塑料丝、绳及编织品的制造	149111	1979403	1617671	4840	12837
泡沫塑料制造	71425	414840	436507	56	93

单位：千元

其他业务利润	营业费用	管理费用	税金	财务费用	利息支出	营业利润	投资收益
18679	24881	62544	7740	43094	23892	83668	8395
18679	24881	62544	7740	43094	23892	83668	8395
32839	55104	204104	5915	75544	21100	29616	-631
459	8746	20824	1375	818	795	-2466	
31835	27177	96299	4090	45572	5395	80127	
545	19181	86981	450	29154	14910	-48045	-631
927	225985	1289527	26033	37937	42881	1903270	-1527
128	52706	96481	15035	35754	40768	47863	-941
799	1413	32780	849	-593		-11264	
	171866	1160266	10149	2776	2113	1866671	-586
32598	122065	383007	53132	97951	84781	554881	33437
	26954	64250	13401	10021	8517	101342	29596
9093	18371	56023	23682	29951	20811	68882	
18308	70433	217936	12933	52192	49620	61233	3841
3764	4591	32029	2160	4705	4705	295917	
1433	1716	12769	956	1082	1128	27507	
	9015	8743	74	710	550	-6768	
	9015	8743	74	710	550	-6768	
4509	1896089	1173898	145799	248595	198840	1710928	4266
3625	436805	530781	101282	209673	137612	659511	786
825	951205	304652	18526	-18984	14888	364889	1220
	8580	5638	4137	617	612	8130	
52	113294	103284	4871	10435	9787	110905	52
	15538	24378	1690	3980	4022	32681	
7	370667	205165	15293	42874	31919	534812	2208
-472190	96148	1312801	202426	-33267	-6414	-2814657	-234770
1201	6632	51058	1	2719	2707	-79750	
1201	6632	51058	1	2719	2707	-79750	
-473391	89516	1261743	202425	-35986	-9121	-2734907	-234770
3932	5069	22181	87	6050	11651	13381	
-472391	8510	142769	52420	-21547	-20780	-516014	4090
-4932	75937	1096793	149918	-20489	8	-2232274	-238860
104134	363847	640791	106441	89561	125941	529527	
5734	307682	495992	85240	72591	110972	510802	
5645	304445	492476	85240	73378	110972	499283	
89	3237	3516		-787		11519	
96909	43689	114480	18672	12924	12818	3528	
631	8221	15600	1759	2094	515	18087	
860	1598	8426	523	1742	1636	-790	
	2657	6293	247	210		-2100	
20406	177001	421841	58142	350717	363880	1327876	24408
	2072	3531	50	2480	2480	15746	
5541	82249	104175	28411	224426	236489	964595	25418
-9687	33411	48414	3036	53384	56110	326538	
61	1076	50029	10083	47761	55596	-124777	-202

1-A-7 续表 25

分 组	外商资本	主营业务收入	主营业务成本	主营业务税金及附加	其他业务收入
塑料人造革、合成革制造		759059	714752	618	
塑料包装箱及容器制造	284473	662864	543707	1913	9324
塑料零件制造	224236	766149	636953		22213
其他塑料制品制造	168078	1208742	1104618	955	28841
非金属矿物制品业	1984048	43720304	36107561	253623	1291905
水泥、石灰和石膏的制造	415314	6195499	5123923	46404	88061
水泥制造	415314	5936520	4880233	44146	88061
石灰和石膏制造		258979	243690	2258	
水泥及石膏制品制造		1657050	1440279	7212	24347
水泥制品制造		882132	783215	3201	24347
石棉水泥制品制造		774918	657064	4011	
砖瓦、石材及其他建筑材料制造	99901	8530876	7080787	50552	4840
粘土砖瓦及建筑砌块制造		46828	38862	526	161
建筑陶瓷制品制造		4030136	3052694	48730	
建筑用石加工		3883767	3493416	450	
防水建筑材料制造		155667	146054	651	4600
隔热和隔音材料制造		236550	188139	195	
其他建筑材料制造	99901	177928	161622		79
玻璃及玻璃制品制造	713420	2818502	2551799	18423	35939
平板玻璃制造	653020	2091425	1988703	11030	27789
技术玻璃制品制造	60400	111955	87595		
日用玻璃制品及玻璃包装容器制造		521686	391264	7006	
玻璃保温容器制造		93436	84237	387	8150
陶瓷制品制造		666837	401542	4022	19630
特种陶瓷制品制造		666837	401542	4022	19630
耐火材料制品制造	652474	22414298	18486406	114294	1020303
耐火陶瓷制品及其他耐火材料制造	652474	22414298	18486406	114294	1020303
石墨及其他非金属矿物制品制造	102939	1437242	1022825	12716	98785
石墨及碳素制品制造		703798	462675	1040	84189
其他非金属矿物制品制造	102939	733444	560150	11676	14596
黑色金属冶炼及压延加工业	1044962	275513799	238098451	2502287	10862587
炼铁		7356298	6010289	41967	50051
炼钢		14546881	13243140	124624	582216
钢压延加工	1044962	242330676	209075415	2201618	9265939
铁合金冶炼		11279944	9769607	134078	964381
有色金属冶炼及压延加工业	111940	39295599	34011216	292834	1358014
常用有色金属冶炼		14157384	14101669	54444	285638
铜冶炼		2396579	2555713	1603	33
铅锌冶炼		7029307	7117858	41011	78472
镍钴冶炼		1418705	1392468	438	
铝冶炼		1674060	1563540	5199	47903
其他常用有色金属冶炼		1638733	1472090	6193	159230
贵金属冶炼		968377	793845	2710	12454
金冶炼		968377	793845	2710	12454
稀有稀土金属冶炼	111940	2340579	2124023	48356	4936

单位：千元

其他业务利润	营业费用	管理费用	税金	财务费用	利息支出	营业利润	投资收益
		12169	390	-130	-134	39650	
154	16759	61054	5934	10599	14431	40743	
17025	15757	68893	5268	17804	331	44078	-999
7312	25677	73576	4970	-5607	-1423	21303	191
210990	1337763	1559568	177135	733747	651366	3442953	2280
18833	197286	459927	44984	216529	205623	185303	27
18833	196506	442254	44785	216533	205623	190721	27
	780	17673	199	-4		-5418	
293	33311	56335	7847	9747	6030	143520	
293	27565	49462	7847	7373	6030	44670	
	5746	6873		2374		98850	
4679	119922	171661	941	26058	25507	717783	
		7601	143			979	
	101566	133289		13852	10446	680005	
	1693	4773		522	150	-1782	
4600	6157	12357	124	9755	9755	-14707	
	6200	5790		3158		47830	
79	4306	7851	674	-1229	5156	5458	
1915	72346	148083	5531	93187	68495	-31219	
736	56369	139031	4952	85332	62449	-156100	
	14322	1217	365	6322	4735	2499	
	1305	327		215		121569	
1179	350	7508	214	1318	1311	813	
4020	38700	72199	2876	19479	18322	59247	
4020	38700	72199	2876	19479	18322	59247	
152969	808743	571259	107736	313834	286638	2134778	2253
152969	808743	571259	107736	313834	286638	2134778	2253
28281	67455	80104	7220	54913	40751	233541	
27496	22012	49566	6735	30145	24507	171523	
785	45443	30538	485	24768	16244	62018	
998062	4346609	14616299	1021001	4406505	4435194	14081732	-1743527
136	79175	149682	9446	32440	22566	229497	250
353060	330374	506683	67951	531572	402896	246004	58421
451496	3783917	13626457	925362	3668334	3864732	12701036	-1890896
193370	153143	333477	18242	174159	145000	905195	88698
-134353	388589	1116521	467984	1030741	938908	2684867	117531
-159427	79549	542458	423598	725688	685712	-1783114	116311
	4429	12192	795	2624	2622	-179982	
-247974	52095	429650	404990	655294	634621	-1810587	118408
	590	14718	792	21246		37146	
6931	5031	52503	14673	36546	36546	18172	
81616	17404	33395	2348	9978	11923	152137	-2097
2886	860	71713	1979	23411	23189	64750	
2886	860	71713	1979	23411	23189	64750	
3555	50123	46459	3504	2691	2172	456666	

1-A-7 续表 26

分组	外商资本	主营业务收入	主营业务成本	主营业务税金及附加	其他业务收入
钨钼冶炼		1359577	1281627	43415	4936
稀土金属冶炼		193600	188257	610	
其他稀有金属冶炼	111940	787402	654139	4331	
有色金属压延加工		21829259	16991679	187324	1054986
常用有色金属压延加工		21829259	16991679	187324	1054986
金属制品业	883383	27559015	23638874	137149	1184545
结构性金属制品制造	13467	14885206	12736020	74720	149894
金属结构制造	4500	3803242	3224313	14652	70311
金属门窗制造	8967	11081964	9511707	60068	79583
金属工具制造	33024	394977	326496	324	18639
切削工具制造	33024	394977	326496	324	18639
集装箱及金属包装容器制造	150003	7625741	6712707	11463	133306
集装箱制造	129213	4918039	4407834		116596
金属压力容器制造	7000	2019941	1755177	4463	12952
金属包装容器制造	13790	687761	549696	7000	3758
金属丝绳及其制品的制造	282469	1026479	829416	701	18339
建筑、安全用金属制品制造		348386	329658	492	1604
建筑装饰及水暖管道零件制造		348386	329658	492	1604
金属表面处理及热处理加工	9900	657540	458273	4571	78453
不锈钢及类似日用金属制品制造	148093	631577	542960	36520	2616
金属制厨用器皿及餐具制造	148093	631577	542960	36520	2616
其他金属制品制造	246427	1989109	1703344	8358	781694
铸币及贵金属制实验室用品制造		1221568	1011428	8349	63910
其他未列明的金属制品制造	246427	767541	691916	9	717784
通用设备制造业	4444054	88945642	72482251	236024	2024945
锅炉及原动机制造	451543	2507832	2038472	10501	67475
锅炉及辅助设备制造		549709	461081	1901	17194
内燃机及配件制造	451543	1958123	1577391	8600	50281
金属加工机械制造	324866	29109805	24064951	94880	448335
金属切削机床制造	324866	28234654	23307791	93317	448335
金属成形机床制造		390460	350012	265	
机床附件制造		484691	407148	1298	
起重运输设备制造	492490	12037417	10275899	11763	360156
泵、阀门、压缩机及类似机械的制造	452500	6073582	4635906	28273	131962
泵及真空设备制造	220091	3324788	2501866	6090	20417
气体压缩机械制造		62250	56462	122	
阀门和旋塞的制造	232409	2033943	1596292	18010	107429
液压和气压动力机械及元件制造		652601	481286	4051	4116
轴承、齿轮、传动和驱动部件的制造	414477	10541978	7269788	34846	831655
轴承制造	287719	9425504	6406662	30549	671746
齿轮、传动和驱动部件制造	126758	1116474	863126	4297	159909
风机、衡器、包装设备等通用设备	1976045	20112313	17048756	26757	72412
风机、风扇制造		6362022	5517643	14668	
制冷、空调设备制造	1589041	12674022	10560709	11680	38267
风动和电动工具制造	254844	582583	560884		11088
其他通用设备制造	132160	493686	409520	409	23057

单位：千元

其他业务利润	营业费用	管理费用	税金	财务费用	利息支出	营业利润	投资收益
3555	12705	11934	477	120	120	397515	
	1581	2418		2207	2052	-1473	
	35837	32107	3027	364		60624	
18633	258057	455891	38903	278951	227835	3946565	1220
18633	258057	455891	38903	278951	227835	3946565	1220
114421	367425	928254	109160	347416	233223	2343727	15536
-74857	132417	371760	43707	159443	91994	1544782	9845
10780	80835	256194	22596	43229	43324	207468	9845
-85637	51582	115566	21111	116214	48670	1337314	
3474	18307	32704	1503	26087	17543	-22622	96
3474	18307	32704	1503	26087	17543	-22622	96
78350	61850	148213	36287	111727	71777	575000	-155
71973	38335	67901	9821	78636	45647	329363	
4471	11588	48175	3584	23297	16482	164908	
1906	11927	32137	22882	9794	9648	80729	-155
3570	53231	57885	14405	39204	38973	49609	
1503	3366	1901	383	435	392	14037	
1503	3366	1901	383	435	392	14037	
5619	18725	123827	4548	2066	2151	36602	4059
2616	9779	19125	1289	3970	2803	21839	
2616	9779	19125	1289	3970	2803	21839	
94146	69750	172839	7038	4484	7590	124480	1691
17608	1041	129133	5242	-479	-508	89704	1691
76538	68709	43706	1796	4963	8098	34776	
-350774	2644211	4714890	550344	1240450	1080850	5571832	35399
25027	60448	143079	8464	30977	29610	326455	
616	22728	50949	2359	5907	4984	5898	
24411	37720	92130	6105	25070	24626	320557	
-606082	676701	1406744	248288	503152	487393	1592366	20173
-606082	668318	1343014	243927	495444	482950	1556066	20183
	3519	16676	2822	2857	2856	17131	
	4864	47054	1539	4851	1587	19169	-10
49817	396555	449018	25935	106995	68936	692237	-3878
-15070	319689	568988	34975	78055	69975	414263	160
-14677	223284	275491	8179	25575	27494	263399	76
	1875	7305	2191	5		-3519	
-1870	63983	167561	8228	33171	23644	142210	84
1477	30547	118631	16377	19304	18837	12173	
155221	266135	476512	36889	147509	108804	1135139	10136
93143	247122	411950	30152	127069	97181	1000811	10136
62078	19013	64562	6737	20440	11623	134328	
22673	750963	1164781	145986	263343	216426	852592	
	151339	471719	94901	69078	66133	137574	
3942	583139	646990	45374	181763	133537	676246	
11088	7611	17334	1321	-958	3	9740	
7643	8874	28738	4390	13460	16753	29032	

1-A-7 续表 27

分组	外商资本	主营业务收入	主营业务成本	主营业务税金及附加	其他业务收入
通用零部件制造及机械修理	111630	1774092	1365393	6274	35551
金属密封件制造		234628	148454	1499	
紧固件、弹簧制造	86849	87869	79202		
机械零部件加工及设备修理		1042597	760834	2340	1613
其他通用零部件制造	24781	408998	376903	2435	33938
金属铸、锻加工	220503	6788623	5783086	22730	77399
钢铁铸件制造	220503	6729381	5736939	22481	77399
锻件及粉末冶金制品制造		59242	46147	249	
专用设备制造业	565143	46776762	38433008	112765	999534
矿山、冶金、建筑专用设备制造		33467468	27599879	77792	674698
采矿、采石设备制造		11609247	9487603	23203	49080
石油钻采专用设备制造		1893505	1691169	6017	61105
建筑工程用机械制造		576116	489833	873	2339
建筑材料生产专用机械制造		730125	636978	2606	1208
冶金专用设备制造		18658475	15294296	45093	560966
化工、木材、非金属加工专用设备制造	248807	5149642	4266452	13195	52597
炼油、化工生产专用设备制造	70000	3047162	2615752	9521	19785
橡胶加工专用设备制造		782573	605058	3674	20161
模具制造	178807	1319907	1045642		12651
食品、饮料、烟草及饲料生产专用设备制造		89621	94726	1032	580
食品、饮料、烟草工业专用设备制造		89621	94726	1032	580
印刷、制药、日化生产专用设备制造		344572	282664	1775	198
制浆和造纸专用设备制造		192107	166405	1168	198
制药专用设备制造		152465	116259	607	
纺织、服装和皮革工业专用设备制造	10000	94114	86549		
纺织专用设备制造	10000	94114	86549		
电子和电工机械专用设备制造		2986659	2567933	4298	146453
武器弹药制造		2986659	2567933	4298	146453
医疗仪器设备及器械制造	286304	3032056	2427833	5732	90185
医疗诊断、监护及治疗设备制造	124950	1452281	973016	5732	88726
医疗、外科及兽医用器械制造	111693	1516049	1408653		1459
其他医疗设备及器械制造	49661	63726	46164		
环保、社会公共安全及其他专用设备制造	20032	1612630	1106972	8941	34823
环境污染防治专用设备制造		300364	200395	1196	4445
社会公共安全设备及器材制造	20032	120483	89452		7844
其他专用设备制造		1191783	817125	7745	22534
交通运输设备制造业	10864006	150646985	127816168	2428858	4018321
铁路运输设备制造	30348	9375592	8451937	13327	260765
铁路机车车辆及动车组制造		4916022	4577497	5542	7056
铁路机车车辆配件制造	30348	1828330	1634919	2092	17676
铁路专用设备及器材、配件制造		397124	247196	3618	17757
其他铁路设备制造及设备修理		2234116	1992325	2075	218276
汽车制造	8003798	71413353	59686561	2298466	2892384

单位：千元

其他业务利润	营业费用	管理费用	税金	财务费用	利息支出	营业利润	投资收益
496	101526	150588	27775	31581	33748	160504	
	11757	36648		226	393	36044	
	2015	5412	117	115		1125	
1525	50391	75204	27027	29666	29508	125805	
-1029	37363	33324	631	1574	3847	-2470	
17144	72194	355180	22032	78838	65958	398276	8808
17144	71114	349978	21304	72307	59427	397291	8808
	1080	5202	728	6531	6531	985	
100720	1042631	3203826	247938	613571	605136	3551594	59046
47726	643502	2071362	213641	459744	468842	2805570	15419
-61461	315667	598814	104954	162169	135285	1179168	3626
25961	10259	136681	10063	25488	18244	49845	3650
-3140	5260	21239	3393	10117	10117	53214	
718	43633	46608	8983	1446	425	-424	
85648	268683	1268020	86248	260524	304771	1523767	8143
9433	134978	378543	15407	80247	67285	289798	-266
5447	32305	218036	10520	48601	49436	131919	
2894	20852	102890	3152	10292	9400	42701	-266
1092	81821	57617	1735	21354	8449	115178	
156	1960	8352		2481	2500	-33839	851
156	1960	8352		2481	2500	-33839	851
198	2214	26317	2642	15630	15655	17170	
198	371	17754	1866	3604	3629	3003	
	1843	8563	776	12026	12026	14167	
		12192	2590			-4621	
		12192	2590			-4621	
13416	53859	282708	7361	29603	35025	85035	11084
13416	53859	282708	7361	29603	35025	85035	11084
13112	145256	222844	3253	14092	4999	217331	31862
11747	141721	181662		7601	4555	142910	30417
1365	3148	37223	2722	4672	84	63024	1442
	387	3959	531	1819	360	11397	3
16679	60862	201508	3044	11774	10830	175150	96
2341	16380	55822	190	1219	1151	35861	
2482	292	3809	427	-135	-147	29548	
11856	44190	141877	2427	10690	9826	109741	96
771110	3884238	7003533	371449	274422	1143666	6408658	189145
12397	55308	578041	36383	85167	80579	287657	46392
	5576	251425	6746	64878	61343	83965	45687
2123	31116	53732	3013	11270	10224	104549	
1190	12407	90364	2194	6425	7157	37662	
9084	6209	182520	24430	2594	1855	61481	705
234473	3032711	2739068	196620	349611	904786	1042199	23813

1-A-7 续表 28

分组	外商资本	主营业务收入	主营业务成本	主营业务税金及附加	其他业务收入
汽车整车制造	4607666	48645644	41912049	2183444	2155910
改装汽车制造		4552876	3399236	82626	164838
汽车车身、挂车的制造	21000	460739	427948		31239
汽车零部件及配件制造	3375132	17754094	13947328	32396	540397
船舶及浮动装置制造	2829860	56720799	48202184	106423	660411
金属船舶制造	974924	31043377	27590126	51032	363913
船用配套设备制造	397082	4216243	3583032	29930	76715
船舶修理及拆船	1457854	21461179	17029026	25461	219783
航空航天器制造		13137241	11475486	10642	204761
飞机制造及修理		13137241	11475486	10642	204761
电气机械及器材制造业	5067408	40861286	34726609	122566	757149
电机制造	1678823	7091848	5857692	5862	127468
电动机制造	849508	3345859	2848177	5862	95903
微电机及其他电机制造	829315	3745989	3009515		31565
输配电及控制设备制造	681276	15218525	12107450	92362	474656
变压器、整流器和电感器制造	123302	8403561	6556059	79026	149709
电容器及其配套设备制造		777287	509497	2493	5562
配电开关控制设备制造	137790	4541337	3921228	6595	311971
电力电子元器件制造	420184	1496340	1120666	4248	7414
电线、电缆、光缆及电工器材制造	936802	10560078	9605513	23869	90581
电线电缆制造	936802	10527739	9574578	23869	90581
光纤、光缆制造		32339	30935		
电池制造	113510	1330759	1147479		
家用电力器具制造	1599806	4903039	4489803	325	55807
家用制冷电器具制造	1448716	2413215	2138140	324	52382
家用空气调节器制造	78750	2363716	2236245	1	
家用厨房电器具制造	72340	126108	115418		3425
照明器具制造		79125	59200	148	
电光源制造		79125	59200	148	
其他电气机械及器材制造	57191	1677912	1459472		8637
车辆专用照明及电气信号设备装置制造	57191	1677912	1459472		8637
通信设备、计算机及其他电子设备制造业	3612150	40621533	34937878	63658	1479819
通信设备制造	101522	319799	291217	10	171
通信传输设备制造		59793	34655	10	71
移动通信及终端设备制造	101522	260006	256562		100
雷达及配套设备制造		2059648	1780700	6804	30810
广播电视设备制造		135285	85966	2774	7062
广播电视接收设备及器材制造		135285	85966	2774	7062
电子计算机制造	1389660	7308382	6732850		24996
电子计算机外部设备制造	1389660	7308382	6732850		24996
电子器件制造	517638	8441480	6998877	5014	50804
电子真空器件制造	103828	7317396	6024985	3180	44313
半导体分立器件制造	66689	469876	443211		5207
集成电路制造		282677	246241	1830	85
光电子器件及其他电子器件制造	347121	371531	284440	4	1199

单位：千元

其他业务利润	营业费用	管理费用	税金	财务费用	利息支出	营业利润	投资收益
321844	2513774	1574488	100114	50497	671605	372270	8692
-159497	207406	275950	37539	29820	29858	381746	615
1062	7536	19095	5403	5184	5064	2038	
71064	303995	869535	53564	264110	198259	286145	14506
492296	752333	2646877	108934	-355795	-31708	4664038	78128
239949	97000	1540971	69128	-127834	100	1438886	61371
38617	54538	192892	11635	43397	36918	353437	3513
213730	600795	913014	28171	-271358	-68726	2871715	13244
31944	43886	1039547	29512	195439	190009	414764	40812
31944	43886	1039547	29512	195439	190009	414764	40812
-125257	1365378	1881651	246614	356605	315273	2473319	118555
37544	167702	620207	20036	27486	45270	561830	73837
17923	48363	282490	12583	55876	42221	158782	2311
19621	119339	337717	7453	-28390	3049	403048	71526
-195349	709812	723800	83617	101389	86466	1399869	42175
-127569	459660	379561	61611	83581	71033	807673	35625
470	84234	55588	2094	11349	8974	114749	6550
-75664	113175	176586	15292	18441	7084	252071	
7414	52743	112065	4620	-11982	-625	225376	
22602	201218	249512	48231	166952	132187	264066	
22602	199415	243664	48231	165842	131077	271280	
	1803	5848		1110	1110	-7214	
	28171	73406	16568	20578	15591	61125	
1309	185230	153285	77391	42223	33412	55714	
184	112816	95469	76930	15659	10567	50991	
	67095	49125	1	14556	10837	9083	
1125	5319	8691	460	12008	12008	-4360	
	16035	18435		1530	1530	300	
	16035	18435		1530	1530	300	
8637	57210	43006	771	-3553	817	130415	2543
8637	57210	43006	771	-3553	817	130415	2543
1217097	1855858	2547785	68607	169948	233022	1151043	150392
163	5035	54539	472	-7049	-243	-24005	
70	1928	28513		24	-200	-5483	
93	3107	26026	472	-7073	-43	-18522	
17547	60797	94644	2554	11117	17665	123133	-1778
	7770	17641	301	-1138		22271	
	7770	17641	301	-1138		22271	
2489	24943	460543	17401	-19160	-4003	134105	
2489	24943	460543	17401	-19160	-4003	134105	
421	1361616	477347	16557	170228	203557	-611328	118521
-5682	1343113	415620	14212	155554	192562	-657659	118555
4819	830	11721	555	633	1018	18669	
85	5612	12509	61	906		3539	-34
1199	12061	37497	1729	13135	9977	24123	

1-A-7 续表 29

分 组	外商资本	主营业务收入	主营业务成本	主营业务税金及附加	其他业务收入
电子元件制造	1000732	4965642	4278203	6778	48949
电子元件及组件制造	593105	4298119	3667352	6762	44557
印制电路板制造	407627	667523	610851	16	4392
家用视听设备制造	332377	14624764	12848824	12743	1314835
家用影视设备制造	145105	12557672	10961237	11885	1303449
家用音响设备制造	187272	2067092	1887587	858	11386
其他电子设备制造	270221	2766533	1921241	29535	2192
仪器仪表及文化、办公用机械制造业	610913	3035233	2347432	34473	8551
通用仪器仪表制造	124536	1076514	757906	10330	3026
工业自动控制系统装置制造	11600	723974	439093	9550	2200
电工仪器仪表制造	86090	137257	136146		
供应用仪表及其他通用仪器制造	26846	215283	182667	780	826
专用仪器仪表制造		288653	222727	21630	
汽车及其他用计数仪表制造		173000	123000	21630	
地质勘探和地震专用仪器制造		115653	99727		
钟表与计时仪器制造	128599	94984	84748		557
光学仪器及眼镜制造	108133	391828	369711		
眼镜制造	108133	391828	369711		
文化、办公用机械制造	249645	1183254	912340	2513	4968
照相机及器材制造	249645	776149	656918		4968
复印和胶印设备制造		256262	161013	1582	
计算器及货币专用设备制造		150843	94409	931	
工艺品及其他制造业	756384	1745679	1371373	6270	57165
工艺美术品制造		48786	41187	193	555
地毯、挂毯制造		48786	41187	193	555
日用杂品制造	727025	807512	598943	3333	14513
鬃毛加工、制刷及清扫工具的制造	15560	57547	43013		
其他日用杂品制造	711465	749965	555930	3333	14513
煤制品制造		45732	37421	932	6871
其他未列明的制造业	29359	843649	693822	1812	35226
废弃资源和废旧材料回收加工业		1328736	861004	3939	26866
金属废料和碎屑的加工处理		956768	822858	3341	
非金属废料和碎屑的加工处理		371968	38146	598	26866
电力、燃气及水的生产和供应业	**203800**	**112397395**	**108682693**	**543577**	**1180342**
电力、热力的生产和供应业	203800	108256153	105022068	519231	712834
电力生产		28479857	27672360	142771	454940
火力发电		27976274	27282711	138442	454813
水力发电		503583	389649	4329	127
电力供应	30800	73964659	72062450	347649	146063
热力生产和供应	173000	5811637	5287258	28811	111831
燃气生产和供应业		1271725	1215713	8000	323073
水的生产和供应业		2869517	2444912	16346	144435
自来水的生产和供应		2468278	2137563	14813	144435
污水处理及其再生利用		401239	307349	1533	

单位：千元

其他业务利润	营业费用	管理费用	税金	财务费用	利息支出	营业利润	投资收益
27736	81286	276021	13183	63479	30229	215296	153
27014	53708	239653	10702	28675	2020	256668	153
722	27578	36368	2481	34804	28209	-41372	
1167212	213686	819586	14774	-36886	-16426	913818	26702
1166778	192053	723228	12882	-29961	-15655	843463	26489
434	21633	96358	1892	-6925	-771	70355	213
1529	100725	347464	3365	-10643	2243	377753	6794
2731	152451	334060	12900	31635	19326	138647	3118
1931	65921	129657	5182	12852	11251	100747	2013
1257	59721	97315	2226	6858	6651	111661	2013
	2370	9639	2771	1484		-12382	
674	3830	22703	185	4510	4600	1468	
	15163	20899	173	426	-82	-4282	
	520	2180		520		13060	
	14643	18719	173	-94	-82	-17342	
557	291	20358	1114	556	565	-10413	
-432	9685	30723	363	3380	-343	-7790	
-432	9685	30723	363	3380	-343	-7790	
675	61391	132423	6068	14421	7935	60385	1105
675		82572	4662	8068	323	30371	1105
	35182	30358	1406	6639	7612	20685	
	26209	19493		-286		9329	
4081	90299	220070	6597	22019	18121	49098	1245
186	6212	18511	514	38	56	-17170	
186	6212	18511	514	38	56	-17170	
-10113	50019	76107	4769	5743	675	63254	
	528	7593		762		5651	
-10113	49491	68514	4769	4981	675	57603	
861	6351	12585	67	142	41	-4209	
13147	27717	112867	1247	16096	17349	7223	1245
26800	4380	36871	401	288	608	94814	24
	4380	31182	275	396	608	94509	
26800		5689	126	-108		305	24
200467	**571193**	**3031943**	**223565**	**3064650**	**3208680**	**-3103742**	**244777**
-19040	103541	2125681	171852	2960375	3114328	-2258502	183035
-105271	20723	1056833	126744	1346270	1407897	-2081221	120528
-105376	20652	1049531	126739	1331811	1393433	-2169204	120528
105	71	7302	5	14459	14464	87983	
31071	51795	501425	19790	1263171	1367764	78548	60651
55160	31023	567423	25318	350934	338667	-255829	1856
187873	204669	388734	17476	56768	51056	-474973	53979
31634	262983	517528	34237	47507	43296	-370267	7763
31634	246131	494738	33302	34974	30785	-410449	7763
	16852	22790	935	12533	12511	40182	

1-A-7 续表 30

分　组	补贴收入	营业外收入	营业外支出	利润总额	应交所得税
总　计	**4593030**	**10798438**	**14035393**	**24793311**	**12573000**
总计中：国有控股企业	3690697	9026851	7837504	-7507094	6565237
总计中：轻工业	387534	1621020	2046291	7046516	1545491
重工业	4205496	9177418	11989102	17746795	11027509
总计中：大型企业	1521148	8671393	7258450	5050403	7365350
中型企业	3071882	2127045	6776943	19742908	5207650
按隶属关系分					
中央	2232014	7264955	4145488	-15868956	3987134
地方	2361016	3533483	9889905	40662267	8585866
按登记注册类型分					
内资企业	**2587827**	**9697595**	**9543382**	**15175285**	**9429354**
国有企业	793200	3408206	2871284	14838816	3405864
集体企业	4020	30353	403299	652896	138164
股份合作企业	6925	8754	44275	334828	40594
联营企业		973	1619	274960	59958
集体联营企业				27200	
国有与集体联营企业		973	3760	28850	5231
其他联营企业			-2141	218910	54727
有限责任公司	1320100	1987582	3131351	8692141	2348659
国有独资公司	460627	584554	742256	2889600	613781
其他有限责任公司	859473	1403028	2389095	5802541	1734878
股份有限公司	122478	3858330	1958701	-22481741	1263207
私营企业	340791	364337	1122255	12435810	2129347
私营独资企业	21579	13820	157264	1187703	256117
私营合作企业		475	2130	182241	61997
私营有限责任公司	306066	316542	893260	9686959	1624890
私营股份有限公司	13146	33500	69601	1378907	186343
其他企业	313	39060	10598	427575	43561
港、澳、台商投资企业	**40277**	**293836**	**1159902**	**6153531**	**1312098**
合资经营企业(港或澳、台资)	23390	266338	599484	5029889	1026964
合作经营企业(港或澳、台资)	2553	1755	1699	10010	5082
港澳台商独资经营企业	14334	25743	558491	1123756	280052
港澳台商投资股份有限公司			228	-10124	
外商投资企业	**1964926**	**807007**	**3332109**	**3464495**	**1831548**
中外合资经营企业	1927064	602832	2548081	-36373	1212018
中外合作经营企业	1109	9084	164111	337664	14509
外资企业	27373	132003	600694	2917644	545039
外商投资股份有限公司	9380	63088	19223	245560	59982
按行业小类分					
采矿业	**334250**	**1434363**	**1393160**	**16828372**	**1699521**
煤炭开采和洗选业	307010	485386	641807	2066807	667802
烟煤和无烟煤的开采洗选	307010	485386	641807	2066807	667802
石油和天然气开采业		800507	431166	9773861	77094

单位：千元

亏损企业亏损总额	利税总额	本年应付工资总额	本年应付福利费总额	本年应交增值税	本年进项税额	本年销项税额	全部从业人员年平均人数（人）
51985721	**84121191**	**68217253**	**8657157**	**41786864**	**168187474**	**186777404**	**1933837**
47700506	34931020	44633022	5364940	28471156	126706811	136617307	1069743
3036640	13581623	10700941	1157797	3698274	10369861	12302448	362082
48949081	70539568	57516312	7499360	38088590	157817613	174474956	1571755
37733311	44332446	43749773	5454589	27164003	120935231	129932164	1067601
14252410	39788745	24467480	3202568	14622861	47252243	56845240	866236
44244062	10840722	25245368	1925025	16850583	85705428	88276818	528279
7741659	73280469	42971885	6732132	24936281	82482046	98500586	1405558
40907799	**64961556**	**54987728**	**6775301**	**35589354**	**138385180**	**154170159**	**1531543**
6935440	36639325	22535557	1765097	17200102	46694465	55151742	530000
97561	1559644	1220983	187749	654404	1626537	2289837	64215
	483932	135442	22458	65535	338464	363349	7908
	460448	233778	23167	168911	18666	187343	8781
	72500	84650	11850	42300		42300	1693
	86211	120378	6258	51184	32047	82997	6510
	301737	28750	5059	75427	-13381	62046	578
4053602	19016018	16931097	2240474	7932109	26302324	31056321	488381
624950	5392854	4624064	1051403	2234073	8177595	9619935	126380
3428652	13623164	12307033	1189071	5698036	18124729	21436386	362001
29385087	-11905781	7330163	1659325	4889160	50807321	48760686	181899
436109	18175596	6443220	861275	4586180	10983582	14837357	240749
44047	2047025	931501	145004	608773	1252330	1596772	38527
3689	257008	84717	17796	69531	338681	408183	4194
388373	14132191	5004669	589884	3608176	8460563	11673865	183526
	1739372	422333	108591	299700	932008	1158537	14502
	532374	157488	15756	92953	1613821	1523524	9610
832963	**8035832**	**2544977**	**295442**	**1563906**	**5189650**	**6523183**	**79845**
156401	5955317	1579698	216808	710774	3579807	4199741	48539
54790	51107	136559	9101	41097	81345	103822	4992
611648	2038408	825104	69533	810911	1505246	2219620	25949
10124	-9000	3616		1124	23252		365
10244959	**11123803**	**10684548**	**1586414**	**4633604**	**24612644**	**26084062**	**322449**
8941090	5573415	5095627	641026	2805426	19000934	20548631	127079
	419012	431072	46626	73119	145001	176559	10630
1025581	4587596	4637569	873135	1529759	4987572	4666305	176753
278288	543780	520280	25627	225300	479137	692567	7987
147854	**25947993**	**12961248**	**832445**	**7491563**	**9397395**	**17171560**	**358519**
24053	5096365	4921673	281069	2536119	3226472	5623223	159570
24053	5096365	4921673	281069	2536119	3226472	5623223	159570
56262	13912061	6217893	394572	3420224	4947156	9022500	134349

1-A-7 续表 31

分　　组	补贴收入	营业外收入	营业外支出	利润总额	应交所得税
天然原油和天然气开采		12750	105160	9828190	56520
与石油和天然气开采有关的服务活动		787757	326006	-54329	20574
黑色金属矿采选业	12067	66475	118953	3698817	710725
铁矿采选	12067	60932	118615	3598989	702261
其他黑色金属矿采选		5543	338	99828	8464
有色金属矿采选业	3582	29127	190118	1143159	220396
常用有色金属矿采选	3582	23778	158651	673712	149645
铜矿采选		22792	151841	206197	32929
铅锌矿采选	3582	608	5484	401082	101585
镁矿采选		378	1326	66433	15131
贵金属矿采选		2134	24601	28395	7732
金矿采选		2134	24601	28395	7732
稀有稀土金属矿采选		3215	6866	441052	63019
钨钼矿采选			6766	421864	58455
放射性金属矿采选		3215	100	19188	4564
非金属矿采选业	11591	52868	11116	145728	23504
化学矿采选	11591	453	10662	62237	3622
采盐		52415	453	67700	16790
石棉及其他非金属矿采选			1	15791	3092
其他非金属矿采选			1	15791	3092
制造业	**3399114**	**8849100**	**11780671**	**10979133**	**10791907**
农副食品加工业	137884	114974	810816	3452087	307785
谷物磨制		300	70300	194401	22015
饲料加工	4669	1619	26993	386417	88368
植物油加工	7518	1319	7781	1467107	48432
食用植物油加工	7518	1319	7781	1467107	48432
制糖	86	1215	31215	58	13
屠宰及肉类加工	109784	25356	363059	568422	75499
畜禽屠宰	66151	19280	355165	349482	47431
肉制品及副产品加工	43633	6076	7894	218940	28068
水产品加工	8125	74443	299948	548923	71148
水产品冷冻加工	8112	74229	299682	554634	70687
鱼糜制品及水产品干腌制加工	13	146	264	-4069	461
其他水产品加工		68	2	-1642	
蔬菜、水果和坚果加工		1183	145	24299	1501
其他农副食品加工	7702	9539	11375	262460	809
淀粉及淀粉制品的制造	7702	9539	594	259512	732
豆制品制造			10781	2948	77
食品制造业	7769	4980	110786	414399	95590
焙烤食品制造	7187	172	335	58116	9961
糕点、面包制造		172	335	42398	9961
饼干及其他焙烤食品制造	7187			15718	
糖果、巧克力及蜜饯制造		126	806	19225	9552
糖果、巧克力制造		126	806	19225	9552
方便食品制造		8	64333	130113	31313
方便面及其他方便食品制造		8	64333	130113	31313

单位：千元

亏损企业亏损总额	利税总额	本年应付工资总额	本年应付福利费总额	本年应交增值税	本年进项税额	本年销项税额	全部从业人员年平均人数（人）
	13409140	1931400	150220	2998550	2831700	5745310	28775
56262	502921	4286493	244352	421674	2115456	3277190	105574
53160	5154203	1107975	104225	1119802	825243	1798107	33881
53160	5032603	1081495	101932	1102002	822712	1777467	32451
	121600	26480	2293	17800	2531	20640	1430
14379	1561286	536315	43234	370374	365341	652674	22948
3389	966963	301734	25824	267972	311449	549955	13429
	315083	119113	12824	101536	162171	241339	4026
	512167	130135	10020	96848	54548	144298	7362
3389	139713	52486	2980	69588	94730	164318	2041
	29618	33284	3353	5		5	2331
	29618	33284	3353	5		5	2331
10990	564705	201297	14057	102397	53892	102714	7188
10990	545447	185115	12295	102397	53892	102714	6692
	19258	16182	1762				496
	224078	177392	9345	45044	33183	75056	7771
	97864	103441	7723	17141	11783	25753	4598
	103944	58686	95	22066	15782	37848	2818
	22270	15265	1527	5837	5618	11455	355
	22270	15265	1527	5837	5618	11455	355
47817356	**55183594**	**48417855**	**7190889**	**28835080**	**146354887**	**160158624**	**1432172**
99126	4350319	2248686	203141	656004	3279071	3707503	72367
	199823	64995	6664	4958	78639	76725	1551
10857	516362	356950	31061	118131	182368	393709	8709
	1678375	79271	10647	194007	937546	1108695	4218
	1678375	79271	10647	194007	937546	1108695	4218
	13561	13314	254	10731	59250	69550	640
33833	848102	607150	45441	145269	1338463	1361432	23402
	539699	350270	36756	84184	642349	657464	12161
33833	308403	256880	8685	61085	696114	703968	11241
12683	703199	1028087	104913	96060	269122	261961	28226
4748	708792	992381	103279	96060	252912	258630	26731
6293	-3951	19366			15018	1782	1115
1642	-1642	16340	1634		1192	1549	380
	31428	20814	1095	3294	82519	86867	1328
41753	359469	78105	3066	83554	331164	348564	4293
41753	355778	71105	3066	83202	331164	348564	3943
	3691	7000		352			350
30940	629505	552333	46648	175143	528284	637640	15204
	84903	34985	731	24680	17230	35569	1662
	62730	16665	731	18339	17230	35569	746
	22173	18320		6341			916
	31657	10722	745	12429	28085	40475	745
	31657	10722	745	12429	28085	40475	745
715	204959	134157	13968	74434	156204	225566	3140
715	204959	134157	13968	74434	156204	225566	3140

1-A-7 续表 32

分　组	补贴收入	营业外收入	营业外支出	利润总额	应交所得税
液体乳及乳制品制造		378	124	159109	30607
罐头制造		182	44679	22636	
水产品罐头制造		182	4715	4472	
蔬菜、水果罐头制造			39964	18164	
调味品、发酵制品制造		451	5	-17203	
味精制造		451	5	-17203	
其他食品制造	582	3663	504	42403	14157
冷冻饮品及食用冰制造		53	232	7655	5062
盐加工	582	3610	272	34748	9095
饮料制造业	697	21021	31014	1038408	256550
酒的制造	697	7793	59078	734981	179571
白酒制造	353	573	2585	105382	
啤酒制造	344	7220	56493	629599	179571
软饮料制造		13228	-28064	303427	76979
碳酸饮料制造		1758	-1679	84972	22254
瓶(罐)装饮用水制造				2258	384
含乳饮料和植物蛋白饮料制造		11470		42056	10807
茶饮料及其他软饮料制造			-26385	174141	43534
烟草制品业	400	12299	7865	445158	110132
烟叶复烤				-5636	
卷烟制造	400	12299	7865	450794	110132
纺织业	22427	23059	41383	86652	24954
棉、化纤纺织及印染精加工	18365	12820	34283	-23372	-1220
棉、化纤纺织加工	13973	7598	28909	-58200	3551
棉、化纤印染精加工	4392	5222	5374	34828	-4771
毛纺织和染整精加工	1825	86	8	1235	750
毛条加工	1825			3000	750
毛纺织		86	8	-1765	
麻纺织				5680	
丝绢纺织及精加工				44840	6000
缫丝加工				44840	6000
纺织制成品制造	1344	5549	2465	9134	9730
棉及化纤制品制造	1344	2945	1262	-40182	349
无纺布制造		2602	1203	49592	9381
其他纺织制成品制造		2		-276	
针织品、编织品及其制品制造	893	4604	4627	49135	9694
棉、化纤针织品及编织品制造		4510	4425	28404	4420
毛针织品及编织品制造		81	63	466	192
其他针织品及编织品制造	893	13	139	20265	5082
纺织服装、鞋、帽制造业	160	90601	180702	603529	94302
纺织服装制造	160	90451	180538	607700	94302
纺织面料鞋的制造		150	164	-4171	
皮革、毛皮、羽毛(绒)及其制品业		3577	13716	-858	36
皮革制品制造		3577	13716	-858	36
皮鞋制造		53	192	-1911	36
皮箱、包(袋)制造		3524	13524	1053	
木材加工及木、竹、藤、棕、草制品业	13030	5727	3989	208453	10848

单位：千元

亏损企业亏损总额	利税总额	本年应付工资总额	本年应付福利费总额	本年应交增值税	本年进项税额	本年销项税额	全部从业人员年平均人数（人）
12557	218681	267417	11394	26392	255405	228122	4912
	32274	64560	8303	9602	705	10307	1430
	4472	19250	2695				385
	27802	45310	5608	9602	705	10307	1045
17203	-7501	17133	1862	8725	57121	65501	1547
17203	-7501	17133	1862	8725	57121	65501	1547
465	64532	23359	9645	18881	13534	32100	1768
465	18073	11623	8568	9386	6836	16084	850
	46459	11736	1077	9495	6698	16016	918
43073	2144442	570781	76098	500756	853652	1334013	20020
43073	1751207	356271	42721	412960	565858	954044	15041
213	181630	63035	4800	19791	31008	50753	2343
42860	1569577	293236	37921	393169	534850	903291	12698
	393235	214510	33377	87796	287794	379969	4979
	103199	136763	26471	18099	194859	205169	3096
	2818	18300	915	166	49786	49620	305
	44606	9060		1060	20076	33636	410
	242612	50387	5991	68471	23073	91544	1168
5636	2501058	163360	15901	474836	239796	706347	2313
5636	718	5280	120	5710			440
	2500340	158080	15781	469126	239796	706347	1873
133195	325137	709933	94629	208135	868802	874729	37239
87120	99771	466288	53260	114156	624686	649285	23055
74372	24875	335234	41206	77452	389037	424052	18368
12748	74896	131054	12054	36704	235649	225233	4687
1765	18737	41460	9125	13800	60358	62800	2095
	13720	14400		7690	23454	31144	1200
1765	5017	27060	9125	6110	36904	31656	895
	6240	14220	2370	320			474
	117680	17020	5160	59660			508
	117680	17020	5160	59660			508
42183	18898	66687	18033	6703	126307	110269	3833
41907	-36476	52660	16423	1011	20821	5049	3122
	55391	5070	498	5433	87825	89342	327
276	-17	8957	1112	259	17661	15878	384
2127	63811	104258	6681	13496	57451	52375	7274
1692	40830	61407	6473	11292	34798	37124	4198
435	1714	18147	208	1202	18016	12968	1120
	21267	24704		1002	4637	2283	1956
11819	784695	1531415	147718	163546	515075	502702	45630
7648	788127	1428295	142875	162807	515075	502702	40735
4171	-3432	103120	4843	739			4895
2213	1362	44036	1388	2220	16521	10846	2400
2213	1362	44036	1388	2220	16521	10846	2400
2213	-1911	33155	1200		8000	105	1790
	3273	10881	188	2220	8521	10741	610
20970	265889	145787	8597	50315	364766	316913	9555

1-A-7 续表 33

分　组	补贴收入	营业外收入	营业外支出	利润总额	应交所得税
锯材、木片加工			90	-4365	22
锯材加工			90	-4365	22
人造板制造	5107	3256	860	120761	3340
胶合板制造				27692	220
纤维板制造	5107	3256	860	-9704	
刨花板制造				9714	2429
其他人造板、材制造				93059	691
木制品制造	7923	2471	3039	92057	7486
建筑用木料及木材组件加工	6263	811	2411	87923	7486
软木制品及其他木制品制造	1660	1660	628	4134	
家具制造业		57457	46112	299052	46583
木质家具制造		57457	46112	299052	46583
造纸及纸制品业		5651	40993	-91549	1527
造纸		5567	28504	-109720	1330
机制纸及纸板制造		5567	28504	-109720	1330
纸制品制造		84	12489	18171	197
纸和纸板容器的制造			20	10134	197
其他纸制品制造		84	12469	8037	
印刷业和记录媒介的复制	5657	1002	707	80279	17651
印刷	5637	1002	707	43919	12382
书、报、刊印刷		390	101	11460	3092
包装装潢及其他印刷	5637	612	606	32459	9290
装订及其他印刷服务活动				14139	2477
记录媒介的复制	20			22221	2792
文教体育用品制造业		46	88	-233	
体育用品制造		30	10	4606	
运动防护用具制造		30	10	4606	
乐器制造		16	78	-4839	
西乐器制造		16	27	-5626	
电子乐器制造			51	787	
石油加工、炼焦及核燃料加工业	1709047	2876337	411743	-35080935	194878
精炼石油产品的制造	1705957	2875931	411240	-35713235	85980
原油加工及石油制品制造	1705957	2875931	411240	-35713235	85980
炼焦	3090	406	503	632300	108898
化学原料及化学制品制造业	19710	1301255	1414829	2078219	253063
基础化学原料制造	1552	107606	140426	-409132	51789
无机碱制造		87871	117717	-549412	17817
无机盐制造	1552	53	228	19412	3381
有机化学原料制造		6309	5497	137089	24388
其他基础化学原料制造		13373	16984	-16221	6203
肥料制造	5284	107173	19084	52527	79343
氮肥制造	4149	106708	18247	39603	76302
复混肥料制造	1135	465	837	12924	3041

单位：千元

亏损企业亏损总额	利税总额	本年应付工资总额	本年应付福利费总额	本年应交增值税	本年进项税额	本年销项税额	全部从业人员年平均人数（人）
4365	-2839	12288		1367	4000	16	614
4365	-2839	12288		1367	4000	16	614
9704	135712	55208	3227	10275	224999	236829	3461
	31501	22435	1220	1620	18108	22340	1960
9704	-3038	20136	1431	6666	18463	25130	806
	12730	8517		529	33131	32602	335
	94519	4120	576	1460	155297	156757	360
6901	133016	78291	5370	38673	135767	80068	5480
6800	128170	67779	4797	38448	114994	77439	4607
101	4846	10512	573	225	20773	2629	873
10121	414036	306370	45601	55648	407378	430576	14726
10121	414036	306370	45601	55648	407378	430576	14726
128289	-39397	113609	8493	46198	83562	114179	10166
128289	-72078	79951	7318	34293	77530	106403	8149
128289	-72078	79951	7318	34293	77530	106403	8149
	32681	33658	1175	11905	6032	7776	2017
	20001	19550	1175	7604	6032	7776	1039
	12680	14108		4301			978
4351	134352	138559	3091	49714	138526	185797	4031
4351	96486	102770	2861	49691	137778	185679	3053
4351	31608	50678	2657	18087	22031	39479	1545
	64878	52092	204	31604	115747	146200	1508
	14139	4765	230		653		634
	23727	31024		23	95	118	344
16544	2716	53397	6413	2949	70247	17878	3197
	6468	7616	1071	1862	6587	8449	422
	6468	7616	1071	1862	6587	8449	422
16544	-3752	45781	5342	1087	63660	9429	2775
14133	-4539	29554	4153	1087	22539	9394	1740
2411	787	16227	1189		41121	35	1035
36253303	-27426900	2221228	241063	1833659	39358610	38401691	43486
36253303	-28356328	2176807	234833	1559813	39063330	37833204	41986
36253303	-28356328	2176807	234833	1559813	39063330	37833204	41986
	929428	44421	6230	273846	295280	568487	1500
1043174	3315961	2171427	281588	666954	8224642	7876886	79889
608859	-168529	397678	48718	213322	1305190	1480990	19213
549412	-480115	121412	27167	59819	297585	354144	10033
	37884	27092	3689	14889	48417	61483	1157
35262	207878	61156	6323	68064	303712	341015	3282
24185	65824	188018	11539	70550	655476	724348	4741
257204	226856	586891	95482	143802	614522	551377	21837
257204	209399	568176	93740	139643	587573	542637	20137
	17457	18715	1742	4159	26949	8740	1700

1-A-7 续表 34

分 组	补贴收入	营业外收入	营业外支出	利润总额	应交所得税
农药制造	180	6817	551	89988	3386
化学农药制造	180	6817	551	89988	3386
涂料、油墨、颜料及类似产品制造	8816	18453	16389	39865	318
涂料制造		157	589	-2898	318
颜料制造		2221	15218	67130	
染料制造	8816	16075	582	-24367	
合成材料制造	2329	1038967	1195373	1747666	13029
初级形态的塑料及合成树脂制造	2329	1710	16068	34893	13029
合成橡胶制造		1004		-10260	
合成纤维单(聚合)体的制造		1036253	1179305	1723033	
专用化学产品制造	1549	22149	42958	564031	105198
化学试剂和助剂制造	1200	2029	1605	131355	22204
专项化学用品制造	349	56	2772	66515	17838
炸药及火工产品制造		11165	35709	36710	12539
信息化学品制造		8794	2235	302476	45704
其他专用化学产品制造		105	637	26975	6913
日用化学产品制造		90	48	-6726	
肥皂及合成洗涤剂制造		90	48	-6726	
医药制造业	12430	30184	357054	1388853	265148
化学药品原药制造	10228	3340	256752	406399	85255
化学药品制剂制造	37	16940	37456	345593	41067
中药饮片加工	258		43	8345	635
中成药制造	1907	5905	1746	115873	14137
兽用药品制造		3117	726	35072	6408
生物、生化制品的制造		882	60331	477571	117646
化学纤维制造业		969680	185837	-2026723	300
纤维素纤维原料及纤维制造			3020	-82770	
人造纤维(纤维素纤维)制造			3020	-82770	
合成纤维制造		969680	182817	-1943953	300
锦纶纤维制造		606	81	13906	300
涤纶纤维制造		345207	120993	-287710	
腈纶纤维制造		623867	61743	-1670149	
橡胶制品业	13866	15641	365071	181034	57604
轮胎制造	210	1434	398760	113486	39044
车辆、飞机及工程机械轮胎制造	200	1433	392542	108174	39044
力车胎制造	10	1	6218	5312	
橡胶板、管、带的制造	12045	14198	-33921	51647	14843
橡胶零件制造		9	147	17949	3679
日用及医用橡胶制品制造	927		85	52	38
橡胶靴鞋制造	684			-2100	
塑料制品业	70	34163	237096	1149421	163647
塑料薄膜制造			14246	1500	375
塑料板、管、型材的制造	70	6242	151313	845012	133761
塑料丝、绳及编织品的制造		548	1438	325648	3018
泡沫塑料制造		848	35865	-159996	4838

单位：千元

亏损企业亏损总额	利税总额	本年应付工资总额	本年应付福利费总额	本年应交增值税	本年进项税额	本年销项税额	全部从业人员年平均人数（人）
1522	102834	58547	8730	10844	78891	61555	2292
1522	102834	58547	8730	10844	78891	61555	2292
123026	109619	123521	6043	52823	147585	161448	6280
3696	7979	20322	2	8571	12043	20614	930
93898	102869	54943	4430	24046	43504	41308	2284
25432	-1229	48256	1611	20206	92038	99526	3066
18760	2269623	656238	41264	45450	5563629	5018930	14228
8500	102968	79064	7304	42360	194293	218286	2871
10260	-6197	11334	1172	3090	4727	5426	760
	2172852	565840	32788		5364609	4795218	10597
27077	778509	340021	80544	197312	494042	578443	15258
	146073	32786	1530	12878	89817	88757	1381
21777	138662	61846	60470	63810	105681	78228	1812
5300	104900	221945	16080	62337	162581	218559	10592
	348145	14064	1634	45669	112134	157803	960
	40729	9380	830	12618	23829	35096	513
6726	-2951	8531	807	3401	20783	24143	781
6726	-2951	8531	807	3401	20783	24143	781
27210	2007075	811409	125396	555828	445345	900210	22605
27210	643002	470220	76908	197624	343725	500442	11953
	433521	76232	11237	81879	40640	97801	3362
	24257	11130	2298	6754	5844	12598	552
	184804	66837	7689	66791	38364	104724	3128
	44324	19676	1173	8338		8338	421
	677167	167314	26091	194442	16772	176307	3189
2040629	-1657831	1224890	92396	287722	1099049	1209087	26783
82770	-67532	64249	2808	13728	132493	138322	5360
82770	-67532	64249	2808	13728	132493	138322	5360
1957859	-1590299	1160641	89588	273994	966556	1070765	21423
	24724	11266	2224	10532	50230	60762	983
287710	-109368	654262	18075	144109	384675	392567	12123
1670149	-1505655	495113	69289	119353	531651	617436	8317
111246	665228	634703	123425	445868	614559	1084652	18559
99769	546140	457718	96885	397214	527283	968061	11262
99769	535628	451693	96885	392017	516734	962139	10832
	10512	6025		5197	10549	5922	430
9377	95171	136231	19314	41727	65078	95189	4812
	25096	22487	7669	6454	5118	10747	824
	328	5451	-449	253	3521	354	461
2100	-1507	12816	6	220	13559	10301	1200
183831	1311451	469904	90210	153422	1570517	1623366	16984
	11419	13554	1490	9884	13634	23518	300
	881562	88326	25476	36359	986201	1007023	2811
	353217	91192	10215	22729	239817	257860	3319
177502	-141060	28046	628	18880	58813	70393	1531

1-A-7 续表 35

分　组	补贴收入	营业外收入	营业外支出	利润总额	应交所得税
塑料人造革、合成革制造			8000	31650	7912
塑料包装箱及容器制造		9461	19858	30346	774
塑料零件制造		449	1913	41615	7207
其他塑料制品制造		16615	4463	33646	5762
非金属矿物制品业	151898	194413	434879	3356665	695037
水泥、石灰和石膏的制造	120086	107469	72287	340598	67988
水泥制造	119792	107429	71976	345993	67731
石灰和石膏制造	294	40	311	-5395	257
水泥及石膏制品制造	4180	802	1595	146907	4508
水泥制品制造	4180	802	1595	48057	4508
石棉水泥制品制造				98850	
砖瓦、石材及其他建筑材料制造		4226	2052	719957	143748
粘土砖瓦及建筑砌块制造		2922	50	3851	83
建筑陶瓷制品制造				680005	131797
建筑用石加工			892	-2674	-243
防水建筑材料制造		1230	460	-13937	
隔热和隔音材料制造				47830	11957
其他建筑材料制造		74	650	4882	154
玻璃及玻璃制品制造	1950	2167	90955	-118057	2135
平板玻璃制造	1369	1158	223	-153796	
技术玻璃制品制造			-5859	8358	2089
日用玻璃制品及玻璃包装容器制造			95485	26084	
玻璃保温容器制造	581	1009	1106	1297	46
陶瓷制品制造		5078	2756	61569	10516
特种陶瓷制品制造		5078	2756	61569	10516
耐火材料制品制造	21049	72097	261977	1968200	432142
耐火陶瓷制品及其他耐火材料制造	21049	72097	261977	1968200	432142
石墨及其他非金属矿物制品制造	4633	2574	3257	237491	34000
石墨及碳素制品制造		400	2491	169432	28486
其他非金属矿物制品制造	4633	2174	766	68059	5514
黑色金属冶炼及压延加工业	40808	609926	2125601	10676852	3906111
炼铁	20142	5538	56249	197379	55660
炼钢		71646	17331	300319	61237
钢压延加工	20466	492042	1946213	9339067	3582176
铁合金冶炼	200	40700	105808	840087	207038
有色金属冶炼及压延加工业	212229	473360	873331	2339871	491614
常用有色金属冶炼	177771	328825	143589	-1571036	-297892
铜冶炼	26814	63	500	-153605	
铅锌冶炼	150957	318526	7917	-1499978	-320890
镍钴冶炼			4399	32747	5512
铝冶炼		9440	15671	11941	-1096
其他常用有色金属冶炼		796	115102	37859	18582
贵金属冶炼	7545	3904	1859	66795	17514
金冶炼	7545	3904	1859	66795	17514
稀有稀土金属冶炼	400	1389	338295	120160	3070

单位：千元

亏损企业 亏损总额	利税总额	本年应付 工资总额	本年应付 福利费总额	本年应交 增值税	本年进项 税额	本年销项 税额	全部从业 人员年 平均人数 (人)
	37910	12000	1440	5642	122778	128420	400
	58349	69616	20757	26090	87911	79373	1816
3008	63864	100562	18582	22249	23021	29001	4450
3321	46190	66608	11622	11589	38342	27778	2357
258749	5496448	2193541	412106	1886160	4162333	5923702	83910
15918	822444	370397	30017	435442	632189	1074252	18916
8948	812810	340301	29074	422671	616891	1047798	18146
6970	9634	30096	943	12771	15298	26454	770
15100	194081	139399	18293	39962	62299	92651	4215
15100	91220	82399	8793	39962	62299	92651	3615
	102861	57000	9500				600
16879	861789	158888	7686	91280	277155	338136	7712
	6944	6405	512	2567	300	2867	339
	802738	78607	3138	74003		74003	5179
2942	1722	48360	2040	3946	195005	191059	1177
13937	-7084	4830	676	6202	23350	29552	365
	50202	12070	1320	2177	38443	40213	300
	7267	8616		2385	20057	442	352
193500	-47137	101031	9837	52497	310803	316176	5398
193500	-96764	63985	6813	46002	293089	289555	3943
	13635	13854	2017	5277	3455	8732	300
	33650	16000		560			800
	2342	7192	1007	658	14259	17889	355
	89248	46777	17204	23657	131167	134736	2247
	89248	46777	17204	23657	131167	134736	2247
15884	3292738	1223361	299727	1210244	2586438	3779429	40120
15884	3292738	1223361	299727	1210244	2586438	3779429	40120
1468	283285	153688	29342	33078	162282	188322	5302
	173292	43115	4724	2820	109804	101849	1453
1468	109993	110573	24618	30258	52478	86473	3849
2992023	25149642	10578705	1839136	11970503	42301199	50220331	251685
62333	446694	281062	44926	207348	740818	959739	11292
	961050	661924	94013	536107	2929947	3161180	25381
2881978	22430068	9391180	1671095	10889383	37203943	44544877	204833
47712	1311830	244539	29102	337665	1426491	1554535	10179
1881652	3700806	1084208	133732	1068101	4589379	5611894	43332
1753298	-915012	572511	24415	601580	2051803	2617786	26722
153605	77477	42687	16568	229479	455112	757197	1576
1499978	-1198809	393370		260158	1029839	1197732	18150
57530	37065	50916	616	3880	99907	92501	3039
	61558	44648	1292	44418	247582	292000	2001
42185	107697	40890	5939	63645	219363	278356	1956
15151	74030	44493	4633	4525	9948	7394	2337
15151	74030	44493	4633	4525	9948	7394	2337
15190	234870	55879	5179	66354	256431	321245	1523

1-A-7　续表 36

分　　组	补贴收入	营业外收入	营业外支出	利润总额	应交所得税
钨钼冶炼			262165	135350	3070
稀土金属冶炼			51	-1524	
其他稀有金属冶炼	400	1389	76079	-13666	
有色金属压延加工	26513	139242	389588	3723952	768922
常用有色金属压延加工	26513	139242	389588	3723952	768922
金属制品业	111041	198855	1256423	1394984	179300
结构性金属制品制造	109786	154680	1211131	594296	69933
金属结构制造	4017	28656	53179	183141	41026
金属门窗制造	105769	126024	1157952	411155	28907
金属工具制造		874	855	-22507	4432
切削工具制造		874	855	-22507	4432
集装箱及金属包装容器制造	1028	2054	18305	559622	53501
集装箱制造	250	1046	508	330151	
金属压力容器制造	563	810	3676	162605	45760
金属包装容器制造	215	198	14121	66866	7741
金属丝绳及其制品的制造	200	3189	1270	51728	12176
建筑、安全用金属制品制造				14037	2360
建筑装饰及水暖管道零件制造				14037	2360
金属表面处理及热处理加工	27	13709	2700	47611	882
不锈钢及类似日用金属制品制造		5442	15990	11291	450
金属制厨用器皿及餐具制造		5442	15990	11291	450
其他金属制品制造		18907	6172	138906	35566
铸币及贵金属制实验室用品制造		18116	4444	105067	28179
其他未列明的金属制品制造		791	1728	33839	7387
通用设备制造业	166279	193585	411871	5464121	1001224
锅炉及原动机制造	3856	2996	74984	258323	42154
锅炉及辅助设备制造	3856	154	376	9532	616
内燃机及配件制造		2842	74608	248791	41538
金属加工机械制造	85795	57145	138907	1553060	244493
金属切削机床制造	85795	57121	133984	1521669	232548
金属成形机床制造			4846	12285	3930
机床附件制造		24	77	19106	8015
起重运输设备制造	16584	9336	80735	643094	92853
泵、阀门、压缩机及类似机械的制造	21642	9988	34592	408136	77791
泵及真空设备制造	10111	4209	15867	261928	47768
气体压缩机械制造	207		-3522	3	
阀门和旋塞的制造	11324	4554	18888	136166	25758
液压和气压动力机械及元件制造		1225	3359	10039	4265
轴承、齿轮、传动和驱动部件的制造	18387	20404	70284	1097832	253324
轴承制造	5205	20302	19293	1001846	239178
齿轮、传动和驱动部件制造	13182	102	50991	95986	14146
风机、衡器、包装设备等通用设备	1945	17811	-5896	878244	177803
风机、风扇制造			-20828	158402	52981
制冷、空调设备制造	1945	17280	12586	682885	114893
风动和电动工具制造		472	1883	8329	4500
其他通用设备制造		59	463	28628	5429

单位：千元

亏损企业亏损总额	利税总额	本年应付工资总额	本年应付福利费总额	本年应交增值税	本年进项税额	本年销项税额	全部从业人员年平均人数（人）
	200203	7950	790	21438	114519	135957	393
1524	4632	25060	3200	5546	29279	33285	587
13666	30035	22869	1189	39370	112633	152003	543
98013	4306918	411325	99505	395642	2271197	2665469	12750
98013	4306918	411325	99505	395642	2271197	2665469	12750
123816	2290525	1623673	273816	758392	2023992	2453611	49405
26918	1099789	960764	114500	430773	1001317	1409936	27010
26918	304193	210659	39897	106400	387356	473068	8959
	795596	750105	74603	324373	613961	936868	18051
33194	-10985	55529	30158	11198	45147	34315	2034
33194	-10985	55529	30158	11198	45147	34315	2034
57262	684643	218009	72690	113558	532284	417361	8065
57262	330151	77465	11559		330517	110964	2570
	241769	79187	50683	74701	135117	214025	2295
	112723	61357	10448	38857	66650	92372	3200
	84609	60761	9665	32180	78762	75233	1796
	38527	9982	779	23998	35227	59225	390
	38527	9982	779	23998	35227	59225	390
	91911	142969	14456	39729	68790	104561	5046
6442	58539	61832	10318	10728	22365	18898	2377
6442	58539	61832	10318	10728	22365	18898	2377
	243492	113827	21250	96228	240100	334082	2687
	189314	74129	16238	75898	141947	217690	1353
	54178	39698	5012	20330	98153	116392	1334
103255	7916822	4685724	775593	2216677	9011249	10252518	147156
	348436	146261	27890	79612	484248	533592	6530
	30348	71802	17334	18915	67341	85426	2915
	318088	74459	10556	60697	416907	448166	3615
7341	2284443	1206195	145569	636503	2676367	3122483	36158
	2237139	1141621	137097	622153	2583662	3012302	33937
7341	20204	45413	6820	7654	18188	25842	1160
	27100	19161	1652	6696	74517	84339	1061
22584	731628	357617	36264	76771	1166232	967965	10376
26466	649337	551340	59447	212928	613405	779822	15446
	369700	276796	34398	101682	417194	500091	7433
	1301	20010	3601	1176	1307	2483	402
19623	217644	146279	12801	63468	162096	197838	4905
6843	60692	108255	8647	46602	32808	79410	2706
2993	1622786	914685	320743	490108	1343495	1780229	29436
2993	1480036	851185	311163	447641	1285123	1708848	27685
	142750	63500	9580	42467	58372	71381	1751
36453	1388001	815903	99125	483000	2047508	2274423	21581
	272333	266984	46884	99263	485494	584707	5779
	1027943	445030	38942	333378	1460737	1606090	12976
9263	13416	47522	11546	5087	40809	5779	1972
27190	74309	56367	1753	45272	60468	77847	854

1-A-7 续表 37

分　组	补贴收入	营业外收入	营业外支出	利润总额	应交所得税
通用零部件制造及机械修理		12430	3528	169406	35618
金属密封件制造		150	1504	34690	7484
紧固件、弹簧制造				1125	
机械零部件加工及设备修理		9673	1250	134228	28035
其他通用零部件制造		2607	774	-637	99
金属铸、锻加工	18070	63475	14737	456026	77188
钢铁铸件制造	18070	63397	13708	455992	77188
锻件及粉末冶金制品制造		78	1029	34	
专用设备制造业	193622	263981	736213	3277266	471885
矿山、冶金、建筑专用设备制造	169778	232573	711036	2510344	394081
采矿、采石设备制造	160703	10827	635843	718481	138482
石油钻采专用设备制造	284	1698	2440	53037	13406
建筑工程用机械制造	8068		42474	18808	1729
建筑材料生产专用机械制造	83	3710	769	2600	756
冶金专用设备制造	640	216338	29510	1717418	239708
化工、木材、非金属加工专用设备制造	100	1838	6189	285281	32266
炼油、化工生产专用设备制造	100	1175	4474	128720	5097
橡胶加工专用设备制造		145	330	42250	9721
模具制造		518	1385	114311	17448
食品、饮料、烟草及饲料生产专用设备制造		1629	567	-31926	
食品、饮料、烟草工业专用设备制造		1629	567	-31926	
印刷、制药、日化生产专用设备制造		600	6417	11353	3172
制浆和造纸专用设备制造		600	361	3242	1850
制药专用设备制造			6056	8111	1322
纺织、服装和皮革工业专用设备制造			-1335	-3286	
纺织专用设备制造			-1335	-3286	
电子和电工机械专用设备制造	9762	12385	4383	93037	12781
武器弹药制造	9762	12385	4383	93037	12781
医疗仪器设备及器械制造		6926	4449	219808	15978
医疗诊断、监护及治疗设备制造		6572	2010	147472	9249
医疗、外科及兽医用器械制造		339	2408	60955	4582
其他医疗设备及器械制造		15	31	11381	2147
环保、社会公共安全及其他专用设备制造	13982	8030	4507	192655	13607
环境污染防治专用设备制造	391		3900	32352	1665
社会公共安全设备及器材制造		100	204	29444	3296
其他专用设备制造	13591	7930	403	130859	8646
交通运输设备制造业	524991	928101	1182669	6188653	1243125
铁路运输设备制造	43651	108914	4267	394265	135188
铁路机车车辆及动车组制造	41690	103923	1673	186215	93355
铁路机车车辆配件制造		392	427	104514	14503
铁路专用设备及器材、配件制造	1063	2502	25	41202	10668
其他铁路设备制造及设备修理	898	2097	2142	62334	16662
汽车制造	225679	386986	481343	978732	316750

单位：千元

亏损企业亏损总额	利税总额	本年应付工资总额	本年应付福利费总额	本年应交增值税	本年进项税额	本年销项税额	全部从业人员年平均人数（人）
830	220803	120585	9022	45123	134732	178092	13036
	49656	6815	625	13467	26359	37063	898
	2693	4699	421	1568	12568	15136	415
	153581	38477	6944	17013	64081	81094	1220
830	14873	70594	1032	13075	31724	44799	10503
6588	671388	573138	77533	192632	545262	615912	14593
6588	668370	566078	77533	189897	537947	605837	14189
	3018	7060		2735	7315	10075	404
70137	4287768	2385017	718210	897737	6861306	7192435	68667
12507	3173702	1347539	554875	585566	5615213	5725114	33917
6858	940687	547294	64406	199003	788026	983385	13478
5649	83677	116426	14699	24623	75843	100314	4099
	27387	26627	2907	7706	35382	43255	747
	23367	67333	6470	18161	78624	96529	2412
	2098584	589859	466393	336073	4637338	4501631	13181
13530	430044	289900	30247	131568	678516	781283	10322
12972	211630	139866	10537	73389	437352	510663	5443
558	63944	78189	6522	18020	117555	125828	2465
	154470	71845	13188	40159	123609	144792	2414
31926	-25475	20968	2097	5419	10134	15281	815
31926	-25475	20968	2097	5419	10134	15281	815
2368	29096	39775	5325	15968	41140	52554	1611
2368	9347	28895	3802	4937	28881	29264	1121
	19749	10880	1523	11031	12259	23290	490
3286	-474	18215	2674	2812	4528	7340	378
3286	-474	18215	2674	2812	4528	7340	378
	130356	286366	8928	33021	192901	201455	9922
	130356	286366	8928	33021	192901	201455	9922
	264510	139434	38795	38970	197577	203353	5068
	191418	50614	19988	38214	185492	194789	1442
	61711	82045	16531	756	12085	8564	3213
	11381	6775	2276				413
6520	286009	242820	75269	84413	121297	206055	6634
	46103	45670	4376	12555	39656	51838	1230
	38234	23287	9658	8790	1411	10201	1350
6520	201672	173863	61235	63068	80230	144016	4054
1167872	10768416	7107747	671247	2150905	13596757	13180989	172167
17433	554354	613294	66995	146762	1400086	1406722	18053
	268178	306903	33130	76421	821997	834419	8196
17201	125179	64680	7268	18573	170736	168716	2407
	77671	53127		32851	37683	71242	1222
232	83326	188584	26597	18917	369670	332345	6228
1148312	4866249	2366459	247365	1589051	8589769	10005511	71268

1-A-7 续表 38

分　组	补贴收入	营业外收入	营业外支出	利润总额	应交所得税
汽车整车制造	206612	250346	239159	395038	161217
改装汽车制造		10453	168667	224147	45560
汽车车身、挂车的制造	268		5	2301	
汽车零部件及配件制造	18799	126187	73512	357246	109973
船舶及浮动装置制造	225132	347926	663773	4349903	682895
金属船舶制造	218263	303669	44878	1699389	312705
船用配套设备制造	6869	17286	13059	357664	75497
船舶修理及拆船		26971	605836	2292850	294693
航空航天器制造	30529	84275	33286	465753	108292
飞机制造及修理	30529	84275	33286	465753	108292
电气机械及器材制造业	19942	94120	162395	2457795	441561
电机制造	1959	13686	68129	514795	87001
电动机制造	1959	9994	40862	127943	27283
微电机及其他电机制造		3692	27267	386852	59718
输配电及控制设备制造	15119	73299	79536	1435172	223660
变压器、整流器和电感器制造	6210	18862	81925	777385	146150
电容器及其配套设备制造	1680	1643	1666	116262	18414
配电开关控制设备制造	7229	3984	-4553	267837	29469
电力电子元器件制造		48810	498	273688	29627
电线、电缆、光缆及电工器材制造	2864	38	8191	257173	68514
电线电缆制造	2864	38	8191	264387	68514
光纤、光缆制造				-7214	
电池制造			-4040	65165	16290
家用电力器具制造		6118	5634	56198	12624
家用制冷电器具制造		3404	2797	51598	12470
家用空气调节器制造		2349		11432	154
家用厨房电器具制造		365	2837	-6832	
照明器具制造				300	
电光源制造				300	
其他电气机械及器材制造		979	4945	128992	33472
车辆专用照明及电气信号设备装置制造		979	4945	128992	33472
通信设备、计算机及其他电子设备制造业	4550	237146	294572	1248559	412142
通信设备制造		4427	563	-20141	
通信传输设备制造		138	13	-5358	
移动通信及终端设备制造		4289	550	-14783	
雷达及配套设备制造	1800	5352	5598	122909	37477
广播电视设备制造		7063	401	28933	1293
广播电视接收设备及器材制造		7063	401	28933	1293
电子计算机制造		3036	49740	87401	32759
电子计算机外部设备制造		3036	49740	87401	32759
电子器件制造	80	53285	107715	-547157	10764
电子真空器件制造	80	50606	91852	-580270	10404
半导体分立器件制造		15	15379	3305	
集成电路制造		142	120	3527	200
光电子器件及其他电子器件制造		2522	364	26281	160

单位：千元

亏损企业亏损总额	利税总额	本年应付工资总额	本年应付福利费总额	本年应交增值税	本年进项税额	本年销项税额	全部从业人员年平均人数（人）
814288	3691223	1192935	88685	1112741	6524995	7719935	27441
6381	391703	200834	39936	84930	197268	241091	5998
	2301	24017			84784	83636	513
327643	781022	948673	118744	391380	1782722	1960849	37316
2127	4851040	2824174	245223	394714	3377694	1676115	52462
2127	1838716	1599092	90809	88295	2246458	929451	32190
	640312	232252	8808	252718	448951	608424	7856
	2372012	992830	145606	53701	682285	138240	12416
	496773	1303820	111664	20378	229208	92641	30384
	496773	1303820	111664	20378	229208	92641	30384
198219	3611966	2031938	391859	1031605	2709572	3208272	71854
35926	808922	559638	165080	288265	490904	405288	25629
35926	184175	272171	28114	50370	271975	279782	8532
	624747	287467	136966	237895	218929	125506	17097
10527	2024152	825720	110597	496618	1130996	1505294	25930
2029	1188574	326047	40651	332163	543455	805036	9151
	165441	43572	2904	46686	69291	115250	1801
8498	348630	347177	35538	74198	414267	481532	10206
	321507	108924	31504	43571	103983	103476	4772
123022	398465	317609	48373	117423	516137	628141	9264
115808	405679	313635	44399	117423	516137	628141	8924
7214	-7214	3974	3974				340
	123021	124489	20271	57856	41101	98957	2681
28744	97163	142468	39182	40640	414773	438577	6052
19873	91073	108252	30797	39151	321547	353608	4500
2039	11815	25119	8255	382	73773	67257	1179
6832	-5725	9097	130	1107	19453	17712	373
	1943	18620	2606	1495			980
	1943	18620	2606	1495			980
	158300	43394	5750	29308	115661	132015	1318
	158300	43394	5750	29308	115661	132015	1318
776119	1670976	1961204	241251	358759	1886397	1565485	72058
20141	-20131	45312	1723		7780	4561	2323
5358	-5348	14247	1396		1879	1779	499
14783	-14783	31065	327		5901	2782	1824
	161470	67919	13414	31757	136623	146825	2829
	35582	4920		3875	7962	11609	328
	35582	4920		3875	7962	11609	328
101815	135013	353225	125564	47612	122086	113121	18299
101815	135013	353225	125564	47612	122086	113121	18299
596468	-404042	399357	30253	138101	744964	760196	10133
580270	-459229	258835	21199	117861	511687	531717	6074
6838	19795	54241	4248	16490	29266	4015	1644
	6782	44061	3187	1425	183343	205596	937
9360	28610	42220	1619	2325	20668	18868	1478

1-A-7 续表 39

分　组	补贴收入	营业外收入	营业外支出	利润总额	应交所得税
电子元件制造	2670	-5189	104409	108521	18609
电子元件及组件制造	2670	-6750	101268	151473	17201
印制电路板制造		1561	3141	-42952	1408
家用视听设备制造		85451	18380	1007591	251158
家用影视设备制造		81603	14044	937511	235717
家用音响设备制造		3848	4336	70080	15441
其他电子设备制造		83721	7766	460502	60082
仪器仪表及文化、办公用机械制造业	4546	29252	8890	165533	36690
通用仪器仪表制造	4546	3855	2991	108135	26096
工业自动控制系统装置制造	4511	712	2279	116618	24065
电工仪器仪表制造	35		-2	-12380	
供应用仪表及其他通用仪器制造		3143	714	3897	2031
专用仪器仪表制造		12704	592	7830	900
汽车及其他用计数仪表制造				13060	900
地质勘探和地震专用仪器制造		12704	592	-5230	
钟表与计时仪器制造		715	633	-10331	
光学仪器及眼镜制造		238	2330	-9882	451
眼镜制造		238	2330	-9882	451
文化、办公用机械制造		11740	2344	69781	9243
照相机及器材制造		214	1808	28777	6895
复印和胶印设备制造		11279	352	31612	
计算器及货币专用设备制造		247	184	9392	2348
工艺品及其他制造业	26061	30875	22821	72123	10681
工艺美术品制造		10	273	-17433	
地毯、挂毯制造		10	273	-17433	
日用杂品制造		245	16780	46719	8277
鬃毛加工、制刷及清扫工具的制造		191	5020	822	103
其他日用杂品制造		54	11760	45897	8174
煤制品制造		890	176	-3495	39
其他未列明的制造业	26061	29730	5592	46332	2365
废弃资源和废旧材料回收加工业		27832	11205	111465	1939
金属废料和碎屑的加工处理		23745	454	117800	1901
非金属废料和碎屑的加工处理		4087	10751	-6335	38
电力、燃气及水的生产和供应业	**859666**	**514975**	**861562**	**-3014194**	**81572**
电力、热力的生产和供应业	304422	402897	848532	-2402203	70537
电力生产	59388	145761	686050	-2472039	16414
火力发电	59388	145498	684393	-2558628	15514
水力发电		263	1657	86589	900
电力供应	9230	97164	108411	67301	48353
热力生产和供应	235804	159972	54071	2535	5770
燃气生产和供应业	392252	20382	-4670	-393945	9073
水的生产和供应业	162992	91696	17700	-218046	1962
自来水的生产和供应	162992	91696	12700	-253228	1158
污水处理及其再生利用			5000	35182	804

单位：千元

亏损企业亏损总额	利税总额	本年应付工资总额	本年应付福利费总额	本年应交增值税	本年进项税额	本年销项税额	全部从业人员年平均人数(人)
57695	135052	431106	53140	19753	171366	82589	17871
11404	177988	342871	49503	19753	98733	59438	15000
46291	-42936	88235	3637		72633	23151	2871
	1071686	242950	13079	51352	575649	263564	14255
	969257	117608	6640	19861	474983	188647	8373
	102429	125342	6439	31491	100666	74917	5882
	556346	416415	4078	66309	119967	183020	6020
44592	291210	309079	45394	91204	207578	254486	11841
19149	166357	122477	14767	47892	98963	136186	4384
2379	166841	61172	7344	40673	65784	99822	2203
12380	-12380	36237	5167		10419	10157	787
4390	11896	25068	2256	7219	22760	26207	1394
5230	38852	30292	5230	9392	7024	15491	1164
	34690	15360	923				640
5230	4162	14932	4307	9392	7024	15491	524
10331	-9377	31386	5239	954	4376	500	795
9882	-6245	52934	15680	3637	6539	16	1570
9882	-6245	52934	15680	3637	6539	16	1570
	101623	71990	4478	29329	90676	102293	3928
	43600	42217	3693	14823	15652	979	2854
	47700	22165	785	14506	27028	41534	744
	10323	7608			47996	59780	330
28917	128303	215814	29174	49910	118896	126295	10080
17433	-15488	4634	1131	1752	5948	7555	308
17433	-15488	4634	1131	1752	5948	7555	308
3000	76198	65675	13705	26146	58044	75055	2968
	1462	8755	2521	640	3565	4205	859
3000	74736	56920	11184	25506	54479	70850	2109
3495	-2563	12592	6939		3191	5267	583
4989	70156	132913	7399	22012	51713	38418	6221
6335	141614	129378	47575	26210	207827	233591	4863
	139928	114096	47575	18787	161082	179869	1993
6335	1686	15282		7423	46745	53722	2870
4020511	**2989604**	**6838150**	**633823**	**5460221**	**12435192**	**9447220**	**143146**
3321799	3370459	5639386	522380	5253431	12179474	9120352	104245
3076812	-567963	1668857	164158	1761305	2554521	4443491	35545
3076812	-706982	1583369	148456	1713204	2552769	4394164	33519
	139019	85488	15702	48101	1752	49327	2026
118301	3757743	3423067	293674	3342793	9244543	4283103	45151
126686	180679	547462	64548	149333	380410	393758	23549
432708	-319332	357624	39714	66613	165378	153429	13952
266004	-61523	841140	71729	140177	90340	173439	24949
266004	-99057	828266	71253	139358	22948	105228	24353
	37534	12874	476	819	67392	68211	596

1-A-8 规模以下工业

分　组	企　业单位数（个）	亏损企业	工业总产值（当年价格）	年初存货	年末存货	固定资产原　价
总　计	**67734**	**11306**	**117909486**	**11008163**	**12881373**	**97199119**
总计中：国有控股企业	2195	569	2784199	768046	844911	15844568
总计中：轻工业	20878	3402	34410598	3400164	3826123	29635781
重工业	46856	7904	83498888	7607999	9055251	67563338
按隶属关系分						
中央	181	66	270835	71826	100911	5657601
地方	67553	11240	117638651	10936337	12780463	91541517
按登记注册类型分						
内资企业	**64756**	**10432**	**112774626**	**9973289**	**11668915**	**89452427**
国有企业	1858	446	2298751	604047	660558	11057349
集体企业	7160	1353	9545629	1045776	1148695	7199898
股份合作企业	1395	419	2241820	317044	305751	1386675
联营企业	111	24	201915	18879	16026	169679
国有联营企业	15	3	37893	4353	2809	54727
集体联营企业	60	15	96134	9364	7638	60483
国有与集体联营企业	13	4	21661	1909	1821	14604
其他联营企业	23	2	46227	3253	3757	39865
有限责任公司	4109	935	6547562	845119	976575	10236155
国有独资公司	49	22	66625	8960	20629	2589736
其他有限责任公司	4060	913	6480937	836160	955946	7646419
股份有限公司	777	184	1444756	184489	228474	2763639
私营企业	48654	6982	89201769	6867044	8239471	55073859
私营独资企业	26773	2776	51504501	3206305	3730127	28322510
私营合作企业	1452	182	2558583	186285	217829	1679061
私营有限责任公司	18900	3706	32580019	3095760	3843744	23074353
私营股份有限公司	1529	318	2558667	378695	447772	1997935
其他企业	692	89	1292424	90891	93365	1565172
港、澳、台商投资企业	**504**	**145**	**810994**	**186660**	**213131**	**2128664**
合资经营企业(港或澳、台资)	257	73	452420	118796	133473	1425172
合作经营企业(港或澳、台资)	22	2	42450	2867	4970	107057
港澳台商独资经营企业	190	65	255338	54777	59540	528889
港澳台商投资股份有限公司	35	5	60788	10219	15149	67545
外商投资企业	**2474**	**729**	**4323866**	**848214**	**999327**	**5618029**
中外合资经营企业	1103	317	1898992	508803	561458	3140449
中外合作经营企业	120	34	251463	64402	67902	247190
外资企业	1190	367	2079061	268059	359974	2110186
外商投资股份有限公司	61	11	94350	6951	9993	120203
按行业大类分						
采矿业	**3762**	**230**	**9480571**	**431684**	**596356**	**7721695**
煤炭开采和洗选业	487	52	1686626	60416	105845	1366489

企业主要经济指标

单位：千元

本年折旧	营业收入	主营业务收入	营业成本	主营业务成本	营业税金及附加	主营业务税金及附加	主营业务利润	其他业务利润
6501312	**113921171**	**113187672**	**90578791**	**90125074**	**2387270**	**2289367**	**20896367**	**432724**
787268	2684736	2633560	2193969	2166508	56924	52124	415228	51827
2016387	33565299	33346025	26571445	26434980	644385	620101	6311611	143234
4484925	80355873	79841647	64007346	63690093	1742885	1669266	14584756	289490
215279	253785	251511	225454	223806	5851	5833	22112	2372
6286033	113667387	112936161	90353337	89901268	2381420	2283534	20874255	430352
5934972	**108966696**	**108285346**	**86601625**	**86172238**	**2322411**	**2226537**	**20004472**	**401263**
660119	2187649	2145237	1790770	1773167	47909	43538	329064	41525
470070	9290795	9191072	7395395	7349631	214443	204524	1652593	35343
91208	2176744	2136444	1861160	1828202	31850	31446	276759	7221
11670	196965	196937	154811	154811	3799	3799	40412	1461
2577	35913	35913	27155	27155	367	367	8391	18
4891	93912	93912	76025	76025	1204	1204	16683	1202
880	21974	21974	17108	17108	368	368	4498	242
3321	45167	45139	34524	34524	1861	1861	10841	
455818	6446331	6369326	5229567	5174743	132925	128832	1075189	49319
16202	71082	63585	67987	59178	1699	1699	2639	2563
439616	6375249	6305741	5161580	5115564	131226	127133	1072551	46756
161844	1399947	1388265	1121048	1116424	31646	30748	242058	5849
3982644	86024947	85620658	68114636	67844296	1830303	1755090	16107463	258585
2124715	49516502	49385260	38895089	38799176	1174542	1123373	9494461	93201
118408	2461635	2446305	1938354	1929386	60781	58256	463111	7280
1603855	31510691	31302416	25243476	25099333	550124	530014	5717049	125041
135666	2536120	2486677	2037717	2016401	44856	43447	432842	33063
101600	1243318	1237406	934239	930963	29536	28559	280933	1959
184881	**773330**	**767713**	**625414**	**623437**	**11327**	**10852**	**133983**	**2988**
135318	438458	435212	356412	355307	7313	6884	73569	2024
8034	41713	41713	32406	32018	381	381	9314	88
36901	236367	233996	190335	189878	2887	2860	41270	805
4628	56792	56792	46260	46234	745	728	9830	71
381459	**4181145**	**4134613**	**3351752**	**3329398**	**53533**	**51978**	**757911**	**28473**
199795	1847445	1814401	1484934	1468232	26523	25702	321345	16253
23191	240640	240091	196778	196136	1704	1587	42429	1791
147528	2005013	1992098	1601734	1596723	24744	24128	374895	10317
10946	88048	88023	68306	68306	563	560	19242	112
500569	**8992621**	**8961094**	**6744465**	**6722084**	**329920**	**316454**	**1925978**	**18259**
89078	1613712	1613712	1158477	1158407	71463	65730	389951	1275

1-A-8 续表 1

分　组	企　业单位数(个)	亏损企业	工业总产值(当年价格)	年初存货	年末存货	固定资产原　价
石油和天然气开采业	86	7	212931	24329	18373	123146
黑色金属矿采选业	668	51	1880247	97584	158197	2265274
有色金属矿采选业	527	32	1162994	59467	74849	996070
非金属矿采选业	1988	87	4526401	189785	239014	2963756
其他采矿业	6	1	11372	103	78	6960
制造业	**62931**	**10852**	**106412770**	**10466748**	**12081729**	**82287035**
农副食品加工业	3273	339	6525337	608742	723089	6229201
食品制造业	1471	224	2281606	226010	249825	2232927
饮料制造业	1025	121	1622422	142074	164377	1715218
烟草制品业	2		23228			3345
纺织业	1670	215	3220755	335508	363378	3462440
纺织服装、鞋、帽制造业	2709	465	4906460	339872	384896	2773936
皮革、毛皮、羽毛(绒)及其制品业	395	80	533054	65962	80140	580509
木材加工及木、竹、藤、棕、草制品业	1761	215	3349162	305195	360175	2475289
家具制造业	821	143	1224449	211049	233114	819144
造纸及纸制品业	1247	177	2081138	166624	179745	1729317
印刷业和记录媒介的复制	1899	444	2428455	191731	222073	1627566
文教体育用品制造业	230	42	360410	49458	55071	245673
石油加工、炼焦及核燃料加工业	631	69	1152696	112469	113664	900798
化学原料及化学制品制造业	3814	637	6040637	572659	626879	4934133
医药制造业	456	83	758914	133246	139564	1403321
化学纤维制造业	77	12	168505	27360	25300	499901
橡胶制品业	899	153	1418888	113418	125759	1018944
塑料制品业	2985	453	5133759	525965	572801	3525124
非金属矿物制品业	6116	704	11613011	935673	1127626	8714947
黑色金属冶炼及压延加工业	719	116	1701747	163384	157845	1492708
有色金属冶炼及压延加工业	533	87	984762	165497	185573	965629
金属制品业	4458	860	6823650	666443	767813	4470829
通用设备制造业	11390	2039	20054115	1812135	2141427	12987537
专用设备制造业	4075	861	6609617	731798	924299	5562472
交通运输设备制造业	3275	721	5149800	445667	516403	3910320
电气机械及器材制造业	3480	767	5210679	676806	784924	4288270
通信设备、计算机及其他电子设备制造业	768	219	1006368	309057	364877	1267563
仪器仪表及文化、办公用机械制造业	1325	392	1774103	249071	287595	1269342
工艺品及其他制造业	1246	198	1969328	164829	180770	963470
废弃资源和废旧材料回收加工业	181	16	285715	19046	22727	217162
电力、燃气及水的生产和供应业	**1041**	**224**	**2016145**	**109731**	**203288**	**7190387**
电力、热力的生产和供应业	617	153	1319959	82580	135619	5806157
燃气生产和供应业	77	14	116486	7598	19317	189216
水的生产和供应业	347	57	579700	19553	48352	1195014

单位：千元

本年折旧	营业收入	主营业务收入	营业成本	主营业务成本	营业税金及附加	主营业务税金及附加	主营业务利润	其他业务利润
15396	209087	189791	153517	139394	3531	3373	47643	479
122158	1793638	1790883	1392735	1391325	73101	69019	330102	8720
61164	1087842	1087842	817408	817364	38280	38270	233293	905
212190	4277164	4267688	3213481	3206747	143248	139765	922955	6772
583	11178	11178	8847	8847	297	297	2034	108
5785028	**103003792**	**102327007**	**82280489**	**81868604**	**2011540**	**1928691**	**18649787**	**394099**
371613	6431540	6376922	5059969	5030094	112371	105293	1245287	44056
119992	2212406	2205376	1723301	1716197	40962	39634	449102	9197
116413	1553376	1547599	1187617	1184629	42495	40462	324348	2298
303	23184	23184	21703	21703	51	51	1430	
261728	3126960	3108175	2513926	2501970	59071	56396	552071	10545
214430	4815415	4795909	3797156	3785145	98031	94794	918527	8176
46395	510323	507127	400644	399716	11630	10806	96624	3151
172328	3239967	3232817	2562031	2558060	66381	65432	609246	9231
61118	1181226	1178659	934787	930737	22438	21649	226647	5849
94576	2014069	2006706	1614603	1611270	38493	37494	358710	4441
130654	2378874	2362002	1905261	1893357	45947	45388	428538	6085
24817	352097	351036	277151	276744	7111	7075	67398	524
62830	1128070	1109652	922178	906536	17054	16808	188672	7340
403343	5918096	5870110	4715284	4686197	112328	108470	1082271	24237
100916	732954	729370	568469	565821	14446	14172	148571	2740
12007	151406	151069	120567	120343	1675	1490	29753	504
74751	1349303	1344679	1100326	1095381	26829	26163	223864	3577
287348	4992601	4941922	4057224	4018917	92165	90165	837291	20754
546179	11193791	11133928	8735069	8705559	302499	281094	2156671	37619
116084	1666648	1660448	1470578	1464996	28962	28286	168718	3194
74808	940845	936859	773854	772491	17170	16952	150298	807
358329	6633863	6570053	5353788	5329016	136722	127875	1135517	33456
882210	19217491	19126306	15508795	15445816	320428	309456	3388633	61694
464371	6367964	6318670	5128269	5099354	111324	107382	1114842	36025
265180	5008430	4945476	3920615	3884197	102707	98312	984338	14795
250399	4963861	4927472	4016867	3995380	83428	81782	849873	16871
93198	969048	960620	766585	761286	18286	16887	193942	7661
94878	1722629	1706918	1368022	1356887	34837	34384	315374	11032
72584	1930040	1922405	1537202	1532722	39383	38230	351645	5667
11246	277315	275538	218648	218083	6316	6309	51586	2573
215714	**1924764**	**1899572**	**1553836**	**1534386**	**45810**	**44221**	**320604**	**20363**
147215	1250744	1241897	1043501	1038788	31404	31105	172007	9642
9263	114343	112458	83576	83171	2236	2184	27163	1743
59236	559677	545217	426759	412427	12170	10932	121434	8978

1-A-8 续表 2

分　　组	营业费用、管理费用、财务费用合计	税金	利息支出	营业利润	职工工资和福利费	本年应交增值税
总　　计	**11409505**	**832172**	**457306**	**9919586**	**13651844**	**3760482**
总计中：国有控股企业	607365	23946	29776	-140310	596427	89468
总计中：轻工业	3468498	256442	159770	2986348	4236829	968198
重工业	7941007	575730	297537	6933238	9415015	2792285
按隶属关系分						
中央	43700	1937	2969	-19216	68618	10314
地方	11365805	830235	454337	9938802	13583226	3750168
按登记注册类型分						
内资企业	**10613655**	**796296**	**419649**	**9792079**	**12881585**	**3620959**
国有企业	465666	19322	18044	-95077	480548	73567
集体企业	986043	60933	32989	701893	1343330	335386
股份合作企业	253354	10963	4745	30626	219963	142821
联营企业	19548	530	746	22325	25900	4591
国有联营企业	4415	76	415	3993	4050	240
集体联营企业	9736	254	246	8149	14279	2962
国有与集体联营企业	2515	114	43	2224	2225	633
其他联营企业	2882	86	42	7959	5345	757
有限责任公司	780075	44702	47917	344433	749509	200111
国有独资公司	25569	527	151	-20368	20296	2672
其他有限责任公司	754506	44175	47766	364801	729213	197439
股份有限公司	167719	13898	3337	80188	173225	41843
私营企业	7766562	636050	300356	8599485	9739559	2788769
私营独资企业	4025865	400586	158021	5561796	5442604	1607452
私营合作企业	193925	18796	8909	276465	272474	77232
私营有限责任公司	3272937	199338	122267	2569153	3743502	1021499
私营股份有限公司	273835	17330	11159	192071	280980	82587
其他企业	174687	9897	11515	108205	149552	33871
港、澳、台商投资企业	**137442**	**6679**	**20375**	**-471**	**108413**	**22776**
合资经营企业(港或澳、台资)	86307	3412	18791	-10714	61731	12325
合作经营企业(港或澳、台资)	5274	259	220	4128	4615	1106
港澳台商独资经营企业	39873	2310	1096	2203	34162	7584
港澳台商投资股份有限公司	5989	698	269	3911	7906	1761
外商投资企业	**658407**	**29197**	**17282**	**127977**	**661845**	**116747**
中外合资经营企业	281603	14017	10147	55995	268748	58526
中外合作经营企业	36047	1153	1798	8174	36682	6278
外资企业	328652	13499	5180	56560	342956	49105
外商投资股份有限公司	12106	528	157	7249	13460	2839
按行业大类分						
采矿业	**847618**	**81338**	**34597**	**1096619**	**971535**	**396540**
煤炭开采和洗选业	164885	16414	3658	226341	172513	108688

单位：千元

所有者权益合计	实收资本							全部从业人员年平均人数（人）
		国家资本	集体资本	法人资本	个人资本	港澳台资本	外商资本	
92907343	**84955641**	**15763636**	**7265756**	**2329288**	**50291544**	**2495828**	**6809590**	**1122527**
15013729	16066987	15194121	44410	533915	102658	71113	120769	55928
26059914	23406381	3369607	1593604	605062	14988794	642005	2207309	358333
66847429	61549261	12394028	5672152	1724226	35302750	1853823	4602281	764194
5185534	5293465	5195045	89165	1584	4277	212	3182	7651
87721809	79662176	10568591	7176591	2327704	50287266	2495616	6806408	1114876
80784773	**72184592**	**15293624**	**6813820**	**1608694**	**48343478**	**51802**	**73175**	**1065689**
10870162	11197215	10723265	30789	416874	23998	586	1702	45445
5461702	4870657	40657	4700567	15827	113083		522	143219
1090831	1487174	35825	1038351	61064	351859	9	66	20307
166530	145243	85394	41736	5890	12223			1949
75943	76319	76319						296
56642	40094		37651		2443			1049
14074	11074	8311	1175		1587			176
19871	17757	764	2910	5890	8192			428
10929410	12243569	3509089	512428	609745	7574395	3574	34338	67015
1449031	1551270	1550829			441			2832
9480380	10692299	1958259	512428	609745	7573954	3574	34338	64183
3404735	2043002	777198	161168	162552	937496	4586	1	13697
47670712	39455074	112675	82830	202551	38979429	42376	35213	761927
22742490	18274355	75499	44101	63461	18070326	2214	18754	438552
1505439	1317054	9128	2787	1332	1303048	132	626	23954
21555210	18284092	26416	33428	132651	18059815	17200	14583	277121
1867573	1579574	1632	2514	5107	1546240	22831	1251	22300
1190691	742657	9520	245950	134190	350995	671	1332	12130
2719116	**2773832**	**144954**	**36766**	**99364**	**222036**	**2247346**	**23366**	**8619**
1411202	1397248	144689	31946	92078	156777	949303	22455	5123
21934	71160		1464	1632	23835	44229		341
1224952	1246617			2205	35399	1209013		2445
61028	58806	265	3357	3449	6024	44801	911	710
9403454	**9997218**	**325058**	**415170**	**621231**	**1726030**	**196680**	**6713049**	**48219**
4574049	4961281	305613	404751	550716	1621278	185331	1893592	20604
273200	299588	19426	8302	61057	66753	8557	135492	2513
4398052	4615750	18	806	9458	33504	2350	4569614	24026
158153	120598		1311		4495	441	114351	1076
6204489	**4918340**	**115392**	**497785**	**51012**	**4007003**	**175406**	**71743**	**84842**
1021611	820440	73945	155299	4351	586846			17088

1-A-8 续表 3

分 组	营业费用、管理费用、财务费用合计	税金	利息支出	营业利润	职工工资和福利费	本年应交增 值 税
石油和天然气开采业	21272	27		26850	17131	10676
黑色金属矿采选业	195033	12591	12126	143789	187205	70545
有色金属矿采选业	99284	12159	3942	134914	120436	51903
非金属矿采选业	365015	40028	14871	564713	471497	154433
其他采矿业	2129	119		12	2753	295
制造业	**10299905**	**734282**	**409321**	**8743984**	**12400206**	**3316687**
农副食品加工业	611504	40928	41330	677840	689093	163213
食品制造业	237469	16092	13743	220829	262755	67026
饮料制造业	163660	14242	7919	162986	177561	48335
烟草制品业	290			1139	7346	300
纺织业	301385	44154	14762	261231	355793	102538
纺织服装、鞋、帽制造业	547541	34586	24200	379162	900525	159214
皮革、毛皮、羽毛(绒)及其制品业	56208	2970	3537	43567	64809	9875
木材加工及木、竹、藤、棕、草制品业	235027	22039	12007	383451	311853	89398
家具制造业	123848	6493	4081	108648	149665	35105
造纸及纸制品业	169430	13591	6697	193722	232587	60367
印刷业和记录媒介的复制	254039	12022	7088	180585	286143	69410
文教体育用品制造业	43055	3839	1154	24867	44785	12897
石油加工、炼焦及核燃料加工业	104851	6077	3781	91161	109025	29240
化学原料及化学制品制造业	572409	45931	19749	534099	625650	187964
医药制造业	97882	7132	6808	53429	102468	21232
化学纤维制造业	33680	1833	763	-3422	20375	4174
橡胶制品业	126396	12531	4557	101045	160398	43753
塑料制品业	431921	33027	12302	426124	501763	127940
非金属矿物制品业	1002250	90665	48374	1192040	1377006	374557
黑色金属冶炼及压延加工业	120980	15777	21552	50931	136627	116676
有色金属冶炼及压延加工业	73594	4439	2632	77511	86083	29879
金属制品业	639902	50102	20032	529072	787664	215149
通用设备制造业	1924075	117663	56901	1526253	2399206	663386
专用设备制造业	692686	38769	18772	458182	724060	203012
交通运输设备制造业	612224	30423	19230	386909	738859	184431
电气机械及器材制造业	551640	33127	18899	315104	584730	153931
通信设备、计算机及其他电子设备制造业	148917	7719	4165	52685	128573	30741
仪器仪表及文化、办公用机械制造业	248784	12022	6579	77622	206183	57960
工艺品及其他制造业	150924	14248	6243	206388	201567	44143
废弃资源和废旧材料回收加工业	23334	1841	1464	30824	27054	10841
电力、燃气及水的生产和供应业	**261985**	**16552**	**13387**	**78982**	**280104**	**47257**
电力、热力的生产和供应业	152226	10147	7284	29423	178433	30791
燃气生产和供应业	16782	1205	596	12123	13510	2935
水的生产和供应业	92977	5200	5507	37436	88161	13531

单位：千元

所有者权益合计	实收资本	国家资本	集体资本	法人资本	个人资本	港澳台资本	外商资本	全部从业人员年平均人数(人)
215174	195443	635	8314	13652	106700	63362	2780	942
1855743	1215671	6315	38513	3757	1165763		1323	16407
850311	775392	7691	123602	176	594952	35125	13846	11071
2256629	1906846	25724	172013	29076	1549320	76919	53794	39166
5021	4548	1082	44		3422			168
78286950	**72108821**	**9925199**	**6529611**	**1821236**	**44913771**	**2240279**	**6678732**	**1014796**
5220450	4428254	403901	155423	114735	3355105	49714	349376	55592
1825763	1673043	125241	61717	35486	1125689	133772	191139	21355
1531745	1332344	121178	82364	8309	937390	70038	113066	15347
6189	1720		1720					277
1997970	2358176	875667	106603	69836	1190904	31496	83671	33573
2664396	2125488	172461	156644	30685	1493061	39607	233029	76040
410083	485304	93470	52936	57554	176125	17062	88158	6177
2109786	1762263	38968	77734	36093	1183503	84788	341177	27516
698906	687618	25735	27422	5350	510544	24857	93711	12004
1481989	1207407	148050	82095	20053	836480	45693	75036	19806
1443453	1222698	103913	197313	15244	883768	767	21693	23784
210975	250374	1094	17260	1284	120074	29516	81146	4081
2276510	934328	148784	70626	4502	635875	46143	28397	8531
5521133	5190172	1282920	554836	103511	2602653	120520	525733	51199
1539698	1284361	101726	64013	97676	722273	50013	248660	8505
991413	410529	307905	4952	441	89710	5872	1649	1517
971104	819854	110138	67951	121404	461780	34749	23831	12943
3006834	2673737	218503	272054	54778	1874319	62669	191414	42345
6712277	8230840	820495	670699	76994	5985410	196175	481068	125631
1355304	1302352	188703	124870	7083	867019	73197	41481	11771
1838353	796755	39890	141951	29092	518607	19963	47253	8614
4439194	4133751	226130	639971	61611	2788154	171849	246037	64553
11516673	10548647	1674532	1030359	178028	6685931	128854	850944	171218
5551690	5217569	612908	506629	126978	3138978	91547	740528	57601
4111473	4182062	842303	375194	79562	1900162	216084	768757	57545
4202682	4063043	546322	621894	67304	2301261	147487	378775	49111
2384870	2392725	343177	102097	373413	989202	323446	261390	11292
1215124	1373925	320155	169882	22825	777648	3832	79582	15609
835410	833161	23600	80974	21361	614307	20304	72615	19113
215503	186321	7330	11428	44	147839	265	19416	2146
8415906	**7928477**	**5723046**	**238360**	**457042**	**1370769**	**80143**	**59116**	**22889**
7166836	6828330	5132924	159046	411241	1023395	78326	23398	14116
160685	152993	5164	7614	8687	104044	1147	26337	1142
1088385	947154	584958	71700	37114	243330	670	9381	7631

1-B-1 全部工业企业

分组	企业单位数（个）	亏损企业	工业总产值（当年价格）	存货
总计	**89610**	**14617**	**2594818096**	**283052985**
沈阳市	20831	4585	670934845	47304983
大连市	21588	4867	616822629	95626258
鞍山市	8681	1147	193575841	25429064
抚顺市	5122	686	123450189	14201553
本溪市	2704	232	102518475	14782012
丹东市	5110	397	63466355	5191831
锦州市	3602	536	108092529	9763745
营口市	5619	363	144835590	17396271
阜新市	2423	253	29541158	3603314
辽阳市	3270	184	124836013	13517562
盘锦市	2342	204	120721022	11038809
铁岭市	3245	144	97238777	4396567
朝阳市	2710	496	67985398	7181565
葫芦岛市	2362	522	77304463	13281034
按隶属关系分				
中央	372	125	614954163	88496074
沈阳市	175	63	25169816	10849223
大连市	85	23	186607697	28720301
鞍山市	9	2	80496571	12517470
抚顺市	19	9	57318655	5519414
本溪市	5		222929	6928
丹东市	5		737254	107044
锦州市	18	7	35894161	3140148
营口市	5	1	11560691	6465680
阜新市	4	1	1925553	85086
辽阳市	11	5	33947263	3425303
盘锦市	8	3	75465204	7762765
铁岭市	4	1	2166557	64245
朝阳市	11	2	3291344	596534
葫芦岛市	12	7	46655655	8897515
地方	89238	14492	1979863933	194556912
沈阳市	20656	4522	645765028	36455760
大连市	21503	4844	430214932	66905957
鞍山市	8672	1145	113079270	12911594
抚顺市	5103	677	66131534	8682139
本溪市	2699	232	102295545	14775084
丹东市	5105	397	62729101	5084787
锦州市	3584	529	72198368	6623597
营口市	5614	362	133274899	10930591
阜新市	2419	252	27615606	3518228
辽阳市	3259	179	90888750	10092259
盘锦市	2334	201	45255818	3276044
铁岭市	3241	143	95072220	4332321
朝阳市	2699	494	64694054	6585030
葫芦岛市	2350	515	30648808	4383520
按登记注册类型分				
内资企业	83433	12850	2075741848	220510363
沈阳市	19385	4149	515698784	34922484

主要经济指标

单位：千元

固定资产原价	所有者权益合计	实收资本				
			国家资本	集体资本	法人资本	个人资本
1469175685	**1009147525**	**616338081**	**201065294**	**14664540**	**169232726**	**140202448**
342133244	235919866	127843038	22261922	2922581	46343862	31225648
281789390	235343086	157698034	39880161	2849258	42024761	25697273
129846980	103727016	37754761	13005839	2138733	5943092	14174517
68763471	50149724	28912236	5656358	816420	16104502	4583200
104981387	43661561	20783496	11518810	739009	3381485	4270775
29557959	24274782	14657103	3519013	603389	1731513	7581144
36283248	31868312	22824294	9142938	782430	3064576	5841297
52280395	54209505	40034125	20802214	568614	5301842	8942277
29375870	13251688	12816369	2041468	436196	3611680	6120805
59162033	50338258	28713712	18045493	878296	1464924	6975914
137007325	65487467	59182471	41574841	352534	12376908	4257499
47700921	32710365	22375054	4215713	457520	5167475	11684400
26187159	24592433	10673510	1906346	135921	2638697	5626874
52085756	26633181	22069879	7494178	983639	10077409	3220824
492401800	275530151	201809870	133261316	129620	65378202	142118
18688660	18743956	12799355	5832971	69885	6758702	19502
65563051	43063911	40213540	24954104	49087	12539393	5291
81470988	55851551	11422475	11326716		95230	529
32816421	23699841	13228785	1131109		12097676	
1115810	587811	96359	2117		56280	441
1871382	783362	509712	447817	1328	60567	
10609457	9814271	8425837	7379876	5995	875570	87263
16285619	23277778	22804273	19905601		2898672	
5174180	406291	1018848	678		1018170	
23963108	15946536	17023816	17023419			397
122889495	51508272	49597234	40506580		9076904	13750
7416492	1577109	1611486	385849	62	1225575	
2741483	1172042	788541	60009	3087	723500	1945
29775107	12117140	12269609	4304470	176	7951963	13000
976773884	733617374	414528211	67803978	14534920	103854524	140060329
323444584	217175910	115043683	16428951	2852697	39585161	31206146
216226339	192279175	117484494	14926057	2800171	29485368	25691982
48375992	47875465	26332286	1679123	2138733	5847862	14173988
35947050	26449883	15683451	4525249	816420	4006826	4583200
103865577	43073750	20687137	11516693	739009	3325205	4270334
27686577	23491420	14147391	3071196	602061	1670946	7581144
25673791	22054041	14398457	1763062	776434	2189006	5754034
35994776	30931727	17229851	896613	568614	2403170	8942277
24201690	12845396	11797521	2040790	436196	2593510	6120805
35198925	34391722	11689895	1022074	878296	1464924	6975517
14117830	13979195	9585237	1068261	352534	3300004	4243749
40284429	31133256	20763568	3829865	457458	3941900	11684400
23445676	23420392	9884970	1846337	132834	1915197	5624929
22310649	14516041	9800270	3189708	983463	2125446	3207824
1222299968	808427287	484982079	196090495	13240344	142072293	131029177
259586883	171775431	88135343	21080138	2678130	36433244	27306242

1-B-1 续表 1

分组	企业单位数(个)	亏损企业	工业总产值(当年价格)	存货
大连市	18712	3872	386832660	61072755
鞍山市	8472	1089	185150368	24201697
抚顺市	4978	646	114890694	12167546
本溪市	2625	216	92476017	13591970
丹东市	4666	333	51535229	3914828
锦州市	3458	509	91296893	7678945
营口市	5225	297	103637591	14305994
阜新市	2325	245	26979217	3111767
辽阳市	3162	169	104483585	10301825
盘锦市	2271	194	117189036	10769857
铁岭市	3159	131	91719861	4129727
朝阳市	2673	488	65684255	6931131
葫芦岛市	2321	511	74672846	13071420
国有企业	2413	617	352493947	39552891
沈阳市	845	250	42372670	4172432
大连市	307	97	31430486	6468522
鞍山市	154	25	85849852	13124912
抚顺市	187	46	7609721	2250495
本溪市	140	23	1288088	104664
丹东市	114	27	3062692	227762
锦州市	145	48	32316292	1993295
营口市	47	13	1872946	256600
阜新市	142	16	7581778	611082
辽阳市	59	12	6372896	1554901
盘锦市	53	7	71996443	7228809
铁岭市	106	14	1047239	90999
朝阳市	54	17	1489471	66620
葫芦岛市	59	21	4708558	1063382
集体企业	8465	1546	69866965	5478756
沈阳市	2267	594	18714785	1177604
大连市	721	165	4374882	635405
鞍山市	1195	173	12221109	1094946
抚顺市	874	146	2749369	252581
本溪市	520	44	3474816	349717
丹东市	427	45	2635680	143649
锦州市	578	107	5662872	297012
营口市	323	31	6754947	276615
阜新市	481	43	978019	130395
辽阳市	170	15	3948644	199448
盘锦市	116	22	910867	163743
铁岭市	332	23	4347141	220203
朝阳市	109	20	922812	86477
葫芦岛市	352	118	2171022	450959
股份合作企业	1679	466	19455356	1811848
沈阳市	581	180	5464257	330168
大连市	433	176	2076332	273218
鞍山市	62	15	884706	158466
抚顺市	46	6	194868	11966
本溪市	18	2	89832	25594
丹东市	134	15	562907	79384

单位：千元

固定资产原价	所有者权益合计	实收资本				
			国家资本	集体资本	法人资本	个人资本
178869187	155621619	96018263	38563109	2282361	30707074	23572833
124644441	98851999	34622238	12813473	2110852	5452204	13787475
64674217	44750730	25915587	5522463	799919	15164604	4426510
97862523	40178909	17924560	9957581	733394	3090235	4134003
24960680	19921244	12122401	3485000	588423	1024362	7006906
27959591	25728592	17886040	9015160	749979	2422427	5683611
39367504	42712889	34204095	20753613	544674	4732876	8108171
28229417	12011296	11950186	1994934	407152	3520034	5908928
48843550	36407607	26001660	18040113	421263	693758	6846526
135853316	63983044	58147043	41457804	350029	12057651	4098727
42650612	30387707	20445620	4127404	457520	4165179	11557938
25340122	23107213	10057665	1826022	135162	2579600	5510475
51437376	26008727	21551378	7453681	981487	10029045	3080831
424198983	204887268	145480502	92268336	147537	51738393	962931
50460689	27265156	21258673	13156583	17816	7710315	345133
28204671	17380441	13575547	5114586	26297	7997635	272757
85853691	58659804	13153608	12440051	40303	339081	164552
10538976	7942939	13329364	2749105		10579818	441
1509078	478720	429872	336219	26082	22226	45345
9045397	3657574	3149343	3032119	29771	61567	25886
11485208	9900501	8052802	8041436		11190	176
2532539	1180066	342378	320025		22176	176
10931972	3130046	2804394	1651580		1152228	
5613292	3759973	4858165	4856555		66	1543
119486528	47695870	48422987	39314531	6784	9078992	22680
1269686	868477	757425	657873	132	49278	50142
1116526	550742	268827	243601		25226	
14130182	5436678	5077118	354072	353	4688594	34099
21709250	18573403	10546821	227180	8124423	889577	1301160
5035713	4516503	2200105	29424	1613680	353439	203460
1684567	1516009	892569	33490	773358	47910	36003
4711746	3924114	2038336	118673	1542807	135216	239598
848361	709693	718177	785	674446	38554	4392
1801245	1289108	598679	4498	545968	33504	14708
1083554	786448	514724	32431	439876	1006	41301
1389041	1261720	897721	3198	485664	11669	397189
870426	1143794	508300	9	501943	15	6333
474869	189824	295389	680	288941	2303	3466
1437341	1180084	351199		321433	27870	1896
250351	174898	103366	159	64155	25182	13871
974548	1072210	650894	432	231559	98766	319718
242270	256986	102664	220	95326	275	6842
905219	552013	674699	3181	545268	113868	12382
5725991	5951065	3342461	182320	1358821	671626	1125268
1937308	1891717	1169799	146249	531418	120769	367686
1040062	1549393	579551	379	404252	50906	124005
379331	-93379	395912	32730	34317	73379	255486
78813	74897	37720		24233	11922	1566
85222	34524	18271		12981	906	3643
249149	244014	138473		56021	8983	73469

1-B-1 续表 2

分　组	企　业 单位数 （个）	亏损企业	工业总产值 （当年价格）	存货
锦州市	132	34	4251380	443036
营口市	10		113750	8249
阜新市	9	1	1714539	62066
辽阳市	43	6	969921	163053
盘锦市	151	20	1193458	65540
铁岭市	30	3	144752	19691
朝阳市	2	2	1517	19
葫芦岛市	28	6	1793136	171400
联营企业	145	30	3804689	254612
沈阳市	39	9	1411218	28975
大连市	29	5	617448	26846
鞍山市	9	3	37717	2620
抚顺市	8	3	13746	794
本溪市	9		100535	10005
丹东市	7	1	7636	321
锦州市	6	3	29510	7631
营口市	9	2	340713	76903
阜新市	1		5600	20
辽阳市	3		260420	3248
盘锦市	2		3395	
铁岭市	4		138163	10186
葫芦岛市	19	4	838589	87062
国有联营企业	18	4	120555	20635
沈阳市	7	1	53856	13581
大连市	5	1	40740	1286
鞍山市	2			
本溪市	2		9381	79
锦州市	1	1	1084	485
葫芦岛市	1	1	15493	5204
集体联营企业	73	18	1043171	105160
沈阳市	21	6	79765	4829
大连市	15	3	506415	10542
鞍山市	4	2	30028	2363
抚顺市	6	3	8925	671
本溪市	5		20785	176
丹东市	3		3888	189
锦州市	2	1	747	190
营口市	8	2	338023	76903
盘锦市	1		309	
铁岭市	3		51033	8590
葫芦岛市	5	1	3254	708
国有与集体联营企业	20	4	925691	88904
沈阳市	4	2	38852	5550
大连市	5	1	59715	14220
鞍山市	2	1	6335	199
抚顺市	1		490	19
本溪市	1		2469	
丹东市	2		3704	
锦州市	1		3969	684
营口市	1		2690	

单位：千元

固定资产原　价	所有者权益合计	实收资本				
			国家资本	集体资本	法人资本	个人资本
802064	1108119	257226		73503	15670	168053
26893	24943	23225		8542	14008	676
237797	263973	188220		9752	173000	5468
381656	232398	155806		91613	10413	53779
287691	321953	148560		72464	28670	47427
107273	70720	70132		20474	45988	3670
627	803	803		441		362
112102	226988	158763	2962	18811	117012	19978
2854212	1673921	766959	292488	79637	303435	89999
1054285	621087	228859	49644	16469	124895	37851
123831	130583	77518	35224	20895	5290	14709
11988	18726	6757	1986	3669	50	1052
4256	1803	1764		1411		353
26960	25923	9643	1323	2760	5560	
3016	4330	4233	512	2955		767
3908	363	4158	2976	741		441
68232	132973	16979		16979		
996	1000	657				657
7358	273987	9200		3300	700	5200
605	644	644	185	459		
7314	26831	2623		2423	200	
1541463	435671	403923	200638	7576	166740	28969
138469	126331	141008	116899			24109
40466	66631	61134	42025			19109
38059	41099	35984	30984			5000
1369	2002	1986	1986			
4285	882	882	882			
177	-1611	441	441			
54112	17328	40580	40580			
153959	264843	75705		66492	5200	2613
13777	24890	21302		16302	5000	
33568	50952	17168		13960		1808
7666	13324	3581		3411		170
4025	1360	1323		1323		
10827	4755	2760		2760		
2662	3545	3545		2910		635
432	622	564		564		
66947	132796	16802		16802		
379	459	459		459		
6289	24234	623		423	200	
7388	7904	7576		7576		
1509148	520565	376614	172551	6935	172900	24227
55757	75428	32585	7218	168	7560	17640
41293	32948	20142	4240	4025	5290	6587
1788	2518	308		258	50	
110	90	88		88		
88	646	441	441			
222	212	115	71	44		
1455	1658	573	397	176		
1285	176	176		176		

1-B-1 续表 3

分 组	企 业 单位数 (个)	亏损企业	工业总产值 (当年价格)	存货
盘锦市	1		3086	
铁岭市	1		87130	1596
葫芦岛市	1		717250	66637
其他联营企业	34	4	1715272	39912
沈阳市	7		1238745	5016
大连市	4		10578	798
鞍山市	1		1354	57
抚顺市	1		4330	104
本溪市	1		67900	9750
丹东市	2	1	44	132
锦州市	2	1	23710	6273
阜新市	1		5600	20
辽阳市	3		260420	3248
葫芦岛市	12	2	102591	14513
有限责任公司	6473	1400	449544078	74411475
沈阳市	1802	457	153110308	17403199
大连市	925	257	108826641	27704790
鞍山市	812	197	18080397	2343446
抚顺市	436	78	27144900	2502576
本溪市	246	26	10491974	1297273
丹东市	303	37	8393784	653490
锦州市	373	89	14669138	1702997
营口市	231	27	18254468	5347626
阜新市	136	31	5342368	542746
辽阳市	154	17	9267182	1660899
盘锦市	338	44	14446977	1964043
铁岭市	222	13	24266422	1711226
朝阳市	268	61	15180526	2252974
葫芦岛市	227	66	22068994	7324191
国有独资公司	130	49	64845984	14743498
沈阳市	36	14	25060121	2718447
大连市	31	10	22503893	9744447
鞍山市	3	2	74692	2447
抚顺市	4	1	4221897	477142
本溪市	9	1	4901106	663668
丹东市	5	2	1227093	48843
锦州市	4	3	180037	42310
营口市	2	1	476487	105259
阜新市	2	1	277079	23110
辽阳市	1	1	88410	40283
铁岭市	1		2875	678
朝阳市	27	11	4816777	827219
葫芦岛市	5	2	1015517	49646
其他有限责任公司	6343	1351	384698094	59667977
沈阳市	1766	443	128050187	14684752
大连市	894	247	86322747	17960343
鞍山市	809	195	18005705	2340999
抚顺市	432	77	22923003	2025434
本溪市	237	25	5590868	633605
丹东市	298	35	7166691	604647

单位：千元

固定资产原　价	所有者权益合计	实收资本				
			国家资本	集体资本	法人资本	个人资本
226	185	185	185			
1025	2597	2000		2000		
1405898	404107	320000	160000		160000	
1052636	762182	173633	3038	6210	125335	39049
944285	454138	113838	401		112335	1102
10910	5583	4224		2910		1313
1166	882	882				882
121	353	353				353
11760	19640	5560			5560	
132	573	573	441			132
1843	-305	2579	2138			441
996	1000	657				657
7358	273987	9200		3300	700	5200
74065	6332	35767	58		6740	28969
285466396	173169210	106010614	29930444	2052300	53072566	20200574
95684528	49242665	26491972	6372322	265235	14942374	4585173
63375517	46789418	28927384	9715752	575754	15189146	3170022
8213474	8111211	4291699	90074	89443	1809553	2277860
22970930	10341286	6299669	2432154	94472	3233816	539227
9260505	4151210	2605592	1369473	125095	656438	454068
1821658	2377269	1317380	396153	31822	212896	671227
4814344	3904742	2710817	871113	156004	859494	819883
7974029	6661282	5179730	518403	12828	4174807	434450
9808545	2475985	4577593	277142	21338	1579390	2622892
5555920	3960094	1572029	319539	2650	334457	915383
7039930	8262939	4540713	2116023	184089	1587234	653366
22336779	10667486	7868354	2973838	161338	2945055	1788123
7934761	8374878	3173163	1145246	24075	1205748	798094
18675477	7848745	6454518	1333213	308157	4342160	470806
68305612	35866713	15109863	11616744	2	3345370	96358
28527416	10071383	3679502	2709436	2	903162	24363
15725171	12678081	4926431	4178934		742497	5000
47808	-16761	67365	36865		30500	
11463455	5243714	2461591	1947451		514140	
5869077	1791671	1384594	1184594		200000	
88410	141241	161617	111617			50000
896008	261757	263066	41144		221922	
266901	165238	104230	80330			15050
226515	105515	12052	12052			
23043	-81531	6600	6600			
1940	729	441	441			
4484676	5382938	1788524	1058430		728149	1945
685192	122738	253852	248852		5000	
217160784	137302498	90900751	18313699	2052298	49727196	20104216
67157111	39171283	22812471	3662886	265233	14039212	4560810
47650346	34111337	24000953	5536818	575754	14446649	3165022
8165666	8127972	4224334	53209	89443	1779053	2277860
11507475	5097572	3838079	484703	94472	2719676	539227
3391428	2359539	1220998	184880	125095	456438	454068
1733248	2236028	1155763	284536	31822	212896	621227

1-B-1 续表 4

分 组	企 业 单位数 (个)	亏损企业	工业总产值 (当年价格)	存货
锦州市	369	86	14489101	1660687
营口市	229	26	17777981	5242367
阜新市	134	30	5065289	519637
辽阳市	153	16	9178772	1620616
盘锦市	338	44	14446977	1964043
铁岭市	221	13	24263547	1710548
朝阳市	241	50	10363749	1425755
葫芦岛市	222	64	21053477	7274545
股份有限公司	1187	250	316959403	38134659
沈阳市	389	100	25425490	2617967
大连市	273	78	80004416	7584008
鞍山市	64	13	1331094	242106
抚顺市	6	2	54375198	5183655
本溪市	83	9	58663874	9989710
丹东市	75	6	2151901	275414
锦州市	32	7	5656076	1510389
营口市	47	6	10712941	4108624
阜新市	23	1	75447	27353
辽阳市	21	1	31267810	2365832
盘锦市	69	5	5488645	341808
铁岭市	48	7	2564695	384005
朝阳市	5	1	9712419	1319586
葫芦岛市	52	14	29529398	2184200
私营企业	62291	8446	848823757	57565323
沈阳市	13375	2543	268845588	9186253
大连市	15827	3059	147675922	15217156
鞍山市	6027	651	65794357	7195618
抚顺市	3420	365	22800897	1965364
本溪市	1560	110	18063692	1796658
丹东市	3540	197	34434987	2521701
锦州市	2124	209	28622266	1712862
营口市	4556	218	65585091	4231377
阜新市	1522	153	11253931	1733747
辽阳市	2690	115	52346244	4351369
盘锦市	1530	96	23130290	1002161
铁岭市	2357	71	58461591	1664450
朝阳市	2226	387	38365708	3205238
葫芦岛市	1537	272	13443192	1781370
私营独资企业	31918	3176	270320426	15666055
沈阳市	6283	1068	72329513	2689702
大连市	6360	907	42680201	2873088
鞍山市	3610	245	24369910	1878646
抚顺市	2037	159	7388668	483315
本溪市	913	73	9060272	826369
丹东市	2149	84	14624914	920541
锦州市	1140	75	10369925	510318
营口市	2534	86	15471088	996979
阜新市	887	68	4395547	692341
辽阳市	2015	66	26273825	1265687
盘锦市	588	27	7204047	364600

单位：千元

固定资产原价	所有者权益合计	实收资本				
			国家资本	集体资本	法人资本	个人资本
3918336	3642985	2447750	829969	156004	637572	819883
7707128	6496044	5075500	438073	12828	4174807	419400
9582030	2370470	4565541	265090	21338	1579390	2622892
5532877	4041625	1565429	312939	2650	334457	915383
7039930	8262939	4540713	2116023	184089	1587234	653366
22334838	10666756	7867913	2973397	161338	2945055	1788123
3450085	2991941	1384639	86816	24075	477599	796149
17990285	7726008	6200666	1084361	308157	4337160	470806
199479661	141355349	88195011	72561468	301238	8749253	6392097
18062967	13296919	4848619	1123288	73356	2346861	1291986
27556933	29251714	25903184	23511683	104503	1571344	715655
472123	1116096	442842	9314	49366	138477	241685
22601336	18723345	1277389	336071		727853	213465
75666534	28226352	11145160	8214746	7660	2010589	904165
1025803	1898112	629377	23588	9033	200158	396598
1966813	2051348	1635842	46170	4434	867436	717802
13426684	21439058	20634482	19904984	441	360227	368830
164774	51173	107298	61088		12792	33419
20439956	13143181	13040299	12836099	2267	98000	103934
1502780	1460428	712170	18338	2941	104943	420122
2387766	1432353	1172528	490189	15000	249955	417384
4057168	3015997	989820	431473		35107	523240
10148024	6249273	5656000	5554439	32238	25511	43811
278386210	258389784	129303122	613738	925237	26180937	100361654
87071959	74858721	31889901	197628	160156	10831449	20435854
53959991	55716875	25390127	151994	189817	5528333	19073079
24720256	26977746	14106417	120645	347886	2864369	10515715
7630434	6956169	4251327	4348	5356	572642	3666891
9345025	5902921	3064819	30692	5201	344982	2683900
11647861	10860610	6318970	198	15645	526087	5771640
7445089	7448659	4279869	48917	24254	652062	3544094
14468393	12130526	7498754	10193	3942	161643	7297458
6597199	5891280	3966608	1535	87121	600234	3235997
15390844	13839706	6005435	27920		222252	5755263
7273133	6046145	4201905	8567	19050	1229866	2927415
15385453	16095281	9793102	4852	26540	765069	8859480
11982714	10896504	5511390	5482	13556	1313244	4172702
5467858	4768640	3024500	767	26712	568706	2422165
85787883	79681798	42437142	184982	331723	6251547	35348372
20893340	19763173	9135413	32698	117350	2690804	6210230
14573647	13020895	5828066	29078	4589	977366	4728932
8773707	9630192	5226790	30958	146143	961794	4080871
2789598	2207628	1650478	2760	203	126881	1519284
3678205	2310949	1327106	6879	3348	72554	1244280
5667546	4897053	3342258	44	13162	211603	3112225
2700371	2986306	1668933	47669	12455	124918	1476068
3878662	3151282	2069210	573	425	1778	2057915
2503657	1838944	1430064	1535	1274	33889	1393366
8002743	7301363	3278141	21000			3257141
2178980	1812057	1466267	8391	2767	507456	947653

1-B-1 续表 5

分　组	企　业单位数(个)	亏损企业	工业总产值(当年价格)	存货
铁岭市	1370	32	20249568	642906
朝阳市	1019	145	11129802	896595
葫芦岛市	1013	141	4773147	624967
私营合作企业	1755	225	16415378	1384009
沈阳市	341	63	3226882	247864
大连市	253	52	1332319	107791
鞍山市	225	17	1424435	255243
抚顺市	94	17	287028	42631
本溪市	67	3	1345043	65154
丹东市	152	3	969606	47995
锦州市	84	8	1380296	39393
营口市	117	7	1971946	208058
阜新市	46	3	259578	40696
辽阳市	78	6	962510	119926
盘锦市	41	5	673197	14207
铁岭市	67	1	731721	39060
朝阳市	104	14	1437873	59096
葫芦岛市	86	26	412945	96894
私营有限责任公司	26452	4625	523011151	37122303
沈阳市	6305	1323	181430137	5804721
大连市	8657	1959	96666279	11393795
鞍山市	1852	321	34494050	4424135
抚顺市	1174	167	14109083	1366062
本溪市	518	27	6534127	774622
丹东市	1112	89	17191869	1442912
锦州市	815	108	15659487	1068080
营口市	1789	116	45156392	2787765
阜新市	542	73	5913696	912602
辽阳市	527	39	21727576	2477064
盘锦市	793	51	14480973	584171
铁岭市	885	34	36651673	927099
朝阳市	1096	224	25789812	2248921
葫芦岛市	387	94	7205997	910353
私营股份有限公司	2166	420	39076803	3392957
沈阳市	446	89	11859056	443965
大连市	557	141	6997123	842482
鞍山市	340	68	5505962	637593
抚顺市	115	22	1016118	73356
本溪市	62	7	1124251	130512
丹东市	127	21	1648597	110253
锦州市	85	18	1212559	95072
营口市	116	9	2985666	238575
阜新市	47	9	685110	88108
辽阳市	70	4	3382333	488692
盘锦市	108	13	772074	39182
铁岭市	35	4	828629	55386
朝阳市	7	4	8221	626
葫芦岛市	51	11	1051104	149157
其他企业	780	95	14793653	3300799
沈阳市	87	16	354468	5886

单位：千元

固定资产原价	所有者权益合计	实收资本				
			国家资本	集体资本	法人资本	个人资本
5476827	6902909	3609323	3397	6810	262251	3219705
2576003	2146385	1210014		2079	115368	1091773
2094595	1712661	1195081		21118	164886	1008928
5890022	5150956	2822906	23037	8690	344028	2443896
1236978	1180570	552183	2000	2133	135730	409824
460052	372270	296724	11320		40537	244859
684598	719145	372645	9056	1325	132463	229625
182306	164723	95874	353		2775	92746
593166	428831	192037			10585	181452
334574	265629	176823		1382	6793	168648
363978	251895	115095		2310		112653
670021	344305	272112			88	272024
129463	259079	141845		26		141378
365005	398256	157818				157818
91991	62076	33683			4890	28793
238968	199882	169371		800	7584	160987
317259	312896	178334		714	1632	175987
221663	191398	68362	309		950	67104
171192966	159661279	76941867	374047	561128	17614673	57667127
59917544	50387770	20609745	162931	30196	7250593	13074866
36315724	38994688	17716775	106326	185228	4199308	12919368
13419977	14930591	7525830	80263	194837	1671544	5350392
4187194	4255432	2257900	1235	5153	382264	1868507
4066967	2516040	1226266	3500	1853	113435	1107478
5094007	5193243	2524383	153	1102	262379	2260572
4064957	3896293	2231690	1248	5917	479497	1742441
9130145	8068364	4816309	4620	3517	149326	4647846
3349448	2933568	1889990		85820	140337	1622553
5886670	5250394	2319091	6200		199252	2113639
4664722	3947489	2509319	176	14519	694241	1783386
9288434	8587890	5714812	1455	16630	494935	5181792
9058748	8393457	4078364	5482	10763	1196244	2860263
2748429	2306060	1521394	459	5594	381318	1134024
15515339	13895751	7101208	31672	23696	1970689	4902259
5024097	3527208	1592560		10478	754322	740933
2610568	3329022	1548562	5270		311123	1179920
1841973	1697819	981152	368	5582	98568	854828
471336	328386	247075			60721	186354
1006686	647101	319411	20313		148408	150690
551735	504685	275507			45312	230195
315782	314165	264151		3572	47647	212932
789565	566575	341123	5000		10450	319673
614631	859688	504709			426008	78701
1136426	889693	250385	720		23000	226665
337439	224523	192636		1764	23279	167584
381225	404600	299597		2300	300	296997
30704	43766	44679				44679
403171	558521	239662			21552	212109
4479264	4427287	1336588	14520	251150	466505	595494
279433	82661	47415	5000		3141	39097

1-B-1 续表 6

分　组	企业单位数（个）	亏损企业	工业总产值（当年价格）	存货
大连市	197	35	11826533	3162809
鞍山市	149	12	951137	39583
抚顺市	1		1994	116
本溪市	49	2	303206	18349
丹东市	66	5	285642	13107
锦州市	68	12	89359	11722
营口市	2		2734	
阜新市	11		27534	4359
辽阳市	22	3	50466	3074
盘锦市	12		18962	3753
铁岭市	60		749857	28967
朝阳市	9		11802	218
葫芦岛市	47	10	119958	8855
港、澳、台商投资企业	1139	309	91735657	10343029
沈阳市	316	86	32598703	1980996
大连市	423	144	17172029	2887694
鞍山市	68	21	3046690	498475
抚顺市	26	7	4255188	1419237
本溪市	21	8	1151326	161777
丹东市	78	11	2369883	290210
锦州市	29	5	4999557	916052
营口市	78	11	8779587	523926
阜新市	17	3	855235	118206
辽阳市	35	4	12482387	1254424
盘锦市	7		86356	8055
铁岭市	21	5	2555247	109951
朝阳市	12	3	1226961	143439
葫芦岛市	8	1	156509	30586
合资经营企业(港或澳、台资)	640	169	54270093	6650870
沈阳市	160	45	14772105	1483864
大连市	208	68	9147082	1397946
鞍山市	48	16	2696515	428676
抚顺市	20	5	3199385	1077179
本溪市	14	5	1053669	154349
丹东市	60	9	2212036	273376
锦州市	18	2	1006404	122168
营口市	54	10	6630998	333192
阜新市	9	2	568306	16522
辽阳市	28	4	12110652	1226523
盘锦市	3		23257	3841
铁岭市	5	2	75863	2217
朝阳市	6		726837	104966
葫芦岛市	7	1	46982	26052
合作经营企业(港或澳、台资)	52	7	3242665	379965
沈阳市	7		551958	22256
大连市	30	5	1767838	217006
鞍山市	1		1905	72
抚顺市	1	1	576441	68229
本溪市	1		61005	
丹东市	4	1	12749	251

单位：千元

固定资产原价	所有者权益合计	实收资本				
			国家资本	集体资本	法人资本	个人资本
2923615	3287186	672382		187485	316511	166603
281832	137681	186667		3061	92079	91527
1111	598	176				176
167955	70152	52523	630	7646	16029	28174
84241	92886	49900		3300	13665	26018
53125	53140	47606	1349	5380	4905	35972
309	247	247				247
13266	8016	10028	2910		88	7029
17183	18184	9528				9528
12298	20167	16699		88	2764	13846
181792	154348	130561	220	53	10868	119420
6055	11304	10999		1764		9235
457049	490719	101857	4410	42372	6454	48621
57430421	45599405	25698460	1113007	216227	6155308	1739606
26394434	15756881	10191543	562721	44958	2270933	390003
8106233	8229442	5880333	171358	74842	1490016	348586
2289742	2272635	1324029	26716	11371	264948	190432
2525837	3282784	1504135	107374	11382	639503	122938
900209	509979	430879	115065	2000	72179	16004
1119501	898317	644459	4702	6141	72771	185714
5078762	2428410	1886480	4917	1046	7143	42140
1331592	1572698	1074058	22944	12690	152480	181596
492787	407130	414923	7720		84637	102273
5159207	7728305	772975		51797	255878	66931
40188	62546	92184			18548	
3358478	1228783	1047356			764575	39000
598683	1160045	395585	80324		58637	45027
34766	61451	39520	9166		3060	8961
32035800	27798395	13195383	1056671	201073	4134070	1221685
16831143	9245951	5866193	525300	43230	2093051	321284
3527224	4015078	2361308	152443	63416	1007748	169351
1891454	1891368	1004527	26716	11371	262743	60681
794377	1409757	634808	107374	11382	43045	122938
793339	474184	413899	115065		72179	16004
807005	745389	496072	4702	6141	72771	175122
151906	231954	195509	4917	1046	7143	19370
1120212	933907	831151	22944	12690	152480	165416
230282	89897	253601	7720		84137	44666
5075143	7596171	656743		51797	255878	66931
26835	52088	83799			12698	
364628	175072	172502			8500	26000
387758	880390	186252	80324		58637	24961
34493	57189	39020	9166		3060	8961
2407779	1439846	1088404	18650	11778	648001	147557
117097	111863	48939		406	22636	16165
478559	438260	237126	18650	9372	27737	103024
2752	2646	2646				2646
1480244	627890	716458			596458	
48258	23110	3000		2000		
64642	22663	22178				3922

1-B-1 续表 7

分 组	企业单位数（个）	亏损企业	工业总产值（当年价格）	存货
营口市	3		3867	119
阜新市	3		246593	69503
辽阳市	1		2912	
盘锦市	1		17396	2528
港澳台商独资经营企业	396	121	32647067	3117115
沈阳市	136	37	16560126	447116
大连市	162	65	6084533	1232631
鞍山市	16	4	197995	25171
抚顺市	5	1	479362	273829
本溪市	6	3	36652	7429
丹东市	11	1	140778	14998
锦州市	9	2	3700713	741079
营口市	19	1	1954592	170675
阜新市	4	1	36808	30417
辽阳市	6		368823	27901
盘锦市	2		42175	1075
铁岭市	13	3	2434861	101787
朝阳市	6	3	500123	38473
葫芦岛市	1		109527	4534
港澳台商投资股份有限公司	51	12	1575834	195080
沈阳市	13	4	714515	27760
大连市	23	6	172575	40112
鞍山市	3	1	150275	44556
丹东市	3		4321	1586
锦州市	2	1	292440	52805
营口市	2		190130	19940
阜新市	1		3528	1764
盘锦市	1		3528	611
铁岭市	3		44523	5947
外商投资企业	5038	1458	427340591	52199593
沈阳市	1130	350	122637357	10401504
大连市	2453	851	212817941	31665810
鞍山市	141	37	5378783	728892
抚顺市	118	33	4304306	614769
本溪市	58	8	8891132	1028265
丹东市	366	53	9561243	986792
锦州市	115	22	11796079	1168749
营口市	316	55	32418413	2566352
阜新市	81	5	1706707	373341
辽阳市	73	11	7870041	1961312
盘锦市	64	10	3445630	260897
铁岭市	65	8	2963669	156888
朝阳市	25	5	1074183	106994
葫芦岛市	33	10	2475108	179029
中外合资经营企业	2386	609	269858371	34715728
沈阳市	509	154	77443109	7462737
大连市	979	310	127858654	20288787
鞍山市	89	23	2922031	459350
抚顺市	64	20	2050745	231623
本溪市	38	6	8653744	995839

单位：千元

固定资产原　价	所有者权益合计	实收资本				
			国家资本	集体资本	法人资本	个人资本
3395	441	441				
208542	209497	56517			500	21800
1608	2151	99				
2681	1325	1000			670	
22311211	15909738	11068812	5961	20	1355262	252734
9174996	6267068	4188214	5961		146604	46836
4016219	3727803	3215135		20	445198	73098
219041	202594	204683			2205	47017
251216	1245137	152869				
58612	12684	13980				
240131	120163	116259				6670
4904436	2171550	1669941				22770
168326	605530	221286				
50171	106414	103659				35278
82456	129983	116133				
9437	5984	5621			5180	
2924971	1030912	851198			756075	1000
210925	279655	209334				20066
273	4262	500				
675630	451426	345860	31725	3357	17975	117629
271198	131998	88196	31460	1323	8642	5718
84230	48301	66764	265	2034	9333	3113
176495	176027	112173				80088
7722	10103	9950				
22420	24906	21030				
39660	32820	21180				16180
3792	1323	1147				529
1235	3149	1764				
68878	22799	23656				12000
189445297	155120833	105657543	3861792	1207969	21005126	7433665
56151926	48387555	29516152	619063	199493	7639686	3529403
94813970	71492025	55799439	1145694	492055	9827670	1775854
2912796	2602382	1808494	165650	16511	225940	196609
1563418	2116210	1492514	26521	5119	300396	33752
6218655	2972672	2428056	1446164	3614	219071	120767
3477778	3455221	1890243	29310	8825	634381	388524
3244895	3711311	3051774	122861	31404	635006	115546
11581298	9923918	4755972	25657	11250	416486	652510
653666	833261	451260	38814	29045	7009	109604
5159275	6202347	1939076	5380	405236	515288	62457
1113821	1441877	943244	117037	2505	300709	158772
1691832	1093874	882077	88309		237721	87462
248353	325176	220260		758	460	71372
613614	563003	478981	31331	2152	45304	131032
103018610	79827667	53048302	3764404	1128825	17845641	6372610
31092176	24159104	17897306	602053	183077	6641571	3165579
42980407	30311924	22581633	1114178	440461	8145193	1371736
1778513	1589294	971424	142880	13011	148380	153591
542962	589484	462939	26521	4437	259283	23434
6129064	2864769	2351180	1446164	3614	208808	119528

1-B-1　续表 8

分　组	企　业 单位数 (个)	亏损企业	工业总产值 (当年价格)	存货
丹东市	217	28	6908798	668264
锦州市	67	12	6848533	529807
营口市	204	25	21228364	1613175
阜新市	48	5	983049	157674
辽阳市	53	8	7377819	1814401
盘锦市	44	3	2960121	231756
铁岭市	35	4	2014361	88129
朝阳市	14	2	341378	13356
葫芦岛市	25	9	2267665	160828
中外合作经营企业	257	65	12181826	1112755
沈阳市	31	9	1784558	85266
大连市	164	45	6715001	720131
鞍山市	1	1	781	858
抚顺市	4		223625	41208
本溪市	4		143928	9153
丹东市	15	4	1422984	158663
锦州市	10	2	122163	14760
营口市	9	2	1110600	54127
阜新市	4		18132	828
辽阳市	2		10002	879
盘锦市	4		246233	10079
铁岭市	6	1	110485	11798
朝阳市	2	1	272454	3967
葫芦岛市	1		882	1038
外资企业	2297	765	137580951	15786328
沈阳市	570	185	40479558	2796511
大连市	1268	488	74514519	10261110
鞍山市	39	8	1685420	168204
抚顺市	48	12	2016849	339837
本溪市	13	2	86840	20798
丹东市	131	21	1220461	159865
锦州市	30	7	4613654	600507
营口市	101	27	10051585	898764
阜新市	26		698647	214413
辽阳市	17	3	477898	146032
盘锦市	14	6	229784	16491
铁岭市	24	3	838823	56961
朝阳市	9	2	460350	89671
葫芦岛市	7	1	206562	17162
外商投资股份有限公司	98	19	7719443	584782
沈阳市	20	2	2930132	56989
大连市	42	8	3729766	395781
鞍山市	12	5	770551	100480
抚顺市	2	1	13088	2101
本溪市	3		6620	2475
丹东市	3		9000	
锦州市	8	1	211729	23675
营口市	2	1	27864	286
阜新市	3		6880	425
辽阳市	1		4322	
盘锦市	2	1	9492	2570

单位：千元

固定资产原价	所有者权益合计					
		实收资本				
			国家资本	集体资本	法人资本	个人资本
2649481	2464411	1269505	29310	4772	489946	331472
1344695	1700178	1398195	122861	29817	460649	90713
8987913	7419364	2413284	25657	11250	414095	557982
192576	379803	262091	36724	29045	7009	102124
4867443	5817422	1635853	5380	403925	513057	62457
879688	1239107	799649	93037	2505	279592	156656
912845	681738	545324	88309		232296	66759
110293	129006	82288		758	460	42129
550555	482063	377631	31331	2152	45304	128450
4109878	3785121	2294827	64599	28618	825005	459193
1099353	614142	226864	17010		35755	36391
2199226	2118779	1250820	21499	26942	577417	272410
582	536	536				
56010	72287	64765			40000	10142
12621	35761	19703			10263	
251259	291547	179536		88	118780	8202
81450	75071	56990		1587	24000	13720
192198	338931	352593			1641	69427
20176	18283	18941	2090			5451
2008	10331	3937			2231	
156565	152956	71037	24000		13317	440
34356	22627	18784			1600	13184
3822	31421	29596				29243
253	2449	724				582
73834563	65257776	48555496	18	45715	1707334	286595
22936513	20624910	10379979		16416	540047	62164
43021055	36408951	31658032	18	24652	977030	124979
508470	569750	587081			1764	12541
901098	1404590	904776		683	106	176
47987	44774	36712				1239
574991	700240	439855		3964	25655	48050
1734615	1867437	1541923			150357	2031
2388111	2160489	1972686			750	25102
431940	426884	161937				794
287399	368670	293362				
60708	48333	52182			7800	
744631	389509	317969			3825	7519
134238	164749	108376				
62806	78491	100626				2000
8482245	6250269	1758917	32770	4811	627146	315267
1023884	2989399	1012004			422313	265269
6613283	2652371	308953	10000		128030	6728
625231	442802	249453	22770	3500	75796	30476
63348	49850	60034			1007	
28982	27368	20461				
2046	-976	1347				800
84135	68625	54666				9083
13076	5134	17409				
8974	8290	8290				1235
2425	5924	5924		1311		
16860	1481	20377				1676

1-B-1 续表 9

分组	企业单位数（个）	亏损企业	工业总产值（当年价格）	存货
总计中：国有控股企业	**3241**	**884**	**972765232**	**142912109**
沈阳市	1151	357	157856351	22961557
大连市	491	149	258743107	46354728
鞍山市	186	39	87959518	13352842
抚顺市	233	58	70278877	8444859
本溪市	180	28	71743759	11466520
丹东市	132	35	5439142	454240
锦州市	180	61	39301317	3954968
营口市	68	20	17419961	8187136
阜新市	167	22	10951476	835622
辽阳市	72	17	38918449	4180737
盘锦市	70	10	78600825	8326308
铁岭市	118	16	11800569	1490330
朝阳市	97	32	17244168	2555414
葫芦岛市	95	39	53012900	10008432
总计中：轻工业	**27005**	**4473**	**486934008**	**43384033**
沈阳市	6276	1380	172400138	8992997
大连市	7426	1711	143576109	18494733
鞍山市	2573	281	19504747	2230574
抚顺市	1273	167	12107565	1221438
本溪市	560	49	4217445	609647
丹东市	1620	156	19058331	1742139
锦州市	1156	163	19397565	1585828
营口市	1673	155	29516132	3012866
阜新市	673	61	7151506	918320
辽阳市	877	59	15471727	2041076
盘锦市	651	60	6724210	434228
铁岭市	1136	40	28358091	928252
朝阳市	482	83	5666269	636438
葫芦岛市	629	108	3784172	535497
重工业	**62605**	**10144**	**2107884088**	**239668953**
沈阳市	14555	3205	498534707	38311986
大连市	14162	3156	473246520	77131525
鞍山市	6108	866	174071094	23198491
抚顺市	3849	519	111342623	12980115
本溪市	2144	183	98301030	14172366
丹东市	3490	241	44408024	3449693
锦州市	2446	373	88694963	8177918
营口市	3946	208	115319458	14383405
阜新市	1750	192	22389652	2684994
辽阳市	2393	125	109364286	11476486
盘锦市	1691	144	113996812	10604581
铁岭市	2109	104	68880685	3468315
朝阳市	2228	413	62319129	6545126
葫芦岛市	1733	414	73520291	12745537
总计中：大型企业	**127**	**29**	**877644564**	**120708391**
沈阳市	32	5	135762601	19426035
大连市	36	8	210484447	37422967

单位：千元

固定资产原　价	所有者权益合计	实收资本				
			国家资本	集体资本	法人资本	个人资本
858100356	**453082138**	**309832027**	**196760930**	**256901**	**99005171**	**6303767**
142453911	73585422	48220936	20642959	42319	21588828	2785222
129613544	83852847	65044748	38694200	45161	21824029	1209662
87434032	59285503	13796280	12562179	40303	753038	247622
50080989	33169499	18781560	5450140	6900	13010095	258953
88223890	32070681	15401548	11451261	26082	2521915	831000
9787335	5102093	3553929	3182152	37891	143277	180151
15228533	12962833	10489268	9097400	176	1144357	143796
21129578	26915341	24876394	20761436	2878	4019118	43692
19326547	4286425	4557740	2026718	2783	2502839	11373
26975519	17065158	18131113	18002743		103308	25061
124000874	53125723	51091923	41466578	6784	9567182	29379
20725506	9487837	6983244	4154035	132	2716593	62751
10196928	9207488	3137025	1813192	16578	900612	406643
40902622	15985007	15766319	7455937	28913	8209980	68462
210283333	**173232338**	**111593552**	**16613990**	**3174577**	**30546184**	**35979310**
72495758	55311648	27254894	4552207	635566	7141766	7144446
61340757	57413188	33344046	3570972	986425	7555072	8892717
9739276	7617258	6012473	799525	277028	972551	3133657
9824201	7487549	12865575	457923	162616	10936744	924036
3635886	1874779	1280659	321769	104008	221383	548981
7979309	6180263	4324762	802632	243171	610585	2081635
7117986	6446785	4253684	925184	147659	481097	2028697
9750995	6863314	4379890	647482	154483	607530	1645277
4012873	2697777	1953763	298186	138289	335829	915107
6598563	5980167	5276682	3516375	135556	115904	1290378
2524250	2632775	2193154	296696	54695	470580	1180391
9290304	8406619	5650055	95678	61457	661195	4398308
3275331	2827465	1437190	99470	14712	174529	1110853
2697844	1492751	1366723	229892	58911	261418	684826
1258892352	**835915187**	**504744530**	**184451303**	**11489963**	**138686542**	**104223138**
269637486	180608218	100588144	17709715	2287015	39202096	24081202
220448633	177929898	124353988	36309189	1862833	34469689	16804556
120107704	96109758	31742288	12206314	1861705	4970541	11040860
58939271	42662175	16046661	5198436	653805	5167758	3659164
101345501	41786782	19502837	11197041	635001	3160101	3721793
21578650	18094519	10332340	2716381	360219	1120929	5499509
29165262	25421528	18570610	8217754	634770	2583479	3812600
42529399	47346191	35654234	20154731	414130	4694312	7297000
25362997	10553911	10862606	1743282	297908	3275851	5205697
52563470	44358091	23437029	14529118	742740	1349020	5685536
134483074	62854692	56989317	41278145	297839	11906328	3077108
38410617	24303746	16724999	4120036	396062	4506280	7286092
22911828	21764968	9236320	1806876	121209	2464168	4516021
49387912	25140430	20703157	7264286	924728	9815990	2535998
721577104	**400696095**	**248671769**	**150302141**	**530225**	**77442837**	**5755926**
116167564	51413523	30573058	5720242	14527	17827475	782191
89066017	77199085	53179948	30385267	180000	14109673	1129993

1-B-1 续表 10

分 组	企 业 单位数 (个)	亏损企业	工业总产值 (当年价格)	存货
鞍山市	8		97826183	14628116
抚顺市	8	2	73137068	7219391
本溪市	5		61252714	10075945
丹东市	2		4108609	245057
锦州市	4	1	38257801	3256970
营口市	4	1	8992919	3814164
阜新市	1		6322170	330210
辽阳市	6	3	46042164	3903394
盘锦市	6	2	73497105	7741367
铁岭市	2	1	10199021	1320131
朝阳市	4	1	11302592	1750326
葫芦岛市	8	4	46964356	9235902
中型企业	**1214**	**268**	**565218260**	**73209354**
沈阳市	218	42	146117666	9687180
大连市	372	82	177610220	29177071
鞍山市	71	13	23355294	2807934
抚顺市	51	10	17075757	4086554
本溪市	48	18	18314457	2228388
丹东市	71	9	17299348	1601983
锦州市	51	13	19313135	3182591
营口市	78	19	49005863	7649834
阜新市	38	8	12481921	1397338
辽阳市	46	7	31223438	5237907
盘锦市	28	8	10260857	1145580
铁岭市	36	10	13506262	941652
朝阳市	65	12	19533871	2212081
葫芦岛市	41	17	10120171	1853261
小型企业	**88269**	**14320**	**1151955272**	**89135240**
沈阳市	20581	4538	389054578	18191768
大连市	21180	4777	228727962	29026220
鞍山市	8602	1134	72394364	7993014
抚顺市	5063	674	33237364	2895608
本溪市	2651	214	22951304	2477679
丹东市	5037	388	42058398	3344791
锦州市	3547	522	50521593	3324184
营口市	5537	343	86836808	5932273
阜新市	2384	245	10737067	1875766
辽阳市	3218	174	47570411	4376261
盘锦市	2308	194	36963060	2151862
铁岭市	3207	133	73533494	2134784
朝阳市	2641	483	37148935	3219158
葫芦岛市	2313	501	20219936	2191871
按行业大类分				
煤炭开采和洗选业	734	71	36452316	3323371
沈阳市	18	7	7613341	690535
抚顺市	82	15	4795059	435002
本溪市	111	5	1969609	76204
丹东市	148	3	1377311	73741
锦州市	36		738298	39766

单位：千元

固定资产原价	所有者权益合计	实收资本				
			国家资本	集体资本	法人资本	个人资本
87271103	64561386	14209099	11526777	243185	735835	1596132
41186525	29272859	14555114	1887833		12453816	213465
78938084	26947680	10427500	7591217		1995483	840800
644290	1100071	497996	284294	21000	98584	85800
12447477	7837584	6578304	4943428		642958	226995
13242066	20930240	20358260	19904719		27820	425721
9091780	2805570	2192490	1131100		1061390	
29043168	23136948	17090077	16599175	71513	262798	
122749256	51696575	49908904	40377000		9531904	
17755666	7915808	5519831	2934880		2584951	
6456105	7197972	2354401	1231473		689539	433389
25497455	11700513	11226787	5784736		5420611	21440
308430629	**196670085**	**117162869**	**26017805**	**1919556**	**39560457**	**16117878**
75441402	45878795	24900448	4978208	40374	10362782	2738231
93052489	57223341	37599385	5000508	410254	11102296	2861134
10537223	9285267	4468609	661919	154096	1176933	1370786
11396201	8477044	5834216	2349764	25610	1910603	440683
12838390	7729921	5791933	3566244	172011	532421	906281
11318465	8072094	4262411	2276767	48808	665060	1034932
10465412	10138049	7092802	3220765	118508	957357	785665
22227609	15699294	8045208	660550	100600	3849765	1314700
12132875	4083496	3545249	573853	111200	2151906	489813
12316430	11203597	3230765	724140	395720	478655	1184374
3980497	2627878	2108818	418058	91552	667084	750624
7153691	3247822	2214606	279151	31678	1122134	526317
8244918	6866459	2704712	237720		1076100	1281795
17325027	6137028	5363707	1070158	219145	3507361	432543
439167952	**411781345**	**250503443**	**24745348**	**12214759**	**52229432**	**118328644**
150524278	138627548	72369532	11563472	2867680	18153605	27705226
99670884	100920660	66918701	4494386	2259004	16812792	21706146
32038654	29880363	19077053	817143	1741452	4030324	11207599
16180745	12399821	8522906	1418761	790810	1740083	3929052
13204913	8983960	4564063	361349	566998	853581	2523694
17595204	15102617	9896696	957952	533581	967869	6460412
13370359	13892679	9153188	978745	663922	1464261	4828637
16810720	17579971	11630657	236945	468014	1424257	7201856
8151215	6362622	7078630	336515	324996	398384	5630992
17802435	15997713	8392870	722178	411063	723471	5791540
10277572	11163014	7164749	779783	260982	2177920	3506875
22791564	21546735	14640617	1001682	425842	1460390	11158083
11486136	10528002	5614397	437153	135921	873058	3911690
9263274	8795640	5479385	639284	764494	1149437	2766841
42631774	24410883	14679405	7375252	273061	5674421	1356672
7311799	5333332	3176797	1743772	12920	1406100	14005
9050574	4706015	1959001	1360668	12733	532687	52914
727710	447536	230824	6041	20268	6978	197537
599570	490356	392977	2646	6791	18044	365496
704145	558065	380458	1323	10956	306820	61359

1-B-1 续表 11

分组	企业单位数（个）	亏损企业	工业总产值（当年价格）	存货
阜新市	151	4	7924595	510387
辽阳市	64		1703696	47075
铁岭市	15		8415918	1303961
朝阳市	24	5	957451	54477
葫芦岛市	85	32	957037	92224
石油和天然气开采业	103	8	53304790	5876795
阜新市	2		10843	156
盘锦市	101	8	53293947	5876639
黑色金属矿采选业	1569	149	59443542	4144107
沈阳市	7		160139	4868
大连市	7		34701	3489
鞍山市	133	27	4160251	351265
抚顺市	97	6	4064214	150089
本溪市	184	9	10028119	890146
丹东市	139	4	2414640	101729
锦州市	13		361463	16298
营口市	49	3	1044319	76358
阜新市	38	1	584899	168487
辽阳市	265	6	13736868	785069
铁岭市	13		571299	31448
朝阳市	576	87	21569183	1488433
葫芦岛市	48	6	713447	76427
有色金属矿采选业	767	52	15306496	1658751
沈阳市	3		47502	
大连市	6		156619	3839
鞍山市	112	8	1002596	35504
抚顺市	33		1417995	611894
本溪市	34	2	794259	59753
丹东市	184	3	3500202	137026
锦州市	7		8396	
营口市	191	10	5303746	440970
阜新市	7		26277	357
辽阳市	14		77548	6238
铁岭市	9		105209	627
朝阳市	34	4	570463	28957
葫芦岛市	133	25	2295685	333585
非金属矿采选业	2341	106	14906329	1040178
沈阳市	110	8	1771567	33123
大连市	198	10	1630331	156806
鞍山市	388	27	1597046	146184
抚顺市	87	2	423192	19798
本溪市	114	11	654172	39460
丹东市	278	1	1926643	102205
锦州市	157	1	1325101	82827
营口市	217	2	1351562	93842
阜新市	129	5	430441	21288
辽阳市	151	2	613525	96903
铁岭市	149	4	1495773	48608
朝阳市	222	24	1400069	180118
葫芦岛市	141	9	286907	19016

单位：千元

固定资产原价	所有者权益合计	实收资本				
			国家资本	集体资本	法人资本	个人资本
10263457	3946187	3008854	1131755	47695	1506916	322489
195735	782866	155028		3776	4808	146444
11298396	6938217	4431037	2943586	35092	1420350	32009
762669	632036	413421		441	311718	101262
1717719	576272	531008	185461	122389	160000	63158
115342102	46847005	47605052	38247329	8364	9115137	167960
66492	107556	91736			30000	61736
115275610	46739449	47513316	38247329	8364	9085137	106224
20228442	19108559	7239216	964774	264071	1003681	4809597
53838	94330	24659			6000	18659
14256	6832	6707				6707
1346862	2370950	460395	4905	66168	174014	162895
1276256	1695325	726230	3087	4045	322266	396832
7783875	3605146	1648989	880000	40755	37763	690471
762121	679246	325240			52881	272359
145363	123622	121683		4700	21000	95983
150872	144918	68823		5030		63793
543418	561937	268041		5000		262159
3019620	3609870	1602377	29310	123404		1407225
252828	223543	149602		529	2300	146772
4281178	5267351	1763101	47472	13400	386555	1214313
597956	725490	73369		1040	902	71427
6297114	7520725	3071495	171730	272293	892138	1608075
9538	15289	12496				12496
182424	233373	9481			2000	6091
393065	326512	206451	265	28827	32648	144712
525989	599130	195495	122143	10586	2602	60164
318556	324560	48406	1852	5521	3199	37790
1381401	1404182	551972		33626	117210	349598
69767	83061	72760		441		72319
1155322	935999	620979		35695	21435	519560
18171	16245	15231				15231
94488	110159	50055				50055
60024	52803	35507				35507
277268	1075277	174893			20117	124776
1811103	2344135	1077769	47470	157597	692927	179775
7810491	6514996	3557879	189579	236281	264545	2618686
504220	596062	302643	5950	47934	70721	176363
903191	803592	307536	124569	28339	15429	119508
1920368	1244046	501252		52290	19924	364688
137378	110871	71626	882	12066	13335	45344
627546	396602	335813	10449	12603	69218	221820
1062458	701798	489743	36158	8108	13208	422624
430392	504551	207660	46	24272	9774	167079
545992	368156	187379	100	10486		170142
218847	181101	140718		9669	18	124417
391424	452669	366359	7006	7858		351495
397184	400655	163010	397	6021	17555	139037
491685	531909	382000	3229	3661	25331	237831
179806	222983	102140	794	12975	10032	78339

1-B-1 续表 12

分 组	企 业 单位数 (个)	亏损企业	工业总产值 (当年价格)	存货
其他采矿业	8	2	60972	841
大连市	2	1	7611	784
鞍山市	2		2963	
本溪市	1		43000	
营口市	1		1764	
阜新市	1		4373	57
葫芦岛市	1	1	1261	
农副食品加工业	4896	547	169433113	12023177
沈阳市	771	115	50470534	1444168
大连市	1432	227	44346447	5583789
鞍山市	388	36	7936653	651325
抚顺市	165	21	1604410	119831
本溪市	74	4	608532	31923
丹东市	358	32	7251033	567958
锦州市	355	21	12754949	609955
营口市	215	13	5652001	455032
阜新市	160	6	4515911	384800
辽阳市	126	9	9064239	1081012
盘锦市	205	7	3866962	197958
铁岭市	362	11	15515754	422653
朝阳市	139	14	3760755	313484
葫芦岛市	146	31	2084933	159288
食品制造业	1881	282	29346435	1928199
沈阳市	383	89	14222405	339723
大连市	584	114	7166113	890528
鞍山市	134	15	908755	157915
抚顺市	131	13	834402	69463
本溪市	43	2	237858	36851
丹东市	100	5	841527	86094
锦州市	75	13	365105	35271
营口市	86	3	804713	58443
阜新市	60	6	730291	117451
辽阳市	42	2	162233	12779
盘锦市	42	6	363420	14920
铁岭市	107	4	2347848	64088
朝阳市	52	7	174289	14543
葫芦岛市	42	3	187476	30130
饮料制造业	1260	141	23154940	2552934
沈阳市	236	46	10121953	508247
大连市	208	25	5239558	1131780
鞍山市	109	12	964311	96028
抚顺市	71	4	416237	49800
本溪市	54	5	619133	86685
丹东市	65	6	413366	98653
锦州市	98	7	1091268	109608
营口市	46	4	394049	33514
阜新市	70	9	427439	89739
辽阳市	39	3	216503	49685

单位：千元

固定资产原价	所有者权益合计	实收资本				
			国家资本	集体资本	法人资本	个人资本
31164	3738	9847	1082	363		7074
19585	-1120	5421				4093
723	573	573		44		529
4771	319	319		319		
1058	944	882				882
1852	1940	1570				1570
3175	1082	1082	1082			
49109523	41182340	21243546	930469	498387	5559011	10093727
16986157	11857857	3374533	266532	25096	1888531	954988
13430716	11431122	7119158	307712	150788	1851024	2536880
1932501	2234233	1481762	149504	54181	358106	675616
640555	734532	297276	9654	8238	47281	167785
248308	157315	113850	1746	3757	3500	98078
1999118	1883503	1086484	32265	67312	188450	701252
2488743	2256942	1362732	42519	36227	50271	868667
692233	582911	436752	4902	438	23676	130346
1317583	1356701	732052	10835	89527	204900	237693
1179121	1439445	427739	18478	7871	169	394104
1027690	1293948	923469	5500	1656	350125	474660
4981908	4204582	2917275	16757	30269	411410	2204333
1364410	1296504	555852	22413	838	127957	383790
820479	452746	414612	41652	22187	53610	265535
14985754	11744683	6086279	342611	120196	1311851	2636806
7806465	5309736	2038208	125499	10364	606614	470961
3019034	3337187	1959172	103974	47462	346788	771839
735359	577709	350123	16818	5728	82776	227574
248725	233225	190708	3550	5903	59978	111140
400092	29443	78942	1480	4428	15206	57563
419365	383365	216066	88	5784	40296	145812
361010	121712	143460	49852	17102	4661	66202
244510	323118	144473	14403		9888	75932
543242	301795	220433	14697	3467	56600	101309
151040	86877	38903		10498	559	22372
130416	109677	114652	4410	1595	13752	94895
605853	626194	367572	3872	3094	52332	302274
219800	191076	168070	3969	4057	1400	155151
100843	113569	55497		714	21000	33783
13369386	10748337	6139978	212586	101814	1138924	1911477
5984067	4190908	2311943	59227	22670	364775	255150
3143847	3252555	1531839	25929	2139	392246	435602
470479	447138	376574	57462	4921	68367	86179
207617	171069	83870	794	3609	12010	61999
372491	295727	154903	12316	8670	62331	68642
432703	222527	136684	1244	20816	6600	78362
464872	563235	504987	10819	19083	152741	144852
186325	84270	53704	326	979		52398
494884	193165	183959	2083	2534	441	177182
167926	136340	78604		406		67184

1-B-1 续表 13

分　组	企　业 单位数 （个）	亏损企业	工业总产值 （当年价格）	存货
盘锦市	22	4	316436	60988
铁岭市	123	2	2326665	111425
朝阳市	44	3	351849	55473
葫芦岛市	75	11	256174	71310
烟草制品业	6	1	4186498	1078785
沈阳市	2		1771789	320588
抚顺市	1		2249	
丹东市	1	1	37750	
营口市	2		2374710	758197
纺织业	2214	364	28931250	3882253
沈阳市	277	57	4174338	279014
大连市	483	105	7572945	1116340
鞍山市	325	64	4190467	667266
抚顺市	124	17	733869	64894
本溪市	37	2	360502	84222
丹东市	221	14	1687049	207144
锦州市	83	18	1059241	264272
营口市	294	55	5363824	690179
阜新市	49	8	536883	134704
辽阳市	171	3	1096648	100522
盘锦市	27	5	230110	14023
铁岭市	66	2	1252552	55692
朝阳市	28	7	413746	141177
葫芦岛市	29	7	259075	62804
纺织服装、鞋、帽制造业	3523	639	52254878	3019352
沈阳市	521	109	13808541	510066
大连市	1499	368	25398453	1827023
鞍山市	408	33	1331974	94118
抚顺市	103	20	313481	22192
本溪市	33	5	119858	14117
丹东市	179	21	1920038	94335
锦州市	73	10	518911	23616
营口市	348	33	6264709	161741
阜新市	59	8	217831	37572
辽阳市	67	3	808745	29475
盘锦市	41	6	457342	18828
铁岭市	41	2	547229	19819
朝阳市	19	3	69702	4398
葫芦岛市	132	18	478065	162052
皮革、毛皮、羽毛(绒)及其制品业	585	102	8904083	597126
沈阳市	250	34	6066151	239553
大连市	126	49	991674	235201
鞍山市	71	4	159445	9545
抚顺市	5	2	5231	427
本溪市	6		18637	728
丹东市	20	4	97144	15703
锦州市	18	5	45369	10605
营口市	39	3	1214570	26116
阜新市	8		10305	17686

单位：千元

固定资产原　价	所有者权益合计	实收资本				
			国家资本	集体资本	法人资本	个人资本
178896	103725	115415	19022	1822	10500	43697
512889	560493	283607	23188	1482	53789	204708
390813	351102	123244			4535	117852
361577	176083	200645	176	12682	10588	117672
1631920	1307823	463440	458432	5008		
570937	573615	413887	412432	1455		
2028	265	265		265		
85656	87747	46000	46000			
973299	646197	3288		3288		
15045472	10474654	8262181	1273741	241695	1639960	3369167
2230109	1445786	1237467	645259	40359	62651	293766
3447411	3652966	2824417	268108	16756	1100481	439898
2824064	1160291	1520636	42525	47174	153933	1004944
257658	186694	168844	10295	6197	14510	81730
360054	205174	64629	2241	4427	11500	46460
812365	554600	343829	30238	15322	65369	202690
705053	674154	242429	134974	11219	41358	29931
1841651	1173844	843793	86209	83114	109859	456108
503001	305698	262068	47233	3988	17888	184580
905819	270563	239839	485	6925	38441	182727
59861	44127	49359		1247	1000	28353
450001	373870	248311	5733	1849	7450	226177
403743	273207	156717		1926	13520	135590
244682	153680	59843	441	1191	2000	56211
12886590	13965909	7187185	271823	525626	1611840	2776086
2772657	3292851	1506315	174021	109593	570565	443717
6525486	7587756	3355118	49182	241447	741399	1082110
690912	503702	474963	2199	34345	64871	313134
89419	91089	106409	4586	8955	5700	25137
73999	37717	23251	3419	8436		4548
556568	376835	315428	88	12942	58663	129180
172238	193617	132732	36231	4977	715	75298
899739	828509	579271		29812	83643	260946
68031	40189	32603	1475	3758	5500	21694
318888	320027	239205		49553	819	122932
141124	147944	96734		13107	20642	62898
301048	241762	121021		5797	2363	112861
40605	31583	21650		1323	300	18145
235875	272327	182484	621	1583	56662	103485
1737157	1551362	1042768	115798	62954	218469	326082
755510	699371	292011	60579	33443	79435	87153
433854	300735	319286	38738	13629	28693	47401
70351	122088	81598		4274	57695	17928
1322	2099	1941		1408		534
18606	2733	3571			1102	2469
61223	68268	31160		4361	1123	16682
83852	35446	128361	13827	1147	40420	68667
168100	157544	87035				14488
55252	27576	12636	2654	1989		3704

1-B-1 续表 14

分 组	企业单位数(个)	亏损企业	工业总产值(当年价格)	存货
辽阳市	20	1	102021	31686
盘锦市	6		18184	1516
铁岭市	10		167147	4176
朝阳市	3		7322	4000
葫芦岛市	3		884	184
木材加工及木、竹、藤、棕、草制品业	2283	312	28349237	2557006
沈阳市	409	65	11933640	370761
大连市	629	180	6490487	1336961
鞍山市	144	4	442928	36562
抚顺市	412	15	2396990	349299
本溪市	72	12	499039	81683
丹东市	150	7	706989	44413
锦州市	69	3	1350104	50998
营口市	78	2	1176560	34960
阜新市	66	5	384747	112067
辽阳市	46	3	122543	19429
盘锦市	23		47598	2076
铁岭市	120	5	2056777	57528
朝阳市	41	5	621062	25990
葫芦岛市	24	6	119773	34278
家具制造业	1080	194	20936888	2291857
沈阳市	417	76	10528471	303769
大连市	280	81	7357027	1698362
鞍山市	80	7	430666	139267
抚顺市	57	10	168922	7690
本溪市	22	1	144469	26185
丹东市	57	3	1039860	32854
锦州市	12	2	28598	1323
营口市	35	3	212608	23114
阜新市	16	1	15666	1872
辽阳市	29	3	260211	29839
盘锦市	24	2	126600	5796
铁岭市	29	2	587406	18129
朝阳市	13	2	28199	1178
葫芦岛市	9	1	8185	2480
造纸及纸制品业	1602	225	17908592	1381269
沈阳市	403	80	6523987	294959
大连市	408	75	4815149	409330
鞍山市	124	10	440728	42149
抚顺市	83	8	587880	44301
本溪市	33	3	90294	5908
丹东市	108	8	1309850	100921
锦州市	83	12	978112	146725
营口市	124	3	824680	148583
阜新市	26	1	80792	10843
辽阳市	63	5	450395	67515
盘锦市	28	4	117159	14858
铁岭市	71	6	1284774	67757
朝阳市	29	6	364532	23754
葫芦岛市	19	4	40260	3666

单位：千元

固定资产原价	所有者权益合计	实收资本	国家资本	集体资本	法人资本	个人资本
54822	82998	42650		2518		38369
13738	23513	17281		53		14582
7882	7294	4206		132		3073
9381	18641	18205			10000	8205
3263	3057	2828				2828
11185995	8985899	5793209	69372	128130	1386364	2830025
4064889	3099737	1239362	3760	40706	378913	715062
3135436	2174648	2094571	34440	20035	580450	456759
261099	442668	190655	1435	11081	103935	73076
857156	733178	617347	3797	26967	44421	523443
441547	451311	148890	4791	9021	31032	50597
336098	325922	286781	12303	11923	65877	150323
261829	202816	140908		1159	9696	122444
130801	141527	78495		265		63898
385359	489002	274456	5098	1558	60500	170485
104510	38406	29213	176	60		27177
24894	35384	27202	3528	1398	2600	19676
890315	650914	506346	44	1315	21336	390422
214882	174581	132182		1410	82462	47516
77178	25806	26800		1233	5143	19148
7078995	7402735	2982994	37880	85003	722317	1205928
2789380	2603726	1052839	27483	14189	470523	444604
3075433	3480113	1259288	8474	51884	152593	336452
399915	351109	100850	71	1444		84621
43441	43625	35257	617	9049	5030	18938
80499	27458	35391	952	3175	4318	20737
277453	401439	177640	282	2554	80173	56309
18932	14392	11777		397	1000	10380
134373	108647	58305		240		28944
4298	3525	3029		586		2443
56742	128921	29516			847	24999
43737	24450	17563		503	6333	9845
126644	188759	180309		520	1500	146888
22631	21292	17176				17176
5517	5279	4055		462		3592
9292174	6939548	3834135	264001	134506	524068	2239010
2066968	1883322	773125	15536	30068	234124	319315
1690699	1373271	758758	4921	34064	173001	357281
331967	196562	104402	794	10181	21140	71891
204568	186490	139538	4189	3786	900	65820
71475	42574	29113	4302	6597		18214
1144806	581576	440433	110090	7913	13618	222698
738004	543244	458968	882	11374	22150	385474
1703502	856707	207504	78613	10036	9790	104462
82868	42507	41622	955	4409		36258
265007	266971	165018	14037	9863	864	62363
136606	158297	160361		2043	8481	149837
721653	672296	457650	28129	529	39691	353257
113672	112417	73316		3087		70229
20379	23315	24328	1553	556	309	21910

1-B-1 续表 15

分 组	企业单位数（个）	亏损企业	工业总产值（当年价格）	存货
印刷业和记录媒介的复制	2102	490	10846673	800467
沈阳市	704	229	5318786	287321
大连市	431	129	3165630	369288
鞍山市	143	18	304068	26028
抚顺市	90	14	92253	4804
本溪市	52	11	124594	4276
丹东市	116	5	235816	16674
锦州市	111	29	173490	14500
营口市	92	7	271122	17316
阜新市	74	12	95706	8273
辽阳市	51	3	85599	8180
盘锦市	64	15	114778	12590
铁岭市	78	1	773488	21187
朝阳市	39	6	42186	4340
葫芦岛市	57	11	49156	5692
文教体育用品制造业	298	54	2751132	533178
沈阳市	92	14	1023993	56418
大连市	95	25	832619	244668
鞍山市	9	1	31959	2767
抚顺市	6	2	9045	542
本溪市	6		12898	
丹东市	26	2	125735	8982
锦州市	10	3	31737	10756
营口市	39	7	521291	205913
阜新市	1			
辽阳市	4		5427	302
盘锦市	5		23457	1148
铁岭市	5		132971	1683
石油加工、炼焦及核燃料加工业	927	120	281232252	18292101
沈阳市	144	16	9871184	265100
大连市	91	26	112295221	8050499
鞍山市	39	2	2281672	70333
抚顺市	125	24	48524751	3477173
本溪市	42	6	544442	57925
丹东市	17	1	1126315	119446
锦州市	49	8	33626268	1874538
营口市	87	8	9921544	433331
阜新市	21	1	18302	1819
辽阳市	26	2	995865	25540
盘锦市	235	13	32788291	1886956
铁岭市	16		517742	6648
朝阳市	7		285917	23285
葫芦岛市	28	13	28434737	1999507
化学原料及化学制品制造业	5088	852	120764259	11894167
沈阳市	1096	234	18727104	1147970
大连市	1093	249	16174382	2462269
鞍山市	441	69	3740649	427667
抚顺市	429	74	4142489	584437

单位：千元

固定资产原价	所有者权益合计	实收资本				
			国家资本	集体资本	法人资本	个人资本
6426596	5180637	3477729	621362	269513	948169	1313447
2565209	2696476	1543784	444803	78852	524267	425434
2694981	1571524	1144333	89878	61373	383280	371217
188956	180095	153273	14404	35543	9954	93372
43745	41754	34637	1141	14378	1066	17733
83574	49456	32357	5931	6306	6341	13779
216565	129480	90050	6246	12158	568	65435
89667	69333	53926	7994	13913	3628	28312
142422	89075	111355	27052	5298	10400	58605
53037	38356	41426	9137	11090		21198
43515	35317	30887	469	5666		24752
60791	45723	36882	6232	9673	3644	17333
170083	182000	152169	458	7137	4500	140074
38701	32050	32668	2740	2910	176	26841
35350	20000	19983	4877	5215	347	9362
1144737	813621	714166	23957	22470	50802	180274
230859	242909	145903	309	9804	43615	42513
476097	360355	369768	3403	540	3904	56144
13038	8355	9188		3956		4402
9416	3556	1608	35	441		1019
3166	8618	7761	441	1587		5733
68901	51730	32105	176	4454		26751
29795	46967	10027	441	365		8823
267891	68496	119684	19151	1323	1271	19130
2	26	26				26
9402	2170	2161				1808
14352	12934	11660			1512	10148
21819	7504	4276			500	3776
85338639	65823477	43785583	35997438	264497	4525747	2415629
11846227	6730262	1691218	321460	6792	949213	324457
30767199	23238126	26597763	23718291	79569	2452216	123756
613543	703503	317416	15000	55996	117559	128402
17699806	16473793	215097	32583	8567	72701	87508
216014	120472	45954	1323	5369	6170	16918
274982	118460	148378		847	111010	16521
9196001	8476174	7302532	6959196	47878	126140	87944
1246995	848123	548627		18928	24655	414335
30852	37324	36918	176	529	441	28716
208362	171970	76059		12950	32135	29109
7290715	3709479	2379241	699409	24516	618014	1000337
180646	188482	100911			3000	97206
77115	65120	43784		450	7449	35885
5690181	4942188	4281686	4250000	2107	5044	24535
75983201	59560254	43629051	22599020	944781	8281817	7799758
9397815	6717633	3504941	388995	89254	1124874	1091766
16795934	13654893	10485030	2329676	336780	4638106	1747226
1500885	1509679	1018309	5308	152067	144244	500448
1408624	1268729	1075068	54157	66316	427676	377645

1-B-1 续表 16

分　组	企　业 单位数 (个)	亏损企业	工业总产值 (当年价格)	存货
本溪市	140	9	2055398	119904
丹东市	233	29	2333420	239812
锦州市	208	26	5580088	1020050
营口市	341	17	7621332	617241
阜新市	123	16	729837	148541
辽阳市	231	25	38416518	3332500
盘锦市	305	28	9765755	972396
铁岭市	210	4	5510330	133285
朝阳市	92	20	1283356	182587
葫芦岛市	146	52	4683601	505510
医药制造业	735	137	27595872	3510763
沈阳市	239	58	16490053	1327268
大连市	124	31	5699877	1359340
鞍山市	31	5	231626	51213
抚顺市	68	4	773211	32721
本溪市	75	4	1025079	224175
丹东市	36	6	542552	100528
锦州市	29	8	618853	127076
营口市	13	3	163010	25380
阜新市	21	3	183277	60096
辽阳市	17	2	243996	33854
盘锦市	15		355166	46976
铁岭市	37	3	1043050	61664
朝阳市	20	7	108634	50631
葫芦岛市	10	3	117488	9841
化学纤维制造业	112	22	8503787	1275700
沈阳市	12	3	97204	2667
大连市	26	6	443258	13782
鞍山市	12		97148	9518
抚顺市	8	1	4051346	612530
丹东市	4	3	1434120	133282
锦州市	9	2	74403	7938
营口市	12	2	476760	84827
阜新市	2		3498	
辽阳市	22	4	1719382	409889
盘锦市	1	1	5094	
铁岭市	2		92103	425
朝阳市	2		9472	842
橡胶制品业	1179	192	25144225	2370190
沈阳市	370	68	11814723	862549
大连市	188	61	3060307	463469
鞍山市	68	10	2813053	269380
抚顺市	64	13	229996	23388
本溪市	49	3	238513	21084
丹东市	46	4	278266	22479
锦州市	41	4	758247	121001
营口市	29	2	216934	6934
阜新市	22	3	191991	61171
辽阳市	81	2	243932	17615

单位：千元

固定资产原价	所有者权益合计	实收资本				
			国家资本	集体资本	法人资本	个人资本
1963236	2330166	2043693	1686998	19564	21537	307595
824645	753075	487853	43469	23251	80478	265897
1693456	3032990	2080918	472018	102872	328153	355377
1934907	2211998	1188098	8782	20761	138961	702988
592361	400659	368318	22851	4924	20583	290775
24355265	15742167	14233339	13530467	43985	136781	474617
6192631	7139487	3566688	2137623	48283	840450	459926
1293841	1466743	990910		13295	207205	757471
580234	518012	312738	2432	2389	82698	225219
7449369	2814023	2273150	1916244	21040	90070	242810
21602194	13343956	8668026	1548778	170401	1325547	3020979
14199587	7427844	4132124	1248512	69322	521242	1153834
3768479	3035035	2481309	40307	67028	382895	655168
160611	204385	162994	34230	1035	7000	115108
327797	246775	234346	953	2320	116300	82373
803996	697345	428562	151175	1159	112930	111778
321562	197556	173634	470	9579	41242	122009
315437	298073	220633	16753	10079	40700	151470
119254	129800	78949			353	78596
193556	120556	75235	7323	4332	50000	10270
290405	150038	96562	48950	840		43547
266437	193612	149476		474	14840	132291
493368	461689	320410	100		8076	304792
184511	149730	61246	4		15441	45801
157196	31518	52546		4233	14529	13940
9139261	8094988	14724821	3629547	7956	10685129	291004
66615	88428	11960		1019	500	9233
82154	87809	65247	353	2646	1000	47641
67482	53430	37356		1000	23500	9304
5766029	4304374	10491625	838		10439676	51111
188407	372868	350605	289605			61000
176131	544004	29517	17110	176	441	11790
358544	244139	261368		265	158210	19177
359	658	617				617
2346437	2380433	3460324	3321642	2850	60802	69550
420	1904	1000			1000	
79819	10151	9441				9000
6863	6789	5762				2581
13226731	9860115	5483803	222573	137258	721518	1512112
7335521	4918500	2260064	197654	20569	421198	339461
2605435	2439401	1730184	26	6098	110437	149012
715734	149312	116109	10049	22787	2100	76190
89464	66074	65995	220	6650	10150	31507
130612	85045	52323	9484	8581	6884	25508
97476	73430	58211	18	4886	8593	38570
269235	348688	213258	1020	13369	7937	84689
33990	25813	46253		33329	250	12674
168853	94261	80413		1012	43000	35916
216755	75955	43945	2662	106		33819

1-B-1 续表 17

分 组	企业单位数(个)	亏损企业	工业总产值(当年价格)	存货
盘锦市	27	2	151347	8347
铁岭市	173	11	3729946	109575
朝阳市	12	5	1313146	331904
葫芦岛市	9	4	103824	51294
塑料制品业	3822	570	54222391	5091659
沈阳市	935	150	22094072	1135676
大连市	1009	243	10852227	1538047
鞍山市	345	32	1782379	266494
抚顺市	182	26	620688	51346
本溪市	70	2	263153	23505
丹东市	124	16	998463	49157
锦州市	138	15	2055988	197828
营口市	397	18	5687663	218118
阜新市	93	9	209607	63198
辽阳市	120	6	5525282	1289901
盘锦市	129	11	1103287	89806
铁岭市	137	5	2360480	56964
朝阳市	72	17	123915	12307
葫芦岛市	71	20	545186	99311
非金属矿物制品业	7970	948	144060599	12970154
沈阳市	1318	259	37158752	998599
大连市	1187	245	15375137	2171263
鞍山市	1172	133	24888596	3082558
抚顺市	520	65	3566642	800527
本溪市	267	20	3567403	364871
丹东市	413	16	2737882	271959
锦州市	487	48	5812456	382099
营口市	873	35	32643810	2665089
阜新市	256	27	1563432	388806
辽阳市	320	12	4674544	976042
盘锦市	213	10	2442684	154075
铁岭市	338	7	5319571	192939
朝阳市	317	33	2476107	291125
葫芦岛市	289	38	1833583	230200
黑色金属冶炼及压延加工业	1300	206	312567059	44961264
沈阳市	194	33	28821323	1120855
大连市	186	55	20620151	3703390
鞍山市	126	19	95210989	13763028
抚顺市	59	11	22334518	2383475
本溪市	161	15	69521040	11095010
丹东市	31	4	1874086	182819
锦州市	94	16	17235921	2092023
营口市	80	9	13997296	6966934
阜新市	9	2	2857	595
辽阳市	211	6	19604822	1465378
盘锦市	4	1	14479	3014
铁岭市	46	1	5081555	116852
朝阳市	35	12	11535940	1501719
葫芦岛市	64	22	6712082	566173

单位：千元

固定资产原价	所有者权益合计	实收资本				
			国家资本	集体资本	法人资本	个人资本
37129	43345	36690		3457	3243	29990
682907	881018	511298	1441	15658	13975	480225
704358	619168	210382		97	90751	119534
139264	40104	58679		661	3000	55018
23550942	23065236	13772771	485567	725255	2728230	6703820
8031631	9601320	5123142	99414	84889	848642	3651845
7034289	5350050	4725388	50234	83737	1607724	876945
983946	670560	620051	2390	44579	101316	293250
212591	179861	149383	10592	46100	17498	75192
218807	177537	81932	882	10293	5165	63070
277045	255379	181288	441	2301	26996	126588
389009	377966	314316	94251	6211	7185	205169
923205	808381	549076	6691	15057	5190	417930
269181	132139	145581	20196	14048	6997	102075
3280039	4148727	767387		394720	600	110533
403684	354911	214708		9253	77999	123917
668690	607324	494573	300	6094	6344	476964
131211	83608	69732	176	979	9300	58395
727615	317472	336214	200000	6993	7275	121947
62472825	49985379	33421994	2978974	1392656	6171291	18118009
13142845	9256821	6838236	1087388	160665	1573897	3389912
13400454	8019827	5699271	673738	245882	1146276	1630430
10492371	13152435	6195208	280931	363508	1596329	3492448
2223960	1664877	1111448	277129	90591	199154	505710
3009527	1506053	1001312	77751	43228	365636	510507
1252401	1010101	708529	5962	45289	99470	454064
1721441	1447372	979478	94291	89501	102691	508279
7088848	6403289	4103302	20565	77737	185976	2500279
1304869	678014	2259313	16843	50220	8696	2169714
3478651	3244983	1544754	356391	52466	367958	762707
790436	348286	467838	8387	61744	86872	310561
1874787	1488247	1012170	1411	20147	123060	867552
1727711	1343932	837478	33569	33817	86664	683429
964522	421141	663656	44617	57862	228610	332416
225971515	147300314	65642502	43411728	395958	12894672	5852102
5960816	5340735	3134924	149288	31892	1273211	656010
13659504	9511960	6224960	2005357	52407	2756637	344990
85064215	59245775	12638922	11287324	39447	421013	806858
8170943	3655477	1893155	394651	7767	1186545	304149
79047143	28156493	11610220	8093203	104408	2066329	843236
549108	480242	188053	4452	14752	23420	134849
3065190	3511688	1724300	69421	66810	750439	712751
16489950	24307391	23788883	19904719	26329	3781496	68855
2697	3117	3087	882			1940
6162165	4744504	1925478	257539	27985	389061	996020
4809	1661	2354		794	795	765
976513	242902	178456	6410	4498	11400	156148
5567377	6417745	1752937	1231473	503	17813	503148
1251086	1680625	576772	7009	18367	216512	322383

1-B-1 续表 18

分　组	企业单位数(个)	亏损企业	工业总产值(当年价格)	存货
有色金属冶炼及压延加工业	926	162	75351683	7155628
沈阳市	253	60	16398249	618620
大连市	73	16	2540632	557462
鞍山市	36	1	2082647	255872
抚顺市	73	12	3171910	1187722
本溪市	72	7	826446	57750
丹东市	77	3	2577100	143881
锦州市	58	10	4339137	211110
营口市	65	7	8752828	472114
阜新市	26	7	957308	78315
辽阳市	17	1	11664959	1171944
盘锦市	4		68156	12167
铁岭市	55	5	6515239	211165
朝阳市	41	9	5825338	528953
葫芦岛市	76	24	9631734	1648554
金属制品业	5659	1024	92906402	6580944
沈阳市	1433	306	38732174	1099772
大连市	1638	404	17297636	2291180
鞍山市	801	119	11284980	1419635
抚顺市	329	52	989225	91257
本溪市	137	12	1146717	154357
丹东市	140	6	963280	97317
锦州市	153	21	3670903	311790
营口市	326	19	8421500	441311
阜新市	92	9	1062617	118803
辽阳市	144	7	1475420	164499
盘锦市	108	8	2014637	150151
铁岭市	146	4	5091347	120091
朝阳市	71	19	234840	43625
葫芦岛市	141	38	521126	77154
通用设备制造业	14784	2441	242050872	29649799
沈阳市	4006	854	85891372	5441897
大连市	4993	906	102300413	17526712
鞍山市	1161	166	10051434	1284349
抚顺市	711	103	5580869	1270750
本溪市	390	29	1920651	338525
丹东市	621	47	5761945	605674
锦州市	385	60	2075672	360116
营口市	722	38	8001211	655638
阜新市	372	48	2857424	607612
辽阳市	461	32	3080213	450524
盘锦市	138	17	896099	87161
铁岭市	363	20	8872631	366791
朝阳市	262	63	3790056	381033
葫芦岛市	199	58	970883	273017
专用设备制造业	5321	1024	109441266	21341565
沈阳市	1591	382	41363760	4429887
大连市	1251	301	37266023	11855612
鞍山市	488	92	4795302	794692

单位：千元

固定资产原　价	所有者权益合计	实收资本				
			国家资本	集体资本	法人资本	个人资本
26088480	21625865	9420725	1214544	254501	3828608	2809177
6493588	4522598	2081653	524575	77420	712796	593925
907082	867880	747784	353	34270	75242	50069
308774	643262	305337	176	4679	133407	139011
2502289	2237893	1203936	646911	2259	501000	43378
186065	129858	88294	706	10168	2263	75157
673293	611729	244990	1632	12318	47870	159176
470427	759925	326027		7719	87738	192491
1003957	912989	509382		26597	62950	193235
456564	207595	242568	11000	12526	82060	93302
5036831	7438040	488795		747	234928	96529
24650	34166	20617			20000	617
774779	1755884	724373	29192	8220	54900	627929
871924	584895	301554		13953	99346	186405
6378255	919151	2135415		43625	1714107	357952
34153704	26596513	15410981	1313189	1269859	3493699	6322069
17472398	9984873	4210219	906171	187289	1338680	1268517
5968000	5616718	3881467	71757	183302	912443	1282653
4611784	4306111	2641914	38289	406149	794286	1181243
329545	283001	251464	2722	50213	22907	162586
681090	580633	348983	45578	138944	29956	102581
352102	370847	225278	6212	4897	3200	142681
703271	899866	647292	84374	24651	51319	108711
1299060	1164584	784444		39197	134356	434192
321917	628608	477686	1662	12336	19773	438729
541829	496709	413215	143610	6912	44	239177
475098	587767	390505	8391	5069	102596	124449
999874	1186643	715996	243	14692	42421	656140
145245	124381	76776	236	1463	14250	60827
252491	365774	345742	3946	194745	27466	119585
109462873	90995581	42134434	4377007	1976510	8894159	16228234
50452619	27146646	11513427	2354192	700208	2943487	3955700
39652042	45608733	19270066	1547949	245115	4438954	5109886
4757395	4814461	2734807	35403	391378	623122	1646677
1930209	2736703	1533037	42222	131961	125568	502758
932377	650807	468798	66355	74103	21048	283117
2042670	1943029	898501	42037	52174	57476	710504
821323	793892	643078	48706	99351	89379	357762
1796944	1697708	1155120	5731	56814	50463	931397
737639	801488	632014	61253	66692	99690	324480
1546108	1083202	627378	16302	20482	14035	567134
364721	326767	271161	5594	17084	71926	169347
2596038	2459486	1653231	143856	58481	225683	1149304
1323512	543608	438111	2970	5138	102673	327053
509277	389050	295706	4436	57530	30655	193114
51138640	40391839	21983819	4573092	758014	5383419	7518604
27589197	15872403	7203084	2298152	226204	1773147	1822967
12386090	13802686	7764235	1690893	209171	1805856	1750950
2638200	2090095	1416247	104273	80026	367014	850663

1-B-1 续表 19

分　组	企　业 单位数 (个)	亏损企业	工业总产值 (当年价格)	存货
抚顺市	297	44	3210415	636025
本溪市	65	8	682424	225113
丹东市	275	32	2231423	312396
锦州市	160	30	1032158	111824
营口市	223	12	1821472	177104
阜新市	115	9	606710	90284
辽阳市	115	6	1232141	439874
盘锦市	214	18	6735303	1172490
铁岭市	202	9	3784392	215106
朝阳市	266	62	3357646	266008
葫芦岛市	59	19	1322097	615151
交通运输设备制造业	4119	879	192147114	44683584
沈阳市	1084	299	81479570	15711973
大连市	1251	328	75323924	20297470
鞍山市	253	46	2058291	251991
抚顺市	167	16	505780	274062
本溪市	105	15	1435877	383151
丹东市	287	20	5611908	234726
锦州市	187	53	2662249	450845
营口市	150	12	2525082	479825
阜新市	85	15	172163	11931
辽阳市	71	4	1269281	124591
盘锦市	152	15	3653812	59328
铁岭市	72	9	2247742	266542
朝阳市	97	20	3604399	952582
葫芦岛市	158	27	9597036	5184567
电气机械及器材制造业	4569	919	109148326	11079798
沈阳市	2032	484	61643393	4919978
大连市	809	186	24353730	2566780
鞍山市	298	57	2790951	460389
抚顺市	218	29	2053792	343580
本溪市	83	8	439297	43010
丹东市	213	24	2977868	354866
锦州市	211	53	2799137	617168
营口市	203	8	4514757	362056
阜新市	125	15	482953	67820
辽阳市	92	8	3151347	1016236
盘锦市	77	15	481449	78472
铁岭市	88	5	2457344	80479
朝阳市	44	13	328810	60375
葫芦岛市	76	14	673497	108590
通信设备、计算机及其他电子设备制造业	1055	280	62673412	5055021
沈阳市	383	120	21598117	972515
大连市	283	88	36140038	3512255
鞍山市	96	18	556253	95798
抚顺市	23	6	171837	9278
本溪市	16		189911	14651
丹东市	86	21	1153486	118536
锦州市	39	10	486274	69978

单位：千元

固定资产原　　价	所有者权益合计	实收资本				
			国家资本	集体资本	法人资本	个人资本
764996	831794	462634	79175	42673	145443	175459
484006	282576	184678	138361	3545	4304	38043
907104	812913	480813	670	23203	68059	377613
312600	365174	289553	27019	22657	30962	202172
436976	561568	334717	2320	29945	38984	243868
327808	357347	297233	20934	33295	1864	231635
698108	586683	311406	5580	3231	23516	125619
1438069	1772318	1203131	14067	36791	654233	461958
1513679	1271669	1079344	9714	27489	211895	818219
928747	1118825	604915	8876	12533	233464	342596
713060	665789	351826	173057	7251	24677	76841
84901987	65383738	48163902	2906707	767742	24541592	5594703
35727097	28524015	22352079	1620807	155382	12632407	2289961
33516602	23119947	17604367	643171	269320	8317105	1009433
822508	724176	576870	45776	60450	15637	387212
405408	1372234	247054	15515	14319	46015	53480
860170	625490	412056	8252	10169	215440	178195
1466333	2863688	1110801	294943	59033	207772	537926
999005	1305707	908382	6235	51164	106895	117665
793971	869542	608028	1558	7725	81246	165990
84574	106272	86430	3388	8636		69929
384620	429448	295323	54607	2178	76593	55719
822094	582359	317825	33534	16698	12686	217645
706988	609912	338894	77763	21309	98896	140926
2126604	1486920	1072725	93253	7422	800652	159649
6186011	2764027	2233066	7906	83937	1930248	210976
48514899	40477224	23967492	2132197	1066823	5619474	6964262
31366780	20982590	12074207	1072589	469513	4125043	2745637
9033319	10999233	6727310	299792	289874	806728	1390907
1427135	1773688	664936	1831	84160	76401	478153
1034546	988132	796082	461479	46631	121336	159017
146897	114645	109430	1148	19925	17088	71269
813552	1046648	500946	16715	12958	56057	404295
779445	1014033	665354	98670	38122	80325	322030
868584	1012396	874576	17330	10886	62486	438940
242542	272367	296392	7530	12589	56469	191195
1659936	999687	366658	2646	13514	67455	243340
184030	174312	136728	422	33691	17902	84203
467689	558769	373819	42234	8980	29352	293208
119252	226704	104594		20864	750	82980
371192	314020	276459	109811	5117	102081	59089
20973303	24667169	17316966	2589837	150992	5007287	3509661
5706426	10959589	4917060	359147	31824	1045507	1597943
13579423	11925501	10668764	1987143	14389	3688814	1380287
182297	382786	264075	25863	7904	15232	137686
156802	69226	106631	7604	2506	71040	16653
67593	22065	8424	441	3073		3587
486059	569746	404204	89948	46649	78876	90519
127169	128695	148512	8841	6408	42119	61233

1-B-1 续表 20

分 组	企业单位数（个）	亏损企业	工业总产值（当年价格）	存货
营口市	32	3	149920	15981
阜新市	35	5	251219	77748
辽阳市	16	3	185340	53550
盘锦市	11		49196	15547
铁岭市	19	2	1304322	5693
朝阳市	9	3	423250	91784
葫芦岛市	7	1	14250	1708
仪器仪表及文化、办公用机械制造业	1644	447	15048214	1891712
沈阳市	450	133	4232450	425901
大连市	446	165	4302235	728612
鞍山市	239	78	1479735	182188
抚顺市	60	12	198278	29904
本溪市	33	4	105839	13385
丹东市	158	24	1983755	238573
锦州市	48	14	197743	58163
营口市	62	3	1135302	123693
阜新市	23	4	32467	2860
辽阳市	57	1	418332	28384
盘锦市	28	1	161439	5605
铁岭市	30	5	567909	23743
朝阳市	5		218743	29079
葫芦岛市	5	3	13989	1623
工艺品及其他制造业	1445	235	10723841	1160787
沈阳市	374	93	4147229	403611
大连市	240	77	1941492	358535
鞍山市	278	10	747192	63383
抚顺市	122	16	1021034	108949
本溪市	37	5	271264	30349
丹东市	81	6	427120	23082
锦州市	33	7	376965	51937
营口市	69	8	665645	51736
阜新市	37	2	48215	5499
辽阳市	81	8	416626	44408
盘锦市	27	1	47806	2200
铁岭市	41		557906	15721
朝阳市	14	2	45712	1103
葫芦岛市	11		9636	274
废弃资源和废旧材料回收加工业	215	20	2191282	171034
沈阳市	26	4	554736	5264
大连市	40	7	249344	27579
鞍山市	25	1	53608	5474
抚顺市	21	3	84774	6156
本溪市	13		228229	15976
丹东市	17		742357	86852
锦州市	10	4	73282	4720
营口市	29		80577	7140
阜新市	6		11965	464
辽阳市	4		1659	266
盘锦市	6		42998	1764

单位：千元

固定资产原价	所有者权益合计	实收资本				
			国家资本	集体资本	法人资本	个人资本
66499	234938	287346		706		19603
115406	-69382	181271	18264	20559	8098	128041
182377	92445	49475	6129	1091		16406
18076	31471	22403		6026		16377
137400	85836	57867	26458	1038		30371
144985	221308	189944	60000		57600	8927
2792	12944	10990		8819		2028
5757163	7050746	4308770	519066	260026	689675	1675264
1610785	2002307	1058570	271075	80727	98362	442278
2217142	2346980	1457979	72652	31576	179404	350642
581100	926580	639166	27529	20738	142880	407366
82275	161719	160808	52898	4606		19259
63804	50951	27170	7541	4661	5000	8801
541002	613362	384469	79165	49015	80667	154928
57725	94963	46130	6027	10693	4820	24590
193297	339351	254023		8931	162531	60318
7577	8803	8514	2178	1292		5044
222223	274650	125607		28238		91265
62163	64080	45526		7379	14350	23797
67001	72163	54571		11088	1262	42220
48524	90406	44480			400	44080
2545	4432	1758		1081		676
4725342	4319712	3185237	354709	190722	366050	1190936
838724	1112363	592195	2974	35601	111230	363271
1592348	1409482	1240919	112060	8008	101144	185939
221652	225176	151441	529	13341	7380	116213
812422	604651	411885	231807	62974	16195	89995
150211	36047	35821		11753	1311	17701
133769	100506	107962	4454	5530	12678	50780
324058	146005	153042	1620	6948	114350	29331
241216	175599	126524		8427		35973
36696	57166	60756	265	5602		49548
144439	138074	96723	1000	30044	264	58083
21377	30013	28083		265	203	20756
184863	269817	165856		1147	1294	160399
20069	11475	10888				10888
3496	3339	3141		1085		2057
709462	1150454	600266	38511	154578	51184	290113
59391	188466	137831	2646	732	3220	131233
90391	245219	84303	3670	3322	13563	36776
40951	17200	21730		9820	3876	8034
28512	100954	24533		4020	3500	17013
146022	226185	45249	28441	14515		2293
115861	183563	58799		970	600	48322
11686	9661	15549		338		15211
24694	21974	18513		706	6000	11807
3861	3956	3201				3201
904	1678	1326				1326
20269	17858	13233			8000	5233

1-B-1 续表 21

分组	企业单位数（个）	亏损企业	工业总产值（当年价格）	存货
铁岭市	10		35149	2193
朝阳市	2		2117	41
葫芦岛市	6	1	30486	7145
电力、热力的生产和供应业	957	283	125225889	4751228
沈阳市	215	75	22458794	632280
大连市	164	56	12732088	990225
鞍山市	65	16	2180975	182997
抚顺市	86	23	4079280	288331
本溪市	63	10	1534508	149861
丹东市	88	11	2667401	160091
锦州市	39	15	3419816	264507
营口市	36	5	5064451	341483
阜新市	26	7	3965611	196580
辽阳市	21	9	1903946	99114
盘锦市	15	4	586263	34385
铁岭市	33	11	4433853	161360
朝阳市	61	27	2576514	84217
葫芦岛市	44	13	4127575	827381
燃气生产和供应业	115	26	2761230	223826
沈阳市	21	6	750857	42667
大连市	38	9	1305104	82678
鞍山市	18	1	162114	7799
抚顺市	2		55820	32560
本溪市	4	1	67127	6276
丹东市	2	1	42618	4337
锦州市	3	1	83129	4703
营口市	5	2	32813	3386
阜新市	5	1	19797	1889
辽阳市	3	1	26478	3552
盘锦市	2	1	42030	15116
铁岭市	6	1	33936	683
朝阳市	2		24368	2203
葫芦岛市	4	1	115038	15976
水的生产和供应业	416	91	4579957	252415
沈阳市	52	19	1052592	56823
大连市	70	19	1344047	60912
鞍山市	119	6	381438	28384
抚顺市	11	3	218105	7354
本溪市	6	2	130182	4994
丹东市	11	4	116038	3585
锦州市	21	7	283697	7812
营口市	9	4	165454	22672
阜新市	12	4	172908	3544
辽阳市	8	2	79731	4194
盘锦市	43	1	339736	21514
铁岭市	23	3	101419	19867
朝阳市	16	11	86311	5839
葫芦岛市	15	6	108298	4923

单位：千元

固定资产原价	所有者权益合计	实收资本				
			国家资本	集体资本	法人资本	个人资本
45522	33984	49949		44	11844	8061
807	1087	882	573			309
120590	98669	125168	3181	120112	581	1293
207585372	69322870	47163460	12376934	408636	29711449	2291831
34067291	16811318	12784194	4551921	5132	6727912	544115
23562846	7539899	3790090	1142087	10228	2243410	315869
1627680	995805	598084	221000	5361	200576	50167
10405004	3012737	3429215	1584805	93705	1439493	191211
3557948	1599316	617838	160686	93565	243130	74936
7451455	3320168	2737387	2121489	19522	4967	477178
7293668	1974516	1929733	643808	19966	426132	70494
7272587	5220633	378744	148162		137596	92985
9001366	1519888	1889714	368225	882	1331246	187333
1107566	194859	127925	87507	2563	9004	28851
875583	722166	324185	28182	2646	263310	25875
12684471	3463904	3306112	836616	150000	2075176	113003
2485783	615149	291126	184205	3259	35374	68288
14171576	5352231	4959113	298240	1808	4574123	51525
4703834	4366538	3165434	1459899	14898	919921	234749
1350502	2052219	1464584	338125	4410	852408	158878
1426083	1200109	778336	569877	29	48842	37526
484506	294195	117474	100710	3234	1509	12021
126303	82385	136161	40000			2831
158464	83227	103795	19565		3926	2044
149333	16996	67388	66947			441
180670	31973	86263	83617			2646
51635	14189	42126	38775			2469
127562	78386	84332	10002			4851
118250	24626	69967	68556			1411
139884	132962	54634	41850	6784		6000
215070	44268	57853	220		6615	1808
72474	124131	81206	80324			882
103098	186871	21314	1331	441	6621	941
16939930	11062105	6997537	4764200	102742	1330563	409338
2714788	1743629	1311355	481676	6283	560050	20517
7552122	5758690	2608410	1861448	8053	526676	193186
964551	678370	503616	478848	10918	1349	12502
690097	269419	282625	194656	3616	80518	3835
541134	104959	111955	84958	26117	880	
423432	217903	176423	172559	2153		1711
612639	315788	127558	111053	185	2617	13703
797191	494240	494302	416826	272	176	77028
729838	198961	256314	242576	1455		9319
222700	155783	94512	71944	4996	5242	7147
467335	479372	452553	311361	30120	64764	11308
258449	220587	157121	17592	1572		52286
288417	230417	129754	128431			1323
677236	193988	291038	190273	7002	88290	5474

1-B-1 续表 22

分 组	港澳台资本	外商资本	主营业务收入	主营业务成本
总 计	**17689966**	**73483108**	**2550411740**	**2223111450**
沈阳市	6937828	18151197	652947487	553378502
大连市	4466566	42780015	589345402	532359373
鞍山市	1104468	1388113	201516897	158580087
抚顺市	636108	1115646	121127644	116658090
本溪市	177523	695895	121362370	110323668
丹东市	329438	892605	60612450	51665064
锦州市	1722160	2270894	104232553	93832578
营口市	756199	3662979	137310272	120179272
阜新市	265862	340358	28330330	23454423
辽阳市	400038	949046	124472666	105993729
盘锦市	282903	337787	116021674	92817476
铁岭市	313451	536494	95965424	79503521
朝阳市	204946	160727	66882391	57866798
葫芦岛市	92476	201353	76887232	73641287
按隶属关系分				
中央	41637	2856977	616802955	579741156
沈阳市		118296	24022851	19860754
大连市	41637	2624028	179258470	185485596
鞍山市			94738519	69520905
抚顺市			56659017	61244178
本溪市		37521	219298	131998
丹东市			755318	614494
锦州市		77132	35727181	35484883
营口市			10035304	9784295
阜新市			1925535	1953797
辽阳市			34584540	33823132
盘锦市			73761971	56670900
铁岭市			2171210	2148581
朝阳市			3334633	2917938
葫芦岛市			46212159	47242123
地方	17648329	70626131	1933608785	1643370294
沈阳市	6937828	18032901	628924636	533517748
大连市	4424929	40155987	410086932	346873777
鞍山市	1104468	1388113	106778377	89059182
抚顺市	636108	1115646	64468628	55413912
本溪市	177523	658374	121143072	110191670
丹东市	329438	892605	59857132	51050570
锦州市	1722160	2193762	68505372	58347695
营口市	756199	3662979	127274968	110394977
阜新市	265862	340358	26404795	21500625
辽阳市	400038	949046	89888126	72170596
盘锦市	282903	337787	42259703	36146576
铁岭市	313451	536494	93794214	77354940
朝阳市	204946	160727	63547758	54948860
葫芦岛市	92476	201353	30675072	26399165
按登记注册类型分				
内资企业	952141	1597630	2040643766	1783159066
沈阳市	176063	461526	495558642	421946961

单位：千元

主营业务税金及附加	其他业务利润	利息支出	营业利润	本年应交增值税	全部从业人员年平均人数（人）
28770426	**3796701**	**23487255**	**102497661**	**70236222**	**4784778**
6320541	-1386246	3659483	36004084	11191297	976477
3863731	3483714	5029063	-643966	10531372	1174200
2716900	385429	2573731	22070341	10279378	393068
2095141	263954	707716	-7378811	2918746	229741
886808	295406	2014139	5898254	4047387	197487
606112	71418	456616	3618183	2412278	262530
1670956	990175	628244	4276060	2864418	168842
1868921	310851	1174377	5658202	5672015	235688
291576	55769	839960	1095256	1294252	156090
1638343	-220129	1132660	15328993	2306859	170231
1825310	-753185	1571233	11086888	5242785	233183
2713715	153618	539541	5743436	4317876	215735
629270	177403	512056	4751137	2680266	167989
1400885	-31474	1865423	-4847285	2106634	174096
9946637	129726	6866693	-17246019	17198140	546973
711353	92506	260844	1017993	461098	61165
2173356	1621206	866248	-18630638	1070627	59682
1626038	4092	1600593	10992769	6783664	112049
1428872	6848	290404	-11169067	455620	33788
3019		21684	55154	32360	889
1893	26	11406	115074	5752	2761
981351	54650	56986	-2184385	355905	13581
22641	41937	188112	-2323595	204538	4996
15088	7151	233744	-358631	137682	1451
487821	-457088	24706	1388712	175183	31221
1182563	-902628	1307610	9241320	3987196	147301
14148		86795	-86890	138934	3486
16306	23628	87412	43327	134450	8767
1039971	-362602	1047135	-5184051	884471	36415
18823789	3666975	16620562	119743680	53038082	4237805
5609188	-1478752	3398639	34986090	10730199	915312
1690375	1862508	4162815	17986672	9460744	1114518
1090862	381337	973138	11077571	3495713	281019
666269	257106	417312	3790256	2463126	195953
883790	295406	1992455	5843100	4015027	196598
604219	71392	445210	3503109	2406526	259769
689606	935525	571258	6460445	2508514	155261
1846280	268914	986265	7981796	5467477	230692
276488	48618	606216	1453888	1156569	154639
1150522	236959	1107953	13940282	2131676	139010
642747	149443	263623	1845568	1255589	85882
2699567	153618	452746	5830326	4178942	212249
612964	153775	424644	4707811	2545816	159222
360914	331127	818288	336766	1222163	137681
24748439	2112503	19184318	78743128	59917499	4025966
3788810	-1488296	2742891	27028378	7863951	820827

1-B-1 续表 23

分组			主营业务收入	主营业务成本
	港澳台资本	外商资本		
大连市	234075	658811	368242319	333041688
鞍山市	297709	160525	192878786	151267007
抚顺市	141	1950	113209621	110150334
本溪市	8287	1060	111386630	102261234
丹东市	2750	14960	49307263	42260855
锦州市	10914	3949	88389451	80891653
营口市	45093	19668	96400659	83763853
阜新市	586	118553	25752252	21197073
辽阳市			103730727	90799583
盘锦市	148007	34825	112748978	90290086
铁岭市	20418	117160	90527813	74857197
朝阳市	3348	3058	64728563	56208367
葫芦岛市	4750	1584	74385112	71365594
国有企业	171842	191462	363307596	306568776
沈阳市	13235	15590	41476154	35308260
大连市		164272	29636607	26111295
鞍山市	158021	11600	100171071	74249711
抚顺市			7890818	7104119
本溪市			1248289	1044721
丹东市			2994729	2789788
锦州市			31686785	32123424
营口市			1763382	1596453
阜新市	586		7472714	5893095
辽阳市			6281559	5702008
盘锦市			70329686	53588541
铁岭市			1005587	800913
朝阳市			1488562	1357467
葫芦岛市			6464704	6041400
集体企业	2158	2322	69143535	58726054
沈阳市		101	18354221	15827699
大连市		1809	4804877	4176695
鞍山市	1740	302	11300866	9412816
抚顺市			2929786	2510661
本溪市			3329722	2635827
丹东市		110	2521760	2148529
锦州市			5402710	4769156
营口市			6229464	5447811
阜新市			965803	700854
辽阳市			4740487	3961479
盘锦市			890592	746959
铁岭市	418		4296331	3634760
朝阳市			881017	764903
葫芦岛市			2495899	1987905
股份合作企业	9	4417	18742275	16150037
沈阳市		3676	5337456	4646799
大连市	9		2010761	1684590
鞍山市			838403	708054
抚顺市			194052	180972
本溪市		741	90475	74733
丹东市			512002	442835

单位：千元

主营业务税金及附加	其他业务利润	利息支出	营业利润	本年应交增值税	全部从业人员年平均人数(人)
3155793	2494802	3175369	-1771010	7283318	777760
2627424	350421	2430880	21630354	10098182	375183
2061360	186231	670383	-8019261	2777966	211414
862538	288350	1846232	4560934	3970085	190467
532998	45644	371882	2731425	1995260	216436
1560391	715536	498500	2120085	2310211	150095
1709476	194345	835192	3398850	4018440	184939
290513	48207	813852	949782	1219174	149376
1615482	-216036	699658	10345696	2147793	154564
1727160	-781648	1524070	10765290	5125963	227779
2602886	154331	472918	5576513	4111937	206769
623351	152744	500096	4437087	2579052	160444
1348039	-32128	1819381	4847884	2045508	170492
4837273	-1151585	5790464	16435852	18001293	627291
276546	27278	854927	1348173	1837683	98910
173985	130880	659203	489014	732083	50561
1652208	34348	1641796	11165797	7015706	126882
66269	-612	40668	-2147047	271209	29738
14865	9701	5395	46715	45741	9160
12250	13202	46387	-105457	146686	13738
944192	-41945	62745	-2970998	325768	18185
31743	15860	25985	-13887	41844	4990
104592	24839	300404	387725	549707	50778
51959	-380455	44820	-396305	300277	26542
1174647	-898289	1040975	9498054	3941173	142067
20228	2608	10105	33513	64802	6522
7252	13567	19638	-40556	42732	4868
64319	-102566	254404	-695778	315223	14929
1050748	175279	292032	4529101	2434329	319254
197392	-43594	27432	820052	305653	64152
34906	11704	22544	157294	169719	24939
154455	27286	74990	1081748	489179	45673
29983	10722	5115	214337	78129	20570
70127	5079	11851	336957	170654	27190
56074	2267	9859	178655	77590	13145
87339	25446	47712	572511	276136	18247
54267	4321	21962	461387	299097	11600
10561	913	869	126307	40749	17091
80169	62127	11582	341986	127299	11958
4922	1572	16271	31823	27667	3174
180476	38534	10259	181087	242645	30577
20423	324	1600	64220	56727	3928
69653	28579	29988	-39263	73086	27010
209762	99126	122842	895822	675229	46278
37894	1323	14563	191047	176364	14865
11748	40302	7042	78059	66459	9131
3977	6048	7091	34842	17818	1931
1072	264	34	6806	3478	884
907	1290	979	5663	4403	821
7354	94	2993	24642	21065	3944

1-B-1 续表 24

分组			主营业务收入	主营业务成本
	港澳台资本	外商资本		
锦州市			3957836	3355134
营口市			96947	89048
阜新市			1625039	1512623
辽阳市			874409	753736
盘锦市			1189292	905912
铁岭市			135283	110414
朝阳市			3358	3170
葫芦岛市			1876961	1682017
联营企业	1400		3566734	2687680
沈阳市			1391445	985105
大连市	1400		666753	463429
鞍山市			37412	32010
抚顺市			12142	10260
本溪市			80469	72906
丹东市			8284	6553
锦州市			30652	27262
营口市			281101	237125
阜新市			5600	1830
辽阳市			259530	242974
盘锦市			3280	2298
铁岭市			138146	121425
葫芦岛市			651921	484504
国有联营企业			127478	95241
沈阳市			54468	44295
大连市			39633	19528
鞍山市				
本溪市			8301	6061
锦州市			1084	876
葫芦岛市			23992	24482
集体联营企业	1400		1029821	783931
沈阳市			78269	68715
大连市	1400		555416	387501
鞍山市			29723	24959
抚顺市			8949	7799
本溪市			16828	13772
丹东市			4526	3447
锦州市			1492	1186
营口市			278412	234636
盘锦市			194	123
铁岭市			51016	37745
葫芦岛市			4996	4047
国有与集体联营企业			731627	541154
沈阳市			38852	20501
大连市			61321	48518
鞍山市			6335	6055
抚顺市			490	343
本溪市			2469	2103
丹东市			3704	3078
锦州市			4366	2849
营口市			2690	2489

单位：千元

主营业务税金及附加	其他业务利润	利息支出	营业利润	本年应交增值税	全部从业人员年平均人数（人）
81359	39768	49476	304407	42424	5412
932	5	127	1304	1539	295
1277		2750	55557	10368	2103
19940	3110	11330	44914	24592	2098
12750	6848	4229	115731	67221	2602
5461	65	1250	2739	5442	856
3			-34	55	24
25089	9	20979	30145	234001	1312
42331	3302	143364	516620	211723	13664
12348	-65	6977	330160	85083	1576
3921	95	83954	45751	47838	2770
556	95	-10	2764	1234	108
116	1196	4	2644	1001	103
435		62	2906	3250	499
248		41	650	123	213
108			-385	1621	164
8480	16	8247	12495	16216	542
800			170	600	56
220		222	74384	1092	187
78			730	97	15
6639		2	11105	946	69
8384	1966	43866	33246	52622	7362
655	18	605	5416	5027	862
357		379	4136	1806	227
155	18	1	5854	2596	265
					11
75		25	346	35	82
29			-723	29	30
38		200	-4196	560	247
19557	433	92271	62123	62747	3553
646	-880	17	3648	1379	316
3391	6	83906	30159	42861	2039
80	95	-10	2051	726	53
110	1196	2	2028	721	46
97		37	658	157	192
67			427	120	190
10			10	67	35
8413	16	8247	12361	16216	530
9			25	9	2
6608		2	10508	372	49
127		71	250	117	101
7342	2852	43643	71749	55576	7230
	815		28717	729	123
318	71	5	8015	2189	409
468			566	427	39
2		2	35	22	35
3			353	18	25
180		41	306		9
27			683	346	35
67			134		12

1-B-1 续表 25

分 组			主营业务收入	主营业务成本
	港澳台资本	外商资本		
盘锦市			3086	2175
铁岭市			87130	83680
葫芦岛市			521183	369364
其他联营企业			1677809	1267355
沈阳市			1219856	851594
大连市			10384	7883
鞍山市			1354	996
抚顺市			2702	2118
本溪市			52870	50970
丹东市			54	28
锦州市			23710	22351
阜新市			5600	1830
辽阳市			259530	242974
葫芦岛市			101750	86611
有限责任公司	192317	562413	421374480	362340480
沈阳市	73833	253036	140055639	121162639
大连市	80331	196380	101273965	87111038
鞍山市		24770	16995083	14553508
抚顺市			26575370	23730318
本溪市	243	275	10317622	8174403
丹东市		5283	7825928	7042630
锦州市	2817	1505	14190584	12430753
营口市	35093	4150	16624512	13363815
阜新市		76832	5196302	4617543
辽阳市			9003345	7620462
盘锦市			12666489	10804757
铁岭市			24536837	19563220
朝阳市			15755422	13420187
葫芦岛市		183	20357384	18745209
国有独资公司	46998	4391	64339795	52694648
沈阳市	42148	391	24084342	19593989
大连市			22040380	18295807
鞍山市			66440	86494
抚顺市			4022589	2877619
本溪市			5152712	4034646
丹东市			774429	794984
锦州市			180171	146285
营口市	4850	4000	501703	481179
阜新市			277033	181907
辽阳市			84979	100673
铁岭市			2875	2070
朝阳市			6196044	5102492
葫芦岛市			956098	996504
其他有限责任公司	145319	558022	357034685	309645831
沈阳市	31685	252645	115971296	101568650
大连市	80331	196380	79233585	68815231
鞍山市		24770	16928643	14467014
抚顺市			22552781	20852699
本溪市	243	275	5164910	4139757
丹东市		5283	7051499	6247646

单位：千元

主营业务税金及附加	其他业务利润	利息支出	营业利润	本年应交增值税	全部从业人员年平均人数(人)
69			706	88	13
31			597	574	20
6177	1966	43595	31637	51184	6510
14778		6845	377332	88374	2019
11345		6581	293659	81169	910
56		42	1722	192	57
8			146	81	5
4			581	258	22
260			1550	3040	200
1			-83	3	14
42			-354	1179	64
800			170	600	56
220		222	74384	1092	187
2042			5556	761	504
3688197	2195670	5377068	17663317	11295757	741892
504602	-694595	991039	7093959	2065069	191921
308192	1918863	1031959	3616612	2039163	150086
121477	41331	175196	1289314	480154	34144
260713	130603	353173	513791	1291887	57754
96841	10913	132643	929927	486150	35541
67294	7673	37808	252814	278050	24178
90830	458054	106321	1130093	494624	28590
971101	71351	223891	738139	681697	19319
72902	11683	412394	-256812	292458	10996
94269	11157	189211	794638	261168	16245
119702	54559	368305	259199	469613	27115
718575	59869	143158	1194908	1245861	61217
157860	87443	217591	1297909	677633	37524
103839	26765	994379	-1191174	532230	47262
320874	-365957	889218	3396002	2362237	134845
71929	-675310	346302	1523738	517222	36544
79684	188144	267458	1403699	676747	26487
455	556	577	-33421	78	316
60675	54530	10585	128172	475345	28004
40170	458	72168	319313	298328	18179
1568	2711	2708	-77504	14195	3655
210		15550	-20552	2945	2311
1165	7706	11814	-11384	15841	1477
1353	12	5558	53554	358	437
49		6015	-41225		716
431		145	126	397	162
31644	54724	99028	326869	283657	14702
31540	512	51310	-175383	77125	1855
3367323	2561627	4487850	14267315	8933520	607047
432673	-19285	644737	5570220	1547847	155377
228508	1730719	764501	2212914	1362416	123599
121022	40775	174619	1322735	480076	33828
200038	76073	342588	385619	816542	29750
56671	10455	60475	610614	187822	17362
65726	4962	35100	330318	263855	20523

1-B-1 续表 26

分　组			主营业务收　入	主营业务成　本
	港澳台资本	外商资本		
锦州市	2817	1505	14010413	12284468
营口市	30243	150	16122809	12882636
阜新市		76832	4919269	4435636
辽阳市			8918366	7519789
盘锦市			12666489	10804757
铁岭市			24533962	19561150
朝阳市			9559378	8317695
葫芦岛市		183	19401286	17748705
股份有限公司	155586	35368	332226644	334739897
沈阳市	4586	8542	23777524	19524115
大连市			76621866	84843031
鞍山市		4000	1261984	889771
抚顺市			53431669	58119779
本溪市	8000		79833802	77369581
丹东市			2138778	1740062
锦州市			6047107	4985766
营口市			9582160	9449194
阜新市			68477	53269
辽阳市			32689568	31818149
盘锦市	143000	22825	5329079	4626356
铁岭市			2507701	1821865
朝阳市			9889378	8625927
葫芦岛市		1	29047550	30873033
私营企业	425408	796148	816806392	688516962
沈阳市	84409	180404	264811291	224170476
大连市	151708	295195	140653321	117538008
鞍山市	137948	119853	61312413	50732013
抚顺市	141	1950	22173791	18492707
本溪市		44	16229028	12669037
丹东市		5400	33020121	27842959
锦州市	8097	2445	26987162	23130933
营口市	10000	15518	61820356	53578851
阜新市		41721	10393421	8400157
辽阳市			49832151	40657308
盘锦市	5007	12000	22321378	19599661
铁岭市	20000	117160	57173017	48219326
朝阳市	3348	3058	36699316	32028295
葫芦岛市	4750	1401	13379625	11457232
私营独资企业	92084	228434	260024693	217690729
沈阳市	46119	38211	70743052	60690221
大连市	36564	51536	41128652	34136396
鞍山市	651	6373	21949028	18339788
抚顺市	141	1209	7170725	5861836
本溪市		44	8284036	6631840
丹东市		5223	14002242	11264351
锦州市	7814	9	9864613	8514317
营口市		8518	14826854	12507752
阜新市			4139931	3251821
辽阳市			25442272	20441454
盘锦市			7091196	6241986

单位：千元

主营业务税金及附加	其他业务利润	利息支出	营业利润	本年应交增值税	全部从业人员年平均人数(人)
90620	458054	90771	1150645	491679	26279
969936	63645	212077	749523	665856	17842
71550	11671	406836	-310366	292100	10559
94220	11157	183196	835863	261168	15529
119702	54559	368305	259199	469613	27115
718144	59869	143013	1194782	1245464	61055
126215	32720	118563	971040	393976	22822
72299	26253	943069	-1015791	455105	45407
5893014	510194	2784337	-22675844	5474626	225096
787183	158	212424	1232022	470706	34424
1773742	51850	204525	-15151687	579419	32666
10120	2545	5219	178929	57877	2706
1396981	4194	175517	-8726228	327026	21289
258628	260745	1548771	1336398	2422877	55901
11556		43827	322942	60938	5463
52186	63085	98271	572165	242918	8715
18614	45636	119803	-2006119	427759	13449
250		1946	3151	2091	709
453695	34121	11740	2213157	27233	12183
25003	21561	18241	104715	72119	5868
113088	19816	36512	299539	44172	6260
60475	9456	68773	345976	407324	8672
931492	-2972	238766	-3400804	332166	16791
8924070	272671	4455918	60716379	21653108	2025909
1969632	-778915	635337	15998127	2919548	413946
830711	334605	960566	8529132	3526725	493080
674076	238649	525839	7747264	2025543	160394
306226	39864	95873	2115997	805044	81054
413319	622	146259	1875324	828966	60029
376183	22409	230481	2045603	1400179	154683
302349	170916	132813	2504752	924940	69542
624252	57156	435176	4204817	2550289	134713
99626	10767	95303	631860	322696	67307
914642	53892	430634	7268777	1404442	84950
389713	31945	76026	752961	547788	46819
1503971	32954	270429	3794487	2499893	99339
376550	41954	192494	2767422	1394525	105339
142820	15853	228687	479857	502530	54714
4021599	134629	1175903	20878539	7246067	849208
702853	-76584	183399	3644026	895963	163755
287931	28623	175136	2578857	992878	160846
355818	39567	199539	2713568	514774	80540
123771	5109	12552	845890	249463	38652
278333	2067	60728	899592	446645	27617
211358	9168	83093	1050192	654999	77528
111413	75770	36184	929902	319402	28394
255389	9534	79418	1203841	583311	53274
53895	2127	27009	289423	153757	40953
635514	16016	115460	3738348	850723	54867
129976	4471	36896	296170	135558	18818

1-B-1 续表 27

分组			主营业务收入	主营业务成本
	港澳台资本	外商资本		
铁岭市		117160	19957044	16569080
朝阳市	794		10671291	9198474
葫芦岛市		150	4753756	4041414
私营合作企业	132	3122	15570749	13021409
沈阳市		2496	3135491	2621030
大连市		9	1291184	1077529
鞍山市		176	1288997	1085759
抚顺市			279738	239711
本溪市			1201772	818571
丹东市			913531	758814
锦州市	132		1319077	1238167
营口市			1980302	1694000
阜新市		441	232626	143995
辽阳市			910921	756654
盘锦市			644817	549072
铁岭市			712490	582033
朝阳市			1254501	1095329
葫芦岛市			405300	360743
私营有限责任公司	242945	481948	503686825	427094837
沈阳市	22569	68591	179203891	151318947
大连市	67183	239362	91902755	77417834
鞍山市	115491	113304	32425259	26850086
抚顺市		741	13741845	11541044
本溪市			5708750	4441168
丹东市		176	16504674	14455151
锦州市	150	2436	14669180	12420418
营口市	10000	1000	42122436	36943834
阜新市		41280	5373505	4469390
辽阳市			20499699	16768264
盘锦市	4997	12000	13830561	12160964
铁岭市	20000		35714879	30421675
朝阳市	2554	3058	24765304	21726385
葫芦岛市			7224088	6159676
私营股份有限公司	90248	82645	37524125	30709987
沈阳市	15721	71106	11728858	9540278
大连市	47961	4288	6330730	4906250
鞍山市	21806		5649128	4456379
抚顺市			981483	850115
本溪市			1034470	777459
丹东市			1599673	1364643
锦州市			1134291	958030
营口市		6000	2890764	2433264
阜新市			647359	534950
辽阳市			2979260	2690937
盘锦市	10		754804	647638
铁岭市			788604	646538
朝阳市			8219	8107
葫芦岛市	4750	1251	996482	895399
其他企业	3421	5499	15476109	13429179
沈阳市		176	354912	321868

单位：千元

主营业务税金及附加	其他业务利润	利息支出	营业利润	本年应交增值税	全部从业人员年平均人数(人)
632866	10601	75684	1465001	860649	46519
171038	7532	16946	997493	463579	32186
71444	625	73860	226234	124367	25259
233511	-30896	67947	1221589	451409	49268
20277	-39718	4776	192359	27000	7244
6604	1810	5530	76747	35373	5434
41866	2118	11607	98835	47780	4421
2082	647	541	21768	9772	2194
13471	549	10004	89174	30570	2890
16940	1306	6088	73385	42033	5237
9477	469	10562	106844	9960	2494
13310	263	6313	156741	86844	5187
7895		1113	32904	15525	2148
24444	502	3732	116535	33372	2379
16317	463	503	22252	12396	944
22238	304	3073	58056	24230	2336
32757	133	1245	153611	62958	3468
5831	256	2862	22379	13595	2892
4355484	-2686	2869065	34892133	12885656	1044268
1165162	-664601	407354	10886471	1793185	227983
503425	227463	724022	5360500	2312096	305755
226585	133225	252088	3976151	1269155	63605
144685	30703	74563	1208886	518930	36667
102055	-2727	65067	715414	260874	26269
135845	11110	122980	858623	639995	65055
175595	94419	79402	1390428	562088	35325
337329	39596	302127	2640685	1733800	70585
33264	8640	61754	271528	133357	22143
243202	23447	239019	3119029	459619	24282
233463	26757	36754	420688	386320	24162
820227	19999	185911	2221712	1604015	48795
172635	33939	174174	1617224	867614	69545
62012	15346	143850	204795	344608	24097
313476	171624	343003	3724118	1069977	83165
81339	1987	39809	1275271	203400	14964
32751	76709	55877	513029	186378	21045
49807	63739	62605	958710	193834	11828
35688	3404	8218	39453	26878	3541
19459	733	10461	171144	90877	3253
12040	826	18320	63402	63153	6863
5863	258	6666	77578	33490	3329
18224	7763	47318	203550	146334	5667
4572		5427	38006	20058	2063
11482	13928	72425	294864	60728	3422
9957	254	1873	13852	13514	2895
28641	2049	5762	49718	11000	1689
119	350	129	-906	374	140
3533	-374	8115	26448	19959	2466
103043	7845	218293	661880	171434	26582
3214	116	193	14838	3845	1033

1-B-1 续表 28

分　组			主营业务收　入	主营业务成　本
	港澳台资本	外商资本		
大连市	627	1155	12574168	11113602
鞍山市			961555	689125
抚顺市			1994	1520
本溪市	44		257223	220026
丹东市	2750	4167	285661	247500
锦州市			86616	69225
营口市			2734	1558
阜新市			24896	17701
辽阳市			49678	43467
盘锦市			19182	15603
铁岭市			734910	585274
朝阳市			11511	8418
葫芦岛市			111069	94293
港、澳、台商投资企业	14660675	1813637	89634515	72514030
沈阳市	6014116	908812	31778491	25839083
大连市	3341551	453979	16110461	13337147
鞍山市	739060	91502	3177350	2638491
抚顺市	622938		3681117	3016074
本溪市	168110	57521	1516693	1248976
丹东市	292496	82634	2201401	1832965
锦州市	1652929	178305	4757751	3938896
营口市	700348	4000	8444102	7364231
阜新市	218329	1964	915544	868614
辽阳市	398369		13109016	9077819
盘锦市	73636		81790	65093
铁岭市	218861	24920	2549939	2297595
朝阳市	201598	10000	1146829	850576
葫芦岛市	18334		164031	138472
合资经营企业(港或澳、台资)	5874028	707856	53130845	41811167
沈阳市	2543118	340210	14312314	11182762
大连市	818475	149875	8175829	6964117
鞍山市	583599	59417	2824902	2351503
抚顺市	350069		2628134	1943986
本溪市	153130	57521	1464038	1205890
丹东市	160230	77105	2048309	1707178
锦州市	157032	6000	868987	711793
营口市	473621	4000	6538614	5721393
阜新市	115113	1964	658970	664565
辽阳市	282137		12728544	8752623
盘锦市	71101		23014	19285
铁岭市	136238	1764	111271	70679
朝阳市	12330	10000	698441	474536
葫芦岛市	17834		49477	40857
合作经营企业(港或澳、台资)	230928	31490	3056259	2778855
沈阳市	9733		549834	478752
大连市	46852	31490	1655036	1458728
鞍山市			1905	1736
抚顺市	120000		576441	622639
本溪市	1000		18695	15465
丹东市	18256		12409	10530

单位：千元

主营业务税金及附加	其他业务利　润	利息支出	营业利润	本年应交增值税	全部从业人员年平均人数（人）
18587	6503	205577	464816	121912	14527
10553	120	758	129697	10671	3345
2		1	440	192	22
7416		272	27042	8044	1326
2039		485	11578	10629	1072
2027	211	1162	7539	1780	1240
88			713		31
504	4	185	1824	505	336
587	11	119	4145	1690	401
345	157	24	2076	284	119
54447	485	1203	59136	8177	1929
789			2149	56	89
2443	238	8312	-64113	3649	1112
419167	109159	902972	8869743	2462556	148390
202249	-84446	221979	2424426	990452	42808
87562	55855	209719	865129	311936	45174
38378	5966	85858	123900	72501	5976
164	46519	23147	290433	84612	7673
2437	5505	14781	61490	32551	2863
12547	-1666	23911	158872	77969	7908
3669	20567	40125	486784	252547	6940
31134	30258	34277	740400	372696	11902
106	6674	14934	-1049	17971	2025
5586	1154	195579	3602475	80645	5467
185	-518		3913	2526	284
34837	-728	32223	-112368	114013	4004
287	24019	6344	218789	51362	4942
27		95	6550	774	424
266928	38041	548626	6647015	1197850	91048
172236	-89098	108461	1281689	413902	26866
10555	27341	50375	381268	141530	23491
37562	5918	79724	135575	58856	4620
151	45532	21356	335680	41080	5533
1023	5505	14765	62332	30617	2507
11382	-1666	19103	150872	71212	7253
3325	681	14686	50916	23766	1721
24250	15963	33233	523693	292445	9447
18	5844	-13	-26143	16258	911
3225	1149	195277	3561100	75690	4464
166			2054	1220	85
2809	-3069	5240	-4382	2765	728
199	23941	6324	189901	27749	3080
27		95	2460	759	342
7233	6675	34505	105213	54704	8219
4106		1996	34573	3011	651
2510	7062	19673	95195	11418	5242
63			42	7	32
	23	167	-54080	37577	1289
537		16		596	26
		34	240	230	97

1-B-1 续表 29

分　组			主营业务收　入	主营业务成　本
	港澳台资本	外商资本		
营口市	441		3836	3724
阜新市	34217		219872	173319
辽阳市	99		2912	2559
盘锦市	330		15318	11403
港澳台商独资经营企业	8424196	1030639	32091269	26683257
沈阳市	3420211	568602	16305636	13602337
大连市	2425116	271703	6107331	4759879
鞍山市	155461		203205	167603
抚顺市	152869		476542	449449
本溪市	13980		33960	27621
丹东市	104060	5529	136363	113192
锦州市	1474866	172305	3695016	3027518
营口市	221286		1723582	1484389
阜新市	68381		33174	27502
辽阳市	116133		377560	322638
盘锦市	441		40159	31306
铁岭市	81623	12500	2395802	2196169
朝阳市	189268		448387	376040
葫芦岛市	500		114554	97615
港澳台商投资股份有限公司	131523	43652	1356142	1240751
沈阳市	41053		610707	575232
大连市	51108	911	172264	154423
鞍山市		32085	147338	117650
丹东市	9950		4321	2065
锦州市	21030		193749	199585
营口市	5000		178070	154724
阜新市	617		3528	3228
盘锦市	1764		3298	3098
铁岭市	1000	10656	42866	30747
外商投资企业	2077150	70071841	420133459	367438353
沈阳市	747649	16780859	125610354	105592458
大连市	890940	41667225	204992622	185980538
鞍山市	67698	1136086	5460760	4674589
抚顺市	13029	1113696	4236906	3491682
本溪市	1126	637313	8459047	6813459
丹东市	34193	795011	9103786	7571245
锦州市	58317	2088639	11085350	9002029
营口市	10757	3639312	32465511	29051187
阜新市	46947	219841	1662535	1388736
辽阳市	1669	949046	7632923	6116327
盘锦市	61260	302962	3190906	2462298
铁岭市	74171	394414	2887672	2348729
朝阳市		147669	1006999	807855
葫芦岛市	69392	199769	2338088	2137221
中外合资经营企业	1002676	22934146	265912592	235003409
沈阳市	442990	6862036	79745949	67651482
大连市	228115	11281950	123797855	114527384
鞍山市	45998	467564	3112012	2585398
抚顺市	13029	136236	1922073	1609352
本溪市	1126	571939	8189184	6607155

单位：千元

主营业务税金及附加	其他业务利　润	利息支出	营业利润	本年应交增值税	全部从业人员年平均人数(人)
2			110		33
	108	12618	28269	489	785
14			194	146	10
	-518		669	1230	54
142750	64223	306053	2108210	1184136	46375
25726	4701	107111	1098038	569687	14553
74277	21161	137812	392421	156547	15665
510	70	659	-4859	8410	915
13	964	1624	8833	5955	851
877			-842	1338	330
883		4745	6681	6441	544
345	19886	25439	445765	227656	4853
6526	14295	114	202156	67971	2222
44	722	2311	-3361	1213	299
2346	5	302	41181	4809	993
8			1166	76	30
31106	2341	25917	-111945	110403	3176
88	78	20	28887	23613	1862
			4090	15	82
2257	220	13789	9304	25866	2748
180	-48	4412	10126	3852	738
219	290	1859	-3754	2440	776
242	-22	5475	-6858	5229	409
282		28	1079	86	14
			-9896	1124	366
356		930	14440	12280	200
44		18	185	11	30
11			24		115
922		1067	3959	845	100
3602820	1575039	3399965	14884789	7856167	610422
2329483	186496	694612	6551280	2336894	112842
620376	933057	1643975	261915	2936118	351266
51099	29042	56993	316087	108695	11909
33617	31204	14185	350017	56168	10654
21833	1551	153126	1275830	44752	4157
60567	27440	60823	727885	339050	38186
106896	254072	89618	1669191	301660	11807
128311	86248	304908	1518952	1280879	38847
957	888	11175	146524	57107	4689
17275	-5247	237423	1380822	78420	10200
97964	28981	47164	317685	114295	5120
75992	15	34400	279292	91926	4962
5631	640	5616	95261	49852	2603
52818	654	45947	-5951	60352	3180
3181138	899527	2637125	6505428	4705706	266346
2207574	171092	559660	2456769	1480933	57854
487024	504041	1196147	-1951000	1410221	117401
36974	11896	38978	203936	87569	6791
30501	5039	8110	127468	42582	4893
20724	1551	149622	1236633	38871	3439

1-B-1 续表 30

分组			主营业务收入	主营业务成本
	港澳台资本	外商资本		
丹东市	12083	401922	6761988	5617707
锦州市	58317	635839	6464107	5254941
营口市	10669	1393631	20629942	18705093
阜新市	20337	66852	927510	809675
辽阳市	1669	649366	7178903	5804389
盘锦市	44411	223448	2762222	2103810
铁岭市	54681	103279	1953901	1494951
朝阳市		38941	332982	275389
葫芦岛市	69250	101144	2133965	1956682
中外合作经营企业	35247	882164	11548568	9553632
沈阳市		137708	1766555	1373242
大连市	15105	337446	6433767	5449240
鞍山市		536	781	755
抚顺市		14623	219759	199162
本溪市		9440	144334	107640
丹东市	20000	32465	1223290	978659
锦州市		17683	118471	102023
营口市		281525	1100664	916169
阜新市		11400	18153	11261
辽阳市		1706	9914	7107
盘锦市		33280	179187	115015
铁岭市		4000	102234	83785
朝阳市		353	230743	209034
葫芦岛市	142		718	542
外资企业	1004106	45511728	135206856	116431823
沈阳市	304659	9456692	41185900	34484998
大连市	630279	29901075	71213059	62512496
鞍山市	20871	551905	1635511	1447205
抚顺市		903811	2072466	1664294
本溪市		35473	121687	95308
丹东市	2110	360077	1109508	966199
锦州市		1389534	4292957	3485745
营口市	88	1946746	10707041	9402687
阜新市	26610	134533	710582	563380
辽阳市		293362	439785	301213
盘锦市		44382	240144	234874
铁岭市	19490	287135	831537	769993
朝阳市		108376	443273	323433
葫芦岛市		98626	203406	179998
外商投资股份有限公司	35120	743803	7465443	6449488
沈阳市		324422	2911950	2082735
大连市	17441	146754	3547943	3491417
鞍山市	830	116080	712458	641232
抚顺市		59027	22607	18873
本溪市		20461	3842	3356
丹东市		547	9000	8680
锦州市		45583	209815	159320
营口市		17409	27864	27239
阜新市		7056	6290	4419
辽阳市		4613	4322	3619
盘锦市	16849	1852	9354	8599

单位：千元

主营业务税金及附加	其他业务利润	利息支出	营业利润	本年应交增值税	全部从业人员年平均人数(人)
54844	25388	49339	506694	249035	26798
72412	95675	27397	1082959	171146	6277
59324	88233	248319	844936	919886	22503
691	246	2894	72992	26518	2312
7547	-5666	234777	1303987	56325	8079
94411	1373	43463	311017	102572	3403
51476	6	30045	299875	60081	2649
5286		2628	26514	527	1336
52350	654	45747	-17352	59440	2611
31072	44278	73084	1144934	222113	27964
4351	231	1523	278405	14457	1267
14025	13722	39785	470391	63949	20916
			-42	19	4
591		1888	5816	2769	287
1040		3380	28660	3879	185
510	1770	8934	181388	62305	2212
185		558	8153	2710	340
4298	978	9054	130827	54844	851
65		423	1828	1353	223
535		22	2498	1136	42
3310	27577	3650	24081	11314	386
1781		2830	905	626	428
336		1037	11921	2752	787
46			104		36
311010	517061	660713	6925125	2665739	304112
88432	15172	133379	3426216	779698	47826
73784	313706	389407	1896625	1280320	210044
9716	5601	8097	60873	11985	2740
2526	26165	3808	218758	9579	5434
64		124	10263	1996	518
5183	281	2537	39783	27499	9146
34163	157358	61633	548249	120070	4732
64469	-2963	47538	543794	305749	15428
148	642	7857	71237	29007	2065
9169	419	2624	74073	20743	2059
191	31	33	-11380	387	1222
22735	9	1524	-21488	31219	1885
9	640	1951	56827	46573	480
422		200	11297	913	533
79599	114173	29043	309303	262610	12000
29125		51	389890	61805	5895
45544	101589	18636	-154100	181627	2905
4409	11545	9918	51320	9122	2374
		379	-2026	1238	40
4			273	6	15
30		13	20	210	30
137	1039	30	29829	7734	458
220		-2	-604	400	65
53			467	229	89
24			265	216	20
53		18	-6033	22	109

1-B-1 续表 31

分 组			主营业务收入	主营业务成本
	港澳台资本	外商资本		
总计中：国有控股企业	**912916**	**6592341**	**987431896**	**900847480**
沈阳市	462285	2699324	151775988	127164507
大连市	137436	3134260	248211492	243425667
鞍山市	160438	32699	102427018	76342241
抚顺市	22888	32585	69307007	71973664
本溪市	30626	540663	93500412	88657025
丹东市		10458	5008282	4558645
锦州市	317	103221	39079860	38476311
营口市	35093	14176	15596250	13545488
阜新市	12173	1852	10839719	8961003
辽阳市			39338770	37968440
盘锦市		22000	75767859	58478994
铁岭市	48631	1102	12077764	9649748
朝阳市			18659650	16064804
葫芦岛市	3028		52444877	52723361
总计中：轻工业	**6120333**	**19159158**	**469024676**	**396263299**
沈阳市	2505278	5275630	169459172	141864891
大连市	2026762	10312097	134187760	113841257
鞍山市	486587	343124	18840210	16267331
抚顺市	140664	243593	12293339	11084811
本溪市	44852	39665	3694542	2956218
丹东市	129502	457239	17863289	15816516
锦州市	76917	594130	18304456	15296545
营口市	350999	974118	29208408	24427967
阜新市	51474	214878	6758095	5764799
辽阳市	49155	169315	14933446	12372350
盘锦市	51583	139209	6616249	5736166
铁岭市	132396	301021	27823354	22842124
朝阳市	6300	31326	5398172	4771494
葫芦岛市	67863	63813	3644186	3220831
重工业	**11569633**	**54323950**	**2081387064**	**1826848150**
沈阳市	4432550	12875566	483488315	411513611
大连市	2439803	32467918	455157642	418518116
鞍山市	617880	1044989	182676687	142312756
抚顺市	495444	872054	108834305	105573279
本溪市	132671	656229	117667827	107367450
丹东市	199936	435366	42749161	35848548
锦州市	1645243	1676764	85928097	78536033
营口市	405200	2688861	108101864	95751304
阜新市	214388	125479	21572235	17689624
辽阳市	350883	779731	109539220	93621379
盘锦市	231320	198578	109405425	87081310
铁岭市	181055	235473	68142070	56661397
朝阳市	198646	129401	61484219	53095304
葫芦岛市	24613	137541	73243046	70420457
总计中：大型企业	**2750278**	**11890362**	**891828892**	**807471658**
沈阳市	1260585	4968038	126337228	106734278
大连市	462039	6912976	202929401	193428450

单位：千元

主营业务税金及附加	其他业务利润	利息支出	营业利润	本年应交增值税	全部从业人员年平均人数(人)
14374977	**1015228**	**13429891**	**-6056014**	**29975236**	**1216231**
2912078	-515005	2071517	6277015	4189658	245207
2468913	2268028	2307755	-17160403	3201723	174135
1668317	38293	1692032	11136740	7051442	129963
1532264	86812	436686	-11058038	1254926	89034
309462	264491	1747163	2533964	2712930	81412
16082	17177	80570	34653	178645	21499
994503	181325	151375	-2305861	464901	30579
983987	81598	248769	-2047395	580385	16741
130735	32002	686598	111796	774532	53600
507164	-377905	81987	1636693	369886	42447
1190767	-867302	1319375	9245288	4018579	154109
245228	55719	153465	644834	958883	53542
103547	96397	201012	662379	762526	28228
1069710	-346401	1468574	-5604568	1085561	66314
5563302	**1062716**	**2592911**	**24182389**	**9201116**	**1279619**
1663734	-220073	483657	9637279	2525822	273204
617042	1445782	810422	6444605	2087934	428061
254761	32514	208277	1991755	389115	74305
130410	42184	30286	-1821812	308892	48370
83652	11723	42248	182464	130689	26037
180538	14482	148592	635446	593909	101067
233266	95068	190760	1494284	561608	53236
1170648	39985	191043	1729742	1164786	84734
62270	11167	56496	343030	130951	29584
125983	-450382	123815	1238440	408172	41866
148834	5089	46434	217121	109601	22393
764595	22376	89236	1937744	606924	51165
78012	8736	94460	210740	96848	22810
49556	4066	77185	-58449	85863	22787
23207124	**2733985**	**20894345**	**78315272**	**61035107**	**3505159**
4656807	-1166173	3175826	26366804	8665475	703273
3246689	2037932	4218641	-7088570	8443438	746139
2462139	352916	2365454	20078586	9890263	318763
1964731	221770	677429	-5556999	2609854	181371
803156	283682	1971891	5715790	3916698	171450
425574	56936	308024	2982737	1818369	161463
1437690	895107	437484	2781776	2302810	115606
698273	270866	983334	3928460	4507229	150954
229306	44602	783464	752226	1163301	126506
1512360	230252	1008845	14090553	1898687	128365
1676475	-758273	1524799	10869767	5133183	210790
1949120	131241	450305	3805693	3710952	164570
551257	168667	417596	4540397	2583418	145179
1351328	-35540	1788239	-4788836	2020771	151309
12118040	**202220**	**10523161**	**4892930**	**27164003**	**1067601**
2119314	-575457	1794949	4819284	3286276	184374
1982560	1883867	1066234	-9228644	2150071	205167

1-B-1 续表 32

分 组			主营业务收 入	主营业务成 本
	港澳台资本	外商资本		
鞍山市	97822	9348	109265028	81174460
抚顺市			72572083	75527249
本溪市			82761326	79962543
丹东市	8318		4181285	3845896
锦州市	764923		37622821	37123958
营口市			7921648	8140081
阜新市			6278430	4863660
辽阳市	156591		48241733	43332364
盘锦市			70782483	53796934
铁岭市			10521351	8379923
朝阳市			12754944	10971450
葫芦岛市			46262182	47332831
中型企业	**5524216**	**28022957**	**541222207**	**467325414**
沈阳市	1818873	4961980	142716118	120645825
大连市	1187493	17037700	167787042	153643886
鞍山市	476908	627967	21984508	18124591
抚顺市	365338	742218	16088540	12956999
本溪市	121960	493016	17532553	13512823
丹东市	67994	168850	16565189	13659534
锦州市	778978	1231529	18269208	14964591
营口市	292015	1827578	46514518	39965338
阜新市	48880	169597	12089110	10635121
辽阳市	13470	434406	29622368	24458416
盘锦市	174500	7000	9977679	9072734
铁岭市	49210	206116	13247458	11698420
朝阳市	69097	40000	18611216	15859857
葫芦岛市	59500	75000	10216700	8127279
小型企业	**9415472**	**33569789**	**1117360641**	**948314378**
沈阳市	3858370	8221179	383894141	325998399
大连市	2817034	18829339	218628959	185287037
鞍山市	529738	750798	70267361	59281036
抚顺市	270770	373428	32467021	28173842
本溪市	55563	202879	21068491	16848302
丹东市	253126	723755	39865976	34159634
锦州市	178259	1039365	48340524	41744029
营口市	464184	1835401	82874106	72073853
阜新市	216982	170761	9962790	7955642
辽阳市	229977	514640	46608565	38202949
盘锦市	108403	330787	35261512	29947808
铁岭市	264241	330378	72196615	59425178
朝阳市	135849	120727	35516231	31035491
葫芦岛市	32976	126353	20408350	18181177
按行业大类分				
煤炭开采和洗选业			35803323	27289586
沈阳市			7285888	5455651
抚顺市			4616771	3319184
本溪市			1911359	1506947
丹东市			1295951	1086770
锦州市			685555	573231

单位：千元

主营业务税金及附加	其他业务利润	利息支出	营业利润	本年应交增值税	全部从业人员年平均人数（人）
1738994	67716	1748833	12816589	7659844	136757
1621235	75336	250798	-10745488	1336226	66238
283590	246380	1599457	1121767	2627599	68166
36000	22730	22880	280958	158456	5323
1049907	-9508	84194	-2152129	524786	14014
11904	42400	112697	-2162290	388276	13013
99970	22880	273640	407350	511340	43284
534804	-394783	210993	4872684	300619	37949
1090198	-903602	1286326	9314341	3686738	148047
215402	48340	113617	630915	882120	44051
79081	43522	100789	445426	520786	18421
1012863	-367601	1074740	-5364722	760207	53376
5422976	**1994977**	**7301578**	**23280702**	**14622861**	**866236**
1756689	-69211	841640	7409761	2941674	149989
790250	894733	2550237	-1507037	3172975	251726
204889	106509	303803	2074788	708071	48671
101952	132247	249128	1222546	614747	38967
190216	20874	266854	2418203	480536	35416
138396	22548	179605	1054576	663060	55355
103420	442923	292460	1701628	638060	39536
1106467	192852	602077	2206205	2014145	52725
94716	11975	464739	42728	425196	24435
181030	85303	613462	4146056	595933	30559
236370	40736	105313	111940	479467	17239
271469	23142	114934	293584	599554	31468
147079	43356	219761	1911299	761969	45985
100033	46990	497565	194425	527474	44165
11229410	**1599504**	**5662516**	**74324029**	**28449358**	**2850941**
2444538	-741578	1022894	23775039	4963347	642114
1090921	705114	1412592	10091715	5208326	717307
773017	211204	521095	7178964	1911463	207640
371954	56371	207790	2144131	967773	124536
413002	28152	147828	2358284	939252	93905
431716	26140	254131	2282649	1590762	201852
517629	556760	251590	4726561	1701572	115292
750550	75599	459603	5614287	3269594	169950
96890	20914	101581	645178	357716	88371
922509	89351	308205	6310253	1410307	101723
498742	109681	179594	1660607	1076580	67897
2226844	82136	310990	4818937	2836202	140216
403110	90525	191506	2394412	1397511	103583
287989	289137	293118	323012	818953	76555
639534	72410	467128	2936936	2849741	203184
82969	-78050	102986	550371	513986	26247
73235	64192	122	245379	532695	30094
61588	728	2430	191616	123824	6737
22551	18	3625	76030	68915	6730
14392		930	76603	72782	3371

1-B-1 续表 33

分组	港澳台资本	外商资本	主营业务收入	主营业务成本
阜新市			7825446	6110366
辽阳市			1676378	1540232
铁岭市			8803983	6589033
朝阳市			941293	524698
葫芦岛市			760698	583473
石油和天然气开采业	63362	2900	50790323	34588210
阜新市			10843	7969
盘锦市	63362	2900	50779480	34580241
黑色金属矿采选业	195770	1323	56462768	43459217
沈阳市			152619	141651
大连市			32730	26822
鞍山市	52413		3797286	2427147
抚顺市			3884698	2341022
本溪市			9110399	6361899
丹东市			2332220	1997840
锦州市			339446	280891
营口市			983135	765552
阜新市		882	592052	327020
辽阳市	42437		13278007	10565261
铁岭市			561882	489131
朝阳市	100920	441	20619170	17296099
葫芦岛市			779123	438882
有色金属矿采选业	62775	64484	14589258	10754610
沈阳市			47502	45179
大连市		1390	132204	113072
鞍山市			918892	698917
抚顺市			1380583	920371
本溪市	44		773656	282527
丹东市	39081	12457	3457177	2507657
锦州市			7999	5925
营口市	23650	20638	5145860	4434099
阜新市			26233	18185
辽阳市			73944	56189
铁岭市			101305	84546
朝阳市		30000	555902	302385
葫芦岛市			1968000	1285557
非金属矿采选业	91485	157303	14096478	10882926
沈阳市		1676	1724567	1256200
大连市		19691	1542037	1214332
鞍山市	60540	3811	1458250	1067368
抚顺市			416544	341044
本溪市	3642	18080	591186	456015
丹东市	714	8931	1814495	1445119
锦州市		6490	1232987	986734
营口市		6650	1240399	995574
阜新市		6615	425874	272813
辽阳市			582041	460605
铁岭市			1436991	1240307
朝阳市	26589	85360	1355733	965776
葫芦岛市			275376	181041

单位：千元

主营业务税金及附加	其他业务利润	利息支出	营业利润	本年应交增值税	全部从业人员年平均人数（人）
139016	22880	275884	495112	615892	63100
13136	763	2139	219329	15307	2473
203838	48340	29587	762729	767677	44698
16853	1723	3609	289701	78316	8751
11955	11817	45816	30066	60345	10983
729189	-923475	930644	9362954	3448201	136283
140			3	130	30
729049	-923475	930644	9362951	3448071	136253
1139316	64452	208539	9644660	3389204	114582
3987	265	39	20356	9184	309
335		671	2748	571	171
94723	2392	9857	1115800	235708	6467
143461	127	18399	1120312	344703	6660
258748	6643	104373	1602315	679099	25111
39300	680	2818	176625	120186	9153
7754		670	30356	7262	529
13069		8184	135440	44441	2699
23148		144	163128	52447	2335
297608	30924	26605	2615037	544269	20189
12551		1448	40814	51749	1760
222413	23420	26874	2454557	1222926	35064
22219		8458	167173	76660	4135
155990	284254	95802	2178570	792578	53219
30			730	1019	122
1115		50	3371	887	412
19045	594	4201	75778	25376	2749
7434	5472	18040	256032	53568	4317
12560	1024	170	356991	69867	3013
47225	782	17990	433772	246228	13515
96		118	1245	261	106
34874	9075	38436	368468	260515	10007
991		205	1846	498	389
2301		739	8533	2113	446
4244		439	7793	11369	504
6256	26	1718	198131	22504	3066
19819	267280	13697	465879	98373	14573
349231	20199	94572	1541280	661141	72365
32157	34	13576	277013	66477	3937
23356	1516	11286	114762	78444	7409
40178	1417	7330	137188	66023	6828
6958	97	587	50243	14120	3000
17311	168	8688	42837	30036	3357
57427	7873	12984	221134	67675	12596
35343	2762	3864	141170	31493	6292
32327	827	10733	121947	61448	6291
4086	16	635	33715	11488	5736
16566	3724	4496	114523	17447	3433
53653	317	7722	74980	122466	4659
24459	1446	10453	149477	80768	5790
5408	2	2219	62291	13255	3037

1-B-1 续表 34

分　组			主营业务收　入	主营业务成　本
	港澳台资本	外商资本		
其他采矿业		1328	60778	54631
大连市		1328	7611	8248
鞍山市			2787	2046
本溪市			43000	38293
营口市			1764	1235
阜新市			4355	2842
葫芦岛市			1261	1967
农副食品加工业	658906	3503046	166288381	145159260
沈阳市	32095	207290	50867729	44240905
大连市	489643	1783111	42593220	37913421
鞍山市	2820	241535	7544128	6933301
抚顺市	4212	60106	1595926	1384794
本溪市		6769	577014	511802
丹东市	10287	86918	6953259	6275793
锦州市	3359	361689	12051726	10151326
营口市	33753	243636	6397435	5768049
阜新市	33020	156077	4336428	3798160
辽阳市	6500	617	8666662	7121667
盘锦市	16849	74678	3852469	3498969
铁岭市	22841	231666	15294560	12448147
朝阳市		20855	3613543	3324263
葫芦岛市	3528	28100	1944283	1788662
食品制造业	786035	888781	28964511	24366813
沈阳市	589601	235168	14528893	12671229
大连市	131956	557154	6720136	5417494
鞍山市	8664	8564	916313	722517
抚顺市	8000	2138	797199	652899
本溪市		265	232917	194120
丹东市	2300	21785	811223	684989
锦州市		5644	329776	232294
营口市	44250		791788	618876
阜新市		44360	679940	583081
辽阳市	265	5209	142677	111661
盘锦市			374703	313183
铁岭市	1000	5000	2289239	1871128
朝阳市		3494	166383	141461
葫芦岛市			183326	151879
饮料制造业	1695564	1079614	21577018	16179243
沈阳市	1152478	457643	9259006	7073126
大连市	292969	382953	5089044	3787862
鞍山市	159116	529	956063	713733
抚顺市		5459	413720	263827
本溪市		2944	442912	314359
丹东市		29662	407622	272425
锦州市		177492	931204	697818
营口市			376208	313212
阜新市		1720	384151	272097
辽阳市		11014	181000	111662

单位：千元

主营业务税金及附加	其他业务利　润	利息支出	营业利润	本年应交增 值 税	全部从业人 员 年平均人数(人)
1729	108	543	-3523	388	650
12		543	-4112	210	74
79	106		203	123	16
1432			616		427
205	2		62	53	4
1			415	3	50
			-706		79
1103729	156931	903451	10717174	1952459	264247
142817	-57331	93527	2921547	255070	47381
151749	107245	347185	1805898	444443	91409
70492	6801	65251	922025	73668	14739
15351	7107	-825	91189	18779	4622
4699	219	2038	34152	7606	2381
72183	2425	39309	280772	195494	26264
133179	38158	72341	1314769	322282	14957
21006	13933	25228	348592	144170	6101
8328	5875	22721	286112	53498	10468
24518	8281	108829	1289599	144187	4845
40286	1422	17139	117738	35921	7559
402257	16956	40639	1206351	188243	21485
12360	2705	40059	119493	35595	7592
4504	3135	30010	-21061	33502	4444
222131	39095	167588	1610481	644657	73540
65615	3907	35172	746811	260117	21638
47060	15958	69265	339007	145599	21113
7618	3880	13212	115699	24154	3959
4834	12420	1821	51789	28079	3317
2502	803	5669	9110	6861	1777
7329	852	8222	48590	29042	3921
4621	7	3931	63245	7842	1706
19103	214	2551	70661	30953	3145
944	618	6931	12253	13803	2887
1635	132	7788	11393	2232	886
4650	-19	1586	5678	3801	1969
49677	144	7996	112806	80383	4527
4100	96	2057	12570	2160	1222
2444	83	1388	10869	9631	1473
779551	56450	133662	1887120	745853	49968
187271	14032	5118	801096	279770	14817
128617	5639	54331	448912	183193	8409
56000	1320	7993	121748	42225	3630
29725	1713	1751	58317	26367	2063
36252	148	4330	21463	23798	2428
38165	-423	13566	74397	28545	2386
52138	29541	3760	107930	33689	3052
3755	173	1821	13919	12527	991
42445	2398	6152	11784	16103	2951
14157	110	983	34815	10759	1177

1-B-1 续表 35

分组			主营业务收入	主营业务成本
	港澳台资本	外商资本		
盘锦市	31500	8874	279206	193409
铁岭市		441	2268603	1752215
朝阳市		857	338677	228690
葫芦岛市	59500	26	249602	184809
烟草制品业			3964766	1426905
沈阳市			1737375	668880
抚顺市			2205	1433
丹东市			39867	20438
营口市			2185319	736154
纺织业	661041	1076578	27864446	24270130
沈阳市	11231	184201	3921453	3451992
大连市	332305	666870	7336139	6179687
鞍山市	260495	11565	4061767	3618916
抚顺市		56112	735146	645364
本溪市			281681	252865
丹东市	2353	27857	1620704	1397457
锦州市		24946	1045426	909646
营口市	39867	68637	5144691	4614814
阜新市	8378		548746	495590
辽阳市	732	10529	1088830	927039
盘锦市		18760	228962	199976
铁岭市		7102	1226787	1015823
朝阳市	5680		372718	313528
葫芦岛市			251395	247434
纺织服装、鞋、帽制造业	450347	1551462	46521497	40167865
沈阳市	72717	135702	13384956	11911203
大连市	214726	1026253	20700132	17560900
鞍山市	49032	11381	1309637	1102391
抚顺市		62031	310803	268390
本溪市	2055	4793	114956	101475
丹东市	12971	101584	1833758	1663352
锦州市		15511	501059	423425
营口市	60503	144367	5921652	5215358
阜新市		176	156139	110689
辽阳市	33507	32395	762172	599888
盘锦市		88	445899	343558
铁岭市			532400	434608
朝阳市		1882	68540	59557
葫芦岛市	4835	15298	479391	373070
皮革、毛皮、羽毛(绒)及其制品业	29540	289926	8744311	7557780
沈阳市	6477	24924	6012563	5212332
大连市	17009	173816	925683	839662
鞍山市		1700	151197	119571
抚顺市			5160	4582
本溪市			19280	17388
丹东市		8993	79557	66461
锦州市		4300	44046	41237
营口市		72547	1208085	1010980
阜新市	4290		8259	6420

单位：千元

主营业务税金及附加	其他业务利　润	利息支出	营业利润	本年应交增值税	全部从业人员年平均人数（人）
79940		1739	12002	16560	1317
44275	262	7320	195244	49843	3307
43411	1030	10634	16351	14902	1861
23397	507	14163	-30859	7572	1579
1581386	694	6629	445128	477592	2789
660934	-326		201450	197749	1138
43			698		8
644		964	-5636	5710	440
919765	1020	5665	248617	274133	1203
236125	39451	260620	1040355	696245	121184
25357	5242	8755	131523	33000	10871
25457	13861	22407	305383	126765	30951
45412	3403	73044	194341	83219	16250
4168	726	3844	31161	17677	4273
1933	8	9581	-1348	9383	3195
17906	1512	20268	63287	67716	10647
6252	2998	19417	15573	31527	5239
59592	9705	56859	148355	220979	18033
3446	100	2668	4865	11101	3550
11558	367	6259	94245	11451	5786
1382		861	1017	1900	1393
28553		3315	70404	53125	3469
3229	1427	27201	-6295	15664	4926
1877	102	6141	-12155	12737	2601
404659	3735	158150	2109416	808171	244091
214441	-22809	12566	321685	180290	21355
55923	22567	68286	973049	278330	133219
20562	238	9773	97270	27297	12000
3292	36	568	13547	6353	3378
1597		214	226	3105	1571
4179	138	11379	46785	55999	20847
5610		1502	52037	13448	4203
43585	2778	20421	442607	186387	27902
2707	8	4213	2887	9265	2113
11304	43	1669	64956	20309	4039
7882		11517	47153	8667	1851
27774	617	488	30831	6601	3389
922	26	931	4515	1002	907
4881	92	14623	11868	11119	7317
38760	-40027	15006	345790	86711	30468
14309	-42626	3368	141005	12634	18242
1698	2251	4374	1914	13089	5464
2632	198	680	24192	4143	1237
62		2	379	133	63
156			1274	370	416
1958		1366	2094	3067	644
98		2004	-5120	166	231
6642	150	1539	138793	46817	2838
80		89	646	125	168

1-B-1 续表 36

分组	港澳台资本	外商资本	主营业务收入	主营业务成本
辽阳市	1764		100700	90591
盘锦市		2646	15822	13538
铁岭市		1000	162839	127997
朝阳市			10322	6569
葫芦岛市			798	452
木材加工及木、竹、藤、棕、草制品业	197221	1182097	27452806	23239687
沈阳市	51487	49434	11698795	9720137
大连市	107062	895825	6230940	5406503
鞍山市	828	300	436457	342685
抚顺市	9500	9220	2290598	1897131
本溪市	3340	50108	441806	388192
丹东市	1037	45318	678722	573033
锦州市		7610	1291051	1158168
营口市	2503	11830	1127844	1014871
阜新市	5641	31175	381052	314399
辽阳市	1800		113796	94539
盘锦市			44538	34846
铁岭市	13229	80000	2024409	1697207
朝阳市	794		595800	514242
葫芦岛市		1276	96997	83735
家具制造业	115441	816426	20404212	17023871
沈阳市	12175	83865	10337002	8586757
大连市	76592	633293	7092056	5885776
鞍山市		14714	373518	287801
抚顺市		1623	166396	140115
本溪市		6208	138108	122590
丹东市	9467	28855	1029573	939411
锦州市			27345	23479
营口市		29121	200884	179942
阜新市			12762	9932
辽阳市		3670	248458	201587
盘锦市		882	173722	133421
铁岭市	17207	14194	567355	484964
朝阳市			27776	20981
葫芦岛市		1	9258	7114
造纸及纸制品业	334611	337939	17443554	14969003
沈阳市	164504	9577	6420285	5421833
大连市	1993	187498	4806009	4165318
鞍山市	397		428736	351738
抚顺市	63661	1182	594638	543760
本溪市			84919	69613
丹东市	61077	25036	1217815	1073070
锦州市	39088		939301	788208
营口市	3362	1241	763914	664929
阜新市			80106	63280
辽阳市	529	77362	387972	318314
盘锦市			100605	85831
铁岭市		36043	1247459	1091567
朝阳市			336907	301067
葫芦岛市			34888	30474

单位：千元

主营业务税金及附加	其他业务利润	利息支出	营业利润	本年应交增值税	全部从业人员年平均人数(人)
2395		188	25189	4827	459
374		36	1005	18	177
7173		1161	12038	1234	424
1141		200	2141	72	81
41			239	16	24
189539	8978	128145	1919552	484855	76589
62617	-17391	12609	937109	95292	16545
32800	12188	51820	216036	129595	22646
7204	1660	4146	93921	9540	2934
18186	6628	12341	263158	30892	11022
8216	638	3611	8965	17781	2614
12939	1365	4809	41581	25494	4320
10949	35	4153	78565	46721	3573
10031	15	937	77776	39953	1666
1482	108	13539	33579	7488	2477
2717	273	846	8613	4855	809
857			4947	1152	332
18336	204	10462	119125	68693	4244
1953	3254	3593	41120	5421	2485
1253		5280	-4944	1977	922
161799	-172827	86682	1098206	260775	50759
43353	-185486	8291	570782	95226	15553
67375	8837	56437	320862	58278	23461
6699	1957	14649	51185	19128	1605
2843	1468	341	16149	4318	1125
1631		100	5699	2266	975
3349	108	3748	44114	29887	3444
336		93	3594	3479	232
2284	5	320	4839	3571	746
116	4		900	410	218
2553	280	639	30226	4582	1307
1064		81	6965	1468	448
28925		1939	36489	37816	1154
941		17	5318	17	373
329		26	1084	329	118
132202	29134	107901	860958	384167	57821
37989	-114	13408	306486	78379	11560
18031	13522	19376	262504	105028	13068
4883	2044	3517	78732	14415	3065
1793	1172	928	23572	10326	2480
1656	636	507	7521	3703	537
9023	151	16270	44410	41962	6252
8894	4289	38160	-40888	43484	7860
9482	6223	5079	36245	17302	3635
385	23	548	5920	2217	832
3691	692	3913	32147	14718	2056
530	229	513	2429	2561	1100
31288	152	4032	40875	35577	3645
3702	109	1574	59816	14193	1207
852	6	75	1188	303	524

1-B-1 续表 37

分 组	港澳台资本	外商资本	主营业务收入	主营业务成本
印刷业和记录媒介的复制	8252	316986	10652813	8801518
沈阳市		70429	5228718	4290875
大连市	8067	230519	3102604	2560887
鞍山市			305128	252893
抚顺市		318	93878	76103
本溪市			119134	101494
丹东市	115	5529	234396	191234
锦州市	71	9	162218	142848
营口市		10000	275008	242378
阜新市			80496	63062
辽阳市			83782	69873
盘锦市			106968	86664
铁岭市			759999	644195
朝阳市			39849	32625
葫芦岛市		183	60636	46385
文教体育用品制造业	63597	373066	2711951	2300752
沈阳市	31498	18164	985121	817269
大连市	27100	278677	808715	691070
鞍山市	830		33856	25377
抚顺市		113	9398	8053
本溪市			12546	8933
丹东市		723	131323	109208
锦州市		398	27329	24492
营口市	3816	74992	546918	484166
阜新市				
辽阳市	353		5390	4613
盘锦市			23467	19299
铁岭市			127889	108270
石油加工、炼焦及核燃料加工业	88715	493556	276231061	294831602
沈阳市	54186	35109	9133419	7573331
大连市		223931	110288067	126769782
鞍山市	459		2224220	1970709
抚顺市	1280	12458	47752009	53214628
本溪市	8100	8074	612170	530467
丹东市	20000		928850	733784
锦州市	1076	80299	32921803	33265560
营口市	1750	88959	9248976	8426972
阜新市		7056	16802	13928
辽阳市	1865		993035	956403
盘锦市		36965	33344352	31013727
铁岭市		706	512126	485666
朝阳市			371041	233921
葫芦岛市			27884190	29642725
化学原料及化学制品制造业	1642600	2361076	119746325	105490851
沈阳市	376926	433126	18367126	15606590
大连市	186561	1246680	15703697	13137395
鞍山市	206514	9729	3678173	3036223
抚顺市	74891	74382	4169595	3650604

单位：千元

主营业务税金及附加	其他业务利润	利息支出	营业利润	本年应交增值税	全部从业人员年平均人数（人）
107145	27233	55164	544677	268822	40675
34124	20042	18596	283870	92006	15085
15768	3182	30230	117664	115968	11367
3371	2542	373	26879	6842	1653
702	120	135	10045	3445	854
1354	168	93	3958	3362	1227
3409	47	1112	18906	9594	2157
1416	86	947	4246	8376	1678
4465	95	1231	10345	8772	1244
564	28	42	4971	2634	1349
1920	427	481	7403	2063	629
1659	352	200	7555	3934	653
33996	76	1385	39140	9382	1448
1022	16	296	2446	912	640
3376	53	43	7249	1530	691
20666	-729	22913	156512	45466	12062
9000	-4885	470	114184	6205	2346
2454	433	1671	24680	15330	4756
75	58	606	2265	1807	137
137			92	282	67
752		1	1998	176	90
1517	278	409	4754	2774	975
135	1509	116	2078	452	400
3542	373	19298	3210	16842	2661
					2
45		272	273	152	38
541	1504	70	-216	462	102
2468			3195	984	488
6236319	8574	924676	-36029967	2966737	70343
114575	1293	79928	691591	221779	8211
2068222	5654	549636	-23635598	435292	12800
12463	1134	9394	328644	43535	2395
1355257	-7774	32614	-9030201	80745	13144
3293	12	1709	47510	22356	1180
1605	347	5002	145552	61719	1028
950551	-56135	12485	-2689271	360077	7937
66668	1012	67506	338619	320283	2779
57		-2	105	509	214
2475	4297	5103	22711	9845	615
709729	61266	152138	646697	988208	13072
532	9	33	12488	52864	469
1877	449		16741	15267	681
949014	-2990	9130	-2925556	354258	5818
1121917	263925	1357421	6286791	2287499	215317
124696	-62845	83189	901465	272990	29782
93298	87299	276297	573055	392916	40554
28050	8368	27195	444049	121964	9777
25522	12033	24383	153033	101383	11699

1-B-1 续表 38

分 组			主营业务收入	主营业务成本
	港澳台资本	外商资本		
本溪市		8000	1914852	1619085
丹东市	6909	67848	2152800	1900297
锦州市	702131	120366	4972936	4152269
营口市	48450	268156	7183617	5973266
阜新市	617	28567	710226	623474
辽阳市	29343	18145	40163637	38524722
盘锦市	7973	72434	9367614	7793364
铁岭市	2283	10656	5470376	4307590
朝阳市			1130916	953482
葫芦岛市		2986	4760759	4212491
医药制造业	409928	2192393	25941641	18378988
沈阳市	270180	869034	15995546	11615026
大连市	94500	1241411	4879633	2793946
鞍山市		5621	219356	172944
抚顺市	2400	30000	698229	607886
本溪市	35700	15820	887181	593808
丹东市		335	536942	450415
锦州市		1630	601720	415688
营口市			151355	107672
阜新市		3310	141305	105637
辽阳市		3225	279021	185390
盘锦市	1470	400	332912	268031
铁岭市	5678	1764	1010618	883036
朝阳市			89100	77861
葫芦岛市		19844	118725	101648
化学纤维制造业	14851	96334	8413657	8001387
沈阳市		1208	93330	75850
大连市	2320	11288	483303	405671
鞍山市	3552		98074	76884
抚顺市			4325367	4262642
丹东市			928011	944808
锦州市			84295	66373
营口市	3500	80216	469082	408331
阜新市			3498	3238
辽阳市	5479		1821562	1663504
盘锦市			5165	4963
铁岭市		441	92063	79959
朝阳市		3181	9907	9163
橡胶制品业	63231	2827110	24006434	20318538
沈阳市	53781	1227401	11418751	9627220
大连市	4435	1460175	2978342	2443449
鞍山市		4984	2427022	2083358
抚顺市	2890	14578	221596	194298
本溪市		1867	242324	203500
丹东市	1750	4394	279895	244671
锦州市	44	106198	647189	563315
营口市			210218	180064
阜新市		485	166580	135523
辽阳市	331	7028	236273	196260

单位：千元

主营业务税金及附加	其他业务利　润	利息支出	营业利润	本年应交增 值 税	全部从业人 员 年平均人数（人）
22059	145	43873	104331	65177	7432
11772	1922	14810	103968	85847	9858
19268	65967	46972	456234	143904	9990
48705	7852	72796	663989	311674	10192
1837	658	9446	14085	14135	4038
483335	103821	106347	2573746	220443	29513
70409	24826	318994	52198	227439	21966
162416	679	23251	337181	191746	8756
9938	11466	22913	131594	26710	3089
20612	1733	286956	-222137	111170	18671
157091	19236	307587	2431609	929585	52620
64799	5808	158124	1603267	565715	23713
13079	6322	68840	493341	135243	9152
1622	214	1633	28770	10219	1521
7371	82	4799	48468	6484	2269
21914	85	15326	73304	47254	4774
4274		9179	16523	26623	2696
5515	5382	11256	48774	33989	2248
1597		3325	19960	8193	457
457	76	2037	7035	8581	1099
1645	303	5280	45535	11048	838
3315	580	8090	12226	10871	1050
29825		11805	57611	59883	1337
773	385	7334	-10518	3101	788
904		559	-12686	2383	678
89734	-469291	8291	-2710699	341297	30774
402	7	146	8322	1303	239
719	30	741	56348	15311	1058
900	497	841	9437	4217	366
45895	-3504	17	-2221695	123851	8793
1806	2104	4733	-82668	16123	5844
2223		8678	-14825	547	143
1099	3789	12511	20525	20789	1267
12			145	69	29
36310	-472214	-19667	-493216	155253	12953
93		65	-183	109	13
63		227	6670	3502	42
212			443	223	27
153561	183226	208252	1639163	913635	51277
37746	-15166	40546	932557	264669	18103
11573	98601	43339	68083	80995	9037
29760	737	50610	199004	186659	5207
3354	474	100	9955	4897	1760
3166		452	24320	9979	1486
3028	1815	1512	17157	9284	1819
1429	54807	3736	83308	21297	1622
1782	212	237	15930	6950	775
993	890	6954	-12427	6555	1383
3312	668	454	16358	4513	1546

1-B-1 续表 39

分组	港澳台资本	外商资本	主营业务收入	主营业务成本
盘锦市			145938	123652
铁岭市			3665706	3103365
朝阳市			1266596	1137220
葫芦岛市			100005	82641
塑料制品业	562407	2567492	52570544	45282505
沈阳市	55486	382866	21694646	18857096
大连市	425150	1681599	10259387	8958048
鞍山市	72143	106373	1703106	1444054
抚顺市			616609	530846
本溪市		2523	264844	217798
丹东市	26	24936	915516	783794
锦州市	1500		1944854	1678245
营口市	6288	97920	5544209	4818124
阜新市	441	1825	204427	164925
辽阳市	503	261031	5403454	4361690
盘锦市		3539	1036916	921782
铁岭市	870	4000	2319878	1894282
朝阳市		882	120633	93597
葫芦岛市			542064	558224
非金属矿物制品业	944860	3816205	135500279	113161823
沈阳市	266684	359689	36345571	30378346
大连市	258774	1744171	14871841	12420912
鞍山市	139071	322922	21503021	17236970
抚顺市	37310	1553	3441143	2861485
本溪市	1000	3190	3348334	2780437
丹东市	5992	97752	2628650	2147712
锦州市	26720	157995	5444635	4554469
营口市	206970	1111776	30452694	25948713
阜新市		13840	1388001	1128448
辽阳市	2339	2893	4272771	3521483
盘锦市		273	2365853	2112124
铁岭市			5199223	4386197
朝阳市			2381794	2080341
葫芦岛市		150	1856748	1604186
黑色金属冶炼及压延加工业	363037	2725006	346307825	300286708
沈阳市	142227	882297	28250846	26443188
大连市	67049	998521	19887429	18091795
鞍山市	43701	40579	109553745	82425798
抚顺市		44	22291652	20971444
本溪市	3000	500044	90831927	86889154
丹东市	10580		1816436	1047301
锦州市		124879	17203055	14820811
营口市		7484	12366598	11881435
阜新市		265	2311	2181
辽阳市	96480	158393	18967279	15463654
盘锦市			12429	10023
铁岭市			4952424	4162233
朝阳市			13072281	11666071
葫芦岛市		12500	7099413	6411620

单位：千元

主营业务税金及附加	其他业务利润	利息支出	营业利润	本年应交增值税	全部从业人员年平均人数(人)
1219	266	25	6558	4114	452
50369	38520	27637	283358	292344	5895
4041	1215	17110	25	19438	1837
1788	189	15540	-5023	1942	355
458747	98727	631174	3499130	1034195	133068
181870	7320	131453	1104335	328695	49168
27311	47965	189965	240307	215903	32892
20613	5857	13543	180720	40774	7086
4644	2693	1551	51505	15828	3653
5188	44	1806	23452	8425	1560
8855	473	2420	56526	32325	4718
7195	35669	19350	208744	64202	4239
78129	3892	12831	446665	215183	9400
1701	347	1590	10645	5926	1905
5116	-8331	179731	1148260	29793	5290
9985	647	3051	28982	26424	3170
101316	1330	5706	137035	43681	5258
2637	820	598	13019	2531	1115
4186		67577	-151063	4504	3614
1285389	298528	1178922	10718562	4839387	353547
263030	-25906	99682	2970674	562429	56161
92182	68310	268776	496016	499384	45683
259460	36379	215070	2302862	934320	61110
32548	32524	40581	207907	109353	16767
35992	-6415	49638	268567	137581	16392
41197	802	25072	197949	117762	15957
72519	17498	26926	613886	185212	17946
154643	144993	273562	2430516	1573581	42182
8713	2167	16785	70005	50763	13772
60364	11679	52027	676763	199755	15372
30876	5296	13435	67000	49792	7748
168714	7683	28086	284325	266249	18056
41661	274	29188	94435	81266	14798
23489	3246	40092	37659	71939	11603
3367184	1314210	5038649	18607176	13795048	308725
43428	38498	133037	354932	246635	12235
118963	368516	483034	279412	637987	30277
1682377	120250	1716566	12399083	7182359	122304
181488	29345	204013	356056	761250	18572
283400	258058	1654562	2423338	2450615	60716
6896	1250	4786	99286	70920	3958
256727	353181	140014	2150909	648841	12356
34374	42177	200321	-2153285	286705	8242
35			-12	100	80
483500	64416	244482	2234451	463241	16122
162			103	581	52
124382	969	52206	220052	98115	3467
71947	30715	69150	286783	487104	14513
79504	6834	136478	-43933	460595	5831

1-B-1 续表 40

分组	港澳台资本	外商资本	主营业务收入	主营业务成本
有色金属冶炼及压延加工业	357980	955916	73757390	64931020
沈阳市	46939	125998	15957453	13970297
大连市	3942	583907	2440911	2395887
鞍山市	8064	20000	2056461	1831235
抚顺市	10388		3119874	2946106
本溪市			727360	639744
丹东市	19819	4176	2502617	2305304
锦州市	34057	4022	3971414	3551350
营口市	20000	206600	8410727	7498329
阜新市	43680		1048963	939279
辽阳市	156591		12298261	8346441
盘锦市			65201	56464
铁岭市		4132	6239270	5767150
朝阳市		1850	5272970	5000205
葫芦岛市	14500	5231	9645906	9683231
金属制品业	527918	2484248	83591550	71772381
沈阳市	119632	389930	31582509	26863668
大连市	209334	1221978	16555298	14498912
鞍山市	2510	219438	10722171	9249020
抚顺市		13037	958324	831147
本溪市	30626	1299	1076462	876344
丹东市		68288	925641	804562
锦州市	396	377840	3721515	3260138
营口市	21733	154966	8200222	7232075
阜新市	686	4500	999076	854525
辽阳市		23472	1346502	1129192
盘锦市	143000	7000	1857355	1595237
铁岭市		2500	4894494	3932653
朝阳市			212489	183966
葫芦岛市			539490	460942
通用设备制造业	577372	10081153	233269560	193853152
沈阳市	35247	1524593	82473898	68906573
大连市	415101	7513061	99605981	81444944
鞍山市	3196	35032	9788278	8360032
抚顺市	14040	716488	5065845	3988488
本溪市		24175	1728708	1386299
丹东市	12847	23462	5438011	4584986
锦州市	3142	44740	1981819	1667972
营口市	2765	107949	7481941	6624920
阜新市	67369	12530	2549156	2062579
辽阳市	610	8814	2893184	2339854
盘锦市	7210		839309	708958
铁岭市	5598	70309	8861214	7646297
朝阳市	276		3628622	3310992
葫芦岛市	9971		933595	820258
专用设备制造业	441550	3309139	101554222	84073082
沈阳市	298099	784514	39979070	32970946
大连市	97229	2210136	33745624	27728162
鞍山市	397	13875	4629663	3799281

单位：千元

主营业务税金及附加	其他业务利润	利息支出	营业利润	本年应交增值税	全部从业人员年平均人数(人)
625172	-101008	1071894	4743716	1968426	81809
211586	-42774	31987	1081816	196531	14724
2807	1042	13209	-6999	21802	2518
26404	7120	10982	239492	36393	2060
13403	15155	59629	-74590	71991	8114
7686	158	4540	43887	22781	2248
15216	348	9430	147243	62416	4549
22724	149224	7009	433265	136350	2631
34154	9613	25039	657489	445463	4701
1981	237	6428	44674	19407	1894
6008	910	194563	3544922	76360	3269
1174		325	2508	3624	311
157522	70	26897	-25697	477808	5017
52997	6429	25747	483903	81685	8750
71510	-248539	656109	-1828197	315813	21023
664924	271609	458627	6105977	2105306	195900
199818	-100038	104765	2492075	574938	52002
64653	77902	116473	438985	396895	55422
66050	39651	102420	942385	266883	29843
9747	696	3719	61524	21375	5320
13181	925	9333	98094	48087	6897
8961	808	3360	48655	40206	5034
5311	225461	18167	526701	47100	5416
82708	13100	40573	583819	339514	14139
2028		8735	82280	18003	3268
20930	990	19398	138157	36461	3297
20036	3919	14645	135426	56762	4704
151557	7152	10651	510196	239179	5066
2641	741	733	11406	5431	1698
17304	303	5658	36272	14473	3794
1478709	-296937	1601679	15161412	5831928	553835
484305	-808239	405664	5152938	1430107	139057
310980	375605	842520	6660736	2587176	228036
88722	31915	58232	637343	305292	26996
33289	30000	33685	611477	68032	18043
31900	4165	7707	135583	66830	12170
36025	23762	54019	433861	231166	23883
7672	2869	10204	149499	63359	11053
66763	9043	42466	370982	242708	19670
10592	3031	37180	123150	67033	10404
47995	6094	48747	260907	101239	11383
11143	5600	1516	40660	31484	3367
297450	14027	20419	437118	460878	32726
41987	4682	22355	121121	143150	10832
9888	507	16966	26037	33473	6215
623738	185576	833161	7435573	2112376	205683
169752	-72720	213421	3024620	547787	69958
92775	138116	386645	2619964	664855	51090
38541	28677	51768	363688	172950	11920

1-B-1 续表 41

分 组			主营业务收入	主营业务成本
	港澳台资本	外商资本		
抚顺市	9525	10358	2920943	2426781
本溪市		423	683288	603737
丹东市	353	10915	2131533	1807173
锦州市		6743	963407	823842
营口市		19601	1649089	1442291
阜新市		9506	532802	401615
辽阳市	16915	136545	1192944	956413
盘锦市	529	35554	5123161	4260536
铁岭市	11233	794	3751027	3142590
朝阳市	7270	176	2971565	2605678
葫芦岛市		70000	1280108	1104037
交通运输设备制造业	848926	13504232	188571858	159854675
沈阳市	361221	5292301	83355257	69900627
大连市	343468	7021870	71933229	61069706
鞍山市	15899	51896	2060798	1649777
抚顺市	99847	17878	498490	430830
本溪市			1373669	1222540
丹东市	7056	4072	5851168	5164725
锦州市	21436	604987	2511855	2039573
营口市		351510	2410075	2126301
阜新市		4478	154948	125791
辽阳市		106227	1225921	1052618
盘锦市		37263	3470929	3080236
铁岭市			2119825	1474414
朝阳市		11750	3637059	3207192
葫芦岛市			7968635	7310345
电气机械及器材制造业	1824253	6360483	105690780	90335100
沈阳市	1238100	2423324	60443627	52160247
大连市	216749	3723260	22924118	19562451
鞍山市	3689	20704	2789114	2108111
抚顺市	834	6785	1929688	1521375
本溪市			407354	335833
丹东市	441	10479	2787591	2466491
锦州市	124218	1991	2757819	2273658
营口市	210629	134306	4095020	3700598
阜新市	27914	695	433458	352908
辽阳市	1669	38034	3142678	2575768
盘锦市	10	500	468918	390133
铁岭市		44	2528191	2029317
朝阳市			303614	268405
葫芦岛市		362	679589	589803
通信设备、计算机及其他电子设备制造业	1409031	4650158	60277879	51622545
沈阳市	883437	999203	20993038	17886207
大连市	380750	3217381	34544589	29961414
鞍山市	6273	71118	544959	437946
抚顺市		8828	171440	159009
本溪市	1323		180587	131945
丹东市	62078	36133	1094747	931647
锦州市		29912	456731	398046

单位：千元

主营业务税金及附加	其他业务利润	利息支出	营业利润	本年应交增值税	全部从业人员年平均人数(人)
19101	13975	23678	174519	82830	8783
5426	166	1193	11474	25116	4380
14103	894	30109	85229	85988	9096
5200	462	5564	35872	23923	4300
19816	1619	6737	74995	58979	4925
2296	572	1540	30833	18892	4686
7375	1688	17598	146245	25057	4360
41558	63656	57368	381283	184764	10348
180287	4621	8876	211343	93749	8192
17079	3769	9680	244978	82398	9212
10429	83	18984	30528	45087	4433
2707163	775771	1355795	8571769	3111137	314989
2266718	64500	682342	2080711	1437819	106863
128584	610235	162611	4731490	932606	115654
14695	10820	46703	282181	48852	6002
2801	288	4602	23312	11261	3166
6567	3133	9725	30932	30829	5653
58719	7386	48499	415511	218679	13023
3857	22860	45247	257956	80995	7082
22171	1452	35463	97838	49037	6238
709		219	12146	4115	1437
9545	3688	9376	65181	35217	3319
38639	235	7905	108516	88631	5874
101673	7134	15273	321954	65994	4855
15320	39876	104649	-27586	76774	14183
37164	4165	183180	171627	30330	21640
524542	-114747	557859	6179555	2265517	197350
219255	-271524	277434	3124779	828995	81882
104719	113280	85080	1373373	647959	59881
15779	5346	25531	269176	115603	6060
12196	3199	4409	223633	66059	7409
13624	256	2488	20092	20632	1967
15011	54	30410	186703	86298	9553
11044	9967	17387	155816	149037	8544
18975	15961	7823	205649	105680	7191
2376	-16	1400	19624	13472	2750
26672	867	79908	300031	63686	3459
7446	1412	237	19342	12937	1758
69931	1931	13028	256753	131648	3244
2412	339	2607	20889	9342	1221
5103	4181	10116	3695	14170	2431
248524	1247542	309600	2289972	847141	106209
86846	43264	24175	1442357	366109	24262
33177	1193761	258122	501351	373986	60847
5630	3112	1563	43010	15889	2291
1451	343	11	-2385	3652	861
1060	1109	3167	30151	4640	718
5601	4279	494	38701	31878	7846
1706	1111	601	19309	17718	1279

1-B-1 续表 42

分组	港澳台资本	外商资本	主营业务收入	主营业务成本
营口市	7267	259770	146097	162029
阜新市	4345	1964	184160	160539
辽阳市		25849	172462	139061
盘锦市			44254	36100
铁岭市			1289442	859962
朝阳市	63417		444693	350722
葫芦岛市	142		10680	7917
仪器仪表及文化、办公用机械制造业	159396	1005342	14153404	11279511
沈阳市	28050	138078	4026612	3260079
大连市	32552	791153	3908790	3198804
鞍山市	1080	39573	1459435	1101943
抚顺市	84000	44	192664	160894
本溪市	243	924	97977	81987
丹东市		20694	1872489	1373029
锦州市			187297	149836
营口市	13472	8771	1061877	877550
阜新市			29585	26635
辽阳市		6105	397663	312721
盘锦市			157712	127894
铁岭市			548501	429206
朝阳市			198767	165344
葫芦岛市			14036	13589
工艺品及其他制造业	47625	1035195	10435194	8845874
沈阳市	15888	63230	4074210	3604183
大连市	4310	829457	1873296	1525031
鞍山市	580	13397	742381	603118
抚顺市		10914	1047471	878864
本溪市	2190	2866	215675	178466
丹东市	23842	10678	415470	345805
锦州市		794	364074	308290
营口市	788	81336	618580	485859
阜新市		5341	47398	34388
辽阳市	26	7305	383581	323593
盘锦市		6860	50801	39616
铁岭市		3017	552068	476980
朝阳市			41185	34265
葫芦岛市			9005	7417
废弃资源和废旧材料回收加工业	30265	35616	2609205	1900247
沈阳市			552953	483131
大连市		26973	245789	166361
鞍山市			54192	43622
抚顺市			85099	76250
本溪市			313331	172416
丹东市	265	8643	740800	705874
锦州市			70966	65738
营口市			79426	67427
阜新市			12247	8827
辽阳市			1543	1376
盘锦市			41428	39697

单位：千元

主营业务税金及附加	其他业务利润	利息支出	营业利润	本年应交增值税	全部从业人员年平均人数(人)
738	62	7469	-42995	3138	1610
859	16	5330	-3508	8087	1700
683	342	3923	3077	1501	1371
825		346	4079	1499	281
107508	15	4147	233327	6278	608
1865	127	253	22207	12545	2442
575			1293	220	93
128024	42342	56312	904241	429219	44293
29716	8772	10159	240565	84412	9305
13560	17403	14367	135788	116515	14989
11674	11332	2565	188677	50564	3722
1287		45	-10462	11576	1217
1339	148	274	4189	3828	828
17238	2784	11331	187540	72833	6727
887	154	1523	7565	6338	1095
8003	422	10396	50787	48517	2664
137		12	271	701	251
24733	646	428	26779	6610	1787
2544	55	49	11658	6872	515
15291	2	498	43207	15528	845
1500	624	4665	18205	4699	283
116			-525	226	65
103889	11249	53624	584625	249444	46405
39250	1926	10043	180733	48737	8686
7225	1861	6038	92344	52097	7729
16500	1097	4001	113664	14465	5663
6053	14305	9363	36775	28195	7621
3442	873	1812	5536	3666	2037
4421		7175	37497	20331	2197
6929	1	8826	-2177	20941	3912
8041	-9978	873	40107	15770	3250
375			3957	2084	842
5770	1123	1969	34288	6323	1957
1009	6	87	5820	1116	427
3327	35	3119	31698	34733	1763
1193		309	3662	907	230
355		9	721	80	91
16691	31632	9292	239519	55765	10706
643		5704	35080	4644	384
2663	494	894	53459	5789	634
664	373	67	9738	2133	570
567	51	156	5584	3390	379
3172	2216	38	96360	11184	2405
2164		873	22327	15471	1690
766	71	9	785	1530	280
2444	26	488	4531	1683	278
54			1006	341	167
9			115	26	40
1092		71	6002	317	227

1-B-1 续表 43

分 组			主营业务收入	主营业务成本
	港澳台资本	外商资本		
铁岭市	30000		37126	29707
朝阳市			2117	1538
葫芦岛市			372189	38282
电力、热力的生产和供应业	1556377	818233	126133554	120338921
沈阳市	567483	387632	22721613	20794981
大连市	7056	71441	12544875	11588896
鞍山市	2205	118775	2035186	1901908
抚顺市	120000		4044395	3905294
本溪市	8000	37521	1370332	974776
丹东市	18080	96151	2569952	2465140
锦州市	764923	4410	3463145	3105781
营口市			5038341	5004412
阜新市		2028	3961330	3695936
辽阳市			1793192	1579044
盘锦市		4172	508794	481696
铁岭市	68631	62686	4354394	4212832
朝阳市			2576640	2386521
葫芦岛市		33418	5754418	5384123
燃气生产和供应业	291427	244540	2846568	2478205
沈阳市		110763	859095	557538
大连市	265	121797	1254700	1320714
鞍山市			163143	135005
抚顺市	93330		43116	35131
本溪市	78260		74714	54784
丹东市			42817	59322
锦州市			79286	39215
营口市	882		36384	30447
阜新市	69480		19795	21940
辽阳市			26117	44355
盘锦市			54042	53537
铁岭市	49210		64535	37433
朝阳市			23810	16823
葫芦岛市		11980	105013	71960
水的生产和供应业	114270	276423	4409617	3582328
沈阳市		242829	1036446	878161
大连市	17600	1448	1297243	1106036
鞍山市			370386	245750
抚顺市			220434	196016
本溪市			116409	102037
丹东市			114847	93963
锦州市			266269	192688
营口市			144842	122268
阜新市		2963	171382	136202
辽阳市		5183	69776	46462
盘锦市	11000	24000	302751	196769
铁岭市	85670		97221	83516
朝阳市			83981	51547
葫芦岛市			117632	130913

单位：千元

主营业务税金及附加	其他业务利　润	利息支出	营业利润	本年应交增 值 税	全部从业人 员 年平均人数(人)
1605	1600	992	3905	1823	710
250			287	10	28
598	26800		339	7423	2914
728167	50457	3535849	-1929753	5873335	147438
146985	53500	794106	314016	959602	28045
94408	27766	503996	-323521	541273	13062
13637	19036	14776	27674	67705	5751
24445	1339	196186	-201195	238834	11407
9568	5710	63247	182599	76969	5957
8358	1260	32342	-82615	121623	5093
6025	18350	73386	7226	218588	8614
31872	11549	140139	-310184	238533	3807
27336	7960	404772	-350103	247921	4996
4869	5230	17728	56383	56970	3693
1638	-3383	12941	-41033	12675	2235
38477	-186	162409	-367776	291178	8574
14995	13446	64375	-34344	127928	6198
63337	-111120	272431	-643768	302878	10585
17736	251725	57624	-346456	99437	18518
9809	148644	31732	60305	40876	5509
2745	28134	1109	-320127	26844	3520
1062	22781	4917	-24173	10260	1895
179	13992	18	3441	2622	665
321	4699	1485	-13180	2484	819
20	576	1998	-12804		1390
498	3230	10635	-18028	5634	1373
1173	880	484	-3872	1275	616
18	5844		-9283	707	499
			-23758	88	348
1246	2179	65	-8772	1312	685
	-3058	5137	-6413	1790	584
9	23825		13706	1376	417
655		44	16502	4169	198
40523	58286	87827	-280501	182784	41496
8343	4929	13368	-119071	30122	11042
8337	8221	19436	-104451	54814	5436
3324	2122	725	27691	14674	3260
2316	3459	6105	-37534	13401	2756
2121	8736	-40	322	7714	2012
1738	4751	221	-15574	6500	2280
1697	661	8262	-890	11572	3353
1340	8589	15035	-23736	9495	2139
1131	1928	3762	-7506	9749	2021
1591	7636	-582	-4222	4158	1127
2956	242	15495	38594	8738	1774
2463	4016	1210	2289	3765	1070
1170	2940	1175	-9161	3931	1682
1996	57	3654	-27251	4151	1544

1-B-2 规模以上工业

分组	企业单位数（个）	亏损企业	工业总产值（当年价格）	工业销售产值（当年价格）	出口交货值	资产总计
总计	**21876**	**3311**	**2476908610**	**2410580594**	**284492090**	**2204090784**
沈阳市	5226	494	652951620	640673936	30305615	469762167
大连市	5224	1139	582800969	560990744	169153612	598074286
鞍山市	1968	353	182975301	177190788	21636448	214203163
抚顺市	838	169	115736749	112008336	5716001	93017306
本溪市	614	70	96341205	93427450	17457944	103428595
丹东市	1102	110	55727986	53550396	7972626	37022977
锦州市	895	135	105233547	101165647	7024582	54386814
营口市	1395	177	136273529	133396535	11402907	110754264
阜新市	368	55	26047096	25603548	714699	35288942
辽阳市	803	95	117951351	116664883	3362074	92720737
盘锦市	610	65	116971865	113652883	2370631	142290023
铁岭市	1414	55	95010088	93232217	954700	59598736
朝阳市	868	190	64232353	61696784	1755011	46318710
葫芦岛市	550	203	75160137	73831633	4665240	94185998
按隶属关系分						
中央	191	59	614683328	606523352	87589918	713614674
沈阳市	53	10	25027164	24660826	1175323	43436356
大连市	61	15	186541327	182544260	62602003	186125381
鞍山市	2	1	80482120	80786236	16213270	122422324
抚顺市	16	8	57308036	56005402	1134471	39880894
本溪市	2		214132	213032		698344
丹东市	5		737254	728660		1183986
锦州市	10	5	35886328	35501531	2517507	15590431
营口市	2	1	11557163	9984971		41225677
阜新市	1	1	1922025	1922025		4539714
辽阳市	9	5	33941288	33965785	183540	26217827
盘锦市	7	3	75465204	74962168	1513520	113964742
铁岭市	2	1	2164026	2171285	113631	5981869
朝阳市	9	2	3287481	3299088		3321455
葫芦岛市	11	6	46654966	46283269	2136653	55987608
地方	21685	3252	1862225282	1804057242	196902172	1490476110
沈阳市	5173	484	627924456	616013110	29130292	426325811
大连市	5163	1124	396259642	378446484	106551609	411948905
鞍山市	1966	352	102493181	96404552	5423178	91780839
抚顺市	822	161	58428713	56002934	4581530	53136412
本溪市	612	70	96127073	93214418	17457944	102730251
丹东市	1097	110	54990732	52821736	7972626	35838991
锦州市	885	130	69347219	65664116	4507075	38796383
营口市	1393	176	124716366	123411564	11402907	69528587
阜新市	367	54	24125071	23681523	714699	30749228
辽阳市	794	90	84010063	82699098	3178534	66502910
盘锦市	603	62	41506661	38690715	857111	28325281
铁岭市	1412	54	92846062	91060932	841069	53616867
朝阳市	859	188	60944872	58397696	1755011	42997255
葫芦岛市	539	197	28505171	27548364	2528587	38198390
按登记注册类型分						
内资企业	18677	2418	1962967222	1910182314	139855787	1777392529
沈阳市	4512	353	498488324	486571760	17296786	341097606
大连市	3714	599	355719120	343983258	58505521	414110982

企业主要经济指标

单位：千元

流动资产总计	应收帐款	存货		流动资产年平均余额	固定资产总计	固定资产原价	累计折旧
			产成品				
975730054	**200148840**	**270171612**	**92480259**	**964976519**	**970539733**	**1371976566**	**508422213**
181398350	57898585	44461067	22529315	217139411	251284545	322155377	94664219
334099998	59698060	91212335	22168379	308944764	199496621	259677884	92637498
85978882	15048722	24556799	9833556	83457346	76639789	121370847	48473764
48507177	5451851	13659178	5164747	45413051	34074300	61780513	31102238
35881118	4454719	14486700	5172232	36105471	56075669	100649291	45226765
17780736	5808894	4529658	2117904	17386447	14059087	21535042	8386272
28762031	5935196	9363003	4315200	26306068	19901256	32259248	14192508
40703072	10880831	16789000	4862587	40386821	45017926	49279471	11612589
10200758	2717457	3075994	1120675	10906047	20987249	26082979	6418601
47927095	5817565	13043548	5587224	43188938	35696969	54900795	21248962
46114861	14059206	10703674	2264443	40154814	84815694	134756949	60264767
23131971	4040185	4217726	1809523	21021375	34258319	43623847	15243453
20890744	3818667	6815480	2988458	19333998	18498799	22311317	6868179
49722036	4346904	12919034	2546016	48612252	31326669	49572458	20508660
317419071	26577140	88395163	16122767	295404950	315611444	486744199	212781505
21371118	4777076	10795588	857597	21112321	17340152	16736990	6756190
132916162	7755016	28690734	2654006	117894859	47315154	65381241	23159118
42350283	1830581	12515052	4276180	42286773	45929864	81398084	35468220
22673645	705672	5507918	2930501	20336072	14139894	30279345	17596009
19153	7219	5468		19835	679191	1108630	429439
472852	149195	107044	92024	397797	661501	1871382	1211711
8985446	896183	3139968	1462952	7525108	5804510	10449765	5462789
5563802	84930	6465680	329589	6807767	19017493	16284472	1330384
506312	237359	85037		607550	4033402	5173612	1566618
13701978	461090	3424138	1174160	12167797	12513051	23950773	12442552
30208614	8057823	7762765	1241996	26116136	75662895	122888613	56962749
760337	168883	64226	16471	793978	5221531	6688574	3583361
1906579	419659	595917	105602	1802622	1335718	2737691	1590784
31351565	854456	8897212	981689	30916619	17550247	29774479	13647843
658310983	173571700	181776449	76357492	669571569	654928289	885232367	295640708
160027232	53121509	33665479	21671718	196027090	233944393	305418387	87908029
201183836	51943044	62521601	19514373	191049905	152181467	194296643	69478380
43628599	13218141	12041747	5557376	41170573	30709925	39972763	13005544
25833532	4746179	8151260	2234246	25076979	19934406	31501168	13506229
35861965	4447500	14481232	5172232	36085636	55396478	99540661	44797326
17307884	5659699	4422614	2025880	16988650	13397586	19663660	7174561
19776585	5039013	6223035	2852248	18780960	14096746	21809483	8729719
35139270	10795901	10323320	4532998	33579054	26000433	32994999	10282205
9694446	2480098	2990957	1120675	10298497	16953847	20909367	4851983
34225117	5356475	9619410	4413064	31021141	23183918	30950022	8806410
15906247	6001383	2940909	1022447	14038678	9152799	11868336	3302018
22371634	3871302	4153500	1793052	20227397	29036788	36935273	11660092
18984165	3399008	6219563	2882856	17531376	17163081	19573626	5277395
18370471	3492448	4021822	1564327	17695633	13776422	19797979	6860817
755584184	144847183	208841448	71934117	736695468	804763301	1132847541	423630476
122426160	39482781	32336670	15963686	149384793	192082432	241230301	71050239
228782785	34803733	57393321	14600369	201825608	136942011	160415515	51555859

1-B-2 续表 1

分组	企业单位数(个)	亏损企业	工业总产值(当年价格)	工业销售产值(当年价格)	出口交货值	资产总计
鞍山市	1853	319	174659947	169535247	20242175	204759280
抚顺市	757	142	107304805	104618737	3222536	83266791
本溪市	572	62	86365577	83709939	17204327	93691243
丹东市	928	80	44259539	42504431	4062921	29776497
锦州市	813	115	88511719	85260865	3403983	43656331
营口市	1134	126	95245714	91876365	5506135	86615935
阜新市	344	51	23617365	23057510	237360	32538652
辽阳市	740	83	97715893	96639145	1832965	65704236
盘锦市	578	59	113539236	110302450	2227271	139529787
铁岭市	1361	47	89541719	87825911	492638	52849629
朝阳市	845	186	61950622	59547350	1440081	44095553
葫芦岛市	525	195	72552828	71254532	4181088	92661941
国有企业	555	171	350195196	345957155	21114369	471797414
沈阳市	185	42	41783230	40908730	1083133	64719382
大连市	101	27	31061681	29628287	1842436	53801152
鞍山市	51	14	85761901	85838465	16287197	127929461
抚顺市	25	12	7355884	7103895	41585	14394690
本溪市	24	6	956464	933563	1200	1593077
丹东市	25	9	2922419	2913801		4665839
锦州市	23	12	32233463	31394804	337300	13252429
营口市	13	7	1826524	1752219		3432447
阜新市	14	3	7456713	7421763		11633911
辽阳市	25	11	6290575	6220029	194078	8659575
盘锦市	15	6	71938946	71229595	1303660	97454113
铁岭市	20	5	1006128	972402		1135439
朝阳市	12	3	1432660	1432692		1019426
葫芦岛市	21	13	4673794	4712096	23780	15068407
集体企业	1305	193	60321336	58456960	1903779	33092926
沈阳市	374	40	17032391	16798456	15172	6231551
大连市	91	17	3139763	3012373	252431	3082143
鞍山市	262	41	10936090	10376414	114667	7994580
抚顺市	54	15	1689674	1590866	145664	1087596
本溪市	75	12	2401770	2281536	2150	2481192
丹东市	48	3	2059239	1988142	616100	741312
锦州市	76	14	5207485	4893541	91289	2128616
营口市	74	6	6371566	6210134	378495	1953288
阜新市	22	2	478937	498010		495405
辽阳市	24	4	3534508	3609746	1966	1950766
盘锦市	17	4	687808	671958		673080
铁岭市	106	1	4156716	4115627	41150	1604964
朝阳市	19	6	767202	709974		316140
葫芦岛市	63	28	1858187	1700183	244695	2352293
股份合作企业	284	47	17213536	16541842	1831681	10463414
沈阳市	106	11	4509772	4434385	11893	2312299
大连市	56	15	1610099	1755192	224244	2333125
鞍山市	24	6	830800	790826	3376	870978
抚顺市	5		139702	136466		37504
本溪市	6	1	64590	73931		141739
丹东市	15	1	437123	401034	5262	290344
锦州市	14	1	4149225	3865907	488362	2027914
营口市	4		96846	96735		41469

单位：千元

流动资产总计				流动资产年平均余额	固定资产总计	固定资产原价	累计折旧
	应收帐款	存货	产成品				
81131648	14031362	23372937	9501733	78694398	73123182	116520051	46935111
44356150	4655087	11636359	4647304	41706036	31692538	57793721	29420155
33078621	4059170	13305236	4487788	32345320	50394606	93697455	43768162
13742181	4771894	3322647	1665066	13636848	11217747	17731597	7328602
22408914	4521635	7289979	3654298	20051708	16637646	24242992	9070104
29954300	7340188	13713083	3466256	29932892	34644520	36494086	7377009
8740922	2248266	2602117	908578	9553912	20176490	25060811	6139093
31487631	4079757	9838824	3785673	28620365	27717748	44665294	18903793
44523904	13552479	10450201	2174434	38647315	84108309	133848383	60013544
21803390	3532721	3957389	1689737	19764706	29108460	38686416	13371750
19531550	3417369	6567443	2887396	17998903	17770430	21484578	6716041
48984803	4178743	12716826	2501799	47912948	30740341	48955793	20407276
149039526	24939362	38892333	11538947	147503418	261816285	413141634	175938756
21614283	5458468	3851881	2164992	24273466	37551940	45396960	15803878
24408828	4893531	6341314	1001277	22450601	25785398	27360901	7327283
44459324	2287699	13109660	4474168	44431134	48420209	85560678	37694042
8236566	828358	2220392	883911	7301092	4580602	9442346	5158382
537925	152499	90949	27318	511292	884548	1243837	383435
769854	245596	197514	27383	797373	3433801	7937392	4567274
7218140	659891	1961044	1053571	6300613	5713777	10543395	5583585
1318304	249827	245534	72521	1203862	2006577	2491465	694977
1674188	783384	578187	135437	2941293	7845481	10395220	2998820
4293724	490718	1532420	511656	4159099	4128070	5512614	2069056
25847464	8108207	7226929	969344	21552603	63403671	119417774	55380594
633632	109758	83643	33372	601425	484941	781610	302870
250499	46845	54543	4468	238045	736250	935333	236721
3145570	452583	1059907	179529	4121804	8434179	14101561	6164101
19308596	6562299	4330061	1939219	18789831	10080947	14509352	5095415
3370548	1275569	814860	526419	3461173	2539111	3570000	1210519
1964330	558337	485919	105605	1722873	622974	965774	425007
4253955	1592229	992211	445951	4256316	2275134	3397242	1277640
742185	236790	182181	70613	767642	299923	391900	163667
1759150	556526	304071	179005	1637076	594120	1024915	473233
413089	162892	79833	28711	415647	243223	365268	126129
1139246	354639	230579	166877	1011401	775270	1034458	286852
1362305	581540	243717	93544	1268226	521730	683443	191083
341013	71076	30083	5029	281239	108880	139608	46985
1018415	338654	167641	77179	1041678	701266	1179950	487015
523227	316151	136269	31927	367346	136156	168689	35662
926658	186880	191663	70331	776979	645832	801956	163271
180599	38418	72274	44294	166092	125471	153853	41400
1313876	292598	398760	93734	1616143	491857	632296	166952
5508304	1710538	1506097	739650	5440804	3422801	4339316	1176816
952423	356612	224918	107773	1178572	1160453	1520999	409162
1125901	341232	197452	89137	1150937	601805	732512	239059
512848	200493	155461	86526	569799	176766	187010	58013
24218	16051	4305	1996	22025	13257	21008	7751
79211	33052	24570	19457	73120	62486	70127	11606
181465	41110	61473	7111	169032	96885	130083	45011
988445	159626	414762	260919	959848	616186	736968	121098
25935	8127	7708	2633	24205	14639	22108	7469

1-B-2 续表 2

分　组	企业单位数（个）	亏损企业	工业总产值（当年价格）	工业销售产值（当年价格）	出口交货值	资产总计
阜新市	2		1702383	1613114		315122
辽阳市	16	5	881966	798586	108547	678971
盘锦市	23	3	911201	909540		536064
铁岭市	5	1	112447	104586		128583
葫芦岛市	8	3	1767382	1561540	989997	749302
联营企业	34	6	3602774	3548171	35076	3765626
沈阳市	7		1361509	1351380		963332
大连市	7	1	568102	557766	18266	266673
鞍山市	4	1	34841	34841	20	23666
本溪市	1		67900	52870		34080
锦州市	1	1	23710	23710		16732
营口市	4	1	331671	318489	16550	223355
阜新市	1		5600	5600		5700
辽阳市	3		260420	257530	240	386883
铁岭市	2		137934	138030		31941
葫芦岛市	4	2	811087	807955		1813264
国有联营企业	3	1	82662	84324		95018
沈阳市	1		35713	37375		32830
大连市	1		31456	31456		21441
葫芦岛市	1	1	15493	15493		40747
集体联营企业	13	3	947037	924335	34836	461603
沈阳市	2		54080	54080		6280
大连市	3	1	480672	471056	18266	181955
鞍山市	3	1	29810	29810	20	20903
营口市	4	1	331671	318489	16550	223355
铁岭市	1		50804	50900		29110
国有与集体联营企业	7		904030	903160		1846149
沈阳市	1		38645	38645		105007
大连市	3		55974	55254		63277
鞍山市	1		5031	5031		2763
铁岭市	1		87130	87130		2831
葫芦岛市	1		717250	717100		1672271
其他联营企业	11	2	1669045	1636352	240	1362856
沈阳市	3		1233071	1221280		819215
本溪市	1		67900	52870		34080
锦州市	1	1	23710	23710		16732
阜新市	1		5600	5600		5700
辽阳市	3		260420	257530	240	386883
葫芦岛市	2	1	78344	75362		100246
有限责任公司	2364	465	442996516	430727827	58669809	564631516
沈阳市	569	79	151684483	148293907	14268746	135907119
大连市	373	96	107720429	105780080	37142592	203037548
鞍山市	311	63	17370836	16572743	464299	17468345
抚顺市	108	21	26472954	26024181	861769	25349063
本溪市	90	13	9991528	9388128		9946630
丹东市	99	16	8047918	7424679	536155	5418604
锦州市	151	44	14455614	13942349	650642	8671959
营口市	84	16	18087278	16719892	802874	21308686
阜新市	45	13	5263370	5180709	6342	10143293
辽阳市	68	15	9026618	8975297	765577	10369564
盘锦市	113	13	13909696	12659312	537153	26786224

单位：千元

流动资产总计	应收帐款	存货	产成品	流动资产年平均余额	固定资产总计	固定资产原价	累计折旧
137428	1168	58809	33793	137219	173824	229904	56080
376690	98462	152890	90305	353581	264243	331193	93904
405244	184823	22718	11117	325023	116328	186673	80987
62946	27582	13213	10739	51851	62917	71183	10140
635550	242200	167818	18144	425592	63012	99548	36536
1463116	200699	238586	84676	1779092	1889866	2684533	801587
185728	80500	25930	14923	561618	765973	1016870	251795
208330	15317	21434	10830	177391	45163	59486	15677
19212	14147	2423		19083	4369	8406	4045
22320	10190	9750	9620	11320	11760	11760	3460
15099	6647	6273	2356	16574	1633	1746	113
176199	45692	75274	35612	152188	29424	63007	34783
2300	1500	20		2000	947	996	49
73998	1150	3248	189	71218	3265	7358	4093
25921	14625	10156	708	26073	6020	6725	705
734009	10931	84078	10438	741627	1021312	1508179	486867
44691	2365	17826	7490	42713	48273	83742	36367
21619	1857	12622	7490	22005	10850	16161	6209
10935				10498	10506	13469	2963
12137	508	5204		10210	26917	54112	27195
387690	83405	97522	38634	331441	51860	93476	44178
4238	586	3618	3022	4665	2042	2647	605
165524	9983	7827		131268	12195	15124	4283
17719	12834	2243		18320	3099	6998	3907
176199	45692	75274	35612	152188	29424	63007	34783
24010	14310	8560		25000	5100	5700	600
753379	16217	87083	17770	755565	1021577	1494544	472967
46538	2745	5063		46538	47199	55320	8121
31871	5334	13607	10830	35625	22462	30893	8431
1493	1313	180		763	1270	1408	138
1911	315	1596	708	1073	920	1025	105
671566	6510	66637	6232	671566	949726	1405898	456172
277356	98712	36155	20782	649373	768156	1012771	248075
113333	75312	4627	4411	488410	705882	942742	236860
22320	10190	9750	9620	11320	11760	11760	3460
15099	6647	6273	2356	16574	1633	1746	113
2300	1500	20		2000	947	996	49
73998	1150	3248	189	71218	3265	7358	4093
50306	3913	12237	4206	59851	44669	48169	3500
278578962	50905684	73434900	17617042	275021453	233489002	275230241	90774025
49450165	18497581	17127603	6072498	68487253	77565528	93583880	24416634
126282476	14782696	27485320	4502349	108559473	58435246	62048931	20487388
8269299	3084523	2253418	844110	7575700	5844649	7414402	1953722
10440902	1890759	2438672	531370	10308959	12656428	20140539	8796662
4210603	1059106	1267331	550736	3699047	3877328	8812234	4993711
3170982	1398368	618071	372187	3282246	1108916	1400893	486191
4028695	945733	1660110	784427	3879653	3541036	4432170	1094494
7878997	720047	5329266	354804	7740465	10264234	7855727	2120100
1963276	500062	489838	123556	1990734	7788418	9469861	2255853
4055035	550384	1624112	599602	3832123	4060948	5367042	1386949
10852725	2958900	1917870	672361	9955456	14638922	6664749	2553730

1-B-2 续表 3

分组	企业单位数（个）	亏损企业	工业总产值（当年价格）	工业销售产值（当年价格）	出口交货值	资产总计
铁岭市	136	7	24159361	23771326	213789	26170920
朝阳市	117	33	14870694	14142773	406248	16593462
葫芦岛市	100	36	21935737	21852451	2013623	47460099
国有独资公司	81	27	64779359	62947943	4374286	102526101
沈阳市	23	7	25048551	24138929	1734393	36520203
大连市	17	6	22488782	22078529	2100455	37022082
鞍山市	3	2	74692	74692		136594
抚顺市	2		4214021	4154253	715	10907613
本溪市	7	1	4894226	4906591		4516279
丹东市	2	1	1227049	775314		195352
锦州市	2	1	179684	179834	49230	926388
营口市	1	1	476487	498703	489493	435523
阜新市	1		273009	273009		188960
辽阳市	1	1	88410	88410		136691
朝阳市	18	5	4798931	4762399		9401941
葫芦岛市	4	2	1015517	1017280		2138475
其他有限责任公司	2283	438	378217157	367779884	54295523	462105415
沈阳市	546	72	126635932	124154978	12534353	99386916
大连市	356	90	85231647	83701551	35042137	166015466
鞍山市	308	61	17296144	16498051	464299	17331751
抚顺市	106	21	22258933	21869928	861054	14441450
本溪市	83	12	5097302	4481537		5430351
丹东市	97	15	6820869	6649365	536155	5223252
锦州市	149	43	14275930	13762515	601412	7745571
营口市	83	15	17610791	16221189	313381	20873163
阜新市	44	13	4990361	4907700	6342	9954333
辽阳市	67	14	8938208	8886887	765577	10232873
盘锦市	113	13	13909696	12659312	537153	26786224
铁岭市	136	7	24159361	23771326	213789	26170920
朝阳市	99	28	10071763	9380374	406248	7191521
葫芦岛市	96	34	20920220	20835171	2013623	45321624
股份有限公司	410	66	315514647	309065387	30047607	266547536
沈阳市	121	14	24955769	23649138	483445	25015699
大连市	88	24	79573496	77180375	7345424	48396091
鞍山市	21	2	1274310	1212745	29604	1754988
抚顺市	6	2	54375198	53220519	1811690	31500381
本溪市	32	4	58525387	57709183	16997098	67465291
丹东市	28	1	2089944	2053205	101500	3973089
锦州市	14	3	5637849	6031344	869227	6537956
营口市	21	2	10680818	10293629	1336121	32680294
阜新市	3	1	35867	32419		86750
辽阳市	6	1	31222550	31689674		20798482
盘锦市	28	3	5406109	4762806		4000876
铁岭市	21	5	2543389	2483403	9751	2585606
朝阳市	4		9712306	9745295	626617	7136036
葫芦岛市	17	4	29481655	29001652	437130	14615997
私营企业	13637	1464	759621988	732852653	25287381	417315080
沈阳市	3146	167	256920838	250897023	1434397	105838204
大连市	2969	414	120617428	115046677	10714043	94300405
鞍山市	1175	192	57760462	54028738	3343012	48397452
抚顺市	559	92	17271393	16542810	361828	10897557

单位：千元

流动资产总计	应收帐款	存货	产成品	流动资产年平均余额	固定资产总计	固定资产原价	累计折旧
10687514	1317460	1704848	556154	9487147	15357012	22202205	10444616
7540294	1384647	2226735	879545	6694095	5677914	7631084	3048786
29747999	1815418	7291706	773343	29529102	12672423	18206524	6735189
46182905	12460153	14722869	3594937	49897463	48825708	65715876	23803142
10118789	5512359	2715316	1845977	18790696	25715403	28500421	6575201
23850831	5544516	9743260	1131287	19763100	11851364	15659466	4996403
100115	4703	2447		86964	20129	47808	28182
4518437	264740	466001	99531	4468562	4977078	9159897	5128959
1815461	199399	663668	213492	1715935	1725009	5864333	4139324
155533	16294	48843	39635	143672	37787	52439	15305
181920	90403	40501	21198	190913	731547	801991	110410
250990	33062	105259	81476	249468	139404	266901	135317
98418	49256	21374	1159	110695	80303	223703	144476
113059	23570	40283		93715	23531	23043	8678
3869934	715392	826271	146508	3428645	3092366	4431608	2268407
1109418	6459	49646	14674	855098	431787	684266	252480
232396057	38445531	58712031	14022105	225123990	184663294	209514365	66970883
39331376	12985222	14412287	4226521	49696557	51850125	65083459	17841433
102431645	9238180	17742060	3371062	88796373	46583882	46389465	15490985
8169184	3079820	2250971	844110	7488736	5824520	7366594	1925540
5922465	1626019	1972671	431839	5840397	7679350	10980642	3667703
2395142	859707	603663	337244	1983112	2152319	2947901	854387
3015449	1382074	569228	332552	3138574	1071129	1348454	470886
3846775	855330	1619609	763229	3688740	2809489	3630179	984084
7628007	686985	5224007	273328	7490997	10124830	7588826	1984783
1864858	450806	468464	122397	1880039	7708115	9246158	2111377
3941976	526814	1583829	599602	3738408	4037417	5343999	1378271
10852725	2958900	1917870	672361	9955456	14638922	6664749	2553730
10687514	1317460	1704848	556154	9487147	15357012	22202205	10444616
3670360	669255	1400464	733037	3265450	2585548	3199476	780379
28638581	1808959	7242060	758669	28674004	12240636	17522258	6482709
112436614	9190973	37906185	13231765	105125897	114938040	196716022	88288191
9399604	3123160	2547346	1583613	11598468	13677440	17179321	5824248
27670124	1040680	7512499	2805111	22179050	16558163	27278767	11637455
1132365	451799	231599	37759	1079511	280015	425253	171723
19060607	559074	5183655	2399453	17584300	9788399	22601336	14100605
20300494	497602	9972995	2693658	20610992	40672379	75408083	34757788
1591502	246703	266359	157810	1501991	593263	863752	310440
3597667	1106605	1506981	551910	2925954	1259739	1903560	777605
4039368	661234	4105159	881079	5333478	12385416	13411039	1094372
64316	1153	7760	5830	64438	22231	27342	5304
11020674	293930	2360951	826864	9476359	9640341	20386067	11285986
2482445	652881	336449	99155	2288519	1119118	1449076	414747
1011204	252866	376903	63247	983198	1196851	1624522	509055
3160047	158949	1319586	404273	2805762	3387168	4056694	1646613
7906197	144337	2177943	722003	6693877	4357517	10101210	5752250
183421052	50581304	49325852	25897106	177544173	175528203	223312351	60479271
37444049	10689607	7743053	5492745	39802262	58721327	78728967	22999197
41686382	12548848	12219138	5233940	40463029	31755244	39707638	10555343
22303723	6332548	6605058	3602574	20605466	16004927	19397728	5758421
5851672	1124055	1607154	759961	5722018	4353929	5196592	1193088

1-B-2 续表 4

分　组	企业单位数（个）	亏损企业	工业总产值（当年价格）	工业销售产值（当年价格）	出口交货值	资产总计
本溪市	337	25	14224354	13162632	203879	11961105
丹东市	702	50	28476896	27497770	2803904	14574245
锦州市	533	40	26781003	25085840	967163	11016555
营口市	934	94	57851011	56485267	2972095	26976396
阜新市	257	32	8674495	8305895	231018	9858471
辽阳市	598	47	46499256	45088283	762557	22859995
盘锦市	381	30	20680246	20064009	386458	10066358
铁岭市	1046	28	56748951	55589529	227948	20988614
朝阳市	693	144	35167760	33516616	407216	19030489
葫芦岛市	307	109	11947895	11541564	471863	10549234
私营独资企业	5145	400	218815925	210295160	5790444	107880348
沈阳市	1158	25	66688170	65499136	665344	24958695
大连市	852	70	30839852	29307416	1538529	20157059
鞍山市	453	66	18725301	16435961	1281203	14196184
抚顺市	219	18	3790593	3622516	52242	2125668
本溪市	167	14	6395489	6015275	840	4680073
丹东市	299	12	10443399	10109979	1273628	4744436
锦州市	239	8	9335405	8810729	104028	3801764
营口市	221	30	10058067	9867427	348798	4936869
阜新市	133	13	2480643	2359251	21983	2701380
辽阳市	385	17	21715085	21132050	168609	8605791
盘锦市	131	8	6288082	6069746	93080	2927687
铁岭市	487	8	18900689	18464599	32572	7883252
朝阳市	261	57	9460901	9018708	560	3284966
葫芦岛市	140	54	3694249	3582367	209028	2876524
私营合作企业	303	43	13856795	13328317	481558	7558061
沈阳市	40	4	2823770	2762004		1279847
大连市	28	4	851800	798719	53692	505351
鞍山市	46	9	1178848	1175756	82715	1631042
抚顺市	12	5	137821	135470		162449
本溪市	12		1201365	1100460	63679	721113
丹东市	26	1	710660	681933	78360	314576
锦州市	19	1	1303425	1247158	8100	405438
营口市	24	2	1805776	1826393	189542	763654
阜新市	10	2	177652	166499		231207
辽阳市	20	3	782782	760074	1500	500675
盘锦市	9		623539	612963		70405
铁岭市	20	1	683586	664108	3970	268449
朝阳市	21	7	1249642	1071055		401467
葫芦岛市	16	4	326129	325725		302388
私营有限责任公司	7552	919	490431132	473907010	17326707	275421493
沈阳市	1829	129	176016086	171416538	769053	74185062
大连市	1943	315	82689441	79193505	8238189	68132858
鞍山市	557	88	32637061	31206807	1781388	28036259
抚顺市	301	63	12529221	12007602	309586	8047769
本溪市	129	7	5580328	5034943	139360	5286006
丹东市	332	32	15807600	15232804	1320058	8736357
锦州市	250	27	14998591	13961304	820320	6278930
营口市	650	55	43168175	42038330	2159254	19595212
阜新市	102	15	5375979	5156635	190680	5177097
辽阳市	172	25	20752018	20124880	444747	11083762

单位：千元

流动资产总计	应收帐款	存货	产成品	流动资产年平均余额	固定资产总计	固定资产原价	累计折旧
6136638	1735822	1620133	998776	5768353	4258636	7078026	3129805
7559928	2651722	2091635	1071679	7417174	5691657	6980376	1781853
5420142	1288324	1509920	834238	4956425	4727315	5588005	1206357
15153192	5073721	3706425	2026063	14210468	9422500	11967297	3234225
4558401	889923	1437420	604933	4136989	4236709	4797880	776002
10649095	2306459	3997562	1679878	9686307	8919615	11881070	3576790
4402446	1331087	809807	390530	4148015	4691395	5958693	1547814
8378608	1609747	1552669	942465	7770474	11229502	13047385	1915648
8400111	1788510	2894305	1554816	8094909	7843627	8707614	1742521
5476665	1210931	1531573	704508	4762284	3671820	4275080	1062207
44911673	12536866	11935928	6866499	43399810	44812406	57465373	15223322
9844428	2516772	2179640	1671156	10263874	12913390	17206858	4844602
5963116	2039918	1849353	935030	5826407	7132052	9051711	2275463
5195237	1772838	1523682	804552	5255622	4517398	5597424	1626186
958235	192128	288691	161625	909000	1065263	1296956	257136
2831540	879779	710352	446094	2701219	1401079	2159086	928934
2271915	754178	673075	401340	2121096	2011216	2549002	667606
1556113	466142	422120	226887	1494105	1761987	1864381	334109
2907045	1184616	688132	433907	2769789	1808059	2359072	702094
1331002	260782	514301	252938	1188456	1193605	1400910	271073
3688549	863545	1044752	391728	3260607	3796408	5211207	1475379
1402262	380648	290494	132741	1187286	1173578	1692151	558779
3641575	429693	563419	360985	3359066	3710364	4314762	662193
1784175	299480	748189	482492	1665620	1291787	1457225	297906
1536481	496347	439728	165024	1397663	1036220	1304628	321862
3426734	976828	1166180	717582	3166876	3469647	4210961	1074433
521542	142753	213534	188312	424822	710367	954502	266564
226900	79165	59406	14093	200839	177697	226025	58681
894529	177210	237690	173451	807204	605509	452929	64460
63329	11452	32151	4979	57507	98823	119291	20478
218223	117614	59986	12215	237736	429183	454980	32797
143565	43543	27727	9678	143004	159580	188728	36875
139244	21270	29896	24490	118317	251482	289515	70691
341115	75283	191738	129102	353658	357272	607868	261837
89245	44843	34114	18374	105382	43862	60271	26100
282007	83721	107430	65988	253547	183953	281728	97775
26668	11749	6427	2633	23244	43187	69875	26688
82088	12745	34260	17250	65356	157628	184837	27209
203782	88641	45173	26867	188815	145998	169700	34145
194497	66839	86648	30150	187445	105106	150712	50133
122591274	33891923	33278559	16850915	118973917	117174531	148118613	39875284
25140413	7594636	4974439	3307442	26627617	41919380	55892886	16206096
32750448	9630491	9690805	4010768	31903134	22841144	28392955	7617015
13710779	3761317	4245329	2261609	12264797	9572674	11797268	3515731
4585359	871985	1239208	555308	4517550	2885715	3428582	834310
2499358	576397	723557	480446	2314348	1786059	3484299	1811988
4797597	1716405	1299849	616513	4808948	3132664	3803189	964591
3450069	715974	971112	554331	3095667	2524500	3193103	747039
11009245	3553407	2605402	1353505	10255896	6769145	8264102	1968127
2396539	473905	806362	300557	2269616	2475603	2777825	433086
5126725	1023924	2367043	1157719	4760908	4163986	5328869	1719230

1-B-2 续表 5

分组	企业单位数（个）	亏损企业	工业总产值（当年价格）	工业销售产值（当年价格）	出口交货值	资产总计
盘锦市	221	19	13144599	12768781	293175	6746428
铁岭市	519	17	36362570	35685231	191406	12348487
朝阳市	411	80	24457217	23426853	406656	15344056
葫芦岛市	136	47	6912246	6652797	262835	6423210
私营股份有限公司	637	102	36518136	35322166	1688672	26455178
沈阳市	119	9	11392812	11219345		5414600
大连市	146	25	6236335	5747037	883633	5505137
鞍山市	119	29	5219252	5210214	197706	4533967
抚顺市	27	6	813758	777222		561671
本溪市	29	4	1047172	1011954		1273913
丹东市	45	5	1515237	1473054	131858	778876
锦州市	25	4	1143582	1066649	34715	530423
营口市	39	7	2818993	2753117	274501	1680661
阜新市	12	2	640221	623510	18355	1748787
辽阳市	21	2	3249371	3071279	147701	2669767
盘锦市	20	3	624026	612519	203	321838
铁岭市	20	2	802106	775591		488426
葫芦岛市	15	4	1015271	980675		947112
其他企业	88	6	13501229	13032319	966085	9779017
沈阳市	4		240332	238741		110020
大连市	29	5	11428122	11022508	966085	8893845
鞍山市	5		690707	680475		319810
本溪市	7	1	133584	108096		68129
丹东市	11		226000	225800		113064
锦州市	1		23370	23370		4170
盘锦市	1		5230	5230		13072
铁岭市	25		676793	651008		203562
葫芦岛市	5		77091	77091		53345
港、澳、台商投资企业	635	164	90924663	86919159	11664451	95602097
沈阳市	163	22	32426788	31708394	1720591	33203246
大连市	237	85	16778506	15200539	6373519	18834319
鞍山市	35	13	3004711	2598796	284823	4308091
抚顺市	21	5	4250125	3489009	910732	6199464
本溪市	14	6	1137176	1086034	141215	1860728
丹东市	34	7	2296962	2166468	710293	1663218
锦州市	17	5	4981983	4723894	143137	4128340
营口市	55	9	8756780	8713775	624585	3426770
阜新市	7	3	841675	936459	98115	1113044
辽阳市	21	4	12448704	12399299	382902	14558917
盘锦市	3		72536	73631	1440	27503
铁岭市	14	3	2555194	2513992		4567454
朝阳市	10	2	1219660	1147256	258335	1630506
葫芦岛市	4		153863	161613	14764	80497
合资经营企业(港或澳、台资)	383	96	53817673	50872936	5915388	57278717
沈阳市	94	15	14670851	14421438	196676	20917740
大连市	124	44	8967080	7642174	2823899	7722616
鞍山市	25	8	2665263	2265321	267204	3649090
抚顺市	15	3	3194322	2500089	901652	2626581
本溪市	10	4	1047956	1018981	125683	1741060
丹东市	28	5	2156866	2029020	647455	1429282
锦州市	11	2	993104	862857	8382	551856

单位：千元

流动资产总计	应收帐款	存货	产成品	流动资产年平均余额	固定资产总计	固定资产原价	累计折旧
2835698	879059	489881	244062	2814422	3313682	3952574	876825
4495151	1123694	904140	535314	4217947	7071804	8231145	1196746
6412154	1400389	2100943	1045457	6240474	6405842	7080689	1410470
3381739	570340	860489	427884	2882593	2312333	2491127	574030
12491371	3175687	2945185	1462110	12003570	10071619	13517404	4306232
1937666	435446	375440	325835	2485949	3178190	4674721	1681935
2745918	799274	619574	274049	2532649	1604351	2036947	604184
2503178	621183	598357	362962	2277843	1309346	1550107	552044
244749	48490	47104	38049	237961	304128	351763	81164
587517	162032	126238	60021	515050	642315	979661	356086
346851	137596	90984	44148	344126	388197	439457	112781
274716	84938	86792	28530	248336	189346	241006	54518
895787	260415	221153	109549	831125	488024	736255	302167
741615	110393	82643	33064	573535	523639	558874	45743
1551814	335269	478337	64443	1411245	775268	1059266	284406
137818	59631	23005	11094	123063	160948	244093	85522
159794	43615	50850	28916	128105	289706	316641	29500
363948	77405	144708	81450	294583	218161	328613	116182
5828014	756324	3207434	885712	5490800	3598157	2914092	1076415
9360	1284	1079	723	21981	100660	233304	134806
5436414	623092	3130245	852120	5122254	3138018	2261506	868647
180922	67924	23107	10645	157389	117113	129332	17505
32280	14373	15437	9218	34120	33349	48473	15124
55361	25503	7762	185	53385	50002	53833	11704
1480	170	310		1240	2690	2690	
10353	430	159		10353	2719	2729	10
76907	13803	24294	12721	67559	125385	150830	25445
24937	9745	5041	100	22519	28221	31395	3174
47063031	10583683	10129898	4255168	50062257	39019696	55301757	19798128
12107864	4455889	1924653	1289490	17005308	19637156	25740889	6982387
12020758	2085047	2775057	887959	11770567	4487876	7253627	2907477
2086811	445268	480335	153918	2195099	1711148	2073119	394548
2359783	435374	1417939	381992	1958861	1368445	2511348	1196654
871137	164322	161460	85333	788599	849723	883610	164433
865627	278987	277522	95504	900517	683076	921307	245602
2805632	506556	914192	142903	2624832	926545	5055592	4181932
2231795	738762	522758	169943	2141095	709586	1315931	625457
597631	211687	115548	47551	662222	413329	475524	117200
9367172	639479	1252605	891554	8326020	3949677	5129135	1202071
20010	6963	6945	4097	18264	7493	32154	24661
676510	333285	108214	28826	654567	3698656	3304101	1678208
996515	264468	142511	67977	996758	563468	589013	74607
55786	17596	30159	8121	19548	13518	16407	2891
29032781	6276196	6517397	2938910	32522634	22933650	30610628	8637381
7696133	2782077	1441714	935460	12229749	12231239	16339747	4704759
4006621	851524	1339131	410646	3988926	1879046	2984705	1178403
1845807	395154	415258	137651	1920577	1454611	1705589	283431
1788906	262405	1075881	154279	1561875	625504	779888	179827
826088	147661	154345	80045	743711	776508	792295	145855
804815	260659	263407	86690	844458	516687	699874	190558
365678	119076	120364	43649	337788	152146	129893	30632

1-B-2 续表 6

分　组	企业单位数(个)	亏损企业	工业总产值(当年价格)	工业销售产值(当年价格)	出口交货值	资产总计
营口市	44	8	6616380	6587093	523556	2162856
阜新市	3	2	562670	686215	2427	446943
辽阳市	16	4	12083409	12023609	382385	14317723
盘锦市	1		16140	16846		13845
铁岭市	4	1	75810	75810		397382
朝阳市	5		723486	696225	21305	1228391
葫芦岛市	3		44336	47258	14764	73352
合作经营企业(港或澳、台资)	30	5	3200215	3070562	1238694	2484587
沈阳市	5		551820	549864		209216
大连市	18	3	1737213	1653350	1134446	940932
抚顺市	1	1	576441	576441		689102
本溪市	1		61005	40824		59834
丹东市	1	1	9747	9527	8560	5010
阜新市	3		246593	222071	95688	572775
盘锦市	1		17396	18485		7718
港澳台商独资经营企业	206	56	32391729	31538410	4364255	34776700
沈阳市	60	5	16503073	16030323	1509858	11827071
大连市	90	35	5937561	5765598	2298977	10048744
鞍山市	8	4	189191	186226	17619	263433
抚顺市	5	1	479362	412479	9080	2883781
本溪市	3	2	28215	26229	15532	59834
丹东市	5	1	130349	127921	54278	228926
锦州市	5	2	3696439	3641057	134755	3476816
营口市	10	1	1950270	1945592	85169	1180574
阜新市	1	1	32412	28173		93326
辽阳市	5		365295	375690	517	241194
盘锦市	1		39000	38300	1440	5940
铁岭市	7	2	2434861	2395436		4057801
朝阳市	5	2	496174	451031	237030	402115
葫芦岛市	1		109527	114355		7145
港澳台商投资股份有限公司	16	7	1515046	1437251	146114	1062093
沈阳市	4	2	701044	706769	14057	249219
大连市	5	3	136652	139417	116197	122027
鞍山市	2	1	150257	147249		395568
锦州市	1	1	292440	219980		99668
营口市	1		190130	181090	15860	83340
铁岭市	3		44523	42746		112271
外商投资企业	2564	729	423016725	413479121	132971852	331096158
沈阳市	551	119	122036508	122393782	11288238	95461315
大连市	1273	455	210303343	201806947	104274572	165128985
鞍山市	80	21	5310643	5056745	1109450	5135792
抚顺市	60	22	4181819	3900590	1582733	3551051
本溪市	28	2	8838452	8631477	112402	7876624
丹东市	140	23	9171485	8879497	3199412	5583262
锦州市	65	15	11739845	11180888	3477462	6602143
营口市	206	42	32271035	32806395	5272187	20711559
阜新市	17	1	1588056	1609579	379224	1637246
辽阳市	42	8	7786754	7626439	1146207	12457584
盘锦市	29	6	3360093	3276802	141920	2732733
铁岭市	39	5	2913175	2892314	462062	2181653
朝阳市	13	2	1062071	1002178	56595	592651
葫芦岛市	21	8	2453446	2415488	469388	1443560

单位：千元

流动资产总计	应收帐款	存货	产成品	流动资产年平均余额	固定资产总计	固定资产原价	累计折旧
1329286	421025	332143	136609	1427219	582824	1109092	543369
254106	175813	15628	6907	334909	166744	229450	62706
9191715	606837	1224761	879730	8254778	3897200	5054228	1179640
10899	1602	3841	2956	9586	2946	20301	17355
17014	3574	480		13425	312591	364408	51817
846946	231256	104819	56791	843095	322212	385024	66285
48767	17533	25625	7497	12538	13392	16134	2744
1125696	288620	374995	91533	1037207	1190780	2300722	1181967
125177	38814	22256	7945	124463	73530	116757	49072
514881	154660	212314	56825	421875	339528	441560	120854
162559	66028	68229		192757	525343	1480244	955101
21424	1518			19847	38400	48258	9858
2660	150	165	165	2680	2350	2680	330
291685	22668	69503	26033	268708	211221	208542	44479
7310	4782	2528	565	6877	408	2681	2273
16485873	3889660	3057575	1158433	16027989	14454885	21782322	9809906
4224303	1602993	433635	320626	4549402	7145419	9027875	2158043
7411915	1044355	1193977	419602	7283772	2240278	3782746	1592628
110979	35604	20521	11000	109307	130858	191344	60610
408318	106941	273829	227713	204229	217598	251216	61726
23625	15143	7115	5288	25041	34815	43057	8720
58152	18178	13950	8649	53379	164039	218753	54714
2379231	388123	741023	72745	2227771	761128	4903464	4142336
839659	275967	170675	30174	656942	106272	167179	62918
51840	13206	30417	14611	58605	35364	37532	10015
175457	32642	27844	11824	71242	52477	74907	22431
1801	579	576	576	1801	4139	9172	5033
644005	322654	101787	23815	625825	3321116	2870815	1622263
149569	33212	37692	11186	153663	241256	203989	8322
7019	63	4534	624	7010	126	273	147
418681	129207	179931	66292	474427	440381	608085	168874
62251	32005	27048	25459	101694	186968	256510	70513
87341	34508	29635	886	75994	29024	44616	15592
130025	14510	44556	5267	165215	125679	176186	50507
60723	-643	52805	26509	59273	13271	22235	8964
62850	41770	19940	3160	56934	20490	39660	19170
15491	7057	5947	5011	15317	64949	68878	4128
173082839	44717974	51200266	16290974	178218794	126756736	183827268	64993609
46864326	13959915	10199744	5276139	50749310	39564957	55184187	16631593
93296455	22809280	31043957	6680051	95348589	58066734	92008742	38174162
2760423	572092	703527	177905	2567849	1805459	2777677	1144105
1791244	361390	604880	135451	1748154	1013317	1475444	485429
1931360	231227	1020004	599111	2971552	4831340	6068226	1294170
3172928	758013	929489	357334	2849082	2158264	2882138	812068
3547485	907005	1158832	517999	3629528	2337065	2960664	940472
8516977	2801881	2553159	1226388	8312834	9663820	11469454	3610123
862205	257504	358329	164546	689913	397430	546644	162308
7072292	1098329	1952119	909997	6242553	4029544	5106366	1143098
1570947	499764	246528	85912	1489235	699892	876412	226562
652071	174179	152123	90960	602102	1451203	1633330	193495
362679	136830	105526	33085	338337	164901	237726	77531
681447	150565	172049	36096	679756	572810	600258	98493

1-B-2 续表 7

分 组	企业单位数（个）	亏损企业	工业总产值（当年价格）	工业销售产值（当年价格）	出口交货值	资产总计
中外合资经营企业	1283	292	267959379	263347443	70804374	205366030
沈阳市	280	52	77216666	79107448	6211946	57629941
大连市	508	150	126908167	122022277	52489981	96105619
鞍山市	54	13	2883448	2678221	690407	3059354
抚顺市	38	14	1999042	1763132	373036	1170860
本溪市	22	2	8622969	8419786	80091	7689586
丹东市	95	15	6678412	6492071	2498755	4058900
锦州市	40	9	6814285	6408217	2891151	3098701
营口市	136	18	21144905	20990896	3326706	14843640
阜新市	12	1	925524	954867	350564	558398
辽阳市	31	6	7317511	7190801	1064371	11838874
盘锦市	22	2	2898217	2815936	97403	2372668
铁岭市	22	2	1968304	1952718	269605	1345360
朝阳市	7	1	330709	330696		228797
葫芦岛市	16	7	2251220	2220377	460358	1365332
中外合作经营企业	137	31	11930363	11516826	4845436	7377389
沈阳市	13	3	1763554	1769675	36830	1150273
大连市	93	23	6533934	6291106	4192486	3940637
抚顺市	2		220816	172565		183073
本溪市	3		143720	143607		105444
丹东市	7	2	1406683	1332433	252727	673507
锦州市	4	1	114443	110108	12398	137891
营口市	6	2	1109649	1105895	334790	838872
阜新市	1		5033	5033		8574
辽阳市	1		8000	8000		6500
盘锦市	2		245086	245086		227884
铁岭市	4		107578	103111	16205	51560
朝阳市	1		271867	230207		53174
外资企业	1107	398	135501890	131180659	56096933	109072157
沈阳市	252	64	40143004	38621370	4152802	32511180
大连市	659	281	73178588	69973764	47339100	61410511
鞍山市	16	4	1660468	1628316	373240	824307
抚顺市	18	7	1948873	1943171	1208949	2140337
本溪市	3		71763	68084	32311	81594
丹东市	37	6	1077390	1045993	447930	849578
锦州市	18	5	4603767	4457285	535020	3287601
营口市	63	21	9988617	10681740	1610691	5010273
阜新市	4		657499	649679	28660	1070274
辽阳市	10	2	461243	427638	81836	612210
盘锦市	4	3	211664	210748	44517	100651
铁岭市	13	3	837293	836485	176252	784733
朝阳市	5	1	459495	441275	56595	310680
葫芦岛市	5	1	202226	195111	9030	78228
外商投资股份有限公司	37	8	7625093	7434193	1225109	9280582
沈阳市	6		2913284	2895289	886660	4169921
大连市	13	1	3682654	3519800	253005	3672218
鞍山市	10	4	766727	750208	45803	1252131
抚顺市	2	1	13088	21722	748	56781
丹东市	1		9000	9000		1277
锦州市	3		207350	205278	38893	77950
营口市	1	1	27864	27864		18774
盘锦市	1	1	5126	5032		31530

单位：千元

流动资产总计	应收帐款	存货	产成品	流动资产年平均余额	固定资产总计	固定资产原价	累计折旧
113803523	25303464	34154270	10408007	118229625	73131713	99878161	31792768
31174820	7252695	7359455	3353574	33182018	21167900	30483469	9764020
59784721	12611311	19931006	4043205	62571863	28666121	41639000	15047176
1670746	379011	443598	120538	1520753	1061538	1679068	779339
666190	201434	228552	85682	642279	363282	508770	166229
1783793	148271	991558	581998	2829206	4797926	6023516	1279356
2301304	552585	644523	277259	2094877	1619874	2216195	676256
1596543	368944	523038	223161	1557557	1175677	1224227	331071
5185215	1985914	1605109	645860	5159685	8265234	8902839	2373990
404581	130639	146278	14824	304241	118930	146786	39683
6683876	966836	1807651	895742	5890743	3872612	4829434	1005288
1364330	429897	221047	70032	1327152	558977	684130	171472
445135	99854	85432	59876	442229	857134	900863	54574
93976	28121	12072	1915	87110	75196	100876	25689
648293	147952	154951	34341	619912	531312	538988	78625
3250535	866757	1044853	358737	3029219	2903263	3862688	1108712
265370	66785	73673	31379	270488	875858	1085324	216367
1711780	391126	676159	264120	1680555	1512212	2035922	665970
140144	39206	40534		126093	36961	46678	9717
96151	60778	9153	6195	97215	5440	12467	7027
486451	117416	152894	26571	375724	181674	237477	55883
71926	8776	13366	2268	55177	60779	70876	10097
271712	111928	53866	19354	250976	97888	191316	93428
5695	943	133		5695	2379	6445	4066
520	350	165	120	360	676	1300	624
126577	48220	10079	3126	103729	99699	140904	41250
24577	5105	11004	1777	20749	26685	30723	4039
49632	16124	3827	3827	42458	3012	3256	244
52267280	17797770	15426354	5305406	53417117	46904813	71724377	27162952
13626421	6259018	2711050	1836468	15822209	16545915	22606562	6466878
30575066	9555885	10045326	2228009	29727361	25533159	41755329	18012222
444880	98325	159672	45782	436553	329640	477574	151962
970427	118952	333693	49769	959872	583137	856648	274396
51416	22178	19293	10918	45131	27974	32243	7787
384985	88012	132072	53504	378293	355655	427081	79605
1829786	514478	599003	286740	1976075	1074112	1602207	562447
3052228	703239	893898	560888	2894349	1293701	2362223	1136595
451929	125922	211918	149722	379977	276121	393413	118559
387896	131143	144303	14135	351450	156256	275632	137186
57662	16200	13714	11066	38110	33568	38857	8967
182359	69220	55687	29307	139124	567384	701744	134882
219071	92585	89627	27343	208769	86693	133594	51598
33154	2613	17098	1755	59844	41498	61270	19868
3761501	749983	574789	218824	3542833	3816947	8362042	4929177
1797715	381417	55566	54718	1474595	975284	1008832	184328
1224888	250958	391466	144717	1368810	2355242	6578491	4448794
644797	94756	100257	11585	610543	414281	621035	212804
14483	1798	2101		19910	29937	63348	35087
188				188	1061	1385	324
49230	14807	23425	5830	40719	26497	63354	36857
7822	800	286	286	7824	6997	13076	6110
22378	5447	1688	1688	20244	7648	12521	4873

1-B-2 续表 8

分 组	企业单位数（个）	亏损企业	工业总产值（当年价格）	工业销售产值（当年价格）	出口交货值	资产总计
总计中：国有控股企业	**1046**	**315**	**969981033**	**954573565**	**123356801**	**1189998822**
沈阳市	357	87	157073994	155422630	6477657	198386255
大连市	222	58	258275767	252346489	73323968	307220369
鞍山市	69	23	87863404	87807026	16561392	130268257
抚顺市	55	20	69992779	68274081	1936704	62236687
本溪市	49	10	71366033	70609400	17085261	80174858
丹东市	33	12	5292354	4793254	25500	7945049
锦州市	39	21	39195176	38655767	2517521	20716878
营口市	27	13	17372098	15732939	496107	51192439
阜新市	22	6	10809677	10768686		19459016
辽阳市	38	16	38836128	38766620	223781	30621735
盘锦市	24	9	78522632	76832130	1690530	116443022
铁岭市	28	7	11756583	11508413	141631	22294447
朝阳市	41	10	17164876	17005463	482807	18348228
葫芦岛市	41	22	52964718	52555853	2393942	71653516
总计中：轻工业	**6127**	**1071**	**452523410**	**435066950**	**72937464**	**295283525**
沈阳市	1617	139	167676647	163016223	9086279	89076690
大连市	1749	469	131845721	123594092	48450323	104710551
鞍山市	433	84	15981497	15480669	1184266	12900212
抚顺市	209	48	10249549	9821474	548563	11886624
本溪市	112	15	3075698	2749903	217626	4195668
丹东市	365	48	16863035	15788498	5838655	8989672
锦州市	294	43	18578792	17465791	1084908	10906141
营口市	362	85	26955432	27418961	4086905	14733790
阜新市	65	13	6228171	6005033	572462	4861103
辽阳市	130	24	13466977	13087159	711935	9559417
盘锦市	141	19	5735502	5607211	290924	4028066
铁岭市	450	21	27557877	27074025	530619	11409243
朝阳市	103	21	5066920	4844099	70670	4395571
葫芦岛市	97	42	3241592	3113812	263329	3630777
重工业	**15749**	**2240**	**2024385200**	**1975513644**	**211554626**	**1908807259**
沈阳市	3609	355	485274973	477657713	21219336	380685477
大连市	3475	670	450955248	437396652	120703289	493363735
鞍山市	1535	269	166993804	161710119	20452182	201302951
抚顺市	629	121	105487200	102186862	5167438	81130682
本溪市	502	55	93265507	90677547	17240318	99232927
丹东市	737	62	38864951	37761898	2133971	28033305
锦州市	601	92	86654755	83699856	5939674	43480673
营口市	1033	92	109318097	105977574	7316002	96020474
阜新市	303	42	19818925	19598515	142237	30427839
辽阳市	673	71	104484374	103577724	2650139	83161320
盘锦市	469	46	111236363	108045672	2079707	138261957
铁岭市	964	34	67452211	66158192	424081	48189493
朝阳市	765	169	59165433	56852685	1684341	41923139
葫芦岛市	453	161	71918545	70717821	4401911	90555221
总计中：大型企业	**127**	**29**	**877644564**	**869069024**	**137865246**	**1036404565**
沈阳市	32	5	135762601	137567712	14581037	169567691
大连市	36	8	210484447	206161574	78399427	254661278
鞍山市	8		97826183	95972101	17353627	137098282

单位：千元

流动资产总计	应收帐款	存货	产成品	流动资产年平均余额	固定资产总计	固定资产原价	累计折旧
498630994	**65406652**	**142067198**	**35696362**	**493245490**	**565592381**	**842255788**	**348006981**
72930824	21949563	22557418	8985399	93911514	112070636	136730043	42396906
190055181	20546029	46190043	7059866	170985255	99692456	128488201	46429805
45566724	2558182	13335092	4580962	45491042	49432561	87049757	38230682
33690001	2192275	8401361	3628682	31189293	22972443	46667949	26395813
23755021	911236	11448549	3358452	24814979	47871639	87928360	40080867
2090090	387912	422365	219356	2026092	3837482	8583722	4810577
10869978	1452936	3910900	1685416	9429636	8345613	14046572	6581193
9327742	587278	8175356	578635	10474923	22950585	21088162	2806243
2635252	1091216	779272	144084	3987320	14574208	18577538	4895526
15775319	860176	4158256	1420482	14006989	14439635	26874841	13694418
31787005	8854541	8324122	1323554	27438764	76482867	123913558	57226564
9257012	861962	1482296	487350	7992946	12990956	19505693	10162351
7815280	918975	2542183	807453	7105619	7547821	9957195	4367378
38444340	2062373	10001569	1416671	37771402	23976638	40823649	18354920
128212667	**29440258**	**39557910**	**18052043**	**127350733**	**130274210**	**180647552**	**59059076**
34250638	9882858	8267598	5086136	39451749	47456476	67049264	22011020
48428089	10896192	16917406	6373770	45142397	38036838	53105229	18364721
5301244	1234209	1952274	784570	5055081	5905578	7099131	1861699
6364970	604430	1117839	464408	5276304	4559486	8944369	4557589
1657445	313963	538967	301487	1565899	1974507	2716362	795687
4677461	1108727	1519237	813143	4480774	3635263	4865097	1386987
4376848	974384	1462975	677593	4161285	4335480	5429825	1567885
7082033	1628215	2848258	1220656	7112845	6194676	8833234	3074687
2123178	286439	776009	302153	1931998	2466240	3001770	736330
5398599	608824	1894347	964736	5129319	3505601	4979944	1874589
1767309	502559	351115	116480	1621787	1614038	1997612	575968
3617703	881843	871663	432722	3379628	6849131	8255383	1452064
1651788	183373	587667	303818	1499474	1922200	2159601	361944
1515362	334242	452555	210371	1542193	1818696	2210731	437906
847517387	**170708582**	**230613702**	**74428216**	**837625786**	**840265523**	**1191329014**	**449363137**
147147712	48015727	36193469	17443179	177687662	203828069	255106113	72653199
285671909	48801868	74294929	15794609	263802367	161459783	206572655	74272777
80677638	13814513	22604525	9048986	78402265	70734211	114271716	46612065
42142207	4847421	12541339	4700339	40136747	29514814	52836144	26544649
34223673	4140756	13947733	4870745	34539572	54101162	97932929	44431078
13103275	4700167	3010421	1304761	12905673	10423824	16669945	6999285
24385183	4960812	7900028	3637607	22144783	15565776	26829423	12624623
33621039	9252616	13940742	3641931	33273976	38823250	40446237	8537902
8077580	2431018	2299985	818522	8974049	18521009	23081209	5682271
42528496	5208741	11149201	4622488	38059619	32191368	49920851	19374373
44347552	13556647	10352559	2147963	38533027	83201656	132759337	59688799
19514268	3158342	3346063	1376801	17641747	27409188	35368464	13791389
19238956	3635294	6227813	2684640	17834524	16576599	20151716	6506235
48206674	4012662	12466479	2335645	47070059	29507973	47361727	20070754
450702758	**57767798**	**120708391**	**32103994**	**443080298**	**470560166**	**721577104**	**309171123**
65830802	20246326	19426035	7217121	84458575	92196163	116167564	36223137
165627757	18067881	37422967	6230968	148221795	70961655	89066017	35331382
48950500	3053878	14628116	5769846	48340505	50866811	87271103	36832821

1-B-2 续表 9

分组	企业单位数(个)	亏损企业	工业总产值(当年价格)	工业销售产值(当年价格)	出口交货值	资产总计
抚顺市	8	2	73137068	72263568	2431345	53126064
本溪市	5		61252714	60723216	16997098	67130867
丹东市	2		4108609	4040816	168035	3054964
锦州市	4	1	38257801	37634285	1326660	13152157
营口市	4	1	8992919	8580519	1509108	32380636
阜新市	1		6322170	6308096		9939940
辽阳市	6	3	46042164	46188735	555410	39873741
盘锦市	6	2	73497105	72206272	1690530	114214017
铁岭市	2	1	10199021	9988661		19953851
朝阳市	4	1	11302592	11316577	482807	13899404
葫芦岛市	8	4	46964356	46622078	2370162	55313607
中型企业	**1214**	**268**	**565218260**	**540179620**	**84341044**	**519222472**
沈阳市	218	42	146117666	140841699	9624773	104887891
大连市	372	82	177610220	168561802	57860924	171273131
鞍山市	71	13	23355294	21840900	1716305	22836781
抚顺市	51	10	17075757	15494781	2298559	21193420
本溪市	48	18	18314457	17278318	18715	20622856
丹东市	71	9	17299348	16462302	2166135	15141787
锦州市	51	13	19313135	18224688	2527973	21624288
营口市	78	19	49005863	47883401	4400948	41712709
阜新市	38	8	12481921	12382006	485555	15699961
辽阳市	46	7	31223438	30522748	1579259	27407811
盘锦市	28	8	10260857	9219842	268245	9006956
铁岭市	36	10	13506262	13221389	122169	10715985
朝阳市	65	12	19533871	18621783	1054290	15029398
葫芦岛市	41	17	10120171	9623961	217194	22069498
小型企业	**20535**	**3014**	**1034045786**	**1001331950**	**62285800**	**648463747**
沈阳市	4976	447	371071353	362264525	6099805	195306585
大连市	4816	1049	194706302	186267368	32893261	172139877
鞍山市	1889	340	61793824	59377787	2566516	54268100
抚顺市	779	157	25523924	24249987	986097	18697822
本溪市	561	52	16774034	15425916	442131	15674872
丹东市	1029	101	34320029	33047278	5638456	18826226
锦州市	840	121	47662611	45306674	3169949	19610369
营口市	1313	157	78274747	76932615	5492851	36660919
阜新市	329	47	7243005	6913446	229144	9649041
辽阳市	751	85	40685749	39953400	1227405	25439185
盘锦市	576	55	33213903	32226769	411856	19069050
铁岭市	1376	44	71304805	70022167	832531	28928900
朝阳市	799	177	33395890	31758424	217914	17389908
葫芦岛市	501	182	18075610	17585594	2077884	16802893
按行业大类分						
煤炭开采和洗选业	247	19	34765690	34162225	67569	55149201
沈阳市	7	2	7596723	7513745		12063582
抚顺市	13	6	4717384	4655847	1754	10480736
本溪市	24	4	1112755	1039363		527341
丹东市	36		1140133	1118802	48000	370776
锦州市	11		700884	658793		687254
阜新市	92	3	7745512	7663192	15723	12768182
辽阳市	31		1579590	1554860	2092	949828
铁岭市	12		8415918	8200497		14313385
朝阳市	4	1	920906	914139		1030206
葫芦岛市	17	3	835885	842987		1957911

单位：千元

流动资产总计	应收帐款	存货	产成品	流动资产年平均余额	固定资产总计	固定资产原价	累计折旧
29236799	1040323	7219391	2879555	27012860	19523022	41186525	23905861
19785762	421708	10075945	2553038	20482398	40676247	78938084	38262837
1793353	963875	245057	141769	2033095	408312	644290	302715
8194421	733935	3256970	1562439	6569009	3917636	12447477	8814958
3990502	729075	3814164	696753	5324976	12246175	13242066	1001790
875260	545050	330210	63730	2264520	7034140	9091780	2402530
22411819	1212080	3903394	1729020	20009486	16267285	29043168	13766597
30425877	8598148	7741367	1074758	26140946	75752536	122749256	56646830
8318056	726908	1320131	436440	7080219	11635784	17755666	9705556
5849623	380154	1750326	485929	5362186	5259190	6456105	2751420
34781002	876459	9235902	1262628	33160012	15408369	25497455	11648951
231459658	**58225158**	**73209354**	**25392589**	**235895801**	**227771718**	**308430629**	**104199147**
41152853	15708711	9687180	5345401	52539777	55087281	75441402	23386537
86906232	19760209	29177071	7537286	83311620	65475294	93052489	33004101
11478745	3003800	2807934	1167580	10656822	8673120	10537223	3138388
10896313	2227905	4086554	1079028	10638968	7374693	11396201	4762622
8066562	1533537	2228388	1370683	8168233	9115201	12838390	4101030
6135171	1510836	1601983	621724	5861870	6146911	11318465	5468101
10436202	2195523	3182591	1129263	10363820	8264643	10465412	3177489
16131706	2982056	7649834	1725572	15762943	22173398	22227609	6564734
4979214	1270871	1397338	501613	4498398	9790751	12132875	3033391
13627521	2136073	5237907	2516781	12321252	9532574	12316430	3413480
5130933	1479375	1145580	483638	4853134	2761051	3980497	1449437
3633643	1222714	941652	386602	3525807	6487165	7153691	2833287
6279967	1471821	2212081	928304	5796593	6681471	8244918	2533187
6604596	1721727	1853261	599114	7596564	10208165	17325027	7333363
293567638	**84155884**	**76253867**	**34983676**	**286000420**	**272207849**	**341968833**	**95051943**
74414695	21943548	15347852	9966793	80141059	104001101	130546411	35054545
81566009	21869970	24612297	8400125	77411349	63059672	77559378	24302015
25549637	8991044	7120749	2896130	24460019	17099858	23562521	8502555
8374065	2183623	2353233	1206164	7761223	7176585	9197787	2433755
8028794	2499474	2182367	1248511	7454840	6284221	8872817	2862898
9852212	3334183	2682618	1354411	9491482	7503864	9572287	2615456
10131408	3005738	2923442	1623498	9373239	7718977	9346359	2200061
20580864	7169700	5325002	2440262	19298902	10598353	13809796	4046065
4346284	901536	1348446	555332	4143129	4162358	4858324	982680
11887755	2469412	3902247	1341423	10858200	9897110	13541197	4068885
10558051	3981683	1816727	706047	9160734	6302107	8027196	2168500
11180272	2090563	1955943	986481	10415349	16135370	18714490	2704610
8761154	1966692	2853073	1574225	8175219	6558138	7610294	1583572
8336438	1748718	1829871	684274	7855676	5710135	6749976	1526346
21253999	2570002	3217526	1255177	20441009	26494222	41265285	17622422
4772855	589272	689624	501677	4229744	4591457	7220107	2661106
4604015	270955	426689	97164	4613935	4840611	9001476	5118780
296627	144013	51473	23462	272679	166011	318431	157817
193295	31174	51499	29697	179132	164536	203722	44236
158889	19628	39285	23566	100623	499333	614304	116971
2232991	764962	478746	87482	3360767	7953647	10146791	2553243
209813	4337	46175	1029	209354	94387	144617	50230
7717527	623651	1303961	451886	6410372	6591502	11293258	6174695
303298	74769	48215	21831	283757	468889	712690	250384
764689	47241	81859	17383	780646	1123849	1609889	494960

1-B-2 续表 10

分 组	企业单位数(个)	亏损企业	工业总产值(当年价格)	工业销售产值(当年价格)	出口交货值	资产总计
石油和天然气开采业	17	1	53091859	53077840	1303766	94406321
阜新市	1		10843	10843		46049
盘锦市	16	1	53081016	53066997	1303766	94360272
黑色金属矿采选业	901	98	57563295	55305343	77158	33004589
沈阳市	4		151037	148066		112718
大连市	2		14016	13462		6090
鞍山市	47	13	4019419	3774539	3250	4080443
抚顺市	60	4	3955226	3771806		2756894
本溪市	108	7	9794480	9275180	30	7785125
丹东市	73	1	2247938	2183579	28600	1006640
锦州市	10		351332	323550		147259
营口市	20	1	1005215	980155		552025
阜新市	23	1	524812	526101		775093
辽阳市	195	6	13526650	13210184	32117	5921910
铁岭市	8		566969	557255		246235
朝阳市	331	63	20721801	19830002	13161	9099252
葫芦岛市	20	2	684400	711464		514905
有色金属矿采选业	240	20	14143502	13579384	691398	11740689
沈阳市	1		47502	47502		6339
大连市	3		129382	127956		284951
鞍山市	20		847505	810161	41960	411053
抚顺市	12		1365760	1327202		1289882
本溪市	7	1	707946	691612		416302
丹东市	49		3131068	3062546	72590	1861374
营口市	71	7	5029490	4950648	575448	2282593
辽阳市	5		46150	44530		99580
铁岭市	4		98330	95438	1400	42602
朝阳市	5	1	487967	479907		1215004
葫芦岛市	63	11	2252402	1941882		3831009
非金属矿采选业	353	19	10379928	9923158	575351	7549487
沈阳市	23		1607242	1600543	272570	565707
大连市	33	1	1143187	1019997	5829	1330475
鞍山市	28	2	927505	858783	19315	1529168
抚顺市	18		261361	263713		110581
本溪市	16	2	327186	305479		388261
丹东市	29		1282984	1244033	121410	901729
锦州市	43		1108896	1021996	35966	554103
营口市	28	1	906001	857261	21076	497704
阜新市	9	3	72999	72621		59217
辽阳市	20		178903	181276	1318	293432
铁岭市	62		1368158	1328211	16792	457447
朝阳市	35	9	1056367	1021745	81075	652104
葫芦岛市	9	1	139139	147500		209559
其他采矿业	2	1	49600	49600	6505	22713
大连市	1	1	6600	6600	6505	18832
本溪市	1		43000	43000		3881
农副食品加工业	1623	208	162907776	158421203	17217565	69041259
沈阳市	323	16	49943278	49043213	110422	17078067
大连市	450	99	41910952	39804147	12766061	23845221

单位：千元

流动资产总计				流动资产年平均余额	固定资产总计	固定资产原价	累计折旧
	应收帐款	存货					
			产成品				
24482644	8051880	5858422	166	20281613	61746212	115218956	52879523
3344	514	156		8148	42704	66492	23788
24479300	8051366	5858266	166	20273465	61703508	115152464	52855735
16197162	4596672	3985910	2237474	15201540	12165526	17963168	7258591
65553	38084	4370	3560	66812	42316	49181	10072
4525	550	2215	1760	2585	900	2585	1740
2691602	1127611	329961	186905	2265372	1137279	1227353	273391
1269520	173628	142434	79949	1375192	1203093	1209803	316019
3210683	802650	876983	472513	3037021	2868590	7457896	4749142
377745	121576	91793	53656	359599	548558	592447	78970
25705	7647	16122	11678	45352	112949	139029	26083
449179	219755	70184	49480	444882	95163	140097	53207
345129	24720	165164	68887	451548	324139	445489	173931
2882060	856524	776922	400378	2595137	2187705	2911608	760610
54210	7518	31348	12447	46459	192025	196400	4375
4454571	1027959	1405258	854720	4242680	3356042	3479584	795350
366680	188450	73156	41541	268901	96767	111696	15701
6326327	1203221	1583902	979538	6109846	4314378	5301044	1564511
5816	1752			5816	523	630	107
14895	11127	3768	2009	9375	140263	176609	38056
186562	22871	28868	21045	167745	191727	210286	20219
909770	42007	611156	469646	1002680	257216	473129	217633
279098	24069	57905	37763	234800	122977	252183	137337
972378	272487	118690	74916	846855	842660	1092842	269434
1328611	435725	411245	192778	1228613	780298	1073989	332183
12392	3657	4971	2544	12850	75130	84925	9795
7356	1100	486	306	7156	29910	36410	6500
688026	235762	20351	8231	711170	495233	205429	65975
1921423	152664	326462	170300	1882786	1378441	1694612	467272
2879107	837064	801164	423799	2662827	3542524	4846735	1654188
219126	41915	26172	22578	205855	331665	354578	37167
506733	219285	117612	88020	468902	611436	685198	244627
256451	80578	106192	52164	223900	670592	1348538	686088
35523	10285	12292	7942	49701	50903	68459	17556
136368	57942	29334	20983	119905	239696	327866	109263
384577	59969	71295	33404	394759	432106	513652	178977
270323	56392	66002	52403	205015	261692	322419	65231
263271	77250	75495	33083	247965	207712	299267	102114
28827	10850	3744	1027	28659	25530	29920	6611
101213	9588	82066	27415	92341	178606	240226	61620
135638	26744	42443	39347	112395	293171	331814	42797
410674	163323	160878	41041	388215	198148	248171	65121
130383	22943	7639	4392	125215	41267	76627	37016
10757	925	763		10648	11824	24204	12380
9202	925	763		9093	9498	19433	9935
1555				1555	2326	4771	2445
28733440	5958507	11300088	5812498	28102161	32737697	42880322	12085200
4734533	893502	1382966	879516	4704462	10868368	16389279	5832555
11402984	2625564	5197237	2277060	11561064	9077032	11412598	2974820

1-B-2 续表 11

分组	企业单位数（个）	亏损企业	工业总产值（当年价格）	工业销售产值（当年价格）	出口交货值	资产总计
鞍山市	128	12	7420702	7149139	279458	3525351
抚顺市	49	8	1397984	1350249	98443	979032
本溪市	18	2	458732	441967	23855	264513
丹东市	109	11	6695851	6386987	2532351	2684600
锦州市	143	7	12458364	11711859	468628	3424276
营口市	43	10	5308872	5987484	237707	1433992
阜新市	25	2	4205219	4113328	337106	2047233
辽阳市	23	5	8786365	8616741	1911	2499562
盘锦市	73	6	3591569	3558703	184841	1954951
铁岭市	157	5	15208152	14943377	86747	6059282
朝阳市	42	4	3583068	3450731	4866	2006246
葫芦岛市	40	21	1938668	1863278	85169	1238933
食品制造业	410	58	27064829	26277768	1815408	18943116
沈阳市	90	9	13969588	13804673	55166	8687347
大连市	136	27	6237040	5871526	1283996	5094155
鞍山市	20	2	753800	742797	51828	1233492
抚顺市	20	4	622215	526551		322122
本溪市	6	1	145482	144892		444774
丹东市	29	2	744410	721511	291507	521636
锦州市	7	1	328625	299237	114936	100258
营口市	17	1	669957	675064	287	463323
阜新市	12	4	656712	613651		670307
辽阳市	2	1	77238	60070	689	141490
盘锦市	8	3	287627	289672	10942	165386
铁岭市	48	2	2303583	2277968	6057	776796
朝阳市	9	1	123109	116583		212776
葫芦岛市	6		145443	133573		109254
饮料制造业	235	20	21532518	20510432	857005	18035086
沈阳市	65	4	9950909	9662770	12824	7774302
大连市	33	5	4840559	4389696	822475	5160560
鞍山市	15		820440	810594	6620	554013
抚顺市	9		300048	294853		240599
本溪市	10	1	488486	423065	3086	479639
丹东市	4	1	303606	304125	12000	409086
锦州市	21	2	1029288	963869		730084
营口市	4		324332	324332		121720
阜新市	5	1	307654	267464		434705
辽阳市	2		121874	120481		183994
盘锦市	6	2	277843	254643		240989
铁岭市	43	1	2260995	2207833		759677
朝阳市	11	1	304500	299935		477722
葫芦岛市	7	2	201984	186772		467996
烟草制品业	4	1	4163270	4130474	7756	2665978
沈阳市	1		1750810	1725931	1142	1121905
丹东市	1	1	37750	37750		119730
营口市	2		2374710	2366793	6614	1424343
纺织业	544	149	25710495	24535284	5359487	19532022
沈阳市	78	12	4013255	3666332	385182	1963781
大连市	129	39	6735411	6322273	1993688	5077840
鞍山市	82	32	3765791	3714495	407422	3489716
抚顺市	23	4	552670	553375	72309	358767

单位：千元

流动资产总计	应收帐款	存货	产成品	流动资产年平均余额	固定资产总计	固定资产原价	累计折旧
1590564	452344	614874	197131	1492294	1374889	1602832	319693
498231	46786	109195	50084	494945	418496	481828	82711
120687	39874	22277	11413	115721	109386	115408	13849
1434872	279110	501931	330231	1411465	1075839	1329948	296724
1392718	203944	586577	320745	1321230	1774929	1976343	430572
964796	224405	439344	348282	1009297	350598	595893	295929
933926	62950	360553	105382	832157	942789	1081489	215653
1447107	151809	1068654	761003	1267225	773472	1008443	506449
943062	178864	177652	77265	835837	709328	835162	290578
1816935	612530	397559	216421	1706728	3912143	4524860	625152
905394	82417	299458	171385	793142	768842	879158	127277
547631	104408	141811	66580	556594	581586	647081	73238
6967565	1414762	1678374	859823	7093751	9650445	12752827	3948656
3246102	833732	299955	225505	3449325	5256048	7428604	2552964
1752365	321861	770620	360458	1798571	1877928	2503686	747493
406989	37995	142901	58602	360159	598025	496979	152047
143220	10304	57951	18158	135624	134010	166039	36050
131592	19575	33391	13327	112318	213453	322146	109321
207832	47111	75974	31314	219396	286765	320899	47560
50521	5240	29104	11853	40530	28389	44495	17043
218577	64816	52766	23081	226348	161239	203135	47575
298260	15868	103407	59997	297190	338700	399303	75902
64153	2179	6700	3091	61548	75752	96489	20737
73621	19989	9919	3581	55974	90064	103140	16156
265756	24821	62107	27661	238155	420939	531900	116850
50629	2547	9526	5113	50234	124769	86325	3436
57948	8724	24053	18082	48379	44364	49687	5522
6977564	797980	2388557	831508	7425327	8702465	11654168	3604687
2739048	399045	488526	193519	3081836	4552282	5720432	1632098
2372848	250750	1094902	427144	2516290	1893633	2887287	1101283
201460	27872	82417	11473	230104	202960	336453	147042
110273	4330	46163	3851	96435	121688	142483	22560
197084	7983	78167	29155	194000	145996	273908	128888
160896	14795	92542	10700	133156	191152	292520	101368
344905	10509	101155	24078	325638	270665	344943	78683
29785	3309	24093	22718	67458	88817	95055	7887
171099	15520	71405	10150	154781	241163	296137	59980
90508	120	36701	1302	85803	69357	102069	35319
97675	8200	58997	5230	102046	123954	151868	43163
246059	34688	106798	58947	226550	236637	399425	169686
92320	11684	48925	11795	89918	266681	317926	52543
123604	9175	57766	21446	121312	297480	293662	24187
1514987	140976	1078785	53323	1658120	1082261	1628575	639678
759643	38966	320588	12989	819342	332890	569620	278768
20973	1567			20973	82056	85656	3600
734371	100443	758197	40334	817805	667315	973299	357310
9220112	1937677	3518875	1827781	8979219	8467607	11583032	3461119
593153	184131	217338	182705	675602	1117026	1559355	481754
2588097	493910	1026771	348657	2531227	1928373	3042375	1172644
1324769	247436	620498	366707	1354163	1876058	2255725	453693
221183	83750	52295	19003	208795	110327	147442	51564

1-B-2 续表 12

分组	企业单位数（个）	亏损企业	工业总产值（当年价格）	工业销售产值（当年价格）	出口交货值	资产总计
本溪市	10	1	296664	229654	8020	508700
丹东市	50	6	1342157	1272141	181520	878263
锦州市	25	11	1008654	981025	220442	1192014
营口市	78	32	4956113	4837944	1654056	2647348
阜新市	3		491502	467911	170747	726816
辽阳市	16		551678	553983	74873	1046900
盘锦市	7	3	192104	191310	62867	65822
铁岭市	31	2	1208264	1189084	85222	485679
朝阳市	7	3	366519	332187	43139	793648
葫芦岛市	5	4	229713	223570		296728
纺织服装、鞋、帽制造业	814	174	47348418	43416493	14181159	25220881
沈阳市	141	8	13416254	12844514	520378	3832967
大连市	367	100	22986606	19784942	10301608	16410578
鞍山市	61	17	725811	698606	154538	527932
抚顺市	12	7	177041	176808	141885	117718
本溪市	3	3	46211	46211	8726	30150
丹东市	47	8	1659951	1646373	1181437	672948
锦州市	21	3	459489	447929	137578	241494
营口市	94	18	5703099	5654640	1209960	1535062
阜新市	5	3	165068	160631	18260	107974
辽阳市	18	3	667829	636764	285046	328160
盘锦市	6		378928	375337	1408	416576
铁岭市	17		522316	517227	20760	349528
朝阳市	4		51127	50265	21415	44052
葫芦岛市	18	4	388688	376246	178160	605742
皮革、毛皮、羽毛(绒)及其制品业	190	22	8371029	8244225	520119	2400243
沈阳市	136	3	5991464	5953844	108110	1172282
大连市	22	13	820790	750971	368913	605481
鞍山市	3		45289	44710	422	63139
本溪市	1		5203	5203		6833
丹东市	4	1	70281	57716	26298	65767
锦州市	2	2	33988	33988		123128
营口市	10	3	1145277	1145277	12265	238237
辽阳市	6		73230	71279	2861	69003
盘锦市	2		15360	15398		21232
铁岭市	3		167147	162839		15141
朝阳市	1		3000	3000	1250	20000
木材加工及木、竹、藤、棕、草制品业	522	97	25000075	24227324	3324170	13053634
沈阳市	118	4	11548882	11333502	37123	3858883
大连市	142	69	5634081	5430733	2654665	4740597
鞍山市	18	1	212092	207507	20361	487770
抚顺市	84	5	1515580	1441424	96184	1006419
本溪市	11	4	313205	267594	71685	312639
丹东市	20	4	432587	427883	169103	236774
锦州市	31	1	1314942	1255260		332667
营口市	9	1	1040304	1038455	35222	259283
阜新市	7	1	286386	278031	32485	576182
辽阳市	3	1	36780	33982		25554
盘锦市	3		17017	16846		19820
铁岭市	50		1979044	1862466	154714	806496
朝阳市	16	3	563776	550766	39200	222884
葫芦岛市	10	3	105399	82875	13428	167666

单位：千元

流动资产总计	应收帐款	存货	产成品	流动资产年平均余额	固定资产总计	固定资产原价	累计折旧
172015	21696	82254	69860	131656	282049	326954	51444
481820	127131	170558	100879	465821	277358	423714	159176
708823	137576	246803	134939	662956	400290	528977	139310
1345987	255201	646025	378841	1288685	1118068	1662735	591279
292072	46535	116171	68723	177365	425665	419979	47728
849766	216398	82764	13654	847728	115796	200664	107268
27178	5048	8820	4913	29129	32624	46759	14144
168904	37548	50769	23331	167655	304267	375401	72606
321273	36423	138690	91881	308794	310329	378227	71797
125072	44894	59119	23688	129643	169377	214725	46712
8873010	1897528	2634456	1202249	8934346	7377796	10112654	3113222
1307858	387909	455797	384781	1870345	1861866	2407095	618535
5165763	964824	1639552	583970	4833161	3471381	5176001	1874257
203382	64831	67610	25933	204491	282933	342053	88296
71794	12315	16098	6042	70436	35785	54249	22064
15367	1779	6629	1546	13514	13954	20820	7866
359675	105945	78538	37549	347143	282236	375064	104351
113705	26908	18759	13911	75971	123605	143178	24163
818960	124355	134063	44056	748755	584065	731093	221020
91079	30274	23543	11462	88038	16894	21365	4471
93512	21528	16914	7670	104609	165648	229924	64476
194068	103177	12055	4984	188893	91633	109409	19678
87822	22408	18995	10947	76751	260178	285286	25509
10772	1967	2917	68	11318	33280	32508	1406
339253	29308	142986	69330	300921	154338	184609	37130
1284460	355405	516986	313406	1155321	798299	1156648	419885
632285	205020	227873	225659	600818	393765	572086	186386
395497	106466	203892	31246	332953	172713	245610	102679
7426	3459	3840	2905	14864	7536	7805	2590
835		508		836	5919	10947	5028
32591	4287	13633	9328	32028	22936	31788	10360
64688	8180	4296	2068	54287	47952	64518	16566
97502	14152	25676	21320	80807	87404	159577	83533
30517	2836	27611	16921	28856	33722	39542	10820
5132	2781	1481	401	3280	10790	11833	1043
7987	2224	4176	1258	5562	5562	5942	380
10000	6000	4000	2300	1030	10000	7000	500
5481012	1342382	2196831	707334	5317430	6425201	8710706	2578871
917444	276554	318063	229906	1005134	2675156	3664683	1107984
2480933	502684	1148153	244872	2367150	1699362	2336649	754838
275689	216109	23515	12418	291024	120128	128323	12104
602318	76616	318780	62501	555419	382532	495455	132320
154447	38974	70356	36386	135017	131121	277492	153574
113320	28901	28968	20005	124438	111414	122065	30278
146408	17374	42173	15404	90965	181970	235168	54390
166259	17410	26156	10976	167101	59275	94668	35693
223528	52225	103927	20267	205904	306710	330518	23808
15785	1408	12714	2998	15575	9469	14137	4668
9704	6084	367	148	9943	8543	9456	1453
202165	54808	50896	27292	181098	547301	751420	204215
78517	22028	20432	12513	74935	140113	188454	50439
94495	31207	32331	11648	93727	52107	62218	13107

1-B-2 续表 13

分　　组	企业单位数(个)	亏损企业	工业总产值(当年价格)	工业销售产值(当年价格)	出口交货值	资产总计
家具制造业	259	51	19712439	18918496	4122428	11136334
沈阳市	119	14	10185980	9813672	310436	3511988
大连市	79	29	6998722	6622291	2699515	5698052
鞍山市	10	1	342371	333999	49000	592503
抚顺市	7	1	91790	90820	5700	20776
本溪市	6	1	106511	102641	53973	114967
丹东市	10		965933	956607	623676	632312
锦州市	1		12000	11500		7100
营口市	6	3	167009	165663		138796
辽阳市	5	1	195443	185218	165281	124246
盘锦市	3		83500	81900		46658
铁岭市	13	1	563180	554185	214847	248936
造纸及纸制品业	355	48	15827454	15378240	614398	12382610
沈阳市	93	9	6206069	6089232	3852	2675569
大连市	91	15	4072083	4077549	270317	2365178
鞍山市	14	2	261800	250697	2150	337775
抚顺市	9		481347	432731		288451
本溪市	5		28871	28521		35994
丹东市	37	4	1206151	1145623	330511	776937
锦州市	21	4	916846	806669	7084	2139679
营口市	22	2	621772	613232		2166490
阜新市	3		38029	38855		84372
辽阳市	13	2	327064	289692	442	328873
盘锦市	4	2	80909	76392		150294
铁岭市	34	4	1238091	1210044	42	833734
朝阳市	8	3	337462	310843		189849
葫芦岛市	1	1	10960	8160		9415
印刷业和记录媒介的复制	203	46	8418218	8259406	271018	6942016
沈阳市	92	16	4702149	4633281	70248	3244780
大连市	61	20	2565970	2476823	138476	3158186
鞍山市	8	1	82733	82373		67320
抚顺市	4	1	20585	20585		9262
本溪市	4		29498	29498		35313
丹东市	4		87725	87525		100361
锦州市	6	3	104496	102258	22800	44233
营口市	4	2	113078	121104	39494	66060
盘锦市	3	1	18715	18715		21412
铁岭市	15		680080	675269		183094
朝阳市	1	1	6293	6293		6198
葫芦岛市	1	1	6896	5682		5797
文教体育用品制造业	68	12	2390722	2344961	940324	1843897
沈阳市	24	2	956144	940343	61970	289818
大连市	22	6	676223	639527	543061	684896
鞍山市	2	1	27490	29530	29421	16816
丹东市	5		98641	99260	51910	69561
锦州市	2		26503	23665		45366
营口市	7	3	456771	466256	253962	697343
盘锦市	2		18100	18100		15803
铁岭市	4		130850	128280		24294

单位：千元

流动资产总　计	应收帐款	存货		流动资产年平均余额	固定资产总　计	固定资产原　价	累计折旧
			产成品				
4896949	1243662	2058743	705566	5165215	4651484	6259851	1908575
1007251	374125	253460	209034	1149726	2009165	2537519	588143
2853078	682560	1559436	445275	3043322	1949915	2798764	1082944
295120	47062	127804	10498	262549	292737	330301	40537
7056	2050	860	662	6866	12346	13806	1480
65782	7598	24321	9402	66257	40557	58615	18058
404166	90812	26396	6583	369569	174207	218024	46067
1600	300	700	500	1600	5500	5630	130
41525	9067	20159	7017	42930	33982	119249	85267
91463	12769	25384	5796	91891	21771	32922	12151
30647	4969	3044	1477	30293	15705	35823	20118
99261	12350	17179	9322	100212	95599	109198	13680
4601174	1475216	1201524	554531	4606696	5775251	7562857	2200116
1038312	349954	266606	215303	1177549	1452513	1829815	585796
1106383	420123	347620	141599	1045870	920814	1316336	450424
89159	21403	21545	13022	88378	182975	223751	42942
169751	81742	39255	22397	163254	102939	150457	58255
12187	4137	3607	382	11927	17681	23138	5538
306113	103735	91976	46196	258449	441242	551719	117977
536060	233835	136994	44319	553435	467661	673808	241531
789498	192321	137483	33151	779690	1299620	1636236	380140
20399	10025	5502	3129	39659	63973	65732	17865
137460	14824	52862	23440	135381	153565	200886	57902
13865	-4422	9637	400	5636	114947	116642	3395
315895	40035	64753	6915	290843	461110	686972	229962
61645	6226	21865	3203	52674	91243	80015	6007
4447	1278	1819	1075	3951	4968	7350	2382
2938519	831117	578394	243434	2864906	2869013	4799030	1998217
1203001	396321	223688	106404	1237183	1392407	2047079	691582
1551719	391696	299076	105995	1451755	1171336	2295770	1154119
28389	6692	17351	11343	24019	16613	44235	28281
4832	692	464	46	3777	4289	9029	4750
7726	5088	517		6993	18102	26448	8354
28975	6942	6219	494	27339	61237	111045	49838
17762	8831	6062	4367	18525	26470	35455	8985
15553	2336	7005	2175	14700	47506	82350	34844
9741	3581	1455	431	9504	10952	15502	4731
64475	5868	15726	12096	62782	116485	123639	7871
4044	1369	230		4000	1997	4742	2745
2302	1701	601	83	4329	1619	3736	2117
1057338	286972	478107	155595	1014712	623458	899064	298759
124211	48674	40163	10973	138260	138836	185395	49069
367918	83963	217787	43777	363898	232106	368043	148177
11080	2640	2264	423	10827	5736	7228	1492
36474	14766	7757	2648	41377	27298	39569	12451
18477	577	8503	8325	15724	26889	26156	552
487132	131748	199074	88259	433686	165143	241723	83518
8088	4258	977	596	7652	7114	9194	2080
3958	346	1582	594	3288	20336	21756	1420

1-B-2 续表 14

分　组	企业单位数（个）	亏损企业	工业总产值（当年价格）	工业销售产值（当年价格）	出口交货值	资产总计
石油加工、炼焦及核燃料加工业	296	51	280079556	273804872	23192083	114483764
沈阳市	49	2	9739097	8888717	20932	9370271
大连市	22	9	112150879	110439020	21101514	45844569
鞍山市	17	1	2259421	2193535		1075426
抚顺市	21	10	48349973	47404209	1253805	24079232
本溪市	12	2	479175	474584		326910
丹东市	5	1	1112105	1043972		637201
锦州市	15	5	33569366	32682236	434690	11987589
营口市	38	4	9807715	9486360		3850490
辽阳市	4	1	933680	933464	35	325933
盘锦市	90	10	32466123	31548970		8475281
铁岭市	6		510797	505362		197512
朝阳市	4		283336	254690		112988
葫芦岛市	13	6	28417889	27949753	381107	8200362
化学原料及化学制品制造业	1274	215	114723622	111990624	5204635	130061823
沈阳市	279	26	17880198	17475270	458655	10399673
大连市	235	48	14654576	13706267	2423084	39036846
鞍山市	102	20	3216810	3049673	241673	2594657
抚顺市	73	25	3570782	3259070	138932	2219420
本溪市	35	5	1785189	1706209	11000	3800849
丹东市	50	10	2050262	1972016	50017	1258410
锦州市	59	8	5424667	4933951	229561	5009004
营口市	95	9	7130861	6872092	457845	4200862
阜新市	21	5	591860	567482	72160	606054
辽阳市	58	16	37961492	38360996	305662	26607112
盘锦市	100	12	9296969	9198642	369316	22001167
铁岭市	102	1	5419274	5291174	182853	1937187
朝阳市	18	4	1153936	1023793	30	959768
葫芦岛市	47	26	4586746	4573989	263847	9430814
医药制造业	279	54	26836958	25433745	2361955	28939566
沈阳市	107	13	16378593	15845769	1723533	15972105
大连市	37	14	5482988	4941919	452889	7596621
鞍山市	11	2	211323	203854	216	255820
抚顺市	15	3	638013	557252	8292	369938
本溪市	27	2	896168	757485	3324	1292599
丹东市	14	4	510644	471157	30051	510834
锦州市	13	5	600860	600338		594834
营口市	3	1	148247	149592		158691
阜新市	7	2	166918	149918	13864	301829
辽阳市	7	1	224274	254434	10	344629
盘锦市	8		335582	309736	29426	368720
铁岭市	21	2	1037564	1001848	100350	676953
朝阳市	4	3	91691	78381		294110
葫芦岛市	5	2	114093	112062		201883
化学纤维制造业	35	10	8335282	7634130	60132	10790568
沈阳市	3		85328	83905		84990
大连市	3		385602	382308	8450	69948
鞍山市	3		79220	80612	20639	68804
抚顺市	3	1	4034874	3929124	21657	6336486
丹东市	3	2	1420806	931202		273648
锦州市	1		73256	73256		5255
营口市	8	2	475812	462848	8993	467264

单位：千元

流动资产总　计	应收帐款	存货	产成品	流动资产年平均余额	固定资产总　计	固定资产原　价	累计折旧
63343506	3414727	18178437	7240620	57816408	44131532	84437841	41813800
751749	333393	245255	209078	2543799	8445992	11689306	3297891
27437631	813621	8032445	1849806	24199499	16219621	30692833	14482414
394077	147920	67875	35768	405724	542515	594356	68703
15953368	159074	3463795	1805447	14417887	6165643	17617748	11487697
167007	61235	55119	29582	155115	151877	184306	67414
362499	97559	118105	8619	274327	228182	269213	41615
6866681	429648	1868087	1096396	6025926	4688716	9172645	5197609
1723612	380335	423776	274410	1662100	1620322	1188840	179698
177199	33483	16348	2513	134094	103963	170499	67697
4129538	851297	1864379	1234410	3977804	3789195	6962810	3189351
50502	5924	6472	4039	50481	140735	142308	1642
62402	32038	22995	2587	60136	40443	75014	35828
5267241	69200	1993786	687965	3909516	1994328	5677963	3696241
52711203	7328745	11267288	5168573	50749287	65728688	71049068	27532013
3475203	1281511	1027374	751762	3981578	6463406	8683483	2419298
13470368	1522237	2280822	1165008	13442084	21126547	15197682	3801632
1280509	423868	381596	202152	1239360	757842	1014804	292377
1284367	263597	541592	341724	1165065	821758	1110292	382946
1283475	213403	108884	33415	1084013	1174669	1789421	667859
634706	189941	206196	96983	609202	427906	552039	177269
2755878	187491	1003529	253366	2730287	1333101	1546170	440004
2309957	536213	588708	366895	2216977	1404553	1758919	596888
228478	52226	121233	45529	204606	346580	359067	29352
13555010	764869	3287897	1086599	11991320	12607043	24053187	12452483
7122809	810742	931377	500366	6840390	14110858	5983977	2367781
852719	129407	126101	74606	756757	999446	1177400	186918
481811	130488	171057	103016	426416	397060	440498	55701
3975913	822752	490922	147152	4061232	3757919	7382129	3661505
11948227	3022784	3371199	2105100	13896609	14867918	20198873	5997350
4921307	1782505	1279591	981577	8582134	10172122	13911692	4083730
4789944	679601	1317053	749425	3200397	2087471	3089159	1157145
114206	29258	48957	16379	106564	93097	96851	35036
122963	22021	26497	9187	83888	231052	280613	75366
583180	143204	213809	143964	555857	537157	698512	172048
231787	85925	93987	43697	225329	235997	288707	74399
370808	103261	118047	39024	329626	194519	281318	103954
61412	18065	22566	19568	57877	65193	92436	35889
117411	31840	58453	24977	149198	171768	180712	36244
138876	20994	32163	19493	126392	178793	242009	66396
142746	43794	43297	8144	136293	166934	247893	83510
203934	35444	59927	27591	187658	468361	484955	28763
87816	8973	47775	16332	84188	126814	156124	35618
61837	17899	9077	5742	71208	138640	147892	9252
6185743	334136	1250400	484458	5208485	4080896	8639360	4618855
35948	7312	1096	864	34340	48713	54570	5857
32061	10220	4313	874	41445	16260	18476	9193
48516	18609	6392	2741	42071	16623	46064	31237
3793717	148416	612052	293266	2856776	2201247	5763299	3562052
265655	25785	132859	96364	247388	7993	7665	326
4401		4401	1237	4680	854	1341	487
225290	59959	84770	48547	233306	136099	358059	222149

1-B-2 续表 15

分　　组	企业单位数(个)	亏损企业	工业总产值(当年价格)	工业销售产值(当年价格)	出口交货值	资产总计
辽阳市	8	4	1678919	1589451	393	3417325
盘锦市	1	1	5094	5094		1980
铁岭市	1		91221	91181		57321
朝阳市	1		5150	5149		7547
橡胶制品业	280	39	23725337	22544007	1590637	17387305
沈阳市	89	12	11505959	10558567	355720	7993504
大连市	40	10	2752717	2745564	810368	4153540
鞍山市	12	2	2749808	2785936		1267561
抚顺市	8	4	129922	126179	59452	74768
本溪市	11	1	136204	139052		166276
丹东市	8	1	201244	199948	71982	88897
锦州市	8	2	730361	627902	67307	718974
营口市	5	1	171844	166747		47780
阜新市	2	1	175670	159824	169	281838
辽阳市	3	1	39614	39402		52555
盘锦市	6		103421	100678		62769
铁岭市	81		3634681	3548237		1087633
朝阳市	5	3	1302331	1254967	194867	1084700
葫芦岛市	2	1	91561	91004	30772	306510
塑料制品业	837	117	49088632	47685957	3369652	43647512
沈阳市	292	10	21375238	20972853	116401	14277918
大连市	208	53	9276978	8808938	2950984	12667060
鞍山市	64	11	1295026	1251323	56190	1284755
抚顺市	19	6	312655	282189	7000	205634
本溪市	9		110545	107736		169480
丹东市	21	3	819692	756606	83886	302896
锦州市	29	5	1958055	1800757	7494	626213
营口市	71	7	4917755	4879185	74784	1390735
阜新市	9		101124	101024		157692
辽阳市	10	4	5264437	5148609	71270	8677588
盘锦市	27	2	887535	874783	1643	621591
铁岭市	55	2	2239943	2205143		873815
朝阳市	8	3	44765	42629		38613
葫芦岛市	15	11	484884	454182		2353522
非金属矿物制品业	1854	244	132447588	126549180	11569645	98268431
沈阳市	353	25	36146758	35542297	122303	15845349
大连市	262	63	13312727	12834084	2481243	17911520
鞍山市	316	52	23542483	20389003	2391349	23642086
抚顺市	86	17	2688861	2476263	312464	3334369
本溪市	59	5	3017786	2796051		3717857
丹东市	61	3	1905224	1908806	241776	1380731
锦州市	98	11	5371100	5019445	817281	2058872
营口市	237	18	31252533	30847977	4844981	16008258
阜新市	17	5	943990	902107		1414375
辽阳市	66	11	3803963	3719061	329108	6198627
盘锦市	56	1	2074626	1971651	29125	1036303
铁岭市	148	4	4980080	4853831	15	2178293
朝阳市	51	16	1872299	1796138		2184193
葫芦岛市	44	13	1535158	1492466		1357598
黑色金属冶炼及压延加工业	581	90	310865312	305180611	45212697	336716711
沈阳市	97	11	28261889	27298529	536746	11227722

单位：千元

流动资产总计				流动资产年平均余额	固定资产总计	固定资产原价	累计折旧
	应收帐款	存货	产成品				
1771963	62281	403250	39898	1739630	1594610	2312926	769082
1660				1660	320	420	100
651	226	425	40	1236	56670	71000	14330
5881	1328	842	627	5953	1507	5540	4042
6732122	2490538	2244431	1577343	7489352	9429167	12207787	3550808
2601220	1415109	825654	743779	3626051	5307052	7063301	1821129
1440096	344129	428640	197964	1295002	1921761	2439488	1151058
534141	42337	266084	215867	527018	630265	667429	38989
33977	8194	18165	9308	35267	36070	53646	17595
127941	39762	14816	2798	126548	37175	64364	28112
58223	13791	16536	5028	57117	26875	39601	12726
451163	302602	118298	85701	395600	181307	246275	83535
20052	11681	4002	2325	27233	21854	22393	1232
145810	47341	59377	31601	154323	128481	145978	34972
41602	23022	8037	4236	41990	9101	17190	8089
50300	37321	4079	2181	43507	10402	15067	7902
569936	99654	99270	63868	531436	492072	602383	124280
525274	59575	331284	201185	497700	507620	693583	202939
132387	46020	50189	11502	130560	119132	137089	18250
25167846	4196685	4518858	2388995	23778239	14457341	20025818	6210528
7172614	1290417	1045531	887330	7475413	5923107	7510369	1696908
8511212	1339075	1311533	448147	8156476	3302462	5821690	2753657
745349	236176	240411	118809	597393	355154	677637	349601
141481	26687	37328	17876	156504	61609	86564	28439
136699	44297	14709	5846	121421	32262	50783	19022
162795	70014	36452	19351	158893	107663	164084	59391
348780	87619	179295	105507	347861	256702	261544	73974
721926	271471	148916	77251	700898	497668	720878	250309
96634	30365	32254	12201	97629	39518	49508	14080
5238009	570122	1265894	579142	4422207	2527904	3097118	580300
319697	126801	63776	29826	189969	234714	308424	78412
324547	44562	52260	27855	321643	483168	567626	88073
15381	6559	4575	1125	13688	22052	22940	1753
1232722	52520	85924	58729	1018244	613358	686653	216609
43519940	14120927	11842528	5888320	40944548	40122512	53757878	15764766
5577017	1626949	852181	471815	6008361	8761456	11170573	2919146
6959067	2286840	1898985	719970	6073398	8492755	11906420	3608324
10588884	3285846	2952965	1808972	9734450	8139255	9443942	2244920
2096640	725907	731008	268674	1969160	1083317	1800148	775131
1553442	346019	341836	126544	1362350	1415753	2618751	1211650
665053	251604	205290	94300	622556	526209	693544	207033
1013982	296074	335616	185348	937899	891477	1141248	287649
9999514	4175807	2573686	1458900	9509777	4320085	6588445	2361758
553550	124718	275418	205826	486428	777961	933531	165571
1941981	344960	937533	214530	1760376	2314393	3086964	878169
557522	237616	119139	83326	535856	372978	555497	201462
786872	184324	170045	87661	752322	1241496	1608115	381362
662346	115693	247649	103845	611622	1295862	1405203	200586
564070	118570	201177	58609	579993	489515	805497	322005
113194382	10274235	44803419	13826136	114012754	148226310	224478807	88342949
4172997	702584	1085335	614328	5106316	4253338	5595322	1508826

1-B-2 续表 16

分　组	企业单位数（个）	亏损企业	工业总产值（当年价格）	工业销售产值（当年价格）	出口交货值	资产总计
大连市	70	16	20436174	20339331	4466763	28511590
鞍山市	41	10	95102106	94627707	16798461	130363242
抚顺市	20	1	22286086	22100328	1336368	11585643
本溪市	56	8	69287764	68031420	17092629	72466561
丹东市	13	2	1843045	1788094	390593	852556
锦州市	46	8	17171704	16943114	2198052	8333475
营口市	30	4	13906869	12280094		44407830
辽阳市	118	3	19307462	18838464	693406	10250091
盘锦市	1	1	7278	7278		7486
铁岭市	23	1	5055993	4966509		1222321
朝阳市	26	9	11512352	11479647	482807	12329589
葫芦岛市	40	16	6686590	6480096	1216872	5158605
有色金属冶炼及压延加工业	393	75	74366921	72823422	2361116	54459517
沈阳市	110	16	16236019	15889056	54115	6622064
大连市	28	11	2450686	2399519	546743	1985739
鞍山市	16	1	2040034	1970569	42147	1524044
抚顺市	16	2	3078034	2991890	12314	6541984
本溪市	18	1	573142	558029	57206	245043
丹东市	22	2	2462718	2352284	30380	912642
锦州市	29	6	4312831	4023456	68560	1194266
营口市	39	6	8696818	8597360	344418	2571889
阜新市	13	6	931149	1038179		742574
辽阳市	10	1	11648943	11588468	371870	14179546
盘锦市	2		59612	60164	53285	40970
铁岭市	34	4	6500546	6432224	45985	2781771
朝阳市	25	8	5792593	5317763	291397	2491682
葫芦岛市	31	11	9583796	9604461	442696	12625303
金属制品业	1201	164	86082752	85012869	17404070	51034509
沈阳市	286	23	37539498	38477954	8529942	19652009
大连市	363	61	15077862	14413704	5220966	10875888
鞍山市	210	34	10329451	9844818	601092	9474074
抚顺市	24	7	534164	483583	44861	265331
本溪市	25	3	898973	853573		1216093
丹东市	25	1	743733	727917	121862	441402
锦州市	29	3	3535947	3646488	1839534	1435217
营口市	90	11	7973872	7851110	816289	2858598
阜新市	8		954109	966527		504002
辽阳市	20	2	1183761	1071915	211620	926891
盘锦市	33	3	1865818	1251622		1289600
铁岭市	56	1	4990158	4971620	7600	1488349
朝阳市	8	3	111803	111405		115362
葫芦岛市	24	12	343603	340633	10304	491693
通用设备制造业	3394	402	221996757	212983851	18747059	185255723
沈阳市	843	65	82216685	78762654	3439996	58777975
大连市	1245	158	93739722	90076094	12953442	93254397
鞍山市	338	60	8848146	8657942	64616	9326039
抚顺市	95	20	4581393	4010603	1814636	4081372
本溪市	52	3	1033573	911873	25	1014179
丹东市	119	12	4801138	4542587	176581	3176680
锦州市	64	9	1819147	1715434	31779	1281514
营口市	175	10	6900948	6781157	191122	3425073

单位：千元

流动资产总计	应收帐款	存货	产成品	流动资产年平均余额	固定资产总计	固定资产原价	累计折旧
10593001	1945401	3667709	1287336	10334801	12868201	13424693	5837503
46420674	2293495	13744564	5026216	46290457	49079587	84906835	36407754
5642414	942122	2380477	513544	5577099	4985399	8126797	3189505
22169089	1433274	11079929	3481159	23308273	43920589	78895445	35032712
381499	86217	180935	102928	234852	366592	486588	149974
4791324	1048329	2081263	943614	4011394	2375454	2987930	752716
6823711	142612	6959896	338585	8004161	19185002	16470404	1357182
4070673	707327	1454014	769907	3943237	4432184	5914334	1533456
5831	2719	2081	1476	5831	1655	2874	1219
327768	103460	112132	75113	293410	891752	920347	43752
4881326	117623	1498118	440669	4423896	4796849	5526857	2138405
2914075	749072	556966	231261	2479027	1069708	1220381	389945
28218779	3641833	6970055	2814471	28766278	18486443	25122851	8782638
2206313	600138	584830	344127	2255370	3747757	6235874	2743610
1233850	292136	545252	93602	1538335	682609	821909	144856
578303	136478	253451	91807	740830	239257	273475	59418
2383407	220045	1183008	236784	2389706	2860210	2471478	944865
124431	47906	39686	26954	168999	76465	89941	20590
523952	130865	136536	103404	582176	337941	529293	197207
652979	147950	207509	111385	635159	354753	417983	87349
1712840	496572	470038	237033	1710667	722316	998011	297661
455501	284845	74539	27679	522408	225359	424856	200898
9150629	615822	1171236	854129	8144096	3910749	5028808	1136053
27321	15673	11648	8961	30485	13649	20215	6566
2090814	186392	208198	149090	2246326	658309	717142	58953
1405671	264178	524024	281410	1313123	665350	794069	162452
5672768	202833	1560100	248106	6488598	3991719	6299797	2722160
23175799	9400079	5813131	2210590	24703653	22591210	29682875	7946281
6146176	3654971	915111	476960	8592261	12856267	16529273	3878509
5837469	2004445	1989807	564344	5712144	3551190	4661459	1432239
4891288	1863829	1356612	537180	4446552	2524150	3753317	1447940
155537	65165	54035	23028	133926	104824	132989	29202
713834	149792	144757	81764	620121	442007	530216	114284
217382	58165	76439	23935	216052	165989	202418	47587
847513	260897	296166	123072	1021639	388657	630204	243722
1667582	488265	414081	147667	1613899	837444	1190125	364035
284715	69988	106174	34195	318820	204011	208167	14624
630785	221393	129817	23191	538866	264298	385958	133939
818683	408163	143446	96480	664346	303341	415673	118105
625344	72088	112016	56554	595519	762419	823317	63877
45941	10836	20507	6371	44411	42881	63712	26169
293550	72082	54163	15849	185097	143732	156047	32049
89994240	31176926	27508372	11222532	97343406	74142707	96475336	28284180
21158811	10345326	4892496	3289060	31904477	35213485	46718217	12213760
50179359	14946135	16634945	5726255	48250794	28602555	35590145	11338498
4541013	1538793	1197361	412652	4527738	2488718	3817161	1746714
2301306	386514	1197996	150619	2097608	1058899	1437939	388114
692460	223704	296991	171463	641315	269899	400201	145510
2054854	878457	521457	266620	1950490	1025468	1402454	525451
801905	349891	295699	156137	686529	425961	504472	138558
2051828	805963	564227	185873	1937927	1029473	1415187	470572

1-B-2 续表 17

分组	企业单位数(个)	亏损企业	工业总产值(当年价格)	工业销售产值(当年价格)	出口交货值	资产总计
阜新市	45	5	2447684	2323392	19910	1832528
辽阳市	74	10	2033765	1906533	33724	2158907
盘锦市	36	5	668065	654064		627709
铁岭市	174	6	8677471	8602918	7918	3850134
朝阳市	90	21	3459486	3291234	9674	1502455
葫芦岛市	44	18	769534	747366	3636	946761
专用设备制造业	1246	163	102831649	97140459	7367610	102401091
沈阳市	349	33	39969465	38977079	2276585	34722209
大连市	282	53	35218755	32818045	4410114	42553733
鞍山市	135	29	4318995	4092685	63759	5405547
抚顺市	37	5	2749341	2431811	32101	2120810
本溪市	14	1	551986	551091		720592
丹东市	75	11	1930430	1859794	44192	1538398
锦州市	31	2	892621	860405	3898	524825
营口市	43	3	1508624	1485985		995352
阜新市	13	1	411851	407849	554	585024
辽阳市	22	2	991567	944999	24754	1442284
盘锦市	59	3	6356259	5202025	323996	5830927
铁岭市	91	4	3642192	3577450	1564	2061707
朝阳市	80	9	3028163	2669577	3647	1752095
葫芦岛市	15	7	1261400	1261664	182446	2147588
交通运输设备制造业	844	158	186997314	187795818	46467535	268401964
沈阳市	272	48	80587304	83806336	2928212	80657389
大连市	297	63	73462177	71695012	40466037	137433588
鞍山市	36	5	1760189	1700534	3281	1789361
抚顺市	10	2	277977	256050	9080	2876805
本溪市	13	2	1222073	1204793	15749	1702549
丹东市	52	3	5191223	5215325	312973	6097462
锦州市	35	13	2527494	2368034	220726	2574986
营口市	35	4	2304163	2231465	291389	2193784
阜新市	4		85042	85042		37527
辽阳市	8	4	1098402	1106560	20315	555534
盘锦市	13		3372257	3279447		1635991
铁岭市	14	1	2185441	2066598		1457276
朝阳市	31	8	3523449	3523880	343613	4111944
葫芦岛市	24	5	9400123	9256742	1856160	25277768
电气机械及器材制造业	1089	152	103937647	99596347	11917425	74516315
沈阳市	452	53	59665725	56696409	1571688	40260929
大连市	237	48	23216488	22388686	9360452	17376133
鞍山市	73	13	2445759	2425912	137557	3099527
抚顺市	35	6	1737780	1505107	38935	1533772
本溪市	8		242169	241994	32311	172690
丹东市	45	1	2728700	2658681	114600	1688957
锦州市	47	11	2607093	2525616	1340	2511785
营口市	60	2	4277585	4229304		1900192
阜新市	15	1	381800	367515	15862	733312
辽阳市	18	3	2969840	3010983	635480	2878449
盘锦市	21	3	362146	355202	16	401524
铁岭市	45	3	2423649	2354951	9184	793813
朝阳市	13	2	275864	248282		551063
葫芦岛市	20	6	603049	587705		614169

单位：千元

流动资产总　计	应收帐款	存货	产成品	流动资产年平均余额	固定资产总　计	固定资产原　价	累计折旧
1340084	329103	550618	235679	1147683	367232	497438	161812
1238982	316645	373950	115964	1169531	782211	1014162	251130
438926	211208	57463	23814	332981	159291	258707	110922
1811685	483143	346501	134327	1520761	1850776	2203270	396960
819571	219472	338885	176902	717559	566138	826763	299779
563456	142572	239783	177167	458013	302601	389220	96400
58795972	18941142	20417266	5167581	59021115	36551366	45576168	11321983
12620774	5234539	4170249	2605930	19442020	20633795	25428024	5352597
31093106	8201045	11536574	1096692	25737842	9409466	11086273	2731484
2442811	800871	740456	132566	2397386	1340945	2317280	1289102
1524861	542687	589426	251625	1556034	400661	540992	176677
502084	90102	218410	47325	479872	145050	399622	256588
908238	314015	275744	129389	877107	525685	650582	196655
231032	42054	93451	48216	192686	184214	211000	36811
557192	218486	152766	87465	501778	258426	318989	70726
303823	139446	45834	13154	294993	147547	170360	46257
879921	224900	414240	71154	879928	348965	597600	305350
4398439	2267780	1142519	152370	3610065	1045830	1260362	291272
974220	272583	196121	78326	826877	1034312	1235469	205605
928501	306430	234962	78403	863986	560752	693310	156642
1430970	286204	606514	374966	1360541	515718	666305	206217
179887750	22520506	44167181	6073119	171820498	65933844	80991667	25492665
44342579	11584388	15573171	3718162	46905680	26607021	34899975	12423323
102771570	6700423	20116522	876984	92918269	28949670	32525956	8747269
1048860	372468	229486	139840	1021593	383578	546924	181385
361674	51568	260729	216945	171249	245490	275181	48266
1240387	101396	373801	203096	1244155	411049	752441	385058
2677269	1132889	202201	113775	3028873	916322	1102067	296331
1545964	554443	432151	248844	1518052	696415	886819	201008
1299995	168768	468439	112211	1256222	583877	726988	203249
33925	20773	1281		33693	3388	4111	814
326178	122287	116289	48787	299715	177344	308151	173226
983396	256492	25671	1149	1113428	551334	591075	70946
817003	190560	258009	50265	911400	360788	586477	230319
2504197	628612	942190	320237	2176724	1369443	2064543	904589
19934753	635439	5167241	22824	19221445	4678125	5720959	1626882
37365470	14011805	10294874	5313766	40436104	30987381	44226629	14946233
16269343	6113556	4527683	3292730	20647302	21915267	29557054	8687224
11015546	4148235	2400065	852770	10492273	4458824	8369191	4272439
1809844	804777	436480	56631	1620876	706065	1133689	486862
1027192	378352	307017	164345	1055526	379922	451422	143739
130434	69498	29348	16869	64151	30304	44162	14465
1049585	421967	329822	101104	944500	410022	560910	169191
1902538	626514	585263	183300	1807351	515352	660154	246309
1195835	637354	339573	107450	1063881	476854	790022	320571
248477	65925	46052	11339	238984	124482	173339	51474
1482116	209678	991060	453945	1314331	1234698	1569610	349777
292263	173450	69063	11125	259795	101334	127727	30105
373159	131628	76966	46461	355464	320160	371356	57452
215611	83980	54365	8943	313958	77189	90983	17320
353527	146891	102117	6754	257712	236908	327010	99305

1-B-2 续表 18

分　组	企业单位数（个）	亏损企业	工业总产值（当年价格）	工业销售产值（当年价格）	出口交货值	资产总计
通信设备、计算机及其他电子设备制造业	287	61	61667044	60846119	31539580	46800540
沈阳市	98	12	21280578	20926668	5608727	15686732
大连市	95	27	35854992	35507875	25038326	27408625
鞍山市	26	6	475840	469962	135530	422287
抚顺市	3	2	124726	126023	12518	44682
本溪市	3		140730	140568		61700
丹东市	21	5	1089031	1014419	412356	693597
锦州市	11	1	453708	437605		303884
营口市	3	2	118019	110830	82494	782199
阜新市	10	2	237253	233322	17859	465233
辽阳市	4	3	157005	153274	6900	284035
盘锦市	3		27109	23810		58108
铁岭市	6		1289672	1275489		171631
朝阳市	4	1	418381	426274	224870	417827
仪器仪表及文化、办公用机械制造业	319	55	13274111	12729122	1889020	10779378
沈阳市	76	12	3827995	3700777	80943	2881055
大连市	88	24	3757154	3543277	1673285	3584743
鞍山市	59	8	1298399	1281155		1378483
抚顺市	4	1	135869	131594		155697
本溪市	4		42227	40244		67383
丹东市	34	5	1806771	1706758	21209	1176606
锦州市	9	3	171731	164263		206149
营口市	17		1062374	1055676	113511	616985
辽阳市	7	1	289931	271942	22	346221
盘锦市	5		102583	102620		67168
铁岭市	12		551556	523333	50	129191
朝阳市	3		217148	197172		156029
葫芦岛市	1	1	10373	10311		13668
工艺品及其他制造业	199	37	8754513	8516422	2283486	6393640
沈阳市	62	10	3849407	3630234	531206	1303729
大连市	39	15	1631389	1666675	933843	1710874
鞍山市	17	2	222628	229303	14193	133946
抚顺市	24	6	835754	834969	197311	1676654
本溪市	7	1	184797	180215	76325	129826
丹东市	8		309033	303593	199255	105298
锦州市	6	1	364034	353199	96926	414147
营口市	9	1	557263	553073	130990	371314
阜新市	1		5033	5033		8574
辽阳市	13	1	234280	205170	90837	225547
铁岭市	12		539395	535808	12600	304902
朝阳市	1		21500	19150		8829
废弃资源和废旧材料回收加工业	34	4	1905567	1896931	600	1804422
沈阳市	4		528623	527632		431380
大连市	7	1	194162	194162		229668
鞍山市	4		36492	35988		66821
抚顺市	2	1	46252	46241		97696
本溪市	4		201225	197725		449518
丹东市	1		710560	710150		198865
锦州市	3	1	61983	61178		31110

单位：千元

流动资产 总　计				流动资产 年平均余额	固定资产 总　计	固定资产 原　价	累计折旧
	应收帐款	存货	产成品				
27380251	7956812	4690144	1646781	25988676	13207973	19705740	8387904
9091857	2568893	802536	348979	8644626	4353397	5245580	1263367
15939495	4825571	3383297	1164791	15356686	7988003	13171907	6622624
310910	97721	79644	12325	253085	85669	134661	58760
14212	1415	1504	275	24297	29932	129989	100940
25492	10400	13849	4948	27696	30691	40649	9959
428537	151398	102369	11953	408861	216032	321080	128730
229747	93711	64993	23778	204567	44058	110246	66327
475577	62572	12484	8665	311864	35917	42815	10304
359004	42845	72852	41358	263793	94646	86321	23933
123777	17812	49547	10481	149489	89908	165502	76663
41344	12110	11202	8878	41885	10440	12527	2721
77284	15937	4429	2839	41481	93450	100907	7457
263015	56427	91438	7511	260346	135830	143556	16119
6306530	2148320	1604117	493700	6121634	3346278	4487821	1496073
1622684	596544	354258	161468	1672563	1013073	1322446	351355
1977166	554225	615674	130925	1903955	1266515	1923271	770785
919198	352516	150282	25174	840016	316760	462710	177830
93053	46849	23781	6673	93344	51444	50705	5332
36140	17055	6660	3860	33200	23720	25452	1732
723420	309044	208490	59398	783643	249860	268859	81300
163775	54418	55149	10255	151983	14724	28633	14972
362968	103048	118608	68750	351499	141032	166497	31379
162497	32117	14545	8726	115297	179164	120360	25587
41676	30637	3850	478	40180	22305	33676	12713
91129	34870	23477	4836	54469	24436	35893	11457
99851	16997	28945	13157	68985	42550	48518	11525
12973		398		12500	695	801	106
3033966	599290	980017	408705	2843296	2548331	3761872	1327518
757834	89933	359608	186860	692377	478798	642317	188080
799514	169913	312798	94830	786649	776616	1421721	646420
50054	18169	26080	22459	52948	29869	35848	8475
680089	101416	99032	13962	592716	582642	746290	188122
91632	7317	25395	9349	86722	27840	75971	48132
50685	16791	16092	10856	50627	42018	52127	10362
156795	79786	46405	26233	166612	242509	301688	102835
158645	75096	45541	20131	152858	148183	215096	67707
5695	943	133		5695	2379	6445	4066
121681	33878	33204	14296	105383	84486	94733	25337
155058	3076	15443	9649	144921	130448	165459	35574
6284	2972	286	80	5788	2543	4177	2408
1155471	137548	148307	71838	1035988	366581	492300	177359
276568	24058	4970		233753	23325	40255	17736
117188	27045	20802	8108	99717	59961	59707	23773
25219	-1241	4296	3369	38808	22977	16871	6228
71631	341	571	197	71509	15479	2975	1599
395421	26509	15362	10285	314694	53102	133334	80232
152773	35841	86354	39825	156502	45870	45981	111
15634	9134	4352	3446	14392	7444	7973	529

1-B-2 续表 19

分　组	企业单位数（个）	亏损企业	工业总产值（当年价格）	工业销售产值（当年价格）	出口交货值	资产总计
营口市	3		37599	37599		32036
盘锦市	2		38510	38510		24470
铁岭市	3		19948	19858		64041
葫芦岛市	1	1	30213	27888	600	178817
电力、热力的生产和供应业	340	130	123905930	123253918	569	194324662
沈阳市	71	18	22102045	22061830	488	49147667
大连市	68	33	12502029	12350827		22775934
鞍山市	24	10	2116903	2115163		2647910
抚顺市	20	8	3925913	3910498		6464209
本溪市	22	7	1453520	1292391		3560246
丹东市	14	2	2505728	2495893		3981595
锦州市	13	5	3383660	3360980		4033100
营口市	15	4	5030812	4962166		8529394
阜新市	15	6	3949172	3924001		8885031
辽阳市	10	5	1880042	1877758	38	1356442
盘锦市	7	4	571312	411041		1222616
铁岭市	22	9	4393336	4385416		12184683
朝阳市	18	8	2507776	2505822		1864641
葫芦岛市	20	10	4088868	4105318	43	14633128
燃气生产和供应业	38	12	2644744	2605715		7344737
沈阳市	9	1	739351	738593		3478695
大连市	10	1	1260804	1231998		1465723
鞍山市	5	1	139428	138752		495129
抚顺市	1		51454	51454		227320
本溪市	2	1	60786	60786		237963
丹东市	1	1	42618	42618		181382
锦州市	1	1	79069	72707		229951
营口市	1	1	23070	23070		58240
阜新市	1	1	17707	17707		101848
辽阳市	1	1	22340	22340		119507
盘锦市	2	1	42030	39411		175819
铁岭市	1	1	32519	32519		214692
朝阳市	1		20075	20075		148125
葫芦岛市	2	1	113493	113685		210343
水的生产和供应业	69	34	4000257	3794619		17208530
沈阳市	10	5	998579	991644		3008767
大连市	17	7	1210486	1168946		7146455
鞍山市	3	2	234092	138432		971153
抚顺市	2	2	187935	187935		744245
本溪市	3	1	118943	107751		555849
丹东市	3	2	96115	96115		216426
锦州市	4	1	270553	253685		542749
营口市	3	3	148746	148537		1362979
阜新市	2	2	141998	141998		335371
辽阳市	3	2	58840	62000		360982
盘锦市	5	1	286848	254122		860609
铁岭市	6	1	83575	80775		263185
朝阳市	3	2	64360	64360		217209
葫芦岛市	5	3	99187	98319		622551

单位：千元

流动资产总　计	应收帐款	存货	产成品	流动资产年平均余额	固定资产总　计	固定资产原　价	累计折旧
17661	3397	3539	1520	17163	14036	15771	1735
1929	610			965	18608	18708	100
15982	2723	917	51	13454	26649	31104	4825
65465	9131	7144	5037	75031	79130	119621	40491
36526254	7413491	4615609	119757	38776528	149082006	201779215	82599711
12326023	2962542	605902	7987	11890096	35141068	33400868	11168754
5553484	1053699	957812	4548	5304496	16036135	23408131	8691126
1184096	141465	173982	1570	1188511	1006829	1515732	694641
1840202	516252	262915	3823	1845492	4507480	7512444	3210440
910890	243837	145334	46819	1052580	2376521	3351966	1126851
612264	189838	149369	972	622086	2913816	7098833	4188403
1493013	407586	260086	958	1363360	2442725	7043970	4604341
1190683	308753	341361		1123452	7052543	7260381	1831026
1244733	386990	195776	631	1206877	7399102	8985264	2147016
576712	166639	96781		500291	721955	1092131	541892
375373	34575	33808	1867	322992	583743	864856	337728
1728585	511505	161360		1737968	10390935	11688244	5533414
358750	76402	68077	1977	319697	1392026	2408693	1040128
2500221	241410	824630	48605	3678914	8710287	14127154	5910213
2246348	140901	204509	44373	2189452	3834937	4514618	974970
1176515	45594	39203	6200	1207062	1378173	1323081	80356
405607	42567	77810	32441	380748	994181	1365447	442320
142357	21291	3909	510	118033	300080	471060	170980
56740	9060	29209		56740	117430	125421	7991
60786	653	5289		58887	128924	151372	22448
48247	4193	4337	1803	50206	133135	146334	43502
41750	5343	4703	427	43522	145084	176068	35083
31398	318	2386		30899	18004	46092	28088
28014	398	1135		25410	57719	77639	19920
33815		3552	2992	26403	85192	117192	62000
43733	970	15116		41872	132008	139884	9010
10259	2051	480		8693	174051	202567	28516
78848	2019	1572		65774	58471	71029	12558
88279	6444	15808		75203	112485	101432	12198
5144129	1935462	204063	50299	5009522	10980649	15744916	5605029
1328627	579367	53844	26210	1276023	1531650	2598339	1228677
1370324	715209	50073	1717	1384538	5529128	7415382	2114703
339931	65173	6276		278044	620366	882339	408397
280860	20709	5409		286199	459557	649926	256478
134241	9978	4994		145303	412797	535359	144175
55611	34287	2319		54161	127912	347989	227342
225785	111504	6005	800	205092	288936	487144	254526
344388	43803	22672	3790	303661	702840	784757	198932
114250	55268	2547		111291	215162	477028	264588
238940	31359	3753		238064	95628	205909	110291
429594	153353	19090		412858	267593	339325	72568
50572	23989	18399	17582	33093	170721	214827	44226
51104	5591	5189		48181	131853	155976	50638
179902	85872	3493	200	233014	426506	650616	229488

1-B-2 续表 20

分组	固定资产净值	固定资产净值年平均余额	负债合计	流动负债总计	应付账款
总计	**863554353**	**794358323**	**1287850602**	**977218146**	**305001470**
沈阳市	227491158	188805524	262539407	210654769	114270949
大连市	167040386	156425799	383527649	291277123	63149506
鞍山市	72897083	71333919	116160420	77846992	14157274
抚顺市	30678275	30214014	47130923	38071862	8510814
本溪市	55422526	51196815	62539301	55469983	17648569
丹东市	13148770	12956103	18851410	16025095	3732391
锦州市	18066740	17180133	26624777	21510841	5550960
营口市	37666882	32661690	59282159	52327946	10728594
阜新市	19664378	19565667	24578689	15411866	3239661
辽阳市	33651833	33644839	45931776	36942211	6167043
盘锦市	74492182	71510385	79749241	43923130	27145492
铁岭市	28380394	26259222	30201934	18701586	4098427
朝阳市	15443138	14750402	24573524	21077502	5172609
葫芦岛市	29063798	28307984	70101607	59610858	14002179
按隶属关系分					
中央	273962694	257342356	443270057	314337303	81604242
沈阳市	9980800	8735325	28549635	20341818	10147382
大连市	42222123	37863327	143165382	121996289	15053850
鞍山市	45929864	45212474	66515936	39240857	5978052
抚顺市	12683336	12945269	16777518	12517249	2396722
本溪市	679191	699339	113807	20423	3420
丹东市	659671	657955	400624	230901	88605
锦州市	4986976	5076885	6056125	5267024	1438784
营口市	14954088	9361573	17948957	14556590	2190742
阜新市	3606994	3700190	4134129	1490791	264700
辽阳市	11508221	11086105	10274995	7552670	2311265
盘锦市	65925864	63872999	62459998	30526688	22681753
铁岭市	3105213	2105411	4790671	2285520	19984
朝阳市	1146907	1190592	2152509	1845331	789974
葫芦岛市	16126636	15289085	43871986	38098770	10812007
地方	589591659	537015967	844580545	662880843	223397228
沈阳市	217510358	180070199	233989772	190312951	104123567
大连市	124818263	118562472	240362267	169280834	48095656
鞍山市	26967219	26121445	49644484	38606135	8179222
抚顺市	17994939	17268745	30353405	25554613	6114092
本溪市	54743335	50497476	62425494	55449560	17645149
丹东市	12489099	12298148	18450786	15794194	3643786
锦州市	13079764	12103248	20568652	16243817	4112176
营口市	22712794	23300117	41333202	37771356	8537852
阜新市	16057384	15865477	20444560	13921075	2974961
辽阳市	22143612	22558734	35656781	29389541	3855778
盘锦市	8566318	7637386	17289243	13396442	4463739
铁岭市	25275181	24153811	25411263	16416066	4078443
朝阳市	14296231	13559810	22421015	19232171	4382635
葫芦岛市	12937162	13018899	26229621	21512088	3190172
按登记注册类型分					
内资企业	709217065	651692186	1049750015	777176280	242362626
沈阳市	170180062	142053172	194023827	149681428	86403629
大连市	108859656	99518547	274376554	201361400	37302826

单位：千元

长期负债总计	所有者权益合计	实收资本					
			国家资本	集体资本	法人资本	个人资本	港澳台资本
246466246	**916240182**	**531382440**	**185301658**	**7398784**	**166903438**	**89910904**	**15194138**
38426722	207222760	103051130	14232820	1067148	45594214	19977478	5841033
58198548	214546637	137239869	37536730	1520326	40991175	14535717	3640687
33700184	98042743	31770694	12742877	1292866	5763670	9768351	938819
6097536	45886383	25199299	4564443	258534	16060219	2629490	631226
6612068	40889294	18960607	11378179	432947	3334091	3023221	168708
1529943	18171567	9184753	2725075	151849	1676692	3803268	219681
4497836	27762037	19695010	8291644	422186	3012049	4244429	1649899
6591274	51472105	37535630	20781251	420312	5288686	6720298	739501
8891449	10710253	8028531	1745383	181433	3560175	2103847	210132
7493683	46788961	26475556	17942972	701550	1455179	5098719	389634
33406829	62540782	56498098	40894908	129209	12337105	2679465	216366
10783808	29396802	19407185	3398497	339830	5143021	9839838	267193
2690382	21745186	8177343	1738307	58414	2634475	3396377	191953
9854581	24084391	20158735	7328572	422180	10052687	2090406	89306
118325335	270344617	196516405	128066271	40455	65376618	137841	41425
5240700	14886721	9003695	2090355	23319	6757294	16592	
15320001	42959999	40065860	24840936	15808	12539393	5291	41425
27272864	55906388	11376249	11281019		95230		
2953836	23103376	12608155	510479		12097676		
92000	584537	93801			56280		
169722	783362	509712	447817	1328	60567		
789050	9534306	8143277	7103312		875570	87263	
3392367	23276720	22803215	19904719		2898496		
2643338	405585	1018170			1018170		
2627244	15942832	17020112	17020112				
31805447	51504744	49593706	40503052		9076904	13750	
2505151	1191198	1225575			1225575		
48999	1168946	785445	60000		723500	1945	
5773213	12115622	12269433	4304470		7951963	13000	
128140911	645895565	334866035	57235387	7358329	101526820	89773063	15152713
33186022	192336039	94047435	12142465	1043829	38836920	19960886	5841033
42878547	171586638	97174009	12695794	1504518	28451782	14530426	3599262
6427320	42136355	20394445	1461858	1292866	5668440	9768351	938819
3143700	22783007	12591144	4053964	258534	3962543	2629490	631226
6520068	40304757	18866806	11378179	432947	3277811	3023221	168708
1360221	17388205	8675041	2277258	150521	1616125	3803268	219681
3708786	18227731	11551733	1188332	422186	2136479	4157166	1649899
3198907	28195385	14732415	876532	420312	2390190	6720298	739501
6248111	10304668	7010361	1745383	181433	2542005	2103847	210132
4866439	30846129	9455444	922860	701550	1455179	5098719	389634
1601382	11036038	6904392	391856	129209	3260201	2665715	216366
8278657	28205604	18181610	3398497	339830	3917446	9839838	267193
2641383	20576240	7391898	1678307	58414	1910975	3394432	191953
4081368	11968769	7889302	3024102	422180	2100724	2077406	89306
216037699	727642514	412797487	180796871	6426524	140463599	82685699	900339
32409314	147073779	67300612	13287049	936744	35738856	16740981	160967
42984547	139734428	81627535	36271168	1235005	30252764	13008947	222861

1-B-2 续表 21

分组	固定资产净值	固定资产净值年平均余额	负债合计	流动负债总计	应付账款
鞍山市	69584940	68217076	111256290	74129182	13187380
抚顺市	28373566	28177033	42680705	35367669	7541435
本溪市	49929293	46393570	55770392	51146221	17293098
丹东市	10402995	10428597	15259244	12702111	2886959
锦州市	15172888	14121205	21671570	17568778	4652785
营口市	29117077	22771359	46513069	40434997	7727360
阜新市	18921718	18855356	22693336	13722963	2882541
辽阳市	25761501	25748758	32715577	25039513	5665650
盘锦市	73834839	70870405	78181964	42683441	26983682
铁岭市	25314666	23072842	25589000	15839910	3634098
朝阳市	14768537	14138755	23810059	20385510	4932531
葫芦岛市	28548517	27779684	69150643	58746775	13841650
国有企业	237202878	228699188	277780308	172099440	59603929
沈阳市	29593082	24563075	44729736	30539865	10938621
大连市	20033618	19739532	36987757	22797158	5709966
鞍山市	47866636	47323061	69284212	41360948	6272422
抚顺市	4283964	4354000	6951256	5356813	1186216
本溪市	860402	905670	1275691	1135759	190285
丹东市	3370118	3484599	1607281	1431192	221717
锦州市	4959810	5156620	4529262	3672419	933805
营口市	1796488	1791182	2269111	1691834	356801
阜新市	7396400	7193865	8256419	5391304	1261760
辽阳市	3443558	3470522	5050914	3930261	1389076
盘锦市	64037180	62084211	49856834	29209455	22660692
铁岭市	478740	463463	689061	611429	102351
朝阳市	698612	676406	587001	546001	104023
葫芦岛市	7937460	7947155	9647988	6058620	849192
集体企业	9413937	8427006	19981225	16530741	4756545
沈阳市	2359481	2256940	3191811	2437783	1185648
大连市	540767	543270	2113167	1835145	382334
鞍山市	2119602	1705713	4939761	3796527	889870
抚顺市	228233	235042	878764	853068	212746
本溪市	551682	550455	1641740	1389727	324577
丹东市	239139	205120	368196	287533	77908
锦州市	747606	486338	1122308	841779	242230
营口市	492360	475739	973976	950371	325740
阜新市	92623	114396	320558	283627	38988
辽阳市	692935	629776	1056683	979978	266035
盘锦市	133027	127422	569913	498854	278694
铁岭市	638685	605554	661045	377417	130097
朝阳市	112453	114569	121124	114810	37911
葫芦岛市	465344	376672	2022179	1884122	363767
股份合作企业	3162500	2635267	5603180	4845454	1242417
沈阳市	1111837	1146606	1291485	1034646	376737
大连市	493453	467061	1081666	994083	239477
鞍山市	128997	128977	473612	339948	89965
抚顺市	13257	13286	20039	19743	13834
本溪市	58521	58650	117211	116900	7253
丹东市	85072	86933	128724	101678	27355
锦州市	615870	113535	997502	965546	19080
营口市	14639	14079	25606	20250	1291

单位：千元

长期负债总计	所有者权益合计	实收资本					
			国家资本	集体资本	法人资本	个人资本	港澳台资本
32609866	93502990	29012618	12584154	1271790	5286504	9440709	275665
5743644	40586086	22294322	4430936	245934	15123454	2493998	
4205095	37920851	16285835	9818873	428391	3062563	2967267	8000
1348626	14517253	7236992	2715493	142981	992582	3368622	2750
3541831	21984761	15095662	8192872	392369	2376088	4124883	9450
5812171	40102866	31843422	20732915	396372	4722263	5935279	45093
8726152	9845316	7537508	1735803	181433	3469135	2035087	
6297310	32988659	23870648	17937592	245872	687066	5000118	
33143358	61347823	55767752	40824604	129209	12031165	2599942	148007
9129594	27260629	17653919	3310188	339830	4140725	9725642	20418
2621367	20285494	7586115	1657983	58414	2575378	3288904	2378
9773421	23511298	19684547	7297241	422180	10005056	1955320	4750
103453089	194017106	134283287	81545071	116748	51321519	938933	171256
13391806	19989646	13973439	6261527	17282	7323088	344419	13235
13789067	16813395	12644721	4202392	26297	7997635	254125	
27621270	58645249	13004268	12290711	40303	339081	164552	158021
1229863	7443434	12705116	2151933		10553183		
139774	317386	307888	215655	26082	20824	45327	
172284	3058558	2447898	2360445		61567	25886	
845726	8723167	7596819	7585629		11190		
577276	1163336	324193	302193		22000		
2863112	3377492	2627509	1476648		1150861		
931353	3608661	4754034	4754034				
20517851	47597279	48330644	39222188	6784	9078992	22680	
58248	446378	328655	230474		49278	48903	
40600	432425	180252	155026		25226		
3583456	5420419	5057851	336216		4688594	33041	
1765401	13111701	5676164	186523	3423856	873750	1188077	2158
406624	3039740	1035214	11571	481428	348788	193427	
181042	968976	403877	30434	303249	47519	20875	
487004	3054819	1250119	102122	810450	131020	204787	1740
24040	208832	268158		231386	36772		
71025	839452	325221	4410	273313	33504	13994	
69266	373116	163337	31090	92015	993	39239	
111656	1006308	598295	3000	214429	9006	371860	
10938	979312	367186		365137	15	2034	
11105	174847	81635	415	77037	2100	2083	
67395	894083	196160		168290	27870		
70333	103167	47151		8462	24911	13778	
177741	943919	539664	300	131393	97520	310033	418
5094	195016	34106		27561		6545	
72138	330114	366041	3181	239706	113732	9422	
482716	4860234	1855287	146495	320470	610562	773409	
166878	1020814	504718	143533	51132	106350	200093	
65873	1251459	312422		158808	47941	105673	
110980	397366	155734		1000	32447	122287	
295	17465	12792		1276	11216	300	
307	24528	12812		8730	906	2435	
1568	161620	75032		6815	8052	60165	
27900	1030412	189907		8000	15670	166237	
	15863	14508			14008	500	

1-B-2 续表 22

分 组	固定资产净值	固定资产净值年平均余额	负债合计	流动负债总计	应付账款
阜新市	173824	177067	59903	54871	28291
辽阳市	237289	208685	480105	306931	90638
盘锦市	105686	95173	308645	305729	58605
铁岭市	61043	64547	76822	69906	29994
葫芦岛市	63012	60668	541860	515223	259897
联营企业	1882946	1440321	2258235	1265275	419645
沈阳市	765075	359022	415540	392884	328249
大连市	43809	25247	191157	163271	13529
鞍山市	4361	4134	8265	8160	425
本溪市	8300	7680	14440	14439	
锦州市	1633	535	17478	16978	5471
营口市	28224	28616	92199	84397	23515
阜新市	947	947	4700	3700	
辽阳市	3265	3295	112896	112579	7930
铁岭市	6020	5720	5594	5594	1259
葫芦岛市	1021312	1005125	1395966	463273	39267
国有联营企业	47375	47926	44630	23093	12412
沈阳市	9952	11500	9204	9204	8789
大连市	10506	8405	12007		
葫芦岛市	26917	28021	23419	13889	3623
集体联营企业	49298	42311	253402	234657	39324
沈阳市	2042	2177	2410	2197	2185
大连市	10841	3854	145678	134953	12174
鞍山市	3091	2864	7755	7750	425
营口市	28224	28616	92199	84397	23515
铁岭市	5100	4800	5360	5360	1025
国有与集体联营企业	1021577	1007523	1339658	439961	39491
沈阳市	47199	47199	37278	28393	5491
大连市	22462	12988	33472	28318	1355
鞍山市	1270	1270	510	410	
铁岭市	920	920	234	234	234
葫芦岛市	949726	945146	1268164	382606	32411
其他联营企业	764696	342561	620545	567564	328418
沈阳市	705882	298146	366648	353090	311784
本溪市	8300	7680	14440	14439	
锦州市	1633	535	17478	16978	5471
阜新市	947	947	4700	3700	
辽阳市	3265	3295	112896	112579	7930
葫芦岛市	44669	31958	104383	66778	3233
有限责任公司	184456216	159443918	402391716	310779509	97803205
沈阳市	69167246	49387588	90046431	74859632	52700523
大连市	41561543	39866847	158674315	124529232	18219133
鞍山市	5460680	5337084	10113176	7696963	1401480
抚顺市	11343877	10794911	15978859	13224503	2272871
本溪市	3818523	3443116	6007580	5230230	1028381
丹东市	914702	1007591	3405936	3094268	528090
锦州市	3337676	3344088	5255598	4085962	1225591
营口市	5735627	5795266	14746797	10126078	2285398
阜新市	7214008	7291657	8183351	3105934	622637
辽阳市	3980093	4009893	6575087	5007798	870832
盘锦市	4111019	3876849	19312641	7200821	2757910

单位：千元

长期负债总计	所有者权益合计	实收资本	国家资本	集体资本	法人资本	个人资本	港澳台资本
5032	255219	180000		7000	173000		
72689	198866	129582		71632	9549	48401	
90	227419	73883			28467	45416	
6916	51761	54121		6077	45944	2100	
24188	207442	139776	2962		117012	19802	
936798	1507391	621716	207094	37901	297545	77776	1400
22584	547792	166740	136	4960	124895	36749	
10724	75516	29740	4240	8810	5290	10000	1400
	15401	3455		3235	50	170	
	19640	5560			5560		
500	-746	2138	2138				
7802	131156	15596		15596			
	1000	657				657	
100	273987	9200		3300	700	5200	
	26347	2200		2000	200		
895088	417298	386430	200580		160850	25000	
9530	50388	64689	40580			24109	
	23626	19109				19109	
	9434	5000				5000	
9530	17328	40580	40580				
18726	208201	35611		28841	5200	170	1400
200	3870	9960		4960	5000		
10724	36277	6450		5050			1400
	13148	3405		3235		170	
7802	131156	15596		15596			
	23750	200			200		
894443	506491	365540	164240	5760	172900	22640	
8885	67729	25200			7560	17640	
	29805	18290	4240	3760	5290	5000	
	2253	50			50		
	2597	2000		2000			
885558	404107	320000	160000		160000		
14099	742311	155876	2274	3300	119445	30857	
13499	452567	112471	136		112335		
	19640	5560			5560		
500	-746	2138	2138				
	1000	657				657	
100	273987	9200		3300	700	5200	
	-4137	25850			850	25000	
66403883	162239800	93767045	26421355	1539872	52462821	12626179	188743
10716885	45860688	23529325	5714201	221574	14813613	2474675	72142
16642414	44363233	26386191	8425495	507660	14949825	2237968	79008
1458979	7355169	3505286	70865	58475	1715387	1635809	
1712541	9370204	5467250	1942932	10300	3231488	282530	
749563	3939050	2445961	1362066	117334	644068	322493	
258483	2012668	1001769	320015	27137	197907	451510	
1148968	3416361	2230085	601611	144985	826853	654136	2500
4499971	6561889	5084473	518403	12122	4173837	341018	35093
4984670	1959942	2244638	258740	11576	1542962	356590	
1371466	3794477	1425171	319539	2650	328695	774287	
11821428	7473583	3791852	1585890	100359	1568106	537497	

1-B-2 续表 23

分　组	固定资产净　值	固定资产净 值 年平均余额	负债合计	流动负债总　计	应付账款
铁岭市	11757589	10417762	15612368	8343534	1573878
朝阳市	4582298	4367978	8496244	7569300	2127395
葫芦岛市	11471335	10503288	39983333	36705254	10189086
国有独资公司	41912734	32975551	68108419	54701624	25334556
沈阳市	21925220	13705559	26737258	22139653	17363341
大连市	10663063	10272627	24868570	18254134	5716714
鞍山市	19626	19033	153355	118055	13670
抚顺市	4030938	3782220	6119979	5281827	644441
本溪市	1725009	1762332	2730084	2727245	281051
丹东市	37134	28661	131122	131122	20839
锦州市	691581	687871	688551	402435	65314
营口市	131584	136905	270285	240285	38312
阜新市	79227	83407	84497	27622	8439
辽阳市	14365	17903	218222	218222	48589
朝阳市	2163201	2021307	4089877	3812502	1045942
葫芦岛市	431786	457726	2016619	1348522	87904
其他有限责任公司	142543482	126468367	334283297	256077885	72468649
沈阳市	47242026	35682029	63309173	52719979	35337182
大连市	30898480	29594220	133805745	106275098	12502419
鞍山市	5441054	5318051	9959821	7578908	1387810
抚顺市	7312939	7012691	9858880	7942676	1628430
本溪市	2093514	1680784	3277496	2502985	747330
丹东市	877568	978930	3274814	2963146	507251
锦州市	2646095	2656217	4567047	3683527	1160277
营口市	5604043	5658361	14476512	9885793	2247086
阜新市	7134781	7208250	8098854	3078312	614198
辽阳市	3965728	3991990	6356865	4789576	822243
盘锦市	4111019	3876849	19312641	7200821	2757910
铁岭市	11757589	10417762	15612368	8343534	1573878
朝阳市	2419097	2346671	4406367	3756798	1081453
葫芦岛市	11039549	10045562	37966714	35356732	10101182
股份有限公司	108427831	94304507	128596922	107153363	31211495
沈阳市	11355073	9451795	13621340	10929481	6348330
大连市	15641312	12848590	19443872	12873543	2680196
鞍山市	253530	266177	737820	642663	216113
抚顺市	8500731	8804904	12777036	10553120	2350528
本溪市	40650295	37757292	39385411	36844856	13951949
丹东市	553312	523677	2157300	1048733	83754
锦州市	1125955	1014338	4564179	4069562	919997
营口市	12316667	6669290	11247741	11160852	1034282
阜新市	22038	21132	68710	20170	461
辽阳市	9100081	8716719	7677504	5707659	1450938
盘锦市	1034329	508982	2592252	1701939	442110
铁岭市	1115467	1108677	1572880	1173383	254644
朝阳市	2410081	2198835	4120745	3498952	670765
葫芦岛市	4348960	4414099	8630132	6928450	807428
私营企业	162833080	154962953	206596008	162672413	46561114
沈阳市	55729770	54790986	40658361	29418689	14515425
大连市	29152295	24667001	49900224	36739624	9387179
鞍山市	13639307	13336061	25426708	20099640	4294408
抚顺市	4003504	3974890	6074751	5360422	1505240

单位：千元

长期负债总　计	所 有 者权益合计	实收资本					
			国家资本	集体资本	法人资本	个人资本	港澳台资本
7220842	10558552	7681036	2972074	159900	2935636	1613426	
796137	8097218	2921130	1067484	18528	1205748	629370	
3021536	7476766	6052878	1262040	147272	4328696	314870	
8001512	34417682	13558593	10065915	2	3345370	95917	46998
1712492	9782945	3391901	2422276	2	903162	23922	42148
4094773	12153512	4340502	3593005		742497	5000	
35298	-16761	67365	36865		30500		
838152	4787634	1981630	1467490		514140		
2339	1786195	1380184	1180184		200000		
	64230	86299	36299			50000	
286116	237837	221922			221922		
30000	165238	104230	80330			15050	4850
56875	104463	11000	11000				
	-81531	6600	6600				
277371	5312064	1713990	983896		728149	1945	
668096	121856	252970	247970		5000		
58402371	127822118	80208452	16355440	1539870	49117451	12530262	141745
9004393	36077743	20137424	3291925	221572	13910451	2450753	29994
12547641	32209721	22045689	4832490	507660	14207328	2232968	79008
1423681	7371930	3437921	34000	58475	1684887	1635809	
874389	4582570	3485620	475442	10300	2717348	282530	
747224	2152855	1065777	181882	117334	444068	322493	
258483	1948438	915470	283716	27137	197907	401510	
862852	3178524	2008163	601611	144985	604931	654136	2500
4469971	6396651	4980243	438073	12122	4173837	325968	30243
4927795	1855479	2233638	247740	11576	1542962	356590	
1371466	3876008	1418571	312939	2650	328695	774287	
11821428	7473583	3791852	1585890	100359	1568106	537497	
7220842	10558552	7681036	2972074	159900	2935636	1613426	
518766	2785154	1207140	83588	18528	477599	627425	
2353440	7354910	5799908	1014070	147272	4323696	314870	
16437931	137950614	86152009	71784270	140070	8586701	5454601	151000
2059414	11394359	4151440	960503	13500	2249990	918905	
4386763	28952219	25616857	23484482	49946	1541252	541177	
89997	1017168	348234	9314	43377	130980	160563	
2218055	18723345	1277389	336071		727853	213465	
2528513	28079880	11063967	8212929	850	2010236	831952	8000
206666	1815789	549780	3943		188763	357074	
494616	1973777	1536077		4434	866775	664868	
86864	21432553	20627012	19904719		360227	362066	
48540	18040	4581				4581	
1969832	13120978	13025197	12836099		98000	91098	
39852	1408624	662379	8135	463	102052	385904	143000
250524	1012726	753006	104340	15000	249955	383711	
363616	3015291	989114	431473		35107	522534	
1694679	5985865	5546976	5492262	12500	25511	16703	
22065975	210719072	89848048	501063	842407	25978386	61382225	383032
5645123	65179843	23932036	190578	146868	10769432	12572713	75590
3540480	44400181	15922836	124125	178735	5457378	9735662	142453
2753235	22970744	10631607	111142	314950	2847709	7128456	115904
558850	4822806	2563617		2972	562942	1997703	

1-B-2 续表 24

分　　组	固定资产净　　值	固定资产净 值 年平均余额	负债合计	流动负债总　　计	应付账款
本溪市	3948221	3653091	7279296	6388806	1776925
丹东市	5198523	5078496	7545840	6699222	1927678
锦州市	4381648	4003061	5184943	3916232	1306611
营口市	8733072	7997187	17157639	16401215	3700333
阜新市	4021878	4056292	5799695	4863357	930404
辽阳市	8304280	8709868	11762388	8994307	1590201
盘锦市	4410879	4175049	5533031	3764431	785459
铁岭市	11131737	10285826	6892686	5209872	1526719
朝阳市	6965093	6780967	10484945	8656447	1992437
葫芦岛市	3212873	3454178	6895501	6160149	1322095
私营独资企业	42242051	40321826	50941040	37577552	12009746
沈阳市	12362256	12435631	8958610	6382378	3143116
大连市	6776248	5220975	10867174	5737639	1395268
鞍山市	3971238	4188757	6757111	5290261	1270545
抚顺市	1039820	1037228	1153892	942542	369570
本溪市	1230152	1124714	3117185	2937432	1103584
丹东市	1881396	1752769	2582235	2255531	841493
锦州市	1530272	1471924	1505281	1054639	303654
营口市	1656978	1568871	3191727	3013871	824768
阜新市	1129837	1146823	1794815	1556556	357120
辽阳市	3735828	3796617	3420825	2192049	737957
盘锦市	1133372	1051591	1725093	1204378	275070
铁岭市	3652569	3420739	1878047	1460417	407250
朝阳市	1159319	1135369	2034124	1923969	641863
葫芦岛市	982766	969818	1954921	1625890	338488
私营合作企业	3136528	3007039	3912544	3271524	803510
沈阳市	687938	742551	418274	345157	167164
大连市	167344	141756	330779	302543	78614
鞍山市	388469	227909	1122081	785604	110703
抚顺市	98813	99483	47550	42955	16828
本溪市	422183	427141	368925	368153	72654
丹东市	151853	151022	177789	163310	52704
锦州市	218824	228536	225563	126045	63687
营口市	346031	346776	468516	462871	91173
阜新市	34171	47426	66683	58965	6838
辽阳市	183953	181307	178179	146713	17329
盘锦市	43187	39780	36795	35219	9763
铁岭市	157628	155101	109241	85032	19050
朝阳市	135555	129693	200679	200513	59305
葫芦岛市	100579	88558	161490	148444	37698
私营有限责任公司	108243329	103261758	137315424	109795236	30715202
沈阳市	39686790	39069935	29008894	21160895	10164892
大连市	20775940	18035622	36029409	28370043	7323832
鞍山市	8281537	7937486	14425753	11495947	2544439
抚顺市	2594272	2551127	4481773	4073157	1040461
本溪市	1672311	1549487	3138805	2443913	493331
丹东市	2838598	2845148	4416830	3950681	977366
锦州市	2446064	2120038	3172148	2486735	885816
营口市	6295975	5678374	12335567	11841275	2553316
阜新市	2344739	2405865	3017916	2394848	498096
辽阳市	3609639	4014746	6320118	5073108	667381

单位：千元

长期负债总计	所有者权益合计	实收资本					
			国家资本	集体资本	法人资本	个人资本	港澳台资本
702413	4681809	2116686	23813	2082	344665	1746126	
638289	7028405	2972216		13714	522517	2430788	
912465	5831612	2938471	494	20521	646594	2263912	6950
629320	9818757	5410454	7600	3517	152176	5229661	10000
813693	4058776	2398488		85820	600212	1671176	
1884475	11097607	4331304	27920		222252	4081132	
691592	4533327	2860843	8391	13141	1227637	1594667	5007
1397784	14095928	8187892	3000	25460	751324	7270992	20000
1415920	8545544	3461513	4000	12325	1309297	2130455	2378
482336	3653733	2120085		22302	564251	1528782	4750
5800888	56939308	24162787	109483	287622	6188086	17278046	89870
1762765	16000085	6176000	29819	113334	2679641	3271338	46119
534313	9289885	2877829	17263	2888	958717	1812464	36538
629812	7439073	3370816	30010	122370	948371	2268493	413
179909	971776	635281			120813	514468	
123691	1562888	711514		300	72554	638660	
256732	2162201	921612		12712	210485	693218	
379406	2296483	1088632		9339	123586	948907	6800
119384	1745142	853867			720	852647	
199481	906565	646128			33889	612239	
660692	5184966	2036515	21000			2015515	
422070	1202594	920748	8391	2591	507456	402310	
336169	6005205	2883664	3000	5730	255098	2502720	
63315	1250842	453562		1650	115227	336685	
133149	921603	586619		16708	161529	408382	
491619	3645517	1505852	13909	5903	342696	1140848	
18857	861573	282969	2000	1480	135695	141298	
3900	174572	105762	11320		39840	54602	
315183	508961	173745	589	813	132463	39880	
4559	114899	54595			2599	51996	
765	352188	129155			10585	118570	
13120	136787	76404		500	6793	69111	
69479	179875	55332		2310		53022	
5645	295138	227670				227670	
7688	164524	54853				54853	
27341	322496	106940				106940	
1181	33610	9574			4555	5019	
23798	159208	133265		800	7584	124881	
103	200788	70043			1632	68411	
	140898	25545			950	24595	
14406847	138106069	58657775	347631	527700	17482022	39607312	225745
3625668	45176168	16201073	158759	21744	7202446	8736870	13750
2837143	32103449	11839573	91815	175847	4148328	7134368	58979
1432926	13610506	6348193	80263	186767	1669692	4183693	115491
338222	3565996	1719259		2972	378809	1337478	
564274	2147201	973028	3500	1782	113259	854487	
338643	4319527	1781519		502	259927	1521090	
430449	3106782	1592150	494	5300	475361	1110845	150
425661	7259645	4033453	2600	3517	141006	3875330	10000
539331	2159181	1221239		85820	140315	953824	
942677	4763644	1983925	6200		199252	1778473	

1-B-2 续表 25

分组	固定资产净值	固定资产净值年平均余额	负债合计	流动负债总计	应付账款
盘锦市	3075749	2934237	3575929	2387402	438278
铁岭市	7034399	6420921	4786192	3566480	1070461
朝阳市	5670219	5515905	8250142	6531965	1291269
葫芦岛市	1917097	2182867	4355948	4018787	766264
私营股份有限公司	9211172	8372330	14427000	12028101	3032656
沈阳市	2992786	2542869	2272583	1530259	1040253
大连市	1432763	1268648	2672862	2329399	589465
鞍山市	998063	981909	3121763	2527828	368721
抚顺市	270599	287052	391536	301768	78381
本溪市	623575	551749	654381	639308	107356
丹东市	326676	329557	368986	329700	56115
锦州市	186488	182563	281951	248813	53454
营口市	434088	403166	1161829	1083198	231076
阜新市	513131	456178	920281	852988	68350
辽阳市	774860	717198	1843266	1582437	167534
盘锦市	158571	149441	195214	137432	62348
铁岭市	287141	289065	119206	97943	29958
葫芦岛市	212431	212935	423142	367028	179645
其他企业	1837677	1779026	6542421	1830085	764276
沈阳市	98498	97160	69123	68448	10096
大连市	1392859	1360999	5984396	1429344	671012
鞍山市	111827	115869	272736	184333	22697
本溪市	33349	17616	49023	25504	13728
丹东市	42129	42181	45967	39485	20457
锦州市	2690	2690	300	300	
盘锦市	2719	2719	8648	2212	212
铁岭市	125385	121293	78544	48775	15156
葫芦岛市	28221	18499	33684	31684	10918
港、澳、台商投资企业	35503629	30142893	52721808	43690512	13263159
沈阳市	18758502	13644233	18734277	16179832	8512605
大连市	4346150	4200261	11363016	9358038	1928303
鞍山市	1678571	1588632	2186154	1542927	327429
抚顺市	1314694	1199530	2926907	1437312	542555
本溪市	719177	703968	1361366	1049023	213245
丹东市	675705	632978	929002	824552	158774
锦州市	873660	928943	1759895	1682665	430939
营口市	690474	730783	1868050	1809395	514893
阜新市	358324	336409	792955	685152	173219
辽阳市	3927064	3964198	6852472	6464087	137374
盘锦市	7493	7685	33076	33075	7505
铁岭市	1625893	1746635	3394598	2130967	157229
朝阳市	514406	449870	485022	458870	148748
葫芦岛市	13516	8768	35018	34617	10341
合资经营企业(港或澳、台资)	21973247	17208293	30891524	25946627	7789916
沈阳市	11634988	7253546	12374674	10495126	5423688
大连市	1806302	1722447	3987157	2447296	649459
鞍山市	1422158	1302761	1882129	1412085	292351
抚顺市	600061	543593	1227051	1127956	377015
本溪市	646440	644723	1269957	994822	203432
丹东市	509316	469064	798369	703267	145104
锦州市	99261	100200	367701	354471	61397

单位：千元

长期负债总计	所有者权益合计	实收资本	国家资本	集体资本	法人资本	个人资本	港澳台资本
223977	3170499	1826938		10550	692627	1106764	4997
1025817	7562295	4905628		16630	488342	4380656	20000
1352502	7093914	2937908	4000	10675	1192438	1725359	2378
329557	2067262	1293889		5594	380220	908075	
1366621	12028178	5521634	30040	21182	1965582	3356019	67417
237833	3142017	1271994		10310	751650	423207	15721
165124	2832275	1099672	3727		310493	734228	46936
375314	1412204	738853	280	5000	97183	636390	
36160	170135	154482			60721	93761	
13683	619532	302989	20313		148267	134409	
29794	409890	192681			45312	147369	
33131	248472	202357		3572	47647	151138	
78630	518832	295464	5000		10450	274014	
67193	828506	476268			426008	50260	
253765	826501	203924	720		23000	180204	
44364	126624	103583			22999	80574	10
12000	369220	265335		2300	300	262735	
19630	523970	214032			21552	187730	4750
4491906	3236596	593931	5000	5200	332315	244499	2750
	40897	7700	5000		2700		
4368184	2909449	310891		1500	205924	103467	
88401	47074	113915			89830	24085	
13500	19106	7740			2800	4940	
2070	67097	26960		3300	12783	3960	2750
	3870	3870				3870	
2212	4424	1000			1000		
17539	125018	107345			10868	96477	
	19661	14510		400	6410	7700	
5680691	42880289	22924628	968053	179461	6055944	1517570	12413329
2092483	14468969	8993988	452030	39155	2255111	337730	5009427
645141	7471303	4944077	157955	53281	1414904	281820	2593363
639683	2121937	1143601	18680	7490	259883	165723	601259
173852	3272557	1496538	107162	11250	639503	119897	618726
274387	499362	422842	115065	2000	72179	15369	160708
58627	734216	513368	4173	1842	72418	169311	184154
67230	2368445	1830999	2000		7143	41902	1601649
54809	1558720	1057869	22944	12690	150290	176939	691006
79994	320089	328058	7720		84637	54560	179177
322803	7706445	759210		51753	255056	64436	387965
	-5573	26088			18548		7540
1245131	1172856	1000205			764575	39000	173474
26151	1145484	381349	80324		58637	42813	189575
400	45479	26436			3060	8070	15306
3409978	26387193	11798135	911982	169127	4041992	1064908	4924725
1729984	8543066	5249199	414609	39155	2078420	271304	2113778
225471	3735459	1994334	139305	44947	936526	126358	607637
466507	1766961	849243	18680	7490	259883	38706	466003
98054	1399530	627211	107162	11250	43045	119897	345857
270370	471103	411694	115065		72179	15369	151560
58627	630913	413664	4173	1842	72418	159370	99920
3230	184155	152238	2000		7143	19132	117963

1-B-2 续表 26

分　组	固定资产净值	固定资产净值年平均余额	负债合计	流动负债总计	应付账款
营口市	565723	576777	1241604	1185516	270985
阜新市	166744	173868	370906	369398	135910
辽阳市	3874588	3910142	6737601	6401090	104871
盘锦市	2946	3033	25923	25923	3735
铁岭市	312591	239829	226102	72928	22807
朝阳市	318739	259643	350215	325015	89600
葫芦岛市	13390	8667	32135	31734	9562
合作经营企业(港或澳、台资)	1118755	984181	1066675	887425	184055
沈阳市	67685	55488	101728	92651	20863
大连市	320706	274143	495723	431892	94621
抚顺市	525143	474701	61212	60902	52340
本溪市	38400	43780	36724	21605	315
丹东市	2350	2230	1617		
阜新市	164063	133326	363278	273983	12343
盘锦市	408	513	6393	6392	3573
港澳台商独资经营企业	11972416	11508972	20091914	16396599	5085270
沈阳市	6869832	6185672	6126897	5475855	2951854
大连市	2190118	2173591	6774234	6386449	1161867
鞍山市	130734	125870	84281	81399	19292
抚顺市	189490	181236	1638644	248454	113200
本溪市	34337	15465	54685	32596	9498
丹东市	164039	161684	129016	121285	13670
锦州市	761128	815472	1317115	1253115	361539
营口市	104261	133516	575926	573359	204028
阜新市	27517	29215	58771	41771	24966
辽阳市	52476	54056	114871	62997	32503
盘锦市	4139	4139	760	760	197
铁岭市	1248552	1438728	3079024	1981821	132729
朝阳市	195667	190227	134807	133855	59148
葫芦岛市	126	101	2883	2883	779
港澳台商投资股份有限公司	439211	441447	671695	459861	203918
沈阳市	185997	149527	130978	116200	116200
大连市	29024	30080	105902	92401	22356
鞍山市	125679	160001	219744	49443	15786
锦州市	13271	13271	75079	75079	8003
营口市	20490	20490	50520	50520	39880
铁岭市	64750	68078	89472	76218	1693
外商投资企业	118833659	112523244	185378779	156351354	49375685
沈阳市	38552594	33108119	49781303	44793509	19354715
大连市	53834580	52706991	97788079	80557685	23918377
鞍山市	1633572	1528211	2717976	2174883	642465
抚顺市	990015	837451	1523311	1266881	426824
本溪市	4774056	4099277	5407543	3274739	142226
丹东市	2070070	1894528	2663164	2498432	686658
锦州市	2020192	2129985	3193312	2259398	467236
营口市	7859331	9159548	10901040	10083554	2486341
阜新市	384336	373902	1092398	1003751	183901
辽阳市	3963268	3931883	6363727	5438611	364019
盘锦市	649850	632295	1534201	1206614	154305
铁岭市	1439835	1439745	1218336	730709	307100
朝阳市	160195	161777	278443	233122	91330
葫芦岛市	501765	519532	915946	829466	150188

单位：千元

长期负债总计	所有者权益合计						
		实收资本					
			国家资本	集体资本	法人资本	个人资本	港澳台资本
54809	921252	816285	22944	12690	150290	160759	465602
1500	76037	239741	7720		84137	32760	113160
322793	7580122	645934		51753	255056	64436	274689
	-12078	19908			12698		7210
153033	171280	168710			8500	26000	134210
25200	878176	184038	80324		58637	22747	12330
400	41217	25936			3060	8070	14806
114611	1417912	1017244	18650	10314	646369	123722	186699
1000	107488	44565			21445	16165	6955
47790	445209	192311	18650	8314	27296	82364	24197
310	627890	716458			596458		120000
4017	23110	3000		2000			1000
	3393	3393				3393	
61494	209497	56517			500	21800	34217
	1325	1000			670		330
1948526	14684786	9822195	5961	20	1353057	217335	7215183
347723	5700174	3624330	5961		146604	46836	2856327
358380	3274510	2723906		20	445198	73098	1933887
2876	179152	182273				47017	135256
75488	1245137	152869					152869
	5149	8148					8148
	99910	96311				6548	84234
64000	2159701	1658048				22770	1462973
	604648	220404					220404
17000	34555	31800					31800
10	126323	113276					113276
	5180	5180			5180		
1082098	978777	807839			756075	1000	38264
951	267308	197311				20066	177245
	4262	500					500
207576	390398	287054	31460		14526	111605	86722
13776	118241	75894	31460		8642	3425	32367
13500	16125	33526			5884		27642
170300	175824	112085				80000	
	24589	20713					20713
	32820	21180				16180	5000
10000	22799	23656				12000	1000
24747856	145717379	95660325	3536734	792799	20383895	5707635	1880470
3924925	45680012	26756530	493741	91249	7600247	2898767	670639
14568860	67340906	50668257	1107607	232040	9323507	1244950	824463
450635	2417816	1614475	140043	13586	217283	161919	61895
180040	2027740	1408439	26345	1350	297262	15595	12500
2132586	2469081	2251930	1444241	2556	199349	40585	
122690	2920098	1434393	5409	7026	611692	265335	32777
888775	3408831	2768349	96772	29817	628818	77644	38800
724294	9810519	4634339	25392	11250	416133	608080	3402
85303	544848	162965	1860		6403	14200	30955
873570	6093857	1845698	5380	403925	513057	34165	1669
263471	1198532	704258	70304		287392	79523	60819
409083	963317	753061	88309		237721	75196	73301
42864	314208	209879			460	64660	
80760	527614	447752	31331		44571	127016	69250

1-B-2 续表 27

分 组	固定资产净值	固定资产净值年平均余额	负债合计	流动负债总计	应付账款
中外合资经营企业	68085393	64801908	130112412	109793224	30985914
沈阳市	20719449	17435005	34802735	31238599	12962662
大连市	26591824	26214685	67366569	56017894	14231369
鞍山市	899729	817314	1612624	1248653	359303
抚顺市	342541	264004	620274	552973	195939
本溪市	4744160	4068744	5291654	3178671	104012
丹东市	1539939	1442392	1887547	1766576	477750
锦州市	893156	987390	1559249	1077595	224948
营口市	6528849	7778594	7507754	7123757	1654828
阜新市	107103	109205	337403	249348	71556
辽阳市	3824146	3781527	6109848	5194861	281780
盘锦市	512658	493843	1327934	1036473	150974
铁岭市	846289	854747	688323	234222	118419
朝阳市	75187	75180	108113	67496	13960
葫芦岛市	460363	479278	892385	806106	138414
中外合作经营企业	2753976	2720231	3865468	3225784	1188457
沈阳市	868957	869585	579125	552569	387914
大连市	1369952	1344869	1973117	1408828	442224
抚顺市	36961	37250	121816	121810	26785
本溪市	5440	5661	69727	69726	16136
丹东市	181594	166016	395827	395208	148733
锦州市	60779	59936	77547	70346	9174
营口市	97888	102919	500823	500823	139880
阜新市	2379	2379	275	270	
辽阳市	676	686	250	200	150
盘锦市	99654	100808	91465	55510	2289
铁岭市	26684	26695	32861	32360	5096
朝阳市	3012	3427	22635	18134	10076
外资企业	44561425	41788742	48212433	40542568	16359125
沈阳市	16139684	14159288	13143422	11940116	5724778
大连市	23743107	23070977	27399982	22170847	8909954
鞍山市	325612	290584	295071	231954	70071
抚顺市	582252	506710	774290	585168	203073
本溪市	24456	24872	46162	26342	22078
丹东市	347476	285059	376990	333849	60032
锦州市	1039760	1056855	1540434	1095865	220100
营口市	1225628	1271347	2878823	2445334	691633
阜新市	274854	262318	754720	754133	112345
辽阳市	138446	149670	253629	243550	82089
盘锦市	29890	29335	80502	80431	319
铁岭市	566862	558303	497152	464127	183585
朝阳市	81996	83170	147695	147492	67294
葫芦岛市	41402	40254	23561	23360	11774
外商投资股份有限公司	3432865	3212363	3188466	2789778	842189
沈阳市	824504	644241	1256021	1062225	279361
大连市	2129697	2076460	1048411	960116	334830
鞍山市	408231	420313	810281	694276	213091
抚顺市	28261	29487	6931	6930	1027
丹东市	1061	1061	2800	2799	143
锦州市	26497	25804	16082	15592	13014
营口市	6966	6688	13640	13640	
盘锦市	7648	8309	34300	34200	723

单位：千元

长期负债总计	所有者权益合计	实收资本	国家资本	集体资本	法人资本	个人资本	港澳台资本
18211093	75253618	48087021	3458791	724074	17294925	4751332	817345
2994539	22827206	16403342	485425	74833	6605665	2542563	366165
10074830	28739050	20445257	1084750	187072	7688076	880276	171677
342278	1446730	827270	117273	10086	141487	119739	40467
56985	550586	425501	26345	1350	256255	15595	12500
2112768	2397932	2203085	1444241	2556	189086	39346	
93191	2171353	982178	5409	3185	469774	226146	11289
460676	1539452	1255597	96772	29817	454461	66939	38800
383997	7335886	2325161	25392	11250	413742	514845	3402
84937	220995	83296	1860		6403	12100	4345
870807	5729026	1558621	5380	403925	513057	34165	1669
227516	1044734	608047	46304		279592	79523	43970
387309	657037	524163	88309		232296	59133	53811
40500	120684	74553			460	35946	
80760	472947	370950	31331		44571	125016	69250
286428	3511921	1995239	45173	20316	763948	392440	26690
21691	571148	185410	8316		32795	31540	
218818	1967520	1076487	12857	20316	534869	246365	6690
	61257	54000			40000		
	35717	19659			10263		
	277680	159431			118780	4260	20000
7100	60344	42433			24000	1622	
	338049	351711			1641	68545	
	8299	7000				2100	
	6250	1000					
35955	136419	54500	24000				
500	18699	14894			1600	9294	
2364	30539	28714				28714	
5967469	60859724	43939746		44909	1697876	253091	1001756
720092	19367758	9203765		16416	539474	59395	304474
4232828	34010529	28864817		24652	972532	112989	629096
56969	529236	538299				11880	20598
123054	1366047	868904					
19818	35432	29186				1239	
29499	472588	291984		3841	23138	34129	1488
420509	1747167	1421707			150357		
340297	2131450	1940058			750	24690	
366	315554	72669					26610
2763	358581	286077					
	20149	24862			7800		
21274	287581	214004			3825	6769	19490
	162985	106612					
	54667	76802				2000	
282866	6092116	1638319	32770	3500	627146	310772	34679
188603	2913900	964013			422313	265269	
42384	2623807	281696	10000		128030	5320	17000
51388	441850	248906	22770	3500	75796	30300	830
1	49850	60034			1007		
	-1523	800				800	
490	61868	48612				9083	
	5134	17409					
	-2770	16849					16849

1-B-2 续表 28

分 组	固定资产净值	固定资产净值年平均余额	负债合计	流动负债总计	应付账款
总计中：国有控股企业	**494248807**	**449258686**	**751930413**	**548388835**	**169553141**
沈阳市	94333137	69867695	133138368	103397977	59589631
大连市	82058396	77043364	224779376	174866675	28871379
鞍山市	48819075	48295447	70942467	42482482	6521516
抚顺市	20272136	20428440	30032136	23898043	4572526
本溪市	47847493	44051348	48286518	43563873	14630892
丹东市	3773145	3854740	3555999	2308982	287458
锦州市	7465379	7548319	9320305	7696521	1977794
营口市	18281919	12709786	24293443	19157454	2885207
阜新市	13682012	13613520	14959743	7324202	1610166
辽阳市	13180423	12834785	13707889	10523644	2991603
盘锦市	66686994	64511259	63956442	31890836	23405596
铁岭市	9343342	8135029	13617051	7243088	1369546
朝阳市	5589817	5190100	9334766	8529199	1973659
葫芦岛市	22468729	21629027	55948125	47139477	11439166
总计中：轻工业	**121588476**	**112245987**	**148111101**	**114636953**	**34013223**
沈阳市	45038244	39841399	40295981	31046509	14218444
大连市	34740508	31822847	54536183	41136406	11169707
鞍山市	5237432	5121757	6597126	4593295	847596
抚顺市	4386780	4307692	5167069	4203265	1269582
本溪市	1920675	1974467	2789241	2336600	380570
丹东市	3478110	3419292	4965534	4491484	958970
锦州市	3861940	3810656	6442713	4826908	998970
营口市	5758547	5785511	8684877	7539051	1550774
阜新市	2265440	2162774	2779156	1894324	324605
辽阳市	3105355	3301551	4601632	3777306	529606
盘锦市	1421644	1348650	2100702	1734678	307163
铁岭市	6803319	6076572	4208362	3328299	1014810
朝阳市	1797657	1617189	2336664	1544852	225642
葫芦岛市	1772825	1655630	2605861	2183976	216784
重工业	**741965877**	**682112336**	**1139739501**	**862581193**	**270988247**
沈阳市	182452914	148964125	222243426	179608260	100052505
大连市	132299878	124602952	328991466	250140717	51979799
鞍山市	67659651	66212162	109563294	73253697	13309678
抚顺市	26291495	25906322	41963854	33868597	7241232
本溪市	53501851	49222348	59750060	53133383	17267999
丹东市	9670660	9536811	13885876	11533611	2773421
锦州市	14204800	13369477	20182064	16683933	4551990
营口市	31908335	26876179	50597282	44788895	9177820
阜新市	17398938	17402893	21799533	13517542	2915056
辽阳市	30546478	30343288	41330144	33164905	5637437
盘锦市	73070538	70161735	77648539	42188452	26838329
铁岭市	21577075	20182650	25993572	15373287	3083617
朝阳市	13645481	13133213	22236860	19532650	4946967
葫芦岛市	27290973	26652354	67495746	57426882	13785395
总计中：大型企业	**412405981**	**370400806**	**635708470**	**475581830**	**154990957**
沈阳市	79944427	58430179	118154168	96676923	56235829
大连市	53734635	49381982	177462193	138891804	23455018
鞍山市	50438282	49348341	72536896	44699272	7192568

单位：千元

长期负债总　计	所有者权益合计						
		实收资本	国家资本	集体资本	法人资本	个人资本	港澳台资本
181895069	**438068409**	**293765040**	**181566809**	**212491**	**98471256**	**6201109**	**841803**
25653810	65247887	39585399	12672776	40254	21101777	2727468	409880
35707927	82440993	63006632	36698202	42824	21824029	1186444	136960
28057975	59325790	13613209	12380890	40303	753038	247428	158851
4826500	32204551	17668752	4364813	6900	12983460	258106	22888
4718366	31888340	15258578	11311040	26082	2520513	830806	29500
367184	4389050	2723443	2398687	1328	143277	180151	
1612494	11396573	9617132	8252949		1143916	143135	
5035988	26898996	24857327	20743075	2878	4018942	43339	35093
7633528	4499273	4221328	1735388		2484695	1245	
2990909	16913846	18026982	17900222		103242	23518	
31935158	52486580	50459058	40833713	6784	9567182	29379	
6347024	8677396	6166420	3338803		2716593	61291	48631
514551	9013462	2968854	1645153	16578	900612	406511	
8802252	15705391	15591926	7291098	28560	8209980	62288	
18851014	**147172424**	**88187171**	**13244383**	**1580973**	**29941122**	**20990516**	**5478328**
5742499	48780709	21582579	3246916	242130	7053074	4162942	2295271
4234882	50174368	26293527	2959101	665265	7217699	4422617	1731547
1674037	6303086	4157973	704843	114506	852492	1708652	471896
453543	6719555	12244669	401967	71193	10933000	487331	136311
444369	1406427	948985	292173	47642	218898	317914	40848
345442	4024138	2285995	164157	56948	596955	1065829	107460
1526087	4463428	3203523	627013	61931	468478	1447285	38350
1112721	6048913	3591537	645252	109313	602518	949848	344673
796488	2081947	1268239	183577	90320	335388	426232	34217
573583	4957785	4609431	3457560	93488	114290	741542	45330
239247	1927364	1548581	249369	837	464345	671751	49819
673829	7200881	4702485	52200	20650	653077	3680255	111471
762681	2058907	751293	47269		173171	495696	6300
271606	1024916	998354	212986	6750	257737	412622	64835
227615232	**769067758**	**443195269**	**172057275**	**5817811**	**136962316**	**68920388**	**9715810**
32684223	158442051	81468551	10985904	825018	38541140	15814536	3545762
53963666	164372269	110946342	34577629	855061	33773476	10113100	1909140
32026147	91739657	27612721	12038034	1178360	4911178	8059699	466923
5643993	39166828	12954630	4162476	187341	5127219	2142159	494915
6167699	39482867	18011622	11086006	385305	3115193	2705307	127860
1184501	14147429	6898758	2560918	94901	1079737	2737439	112221
2971749	23298609	16491487	7664631	360255	2543571	2797144	1611549
5478553	45423192	33944093	20135999	310999	4686168	5770450	394828
8094961	8628306	6760292	1561806	91113	3224787	1677615	175915
6920100	41831176	21866125	14485412	608062	1340889	4357177	344304
33167582	60613418	54949517	40645539	128372	11872760	2007714	166547
10109979	22195921	14704700	3346297	319180	4489944	6159583	155722
1927701	19686279	7426050	1691038	58414	2461304	2900681	185653
9582975	23059475	19160381	7115586	415430	9794950	1677784	24471
146453766	**400696095**	**248671769**	**150302141**	**530225**	**77442837**	**5755926**	**2750278**
21374019	51413523	30573058	5720242	14527	17827475	782191	1260585
25751656	77199085	53179948	30385267	180000	14109673	1129993	462039
27707713	64561386	14209099	11526777	243185	735835	1596132	97822

1-B-2 续表 29

分　组	固定资产净　值	固定资产净 值 年平均余额	负债合计	流动负债总　计	应付账款
抚顺市	17280664	17106318	23853205	20371228	4347701
本溪市	40675247	37868601	40183187	37556001	14056973
丹东市	341575	361739	1954893	1954880	222727
锦州市	3632519	3340868	5314573	4735393	1170247
营口市	12240276	6263398	11450396	11415328	1164286
阜新市	6689250	6559990	7134370	4516470	1131100
辽阳市	15276571	14909655	16736793	13747386	1887352
盘锦市	66102426	64042049	62517442	30601484	23299946
铁岭市	8050110	6864757	12038043	6244060	1207970
朝阳市	3704685	3291393	6701432	6431741	1383655
葫芦岛市	13848504	13085709	43613094	39373478	10808583
中型企业	**204231482**	**190720163**	**322552387**	**246841197**	**68155348**
沈阳市	52054865	39789471	59009096	50037569	26632766
大连市	60048388	59004839	114049790	82424812	19604475
鞍山市	7398835	7394308	13551514	10682357	1661455
抚顺市	6633579	6374964	12716376	10463047	2332302
本溪市	8737360	7588022	12892935	9930069	1802014
丹东市	5850364	5814203	7069693	5551516	1120930
锦州市	7287923	7282531	11486239	9168728	1922327
营口市	15662875	16872043	26013415	21151008	4588082
阜新市	9099484	9109252	11616465	6238128	1174650
辽阳市	8902950	9031440	16204214	13955142	2291858
盘锦市	2531060	2313779	6379078	4406628	1210264
铁岭市	4320404	4317179	7468163	5489925	1144031
朝阳市	5711731	5666728	8162939	6571789	1517456
葫芦岛市	9991664	10161404	15932470	10770479	1152738
小型企业	**246916890**	**233237354**	**329589745**	**254795119**	**81855165**
沈阳市	95491866	90585874	85376143	63940277	31402354
大连市	53257363	48038978	92015666	69960507	20090013
鞍山市	15059966	14591270	30072010	22465363	5303251
抚顺市	6764032	6732732	10561342	7237587	1830811
本溪市	6009919	5740192	9463179	7983913	1789582
丹东市	6956831	6780161	9826824	8518699	2388734
锦州市	7146298	6556734	9823965	7606720	2458386
营口市	9763731	9526249	21818348	19761610	4976226
阜新市	3875644	3896425	5827854	4657268	933911
辽阳市	9472312	9703744	12990769	9239683	1987833
盘锦市	5858696	5154557	10852721	8915018	2635282
铁岭市	16009880	15077286	10695728	6967601	1746426
朝阳市	6026722	5792281	9709153	8073972	2271498
葫芦岛市	5223630	5060871	10556043	9466901	2040858
按行业大类分					
煤炭开采和洗选业	23642863	22657626	31759929	21655201	4842631
沈阳市	4559001	4222619	6806593	4615930	1194199
抚顺市	3882696	3661842	5830580	5102511	726913
本溪市	160614	129328	296283	285173	87585
丹东市	159486	163845	165067	149148	50423
锦州市	497333	500982	192266	74943	31258
阜新市	7593548	7425673	8898635	6157290	1401790
辽阳市	94387	94697	266875	249653	14589
铁岭市	5118563	4880432	7382585	4073524	1198203
朝阳市	462306	469656	432966	359784	53988
葫芦岛市	1114929	1108552	1488079	587245	83683

单位：千元

长期负债总计	所有者权益合计	实收资本	国家资本	集体资本	法人资本	个人资本	港澳台资本
3117404	29272859	14555114	1887833		12453816	213465	
2627185	26947680	10427500	7591217		1995483	840800	
13	1100071	497996	284294	21000	98584	85800	8318
575085	7837584	6578304	4943428		642958	226995	764923
35068	20930240	20358260	19904719		27820	425721	
2617900	2805570	2192490	1131100		1061390		
2894446	23136948	17090077	16599175	71513	262798		156591
31788095	51696575	49908904	40377000		9531904		
5793983	7915808	5519831	2934880		2584951		
240183	7197972	2354401	1231473		689539	433389	
4239613	11700513	11226787	5784736		5420611	21440	
57772513	**196670085**	**117162869**	**26017805**	**1919556**	**39560457**	**16117878**	**5524216**
6629670	45878795	24900448	4978208	40374	10362782	2738231	1818873
20057617	57223341	37599385	5000508	410254	11102296	2861134	1187493
2210527	9285267	4468609	661919	154096	1176933	1370786	476908
2181710	8477044	5834216	2349764	25610	1910603	440683	365338
2793399	7729921	5791933	3566244	172011	532421	906281	121960
559531	8072094	4262411	2276767	48808	665060	1034932	67994
2267160	10138049	7092802	3220765	118508	957357	785665	778978
4748743	15699294	8045208	660550	100600	3849765	1314700	292015
5334903	4083496	3545249	573853	111200	2151906	489813	48880
2105947	11203597	3230765	724140	395720	478655	1184374	13470
905328	2627878	2108818	418058	91552	667084	750624	174500
1763795	3247822	2214606	279151	31678	1122134	526317	49210
1264996	6866459	2704712	237720		1076100	1281795	69097
4949187	6137028	5363707	1070158	219145	3507361	432543	59500
42239967	**318874002**	**165547802**	**8981712**	**4949003**	**49900144**	**68037100**	**6919644**
10423033	109930442	47577624	3534370	1012247	17403957	16457056	2761575
12389275	80124211	46460536	2150955	930072	15779206	10544590	1991155
3781944	24196090	13092986	554181	895585	3850902	6801433	364089
798422	8136480	4809969	326846	232924	1695800	1975342	265888
1191484	6211693	2741174	220718	260936	806187	1276140	46748
970399	8999402	4424346	164014	82041	913048	2682536	143369
1655591	9786404	6023904	127451	303678	1411734	3231769	105998
1807463	14842571	9132162	215982	319712	1411101	4979877	447486
938646	3821187	2290792	40430	70233	346879	1614034	161252
2493290	12448416	6154714	619657	234317	713726	3914345	219573
713406	8216329	4480376	99850	37657	2138117	1928841	41866
3226030	18233172	11672748	184466	308152	1435936	9313521	217983
1185203	7680755	3118230	269114	58414	868836	1681193	122856
665781	6246850	3568241	473678	203035	1124715	1636423	29806
9754209	23389272	13858965	7301307	117762	5670070	769826	
1932210	5256989	3102782	1684682		1406100	12000	
728058	4650156	1911180	1357140		530570	23470	
11110	231058	79486		5248	6978	67260	
14111	205709	137775			18000	119775	
86518	494988	330523		1000	305938	23585	
2726415	3869547	2946816	1131755	37249	1506916	270896	
2220	682953	125281		3300	3500	118481	
3309061	6930800	4423884	2943145	35092	1420350	25297	
43674	597240	379261			311718	67543	
900832	469832	421977	184585	35873	160000	41519	

1-B-2 续表 30

分组	固定资产净值	固定资产净值年平均余额	负债合计	流动负债总计	应付账款
石油和天然气开采业	62339433	60537712	47774490	27443223	22376438
阜新市	42704	36875	229	219	
盘锦市	62296729	60500837	47774261	27443004	22376438
黑色金属矿采选业	10704577	10630292	15751773	14045908	3203665
沈阳市	39109	39518	19353	16089	7245
大连市	845	845	2121	2121	
鞍山市	953962	933144	1820060	1546449	238818
抚顺市	893784	947563	1118584	954548	188439
本溪市	2708754	2543384	4346849	3900056	862454
丹东市	513477	520311	440609	397631	124543
锦州市	112946	117588	26965	25354	13052
营口市	86890	86719	425562	423234	60279
阜新市	271558	298598	330990	266926	24367
辽阳市	2150998	2151318	2499421	2177680	780025
铁岭市	192025	191660	71357	50109	11323
朝阳市	2684234	2721477	4422633	4063742	850522
葫芦岛市	95995	78167	227269	221969	42598
有色金属矿采选业	3736533	3592275	5070275	4229722	924426
沈阳市	523	523	928	920	
大连市	138553	109054	54750	4780	3160
鞍山市	190067	189643	242622	180181	18041
抚顺市	255496	247731	717709	609851	120230
本溪市	114846	86842	119705	48286	9744
丹东市	823408	732199	689533	483581	101537
营口市	741806	703878	1420893	1404790	415121
辽阳市	75130	75510	26110	17610	11000
铁岭市	29910	30910	11715	2715	1000
朝阳市	139454	135675	189296	176356	15460
葫芦岛市	1227340	1280310	1597014	1300652	229133
非金属矿采选业	3192547	2804909	3291120	2157990	491104
沈阳市	317411	267925	104668	96225	44931
大连市	440571	426299	691928	406964	31961
鞍山市	662450	361845	678781	137887	30601
抚顺市	50903	48813	45916	40169	5331
本溪市	218603	240863	208692	201122	29141
丹东市	334675	363270	542522	429145	111650
锦州市	257188	239973	139212	82967	20146
营口市	197153	153260	237848	195766	71954
阜新市	23309	24494	34156	34153	1902
辽阳市	178606	176756	97550	83049	50
铁岭市	289017	286300	99743	89136	12703
朝阳市	183050	176522	326861	296166	125199
葫芦岛市	39611	38589	83243	65241	5535
其他采矿业	11824	11824	23996	17995	121
大连市	9498	9498	20434	14434	121
本溪市	2326	2326	3562	3561	
农副食品加工业	30795122	28802633	33079369	26534995	6945940
沈阳市	10556724	10161542	5769491	3603532	1274171
大连市	8437778	7491963	14030986	11927675	3573272

单位：千元

长期负债总计	所有者权益合计	实收资本					
			国家资本	集体资本	法人资本	个人资本	港澳台资本
20203401	46631831	47409609	38246694	50	9101485	61260	
	45820	30000			30000		
20203401	46586011	47379609	38246694	50	9071485	61260	
1160803	17252816	6023545	958459	225558	999924	3643834	195770
2229	93365	23853			6000	17853	
	3969	3920				3920	
82802	2260383	368619	3000	45615	173794	93797	52413
147831	1638310	679249		1576	322266	355407	
318008	3438276	1524015	880000	34070	34235	575710	
28704	566031	236762			52881	183881	
1611	120294	120428		4700	21000	94728	
2328	126463	52243		5030		47213	
7144	444103	152791		5000		147791	
229935	3422489	1463396	29310	118251		1273398	42437
21078	174878	100937			2300	98637	
313845	4676619	1276397	46149	10816	386546	731966	100920
5288	287636	20935		500	902	19533	
662792	6670414	2296103	164039	148691	891962	1013123	27650
	5411	5000				5000	
980	230201	7500			2000	5500	
54025	168431	85528		8586	32560	44382	
107858	572173	171843	116569	8788	2602	43884	
62519	296597	24003		150	3199	20654	
160734	1171841	344693		24604	117210	198879	4000
16102	861700	558789		34108	21347	459046	23650
8500	73470	16100				16100	
9000	30887	15399				15399	
12930	1025708	133014			20117	82897	
230144	2233995	934234	47470	72455	692927	121382	
366126	4258367	1651033	163855	64268	235469	1069366	14566
8303	461039	190065		10880	70721	108464	
27926	638547	179898	121694	4750	12430	37373	
86678	850387	178955		9573	12572	155882	
5747	64665	37237		10599	13159	13479	
6000	179569	150579		2607	51613	96359	
106856	359207	171738	35761	500	12767	118630	
50128	414891	139675		9950	9774	113461	
16292	259856	86982	100	9322		74560	
	25061	12565		357		12208	
4300	195882	178959	6300			172659	
7219	357704	128832		5730	17202	105900	
28677	325243	183627			25331	58370	14566
18000	126316	11921			9900	2021	
6000	-1283	5299		319		3652	
6000	-1602	4980				3652	
	319	319		319			
4298722	35961890	16815292	526568	342964	5444276	6738622	609192
1388966	11308576	2955038	159315	12418	1882894	688765	29740
1149745	9814235	5538833	153566	95445	1763173	1425831	471240

1-B-2 续表 31

分组	固定资产净值	固定资产净值年平均余额	负债合计	流动负债总计	应付账款
鞍山市	1283139	1308355	1511368	1252998	225298
抚顺市	399117	406760	344011	231924	85874
本溪市	101559	98001	175682	140665	27546
丹东市	1033224	1021846	1293303	1153695	257638
锦州市	1545771	1512865	1623243	1109966	171483
营口市	299964	316936	938292	884300	205505
阜新市	865836	850180	919821	705754	79796
辽阳市	501994	668791	1253645	1198832	55872
盘锦市	544584	514092	862702	710339	70011
铁岭市	3899708	3238881	2442266	2035463	771452
朝阳市	751881	677123	962871	658847	83581
葫芦岛市	573843	535298	951688	921005	64441
食品制造业	8804171	8299059	9024196	5726865	1530048
沈阳市	4875640	4598386	3907672	2194207	782740
大连市	1756193	1543729	2201750	1655763	380018
鞍山市	344932	354099	783196	266513	37212
抚顺市	129989	129113	155090	136959	46853
本溪市	212825	205180	442306	380549	47666
丹东市	273339	265965	236198	204680	26396
锦州市	27452	28051	43692	29327	14503
营口市	155560	143695	175780	162803	43447
阜新市	323401	302132	444255	265546	56477
辽阳市	75752	74836	107898	71098	4458
盘锦市	86984	80741	113775	56551	35939
铁岭市	415050	446344	233385	165544	42456
朝阳市	82889	83081	145830	107456	4894
葫芦岛市	44165	43707	33369	29869	6989
饮料制造业	8049481	7382854	8818494	7475763	1902554
沈阳市	4088334	3656621	3851894	3285377	977687
大连市	1786004	1620802	2261555	1877651	510258
鞍山市	189411	196678	212990	138093	30322
抚顺市	119923	98787	118403	106387	50916
本溪市	145020	138753	252493	206317	31624
丹东市	191152	180459	276093	261592	15266
锦州市	266260	274214	263661	254673	59748
营口市	87168	78406	68019	68019	3605
阜新市	236157	234816	358015	279574	47430
辽阳市	66750	71492	115724	115723	4133
盘锦市	108705	110702	200197	186490	56596
铁岭市	229739	223664	291085	228081	73941
朝阳市	265383	230936	193933	128356	23877
葫芦岛市	269475	266524	354432	339430	17151
烟草制品业	988897	1034882	1364344	1363483	148858
沈阳市	290852	296881	554215	553354	212337
丹东市	82056	82001	31983	31983	
营口市	615989	656000	778146	778146	-63479
纺织业	8121913	7679551	11055338	8988254	2295150
沈阳市	1077601	972847	940472	756989	428869
大连市	1869731	1718566	2058780	1761290	619311
鞍山市	1802032	1672892	2057895	1497047	241886
抚顺市	95878	88846	245631	222584	66049

单位：千元

长期负债总计	所有者权益合计	实收资本					
			国家资本	集体资本	法人资本	个人资本	港澳台资本
152545	2013983	1299067	149460	48365	353793	506100	608
40067	635021	211998	2150	5515	46928	101321	
34809	88831	62975	1415		3500	52404	
107545	1391297	657106	1943	49322	183180	376722	9962
474794	1801033	1019263	3876	29386	45156	606482	3200
51100	495700	358211	4232		23235	55780	33312
194055	1127412	550575		87320	204900	74143	29017
27015	1245917	330928	14024	443	169	309792	6500
38436	1092249	732358	5500		348538	288971	16849
318915	3617016	2501130		8000	407984	1922266	8264
290560	1043375	297800	1000		127216	149082	
30170	287245	300010	30087	6750	53610	180963	500
1932304	9918920	4413236	217370	58479	1276365	1511117	652263
714590	4779675	1602171	105569	3200	605517	202004	548436
278307	2892405	1495762	91605	25102	316647	530098	39657
510129	450296	246698	1328	3100	81289	147900	8620
12303	167032	128468			59625	60028	8000
61756	2468	60378	510		15206	44662	
20706	285438	128598		1085	40270	74079	2300
1045	56566	41162		14650	2500	18412	
12977	287543	112008	14403		9800	43555	44250
161269	226052	150900	3955		56600	55245	
36800	33592	11768		8205	559		
56956	51611	58589		837	13752	44000	
24349	543411	288968		2300	52200	228468	1000
37617	66946	49966			1400	45866	
3500	75885	37800			21000	16800	
827924	9216592	4807634	91408	19450	1130615	974087	1625526
365184	3922408	1999606	33043	14000	364119	87295	1105735
165868	2899005	1296846		58	391757	286740	271891
7220	341023	278577	34100		67088	20489	156900
12016	122196	43862			9629	29733	
45805	227146	106911	1750	2712	62331	37218	
14500	132993	49690			6600	13690	
8458	466423	412299	2000	2680	151857	78270	
	53701	30282				30282	
78440	76690	76471	1015			75456	
	68270	36260				26260	
13686	40792	56012	3500		10500	10512	31500
36223	468592	210034	16000		51699	142335	
65524	283789	61111			4535	56160	
15000	113564	149673			10500	79647	59500
	1301634	461720	458432	3288			
	567690	412432	412432				
	87747	46000	46000				
	646197	3288		3288			
1721667	8476684	5904005	398074	135092	1570124	2178263	629545
126247	1023309	677490	242764	25007	60391	195341	3871
92743	3019060	2279258		5965	1079625	218008	323629
533086	1431821	1057561	1680	37420	110955	645853	254498
22989	113136	102892			14400	40354	

1-B-2 续表 32

分组	固定资产净值	固定资产净值年平均余额	负债合计	流动负债总计	应付账款
本溪市	275510	271173	321274	237023	50379
丹东市	264538	278898	517815	437992	115532
锦州市	389667	386814	1048802	815178	177114
营口市	1071456	1088014	1623959	1531045	339275
阜新市	372251	359695	389830	258228	77086
辽阳市	93396	116147	906554	883002	118397
盘锦市	32615	31962	44057	34102	-1209
铁岭市	302795	287532	182717	106849	16234
朝阳市	306430	238230	550305	339680	34747
葫芦岛市	168013	167935	167247	107245	11480
纺织服装、鞋、帽制造业	6999432	6129347	13919368	6827706	2109001
沈阳市	1788560	1674079	1285218	982726	590342
大连市	3301744	2596451	9814754	3489464	918079
鞍山市	253757	251555	290255	254853	45952
抚顺市	32185	33467	63044	56980	19197
本溪市	12954	13377	23642	21674	4987
丹东市	270713	266941	415638	397991	120851
锦州市	119015	119544	78158	55454	31003
营口市	510073	522589	887982	810634	185011
阜新市	16894	11611	96521	54440	7880
辽阳市	165448	145604	133301	51092	12778
盘锦市	89731	65200	304742	267514	71539
铁岭市	259777	253881	125596	81085	12471
朝阳市	31102	31104	21400	21198	10369
葫芦岛市	147479	143944	379117	282601	78542
皮革、毛皮、羽毛(绒)及其制品业	736763	786066	1258964	1125538	592420
沈阳市	385700	456819	615478	553478	444011
大连市	142931	115738	407447	365824	127274
鞍山市	5215	3442	29436	8606	96
本溪市	5919	5997	9054	9030	155
丹东市	21428	21806	30705	29652	471
锦州市	47952	50370	52825	52825	
营口市	76044	81010	87675	87675	13801
辽阳市	28722	33450	12391	12230	2280
盘锦市	10790	10790	1400	1340	1280
铁岭市	5562	5962	8553	2878	1552
朝阳市	6500	682	4000	2000	1500
木材加工及木、竹、藤、棕、草制品业	6131835	5818743	6177521	4700157	1716627
沈阳市	2556699	2452304	1213004	944859	610074
大连市	1581811	1505349	3008452	2266270	702809
鞍山市	116219	116961	119442	98088	15670
抚顺市	363135	364923	488463	418223	210705
本溪市	123918	123457	294386	187630	20902
丹东市	91787	104896	87685	74904	22384
锦州市	180778	173213	120397	74415	12249
营口市	58975	63180	151365	146091	15421
阜新市	306710	276121	188559	144686	12120
辽阳市	9469	9338	17173	15423	4283
盘锦市	8003	5340	10650	8415	1133
铁岭市	547205	456330	251431	196312	47455
朝阳市	138015	114716	73542	54610	31592
葫芦岛市	49111	52615	152972	70231	9830

单位：千元

长期负债总计	所有者权益合计	实收资本					
			国家资本	集体资本	法人资本	个人资本	港澳台资本
84242	187426	50096	1800		11500	36796	
71725	360448	187446			63369	108051	2000
223286	143212	147036	65621	1600	41314	13731	
70359	1023389	661204	86209	64600	108712	297807	39867
131600	336986	188888			17888	171000	
12902	140346	153887			38000	105887	
6065	21765	28460			1000	11900	
75798	302962	197927		500	7450	182875	
210625	243343	134893			13520	115693	5680
60000	129481	36967			2000	34967	
729754	11301513	5061697	99362	368982	1581155	1283025	410740
117663	2547749	1095189	32639	56880	566614	262348	60238
267748	6595824	2450723	32593	216614	730821	400350	203447
11476	237677	225820	1000	12400	54626	104064	49032
1163	54674	73166		500	5700	5200	
1967	6508	3105	250			800	2055
16116	257310	199545		500	56617	55172	2388
22541	163336	104862	32880	680	450	55341	
70552	647080	414124		26455	81100	129887	55394
42000	11453	7502			5500	2002	
6008	194859	160918		49553	510	47750	33351
36382	111834	66730			19892	46838	
44138	223932	104070		5400	2363	96307	
	22652	14003			300	11821	
92000	226625	141940			56662	65145	4835
81544	1141279	557464	22328	10018	160915	149957	12478
56248	556804	139464		3929	79400	35532	1591
18875	198034	170137	22328	2248	25493	5713	10887
850	33703	3600			3500	100	
24	-2221	1102			1102		
1047	35062	7842		3841	1000	1560	
	70303	94420			40420	49700	
	150562	80741				8194	
	56612	26958				26958	
	19832	13700				13700	
2500	6588	3500				2500	
2000	16000	16000			10000	6000	
1164386	6876113	4030946	30404	50396	1350271	1646522	112433
169140	2645879	848636	200	27160	374699	387584	29740
626100	1732145	1528809	28500	7474	560697	201560	59769
18531	368328	133023	500	2200	103935	25260	828
55474	517956	428702	1204	12304	43521	353315	9500
106651	18253	51487			27778	10500	3093
6300	149089	117482			65877	26327	
44861	212270	115538			5286	107052	
3995	107918	47748				33415	2503
16072	387623	191813			60500	126113	5200
1750	8381	11280				9480	1800
	9170	4400			2600	1800	
21760	555065	428823		450	20066	328307	
11011	149342	107510		308	82462	24740	
82741	14694	15695		500	2850	11069	

1-B-2 续表 33

分组	固定资产净值	固定资产净值年平均余额	负债合计	流动负债总计	应付账款
家具制造业	4351276	4431997	4432505	3790981	1783076
沈阳市	1949376	1980811	1261400	873215	643223
大连市	1715820	1719865	2301565	2162270	967429
鞍山市	289764	275448	290842	219164	64550
抚顺市	12326	12640	5325	2010	300
本溪市	40557	39918	110680	79179	7748
丹东市	171957	185160	281439	279484	68862
锦州市	5500	5500	5520	5500	650
营口市	33982	78838	43704	42867	5766
辽阳市	20771	21966	23193	21641	8768
盘锦市	15705	15714	35721	35711	11172
铁岭市	95518	96137	73116	69940	4608
造纸及纸制品业	5362741	5129933	6925051	5610741	1519634
沈阳市	1244019	1242798	1018053	770878	333155
大连市	865912	737558	1294275	1149734	258476
鞍山市	180809	174511	211897	91205	15727
抚顺市	92202	86751	149463	138122	84478
本溪市	17600	16892	13063	10657	1017
丹东市	433742	410700	541282	469071	47447
锦州市	432277	427586	1667913	1302236	302338
营口市	1256096	1198540	1371917	1265076	389088
阜新市	47867	54982	58915	49594	12229
辽阳市	142984	133241	150932	88454	20446
盘锦市	113247	108670	68756	55646	13710
铁岭市	457010	456712	275669	164121	23749
朝阳市	74008	73642	101374	54405	17774
葫芦岛市	4968	7350	1542	1542	
印刷业和记录媒介的复制	2800813	2776197	3204832	2161482	581277
沈阳市	1355497	1290666	1124439	842345	264807
大连市	1141651	1168046	1843196	1108111	275380
鞍山市	15954	27283	32070	15398	4952
抚顺市	4279	4454	2141	2015	357
本溪市	18094	18521	14512	14507	7692
丹东市	61207	61197	62289	62256	1058
锦州市	26470	26944	23288	20066	8327
营口市	47506	49944	38212	38212	5287
盘锦市	10771	11170	11526	9828	1654
铁岭市	115768	114485	39566	35559	4922
朝阳市	1997	1804	6345	5945	1571
葫芦岛市	1619	1683	7248	7240	5270
文教体育用品制造业	600305	593106	1241251	817529	320757
沈阳市	136326	126263	119673	75497	39610
大连市	219866	211327	390809	329472	144857
鞍山市	5736	5437	14099	14097	952
丹东市	27118	29934	36688	34638	6739
锦州市	25604	23633	4649	4389	210
营口市	158205	168977	649366	344268	123815
盘锦市	7114	7304	8461	8433	3848
铁岭市	20336	20231	17506	6735	726

单位：千元

长期负债总计	所有者权益合计	实收资本					
			国家资本	集体资本	法人资本	个人资本	港澳台资本
317485	6703829	2295376	12145	57581	716967	695384	90584
110751	2250588	752075	4200	7369	467498	223324	4660
94284	3396487	1097607	7945	46922	151402	228007	67717
70510	301661	53507		1000		43169	
3310	15451	13250			5030	7220	
31156	4287	19916			4318	11330	
1950	350873	126040		2100	79480	21600	1000
20	1580	1000			1000		
837	95092	46143		190		16832	
1500	101053	11045			847	7902	
	10937	5892			5892		
3167	175820	168901			1500	136000	17207
979790	5457559	2626728	115951	52411	504015	1402530	288918
113729	1657516	578604	5778	13895	233507	164512	160094
52566	1070903	519821	3960	19493	155638	161475	
105105	125878	49152		4460	21122	23570	
9210	138988	102011			900	37450	63661
2264	22931	7069		4652		2417	
29708	235655	194212		100	13618	115216	61051
360577	471766	394505		4301	22150	367304	750
106841	794573	149684	78613	2090	9790	54588	3362
9320	25457	25094				25094	
53481	177941	113234		3420		32452	
13000	81538	85962			8040	77922	
90173	558065	346408	27600		39250	279558	
33816	88475	51372				51372	
	7873	9600				9600	
782616	3737184	2255031	517449	72200	932925	429679	7485
235731	2120341	1128985	393761	28563	516549	125439	
539653	1314990	875768	74304	38137	380610	160141	7485
	35250	21481	5750		8631	7100	
10	7121	2566			1066	1500	
	20801	9300	2500		5000	1800	
	38072	14729				9200	
3222	20945	11207	2343	1500	3169	4195	
	27848	53900	26700		10400	6800	
	9886	11677	5877		3000	2800	
4000	143528	119204		4000	4500	110704	
	-147	2740	2740				
	-1451	3474	3474				
370381	602646	463792	22863	5210	49518	60200	34081
2543	170145	78264	309	4810	43615	9284	9472
51710	294087	248667	3403	400	2620	12163	19963
	2717	3830				3000	830
	32873	18200				18200	
260	40717	4000				4000	
305098	47977	101079	19151		1271	5813	3816
	7342	6192			1512	4680	
10770	6788	3560			500	3060	

1-B-2 续表 34

分组	固定资产净值	固定资产净值年平均余额	负债合计	流动负债总计	应付账款
石油加工、炼焦及核燃料加工业	42624041	38870408	50936797	36568508	10834071
沈阳市	8391415	6877327	4135229	3377871	3057483
大连市	16210419	13924265	22732526	13966074	3888531
鞍山市	525653	522988	392696	266748	45361
抚顺市	6130051	6369234	7678108	5454034	1240321
本溪市	116892	146277	232062	212172	44611
丹东市	227598	218311	523615	523608	164244
锦州市	3975036	4174238	3538513	2975561	770191
营口市	1009142	989631	3046248	2984130	486257
辽阳市	102802	39300	186486	150456	11075
盘锦市	3773459	3493731	5106343	3875243	533810
铁岭市	140666	141632	47756	34866	9398
朝阳市	39186	39801	50214	44039	28614
葫芦岛市	1981722	1933673	3267001	2703706	554175
化学原料及化学制品制造业	43517055	41520060	76022702	41930904	11258321
沈阳市	6264185	5620927	4767461	4151340	2624777
大连市	11396050	11113162	26982603	11860755	3421883
鞍山市	722427	684768	1421325	940176	246612
抚顺市	727346	724223	1219288	1141870	399558
本溪市	1121562	1002137	1584759	1512873	241863
丹东市	374770	356616	717600	624358	256610
锦州市	1106166	1179367	2155843	1530124	403672
营口市	1162031	1149582	2135113	1932795	418332
阜新市	329715	272500	295053	282112	68510
辽阳市	11600704	11192664	11133535	8156716	1879153
盘锦市	3616196	2992135	15602662	3700818	765285
铁岭市	990482	996878	556814	399585	99737
朝阳市	384797	357109	557458	413929	69469
葫芦岛市	3720624	3877992	6893188	5283453	362860
医药制造业	14201523	10340423	17135308	13716281	5372357
沈阳市	9827962	6166664	8985051	6997857	4666990
大连市	1932014	1844360	5175878	4424467	245056
鞍山市	61815	73782	154934	127097	47298
抚顺市	205247	151436	215964	97466	27399
本溪市	526464	522112	636460	497949	95637
丹东市	214308	204944	338356	322263	62594
锦州市	177364	178368	332169	221887	74559
营口市	56547	61766	66064	60200	25262
阜新市	144468	103042	167631	158651	30309
辽阳市	175613	161341	210595	153732	22395
盘锦市	164383	165537	195992	156850	17827
铁岭市	456192	458197	273999	220262	22863
朝阳市	120506	122201	184645	117515	31705
葫芦岛市	138640	126673	197570	160085	2463
化学纤维制造业	4020505	4135336	3686993	3054665	956805
沈阳市	48713	48697	11472	11235	7524
大连市	9283	16952	31738	22999	7436
鞍山市	14827	16670	30602	19157	11154
抚顺市	2201247	2261723	2034678	1670084	647857
丹东市	7339	2322	243287	243287	47635
锦州市	854	813	4139	4139	
营口市	135910	167713	223390	205715	41758

单位：千元

长期负债总计	所有者权益合计	实收资本					
			国家资本	集体资本	法人资本	个人资本	港澳台资本
13386404	63546967	42851255	35848654	193871	4521245	1779754	42572
683034	5235042	1411586	188305	3350	946550	234725	9577
8752056	23112043	26487179	23708451	72547	2451687	31092	
90853	682730	303273	15000	51445	117118	119710	
2196036	16401124	151957	29536	2114	72701	35632	1280
16723	94848	33266		2811	6170	8111	8100
	113586	144410			111010	13400	20000
562851	8449076	7278224	6958394	41459	126140	71932	
62117	804242	508958		4380	24655	389214	1750
	139447	52300		12200	32135	6100	1865
441724	3368938	2069173	698968	1017	617630	726906	
12882	149756	93697			3000	90697	
6172	62774	41438		450	7449	33539	
561956	4933361	4275794	4250000	2098	5000	18696	
32491970	54039121	38438879	21316100	389945	8178306	5197105	1522080
398454	5632212	2491860	197988	18847	1081285	582741	352485
14244289	12054243	8789406	1979074	31767	4603915	1022226	166035
248656	1173332	705199		116475	141777	279137	158434
74548	1000132	843532	28015	24991	427350	227712	74750
71845	2216090	1985435	1681319	6935	21096	268085	
70294	540810	294641	31090	13766	76448	122617	4250
620475	2853161	1922671	436229	86120	327897	297493	683950
202297	2065749	1059803	8540	11680	138961	584386	48080
11434	311001	163682			10000	148852	
2885022	15473577	14040296	13490563	38224	136781	330554	26486
11824554	6398505	2859278	1608194	18557	833379	323239	5327
129214	1380373	917728		7170	207205	690414	2283
114615	402310	221513	1550		82588	137375	
1596273	2537626	2143835	1853538	15413	89624	182274	
2559037	11804258	7383665	1447052	106388	1227871	2298706	359915
1809112	6987054	3745585	1191847	32157	520536	980968	267825
225545	2420743	1968409		65441	287556	428330	52520
14381	100886	65890	34000	1000	7000	18710	
58598	153974	200410			116300	51710	2400
131341	656139	408152	150000	656	112930	93046	35700
16089	172478	152981	470		40933	111578	
93010	262665	190137	15230	4134	40700	128443	
5863	92627	42000				42000	
8798	134198	68157	6455	3000	50000	5392	
55662	134034	86266	48950			36737	
38747	172728	129422			14840	112712	1470
34581	402954	263756	100		8076	255580	
67130	109465	36500			15000	21500	
180	4313	26000			14000	12000	
140061	7103575	14314292	3321642	3004	10684688	201294	8979
	73518	2637		137	500	2000	
	38210	14288			1000	2000	
1850	38202	24500		1000	23500		
	4301808	10489676			10439676	50000	
	30361	61000				61000	
	1116	2000				2000	
17675	243874	261103			158210	19177	3500

1-B-2 续表 35

分　组	固定资产净　值	固定资产净值年平均余额	负债合计	流动负债总　计	应付账款
辽阳市	1543844	1562248	1057919	828377	192167
盘锦市	320	110	76	56	46
铁岭市	56670	56600	47611	47611	1213
朝阳市	1498	1488	2081	2005	15
橡胶制品业	8656979	7762171	8498294	7180745	3367852
沈阳市	5242172	4430777	3529994	3255945	2393083
大连市	1288430	1310861	1860952	1444994	350857
鞍山市	628440	492932	1166496	795657	64560
抚顺市	36051	34315	40248	34622	15339
本溪市	36252	35702	115793	115786	36523
丹东市	26875	26150	48762	46956	13152
锦州市	162740	174498	395477	312917	240767
营口市	21161	19532	34078	32695	7499
阜新市	111006	125027	207101	153036	15136
辽阳市	9101	10674	34133	33131	2559
盘锦市	7165	10811	43649	43647	27610
铁岭市	478103	475432	270283	220248	88620
朝阳市	490644	495183	479110	419093	84537
葫芦岛市	118839	120277	272218	272018	27610
塑料制品业	13815290	13957940	23589110	19791308	4139621
沈阳市	5813461	5646038	5430134	4229647	2144307
大连市	3068033	3154561	8238770	7622989	1194190
鞍山市	328036	345614	884923	804087	235962
抚顺市	58125	55781	128405	126928	21468
本溪市	31761	28073	91301	89014	14540
丹东市	104693	105794	146441	99874	19765
锦州市	187570	253045	365086	281706	82787
营口市	470569	482524	781405	721934	120222
阜新市	35428	49809	93251	65555	20492
辽阳市	2516818	2477944	4617291	3824140	79424
盘锦市	230012	223114	361205	271074	69584
铁岭市	479553	480362	364649	162068	28199
朝阳市	21187	16731	16733	12357	5909
葫芦岛市	470044	638550	2069516	1479935	102772
非金属矿物制品业	37993112	36152428	54995329	44702409	13680163
沈阳市	8251427	8315802	7792734	5679985	2610256
大连市	8298096	7247359	10806341	7934296	2253317
鞍山市	7199022	6942106	11353153	9521228	2494091
抚顺市	1025017	1041717	2051507	1847711	552533
本溪市	1407101	1069904	2457751	1692354	529466
丹东市	486511	482375	858976	741181	290765
锦州市	853599	738272	1048823	811310	242201
营口市	4226687	3847607	10123426	9902396	3037190
阜新市	767960	784458	1044030	937022	146787
辽阳市	2208795	2359515	3501571	2528300	670206
盘锦市	354035	345821	901574	515351	167865
铁岭市	1226753	1196240	883460	746198	282538
朝阳市	1204617	1164368	1110843	892502	218838
葫芦岛市	483492	616884	1061140	952575	184110
黑色金属冶炼及压延加工业	136135858	124074197	190771701	143282736	34266518
沈阳市	4086496	3798260	6291570	5023338	2118773

单位：千元

长期负债总计	所有者权益合计	实收资本					
			国家资本	集体资本	法人资本	个人资本	港澳台资本
120516	2359406	3444649	3321642	1867	60802	54859	5479
20	1904	1000			1000		
	9710	9000				9000	
	5466	4439				1258	
1018273	8889011	4663949	112435	69307	600114	1050332	28482
187093	4463510	1872374	93274	2797	347882	183174	20637
383985	2292588	1596193		2295	74387	74133	2874
233199	101065	70539	10000	13125	2100	40330	
5285	34520	40548		2500	10150	10430	2890
	50483	32553	8161	1050	6831	14644	
1650	40135	31130			8593	16393	1750
48700	323497	190238		11740		72300	
1383	13702	35186		32800	250	2136	
54064	74737	67000			43000	24000	
1000	18422	6185				1710	331
	19120	14172			1920	12252	
41914	817350	458000	1000	3000	11250	442750	
60000	605590	196831			90751	106080	
	34292	53000			3000	50000	
2842168	20058402	11099034	267064	453201	2673452	4829501	499738
926487	8847784	4496668	41982	15425	839404	3202885	29810
188873	4428290	3881839	15623	12157	1585977	346745	393331
39626	399832	404729	1420	3606	97858	133724	69497
1460	77229	55576	2071	17625	17498	18382	
2273	78179	24975		2000	4900	16575	
29142	156455	93451			22600	52581	
68281	261127	174515			4980	168035	1500
59469	609330	370843	5668	5378	4661	253248	5600
	64441	27239		251	803	25888	
793000	4060297	710038		391547	600	56860	
21127	260386	130964			72831	57233	
122851	509166	412980	300		6300	402380	
	21880	16905			9300	7605	
589579	284006	298312	200000	5212	5740	87360	
7824964	43273102	25191154	2158479	721957	6094297	12132599	748685
1208844	8052615	5216362	663905	25173	1570371	2628573	166670
2213452	7105179	4684662	554288	154607	1108501	1012018	176787
1583510	12288933	5463355	256666	246423	1589813	2946065	131134
145322	1282862	818775	248402	45987	198581	287295	37310
702064	1260106	801963	40500	26140	355935	377138	1000
53818	521755	272549		4902	90155	119054	3505
208392	1010049	583218	15354	52934	102074	338475	26720
216304	5884832	3651375	13128	62510	185535	2097317	205559
107007	370345	199391	5		5150	186587	
958470	2697056	1275479	339718	5077	367892	561059	
119207	134729	288704		49208	86255	153241	
94902	1294833	859889		1050	119268	739571	
147417	1073350	589319	26513	11175	86664	464967	
66255	296458	486113		36771	228103	221239	
44818533	145945010	64340150	43223025	271088	12887589	4985083	289840
326268	4936152	2787517	68464	24830	1272991	444448	95775

1-B-2 续表 36

分组	固定资产净值	固定资产净值年平均余额	负债合计	流动负债总计	应付账款
大连市	7587190	7613599	19163439	13211629	2376749
鞍山市	48499081	47737369	71304234	43171293	6459732
抚顺市	4937292	4652700	8026883	7865290	2148062
本溪市	43862733	40288065	44424205	40216542	14560186
丹东市	336614	236803	411220	332285	140080
锦州市	2235214	1141681	4905794	4353957	1059782
营口市	15113222	9518148	20120493	16104542	2502706
辽阳市	4380878	4423669	5677515	3749653	980316
盘锦市	1655	1655	7705	7705	2602
铁岭市	876595	837975	1028001	414562	45454
朝阳市	3388452	2990306	5925644	5497429	924873
葫芦岛市	830436	833967	3484998	3334511	947203
有色金属冶炼及压延加工业	16340213	16178538	34672005	29814680	5498104
沈阳市	3492264	3531483	3265657	2187173	1272569
大连市	677053	577846	1178821	1013577	630564
鞍山市	214057	226907	894370	581411	75504
抚顺市	1526613	1527378	4333295	3357713	220439
本溪市	69351	57968	164648	133879	36025
丹东市	332086	335198	433493	329455	78075
锦州市	330634	336250	493927	440474	96661
营口市	700350	661322	1675812	1611486	422520
阜新市	223958	226715	552620	470681	204509
辽阳市	3892755	3945494	6754922	6476920	87997
盘锦市	13649	13782	10222	7618	6728
铁岭市	658189	667116	1040931	699438	170989
朝阳市	631617	603760	1974614	1775832	556123
葫芦岛市	3577637	3467319	11898673	10729023	1639401
金属制品业	21736594	19287124	28877190	25001359	12168486
沈阳市	12650764	10692387	10984336	9831585	8297375
大连市	3229220	2908643	6395105	5656318	1666701
鞍山市	2305377	2250880	5514962	4301516	995339
抚顺市	103787	100638	171398	156427	54696
本溪市	415932	423944	731467	517862	94495
丹东市	154831	151973	178497	125920	32775
锦州市	386482	399633	605713	594051	131789
营口市	826090	736515	1813572	1747001	367447
阜新市	193543	201673	306259	295450	63093
辽阳市	252019	263395	552930	420500	66465
盘锦市	297568	274369	750076	671220	208323
铁岭市	759440	718887	427336	254669	121024
朝阳市	37543	38856	54916	45512	13318
葫芦岛市	123998	125331	390623	383328	55646
通用设备制造业	68191156	56303059	105776815	81093620	36973169
沈阳市	34504457	24167297	35156882	31942165	23812885
大连市	24251647	22850390	51556557	33308806	9006019
鞍山市	2070447	2109669	5244694	4018574	792600
抚顺市	1049825	920171	1860157	1666499	466812
本溪市	254691	247508	710581	593734	174910
丹东市	877003	864038	1721207	1615743	614703
锦州市	365914	328963	786926	707094	282825
营口市	944615	919119	2071438	1909871	383137

单位：千元

长期负债总计	所有者权益合计	实收资本					
			国家资本	集体资本	法人资本	个人资本	港澳台资本
5869462	9348151	5989747	1974623	24863	2749951	187893	67049
27840291	59059008	12397761	11284669	15095	420837	619713	16956
161583	3558760	1806189	343454	700	1186545	275490	
4172786	28042356	11533765	8090734	73769	2066329	799933	3000
73687	441336	152453		12000	23420	106453	10580
156809	3427681	1649676	60602	55607	750439	658149	
3908061	24287337	23771309	19904719	25800	3781496	51810	
1218997	4572576	1823302	255287	20365	389061	930315	96480
	-219	1000			795	205	
613193	194320	133490	2000		11400	120090	
329864	6403945	1739209	1231473	503	17813	489420	
147532	1673607	554732	7000	17556	216512	301164	
3857959	19787512	8623970	1174654	112550	3799516	2290570	338017
597312	3356407	1799611	497801	29849	683828	429957	46939
160893	806918	672947			75242	31419	3942
6420	629674	294111		2360	133407	130280	8064
975012	2208689	1177363	645853		501000	20122	10388
14653	80395	43888		2407	2263	39218	
101297	479149	119280		50	47870	55660	13200
53190	700339	275209		2251	87615	164630	20713
61036	896077	493905		26500	62950	177855	20000
81819	189954	225282	11000	9880	82060	78662	43680
277000	7424624	481319		200	234928	89600	156591
1890	30748	20000			20000		
341460	1740840	697781	20000	8000	54900	610749	
121475	517068	274899		13953	99346	159750	
1064502	726630	2048375		17100	1714107	302668	14500
2191321	22157319	11277230	1087059	629888	3432088	3533915	356069
876405	8667673	3067220	760183	68184	1319297	595353	26159
287674	4480783	2837331	53051	73548	886254	601861	133017
648384	3959112	2186000		301324	785120	881489	2510
4448	93933	81307		500	22907	49400	
50989	484626	282349	40480	117727	28633	64913	29500
43965	262905	130391			3200	70071	
11662	829504	578609	84085		51187	66670	150
44741	1045026	684684		34018	134356	339611	21733
4800	197743	45420			19500	21420	
30129	373961	322542	137907	2800		159024	
51766	539524	348503	8391	265	102368	87479	143000
123736	1061013	607471		11000	40525	553446	
9350	60446	20917			11781	9136	
3272	101070	84486	2962	20522	26960	34042	
11033213	79478908	31585787	2702475	946151	8716131	9542303	448518
2034811	23621093	8042140	1516451	333611	2891108	1831903	15743
6884048	41697840	15710786	956189	121197	4346612	3177644	342879
387300	4081345	2068101	21942	250570	611091	1149880	3196
145408	2221215	1117059	14773	35168	125189	214841	14040
109802	303598	213628	50335	10969	20254	109543	
80044	1455473	501581	3157	7621	53543	406646	11947
77020	494588	360055	13720	55849	82810	162948	3142
135120	1353635	855580	600	29337	49493	665877	2765

1-B-2 续表 37

分组	固定资产净值	固定资产净值年平均余额	负债合计	流动负债总计	应付账款
阜新市	335626	344609	1353350	1155544	299237
辽阳市	763032	769063	1527772	1138688	265350
盘锦市	147785	133529	427949	402228	166554
铁岭市	1806310	1773623	1559205	1048214	313718
朝阳市	526984	537947	1164085	996312	297448
葫芦岛市	292820	337133	636012	590148	96971
专用设备制造业	34254185	26087288	67560942	57321689	26510436
沈阳市	20075427	13161060	21033295	18953538	14563831
大连市	8354789	7300353	30214088	24410635	7684761
鞍山市	1028178	1085940	3609118	2640889	698511
抚顺市	364315	348525	1495530	1327109	379224
本溪市	143034	129509	484458	476692	138855
丹东市	453927	447152	903908	754174	164330
锦州市	174189	179724	285483	252698	50903
营口市	248263	248144	559326	527654	125680
阜新市	124103	136804	311964	276227	72166
辽阳市	292250	334716	937911	862172	118802
盘锦市	969090	867527	4248305	4005279	2005834
铁岭市	1029864	884067	1101327	739513	109678
朝阳市	536668	516986	863242	643540	283664
葫芦岛市	460088	446781	1512987	1451569	114197
交通运输设备制造业	55499002	48451822	207129699	183521734	46129894
沈阳市	22476652	18182160	53165634	46173113	22341900
大连市	23778687	22059069	115955342	104507394	12624321
鞍山市	365539	327407	1198419	1075389	158553
抚顺市	226915	185767	1635939	213830	48524
本溪市	367383	346319	1126256	1107381	290124
丹东市	805736	840206	3491401	2427157	184539
锦州市	685811	600509	1391684	1141432	332827
营口市	523739	509748	1389699	1276834	148312
阜新市	3297	3398	21865	21664	11908
辽阳市	134925	130361	202878	199438	48700
盘锦市	520129	510616	1227033	348339	201039
铁岭市	356158	367439	896959	692002	178111
朝阳市	1159954	1138873	2676020	2322165	997065
葫芦岛市	4094077	3249950	22750570	22015596	8563971
电气机械及器材制造业	29280396	25916845	38241773	33605265	14950633
沈阳市	20869830	17375547	21781199	18721870	9898050
大连市	4096752	4357969	7024161	6290069	2730759
鞍山市	646827	639860	1543222	1154617	314315
抚顺市	307683	278956	677898	614574	170204
本溪市	29697	19206	95024	93163	36034
丹东市	391719	377512	778293	698024	147858
锦州市	413845	416582	1624592	1596689	518361
营口市	469451	439398	981993	967285	412660
阜新市	121865	105177	525606	467000	48508
辽阳市	1219833	1238293	1950252	1865369	339064
盘锦市	97622	98628	289876	284469	103220
铁岭市	313904	317196	270863	232397	75151
朝阳市	73663	73608	346724	317915	102107
葫芦岛市	227705	178913	352070	301824	54342

单位：千元

长期负债总计	所有者权益合计	实收资本	国家资本	集体资本	法人资本	个人资本	港澳台资本
153147	479178	340088	44811	3236	97534	160119	31800
345173	631135	348546	13607	1573	11290	318675	127
2715	199760	158347	920	5400	70956	73861	7210
479568	2290929	1408849	63000	48070	225358	996823	5598
157384	338370	263027	2970	2271	102398	155288	100
41673	310749	198000		41279	28495	118255	9971
5897191	34840149	16766250	3960184	251385	5256441	4379626	350003
1557047	13688914	5272115	1822995	48497	1731498	749090	285110
2867968	12339645	6260198	1676023	78338	1738604	1090923	31580
309807	1796429	1156800	101077	29899	364818	648591	
162826	625280	279677	33935	18030	145355	63832	9525
	236134	157104	131500		4216	21388	
125510	634490	340256		4265	65767	260974	
32785	239342	177058		4000	23748	143925	
8772	436026	218976	300	22010	38543	139519	
35458	273060	125904		13340	1864	107950	
74751	504373	249772	3216		19547	73946	16518
218777	1582622	1033103	12340	12315	653238	330379	
343553	960380	787833	9494	17991	211675	548673	
108070	888853	394232	6830	1500	233464	144992	7270
51867	634601	313222	162474	1200	24104	55444	
13182579	61272265	43981840	2064404	392548	24462030	3694541	632842
6286805	27491755	21053463	985519	65181	12630934	1850294	339966
5327100	21478246	16053321	581493	224375	8263655	399435	156223
88444	590942	356298	1002	14480	13476	259810	15899
105681	1240866	143678			41510	2850	99318
6678	576293	360561			215440	145121	
157090	2606061	926966	281290	23384	197497	420855	
250251	1183302	797575		19302	106373	46800	21436
744	804085	548545			81070	122517	
	15662	6539				2061	
3423	352656	241741	49979	802	76593	9022	
20000	408958	166754			12004	154750	
40179	560317	294829	77246	16464	98830	102289	
353476	1435924	1021160	86875		800652	121883	
542708	2527198	2010410	1000	28560	1923996	56854	
2680933	36274542	19904449	1585875	444929	5552170	4663001	1676766
1771630	18479730	10012768	804439	121034	4116373	1763950	1098073
403247	10351972	5965146	250799	179357	796332	857229	214227
240757	1556305	468142	589	51437	73673	322453	1740
50088	855874	526991	325530	13564	95760	84553	834
1858	77666	66686		60	17088	49538	
54266	910664	389586			53614	327732	
27879	887193	527163	72300	11891	73299	246258	123415
11671	918199	784606	17065	8126	56900	358021	210188
6305	207706	166660		2000	56028	82022	26610
28750	928197	313609		8793	67455	198131	1669
	111648	78729		26976	16138	35105	10
33326	522950	302644	7150	4613	29176	261705	
1100	204339	75932		16578	750	58604	
50056	262099	225787	108003	500	99584	17700	

1-B-2 续表 38

分组	固定资产净值	固定资产净值年平均余额	负债合计	流动负债总计	应付账款
通信设备、计算机及其他电子设备制造业	11317836	11213491	24518241	21607685	6383628
沈阳市	3982213	3778979	6327482	5715502	1704188
大连市	6549283	6550642	16074971	14230457	3979509
鞍山市	75901	82709	153490	136204	71187
抚顺市	29049	29039	2770	2770	1135
本溪市	30690	23039	47724	47511	13118
丹东市	192350	168247	286484	260065	123355
锦州市	43919	63766	149642	135094	62570
营口市	32511	24280	571127	321127	131945
阜新市	62388	198301	351819	274325	39565
辽阳市	88839	90443	199112	183875	89597
盘锦市	9806	9501	36601	36573	26745
铁岭市	93450	78538	119057	77922	7656
朝阳市	127437	116007	197962	186260	133058
仪器仪表及文化、办公用机械制造业	2991748	2631584	4943756	4136472	1648944
沈阳市	971091	776255	1352914	1116137	645157
大连市	1152486	1040784	1477802	1098309	435964
鞍山市	284880	293321	644970	615112	202531
抚顺市	45373	31059	35746	35711	19316
本溪市	23720	15204	54651	54612	10215
丹东市	187559	183895	576815	516276	165224
锦州市	13661	12767	155044	98338	26635
营口市	135118	129812	308247	303738	95922
辽阳市	94773	66043	146610	146595	17065
盘锦市	20963	20026	26400	22609	8529
铁岭市	24436	24665	70294	56357	12712
朝阳市	36993	37055	83703	62118	2174
葫芦岛市	695	698	10560	10560	7500
工艺品及其他制造业	2434354	2365780	2909338	2522878	472254
沈阳市	454237	438410	452908	366363	158817
大连市	775301	781947	451591	430967	98717
鞍山市	27373	30405	40040	32032	13061
抚顺市	558168	508545	1141411	981642	51970
本溪市	27839	28515	104786	90610	14272
丹东市	41765	29530	48853	48849	12402
锦州市	198853	203779	258222	220220	43329
营口市	147389	145518	223096	223096	35866
阜新市	2379	2379	275	270	
辽阳市	69396	67977	133248	76443	38503
铁岭市	129885	127037	47047	44825	2235
朝阳市	1769	1738	7861	7561	3082
废弃资源和废旧材料回收加工业	314941	299330	869471	807065	120580
沈阳市	22519	22737	262408	256494	25427
大连市	35934	28133	30345	30345	6017
鞍山市	10643	15875	61097	36849	9919
抚顺市	1376	1536	31137	31134	25108
本溪市	53102	48205	231471	231471	8778
丹东市	45870	36820	75331	75301	26953
锦州市	7444	8163	24875	16702	7500

单位：千元

长期负债总计	所有者权益合计	实收资本					
			国家资本	集体资本	法人资本	个人资本	港澳台资本
2209496	22282299	14924241	2246660	48895	4633874	2520459	1085585
531525	9359250	3618468	185272	17973	976690	988417	587631
1245949	11333654	10028160	1946853	2000	3387305	1173236	376198
14171	268797	131690		1000	15100	78340	6000
	41912	83678			71040	3810	
	13976	2250		1750		500	
25865	407113	266737	45680		78215	61132	47994
14548	154242	114474	875	572	39826	45725	
250000	211072	259050				4330	
72384	113414	147521	1860	19800	8098	111454	4345
10546	84923	45276	6120			13395	
28	21507	12800		5800		7000	
36075	52574	25500				25500	
8405	219865	188637	60000		57600	7620	63417
465785	5835622	2934845	198911	90144	666850	897616	155564
208324	1528141	636059	127327	35620	96453	233336	27600
97304	2106941	1085036	1192	9199	171669	120478	29412
28581	733513	457507	23660	9348	134281	257254	1080
	119951	121050	36000			1050	84000
	12732	13100	7100		5000	1000	
43850	599791	218164	1000	3809	79268	117350	
56705	51105	24472	2632	5580	2800	13460	
3150	308738	224477		8658	162531	31486	13472
	199611	62642		4930		57712	
	40768	24220		2000	13230	8990	
6291	58897	41218		11000	1218	29000	
21580	72326	26400			400	26000	
	3108	500				500	
348269	3484302	2352076	331109	109748	344689	576629	27321
66079	850821	352089	381	10612	99295	203052	959
6935	1259283	1069697	102489		94372	69592	1328
4790	93906	50193		1691	5830	28695	580
159177	535243	350356	227239	54673	16195	41335	
14173	25040	17855		8740	1311	4938	
	56445	52384			12590	15790	23754
37895	155925	134482			114332	20150	
	148218	100961		4032		15422	700
	8299	7000				2100	
56800	92299	59669	1000	30000	264	21585	
2120	257855	156790			500	153370	
300	968	600				600	
40424	934951	413945	31181	143150	51140	142274	30000
	168972	122630			3220	119410	
	199323	33963		300	13563	3900	
16221	5724	12902		9026	3876		
	66559	4100			3500	600	
	218047	41633	28000	13633			
30	123534	600			600		
8173	6235	12800		300		12500	

1-B-2 续表 39

分组	固定资产净值	固定资产净值年平均余额	负债合计	流动负债总计	应付账款
营口市	14036	13355	18963	18963	1236
盘锦市	18608	18088	11110	5509	5500
铁岭市	26279	27118	42135	26029	1230
葫芦岛市	79130	79300	80599	78268	2912
电力、热力的生产和供应业	119179504	116528282	132168628	75950560	15900530
沈阳市	22232114	20115864	36320622	20062961	3837735
大连市	14717005	14538343	15751250	10043797	1553201
鞍山市	821091	839206	1688377	1597674	220535
抚顺市	4302004	4361782	4409467	2967191	324799
本溪市	2225115	2251136	2004620	1534077	102252
丹东市	2910430	2972015	1190011	1147596	90958
锦州市	2439629	2522357	2354352	1734625	268328
营口市	5429355	6619515	3320568	2794332	138012
阜新市	6838248	6848881	7372581	2554567	493115
辽阳市	550239	554850	1176789	1036361	217681
盘锦市	527128	518469	511741	352757	110388
铁岭市	6154830	5364212	9398120	5173411	258972
朝阳市	1368565	1378730	1307703	966134	160242
葫芦岛市	8216941	8097095	9304642	5618695	697310
燃气生产和供应业	3539648	3028729	3138884	2089711	165359
沈阳市	1242725	822258	1512816	1089008	42740
大连市	923127	883861	295800	217273	32407
鞍山市	300080	269765	216214	118872	16415
抚顺市	117430	117430	147766	73883	4670
本溪市	128924	108187	156286	96995	13374
丹东市	102832	102872	164827	142461	8182
锦州市	140985	136348	202019	64004	11778
营口市	18004	19106	47195	42587	-197
阜新市	57719	59846	25032	25032	468
辽阳市	55192	85728	97086	97086	
盘锦市	130874	93942	42857	23888	315
铁岭市	174051	171529	181536	49173	22807
朝阳市	58471	57329	24876	24876	3851
葫芦岛市	89234	100528	24574	24573	8549
水的生产和供应业	10139887	10154482	7234810	4844339	920018
沈阳市	1369662	1395993	1387058	1346021	199681
大连市	5300679	5347610	1746767	1029150	450142
鞍山市	473942	474453	348131	171831	13957
抚顺市	393448	380369	508968	383091	85738
本溪市	391184	471793	452815	429877	4651
丹东市	120647	123902	65184	52819	17395
锦州市	232618	243733	255863	110526	1414
营口市	585825	569369	872186	456639	12932
阜新市	212440	227871	230326	58320	4781
辽阳市	95618	97975	222454	28772	3445
盘锦市	266757	256472	511617	374524	75577
铁岭市	170601	105018	68261	54185	23327
朝阳市	105338	107678	113734	61863	1443
葫芦岛市	421128	352246	451446	286721	25535

单位：千元

长期负债总计	所有者权益合计						
		实收资本					
			国家资本	集体资本	法人资本	个人资本	港澳台资本
	13073	9800			6000	3800	
5000	13360	9000			8000	1000	
11000	21906	41800			11800		30000
	98218	124717	3181	119891	581	1064	
51133954	62156034	40335130	7244010	249590	29300208	1268436	1478051
13186592	12827045	8874445	1275514	800	6375917	330609	516497
5052867	7024684	3380019	883352	5727	2239499	180265	
88839	959533	565431	218619	343	197930	29764	
506268	2054742	2617039	942065	3400	1433489	118085	120000
468347	1555626	577848	158312	88460	235185	50370	8000
38613	2791584	2221049	2101398		500	23000	
608537	1678748	1607517	373052		425815	43727	764923
526235	5208826	368324	147104		137420	83800	
4817912	1512450	1855381	364655		1303834	186892	
56552	179653	121249	84849		9004	27396	
137393	710875	313222	28182		263310	21730	
4192449	2786563	2660003	222962	150000	2075176	80548	68631
81894	556938	235388	149904	860	35374	49250	
3680053	5328486	4938215	294042		4567755	43000	
888022	4205853	3012441	1454735	7284	911234	130705	290280
423796	1965879	1380463	337669		852408	97848	
8582	1169923	750798	568491		47255	21367	
6250	278915	105330	99890	500	1200	3740	
73883	79554	133330	40000				93330
59290	81677	102825	19565		3750	1250	78260
22366	16555	66947	66947				
138015	27932	83617	83617				
4608	11045	38775	38775				
	76816	77200	7720				69480
	22421	68556	68556				
18869	132962	54634	41850	6784		6000	
132363	33156	49210					49210
	123249	80324	80324				
	185769	20432	1331		6621	500	
2095786	9973720	6050383	4179242	31042	1293449	166008	113600
3570	1621709	1205416	398812	4960	560050		
605814	5399688	2282215	1744841		494926	23400	17600
174897	623022	477525	477525				
125877	235277	250584	170507		80077		
22935	103034	110030	83948	26082			
12365	151242	110339	110339				
145337	286886	75382	68834		2000	4548	
415547	490793	490944	415944			75000	
172006	105045	172652	172152			500	
193481	138528	82106	71944		5242	4920	
137086	348992	335492	234492		63000	3000	11000
14000	194924	143140	8500			49640	85000
51871	103475	41979	41979				
21000	171105	272579	179425		88154	5000	

1-B-2 续表 40

分组	外商资本	主营业务收入	主营业务成本	主营业务税金及附加	其他业务收入
总计	**66673518**	**2437224068**	**2132986376**	**26481059**	**59086111**
沈阳市	16338437	635753262	539227615	5936990	7998085
大连市	39015234	556989301	506855205	3534840	8023053
鞍山市	1264111	191239675	150425654	2527171	3159440
抚顺市	1055387	113422382	110464457	1974465	4806116
本溪市	623461	115670297	105734774	728193	5791899
丹东市	608188	53152033	46013240	389587	398632
锦州市	2074803	101507711	91591118	1619206	4023811
营口市	3585582	129004851	113586900	1564294	2627614
阜新市	227561	25045464	20976764	262088	1494006
辽阳市	887502	117827317	100616317	1485939	3633136
盘锦市	241045	112530501	90086219	1772127	13084299
铁岭市	418806	93762561	77718669	2656765	598575
朝阳市	157817	63273598	55007355	478217	1903923
葫芦岛市	175584	74648166	71824508	1308959	1445657
按隶属关系分					
中央	2853795	616551444	579517350	9940804	23210452
沈阳市	116135	23881712	19734765	707546	748040
大连市	2623007	179206274	185438836	2173196	2488876
鞍山市		94724550	69508394	1625936	1978862
抚顺市		56648398	61232241	1428784	903870
本溪市	37521	212936	126441	2821	
丹东市		755318	614494	1893	72
锦州市	77132	35720250	35478906	981326	1148696
营口市		10031776	9781464	22500	185548
阜新市		1922025	1950663	15072	8051
辽阳市		34578594	33818197	487482	2085418
盘锦市		73761971	56670900	1182563	12371526
铁岭市		2168679	2147205	13998	2464
朝阳市		3330770	2916269	15595	266049
葫芦岛市		46211242	47240994	1039874	925115
地方	63819723	1820672624	1553469026	16540255	35875659
沈阳市	16222302	611871550	519492850	5229444	7250045
大连市	36392227	377783027	321416369	1361644	5534177
鞍山市	1264111	96515125	80917260	901235	1180578
抚顺市	1055387	56773984	49232216	545681	3902246
本溪市	585940	115457361	105608333	725372	5791899
丹东市	608188	52396715	45398746	387694	398560
锦州市	1997671	65787461	56112212	637880	2875115
营口市	3585582	118973075	103805436	1541794	2442066
阜新市	227561	23123439	19026101	247016	1485955
辽阳市	887502	83248723	66798120	998457	1547718
盘锦市	241045	38768530	33415319	589564	712773
铁岭市	418806	91593882	75571464	2642767	596111
朝阳市	157817	59942828	52091086	462622	1637874
葫芦岛市	175584	28436924	24583514	269085	520542
按登记注册类型分					
内资企业	1524455	1932358420	1696986828	22521902	49450697
沈阳市	436015	479103304	408409752	3415857	3829549
大连市	636790	338647509	309757185	2846401	5721447

单位：千元

其他业务利　润	营业费用	管理费用	税金	财务费用	利息支出	营业利润	投资收益
3363977	**46631406**	**104068263**	**7813065**	**24231907**	**23029949**	**92578075**	**408068**
-1480373	14888809	24801659	2126148	4331823	3631426	35389791	387538
3354396	12210597	24250877	1188864	5807386	4883819	-3308512	596535
294339	4269067	12649830	1137806	2452590	2528499	20861990	-1235440
247426	1421919	6089645	455468	726006	697039	-8359604	-118815
289844	1822693	4559764	263607	2071251	2004052	5434653	91604
59058	1111650	2089106	101985	479051	386679	2625990	22237
986492	1529559	3391781	154960	756406	610028	4125065	35823
305122	2366915	4314899	414131	1267871	1144488	4884981	2670
45161	506796	1622809	117319	843472	827371	878696	-3910
-252621	1617623	4265751	661152	1237715	1106069	14503041	82491
-760459	1096898	5681112	333565	778509	1563645	10733303	203663
140737	2041303	4184138	183777	561065	522800	5553432	37717
169058	976757	2292298	94330	586751	492671	4386447	76214
-34203	770306	3820079	579953	1646102	1848349	-4968087	183498
127354	5101313	29261925	1975300	5204660	6863724	-17226803	-1507208
91785	234732	2078361	98662	256371	260642	1031957	60645
1620617	1472266	4998973	166152	765371	866220	-18629746	128383
3506	1972120	8941693	630812	1296443	1598014	10996441	-1899681
6848	433697	3177805	245755	264648	290404	-11166960	-145847
		7272		21682	21684	54786	
26	4015	63073	4299	11624	11406	115074	
54650	197197	1097452	30311	67422	56986	-2183580	23078
41937	88549	982429	49795	202260	188112	-2323718	
7151		91521	7258	230703	233744	-358783	609
-457088	210194	1479541	67895	26423	24654	1388424	7324
-902628	167292	4119370	205023	426381	1307610	9241320	139068
	12603	13612	922	87243	86687	-87220	7
23628	104914	187286	6956	81794	87412	42346	-1556
-363078	203220	1969022	461460	780386	1047135	-5184033	134519
3236623	41530093	74806338	5837765	19027247	16166225	109804878	1915276
-1572158	14654077	22723298	2027486	4075452	3370784	34357834	326893
1733779	10738331	19251904	1022712	5042015	4017599	15321234	468152
290833	2296947	3708137	506994	1156147	930485	9865549	664241
240578	988222	2911840	209713	461358	406635	2807356	27032
289844	1822693	4552492	263607	2049569	1982368	5379867	91604
59032	1107635	2026033	97686	467427	375273	2510916	22237
931842	1332362	2294329	124649	688984	553042	6308645	12745
263185	2278366	3332470	364336	1065611	956376	7208699	2670
38010	506796	1531288	110061	612769	593627	1237479	-4519
204467	1407429	2786210	593257	1211292	1081415	13114617	75167
142169	929606	1561742	128542	352128	256035	1491983	64595
140737	2028700	4170526	182855	473822	436113	5640652	37710
145430	871843	2105012	87374	504957	405259	4344101	77770
328875	567086	1851057	118493	865716	801214	215946	48979
1711240	32160318	83969038	6331510	19822017	18764669	68951049	230451
-1575767	9272598	18856004	1425059	3583592	2717278	26375083	387560
2387896	6180194	14058070	717071	3839504	3041128	-4348096	483652

1-B-2 续表 41

分　组	外商资本	主营业务收　入	主营业务成　本	主营业务税金及附加	其他业务收　入
鞍山市	153796	182711974	143203687	2440431	3026320
抚顺市		105632879	104064279	1943219	4511483
本溪市	741	105755379	97724577	704864	5779255
丹东市	14564	42309295	36978869	324638	293531
锦州市		85736499	78707701	1509854	2669313
营口市	11500	88263475	77303958	1413676	1721715
阜新市	116050	22597165	18818940	262064	1432392
辽阳市		97199935	85509821	1465762	3603047
盘锦市	34825	109351072	87633549	1674831	12981628
铁岭市	117116	88341160	73086418	2546153	543715
朝阳市	3058	61139233	53363043	473439	1797431
葫芦岛市		72172592	69567468	1258495	1442006
国有企业	189760	361162359	304795609	4793735	20911584
沈阳市	13888	40935668	34845268	264652	801009
大连市	164272	29299472	25827992	171402	582146
鞍山市	11600	100087428	74181167	1651106	2112714
抚顺市		7638402	6898167	63307	1048472
本溪市		943152	792712	6410	13936
丹东市		2876645	2705841	7493	16144
锦州市		31609423	32060803	943096	371852
营口市		1718294	1561854	30403	51166
阜新市		7356062	5803433	103768	1207092
辽阳市		6200209	5637193	49535	2210026
盘锦市		70277159	53547508	1173788	12145511
铁岭市		963117	767430	19669	7932
朝阳市		1435074	1297858	4298	27470
葫芦岛市		6425305	6010802	62590	218249
集体企业	1800	59952463	51376423	846224	1334699
沈阳市		16723062	14482827	156899	49603
大连市	1800	3638211	3254921	21349	26150
鞍山市		10069383	8440682	132331	130686
抚顺市		1867733	1650388	15108	25225
本溪市		2328333	1820021	48559	25950
丹东市		1960286	1733351	38996	
锦州市		4975100	4417973	75776	109731
营口市		5857791	5147445	42282	13799
阜新市		504558	329785	5833	703
辽阳市		4337513	3661849	65677	829787
盘锦市		682839	579643	1653	841
铁岭市		4106901	3487880	176259	70886
朝阳市		727848	657762	10001	574
葫芦岛市		2172905	1711896	55501	50764
股份合作企业	4351	16605831	14321835	178316	208203
沈阳市	3610	4399056	3784243	23312	1216
大连市		1585030	1331693	7555	61689
鞍山市		784823	665719	3540	9996
抚顺市		137688	135006	204	575
本溪市	741	67672	54537	395	6260
丹东市		389239	343503	4342	182
锦州市		3859269	3273472	80392	47763
营口市		80748	75822	133	

单位：千元

其他业务利润	营业费用	管理费用	税金	财务费用	利息支出	营业利润	投资收益
259892	3975056	12284931	1101594	2299466	2402202	20405808	-1243251
169703	1058930	5734489	427602	647494	660533	-8998749	-117431
283701	1649490	4306876	235729	1942656	1836174	4101845	92806
33704	851779	1631714	86247	341963	306396	1780976	18633
712033	1231340	2794299	115658	612543	480342	1975190	28116
188634	1558193	3312592	308098	907649	806265	2631913	-112
37599	463530	1532157	110758	816706	801762	741367	-10568
-248265	1363778	3900278	626273	754915	673520	9535415	56907
788891	986095	5544261	330485	728024	1516604	10418661	203663
141459	1951750	4024108	179000	490786	456312	5385594	37717
144399	898466	2182177	92361	573558	480788	4073631	73261
-34857	718605	3752567	575575	1597252	1802351	-4964478	173255
-1193110	4243377	22330361	1344737	4464708	5772420	16530929	-1849445
4558	770171	2380980	172523	891271	852316	1439302	-99886
124785	462465	1663023	89455	569848	658131	500127	82614
32860	2157056	9350045	674485	1336566	1639187	11164849	-1894710
-1583	168015	1584344	188467	19369	39863	-2170946	-144740
9123	30541	98208	7626	11155	5168	37904	
10682	43744	207912	18594	14171	44894	-112015	837
-42452	191488	1133230	24550	56464	57445	-2938620	28095
15692	24958	105554	3600	25831	25959	-14614	
24080	53854	729673	33101	302121	297961	387293	-12317
-382634	97100	502863	73627	51415	44401	-405832	8571
-898289	153090	3799109	20839	212956	1040501	9493674	123875
2159	17963	60296	1410	14281	9903	31563	62
10584	32235	113503	2883	19436	19326	-20644	
-102675	40183	547106	33577	253915	254351	-698001	11911
139936	874957	2714294	167321	353109	259043	3827208	83050
-49183	303373	719001	23773	52755	25188	810987	-29210
7410	29842	230845	8080	21641	17238	59367	4310
15152	115599	396451	50641	84500	71878	956327	106982
6466	20711	98140	6836	5896	4073	83956	
3323	38538	176488	23517	10409	8390	268527	-124
	22010	43965	573	7543	5593	102877	680
25248	73081	157311	5366	55236	44414	551134	128
4253	80906	135048	16147	22434	20748	433929	260
99	5340	57771	4817	95	-292	105833	
60648	41731	414606	21714	9493	8622	272949	
531	18171	28146	87	16792	15908	17252	
37971	114165	118660	4213	24384	8220	162154	
61	177	22869	71	317	308	39278	
27957	11313	114993	1486	41614	28755	-37362	24
91905	392381	742266	47693	145745	118097	865196	11969
-636	106362	262608	17552	22867	14255	206790	-11351
37584	25473	135675	5951	10249	6239	74966	7641
4763	31305	56581	5922	7162	7020	54728	7563
248	135	2069	211	29		493	
1290	3660	9294	198	960	968	5047	
2	8659	22786	1322	2318	2040	17744	115
39644	74240	116591	1604	55776	49156	298909	180
	936	3335	21	65	29	457	

1-B-2 续表 42

分　组	外商资本	主营业务收　入	主营业务成　本	主营业务税金及附加	其他业务收　入
阜新市		1613114	1502869	1238	
辽阳市		790148	682652	18112	55313
盘锦市		941880	723827	9704	25209
铁岭市		103036	83713	5101	
葫芦岛市		1854128	1664779	24288	
联营企业		3369797	2532869	38532	14641
沈阳市		1344600	947496	11433	1373
大连市		617391	425464	3666	715
鞍山市		34536	29627	541	1410
本溪市		52870	50970	260	
锦州市		23710	22351	42	
营口市		271991	229087	8380	258
阜新市		5600	1830	800	
辽阳市		259530	242974	220	
铁岭市		137934	121275	6636	
葫芦岛市		621635	461795	6554	10885
国有联营企业		91565	68086	288	
沈阳市		37375	31525	159	
大连市		30198	12079	91	
葫芦岛市		23992	24482	38	
集体联营企业		935909	707906	18353	2473
沈阳市		54080	48913	18	800
大连市		529529	367530	3272	5
鞍山市		29505	24781	78	1410
营口市		271991	229087	8380	258
铁岭市		50804	37595	6605	
国有与集体联营企业		709653	524046	6974	12168
沈阳市		38645	20301		573
大连市		57664	45855	303	710
鞍山市		5031	4846	463	
铁岭市		87130	83680	31	
葫芦岛市		521183	369364	6177	10885
其他联营企业		1632670	1232831	12917	
沈阳市		1214500	846757	11256	
本溪市		52870	50970	260	
锦州市		23710	22351	42	
阜新市		5600	1830	800	
辽阳市		259530	242974	220	
葫芦岛市		76460	67949	339	
有限责任公司	528075	415005154	357165737	3559365	12503095
沈阳市	233120	138671779	120013916	472939	1537217
大连市	186235	100274125	86310464	298773	3659449
鞍山市	24750	16285941	13974549	112850	187414
抚顺市		25903045	23171898	248416	2544715
本溪市		9872927	7799969	86608	23330
丹东市	5200	7488668	6785417	58623	29365
锦州市		13982377	12254785	88215	1125734
营口市	4000	16457943	13229101	966963	572041
阜新市	74770	5118871	4554856	72046	142339
辽阳市		8766839	7424423	89299	96207
盘锦市		12170992	10426898	112388	688935

单位：千元

其他业务利润	营业费用	管理费用		财务费用		营业利润	投资收益
			税金		利息支出		
	30345	20467	3695	2760	2750	55435	
2717	11269	37178	7799	12095	10333	38126	
6293	15942	47861	1009	5525	3824	84851	30
	399	10608	1082	646	640	1101	
	83656	17213	1327	25293	20843	26549	7791
1841	64648	184963	26831	149157	142618	494295	
-307	19317	54480	9580	10296	6571	327486	
71	28903	23716	3255	84300	83905	37306	
95	443	2118	229	-12	-10	2704	
		1090	13			1550	
		1793	14			-354	
16	3944	7152	1239	11007	8135	12437	
	1500	1300				170	
	5993	6645	20	382	222	74384	
	2557	2655		430		11057	
1966	1991	84014	12481	42754	43795	27555	
	1545	6967	136	497	190	1423	
	1298	3040	112	153	-10	1270	
	242	483	24	121		4349	
	5	3444		223	200	-4196	
-769	33589	31268	4433	95367	92025	53974	
-880	25	33	11	17		3414	
	27837	21358	3123	83925	83900	25611	
95	443	1675	60	-12	-10	2052	
16	3944	7152	1239	11007	8135	12437	
	1340	1050		430		10460	
2610	10879	86774	12532	42638	43600	69525	
573	7877	8672	-45			29293	
71	824	1875	108	254	5	7346	
		443	169			652	
	1217	1605				597	
1966	961	74179	12300	42384	43595	31637	
	18635	59954	9730	10655	6803	369373	
	10117	42735	9502	10126	6581	293509	
		1090	13			1550	
		1793	14			-354	
	1500	1300				170	
	5993	6645	20	382	222	74384	
	1025	6391	181	147		114	
2146351	8522496	22523612	2299324	5502241	5329151	17318884	996332
-707625	2311274	5846643	746187	1206051	988032	7101567	182435
1902473	2920704	5769865	282600	1262650	1008792	3597686	289149
36002	386640	711832	63056	230351	172402	1234518	81751
128090	233771	1502769	112193	330045	352043	455605	23565
10557	123641	932455	33473	131792	131933	900180	90598
4932	197362	375393	6980	43269	31455	218471	12345
457875	297164	577878	30027	122735	105055	1129263	-36
70608	210495	750279	63306	220350	222341	726138	-361
11059	89905	264661	22478	407219	412157	-258757	609
8990	151799	323450	63703	192580	187663	767989	47892
54069	237865	902243	281318	340912	367547	198999	72026

1-B-2 续表 43

分　组	外商资本	主营业务收入	主营业务成本	主营业务税金及附加	其他业务收入
铁岭市		24365691	19419847	714145	372846
朝阳市		15451921	13179628	143523	1091468
葫芦岛市		20194035	18619986	94577	432035
国有独资公司	4391	64276210	52635470	319175	5125370
沈阳市	391	24072782	19583261	71635	609822
大连市		22027948	18286529	79591	1258584
鞍山市		66440	86494	455	594
抚顺市		4014713	2867748	60626	2329226
本溪市		5145832	4028224	40127	6768
丹东市		774385	794984	1562	2706
锦州市		180123	146283	210	1701
营口市	4000	501703	481179	1165	26118
阜新市		273009	178508	1314	12
辽阳市		84979	100673	49	
朝阳市		6178198	5085083	30901	889114
葫芦岛市		956098	996504	31540	725
其他有限责任公司	523684	350728944	304530267	3240190	7377725
沈阳市	232729	114598997	100430655	401304	927395
大连市	186235	78246177	68023935	219182	2400865
鞍山市	24750	16219501	13888055	112395	186820
抚顺市		21888332	20304150	187790	215489
本溪市		4727095	3771745	46481	16562
丹东市	5200	6714283	5990433	57061	26659
锦州市		13802254	12108502	88005	1124033
营口市		15956240	12747922	965798	545923
阜新市	74770	4845862	4376348	70732	142327
辽阳市		8681860	7323750	89250	96207
盘锦市		12170992	10426898	112388	688935
铁岭市		24365691	19419847	714145	372846
朝阳市		9273723	8094545	112622	202354
葫芦岛市		19237937	17623482	63037	431310
股份有限公司	35367	330838379	333623473	5862266	9522124
沈阳市	8542	23320456	19158081	772383	181351
大连市		76208509	84498951	1770477	472207
鞍山市	4000	1205560	845648	9713	13005
抚顺市		53431669	58119779	1396981	693706
本溪市		79710372	77269087	255641	5679284
丹东市		2078386	1695576	9230	122995
锦州市		6029683	4970726	52054	762157
营口市		9550680	9425085	17747	474484
阜新市		33214	28767	81	
辽阳市		32644951	31782050	452698	56901
盘锦市	22825	5247384	4559699	23776	28523
铁岭市		2488372	1806501	112711	39505
朝阳市		9889265	8625843	60475	392543
葫芦岛市		28999878	30837680	928299	605463
私营企业	760935	731185734	620672666	7168980	4928746
沈阳市	176855	253466041	214953035	1711958	1257780
大连市	284483	114815986	97278826	558303	892719
鞍山市	113446	53547768	44537288	528530	571095
抚顺市		16654342	14089041	219203	198790

单位：千元

其他业务利润	营业费用	管理费用	税金	财务费用	利息支出	营业利润	投资收益
56106	798203	2247310	98868	63560	141623	1185669	37221
87252	349125	777553	39740	235470	215380	1268693	13129
25963	214548	1541281	455395	715257	992728	-1207137	146009
-368520	1342623	5285702	489268	790669	889067	3416370	54131
-675310	588074	1448648	301733	345215	346305	1528103	6871
185655	541997	1558164	67279	241525	267458	1407453	21538
556		6475	140	577	577	-33421	
54530	54831	941079	66920	-48935	10585	130444	1380
458	8938	681732	18683	70427	72160	319077	1960
2706	6543	50395	52	2688	2707	-77443	11615
	115	25919	50	15782	15550	-13120	175
7706	2513	20688	769	12152	11814	-11384	330
12	417	33117	813	5558	5558	54107	
	9443	13377	49	6014	6015	-41225	
54655	119962	456998	22134	93706	99028	329162	10456
512	9790	49110	10646	45960	51310	-175383	-194
2514871	7179873	17237910	1810056	4711572	4440084	13902514	942201
-32315	1723200	4397995	444454	860836	641727	5573464	175564
1716818	2378707	4211701	215321	1021125	741334	2190233	267611
35446	386640	705357	62916	229774	171825	1267939	81751
73560	178940	561690	45273	378980	341458	325161	22185
10099	114703	250723	14790	61365	59773	581103	88638
2226	190819	324998	6928	40581	28748	295914	730
457875	297049	551959	29977	106953	89505	1142383	-211
62902	207982	729591	62537	208198	210527	737522	-691
11047	89488	231544	21665	401661	406599	-312864	609
8990	142356	310073	63654	186566	181648	809214	47892
54069	237865	902243	281318	340912	367547	198999	72026
56106	798203	2247310	98868	63560	141623	1185669	37221
32597	229163	320555	17606	141764	116352	939531	2673
25451	204758	1492171	444749	669297	941418	-1031754	146203
504345	3796968	11147470	505477	2975299	2781000	-22756032	153715
-3043	677945	1098096	111798	232013	212704	1218195	106205
50519	434055	1448179	40936	258909	203468	-15169835	17769
2276	73058	134134	10219	8278	5193	174782	13460
4194	373013	1894382	99625	188210	175517	-8726228	3194
259991	1277164	2545058	117334	1629134	1548086	1328004	3421
	73119	118116	1781	45322	43371	316380	-874
63085	76563	272485	19501	107337	98268	572041	-1681
45636	253016	888340	33682	123333	119669	-2010108	-1036
	1316	2839	9	998	998	-787	
33855	176272	1183652	12084	12180	11542	2207042	-586
21561	52444	143825	2488	31065	18240	98871	1521
19805	74903	183385	12487	38334	36440	297214	318
9456	113740	349325	9109	73654	68773	345977	4373
-2990	140360	885654	34424	226532	238731	-3407580	7631
14086	14018745	23976955	1921023	6018617	4155562	52116894	826672
-819531	5083339	8489677	343278	1168078	618075	15265046	239367
259552	2051561	4487104	270104	1425473	858766	6129621	81301
168744	1208958	1624623	296699	628692	506375	6765089	434413
32288	263285	652785	20270	103945	89037	1358371	550

1-B-2 续表 44

分组	外商资本	主营业务收入	主营业务成本	主营业务税金及附加	其他业务收入
本溪市		12679327	9842976	304413	30495
丹东市	5197	27290271	23516435	205368	124845
锦州市		25233567	21686406	270239	252076
营口市	7500	54326028	47635564	347768	609967
阜新市	41280	7965746	6597400	78298	82258
辽阳市		44200745	36078680	790221	354813
盘锦市	12000	20025588	17791154	353522	92609
铁岭市	117116	55512641	46869925	1459719	51313
朝阳市	3058	33635125	29601952	255142	285376
葫芦岛市		11832559	10193984	86296	124610
私营独资企业	209680	210639433	178891553	2898226	691824
沈阳市	35749	65410929	56395183	579635	131510
大连市	49959	29845353	25441225	148162	60068
鞍山市	1159	16521341	14052282	251994	124801
抚顺市		3589690	3009165	68416	6582
本溪市		5845266	4700925	195140	7573
丹东市	5197	9987691	8265189	81597	54428
锦州市		8884543	7710255	91230	76864
营口市	500	9582072	8355380	58429	156666
阜新市		2342175	1945215	38880	17012
辽阳市		21069900	16908450	540072	8725
盘锦市		6220968	5546749	113862	7304
铁岭市	117116	18644035	15495271	598597	8796
朝阳市		9039028	7923782	98661	24888
葫芦岛市		3656442	3142482	33551	6607
私营合作企业	2496	13124444	11092023	175255	109869
沈阳市	2496	2751866	2312647	12437	38851
大连市		845448	725511	2311	3435
鞍山市		1052383	889912	37972	5268
抚顺市		130290	120406	409	407
本溪市		1071066	713268	7348	464
丹东市		666089	581039	8657	1454
锦州市		1242844	1173574	8484	
营口市		1812956	1558878	8742	50474
阜新市		153000	88218	6890	
辽阳市		736675	611248	20675	142
盘锦市		599229	515138	15655	
铁岭市		666453	544287	21146	150
朝阳市		1072124	967056	21114	
葫芦岛市		324021	290841	3415	9224
私营有限责任公司	467365	472384409	401995504	3825470	3703487
沈阳市	67504	174018440	147073003	1047709	1083738
大连市	230236	78530738	66798289	381686	731925
鞍山市	112287	30609898	25372846	192692	373761
抚顺市		12156564	10270305	120488	184198
本溪市		4800718	3713270	83449	21664
丹东市		15167979	13406989	105691	19374
锦州市		14040366	11902521	165415	174765
营口市	1000	40203265	35419889	266204	356231
阜新市	41280	4866071	4063690	28234	33124
辽阳市		19545635	15973871	220924	229904

单位：千元

其他业务利润	营业费用	管理费用	税金	财务费用	利息支出	营业利润	投资收益
-583	175756	543049	53475	158950	141446	1545958	-1089
18088	503405	852726	56771	228881	178726	1231143	5530
168633	517744	534371	34596	214800	125809	2362567	1430
52429	983938	1422884	190103	504629	409384	3483674	1025
2361	281270	455446	46658	103513	88188	452180	1140
28159	879614	1431884	447326	476770	410737	6580757	1030
26944	508392	622987	24744	120764	70584	524895	6211
25034	931999	1381592	59585	348019	258736	3646885	116
37046	403189	918927	40558	244681	177001	2440327	55759
14922	226295	558900	36856	291122	222698	330381	-111
41428	3900875	6403189	662194	1634565	1017882	15316743	521252
-95848	1456000	2187007	69007	388767	174906	3224578	180372
15366	407380	787858	46134	282392	132388	1389297	6901
13161	356785	466933	69479	243774	186513	1948012	328513
1675	55194	124141	5334	10962	8148	323487	256
1484	56025	201495	16610	62909	57761	690012	-1089
6333	187370	333685	17545	71541	52072	431095	290
75153	160561	176015	15169	72629	32109	843940	1118
6542	188036	234654	33466	86034	64332	666081	
	55872	129969	20279	29822	24874	142417	
133	407721	818570	323173	122345	102010	3181247	942
3571	134007	189394	8212	39126	33120	210679	4115
7295	320026	430841	20029	132799	67120	1350432	116
6330	49247	191202	4387	15082	13055	792722	-282
233	66651	131425	13370	76383	69474	122744	
-38176	255195	383742	39136	81094	59038	945124	-4284
-42030	55389	75292	2554	11202	3990	159090	-7863
1200	13135	33428	2681	4343	3807	31735	273
-37	17103	44260	8910	13136	11133	72157	2606
245	1588	7659	253	505	459	-32	
464	11635	27430	2999	11097	9754	79556	
1193	9348	30449	312	6218	3258	29445	700
	10756	9711	399	11164	10090	100742	
262	50203	48693	8170	6700	5891	140002	
	13593	17929	2661	1073	1069	25297	
142	6118	27244	8453	3177	3198	98169	
	39525	13252	379	458	338	15817	
150	14707	17918	504	3805	2800	53281	
	4203	17485	271	5459	653	121825	
235	7892	12992	590	2757	2598	18040	
-127727	9088065	15689921	1109412	3849901	2746798	32322980	300241
-682294	3324036	5851399	258855	709018	399694	10631295	66224
191732	1470868	3252249	206380	1061130	669791	4245473	73643
95626	757289	951477	173066	304036	248535	3813423	94684
27434	193978	498457	13753	84477	72955	1016293	294
-3246	81406	276029	29940	72759	63586	609684	
9740	274731	440582	34082	129781	106789	719848	4480
93422	317527	308283	17179	117588	76979	1344352	312
37863	683856	1020769	138075	362683	293393	2487727	1350
2361	190063	270914	23055	66692	56880	248839	1140
14120	412038	520870	106239	268652	233667	3020894	88

1-B-2 续表 45

分组	外商资本	主营业务收入	主营业务成本	主营业务税金及附加	其他业务收入
盘锦市	12000	12588902	11192187	216401	85240
铁岭市		35439200	30200334	813631	41097
朝阳市	3058	23523973	20711114	135367	260488
葫芦岛市		6892660	5897196	47579	107978
私营股份有限公司	81394	35037448	28693586	270029	423566
沈阳市	71106	11284806	9172202	72177	3681
大连市	4288	5594447	4313801	26144	97291
鞍山市		5364146	4222248	45872	67265
抚顺市		777798	689165	29890	7603
本溪市		962277	715513	18476	794
丹东市		1468512	1263218	9423	49589
锦州市		1065814	900056	5110	447
营口市	6000	2727735	2301417	14393	46596
阜新市		604500	500277	4294	32122
辽阳市		2848535	2585111	8550	116042
盘锦市		616489	537080	7604	65
铁岭市		762953	630033	26345	1270
葫芦岛市		959436	863465	1751	801
其他企业	4167	14238703	12498216	74484	27605
沈阳市		242642	224886	2281	
大连市		12208785	10828874	14876	26372
鞍山市		696535	529007	1820	
本溪市		100726	94305	2578	
丹东市	4167	225800	198746	586	
锦州市		23370	21185	40	
盘锦市		5230	4820		
铁岭市		663468	529847	51913	1233
葫芦岛市		72147	66546	390	
港、澳、台商投资企业	1790271	88866802	71890593	408315	1341301
沈阳市	900535	31616261	25698442	200177	436775
大连市	442754	15742874	13043682	85138	143978
鞍山市	90566	3135001	2603036	37038	31631
抚顺市		3676167	3012357	131	105156
本溪市	57521	1503249	1237311	2027	9467
丹东市	81470	2130196	1778973	10849	2462
锦州市	178305	4741812	3926060	3454	64748
营口市	4000	8421259	7347372	29566	359038
阜新市	1964	902751	856890		16171
辽阳市		13075554	9050886	5023	6254
盘锦市		70464	56110	1	4970
铁岭市	23156	2549886	2297545	34837	54799
朝阳市	10000	1139528	845293	74	105852
葫芦岛市		161800	136636		
合资经营企业(港或澳、台资)	685401	52695633	41455860	260044	850726
沈阳市	331933	14213810	11096816	171189	398159
大连市	139561	8005254	6826794	9354	59423
鞍山市	58481	2793554	2324511	36352	30528
抚顺市		2623184	1940269	118	101732
本溪市	57521	1458325	1201221	846	9467
丹东市	75941	1994290	1665840	9966	2462
锦州市	6000	857264	702290	3150	5626

单位：千元

其他业务利润	营业费用	管理费用	税金	财务费用	利息支出	营业利润	投资收益
23392	312043	387878	15059	78722	35374	294648	2096
16369	582580	909087	37114	204009	183272	2197333	
30716	349739	710240	35900	224140	163293	1525780	56041
15038	137911	291687	20715	166214	142590	167391	-111
138561	774610	1500103	110281	453057	331844	3532047	9463
641	247914	375979	12862	59091	39485	1250083	634
51254	160178	413569	14909	77608	52780	463116	484
59994	77781	161953	45244	67746	60194	931497	8610
2934	12525	22528	930	8001	7475	18623	
715	26690	38095	3926	12185	10345	166706	
822	31956	48010	4832	21341	16607	50755	60
58	28900	40362	1849	13419	6631	73533	
7762	61843	118768	10392	49212	45768	189864	-325
	21742	36634	663	5926	5365	35627	
13764	53737	65200	9461	82596	71862	280447	
-19	22817	32463	1094	2458	1752	3751	
1220	14686	23746	1938	7406	5544	45839	
-584	13841	122796	2181	46068	8036	22206	
5886	246746	349117	19104	213141	206778	553675	8158
	817	4519	368	261	137	5710	
5502	227191	299663	16690	206434	204589	422666	868
	1997	9147	343	3929	157	52811	7290
	190	1234	93	256	183	14675	
	3480	10816	226	459	317	6376	
	1060	640		195	195	250	
	191	90		10		119	
384	11561	19602	1355	1132	750	49951	
	259	3406	29	465	450	1117	
106171	2667370	3431945	322449	1080913	882597	8870214	39709
-85204	1277914	1368021	187562	285257	221789	2436113	36201
54440	465876	827234	35062	234053	207463	855859	1380
5923	131691	128919	14914	76883	69483	140898	
46519	211658	153899	13176	54463	23147	290178	
4749	101491	81169	3970	20664	14781	59602	-1318
-1666	69726	90391	1955	32668	22771	150002	970
20567	53593	267552	19861	49912	40125	485136	-915
30242	132099	157288	15219	45577	34253	739599	330
6674	13308	29728	3246	11202	14916	-1703	108
1154	138204	177160	22292	235059	195427	3598150	
-518	7552	4231	28	17		2395	
-728	34459	71912	3072	29669	32121	-111169	
24019	24791	69554	1950	5056	6270	218809	2953
	5008	4887	142	433	51	6345	
36017	1548809	1991077	188370	711932	529835	6657729	12070
-89605	585937	749089	107675	145809	108341	1291717	9947
26639	209910	415440	16265	86969	49521	379100	-812
5875	88051	105348	11883	69010	63360	154203	
45532	201910	137767	7872	53227	21356	335425	
4749	98137	74979	3941	20648	14765	60816	-1318
-1666	65933	84781	1946	25571	18052	144549	970
681	34907	57430	1404	21064	14686	49697	

1-B-2 续表 46

分　组	外商资本	主营业务收　入	主营业务成　本	主营业务税金及附加	其他业务收　入
营口市	4000	6523929	5709997	23547	126760
阜新市	1964	654101	660005		14701
辽阳市		12701522	8731076	2713	1883
盘锦市		16846	14819		
铁岭市		111218	70629	2809	30114
朝阳市	10000	695090	472572		69871
葫芦岛市		47246	39021		
合作经营企业(港或澳、台资)	31490	3014546	2746837	6852	12997
沈阳市		549746	478699	4101	
大连市	31490	1624947	1437232	2214	7383
抚顺市		576441	622639		535
本溪市		18695	15465	537	
丹东市		9527	8080		
阜新市		219872	173319		109
盘锦市		15318	11403		4970
港澳台商独资经营企业	1030639	31857273	26493379	139890	476751
沈阳市	568602	16254589	13558900	24885	38542
大连市	271703	5973374	4651801	73560	76535
鞍山市		194197	160946	447	987
抚顺市		476542	449449	13	2889
本溪市		26229	20625	644	
丹东市	5529	126379	105053	883	
锦州市	172305	3690799	3024185	304	59122
营口市		1719260	1482651	5663	232278
阜新市		28778	23566		1361
辽阳市		374032	319810	2310	4371
盘锦市		38300	29888	1	
铁岭市	12500	2395802	2196169	31106	24685
朝阳市		444438	372721	74	35981
葫芦岛市		114554	97615		
港澳台商投资股份有限公司	42741	1299350	1194517	1529	827
沈阳市		598116	564027	2	74
大连市		139299	127855	10	637
鞍山市	32085	147250	117579	239	116
锦州市		193749	199585		
营口市		178070	154724	356	
铁岭市	10656	42866	30747	922	
外商投资企业	63358792	415998846	364108955	3550842	8294113
沈阳市	15001887	125033697	105119421	2320956	3731761
大连市	37935690	202598918	184054338	603301	2157628
鞍山市	1019749	5392700	4618931	49702	101489
抚顺市	1055387	4113336	3387821	31115	189477
本溪市	565199	8411669	6772886	21302	3177
丹东市	512154	8712542	7255398	54100	102639
锦州市	1896498	11029400	8957357	105898	1289750
营口市	3570082	32320117	28935570	121052	546861
阜新市	109547	1545548	1300934	24	45443
辽阳市	887502	7551828	6055610	15154	23835
盘锦市	206220	3108965	2396560	97295	97701
铁岭市	278534	2871515	2334706	75775	61
朝阳市	144759	994837	799019	4704	640
葫芦岛市	175584	2313774	2120404	50464	3651

单位：千元

其他业务利润	营业费用	管理费用	税金	财务费用	利息支出*	营业利润	投资收益
15947	110193	128700	11543	44153	33209	523286	330
5844	8190	18071	1295	-105	-13	-26216	
1149	126927	161914	21472	234820	195125	3557122	
	38	1083				906	
-3069	3779	14234	1080	5178	5132	-4257	
23941	13161	38436	1852	5166	6250	189126	2953
	1736	3805	142	422	51	2255	
6587	52596	79015	9705	45389	34285	101085	108
	11329	11816	871	4042	1996	34561	
6974	35809	47498	2136	32523	19488	91685	
23		8169	5304	-264	167	-54080	
	1372	2041		16	16		
	1002	470		57		-19	
108	2524	6853	1386	9015	12618	28269	108
-518	560	2168	8			669	
63418	1028311	1325215	119234	306990	304957	2106007	27531
4520	674105	596206	75823	130184	107101	1099815	26254
20537	213029	358220	16423	112171	136757	391342	2192
70	26952	10232	1832	2403	648	-6443	
964	9748	7963		1500	1624	8833	
	1982	4149	29			-1214	
	2791	5140	9	7040	4719	5472	
19886	18014	208746	18457	27336	25439	445335	-915
14295	16966	25908	3166	494	114	201873	
722	2594	4804	565	2292	2311	-3756	
5	11277	15246	820	239	302	41028	
	6954	980	20	17		820	
2341	28997	55421	1992	23413	25922	-110871	
78	11630	31118	98	-110	20	29683	
	3272	1082		11		4090	
149	37654	36638	5140	16602	13520	5393	
-119	6543	10910	3193	5222	4351	10020	
290	7128	6076	238	2390	1697	-6268	
-22	16688	13339	1199	5470	5475	-6862	
	672	1376		1512		-9896	
	4940	2680	510	930	930	14440	
	1683	2257		1078	1067	3959	
1546566	11803718	16667280	1159106	3328977	3382683	14756812	137908
180598	4338297	4577634	513527	462974	692359	6578595	-36223
912060	5564527	9365573	436731	1733829	1635228	183725	111503
28524	162320	235980	21298	76241	56814	315284	7811
31204	151331	201257	14690	24049	13359	348967	-1384
1394	71712	171719	23908	107931	153097	1273206	116
27020	190145	367001	13783	104420	57512	695012	2634
253892	244626	329930	19441	93951	89561	1664739	8622
86246	676623	845019	90814	314645	303970	1513469	2452
888	29958	60924	3315	15564	10693	139032	6550
-5510	115641	188313	12587	247741	237122	1369476	25584
28950	103251	132620	3052	50468	47041	312247	
6	55094	88118	1705	40610	34367	279007	
640	53500	40567	19	8137	5613	94007	
654	46693	62625	4236	48417	45947	-9954	10243

1-B-2 续表 47

分组	外商资本	主营业务收入	主营业务成本	主营业务税金及附加	其他业务收入
中外合资经营企业	21040554	264098191	233535177	3155436	5760730
沈阳市	6328691	79531870	67473327	2205163	3517114
大连市	10433406	122881613	113782584	481055	1145495
鞍山市	398218	3073977	2553171	36004	66269
抚顺市	113456	1869855	1564836	29609	10154
本溪市	527856	8159284	6581754	20263	3177
丹东市	266375	6532400	5437706	50295	99094
锦州市	568808	6429236	5227460	71646	456806
营口市	1356530	20547315	18640240	55582	391667
阜新市	58588	869425	761891	24	16019
辽阳市	600425	7120281	5760269	5899	23422
盘锦市	158658	2704646	2056510	93873	30655
铁岭市	90614	1941387	1484135	51298	61
朝阳市	38147	322212	267889	4368	
葫芦岛市	100782	2114690	1943405	50357	797
中外合作经营企业	746672	11308477	9357496	29485	138485
沈阳市	112759	1745617	1354580	4151	648
大连市	255390	6261341	5309389	13230	34350
抚顺市	14000	216893	196783	582	
本溪市	9396	144126	107452	1039	
丹东市	16391	1207547	964792	210	3194
锦州市	16811	111839	96168	58	
营口市	281525	1099713	915463	4297	33247
阜新市	4900	5033	2689		
辽阳市	1000	8000	5500	500	
盘锦市	30500	178040	114221	3301	67046
铁岭市	4000	100121	81937	1781	
朝阳市		230207	208522	336	
外资企业	40942114	133214758	114835100	286882	2275662
沈阳市	8284006	40860640	34221083	82639	213999
大连市	27125548	69952839	61506122	63688	874390
鞍山市	505821	1609937	1426683	9342	20416
抚顺市	868904	2003981	1607329	924	179323
本溪市	27947	108259	83680		
丹东市	229388	963595	844220	3565	351
锦州市	1271350	4282889	3477967	34092	831905
营口市	1914618	10645225	9352628	60953	121947
阜新市	46059	671090	536354		29424
辽阳市	286077	423547	289841	8755	413
盘锦市	17062	221247	220952	121	
铁岭市	183920	830007	768634	22696	
朝阳市	106612	442418	322608		640
葫芦岛市	74802	199084	176999	107	2854
外商投资股份有限公司	629452	7377420	6381182	79039	119236
沈阳市	276431	2895570	2070431	29003	
大连市	121346	3503125	3456243	45328	103393
鞍山市	115710	708786	639077	4356	14804
抚顺市	59027	22607	18873		
丹东市		9000	8680	30	
锦州市	39529	205436	155762	102	1039
营口市	17409	27864	27239	220	
盘锦市		5032	4877		

单位：千元

其他业务利润	营业费用	管理费用	税金	财务费用	利息支出	营业利润	投资收益
883274	7731295	8791666	583741	2292207	2626978	6449433	26805
169743	3083730	2547494	221498	318696	558275	2475523	-12207
490450	3594019	4549062	210413	1001313	1191365	-1978868	-1652
11534	85555	146324	14959	55946	38810	205374	750
5039	56054	84240	6684	10236	7529	129919	
1394	64517	159950	23691	102736	149622	1234538	116
25032	162785	279983	9811	87143	47009	484009	2634
95495	68735	163660	8698	43859	27353	1079928	
88231	347775	464420	70513	287092	247862	840452	1503
246	11712	18967	873	6258	2893	70819	
-5923	93166	147234	10113	245467	234498	1296510	25418
1373	96268	108979	2181	45347	43358	307404	
6	19795	47248	280	34894	30032	299660	
	5254	19541	19	4802	2625	25084	
654	41930	54564	4008	48418	45747	-20919	10243
42487	250393	413878	23092	93975	71286	1136760	-10008
226	33703	52623	4737	3322	1523	280221	-10230
11936	160985	264182	12033	54398	38433	462807	199
	1355	10722	581	1941	1888	5510	
	2293	2915	1	3380	3380	28660	
1770	10789	38740	1219	14155	8934	180755	
	410	6695	1678	560	558	7948	
978	26713	13013	1887	10397	9053	130808	23
		1391				953	
		40	13			2300	
27577	1247	12841	869	1484	3650	23816	
	6665	8820	74	3203	2830	897	
	6233	1896		1135	1037	12085	
506744	3653379	6999903	535705	932341	655533	6868565	95733
10629	1123684	1671792	285742	153926	132546	3434818	-20580
308197	1756915	4449997	201891	671367	386886	1856358	100049
5445	64059	60324	3788	7744	8097	59939	
26165	93444	100697	7425	12188	3563	215564	
	4902	8854	216	1815	95	10008	
218	16571	47978	2703	3109	1556	30228	
157358	170548	144746	9042	48318	61620	547228	8622
-2963	301626	367084	18414	17158	47057	542813	926
642	18246	40566	2442	9306	7800	67260	6550
413	22475	41039	2461	2274	2624	70666	166
	5499	7585	2	424	33	-12570	
	28634	32050	1351	2513	1505	-21550	
640	42013	19130		2200	1951	56838	
	4763	8061	228	-1	200	10965	
114061	168651	461833	16568	10454	28886	302054	25378
	97180	305725	1550	-12970	15	388033	6794
101477	52608	102332	12394	6751	18544	-156572	12907
11545	12706	29332	2551	12551	9907	49971	7061
	478	5598		-316	379	-2026	-1384
		300	50	13	13	20	
1039	4933	14829	23	1214	30	29635	
	509	502		-2	-2	-604	
	237	3215		3213		-6403	

1-B-2 续表 48

分　组	外商资本	主营业务收　入	主营业务成　本	主营业务税金及附加	其他业务收　入
总计中：国有控股企业	**6471572**	**984798336**	**898680972**	**14322853**	**39971275**
沈阳市	2633244	151030868	126535840	2897366	2352497
大连市	3118173	247782870	243073962	2465600	4869282
鞍山市	32699	102335416	76267285	1667158	2118719
抚顺市	32585	69022882	71738174	1528768	4131522
本溪市	540637	93153173	88371713	299686	5692911
丹东市		4883674	4469473	11221	151935
锦州市	77132	38980365	38396733	993171	1359586
营口市	14000	15549738	13509790	982623	585454
阜新市		10706378	8855359	129872	1215615
辽阳市		39257420	37903625	504740	2234984
盘锦市	22000	75690960	58420915	1189374	12478381
铁岭市	1102	12032419	9614195	244238	347263
朝阳市		18583681	15984804	99325	1353663
葫芦岛市		52391543	52681523	1067493	981598
总计中：轻工业	**16951849**	**435678651**	**369828319**	**4943201**	**6858239**
沈阳市	4582246	164975869	138247184	1560406	1008691
大连市	9297298	122842909	104952705	494310	1949818
鞍山市	305584	15373640	13569936	191833	54847
抚顺市	214867	10448585	9601567	109901	238826
本溪市	31510	2637790	2083139	54862	24259
丹东市	294646	15713247	14098533	137014	150827
锦州市	560466	17510946	14656699	216213	289483
营口市	939933	26721896	22478164	1073613	690885
阜新市	198505	5891544	5120828	54382	149276
辽阳市	157221	12995006	10786934	87098	2167332
盘锦市	112460	5673340	4990028	134047	20080
铁岭市	184832	26977834	22140687	743692	69840
朝阳市	28857	4821369	4318301	55216	26379
葫芦岛市	43424	3094676	2783614	30614	17696
重工业	**49721669**	**2001545417**	**1763158057**	**21537858**	**52227872**
沈阳市	11756191	470777393	400980431	4376584	6989394
大连市	29717936	434146392	401902500	3040530	6073235
鞍山市	958527	175866035	136855718	2335338	3104593
抚顺市	840520	102973797	100862890	1864564	4567290
本溪市	591951	113032507	103651635	673331	5767640
丹东市	313542	37438786	31914707	252573	247805
锦州市	1514337	83996765	76934419	1402993	3734328
营口市	2645649	102282955	91108736	490681	1936729
阜新市	29056	19153920	15855936	207706	1344730
辽阳市	730281	104832311	89829383	1398841	1465804
盘锦市	128585	106857161	85096191	1638080	13064219
铁岭市	233974	66784727	55577982	1913073	528735
朝阳市	128960	58452229	50689054	423001	1877544
葫芦岛市	132160	71553490	69040894	1278345	1427961
总计中：大型企业	**11890362**	**891828892**	**807471658**	**12118040**	**38941690**
沈阳市	4968038	126337228	106734278	2119314	3456243
大连市	6912976	202929401	193428450	1982560	3915282
鞍山市	9348	109265028	81174460	1738994	2311517

单位：千元

其他业务利润	营业费用	管理费用	税金	财务费用	利息支出	营业利润	投资收益
963401	**14516383**	**49648380**	**3667273**	**11545041**	**13400115**	**-5915704**	**-1028735**
-541297	4044454	8052656	927294	2022672	2066792	6380999	192114
2255758	4280853	9061941	399882	2177441	2297630	-17122610	367656
36504	2200679	9440262	686253	1394319	1689423	11137065	-1927710
85841	682955	4545180	360972	367673	435859	-11081766	-140166
263913	1391372	3395401	164488	1783612	1746887	2521692	5497
14652	91158	332093	18749	45944	79018	30295	12452
180638	278006	1467529	45196	154742	145993	-2267058	26270
81430	185139	1416277	67067	261966	248743	-2047952	-831
31243	56097	897212	48144	686318	684155	112763	-11708
-380084	358127	1807549	90565	89944	81568	1627166	55877
-867302	192217	4245768	212963	437719	1318901	9236219	143251
55270	99795	1306348	83678	63306	153118	642758	37219
93345	342551	955509	34640	217399	200700	683716	14558
-346510	312466	2670140	527382	1156077	1468314	-5605880	150543
919482	**12440938**	**18872010**	**1380465**	**3461271**	**2433141**	**21196041**	**373451**
-246150	5108935	6373314	490251	981734	474342	9435306	302157
1380332	3690541	5894500	291749	1065845	753847	5490615	-11770
12282	400171	557251	78280	235106	195175	1494577	251621
38329	294253	1465084	177292	11058	27040	-2069512	-237778
11171	184400	239776	17405	51225	39401	104236	-1089
9095	323214	597812	26753	184948	125922	427092	3669
93637	437625	635476	40521	220559	181639	1457904	1086
38858	487231	1049230	69081	159834	181198	1508783	1368
5045	182681	199191	21463	54177	48397	285330	108
-455445	296859	477030	98198	134801	116491	1018968	5688
3419	226831	242745	13316	56231	43825	125732	54472
18486	579338	793601	38033	132181	84214	1865833	560
6763	96307	172398	9668	89806	86919	158489	1439
3660	132552	174602	8455	83766	74731	-107312	1920
2444495	**34190468**	**85196253**	**6432600**	**20770636**	**20596808**	**71382034**	**34617**
-1234223	9779874	18428345	1635897	3350089	3157084	25954485	85381
1974064	8520056	18356377	897115	4741541	4129972	-8799127	608305
282057	3868896	12092579	1059526	2217484	2333324	19367413	-1487061
209097	1127666	4624561	278176	714948	669999	-6290092	118963
278673	1638293	4319988	246202	2020026	1964651	5330417	92693
49963	788436	1491294	75232	294103	260757	2198898	18568
892855	1091934	2756305	114439	535847	428389	2667161	34737
266264	1879684	3265669	345050	1108037	963290	3376198	1302
40116	324115	1423618	95856	789295	778974	593366	-4018
202824	1320764	3788721	562954	1102914	989578	13484073	76803
-763878	870067	5438367	320249	722278	1519820	10607571	149191
122251	1461965	3390537	145744	428884	438586	3687599	37157
162295	880450	2119900	84662	496945	405752	4227958	74775
-37863	637754	3645477	571498	1562336	1773618	-4860775	181578
202220	**14077621**	**43912374**	**3406903**	**8794053**	**10523161**	**4892930**	**-1369231**
-575457	4191871	6032367	856783	1600257	1794949	4819284	-158403
1883867	4199102	8613372	389370	1075031	1066234	-9228644	421424
67716	2340549	9262665	694301	1460755	1748833	12816589	-1893542

1-B-2 续表 49

分组	外商资本	主营业务收入	主营业务成本	主营业务税金及附加	其他业务收入
抚顺市		72572083	75527249	1621235	3201144
本溪市		82761326	79962543	283590	5672298
丹东市		4181285	3845896	36000	48600
锦州市		37622821	37123958	1049907	1083085
营口市		7921648	8140081	11904	436834
阜新市		6278430	4863660	99970	1201410
辽阳市		48241733	43332364	534804	2916849
盘锦市		70782483	53796934	1090198	12229714
铁岭市		10521351	8379923	215402	326020
朝阳市		12754944	10971450	79081	1158636
葫芦岛市		46262182	47332831	1012863	886193
中型企业	**28022957**	**541222207**	**467325414**	**5422976**	**10530034**
沈阳市	4961980	142716118	120645825	1756689	1743843
大连市	17037700	167787042	153643886	790250	2246032
鞍山市	627967	21984508	18124591	204889	391280
抚顺市	742218	16088540	12956999	101952	1359205
本溪市	493016	17532553	13512823	190216	65823
丹东市	168850	16565189	13659534	138396	246764
锦州市	1231529	18269208	14964591	103420	1513813
营口市	1827578	46514518	39965338	1106467	1344992
阜新市	169597	12089110	10635121	94716	213592
辽阳市	434406	29622368	24458416	181030	474827
盘锦市	7000	9977679	9072734	236370	286654
铁岭市	206116	13247458	11698420	271469	161252
朝阳市	40000	18611216	15859857	147079	326339
葫芦岛市	75000	10216700	8127279	100033	155618
小型企业	**26760199**	**1004172969**	**858189304**	**8940043**	**9614387**
沈阳市	6408419	366699916	311847512	2060987	2797999
大连市	15064558	186272858	159782869	762030	1861739
鞍山市	626796	59990139	51126603	583288	456643
抚顺市	313169	24761759	21980209	251278	245767
本溪市	130445	15376418	12259408	254387	53778
丹东市	439338	32405559	28507810	215191	103268
锦州市	843274	45615682	39502569	465879	1426913
营口市	1758004	74568685	65481481	445923	845788
阜新市	57964	6677924	5477983	67402	79004
辽阳市	453096	39963216	32825537	770105	241460
盘锦市	234045	31770339	27216551	445559	567931
铁岭市	212690	69993752	57640326	2169894	111303
朝阳市	117817	31907438	28176048	252057	418948
葫芦岛市	100584	18169284	16364398	196063	403846
按行业大类分					
煤炭开采和洗选业		34189611	26131179	573804	4327746
沈阳市		7273573	5444569	82603	402580
抚顺市		4538628	3267777	71639	2335570
本溪市		1074593	906292	25097	704
丹东市		1068026	940060	12926	
锦州市		652277	551867	12877	
阜新市		7672718	5992727	136044	1232652
辽阳市		1554830	1459011	6737	
铁岭市		8803983	6589033	203838	324857
朝阳市		903915	497056	13740	6682
葫芦岛市		647068	482787	8303	24701

单位：千元

其他业务利润	营业费用	管理费用	税金	财务费用	利息支出	营业利润	投资收益
75336	532681	4171254	341049	212749	250798	-10745488	-121272
246380	1239560	3052644	133160	1677945	1599457	1121767	5381
22730	126785	158404	1380	22069	22880	280958	
-9508	241360	1203799	41200	98155	84194	-2152129	22903
42400	173559	786336	29363	116358	112697	-2162290	733
22880	29650	625060	30050	275620	273640	407350	-12430
-394783	323093	1904303	92176	252986	210993	4872684	7324
-903602	159861	4097282	206905	405284	1286326	9314341	114544
48340	60450	1199800	78350	19147	113617	630915	37150
43522	208272	671614	30628	98896	100789	445426	12829
-367601	250314	2078959	482188	792892	1074740	-5364722	147885
1994977	**12327119**	**22294353**	**1732618**	**7720051**	**7301578**	**23280702**	**704500**
-69211	3514113	5621885	566704	959179	841640	7409761	285183
894733	4248808	6515519	356447	2696548	2550237	-1507037	71612
106509	593083	872096	114072	353181	303803	2074788	81403
132247	536322	1084266	66226	293521	249128	1222546	3286
20874	312569	781729	73728	224543	266854	2418203	86978
22548	310391	716117	41219	174482	179605	1054576	1050
442923	477895	1067364	50738	307226	292460	1701628	10935
192852	785186	1612674	142788	605487	602077	2206205	1618
11975	291128	568191	38708	469201	464739	42728	722
85303	419404	794613	113552	630588	613462	4146056	25088
40736	133587	439729	43334	116624	105313	111940	81342
23142	262208	605866	32997	129150	114934	293584	325
43356	290651	702478	29352	266607	219761	1911299	54144
46990	151774	911826	62753	493714	497565	194425	814
1166780	**20226666**	**37861536**	**2673544**	**7717803**	**5205210**	**64404443**	**1072799**
-835705	7182825	13147407	702661	1772387	994837	23160746	260758
575796	3762687	9121986	443047	2035807	1267348	7427169	103499
120114	1335435	2515069	329433	638654	475863	5970613	576699
39843	352916	834125	48193	219736	197113	1163338	-829
22590	270564	725391	56719	168763	137741	1894683	-755
13780	674474	1214585	59386	282500	184194	1290456	21187
553077	810304	1120618	63022	351025	233374	4575566	1985
69870	1408170	1915889	241980	546026	429714	4841066	319
10306	186018	429558	48561	98651	88992	428618	7798
56859	875126	1566835	455424	354141	281614	5484301	50079
102407	803450	1144101	83326	256601	172006	1307022	7777
69255	1718645	2378472	72430	412768	294249	4628933	242
82180	477834	918206	34350	221248	172121	2029722	9241
286408	368218	829294	35012	359496	276044	202210	34799
71135	454539	3874797	238757	332285	463470	2710595	-198470
-78050	136139	573698	33144	105114	102886	552208	-223500
63721	48180	983836	67262	-57395	51	224862	310
704	17346	36296	2194	2994	2315	88172	
	34851	65453		7478	2910	19191	
	8614	15076	350	3462	842	71557	
22880	60181	742716	36457	280681	275884	483249	-12430
	68555	54791	102	6682	733	189318	
48340	62707	1212968	78638	-62902	29587	762729	37150
1723	13097	90499	7138	2391	3389	286789	
11817	4869	99464	13472	43780	44873	32520	

1-B-2 续表 50

分　组	外商资本	主营业务收入	主营业务成本	主营业务税金及附加	其他业务收入
石油和天然气开采业	120	50600532	34448816	725816	11240332
阜新市		10843	7969	140	
盘锦市	120	50589689	34440847	725676	11240332
黑色金属矿采选业		54671885	42067892	1070297	367963
沈阳市		143703	134816	3811	
大连市		13240	12057	34	73
鞍山市		3663617	2316668	91403	30361
抚顺市		3777192	2267611	138354	172
本溪市		8903176	6204646	251188	12793
丹东市		2177333	1888919	32562	2663
锦州市		329315	273479	6382	
营口市		944665	734693	11669	
阜新市		532535	287048	22647	
辽阳市		13079523	10414633	291667	48388
铁岭市		557684	485542	12373	
朝阳市		19801651	16632644	187428	273513
葫芦岛市		748251	415136	20779	
有色金属矿采选业	50638	13501416	9937246	117720	335883
沈阳市		47502	45179	30	
大连市		127897	109673	924	
鞍山市		771043	577598	16717	570
抚顺市		1329996	883425	6722	14201
本溪市		691770	226588	6669	2739
丹东市		3115994	2279696	31529	
营口市	20638	4875039	4219581	27140	42258
辽阳市		44480	32746	1468	
铁岭市		94426	79171	4195	
朝阳市	30000	478717	236000	3820	7996
葫芦岛市		1924552	1247589	18506	268119
非金属矿采选业	103509	9828790	7676179	209466	62994
沈阳市		1563626	1127553	27479	
大连市	3651	1078277	853163	16726	24125
鞍山市	928	852896	575470	24133	20577
抚顺市		254823	232096	4086	100
本溪市		302180	235795	3723	237
丹东市	4080	1213343	1049488	26654	7508
锦州市	6490	1032638	827399	27495	2780
营口市	3000	807017	654671	17325	1544
阜新市		76645	36354	889	
辽阳市		171813	140773	5690	5160
铁岭市		1318018	1146313	50720	
朝阳市	85360	1023305	734799	2468	961
葫芦岛市		134209	62305	2078	2
其他采矿业	1328	49600	45784	1432	
大连市	1328	6600	7491		
本溪市		43000	38293	1432	
农副食品加工业	3153670	159911459	140129166	998436	937245
沈阳市	181906	50364007	43836841	133863	41988
大连市	1629578	40254234	36081134	127303	277406

单位：千元

其他业务利润	营业费用	管理费用	税金	财务费用	利息支出	营业利润	投资收益
-923954	82431	3472766	62433	182545	930644	9336104	95004
		2744		-13		3	
-923954	82431	3470022	62433	182558	930644	9336101	95004
55732	717435	2363299	264950	230623	196413	9500871	57854
	1646	11094	26	739		18329	
		421				588	
1027	43796	115017	27550	20922	9686	1106392	100
127	68797	187118	1241	19097	18292	1096342	244
6624	48086	769075	26389	108289	104294	1579980	136
680	21315	45974	1812	4182	2045	150277	870
	4566	5540	1237	1465	670	29580	
	14348	43529	4267	8124	7681	132302	
	2982	62980	21653	2	-6	156876	
25547	325704	529723	152819	34050	26081	2580487	48310
	6986	7137	951	3032	1435	40579	
21727	158920	538206	14077	29814	25504	2376269	8194
	20289	47485	12928	907	731	232870	
283349	292400	904619	30542	101960	91860	2043656	154961
	871	692				730	
	1516	11488	538	1604	50	3008	
550	19261	16672	4262	4435	3924	66883	
5415	21865	158948	2432	18153	17991	246298	91899
1016	18367	78030	1186	807	16	346959	
	51045	156568	3472	20892	14912	361374	950
9075	141288	116893	17244	42420	36943	336792	
	1566	3618	1500	734	734	4250	
	2178	2778		1380	420	6447	
26	2397	49246	240	357	1680	192729	47088
267267	32046	309686	-332	11178	15190	478186	15024
13427	488592	410167	43379	118502	79701	976567	485
	63151	62568	2843	28479	13528	264129	265
589	38884	79401	2548	11539	8690	62294	
-793	103853	49327	22376	6488	5295	84302	
80	4436	7119	119	537	439	6629	
106	17271	26294	1768	8510	8377	16702	
6999	14098	35004	2208	16219	9293	92899	220
2642	34106	23453	444	6348	1731	122908	
812	22363	28349	4669	13548	9745	71573	
	33530	4822	328	8	8	1042	
2320	5469	14051	863	4492	4050	47502	
	19441	29137	2907	8706	7187	60618	
670	129708	36793	2084	11629	9370	94285	
2	2282	13849	222	1999	1988	51684	
	995	4232	73	669	543	-3535	
	995	1573	73	669	543	-4151	
		2659				616	
112875	3017358	3440985	202071	1074572	862121	10039334	131449
-58112	887445	1062905	42853	194850	92042	2877857	-34316
79282	720451	965992	62795	388201	335685	1555479	-20986

1-B-2 续表 51

分 组	外商资本	主营业务收 入	主营业务成 本	主营业务税金及附加	其他业务收 入
鞍山市	240741	7028798	6542743	62715	12832
抚顺市	56084	1396949	1230886	12638	9427
本溪市	5656	438388	394150	467	675
丹东市	35977	6410360	5835661	64337	2382
锦州市	331163	11765663	9918624	125817	148966
营口市	241652	6062707	5514003	9260	65120
阜新市	155195	4035871	3585421	5996	123326
辽阳市		8401296	6916237	16835	189402
盘锦市	72500	3580085	3280641	35170	5460
铁岭市	154616	14924648	12131407	394038	35440
朝阳市	20502	3442925	3189504	7754	10847
葫芦岛市	28100	1805528	1671914	2243	13974
食品制造业	697642	26759135	22650616	182497	107191
沈阳市	137445	14290161	12484632	59750	4206
大连市	492653	5825191	4721040	37661	27172
鞍山市	4461	758589	606154	4407	4063
抚顺市	815	588007	483736	2599	58126
本溪市		149675	125812	623	2025
丹东市	10864	717509	609738	4452	629
锦州市	5600	294535	205252	4009	
营口市		660764	517633	14775	841
阜新市	35100	607225	532030	282	9406
辽阳市	3004	60070	46823		
盘锦市		300299	252335	3593	65
铁岭市	5000	2245657	1837887	47903	8
朝阳市	2700	116659	107194	615	95
葫芦岛市		144794	120350	1828	555
饮料制造业	966548	20029419	14994614	739089	398604
沈阳市	395414	9099770	6946724	184044	301724
大连市	346400	4706619	3504839	120854	11774
鞍山市		818369	608937	53763	110
抚顺市	4500	298836	172869	28332	2148
本溪市	2900	323391	220084	29794	828
丹东市	29400	300585	187175	35222	31423
锦州市	177492	872404	651263	50401	35443
营口市		309512	263864	871	7674
阜新市		267116	185036	41031	4010
辽阳市	10000	89254	41390	10131	
盘锦市		243144	166499	79480	
铁岭市		2211644	1707818	42470	12
朝阳市	416	290822	193628	41405	2968
葫芦岛市	26	197953	144488	21291	490
烟草制品业		3941582	1405202	1581335	262091
沈阳市		1716396	648610	660926	51587
丹东市		39867	20438	644	
营口市		2185319	736154	919765	210504
纺织业	992907	24756271	21768160	179729	249437
沈阳市	150116	3768236	3327339	21959	5492
大连市	652031	6539212	5570010	16650	73439
鞍山市	7155	3642024	3285521	35913	3777
抚顺市	48138	554062	499499	2938	2381

单位：千元

其他业务利润	营业费用	管理费用	税金	财务费用	利息支出	营业利润	投资收益
3238	132760	145413	20974	76533	61394	832565	178791
7016	42427	57741	3868	1809	-1014	58464	12
120	9224	15584	516	2818	1525	26192	
1308	121616	103817	5972	37450	31589	228770	2860
37414	239895	169629	8700	85778	70664	1292998	252
13264	120064	130010	5521	-9121	24537	311755	1286
-142	75880	85219	10565	21631	18829	261582	108
8222	171339	131567	19969	111165	107346	1250070	
764	83914	73947	3498	27505	15829	88939	1280
14791	278289	364754	13099	65821	38104	1179537	242
2610	62614	72764	2008	39300	35898	103810	
3100	71440	61643	1733	30832	29693	-28684	1920
29898	963480	930166	66728	252139	153845	1389652	3401
503	437174	321721	18205	71376	34938	727999	-7801
13967	214688	283965	13422	106169	62819	257278	135
1142	55322	39054	6315	16062	12462	92291	11067
12400	65542	22731	1906	1746	1596	24053	
803	5606	19005	1110	5884	5585	1534	
270	16954	29277	2322	10567	7616	39544	
	12220	10764	469	7025	726	65789	
214	33933	35666	5196	3032	2209	55939	
618	40895	23776	1467	6130	6124	4730	
	1379	4372	357	7614	7367	-18	
-19	20183	18748	652	1983	1492	-1310	
	51078	112026	15084	11174	7855	108831	
	2055	3317	100	1869	1852	4079	
	6451	5744	123	1508	1204	8913	
54152	1160182	916970	74764	123739	125743	1724134	67406
13678	578095	329398	38975	25605	4344	793054	36113
5520	260601	219974	10033	26979	52796	408919	17910
110	55119	50073	5897	5001	7581	97051	13065
1713	22861	33879	232	1932	1685	40676	
86	24058	37438	1954	6198	4285	11522	
-427	18205	31448	3208	12052	12916	61210	
29541	48709	38416	3084	3010	3675	102142	
117	15162	18359	2122	1880	1711	9493	
2357	15494	18210	950	3865	3854	5837	
	6534	9783	852	499	536	21530	
	18618	16437	1495	1642	1739	10639	
10	56765	77194	2228	8745	7052	186970	318
1011	11597	15356	1880	10283	10283	9111	
436	28364	21005	1854	16048	13286	-34020	
694	83267	424261	9802	3661	6629	443989	-1522
-326	31972	175595	3640	-2041		201008	-617
	4408	18488		964	964	-5636	
1020	46887	230178	6162	4738	5665	248617	-905
28906	464600	949182	89888	345360	245858	779124	5376
676	55059	128098	9873	16124	8699	132254	690
10916	165408	273871	19803	66863	20263	211251	-4483
2023	31115	92631	14145	84961	70447	164512	6219
254	13486	26416	2037	3632	2647	8345	

1-B-2 续表 52

分　组	外商资本	主营业务收　入	主营业务成　本	主营业务税金及附加	其他业务收　入
本溪市		223505	205163	666	250
丹东市	14026	1275294	1120119	9579	37023
锦州市	24770	997206	867924	5001	57288
营口市	64009	4746953	4291046	46239	57781
阜新市		510041	463165	3145	7069
辽阳市	10000	563792	480051	6303	
盘锦市	15560	196082	174047	982	
铁岭市	7102	1186095	982227	27703	
朝阳市		330496	279733	1261	4932
葫芦岛市		223273	222316	1390	5
纺织服装、鞋、帽制造业	1318433	41725588	36382720	309865	201540
沈阳市	116470	13011637	11614704	206961	27398
大连市	866898	18312234	15690471	28918	104204
鞍山市	4698	721452	636846	5058	1201
抚顺市	61766	174250	157267	2033	32
本溪市		46211	43722	433	
丹东市	84868	1575940	1447905	1628	230
锦州市	15511	445058	380241	4232	
营口市	121288	5376676	4784086	16504	51006
阜新市		114657	76598	1850	
辽阳市	29754	624984	497599	6601	9305
盘锦市		372806	287543	6723	6450
铁岭市		509514	416327	27267	
朝阳市	1882	50265	44168	358	
葫芦岛市	15298	389904	305243	1299	1714
皮革、毛皮、羽毛(绒)及其制品业	201768	8237184	7158064	27954	43640
沈阳市	19012	5939985	5152400	11119	36086
大连市	103468	762085	708106	541	3593
鞍山市		45132	39855	330	
本溪市		5203	4782		
丹东市	1441	53817	46216	1310	441
锦州市	4300	33988	33309		
营口市	72547	1142207	960528	4656	3520
辽阳市		72930	70479	1570	
盘锦市		12998	11792	255	
铁岭市	1000	162839	127997	7173	
朝阳市		6000	2600	1000	
木材加工及木、竹、藤、棕、草制品业	840920	24219989	20681627	124107	88866
沈阳市	29253	11342492	9433439	55552	20605
大连市	670809	5398184	4721530	24235	20726
鞍山市	300	210025	178932	2716	906
抚顺市	8858	1423266	1210378	3952	4254
本溪市	10116	266146	247447	1627	867
丹东市	25278	420567	384423	2283	1247
锦州市	3200	1256881	1130124	10094	
营口市	11830	996640	916643	3898	35600
阜新市		287535	244327	493	109
辽阳市		33030	25813	1433	
盘锦市		16648	13995	263	
铁岭市	80000	1949058	1634902	16207	93
朝阳市		540520	471294	755	4451
葫芦岛市	1276	78997	68380	599	8

单位：千元

其他业务利润	营业费用	管理费用	税金	财务费用	利息支出	营业利润	投资收益
8	6156	8357	1139	10211	9540	-4887	
1401	27196	50018	1909	18911	16409	29398	1010
2560	34127	53250	6549	31475	19160	13175	
9536	58573	177164	19036	59620	54199	120751	501
100	15290	16304	4209	7419	2072	4818	
	5209	16926	4870	10898	5249	56161	
	7274	9892	399	1496	805	-695	
	42333	53377	136	6505	3199	66851	
1427	2845	35549	2967	21098	27030	-9046	1439
5	529	7329	2816	6147	6139	-13764	
-4441	825867	1556661	73645	392752	133950	1730254	270229
-24097	222305	450062	31241	130904	12420	303907	221743
16910	377659	736021	19603	163811	53865	813658	-3754
-58	15422	34627	3350	9911	7561	28244	3990
-50	4850	11510	306	1800	521	-3260	
	483	3336	92	181	171	-2499	-1089
29	21885	73007	3876	12323	8511	26544	
	6402	6156	300	1855	1202	45752	
2733	40287	104111	8139	32583	17695	401838	330
	24445	7183	211	4213	4204	368	
30	41943	43580	4782	3838	559	43077	
	41639	38791	1016	11429	11364	39694	49009
	13659	15284	6	753	418	27876	
	952	1478	3	932	922	2702	
62	13936	31515	720	18219	14537	2353	
-43178	257638	432749	4840	15103	11469	302223	-5791
-43304	213541	345269	1258	12139	3506	140968	-5795
-24	22470	40488	665	-2326	3486	-8851	4
	335	1651	76	591	498	4293	
		488				505	
	1464	3885	361	1289	1089	250	
	86	1091				-498	
150	13170	30797	2067	1606	1493	131600	
	18	639	383	387		19416	
		413		36	36	502	
	6514	7956		1161	1161	12038	
	40	72	30	220	200	2000	
-253	573932	993570	37833	231677	116138	1536101	12543
-17925	269461	528248	13278	33991	11537	905237	-3278
9492	140233	242117	11462	121872	48337	162153	-328
	8737	12512	2997	4580	3630	45830	15850
3001	26334	55288	1587	12368	10399	117947	299
560	6136	15916	1072	3592	3513	-6174	
1164	17001	17748	1085	4170	2925	-892	
	16960	13807	217	6513	4059	76179	
	3681	8372	955	381	307	63665	
108	987	5885	1106	9638	13504	26313	
	1041	3392	1517	828	823	849	
	805	1205	9	42		1102	
93	63499	66113	1841	26062	9697	113772	
3254	13884	17215	87	2420	2138	36241	
	5173	5752	620	5220	5269	-6121	

1-B-2 续表 53

分组	外商资本	主营业务收入	主营业务成本	主营业务税金及附加	其他业务收入
家具制造业	722715	19225553	16093134	140150	230402
沈阳市	45024	10013824	8323486	37270	197987
大连市	595614	6748472	5620552	64158	23970
鞍山市	9338	284659	220905	4021	162
抚顺市	1000	89120	78622	2077	210
本溪市	4268	101059	92672	133	
丹东市	21860	957623	882318	2075	6568
锦州市		11500	10760	160	
营口市	29121	156802	146861	213	880
辽阳市	2296	185218	150131	1054	625
盘锦市		133109	100263	509	
铁岭市	14194	544167	466564	28480	
造纸及纸制品业	262903	15436848	13357733	94708	69753
沈阳市	818	6118664	5177679	30131	2976
大连市	179255	4094712	3594871	11025	16261
鞍山市		251321	212572	2299	275
抚顺市		487344	456054	644	2889
本溪市		28631	22849	450	604
丹东市	4227	1116094	995634	6176	545
锦州市		876005	734685	7673	4316
营口市	1241	568063	511688	2828	10831
阜新市		38161	31508	194	
辽阳市	77362	269816	218994	1772	123
盘锦市		67507	58978	197	
铁岭市		1202214	1052627	29599	30570
朝阳市		310869	282282	1709	363
葫芦岛市		7447	7312	11	
印刷业和记录媒介的复制	295293	8290811	6908161	61757	79201
沈阳市	64673	4631670	3800913	18535	39275
大连市	215091	2521668	2100086	10663	38985
鞍山市		84237	78994	189	84
抚顺市		20741	17480	93	80
本溪市		32493	27313	21	216
丹东市	5529	87525	77156	208	
锦州市		97712	90492	313	42
营口市	10000	120214	117409	256	29
盘锦市		18638	18723	70	490
铁岭市		663757	568893	31348	
朝阳市		6293	5519	30	
葫芦岛市		5863	5183	31	
文教体育用品制造业	291920	2360915	2024008	13591	15139
沈阳市	10774	920025	764288	7613	3272
大连市	210118	654822	568135	1318	2455
鞍山市		29857	22629	16	58
丹东市		104754	88512	759	
锦州市		21677	20026	87	1937
营口市	71028	485030	438259	864	3551
盘锦市		18100	14940	466	3866
铁岭市		126650	107219	2468	

单位：千元

其他业务利　润	营业费用	管理费用	税金	财务费用	利息支出	营业利润	投资收益
-178676	384584	1172957	66166	138411	82601	989558	-3732
-186398	184490	550062	13283	12966	7693	553046	-3853
7222	155425	543605	45832	82393	54605	293820	1
71	3072	10545	3508	13816	14605	37909	
210	2077	1433	2	308	306	4813	
	2224	4219	478	1036	100	2274	
108	4839	31720	1352	23308	3190	36163	120
		20				1560	
	2100	7749	407	119	25	-240	
111	2746	8472	1010	1139	426	21670	
	21294	3245	50	19	19	3060	
	6317	11887	244	3307	1632	35483	
24693	300368	591119	30340	149413	101204	667236	6998
-791	110301	193377	6584	25795	12543	285120	-1078
12931	62820	124498	6399	36267	16959	200233	282
224	6929	16307	3939	4074	3055	49016	7794
964	10116	9194	23	684	842	11616	
604	661	1874	27	276	109	3021	
80	23795	30261	1521	20310	15209	30570	
4289	32987	101815	4142	38519	38006	-45758	
6207	4092	34013	1847	5490	4468	16159	
	54	1532	322	1155	544	3718	
123	5435	22207	2626	2992	3693	20001	
	253	8501	1338	620	469	-624	
63	41731	43435	1209	7583	3774	38321	
-1	1194	3989	363	4806	1533	56227	
		116		842		-384	
21148	272804	587502	32223	68763	48076	364092	30040
18258	126902	306852	9704	21397	17188	270628	31699
2613	116179	234522	20556	35654	28441	69099	-1659
	6643	3216	277	418	208	-3560	
80	287	1779	40	-4	-6	1186	
168	5110	4917		4787		796	
	1031	5118		2347	35	1736	
	986	5395	266	549	549	-23	
29	106	4961	661	1078	873	-3567	
	287	1093	9	104	60	-1277	
	15232	18087	710	2356	728	29360	
	41	717		76		-90	
		845		1		-196	
-1253	54666	125649	7872	25055	21759	131645	670
-5062	7548	20893	982	2357	270	109361	
411	20481	62321	5763	7356	1188	14831	330
58	2821	1899	93	714	606	1509	
	4236	4749	163	1552	360	3528	340
1509	742	502	23	116	116	1713	
369	11669	23603	700	12718	19152	-1714	
1462	304	2647	148	242	67	-728	
	6865	9035				3145	

1-B-2 续表 54

分组	外商资本	主营业务收入	主营业务成本	主营业务税金及附加	其他业务收入
石油加工、炼焦及核燃料加工业	465159	275121409	293925066	6219511	3522054
沈阳市	29079	9008699	7473323	112319	
大连市	223402	110152455	126662150	2067191	494208
鞍山市		2202181	1952533	11826	2059
抚顺市	10694	47580749	53074216	1353643	476123
本溪市	8074	552739	483753	1884	1780
丹东市		915026	723065	1481	4085
锦州市	80299	32862707	33213171	949891	699547
营口市	88959	9138450	8336473	63340	621
辽阳市		931943	901958	1893	18947
盘锦市	24652	33039620	30768509	705472	1218150
铁岭市		505357	479948	461	
朝阳市		369446	232783	1814	722
葫芦岛市		27862037	29623184	948296	605812
化学原料及化学制品制造业	1835343	113876215	100804654	1013447	2558124
沈阳市	258514	17551964	14945413	107394	94393
大连市	986389	14243019	12007924	75688	369410
鞍山市	9376	3152778	2629871	18852	35459
抚顺市	60714	3595040	3175776	15761	135469
本溪市	8000	1660391	1407597	17653	819
丹东市	46470	1880039	1697865	5787	4992
锦州市	90982	4820707	4025763	17475	156811
营口市	268156	6709845	5600301	30492	192450
阜新市	4830	573867	521885	989	10132
辽阳市	17688	39719554	38137505	477945	1097231
盘锦市	70582	8929417	7444427	63728	384213
铁岭市	10656	5375151	4227043	160865	1548
朝阳市		1005416	857751	3652	24487
葫芦岛市	2986	4659027	4125533	17166	50710
医药制造业	1943733	25212271	17813167	142919	35818
沈阳市	752252	15888717	11532950	61966	14095
大连市	1134562	4673042	2641025	10513	8633
鞍山市	5180	197600	158046	1341	383
抚顺市	30000	566383	501684	5514	47
本溪市	15820	764531	489133	19335	367
丹东市		505817	426879	3662	6
锦州市	1630	584312	403697	5305	6046
营口市		137637	96246	469	
阜新市	3310	125198	94358	368	2259
辽阳市	579	259707	170430	1180	1867
盘锦市	400	314317	253946	3004	1730
铁岭市		1005159	878246	29566	
朝阳市		76109	68277	223	385
葫芦岛市		113742	98250	473	
化学纤维制造业	94685	8262588	7881044	88244	2219374
沈阳市		81889	66129	306	
大连市	11288	428918	364744	357	43
鞍山市		80612	62479	611	
抚顺市		4308675	4249907	45792	102491
丹东市		927394	944385	1771	59796
锦州市		82720	65151	2210	
营口市	80216	468134	407766	1094	99027

单位：千元

其他业务利　润	营业费用	管理费用	税金	财务费用	利息支出	营业利润	投资收益
1234	1761778	6207534	245019	1052114	920895	-36121128	249775
	132872	296278	52413	89797	79869	685027	812
4977	523756	1480248	46195	701698	549280	-23645777	54394
984	30422	37577	2610	12598	9394	326128	149540
-7988	259248	1710813	83113	32165	32424	-9047050	44
	10978	15081	783	2936	1294	41006	
316	6112	37735	1056	9754	4764	144209	
-56135	212568	1006026	18431	10946	12328	-2691918	23841
273	125782	210149	21497	75298	67366	327681	
1400	5772	15192	502	3936	3941	18838	
59948	324557	702456	10824	103107	151269	619195	25670
	3328	2748	22	456		11662	
449	182	11997	258	107		16442	2141
-2990	126201	681234	7315	9316	8966	-2926571	-6667
239688	2328791	5780663	509531	1404583	1337672	5752692	106646
-67259	525454	764019	66833	129162	81733	860379	39402
78605	462075	965853	48811	292743	269727	443441	13359
3799	83472	136538	28980	30737	26081	367024	17479
11402	86354	207882	10720	25363	23536	95306	-1384
77	38670	77324	10085	44386	43394	81238	
502	48942	68778	2880	26128	12023	69795	210
65814	86382	219245	10715	63388	46530	443041	128
7604	158764	231428	23212	78048	71366	618416	413
80	8699	28619	3146	9917	9204	3838	
101765	278598	1725952	36263	116943	105101	2537981	3322
23820	231634	639844	218837	277578	318029	12348	19391
599	171239	226362	7630	30183	22728	330830	7
11191	48183	31710	1269	34942	22458	117252	21
1689	100325	457109	40150	245065	285762	-228197	14298
16496	2386880	2047468	231043	383104	300779	2378180	8332
3543	1133718	1132118	175036	257521	157915	1609970	6297
6015	1019575	513846	19912	39772	66431	478339	1234
210	10532	21778	2151	2461	1578	25161	1192
47	2952	22420	1570	5550	4506	28310	
	103798	88657	9516	16441	14945	62221	
	19270	37141	2582	9084	8260	13816	
5350	35161	86021	4955	11370	11145	46847	-391
	7226	10660	1964	2980	2980	20056	
76	4931	17035	1977	2906	2036	5676	
290	17540	29127	2334	5239	5186	43245	
580	7328	29158	3656	8400	7713	10042	
	16294	29115	3357	14843	11697	57465	
385	3754	8354	1725	5841	5829	-9957	
	4801	22038	308	696	558	-13011	
-469795	121282	1374204	207375	-18446	7528	-2707277	-233640
	2610	4278	205	75		8490	
30	1451	10151	426	-149	574	52443	
	6543	9252	124	756	540	7767	1130
-3504	76799	1103291	150449	-20443	8	-2224738	-238860
2104	7538	52323	3	4771	4733	-79652	
		6657	1032	8590	8590	112	
3789	6895	27930	366	7760	12511	20478	

1-B-2 续表 55

分　　组	外商资本	主营业务收　　入	主营业务成　　本	主营业务税金及附加	其他业务收　　入
辽阳市		1782315	1631019	35965	1958017
盘锦市		5165	4963	93	
铁岭市		91181	79183	45	
朝阳市	3181	5585	5318		
橡胶制品业	2803279	22661755	19223157	127398	316395
沈阳市	1224610	11120982	9379539	31719	43593
大连市	1442504	2702119	2224804	7918	113525
鞍山市	4984	2367578	2033182	28942	1770
抚顺市	14578	122653	115441	1178	
本溪市	1867	142278	119326	1024	
丹东市	4394	205498	184932	1198	3515
锦州市	106198	619895	539272	780	79181
营口市		166436	145516	573	209
阜新市		151205	123211	651	13896
辽阳市	4144	41773	34173	20	
盘锦市		100351	86738	355	3389
铁岭市		3575777	3036756	47904	38654
朝阳市		1256279	1127583	3770	17231
葫芦岛市		88931	72684	1366	1432
塑料制品业	2376078	47628622	41263588	368582	322179
沈阳市	367162	21014472	18301821	167329	42048
大连市	1528006	8751181	7732215	12192	153926
鞍山市	98624	1235447	1066453	13005	15777
抚顺市		307815	275887	1296	2667
本溪市	1500	123921	101991	1880	187
丹东市	18270	742018	645170	5272	228
锦州市		1851012	1601237	6052	47199
营口市	96288	4789528	4205907	52046	44421
阜新市	297	99403	83222	949	
辽阳市	261031	5149562	4144544	450	11992
盘锦市	900	841206	763975	7606	1133
铁岭市	4000	2210542	1804125	98929	1333
朝阳市		42629	33547	375	820
葫芦岛市		469886	503494	1201	448
非金属矿物制品业	3335137	124366351	104456264	1004295	1784853
沈阳市	161670	35381968	29607251	241632	59302
大连市	1678461	12920215	10907228	67518	131504
鞍山市	293254	20203926	16190052	230337	287733
抚顺市	1200	2563338	2150001	18186	95943
本溪市	1250	2830396	2355740	21904	5712
丹东市	54933	1843391	1588987	12087	18671
锦州市	47661	5041067	4214778	64996	115135
营口市	1087326	29091390	24851571	111996	923699
阜新市	7649	821841	708161	3488	24323
辽阳市	1733	3430011	2904510	26486	43400
盘锦市		2023913	1845737	25038	6809
铁岭市		4866731	4116508	159417	5774
朝阳市		1796858	1652151	10036	43561
葫芦岛市		1551306	1363589	11174	23287
黑色金属冶炼及压延加工业	2683525	344647377	298821712	3338898	13154920
沈阳市	881009	27698412	25898580	41515	1452709

单位：千元

其他业务利润	营业费用	管理费用	税金	财务费用	利息支出	营业利润	投资收益
-472214	14417	159963	54747	-20098	-19720	-498887	4090
	92	135	23	65	65	-183	
	4937	98		227	227	6626	
		126				267	
179649	578309	1092419	137625	205818	203695	1538118	843
-16552	133062	615087	111033	19532	40168	923440	200
98172	197129	225961	7820	37228	42095	46737	360
298	41088	17750	7475	50425	50434	195260	
	2009	7383	457	301	74	-3659	
	3689	9059	502	701	384	14343	116
1795	2933	6179	722	1108	408	10154	
54806	20073	23555	944	12052	3695	81968	
209	2816	5312	400	360	151	12068	1
890	16292	18495	1292	6824	6826	-13378	
	2451	4186	776	36	19	748	166
153	1923	4905	89	1399	20	1813	
38499	95281	126244	3167	41861	26771	274161	
1208	57870	25695	2145	17749	17110	-9	
171	1693	2608	803	16242	15540	-5528	
77973	923020	1765732	134145	685248	618872	3073006	11620
4490	483709	699494	63135	155431	130291	1057009	-26715
38614	180368	482869	30309	198867	185425	149017	3156
2238	27202	157651	8693	19331	12544	121481	8562
1841	3873	13576	795	1112	1261	13912	
44	306	5782	276	1653	1644	10982	
118	11827	35329	1292	2664	1423	37870	751
35667	22512	52722	1829	27417	18926	199521	
1948	50713	86078	11728	24960	11642	371772	
	2221	6293	198	2095	1530	4623	
-9569	40105	68660	3965	176287	178595	1125052	25418
522	29474	22735	507	2889	2499	11600	650
1240	60052	87640	2043	9929	5432	130025	
820	2034	2658	51	366	194	2047	
	8624	44245	9324	62247	67466	-161905	-202
260909	3179110	4166137	411065	1442867	1130548	9526522	117725
-29514	552083	954716	33790	141134	97403	2922871	11521
60634	401458	705853	40918	286965	254594	340523	9513
26347	694755	603932	121589	267511	213071	2161658	87823
30817	83526	187971	10651	47347	39495	102685	
-6498	25061	166415	18054	51580	48969	223771	82
350	76147	82512	7675	22838	20219	51836	480
17047	100401	178584	14351	47884	24386	587141	
144698	927653	690371	105047	350375	266850	2304122	789
	15828	44929	3686	19953	15450	29482	
6340	87498	192533	31827	61447	45581	513975	
4600	43872	75965	4809	17807	12419	32513	2449
3221	86159	135867	8798	38639	26387	253251	
-207	31409	62509	1917	50237	26960	-2765	5068
3074	53260	83980	7953	39150	38764	5459	
1311016	5194554	16142832	1279821	5080672	5017097	18556245	-1737246
37504	271732	471997	49514	175861	133229	363512	-1631

1-B-2 续表 56

分　组	外商资本	主营业务收　入	主营业务成　本	主营业务税金及附加	其他业务收　入
大连市	985368	19703277	17943263	116400	708858
鞍山市	40491	109444531	82331439	1681169	2219886
抚顺市		22242379	20930466	180386	290190
本溪市	500000	90615646	86708531	277532	5704014
丹东市		1789223	1029385	5751	2500
锦州市	124879	17135274	14758866	256274	1382365
营口市	7484	12280796	11812054	29439	200489
辽阳市	131794	18685833	15230205	477029	149432
盘锦市		6346	5630	16	
铁岭市		4925396	4140019	123825	2407
朝阳市		13051986	11649165	71209	984671
葫芦岛市	12500	7068278	6384109	78353	57399
有色金属冶炼及压延加工业	908663	72820531	64158529	608220	1736689
沈阳市	111237	15799984	13838487	208798	502491
大连市	562344	2358400	2330603	1561	8818
鞍山市	20000	2017045	1798878	25716	35425
抚顺市		3025619	2869905	11458	685013
本溪市		509328	448007	5345	59
丹东市	2500	2391067	2219195	12905	4987
锦州市		3942622	3527270	21972	227315
营口市	206600	8355725	7455448	32927	66969
阜新市		1024285	920825	1748	748
辽阳市		12283233	8335085	5818	1715
盘锦市		57195	50261	1057	
铁岭市	4132	6224892	5755216	157313	82
朝阳市	1850	5241829	4974780	52125	69416
葫芦岛市		9589307	9634569	69477	133651
金属制品业	2238211	77021497	66443365	537049	1593540
沈阳市	298044	30439461	25927097	169635	182182
大连市	1089600	14417301	12749919	45815	183136
鞍山市	215557	9837399	8542999	52761	198214
抚顺市	8500	502968	461559	1456	567
本溪市	1096	842773	677810	9059	1574
丹东市	57120	709861	631754	4445	1214
锦州市	376517	3591314	3150579	4337	912070
营口市	154966	7774573	6897310	64135	46148
阜新市	4500	896364	775122	1144	
辽阳市	22811	1065521	895716	15695	42288
盘锦市	7000	1718754	1484280	18095	13145
铁岭市	2500	4792587	3853476	147975	11264
朝阳市		109066	100981	448	1375
葫芦岛市		323555	294763	2049	363
通用设备制造业	9230209	214143254	178407336	1169253	2858232
沈阳市	1453324	78955228	66003510	402054	712859
大连市	6766265	91594708	75123449	242761	1620907
鞍山市	31422	8596151	7385007	66905	87334
抚顺市	713048	4045184	3156455	15868	194145
本溪市	22527	922047	713785	17317	1907
丹东市	18667	4498550	3829887	14668	53717
锦州市	41586	1739283	1467481	4393	4653
营口市	107508	6424946	5778500	29140	50356

单位：千元

其他业务利润	营业费用	管理费用	税金	财务费用	利息支出	营业利润	投资收益
367808	406989	686375	68004	617750	480318	276054	58421
118968	2048247	9110112	645152	1423588	1698938	12408513	-1932413
29345	195333	358079	37626	254930	203929	352530	25335
258045	1368780	2635323	138449	1688040	1654265	2407749	92059
1250	18392	37111	2271	7455	4751	92628	
353181	128468	381856	18435	178922	139970	2148648	240
42025	98017	1007249	52892	215981	200237	-2160148	
64416	201154	525252	233007	247509	244277	2205926	
	238	501		99		-138	
969	222524	269925	881	16820	51966	217366	
30715	115255	544539	25720	74002	69148	285471	13079
6790	119425	114513	7870	179715	136069	-41866	7664
-101815	789868	1943536	519284	1177432	1069262	4666205	142850
-42852	202185	337032	18617	53355	32225	1075518	-9663
1038	32217	55975	3200	-35076	12825	-14264	-831
6671	17887	39065	5856	15655	10960	234535	35590
15121	14646	150881	34015	59160	59435	-86052	1220
59	5305	21355	1748	7794	4320	30945	
330	32630	31760	177	11007	8721	131315	
149224	64213	38407	4224	7156	6829	431874	180
9613	86215	110217	14265	28742	24848	651789	43
111	4934	47747	1929	6487	6180	42655	
910	128690	149331	22017	235112	194502	3541982	
	2271	1119	163	637	325	1850	
70	101632	292221	1950	29009	26773	-26567	
6429	25106	109226	3640	47745	25672	480335	-2097
-248539	71937	559200	407483	710649	655647	-1829710	118408
238153	1351462	2871568	233085	629722	438595	5576905	89459
-106906	554927	1003226	63709	186356	102427	2442150	-3494
64682	238553	695475	37573	178449	108709	305335	5345
28681	223617	512242	51800	121738	101139	838182	85720
567	4641	19093	865	4332	3195	12454	
906	15881	56154	22402	11170	9196	83406	-342
640	11246	28279	1375	1102	354	25232	1510
225330	98405	75325	7042	20647	18037	517329	
12924	78286	154120	20348	49533	39357	544113	
	13184	21068	2286	9293	8734	76553	
706	14277	30785	9639	20902	17984	110711	
3545	27583	74616	2366	7295	14554	121471	470
6813	61500	180805	12438	13413	10053	499433	
722	820	6302	617	508	304	1636	250
-457	8542	14078	625	4984	4552	-1100	
-358631	4795471	9980802	906201	2064997	1544778	13635159	18355
-821728	1758104	3830397	497473	445940	401865	5025319	-71366
360633	2057062	4141885	233343	1161748	817733	5932902	62250
11628	158120	472433	55149	82342	56551	520036	25722
28791	154744	179000	12133	69986	32742	497922	
1566	18171	93784	4991	7460	6666	87160	
23346	88260	238858	11275	50449	43879	346183	115
2227	38315	84575	3883	14799	9512	131785	
8302	86195	210049	23738	50925	38787	278439	4

1-B-2 续表 57

分 组	外商资本	主营业务收 入	主营业务成 本	主营业务税金及附加	其他业务收 入
阜新市	2588	2151308	1729998	8093	30353
辽阳市	3274	1877472	1494867	29412	8092
盘锦市		634457	549179	8181	6833
铁岭市	70000	8671060	7493949	292608	54494
朝阳市		3302311	3036534	34311	31373
葫芦岛市		730549	644735	3542	1209
专用设备制造业	2568611	95235552	78973728	516356	1328064
沈阳市	634925	38648147	31875137	138228	380537
大连市	1644730	31829491	26214881	76265	672722
鞍山市	12415	4158007	3414897	32412	43001
抚顺市	9000	2455819	2043247	10946	15741
本溪市		565092	502259	3314	417
丹东市	9250	1829472	1564435	9231	1301
锦州市	5385	839629	722907	3778	410
营口市	18604	1346888	1199620	9219	6119
阜新市	2750	352204	266578	1383	139
辽阳市	136545	959680	766933	1857	959
盘锦市	24831	4772615	3988483	36666	165113
铁岭市		3612667	3030616	176877	12565
朝阳市	176	2654872	2332503	9901	13829
葫芦岛市	70000	1210969	1051232	6279	15211
交通运输设备制造业	12735475	183626382	155970478	2608851	4330159
沈阳市	5181569	82505995	69205400	2245127	2502937
大连市	6428140	70151043	59676038	109701	1122529
鞍山市	51631	1764117	1428406	9010	26210
抚顺市		270869	244314	627	278
本溪市		1189958	1069590	4729	9139
丹东市	3940	5442479	4854194	45413	134134
锦州市	603664	2382417	1935100	1689	42131
营口市	344958	2198569	1960511	15011	61234
阜新市	4478	71115	60806	55	
辽阳市	105345	1058957	913921	6958	28744
盘锦市		3217455	2895125	36392	50
铁岭市		2057483	1429053	99073	18141
朝阳市	11750	3555851	3150120	9652	329787
葫芦岛市		7760074	7147900	25414	54845
电气机械及器材制造业	5981708	100763308	86339720	442760	1037443
沈阳市	2108899	58553598	50592638	185278	370345
大连市	3667202	21880227	18749633	94595	235865
鞍山市	18250	2469345	1849829	11441	45691
抚顺市	6750	1614909	1267611	8600	41138
本溪市		230969	192400	11205	5544
丹东市	8240	2541609	2266815	9192	547
锦州市		2577362	2120309	9142	26229
营口市	134306	3865782	3521298	9525	284655
阜新市		346140	281432	1591	
辽阳市	37561	2967277	2431091	23942	
盘锦市	500	360519	305177	5695	13886
铁岭市		2494882	2005961	68688	3308
朝阳市		254464	227387	931	680
葫芦岛市		606225	528139	2935	9555

单位：千元

其他业务利润	营业费用	管理费用	税金	财务费用	利息支出	营业利润	投资收益
2853	107650	158732	4533	39042	36484	110646	
979	52406	142097	44702	53966	45297	149923	
5304	10957	42187	912	2872	1268	21268	1630
13004	220687	268893	6307	40203	18330	424469	
4021	34565	81884	4433	24294	20122	95247	
443	10235	36028	3329	20971	15542	13860	
149551	2025591	5443795	368549	974039	814389	6977391	51648
-91301	852931	1979471	187986	262198	212097	2994735	30843
132313	590449	2077174	83509	410131	378336	2450973	7558
22115	145994	300926	31268	62817	50644	324783	5920
13772	87414	172769	5488	24043	23435	131172	
73	3050	53673	1699	1019	1015	6897	1960
226	38532	81369	7692	31614	26952	59611	980
173	28822	48237	2218	6310	5124	27414	
1514	17183	64256	6802	8539	5858	49585	34
98	22452	44990	1927	1752	1334	15147	
863	14941	55419	4220	17645	17150	116910	
62635	67167	267545	14375	86341	57012	345807	3927
3821	92089	114282	5725	12444	7695	200455	
3175	46594	90190	8185	27268	8884	231106	426
74	17973	93494	7455	21918	18853	22796	
760976	4459569	8771414	481102	537962	1336565	8184860	213821
61614	2646846	3449922	249187	341301	681249	2062035	37623
604413	1190996	3700111	139983	-24117	158230	4610311	154749
7537	29008	51209	12319	49410	43842	242049	4565
269	3324	11691	287	5499	4099	5683	
3065	31503	59863	8281	8932	9433	24879	
7308	147103	205428	12706	47693	43578	362718	30
22803	52003	140284	8777	32526	44914	253447	7707
1286	35086	97270	11613	13625	34730	78352	
	21	1087	23		5	9146	
1981	39131	60644	2865	10749	8732	45713	-418
41	40896	64366	147	14308	7179	76715	
6903	58677	149920	6165	20559	14058	316110	
39876	155180	211532	8744	105046	103763	-39081	-1302
3880	29795	568087	20005	-87569	182753	136783	10867
-131618	2452462	4220340	367387	749067	538960	5864451	142347
-279711	1389914	2078570	241143	395088	275240	3060676	18059
111264	502062	1207547	65155	132008	78199	1294867	107352
2150	142188	207284	15458	28761	25280	237486	8740
1555	41979	105825	3788	7629	4298	184820	
197	2615	14596	2803	529	564	9807	
52	53496	95774	3599	30972	27665	167642	
9712	137415	148017	4725	19309	16455	149201	319
15931	59189	96927	7892	9779	6949	184995	174
	23151	23419	1087	1378	1156	15169	7690
	27750	54051	16472	88854	79224	282896	5
1171	11134	23435	281	320	114	7610	
1882	48848	91455	2106	22129	12151	252567	
164	2616	13984	162	2738	2419	17235	
4015	10105	59456	2716	9573	9246	-520	8

1-B-2 续表 58

分 组	外商资本	主营业务收入	主营业务成本	主营业务税金及附加	其他业务收入
通信设备、计算机及其他电子设备制造业	4388768	59317259	50861259	231637	1556734
沈阳市	862485	20691296	17637491	79839	186711
大连市	3142568	34271466	29748028	30376	1341652
鞍山市	31250	466159	377883	4745	4034
抚顺市	8828	126023	123614	645	2870
本溪市		141319	98766	437	343
丹东市	33716	1027359	880974	4474	5837
锦州市	27476	424418	374351	1277	5534
营口市	254720	115489	137900	56	45
阜新市	1964	170617	150113	792	9109
辽阳市	25761	144442	115255	20	521
盘锦市		23358	20205	156	
铁岭市		1275489	848921	107461	
朝阳市		439824	347758	1359	78
仪器仪表及文化、办公用机械制造业	925760	12446486	9922624	93640	67640
沈阳市	115723	3635640	2947164	18449	9225
大连市	753086	3397519	2799617	7976	32282
鞍山市	31884	1277022	961520	9153	20359
抚顺市		131855	113725	35	
本溪市		42222	32918	1051	
丹东市	16737	1697785	1238682	12682	3151
锦州市		161557	128419	718	281
营口市	8330	992595	822443	3391	450
辽阳市		271187	205838	22050	11
盘锦市		99358	82553	1411	1255
铁岭市		532201	415034	15206	2
朝阳市		197172	164191	1497	624
葫芦岛市		10373	10520	21	
工艺品及其他制造业	962580	8512789	7313152	65659	62875
沈阳市	37790	3793997	3381054	30566	1393
大连市	801916	1575782	1292305	2989	4464
鞍山市	13397	225381	188328	10180	56
抚顺市	10914	862204	728976	3456	33959
本溪市	2866	134406	111600	1076	6871
丹东市	250	297133	254410	1240	
锦州市		349650	298179	6758	1701
营口市	80807	514507	406287	3521	14386
阜新市	4900	5033	2689		
辽阳市	6820	205177	172756	2644	
铁岭市	2920	532519	460468	3200	45
朝阳市		17000	16100	29	
废弃资源和废旧材料回收加工业	16200	2333667	1682164	10382	31290
沈阳市		527632	462769	71	
大连市	16200	193804	125053	2277	
鞍山市		35901	28627	519	
抚顺市		46248	45357	132	
本溪市		289770	154337	2610	4343
丹东市		710150	682440	1513	
锦州市		61178	57363	234	

单位：千元

其他业务利润	营业费用	管理费用	税金	财务费用	利息支出	营业利润	投资收益
1239881	2263727	3379789	95084	346605	305435	2237287	165838
37827	464609	813764	16274	107117	23532	1447494	47421
1193293	1673239	2246238	69116	210044	256410	477205	107347
2425	15480	44629	3492	2804	1231	35638	116
343	641	9066	1469	327	4	-7927	
343	319	3809	130	3172	3074	27312	
4145	24417	70661	1849	5469	250	34428	10954
1039	16842	32358	856	964	251	17004	
30	1847	16134	703	5064	7467	-45482	
16	7537	12221	405	3616	5009	-3646	
342	509	24487	317	3757	3772	591	
	125	2168	8	292	240	814	
	43357	52218	186	3971	3942	232241	
78	14805	52036	279	8	253	21615	
31310	441136	999245	48773	93539	49733	826619	19267
6669	124572	240234	20951	19627	9040	237553	5251
13818	82538	362409	13617	35514	11286	106306	3564
9136	28310	118826	4843	6854	2509	182817	10272
	14995	19803	175	-31	-23	-16672	
	1718	5203	117	266	177	1782	
579	97416	123993	1134	10526	9767	177132	
66	5872	16957	470	2077	1523	7841	180
418	51338	59273	6068	9986	10292	45779	
	1887	10461	264	1000	87	18098	
	4425	4891	219	50		5914	
	24478	31115	913	3005	410	42863	
624	3587	5511	2	4665	4665	17943	
		569				-737	
5582	242646	437015	22015	66618	47381	378237	11269
598	59843	87385	6783	14094	9878	165512	-4359
915	76040	126654	6373	11842	4002	74948	624
-14	6911	10115	1904	5285	2782	34593	12822
13173	26746	99161	1044	6705	9114	10333	1070
861	11746	18858	223	874	768	742	
	7523	6394	66	6899	6452	20176	
	9146	27403	18	9068	8731	-2497	175
-9986	26426	37954	3557	1571	582	28762	
		1391				953	
	4467	12302	1519	6754	1746	14930	937
35	13728	9152	404	3300	3101	29386	
	70	246	124	226	225	399	
29059	17429	84798	1587	11640	7828	208695	24
	2970	11187	149	9312	5632	32961	
	7807	11886	526	1351	870	47101	
		7259	146	146	46	6744	
		552		115	115	92	
2187	1683	39406	423	-247		93237	
	2697	3669		608	608	19223	
	1858	2512				231	

1-B-2 续表 59

分 组	外商资本	主营业务收入	主营业务成本	主营业务税金及附加	其他业务收入
营口市		37599	35181	153	
盘锦市		36930	35921	1063	
铁岭市		22487	16970	1212	81
葫芦岛市		371968	38146	598	26866
电力、热力的生产和供应业	794835	124891657	119300133	697062	881107
沈阳市	375108	22370721	20501652	135846	88342
大连市	71176	12319903	11400423	91983	56926
鞍山市	118775	1973337	1851989	12269	24413
抚顺市		3890160	3773816	21793	281876
本溪市	37521	1306966	923974	7392	5719
丹东市	96151	2425695	2361515	3452	433
锦州市		3424817	3069775	5665	62220
营口市		5003536	4976036	30509	47637
阜新市		3944033	3681281	27195	8710
辽阳市		1770519	1561521	4404	9287
盘锦市		494257	470252	1421	5638
铁岭市	62686	4346494	4206390	38324	24131
朝阳市		2511745	2308931	14192	12777
葫芦岛市	33418	5712525	5354997	60399	155133
燃气生产和供应业	218203	2734110	2395034	15552	484867
沈阳市	92538	848400	548541	9697	211404
大连市	113685	1214357	1287011	2374	106901
鞍山市		138752	118491	767	32734
抚顺市		38750	32577	85	13992
本溪市		68373	50720	219	9183
丹东市		42817	59322	20	729
锦州市		75226	37105	426	3554
营口市		26676	24532	124	1042
阜新市		17705	20303		14668
辽阳市		22351	41736		
盘锦市		54042	53537	1246	6118
铁岭市		63118	36348		30114
朝阳市		20075	13904		54428
葫芦岛市	11980	103468	70907	594	
水的生产和供应业	267042	3864400	3169901	29591	185727
沈阳市	241594	990789	838497	7576	8343
大连市	1448	1167627	1011734	7380	32561
鞍山市		234387	150921	1530	3926
抚顺市		191528	172223	1501	4017
本溪市		107751	96929	904	11983
丹东市		95019	75491	999	8130
锦州市		253685	184900	1293	657
营口市		128142	108881	871	96518
阜新市		141799	114597	931	3097
辽阳市		49767	32574	910	7630
盘锦市	24000	252121	156718	2048	174
铁岭市		81034	70512	2034	3652
朝阳市		62644	31170	350	4871
葫芦岛市		108107	124754	1264	168

单位：千元

其他业务利润	营业费用	管理费用	税金	财务费用	利息支出	营业利润	投资收益
	327	1029	135	438	438	471	
	29	73	2			5572	
72	58	1536	80	25	119	2758	
26800		5689	126	-108		305	24
40815	312532	3006886	205336	3399975	3528565	-1959176	233101
52204	62902	587152	32222	799059	791784	331104	156727
26553	81807	450624	34303	484476	503604	-334469	15671
18742	16118	103672	12851	15566	14619	20201	764
-507	5874	106489	11109	191718	195782	-210037	996
4938	6540	132697	2412	63341	62669	176862	
121	7628	92666	11668	2755	29918	-105021	
18346	6367	304125	20520	72813	73065	10531	71
11549	17530	163553	21021	140273	139950	-312801	
7344	985	190282	15990	402005	404699	-350371	722
5187	32737	138870	3322	22380	17679	53346	
-3383	6255	35632	3960	13272	12941	-42738	
-186	38390	64969	3334	169884	162409	-367941	
11806	18537	136941	3282	63315	64008	-15707	-4
-111899	10348	444699	29342	273209	272424	-649024	11911
249982	294083	531808	30745	64439	57028	-358579	159509
148641	109789	235611	10968	33047	31732	60314	140338
26475	92412	109032	9225	1422	619	-322362	2487
22710	14263	49763	3737	5975	4885	-29979	2940
13992	9020	8440		-330		2950	
4699	10830	19262	899	5665	1485	-14202	-1318
576	19696	17792	1720	2000	1998	-12804	837
3230	17776	30979	1214	10571	10585	-18401	2071
880	737	5758	61	469	483	-4064	
5844	3896	9222	500	-232		-9640	
		4795		660		-24834	
2179	640	9322	531	129	65	-8772	
-3069	2236	12244	1080	5167	5132	-6475	
23825	7374	9347	390	-115		13390	1911
	5414	10241	420	11	44	16300	10243
49308	316568	668627	41987	92683	82320	-317937	9624
3310	97877	149189	2838	17021	12523	-112113	
4315	94804	174454	11054	17669	16825	-117751	2530
2122	43725	48873	6450	-676	479	-5324	1200
3459	16543	38468	8659	5861	5861	-39609	
8483	1322	19975	1889	-44	-40	-197	
3688	5906	32820	982	141	-17	-15427	
657	6560	43022	4540	13482	8032	6872	1050
8589	967	35428	1829	14949	14941	-24365	
1928	5277	25908	1072	3707	3707	-6693	
7630	16355	18523	744	-681	-681	-8416	661
173	9296	35118	809	13973	15409	35199	4183
3567	2215	6161	138	1315	1170	190	
1330	9472	22310	410	2614	858	-1525	
57	6249	18378	573	3352	3253	-28778	

1-B-2 续表 60

分 组	补贴收入	营业外收入	营业外支出	利润总额	应交所得税
总 计	**6207166**	**13677433**	**29166566**	**78158490**	**20126109**
沈阳市	1165063	1759103	10465313	27445682	4584985
大连市	2915568	4664031	2676206	-685596	3795521
鞍山市	540971	993836	3850735	16276352	3796685
抚顺市	258976	1110814	773391	-7787811	572386
本溪市	122832	178926	1295047	4439449	867612
丹东市	27219	45985	511175	2203367	361686
锦州市	143982	429359	1128398	3510085	542084
营口市	69918	989558	2786214	3160648	1183783
阜新市	153849	50415	400638	654240	213591
辽阳市	78322	1495572	1549721	14596491	1936812
盘锦市	82449	952378	500551	11394237	385668
铁岭市	207429	113060	2303563	3475534	771183
朝阳市	140487	105751	553577	4102457	1014921
葫芦岛市	300101	716697	358796	-4522241	75233
按隶属关系分					
中央	2264648	7292094	4184845	-15780866	4041882
沈阳市	49649	94803	21955	1107400	237267
大连市	1915502	3007287	1023635	-16662306	1009763
鞍山市		350497	804079	8643178	2611244
抚顺市	22595	688923	390306	-10752778	34064
本溪市	2337	5704	141	60349	
丹东市		268	62641	52701	8350
锦州市	14297	231780	28762	-1955522	85869
营口市		5051	21122	-2339789	162816
阜新市	2849	5461	634	-353956	2476
辽阳市		1397680	1312517	1477091	5824
盘锦市	1599	877684	438336	9795212	92377
铁岭市	1200	2131	1761	-86850	451
朝阳市	15510	18057	3075	57328	12263
葫芦岛市	239110	534820	62640	-4718520	-244841
地方	3942518	6385339	24981721	93939356	16084227
沈阳市	1115414	1664300	10443358	26338282	4347718
大连市	1000066	1656744	1652571	15976710	2785758
鞍山市	540971	643339	3046656	7633174	1185441
抚顺市	236381	421891	383085	2964967	538322
本溪市	120495	173222	1294906	4379100	867612
丹东市	27219	45717	448534	2150666	353336
锦州市	129685	197579	1099636	5465607	456215
营口市	69918	984507	2765092	5500437	1020967
阜新市	151000	44954	400004	1008196	211115
辽阳市	78322	97892	237204	13119400	1930988
盘锦市	80850	74694	62215	1599025	293291
铁岭市	206229	110929	2301802	3562384	770732
朝阳市	124977	87694	550502	4045129	1002658
葫芦岛市	60991	181877	296156	196279	320074
按登记注册类型分					
内资企业	4098839	11698893	21296019	60215816	15818885
沈阳市	919628	1270820	8330447	20046045	3162482
大连市	1150886	4206528	1363704	-923264	2479742

单位：千元

亏损企业亏损总额	利税总额	本年应付工资总额	本年应付福利费总额	本年应交增值税	本年进项税额	本年销项税额	全部从业人员年平均人数（人）
57171628	**171115289**	**108306811**	**14310965**	**66475740**	**243596445**	**280258689**	**3662251**
2215304	44109630	23887892	3126774	10726958	41902456	50957871	766024
26276431	12128392	25937517	3556041	9279148	59202372	59207799	896711
616188	28813088	9708384	1361538	10009565	24834242	34452838	303269
11430555	-3127447	4474897	436605	2685899	16263403	17682844	160595
141320	8960993	5707695	1863295	3793351	15861402	16589789	151223
438369	4650389	4672569	495516	2057435	3915206	5071696	179237
3003113	7909798	2489857	223224	2780507	11103361	12519595	124464
3557981	10073197	3914556	387129	5348255	14927309	19610744	171812
504890	2114838	2043882	133726	1198510	3155796	4335562	100003
493788	18266953	4064306	577194	2184523	13196513	14337463	126892
492411	18287634	7848682	631781	5121270	11975118	17325143	207314
986462	10401875	5272567	1007070	4269576	6000712	9953530	182363
675345	7170947	2536250	110965	2590273	4861732	6953438	125720
6235067	-1153471	3089587	220487	2059811	9544594	10338137	137203
44517428	11347764	25564677	2010829	17187826	87187926	90006043	539322
7617	2268823	2098721	200533	453877	1250750	1430429	56950
21987140	-13419465	3415368	360785	1069645	23207459	21095547	59357
26918	17052027	4955348	348186	6782913	15996205	22774707	111703
11049323	-8869070	1443364	188435	454924	9886191	9478028	33212
	95446	39946	14292	32276	1158	34278	707
	60346	53803	3588	5752	17525	23277	2761
2635186	-618458	477708	44926	355738	5633604	5740896	12858
2603802	-2112751	396263	36668	204538	2127214	1760046	4961
353956	-201304	67185	10109	137580	200147	335571	1375
294780	2139606	1395235	67076	175033	6052705	5522130	31188
356805	14964971	6651011	445145	3987196	8543182	13097078	147289
91383	65987	128334	5158	138839	229552	356926	2608
48563	207373	266752	14584	134450	425548	470059	8562
4957551	-2794240	1517469	91724	884406	6764457	6964831	36370
12654200	159767525	82742134	12300136	49287914	156408519	190252646	3122929
2207687	41840807	21789171	2926241	10273081	40651706	49527442	709074
4289291	25547857	22522149	3195256	8209503	35994913	38112252	837354
589270	11761061	4753036	1013352	3226652	8838037	11678131	191566
381232	5741623	3031533	248170	2230975	6377212	8204816	127383
141320	8865547	5667749	1849003	3761075	15860244	16555511	150516
438369	4590043	4618766	491928	2051683	3897681	5048419	176476
367927	8528256	2012149	178298	2424769	5469757	6778699	111606
954179	12185948	3518293	350461	5143717	12800095	17850698	166851
150934	2316142	1976697	123617	1060930	2955649	3999991	98628
199008	16127347	2669071	510118	2009490	7143808	8815333	95704
135606	3322663	1197671	186636	1134074	3431936	4228065	60025
895079	10335888	5144233	1001912	4130737	5771160	9596604	179755
626782	6963574	2269498	96381	2455823	4436184	6483379	117158
1277516	1640769	1572118	128763	1175405	2780137	3373306	100833
43983581	139034258	87281345	11522281	56296540	199272069	231619208	2960277
833258	30878882	18179807	2529690	7416980	29175968	35288418	621013
16338390	8033372	15264968	1947166	6110235	41537346	42756320	528596

1-B-2 续表 61

分　组	补贴收入	营业外收入	营业外支出	利润总额	应交所得税
鞍山市	516793	865108	3703259	15831050	3733646
抚顺市	256168	1075361	747220	-8447212	470778
本溪市	106622	160905	241475	4129637	852797
丹东市	27039	33653	376713	1476699	288247
锦州市	134277	382811	1010874	1414574	405923
营口市	60418	255449	619249	2328154	962834
阜新市	149844	44900	397367	510708	205329
辽阳市	57596	1484231	1511484	9617127	1076698
盘锦市	81648	940364	497078	11070253	348089
铁岭市	198999	111368	1583649	4025190	757988
朝阳市	138820	81007	548237	3765617	979365
葫芦岛市	300101	714440	352022	-4524358	71008
国有企业	945080	3490534	3105223	15572580	3548682
沈阳市	169712	331486	527132	1271246	379539
大连市	464016	337630	394900	514248	277313
鞍山市	28205	371148	863421	8803846	2619816
抚顺市	12915	704827	225428	-1584511	46309
本溪市	3637	972	2148	40365	540
丹东市	2100	4496	33993	-141512	3047
锦州市	68000	269281	24706	-2656092	1361
营口市	3613	635	6807	-21103	15524
阜新市	96877	10305	374431	107727	61706
辽阳市	7263	387841	171027	-177004	50042
盘锦市	42678	878384	434782	10077706	84905
铁岭市	7112	256	386	33257	7243
朝阳市	22980	5699	2810	5225	1403
葫芦岛市	15972	115626	30011	-596414	-24025
集体企业	104138	106765	886267	3116953	450661
沈阳市	8758	15813	223931	580280	90560
大连市	13701	15901	4596	88346	15773
鞍山市	34150	34631	479137	537567	52408
抚顺市	3109	4583	23404	68244	14665
本溪市	4844	6922	24430	255739	57710
丹东市	1164	496	2043	103174	21617
锦州市	5865	2197	23727	535597	7733
营口市	16575	1258	3076	448946	75044
阜新市	48	1201	1589	105493	6925
辽阳市	1512	10626	65370	219636	57935
盘锦市	2973		40	20185	1903
铁岭市		2944	18304	146794	38927
朝阳市	2752	952	151	42831	5347
葫芦岛市	8687	9241	16469	-35879	4114
股份合作企业	20925	27742	105771	810482	110904
沈阳市	8362	5232	4890	203642	17990
大连市	5309	3804	24194	67141	11796
鞍山市	2890	12059	35501	33046	4682
抚顺市	3	300		796	99
本溪市			401	4646	231
丹东市	799	48	1569	17137	1477
锦州市	50	218	34638	264719	29669
营口市			10	447	77

单位：千元

亏损企业亏损总额	利税总额	本年应付工资总额	本年应付福利费总额	本年应交增值税	本年进项税额	本年销项税额	全部从业人员年平均人数（人）
517096	28102787	9296425	1284597	9831306	24092225	33684664	286890
11327890	-3955260	4089218	403813	2548733	15409898	16930452	143882
124427	8552445	5525781	1814616	3717944	14306806	15198806	144738
388999	3459483	3549499	370320	1658146	2945117	3886382	139308
2957749	5153723	2049452	185133	2229295	9536522	10699170	106806
2810597	7440820	2800723	258869	3698990	10591114	13525947	123167
474857	1899247	1969858	128053	1126475	2545159	3583305	95057
477379	13110756	3671530	514642	2027867	10897348	11986559	112212
467104	17751888	7753196	621830	5006804	11507814	16770446	202854
331295	10635437	5031659	958853	4064094	5768798	9545915	173946
657417	6728392	2418623	106695	2489336	4765515	6761789	118370
6172719	-1266187	3022436	218384	1999676	9340210	10078795	134017
7207759	38294041	23901826	1916216	17927726	49154527	58168117	581846
242277	3354347	2739460	340098	1818449	4357685	6069643	82773
960375	1405882	1547791	148421	720232	4176558	4314935	46503
73725	17467391	5377246	438869	7012439	16458063	23401681	124771
1849284	-1258094	923480	102806	263110	933410	1151760	25876
9688	82030	399750	40858	35255	75198	107358	5775
204347	6454	264868	25134	140473	265683	391486	10427
2662385	-1390556	479790	53837	322440	4993460	5171477	14121
45930	50439	78015	9564	41139	184982	214515	4421
22285	757138	1231629	47755	545643	876437	1414247	47959
341528	171311	981282	58737	298780	1126457	1127841	25871
77343	15191331	6442752	408375	3939837	7982663	12639261	141342
8288	116207	144323	14988	63281	60421	116458	5122
4988	51706	88248	6603	42183	153329	187340	3408
600912	-220018	545022	40551	313806	657952	937875	14056
234818	6062120	3329386	511831	2098943	4657927	6307053	176035
26100	991936	587387	54606	254757	1065278	1247110	28024
26045	232559	352401	20627	122864	321319	413445	14642
20903	1114067	690635	163470	444169	759918	1303027	29133
11076	124164	113448	8544	40812	175879	213023	6854
41634	428389	267310	94016	124091	127104	254387	16088
991	194050	182649	22104	51880	86795	115720	5583
11041	873045	162733	10766	261672	230208	193829	8150
2742	775426	157025	21319	284198	597232	796970	7643
2368	134733	54157	5945	23407	44335	54127	4840
24948	404104	288771	24529	118791	725206	837843	9513
3773	40357	33800	3265	18519	68835	89913	1684
48	558808	255421	70621	235755	231121	460464	23896
3030	107064	20961	1679	54232	30416	81968	1441
60119	83418	162688	10340	63796	194281	245227	18544
39145	1521206	499469	74785	532408	1467796	1577456	25971
14982	310600	160114	22733	83646	258982	340210	7206
3970	121688	99371	8742	46992	184705	235673	4505
1778	52432	29550	5489	15846	108163	118387	1550
	3077	4276	499	2077	20619	22721	290
669	9127	12309	5874	4086	5976	10078	568
300	37201	23758	2077	15722	26100	35197	2029
131	383829	63948	18597	38718	108450	113261	4100
	1596	1948	262	1016	3906	4922	119

1-B-2 续表 62

分 组	补贴收入	营业外收入	营业外支出	利润总额	应交所得税
阜新市	1466	787	12	57676	7682
辽阳市		1378	2160	37344	5814
盘锦市	499	1931	1335	85976	21330
铁岭市		242	119	1224	403
葫芦岛市	1547	1743	942	36688	9654
联营企业	2259	1734	4517	493771	99912
沈阳市		300	471	327315	73290
大连市		86	15	37377	1333
鞍山市		29	8	2725	4
本溪市			40	1510	180
锦州市				-354	
营口市	2259		130	14566	4250
阜新市				170	
辽阳市				74384	14519
铁岭市				11057	941
葫芦岛市		1319	3853	25021	5395
国有联营企业		387	15	1795	1443
沈阳市		41		1311	356
大连市				4349	1087
葫芦岛市		346	15	-3865	
集体联营企业	2259	115	2662	53686	5332
沈阳市			2514	900	137
大连市		86	10	25687	
鞍山市		29	8	2073	4
营口市	2259		130	14566	4250
铁岭市				10460	941
国有与集体联营企业		1232	3863	66894	12807
沈阳市		259	98	29454	7330
大连市			5	7341	246
鞍山市				652	
铁岭市				597	
葫芦岛市		973	3760	28850	5231
其他联营企业			-2023	371396	80330
沈阳市			-2141	295650	65467
本溪市			40	1510	180
锦州市				-354	
阜新市				170	
辽阳市				74384	14519
葫芦岛市			78	36	164
有限责任公司	1597551	2312609	6157141	14440465	3302850
沈阳市	410945	196485	3434079	4290126	725812
大连市	397478	917588	292491	4447671	1060128
鞍山市	131659	139065	629085	764936	98793
抚顺市	208930	244921	237943	541538	53902
本溪市	18166	59983	27394	950497	84469
丹东市	2936	3833	122857	113081	44057
锦州市	26073	88476	630979	599987	82476
营口市	4165	56803	126786	663624	251369
阜新市	26616	25037	7652	-230475	32427
辽阳市	5885	23693	20263	825196	137392
盘锦市	27431	35534	43994	240264	111084

单位：千元

亏损企业亏损总额	利税总额	本年应付工资总额	本年应付福利费总额	本年应交增值税	本年进项税额	本年销项税额	全部从业人员年平均人数（人）
	69021	34624	1039	10107	222474	231923	1962
11919	78301	31344	5257	22845	131093	147646	1433
686	148902	21171	1719	53222	119738	149667	1064
857	10844	5773	553	4519	11806	15701	416
3853	294588	11283	1944	233612	265784	152070	729
6066	739435	310734	32944	207132	186294	397204	11715
	422762	48475	6038	84014	85732	177650	1129
1673	88026	109492	13027	46983	11468	55392	2458
20	4271	1519	144	1005	4950	5712	85
	4810	5480	3000	3040	2003	5175	200
354	867	630	74	1179	532	1679	60
122	38878	9737	1435	15932	26364	42296	484
	1570	750		600	128	728	56
	75696	8011	2180	1092	2403	3495	187
	18613	1505	515	920	12783	13703	60
3897	83942	125135	6531	52367	39931	91374	6996
3865	6870	14942	1123	4787	9046	12921	566
	3180	3380	474	1710	5200	6900	106
	6957	8776	465	2517	2831	5348	213
3865	-3267	2786	184	560	1015	673	247
1815	131824	101277	14184	59785	34839	92903	2504
	1411	2034	328	493	969	1462	64
1673	71259	87479	11850	42300	2304	43126	1866
20	2865	772	56	714	4504	4975	50
122	38878	9737	1435	15932	26364	42296	484
	17411	1255	515	346	698	1044	40
	128811	142983	7058	54943	125790	186832	7054
	30182	8371		728	74879	83521	110
	9810	13237	712	2166	6333	6918	379
	1406	747	88	291	446	737	35
	1202	250		574	12085	12659	20
	86211	120378	6258	51184	32047	82997	6510
386	471930	51532	10579	87617	16619	104548	1591
	387989	34690	5236	81083	4684	85767	849
	4810	5480	3000	3040	2003	5175	200
354	867	630	74	1179	532	1679	60
	1570	750		600	128	728	56
	75696	8011	2180	1092	2403	3495	187
32	998	1971	89	623	6869	7704	239
4998824	29095476	21717078	2939661	11095646	38742549	46003866	674877
214452	6788755	6517684	725537	2025690	8157753	9765405	174816
968710	6746876	4731902	1087820	2000432	11605171	12161702	138691
201364	1337445	631484	157793	459659	1673843	2143999	28809
118903	2065521	1598117	119198	1275567	3234637	4395989	50781
27902	1511883	1128943	204758	474778	1020503	1352386	31493
133682	437354	345665	25879	265650	462688	578553	21126
160614	1175478	518631	34687	487276	1514796	1859950	25469
47714	2305100	542215	34318	674513	2163130	2672775	17741
390254	130589	194325	23721	289018	515227	795456	9310
57437	1170664	362738	65691	256169	866031	1099398	14743
311888	796658	645657	100993	444006	1210476	1366207	23936

1-B-2 续表 63

分　组	补贴收入	营业外收入	营业外支出	利润总额	应交所得税
铁岭市	42584	50190	98483	1150281	355624
朝阳市	50176	37848	353868	967859	322486
葫芦岛市	244507	433153	131267	-884120	-57169
国有独资公司	485776	588361	1287442	2848362	626446
沈阳市	162550	21209	1001097	638315	114346
大连市	116920	288170	41366	1674412	297514
鞍山市	4699	87	-1637	-26998	
抚顺市	160280	187345	172479	153430	
本溪市	69	42973	11467	350652	
丹东市		24	2141	-67945	
锦州市	14047	12680	156	1291	-133
营口市	577	2604	214	-8087	-5429
阜新市		3651	1033	56725	11028
辽阳市		17	1471	-42679	
朝阳市	26634	25824	21769	326932	204408
葫芦岛市		3777	35886	-207686	4712
其他有限责任公司	1111775	1724248	4869699	11592103	2676404
沈阳市	248395	175276	2432982	3651811	611466
大连市	280558	629418	251125	2773259	762614
鞍山市	126960	138978	630722	791934	98793
抚顺市	48650	57576	65464	388108	53902
本溪市	18097	17010	15927	599845	84469
丹东市	2936	3809	120716	181026	44057
锦州市	12026	75796	630823	598696	82609
营口市	3588	54199	126572	671711	256798
阜新市	26616	21386	6619	-287200	21399
辽阳市	5885	23676	18792	867875	137392
盘锦市	27431	35534	43994	240264	111084
铁岭市	42584	50190	98483	1150281	355624
朝阳市	23542	12024	332099	640927	118078
葫芦岛市	244507	429376	95381	-676434	-61881
股份有限公司	158167	3924705	2467045	-21123199	1382687
沈阳市	43507	35105	317913	1053551	174589
大连市	40437	2495504	121052	-12766615	221722
鞍山市	17082	62140	43685	199068	18577
抚顺市		12063	173745	-8884760	86112
本溪市	17541	86756	39273	1396449	461567
丹东市		9796	159608	165694	15175
锦州市	3716	12049	39378	546747	90981
营口市	1739	17774	20002	-2011633	91702
阜新市	230	181	32	-408	301
辽阳市		1036892	1179705	2063643	24993
盘锦市	565	1775	1411	101319	22058
铁岭市	33122	36711	219872	114927	20445
朝阳市	228	10533	25224	331785	136289
葫芦岛市		107426	126145	-3432966	18176
私营企业	1265496	1784438	8520161	46347016	6864482
沈阳市	278344	686399	3822031	12314175	1699863
大连市	226471	389564	514323	6228102	840585
鞍山市	301177	243336	1629975	5456798	937510
抚顺市	31211	108667	86700	1411481	269691

单位：千元

亏损企业亏损总额	利税总额	本年应付工资总额	本年应付福利费总额	本年应交增值税	本年进项税额	本年销项税额	全部从业人员年平均人数(人)
114387	3107945	2443119	271170	1243519	2357017	3535597	59233
403897	1783912	786320	21305	672530	1467433	1966990	33727
1847620	-262704	1270278	66791	526839	2493844	2309459	45002
745144	5527102	4788815	1071674	2359565	8342254	9898710	132013
22594	1227012	1394094	159131	517062	1117263	1610293	36068
133678	2429908	892437	706846	675905	5098142	5212987	25397
26998	-26465	4188	1219	78	6893	5434	316
	688899	1009312	58900	474843	583345	1030958	27457
2689	688954	824200	116183	298175	505068	686226	18107
71677	-52188	63294	5234	14195	117885	131720	3590
4989	4446	34472	2460	2945	3968	7281	2241
8087	8919	48323	4978	15841	70127	84361	1477
	58292	11630	1628	253		253	412
42679	-42630	9581	2881		12297	6406	716
204815	640976	458833	9879	283143	745956	976158	14427
226938	-99021	38451	2335	77125	81310	146633	1805
4253680	23568374	16928263	1867987	8736081	30400295	36105156	542864
191858	5561743	5123590	566406	1508628	7040490	8155112	138748
835032	4316968	3839465	380974	1324527	6507029	6948715	113294
174366	1363910	627296	156574	459581	1666950	2138565	28493
118903	1376622	588805	60298	800724	2651292	3365031	23324
25213	822929	304743	88575	176603	515435	666160	13386
62005	489542	282371	20645	251455	344803	446833	17536
155625	1171032	484159	32227	484331	1510828	1852669	23228
39627	2296181	493892	29340	658672	2093003	2588414	16264
390254	72297	182695	22093	288765	515227	795203	8898
14758	1213294	353157	62810	256169	853734	1092992	14027
311888	796658	645657	100993	444006	1210476	1366207	23936
114387	3107945	2443119	271170	1243519	2357017	3535597	59233
199082	1142936	327487	11426	389387	721477	990832	19300
1620682	-163683	1231827	64456	449714	2412534	2162826	43197
29599967	-9828150	8101121	1767894	5432783	53227460	51465124	211399
81995	2287217	940072	109709	461283	1354179	1685449	30408
14014406	-10431793	1078019	70674	564345	15044008	13530605	29444
2152	263587	42633	6531	54806	120236	156513	2333
9279523	-7160753	801099	112721	327026	9573233	9008022	21289
11267	4071207	2943125	1219382	2419117	12031337	11887342	54935
2564	233275	97409	3881	58351	81279	105536	4692
100526	841222	183011	4429	242421	1075076	1248486	8392
2603872	-1567474	476872	48870	426412	1746148	1643987	13224
1478	727	2981	233	1054	4676	5063	145
2368	2542450	590602	35578	26109	5529731	4981829	11862
46395	194372	118823	50468	69277	573023	538359	5172
17910	271612	110605	38347	43974	109802	120007	5030
	799572	321911	16685	407312	1335477	1584925	8662
3435511	-2173371	393959	50386	331296	4649255	4969001	15811
1891066	72380335	29145113	4248212	18864339	50065493	65982326	1263982
253452	16712384	7177825	1269805	2686251	13893970	15998624	296267
357288	9287503	7141292	578816	2501098	8493779	10411493	280730
217154	7821063	2510514	508859	1835735	4955066	6538794	99723
69104	2270825	648798	60045	640141	1472120	2138937	38792

1-B-2 续表 64

分 组	补贴收入	营业外收入	营业外支出	利润总额	应交所得税
本溪市	62434	6272	147779	1465766	247360
丹东市	20040	14984	56643	1212749	202874
锦州市	30573	10590	257446	2123720	193453
营口市	32067	178979	462438	3233307	524868
阜新市	24607	7389	13651	470525	96288
辽阳市	42936	23801	72959	6573928	786003
盘锦市	7383	22740	15495	544586	106809
铁岭市	116181	20994	1231257	2532896	330731
朝阳市	62684	25975	166184	2417917	513840
葫芦岛市	29388	44748	43280	361066	114607
私营独资企业	543395	761194	2620878	13660852	1954907
沈阳市	224273	457325	566436	3207741	384803
大连市	30248	16910	56075	1382528	170085
鞍山市	201549	156907	1142607	985680	126515
抚顺市	1135	19082	36765	307195	57931
本溪市	2973	2564	32965	661495	133412
丹东市	2606	4988	48758	388416	75966
锦州市	20921	5218	84398	769176	79940
营口市	18801	78896	161559	602219	100496
阜新市	958	2612	3866	142121	22066
辽阳市	14860	1972	15522	3181862	461757
盘锦市	3341	8990	8375	217602	26545
铁岭市	14900	776	374198	977203	109688
朝阳市	2565	3001	84951	713055	176041
葫芦岛市	4265	1953	4403	124559	29662
私营合作企业	11926	20093	71572	896811	159534
沈阳市		327	-10651	162205	13875
大连市	446	927	5861	27520	6932
鞍山市	8675	2271	31097	50136	11675
抚顺市	336	3	14	293	383
本溪市	921	433	1294	79616	3627
丹东市			-123	30268	5735
锦州市	1315		18	102039	5233
营口市		15560	18562	137000	28233
阜新市		50	135	25212	4341
辽阳市		137	172	98134	12677
盘锦市		172	160	15829	4080
铁岭市			20179	33102	2997
朝阳市		65	4337	117553	56220
葫芦岛市	233	148	517	17904	3526
私营有限责任公司	653505	909846	5183371	28756528	4325139
沈阳市	50405	202647	2791678	8141980	1219329
大连市	177736	353072	394491	4376843	597431
鞍山市	75811	73635	420130	3500816	637706
抚顺市	29740	89049	49808	1084950	208287
本溪市	54165	2614	106087	560346	101833
丹东市	16948	8206	6591	742391	112917
锦州市	7838	4893	165691	1185333	102549
营口市	13266	68891	247643	2323591	364874
阜新市	23560	4676	8862	268213	59159
辽阳市	15029	3969	43020	2996960	274872

单位：千元

亏损企业亏损总额	利税总额	本年应付工资总额	本年应付福利费总额	本年应交增值税	本年进项税额	本年销项税额	全部从业人员年平均人数（人）
33254	2427009	762851	244784	656830	1042567	1579332	35450
47115	2534953	2628814	289295	1116836	2022572	2659890	95064
22698	3269298	640497	62729	875339	1612850	2109088	46474
110217	5836855	1534911	143101	2255780	5869352	8150482	79535
58472	805469	451392	49360	256646	881882	1081761	30785
39179	8668230	1408782	322670	1304081	2516427	3788507	48603
27019	1380051	490893	57010	481943	1553079	1987039	29648
189805	6458181	2037067	559803	2465566	2941193	5234342	79172
245502	3986138	1201183	60423	1313079	1778860	2940566	71132
220807	922376	510294	41512	475014	1031776	1363471	32607
342067	22197693	8974922	1838098	5638615	13262773	18041385	410656
20505	4584174	2184053	735495	796798	4251631	4831078	104716
36581	2034201	1793055	157009	503511	1983432	2406359	67902
56178	1627014	808882	187417	389340	928386	1217340	35873
4591	521599	162887	16497	145988	267132	422270	11895
9209	1162585	304752	123323	305950	432102	702110	12512
5433	924087	878468	91430	454074	552128	812272	36743
4464	1153580	210934	17846	293174	533196	740677	15060
38894	1046527	300197	25744	385879	944738	1326873	17136
8141	287796	206392	22296	106795	266803	367695	13672
11071	4497181	764844	169535	775247	995972	1767989	26423
2332	450473	176899	20369	119009	453489	538543	11080
13169	2410262	760058	237760	834462	1033412	1840113	33086
43727	1233576	271957	20937	421860	338654	707479	14776
87772	264638	151544	12440	106528	281698	360587	9782
38638	1446243	537984	83689	374177	1172394	1518787	25314
2315	193938	92343	8516	19296	247545	264398	2886
3171	49517	47890	2186	19686	103507	122869	2157
13005	131523	55096	15515	43415	110008	146176	2345
1501	6108	10366	1504	5406	9290	13495	927
	111586	47862	18088	24622	86723	109950	1736
1206	67830	72562	6440	28905	32851	56439	2928
4301	118354	19213	1374	7831	103397	110650	1452
323	224944	74545	7888	79202	198213	276927	3751
1859	44917	12734	3168	12815	12808	24840	828
1412	149199	30630	5614	30390	61024	91414	1351
	41359	7296	1037	9875	58206	68099	403
416	76910	24412	6275	22662	27811	47912	1467
4748	197936	24287	1020	59269	89133	146168	1356
4381	32122	18748	5064	10803	31878	39450	1727
1399218	44446155	18175471	2101139	11864157	33004556	43030052	767147
209641	10867134	4636646	497752	1677445	8938809	10271930	177934
302683	6577743	4902099	379079	1819214	5920368	7324335	195689
131579	4909536	1403338	255581	1216028	3286084	4371510	51692
50136	1674751	453307	40207	469313	1163654	1651889	24184
20558	881295	360715	91208	237500	415984	583733	18554
34270	1424600	1530721	175409	576518	1324312	1651030	50085
11918	1894239	366544	40261	543491	880497	1131886	27523
57826	4242938	1070305	100368	1653143	4452115	6143123	54259
47366	414443	198853	18723	117996	595428	681519	14797
25722	3658336	537229	98966	440452	1190943	1622469	18272

1-B-2 续表 65

分 组	补贴收入	营业外收入	营业外支出	利润总额	应交所得税
盘锦市	4042	13549	6848	307487	73481
铁岭市	100006	19283	827928	1483494	214040
朝阳市	60119	22909	76896	1587309	281579
葫芦岛市	24840	42453	37698	196815	77082
私营股份有限公司	56670	93305	644340	3032825	424902
沈阳市	3666	26100	474568	802249	81856
大连市	18041	18655	57896	441211	66137
鞍山市	15142	10523	36141	920166	161614
抚顺市		533	113	19043	3090
本溪市	4375	661	7433	164309	8488
丹东市	486	1790	1417	51674	8256
锦州市	499	479	7339	67172	5731
营口市		15632	34674	170497	31265
阜新市	89	51	788	34979	10722
辽阳市	13047	17723	14245	296972	36697
盘锦市		29	112	3668	2703
铁岭市	1275	935	8952	39097	4006
葫芦岛市	50	194	662	21788	4337
其他企业	5223	50366	49894	557748	58707
沈阳市				5710	839
大连市	3474	46451	12133	460466	51092
鞍山市	1630	2700	22447	33064	1856
本溪市			10	14665	740
丹东市				6376	
锦州市				250	250
盘锦市	119		21	217	
铁岭市		31	15228	34754	3674
葫芦岛市		1184	55	2246	256
港、澳、台商投资企业	63704	505921	1532940	7932890	1542139
沈阳市	5060	40867	200312	2309161	456070
大连市	19551	82266	43097	903806	155909
鞍山市	1045	101458	85547	157854	23359
抚顺市	1320	18732	14324	305456	52823
本溪市	11022	17131	47963	36137	3024
丹东市	150	372	16659	134835	30039
锦州市	2200	10735	7340	489816	61077
营口市	4919	213141	645566	312423	29811
阜新市	3696	2066	1348	2809	
辽阳市	12980	5584	10906	3605808	697837
盘锦市		4		2399	220
铁岭市	94	1248	458719	-568546	4887
朝阳市	1667	12127	1018	234538	26886
葫芦岛市		190	141	6394	197
合资经营企业(港或澳、台资)	42402	395300	752921	6351981	1194726
沈阳市	2601	34820	41933	1288443	268020
大连市	9346	68577	36661	418447	65038
鞍山市	1000	27643	18340	164506	20349
抚顺市	1320	18541	3383	361453	52776
本溪市	11022	17111	47945	37349	2874
丹东市	150	372	9799	136242	29961
锦州市	1500	865	752	51310	3702

单位：千元

亏损企业亏损总额	利税总额	本年应付工资总额	本年应付福利费总额	本年应交增值税	本年进项税额	本年销项税额	全部从业人员年平均人数（人）
17062	869246	273899	31129	345358	984916	1317517	16366
175610	3894899	1228294	312501	1597774	1832606	3290984	43413
197027	2554626	904939	38466	831950	1351073	2086919	55000
117820	582369	308582	21489	337975	667767	901208	19379
111143	4290244	1456736	225286	987390	2625770	3392102	60865
20991	1067138	264783	28042	192712	455985	631218	10731
14853	626042	398248	40542	158687	486472	557930	14982
16392	1152990	243198	50346	186952	630588	803768	9813
12876	68367	22238	1837	19434	32044	51283	1786
3487	271543	49522	12165	88758	107758	183539	2648
6206	118436	147063	16016	57339	113281	140149	5308
2015	103125	43806	3248	30843	95760	125875	2439
13174	322446	89864	9101	137556	274286	403559	4389
1106	58313	33413	5173	19040	6843	7707	1488
974	363514	76079	48555	57992	268488	306635	2557
7625	18973	32799	4475	7701	56468	62880	1799
610	76110	24303	3267	10668	47364	55333	1206
10834	43247	31420	2519	19708	50433	62226	1719
5936	769795	276618	30738	137563	1770023	1718062	14452
	10881	8790	1164	2890	2389	4327	390
5923	582631	204700	19039	107289	1700338	1633075	11623
	42531	12844	3442	7647	11986	16551	486
13	17990	6013	1944	747	2118	2748	229
	16196	6336	1950	9234			387
	540	212	14	250	1150	1400	40
	217	100					8
	93227	33846	2856	6560	44655	49643	1017
	5582	3777	329	2946	7387	10318	272
1146246	10780985	4091358	449468	2439780	7715961	9366870	139771
92132	3496865	1514326	176226	987527	1842995	2699231	40617
183712	1289385	1066462	82387	300441	1423652	1408341	41580
72575	265640	128728	25123	70748	277584	248534	5289
71270	390067	212974	16334	84480	421438	389495	7599
12395	70063	68058	15805	31899	181829	107088	2770
18883	220367	298321	39628	74683	139328	201119	7024
16765	745307	172178	10829	252037	472636	699079	6716
25340	714185	244832	24913	372196	932676	1281433	11624
29815	20509	26455	2322	17700	391596	477841	1869
6199	3690828	140775	32875	79997	1388981	1464211	5297
	4510	5136		2110	9794	11904	144
604266	-419697	135514	20574	114012	155844	256262	3967
12894	285863	70941	2250	51251	70266	116784	4892
	7093	6658	202	699	7342	5548	383
292440	7797550	2515363	313524	1185525	5224986	6000595	85925
88662	1871900	923254	123393	412268	1099168	1516567	25483
55905	564240	601347	54566	136439	616729	617709	21761
44636	258336	112841	23947	57478	257940	217840	4105
11924	402519	112857	7605	40948	358916	289182	5459
10698	68666	61750	14589	30471	179452	104740	2484
16396	215135	291345	39210	68927	135361	192612	6532
783	77819	28779	1320	23359	97201	120431	1540

1-B-2 续表 66

分　　组	补贴收入	营业外收入	营业外支出	利润总额	应交所得税
营口市	419	213141	581422	155754	28883
阜新市	397	167	564	-26216	
辽阳市	12980	5343	10901	3564544	695842
盘锦市				906	
铁岭市		736	127	-3648	198
朝阳市	1667	7880	953	200673	26886
葫芦岛市		104	141	2218	197
合作经营企业(港或澳、台资)	4182	2701	12373	95703	8365
沈阳市			9704	24857	89
大连市	893	874	1094	92358	8261
抚顺市		82	792	-54790	
本溪市					
丹东市				-19	
阜新市	3289	1741	783	32624	
盘锦市		4		673	15
港澳台商独资经营企业	17120	35821	685789	1489571	337019
沈阳市	2459	6047	136734	997782	187943
大连市	9312	12744	4901	399639	82610
鞍山市	45	1787	1010	-5621	1557
抚顺市		109	10149	-1207	47
本溪市		20	18	-1212	150
丹东市			6860	-1388	78
锦州市	700	9870	6360	448630	57375
营口市	4500		64144	142229	568
阜新市	10	158	1	-3599	
辽阳市		241	5	41264	1995
盘锦市				820	205
铁岭市	94	512	455542	-565807	4491
朝阳市		4247	65	33865	
葫芦岛市		86		4176	
港澳台商投资股份有限公司		72099	81857	-4365	2029
沈阳市			11941	-1921	18
大连市		71	441	-6638	
鞍山市		72028	66197	-1031	1453
锦州市			228	-10124	
营口市				14440	360
铁岭市			3050	909	198
外商投资企业	2044623	1472619	6337607	10009784	2765085
沈阳市	240375	447416	1934554	5090476	966433
大连市	1745131	375237	1269405	-666138	1159870
鞍山市	23133	27270	61929	287448	39680
抚顺市	1488	16721	11847	353945	48785
本溪市	5188	890	1005609	273675	11791
丹东市	30	11960	117803	591833	43400
锦州市	7505	35813	110184	1605695	75084
营口市	4581	520968	1521399	520071	191138
阜新市	309	3449	1923	140723	8262
辽阳市	7746	5757	27331	1373556	162277
盘锦市	801	12010	3473	321585	37359
铁岭市	8336	444	261195	18890	8308
朝阳市		12617	4322	102302	8670
葫芦岛市		2067	6633	-4277	4028

单位：千元

亏损企业亏损总额	利税总额	本年应付工资总额	本年应付福利费总额	本年应交增值税	本年进项税额	本年销项税额	全部从业人员年平均人数（人）
25155	471246	201752	21364	291945	671610	946149	9224
26216	-9958	15021	1327	16258	368287	456835	874
6199	3642621	108998	23914	75364	1366180	1438934	4312
	1777	2374		871	1836	2707	65
5866	1925	10758	1059	2764	3384	3644	725
	228422	39564	1230	27749	61580	87712	3060
	2902	4723		684	7342	5533	301
56420	156153	205646	13698	53598	153194	181913	7878
	31969	18470	1685	3011	30348	30997	648
1611	105267	115569	2503	10695	41692	34319	5006
54790	-17213	61500	8594	37577	60565	98034	1289
	1133	400	56	596			26
19	-19	460					70
	33113	6813	860	489	19133	15877	785
	1903	2434		1230	1456	2686	54
764262	2806013	1327276	116672	1176552	2246312	3098381	43930
1475	1591214	552165	47839	568547	671286	1105773	13990
117849	625579	342404	25115	152380	759003	753347	14335
15281	2868	13199	989	8042	14498	21127	785
4556	4761	38617	135	5955	1957	2279	851
1697	264	5908	1160	832	2377	2348	260
2468	5251	6516	418	5756	3967	8507	422
5858	676488	139783	9509	227554	352183	578648	4811
185	215863	36600	2849	67971	246676	308614	2200
3599	-2646	4621	135	953	4176	5129	210
	48207	31777	8961	4633	22801	25277	985
	830	328		9	6502	6511	25
598400	-424298	122046	18340	110403	152200	251734	3142
12894	57441	31377	1020	23502	8686	29072	1832
	4191	1935	202	15		15	82
33124	21269	43073	5574	24105	91469	85981	2038
1995	1782	20437	3309	3701	42193	45894	496
8347	-5701	7142	203	927	6228	2966	478
12658	4436	2688	187	5228	5146	9567	399
10124	-9000	3616		1124	23252		365
	27076	6480	700	12280	14390	26670	200
	2676	2710	1175	845	260	884	100
12041801	21300046	16934108	2339216	7739420	36608415	39272611	562203
1289914	9733883	4193759	420858	2322451	10883493	12970222	104394
9754329	2805635	9606087	1526488	2868472	16241374	15043138	326535
26517	444661	283231	51818	107511	464433	519640	11090
31395	437746	172705	16458	52686	432067	362897	9114
4498	338485	113856	32874	43508	1372767	1283895	3715
30487	970539	824749	85568	324606	830761	984195	32905
28599	2010768	268227	27262	299175	1094203	1121346	10942
722044	1918192	869001	103347	1277069	3403519	4803364	37021
218	195082	47569	3351	54335	219041	274416	3077
10210	1465369	252001	29677	76659	910184	886693	9383
25307	531236	90350	9951	112356	457510	542793	4316
50901	186135	105394	27643	91470	76070	151353	4450
5034	156692	46686	2020	49686	25951	74865	2458
62348	105623	60493	1901	59436	197042	253794	2803

1-B-2 续表 67

分　　组	补贴收入	营业外收入	营业外支出	利润总额	应交所得税
中外合资经营企业	1980606	974759	3640266	3842668	1718274
沈阳市	231200	338231	454610	2373741	514620
大连市	1718804	182983	792731	-2607145	755283
鞍山市	5211	7204	27845	190694	22675
抚顺市	1363	5693	3248	133727	15898
本溪市	5168	861	1003622	236945	7787
丹东市	10	11808	121223	377238	37600
锦州市	5353	6733	47448	1043766	28068
营口市	4151	392631	922326	316411	128418
阜新市	165	2470	669	72785	7262
辽阳市	7746	5592	13892	1313698	156154
盘锦市	801	11612	2820	316997	32047
铁岭市	634	36	243190	57140	6297
朝阳市		6839	3830	28093	2137
葫芦岛市		2066	2812	-11422	4028
中外合作经营企业	2346	80271	589747	619622	52722
沈阳市		1854	234764	37081	2190
大连市	2326	11324	212511	264145	30936
抚顺市		10031	676	14865	1688
本溪市			20	28640	2614
丹东市	20	13	511	180277	1117
锦州市		741	12	8677	1019
营口市		50413	140631	40613	5221
阜新市			8	945	
辽阳市				2300	460
盘锦市		177	604	23389	5282
铁岭市		175	10	1062	43
朝阳市		5543		17628	2152
外资企业	44076	348838	2061404	5204027	920209
沈阳市	9175	54198	1242512	2234362	388813
大连市	23486	180746	248747	1835244	368068
鞍山市	842	4839	7058	58562	12352
抚顺市	125	845	7923	208611	31199
本溪市	20	29	1967	8090	1390
丹东市		139	-3931	34298	4678
锦州市	2152	28304	61650	524656	43168
营口市	430	77924	458442	163651	57499
阜新市	144	979	1246	66993	1000
辽阳市		165	13439	57558	5663
盘锦市		201	43	-12412	30
铁岭市	7702	233	17995	-39312	1968
朝阳市		235	492	56581	4381
葫芦岛市		1	3821	7145	
外商投资股份有限公司	17595	68751	46190	343467	73880
沈阳市		53133	2668	445292	60810
大连市	515	184	15416	-158382	5583
鞍山市	17080	15227	27026	38192	4653
抚顺市		152		-3258	
丹东市				20	5
锦州市		35	1074	28596	2829
营口市				-604	
盘锦市		20	6	-6389	

单位：千元

亏损企业亏损总额	利税总额	本年应付工资总额	本年应付福利费总额	本年应交增值税	本年进项税额	本年销项税额	全部从业人员年平均人数（人）
9749719	11645284	8261221	1049730	4647180	26079496	28556152	245742
1002632	6053839	2325081	234801	1474935	8084314	9522563	54117
8002328	-747442	3892212	562579	1378648	11304308	10954604	108635
22646	313391	153918	26916	86693	310719	391041	6297
19341	204197	74835	3904	40861	192617	223435	4070
4498	295017	97956	23016	37809	1353341	1260939	3161
19304	668189	617636	64051	240656	658565	771572	24060
15616	1285322	150626	17191	169910	560056	543937	5890
585835	1289029	513190	56495	917036	2103606	3180786	21433
218	98204	23018	1084	25395	119959	149291	1646
8630	1374641	207857	26958	55044	849115	824791	7648
6448	511921	71754	8275	101051	297913	380292	2833
890	168067	59469	22483	59629	46056	97184	2243
200	32822	18881	168	361	3338	2461	1249
61133	98087	54788	1809	59152	195589	253256	2460
33298	864942	833984	88134	215835	872621	966375	25451
3607	55444	31543	4040	14212	89990	95043	1136
20576	336403	704007	72450	59028	271060	235898	19140
	18044	4198	472	2597	13225	15822	265
	33558	4117	3420	3879	10003	13882	182
4241	242598	35853	2701	62111	121337	169536	2004
1437	11193	6336	300	2458	14341	16728	306
3437	99699	20827	3065	54789	210413	265160	837
	1913	1314		968			19
	3910	980	294	1110	2442	3552	35
	37995	9136	1279	11305	129877	139975	374
	3469	5105	48	626	8357	6142	403
	20716	10568	65	2752	1576	4637	750
1968780	8107543	7247618	1167493	2616634	9056429	8928331	280086
283675	3088862	1449159	180868	771861	2590582	3175822	43540
1453137	3149635	4878460	874214	1250703	4268524	3298781	196260
2829	79644	68827	11995	11740	82113	53226	2485
8373	217525	92171	12072	7990	225150	121330	4739
	9910	11783	6438	1820	9423	9074	372
6942	59492	170672	18788	21629	49761	41779	6817
11546	678246	103346	7281	119498	511430	550506	4418
132168	529448	334544	43757	304844	1088328	1355846	14686
	94965	23237	2267	27972	99082	125125	1412
1580	86818	43164	2425	20505	58627	58350	1700
12470	-12291	8493	397		29262	22160	1051
50011	14599	40820	5112	31215	21657	48027	1804
4834	103154	17237	1787	46573	21037	67767	459
1215	7536	5705	92	284	1453	538	343
290004	682277	591285	33859	259771	599869	821753	10924
	535738	387976	1149	61443	118607	176794	5601
278288	67039	131408	17245	180093	397482	553855	2500
1042	51626	60486	12907	9078	71601	75373	2308
3681	-2020	1501	10	1238	1075	2310	40
	260	588	28	210	1098	1308	24
	36007	7919	2490	7309	8376	10175	328
604	16	440	30	400	1172	1572	65
6389	-6389	967			458	366	58

1-B-2 续表 68

分　组	补贴收入	营业外收入	营业外支出	利润总额	应交所得税
总计中：国有控股企业	**3921755**	**9183576**	**8715618**	**-6039915**	**6914478**
沈阳市	508344	511028	2036257	5346193	1120507
大连市	2534943	3665908	1257520	-14459696	1646984
鞍山市	32904	385206	863397	8761843	2625137
抚顺市	207084	948684	579725	-10560612	64713
本溪市	8125	140497	1049934	1621464	376391
丹东市	2100	4523	179159	-132726	10481
锦州市	88434	297598	144276	-2069509	87587
营口市	5627	44308	75234	-2078012	245955
阜新市	99726	19867	378540	-161350	84481
辽阳市	11837	1437579	1362334	1766305	97976
盘锦市	42678	878474	442013	9832486	106477
铁岭市	68488	78984	49447	674119	238411
朝阳市	55383	44679	50521	698560	335074
葫芦岛市	256082	654293	234020	-5174576	-149655
总计中：轻工业	**1034576**	**2817833**	**5978242**	**18688462**	**3017652**
沈阳市	318061	655545	2030482	8335390	1357703
大连市	262875	446856	851290	5187817	862119
鞍山市	216100	242994	1031194	758981	83783
抚顺市	16874	655138	94951	-1491368	41233
本溪市	17352	7650	9914	118235	12763
丹东市	4024	16059	43809	405360	103890
锦州市	26181	44985	361770	1149205	98824
营口市	6602	301921	819792	994952	180921
阜新市	21356	8407	7739	307109	28151
辽阳市	16418	355508	148548	1246551	56680
盘锦市	34264	37988	22096	181345	29805
铁岭市	52257	13003	513054	1410697	149487
朝阳市	27328	6063	38041	154542	8090
葫芦岛市	14884	25716	5562	-70354	4203
重工业	**5172590**	**10859600**	**23188324**	**59470028**	**17108457**
沈阳市	847002	1103558	8434831	19110292	3227282
大连市	2652693	4217175	1824916	-5873413	2933402
鞍山市	324871	750842	2819541	15517371	3712902
抚顺市	242102	455676	678440	-6296443	531153
本溪市	105480	171276	1285133	4321214	854849
丹东市	23195	29926	467366	1798007	257796
锦州市	117801	384374	766628	2360880	443260
营口市	63316	687637	1966422	2165696	1002862
阜新市	132493	42008	392899	347131	185440
辽阳市	61904	1140064	1401173	13349940	1880132
盘锦市	48185	914390	478455	11212892	355863
铁岭市	155172	100057	1790509	2064837	621696
朝阳市	113159	99688	515536	3947915	1006831
葫芦岛市	285217	690981	353234	-4451887	71030
总计中：大型企业	**1521148**	**8671393**	**7258450**	**5050403**	**7365350**
沈阳市	632716	629850	1872000	3679934	1008311
大连市	283790	3507513	902452	-6494311	1497487
鞍山市	20076	371784	1149686	10161135	3020667

单位：千元

亏损企业亏损总额	利税总额	本年应付工资总额	本年应付福利费总额	本年应交增值税	本年进项税额	本年销项税额	全部从业人员年平均人数（人）
48603432	**38168706**	**47192660**	**5680603**	**29885768**	**132403383**	**143223950**	**1160303**
647149	12409193	8637835	1007786	4165634	12389827	16463350	226612
23487330	-8809003	6889748	1347659	3185093	34744979	33502594	167670
144574	17476824	5446535	448853	7047823	16755512	23714441	127695
11188681	-7785979	2989777	292085	1245865	11519708	11794293	83838
21645	4622876	4176292	1374062	2701726	13977140	13788872	77656
287214	50705	362519	31285	172210	399982	533263	18052
2783259	-616133	771938	65597	460205	6016630	6202410	25708
2694115	-515719	695819	64463	579670	2701415	2624636	16126
383255	738881	1341195	63443	770359	1181843	1940593	50606
390873	2639434	1691098	114150	368389	6679217	6159886	41776
378673	15037842	6772922	449712	4015982	8747184	13322746	152994
107876	1875322	1867885	64498	956965	691997	1613382	51073
239073	1559347	878174	34100	761462	2336074	2862839	26425
5745311	-3023357	2012753	143290	1083726	7409646	7778405	64651
4428711	**31864581**	**23542256**	**3159586**	**8232918**	**25949764**	**30844979**	**921286**
251998	12329661	6135609	1197443	2433865	8419061	10256727	211193
996922	7360288	8291065	868118	1678161	6980152	7127133	320842
186759	1267793	917710	165532	316979	986446	1247716	42582
1756279	-1122848	884090	90817	258619	962267	1127822	32080
17424	271491	577282	98951	98394	214263	292980	16737
158435	1034644	2065547	238202	492270	1055093	1303235	70679
238789	1905915	564768	42708	540497	1278771	1600279	39653
158266	3150896	1194108	129256	1082331	2509379	3474906	61268
35883	471174	211037	15334	109683	667917	730476	14986
329036	1713614	1033687	71980	379965	759277	952752	27600
37852	399095	227871	16591	83703	285631	334245	14812
90123	2747656	1053932	200700	593267	1344523	1839054	39859
36994	295599	214589	8873	85841	275185	330580	15569
133951	39603	170961	15081	79343	211799	227074	13426
52742917	**139250708**	**84764555**	**11151379**	**58242822**	**217646681**	**249413710**	**2740965**
1963306	31779969	17752283	1929331	8293093	33483395	40701144	554831
25279509	4768104	17646452	2687923	7600987	52222220	52080666	575869
429429	27545295	8790674	1196006	9692586	23847796	33205122	260687
9674276	-2004599	3590807	345788	2427280	15301136	16555022	128515
123896	8689502	5130413	1764344	3694957	15647139	16296809	134486
279934	3615745	2607022	257314	1565165	2860113	3768461	108558
2764324	6003883	1925089	180516	2240010	9824590	10919316	84811
3399715	6922301	2720448	257873	4265924	12417930	16135838	110544
469007	1643664	1832845	118392	1088827	2487879	3605086	85017
164752	16553339	3030619	505214	1804558	12437236	13384711	99292
454559	17888539	7620811	615190	5037567	11689487	16990898	192502
896339	7654219	4218635	806370	3676309	4656189	8114476	142504
638351	6875348	2321661	102092	2504432	4586547	6622858	110151
6101116	-1193074	2918626	205406	1980468	9332795	10111063	123777
37733311	**44332446**	**43749773**	**5454589**	**27164003**	**120935231**	**129932164**	**1067601**
846361	9085524	7841725	848229	3286276	10759273	14060577	184374
14558333	-2361680	6907132	1493877	2150071	27751148	25385701	205167
	19559973	5802435	597582	7659844	17466151	25140886	136757

1-B-2 续表 69

分组	补贴收入	营业外收入	营业外支出	利润总额	应交所得税
抚顺市	160349	832121	594944	-10383957	40578
本溪市	49667	75639	65004	1185490	366043
丹东市		2190	173298	109850	10481
锦州市		218684	31383	-1941925	121917
营口市		4053	10585	-2168089	84874
阜新市	94410	6400	369960	125770	64510
辽阳市	12980	1399346	1376196	4912318	695336
盘锦市		875597	439609	9864873	99912
铁岭市	28050	43058	34796	639177	229800
朝阳市		15958	45077	398898	278788
葫芦岛市	239110	617252	180219	-4934356	-177313
中型企业	**3071882**	**2127045**	**6776943**	**19742908**	**5207650**
沈阳市	143673	335061	1040143	7067673	1360733
大连市	2270608	477001	1128403	-1968389	1035006
鞍山市	56848	109778	261352	1933405	232833
抚顺市	71959	172890	59345	1420886	286528
本溪市	48771	84985	1066744	1483355	257551
丹东市	17178	28861	272975	824603	130971
锦州市	89769	156400	451392	1436479	184881
营口市	17974	423541	1198534	1446874	487563
阜新市	51989	34302	14473	99412	94379
辽阳市	29879	85181	47889	4231185	457679
盘锦市	49661	40578	27753	179591	35997
铁岭市	137640	52397	783103	-340632	94137
朝阳市	84098	46261	316893	1761519	429118
葫芦岛市	1835	79809	107944	166947	120274
小型企业	**1614136**	**2878995**	**15131173**	**53365179**	**7553109**
沈阳市	388674	794192	7553170	16698075	2215941
大连市	361170	679517	645351	7777104	1263028
鞍山市	464047	512274	2439697	4181812	543185
抚顺市	26668	105803	119102	1175260	245280
本溪市	24394	18302	163299	1770604	244018
丹东市	10041	14934	64902	1268914	220234
锦州市	54213	54275	645623	4015531	235286
营口市	51944	561964	1577095	3881863	611346
阜新市	7450	9713	16205	429058	54702
辽阳市	35463	11045	125636	5452988	783797
盘锦市	32788	36203	33189	1349773	249759
铁岭市	41739	17605	1485664	3176989	447246
朝阳市	56389	43532	191607	1942040	307015
葫芦岛市	59156	19636	70633	245168	132272
按行业大类分					
煤炭开采和洗选业	308613	489661	646418	2444541	730250
沈阳市	28820	259604	44511	572621	237488
抚顺市	155730	172931	180863	219430	45268
本溪市		77	712	87537	11484
丹东市				19191	2971
锦州市		50		71607	2969
阜新市	94410	8444	375024	198649	81683
辽阳市	700			189318	34484
铁岭市	28050	42850	35043	770536	238319
朝阳市	903	4627	5037	287282	70353
葫芦岛市		1078	5228	28370	5231

单位：千元

亏损企业亏损总额	利税总额	本年应付工资总额	本年应付福利费总额	本年应交增值税	本年进项税额	本年销项税额	全部从业人员年平均人数（人）
10933517	-7426496	2585583	277369	1336226	12125239	12472601	66238
	4096679	3513702	1217516	2627599	12408284	12371493	68166
	304306	99646	4380	158456	349685	388858	5323
2575404	-367232	503265	58939	524786	5660268	6014378	14014
2603802	-1767909	490078	41048	388276	1625899	1495714	13013
	737080	1131580	42730	511340	761830	1269700	43284
315555	5747741	1624990	84865	300619	7788220	7378240	37949
313466	14641809	6663284	445450	3686738	7980879	12249560	148047
91383	1736699	1689173	45836	882120	585335	1465265	44051
152757	998765	593068	6834	520786	1880184	2295824	18421
5238329	-3161286	1645942	110314	760207	6940607	7021127	53376
14252410	**39788745**	**24467480**	**3202568**	**14622861**	**47252243**	**56845240**	**866236**
423568	11766036	5264309	663952	2941674	8513843	11018000	149989
9664995	1994836	7871491	967461	3172975	15954422	16583472	251726
215272	2846365	1415494	308088	708071	2122502	2668778	48671
274932	2137585	936013	76513	614747	1913508	2340806	38967
91872	2154107	1177557	297437	480536	2205644	2550907	35416
325545	1626059	1559880	161217	663060	1264561	1724316	55355
311643	2177959	825219	55534	638060	1802152	2065878	39536
741180	4567486	1349673	136985	2014145	5357056	7232015	52725
413740	619324	454326	41047	425196	1738512	2173396	24435
65539	5008148	824878	180486	595933	2371109	2716087	30559
60212	895428	349578	84434	479467	868233	1150515	17239
818630	530391	773901	127660	599554	963749	1456140	31468
292814	2670567	855962	42497	761969	1307638	1860204	45985
552468	794454	809199	59257	527474	869314	1304726	44165
5185907	**86994098**	**40089558**	**5653808**	**24688876**	**75408971**	**93481285**	**1728414**
945375	23258070	10781858	1614593	4499008	22629340	25879294	431661
2053103	12495236	11158894	1094703	3956102	15496802	17238626	439818
400916	6406750	2490455	455868	1641650	5245589	6643174	117841
222106	2161464	953301	82723	734926	2224656	2869437	55390
49448	2710207	1016436	348342	685216	1247474	1667389	47641
112824	2720024	3013043	329919	1235919	2300960	2958522	118559
116066	6099071	1161373	108751	1617661	3640941	4439339	70914
212999	7273620	2074805	209096	2945834	7944354	10883015	106074
91150	758434	457976	49949	261974	655454	892466	32284
112694	7511064	1614438	311843	1287971	3037184	4243136	58384
118733	2750397	835820	101897	955065	3126006	3925068	42028
76449	8134785	2809493	833574	2787902	4451628	7032125	106844
229774	3501615	1087220	61634	1307518	1673910	2797410	61314
444270	1213361	634446	50916	772130	1734673	2012284	39662
37999	5759398	5426279	363400	2741053	3569101	6146754	186096
13054	1168817	793975	110120	513593	1395025	1893863	25228
7343	819269	1072202	60125	528200	614442	1113746	29204
3982	160160	98634	23469	47526	73227	101607	3730
	88290	59994	3785	56173	16022	69867	3216
	156746	34344	323	72262	22241	26644	2721
1571	942902	1346882	67992	608209	953317	1534884	58918
	209696	95604	26204	13641	30008	43649	1966
	1742051	1630805	63894	767677	385341	1149977	44586
300	378526	151482	178	77504	39950	118357	8082
11749	92941	142357	7310	56268	39528	94160	8445

1-B-2 续表 70

分　组	补贴收入	营业外收入	营业外支出	利润总额	应交所得税
石油和天然气开采业		801064	431970	9800202	81876
阜新市				3	
盘锦市		801064	431970	9800199	81876
黑色金属矿采选业	33092	73608	419045	9241765	1777261
沈阳市				18329	6170
大连市				588	
鞍山市	13446	2243	94915	1025795	165432
抚顺市	1225	50887	10679	1138019	209818
本溪市	1569	1391	143870	1439206	257999
丹东市			163	150984	27577
锦州市			12182	17398	3574
营口市		1327	1784	131845	9677
阜新市		6	859	156023	23724
辽阳市	1770	7563	53213	2584917	486856
铁岭市				40579	4818
朝阳市	15082	10191	99160	2307432	537429
葫芦岛市			2220	230650	44187
有色金属矿采选业	9432	59320	322479	1944890	371414
沈阳市				730	146
大连市				3008	523
鞍山市	1299	1196	22850	46528	8786
抚顺市		22982	151113	210066	33572
本溪市	3582	608	2351	348798	91215
丹东市		189	22911	339602	28239
营口市	4551	28654	58867	311130	66045
辽阳市				4250	561
铁岭市				6447	765
朝阳市		2075	11351	230541	29782
葫芦岛市		3616	53036	443790	111780
非金属矿采选业	12458	55769	63504	981775	160445
沈阳市	210	200	293	264511	54521
大连市		202	241	62255	9264
鞍山市	45	1389	23458	62278	5691
抚顺市		180	1808	5001	431
本溪市		22	1850	14874	1797
丹东市	11591	453	14662	90501	6623
锦州市		52653	1018	174543	33181
营口市			1038	70535	14143
阜新市			76	966	20
辽阳市	480	58	4895	43145	7434
铁岭市		92	11213	49497	10625
朝阳市	132	405	2172	92650	5348
葫芦岛市		115	780	51019	11367
其他采矿业		410	1	-3126	123
大连市		410	1	-3742	
本溪市				616	123
农副食品加工业	380699	330159	2818145	7743857	668158
沈阳市	19689	15206	828701	2049247	172134
大连市	62927	121173	542199	1168740	141838

单位：千元

亏损企业亏损总额	利税总额	本年应付工资总额	本年应付福利费总额	本年应交增值税	本年进项税额	本年销项税额	全部从业人员年平均人数（人）
56262	13963543	6247206	396443	3437525	4977288	9066159	135341
	273	992	139	130	1279	1409	27
56262	13963270	6246214	396304	3437395	4976009	9064750	135314
137079	13630721	2611773	348737	3318659	2440531	5414861	98175
	31275	4303	1129	9135	9260	17718	241
	622	360					49
18332	1348309	136723	29397	231111	143875	386542	5607
2042	1615368	99590	10092	338995	173805	523567	5638
13337	2358164	838335	112594	667770	650248	1108658	23234
1256	295118	186811	14008	111572	86772	151734	7855
	30949	5031	194	7169	4959	10548	418
690	186419	52545	3290	42905	100533	142864	2293
1730	229717	40284	5293	51047	31624	79873	1374
3036	3416860	557382	115611	540276	607075	1144358	18711
	104529	34535	13224	51577	13028	64596	1513
88957	3686040	564849	35882	1191180	590796	1684205	27971
7699	327351	91025	8023	75922	28556	100198	3271
59182	2803285	952811	91712	740675	944998	1506214	42148
	1779	790		1019	7056	8075	65
	4801	11522	533	869	19331	19944	397
	83254	40143	12480	20009	23429	40636	1252
	269439	109932	12525	52651	136240	188891	4038
13	419810	70175	8472	64343	16204	77156	2090
	599826	227695	20385	228695	125175	197463	10339
7744	580968	185991	15699	242698	473048	707535	8360
	7152	3848	807	1434	7134	8568	233
	21973	8385	3753	11331	6196	17527	315
4471	255540	29925	49	21179	20716	34712	1922
46954	558743	264405	17009	96447	110469	205707	13137
8624	1697949	707344	96334	506708	325496	784260	33199
	355864	37412	1628	63874	1440	61423	2493
393	129200	101282	3745	50219	41567	76580	4100
2185	135905	43944	9555	49494	25031	83635	1833
	17225	35287	4620	8138	14483	22621	1822
1913	31163	33695	13255	12566	6574	13362	1297
	152518	172844	13675	35363	31497	56799	7166
	227152	50830	3243	25114	46757	55722	4231
620	132074	61954	4166	44214	50437	93004	3054
216	4669	6897	753	2814	4654	7398	453
	60486	29404	7815	11651	24106	35757	839
	217993	87357	29840	117776	33298	149898	3196
3242	169219	34279	2899	74101	44076	115222	1968
55	64481	12159	1140	11384	1576	12839	747
3742	-1601	7523	2835	93	841	625	482
3742	-3649	943	71	93	841	625	55
	2048	6580	2764				427
450378	10531539	5723303	579671	1789246	8365365	9394957	208655
9074	2431278	1303545	122346	248168	1945386	2236323	41739
221744	1664431	2084187	157409	368388	2538799	2511395	74965

1-B-2 续表 71

分组	补贴收入	营业外收入	营业外支出	利润总额	应交所得税
鞍山市	165203	94208	635757	338522	26536
抚顺市	1752	2745	5433	57540	12573
本溪市	1115	302	2217	25392	1455
丹东市	170	907	-32340	265047	61970
锦州市	9553	15804	301127	1011109	66135
营口市	1348	56492	136221	234660	48296
阜新市	17155	3762	1611	280996	24354
辽阳市	11176	290	6046	1255490	7262
盘锦市	2979	2557	1791	93964	14160
铁岭市	51958	10388	378962	855261	82547
朝阳市	22335	4290	7186	122513	5567
葫芦岛市	13339	2035	3234	-14624	3331
食品制造业	19317	112851	354100	1153686	201489
沈阳市	7524	1220	96348	632594	114977
大连市	3785	22461	71850	211809	35409
鞍山市	6568	79978	133953	38516	2895
抚顺市	163	431	3395	21252	10289
本溪市		89	775	848	279
丹东市		1766	2902	38408	4849
锦州市		27	80	65736	3027
营口市	582	3710	1190	59041	13145
阜新市	265	1247	1328	4914	593
辽阳市		44	6	20	265
盘锦市		1636	131	195	2133
铁岭市		198	42067	66962	12791
朝阳市	430	44	75	4478	419
葫芦岛市				8913	418
饮料制造业	10704	70233	115578	1733373	324722
沈阳市	741	26048	-3443	858843	182924
大连市	239	18764	6217	438438	88406
鞍山市	8375	17096	56873	57274	13325
抚顺市		425	834	40267	5057
本溪市	693	1252	785	12682	1699
丹东市		521	50468	11263	5018
锦州市		222	1293	101071	7720
营口市		1065	386	10172	1442
阜新市	353	507	521	5823	112
辽阳市		79	805	20804	5142
盘锦市		3691	173	14157	5323
铁岭市	153	375	429	187387	7421
朝阳市	150	7	13	9255	1078
葫芦岛市		181	224	-34063	55
烟草制品业	400	12371	7981	447257	110657
沈阳市	300	1459	3328	198822	52565
丹东市				-5636	
营口市	100	10912	4653	254071	58092
纺织业	33125	89118	227963	666093	94886
沈阳市	2452	6097	36315	105178	11458
大连市	4437	54709	43658	220602	41423
鞍山市	4707	11281	91388	84823	8764
抚顺市	395	558	746	8552	1422

单位：千元

亏损企业亏损总额	利税总额	本年应付工资总额	本年应付福利费总额	本年应交增值税	本年进项税额	本年销项税额	全部从业人员年平均人数（人）
50622	467467	204140	36560	66230	314528	377280	10472
10362	84105	44650	1669	13927	75126	78256	2961
568	29387	28662	11426	3528	28791	24452	1256
6378	499079	911039	116117	169695	277235	348121	20379
5413	1454774	156763	12360	317848	806310	999028	11502
3746	378985	74553	5854	135065	670888	805230	3442
3113	333547	91816	5698	46555	463812	504589	5805
13345	1410464	94317	20153	138139	139108	275572	3288
18361	161281	83420	7516	32147	114692	128986	5529
51933	1433497	526490	72338	184198	701222	814201	18782
10137	162735	80954	4864	32468	176558	195223	5829
45582	20509	38767	5361	32890	112910	96301	2706
132131	1913814	1417543	164815	577631	1500119	1992285	52185
21172	946982	697567	68552	254638	759340	925755	18152
51219	360253	376417	36167	110783	297787	463815	14402
17297	63667	58314	12382	20744	67396	77906	2480
5260	46943	25002	1447	23092	43225	61475	1679
465	6079	21671	11916	4608	14379	14571	1157
960	67513	59423	7324	24653	49617	62701	2725
36	76334	13896	1200	6589	32679	37583	834
1068	100793	31733	2431	26977	54667	79579	2261
20912	17166	21429	1898	11970	73212	81877	1749
965	962	8743		942	4134	4577	255
7745	6174	15743	1025	2386	17026	15003	1415
4551	194587	71454	19936	79722	72500	148759	3734
481	6477	9147	120	1384	3840	4733	642
	19884	7004	417	9143	10317	13951	700
67704	3169980	892201	116067	697518	1438482	2175605	34621
14891	1320746	443463	58738	277859	702945	967495	12889
8294	724691	170726	23114	165399	332716	553279	5612
	151345	46328	6529	40308	43880	83236	2371
	91309	21739	1975	22710	23266	45683	1200
805	61209	22482	5379	18733	33874	55277	1488
521	69307	22625	2325	22822	22614	44606	1273
804	183280	30619	2280	31808	38923	65359	2101
	21380	6266	861	10337	22264	32273	418
641	59881	9797	892	13027	31287	43898	1039
	40326	11319	136	9391	6147	15538	559
1968	108968	16145	1053	15331	22602	37656	1087
1913	278555	56404	11046	48698	118527	166138	2424
751	64893	16680	815	14233	23075	36602	1315
37116	-5910	17608	924	6862	16362	28565	845
5636	2505884	170607	15901	477292	239869	708813	2512
	1057197	70640	8861	197449	105361	301709	869
5636	718	5280	120	5710			440
	1447969	94687	6920	274133	134508	407104	1203
252932	1439529	1756131	232924	593707	2028817	2299145	87611
15036	157366	207246	23671	30229	229894	255547	8111
86486	324411	508258	53923	87159	525948	498203	24203
71070	190535	261424	56306	69799	290916	341726	11242
2404	24470	36006	1512	12980	51607	56924	2499

1-B-2 续表 72

分　　组	补贴收入	营业外收入	营业外支出	利润总额	应交所得税
本溪市	10786	1	681	5219	428
丹东市	525	1749	93	32064	5611
锦州市	3586	699	9270	8190	615
营口市	2572	7322	26390	104756	7186
阜新市	1923	441	1080	6102	1209
辽阳市		4052	4094	56119	9136
盘锦市		146	12	-561	120
铁岭市			13726	53125	7209
朝阳市	1742	1380	459	-4944	305
葫芦岛市		683	51	-13132	
纺织服装、鞋、帽制造业	227453	573741	450676	1984655	310211
沈阳市	218931	433956	91230	778659	149277
大连市	5291	21099	40047	794000	105808
鞍山市	2793	3101	9854	21838	2093
抚顺市	6		128	-3382	219
本溪市		176	102	-3514	391
丹东市		137	263	26418	7671
锦州市	208	64	1	46023	4516
营口市	168	103753	306294	199795	31908
阜新市			60	308	329
辽阳市		8	1159	41926	4454
盘锦市	6	10591	944	49341	1493
铁岭市		56	7	27925	1749
朝阳市			35	2667	133
葫芦岛市	50	800	552	2651	170
皮革、毛皮、羽毛(绒)及其制品业	5379	16612	129105	189277	41242
沈阳市	4989	7303	-7676	155141	36460
大连市	40	224	277	-8901	827
鞍山市				4293	2
本溪市	350	71		926	
丹东市				250	20
锦州市				-498	
营口市		9014	126228	14386	745
辽阳市				19416	2924
盘锦市				502	
铁岭市			10276	1762	192
朝阳市				2000	72
木材加工及木、竹、藤、棕、草制品业	25202	37991	405127	1183998	147228
沈阳市	901	620	269281	633328	84853
大连市	7777	11292	11463	169039	13784
鞍山市	5599	9937	28351	27416	1529
抚顺市	2877	203	25061	96265	14829
本溪市	6124	2295	1087	1158	1099
丹东市		3093	668	1533	1493
锦州市		829	4582	72426	17724
营口市		6326	58936	11055	1379
阜新市	1660	2430	648	29755	787
辽阳市				849	174
盘锦市				1102	136
铁岭市			5000	108772	9231
朝阳市	264		2	36503	35
葫芦岛市		966	48	-5203	175

单位：千元

亏损企业亏损总额	利税总额	本年应付工资总额	本年应付福利费总额	本年应交增值税	本年进项税额	本年销项税额	全部从业人员年平均人数（人）
366	13342	26983	8665	7457	25649	34076	2636
5140	94900	117397	15752	53257	107522	145057	6107
19680	42906	80379	6271	29715	95307	75585	4191
30580	355753	261034	30192	204758	473878	593423	14027
	19254	25706	2059	10007	69472	64874	2465
	70658	35093	5413	8236	18051	24195	1717
2086	1197	20832	1031	776	9018	4777	1143
781	132992	97296	23047	52164	69403	116584	2821
6171	10902	56980	410	14585	39793	53510	4316
13132	843	21497	4672	12585	22359	34664	2133
179893	2943477	4239311	908180	648957	1981482	2107707	168051
11298	1157797	336921	527689	172177	477936	537161	14933
101447	1016850	2685839	243697	193932	644116	513359	95387
21811	39910	93987	8896	13014	53708	50042	5511
5317	96	22947	1416	1445	14084	9331	2029
3514	-1480	15279	1567	1601	2147	2180	642
15151	69147	462794	51516	41101	84040	107058	13966
1567	62151	32644	2821	11896	32300	41119	2794
10623	382954	377197	39898	166655	525708	683574	20336
818	10406	13932	2354	8248	6686	7042	1108
5463	66604	71554	13930	18077	40038	49599	2940
	60483	25778	1621	4419	34593	38631	1108
	61513	40067	9920	6321	32784	38855	2228
	3572	8417	193	547	911	1458	589
2884	13474	51955	2662	9524	32431	28298	4480
26397	294067	404951	49444	76836	240737	283619	24291
2049	177418	271232	38064	11158	102611	106580	16957
21787	1410	71759	3106	9770	62466	53173	3769
	6538	1809	148	1915	851	931	124
	926	2300	1425				215
567	3518	5289	618	1958	3349	2637	340
498	-498	913	127		4885	4885	39
1496	65273	39339	3387	46231	64977	109317	2221
	25484	6663	1684	4498	1598	6096	195
	757	910	100				91
	10169	4348	785	1234			287
	3072	389		72			53
133462	1703562	950246	99220	395457	1717908	1852964	49073
1073	776782	276128	32885	87902	858796	934799	12426
97534	296115	300452	16817	102841	381586	299250	15644
1754	34913	14465	1119	4781	15930	21882	1042
3986	112337	68389	9035	12120	97644	106729	5138
10674	12616	28508	7588	9831	24015	33732	1288
7766	17060	60399	5329	13244	30121	38763	2239
337	128454	32041	3478	45934	27905	35233	3186
12	51323	12964	720	36370	102596	138853	733
3159	35744	10372	1518	5496	8776	6293	1096
669	5281	1873	356	2999	1407	4406	114
	1616	1414	219	251	1778	1999	76
	192217	113641	17825	67238	154670	217949	3358
177	42000	19192	1557	4742	2940	4418	2012
6321	-2896	10408	774	1708	9744	8658	721

1-B-2 续表 73

分　组	补贴收入	营业外收入	营业外支出	利润总额	应交所得税
家具制造业	3967	67382	159968	897160	182562
沈阳市	1486	48882	101063	498451	116653
大连市	2481	13671	36132	273841	51079
鞍山市		41	9033	28917	2934
抚顺市		210		5023	395
本溪市		9	272	2011	159
丹东市		4384	2460	38207	2093
锦州市				1560	
营口市			28	-268	170
辽阳市		140	320	21490	4721
盘锦市		20		3080	869
铁岭市		25	10660	24848	3489
造纸及纸制品业	28539	23095	140597	568437	81549
沈阳市	10270	4932	14080	283396	29904
大连市	12184	1559	1145	213113	30498
鞍山市	3952	6426	39503	16549	1267
抚顺市	233	3472	4814	10507	1160
本溪市				3021	20
丹东市	10	17	1727	28870	5354
锦州市	23	4293	29964	-71406	2391
营口市		116	9204	3141	2703
阜新市				3718	756
辽阳市	1867	82	6252	15698	1198
盘锦市		40	98	-682	
铁岭市		1959	5307	34973	6066
朝阳市		199	28255	28171	232
葫芦岛市			248	-632	
印刷业和记录媒介的复制	46649	11581	102781	322706	54094
沈阳市	2746	2794	94850	212494	25918
大连市	42531	8608	2932	89295	25217
鞍山市	17		2	-3545	130
抚顺市			12	1174	67
本溪市	1355	3		2154	
丹东市		12	160	1588	
锦州市		1	461	-483	191
营口市		163	91	-3495	43
盘锦市				-1277	11
铁岭市			4273	25087	2517
朝阳市				-90	
葫芦岛市				-196	
文教体育用品制造业	80	25252	116583	41064	4775
沈阳市			72315	37046	1885
大连市		691	682	15170	1611
鞍山市	50	2	10	1551	64
丹东市			51	3817	804
锦州市				1713	
营口市	30	23072	43053	-21665	143
盘锦市		1487	472	287	106
铁岭市				3145	162

单位：千元

亏损企业亏损总额	利税总额	本年应付工资总额	本年应付福利费总额	本年应交增值税	本年进项税额	本年销项税额	全部从业人员年平均人数（人）
84452	1262980	875661	92428	225670	1476459	1528799	38755
4041	625452	275176	19636	89731	717234	751674	11453
71939	382948	456059	51008	44949	547986	512984	20326
432	49894	22815	7432	16956	15897	40444	886
150	8633	3227	544	1533	2271	3804	400
67	3113	14351	2668	969	12156	13607	739
	65946	53639	3814	25664	103980	100102	2602
	4620	610		2900	1665	4565	65
1217	2405	9424	880	2460	10874	13334	505
268	25969	22333	721	3425	21394	11312	947
	3687	2495	220	98	18074	16996	125
6338	90313	15532	5505	36985	24928	59977	707
167872	986945	725058	76751	323800	1061631	1294520	38015
5641	386712	183574	24597	73185	331345	397950	7476
17879	304003	157047	19184	79865	341853	395210	7728
1110	29156	28392	3908	10308	30755	43232	1429
	18152	41477	416	7001	10486	12132	1329
	4385	3026	1614	914	605	1519	155
10167	72127	110253	10085	37081	79492	93843	4896
101293	-22256	62653	4448	41477	80086	114716	6871
12275	16962	24721	2631	10993	37315	45761	2207
	4980	2872	301	1068	5434	6487	235
260	30164	27201	1861	12694	47120	47317	1206
1268	1641	5293	60	2126	8665	10791	772
16088	98883	68462	7352	34311	81124	115441	2844
1259	42657	8743	294	12777	7351	10121	707
632	-621	1344					160
76717	583875	474296	96329	199412	659684	816732	16891
20619	308027	245623	15874	76998	369962	433789	7598
37673	195484	172994	67312	95526	210757	285011	6755
9473	-975	6476	1489	2381	6510	7488	287
32	2096	1198	86	829	970	440	97
	3987	8054	6737	1812	769	1234	305
	5337	3269	7	3541	1372	3085	313
3264	6041	7343	272	6211	11605	17742	463
3755	73	2847	310	3312	9745	11553	174
1615	-789	1166	158	418	2754	3172	103
	64239	23325	2885	7804	43929	51328	612
90	235	1086	1166	295	597	892	80
196	120	915	33	285	714	998	104
42842	87224	147387	15704	32569	171822	132197	7981
101	49754	28984	1787	5095	22647	24034	1537
6458	23281	67496	8221	6793	68393	12499	3308
538	3296	2261	453	1729	3219	4199	88
	6231	10673	1044	1655	6382	5809	516
	1996	2323	12	196	889	977	252
35745	-4984	30266	4046	15817	58281	71384	1920
	1053	2328	52	300	686	986	79
	6597	3056	89	984	11325	12309	281

1-B-2 续表 74

分　组	补贴收入	营业外收入	营业外支出	利润总额	应交所得税
石油加工、炼焦及核燃料加工业	1737426	2901620	494995	-33680245	468972
沈阳市	4200	1598	54040	634504	96585
大连市	1702062	2566976	54625	-21130232	83007
鞍山市	22542	14868	164485	178313	9215
抚顺市	92	1936	154006	-9199028	22198
本溪市	39	32	16039	25038	2101
丹东市		1	1504	142706	397
锦州市	3160	213155	23107	-2474869	12733
营口市	3172	438	2608	328683	122067
辽阳市				18838	2902
盘锦市	2159	81102	16097	685906	113928
铁岭市				11662	1079
朝阳市		2470	34	20878	1888
葫芦岛市		19044	8450	-2922644	872
化学原料及化学制品制造业	95863	1488620	1963342	5399910	704872
沈阳市	3178	14497	139941	768941	121099
大连市	45063	193458	77196	594823	80629
鞍山市	14559	26979	168791	229921	34368
抚顺市	127	23730	38789	78990	22775
本溪市		15173	1714	94697	10946
丹东市	3881	1360	2545	72701	14807
锦州市	4319	11469	35027	423930	71281
营口市	1024	29638	48415	601076	78071
阜新市	293	204	4824	-489	2688
辽阳市	4697	1051714	1218140	2375754	102396
盘锦市	5922	23680	15070	45232	36758
铁岭市	1250	2800	77259	256421	30425
朝阳市	10190	1206	3551	125118	6267
葫芦岛市	1360	92712	132080	-267205	92362
医药制造业	25040	86219	439443	2041907	394135
沈阳市	5380	12535	364927	1267660	282688
大连市	12688	42004	11623	512097	66464
鞍山市	1464	2521	19794	7888	274
抚顺市		480	2513	26277	780
本溪市	2728	4307	2262	66994	7213
丹东市	2142	1719	2384	14143	2596
锦州市	475	2769	2260	46965	9864
营口市			3	20053	424
阜新市			2333	3343	773
辽阳市		3265	2027	44483	7983
盘锦市	17	16533	17682	8910	2974
铁岭市	146		10390	47221	11767
朝阳市		55	1158	-11060	132
葫芦岛市		31	87	-13067	203
化学纤维制造业	3445	976210	207445	-1932921	6740
沈阳市		121	137	8474	219
大连市	1250	811	20276	34228	626
鞍山市	2195	2130	960	9187	427
抚顺市		627042	61762	-1659457	2638
丹东市		134	3020	-82538	58
锦州市				112	2
营口市		697	104	21071	508

单位：千元

亏损企业亏损总额	利税总额	本年应付工资总额	本年应付福利费总额	本年应交增值税	本年进项税额	本年销项税额	全部从业人员年平均人数（人）
36479384	-24523237	2689231	299303	2937497	43684871	43744577	61812
62	966380	290376	35614	219557	500247	719915	7224
21291676	-18631554	709705	50650	431487	18685403	17214359	11793
20	233063	42912	5930	42924	75335	105294	2165
9290769	-7770421	558121	88995	74964	8744188	8016759	11758
511	47903	13966	5305	20981	73682	94930	698
35327	205400	12897	230	61213	93973	154256	913
2637421	-1166301	370629	43132	358677	5167049	5349242	7483
245198	706933	54359	10397	314910	1137639	1451945	2121
264	29137	8543	968	8406	119759	127162	331
45932	2373866	325172	29941	982488	4616176	5633645	10673
	64903	9783	3662	52780	16026	68806	369
	37876	16989	109	15184	26057	40784	646
2932204	-1620422	275779	24370	353926	4429337	4767480	5638
1319031	8512892	4184197	541213	2099535	13526507	14216626	164118
49661	1132725	597400	70008	256390	1256551	1463863	21134
164005	1008644	806064	90098	338133	1164028	1284252	30215
9341	354758	133883	24105	105985	331551	435181	5889
33530	179515	112400	8837	84764	474806	536130	6908
14485	169185	93008	28423	56835	113350	176386	5251
6262	150868	168252	14062	72380	239811	219275	6759
97992	580947	174470	14848	139542	529897	621886	8218
5622	922325	149514	18861	290757	718798	987000	7319
26300	11222	24390	2261	10722	42709	49534	1817
35490	3064471	1015787	103257	210772	6647443	6286913	26816
297315	318789	426664	76929	209829	986696	917862	18537
416	607928	212583	53702	190642	353527	482779	6842
2759	153063	24055	1452	24293	87811	110275	1523
575853	-141548	245727	34370	108491	579529	645290	16890
127967	3093179	1362364	195930	908353	1079558	1841109	44115
28007	1892217	881891	116600	562591	608976	1114651	22099
49658	649998	187643	37345	127388	132940	182029	7131
3322	18871	20584	2564	9642	19613	30419	942
4241	37039	15337	580	5248	52929	66211	1146
1074	131443	72893	13651	45114	51442	94477	3607
4159	42524	39382	4747	24719	45120	65635	2340
2190	85061	31754	3494	32791	44443	74017	1912
1643	27972	4932	539	7450	15946	23396	311
4992	11899	14736	1535	8188	11837	18527	819
156	56268	24361	1900	10605	15117	25722	642
	21819	13814	1464	9905	14517	22119	927
3531	136532	41334	11186	59745	45736	99002	1246
11712	-8095	6911	27	2742	14995	16587	528
13282	-10369	6792	298	2225	5947	8317	465
2049726	-1507554	1269272	96293	337123	1239186	1391827	29257
	9980	1275	89	1200	11276	12476	76
	47971	9874	552	13386	19143	32587	623
	13653	5062	393	3855	5009	9794	271
1670149	-1490498	499187	69552	123167	543923	628927	8700
82770	-64662	66385	2808	16105	159591	167708	5546
	2827	1401	80	505	1349	1854	65
4894	42898	16697	3021	20733	70922	91553	1256

1-B-2 续表 75

分组	补贴收入	营业外收入	营业外支出	利润总额	应交所得税
辽阳市		345222	120995	-270570	1971
盘锦市				-183	
铁岭市				6626	259
朝阳市		53	191	129	32
橡胶制品业	23742	24316	1053164	519934	138827
沈阳市	5699	7573	646046	289681	76459
大连市	3110	1924	36568	15203	2149
鞍山市	1300	1782	173276	25066	7069
抚顺市		294	186	-3551	262
本溪市	360	17	102	14618	1613
丹东市		14	2	10166	1754
锦州市	656	231	55077	27778	2140
营口市			188	11881	2587
阜新市	12245	12045	221	-1354	20
辽阳市		10	83	841	148
盘锦市	122	12		1945	536
铁岭市		204	140776	133589	43480
朝阳市	250	200	626	-398	555
葫芦岛市		10	13	-5531	55
塑料制品业	15045	179810	851278	2408796	326321
沈阳市	2299	9393	400419	639921	88832
大连市	5674	26221	78243	101861	28200
鞍山市	6189	11853	23198	111090	23909
抚顺市		2745	2942	13715	1747
本溪市		507	646	10843	1492
丹东市		375	3031	35965	9401
锦州市	176	2322	10311	191708	3561
营口市	242	124502	258409	238107	18948
阜新市		168	18	4773	367
辽阳市	465	974	3534	1148375	134156
盘锦市		80	1489	10841	3588
铁岭市			32988	97037	11649
朝阳市			137	1910	109
葫芦岛市		670	35913	-197350	362
非金属矿物制品业	313373	517138	1914328	8397882	1411075
沈阳市	4567	25693	480170	2482818	373106
大连市	15176	35660	21307	369470	95191
鞍山市	97816	98936	621640	1689780	381457
抚顺市	32393	39404	16862	157620	35380
本溪市	52675	26373	30527	272136	15441
丹东市	3993	1432	29	55932	8847
锦州市	21755	3046	35789	558530	37062
营口市	27031	236528	601108	1971027	342266
阜新市	6190	819	517	35974	2941
辽阳市	3549	3281	4239	516566	61799
盘锦市	4539	3548	1678	41371	12128
铁岭市	17673	1361	58497	213788	29370
朝阳市	18737	2515	15156	8399	8728
葫芦岛市	7279	38542	26809	24471	7359
黑色金属冶炼及压延加工业	71147	666523	2534853	14833833	4223892
沈阳市	2197	20848	35085	349472	36096

单位：千元

亏损企业亏损总额	利税总额	本年应付工资总额	本年应付福利费总额	本年应交增值税	本年进项税额	本年销项税额	全部从业人员年平均人数(人)
291730	-80267	667839	19648	154338	411655	429776	12655
183	19	196	27	109	620	729	13
	10173	1224	123	3502	14998	15500	38
	352	132		223	700	923	14
207332	1517214	1134521	223254	869882	1319147	2178185	38334
113768	576774	521254	71305	255374	509385	751806	14839
40129	92927	208313	25165	69806	265650	284162	6528
2642	238729	158678	58795	184721	103394	404761	4528
6633	-632	11610	3136	1741	10360	9033	1004
57	22798	13575	6786	7156	12292	19634	647
1688	16883	18482	1810	5519	17441	18599	1066
2337	49118	23998	1490	20560	78968	89210	1219
391	17558	5137	389	5104	15135	20031	396
1572	5231	11945	1684	5934	22881	28436	1125
120	2548	3250	385	1687	4150	5796	184
	4012	2312	264	1712	10087	12801	129
	470911	129512	51715	289418	159655	436375	4720
32448	22642	22016	76	19270	99390	88282	1715
5547	-2285	4439	254	1880	10359	9259	234
463043	3683633	1842714	234144	906255	4888349	5725937	90723
34303	1124443	730672	74510	317193	2002408	2239253	41714
192419	279197	541790	82356	165144	887510	936602	21750
15490	155303	51173	6415	31208	149442	179105	2849
2108	23044	16762	1261	8033	19812	30090	1441
	16838	7785	3060	4115	13279	17113	405
5126	64711	82757	8871	23474	46554	65798	3153
2303	259143	52508	3041	61383	191381	241449	2583
6014	490201	101200	9920	200048	601463	981364	4757
	8630	3926	1077	2908	11518	13767	381
1676	1173962	108440	16802	25137	663776	684810	3723
3086	39454	28200	4362	21007	59864	60228	1894
963	238036	83467	21530	42070	162992	200222	3276
1029	3139	2032	160	854	2851	3325	186
198526	-192468	32002	779	3681	75499	72811	2611
603655	13867007	5276102	829071	4464830	9467199	13362289	227916
64569	3267366	946058	71784	542916	994635	1371381	40722
225957	857495	647919	60691	420507	964362	1212337	28335
53211	2815286	1400502	387496	895169	1935506	2728628	48469
14680	255514	152602	13659	79708	282115	350158	8640
10197	411037	255431	58411	116997	271930	394963	11298
6326	147898	151770	14333	79879	141403	176255	7095
18393	795898	157488	14193	172372	309278	407342	9226
68691	3588434	771689	64721	1505411	3323639	4876445	33021
12377	71461	25735	2017	31999	111313	140937	2111
19259	728100	284434	56265	185048	394248	573835	10160
13937	107005	85454	8284	40596	172833	208951	4546
9791	631839	233150	68904	258634	249332	494475	12626
71693	89517	99300	2676	71082	163937	215867	6664
14574	100157	64570	5637	64512	152668	210715	5003
3296943	31851103	11757968	2044148	13678372	49124878	57570883	296954
166181	556894	311968	28019	165907	2305631	2455286	10700

1-B-2 续表 76

分　组	补贴收入	营业外收入	营业外支出	利润总额	应交所得税
大连市	4126	88624	20831	346845	47470
鞍山市	21146	384975	861597	10020624	2834198
抚顺市	1275	6196	49677	335659	29226
本溪市	3182	76230	1042233	1448149	411780
丹东市	523	4218	44751	52618	8949
锦州市	1318	8227	380564	1777869	129445
营口市	81	5082	21630	-2176615	180625
辽阳市	23838	56310	12088	2266856	270102
盘锦市				-138	
铁岭市		2	376	216992	39933
朝阳市	3841	11531	55278	226607	217329
葫芦岛市	9620	4280	10743	-31105	18739
有色金属冶炼及压延加工业	253168	525297	1828754	3422645	677261
沈阳市	5169	11289	713844	365514	111857
大连市	532	2668	1047	-12957	6379
鞍山市	9031	13879	139970	108529	14409
抚顺市	10	42931	18128	-60019	-2915
本溪市	1734	481	49	33111	5000
丹东市		501	40086	91730	9267
锦州市	50	900	116720	316284	22765
营口市	700	115453	480731	287254	52305
阜新市	48	4041	1752	44992	11943
辽阳市	12980	8663	14456	3549169	683009
盘锦市			31	1819	455
铁岭市	54167	131	4782	9119	49689
朝阳市	10212	4293	288459	198864	29731
葫芦岛市	158535	320067	8699	-1510764	-316633
金属制品业	176145	268765	2359563	3625055	508460
沈阳市	106833	29871	1090181	1485028	198778
大连市	16785	30219	18671	331128	78783
鞍山市	42666	36092	315638	569699	63005
抚顺市	582	1288	1313	13011	2816
本溪市	4394	150	1070	86538	10710
丹东市			-4505	31247	5880
锦州市	250	683	80960	437302	14896
营口市	977	167633	484596	228127	39786
阜新市		1592	103	78042	23790
辽阳市		176	2203	108684	11492
盘锦市	2563	794	4513	120785	21479
铁岭市	1041		363679	135802	36506
朝阳市	54	60	30	1666	324
葫芦岛市		207	1111	-2004	215
通用设备制造业	300237	420351	2264025	11944704	1872300
沈阳市	140446	54601	1755519	3320844	518301
大连市	104521	256298	173158	6132602	1008223
鞍山市	35864	41109	88416	487825	49300
抚顺市	3872	16571	14418	513497	66688
本溪市	1815	2653	3196	88432	9403
丹东市	57	2465	84890	263930	47269
锦州市	1282	4459	1569	135957	24676
营口市	499	8164	32484	254622	37261

单位：千元

亏损企业亏损总额	利税总额	本年应付工资总额	本年应付福利费总额	本年应交增值税	本年进项税额	本年销项税额	全部从业人员年平均人数（人）
19461	1094893	756232	99771	631648	3568094	3745743	28602
123499	18879786	5240665	386202	7177993	17728805	24782804	120978
5116	1275176	500186	58028	759131	3010758	3709380	17646
36209	4169058	3016615	1237040	2443377	13854051	13521637	58774
47	127706	111792	8596	69337	99725	138543	3672
19379	2680485	269242	25906	646342	1577445	1785045	11857
2617226	-1864823	458549	40487	282353	2429267	2068277	7702
10872	3202145	371970	82275	458260	1521066	1793770	14308
138	127	588	134	249	828	1078	14
545	437647	176120	61465	96830	467028	564000	3085
170291	784812	452094	11500	486996	1707309	2087847	14258
127979	507197	91947	4725	459949	854871	917473	5358
2168952	5969412	1921028	294986	1938547	8007054	9635088	73195
83857	768460	410421	67716	194148	1146575	1332244	12753
78545	7280	55240	6549	18676	509790	356734	1979
181	168407	35462	4691	34162	179460	195722	1795
85013	21209	145817	8409	69770	413879	477629	7327
207	56413	31206	11897	17957	53945	64879	1167
9214	160607	116262	14383	55972	191918	241947	3607
11332	473844	43280	6011	135588	356185	455559	2328
35284	762779	119807	12154	442598	917036	1336961	4462
22035	65549	29334	3044	18809	378208	468163	1513
20	3631090	81233	21714	76103	1325142	1399474	3154
	6247	3728	522	3371	4572	7943	246
158094	643765	275313	128183	477333	987542	1463418	4646
138064	331878	150745	8504	80889	388136	444860	8158
1547106	-1128116	423180	1209	313171	1154666	1389555	20060
261947	6052261	3517179	576741	1890157	6025095	7282763	131347
11880	2202562	1260548	159207	547899	1843007	2307438	37030
172895	689104	939940	101153	312161	1297338	1290783	36465
45704	863958	474570	86793	241498	997052	1185051	21871
1919	21162	19095	7057	6695	45232	47142	1382
1305	135518	90534	24677	39921	79016	116665	4381
126	66467	93106	18244	30775	58866	76928	3347
1524	484668	80058	5777	43029	358761	292961	3671
14668	613826	224427	22229	321564	650810	939333	11167
	93847	27048	2290	14661	127822	142352	1530
515	153745	35287	6614	29366	209442	236371	1388
2109	191567	72314	44322	52687	158913	213782	3611
341	520748	173072	92991	236971	145323	373212	3693
83	5315	4406	393	3201	14486	17178	317
8878	9774	22774	4994	9729	39027	43567	1494
579594	18282499	10298018	1437719	5168542	18909873	22483466	382617
158882	5057916	3267329	385124	1335018	4559735	5713282	96654
292565	8638927	4860632	706087	2263564	9832484	11084202	167468
41209	827063	408321	65193	272333	829292	992307	17706
16988	566129	168772	16665	36764	501360	333380	8629
1815	143194	101741	47555	37445	91289	124171	4776
5687	469882	349659	45771	191284	636292	799425	15210
8557	195541	115215	11216	55191	170860	214432	6660
2684	486979	196085	23601	203217	650293	856356	11519

1-B-2 续表 77

分　组	补贴收入	营业外收入	营业外支出	利润总额	应交所得税
阜新市	2354	3278	2309	113959	23417
辽阳市	931	8606	15353	144026	21215
盘锦市	1281	113	397	23786	4491
铁岭市	964	6105	86774	344324	50073
朝阳市	5935	15080	3475	107842	5865
葫芦岛市	416	849	2067	13058	6118
专用设备制造业	242826	439371	1662495	5963818	842175
沈阳市	199193	41620	1483993	1717268	235364
大连市	16248	314531	45438	2738463	350657
鞍山市	18417	28562	24525	342197	40236
抚顺市	100	36657	4066	163863	14207
本溪市		1661	99	8459	269
丹东市	497	1278	6696	55173	8214
锦州市	130	896	1572	26868	3843
营口市	1319	72	4035	46975	10080
阜新市	333	1637	1653	15214	2291
辽阳市	2485	796	27663	92528	16455
盘锦市	957	2635	4794	347815	57134
铁岭市	366	2939	34705	169055	22238
朝阳市	1996	5436	21253	217711	74063
葫芦岛市	785	651	2003	22229	7124
交通运输设备制造业	587114	1008413	1681819	7601419	1529414
沈阳市	254271	427310	505759	1999471	497253
大连市	209311	433134	687177	4394110	766754
鞍山市	6695	5966	27364	223693	53818
抚顺市	618	986	5687	982	581
本溪市	2326	1740	613	28332	1059
丹东市	86	1760	211540	153054	8516
锦州市	2415	21740	5265	279244	33125
营口市	1400	166	5825	74093	6535
阜新市	114	181	27	9414	7
辽阳市		484	517	45262	11164
盘锦市		283	99	76899	19002
铁岭市		229	203698	112641	23682
朝阳市	21725	8648	4396	-14493	7777
葫芦岛市	88153	105786	23852	218717	100141
电气机械及器材制造业	63829	239808	1248728	4946521	759420
沈阳市	17967	86041	911077	2256123	366468
大连市	20939	47873	68342	1328020	224697
鞍山市	3874	56267	7419	286838	22142
抚顺市	1539	5401	2769	188991	31905
本溪市	715	1	2015	8478	1192
丹东市	917	7904	20275	156188	24064
锦州市	6088	8563	10169	154002	17203
营口市	4669	19066	46852	162052	12822
阜新市	181	177	305	15078	2246
辽阳市	545		1059	282387	34224
盘锦市	359	26	352	7643	1140
铁岭市	5222	6577	177383	81983	19236
朝阳市	714		321	17628	988
葫芦岛市	100	1912	390	1110	1093

单位：千元

亏损企业亏损总额	利税总额	本年应付工资总额	本年应付福利费总额	本年应交增值税	本年进项税额	本年销项税额	全部从业人员年平均人数（人）
4803	175201	83727	4575	53149	298823	350636	5213
7382	252560	116618	16195	79122	236128	306387	5498
4392	55594	49443	7848	23627	62526	85151	2107
7771	1093391	373096	96311	456459	672697	1115609	29522
12873	275166	142192	7168	133013	294233	412943	7721
13986	44956	65188	4410	28356	73861	95185	3934
275381	8389538	4323434	1022086	1909364	10361938	11410890	148082
97237	2372358	1765892	240503	516862	2216735	2621239	54177
66473	3416851	1222090	612708	602123	5858524	5756901	37253
51980	532276	197589	30737	157667	411439	596721	8821
1040	241616	113505	8301	66807	255980	309043	4485
544	33007	120238	35998	21234	37985	88166	3305
11251	137073	137497	16096	72669	118562	172178	5965
4535	49403	35527	2689	18757	79328	92160	2570
7227	102183	50985	6590	45989	127404	169252	2630
3289	30719	21413	1361	14122	35965	49915	1704
2524	114337	70209	6483	19952	124078	133811	2867
1249	551949	231840	29622	167468	351245	491222	8185
6996	434910	167581	24729	88978	297852	383449	6426
6361	300751	106018	3587	73139	301977	369515	6130
14675	72105	83050	2682	43597	144864	177318	3564
1554354	13136976	9020804	833037	2926706	16479029	16524381	257444
889242	5661232	3461873	311198	1416634	8112328	9474053	93855
545620	5341355	3967797	353126	837544	5307394	4319606	96770
3970	275121	56727	12645	42418	241043	277318	2853
4618	6479	9327	602	4870	16910	19648	649
5486	57791	77092	25918	24730	185983	201624	3982
3154	400517	166534	5902	202050	152021	196321	9032
17814	356755	78140	7992	75822	331847	369646	4344
12494	131532	103405	9431	42428	266518	278927	4696
	11571	1256	139	2102	8992	10851	73
1406	84493	59062	7542	32273	95443	115048	2250
	191733	99070	13313	78442	199081	197910	4053
1148	276353	102922	36368	64639	43948	88738	4027
61391	71200	272762	2151	76041	565827	583475	12161
8011	270844	564837	46710	26713	951694	391216	18699
353501	7500867	3975855	616532	2111586	6892185	8213848	148239
120490	3223296	1838419	229483	781895	3245840	3896889	60418
183540	2029120	1241433	274570	606505	1596208	1723847	51405
5496	404244	90693	13981	105965	333441	382284	3715
2384	254013	97898	2262	56422	140444	187838	4216
	34330	16859	13825	14647	18505	27384	545
582	240853	217726	24895	75473	266280	316309	6939
5242	306097	156666	6773	142953	302379	395404	5848
20188	267128	94616	8545	95551	480121	582065	5467
2493	27923	22721	3412	11254	36781	47170	1514
389	366127	62652	13743	59798	179847	229976	2323
4223	21945	18689	1949	8607	34963	42221	1133
1452	281277	63699	20532	130606	143082	247580	2707
2545	27045	12239	1157	8486	31596	39584	655
4477	17469	41545	1405	13424	82698	95297	1354

1-B-2 续表 78

分 组	补贴收入	营业外收入	营业外支出	利润总额	应交所得税
通信设备、计算机及其他电子设备制造业	21034	281524	603698	2088787	477832
沈阳市	124	107057	171452	1430644	152585
大连市	17633	160894	192165	558048	300029
鞍山市	583	946	6702	30249	6225
抚顺市				-7927	12
本溪市		152	2166	25298	4918
丹东市	400	2135	2390	45527	5172
锦州市	148	1377	366	18163	1554
营口市		1532	3037	-46987	217
阜新市	941	1350	75	-1430	501
辽阳市		150	210	531	647
盘锦市			6	808	243
铁岭市	1205		223787	9659	1368
朝阳市		5931	1342	26204	4361
仪器仪表及文化、办公用机械制造业	18884	64008	79772	832642	131738
沈阳市	5684	2341	1385	249409	35169
大连市	2274	28357	20052	118415	28129
鞍山市	6403	5013	25225	166278	11678
抚顺市		12704	592	-4560	18
本溪市		1	8	1775	147
丹东市	327	4044	3366	178137	41703
锦州市	2080	-897	263	8941	3274
营口市	50	11840	1947	55722	2420
辽阳市			2000	16098	1595
盘锦市				5914	1097
铁岭市	1266	605	24934	19307	4431
朝阳市	800			17943	2077
葫芦岛市				-737	
工艺品及其他制造业	39648	46864	79423	357209	61169
沈阳市	146	3819	3535	161437	29801
大连市	495	699	16962	59180	10197
鞍山市	11976	8760	17481	25872	1315
抚顺市	14325	17515	6339	36904	4338
本溪市		1162	187	1717	376
丹东市		335	14365	6146	740
锦州市	12160	12680	794	9389	1969
营口市		1193	15334	14621	4325
阜新市			8	945	
辽阳市	546	701	4290	11341	1522
铁岭市			22	29364	6586
朝阳市			106	293	
废弃资源和废旧材料回收加工业	1117	28244	13501	224579	10568
沈阳市				32961	20
大连市	63	312	116	47360	4903
鞍山市	380			7124	77
抚顺市				92	
本溪市	674	23840	877	116874	3130
丹东市				19223	1901
锦州市				231	

单位：千元

亏损企业亏损总额	利税总额	本年应付工资总额	本年应付福利费总额	本年应交增值税	本年进项税额	本年销项税额	全部从业人员年平均人数（人）
895144	3136824	2510186	320704	816400	3255352	3079898	94917
20222	1868223	782727	43774	357740	1516700	1455649	20377
794039	954104	1413037	237346	365680	1442392	1299475	57918
2801	48222	41800	5527	13228	51783	52587	1757
8313	-5405	5551	26	1877	17738	16385	518
	29702	13469	4547	3967	17919	21660	446
3452	78978	101985	10547	28977	96756	108866	6260
311	35472	43815	8402	16032	22945	33069	900
48075	-45439	25818	371	1492	16580	4847	1286
3687	7168	13251	1153	7806	16119	23937	1422
1831	1152	18126	2694	601	4460	4360	1126
	1511	3029	290	547	2612	2919	117
	123144	10493	4283	6024	29722	32370	493
12413	39992	37085	1744	12429	19626	23774	2297
118051	1297541	731214	108494	371259	1160954	1415455	28684
18814	340635	173471	19499	72777	396306	470417	5125
80694	224915	291915	49341	98524	227324	233335	10995
1455	218887	60760	10855	43456	146962	189968	2396
5230	5074	16272	4406	9599	8134	16808	619
	5033	7135	2703	2207	3881	6031	244
10147	257045	81737	7154	66226	122742	182364	4666
718	15230	9268	3629	5571	13838	18921	561
	104759	45919	4795	45646	104048	147607	1930
256	41766	23263	1294	3618	64538	67931	1042
	11167	4721	650	3842	10944	13786	257
	49442	13411	2775	14929	32920	37247	635
	24108	3057	1393	4668	29317	31040	194
737	-520	285		196			20
55479	628169	597993	87659	205301	672741	746858	27292
6052	234558	123827	10050	42555	340171	367217	4738
35033	105466	135909	19112	43297	146977	113407	5237
419	43750	28939	5855	7698	16310	25165	1599
2425	63435	99581	3490	23075	45441	44727	5692
3495	3553	25247	12694	760	11470	6397	1233
	22451	19613	1825	15065	18951	32431	924
4989	36657	45277	3790	20510	4669	20047	3546
3000	30689	41281	5761	12547	42079	53915	2378
	1913	1314		968			19
66	18086	17263	1478	4101	15659	17649	716
	67028	59192	23537	34464	30418	65045	1185
	583	550	67	261	596	858	25
6638	279885	180152	60067	44924	311774	354155	8560
	35780	8120	156	2748	85887	88635	202
13	53480	7408	609	3843	5062	8315	315
	9084	7847	2278	1441	1469	2882	451
16	1417	1075	336	1193	3098	4291	43
	129827	45777	43341	10343	9315	19348	2286
	35163	83908	11547	14427	152562	166989	1400
274	1711	1578		1246	2093	2270	208

1-B-2 续表 79

分 组	补贴收入	营业外收入	营业外支出	利润总额	应交所得税
营口市				471	128
盘锦市				5572	272
铁岭市		5	1757	1006	99
葫芦岛市		4087	10751	-6335	38
电力、热力的生产和供应业	487348	529689	948400	-1879369	193293
沈阳市	68571	63693	46645	546583	69090
大连市	106128	112895	364815	-486300	52065
鞍山市	22220	21497	32393	18691	2590
抚顺市	41662	18749	7738	-156368	4630
本溪市	26056	9181	35487	174275	12668
丹东市		761	9473	-113733	1843
锦州市	71150	57976	7749	78908	8510
营口市	15790	13447	3765	-287329	17291
阜新市	14784	7162	4952	-336335	9040
辽阳市	12293	1321	42113	24847	9421
盘锦市	23433	402	2067	-20970	643
铁岭市	43968	35421	344649	-670677	1158
朝阳市	22324	18036	4175	15436	3942
葫芦岛市	18969	97200	29138	-561993	-23557
燃气生产和供应业	409604	33749	1651	-152213	36454
沈阳市		7228	12064	195816	16824
大连市	393330	1152	832	-308472	14943
鞍山市	1947	4412	-14489	-10781	378
抚顺市				2950	
本溪市	255	8801	698	-7162	
丹东市	2100	859	862	-12807	
锦州市	3000	3305	650	-15746	
营口市	2122	44	28	-1926	
阜新市		134	53	-9559	
辽阳市				-24834	
盘锦市	6850	61	64	-1925	281
铁岭市		736	127	-5866	
朝阳市		6989	71	22219	
葫芦岛市		28	691	25880	4028
水的生产和供应业	176022	100676	23868	-148013	8249
沈阳市	40080	23654	7898	-56277	1058
大连市	96468	44458	9918	-76743	339
鞍山市	1650	391	403	-2486	1147
抚顺市		1161	718	-39166	
本溪市	305	168	357	-81	6
丹东市		1462	283	-14248	15
锦州市		1816	208	9530	2138
营口市	1491	2137	752	-21489	
阜新市	600	790	281	-5584	
辽阳市		1583	1961	-8133	
盘锦市	31262	1877	621	71900	3292
铁岭市		2	17	175	254
朝阳市	2671	30	73	1103	
葫芦岛市	1495	21147	378	-6514	

单位：千元

亏损企业亏损总额	利税总额	本年应付工资总额	本年应付福利费总额	本年应交增值税	本年进项税额	本年销项税额	全部从业人员年平均人数(人)
	1157	811	110	533	4550	5083	60
	6756	2632	315	121	104	125	182
	3824	5714	1375	1606	889	2495	543
6335	1686	15282		7423	46745	53722	2870
3652481	4660237	6547931	607346	5842544	13578866	10997312	133322
140190	1637971	1015989	107351	955542	2083338	3086678	25258
858693	141802	497457	36514	536119	1090823	1730595	11509
36564	96795	145459	37400	65835	226619	293591	5311
199321	100006	293225	29509	234581	412998	636148	8604
21563	256708	158068	51648	75041	68326	100047	4805
172396	3707	124214	10442	113988	226677	334436	3714
18362	302551	225062	16100	217978	331483	530401	7694
331696	-20302	139697	18400	236518	544257	774231	3625
376039	-61501	159280	19530	247639	401214	649764	4731
62859	85506	110375	22122	56255	173960	196065	3473
23139	-7150	30280	-611	12399	60699	64043	2111
704468	-341537	344150	21087	290816	395494	654535	7470
32023	157104	176213	18913	127476	157109	199272	5576
570764	-199896	470292	39321	301698	553640	825266	10020
469645	-40159	430960	46824	96502	333457	339409	17376
600	246187	148079	6605	40674	56456	59015	5276
369816	-280481	110830	11471	25617	176976	171866	3179
17184	-120	57251	11292	9894	14792	24000	1719
	4969	9138		1934	5649	7583	637
8512	-4599	16492	5389	2344	5104	6859	779
12807	-12787	16445	1626		4771	5655	1382
15746	-9759	26607	5376	5561	8579	9923	1333
1926	-606	7279	1019	1196	4328	3147	532
9559	-8914	6971	751	645	2061	2681	413
24834	-24834	4692			42167	29058	325
2777	633	8582	1177	1312	5083	6616	685
5866	-4086	8752	896	1780			527
	23595	6374	737	1376	3931	5304	400
18	30643	3468	485	4169	3560	7702	189
310076	50831	1006057	88519	169253	137802	237517	33865
93238	-19573	173724	22602	29128	74031	102589	9486
88605	-17953	160948	16520	51410	9804	31335	4541
7076	12738	88286	15737	13694		77	2560
39166	-25730	47790	6032	11935		11935	2517
156	7345	311829	10888	6522		5987	1935
14306	-7530	42742	5723	5719		4133	1875
802	21801	37485	2256	10978	14073	25051	2570
21489	-11333	36828	4503	9285	16757	24221	2023
5584	4380	25856		9033		268	1349
8133	-3545	15568	1124	3678	1115	2605	941
4626	81253	20216	1620	7305	16858	18265	1052
3476	5539	6842	277	3330	3256	5134	599
3624	5036	18957	724	3583	1245	2292	1066
19795	-1597	18986	513	3653	663	3625	1351

1-B-3 规模以下工业

分组	企业单位数（个）	亏损企业	工业总产值（当年价格）	年初存货	年末存货	固定资产原价
总计	**67734**	**11306**	**117909486**	**11008163**	**12881373**	**97199119**
沈阳市	15605	4091	17983225	2585520	2843916	19977867
大连市	16364	3728	34021660	3597018	4413923	22111506
鞍山市	6713	794	10600540	758793	872265	8476133
抚顺市	4284	517	7713440	373977	542375	6982958
本溪市	2090	162	6177270	245829	295312	4332096
丹东市	4008	287	7738369	586627	662173	8022917
锦州市	2707	401	2858982	327277	400742	4024000
营口市	4224	186	8562061	581418	607271	3000924
阜新市	2055	198	3494062	360721	527320	3292891
辽阳市	2467	89	6884662	428785	474014	4261238
盘锦市	1732	139	3749157	400622	335135	2250376
铁岭市	1831	89	2228689	145876	178841	4077074
朝阳市	1842	306	3753045	266041	366085	3875842
葫芦岛市	1812	319	2144326	349658	362000	2513298
按隶属关系分						
中央	181	66	270835	71826	100911	5657601
沈阳市	122	53	142652	55254	53635	1951670
大连市	24	8	66370	11529	29567	181810
鞍山市	7	1	14451	2270	2418	72904
抚顺市	3	1	10619	425	11496	2537076
本溪市	3		8797	78	1460	7180
锦州市	8	2	7833	199	180	159692
营口市	3		3528			1147
阜新市	3		3528	52	49	568
辽阳市	2		5975	1064	1165	12335
盘锦市	1					882
铁岭市	2		2531	18	19	727918
朝阳市	2		3863	732	617	3792
葫芦岛市	1	1	689	205	303	628
地方	67553	11240	117638651	10936337	12780463	91541517
沈阳市	15483	4038	17840572	2530266	2790281	18026197
大连市	16340	3720	33955290	3585490	4384356	21929696
鞍山市	6706	793	10586089	756523	869847	8403229
抚顺市	4281	516	7702821	373552	530879	4445882
本溪市	2087	162	6168472	245751	293852	4324916
丹东市	4008	287	7738369	586627	662173	8022917
锦州市	2699	399	2851149	327077	400562	3864308
营口市	4221	186	8558533	581418	607271	2999777
阜新市	2052	198	3490535	360669	527271	3292323
辽阳市	2465	89	6878687	427722	472849	4248903
盘锦市	1731	139	3749157	400622	335135	2249494
铁岭市	1829	89	2226158	145859	178821	3349156
朝阳市	1840	306	3749182	265309	365467	3872050
葫芦岛市	1811	318	2143637	349453	361698	2512670
按登记注册类型分						
内资企业	64756	10432	112774626	9973289	11668915	89452427
沈阳市	14873	3796	17210460	2354715	2585814	18356582
大连市	14998	3273	31113540	2991079	3679434	18453672
鞍山市	6619	770	10490421	718004	828760	8124390

企业主要经济指标

单位：千元

本年折旧	营业收入	主营业务收入	营业成本	主营业务成本	营业税金及附加	主营业务税金及附加	主营业务利润	其他业务利润
6501312	**113921171**	**113187672**	**90578791**	**90125074**	**2387270**	**2289367**	**20896367**	**432724**
1357402	17263836	17194225	14196490	14150887	389597	383551	2651489	94127
1807826	32559434	32356101	25603288	25504168	337323	328891	6576185	129318
469924	10382419	10277222	8175463	8154433	206282	189729	1923672	91090
291157	7708106	7705262	6195939	6193633	122770	120676	1390953	16528
385467	5717134	5692073	4611356	4588894	159625	158615	944652	5562
451956	7479248	7460417	5664965	5651824	218173	216525	1592002	12360
189464	2766234	2724842	2275637	2241460	52311	51750	435756	3683
231252	8312381	8305421	6596455	6592372	305630	304627	1408422	5729
206600	3293616	3284866	2487724	2477659	30424	29488	777682	10608
393962	6653111	6645349	5379858	5377412	206215	152404	1130059	32492
247168	3712141	3491173	2898278	2731257	54695	53183	708202	7274
158769	2208858	2202863	1791415	1784852	58742	56950	365525	12881
187215	3619794	3608793	2865215	2859443	153390	151053	598778	8345
123152	2244857	2239066	1836707	1816779	92094	91926	392989	2729
215279	253785	251511	225454	223806	5851	5833	22112	2372
169237	141682	141139	126434	125989	3818	3807	11726	721
10863	52722	52196	47064	46760	160	160	5397	589
2362	14451	13969	12935	12511	109	102	1090	586
632	10619	10619	11937	11937	88	88	-1407	
251	6362	6362	5557	5557	198	198	608	
878	6931	6931	5977	5977	25	25	930	
115	3528	3528	2831	2831	141	141	556	
46	3510	3510	3134	3134	16	16	360	
1139	5946	5946	4935	4935	339	339	672	
88								
29129	2531	2531	1376	1376	150	150	1005	
507	3863	3863	1669	1669	711	711	1483	
32	1640	917	1605	1129	97	97	-309	476
6286033	113667387	112936161	90353337	89901268	2381420	2283534	20874255	430352
1188165	17122154	17053086	14070056	14024898	385779	379744	2639763	93406
1796963	32506713	32303905	25556224	25457408	337163	328731	6570788	128729
467562	10367969	10263252	8162529	8141922	206173	189627	1922582	90504
290524	7697488	7694644	6184002	6181696	122681	120588	1392360	16528
385216	5710772	5685711	4605798	4583337	159427	158418	944044	5562
451956	7479248	7460417	5664965	5651824	218173	216525	1592002	12360
188585	2759303	2717911	2269660	2235483	52286	51726	434827	3683
231137	8308853	8301893	6593624	6589541	305489	304486	1407866	5729
206554	3290106	3281356	2484590	2474524	30408	29472	777322	10608
392823	6647165	6639403	5374923	5372476	205877	152065	1129387	32492
247080	3712141	3491173	2898278	2731257	54695	53183	708202	7274
129640	2206327	2200332	1790039	1783476	58592	56800	364520	12881
186708	3615932	3604930	2863546	2857774	152679	150342	597294	8345
123120	2243217	2238148	1835102	1815651	91997	91829	393298	2252
5934972	108966696	108285346	86601625	86172238	2322411	2226537	20004472	401263
1252822	16520954	16455338	13581087	13537209	378691	372953	2537020	87471
1476257	29758867	29594810	23364566	23284503	316886	309392	6049728	106906
450678	10271281	10166812	8084026	8063320	203509	186993	1906937	90529

1-B-3 续表 1

分组	企业单位数(个)	亏损企业	工业总产值(当年价格)	年初存货	年末存货	固定资产原价
抚顺市	4221	504	7585889	366471	531187	6880496
本溪市	2053	154	6110440	239384	286734	4165068
丹东市	3738	253	7275690	527490	592181	7229083
锦州市	2645	394	2785174	312973	388966	3716599
营口市	4091	171	8391877	565851	592911	2873418
阜新市	1981	194	3361852	346922	509650	3168606
辽阳市	2422	86	6767692	417220	463001	4178256
盘锦市	1693	135	3649800	383994	319656	2004933
铁岭市	1798	84	2178142	142537	172338	3964196
朝阳市	1828	302	3733633	263774	363688	3855544
葫芦岛市	1796	316	2120018	342875	354594	2481583
国有企业	1858	446	2298751	604047	660558	11057349
沈阳市	660	208	589440	317237	320551	5063729
大连市	206	70	368805	89843	127208	843770
鞍山市	103	11	87951	12037	15252	293013
抚顺市	162	34	253837	28672	30103	1096630
本溪市	116	17	331624	13809	13715	265241
丹东市	89	18	140273	30994	30248	1108005
锦州市	122	36	82829	30043	32251	941813
营口市	34	6	46422	11252	11066	41074
阜新市	128	13	125065	29407	32895	536752
辽阳市	34	1	82321	21822	22481	100678
盘锦市	38	1	57497	203	1880	68754
铁岭市	86	9	41111	7137	7356	488076
朝阳市	42	14	56811	7874	12077	181193
葫芦岛市	38	8	34764	3717	3475	28621
集体企业	7160	1353	9545629	1045776	1148695	7199898
沈阳市	1893	554	1682394	347049	362744	1465713
大连市	630	148	1235119	141818	149486	718793
鞍山市	933	132	1285019	86207	102735	1314504
抚顺市	820	131	1059695	57108	70400	456461
本溪市	445	32	1073046	41762	45646	776330
丹东市	379	42	576441	67140	63816	718286
锦州市	502	93	455387	55911	66433	354583
营口市	249	25	383381	31929	32898	186983
阜新市	459	41	499082	79759	100312	335261
辽阳市	146	11	414136	28489	31807	257391
盘锦市	99	18	223059	32559	27474	81662
铁岭市	226	22	190425	20610	28540	172592
朝阳市	90	14	155610	12060	14203	88417
葫芦岛市	289	90	312835	43375	52199	272923
股份合作企业	1395	419	2241820	317044	305751	1386675
沈阳市	475	169	954485	125691	105250	416309
大连市	377	161	466233	66012	75766	307550
鞍山市	38	9	53906	2875	3005	192321
抚顺市	41	6	55166	5581	7661	57805
本溪市	12	1	25242	1444	1024	15095
丹东市	119	14	125784	16415	17911	119066
锦州市	118	33	102155	22829	28274	65096
营口市	6		16904	467	541	4785
阜新市	7	1	12156	1778	3257	7893

单位：千元

本年折旧	营业收入	主营业务收入	营业成本	主营业务成本	营业税金及附加	主营业务税金及附加	主营业务利润	其他业务利润
283665	7579531	7576742	6088361	6086055	120235	118141	1372546	16528
378378	5655349	5631251	4559041	4536657	158684	157674	937008	4649
419867	7016435	6997968	5294871	5281986	209965	208360	1507556	11940
182900	2694231	2652952	2218129	2183952	51097	50537	422527	3503
221251	8143968	8137184	6463979	6459895	296803	295800	1381488	5711
199544	3163837	3155087	2388198	2378133	29385	28449	748467	10608
387314	6538527	6530792	5292208	5289762	202826	149720	1105503	32229
220844	3612495	3397906	2821148	2656537	53842	52329	690510	7243
154213	2192648	2186653	1777342	1770779	58525	56733	363605	12872
185357	3600332	3589330	2851096	2845324	152249	149912	594574	8345
121882	2218241	2212520	1817571	1798126	89713	89544	387002	2729
660119	2187649	2145237	1790770	1773167	47909	43538	329064	41525
375083	553433	540486	467132	462992	13010	11894	65331	22720
67886	352497	337135	289623	283303	2615	2583	51385	6095
17493	89546	83643	69102	68544	3306	1102	14761	1488
19568	252929	252416	205952	205952	2962	2962	43503	971
19497	305950	305137	252771	252009	8465	8455	44673	578
37063	119227	118084	84776	83947	4758	4757	29267	2520
48599	77471	77362	62741	62621	1110	1096	13933	507
2882	45088	45088	34599	34599	1372	1340	9150	168
28886	117541	116652	91110	89662	824	824	25750	759
7570	81350	81350	64815	64815	3317	2424	13402	2179
6535	52527	52527	41123	41033	859	859	10634	
21832	43163	42470	34653	33483	619	559	8521	449
5432	57458	53488	61192	59609	2954	2954	-9076	2983
1793	39469	39399	31183	30598	1739	1729	7829	109
470070	9290795	9191072	7395395	7349631	214443	204524	1652593	35343
103166	1635084	1631159	1347077	1344872	40951	40493	245709	5589
45670	1170499	1166666	923792	921774	13861	13557	232658	4294
68338	1279173	1231483	975176	972134	22775	22124	240787	12134
32710	1062787	1062053	861516	860273	14931	14875	186905	4256
62824	1019230	1001389	831853	815806	21765	21568	164103	1756
37032	564822	561474	417983	415178	17171	17078	129218	2267
19031	429130	427610	352288	351183	11623	11563	66326	198
13757	373130	371673	300765	300366	11985	11985	59323	68
19995	462155	461245	371639	371069	4767	4728	85449	814
20870	403493	402974	299666	299630	22369	14492	88102	1479
9664	222374	207753	178412	167316	3414	3269	37168	1041
9555	189631	189430	147094	146880	4254	4217	38942	563
4908	154127	153169	107712	107141	10422	10422	35607	263
22548	325159	322994	280422	276009	14154	14152	42297	622
91208	2176744	2136444	1861160	1828202	31850	31446	276759	7221
31327	939756	938400	863408	862556	14661	14582	61245	1959
23148	427847	425731	355186	352897	4305	4193	68656	2718
3396	56090	53580	42428	42335	447	437	10286	1285
2167	56364	56364	45966	45966	868	868	9530	16
1224	23597	22803	20990	20196	512	512	2095	
6081	122800	122763	99339	99332	3029	3012	20420	92
4585	101313	98567	83863	81662	972	967	15938	124
387	16199	16199	13226	13226	799	799	2174	5
627	11925	11925	9754	9754	39	39	2132	

1-B-3 续表 2

分组	企业单位数（个）	亏损企业	工业总产值（当年价格）	年初存货	年末存货	固定资产原价
辽阳市	27	1	87955	9870	10163	50463
盘锦市	128	17	282257	53544	42822	101018
铁岭市	25	2	32305	7327	6478	36090
朝阳市	2	2	1517	101	19	627
葫芦岛市	20	3	25754	3111	3582	12554
联营企业	111	24	201915	18879	16026	169679
沈阳市	32	9	49709	3476	3045	37415
大连市	22	4	49346	6079	5412	64345
鞍山市	5	2	2876	359	197	3582
抚顺市	8	3	13746	209	794	4256
本溪市	8		32635	338	255	15200
丹东市	7	1	7636	282	321	3016
锦州市	5	2	5800	1340	1358	2162
营口市	5	1	9042	1842	1629	5225
盘锦市	2		3395			605
铁岭市	2		229	31	30	589
葫芦岛市	15	2	27502	4923	2984	33284
国有联营企业	15	3	37893	4353	2809	54727
沈阳市	6	1	18143	1658	959	24305
大连市	4	1	9284	2409	1286	24590
鞍山市	2					1369
本溪市	2		9381	67	79	4285
锦州市	1	1	1084	220	485	177
集体联营企业	60	15	96134	9364	7638	60483
沈阳市	19	6	25685	1193	1211	11130
大连市	12	2	25743	2689	2715	18444
鞍山市	1	1	218	151	120	668
抚顺市	6	3	8925	206	671	4025
本溪市	5		20785	271	176	10827
丹东市	3		3888	150	189	2662
锦州市	2	1	747	362	190	432
营口市	4	1	6352	1842	1629	3940
盘锦市	1		309			379
铁岭市	2		229	31	30	589
葫芦岛市	5	1	3254	2469	708	7388
国有与集体联营企业	13	4	21661	1909	1821	14604
沈阳市	3	2	207	487	487	437
大连市	2	1	3741	488	613	10400
鞍山市	1	1	1304	174	19	380
抚顺市	1		490	3	19	110
本溪市	1		2469			88
丹东市	2		3704			222
锦州市	1		3969	758	684	1455
营口市	1		2690			1285
盘锦市	1		3086			226
其他联营企业	23	2	46227	3253	3757	39865
沈阳市	4		5674	138	389	1543
大连市	4		10578	494	798	10910
鞍山市	1		1354	34	57	1166
抚顺市	1		4330		104	121
丹东市	2	1	44	132	132	132
锦州市	1					97
葫芦岛市	10	1	24247	2454	2276	25896

单位：千元

本年折旧	营业收入	主营业务收入	营业成本	主营业务成本	营业税金及附加	主营业务税金及附加	主营业务利润	其他业务利润
3806	84261	84261	71084	71084	2005	1828	11681	393
12351	278028	247412	208497	182085	3048	3046	62283	555
1116	32247	32247	26939	26701	362	360	5187	65
32	3470	3358	3170	3170	3	3	297	
960	22848	22833	17310	17238	801	801	4836	9
11670	196965	196937	154811	154811	3799	3799	40412	1461
1628	46845	46845	37609	37609	915	915	8320	242
3774	49375	49362	37965	37965	255	255	11142	24
266	2876	2876	2383	2383	15	15	486	
79	12142	12142	10260	10260	116	116	1767	1196
2817	27599	27599	21936	21936	175	175	5488	
233	8284	8284	6553	6553	248	248	1483	
69	6942	6942	4911	4911	66	66	1965	
257	9110	9110	8038	8038	100	100	973	
43	3280	3280	2298	2298	78	78	904	
39	212	212	150	150	3	3	59	
2465	30300	30286	22709	22709	1830	1830	7825	
2577	35913	35913	27155	27155	367	367	8391	18
377	17093	17093	12770	12770	198	198	4125	
1109	9435	9435	7449	7449	64	64	1922	18
93								
985	8301	8301	6061	6061	75	75	2165	
14	1084	1084	876	876	29	29	179	
4891	93912	93912	76025	76025	1204	1204	16683	1202
1143	24189	24189	19802	19802	628	628	3759	
1264	25887	25887	19971	19971	119	119	5797	6
26	218	218	178	178	2	2	38	
56	8949	8949	7799	7799	110	110	1040	1196
1823	16828	16828	13772	13772	97	97	2959	
205	4526	4526	3447	3447	67	67	1012	
5	1492	1492	1186	1186	10	10	296	
131	6421	6421	5549	5549	33	33	839	
10	194	194	123	123	9	9	62	
39	212	212	150	150	3	3	59	
189	4996	4996	4047	4047	127	127	822	
880	21974	21974	17108	17108	368	368	4498	242
29	207	207	200	200			7	242
576	3657	3657	2663	2663	15	15	979	
31	1304	1304	1209	1209	5	5	90	
11	490	490	343	343	2	2	146	
9	2469	2469	2103	2103	3	3	364	
18	3704	3704	3078	3078	180	180	446	
49	4366	4366	2849	2849	27	27	1490	
125	2690	2690	2489	2489	67	67	134	
34	3086	3086	2175	2175	69	69	842	
3321	45167	45139	34524	34524	1861	1861	10841	
79	5356	5356	4837	4837	89	89	430	
825	10397	10384	7883	7883	56	56	2445	
116	1354	1354	996	996	8	8	358	
12	2702	2702	2118	2118	4	4	581	
11	54	54	28	28	1	1	25	
1								
2276	25304	25290	18662	18662	1703	1703	7003	

1-B-3 续表 3

分　组	企　业单位数(个)	亏损企业	工业总产值(当年价格)	年初存货	年末存货	固定资产原　价
有限责任公司	4109	935	6547562	845119	976575	10236155
沈阳市	1233	378	1425825	235809	275596	2100648
大连市	552	161	1106212	183694	219470	1326586
鞍山市	501	134	709561	87160	90028	799072
抚顺市	328	57	671946	36281	63904	2830391
本溪市	156	13	500446	24959	29942	448271
丹东市	204	21	345866	30268	35419	420765
锦州市	222	45	213524	36609	42887	382174
营口市	147	11	167190	10350	18360	118302
阜新市	91	18	78998	49610	52908	338684
辽阳市	86	2	240564	35928	36787	188878
盘锦市	225	31	537281	55016	46173	375181
铁岭市	86	6	107061	5572	6378	134574
朝阳市	151	28	309832	22619	26239	303677
葫芦岛市	127	30	133257	31244	32485	468953
国有独资公司	49	22	66625	8960	20629	2589736
沈阳市	13	7	11570	3615	3131	26995
大连市	14	4	15111	1625	1187	65705
抚顺市	2	1	7876	542	11141	2303558
本溪市	2		6880			4744
丹东市	3	1	44			35971
锦州市	2	2	353	1427	1809	94017
营口市	1					
阜新市	1	1	4070	778	1736	2812
铁岭市	1		2875	688	678	1940
朝阳市	9	6	17846	284	948	53068
葫芦岛市	1					926
其他有限责任公司	4060	913	6480937	836160	955946	7646419
沈阳市	1220	371	1414255	232194	272465	2073652
大连市	538	157	1091100	182069	218283	1260881
鞍山市	501	134	709561	87160	90028	799072
抚顺市	326	56	664070	35739	52763	526833
本溪市	154	13	493566	24959	29942	443527
丹东市	201	20	345822	30268	35419	384794
锦州市	220	43	213171	35182	41078	288157
营口市	146	11	167190	10350	18360	118302
阜新市	90	17	74928	48832	51173	335872
辽阳市	86	2	240564	35928	36787	188878
盘锦市	225	31	537281	55016	46173	375181
铁岭市	85	6	104186	4884	5700	132633
朝阳市	142	22	291986	22335	25291	250609
葫芦岛市	126	30	133257	31244	32485	468027
股份有限公司	777	184	1444756	184489	228474	2763639
沈阳市	268	86	469721	64646	70621	883646
大连市	185	54	430920	47492	71509	278166
鞍山市	43	11	56784	9055	10507	46870
本溪市	51	5	138487	11291	16715	258451
丹东市	47	5	61957	9652	9055	162051
锦州市	18	4	18227	2985	3408	63253

单位：千元

本年折旧	营业收入	主营业务收入	营业成本	主营业务成本	营业税金及附加	主营业务税金及附加	主营业务利润	其他业务利润
455818	6446331	6369326	5229567	5174743	132925	128832	1075189	49319
98964	1388676	1383860	1152280	1148723	31969	31663	202106	13030
84993	1012971	999840	802425	800574	10782	9419	190523	16390
43202	713103	709142	579879	578959	8889	8627	120466	5329
32221	672330	672325	558424	558420	12510	12297	101608	2513
45906	448368	444695	377779	374434	10410	10233	60028	356
21638	340484	337260	259009	257213	8700	8671	71376	2741
16040	216654	208207	185634	175968	2758	2615	29632	179
5830	167077	166569	135239	134714	4138	4138	27718	743
19404	79209	77431	64331	62687	860	856	14081	624
13434	236506	236506	196039	196039	6030	4970	36716	2167
39462	531100	495497	405611	377859	7614	7314	110866	490
4129	171252	171146	143426	143373	4467	4430	23628	3763
18946	303598	303501	240559	240559	14522	14337	48546	191
11648	165006	163349	128931	125223	9275	9262	37895	802
16202	71082	63585	67987	59178	1699	1699	2639	2563
2631	11560	11560	10728	10728	294	294	539	
3032	12432	12432	9278	9278	93	93	3060	2489
542	7876	7876	9871	9871	49	49	-2044	
376	6880	6880	6422	6422	43	43	415	
317	44	44			6	6	38	5
6202	7544	48	8811	2			46	
225	4024	4024	3399	3399	39	39	586	
53	2875	2875	2070	2070	431	431	374	
2820	17846	17846	17409	17409	743	743	-375	69
4								
439616	6375249	6305741	5161580	5115564	131226	127133	1072551	46756
96333	1377115	1372299	1141552	1137995	31676	31369	201567	13030
81961	1000539	987408	793147	791296	10688	9326	187463	13901
43202	713103	709142	579879	578959	8889	8627	120466	5329
31678	664454	664449	548554	548549	12461	12248	103653	2513
45530	441488	437815	371357	368012	10367	10190	59613	356
21321	340440	337216	259009	257213	8694	8665	71338	2736
9838	209110	208159	176824	175966	2758	2615	29586	179
5830	167077	166569	135239	134714	4138	4138	27718	743
19180	75185	73407	60932	59288	821	818	13495	624
13434	236506	236506	196039	196039	6030	4970	36716	2167
39462	531100	495497	405611	377859	7614	7314	110866	490
4076	168377	168271	141356	141303	4036	3999	23254	3763
16126	285752	285655	223150	223150	13779	13593	48920	123
11643	165006	163349	128931	125223	9275	9262	37895	802
161844	1399947	1388265	1121048	1116424	31646	30748	242058	5849
53955	460958	457068	367715	366034	14872	14800	74699	3201
26963	418899	413357	344407	344080	3399	3265	66536	1331
4259	56526	56424	44123	44123	411	407	11657	269
11905	124132	123430	101196	100494	3084	2987	19949	754
10664	60394	60392	44493	44486	2326	2326	13580	
6698	17424	17424	15040	15040	132	132	2252	

1-B-3 续表 4

分 组	企业单位数（个）	亏损企业	工业总产值（当年价格）	年初存货	年末存货	固定资产原价
营口市	26	4	32123	1772	3465	15645
阜新市	20		39580	15732	19593	137432
辽阳市	15		45260	4038	4881	53889
盘锦市	41	2	82536	6775	5359	53704
铁岭市	27	2	21306	4342	7102	763244
朝阳市	1	1	113			474
葫芦岛市	35	10	47743	6708	6257	46814
私营企业	48654	6982	89201769	6867044	8239471	55073859
沈阳市	10229	2376	11924750	1253579	1443200	8342992
大连市	12858	2645	27058494	2425694	2998018	14252353
鞍山市	4852	459	8033895	505042	590560	5322528
抚顺市	2861	273	5529504	238545	358210	2433842
本溪市	1223	85	3839338	142618	176525	2266999
丹东市	2838	147	5958091	369372	430066	4667485
锦州市	1591	169	1841263	152114	202942	1857084
营口市	3622	124	7734080	508239	524952	2501096
阜新市	1265	121	2579436	168916	296327	1799319
辽阳市	2092	68	5846988	313944	353807	3509774
盘锦市	1149	66	2450044	232329	192354	1314440
铁岭市	1311	43	1712640	93301	111781	2338068
朝阳市	1533	243	3197948	220528	310933	3275100
葫芦岛市	1230	163	1495297	242823	249797	1192778
私营独资企业	26773	2776	51504501	3206305	3730127	28322510
沈阳市	5125	1043	5641343	476220	510062	3686482
大连市	5508	837	11840349	843443	1023735	5521936
鞍山市	3157	179	5644609	335922	354964	3176283
抚顺市	1818	141	3598075	136985	194624	1492642
本溪市	746	59	2664783	93935	116017	1519119
丹东市	1850	72	4181515	220574	247466	3118544
锦州市	901	67	1034520	67068	88198	835990
营口市	2313	56	5413021	310081	308847	1519590
阜新市	754	55	1914904	83117	178040	1102747
辽阳市	1630	49	4558740	192098	220935	2791536
盘锦市	457	19	915965	92387	74106	486829
铁岭市	883	24	1348879	67236	79487	1162065
朝阳市	758	88	1668901	97470	148406	1118778
葫芦岛市	873	87	1078898	189768	185239	789967
私营合作企业	1452	182	2558583	186285	217829	1679061
沈阳市	301	59	403112	31020	34330	282476
大连市	225	48	480519	40239	48385	234027
鞍山市	179	8	245587	14227	17553	231669
抚顺市	82	12	149207	11586	10480	63015
本溪市	55	3	143678	4208	5168	138186
丹东市	126	2	258946	12296	20268	145846
锦州市	65	7	76871	8843	9497	74463
营口市	93	5	166170	18119	16320	62153
阜新市	36	1	81926	4006	6582	69192
辽阳市	58	3	179728	9727	12496	83277
盘锦市	32	5	49658	7605	7780	22116
铁岭市	47		48135	4405	4800	54131
朝阳市	83	7	188231	11319	13923	147559
葫芦岛市	70	22	86816	8684	10246	70951

单位：千元

本年折旧	营业收入	主营业务收入	营业成本	主营业务成本	营业税金及附加	主营业务税金及附加	主营业务利润	其他业务利润
976	31480	31480	24109	24109	867	867	6504	
4018	35263	35263	24502	24502	169	169	10591	
4292	44708	44617	36111	36099	1190	997	8358	266
4096	82994	81695	67956	66657	1595	1227	13824	
30096	19329	19329	15364	15364	408	377	3588	11
24	113	113	84	84			29	
3897	47726	47672	35949	35353	3193	3193	10490	18
3982644	86024947	85620658	68114636	67844296	1830303	1755090	16107463	258585
585246	11383523	11345250	9248533	9217441	261289	257674	1865255	40616
1160699	25959957	25837335	20325788	20259182	277675	272408	5349256	75053
304635	7807636	7764645	6210801	6194725	158573	145546	1412355	69905
196821	5520986	5519449	4404724	4403666	88847	87023	1028760	7576
222751	3549977	3549701	2826796	2826061	109436	108906	614734	1205
304578	5740520	5729850	4333964	4326524	172259	170815	1232557	4321
85008	1779467	1753595	1463908	1444527	32448	32110	279262	2283
197126	7499148	7494328	5946446	5943287	277454	276484	1274558	4727
125952	2432847	2427675	1809160	1802757	22222	21328	603775	8406
336175	5638532	5631406	4581027	4578628	167145	124421	941320	25733
148062	2428240	2295790	1906399	1808507	36890	36191	452006	5001
85976	1665274	1660376	1354017	1349401	45838	44252	270199	7920
155760	3070055	3064191	2429962	2426343	123560	121408	516868	4908
73856	1548784	1547066	1273113	1263248	56667	56524	266557	931
2124715	49516502	49385260	38895089	38799176	1174542	1123373	9494461	93201
258926	5351058	5332123	4310291	4295038	125336	123218	910595	19264
439284	11305616	11283299	8717916	8695171	141323	139769	2458574	13257
195335	5447142	5427687	4293227	4287506	111153	103824	1031222	26406
122415	3581526	3581035	2853315	2852671	55714	55355	673009	3434
152404	2438859	2438770	1931273	1930915	83574	83193	424662	583
197969	4023122	4014551	3004954	2999162	131026	129761	885629	2835
41480	986699	980070	807834	804062	20211	20183	157010	617
122277	5247231	5244782	4153998	4152372	197595	196960	895450	2992
85546	1798738	1797756	1306845	1306606	15016	15015	476054	2127
279407	4378937	4372372	3535133	3533004	130530	95442	750734	15883
56642	908163	870228	721999	695237	16134	16114	159106	900
53847	1315769	1313009	1077123	1073809	35708	34269	207233	3306
67065	1635020	1632263	1275662	1274692	73187	72377	285519	1202
52119	1098621	1097314	905517	898932	38035	37893	179664	392
118408	2461635	2446305	1938354	1929386	60781	58256	463111	7280
20976	385111	383625	309611	308383	7988	7840	67401	2312
20622	446530	445736	352450	352018	4359	4293	89916	610
12404	240936	236614	196435	195847	3904	3894	37795	2155
6316	149448	149448	119305	119305	1673	1673	28470	402
9834	130768	130706	105647	105303	6212	6123	19280	85
9043	248067	247442	178192	177775	8329	8283	61384	113
2859	78840	76233	66408	64593	1064	993	11339	469
5079	167465	167346	135219	135122	4656	4568	27657	1
5286	79626	79626	55777	55777	1005	1005	22843	
7773	174347	174246	145466	145406	5008	3769	26482	360
2619	50802	45588	37684	33934	773	662	11538	463
3373	46039	46037	37949	37746	1191	1092	7199	154
9185	182377	182377	128273	128273	12203	11643	42461	133
3039	81280	81279	69937	69902	2417	2416	9346	21

1-B-3 续表 5

分组	企业单位数（个）	亏损企业	工业总产值（当年价格）	年初存货	年末存货	固定资产原价
私营有限责任公司	18900	3706	32580019	3095760	3843744	23074353
沈阳市	4476	1194	5414051	693621	830282	4024658
大连市	6714	1644	13976838	1342359	1702990	7922769
鞍山市	1295	233	1856989	126738	178806	1622709
抚顺市	873	104	1579862	76563	126854	758612
本溪市	389	20	953799	42264	51065	582668
丹东市	780	57	1384269	119865	143063	1290818
锦州市	565	81	660896	65339	96968	871854
营口市	1139	61	1988217	165276	182363	866043
阜新市	440	58	537717	79853	106240	571623
辽阳市	355	14	975558	101953	110021	557801
盘锦市	572	32	1336374	111990	94290	712148
铁岭市	366	17	289103	18074	22959	1057289
朝阳市	685	144	1332595	111119	147978	1978059
葫芦岛市	251	47	293751	40746	49864	257302
私营股份有限公司	1529	318	2558667	378695	447772	1997935
沈阳市	327	80	466244	52717	68525	349376
大连市	411	116	760788	199653	222908	573621
鞍山市	221	39	286710	28155	39236	291866
抚顺市	88	16	202360	13411	26252	119573
本溪市	33	3	77079	2210	4274	27025
丹东市	82	16	133360	16638	19269	112278
锦州市	60	14	68977	10864	8280	74776
营口市	77	2	166673	14762	17422	53310
阜新市	35	7	44889	1941	5465	55757
辽阳市	49	2	132962	10166	10355	77160
盘锦市	88	10	148048	20347	16177	93346
铁岭市	15	2	26523	3586	4536	64584
朝阳市	7	4	8221	620	626	30704
葫芦岛市	36	7	35833	3625	4449	74558
其他企业	692	89	1292424	90891	93365	1565172
沈阳市	83	16	114136	7228	4807	46129
大连市	168	30	398411	30446	32564	662109
鞍山市	144	12	260430	15270	16476	152500
抚顺市	1		1994	75	116	1111
本溪市	42	1	169622	3164	2912	119482
丹东市	55	5	59642	3366	5345	30408
锦州市	67	12	65989	11142	11412	50435
营口市	2		2734			309
阜新市	11		27534	1719	4359	13266
辽阳市	22	3	50466	3128	3074	17183
盘锦市	11		13732	3567	3594	9569
铁岭市	35		73064	4217	4673	30962
朝阳市	9		11802	593	218	6055
葫芦岛市	42	10	42867	6974	3814	425654
港、澳、台商投资企业	504	145	810994	186660	213131	2128664
沈阳市	153	64	171915	53859	56343	653545
大连市	186	59	393523	91920	112637	852606
鞍山市	33	8	41979	18317	18140	216623
抚顺市	5	2	5063	1172	1298	14489

单位：千元

本年折旧	营业收入	主营业务收入	营业成本	主营业务成本	营业税金及附加	主营业务税金及附加	主营业务利润	其他业务利润
1603855	31510691	31302416	25243476	25099333	550124	530014	5717049	125041
282106	5202416	5185451	4259918	4245944	118796	117453	819797	17693
661637	13436554	13372017	10652762	10619545	125124	121739	2662296	35731
84744	1834576	1815361	1487008	1477240	39423	33893	297381	37599
52950	1586327	1585281	1271154	1270739	25557	24197	290344	3269
57215	908157	908032	727898	727898	18666	18606	161527	519
85674	1336979	1336695	1048291	1048162	30181	30154	258379	1370
38063	640139	628814	527651	517897	10388	10180	101163	997
66071	1921423	1919171	1525381	1523945	71372	71125	324101	1733
33488	511624	507434	411864	405700	5923	5030	96921	6279
44157	954453	954064	794543	794393	27937	22278	141835	9327
78959	1323993	1241659	1030964	968777	17628	17062	255958	3365
27474	277815	275679	222439	221341	6644	6596	48476	3630
77291	1244439	1241331	1017920	1015271	38051	37268	188895	3223
14026	331796	331428	265684	262480	14433	14433	69977	308
135666	2536120	2486677	2037717	2016401	44856	43447	432842	33063
23237	444938	444052	368712	368076	9169	9162	67462	1346
39156	771257	736283	602660	592449	6869	6607	138470	25455
12152	284982	284982	234131	234131	4093	3935	45957	3745
15140	203685	203685	160950	160950	5903	5798	36937	470
3298	72193	72193	61978	61946	983	983	9264	18
11892	132352	131161	102527	101425	2723	2617	27166	4
2605	73789	68477	62015	57974	786	753	9750	200
3700	163029	163029	131847	131847	3831	3831	27351	1
1631	42859	42859	34673	34673	278	278	7957	
4838	130794	130725	105885	105826	3671	2932	22270	164
9842	145283	138315	115752	110558	2354	2353	25403	273
1281	25651	25651	16505	16505	2296	2296	7291	829
2221	8219	8219	8107	8107	119	119	-7	350
4672	37088	37046	31975	31934	1782	1782	7571	210
101600	1243318	1237406	934239	930963	29536	28559	280933	1959
3453	112679	112270	97333	96982	1023	933	14355	116
63123	366822	365383	285381	284728	3994	3711	79571	1001
9088	266331	265020	160136	160118	9094	8733	96139	120
99	1994	1994	1520	1520	2	2	473	
11454	156497	156497	125721	125721	4838	4838	25938	
2578	59905	59861	48754	48754	1475	1453	9654	
2870	65829	63246	49744	48040	1987	1987	13219	211
35	2734	2734	1558	1558	88	88	1088	
661	24896	24896	17701	17701	504	504	6690	4
1167	49678	49678	43467	43467	771	587	5923	11
631	13952	13952	10851	10783	345	345	2825	157
1471	71539	71442	55700	55427	2573	2534	13481	101
256	11511	11511	8418	8418	789	789	2304	
4714	38950	38922	27956	27747	2053	2053	9274	238
184881	773330	767713	625414	623437	11327	10852	133983	2988
33837	162526	162230	140906	140641	2080	2072	19523	758
121540	369237	367587	294354	293465	2536	2424	72004	1415
9745	42370	42349	35455	35455	1340	1340	5554	43
297	4950	4950	3717	3717	33	33	1200	

1-B-3 续表 6

分　组	企业单位数(个)	亏损企业	工业总产值(当年价格)	年初存货	年末存货	固定资产原　价
本溪市	7	2	14150	342	317	16599
丹东市	44	4	72921	8729	12688	198194
锦州市	12		17574	2002	1860	23170
营口市	23	2	22807	1357	1168	15661
阜新市	10		13560	2857	2658	17263
辽阳市	14		33683	1893	1819	30072
盘锦市	4		13820	1398	1110	8034
铁岭市	7	2	53	1737	1737	54377
朝阳市	2	1	7301	736	928	9670
葫芦岛市	4	1	2646	339	427	18359
合资经营企业(港或澳、台资)	257	73	452420	118796	133473	1425172
沈阳市	66	30	101254	38571	42150	491396
大连市	84	24	180002	49040	58815	542519
鞍山市	23	8	31252	13526	13418	185865
抚顺市	5	2	5063	1172	1298	14489
本溪市	4	1	5713	3	4	1044
丹东市	32	4	55170	7240	9969	107131
锦州市	7		13300	1959	1804	22013
营口市	10	2	14618	1269	1049	11120
阜新市	6		5636	1976	894	832
辽阳市	12		27243	1856	1762	20915
盘锦市	2		7117			6534
铁岭市	1	1	53	1737	1737	220
朝阳市	1		3351	108	147	2734
葫芦岛市	4	1	2646	339	427	18359
合作经营企业(港或澳、台资)	22	2	42450	2867	4970	107057
沈阳市	2		138			340
大连市	12	2	30625	2643	4692	36999
鞍山市	1		1905	63	72	2752
丹东市	3		3002	72	86	61962
营口市	3		3867	88	119	3395
辽阳市	1		2912			1608
港澳台商独资经营企业	190	65	255338	54777	59540	528889
沈阳市	76	32	57053	14969	13481	147121
大连市	72	30	146972	32510	38654	233473
鞍山市	8		8804	4727	4650	27697
本溪市	3	1	8437	340	314	15555
丹东市	6		10429	774	1048	21378
锦州市	4		4274	43	56	972
营口市	9		4322			1147
阜新市	3		4396			12639
辽阳市	1		3528	36	57	7549
盘锦市	1		3175	750	499	265
铁岭市	6	1				54156
朝阳市	1	1	3949	628	781	6936
港澳台商投资股份有限公司	35	5	60788	10219	15149	67545
沈阳市	9	2	13471	319	712	14688
大连市	18	3	35923	7727	10477	39614
鞍山市	1		18			309
丹东市	3		4321	643	1586	7722
锦州市	1					185

单位：千元

本年折旧	营业收入	主营业务收入	营业成本	主营业务成本	营业税金及附加	主营业务税金及附加	主营业务利润	其他业务利润
821	14200	13444	11665	11665	410	410	1370	756
9641	71399	71205	53992	53992	1698	1698	15516	
903	16053	15939	12836	12836	215	215	2907	
1371	22843	22843	16859	16859	1568	1568	4416	16
982	12793	12793	11724	11724	106	106	963	
2188	33462	33462	26933	26933	915	563	6197	
331	13913	11326	9805	8983	184	184	2159	
1976	53	53	50	50			3	
966	7301	7301	5283	5283	213	213	1804	
282	2231	2231	1836	1836	27	27	368	
135318	438458	435212	356412	355307	7313	6884	73569	2024
22356	98798	98504	86211	85946	1047	1047	11511	507
98440	171171	170575	137774	137323	1278	1201	32350	702
7198	31369	31348	26992	26992	1210	1210	3146	43
297	4950	4950	3717	3717	33	33	1200	
138	6469	5713	4669	4669	177	177	867	756
2852	54213	54019	41338	41338	1416	1416	11265	
845	11837	11723	9503	9503	175	175	2064	
944	14685	14685	11396	11396	703	703	2586	16
9	4869	4869	4560	4560	18	18	292	
1273	27022	27022	21547	21547	865	512	5193	
157	7439	6168	4855	4466	166	166	1536	
4	53	53	50	50			3	
523	3351	3351	1964	1964	199	199	1188	
282	2231	2231	1836	1836	27	27	368	
8034	41713	41713	32406	32018	381	381	9314	88
11	88	88	53	53	5	5	30	
2328	30089	30089	21884	21496	296	296	8296	88
265	1905	1905	1736	1736	63	63	106	
4957	2882	2882	2450	2450			432	
313	3836	3836	3724	3724	2	2	110	
161	2912	2912	2559	2559	14	14	340	
36901	236367	233996	190335	189878	2887	2860	41270	805
10523	51048	51047	43437	43437	841	841	6773	181
18275	135011	133957	108101	108078	744	717	25169	624
2282	9008	9008	6657	6657	63	63	2288	
683	7731	7731	6996	6996	233	233	503	
1076	9984	9984	8139	8139			1845	
58	4217	4217	3333	3333	41	41	843	
115	4322	4322	1738	1738	863	863	1720	
670	4396	4396	3936	3936	44	44	415	
755	3528	3528	2828	2828	36	36	664	
50	3175	1859	1852	1418	7	7	434	
1972								
443	3949	3949	3319	3319	14	14	616	
4628	56792	56792	46260	46234	745	728	9830	71
945	12591	12591	11205	11205	187	178	1208	71
2498	32965	32965	26594	26568	218	209	6189	
1	88	88	71	71	3	3	15	
757	4321	4321	2065	2065	282	282	1974	

1-B-3 续表 7

分组	企业单位数(个)	亏损企业	工业总产值(当年价格)	年初存货	年末存货	固定资产原价
营口市	1					
阜新市	1		3528	882	1764	3792
盘锦市	1		3528	648	611	1235
外商投资企业	2474	729	4323866	848214	999327	5618029
沈阳市	579	231	600849	176946	201760	967739
大连市	1180	396	2514598	514020	621853	2805228
鞍山市	61	16	68140	22472	25365	135119
抚顺市	58	11	122487	6334	9889	87974
本溪市	30	6	52680	6103	8261	150429
丹东市	226	30	389758	50407	57303	595640
锦州市	50	7	56234	12301	9917	284231
营口市	110	13	147378	14210	13193	111844
阜新市	64	4	118651	10941	15012	107022
辽阳市	31	3	83287	9673	9193	52909
盘锦市	35	4	85537	15230	14369	237409
铁岭市	26	3	50494	1602	4765	58502
朝阳市	12	3	12112	1530	1468	10627
葫芦岛市	12	2	21662	6444	6980	13356
中外合资经营企业	1103	317	1898992	508803	561458	3140449
沈阳市	229	102	226443	94318	103282	608707
大连市	471	160	950487	314646	357781	1341407
鞍山市	35	10	38583	14388	15752	99445
抚顺市	26	6	51703	2080	3071	34192
本溪市	16	4	30775	5503	4281	105548
丹东市	122	13	230386	23629	23741	433286
锦州市	27	3	34248	9134	6769	120468
营口市	68	7	83459	9415	8066	85074
阜新市	36	4	57525	9135	11396	45790
辽阳市	22	2	60308	7652	6750	38009
盘锦市	22	1	61904	12035	10709	195558
铁岭市	13	2	46057	327	2697	11982
朝阳市	7	1	10669	943	1284	9417
葫芦岛市	9	2	16445	5597	5877	11567
中外合作经营企业	120	34	251463	64402	67902	247190
沈阳市	18	6	21004	10547	11593	14029
大连市	71	22	181067	42826	43972	163304
鞍山市	1	1	781	892	858	582
抚顺市	2		2809	1058	674	9332
本溪市	1		208			154
丹东市	8	2	16301	3891	5769	13782
锦州市	6	1	7720	2150	1394	10574
营口市	3		951	213	261	882
阜新市	3		13099	674	695	13731
辽阳市	1		2002	794	714	708
盘锦市	2		1147			15661
铁岭市	2	1	2907		794	3633
朝阳市	1	1	587	587	140	566
葫芦岛市	1		882	770	1038	253
外资企业	1190	367	2079061	268059	359974	2110186
沈阳市	318	121	336554	70476	85461	329951
大连市	609	207	1335931	152849	215784	1265726

单位：千元

本年折旧	营业收入	主营业务收入	营业成本	主营业务成本	营业税金及附加	主营业务税金及附加	主营业务利润	其他业务利润
303	3528	3528	3228	3228	44	44	256	
123	3298	3298	3098	3098	11	11	189	
381459	4181145	4134613	3351752	3329398	53533	51978	757911	28473
70744	580356	576657	474497	473037	8826	8527	94946	5898
210029	2431330	2393704	1944368	1926200	17900	17075	454453	20997
9502	68768	68060	55982	55658	1433	1397	11181	518
7195	123625	123570	103861	103861	2502	2502	17207	
6268	47585	47378	40650	40573	531	531	6274	157
22447	391414	391244	316102	315847	6510	6467	68930	420
5660	55950	55950	44672	44672	998	998	10322	180
8630	145570	145394	115617	115617	7259	7259	22518	2
6073	116987	116987	87802	87802	933	933	28251	
4460	81122	81095	60717	60717	2474	2121	18359	263
25993	85733	81941	67325	65738	669	669	15534	31
2579	16157	16157	14023	14023	217	217	1917	9
892	12162	12162	8836	8836	927	927	2399	
988	24385	24314	17299	16817	2354	2354	5620	
199795	1847445	1814401	1484934	1468232	26523	25702	321345	16253
44772	215513	214079	179385	178155	2445	2411	33365	1349
92710	943031	916242	757686	744800	6340	5969	165868	13591
7885	38743	38035	32551	32227	1006	970	4867	362
4206	52218	52218	44516	44516	892	892	6810	
3535	30108	29900	25477	25401	461	461	4038	157
12821	229759	229588	180257	180001	4576	4549	45038	356
1960	34871	34871	27481	27481	766	766	6646	180
5819	82627	82627	64853	64853	3742	3742	14033	2
1940	58085	58085	47784	47784	667	667	9633	
3210	58648	58622	44120	44120	2001	1648	12956	257
17499	61228	57576	48747	47300	538	538	9738	
1857	12514	12514	10816	10816	178	178	1520	
786	10770	10770	7500	7500	918	918	2352	
794	19331	19275	13759	13277	1993	1993	4481	
23191	240640	240091	196778	196136	1704	1587	42429	1791
1209	20973	20938	18691	18662	200	200	2076	5
15425	172939	172426	140463	139851	911	795	31821	1786
11	781	781	755	755			26	
474	2866	2866	2379	2379	9	9	478	
8	208	208	188	188	1	1	19	
1250	15743	15743	13867	13867	300	300	1576	
593	6632	6632	5855	5855	127	127	670	
71	951	951	706	706	1	1	244	
1099	13120	13120	8572	8572	65	65	4482	
35	1914	1914	1607	1607	35	35	272	
2737	1147	1147	794	794	9	9	344	
146	2113	2113	1848	1848			265	
93	536	536	512	512			25	
41	718	718	542	542	46	46	131	
147528	2005013	1992098	1601734	1596723	24744	24128	374895	10317
23835	327490	325260	264117	263915	6059	5793	55551	4543
98157	1270519	1260220	1011044	1006374	10430	10096	247251	5509

1-B-3 续表 8

分　组	企业单位数（个）	亏损企业	工业总产值（当年价格）	年初存货	年末存货	固定资产原价
鞍山市	23	4	24952	6910	8532	30896
抚顺市	30	5	67976	3195	6144	44450
本溪市	10	2	15077	498	1505	15744
丹东市	94	15	143071	22887	27793	147910
锦州市	12	2	9887	816	1504	132408
营口市	38	6	62968	4583	4866	25888
阜新市	22		41148	1040	2495	38527
辽阳市	7	1	16655	1228	1729	11767
盘锦市	10	3	18120	2225	2777	21851
铁岭市	11		1530	1274	1274	42887
朝阳市	4	1	855		44	644
葫芦岛市	2		4336	78	64	1536
外商投资股份有限公司	61	11	94350	6951	9993	120203
沈阳市	14	2	16848	1605	1423	15052
大连市	29	7	47112	3698	4315	34792
鞍山市	2	1	3824	282	223	4196
本溪市	3		6620	101	2475	28982
丹东市	2					661
锦州市	5	1	4379	201	250	20781
营口市	1					
阜新市	3		6880	93	425	8974
辽阳市	1		4322			2425
盘锦市	1		4366	970	882	4339
总计中：国有控股企业	**2195**	**569**	**2784199**	**768046**	**844911**	**15844568**
沈阳市	794	270	782357	403515	404139	5723868
大连市	269	91	467340	118764	164685	1125343
鞍山市	117	16	96114	14352	17750	384275
抚顺市	178	38	286098	30595	43498	3413040
本溪市	131	18	377726	17596	17971	295530
丹东市	99	23	146788	32605	31875	1203613
锦州市	141	40	106141	40663	44068	1181961
营口市	41	7	47863	11295	11780	41416
阜新市	145	16	141799	52599	56350	749009
辽阳市	34	1	82321	21822	22481	100678
盘锦市	46	1	78193	513	2186	87316
铁岭市	90	9	43986	7825	8034	1219813
朝阳市	56	22	79292	8366	13231	239733
葫芦岛市	54	17	48182	7536	6863	78973
总计中：轻工业	**20878**	**3402**	**34410598**	**3400164**	**3826123**	**29635781**
沈阳市	4659	1241	4723491	692040	725399	5446494
大连市	5677	1242	11730388	1325857	1577327	8235528
鞍山市	2140	197	3523250	259359	278300	2640145
抚顺市	1064	119	1858016	71865	103599	879832
本溪市	448	34	1141747	55660	70680	919524
丹东市	1255	108	2195296	217492	222902	3114212
锦州市	862	120	818773	109499	122853	1688161
营口市	1311	70	2560700	158258	164608	917761
阜新市	608	48	923335	112231	142311	1011103
辽阳市	747	35	2004750	138417	146729	1618619
盘锦市	510	41	988708	93887	83113	526638
铁岭市	686	19	800214	46660	56589	1034921
朝阳市	379	62	599349	39515	48771	1115730
葫芦岛市	532	66	542580	79423	82942	487113

单位：千元

本年折旧	营业收入	主营业务收入	营业成本	主营业务成本	营业税金及附加	主营业务税金及附加	主营业务利润	其他业务利润
1293	25574	25574	20522	20522	374	374	4825	156
2514	68541	68485	56965	56965	1602	1602	9918	
1267	13428	13428	11628	11628	64	64	1735	
8324	145913	145913	121979	121979	1634	1618	22316	63
886	10068	10068	7778	7778	71	71	2220	
2740	61992	61816	50059	50059	3516	3516	8241	
2320	39492	39492	27026	27026	148	148	12318	
950	16238	16238	11372	11372	414	414	4453	6
4500	19037	18897	14062	13922	70	70	4905	31
576	1530	1530	1359	1359	39	39	132	9
12	855	855	825	825	9	9	22	
153	4336	4322	2999	2999	315	315	1008	
10946	88048	88023	68306	68306	563	560	19242	112
928	16380	16380	12304	12304	122	122	3955	
3736	44842	44818	35174	35174	219	216	9513	112
313	3672	3672	2155	2155	53	53	1464	
1458	3842	3842	3356	3356	4	4	482	
53								
2222	4379	4379	3558	3558	35	35	786	
714	6290	6290	4419	4419	53	53	1818	
265	4322	4322	3619	3619	24	24	679	
1258	4322	4322	3722	3722	53	53	547	
787268	**2684736**	**2633560**	**2193969**	**2166508**	**56924**	**52124**	**415228**	**51827**
420765	758245	745120	633076	628667	15879	14712	101473	26292
77399	444095	428622	358043	351705	3358	3313	73876	12270
22956	97666	91602	75513	74956	3362	1159	15951	1789
21071	284638	284125	235490	235490	3496	3496	45139	971
23095	348754	347239	286776	285312	9786	9776	52151	578
38484	125751	124608	90001	89172	4862	4861	30462	2525
61990	107215	99495	88507	79578	1346	1332	18874	687
2937	46512	46512	35698	35698	1397	1364	9449	168
38834	134231	133341	107092	105644	863	863	26417	759
7570	81350	81350	64815	64815	3317	2424	13402	2179
7836	76899	76899	58169	58079	1758	1393	17428	
51032	46038	45345	36723	35553	1050	990	8895	449
8804	79938	75969	81582	80000	4222	4222	-8323	3052
4496	53403	53334	42483	41838	2228	2217	10035	109
2016387	**33565299**	**33346025**	**26571445**	**26434980**	**644385**	**620101**	**6311611**	**143234**
367157	4502120	4483303	3628512	3617707	104708	103328	759597	26077
663062	11451078	11344851	8946343	8888552	125240	122732	2344551	65450
142894	3481978	3466570	2700696	2697395	65799	62928	705979	20232
61298	1845208	1844754	1483314	1483244	21008	20509	341001	3855
76063	1059384	1056752	875484	873079	29522	28790	154971	552
144746	2156100	2150042	1722246	1717983	43799	43524	388422	5387
92615	799882	793510	644823	639846	17250	17053	137469	1431
71868	2490689	2486512	1952873	1949803	97235	97035	439673	1127
60667	870991	866551	650602	643971	8769	7888	215018	6122
166873	1939449	1938440	1585618	1585416	52525	38885	318761	5063
55537	988071	942909	778846	746138	15273	14787	182221	1670
45976	848465	845520	705371	701437	21228	20903	125446	3890
38494	582167	576803	456980	453193	23046	22796	100758	1973
29137	549715	549510	439735	437217	18984	18942	97744	406

1-B-3 续表 9

分 组	企业单位数（个）	亏损企业	工业总产值（当年价格）	年初存货	年末存货	固定资产原价
重工业	**46856**	**7904**	**83498888**	**7607999**	**9055251**	**67563338**
沈阳市	10946	2850	13259734	1893480	2118517	14531373
大连市	10687	2486	22291272	2271161	2836596	13875978
鞍山市	4573	597	7077290	499434	593966	5835988
抚顺市	3220	398	5855423	302112	438776	6103127
本溪市	1642	128	5035523	190169	224633	3412572
丹东市	2753	179	5543073	369135	439272	4908705
锦州市	1845	281	2040208	217778	277890	2335839
营口市	2913	116	6001361	423160	442663	2083162
阜新市	1447	150	2570727	248489	385009	2281788
辽阳市	1720	54	4879912	290368	327285	2642619
盘锦市	1222	98	2760449	306735	252022	1723737
铁岭市	1145	70	1428474	99217	122252	3042153
朝阳市	1463	244	3153696	226525	317313	2760112
葫芦岛市	1280	253	1601746	270234	279058	2026185
按行业大类分						
煤炭开采和洗选业	487	52	1686626	60416	105845	1366489
沈阳市	11	5	16618	1109	911	91692
抚顺市	69	9	77675	8188	8313	49098
本溪市	87	1	856854	14583	24731	409279
丹东市	112	3	237178	11349	22242	395848
锦州市	25		37414	479	481	89841
阜新市	59	1	179083	4603	31641	116666
辽阳市	33		124106	1032	900	51118
铁岭市	3					5138
朝阳市	20	4	36545	7719	6262	49979
葫芦岛市	68	29	121152	11354	10365	107830
石油和天然气开采业	86	7	212931	24329	18373	123146
阜新市	1					
盘锦市	85	7	212931	24329	18373	123146
黑色金属矿采选业	668	51	1880247	97584	158197	2265274
沈阳市	3		9102	1095	498	4657
大连市	5		20685	933	1274	11671
鞍山市	86	14	140832	10049	21304	119509
抚顺市	37	2	108988	4914	7655	66453
本溪市	76	2	233639	9752	13163	325979
丹东市	66	3	166702	4866	9936	169674
锦州市	3		10131	176	176	6334
营口市	29	2	39104	5994	6174	10775
阜新市	15		60087	639	3323	97929
辽阳市	70		210218	9645	8147	108012
铁岭市	5		4330	118	100	56428
朝阳市	245	24	847382	48803	83175	801594
葫芦岛市	28	4	29047	600	3271	486260
有色金属矿采选业	527	32	1162994	59467	74849	996070
沈阳市	2					8908
大连市	3		27237	58	71	5815
鞍山市	92	8	155091	5914	6636	182779
抚顺市	21		52235	1304	738	52860

单位：千元

本年折旧	营业收入	主营业务收入	营业成本	主营业务成本	营业税金及附加	主营业务税金及附加	主营业务利润	其他业务利润
4484925	**80355873**	**79841647**	**64007346**	**63690093**	**1742885**	**1669266**	**14584756**	**289490**
990245	12761716	12710922	10567978	10533180	284889	280223	1891893	68050
1144764	21108356	21011250	16656945	16615616	212083	206159	4231634	63868
327031	6900441	6810652	5474767	5457038	140483	126801	1217693	70859
229858	5862899	5860508	4712625	4710389	101762	100167	1049952	12673
309404	4657750	4635320	3735872	3715815	130103	129825	789681	5009
307210	5323148	5310375	3942719	3933841	174374	173001	1203580	6973
96849	1966352	1931332	1630814	1601614	35061	34697	298287	2252
159383	5821692	5818909	4643582	4642568	208395	207592	968749	4602
145933	2422625	2418315	1837122	1833688	21655	21600	562664	4486
227089	4713661	4706909	3794240	3791996	153690	113519	811299	27428
191632	2724069	2548264	2119432	1985119	39423	38395	525981	5605
112792	1360393	1357343	1086043	1083415	37513	36047	240079	8990
148721	3037627	3031990	2408235	2406250	130344	128256	498019	6372
94015	1695142	1689556	1396971	1379563	73110	72983	295245	2323
89078	1613712	1613712	1158477	1158407	71463	65730	389951	1275
875	12315	12315	11082	11082	366	366	884	
2348	78143	78143	51407	51407	1596	1596	25140	471
34835	836766	836766	600655	600655	36491	36491	199620	24
29812	227925	227925	146710	146710	9801	9625	71591	18
3332	33278	33278	21364	21364	1515	1515	10619	
8788	152728	152728	117639	117639	2972	2972	32117	
2555	121548	121548	81221	81221	11515	6399	33927	763
497								
2200	37378	37378	27642	27642	3554	3113	6623	
3836	113630	113630	100756	100686	3652	3652	9430	
15396	209087	189791	153517	139394	3531	3373	47643	479
15396	209087	189791	153517	139394	3531	3373	47643	479
122158	1793638	1790883	1392735	1391325	73101	69019	330102	8720
345	8916	8916	6835	6835	176	176	1905	265
1129	19490	19490	14765	14765	301	301	4424	
6109	133669	133669	110532	110479	3355	3320	19141	1365
5479	107506	107506	73411	73411	5107	5107	28988	
19610	207312	207223	157341	157253	7648	7560	42411	19
12749	154887	154887	109185	108921	7584	6738	39229	
86	10131	10131	7412	7412	1372	1372	1347	
710	38470	38470	30859	30859	1400	1400	6212	
7103	59517	59517	39972	39972	501	501	19044	
7750	201142	198484	151016	150628	8454	5941	41915	5377
1042	4198	4198	3589	3589	178	178	431	
52864	817528	817519	664073	663455	35585	34985	119372	1693
7182	30872	30872	23746	23746	1440	1440	5686	
61164	1087842	1087842	817408	817364	38280	38270	233293	905
110								
508	4307	4307	3399	3399	191	191	716	
6186	147849	147849	121363	121319	2328	2328	24202	44
7357	50587	50587	36946	36946	712	712	12929	57

1-B-3 续表 10

分 组	企业单位数（个）	亏损企业	工业总产值（当年价格）	年初存货	年末存货	固定资产原价
本溪市	27	1	86313	825	1848	66373
丹东市	135	3	369134	5713	18336	288559
锦州市	7		8396			69767
营口市	120	3	274256	26893	29725	81333
阜新市	7		26277	273	357	18171
辽阳市	9		31398	1777	1267	9563
铁岭市	5		6879	176	141	23614
朝阳市	29	3	82496	5405	8606	71839
葫芦岛市	70	14	43283	11127	7123	116491
非金属矿采选业	1988	87	4526401	189785	239014	2963756
沈阳市	87	8	164325	4531	6951	149642
大连市	165	9	487144	30471	39194	217993
鞍山市	360	25	669541	42908	39992	571830
抚顺市	69	2	161831	6572	7506	68919
本溪市	98	9	326986	6606	10126	299680
丹东市	249	1	643659	19126	30910	548806
锦州市	114	1	216205	7284	16825	107973
营口市	189	1	445561	18674	18347	246725
阜新市	120	2	357442	9519	17544	188927
辽阳市	131	2	434622	8034	14837	151198
铁岭市	87	4	127615	4788	6165	65370
朝阳市	187	15	343702	15702	19240	243514
葫芦岛市	132	8	147768	15571	11377	103179
其他采矿业	6	1	11372	103	78	6960
大连市	1		1011	63	21	152
鞍山市	2		2963			723
营口市	1		1764			1058
阜新市	1		4373	40	57	1852
葫芦岛市	1	1	1261			3175
农副食品加工业	3273	339	6525337	608742	723089	6229201
沈阳市	448	99	527256	53805	61202	596878
大连市	982	128	2435495	324147	386552	2018118
鞍山市	260	24	515951	41993	36451	329669
抚顺市	116	13	206426	5600	10636	158727
本溪市	56	2	149800	2121	9646	132900
丹东市	249	21	555182	58713	66027	669170
锦州市	212	14	296585	18199	23378	512400
营口市	172	3	343129	14278	15688	96340
阜新市	135	4	310692	18104	24247	236094
辽阳市	103	4	277874	7788	12358	170678
盘锦市	132	1	275393	21038	20306	192528
铁岭市	205	6	307602	16798	25094	457048
朝阳市	97	10	177687	10777	14026	485252
葫芦岛市	106	10	146265	15382	17477	173398
食品制造业	1471	224	2281606	226010	249825	2232927
沈阳市	293	80	252817	34618	39768	377861
大连市	448	87	929073	102844	119908	515348
鞍山市	114	13	154955	13125	15014	238380
抚顺市	111	9	212187	7237	11512	82686
本溪市	37	1	92376	2677	3460	77946
丹东市	71	3	97117	15486	10120	98466

单位：千元

本年折旧	营业收入		营业成本		营业税金及附加		主营业务利润	其他业务利润
		主营业务收入		主营业务成本		主营业务税金及附加		
5213	81886	81886	55939	55939	5891	5891	20056	8
17724	341183	341183	227961	227961	15704	15696	97526	782
6792	7999	7999	5925	5925	96	96	1978	
4529	270821	270821	214518	214518	7734	7734	48569	
1292	26233	26233	18185	18185	991	991	7057	
988	29464	29464	23443	23443	833	833	6273	
227	6879	6879	5375	5375	49	49	1455	
4484	77185	77185	66385	66385	2436	2436	8363	
5755	43448	43448	37968	37968	1315	1313	4166	13
212190	4277164	4267688	3213481	3206747	143248	139765	922955	6772
9560	161117	160941	128647	128647	4688	4678	27616	34
15879	464462	463760	361169	361169	6805	6630	96418	927
22192	611527	605354	496585	491898	16558	16045	97846	2210
6856	161721	161721	108948	108948	3023	2872	49900	17
27126	289882	289006	221203	220220	13678	13588	55197	62
38378	601896	601152	396139	395631	30783	30773	174748	874
7350	200587	200349	159335	159335	7848	7848	33165	120
21608	433382	433382	340903	340903	15330	15002	77478	15
15155	349229	349229	236459	236459	3206	3197	109573	16
13993	410246	410228	320361	319832	12717	10876	80203	1404
3426	119343	118973	94020	93994	2936	2933	22196	317
18162	332428	332428	230977	230977	22347	21991	79513	776
12504	141343	141167	118736	118736	3330	3330	19102	
583	11178	11178	8847	8847	297	297	2034	108
15	1011	1011	757	757	12	12	242	
67	2787	2787	2046	2046	79	79	661	106
88	1764	1764	1235	1235	205	205	325	2
148	4355	4355	2842	2842	1	1	1512	
265	1261	1261	1967	1967			-706	
371613	6431540	6376922	5059969	5030094	112371	105293	1245287	44056
33187	504934	503722	404867	404064	9056	8954	90662	781
151300	2376964	2338986	1845447	1832287	24858	24446	485417	27963
23319	517060	515330	392197	390558	8333	7777	115488	3563
10165	198977	198977	153908	153908	2820	2713	42356	91
10127	138626	138626	117652	117652	4329	4232	16742	99
29347	543978	542899	441028	440132	7846	7846	94921	1117
17257	287188	286063	233625	232702	7504	7362	46426	744
8572	335487	334728	254143	254046	11778	11746	68936	669
17184	304775	300557	218792	212739	3211	2332	85486	6017
13832	265384	265366	205492	205430	12158	7683	53738	59
19703	277158	272384	221986	218328	5226	5116	48940	658
19895	371516	369912	318699	316740	8309	8219	45154	2165
11502	170652	170618	135200	134759	4642	4606	31261	95
6223	138843	138755	116933	116748	2301	2261	19760	35
119992	2212406	2205376	1723301	1716197	40962	39634	449102	9197
22594	239080	238732	186910	186597	5979	5865	45416	3404
40705	896431	894945	697713	696454	9710	9399	189965	1991
7718	157724	157724	116381	116363	3288	3211	36984	2738
6236	209192	209192	169234	169163	2250	2235	37794	20
6977	83242	83242	68308	68308	1920	1879	13055	
5327	95482	93714	76297	75251	3027	2877	15587	582

1-B-3 续表 11

分 组	企业单位数(个)	亏损企业	工业总产值(当年价格)	年初存货	年末存货	固定资产原 价
锦州市	68	12	36480	8117	6167	316515
营口市	69	2	134756	4527	5677	41375
阜新市	48	2	73579	12889	14044	143939
辽阳市	40	1	84995	5394	6079	54551
盘锦市	34	3	75793	4738	5001	27276
铁岭市	59	2	44265	1136	1981	73953
朝阳市	43	6	51180	4209	5017	133475
葫芦岛市	36	3	42033	9013	6077	51156
饮料制造业	1025	121	1622422	142074	164377	1715218
沈阳市	171	42	171044	15811	19721	263635
大连市	175	20	398999	28227	36878	256560
鞍山市	94	12	143871	14330	13611	134026
抚顺市	62	4	116189	3246	3637	65134
本溪市	44	4	130647	8852	8518	98583
丹东市	61	5	109760	6318	6111	140183
锦州市	77	5	61980	7151	8453	119929
营口市	42	4	69717	9650	9421	91270
阜新市	65	8	119785	10503	18334	198747
辽阳市	37	3	94629	13761	12984	65857
盘锦市	16	2	38593	2830	1991	27028
铁岭市	80	1	65670	5119	4627	113464
朝阳市	33	2	47349	5208	6548	72887
葫芦岛市	68	9	54190	11068	13544	67915
烟草制品业	2		23228			3345
沈阳市	1		20979			1317
抚顺市	1		2249			2028
纺织业	1670	215	3220755	335508	363378	3462440
沈阳市	199	45	161083	58987	61676	670754
大连市	354	66	837534	79488	89569	405036
鞍山市	243	32	424676	45694	46768	568339
抚顺市	101	13	181199	5445	12599	110216
本溪市	27	1	63838	2185	1968	33100
丹东市	171	8	344892	33873	36586	388651
锦州市	58	7	50587	14698	17469	176076
营口市	216	23	407711	45859	44154	178916
阜新市	46	8	45381	16617	18533	83022
辽阳市	155	3	544970	17592	17758	705155
盘锦市	20	2	38006	5538	5203	13102
铁岭市	35		44288	3144	4923	74600
朝阳市	21	4	47227	2422	2487	25516
葫芦岛市	24	3	29362	3966	3685	29957
纺织服装、鞋、帽制造业	2709	465	4906460	339872	384896	2773936
沈阳市	380	101	392287	54722	54269	365562
大连市	1132	268	2411847	159472	187471	1349485
鞍山市	347	16	606163	25239	26508	348859
抚顺市	91	13	136440	3715	6094	35170
本溪市	30	2	73647	5457	7488	53179
丹东市	132	13	260087	14494	15797	181504
锦州市	52	7	59422	3624	4857	29060
营口市	254	15	561610	24131	27678	168646
阜新市	54	5	52763	12847	14029	46666

单位：千元

本年折旧	营业收入	主营业务收入	营业成本	主营业务成本	营业税金及附加	主营业务税金及附加	主营业务利润	其他业务利润
4797	35241	35241	27042	27042	645	612	7586	7
3602	131024	131024	101243	101243	4328	4328	25453	
5709	72733	72715	51051	51051	662	662	21002	
4895	82607	82607	64838	64838	2164	1635	16835	132
2873	77814	74404	64258	60848	1059	1057	12500	
3191	43582	43582	33241	33241	1829	1774	8566	144
2557	49724	49724	34267	34267	3485	3485	11971	96
2813	38532	38532	32517	31529	616	616	6387	83
116413	1553376	1547599	1187617	1184629	42495	40462	324348	2298
22242	160834	159236	127696	126402	3240	3227	29607	354
17880	383503	382425	283076	283023	7814	7763	92182	119
6277	137977	137694	104863	104796	2372	2237	31114	1210
5687	114884	114884	90958	90958	1393	1393	22533	
9646	119521	119521	94275	94275	6749	6458	18787	62
5657	107192	107037	85405	85250	2943	2943	18844	4
5151	58976	58800	46555	46555	1737	1737	10510	
8439	66696	66696	49348	49348	2884	2884	14464	56
15161	117035	117035	87061	87061	1416	1414	28564	41
4808	91835	91746	70272	70272	5437	4026	17494	110
2097	38386	36062	28087	26910	460	460	8692	
4758	57010	56959	44581	44397	1898	1805	10775	252
2541	47861	47855	35062	35062	2044	2006	10791	19
6069	51665	51649	40378	40321	2106	2106	9992	71
303	23184	23184	21703	21703	51	51	1430	
127	20979	20979	20270	20270	8	8	701	
176	2205	2205	1433	1433	43	43	728	
261728	3126960	3108175	2513926	2501970	59071	56396	552071	10545
34270	157705	153217	124854	124653	3416	3398	25166	4566
28072	799687	796927	613107	609677	9173	8807	179992	2945
18942	421388	419743	333768	333395	9810	9499	77201	1380
5746	181539	181084	145865	145865	1251	1230	33989	472
3256	58176	58176	47702	47702	1267	1267	9207	
19815	346063	345410	277338	277338	8337	8327	59744	111
39909	48307	48220	41729	41722	1251	1251	5261	438
11060	400601	397738	326318	323768	13364	13353	60617	169
1901	38705	38705	32425	32425	301	301	6005	
90701	525038	525038	446988	446988	7019	5255	73118	367
1729	36475	32880	29525	25929	400	400	6550	
3175	40692	40692	33596	33596	850	850	6246	
1664	44462	42222	35594	33795	2145	1968	6458	
1487	28122	28122	25118	25118	487	487	2517	97
214430	4815415	4795909	3797156	3785145	98031	94794	918527	8176
25766	373861	373319	296936	296499	7550	7480	69014	1288
121555	2398237	2387898	1878195	1870429	27320	27005	491546	5657
19180	591439	588185	465986	465545	15659	15504	108584	296
2243	136553	136553	111123	111123	1297	1259	24171	86
3447	68745	68745	57753	57753	1164	1164	9828	
10679	258524	257818	216084	215447	2564	2551	39820	109
1596	57357	56001	44340	43184	1378	1378	11541	
13564	545152	544976	431281	431272	27081	27081	86622	45
1498	41482	41482	34091	34091	857	857	6551	8

1-B-3 续表 12

分组	企业单位数(个)	亏损企业	工业总产值(当年价格)	年初存货	年末存货	固定资产原价
辽阳市	49		140916	10901	12561	88964
盘锦市	35	6	78414	7512	6773	31715
铁岭市	24	2	24913	773	824	15762
朝阳市	15	3	18575	536	1481	8097
葫芦岛市	114	14	89377	16449	19066	51266
皮革、毛皮、羽毛(绒)及其制品业	395	80	533054	65962	80140	580509
沈阳市	114	31	74687	11400	11680	183424
大连市	104	36	170884	26120	31309	188244
鞍山市	68	4	114156	7085	5705	62546
抚顺市	5	2	5231	494	427	1322
本溪市	5		13434	159	220	7659
丹东市	16	3	26863	2192	2070	29435
锦州市	16	3	11381	4720	6309	19334
营口市	29		69293	617	440	8523
阜新市	8		10305	9517	17686	55252
辽阳市	14	1	28791	3311	4075	15280
盘锦市	4		2824	46	35	1905
铁岭市	7					1940
朝阳市	2		4322			2381
葫芦岛市	3		884	302	184	3263
木材加工及木、竹、藤、棕、草制品业	1761	215	3349162	305195	360175	2475289
沈阳市	291	61	384758	52697	52698	400206
大连市	487	111	856406	154477	188808	798787
鞍山市	126	3	230836	15488	13047	132776
抚顺市	328	10	881410	21481	30519	361701
本溪市	61	8	185834	7744	11327	164055
丹东市	130	3	274402	13089	15445	214033
锦州市	38	2	35162	8509	8825	26661
营口市	69	1	136256	9532	8804	36133
阜新市	59	4	98361	5186	8140	54841
辽阳市	43	2	85763	5262	6715	90373
盘锦市	20		30581	2656	1709	15438
铁岭市	70	5	77733	4273	6632	138895
朝阳市	25	2	57286	3204	5558	26428
葫芦岛市	14	3	14374	1597	1947	14960
家具制造业	821	143	1224449	211049	233114	819144
沈阳市	298	62	342491	47927	50309	251861
大连市	201	52	358305	127394	138926	276669
鞍山市	70	6	88295	10031	11463	69614
抚顺市	50	9	77132	2428	6830	29635
本溪市	16		37958	1243	1864	21884
丹东市	47	3	73927	6292	6458	59429
锦州市	11	2	16598	613	623	13302
营口市	29		45599	2809	2955	15124
阜新市	16	1	15666	347	1872	4298
辽阳市	24	2	64768	4107	4455	23820
盘锦市	21	2	43100	3419	2752	7914
铁岭市	16	1	24226	859	950	17446
朝阳市	13	2	28199	1110	1178	22631
葫芦岛市	9	1	8185	2470	2480	5517

单位：千元

本年折旧	营业收入	主营业务收入	营业成本	主营业务成本	营业税金及附加	主营业务税金及附加	主营业务利润	其他业务利润
6531	137188	137188	102342	102289	7349	4703	30199	13
3651	76229	73093	57395	56015	1159	1159	15920	
1166	22886	22886	18281	18281	507	507	4098	617
327	18275	18275	15389	15389	564	564	2322	26
3226	89487	89487	67960	67827	3582	3582	18309	30
46395	510323	507127	400644	399716	11630	10806	96624	3151
25317	72645	72578	59933	59932	3223	3190	9456	678
11977	166710	163598	132467	131556	1167	1157	30885	2275
2855	106065	106065	79716	79716	2378	2302	24047	198
67	5160	5160	4582	4582	62	62	517	
896	14077	14077	12606	12606	156	156	1314	
1317	25740	25740	20245	20245	648	648	4847	
575	10075	10058	7945	7928	98	98	2032	
639	65878	65878	50452	50452	1986	1986	13440	
1360	8259	8259	6420	6420	80	80	1777	
1049	27770	27770	20112	20112	1530	825	6833	
187	2824	2824	1746	1746	119	119	959	
19								
48	4322	4322	3969	3969	141	141	212	
90	798	798	452	452	41	41	305	
172328	3239967	3232817	2562031	2558060	66381	65432	609246	9231
19955	357845	356303	288021	286698	7170	7065	62604	534
57504	834461	832756	685133	684973	8787	8565	139324	2696
10140	226985	226432	163973	163753	4782	4488	57707	1660
32793	867332	867332	686753	686753	14252	14234	166345	3627
11500	175660	175660	140745	140745	6589	6589	28326	78
13737	258155	258155	188610	188610	10664	10656	58890	201
1341	34170	34170	28044	28044	855	855	5271	35
3134	131204	131204	98228	98228	6276	6133	26843	15
3851	93517	93517	70072	70072	989	989	22456	
9322	80766	80766	68726	68726	1284	1284	10925	273
1901	30864	27890	22944	20851	594	594	6444	
5110	75713	75351	62305	62305	2170	2129	10829	111
1518	55280	55280	42948	42948	1316	1198	11141	
524	18015	18000	15530	15355	654	654	2140	
61118	1181226	1178659	934787	930737	22438	21649	226647	5849
16792	323973	323178	264603	263271	6128	6083	54345	912
27407	343755	343584	266128	265224	3318	3217	75414	1615
2932	88925	88859	66896	66896	2678	2678	18357	1886
2342	77276	77276	61493	61493	766	766	15016	1258
1508	37049	37049	29918	29918	1587	1498	5632	
3502	71950	71950	57270	57093	1301	1274	13583	
875	15915	15845	12719	12719	176	176	2950	
1244	44082	44082	33081	33081	2071	2071	8931	5
321	12762	12762	9932	9932	116	116	2714	4
1868	63250	63240	51456	51456	2028	1499	10566	169
882	42068	40613	34613	33158	555	555	7130	
519	23188	23188	18400	18400	445	445	4343	
476	27776	27776	20981	20981	941	941	5853	
450	9258	9258	7296	7114	329	329	1815	

1-B-3 续表 13

分 组	企业单位数（个）	亏损企业	工业总产值（当年价格）	年初存货	年末存货	固定资产原价
造纸及纸制品业	1247	177	2081138	166624	179745	1729317
沈阳市	310	71	317918	28296	28353	237153
大连市	317	60	743066	50633	61710	374363
鞍山市	110	8	178928	19808	20604	108216
抚顺市	74	8	106533	5188	5046	54111
本溪市	28	3	61423	2268	2301	48337
丹东市	71	4	103699	9988	8945	593087
锦州市	62	8	61266	9468	9731	64196
营口市	102	1	202908	12192	11100	67266
阜新市	23	1	42763	2872	5341	17136
辽阳市	50	3	123331	14699	14653	64121
盘锦市	24	2	36250	4823	5221	19964
铁岭市	37	2	46683	3373	3004	34681
朝阳市	21	3	27070	1611	1889	33657
葫芦岛市	18	3	29300	1403	1847	13029
印刷业和记录媒介的复制	1899	444	2428455	191731	222073	1627566
沈阳市	612	213	616637	56780	63633	518130
大连市	370	109	599660	51052	70212	399211
鞍山市	135	17	221335	6443	8677	144721
抚顺市	86	13	71668	3903	4340	34716
本溪市	48	11	95096	2773	3759	57126
丹东市	112	5	148091	8049	10455	105520
锦州市	105	26	68994	7499	8438	54212
营口市	88	5	158044	9069	10311	60072
阜新市	74	12	95706	8265	8273	53037
辽阳市	51	3	85599	8259	8180	43515
盘锦市	61	14	96063	15509	11135	45289
铁岭市	63	1	93408	6369	5461	46444
朝阳市	38	5	35893	3032	4110	33959
葫芦岛市	56	10	42260	4729	5091	31614
文教体育用品制造业	230	42	360410	49458	55071	245673
沈阳市	68	12	67849	17579	16255	45464
大连市	73	19	156396	19823	26881	108054
鞍山市	7		4469	282	503	5810
抚顺市	6	2	9045	497	542	9416
本溪市	6		12898			3166
丹东市	21	2	27094	2051	1225	29332
锦州市	8	3	5234	2184	2253	3639
营口市	32	4	64520	6219	6839	26168
阜新市	1					2
辽阳市	4		5427	407	302	9402
盘锦市	3		5357	176	171	5158
铁岭市	1		2121	241	101	63
石油加工、炼焦及核燃料加工业	631	69	1152696	112469	113664	900798
沈阳市	95	14	132087	15100	19845	156921
大连市	69	17	144342	17865	18054	74366
鞍山市	22	1	22251	3300	2458	19187
抚顺市	104	14	174778	11949	13378	82058
本溪市	30	4	65267	2513	2806	31708
丹东市	12		14210	1072	1341	5769
锦州市	34	3	56902	6260	6451	23356
营口市	49	4	113829	10285	9555	58155

单位：千元

本年折旧	营业收入	主营业务收入	营业成本	主营业务成本	营业税金及附加	主营业务税金及附加	主营业务利润	其他业务利润
94576	2014069	2006706	1614603	1611270	38493	37494	358710	4441
14353	302596	301621	245017	244154	7931	7858	49435	677
30963	714201	711297	571878	570447	7076	7006	134217	591
8613	178157	177415	139166	139166	3179	2584	35959	1820
4986	107294	107294	87706	87706	1162	1149	18439	208
3654	56338	56288	46764	46764	1216	1206	8318	32
9962	101721	101721	77436	77436	2900	2847	21438	71
2689	63548	63296	53717	53523	1221	1221	8551	
5031	195966	195851	153355	153241	6654	6654	35956	16
1359	41945	41945	31772	31772	191	191	9969	23
5852	118156	118156	99320	99320	2095	1919	16894	569
2158	35404	33098	27573	26853	333	333	5912	229
1543	45245	45245	38940	38940	1698	1689	4924	89
2105	26038	26038	18785	18785	1993	1993	5259	110
1308	27457	27441	23173	23162	841	841	3440	6
130654	2378874	2362002	1905261	1893357	45947	45388	428538	6085
42504	598479	597048	490902	489962	15866	15589	92461	1784
31902	582592	580936	462744	460801	5326	5105	115682	569
9453	222693	220891	173945	173899	3214	3182	43336	2542
2443	73137	73137	58623	58623	610	609	13905	40
7085	86641	86641	74181	74181	1341	1333	11127	
7300	146923	146871	114078	114078	3201	3201	29693	47
3537	66257	64506	53881	52356	1108	1103	11046	86
5456	154794	154794	124969	124969	4209	4209	25616	66
3794	80701	80496	63641	63062	564	564	17144	28
3442	84499	83782	69962	69873	1928	1920	12144	427
5403	97543	88330	73997	67941	1594	1589	18799	352
4396	96242	96242	75302	75302	2650	2648	19739	76
1639	33560	33556	27106	27106	992	992	5457	16
2302	54815	54773	41930	41202	3345	3345	12388	53
24817	352097	351036	277151	276744	7111	7075	67398	524
3636	65346	65096	53252	52981	1401	1387	10728	177
14520	153969	153893	123070	122935	1150	1136	29889	22
142	4658	3999	2748	2748	59	59	1192	
1020	9398	9398	8053	8053	137	137	1208	
199	12546	12546	8933	8933	752	752	2860	
1396	26569	26569	20696	20696	758	758	5115	278
517	5728	5652	4466	4466	48	48	1161	
2307	61888	61888	45907	45907	2678	2678	13302	4
544	5390	5390	4613	4613	54	45	823	
518	5367	5367	4359	4359	75	75	932	42
18	1239	1239	1051	1051			188	
62830	1128070	1109652	922178	906536	17054	16808	188672	7340
9346	124811	124720	100362	100008	2280	2256	22540	1293
5141	138382	135612	109618	107632	1058	1031	27132	677
1193	22039	22039	18176	18176	637	637	3314	150
3994	171279	171260	140412	140412	1615	1614	29234	214
4571	59431	59431	46714	46714	1409	1409	11308	12
415	13824	13824	10719	10719	124	124	2981	31
1094	59096	59096	52389	52389	660	660	6047	
3297	110526	110526	90499	90499	3328	3328	16698	739

1-B-3 续表 14

分　组	企业单位数（个）	亏损企业	工业总产值（当年价格）	年初存货	年末存货	固定资产原价
阜新市	21	1	18302	2043	1819	30852
辽阳市	22	1	62185	8295	9192	37863
盘锦市	145	3	322168	28553	22577	327905
铁岭市	10		6945	26	176	38338
朝阳市	3		2581	441	290	2101
葫芦岛市	15	7	16848	4767	5721	12218
化学原料及化学制品制造业	3814	637	6040637	572659	626879	4934133
沈阳市	817	208	846906	118180	120596	714332
大连市	858	201	1519806	153029	181447	1598252
鞍山市	339	49	523839	43361	46071	486081
抚顺市	356	49	571707	30900	42845	298332
本溪市	105	4	270209	10341	11020	173815
丹东市	183	19	283158	31691	33616	272606
锦州市	149	18	155421	15973	16521	147286
营口市	246	8	490471	29550	28533	175988
阜新市	102	11	137977	24684	27308	233294
辽阳市	173	9	455026	40521	44603	302078
盘锦市	205	16	468786	46349	41019	208654
铁岭市	108	3	91056	5562	7184	116441
朝阳市	74	16	129420	9954	11530	139736
葫芦岛市	99	26	96855	12564	14588	67240
医药制造业	456	83	758914	133246	139564	1403321
沈阳市	132	45	111460	49563	47677	287895
大连市	87	17	216889	37509	42287	679320
鞍山市	20	3	20303	2648	2256	63760
抚顺市	53	1	135198	5827	6224	47184
本溪市	48	2	128911	9531	10366	105484
丹东市	22	2	31908	5790	6541	32855
锦州市	16	3	17993	8922	9029	34119
营口市	10	2	14763	2949	2814	26818
阜新市	14	1	16359	1376	1643	12844
辽阳市	10	1	19722	1604	1691	48396
盘锦市	7		19584	3385	3679	18544
铁岭市	16	1	5486	1737	1737	8413
朝阳市	16	4	16943	1596	2856	28387
葫芦岛市	5	1	3395	809	764	9304
化学纤维制造业	77	12	168505	27360	25300	499901
沈阳市	9	3	11876	1650	1571	12045
大连市	23	6	57656	8059	9469	63678
鞍山市	9		17928	3185	3126	21418
抚顺市	5		16472	579	478	2730
丹东市	1	1	13314	421	423	180742
锦州市	8	2	1147	3433	3537	174790
营口市	4		948	70	57	485
阜新市	2		3498			359
辽阳市	14		40463	9963	6639	33511
铁岭市	1		882			8819
朝阳市	1		4322			1323
橡胶制品业	899	153	1418888	113418	125759	1018944
沈阳市	281	56	308764	35661	36895	272220
大连市	148	51	307590	30919	34829	165947

单位：千元

本年折旧	营业收入		营业成本		营业税金及附加		主营业务利润	其他业务利润
		主营业务收入		主营业务成本		主营业务税金及附加		
661	16802	16802	13928	13928	57	57	2817	
3235	61092	61092	54445	54445	758	582	6681	2897
28468	320255	304732	257569	245218	4259	4257	55257	1318
406	6769	6769	5718	5718	86	71	981	9
87	1595	1595	1138	1138	63	63	394	
923	22168	22153	20492	19541	718	718	3288	
403343	5918096	5870110	4715284	4686197	112328	108470	1082271	24237
49652	816748	815162	662001	661177	17463	17302	134077	4414
151678	1471888	1460678	1134213	1129471	17981	17610	314141	8694
32349	531051	525395	406770	406352	9594	9198	110297	4569
20986	574581	574555	474841	474828	9793	9761	89966	631
21453	254461	254461	211488	211488	4406	4406	38566	68
29720	275968	272761	204036	202432	5987	5985	64345	1420
5353	152973	152229	127233	126506	1808	1793	24588	153
12296	473824	473772	372965	372965	18313	18213	82595	248
8457	137130	136359	102269	101589	848	848	34097	578
25357	445155	444083	387813	387217	6641	5390	55280	2056
26351	461302	438197	367491	348937	7269	6681	82580	1006
4493	95225	95225	80547	80547	2222	1551	13656	80
8640	126010	125500	96101	95731	6556	6286	23508	275
6558	101779	101732	87516	86958	3448	3446	14575	44
100916	732954	729370	568469	565821	14446	14172	148571	2740
23320	108517	106829	82543	82076	2845	2833	20756	2265
44982	206944	206591	153914	152921	2603	2566	51457	307
6320	21967	21756	14898	14898	308	281	6573	4
2250	131846	131846	106202	106202	1857	1857	23786	35
11457	122650	122650	104675	104675	2597	2579	15396	85
1998	31125	31125	23536	23536	612	612	6977	
1726	17738	17408	12212	11991	210	210	5207	32
840	13806	13718	11478	11426	1131	1128	1164	
639	16107	16107	11279	11279	89	89	4739	
3761	19314	19314	14960	14960	641	465	3888	13
1410	19509	18595	14998	14085	311	311	4208	
317	5459	5459	4790	4790	259	259	410	
1213	12991	12991	9584	9584	550	550	2857	
683	4983	4983	3398	3398	431	431	1154	
12007	151406	151069	120567	120343	1675	1490	29753	504
854	11441	11441	9721	9721	98	96	1624	7
3698	54385	54385	41029	40927	368	362	13112	
1078	17799	17462	14526	14405	289	289	2424	497
153	16692	16692	12735	12735	103	103	3854	
1866	617	617	423	423	35	35	159	
1895	1575	1575	1222	1222	13	13	340	
49	948	948	565	565	5	5	377	
26	3498	3498	3238	3238	12	12	248	
2176	39247	39247	32485	32485	521	345	7264	
161	882	882	776	776	18	18	88	
53	4322	4322	3845	3845	212	212	265	
74751	1349303	1344679	1100326	1095381	26829	26163	223864	3577
22352	298503	297769	248651	247681	6094	6027	44061	1386
14944	277601	276223	220366	218645	3697	3655	54478	429

1-B-3 续表 15

分　组	企　业单位数（个）	亏损企业	工业总产值（当年价格）	年初存货	年末存货	固定资产原　价
鞍山市	56	8	63245	3382	3296	48305
抚顺市	56	9	100074	3401	5223	35818
本溪市	38	2	102309	5742	6268	66248
丹东市	38	3	77022	7537	5943	57875
锦州市	33	2	27886	1157	2703	22960
营口市	24	1	45090	2731	2932	11597
阜新市	20	2	16321	1506	1794	22875
辽阳市	78	1	204318	8125	9578	199565
盘锦市	21	2	47926	6096	4268	22062
铁岭市	92	11	95265	6672	10305	80524
朝阳市	7	2	10815	62	620	10775
葫芦岛市	7	3	12263	426	1105	2175
塑料制品业	2985	453	5133759	525965	572801	3525124
沈阳市	643	140	718834	82405	90145	521262
大连市	801	190	1575249	194994	226514	1212599
鞍山市	281	21	487353	22347	26083	306309
抚顺市	163	20	308033	12976	14018	126027
本溪市	61	2	152608	8585	8796	168024
丹东市	103	13	178771	12175	12705	112961
锦州市	109	10	97933	17034	18533	127465
营口市	326	11	769908	62566	69202	202327
阜新市	84	9	108483	34837	30944	219673
辽阳市	110	2	260845	23085	24007	182921
盘锦市	102	9	215752	29766	26030	95260
铁岭市	82	3	120537	4110	4704	101064
朝阳市	64	14	79150	5369	7732	108271
葫芦岛市	56	9	60302	15717	13387	40962
非金属矿物制品业	6116	704	11613011	935673	1127626	8714947
沈阳市	965	234	1011994	123295	146418	1972272
大连市	925	182	2062410	225191	272278	1494034
鞍山市	856	81	1346113	108546	129593	1048429
抚顺市	434	48	877781	53060	69519	423812
本溪市	208	15	549617	21094	23035	390776
丹东市	352	13	832658	63987	66669	558857
锦州市	389	37	441356	40776	46483	580193
营口市	636	17	1391277	94847	91403	500403
阜新市	239	22	619442	59683	113388	371338
辽阳市	254	1	870581	34902	38509	391687
盘锦市	157	9	368058	42963	34936	234939
铁岭市	190	3	339491	17529	22894	266672
朝阳市	266	17	603808	28080	43476	322508
葫芦岛市	245	25	298425	21720	29023	159025
黑色金属冶炼及压延加工业	719	116	1701747	163384	157845	1492708
沈阳市	97	22	559434	64755	35520	365494
大连市	116	39	183977	30971	35681	234811
鞍山市	85	9	108883	15034	18464	157380
抚顺市	39	10	48432	1493	2998	44146
本溪市	105	7	233276	12047	15081	151698
丹东市	18	2	31041	874	1884	62520
锦州市	48	8	64217	7739	10760	77260
营口市	50	5	90427	7124	7038	19546

单位：千元

本年折旧	营业收入		营业成本		营业税金及附加		主营业务利润	其他业务利润
		主营业务收入		主营业务成本		主营业务税金及附加		
2842	59595	59444	50278	50176	826	818	8285	439
3527	98943	98943	78857	78857	2176	2176	17910	474
3455	100046	100046	84207	84174	2142	2142	13729	
2770	74397	74397	59739	59739	1830	1830	12828	20
923	27299	27294	24048	24043	649	649	2649	1
878	43782	43782	34548	34548	1209	1209	8025	3
525	15375	15375	12312	12312	342	342	2721	
16730	194500	194500	162087	162087	3836	3292	29282	668
2347	47318	45587	38847	36914	866	864	7808	113
2993	90370	89929	66609	66609	2465	2465	20984	21
273	10499	10317	9820	9637	272	271	409	7
193	11074	11074	9957	9957	423	422	694	18
287348	4992601	4941922	4057224	4018917	92165	90165	837291	20754
37776	681930	680174	557239	555275	14842	14541	110541	2830
121143	1536213	1508206	1246646	1225833	15388	15119	270216	9351
16707	470778	467659	378255	377601	7877	7608	81610	3619
9857	308794	308794	254959	254959	3420	3348	50487	852
9182	140923	140923	115807	115807	3308	3308	21808	
8332	173668	173498	138880	138624	3583	3583	31290	355
8999	94405	93842	77186	77008	1144	1143	15710	2
17302	755203	754681	612489	612217	26180	26083	116381	1944
16489	105936	105024	82274	81703	782	752	22560	347
15370	253892	253892	217146	217146	5551	4666	33338	1238
11769	210966	195710	169866	157807	2405	2379	35525	125
3089	109512	109336	90580	90157	2436	2387	16943	90
8901	78004	78004	60050	60050	2262	2262	15692	
2432	72376	72178	55848	54730	2985	2985	15191	
546179	11193791	11133928	8735069	8705559	302499	281094	2156671	37619
98907	965949	963603	773168	771095	21505	21398	169620	3608
102895	1972804	1951626	1517658	1513684	25082	24664	418331	7676
58445	1308762	1299095	1049315	1046918	29650	29123	223888	10032
35610	878447	877805	711997	711484	14365	14362	151958	1707
34173	517938	517938	424715	424697	14088	14088	79152	83
39390	785393	785259	558804	558725	29168	29110	197423	452
18854	405025	403568	340694	339691	7753	7523	57382	451
35311	1361304	1361304	1097142	1097142	42682	42647	221515	295
27074	568089	566160	421536	420287	5226	5225	140640	2167
28003	843933	842760	617084	616973	53491	33878	192726	5339
25798	360009	341940	282757	266387	5885	5838	69772	696
14717	332581	332492	269900	269689	9599	9297	54164	4462
18368	587432	584936	428419	428190	31668	31625	125051	481
8632	306126	305442	241879	240597	12337	12315	55047	172
116084	1666648	1660448	1470578	1464996	28962	28286	168718	3194
33622	552695	552434	544846	544608	1942	1913	5913	994
16028	184212	184152	148610	148532	2582	2563	32783	708
7595	109779	109214	94359	94359	1208	1208	13858	1282
2447	49273	49273	40978	40978	1102	1102	7193	
16836	220221	216281	184568	180623	5868	5868	29790	13
3718	27213	27213	17916	17916	1145	1145	8153	
2246	67886	67781	61945	61945	504	453	5382	
1417	85802	85802	69381	69381	4935	4935	11486	152

1-B-3 续表 16

分组	企业单位数(个)	亏损企业	工业总产值(当年价格)	年初存货	年末存货	固定资产原价
阜新市	9	2	2857	293	595	2697
辽阳市	93	3	297360	7985	11364	247831
盘锦市	3		7201	1313	933	1935
铁岭市	23		25562	1289	4720	56166
朝阳市	9	3	23588	311	3601	40520
葫芦岛市	24	6	25492	12156	9207	30705
有色金属冶炼及压延加工业	533	87	984762	165497	185573	965629
沈阳市	143	44	162230	30859	33790	257714
大连市	45	5	89946	16226	12210	85173
鞍山市	20		42613	2119	2421	35299
抚顺市	57	10	93876	2534	4714	30811
本溪市	54	6	253304	11386	18064	96124
丹东市	55	1	114382	5993	7345	144000
锦州市	29	4	26306	2051	3601	52444
营口市	26	1	56010	2574	2076	5946
阜新市	13	1	26159	2738	3776	31708
辽阳市	7		16016	885	708	8023
盘锦市	2		8544	1341	519	4435
铁岭市	21	1	14693	1636	2967	57637
朝阳市	16	1	32745	3330	4929	77855
葫芦岛市	45	13	47938	81827	88454	78458
金属制品业	4458	860	6823650	666443	767813	4470829
沈阳市	1147	283	1192676	173811	184661	943125
大连市	1275	343	2219774	244777	301373	1306541
鞍山市	591	85	955529	62605	63023	858467
抚顺市	305	45	455061	25388	37222	196556
本溪市	112	9	247744	10325	9600	150874
丹东市	115	5	219547	20654	20878	149684
锦州市	124	18	134956	11756	15624	73067
营口市	236	8	447628	25526	27230	108935
阜新市	84	9	108508	12341	12629	113750
辽阳市	124	5	291659	27674	34682	155871
盘锦市	75	5	148819	8332	6705	59425
铁岭市	90	3	101189	8738	8075	176557
朝阳市	63	16	123037	17050	23118	81533
葫芦岛市	117	26	177523	17467	22991	96444
通用设备制造业	11390	2039	20054115	1812135	2141427	12987537
沈阳市	3163	789	3674687	501757	549401	3734402
大连市	3748	748	8560691	708787	891767	4061897
鞍山市	823	106	1203288	62798	86988	940234
抚顺市	616	83	999476	55812	72754	492270
本溪市	338	26	887078	40685	41534	532176
丹东市	502	35	960807	74642	84217	640216
锦州市	321	51	256525	45538	64417	316851
营口市	547	28	1100263	81699	91411	381757
阜新市	327	43	409740	44504	56994	240201
辽阳市	387	22	1046448	71253	76574	531946
盘锦市	102	12	228034	36267	29698	106014
铁岭市	189	14	195160	19517	20290	392768
朝阳市	172	42	330570	36285	42148	496749
葫芦岛市	155	40	201349	32591	33234	120057

单位：千元

本年折旧	营业收入	主营业务收入	营业成本	主营业务成本	营业税金及附加	主营业务税金及附加	主营业务利润	其他业务利润
133	2311	2311	2181	2181	35	35	94	
27158	281446	281446	233449	233449	7035	6471	42031	
381	7317	6083	5628	4393	146	146	1543	
1312	27028	27028	22214	22214	571	557	4455	
2062	20295	20295	16906	16906	738	738	2651	
1125	31169	31135	27598	27511	1151	1151	3385	44
74808	940845	936859	773854	772491	17170	16952	150298	807
23824	157887	157469	132040	131810	2798	2788	22881	78
4515	82550	82511	65325	65284	1268	1246	15981	4
2394	42702	39416	32753	32357	695	688	7453	449
2910	94255	94255	76201	76201	1945	1945	16110	34
11203	218032	218032	191737	191737	2341	2341	23954	99
6593	111550	111550	86109	86109	2311	2311	23131	18
1501	28889	28792	24080	24080	752	752	3960	
563	55002	55002	42881	42881	1227	1227	10895	
2124	24678	24678	18454	18454	235	233	6020	126
685	15028	15028	11356	11356	367	190	3482	
842	8006	8006	6203	6203	117	117	1686	
10270	14380	14378	11934	11934	209	209	2236	
1911	31230	31141	25425	25425	872	872	4844	
5472	56656	56599	49358	48662	2034	2033	7665	
358329	6633863	6570053	5353788	5329016	136722	127875	1135517	33456
71151	1147725	1143048	941093	936571	30617	30183	174514	6868
140640	2159120	2137997	1754010	1748993	20379	18838	374983	13220
54279	910230	884772	708659	706021	18878	13289	164876	10970
13178	455572	455356	369871	369588	8526	8291	77478	129
13380	234116	233689	199063	198534	4122	4122	31034	19
7286	215783	215780	172808	172808	4545	4516	38455	168
4330	132579	130201	110822	109559	974	974	19669	131
8785	426074	425649	335023	334765	18603	18573	72311	176
5257	102712	102712	79403	79403	884	884	22430	
12991	280981	280981	233494	233476	5987	5235	42676	284
5663	146412	138601	117330	110957	1959	1941	25703	374
6006	102128	101907	79230	79177	3791	3582	19122	339
3545	103505	103423	82985	82985	2193	2193	18246	19
11837	216925	215935	169998	166179	15266	15255	54019	760
882210	19217491	19126306	15508795	15445816	320428	309456	3388633	61694
222641	3530736	3518670	2912837	2903063	83920	82251	533146	13489
330641	8031734	8011273	6336191	6321495	69858	68219	1635297	14972
52616	1205795	1192127	975815	975025	23110	21817	190077	20287
35548	1021014	1020661	832315	832033	17445	17421	171207	1209
50660	819248	806661	683494	672514	14683	14583	119565	2599
37034	941038	939461	756577	755099	21488	21357	163006	416
11885	247527	242536	203710	200491	3338	3279	38767	642
30160	1058275	1056995	846819	846420	37757	37623	172952	741
14689	397879	397848	332641	332581	2499	2499	62747	178
48042	1017694	1015712	845578	844987	24108	18583	153078	5115
11771	225072	204852	175609	159779	3023	2962	42658	296
12464	190198	190154	152640	152348	4942	4842	33015	1023
12920	326653	326311	274546	274458	7837	7676	44218	661
11139	204627	203046	180022	175523	6421	6346	28902	64

1-B-3 续表 17

分　组	企业单位数（个）	亏损企业	工业总产值（当年价格）	年初存货	年末存货	固定资产原　价
专用设备制造业	4075	861	6609617	731798	924299	5562472
沈阳市	1242	349	1394295	228848	259638	2161173
大连市	969	248	2047268	214557	319038	1299817
鞍山市	353	63	476307	39378	54236	320920
抚顺市	260	39	461074	32154	46599	224004
本溪市	51	7	130438	5948	6703	84384
丹东市	200	21	300993	34723	36652	256522
锦州市	129	28	139537	14308	18373	101600
营口市	180	9	312848	22609	24338	117987
阜新市	102	8	194859	27847	44450	157448
辽阳市	93	4	240574	22682	25634	100508
盘锦市	155	15	379044	37689	29971	177707
铁岭市	111	5	142200	16319	18985	278210
朝阳市	186	53	329483	25685	31046	235437
葫芦岛市	44	12	60697	9053	8637	46755
交通运输设备制造业	3275	721	5149800	445667	516403	3910320
沈阳市	812	251	892266	130162	138802	827122
大连市	954	265	1861747	124931	180948	990646
鞍山市	217	41	298102	21824	22505	275584
抚顺市	157	14	227803	11374	13333	130227
本溪市	92	13	213804	8393	9350	107729
丹东市	235	17	420685	28017	32525	364266
锦州市	152	40	134755	14486	18694	112186
营口市	115	8	220919	11125	11386	66983
阜新市	81	15	87121	10470	10650	80463
辽阳市	63		170879	8300	8302	76469
盘锦市	139	15	281555	41889	33657	231019
铁岭市	58	8	62301	7389	8533	120511
朝阳市	66	12	80950	10584	10392	62061
葫芦岛市	134	22	196913	16725	17326	465052
电气机械及器材制造业	3480	767	5210679	676806	784924	4288270
沈阳市	1580	431	1977668	326881	392295	1809726
大连市	572	138	1137242	153918	166715	664128
鞍山市	225	44	345192	21191	23909	293446
抚顺市	183	23	316012	22856	36563	583124
本溪市	75	8	197128	13663	13662	102735
丹东市	168	23	249168	26495	25044	252642
锦州市	164	42	192044	29131	31905	119291
营口市	143	6	237172	18671	22483	78562
阜新市	110	14	101153	12487	21768	69203
辽阳市	74	5	181507	21814	25176	90326
盘锦市	56	12	119303	11394	9409	56303
铁岭市	43	2	33695	3643	3513	96333
朝阳市	31	11	52946	5547	6010	28269
葫芦岛市	56	8	70448	9114	6473	44182
通信设备、计算机及其他电子设备制造业	768	219	1006368	309057	364877	1267563
沈阳市	285	108	317539	133321	169979	460846
大连市	188	61	285046	120888	128958	407516
鞍山市	70	12	80413	11570	16154	47636
抚顺市	20	4	47111	2519	7774	26813

单位：千元

本年折旧	营业收入	主营业务收入	营业成本	主营业务成本	营业税金及附加	主营业务税金及附加	主营业务利润	其他业务利润
464371	6367964	6318670	5128269	5099354	111324	107382	1114842	36025
229112	1338298	1330923	1098568	1095809	32412	31524	203263	18581
96049	1925858	1916133	1518144	1513281	16782	16510	387941	5803
22467	475253	471656	384625	384384	8332	6129	80100	6562
13077	465147	465124	383542	383534	8157	8155	73435	203
10059	118856	118196	102138	101478	2112	2112	14606	93
14654	302767	302061	243225	242738	4875	4872	54451	668
4968	129285	123778	105084	100935	1427	1422	21421	289
8931	302819	302201	242936	242671	10686	10597	48933	105
10933	180598	180598	135037	135037	913	913	44702	474
10070	233264	233264	189481	189480	5889	5518	38423	825
22038	368562	350546	284598	272053	4893	4892	73601	1021
7182	139306	138360	113009	111974	3511	3410	22976	800
11406	317311	316693	273625	273175	7180	7178	36367	594
3424	70642	69139	54259	52805	4155	4150	14623	9
265180	5008430	4945476	3920615	3884197	102707	98312	984338	14795
57712	851917	849262	697568	695227	21895	21591	132263	2886
79211	1793064	1782186	1397495	1393668	19611	18883	371120	5822
15432	303293	296681	221954	221371	8189	5685	70372	3283
10967	227621	227621	186516	186516	2174	2174	38931	19
14694	183711	183711	152950	152950	1838	1838	28923	68
18985	412027	408689	312240	310531	13404	13306	84852	78
6392	131173	129438	105886	104473	2169	2168	23789	57
5779	211506	211506	165790	165790	7160	7160	38556	166
5901	83833	83833	64985	64985	654	654	18194	
7261	166990	166964	138697	138697	3145	2587	25076	1707
28289	290232	253474	209994	185111	2353	2247	66121	194
3901	63085	62342	45394	45361	2600	2600	14530	231
3456	81208	81208	57072	57072	5765	5668	18556	
7200	208769	208561	164074	162445	11750	11750	53056	285
250399	4963861	4927472	4016867	3995380	83428	81782	849873	16871
108650	1901010	1890029	1574507	1567609	34823	33977	287510	8187
51013	1045671	1043891	813236	812818	10404	10124	221244	2016
15063	327265	319769	258585	258282	4459	4338	56129	3196
10202	314887	314779	253769	253764	3695	3596	57420	1644
11229	177669	176385	144718	143433	2419	2419	30621	59
14221	246248	245982	199920	199676	5821	5819	40487	2
7250	188621	180457	161163	153349	1921	1902	25497	255
6774	229238	229238	179300	179300	9450	9450	40488	30
4124	87318	87318	71482	71476	799	785	15081	-16
7263	175401	175401	144677	144677	2963	2730	28213	867
6862	114372	108399	89062	84956	1771	1751	21693	241
3052	33309	33309	23356	23356	1243	1243	8989	49
1774	49458	49150	41031	41018	1481	1481	6651	175
2921	73392	73364	62061	61664	2179	2168	9850	166
93198	969048	960620	766585	761286	18286	16887	193942	7661
29476	304456	301742	249488	248716	7083	7007	46019	5437
29244	273600	273123	213791	213386	2907	2801	68510	468
2443	79030	78800	60063	60063	900	885	17587	687
1985	45417	45417	36112	35395	1815	806	9216	

1-B-3 续表 18

分　组	企　业单位数(个)	亏损企业	工业总产值(当年价格)	年初存货	年末存货	固定资产原　价
本溪市	13		49181	1161	802	26944
丹东市	65	16	64455	16150	16167	164979
锦州市	28	9	32566	3462	4985	16923
营口市	29	1	31901	3787	3497	23684
阜新市	25	3	13966	4510	4896	29085
辽阳市	12		28335	4282	4003	16875
盘锦市	8		22087	4695	4345	5549
铁岭市	13	2	14650	918	1264	36493
朝阳市	5	2	4869	292	346	1429
葫芦岛市	7	1	14250	1503	1708	2792
仪器仪表及文化、办公用机械制造业	1325	392	1774103	249071	287595	1269342
沈阳市	374	121	404455	64339	71643	288339
大连市	358	141	545081	92120	112938	293871
鞍山市	180	70	181336	26320	31906	118390
抚顺市	56	11	62409	2648	6123	31570
本溪市	29	4	63612	7745	6725	38352
丹东市	124	19	176984	28282	30083	272143
锦州市	39	11	26012	2231	3014	29092
营口市	45	3	72928	4932	5085	26800
阜新市	23	4	32467	2591	2860	7577
辽阳市	50		128401	14071	13839	101863
盘锦市	23	1	58856	2197	1755	28487
铁岭市	18	5	16353	151	266	31108
朝阳市	2		1595		134	6
葫芦岛市	4	2	3616	1443	1225	1744
工艺品及其他制造业	1246	198	1969328	164829	180770	963470
沈阳市	312	83	297822	39180	44003	196407
大连市	201	62	310103	35146	45737	170627
鞍山市	261	8	524564	42851	37303	185804
抚顺市	98	10	185280	8415	9917	66132
本溪市	30	4	86467	4077	4954	74240
丹东市	73	6	118087	6520	6990	81642
锦州市	27	6	12931	5590	5532	22370
营口市	60	7	108382	5035	6195	26120
阜新市	36	2	43182	4372	5366	30251
辽阳市	68	7	182346	9155	11204	49706
盘锦市	27	1	47806	2771	2200	21377
铁岭市	29		18511	529	278	19404
朝阳市	13	2	24212	981	817	15892
葫芦岛市	11		9636	207	274	3496
废弃资源和废旧材料回收加工业	181	16	285715	19046	22727	217162
沈阳市	22	4	26113	523	294	19136
大连市	33	6	55182	4597	6777	30684
鞍山市	21	1	17116	951	1178	24080
抚顺市	19	2	38522	4011	5585	25537
本溪市	9		27004	1191	614	12688
丹东市	16		31797	736	498	69880
锦州市	7	3	11299	131	368	3713
营口市	26		42978	3596	3601	8923
阜新市	6		11965	771	464	3861

单位：千元

本年折旧	营业收入	主营业务收入	营业成本	主营业务成本	营业税金及附加	主营业务税金及附加	主营业务利润	其他业务利润
4566	40023	39268	33179	33179	623	623	5466	766
3440	69536	67388	52573	50673	1143	1127	15588	134
968	33374	32313	23978	23695	429	429	8190	72
1471	30669	30608	24170	24129	683	682	5797	32
15291	13543	13543	10426	10426	67	67	3053	
1086	28020	28020	23806	23806	840	663	3731	
782	21876	20896	16875	15895	669	669	4331	
1872	13953	13953	11041	11041	47	47	2857	15
298	4869	4869	2964	2964	506	506	1399	49
274	10680	10680	8119	7917	575	575	2197	
94878	1722629	1706918	1368022	1356887	34837	34384	315374	11032
21029	393164	390972	314514	312915	11366	11267	66821	2103
25571	514682	511271	401156	399187	5836	5584	106589	3585
7390	188606	182413	145024	140423	2548	2521	39014	2196
1840	60809	60809	47169	47169	1252	1252	12388	
3594	57565	55755	50606	49069	288	288	6398	148
18077	175226	174704	134693	134347	4556	4556	35635	2205
2117	26510	25740	22125	21417	171	169	4155	88
1728	69282	69282	55107	55107	4612	4612	9563	4
358	29585	29585	26635	26635	137	137	2813	
8374	126476	126476	106885	106883	2755	2683	17101	646
3175	59168	58354	45714	45341	1133	1133	11881	55
1468	16300	16300	14172	14172	85	85	2043	2
1	1595	1595	1153	1153	3	3	439	
157	3663	3663	3069	3069	95	95	534	
72584	1930040	1922405	1537202	1532722	39383	38230	351645	5667
12893	281196	280213	223539	223129	8772	8684	49179	1328
13122	300748	297514	233613	232726	4298	4236	60552	946
16306	517397	517000	414799	414790	6742	6320	95401	1111
3866	185267	185267	149888	149888	2851	2597	32782	1132
5240	81269	81269	66866	66866	2366	2366	12037	12
7871	119792	118337	92748	91395	3190	3181	23760	
730	14424	14424	10111	10111	171	171	4142	1
2126	104073	104073	79572	79572	4520	4520	19981	8
1901	42365	42365	31699	31699	375	375	10291	
4868	178404	178404	150837	150837	3436	3126	24344	1123
2301	52112	50801	40226	39616	1009	1009	10176	6
407	19803	19549	17686	16512	135	127	2910	
706	24185	24185	18165	18165	1164	1164	4855	
244	9005	9005	7452	7417	355	355	1233	
11246	277315	275538	218648	218083	6316	6309	51586	2573
1319	25321	25321	20362	20362	575	572	4386	
2132	52600	51985	41308	41308	389	386	10429	494
1213	18880	18291	14995	14995	145	145	3145	373
1180	38851	38851	30893	30893	435	435	7523	51
1764	23561	23561	18079	18079	562	562	4920	29
1335	30650	30650	23434	23434	652	651	6565	
174	10308	9788	8895	8375	532	532	1181	71
772	41827	41827	32246	32246	2291	2291	7290	26
292	12247	12247	8827	8827	54	54	3365	

1-B-3 续表 19

分 组	企业单位数(个)	亏损企业	工业总产值(当年价格)	年初存货	年末存货	固定资产原价
辽阳市	4		1659	178	266	904
盘锦市	4		4488	1058	1764	1561
铁岭市	7		15201	1304	1276	14418
朝阳市	2		2117		41	807
葫芦岛市	5		273	1	1	969
电力、热力的生产和供应业	617	153	1319959	82580	135619	5806157
沈阳市	144	57	356749	22076	26378	666423
大连市	96	23	230059	15410	32413	154715
鞍山市	41	6	64072	5736	9015	111948
抚顺市	66	15	153367	5800	25416	2892560
本溪市	41	3	80988	3598	4527	205982
丹东市	74	9	161673	8971	10722	352622
锦州市	26	10	36156	3259	4421	249698
营口市	21	1	33639	365	122	12206
阜新市	11	1	16439	209	804	16102
辽阳市	11	4	23904	2045	2333	15435
盘锦市	8		14951	933	577	10727
铁岭市	11	2	40517			996227
朝阳市	43	19	68738	9917	16140	77090
葫芦岛市	24	3	38707	4261	2751	44422
燃气生产和供应业	77	14	116486	7598	19317	189216
沈阳市	12	5	11506	282	3464	27421
大连市	28	8	44300	3689	4868	60636
鞍山市	13		22686	883	3890	13446
抚顺市	1		4366		3351	882
本溪市	2		6341	560	987	7092
丹东市	1					2999
锦州市	2		4060			4602
营口市	4	1	9743	934	1000	5543
阜新市	4		2090	754	754	49923
辽阳市	2		4138			1058
铁岭市	5		1417	192	203	12503
朝阳市	1		4293	73	631	1445
葫芦岛市	2		1545	230	168	1666
水的生产和供应业	347	57	579700	19553	48352	1195014
沈阳市	42	14	54013	3515	2979	116449
大连市	53	12	133561	8229	10839	136740
鞍山市	116	4	147346	377	22108	82212
抚顺市	9	1	30170	71	1945	40171
本溪市	3	1	11239			5775
丹东市	8	2	19923	302	1266	75443
锦州市	17	6	13144	1321	1807	125495
营口市	6	1	16708			12434
阜新市	10	2	30910	486	997	252810
辽阳市	5		20891		441	16791
盘锦市	38		52888	1018	2424	128010
铁岭市	17	2	17844	1445	1468	43622
朝阳市	13	9	21951	744	650	132441
葫芦岛市	10	3	9111	2046	1430	26620

单位：千元

本年折旧	营业收入	主营业务收入	营业成本	主营业务成本	营业税金及附加	主营业务税金及附加	主营业务利润	其他业务利润
90	1543	1543	1376	1376	9	9	159	
201	4498	4498	3776	3776	29	29	692	
706	14639	14639	12737	12737	393	393	1509	1528
37	2117	2117	1538	1538	250	250	328	
31	273	221	181	136			93	
147215	1250744	1241897	1043501	1038788	31404	31105	172007	9642
22366	354555	350892	294956	293329	11179	11139	46424	1296
12439	224988	224972	188474	188473	2494	2425	34637	1213
4910	62907	61849	50108	49919	1381	1368	10562	294
19298	155236	154235	131892	131478	2652	2652	20105	1846
11889	63366	63366	50802	50802	2176	2176	10388	772
26077	144401	144257	103625	103625	4906	4906	35726	1139
4083	38601	38328	36006	36006	360	360	1962	4
1111	34805	34805	28376	28376	1363	1363	5067	
1289	17963	17297	15524	14655	141	141	1884	616
1794	22673	22673	17532	17523	641	465	4809	43
1005	15305	14537	11595	11444	217	217	2876	
33079	8111	7900	7462	6442	153	153	1305	
4434	65897	64895	77635	77590	803	803	-13427	1640
3443	41935	41893	29514	29126	2938	2938	9687	779
9263	114343	112458	83576	83171	2236	2184	27163	1743
1305	10695	10695	8997	8997	112	112	1587	3
4674	42228	40343	33880	33703	371	371	6398	1659
968	24391	24391	16514	16514	317	295	7511	71
132	4366	4366	2554	2554	94	94	1717	
473	6341	6341	4064	4064	102	102	2175	
240								
299	4060	4060	2110	2110	72	72	1879	
419	9708	9708	5915	5915	1049	1049	2744	
288	2090	2090	1637	1637	18	18	436	
145	3766	3766	2619	2619			1147	
138	1417	1417	1085	1085	31		332	11
14	3735	3735	2919	2919	9	9	807	
168	1545	1545	1282	1053	61	61	431	
59236	559677	545217	426759	412427	12170	10932	121434	8978
8463	45657	45657	39664	39664	776	767	4366	1619
6749	130384	129616	95564	94302	958	957	34542	3906
3790	135999	135999	94829	94829	2127	1794	39376	
2205	28906	28906	23793	23793	815	815	4298	
509	11239	8658	7512	5108	1394	1217	2333	253
1230	19833	19828	18472	18472	739	739	616	1063
7872	20128	12584	16640	7788	404	404	4393	4
1259	16700	16700	13413	13387	469	469	2843	
5525	29583	29583	21605	21605	200	200	7778	
1374	20009	20009	13888	13888	1034	681	5440	6
11215	50630	50630	40141	40051	1273	908	9671	69
1754	16669	16187	13154	13004	429	429	3075	449
5027	24417	21337	21915	20377	820	820	70	1610
2263	9525	9525	6170	6159	732	732	2633	

1-B-3 续表 20

分 组	营业费用、管理费用、财务费用合计	税金	利息支出	营业利润	职工工资和福利费	本年应交增值税
总 计	**11409505**	**832172**	**457306**	**9919586**	**13651844**	**3760482**
沈阳市	2131323	85220	28057	614293	2015265	464339
大连市	4040957	205647	145244	2664546	4813151	1252224
鞍山市	806412	127344	45232	1208351	808371	269813
抚顺市	426688	30915	10677	980793	760485	232847
本溪市	486612	40309	10087	463601	696836	254036
丹东市	612169	74030	69937	992193	914234	354843
锦州市	288444	14462	18216	150995	341539	83911
营口市	640930	93853	29889	773221	797769	323760
阜新市	571729	13431	12589	216560	584109	95742
辽阳市	336599	82282	26591	825952	660354	122336
盘锦市	361892	14016	7588	353585	346600	121515
铁岭市	188402	14610	16741	190004	173953	48300
朝阳市	242432	20503	19385	364690	434716	89993
葫芦岛市	274916	15549	17074	120802	304462	46823
按隶属关系分						
中央	43700	1937	2969	-19216	68618	10314
沈阳市	26411	1231	202	-13964	29080	7221
大连市	6878	250	28	-892	5535	982
鞍山市	5348	183	2579	-3672	4619	751
抚顺市	700	2		-2107	10794	696
本溪市	240	15		368	1662	84
锦州市	1735	2		-805	2630	167
营口市	432	104		123	319	
阜新市	208	26		152	625	102
辽阳市	385	123	52	288	472	150
盘锦市					106	
铁岭市	676		108	330	11527	95
朝阳市	503			981	1058	
葫芦岛市	185			-18	190	65
地方	11365805	830235	454337	9938802	13583226	3750168
沈阳市	2104913	83989	27855	628256	1986185	457118
大连市	4034079	205397	145216	2665438	4807615	1251241
鞍山市	801064	127161	42653	1212022	803752	269061
抚顺市	425988	30913	10677	982900	749691	232151
本溪市	486372	40294	10087	463233	695174	253952
丹东市	612169	74030	69937	992193	914234	354843
锦州市	286709	14460	18216	151800	338909	83745
营口市	640498	93749	29889	773097	797450	323760
阜新市	571521	13405	12589	216409	583484	95639
辽阳市	336214	82158	26538	825665	659882	122186
盘锦市	361892	14016	7588	353585	346494	121515
铁岭市	187726	14610	16633	189674	162426	48205
朝阳市	241929	20503	19385	363710	433658	89993
葫芦岛市	274731	15549	17074	120820	304271	46758
按登记注册类型分						
内资企业	10613655	796296	419649	9792079	12881585	3620959
沈阳市	1971197	81045	25613	653295	1910481	446971
大连市	3579548	186413	134241	2577086	4341534	1173083
鞍山市	772920	124963	28678	1224546	794092	266876

单位：千元

所有者权益合计	实收资本							全部从业人员年平均人数（人）
		国家资本	集体资本	法人资本	个人资本	港澳台资本	外商资本	
92907343	**84955641**	**15763636**	**7265756**	**2329288**	**50291544**	**2495828**	**6809590**	**1122527**
28697106	24791908	8029102	1855433	749648	11248170	1096795	1812760	210453
20796449	20458165	2343431	1328932	1033586	11161556	825879	3764781	277489
5684273	5984067	262962	845867	179422	4406166	165649	124002	89799
4263341	3712937	1091915	557886	44283	1953710	4882	60259	69146
2772267	1822889	140631	306062	47394	1247554	8815	72434	46264
6103215	5472350	793938	451540	54821	3777876	109757	284417	83293
4106275	3129284	851294	360244	52527	1596868	72261	196091	44378
2737400	2498495	20963	148302	13156	2221979	16698	77397	63876
2541435	4787838	296085	254763	51505	4016958	55730	112797	56087
3549297	2238156	102521	176746	9745	1877195	10404	61544	43339
2946685	2684373	679933	223325	39803	1578034	66537	96742	25869
3313563	2967869	817216	117690	24454	1844562	46258	117688	33372
2847247	2496167	168039	77507	4222	2230497	12993	2910	42269
2548790	1911144	165606	561459	24722	1130418	3170	25769	36893
5185534	5293465	5195045	89165	1584	4277	212	3182	7651
3857235	3795660	3742616	46566	1408	2910		2161	4215
103912	147680	113168	33279			212	1021	325
-54837	46226	45697			529			346
596465	620630	620630						576
3274	2558	2117			441			182
279965	282560	276564	5995					723
1058	1058	882		176				35
706	678	678						76
3704	3704	3307			397			33
3528	3528	3528						12
385911	385911	385849	62					878
3096	3096	9	3087					205
1518	176		176					45
87721809	79662176	10568591	7176591	2327704	50287266	2495616	6806408	1114876
24839871	20996248	4286486	1808868	748241	11245260	1096795	1810599	206238
20692537	20310485	2230263	1295653	1033586	11161556	825667	3763760	277164
5739110	5937841	217265	845867	179422	4405637	165649	124002	89453
3666876	3092307	471285	557886	44283	1953710	4882	60259	68570
2768993	1820331	138514	306062	47394	1247113	8815	72434	46082
6103215	5472350	793938	451540	54821	3777876	109757	284417	83293
3826310	2846724	574730	354248	52527	1596868	72261	196091	43655
2736342	2497436	20081	148302	12980	2221979	16698	77397	63841
2540728	4787160	295407	254763	51505	4016958	55730	112797	56011
3545593	2234451	99214	176746	9745	1876798	10404	61544	43306
2943157	2680845	676405	223325	39803	1578034	66537	96742	25857
2927652	2581958	431368	117628	24454	1844562	46258	117688	32494
2844152	2493072	168030	74420	4222	2230497	12993	2910	42064
2547272	1910968	165606	561283	24722	1130418	3170	25769	36848
80784773	72184592	15293624	6813820	1608694	48343478	51802	73175	1065689
24701652	20834731	7793089	1741386	694388	10565261	15096	25511	199814
15887191	14390728	2291941	1047356	454310	10563886	11214	22021	249164
5349009	5609620	229319	839062	165700	4346766	22044	6729	88293

1-B-3 续表 21

分　组	营业费用、管理费用、财务费用合计	税金	利息支出	营业利润	职工工资和福利费	本年应交增值税
抚顺市	409585	29761	9850	979488	741604	229233
本溪市	482568	40100	10058	459089	689675	252141
丹东市	569046	71547	65486	950449	846334	337114
锦州市	281135	13982	18158	144895	334289	80916
营口市	620262	90729	28927	766937	775474	319450
阜新市	550661	13057	12090	208415	562950	92699
辽阳市	327451	81787	26138	810281	646570	119926
盘锦市	351124	12927	7466	346629	334248	119159
铁岭市	185558	14289	16606	190919	170496	47843
朝阳市	239463	20322	19308	363456	432137	89716
葫芦岛市	273136	15375	17030	116594	301701	45832
国有企业	465666	19322	18044	-95077	480548	73567
沈阳市	179180	7294	2611	-91129	149750	19234
大连市	68594	1987	1072	-11113	59271	11851
鞍山市	15301	1184	2609	948	18655	3267
抚顺市	20575	482	805	23899	48396	8099
本溪市	36439	1939	227	8811	49734	10486
丹东市	25229	2203	1493	6558	51730	6213
锦州市	46818	1002	5300	-32378	26774	3328
营口市	8591	888	26	727	6000	705
阜新市	26077	401	2443	432	25657	4064
辽阳市	6055	884	419	9527	8523	1497
盘锦市	6255	360	474	4380	8587	1336
铁岭市	7020	216	202	1950	7571	1521
朝阳市	13818	141	312	-19912	11534	549
葫芦岛市	5715	340	53	2223	8365	1417
集体企业	986043	60933	32989	701893	1343330	335386
沈阳市	242233	7649	2244	9065	274492	50896
大连市	139025	6821	5306	97927	174637	46855
鞍山市	127500	15599	3112	125421	153070	45010
抚顺市	60781	2348	1042	130381	130442	37317
本溪市	97429	6281	3461	68430	175091	46563
丹东市	55707	5684	4266	75778	72206	25710
锦州市	45147	1589	3298	21377	77024	14464
营口市	31932	4166	1214	27458	44085	14899
阜新市	65788	2338	1161	20474	87432	17342
辽阳市	20545	4113	2960	69037	35816	8508
盘锦市	23637	548	363	14571	23098	9148
铁岭市	20572	1207	2039	18933	18189	6890
朝阳市	10927	1049	1292	24942	23957	2495
葫芦岛市	44819	1541	1233	-1901	53790	9290
股份合作企业	253354	10963	4745	30626	219963	142821
沈阳市	78946	2890	308	-15743	63260	92718
大连市	68282	2511	803	3093	65816	19467
鞍山市	31457	935	71	-19886	4343	1972
抚顺市	3233	315	34	6313	5476	1401
本溪市	1479	26	11	616	3593	317
丹东市	13614	889	953	6898	18759	5343
锦州市	10564	730	320	5498	11791	3706
营口市	1333	207	98	847	2163	523
阜新市	2010	82		122	1706	261

单位：千元

所有者权益合计	实收资本							全部从业人员年平均人数（人）
		国家资本	集体资本	法人资本	个人资本	港澳台资本	外商资本	
4164644	3621265	1091527	553985	41150	1932512	141	1950	67532
2258058	1638725	138708	305003	27672	1166736	287	319	45729
5403991	4885409	769507	445442	31780	3638284		396	77128
3743831	2790378	822288	357610	46339	1558728	1464	3949	43289
2610023	2360673	20698	148302	10613	2172892		8168	61772
2165980	4412678	259131	225719	50899	3873841	586	2503	54319
3418948	2131012	102521	175391	6692	1846408			42352
2635221	2379291	633200	220820	26486	1498785			24925
3127078	2791701	817216	117690	24454	1832296		44	32823
2821719	2471550	168039	76748	4222	2221571	970		42074
2497429	1866831	156440	559307	23989	1125511		1584	36475
10870162	11197215	10723265	30789	416874	23998	586	1702	45445
7275510	7285234	6895056	534	387227	714		1702	16137
567046	930826	912194			18632			4058
14555	149340	149340						2111
499505	624248	597172		26635	441			3862
161334	121984	120564		1402	18			3385
599016	701445	671674	29771					3311
1177334	455983	455807			176			4064
16730	18185	17832		176	176			569
-247446	176885	174932		1367		586		2819
151312	104131	102521		66	1543			671
98591	92343	92343						725
422099	428770	427399	132		1239			1400
118317	88575	88575						1460
16259	19267	17856	353		1058			873
5461702	4870657	40657	4700567	15827	113083		522	143219
1476763	1164891	17853	1132252	4651	10033		101	36128
547033	488692	3056	470109	391	15128		9	10297
869295	788217	16551	732357	4196	34811		302	16540
500861	450019	785	443060	1782	4392			13716
449656	273458	88	272655		714			11102
413332	351387	1341	347861	13	2062		110	7562
255412	299426	198	271235	2663	25329			10097
164482	141114	9	136806		4299			3957
14977	213754	265	211904	203	1383			12251
286001	155039		153143		1896			2445
71731	56215	159	55693	271	93			1490
128291	111230	132	100166	1246	9685			6681
61970	68558	220	67765	275	297			2487
221899	308658		305562	136	2960			8466
1090831	1487174	35825	1038351	61064	351859	9	66	20307
870903	665081	2716	480286	14419	167593		66	7659
297934	267129	379	245444	2965	18332	9		4626
-490745	240178	32730	33317	40932	133199			381
57432	24928		22957	706	1266			594
9996	5459		4251		1208			253
82394	63441		49206	931	13304			1915
77707	67319		65503		1816			1312
9080	8717		8542		176			176
8754	8220		2752		5468			141

1-B-3 续表 22

分　　组	营业费用、管理费用、财务费用合计	税金	利息支出	营业利润	职工工资和福利费	本年应交增值税
辽阳市	5286	1178	997	6788	10313	1747
盘锦市	31957	786	405	30880	25945	13999
铁岭市	3614	276	610	1638	1691	923
朝阳市	331			-34	158	55
葫芦岛市	1249	138	136	3596	4951	389
联营企业	19548	530	746	22325	25900	4591
沈阳市	5888	73	406	2674	5209	1069
大连市	2722	133	49	8445	4934	855
鞍山市	426	123		60	161	229
抚顺市	318	2	4	2644	1027	1001
本溪市	4132	12	62	1356	5274	210
丹东市	833	63	41	650	3001	123
锦州市	1996	26		-31	1274	442
营口市	915	83	112	58	796	284
盘锦市	174			730	89	97
铁岭市	11	7	2	48	47	26
葫芦岛市	2133	7	71	5691	4089	255
国有联营企业	4415	76	415	3993	4050	240
沈阳市	1259	30	389	2866	1476	96
大连市	435	41	1	1505	815	79
鞍山市						
本溪市	1819	4	25	346	1450	35
锦州市	902			-723	309	29
集体联营企业	9736	254	246	8149	14279	2962
沈阳市	3525	19	17	234	2730	886
大连市	1255	53	6	4548	2816	561
鞍山市	39	10		-1	43	12
抚顺市	208	1	2	2028	496	721
本溪市	2301	8	37	658	3339	157
丹东市	586	63		427	2784	120
锦州市	287	4		10	416	67
营口市	915	83	112	-76	648	284
盘锦市	37			25	36	9
铁岭市	11	7	2	48	47	26
葫芦岛市	572	6	71	250	924	117
国有与集体联营企业	2515	114	43	2224	2225	633
沈阳市	825	17		-576	207	1
大连市	310	4		669	396	23
鞍山市	176	71		-86	62	136
抚顺市	110	1	2	35	257	22
本溪市	11			353	485	18
丹东市	140		41	306	69	
锦州市	807	22		683	549	346
营口市				134	148	
盘锦市	137			706	53	88
其他联营企业	2882	86	42	7959	5345	757
沈阳市	280	8		150	796	86
大连市	722	35	42	1722	907	192
鞍山市	212	42		146	56	81
抚顺市				581	275	258
丹东市	108			-83	148	3
锦州市						
葫芦岛市	1561	1		5442	3164	138

单位：千元

所有者权益合计	实收资本							全部从业人员年平均人数（人）
		国家资本	集体资本	法人资本	个人资本	港澳台资本	外商资本	
33532	26224		19981	864	5378			665
94534	74677		72464	203	2011			1538
18959	16011		14397	44	1570			440
803	803		441		362			24
19546	18987		18811		176			583
166530	145243	85394	41736	5890	12223			1949
73295	62119	49508	11509		1102			447
55067	47778	30984	12085		4709			312
3325	3302	1986	434		882			23
1803	1764		1411		353			103
6283	4083	1323	2760					299
4330	4233	512	2955		767			213
1109	2020	838	741		441			104
1817	1383		1383					58
644	644	185	459					15
484	423		423					9
18373	17493	58	7576	5890	3969			366
75943	76319	76319						296
43005	42025	42025						121
31665	30984	30984						52
2002	1986	1986						11
882	882	882						82
-1611	441	441						30
56642	40094		37651		2443			1049
21020	11342		11342					252
14675	10718		8910		1808			173
176	176		176					3
1360	1323		1323					46
4755	2760		2760					192
3545	3545		2910		635			190
622	564		564					35
1640	1206		1206					46
459	459		459					2
484	423		423					9
7904	7576		7576					101
14074	11074	8311	1175		1587			176
7699	7385	7218	168					13
3143	1852		265		1587			30
265	258		258					4
90	88		88					35
646	441	441						25
212	115	71	44					9
1658	573	397	176					35
176	176		176					12
185	185	185						13
19871	17757	764	2910	5890	8192			428
1571	1367	265			1102			61
5583	4224		2910		1313			57
882	882				882			5
353	353				353			22
573	573	441			132			14
441	441				441			4
10469	9917	58		5890	3969			265

1-B-3 续表 23

分　组	营业费用、管理费用、财务费用合计	税金	利息支出	营业利润	职工工资和福利费	本年应交增值税
有限责任公司	780075	44702	47917	344433	749509	200111
沈阳市	222745	8050	3007	-7608	173898	39379
大连市	187986	8575	23167	18926	162385	38731
鞍山市	70999	5476	2794	54796	47581	20495
抚顺市	45935	3904	1130	58186	78295	16320
本溪市	30637	2751	710	29747	56053	11372
丹东市	39775	1735	6353	34343	31725	12400
锦州市	28981	799	1266	830	25260	7348
营口市	16460	2720	1550	12001	18127	7184
阜新市	12761	410	237	1945	15111	3440
辽阳市	12234	2282	1548	26649	24316	4999
盘锦市	51156	2236	758	60200	50974	25607
铁岭市	18152	1259	1535	9239	5632	2342
朝阳市	19521	1864	2211	29216	39492	5103
葫芦岛市	22734	2641	1651	15963	20661	5391
国有独资公司	25569	527	151	-20368	20296	2672
沈阳市	4904	13	-3	-4365	5496	160
大连市	9304	81		-3754	3261	842
抚顺市	228			-2272	4511	502
本溪市	178	3	8	236	1098	153
丹东市	104		1	-61	154	
锦州市	7478			-7432	1139	
营口市						
阜新市	1139			-553	392	105
铁岭市	248	57	145	126	189	397
朝阳市	1987	373		-2293	4054	514
葫芦岛市						
其他有限责任公司	754506	44175	47766	364801	729213	197439
沈阳市	217841	8037	3010	-3244	168402	39219
大连市	178683	8494	23167	22681	159123	37889
鞍山市	70999	5476	2794	54796	47581	20495
抚顺市	45707	3904	1130	60458	73784	15818
本溪市	30459	2748	702	29511	54955	11219
丹东市	39671	1735	6352	34404	31571	12400
锦州市	21503	799	1266	8262	24120	7348
营口市	16460	2720	1550	12001	18127	7184
阜新市	11621	410	237	2498	14719	3335
辽阳市	12234	2282	1548	26649	24316	4999
盘锦市	51156	2236	758	60200	50974	25607
铁岭市	17904	1201	1390	9113	5443	1945
朝阳市	17534	1491	2211	31509	35437	4589
葫芦岛市	22734	2641	1651	15963	20661	5391
股份有限公司	167719	13898	3337	80188	173225	41843
沈阳市	64072	1223	-280	13827	40622	9423
大连市	49719	8281	1057	18148	55668	15074
鞍山市	7779	833	26	4147	4761	3071
本溪市	12309	1554	685	8394	14810	3760
丹东市	7018	554	456	6562	6765	2587
锦州市	2128	19	3	124	2903	497

单位：千元

所有者权益合计	实收资本	国家资本	集体资本	法人资本	个人资本	港澳台资本	外商资本	全部从业人员年平均人数（人）
10929410	12243569	3509089	512428	609745	7574395	3574	34338	67015
3381977	2962647	658121	43661	128761	2110498	1691	19916	17105
2426185	2541193	1290257	68094	239321	932054	1323	10145	11395
756042	786413	19209	30968	94166	642051		20	5335
971082	832419	489222	84172	2328	256697			6973
212160	159631	7407	7761	12370	131575	243	275	4048
364601	315611	76138	4685	14989	219717		83	3052
488381	480732	269502	11019	32641	165747	317	1505	3121
99393	95257		706	970	93432		150	1578
516043	2332955	18402	9762	36428	2266302		2062	1686
165617	146858			5762	141096			1502
789356	748861	530133	83730	19128	115869			3179
108934	187318	1764	1438	9419	174697			1984
277660	252033	77762	5547		168724			3797
371979	401640	71173	160885	13464	155936		183	2260
1449031	1551270	1550829			441			2832
288438	287601	287160			441			476
524569	585929	585929						1090
456080	479961	479961						547
5476	4410	4410						72
77011	75318	75318						65
23920	41144	41144						70
1052	1052	1052						25
729	441	441						162
70874	74534	74534						275
882	882	882						50
9480380	10692299	1958259	512428	609745	7573954	3574	34338	64183
3093540	2675047	370961	43661	128761	2110057	1691	19916	16629
1901616	1955264	704328	68094	239321	932054	1323	10145	10305
756042	786413	19209	30968	94166	642051		20	5335
515002	352459	9261	84172	2328	256697			6426
206684	155221	2998	7761	12370	131575	243	275	3976
287590	240293	820	4685	14989	219717		83	2987
464461	439587	228358	11019	32641	165747	317	1505	3051
99393	95257		706	970	93432		150	1578
514991	2331903	17350	9762	36428	2266302		2062	1661
165617	146858			5762	141096			1502
789356	748861	530133	83730	19128	115869			3179
108204	186877	1323	1438	9419	174697			1822
206787	177499	3228	5547		168724			3522
371098	400758	70291	160885	13464	155936		183	2210
3404735	2043002	777198	161168	162552	937496	4586	1	13697
1902560	697179	162785	59856	96871	373081	4586		4016
299495	286327	27201	54557	30092	174478			3222
98928	94608		5989	7497	81122			373
146472	81193	1817	6810	353	72213			966
82323	79597	19645	9033	11395	39524			771
77571	99765	46170		661	52934			323

1-B-3 续表 24

分 组	营业费用、管理费用、财务费用合计	税金	利息支出	营业利润	职工工资和福利费	本年应交增值税
营口市	2515	644	134	3989	2421	1347
阜新市	6653	161	948	3938	6570	1037
辽阳市	2509	261	198	6115	5041	1124
盘锦市	7981	146	1	5844	9959	2842
铁岭市	1274	84	72	2325	12426	198
朝阳市	30			-1	53	12
葫芦岛市	3731	139	35	6776	11225	870
私营企业	7766562	636050	300356	8599485	9739559	2788769
沈阳市	1172790	53632	17262	733081	1197105	233297
大连市	3024798	156479	101800	2399511	3760279	1025627
鞍山市	500086	96292	19464	982175	538433	189808
抚顺市	278711	22707	6836	757626	477652	164903
本溪市	286572	26082	4813	329366	369252	172136
丹东市	422419	60113	51755	814460	655134	283343
锦州市	139361	9222	7004	142185	180154	49601
营口市	558142	82020	25792	721143	701597	294509
阜新市	432500	9475	7115	179680	422579	66050
辽阳市	279034	72819	19897	688020	556895	100361
盘锦市	228940	8608	5442	228066	214254	65845
铁岭市	130517	10816	11693	147602	120430	34327
朝阳市	194681	17268	15493	327095	355971	81446
葫芦岛市	118012	10518	5989	149476	189824	27516
私营独资企业	4025865	400586	158021	5561796	5442604	1607452
沈阳市	510411	23602	8493	419448	588697	99165
大连市	1282272	83044	42748	1189560	1682258	489367
鞍山市	292072	58780	13026	765556	380376	125434
抚顺市	154040	12339	4404	522403	297697	103475
本溪市	215665	22549	2967	209580	234632	140695
丹东市	269366	47814	31021	619097	445535	200925
锦州市	71666	4583	4075	85962	99723	26228
营口市	360682	50537	15086	537760	462507	197432
阜新市	331175	6230	2135	147006	324884	46962
辽阳市	209516	62030	13450	557101	430543	75476
盘锦市	74516	4768	3776	85491	83998	16549
铁岭市	95970	9114	8564	114569	87382	26187
朝阳市	81951	7943	3891	204771	192369	41719
葫芦岛市	76566	7254	4386	103490	132004	17839
私营合作企业	193925	18796	8909	276465	272474	77232
沈阳市	36445	1791	786	33269	40394	7704
大连市	45514	2178	1723	45012	59222	15687
鞍山市	13272	2771	474	26678	16920	4365
抚顺市	7072	782	82	21800	12704	4366
本溪市	9746	1183	250	9618	16225	5948
丹东市	17557	2059	2830	43940	25953	13128
锦州市	5706	437	472	6102	7880	2129
营口市	10918	1719	422	16739	16453	7642
阜新市	15236	493	44	7607	15595	2710
辽阳市	8475	2243	534	18366	16595	2982
盘锦市	5567	463	165	6435	6159	2521
铁岭市	2579	400	273	4775	4120	1568
朝阳市	10808	1753	592	31786	25059	3689
葫芦岛市	5028	524	264	4339	9194	2792

单位：千元

所有者权益合计	实收资本							全部从业人员年平均人数(人)
		国家资本	集体资本	法人资本	个人资本	港澳台资本	外商资本	
6505	7470	265	441		6764			225
33133	102717	61088		12792	28838			564
22203	15102		2267		12836			321
51804	49791	10203	2478	2891	34218			696
419627	419522	385849			33673			1230
706	706				706			10
263408	109024	62177	19738		27108		1	980
47670712	39455074	112675	82830	202551	38979429	42376	35213	761927
9678878	7957865	7050	13288	62017	7863141	8819	3549	117679
11316694	9467291	27869	11082	70955	9337417	9255	10712	212350
4007002	3474810	9503	32936	16660	3387259	22044	6407	60671
2133363	1687710	4348	2384	9700	1669188	141	1950	42262
1221112	948133	6879	3119	317	937774		44	24579
3832205	3346754	198	1931	3570	3340852		203	59619
1617047	1341398	48423	3733	5468	1280182	1147	2445	23068
2311769	2088300	2593	425	9467	2067797		8018	55178
1832504	1568120	1535	1301	22	1564821		441	36522
2742099	1674131				1674131			36347
1512818	1341062	176	5909	2229	1332748			17171
1999353	1605210	1852	1080	13745	1588488		44	20167
2350960	2049877	1482	1231	3947	2042247	970		34207
1114907	904415	767	4410	4455	893383		1401	22107
22742490	18274355	75499	44101	63461	18070326	2214	18754	438552
3763088	2959413	2879	4016	11163	2938892		2462	59039
3731010	2950237	11815	1701	18649	2916468	26	1577	92944
2191119	1855974	948	23773	13423	1812378	238	5214	44667
1235852	1015197	2760	203	6068	1004816	141	1209	26757
748061	615592	6879	3048		605620		44	15105
2734852	2420646	44	450	1118	2419007		26	40785
689823	580301	47669	3116	1332	527161	1014	9	13334
1406140	1215343	573	425	1058	1205268		8018	36138
932379	783936	1535	1274		781127			27281
2116397	1241626				1241626			28444
609463	545519		176		545343			7738
897704	725659	397	1080	7153	716985		44	13433
895543	756452		429	141	755088	794		17410
791058	608462		4410	3357	600546		150	15477
1505439	1317054	9128	2787	1332	1303048	132	626	23954
318997	269214		653	35	268526			4358
197698	190962			697	190257		9	3277
210184	198900	8467	512		189745		176	2076
49824	41279	353		176	40750			1267
76643	62882				62882			1154
128842	100419		882		99537			2309
72020	59763				59631	132		1042
49167	44442			88	44354			1436
94555	86992		26		86525		441	1320
75760	50878				50878			1028
28466	24109			335	23774			541
40674	36106				36106			869
112108	108291		714		107576			2112
50500	42817	309			42509			1165

1-B-3 续表 25

分组	营业费用、管理费用、财务费用合计	税金	利息支出	营业利润	职工工资和福利费	本年应交增值税
私营有限责任公司	3272937	199338	122267	2569153	3743502	1021499
沈阳市	582314	26747	7660	255176	524601	115740
大连市	1583000	67533	54231	1115027	1917240	492882
鞍山市	172253	29056	3553	162728	122004	53127
抚顺市	101021	8295	1608	192593	144265	49617
本溪市	56317	2316	1481	105730	108678	23374
丹东市	120973	9625	16191	138775	166559	63477
锦州市	56083	3849	2423	46076	64955	18597
营口市	172876	27576	8734	152958	207931	80657
阜新市	80511	2643	4874	22689	75271	15361
辽阳市	53026	7498	5352	98135	94953	19167
盘锦市	133282	2925	1380	126040	109597	40962
铁岭市	27726	1229	2639	24379	27547	6241
朝阳市	100673	7532	10881	91444	137226	35664
葫芦岛市	32880	2515	1260	37404	42675	6633
私营股份有限公司	273835	17330	11159	192071	280980	82587
沈阳市	43620	1492	324	25188	43414	10688
大连市	114012	3725	3097	49913	101558	27691
鞍山市	22489	5686	2411	27213	19133	6882
抚顺市	16578	1291	743	20830	22985	7444
本溪市	4844	34	116	4438	9716	2119
丹东市	14523	615	1713	12647	17088	5814
锦州市	5905	352	35	4045	7596	2647
营口市	13666	2189	1550	13686	14706	8778
阜新市	5578	108	62	2379	6829	1018
辽阳市	8017	1048	563	14417	14803	2736
盘锦市	15575	452	121	10101	14501	5813
铁岭市	4241	73	218	3879	1382	332
朝阳市	1249	40	129	-906	1318	374
葫芦岛市	3538	225	79	4242	5951	251
其他企业	174687	9897	11515	108205	149552	33871
沈阳市	5343	234	56	9128	6145	955
大连市	38423	1626	988	42150	58545	14623
鞍山市	19373	4522	601	76886	27090	3024
抚顺市	33	3	1	440	316	192
本溪市	13570	1455	89	12367	15869	7297
丹东市	4452	305	168	5202	7012	1395
锦州市	6140	595	967	7289	9110	1530
营口市	375			713	286	
阜新市	4871	190	185	1824	3896	505
辽阳市	1789	250	119	4145	5665	1690
盘锦市	1025	244	24	1957	1342	284
铁岭市	4398	424	453	9185	4510	1617
朝阳市	154			2149	972	56
葫芦岛市	74742	49	7862	-65230	8795	703
港、澳、台商投资企业	137442	6679	20375	-471	108413	22776
沈阳市	31968	819	190	-11687	21057	2925
大连市	64149	3249	2256	9270	57969	11495
鞍山市	22595	1048	16375	-16998	6893	1753
抚顺市	945	35		255	848	132

单位：千元

所有者权益合计	实收资本							全部从业人员年平均人数（人）
		国家资本	集体资本	法人资本	个人资本	港澳台资本	外商资本	
21555210	18284092	26416	33428	132651	18059815	17200	14583	277121
5211602	4408672	4172	8452	48147	4337996	8819	1087	50049
6891239	5877202	14511	9381	50980	5785000	8204	9126	110066
1320085	1177637		8070	1852	1166699		1017	11913
689436	538641	1235	2181	3455	531029		741	12483
368839	253238		71	176	252991			7715
873716	742864	153	600	2452	739482		176	14970
789511	639540	754	617	4136	631596		2436	7802
808719	782856	2020		8320	772516			16326
774387	668751			22	668729			7346
486750	335166				335166			6010
776990	682381	176	3969	1614	676622			7796
1025595	809184	1455		6593	801136			5382
1299543	1140456	1482	88	3806	1134904	176		14545
238798	227505	459		1098	225949			4718
1867573	1579574	1632	2514	5107	1546240	22831	1251	22300
385191	320566		168	2672	317726			4233
496747	448890	1543		630	445692	1025		6063
285615	242299	88	582	1385	218438	21806		2015
158251	92593				92593			1755
27569	16422			141	16281			605
94795	82826				82826			1555
65693	61794				61794			890
47743	45659				45659			1278
31182	28441				28441			575
63192	46461				46461			865
97899	89053		1764	280	87010			1096
35380	34262				34262			483
43766	44679				44679			140
34551	25630				24379		1251	747
1190691	742657	9520	245950	134190	350995	671	1332	12130
41764	39715			441	39097		176	643
377737	361491		185985	110587	63136	627	1155	2904
90607	72752		3061	2249	67442			2859
598	176				176			22
51046	44783	630	7646	13229	23234	44		1097
25789	22940			882	22058			685
49270	43736	1349	5380	4905	32102			1200
247	247				247			31
8016	10028	2910		88	7029			336
18184	9528				9528			401
15743	15699		88	1764	13846			111
29330	23216	220	53		22943			912
11304	10999		1764		9235			89
471058	87347	4410	41972	44	40921			840
2719116	2773832	144954	36766	99364	222036	2247346	23366	8619
1287912	1197555	110691	5803	15822	52273	1004689	8277	2191
758139	936256	13403	21561	75112	66766	748188	11225	3594
150698	180428	8036	3881	5065	24709	137801	936	687
10227	7597	212	132		3041	4212		74

1-B-3 续表 26

分 组	营业费用、管理费用、财务费用合计	税金	利息支出	营业利润	职工工资和福利费	本年应交增值税
本溪市	237	27		1888	1089	652
丹东市	6646	208	1140	8870	8945	3286
锦州市	1259	41		1648	1382	510
营口市	3631	884	24	801	2693	500
阜新市	310	38	18	654	1955	271
辽阳市	1871	117	152	4325	2461	648
盘锦市	641			1518	1525	416
铁岭市	1202	7	102	-1199	53	1
朝阳市	1825	179	74	-20	1165	111
葫芦岛市	163	26	44	205	378	75
合资经营企业(港或澳、台资)	86307	3412	18791	-10714	61731	12325
沈阳市	22046	602	120	-10028	12179	1634
大连市	30885	785	854	2168	29638	5091
鞍山市	21817	852	16364	-18628	5087	1378
抚顺市	945	35		255	848	132
本溪市	107	2		1516	250	146
丹东市	4942	188	1051	6323	6726	2285
锦州市	845	26		1219	1087	407
营口市	2194	774	24	407	2118	500
阜新市	219			73	473	
辽阳市	1214	71	152	3978	2133	326
盘锦市	388			1148	295	349
铁岭市	128	7	108	-125	26	1
朝阳市	413	44	74	775	494	
葫芦岛市	163	26	44	205	378	75
合作经营企业(港或澳、台资)	5274	259	220	4128	4615	1106
沈阳市	18			12	34	
大连市	4874	159	185	3510	3335	723
鞍山市	63	63		42	309	7
丹东市	173	9	34	259	428	230
营口市				110	325	
辽阳市	146	28		194	185	146
港澳台商独资经营企业	39873	2310	1096	2203	34162	7584
沈阳市	8731	190	10	-1777	6910	1140
大连市	24715	1662	1055	1079	20759	4167
鞍山市	704	128	11	1584	1462	368
本溪市	131	26		372	840	506
丹东市	636	7	26	1209	1516	685
锦州市	414	15		430	295	102
营口市	1437	109		283	250	
阜新市	20	20		395	1165	260
辽阳市	512	19		153	143	176
盘锦市	88			346	123	67
铁岭市	1074		-5	-1074	26	
朝阳市	1412	135		-796	671	111
港澳台商投资股份有限公司	5989	698	269	3911	7906	1761
沈阳市	1173	27	61	106	1934	151
大连市	3675	644	162	2514	4238	1513
鞍山市	11	4		4	35	1
丹东市	895	4	28	1079	275	86
锦州市						

单位：千元

所有者权益合计	实收资本	国家资本	集体资本	法人资本	个人资本	港澳台资本	外商资本	全部从业人员年平均人数(人)
10617	8037				635	7402		93
164101	131091	529	4299	353	16403	108342	1164	884
59965	55481	2917	1046		238	51280		224
13978	16189			2190	4657	9342		278
87041	86865				47713	39152		156
21860	13765		44	822	2495	10404		170
68119	66096					66096		140
55927	47151					45387	1764	37
14561	14236				2214	12023		50
15972	13084	9166			891	3028		41
1411202	1397248	144689	31946	92078	156777	949303	22455	5123
702885	616994	110691	4075	14631	49980	429340	8277	1383
279619	366974	13138	18469	71222	42993	210838	10314	1730
124407	155284	8036	3881	2860	21975	117596	936	515
10227	7597	212	132		3041	4212		74
3081	2205				635	1570		23
114476	82408	529	4299	353	15752	60310	1164	721
47799	43271	2917	1046		238	39069		181
12655	14866			2190	4657	8019		223
13860	13860				11906	1953		37
16049	10809		44	822	2495	7448		152
64166	63891					63891		20
3792	3792					2028	1764	3
2214	2214				2214			20
15972	13084	9166			891	3028		41
21934	71160		1464	1632	23835	44229		341
4375	4374		406	1191		2778		3
-6949	44815		1058	441	20660	22655		236
2646	2646				2646			32
19270	18785				529	18256		27
441	441					441		33
2151	99					99		10
1224952	1246617			2205	35399	1209013		2445
566894	563884					563884		563
453293	491229					491229		1330
23442	22410			2205		20205		130
7535	5832					5832		70
20253	19948				122	19826		122
11849	11893					11893		42
882	882					882		22
71859	71859				35278	36581		89
3660	2857					2857		8
804	441					441		5
52135	43359					43359		34
12347	12023					12023		30
61028	58806	265	3357	3449	6024	44801	911	710
13757	12302		1323		2293	8686		242
32176	33238	265	2034	3449	3113	23466	911	298
203	88				88			10
10103	9950					9950		14
317	317					317		1

1-B-3 续表 27

分 组	营业费用、管理费用、财务费用合计	税金	利息支出	营业利润	职工工资和福利费	本年应交增值税
营口市						
阜新市	71	18	18	185	317	11
盘锦市	165			24	1106	
外商投资企业	658407	29197	17282	127977	661845	116747
沈阳市	128159	3356	2253	-27315	83727	14443
大连市	397260	15985	8747	78190	413648	67646
鞍山市	10896	1333	179	803	7385	1184
抚顺市	16157	1118	826	1050	18033	3482
本溪市	3807	182	29	2624	6072	1244
丹东市	36476	2275	3311	32873	58956	14444
锦州市	6050	439	57	4452	5868	2485
营口市	17036	2241	938	5483	19601	3810
阜新市	20759	336	482	7492	19203	2772
辽阳市	7276	377	301	11346	11323	1761
盘锦市	10126	1089	123	5438	10827	1939
铁岭市	1641	314	33	285	3404	456
朝阳市	1145	3	3	1254	1415	166
葫芦岛市	1617	147		4003	2382	916
中外合资经营企业	281603	14017	10147	55995	268748	58526
沈阳市	53469	1726	1385	-18754	34074	5998
大连市	151591	6988	4782	27868	143718	31573
鞍山市	6667	201	168	-1438	5026	876
抚顺市	9261	384	581	-2451	11427	1721
本溪市	2100	138		2095	3881	1062
丹东市	22709	1817	2330	22685	30373	8379
锦州市	3795	386	44	3031	2846	1236
营口市	9551	1087	457	4484	10788	2850
阜新市	7460	181	1	2173	7513	1123
辽阳市	5735	289	279	7477	6572	1281
盘锦市	6124	462	105	3613	7138	1521
铁岭市	1304	298	13	215	2204	452
朝阳市	923		3	1430	1270	166
葫芦岛市	914	59		3567	1916	288
中外合作经营企业	36047	1153	1798	8174	36682	6278
沈阳市	3897	193		-1816	1399	245
大连市	26023	866	1352	7584	29220	4921
鞍山市	68			-42	45	19
抚顺市	172	2		306	212	172
本溪市	19				43	
丹东市	943	13		633	2119	194
锦州市	465	28		205	375	252
营口市	226	2	1	19	212	55
阜新市	3607	40	423	875	2704	385
辽阳市	74	9	22	198	34	26
盘锦市	79			265	61	9
铁岭市	258			8	127	
朝阳市	189			-164	87	
葫芦岛市	26			104	43	
外资企业	328652	13499	5180	56560	342956	49105
沈阳市	68696	1352	833	-8602	45849	7837
大连市	212493	7895	2521	40267	233084	29617

单位：千元

所有者权益合计	实收资本							全部从业人员年平均人数（人）
		国家资本	集体资本	法人资本	个人资本	港澳台资本	外商资本	
1323	1147				529	617		30
3149	1764					1764		115
9403454	9997218	325058	415170	621231	1726030	196680	6713049	48219
2707543	2759622	125322	108244	39439	630636	77010	1778972	8448
4151119	5131182	38087	260015	504163	530904	66477	3731535	24731
184566	194019	25607	2925	8657	34690	5803	116337	819
88470	84075	176	3769	3134	18157	529	58309	1540
503591	176126	1923	1058	19722	80182	1126	72114	442
535123	455850	23901	1799	22689	123189	1416	282857	5281
302480	283425	26089	1587	6188	37902	19517	192141	865
113399	121633	265		353	44430	7355	69230	1826
288413	288295	36954	29045	606	95404	15992	110294	1612
108490	93378		1311	2231	28292		61544	817
243345	238986	46733	2505	13317	79249	441	96742	804
130557	129016				12266	870	115880	512
10968	10381		758		6712		2910	145
35389	31229		2152	733	4016	142	24185	377
4574049	4961281	305613	404751	550716	1621278	185331	1893592	20604
1331898	1493964	116628	108244	35906	623016	76825	533345	3737
1572874	2136376	29428	253389	457117	491460	56438	848544	8766
142564	144154	25607	2925	6893	33852	5531	69346	494
38898	37438	176	3087	3028	7839	529	22780	823
466837	148095	1923	1058	19722	80182	1126	44083	278
293058	287327	23901	1587	20172	105326	794	135547	2738
160726	142598	26089		6188	23774	19517	67031	387
83478	88123	265		353	43137	7267	37101	1070
158808	178795	34864	29045	606	90024	15992	8264	666
88396	77232				28292		48941	431
194373	191602	46733	2505		77133	441	64790	570
24701	21161				7626	870	12665	406
8322	7735		758		6183		794	87
9116	6681		2152	733	3434		362	151
273200	299588	19426	8302	61057	66753	8557	135492	2513
42994	41454	8694		2960	4851		24949	131
151259	174333	8642	6626	42548	26045	8415	82056	1776
536	536						536	4
11030	10765				10142		623	22
44	44						44	3
13867	20105		88		3942		16074	208
14727	14557		1587		12098		872	34
882	882				882			14
9984	11941	2090			3351		6500	204
4081	2937			2231			706	7
16537	16537			13317	440		2780	12
3928	3890				3890			25
882	882				529		353	37
2449	724				582	142		36
4398052	4615750	18	806	9458	33504	2350	4569614	24026
1257152	1176214			573	2769	185	1172686	4286
2398422	2793215	18		4498	11990	1183	2775527	13784

1-B-3 续表 28

分组	营业费用、管理费用、财务费用合计	税金	利息支出	营业利润	职工工资和福利费	本年应交增值税
鞍山市	4047	1049		934	2135	245
抚顺市	6724	733	245	3194	6394	1589
本溪市	1480	43	29	255	1950	176
丹东市	12824	445	981	9555	26418	5870
锦州市	1199	21	13	1021	1706	572
营口市	7260	1153	481	981	8602	905
阜新市	8341	89	57	3977	7872	1035
辽阳市	1052	30		3407	4361	238
盘锦市	3746	582		1190	3032	387
铁岭市	79	16	19	62	1073	4
朝阳市	34	3		-11	57	
葫芦岛市	676	88		332	423	629
外商投资股份有限公司	12106	528	157	7249	13460	2839
沈阳市	2097	85	36	1857	2406	362
大连市	7153	235	92	2472	7625	1534
鞍山市	115	84	11	1349	179	44
本溪市	208			273	198	6
丹东市					46	
锦州市	592	4		194	942	425
营口市						
阜新市	1350	26		467	1114	229
辽阳市	415	49		265	355	216
盘锦市	176	45	18	370	595	22
总计中：国有控股企业	**607365**	**23946**	**29776**	**-140310**	**596427**	**89468**
沈阳市	231749	8295	4725	-103984	178477	24024
大连市	123938	4494	10125	-37793	88721	16630
鞍山市	18064	1456	2609	-325	19747	3619
抚顺市	22383	549	827	23728	65075	9061
本溪市	40456	2083	276	12272	55391	11204
丹东市	28630	2274	1552	4358	52631	6435
锦州市	58363	1024	5382	-38803	30946	4696
营口市	9059	892	26	557	6617	715
阜新市	28144	447	2443	-967	26416	4173
辽阳市	6055	884	419	9527	8523	1497
盘锦市	8359	360	474	9069	11966	2597
铁岭市	7268	273	347	2076	19120	1918
朝阳市	16065	514	312	-21337	16384	1064
葫芦岛市	8832	402	260	1312	16415	1835
总计中：轻工业	**3468498**	**256442**	**159770**	**2986348**	**4236829**	**968198**
沈阳市	583701	22528	9315	201973	590865	91957
大连市	1456011	78636	56575	953990	1720573	409773
鞍山市	229033	37155	13102	497178	259318	72136
抚顺市	97156	7015	3246	247700	166614	50273
本溪市	77295	7258	2847	78228	137841	32295
丹东市	185455	17544	22670	208354	334439	101639
锦州市	102520	5413	9121	36380	99090	21111
营口市	219841	26758	9845	220959	279311	82455
阜新市	163439	3752	8099	57700	151128	21268
辽阳市	104352	33985	7324	219472	201496	28207
盘锦市	92501	4856	2609	91389	95381	25898
铁岭市	57426	4443	5022	71911	54953	13657
朝阳市	50480	2098	7541	52251	73059	11007
葫芦岛市	49286	4999	2454	48863	72762	6520

单位：千元

所有者权益合计	实收资本	国家资本	集体资本	法人资本	个人资本	港澳台资本	外商资本	全部从业人员年平均人数（人）
40514	48782			1764	661	273	46084	255
38543	35872		683	106	176		34907	695
9342	7526						7526	146
227652	147871		123	2517	13921	622	130689	2329
120270	120216				2031		118184	314
29039	32628				412	88	32128	742
111330	89268				794		88474	653
10089	7285						7285	359
28184	27320						27320	171
101928	103965				750		103215	81
1764	1764						1764	21
23824	23824						23824	190
158153	120598		1311		4495	441	114351	1076
75499	47991						47991	294
28564	27257				1408	441	25408	405
952	547				176		370	66
27368	20461						20461	15
547	547						547	6
6757	6054						6054	130
8290	8290				1235		7056	89
5924	5924		1311				4613	20
4251	3528				1676		1852	51
15013729	**16066987**	**15194121**	**44410**	**533915**	**102658**	**71113**	**120769**	**55928**
8337535	8635537	7970183	2065	487051	57754	52405	66080	18595
1411854	2038116	1995998	2337		23218	476	16087	6465
-40287	183071	181289			194	1587		2268
964948	1112808	1085327		26635	847			5196
182341	142970	140221		1402	194	1126	26	3756
713043	830486	783465	36563				10458	3447
1566260	872136	844451	176	441	661	317	26089	4871
16345	19067	18361		176	353		176	615
-212848	336412	291330	2783	18144	10128	12173	1852	2994
151312	104131	102521		66	1543			671
639143	632865	632865						1115
810441	816824	815232	132		1460			2469
194026	168171	168039			132			1803
279616	174393	164839	353		6174	3028		1663
26059914	**23406381**	**3369607**	**1593604**	**605062**	**14988794**	**642005**	**2207309**	**358333**
6530939	5672315	1305291	393436	88692	2981504	210007	693384	62011
7238820	7050519	611871	321160	337373	4470100	295215	1014799	107219
1314172	1854500	94682	162522	120059	1425005	14691	37540	31723
767994	620906	55956	91423	3744	436705	4353	28726	16290
468352	331674	29596	56366	2485	231067	4004	8155	9300
2156125	2038767	638475	186223	13630	1015806	22042	162593	30388
1983357	1050161	298171	85728	12619	581412	38567	33664	13583
814401	788353	2230	45170	5012	695429	6326	34185	23466
615830	685524	114609	47969	441	488875	17257	16373	14598
1022382	667251	58815	42068	1614	548836	3825	12094	14266
705411	644573	47327	53858	6235	508640	1764	26749	7581
1205738	947570	43478	40807	8118	718053	20925	116189	11306
768558	685897	52201	14712	1358	615157		2469	7241
467835	368369	16906	52161	3681	272204	3028	20389	9361

1-B-3 续表 29

分 组	营业费用、管理费用、财务费用合计	税金	利息支出	营业利润	职工工资和福利费	本年应交增值税
重工业	**7941007**	**575730**	**297537**	**6933238**	**9415015**	**2792285**
沈阳市	1547623	62692	18742	412319	1424401	372382
大连市	2584946	127011	88669	1710557	3092578	842451
鞍山市	577379	90189	32130	711173	549053	197677
抚顺市	329532	23900	7430	733093	593871	182574
本溪市	409317	33051	7240	385373	558995	221741
丹东市	426714	56486	47267	783839	579796	253204
锦州市	185924	9049	9095	114615	242450	62800
营口市	421089	67095	20044	552262	518457	241305
阜新市	408290	9679	4490	158860	432981	74474
辽阳市	232247	48297	19267	606480	458858	94129
盘锦市	269390	9160	4979	262196	251219	95616
铁岭市	130976	10167	11719	118094	119000	34643
朝阳市	191953	18405	11844	312439	361657	78986
葫芦岛市	225629	10550	14621	71939	231700	40303
按行业大类分						
煤炭开采和洗选业	164885	16414	3658	226341	172513	108688
沈阳市	2721	238	100	-1837	3826	393
抚顺市	5093	286	71	20517	8351	4495
本溪市	96200	11017	115	103444	46906	76298
丹东市	14769	2243	715	56839	31978	12742
锦州市	5574	385	88	5046	5843	520
阜新市	20254	842		11863	47323	7683
辽阳市	4680	548	1406	30011	7404	1666
铁岭市					95	
朝阳市	3711	377	220	2912	6347	812
葫芦岛市	11883	479	943	-2454	14439	4077
石油和天然气开采业	21272	27		26850	17131	10676
阜新市					28	
盘锦市	21272	27		26850	17103	10676
黑色金属矿采选业	195033	12591	12126	143789	187205	70545
沈阳市	143	73	39	2027	926	49
大连市	2264	96	671	2160	2134	571
鞍山市	11098	893	171	9408	8691	4597
抚顺市	5017	288	107	23970	9319	5708
本溪市	20095	2215	79	22335	27078	11329
丹东市	12881	1676	773	26348	14621	8614
锦州市	571			776	703	93
营口市	3074	403	503	3138	4949	1536
阜新市	12792	232	150	6252	12082	1400
辽阳市	12742	1321	524	34550	18731	3993
铁岭市	197	94	13	235	352	172
朝阳市	42777	5246	1370	78288	81256	31746
葫芦岛市	71383	55	7727	-65697	6363	738
有色金属矿采选业	99284	12159	3942	134914	120436	51903
沈阳市						
大连市	353	176		363	246	18
鞍山市	15351	456	277	8895	14516	5367
抚顺市	3253	39	49	9734	2571	917

单位：千元

所有者权益合计	实收资本							全部从业人员年平均人数（人）
		国家资本	集体资本	法人资本	个人资本	港澳台资本	外商资本	
66847429	**61549261**	**12394028**	**5672152**	**1724226**	**35302750**	**1853823**	**4602281**	**764194**
22166167	19119593	6723811	1461997	660956	8266666	886788	1119375	148442
13557629	13407646	1731560	1007772	696213	6691456	530663	2749982	170270
4370101	4129567	168280	683345	59363	2981161	150957	86462	58076
3495347	3092031	1035960	466464	40539	1517005	529	31534	52856
2303915	1491215	111035	249696	44908	1016486	4811	64278	36964
3947090	3433582	155463	265318	41192	2762070	87715	121824	52905
2122919	2079123	553123	274515	39908	1015456	33694	162427	30795
1922999	1710141	18732	103131	8144	1526550	10372	43212	40410
1925605	4102314	181476	206795	51064	3528082	38473	96423	41489
2526915	1570904	43706	134678	8131	1328359	6579	49450	29073
2241274	2039800	632606	169467	33568	1069394	64773	69993	18288
2107825	2020299	773739	76882	16336	1126509	25333	1499	22066
2078689	1810270	115838	62795	2864	1615340	12993	441	35028
2080955	1542776	148700	509298	21040	858214	142	5381	27532
1021611	820440	73945	155299	4351	586846			17088
76343	74015	59090	12920		2005			1019
55859	47821	3528	12733	2117	29444			890
216478	151338	6041	15020		130277			3007
284647	255202	2646	6791	44	245721			3514
63077	49935	1323	9956	882	37774			650
76640	62038		10446		51593			4182
99913	29747		476	1308	27963			507
7417	7153	441			6712			112
34796	34160		441		33719			669
106440	109031	876	86516		21639			2538
215174	195443	635	8314	13652	106700	63362	2780	942
61736	61736				61736			3
153438	133707	635	8314	13652	44964	63362	2780	939
1855743	1215671	6315	38513	3757	1165763		1323	16407
965	806				806			68
2863	2787				2787			122
110567	91776	1905	20553	220	69098			860
57015	46981	3087	2469		41425			1022
166870	124974		6685	3528	114761			1877
113215	88478				88478			1298
3328	1255				1255			111
18455	16580				16580			406
117834	115250				114368		882	961
187381	138981		5153		133827			1478
48665	48665		529		48135			247
590732	486704	1323	2584	9	482347		441	7093
437854	52434		540		51894			864
850311	775392	7691	123602	176	594952	35125	13846	11071
9878	7496				7496			57
3172	1981				591		1390	15
158081	120923	265	20241	88	100330			1497
26957	23652	5574	1798		16280			279

1-B-3 续表 30

分 组	营业费用、管理费用、财务费用合计	税金	利息支出	营业利润	职工工资和福利费	本年应交增值税
本溪市	10032	1794	154	10032	11994	5524
丹东市	25910	4216	3078	72398	35586	17533
锦州市	733	31	118	1245	1189	261
营口市	16894	3851	1493	31676	19888	17817
阜新市	5211	197	205	1846	5254	498
辽阳市	1991	511	5	4283	3898	679
铁岭市	109		19	1346	359	38
朝阳市	2962	300	38	5402	10659	1325
葫芦岛市	16486	589	-1493	-12307	14277	1926
非金属矿采选业	365015	40028	14871	564713	471497	154433
沈阳市	14766	252	48	12884	13035	2603
大连市	44878	4530	2596	52468	61970	28225
鞍山市	47170	4282	2035	52886	52724	16529
抚顺市	6303	567	148	43614	13213	5982
本溪市	29124	3464	311	26135	31394	17470
丹东市	47387	11475	3691	128235	61201	32312
锦州市	15023	789	2133	18262	22717	6379
营口市	27119	5302	988	50374	35518	17234
阜新市	76916	1178	627	32673	65274	8674
辽阳市	14586	2683	446	67021	40420	5796
铁岭市	8152	1495	535	14362	8423	4690
朝阳市	25097	3066	1083	55192	48589	6667
葫芦岛市	8495	945	231	10607	17019	1871
其他采矿业	2129	119		12	2753	295
大连市	203			39	222	117
鞍山市	564	44		203	185	123
营口市	265	74		62	106	53
阜新市	1097	1		415	740	3
葫芦岛市				-706	1499	
农副食品加工业	611504	40928	41330	677840	689093	163213
沈阳市	47754	2172	1485	43690	51544	6902
大连市	262961	14315	11500	250419	297314	76055
鞍山市	29592	5793	3857	89460	32240	7438
抚顺市	9722	987	189	32725	16926	4852
本溪市	8881	1265	513	7960	14678	4078
丹东市	44035	3093	7720	52002	73600	25799
锦州市	25400	1587	1677	21771	24688	4434
营口市	32768	2768	691	36837	30063	9105
阜新市	66974	2044	3892	24530	50996	6943
辽阳市	14268	2118	1483	39529	22039	6048
盘锦市	20799	1960	1310	28799	23991	3774
铁岭市	20505	1166	2535	26814	18730	4045
朝阳市	15674	486	4161	15683	18052	3127
葫芦岛市	12173	1174	317	7623	14234	612
食品制造业	237469	16092	13743	220829	262755	67026
沈阳市	30009	1306	234	18812	32804	5479
大连市	110227	6908	6446	81729	116112	34816
鞍山市	16313	1595	750	23408	14145	3410
抚顺市	10078	518	225	27736	16080	4987
本溪市	5479	294	84	7576	8571	2253
丹东市	7123	684	606	9046	12067	4389

单位：千元

所有者权益合计	实收资本							全部从业人员年平均数（人）
		国家资本	集体资本	法人资本	个人资本	港澳台资本	外商资本	
27963	24403	1852	5371		17136	44		923
232341	207279		9022		150719	35081	12457	3176
83061	72760		441		72319			106
74299	62190		1587	88	60514			1647
16245	15231				15231			389
36689	33955				33955			213
21916	20108				20108			189
49569	41879				41879			1144
110140	143535		85142		58393			1436
2256629	1906846	25724	172013	29076	1549320	76919	53794	39166
135023	112578	5950	37054		67899		1676	1444
165045	127638	2875	23589	2999	82135		16040	3309
393659	322297		42717	7352	208806	60540	2883	4995
46206	34389	882	1467	176	31865			1178
217033	185234	10449	9996	17605	125461	3642	18080	2060
342591	318005	397	7608	441	303994	714	4851	5430
89660	67985	46	14322		53618			2061
108300	100397		1164		95582		3650	3237
156040	128153		9312	18	112209		6615	5283
256787	187400	706	7858		178836			2594
42951	34178	397	291	353	33137			1463
206666	198373	3229	3661		179461	12023		3822
96667	90219	794	12975	132	76318			2290
5021	4548	1082	44		3422			168
482	441				441			19
573	573		44		529			16
944	882				882			4
1940	1570				1570			50
1082	1082	1082						79
5220450	4428254	403901	155423	114735	3355105	49714	349376	55592
549281	419495	107217	12678	5637	266223	2355	25384	5642
1616887	1580325	154146	55343	87851	1111049	18403	153533	16444
220250	182695	44	5816	4313	169516	2212	794	4267
99511	85278	7504	2723	353	66464	4212	4022	1661
68484	50875	331	3757		45674		1113	1125
492206	429378	30322	17990	5270	324530	325	50941	5885
455909	343469	38643	6841	5115	262185	159	30526	3455
87211	78541	670	438	441	74566	441	1984	2659
229289	181477	10835	2207		163550	4003	882	4663
193528	96811	4454	7428		84312		617	1557
201699	191111		1656	1587	185689		2178	2030
587566	416145	16757	22269	3426	282067	14577	77050	2703
253129	258052	21413	838	741	234708		353	1763
165501	114602	11565	15437		84572	3028		1738
1825763	1673043	125241	61717	35486	1125689	133772	191139	21355
530061	436037	19930	7164	1097	268957	41165	97723	3486
444782	463410	12369	22360	30141	241741	92299	64501	6711
127413	103425	15490	2628	1487	79674	44	4103	1479
66193	62240	3550	5903	353	51112		1323	1638
26975	18564	970	4428		12901		265	620
97927	87468	88	4699	26	71733		10921	1196

1-B-3 续表 31

分　组	营业费用、管理费用、财务费用合计	税金	利息支出	营业利润	职工工资和福利费	本年应交增值税
锦州市	10138	161	3205	-2544	5971	1253
营口市	10731	1165	342	14722	12005	3976
阜新市	13479	220	807	7523	12875	1833
辽阳市	5557	1483	421	11411	10601	1290
盘锦市	5511	594	94	6988	6901	1415
铁岭市	4735	637	141	3975	3276	661
朝阳市	3576	215	205	8491	6077	776
葫芦岛市	4514	312	184	1956	5272	488
饮料制造业	163660	14242	7919	162986	177561	48335
沈阳市	21918	752	774	8042	18485	1911
大连市	52308	4199	1535	39993	54148	17794
鞍山市	7627	1916	412	24697	9422	1917
抚顺市	4891	296	66	17641	8248	3657
本溪市	8908	1559	45	9941	12890	5065
丹东市	5661	871	650	13187	11162	5723
锦州市	4722	402	85	5788	8034	1881
营口市	10095	884	110	4426	6356	2190
阜新市	22658	528	2298	5947	20831	3076
辽阳市	4320	767	447	13285	8533	1368
盘锦市	7328	89		1363	3439	1229
铁岭市	2753	414	268	8274	5523	1145
朝阳市	3570	62	351	7240	5009	669
葫芦岛市	6902	1502	877	3161	5482	710
烟草制品业	290			1139	7346	300
沈阳市	259			442	7302	300
抚顺市	31			698	43	
纺织业	301385	44154	14762	261231	355793	102538
沈阳市	30463	1618	56	-731	23934	2771
大连市	88804	6662	2144	94132	101515	39606
鞍山市	48752	4145	2597	29829	35666	13420
抚顺市	11645	615	1197	22816	18621	4697
本溪市	5667	303	41	3539	8049	1926
丹东市	25967	3386	3859	33889	46952	14459
锦州市	3301	485	257	2398	7082	1812
营口市	33182	5404	2660	27604	46494	16221
阜新市	5958	63	596	47	6223	1094
辽阳市	35401	19951	1010	38084	45343	3215
盘锦市	4838	778	56	1712	3422	1124
铁岭市	2693	390	116	3553	3992	961
朝阳市	3708	295	171	2751	5640	1079
葫芦岛市	1005	60	2	1609	2861	152
纺织服装、鞋、帽制造业	547541	34586	24200	379162	900525	159214
沈阳市	52524	2042	146	17778	51432	8113
大连市	337811	15251	14421	159391	539503	84398
鞍山市	39854	5207	2212	69026	54888	14283
抚顺市	7451	415	47	16807	12755	4908
本溪市	7103	273	43	2725	11862	1504
丹东市	19688	2780	2868	20241	64084	14898
锦州市	5256	212	300	6285	10244	1552
营口市	45899	5442	2726	40769	88689	19732
阜新市	4040	160	9	2519	9351	1017

单位：千元

所有者权益合计	实收资本							全部从业人员年平均人数（人）
		国家资本	集体资本	法人资本	个人资本	港澳台资本	外商资本	
65146	102298	49852	2452	2161	47790		44	872
35575	32465			88	32377			884
75743	69533	10742	3467		46064		9260	1138
53285	27135		2293		22372	265	2205	631
58066	56063	4410	758		50895			554
82783	78604	3872	794	132	73806			793
124130	118104	3969	4057		109285		794	580
37684	17697		714		16983			773
1531745	1332344	121178	82364	8309	937390	70038	113066	15347
268500	312337	26184	8670	656	167855	46743	62229	1928
353550	234993	25929	2081	489	148862	21078	36553	2797
106115	97997	23362	4921	1279	65690	2216	529	1259
48873	40008	794	3609	2381	32266		959	863
68581	47992	10566	5958		31424		44	940
89534	86994	1244	20816		64672		262	1113
96812	92688	8819	16403	884	66582			951
30569	23422	326	979		22116			573
116475	107488	1068	2534	441	101726		1720	1912
68070	42344		406		40924		1014	618
62933	59403	15522	1822		33185		8874	230
91901	73573	7188	1482	2090	62373		441	883
67313	62133				61692		441	546
62519	50972	176	12682	88	38025			734
6189	1720		1720					277
5925	1455		1455					269
265	265		265					8
1997970	2358176	875667	106603	69836	1190904	31496	83671	33573
422477	559977	402495	15352	2260	98425	7360	34085	2760
633906	545159	268108	10791	20856	221890	8676	14839	6748
-271530	463075	40845	9754	42978	359091	5997	4410	5008
73558	65952	10295	6197	110	41376		7974	1774
17748	14533	441	4427		9664			559
194152	156383	30238	15322	2000	94639	353	13831	4540
530942	95393	69353	9619	44	16200		176	1048
150455	182589		18514	1147	158301		4628	4006
-31288	73180	47233	3988		13580	8378		1085
130217	85952	485	6925	441	76840	732	529	4069
22362	20899		1247		16453		3200	250
70908	50384	5733	1349		43302			648
29864	21824		1926		19897			610
24199	22876	441	1191		21244			468
2664396	2125488	172461	156644	30685	1493061	39607	233029	76040
745102	411126	141382	52713	3951	181369	12479	19232	6422
991932	904395	16589	24833	10578	681760	11279	159355	37832
266025	249143	1199	21945	10245	209070		6683	6489
36415	33243	4586	8455		19937		265	1349
31209	20146	3169	8436		3748		4793	929
119525	115883	88	12442	2046	74008	10583	16716	6881
30281	27870	3351	4297	265	19957			1409
181429	165147		3357	2543	131059	5109	23079	7566
28736	25101	1475	3758		19692		176	1005

1-B-3 续表 32

分 组	营业费用、管理费用、财务费用合计	税金	利息支出	营业利润	职工工资和福利费	本年应交增值税
辽阳市	8333	1356	1110	21879	15029	2232
盘锦市	8461	270	153	7459	11041	4248
铁岭市	1761	209	70	2955	3835	280
朝阳市	535	108	9	1813	2566	455
葫芦岛市	8824	864	86	9515	25246	1595
皮革、毛皮、羽毛(绒)及其制品业	56208	2970	3537	43567	64809	9875
沈阳市	10097	512	-138	37	10550	1476
大连市	22394	859	888	10765	25079	3319
鞍山市	4346	1028	182	19899	8615	2228
抚顺市	138	1	2	379	712	133
本溪市	545	31		769	1516	370
丹东市	3003	168	277	1844	3829	1109
锦州市	6654	44	2004	-4622	1665	166
营口市	6247	124	46	7193	6388	586
阜新市	1131	34	89	646	1208	125
辽阳市	1060	146	188	5773	4146	329
盘锦市	456	13		503	765	18
铁岭市						
朝阳市	71			141	131	
葫芦岛市	66	10		239	206	16
木材加工及木、竹、藤、棕、草制品业	235027	22039	12007	383451	311853	89398
沈阳市	31267	1333	1072	31872	35836	7390
大连市	88137	4981	3483	53883	101743	26754
鞍山市	11276	3500	516	48091	12530	4759
抚顺市	24761	1807	1942	145211	66131	18772
本溪市	13265	1519	98	15139	17103	7950
丹东市	16618	3414	1884	42473	23783	12250
锦州市	2921	556	94	2386	2676	787
营口市	12747	1731	630	14111	11971	3583
阜新市	15190	242	35	7266	13592	1992
辽阳市	3435	1939	23	7764	11686	1856
盘锦市	2599	1		3845	3106	901
铁岭市	5587	355	765	5353	5450	1455
朝阳市	6262	538	1455	4879	4894	679
葫芦岛市	963	123	11	1177	1352	269
家具制造业	123848	6493	4081	108648	149665	35105
沈阳市	37521	1196	598	17736	44467	5495
大连市	49987	1500	1832	27042	56191	13329
鞍山市	6966	711	44	13276	7700	2172
抚顺市	4937	193	35	11336	6723	2785
本溪市	2207	168		3425	3160	1297
丹东市	5632	648	558	7951	9104	4223
锦州市	916	6	93	2034	1705	579
营口市	3857	886	295	5079	3146	1111
阜新市	1819	61		900	1954	410
辽阳市	2179	458	213	8556	5866	1157
盘锦市	3224	269	62	3905	4259	1370
铁岭市	3336	378	307	1006	1167	831
朝阳市	535	1	17	5318	3004	17
葫芦岛市	731	17	26	1084	1219	329

单位：千元

所有者权益合计	实收资本							全部从业人员年平均人数（人）
		国家资本	集体资本	法人资本	个人资本	港澳台资本	外商资本	
125168	78287			309	75182	156	2641	1099
36110	30004		13107	750	16060		88	743
17830	16951		397		16554			1161
8931	7647		1323		6324			318
45702	40544	621	1583		38340			2837
410083	485304	93470	52936	57554	176125	17062	88158	6177
142567	152547	60579	29514	35	51621	4886	5912	1285
102701	149149	16410	11381	3200	41688	6122	70348	1695
88385	77998		4274	54195	17828		1700	1113
2099	1941		1408		534			63
4954	2469				2469			201
33206	23318		520	123	15122		7552	304
-34857	33941	13827	1147		18967			192
6982	6294				6294			617
27576	12636	2654	1989		3704	4290		168
26386	15692		2518		11411	1764		264
3681	3581		53		882		2646	86
706	706		132		573			137
2641	2205				2205			28
3057	2828				2828			24
2109786	1762263	38968	77734	36093	1183503	84788	341177	27516
453858	390726	3560	13546	4214	327478	21747	20181	4119
442503	565762	5940	12561	19753	255199	47293	225016	7002
74340	57632	935	8881		47816			1892
215222	188645	2593	14663	900	170128		362	5884
433058	97403	4791	9021	3254	40097	247	39992	1326
176833	169299	12303	11923		123996	1037	20040	2081
-9454	25370		1159	4410	15392		4410	387
33609	30747		265		30483			933
101379	82643	5098	1558		44372	441	31175	1381
30025	17933	176	60		17697			695
26214	22802	3528	1398		17876			256
95849	77523	44	865	1270	62115	13229		886
25239	24672		1102		22776	794		473
11112	11105		733	2293	8079			201
698906	687618	25735	27422	5350	510544	24857	93711	12004
353138	300764	23283	6820	3025	221280	7515	38841	4100
83626	161681	529	4962	1191	108445	8875	37679	3135
49448	47343	71	444		41452		5376	719
28174	22007	617	9049		11718		623	725
23171	15475	952	3175		9407		1940	236
50566	51600	282	454	693	34709	8467	6995	842
12812	10777		397		10380			167
13555	12162		50		12112			241
3525	3029		586		2443			218
27868	18471				17097		1374	360
13513	11671		503	441	9845		882	323
12939	11408		520		10888			447
21292	17176				17176			373
5279	4055		462		3592		1	118

1-B-3 续表 33

分　组	营业费用、管理费用、财务费用合计	税金	利息支出	营业利润	职工工资和福利费	本年应交增值税
造纸及纸制品业	169430	13591	6697	193722	232587	60367
沈阳市	28746	1726	865	21366	36231	5194
大连市	72537	3485	2417	62271	92001	25163
鞍山市	8064	2499	462	29716	12240	4107
抚顺市	6691	317	86	11956	11822	3325
本溪市	3850	407	398	4500	6162	2789
丹东市	7668	769	1061	13840	14690	4881
锦州市	3681	286	154	4870	6967	2007
营口市	15886	1758	611	20086	17489	6309
阜新市	7790	71	4	2202	6476	1149
辽阳市	5316	1706	220	12146	13505	2024
盘锦市	3088	76	44	3053	4429	435
铁岭市	2459	173	258	2554	3049	1266
朝阳市	1781	23	41	3589	4815	1416
葫芦岛市	1873	295	75	1572	2709	303
印刷业和记录媒介的复制	254039	12022	7088	180585	286143	69410
沈阳市	81003	2128	1408	13242	79683	15008
大连市	67686	2199	1789	48565	78503	20442
鞍山市	15438	2051	165	30439	14363	4461
抚顺市	5085	186	141	8859	8941	2616
本溪市	7966	357	93	3162	14752	1550
丹东市	12569	758	1077	17170	19287	6053
锦州市	6863	866	398	4269	8958	2165
营口市	11770	1372	358	13912	14197	5460
阜新市	12202	226	42	4971	15934	2634
辽阳市	5168	1102	481	7403	8951	2063
盘锦市	10320	104	140	8832	7742	3516
铁岭市	10035	310	657	9780	4705	1578
朝阳市	2938	82	296	2536	4837	617
葫芦岛市	4995	281	43	7445	5290	1245
文教体育用品制造业	43055	3839	1154	24867	44785	12897
沈阳市	6082	478	200	4823	8210	1110
大连市	20062	1534	483	9849	21390	8537
鞍山市	436	128		756	304	78
抚顺市	1117	136		92	385	282
本溪市	863		1	1998	995	176
丹东市	4167	176	49	1226	3475	1119
锦州市	796	29		365	1580	256
营口市	8383	1158	146	4924	7556	1025
阜新市					25	
辽阳市	550	21	272	273	615	152
盘锦市	462	56	3	512	167	162
铁岭市	138	123		50	85	
石油加工、炼焦及核燃料加工业	104851	6077	3781	91161	109025	29240
沈阳市	17268	270	59	6564	9952	2222
大连市	17630	1005	356	10179	21851	3805
鞍山市	948	195		2516	2975	611
抚顺市	12599	769	190	16849	15372	5781
本溪市	4816	29	415	6504	7219	1375
丹东市	1669	115	238	1343	1291	506
锦州市	3401	192	157	2647	3793	1400
营口市	6499	861	140	10938	9570	5373

单位：千元

所有者权益合计	实收资本							全部从业人员年平均人数（人）
		国家资本	集体资本	法人资本	个人资本	港澳台资本	外商资本	
1481989	1207407	148050	82095	20053	836480	45693	75036	19806
225806	194521	9758	16173	617	154803	4410	8759	4084
302368	238937	961	14571	17363	195806	1993	8243	5340
70684	55250	794	5721	18	48321	397		1636
47502	37527	4189	3786		28370		1182	1151
19643	22044	4302	1945		15797			382
345921	246221	110090	7813		107482	26	20809	1356
71478	64463	882	7073		18170	38338		989
62134	57820		7946		49874			1428
17050	16528	955	4409		11164			597
89030	51784	14037	6443	864	29911	529		850
76759	74399		2043	441	71915			328
114231	111242	529	529	441	73699		36043	801
23942	21944		3087		18857			500
15442	14728	1553	556	309	12310			364
1443453	1222698	103913	197313	15244	883768	767	21693	23784
576135	414799	51042	50289	7718	299995		5756	7487
256534	268565	15574	23236	2670	211076	582	15428	4612
144845	131792	8654	35543	1323	86272			1366
34633	32071	1141	14378		16233		318	757
28655	23057	3431	6306	1341	11979			922
91408	75321	6246	12158	568	56235	115		1844
48388	42719	5651	12413	459	24117	71	9	1215
61227	57455	352	5298		51805			1070
38356	41426	9137	11090		21198			1349
35317	30887	469	5666		24752			629
35837	25205	355	9673	644	14533			550
38472	32965	458	3137		29370			836
32197	29928		2910	176	26841			560
21451	16509	1403	5215	347	9362		183	587
210975	250374	1094	17260	1284	120074	29516	81146	4081
72764	67639		4994		33229	22026	7390	809
66268	121101		140	1284	43981	7137	68559	1448
5638	5358		3956		1402			49
3556	1608	35	441		1019		113	67
8618	7761	441	1587		5733			90
18857	13905	176	4454		8551		723	459
6250	6027	441	365		4823		398	148
20519	18605		1323		13317		3964	741
26	26				26			2
2170	2161				1808	353		38
5592	5468				5468			23
716	716				716			207
2276510	934328	148784	70626	4502	635875	46143	28397	8531
1495220	279632	133155	3442	2663	89732	44609	6030	987
126083	110584	9840	7022	529	92664		529	1007
20773	14143		4551	441	8692	459		230
72669	63140	3047	6453		51876		1764	1386
25624	12688	1323	2558		8807			482
4874	3968		847		3121			115
27098	24308	802	6419		16012	1076		454
43881	39669		14548		25121			658

1-B-3 续表 34

分 组	营业费用、管理费用、财务费用合计	税金	利息支出	营业利润	职工工资和福利费	本年应交增值税
阜新市	2712	18	-2	105	1566	509
辽阳市	5704	710	1162	3873	4931	1439
盘锦市	29073	1854	869	27502	28235	5720
铁岭市	163	42	33	826	481	84
朝阳市	95			299	314	83
葫芦岛市	2273	18	164	1015	1475	332
化学原料及化学制品制造业	572409	45931	19749	534099	625650	187964
沈阳市	97405	4805	1456	41086	82187	16600
大连市	193221	15428	6570	129614	186221	54783
鞍山市	37841	6537	1114	77025	34591	15979
抚顺市	32871	2772	847	57727	51782	16619
本溪市	15542	717	479	23093	33806	8342
丹东市	31592	2327	2787	34173	34173	13467
锦州市	11548	639	442	13193	12235	4362
营口市	37270	6873	1430	45573	39365	20917
阜新市	24427	518	242	10247	25073	3413
辽阳市	21570	2632	1246	35765	43425	9671
盘锦市	43736	1146	965	39850	46843	17610
铁岭市	7385	210	523	6351	7751	1104
朝阳市	9441	752	455	14342	14021	2417
葫芦岛市	8559	576	1194	6060	14177	2679
医药制造业	97882	7132	6808	53429	102468	21232
沈阳市	29723	803	209	-6703	17525	3124
大连市	36762	3212	2409	15002	34271	7855
鞍山市	2968	362	55	3609	4347	577
抚顺市	3664	340	293	20158	11540	1236
本溪市	4397	569	381	11083	14293	2140
丹东市	4270	207	919	2707	3443	1904
锦州市	3312	404	111	1927	2914	1198
营口市	1260	525	345	-96	2395	743
阜新市	3380	57	1	1359	3492	393
辽阳市	1612	127	94	2290	2558	443
盘锦市	2024	237	377	2184	1851	966
铁岭市	264	7	108	146	374	138
朝阳市	3418	255	1505	-561	2795	359
葫芦岛市	829	27	1	325	670	158
化学纤维制造业	33680	1833	763	-3422	20375	4174
沈阳市	1799	138	146	-168	1890	103
大连市	9207	1068	167	3905	7272	1925
鞍山市	1251	388	301	1670	1057	362
抚顺市	811	18	9	3043	941	684
丹东市	3175			-3016	3175	18
锦州市	15277		88	-14937	429	42
营口市	331	12		47	98	56
阜新市	103	8		145	292	69
辽阳市	1593	200	53	5671	5068	915
铁岭市	44			44	34	
朝阳市	88			176	120	
橡胶制品业	126396	12531	4557	101045	160398	43753
沈阳市	36329	1392	378	9117	33544	9295
大连市	33561	2421	1244	21346	42033	11189

单位：千元

所有者权益合计	实收资本							全部从业人员年平均人数（人）
		国家资本	集体资本	法人资本	个人资本	港澳台资本	外商资本	
37324	36918	176	529	441	28716		7056	214
32523	23759		750		23009			284
340541	310068	441	23499	384	273431		12313	2399
38726	7214				6509		706	100
2346	2346				2346			35
8827	5892		9	44	5839			180
5521133	5190172	1282920	554836	103511	2602653	120520	525733	51199
1085421	1013081	191007	70407	43589	509025	24441	174612	8648
1600650	1695624	350602	305013	34191	725000	20526	260291	10339
336347	313110	5308	35592	2467	221311	48080	353	3888
268597	231536	26142	41325	326	149933	141	13668	4791
114076	58258	5679	12629	441	39510			2181
212265	193212	12379	9485	4030	143280	2659	21378	3099
179829	158247	35789	16752	256	57884	18181	29384	1772
146249	128295	242	9081		118602	370		2873
89658	204636	22851	4924	10583	141923	617	23737	2221
268590	193043	39904	5761		144063	2857	457	2697
740982	707410	529429	29726	7071	136687	2646	1852	3429
86370	73182		6125		67057			1914
115702	91225	882	2389	110	87844			1566
276397	129315	62706	5627	446	60536			1781
1539698	1284361	101726	64013	97676	722273	50013	248660	8505
440790	386539	56665	37165	706	172866	2355	116782	1614
614292	512900	40307	1587	95339	226838	41980	106849	2021
103499	97104	230	35		96398		441	579
92801	33936	953	2320		30663			1123
41206	20410	1175	503		18732			1167
25078	20653		9579	309	10431		335	356
35408	30496	1523	5945		23027			336
37173	36949			353	36596			146
-13642	7078	868	1332		4878			280
16004	10296		840		6810		2646	196
20884	20054		474		19579			123
58735	56654				49212	5678	1764	91
40265	24746	4		441	24301			260
27205	26546		4233	529	1940		19844	213
991413	410529	307905	4952	441	89710	5872	1649	1517
14910	9323		882		7233		1208	163
49599	50959	353	2646		45641	2320		435
15228	12856				9304	3552		95
2566	1949	838			1111			93
342507	289605	289605						298
542888	27517	17110	176	441	9790			78
265	265		265					11
658	617				617			29
21027	15675		983		14691			298
441	441						441	4
1323	1323				1323			13
971104	819854	110138	67951	121404	461780	34749	23831	12943
454990	387690	104380	17772	73316	156287	33144	2791	3264
146813	133991	26	3803	36050	74879	1561	17671	2509

1-B-3 续表 35

分 组	营业费用、管理费用、财务费用合计	税金	利息支出	营业利润	职工工资和福利费	本年应交增值税
鞍山市	4980	766	176	3744	9027	1938
抚顺市	4770	193	26	13614	9174	3156
本溪市	3753	56	68	9977	12140	2823
丹东市	5845	365	1104	7003	7939	3765
锦州市	1311	60	41	1340	2968	737
营口市	4165	525	86	3862	4665	1846
阜新市	1770	59	128	951	2812	621
辽阳市	14339	5520	435	15610	23326	2826
盘锦市	3176	274	5	4745	4387	2402
铁岭市	11808	863	866	9197	6039	2926
朝阳市	382	23		34	769	168
葫芦岛市	206	13		505	1576	62
塑料制品业	431921	33027	12302	426124	501763	127940
沈阳市	66045	2868	1162	47326	71133	11502
大连市	188278	9096	4540	91290	184077	50759
鞍山市	25991	5185	999	59239	38173	9566
抚顺市	13746	1502	290	37593	23105	7795
本溪市	9338	512	162	12470	17905	4310
丹东市	12989	1239	997	18656	17221	8851
锦州市	6488	675	424	9223	10877	2819
营口市	43432	4724	1189	74893	60709	15135
阜新市	16886	417	60	6022	16857	3018
辽阳市	11368	4172	1136	23208	24126	4656
盘锦市	18268	518	552	17382	17000	5417
铁岭市	10023	1238	274	7010	5863	1611
朝阳市	4720	489	404	10972	9770	1677
葫芦岛市	4349	391	111	10842	4946	823
非金属矿物制品业	1002250	90665	48374	1192040	1377006	374557
沈阳市	125425	4866	2279	47803	136895	19513
大连市	270513	14441	14182	155493	298305	78877
鞍山市	92717	17596	1999	141204	118042	39151
抚顺市	48444	3847	1086	105222	85056	29645
本溪市	34440	3092	669	44796	72539	20584
丹东市	51762	11865	4853	146113	92294	37883
锦州市	31088	1895	2540	26745	58283	12840
营口市	95416	15875	6712	126394	115802	68170
阜新市	102285	2796	1335	40523	111877	18764
辽阳市	35278	5243	6446	162788	79564	14707
盘锦市	35981	1342	1016	34487	40386	9196
铁岭市	27552	1844	1699	31074	34674	7615
朝阳市	28331	3534	2228	97200	83622	10184
葫芦岛市	23020	2429	1328	32200	49667	7427
黑色金属冶炼及压延加工业	120980	15777	21552	50931	136627	116676
沈阳市	15488	570	-192	-8580	13695	80728
大连市	30133	3552	2716	3358	26323	6339
鞍山市	24570	2185	17628	-9430	8599	4366
抚顺市	3667	34	84	3526	9048	2119
本溪市	14214	462	297	15589	27376	7238
丹东市	1495	649	35	6658	2749	1583
锦州市	3121	395	44	2261	4572	2499
营口市	4774	823	84	6863	8236	4352

单位：千元

所有者权益合计	实收资本							全部从业人员年平均人数（人）
		国家资本	集体资本	法人资本	个人资本	港澳台资本	外商资本	
48247	45570	49	9662		35860			679
31554	25447	220	4150		21077			756
34562	19770	1323	7531	53	10864			839
33295	27081	18	4886		22177			753
25191	23020	1020	1629	7937	12389	44		403
12111	11067		529		10538			379
19524	13413		1012		11916		485	258
57533	37760	2662	106		32109		2884	1362
24225	22518		3457	1323	17738			323
63668	53298	441	12658	2725	37475			1175
13578	13551		97		13454			122
5812	5679		661		5018			121
3006834	2673737	218503	272054	54778	1874319	62669	191414	42345
753536	626474	57432	69464	9238	448960	25676	15704	7454
921760	843549	34611	71580	21747	530200	31819	153593	11142
270728	215322	970	40973	3458	159526	2646	7749	4237
102632	93807	8521	28475		56810			2212
99358	56957	882	8293	265	46495		1023	1155
98924	87837	441	2301	4396	74007	26	6666	1565
116839	139801	94251	6211	2205	37134			1656
199051	178233	1023	9679	529	164682	688	1632	4643
67698	118342	20196	13797	6194	76187	441	1528	1524
88430	57349		3173		53673	503		1567
94525	83744		9253	5168	66684		2639	1276
98158	81593		6094	44	74584	870		1982
61728	52827	176	979		50790		882	929
33466	37902		1781	1535	34587			1003
6712277	8230840	820495	670699	76994	5985410	196175	481068	125631
1204206	1621874	423483	135492	3526	761339	100014	198019	15439
914648	1014609	119450	91275	37775	618412	81987	65710	17348
863502	731853	24265	117085	6516	546383	7937	29668	12641
382015	292673	28727	44604	573	218415		353	8127
245947	199349	37251	17088	9701	133369		1940	5094
488346	435980	5962	40387	9315	335010	2487	42819	8862
437323	396260	78937	36567	617	169804		110334	8720
518457	451927	7437	15227	441	402962	1411	24450	9161
307669	2059922	16838	50220	3546	1983127		6191	11661
547927	269275	16673	47389	66	201648	2339	1160	5212
213557	179134	8387	12536	617	157320		273	3202
193414	152281	1411	19097	3792	127981			5430
270582	248159	7056	22642		218462			8134
124683	177543	44617	21091	507	111177		150	6600
1355304	1302352	188703	124870	7083	867019	73197	41481	11771
404583	347407	80824	7062	220	211562	46452	1288	1535
163809	235213	30734	27544	6686	157097		13153	1675
186767	241161	2655	24352	176	187145	26745	88	1326
96717	86966	51197	7067		28659		44	926
114137	76455	2469	30639		43303		44	1942
38906	35600	4452	2752		28396			286
84007	74624	8819	11203		54602			499
20054	17574		529		17045			540

1-B-3 续表 36

分 组	营业费用、管理费用、财务费用合计	税金	利息支出	营业利润	职工工资和福利费	本年应交增值税
阜新市	107			-12	603	100
辽阳市	13505	6856	205	28525	26185	4981
盘锦市	1303			241	492	332
铁岭市	1768	57	240	2686	1813	1285
朝阳市	1339	112	2	1312	1729	108
葫芦岛市	5496	82	409	-2067	5206	646
有色金属冶炼及压延加工业	73594	4439	2632	77511	86083	29879
沈阳市	16661	728	-238	6298	15867	2383
大连市	8719	602	384	7265	9728	3126
鞍山市	2945	495	22	4957	2878	2231
抚顺市	4682	202	194	11462	7465	2221
本溪市	11111	411	220	12942	16414	4824
丹东市	7220	686	709	15928	11510	6444
锦州市	2569	64	180	1391	1681	762
营口市	5195	457	191	5700	3221	2865
阜新市	4127	78	248	2019	3969	598
辽阳市	542	93	61	2940	1293	257
盘锦市	1028	72		658	686	253
铁岭市	1366	42	124	870	722	475
朝阳市	1276	210	75	3568	3764	796
葫芦岛市	6152	297	462	1513	6885	2642
金属制品业	639902	50102	20032	529072	787664	215149
沈阳市	131457	8102	2338	49925	128829	27039
大连市	254554	10608	7764	133650	324263	84734
鞍山市	71644	15174	1281	104203	64457	25385
抚顺市	28536	1692	524	49070	44690	14680
本溪市	16365	1037	137	14688	46648	8166
丹东市	15199	1707	3006	23423	21630	9431
锦州市	10427	411	130	9372	13857	4071
营口市	32781	4553	1216	39706	40210	17950
阜新市	16703	356	1	5727	17789	3342
辽阳市	15514	3961	1414	27446	30582	7095
盘锦市	12122	166	91	13955	11953	4075
铁岭市	8698	647	598	10763	5672	2208
朝阳市	8495	429	429	9770	12788	2230
葫芦岛市	17407	1260	1106	37372	24297	4744
通用设备制造业	1924075	117663	56901	1526253	2399206	663386
沈阳市	419017	16337	3799	127619	422586	95089
大连市	922435	43956	24787	727834	1189122	323612
鞍山市	93057	15648	1681	117307	94592	32959
抚顺市	58861	4569	943	113555	96443	31268
本溪市	73741	3299	1041	48423	112806	29385
丹东市	75744	5263	10140	87678	103865	39882
锦州市	21695	982	692	17714	35821	8168
营口市	81150	13714	3679	92543	106995	39491
阜新市	50421	1349	696	12504	52172	13884
辽阳市	47209	8765	3450	110984	97790	22117
盘锦市	23562	783	248	19392	18052	7857
铁岭市	21389	1087	2089	12649	13848	4419
朝阳市	19005	949	2233	25874	33888	10137
葫芦岛市	16789	961	1424	12177	21226	5117

单位：千元

所有者权益合计	实收资本							全部从业人员年平均人数（人）
		国家资本	集体资本	法人资本	个人资本	港澳台资本	外商资本	
3117	3087	882			1940		265	80
171928	102176	2252	7620		65705		26599	1814
1880	1354		794		560			38
48582	44966	4410	4498		36058			382
13800	13728				13728			255
7018	22040	9	811		21219			473
1838353	796755	39890	141951	29092	518607	19963	47253	8614
1166191	282042	26774	47571	28968	163968		14761	1971
60962	74837	353	34270		18650		21563	539
13588	11226	176	2319		8731			265
29204	26573	1058	2259		23256			787
49463	44406	706	7761		35939			1081
132580	125710	1632	12268		103516	6619	1676	942
59586	50818		5468	123	27861	13344	4022	303
16912	15477		97		15380			239
17641	17286		2646		14640			381
13416	7476		547		6929			115
3418	617				617			65
15044	26592	9192	220		17180			371
67827	26655				26655			592
192521	87040		26525		55284		5231	963
4439194	4133751	226130	639971	61611	2788154	171849	246037	64553
1317200	1142999	145988	119105	19383	673164	93473	91886	14972
1135935	1044136	18706	109754	26189	680792	76317	132378	18957
346999	455914	38289	104825	9166	299754		3881	7972
189068	170157	2722	49713		113186		4537	3938
96007	66634	5098	21217	1323	37668	1126	203	2516
107942	94887	6212	4897		72610		11168	1687
70362	68683	289	24651	132	42041	246	1323	1745
119558	99760		5179		94581			2972
430865	432266	1662	12336	273	417309	686		1738
122748	90673	5703	4112	44	80153		661	1909
48243	42002		4804	228	36970			1093
125630	108525	243	3692	1896	102694			1373
63935	55859	236	1463	2469	51691			1381
264704	261256	984	174223	506	85543			2300
11516673	10548647	1674532	1030359	178028	6685931	128854	850944	171218
3525553	3471287	837741	366597	52379	2123797	19504	71269	42403
3910893	3559280	591760	123918	92342	1932242	72222	746796	60568
733116	666706	13461	140808	12031	496797		3610	9290
515488	415978	27449	96793	379	287917		3440	9414
347209	255170	16020	63134	794	173574		1648	7394
487556	396920	38880	44553	3933	303858	900	4795	8673
299304	283023	34986	43502	6569	194814		3154	4393
344073	299540	5131	27477	970	265520		441	8151
322310	291926	16442	63456	2156	164361	35569	9942	5191
452067	278832	2695	18909	2745	248459	483	5540	5885
127007	112814	4674	11684	970	95486			1260
168557	244382	80856	10411	325	152481		309	3204
205238	175084		2867	275	171765	176		3111
78301	97706	4436	16251	2160	74859			2281

1-B-3 续表 37

分 组	营业费用、管理费用、财务费用合计	税金	利息支出	营业利润	职工工资和福利费	本年应交增值税
专用设备制造业	692686	38769	18772	458182	724060	203012
沈阳市	191959	6750	1324	29885	154284	30925
大连市	224753	8482	8309	168991	246214	62732
鞍山市	47757	8218	1124	38905	33739	15283
抚顺市	30290	2321	243	43347	54942	16023
本溪市	10121	466	178	4577	14425	3882
丹东市	29501	1929	3157	25618	36679	13319
锦州市	13252	679	440	8458	16532	5166
营口市	23627	3722	879	25410	28667	12990
阜新市	29489	564	206	15686	29922	4770
辽阳市	9913	1066	448	29335	25746	5105
盘锦市	39146	1103	356	35476	33956	17296
铁岭市	12888	1878	1181	10888	8078	4771
朝阳市	23089	1228	796	13872	31750	9259
葫芦岛市	6900	364	131	7732	9125	1490
交通运输设备制造业	612224	30423	19230	386909	738859	184431
沈阳市	116473	4888	1093	18676	116477	21185
大连市	255762	8492	4381	121179	336082	95062
鞍山市	33523	5900	2861	40132	27502	6434
抚顺市	21321	1033	503	17629	29604	6391
本溪市	22938	897	292	6053	41678	6099
丹东市	32137	2664	4921	52793	40499	16629
锦州市	19337	638	333	4509	24554	5173
营口市	19236	2391	733	19486	18328	6609
阜新市	15193	148	214	3000	11825	2013
辽阳市	7315	1117	644	19468	18284	2944
盘锦市	34514	702	726	31801	25526	10189
铁岭市	8917	391	1215	5844	5146	1355
朝阳市	7061	113	886	11495	14055	733
葫芦岛市	18497	1049	427	34844	29301	3617
电气机械及器材制造业	551640	33127	18899	315104	584730	153931
沈阳市	231594	9825	2194	64103	213705	47100
大连市	144754	6485	6881	78506	154108	41454
鞍山市	27636	4153	251	31690	23072	9638
抚顺市	20250	1480	111	38813	45807	9637
本溪市	20395	1207	1924	10285	22630	5985
丹东市	21428	2395	2745	19061	25814	10825
锦州市	19136	698	932	6615	20384	6084
营口市	19864	2925	874	20654	22228	10129
阜新市	10611	518	244	4455	12457	2218
辽阳市	11945	2056	684	17135	18235	3888
盘锦市	10202	311	123	11732	9569	4330
铁岭市	4852	181	877	4186	2616	1042
朝阳市	3171	517	188	3654	5561	856
葫芦岛市	5801	376	870	4215	8544	746
通信设备、计算机及其他电子设备制造业	148917	7719	4165	52685	128573	30741
沈阳市	56593	2090	643	-5137	38008	8369
大连市	44833	2360	1712	24146	42978	8306
鞍山市	10902	775	332	7372	6231	2661
抚顺市	3674	567	7	5542	5282	1775

单位：千元

所有者权益合计	实收资本							全部从业人员年平均人数（人）
		国家资本	集体资本	法人资本	个人资本	港澳台资本	外商资本	
5551690	5217569	612908	506629	126978	3138978	91547	740528	57601
2183489	1930969	475157	177707	41649	1073877	12989	149589	15781
1463041	1504037	14870	130833	67252	660027	65649	565406	13837
293666	259447	3196	50127	2196	202072	397	1460	3099
206514	182957	45240	24643	88	111627		1358	4298
46442	27574	6861	3545	88	16655		423	1075
178423	140557	670	18938	2292	116639	353	1665	3131
125832	112495	27019	18657	7214	58247		1358	1730
125542	115741	2020	7935	441	104349		997	2295
84287	171329	20934	19955		123685		6756	2982
82310	61634	2364	3231	3969	51673	397		1493
189696	170028	1727	24476	995	131579	529	10723	2163
311289	291511	220	9498	220	269546	11233	794	1766
229972	210683	2046	11033		197604			3082
31188	38604	10583	6051	573	21397			869
4111473	4182062	842303	375194	79562	1900162	216084	768757	57545
1032260	1298616	635288	90201	1473	439667	21255	110732	13008
1641701	1551046	61678	44945	53450	609998	187245	593730	18884
133234	220572	44774	45970	2161	127402		265	3149
131368	103376	15515	14319	4505	50630	529	17878	2517
49197	51495	8252	10169		33074			1671
257627	183835	13653	35649	10275	117071	7056	132	3991
122405	110807	6235	31862	522	70865		1323	2738
65457	59483	1558	7725	176	43473		6552	1542
90610	79891	3388	8636		67868			1364
76792	53582	4628	1376		46697		882	1069
173401	151071	33534	16698	682	62895		37263	1821
49595	44065	517	4845	66	38637			828
50996	51565	6378	7422		37766			2022
236829	222656	6906	55377	6252	154122			2941
4202682	4063043	546322	621894	67304	2301261	147487	378775	49111
2502860	2061439	268150	348479	8670	981687	140027	314425	21464
647261	762164	48993	110517	10396	533678	2522	56058	8476
217383	196794	1242	32723	2728	155700	1949	2454	2345
132258	269091	135949	33067	25576	74464		35	3193
36979	42744	1148	19865		21731			1422
135984	111360	16715	12958	2443	76563	441	2239	2614
126840	138191	26370	26231	7026	75772	803	1991	2696
94197	89970	265	2760	5586	80919	441		1724
64661	129732	7530	10589	441	109173	1304	695	1236
71490	53049	2646	4721		45209		473	1136
62664	57999	422	6715	1764	49098			625
35819	71175	35084	4367	176	31503		44	537
22365	28662		4286		24376			566
51921	50672	1808	4617	2497	41389		362	1077
2384870	2392725	343177	102097	373413	989202	323446	261390	11292
1600339	1298592	173875	13851	68817	609526	295806	136718	3885
591847	640604	40290	12389	301509	207051	4552	74813	2929
113989	132385	25863	6904	132	59346	273	39868	534
27314	22953	7604	2506		12843			343

1-B-3 续表 38

分　组	营业费用、管理费用、财务费用合计	税金	利息支出	营业利润	职工工资和福利费	本年应交增值税
本溪市	3393	95	93	2839	3920	673
丹东市	11449	452	244	4273	14028	2901
锦州市	5958	176	350	2305	4100	1686
营口市	3342	444	2	2487	4874	1646
阜新市	2916	96	321	138	2239	281
辽阳市	1245	405	151	2486	2769	900
盘锦市	1066	86	106	3265	2224	952
铁岭市	1787	23	205	1086	893	254
朝阳市	856	40		592	425	116
葫芦岛市	904	111		1293	600	220
仪器仪表及文化、办公用机械制造业	248784	12022	6579	77622	206183	57960
沈阳市	65913	2260	1119	3012	44825	11635
大连市	80692	3047	3081	29482	64932	17991
鞍山市	35351	1830	56	5860	14062	7108
抚顺市	6178	366	68	6210	7072	1977
本溪市	4140	130	97	2407	8496	1621
丹东市	27432	1744	1564	10408	31934	6607
锦州市	4519	68		-276	5291	767
营口市	4559	564	104	5008	9318	2871
阜新市	2542	43	12	271	1942	701
辽阳市	9066	1142	341	8681	11700	2992
盘锦市	6191	807	49	5744	4432	3030
铁岭市	1701	21	88	344	1122	599
朝阳市	177			262	646	31
葫芦岛市	323			212	413	30
工艺品及其他制造业	150924	14248	6243	206388	201567	44143
沈阳市	35286	1593	165	15221	34546	6182
大连市	44102	2397	2036	17396	38050	8800
鞍山市	17441	4721	1219	79071	33334	6767
抚顺市	7471	843	249	26442	18727	5120
本溪市	7255	1032	1044	4794	11147	2906
丹东市	6439	947	723	17321	12886	5266
锦州市	3823	326	95	320	2585	431
营口市	8644	1061	291	11345	10502	3223
阜新市	7287	103		3004	7637	1116
辽阳市	6109	838	223	19358	21698	2222
盘锦市	4362	119	87	5820	4900	1116
铁岭市	599	39	18	2312	1428	269
朝阳市	1592	197	84	3263	3169	646
葫芦岛市	512	32	9	721	959	80
废弃资源和废旧材料回收加工业	23334	1841	1464	30824	27054	10841
沈阳市	2267	90	72	2119	2827	1896
大连市	4565	219	24	6358	6247	1946
鞍山市	524	156	21	2994	1159	692
抚顺市	2082	79	41	5492	3557	2197
本溪市	1826	91	38	3123	1971	841
丹东市	3461	477	265	3104	3324	1044
锦州市	698	72	9	554	355	284
营口市	3256	481	50	4060	3296	1150
阜新市	2359	59		1006	2134	341

单位：千元

所有者权益合计	实收资本							全部从业人员年平均人数（人）
		国家资本	集体资本	法人资本	个人资本	港澳台资本	外商资本	
8089	6174	441	1323		3087	1323		272
162633	137467	44268	46649	661	29387	14084	2417	1586
-25547	34038	7966	5836	2293	15508		2436	379
23866	28296		706		15273	7267	5050	324
-182796	33750	16404	759		16587			278
7522	4199	9	1091		3011		88	245
9964	9603		226		9377			164
33262	32367	26458	1038		4871			115
1443	1307				1307			145
12944	10990		8819		2028	142		93
1215124	1373925	320155	169882	22825	777648	3832	79582	15609
474166	422511	143748	45107	1909	208942	450	22355	4180
240039	372943	71460	22377	7735	230164	3140	38067	3994
193067	181659	3869	11390	8599	150112		7689	1326
41768	39758	16898	4606		18209		44	598
38219	14070	441	4661		7801	243	924	584
13571	166305	78165	45206	1399	37578		3957	2061
43858	21658	3395	5113	2020	11130			534
30613	29546		273		28832		441	734
8803	8514	2178	1292		5044			251
75039	62965		23308		33553		6105	745
23312	21306		5379	1120	14807			258
13266	13353		88	44	13220			210
18080	18080				18080			89
1324	1258		1081		176			45
835410	833161	23600	80974	21361	614307	20304	72615	19113
261542	240106	2593	24989	11935	160219	14929	25440	3948
150199	171222	9571	8008	6772	116347	2982	27541	2492
131270	101248	529	11650	1550	87518			4064
69408	61529	4568	8301		48660			1929
11007	17966		3013		12763	2190		804
44061	55578	4454	5530	88	34990	88	10428	1273
-9920	18560	1620	6948	18	9181		794	366
27381	25563		4395		20551	88	529	872
48867	53756	265	5602		47448		441	823
45775	37054		44		36498	26	485	1241
30013	28083		265	203	20756		6860	427
11962	9066		1147	794	7029		97	578
10507	10288				10288			205
3339	3141		1085		2057			91
215503	186321	7330	11428	44	147839	265	19416	2146
19494	15201	2646	732		11823			182
45896	50340	3670	3022		32876		10773	319
11476	8828		794		8034			119
34395	20433		4020		16413			336
8138	3616	441	882		2293			119
60029	58199		970		48322	265	8643	290
3426	2749		38		2711			72
8901	8713		706		8007			218
3956	3201				3201			167

1-B-3 续表 39

分　组	营业费用、管理费用、财务费用合计	税金	利息支出	营业利润	职工工资和福利费	本年应交增值税
辽阳市	44	18		115	238	26
盘锦市	262	18	71	430	440	196
铁岭市	1891	76	873	1147	1141	217
朝阳市	41			287	188	10
葫芦岛市	58	5		34	176	
电力、热力的生产和供应业	152226	10147	7284	29423	178433	30791
沈阳市	64809	630	2322	-17088	37430	4060
大连市	24902	1264	392	10948	29377	5154
鞍山市	3383	474	157	7473	5328	1870
抚顺市	13108	1229	404	8842	35688	4253
本溪市	5423	997	578	5737	12596	1928
丹东市	14459	2542	2424	22406	17741	7635
锦州市	5271	147	321	-3305	4127	610
营口市	2450	643	189	2617	2290	2015
阜新市	2232	20	73	268	2443	282
辽阳市	1815	711	49	3037	3313	715
盘锦市	1171			1705	1480	276
铁岭市	1140	8		165	13979	362
朝阳市	6851	695	367	-18637	6030	452
葫芦岛市	5210	788	7	5256	6614	1180
燃气生产和供应业	16782	1205	596	12123	13510	2935
沈阳市	1598	81		-9	1419	202
大连市	5823	210	490	2235	6828	1227
鞍山市	1775	295	32	5806	1373	366
抚顺市	1226	115	18	491	872	688
本溪市	1153	128		1022	487	140
丹东市					9	
锦州市	1505	55	50	373	549	73
营口市	2551	218	1	192	923	79
阜新市	78	10		357	69	62
辽阳市	71	35		1076	494	88
铁岭市	281	11	5	62	250	10
朝阳市	491	48		316	168	
葫芦岛市	229			202	71	
水的生产和供应业	92977	5200	5507	37436	88161	13531
沈阳市	12942	307	845	-6958	19376	994
大连市	25149	609	2611	13300	16799	3404
鞍山市	6361	2042	246	33015	5607	980
抚顺市	2222	295	244	2075	3477	1466
本溪市	2066	415		519	1233	1192
丹东市	1826	100	238	-147	6609	781
锦州市	12158	48	230	-7762	5613	594
营口市	2215	142	94	629	1260	210
阜新市	8591	116	55	-813	6774	716
辽阳市	1252	506	99	4194	2264	480
盘锦市	6346	240	86	3395	7823	1433
铁岭市	1425	201	40	2099	2989	435
朝阳市	9315	116	317	-7636	7272	348
葫芦岛市	1107	63	401	1527	1065	498

单位：千元

所有者权益合计	实收资本							全部从业人员年平均人数(人)
		国家资本	集体资本	法人资本	个人资本	港澳台资本	外商资本	
1678	1326				1326			40
4498	4233				4233			45
12078	8149		44	44	8061			167
1087	882	573			309			28
451	451		221		229			44
7166836	6828330	5132924	159046	411241	1023395	78326	23398	14116
3984273	3909749	3276407	4332	351995	213506	50986	12524	2787
515215	410071	258735	4501	3911	135604	7056	265	1553
36272	32653	2381	5018	2646	20403	2205		440
957995	812176	642740	90305	6004	73126			2803
43690	39990	2374	5105	7945	24566			1152
528584	516338	20091	19522	4467	454178	18080		1379
295768	322216	270756	19966	317	26767		4410	920
11807	10420	1058		176	9185			182
7438	34333	3570	882	27412	441		2028	265
15206	6676	2658	2563		1455			220
11291	10963		2646		4145		4172	124
677341	646109	613654			32455			1104
58211	55738	34301	2399		19038			622
23745	20898	4198	1808	6368	8525			565
160685	152993	5164	7614	8687	104044	1147	26337	1142
86340	84121	456	4410		61030		18225	233
30186	27538	1386	29	1587	16159	265	8112	341
15280	12144	820	2734	309	8281			176
2831	2831				2831			28
1550	970			176	794			40
441	441				441			8
4041	2646				2646			40
3144	3351				2469	882		84
1570	7132	2282			4851			86
2205	1411				1411			23
11112	8643	220		6615	1808			57
882	882				882			17
1102	882		441		441			9
1088385	947154	584958	71700	37114	243330	670	9381	7631
121920	105939	82864	1323		20517		1235	1556
359002	326195	116607	8053	31750	169786			895
55348	26091	1323	10918	1349	12502			700
34142	32041	24149	3616	441	3835			239
1925	1925	1010	35	880				77
66661	66084	62220	2153		1711			405
28902	52176	42219	185	617	9155			783
3447	3358	882	272	176	2028			116
93916	83662	70424	1455		8819		2963	672
17255	12406		4996		2227		5183	186
130380	117061	76869	30120	1764	8308			722
25663	13981	9092	1572		2646	670		471
126942	87775	86452			1323			616
22883	18459	10848	7002	136	474			193

第2篇

主要工业产品产量

2-1　全省主要工业产品产量

产品名称	计量单位	本年生产量	产品名称	计量单位	本年生产量
原煤	万吨	6495.12	其中：羽绒服	万件	347.84
1.无烟煤	万吨	660.11	衬衫	万件	2338.06
2.烟煤	万吨	5741.37	轻革	万平方米	213.69
(1)炼焦烟煤	万吨	753.44	皮革服装	万件	154.90
(2)一般烟煤	万吨	4987.93	天然皮革制手提包(袋)、背包	万个	14.30
3.褐煤	万吨	93.64	人造板	万立方米	337.10
洗煤	万吨	1675.59	其中：胶合板	万立方米	132.45
其中：洗精煤	万吨	511.92	纤维板	万立方米	93.78
天然原油	万吨	1199.33	刨花板	万立方米	31.13
天然气	亿立方米	8.71	人造板表面装饰板	万平方米	661.37
铁矿石原矿	万吨	11390.75	实木木地板	万平方米	698.55
铜金属含量	万吨	2.06	复合木地板	万平方米	3913.50
铅金属含量	万吨	3.03	家具	万件	1811.12
锌金属含量	万吨	4.30	其中：木质家具	万件	1631.90
钼精矿折合量(折纯钼45%)	万吨	1.57	金属家具	万件	26.02
硫铁矿石(折含硫35%)	万吨	111.61	软体家具	万件	30.17
原盐	万吨	216.04	纸浆(原生浆及废纸浆)	万吨	5.61
精制食用植物油	万吨	178.49	机制纸及纸板(外购原纸加工除外)	万吨	60.83
成品糖	万吨	3.19	新闻纸	万吨	1.08
糕点	万吨	6.95	箱纸板	万吨	19.14
饼干	万吨	4.12	纸制品	万吨	145.88
糖果	万吨	3.03	其中：瓦楞纸箱	万吨	93.25
速冻米面食品	万吨	3.38	本册	亿本	5.39
方便面	万吨	19.41	木杆铅笔	亿支	1.01
乳制品	万吨	104.90	原油加工量	万吨	5826.28
其中：液体乳	万吨	102.51	汽油	万吨	1017.33
罐头	万吨	18.09	煤油	万吨	230.06
味精(谷氨酸钠)	万吨	3.79	柴油	万吨	2048.36
酱油	万吨	19.23	润滑油	万吨	145.02
冷冻饮品	万吨	30.77	燃料油	万吨	580.50
发酵酒精(折96度，商品量)	万千升	3.59	溶剂油	万吨	4.18
饮料酒	万千升	309.34	液化石油气	万吨	183.74
其中：白酒(折65度，商品量)	万千升	68.90	石油沥青	万吨	308.06
啤酒	万千升	235.33	焦炭	万吨	1736.36
黄酒	万千升	0.82	其中：机焦	万吨	1579.95
葡萄酒	万千升	3.81	硫酸(折100%)	万吨	109.78
软饮料	万吨	317.10	盐酸(氯化氢，含量31%)	万吨	20.37
其中：碳酸饮料类(汽水)	万吨	75.13	烧碱(折100%)	万吨	57.49
包装饮用水类	万吨	76.96	其中：离子膜法烧碱(折100%)	万吨	44.72
卷烟	亿支	260.35	纯碱(碳酸钠)	万吨	25.32
纱	万吨	16.88	碳化钙(电石，折300升/千克)	万吨	11.44
1.棉纱	万吨	10.94	乙烯	万吨	33.96
2.混纺纱	万吨	3.33	纯苯	万吨	29.46
3.化学纤维纱	万吨	2.61	精甲醇	万吨	7.15
布	亿米	5.74	浓硝酸(折100%)	万吨	5.43
其中：色织布(含牛仔布)	亿米	0.59	合成氨(无水氨)	万吨	78.77
其中：1.棉布	亿米	3.13	农用氮、磷、钾化学肥料总计(折纯)	万吨	90.57
2.棉混纺布	亿米	1.10	1.氮肥(折含N100%)	万吨	86.16
3.化学纤维布	亿米	1.52	其中：尿素(折含N100%)	万吨	61.27
印染布	亿米	3.21	2.磷肥(折五氧化二磷100%)	万吨	4.41
绒线(俗称毛线)	万吨	0.21	磷酸铵肥(实物量)	万吨	36.68
毛机织物(呢绒)	万米	139.60	初级形态的塑料	万吨	118.75
服装	万件	71196.29	其中：聚乙烯树酯	万吨	20.79
1.针织服装	万件	28968.23	聚丙烯树脂	万吨	52.56
2.梭织服装	万件	42228.06	聚氯乙烯树脂	万吨	17.33

2-1 续表 1

产品名称	计量单位	本年生产量	产品名称	计量单位	本年生产量
合成橡胶	万吨	3.80	5.钢筋	万吨	312.17
合成纤维单体	万吨	84.06	6.线材(盘条)	万吨	400.44
合成纤维聚合物	万吨	39.17	7.特厚板	万吨	28.49
其中：聚脂	万吨	38.97	8.厚钢板	万吨	136.28
肥(香)皂	万吨	0.49	9.中板	万吨	202.40
合成洗涤剂	万吨	12.40	10.热轧薄板	万吨	1.12
合成洗衣粉	万吨	5.21	11.冷轧薄板	万吨	129.08
牙膏(折65克标准支)	亿支	0.39	12.中厚宽钢带	万吨	1140.44
化学纤维用浆粕	万吨	0.02	13.热轧薄宽钢带	万吨	174.95
化学纤维	万吨	18.74	14.冷轧薄宽钢带	万吨	314.29
粘胶纤维	万吨	4.98	15.热轧窄钢带	万吨	0.00
合成纤维	万吨	13.76	16.冷轧窄钢带	万吨	6.36
其中：锦纶纤维	万吨	0.66	17.镀层板(带)	万吨	233.77
涤纶纤维	万吨	8.78	其中：镀锌板(带)	万吨	227.00
腈纶纤维	万吨	3.97	镀锡板(带)	万吨	0.28
丙纶纤维	万吨	0.22	18.涂层板(带)	万吨	28.56
橡胶轮胎外胎	万条	1479.66	19.电工钢板(带)	万吨	77.22
其中：子午线轮胎外胎	万条	1253.68	20.无缝钢管	万吨	129.10
塑料制品	万吨	270.92	21.焊接钢管	万吨	116.66
1.塑料薄膜	万吨	19.55	铁合金	万吨	78.76
其中：农用薄膜	万吨	3.85	十种有色金属	万吨	61.52
2.塑料板、片	万吨	46.15	精炼铜(电解铜)	万吨	6.84
5.塑料编织袋	万吨	85.87	铅	万吨	4.03
10.日用塑料制品	万吨	20.74	锌	万吨	36.86
水泥熟料	万吨	2439.04	原铝(电解铝)	万吨	10.77
其中：窑外分解窑水泥熟料	万吨	1497.05	海绵钛	万吨	3.02
水泥	万吨	4119.45	大中型拖拉机	台	372.00
商品混凝土	万立方米	1683.02	铝合金	万吨	5.42
水泥混凝土压力管	千米	135.65	铜材	万吨	19.86
水泥混凝土电杆	万根	23.83	铝材	万吨	78.45
预应力混凝土桩	万米	88.97	金属集装箱	万立方米	209.56
瓷质砖	万平方米	24538.14	钢绞线	万吨	2.25
炻瓷砖	万平方米	0.11	电站锅炉	万蒸发量吨	0.01
陶质砖	万平方米	2.23	发动机	万千瓦	5452.00
天然大理石建筑板材	万平方米	56.91	其中：汽车用发动机	万千瓦	4904.14
天然花岗石建筑板材	万平方米	149.94	汽轮机	万千瓦	0.10
沥青和改性沥青防水卷材	万平方米	4031.90	水轮机	万千瓦	0.01
平板玻璃	万重量箱	2396.98	其中：电站水轮机	万千瓦	0.01
钢化玻璃	万平方米	13.96	金属切削机床	万台	15.03
夹层玻璃	万平方米	9.17	其中：车床	万台	4.77
中空玻璃	万平方米	47.33	钻床	万台	0.05
玻璃纤维增强塑料制品	万吨	7.78	磨床	万台	0.11
日用陶瓷制品	亿件	0.72	特种加工机床	万台	0.01
耐火材料制品	万吨	1721.88	其中：数控金属切削机床	万台	3.32
石墨及炭素制品	万吨	43.40	金属成形机床	万台	0.65
生铁	万吨	4117.33	其中：数控金属成形机床(数控锻压设备)	万台	0.01
粗钢	万吨	4032.38			
钢材	万吨	4121.80	铸造机械	万台	4.28
1.铁道用钢材	万吨	90.10	电焊机	万台	3.35
其中：轻轨	万吨	9.40	起重机	万吨	26.86
重轨	万吨	75.73	电动车辆(电动叉车)	万台	0.08
2.大型型钢	万吨	1.09	内燃叉车	万台	0.55
3.中小型型钢	万吨	373.30	输送机械(输送机和提升机)	万米	32.82
4.棒材	万吨	206.56	泵	万台	223.27

2-1　续表　2

产品名称	计量单位	本年生产量	产品名称	计量单位	本年生产量
其中：真空泵	万台	50.71	(2)多功能乘用车(MPV)	万辆	4.69
气体压缩机	万台	81.33	2.客车	万辆	8.18
其中：制冷设备用压缩机	万台	0.40	(1)大型客车(车长>10米)	万辆	0.39
阀门	万吨	22.57	(3)轻型客车(车长≤7米)	万辆	7.79
1.普通阀门	万吨	21.15	3.载货汽车	万辆	9.63
2.真空阀门	万吨	1.43	改装汽车	万辆	1.88
液压元件	万件	331.86	摩托车整车	万辆	2.21
气动元件	万件	0.31	发电机组(发电设备)	万千瓦	9.74
滚动轴承	亿套	1.78	其中：汽轮发电机	万千瓦	4.50
齿轮	万吨	2.16	交流电动机	万千瓦	681.09
工业电炉	台	298.00	变压器	万千伏安	9903.86
风机	万台	3.60	高压开关板	万面	1.88
其中：离心式通风机	万台	0.93	低压开关板	万面	16.76
鼓风机	万台	0.39	通信及电子网络用电缆	万对千米	191.29
非家用制冷、空调设备	万台(套)	86.31	电力电缆	万千米	31.07
其中：制冷设备	万台(套)	83.57	光缆	万芯千米	155.37
电动手提式工具	万台	96.59	绝缘制品	万吨	3.16
包装专用设备	台	1122.40	家用电冰箱	万台	139.18
减速机	万台	4.20	房间空气调节器	万台	213.54
金属紧固件	万吨	10.05	家用电风扇	万台	1.17
弹簧	万吨	1.62	家用吸排油烟机	万台	0.05
铸铁件	万吨	137.98	电饭锅	万个	12.96
铸钢件	万吨	65.75	家用电热烘烤器具	万个	0.30
锻件	万吨	32.98	家用电热水器	万台	21.49
粉末冶金零件	万吨	2.24	家用吸尘器	万台	0.29
采矿专用设备	万吨	27.68	家用燃气灶具	万台	0.04
石油钻井设备	万台(套)	5.17	家用燃气热水器	万台	0.03
挖掘、铲土运输机械	万台	0.31	程控交换机	万线	26.41
其中：挖掘机	万台	0.01	电话单机	万部	262.30
压实机械	台	140.00	移动通信手持机(手机)	万台	88.06
水泥专用设备	吨	136073.65	微型计算机设备	万台	0.13
混凝土机械	台	9335.00	显示器	万台	0.28
金属冶炼设备	吨	203695.07	打印机	万台	112.00
金属轧制设备	吨	107481.45	半导体分立器件	亿只	96.23
炼油、化工生产专用设备	万吨	9.24	集成电路	亿块	0.52
塑料加工专用设备	万吨	0.15	彩色电视机	万台	495.66
木工机床	万台	0.19	数字激光音、视盘机	万台	316.17
模具	万套	233.76	收音机	万台	0.97
粮食加工机械	万台	2.26	家用录放音机	万台	0.10
缝纫机	万台	0.39	其中：复读机	万台	0.10
农作物收获机械	万台	0.06	工业自动调节仪表与控制系统	万台(套)	262.55
其中：联合收割机	万台	0.02	电工仪器仪表	万台	62.39
场上作业机械	万台	0.42	分析仪器及装置	万台(套)	2.13
棉花加工机械	万台	0.26	试验机	万台	1.91
环境污染防治专用设备	万台(套)	0.81	环境监测专用仪器仪表	万台	0.37
其中：大气污染防治设备	万台	0.25	汽车仪器仪表	万台	0.52
水质污染防治设备	万台(套)	0.13	光学仪器	万台(个)	0.39
固体废弃物处理设备	万台	0.03	眼镜成镜	万副	2.40
噪音与振动控制设备	万台	0.08	照相机	万台	0.06
铁路机车	辆	406.00	复印和胶版印制设备	万台	0.10
铁路货车	辆	3509.00	伞类制品	万把	1.93
汽车	万辆	34.08	发电量	亿千瓦小时	1137.84
1.乘用车	万辆	16.27	其中：火力发电量	亿千瓦小时	1085.26
(1)基本型乘用车(轿车)	万辆	11.58	水力发电量	亿千瓦小时	38.58

2-2 分地区全省主要工业产品产量

产品名称	计量单位	全省	沈阳市	大连市	鞍山市	抚顺市	本溪市	丹东市
原煤	吨	64951202	8992285			5318146	2204341	1767838
天然原油	吨	11993285						
天然气	万立方米	87078						
发电量	万千瓦小时	11378439	615831	2141265	522430	1069089	401750	682506
其中：火电	万千瓦小时	10852572	586458	2134263	521848	1059687	246882	454719
卷烟	万支	2603500	1150000					
汽油	吨	10173277	191106	4088012	40072	2040805		4355
柴油	吨	204835607	131202	7215961	24175	3808439		978
焦炭	吨	17363603	833739	89068	6921581	421371	6117643	408395
硫酸(折100%)	吨	1097794	1250	35638		77499	35050	38807
合成氨	吨	787677					67360	24253
乙烯	吨	339643				165791		
水泥	吨	41194477	2740393	9114544	2037212	2476226	3532648	1139234
生铁	吨	41173266			17075296	3355477	14452240	336456
粗钢	吨	40323809	426883	466104	16792420	3350529	13778814	1300
钢材	吨	41218010	494861	1272177	17303455	2762419	12314779	
原铝(电解铝)	吨	107675	700			106975		
金属切削机床	台	150337	90873	53969	322	478	116	1480
汽车	辆	340778	321078					19700
其中：轿车	辆	115802	115802					

2-2 续表

产品名称	计量单位	锦州市	营口市	阜新市	辽阳市	盘锦市	铁岭市	朝阳市	葫芦岛市
原煤	吨	1310091		17256071	1740096		21833719	1810454	2718162
天然原油	吨					11984905		8380	
天然气	万立方米					87078			
发电量	万千瓦小时	831583	1119211	1066070	218387	78360	1285411	304525	1042021
其中：火电	万千瓦小时	826575	1115509	1050006	206770	49430	1265965	303909	1030551
卷烟	万支		1453500						
汽油	吨	1720211	330985			500	70604		1686627
柴油	吨	2787976			2798287	1247317			2469225
焦炭	吨		2062663					509143	
硫酸(折100%)	吨	3	98510	30592	53188		97293	24112	605852
合成氨	吨		20332			334703			341029
乙烯	吨				173843				
水泥	吨	1241184	1532038	1122468	6880885	619471	3660223	3213723	1884228
生铁	吨		2762739	301400	240154		309361	2339742	400
粗钢	吨		2672519		679043		87001	2064724	4472
钢材	吨	21190	1611405	149325	2521719		417892	1993475	355314
原铝(电解铝)	吨								
金属切削机床	台	134	1931				844	190	
汽车	辆								
其中：轿车	辆								

附录

主要指标解释

主要指标解释

工业总产值(当年价格) 指工业企业在本年内生产的以货币形式表现的工业最终产品和提供工业劳务活动的总价值量。

（1）工业总产值计算应遵循的原则

①工业生产的原则。即凡是企业在本年内生产的最终产品和提供的劳务，均应包括在内。其中的最终产品，不管是否在本年内销售，只要是本年内生产的，就应包括在内。凡不是工业生产的产品，均不得计入工业总产值。

②最终产品的原则。即企业生产的成品价值必须是本企业生产的，经检验合格不需再进行任何加工的最终产品。企业对外销售的半成品也应视为最终产品计入工业总产值。而在本企业内各车间转移的半成品和在制品只能计算其期末期初差额价值。

③“工厂法”原则。即以法人工业企业作为一个整体计算工业总产值，是其本年内生产的最终产品和提供劳务的总价值量。

（2）工业总产值的内容

包括三部分：生产的成品价值、对外加工费收入、自制半成品在制品期末期初差额价值。

①成品价值：指企业在本年内生产，并在本年内不再进行加工，经检验合格、包装入库的已经销售和准备销售的全部工业成品(包括半成品)价值合计。成品价值中包括企业生产的自制设备及提供给本企业在建工程、其他非工业部门和生活福利部门等单位使用的成品价值，但不包括用订货者来料加工的成品(半成品)价值。

工业总产值是按现行价格计算的。成品价值按成品实物量乘以本年不含应交增值税(销项税额)的产品实际销售平均单价计算。会计核算中按成本价格转帐的自制设备和自产自用的成品，按成本价格计算生产成品价值。

②对外加工费收入：指企业在本年内完成的对外承做的工业品加工(包括用订货者来料加工生产)的加工费收入和对外工业品修理作业所收取的加工费收入。对外加工费收入按不含应交增值税(销项税额)的价格计算，可根据会计“产品销售收入”科目的有关资料取得。

对于以对外加工生产为主，对外加工费收入所占比重较大的企业，如果对外加工费收入出现跨年度支付的情况，为保证总产值生产口径计算的准确性，则应将对外加工费收入按实际情况调整，记录本年应实际收取的对外加工费收入。

③自制半成品在制品期末期初差额价值。为了使工业总产值与工业中间投入中的物耗价值一致，以便同口径地计算工业增加值，规定本指标的计算原则是：凡是企业会计产品成本核算中计算半成品、在制品成本，则工业总产值中必须包括自制半成品在制品期末期初差额价值。反之则不包括。

自制半成品在制品期末期初差额价值等于自制半成品在制品期末价值减去期初价值后的余额，如果期末价值小于期初价值，该指标为负值，企业在计算产值时，应按负值计算，不能作为零处理。

（3）工业总产值计算的几种具体规定

①凡自备原材料，不论其加工繁简程度如何，一律按全价，即包括自备原材料的价值，计算工业总产值。

②凡来料加工，加工企业一律按财务上结算的加工费计算工业总产值，即不包括定货者来料的价值。一般分两种情况：a、工业企业之间的来料加工，加工企业(即承包单位)按财务上结算的加工费计算工业总产值；委托加工的企业(即发包单位)按全价计算工业总产值。b、工业企业与非工业企业之间的来料加工，当工业企业作为加工企业时一律按加工费计算工业总产值。

③自制半成品、在制品期末期初差额价值，原则上应计入工业总产值，但如果会计产品成本核算中不计算自制半成品、在制品成本，则不计入工业总产值；如果会计产品成本核算中计算自制半成品、在制品成本的，则计入工业总产值。

工业销售产值(当年价格) 是以货币形式表现的、工业企业在本年内销售的本企业生产的工业产品或提供工业性劳务价值的总价值量。工业销售产值包括的内容为：

（1）销售成品价值：指企业在报告期内实际销售(包括本期生产和非本期生产)的全部成品、半成品的总价值，即按报告期产品的实际销售数量乘以不含增值税(销项税额)的产品实际销售平均单价计算。销售成品价值包括为本企业在建工程，生活福利部门等提供的成品和自制设备价值，不包括用定货者来料加工的成品和半成品价值。

（2）对外加工费收入：指企业在报告期内完成的对外承接的工业品加工(包括用定货者来料加工的产品)的加工费收入；对外工业品修理作业可收取的加工费收入和对内非工业部门提供的加工修理、设备安装等收入。对外加工费收入按不含增值税(销项税额)的价格计算。

出口交货值 指工业企业交给外贸部门或自营(委托)出口(包括销往香港、澳门、台湾)，用外汇价格结算的产品价值，以及外商来样、来料加工、来件装配和补偿贸易等生产的产品价值。在计算出口交货值时，要把外汇价格按交易时的汇率折成人民币计算。

资产总计 指企业拥有或控制的能以货币计量的经济资源，包括各种财产、债权和其他权利。资产按其流动性(即资产的变现能力和支付能力)划分为：流动资产、长期投资、固定资产、无形资产、递延资产和其他资产。根据会计“资产负债表”中“资产总计”项的年末数填列。

流动资产合计 指企业可以在一年内或者超过一年的一

个生产周期内变现或者耗用的资产，包括现金及各种存款、短期投资，应收及预付款项、存货等。根据会计“资产负债表”中“流动资产合计”项的年末数填列。

应收账款 指企业因销售商品、产品、提供劳务等，应向购货单位或接受劳务单位收取款项。该指标根据会计“资产负债表”中“应收账款”项的年末数填报。未执行 2001 年《企业会计制度》的企业，用“应收账款净额”年末数代替。

存货 指企业在生产经营过程中为销售或耗用而储备的各种资产，包括原材料、周转材料、包装物、低值易耗品、在产品、自制半成品、产成品等。根据会计“资产负债表”中“存货”项的年末数填列。“年初存货”根据会计“资产负债表”中“存货”项的年初数填列。

产成品 指企业报告期末已经加工生产并完成全部生产过程，可以对外销售的制成产品。根据企业会计“资产负债表”中“产成品”的年末数填报。

流动资产年平均余额 指企业在报告期内全部流动资产的平均余额。计算公式为:

$$流动资产年平均余额=\frac{1至12月各月流动资产平均余额之和}{12}$$

或:

$$流动资产年平均余额=\frac{1至12月各月月初、月末流动资产之和}{24}$$

其中:

$$流动资产=\frac{月初流动资产合计+月末流动资产合计}{2}$$

$$流动资产季平均余额=\frac{季内各月流动资产平均余额}{3}$$

固定资产合计 指企业使用期限超过一年的房屋、建筑物、机器、机械、运输工具以及其他与生产、经营有关的设备、器具、工具等。不属于生产经营主要设备的物品，单位价值在 2000 元以上，并且使用年限超过 2 年的，也应当作为固定资产。“固定资产合计”根据会计“资产负债表”中“固定资产合计”项的年末数填列。

固定资产原价 指企业在建造、购置、安装、改建、扩建、技术改造某项固定资产时所支出的全部货币总额。根据会计“资产负债表”中“固定资产原价”项的年末数填列。

累计折旧 指企业在报告期末提取的历年固定资产折旧累计数。根据会计“资产负债表”中“累计折旧”项的年末数填列。

固定资产净值 指固定资产原价减去累计折旧后的净额。

固定资产净值年平均余额 指报告期内固定产值净额的平均数。计算公式为:

$$固定资产净值年平均余额=\frac{1至12月各月固定资产净值平均余额之和}{12}$$

或:

$$固定资产净值年平均余额=\frac{1至12月各月月初、月末固定资产净值之和}{24}$$

其中:

$$固定资产净值月平均余额=\frac{月初固定资产净值+月末固定资产净额}{2}$$

$$固定资产净值季平均余额=\frac{季内各月固定资产净值平均余额}{3}$$

负债合计 指企业所承担的能以货币计量，将以资产或劳务偿付的债务，偿还形式包括货币、资产或提供劳务。负债一般按偿还期长短分为流动负债和长期负债。根据会计“资产负债表”中“负债合计”的年末数填列。

流动负债合计 指企业在一年内或超过一年的一个营业周期内需要偿还的债务，包括短期借款、应付票据、应付帐款、预收帐款、应付工资、应交税金、应付利润、预提费用等。根据企业会计“资产负债表”中“流动负债合计”的年末数填报。

所有者权益合计 指企业投资人对企业净资产的所有权。企业净资产为企业全部资产与企业全部负债的差额，包括实收资本、资本公积、盈余公积、未分配利润等。根据会计“资产负债表”中“所有者权益”项的年末数填列。

实收资本 指企业投资者实际投入的资本(或股本)，包括货币、实物、无形资产等各种形式的投入。实收资本按投资主体可分为国家资本、集体资本、法人资本、个人资本、港澳台资本和外商资本。根据会计“资产负债表”中“实收资本”项的年末数填列。

国家资本 指有权代表国家投资的政府部门或机构、直属事业单位对企业形成的资本金。根据会计“实收资本”科目计算填列。

集体资本 指由本企业职工等自然人集体投资或各种机构对企业进行扶持形成的集体性质的资本金。根据会计“实收资本”科目计算填列。

法人资本 指法人以其依法可支配的资产投入企业形成的资本金。根据会计“实收资本”科目计算填列。

个人资本 指自然人实际投入企业的资本金。根据会计“实收资本”科目计算填列。

港澳台资本 指我国香港、澳门和台湾地区投资者实际投入企业的资本金。根据会计“实收资本”科目计算填列。

外商资本 指外国投资者实际投入企业的资本金。根据会计“实收资本”科目计算填列。

主营业务收入 指企业经营主要业务所取得的收入总额。执行 2006 年《企业会计准则》的企业，如果未设置该项科目，则以营业收入发生额代替填列。

主营业务成本 指企业经营主要业务发生的实际成本。根据会计“利润表”中对应指标计算填列。执行 2006 年《企业会计准则》的企业，如果未设置该项科目，则以营业成本发生额代替填列。

主营业务税金及附加 指企业经营主要业务应负担的营业税、消费税、城市维护建设税、资源税、土地增值税、教育费附加。根据会计“利润表”中对应指标“本年累计数”填列。执行 2006 年《企业会计准则》的企业，如果未设置该项科目，则以营业税金及附加发生额代替填列。

营业费用 指企业在销售商品过程中发生的各项费用，

根据“利润表”中对应项目的“本年累计数”填列。

管理费用　指企业行政管理部门为组织和管理生产经营活动而发生的各项费用。根据会计“利润表”中对应指标本年累计数填列。

税金　指企业按规定从管理费用中支付的各种税金，包括房产税、土地使用税、车船使用税、印花税等。根据会计“管理费用”科目归纳本年累计数填列。

财务费用　指企业为筹集生产经营所需资金等而发生的费用，包括利息支出、汇兑损失以及相关的金融机构手续费等。根据会计“利润表”中对应指标本年累计数填列。

利息支出　指企业在生产经营期间利息支出扣除利息收入后的净额。根据会计“财务费用”科目归纳计算填列。

营业利润　指企业从事生产经营活动所产生的利润，即主营业务利润加其他业务利润扣除管理费用、财务费用后的净额。根据会计“利润表”中对应指标本年累计数填列。

利润总额　指企业在生产经营过程中各种收入扣除各种耗费后的盈余，反映企业在报告期内实现的亏盈总额。根据会计“利润表”中的对应指标本年累计数填列。

应交所得税　指企业按税法规定，应从生产经营等活动的所得中交纳的税金。根据会计“利润表”中的对应指标本年累计数填列。

本年应交增值税　指企业按税法规定，从事货物销售或提供加工、修理修配劳务等增加货物价值的活动本期应交纳的税金。指企业在报告期应交增值税额。计算公式为:

本年应交增值税=销项税额-(进项税额-进项税额转出)

-出口抵减内销产品应纳税额-减免税款+出口退税

全部从业人员年平均人数　指年内每月平均拥有的人数，其计算公式为:

$$全部从业人员年平均人数=\frac{1月末从业人员数+2月末从业人员数+\cdots+12月末从业人员数}{12}$$